DER LITERATUR BROCKHAUS

Band 7

DER
LITERATUR
BROCKHAUS

Grundlegend überarbeitete
und erweiterte Taschenbuchausgabe
in 8 Bänden

Herausgegeben
von Werner Habicht,
Wolf-Dieter Lange und der
Brockhaus-Redaktion

Band 7: Rib – Sue

B.I.-Taschenbuchverlag
Mannheim · Leipzig · Wien · Zürich

Redaktionelle Leitung: Gerhard Kwiatkowski
Redaktionelle Bearbeitung: Ariane Braunbehrens M. A.,
Heinrich Kordecki M. A., Dr. Rudolf Ohlig,
Heike Pfersdorff M. A., Cornelia Schubert M. A.,
Maria Schuster-Kraemer M. A.,
Dr. Margarete Seidenspinner, Birgit Staude M. A.,
Marianne Strzysch

Redaktionelle Leitung der Taschenbuchausgabe:
Maria Schuster-Kraemer M. A.
Redaktionelle Bearbeitung der Taschenbuchausgabe:
Vera Buller, Dipl.-Bibl. Sascha Höning,
Rainer Jakob, Birgit Staude M. A.

Die Deutsche Bibliothek – CIP-Einheitsaufnahme
Der **Literatur-Brockhaus**: in acht Bänden / hrsg. von
Werner Habicht, Wolf-Dieter Lange und der Brockhaus-Redaktion. –
Grundlegend überarb. und erw. Taschenbuchausg. –
Mannheim; Leipzig; Wien; Zürich: BI-Taschenbuchverl.
ISBN 3-411-11800-8
NE: Habicht, Werner [Hrsg.]
Grundlegend überarb. und erw. Taschenbuchausg.
Bd. 7. Rib – Sue. – 1995
ISBN 3-411-11871-7

Satz: Bibliographisches Institut (DIACOS Siemens) und
Mannheimer Morgen Großdruckerei und Verlag GmbH
Druck: Klambt-Druck GmbH, Speyer
Bindearbeit: Augsburger Industriebuchbinderei
Printed in Germany
Gesamtwerk: ISBN 3-411-11800-8
Band 7: ISBN 3-411-11871-7

Rib

Riba Bracons, Carles [katalan. 'rriβə βrə'kons], *Barcelona 23. Sept. 1893, †ebd. 12. Juli 1959, katalan. Schriftsteller. – Prof. für Altphilologie; Mitverfasser eines katalan. Wörterbuches, bed. Übersetzer klass. Autoren. Schrieb neben prägnanten kritischen Studien formal vollendete, empfindungsreiche Gedichte.
Werke: Estances (Ged., 2 Bde., 1919–30), Del joc i del foc (Ged., 1947), Salvatge cor (Ged., 1952), Esbós de tres oratoris (Ged., 1957).
Ausgabe: C. R. Obres completes. Hg. v. E. SULLÀ u. a. Barcelona 1983–92. 5 Bde.
Literatur: BARJAU, E.: C. R. In: Krit. Lex. der roman. Gegenwartsliteraturen. Hg. v. W.-D. LANGE. Losebl. Tüb. 1984 ff. – FRIESE, B.: C. Riba als Übersetzer aus dem Dt. Ffm. u. Bern 1985.

Ribeiro, Aquilino [portugies. rri-'βɐiru], *Carregal da Tabosa bei Sernancelho 13. Sept. 1885, †Lissabon 27. Mai 1963, portugies. Schriftsteller. – Als Gegner der Monarchie und später der Diktatur A. de Oliveira Salazars mehrfach im Gefängnis oder Exil; Universitätsprof. und Konservator an der Nationalbibliothek in Lissabon. Bed. Erzähler, der in seinen regionalist. und pikaresken Romanen und Novellen Land und Leute der heimatl. Beira ebenso wie das Milieu der Großstadt schilderte; schrieb auch literarhistor. Essays sowie Biographien und Übersetzungen.
Werke: Terras do demo (R., 1918), Estrada de Santiago (En., 1922; enthält R.s Meisterwerk: O Malhadinhas), O homem que matou o diabo (R., 1930), Maria Benigna (R., 1931), Aventura maravilhosa de D. Sebastião (R., 1936), Wenn die Wölfe heulen (R., 1954, dt. 1965), Un escritor confessa-se (Memoiren, hg. 1974).
Ausgabe: A. R. Obras completas. Lissabon 1958 ff. Auf mehrere Bde. berechnet.
Literatur: VASCONCELOS, T. DE: A. R. Lissabon 1965. – COELHO, N. NOVAIS: A. R. – ›Jardim das tormentas‹, génese da ficção aquiliniana. São Paulo 1973. – GARCIA, F. C. H.: A. R. e a ficção

picaresca. In: Luzo-Brazilian Review 15, Suppl. (1978), S. 111.

Ribeiro, Bernardim [portugies. rri-'βɐiru], *Vila do Torrão (Alentejo) 1482 (?), *Lissabon 1552 (?), portugies. Dichter. – Lebte am Hof König Johanns III.; bed., u. a. im ›Cancioneiro Geral‹ vertretener Lyriker des 16. Jh.; führte mit Eklogen und dem nach den Anfangsworten betitelten pastoralen Liebesroman ›Menina e moça‹ (1554, erweitert 1557 u. d. T. ›Livro das saudades‹) die bukol. Poesie in die portugies. Literatur ein.
Ausgabe: B. R. Obras completas. Hg. v. A. RIBEIRO u. a. Lissabon ⁴1982. 2 Bde.
Literatur: GALLEGO MORELL, A.: B. R. y su novela ›Menina e moça‹. Madrid 1960 (mit Bibliogr.). – MACEDO, H.: Do significado oculto da ›Menina e moça‹. Lissabon 1977.

Ribeiro, João Ubaldo [portugies. rri-'βairu], *Insel Itaparica (Bahia) 1941, brasilian. Schriftsteller. – Schauplatz seiner außerordentlich farbig, teils in der Umgangssprache gestalteten Romane und Erzählungen ist außer der Insel Itaparica das Landesinnere des unterentwickelten brasilian. Nordostens. Sein Hauptwerk, der Roman ›Brasilien, Brasilien‹ (1984, dt. 1988), führt auf verschiedenen Handlungsebenen vom 17. Jh. bis zur Gegenwart.
Weitere Werke: Sargento Getúlio (R., 1971, dt. 1984), Vila Real (R., 1979), Der Heilige, der nicht an Gott glaubte (En., 1981, dt. 1992), Das Lächeln der Eidechse (R., 1989, dt. 1994).

Ribeyro, Julio Ramón [span. rri-'βɐiro], *Lima 31. Aug. 1929, †ebd. 4. Dez. 1994, peruan. Schriftsteller. – Lebte 1956–58 als Stipendiat in der BR Deutschland, danach in Paris. Schrieb Erzählungen, Romane und Dramen (u. a. ›Vida y pasión de Santiago el pajarero‹, 1960; Premio Nacional). Bevorzugt in seinem Werk Themen aus dem kleinbürgerl. Milieu von Lima oder, wie in dem

Roman ›Im Tal von San Gabriel‹ (1960, dt. 1964; Premio Nacional), die verfallende Welt der Großgrundbesitzerklasse. **Weitere Werke:** Auf offener See (En., dt. Ausw. 1961), Los geniecillos dominicales (R., 1965), La palabra del mudo (En., 1973, bis 1992 erweitert auf 4 Bde.), La juventud en la otra ribera (En., 1973), Heimatlose Geschichten (Kurzprosa, 1975, erweitert 1978, dt. 1991), Cambio de guardia (R., 1976), Atusparia (Dr., 1981). **Literatur:** LUCHTING, W. A.: Estudiando a J. R. R. Ffm. 1988.

Rice, Elmer L. [engl. raɪs], eigtl. E. Reizenstein, * New York 28. Sept. 1892, † Southampton (Großbritannien) 8. Mai 1967, amerikan. Schriftsteller. – Sohn dt.-jüd. Einwanderer; Jurastudium, dann Dramatiker; das in seinen Dramen deutl. Engagement für soziale Gerechtigkeit und pazifist. Ideen äußerte sich v. a. während der Depressionszeit, als er das von der Work Projects Administration F. D. Roosevelts initiierte ›Federal Theatre Project‹ (1935–39) für arbeitslose Theaterleute anfänglich mitgestaltete. R. trat zurück, als die ersten der von ihm mitgeplanten, aktuelle polit. Themen aufgreifenden Theatermontagen (›Ethiopia‹, 1936) des Agitproptheaters Living Newspaper abgesetzt wurden. 1937 gründete er zus. mit M. Anderson, R. Sherwood, S. Howard und S. N. Behrman die Playwrights Company. Seine Stücke zeichnen sich durch Vielfalt der Ausdrucksmöglichkeiten aus: expressionist. Stilmittel in dem Drama ›Die Rechenmaschine‹ (1923, dt. 1946), naturalist. in seinen sozialkrit. Dramen; verwendete auch Stilmischungen und die Technik der Rückblende (erstmals in ›Unter Anklage‹, 1914, dt. 1960). R. schrieb auch Romane, u. a. ›Menschen am Broadway‹ (1937, dt. 1952). **Weitere Werke:** Straßenszenen (Dr., 1929, dt. 1930; Pulitzerpreis 1929), We the people (Dr., 1933), Judgment day (Dr., 1934), Das träumende Mädchen (Dr., 1945, dt. 1949), Das Spiel geht weiter (R., 1949, dt. 1951), Die Beklagte (Dr., 1954, dt. 1954), The living theatre (Essays, 1959), Minority report (Autobiogr., 1963), Love among the ruins (Dr., 1963). **Literatur:** HOGAN, R.: The independence of E. R. Carbondale (Ill.) 1965. – PALMIERI, A. F.: E. R. A playwright's vision of America. Rutherford (N. J.) u. a. 1980.

Rich, Adrienne (Cecile) [engl. rɪtʃ], * Baltimore (Md.) 16. Mai 1929, amerikan. Lyrikerin. – Lehrtätigkeit u. a. an der Cornell University in Ithaca (N. Y.). Formal beeinflußt von W. H. Auden und W. B. Yeats, thematisiert R. v. a. die Stellung der in der Männergesellschaft unterdrückten Frau. Schon in den 60er Jahren setzt sie sich für feminist. Ziele ein, wird aber erst mit der die vom Mann unabhängige Identität der Frau suchenden Ged.-Sammlung ›Diving into the wreck‹ (1973) zu einer Leitfigur der Frauenbewegung. **Weitere Werke:** A change of world (Ged., 1951), Necessities of life (Ged., 1966), Selected poems (Ged., 1967), Leaflets (Ged., 1969), The will to change (Ged., 1971), Poems selected and new 1950–1974 (Ged., 1975), Von Frauen geboren. Mutterschaft als Erfahrung und Institution (Essays, 1976, dt. 1979), On lies, secrets, and silence. Selected prose 1966–78 (Essays, 1978), Der Traum einer gemeinsamen Sprache (Ged., 1978, dt. 1982), A wild patience has taken me this far (Ged., 1981), Compulsory heterosexuality and lesbian existence (Essays, 1981), Sources (Ged., 1983), The fact of a doorframe. Poems selected and new 1950–1984 (Ged., 1984), Time's power. Poems, 1985–1988 (Ged., 1989), An atlas of the difficult world. Poems 1988–1991 (Ged., 1991), What is found there: Notebooks on poetry and politics (Texte, 1993). **Literatur:** A. R.'s poetry. Hg. v. B. CH. GELPI u. A. GELPI. New York 1975. – MARTIN, W.: An American triptych: Anne Bradstreet, Emily Dickinson, A. R. Chapel Hill (N. C.) 1983. – Reading A. R. Hg. v. J. R. COOPER. Ann Arbor (Mich.) 1984. – WERNER, C.: A. R. The poet and her critics. Chicago (Ill.) 1988.

Richard von Saint-Victor [frz. sɛviktɔːr] (R. von Sankt Viktor), * in Schottland um 1110, † Paris 10. Mai 1173, schott. Theologe und Philosoph. – Augustiner-Chorherr, Schüler Hugos von Saint-Victor und bed. Vertreter der Schule von Saint-Victor (ab 1162 Prior). Suchte eine Verbindung zwischen aristotel. Scholastik und areopagit. Mystik und trug zur psycholog. Differenzierung myst. Erkenntnisse bei; einflußreich für das MA war seine Spekulation über den myst. Aufstieg der Seele durch Liebe. R. schrieb neben seinem Hauptwerk ›De trinitate‹ u. a. zahlreiche myst. Traktate.

Richards, Ivor Armstrong [engl. 'rɪtʃədz], * Sandbach (Cheshire) 26. Febr. 1893, † Cambridge 7. Sept. 1979, engl. Sprach- und Literaturwissenschaftler. – War u. a. 1922–29 Dozent in Cambridge, ab 1944 Prof. an der Harvard University;

versuchte objektive psycholog. und semant. Kriterien zur Beurteilung der Literatur zu entwickeln; beeinflußte mit seinen krit. Arbeiten den New criticism;
entwickelte mit Charles Kay Ogden
(* 1889, † 1957) das Basic English, eine
vereinfachte Form der engl. Sprache;
schrieb auch Lyrik.

Werke: Die Bedeutung der Bedeutung (1923, dt.
1974; mit Ch. K. Ogden), Prinzipien der Literaturkritik (1924, dt. 1972), Practical criticism
(1929), Basic English and its uses (1943), Specu-
lative instruments (1955), Beyond (Essays,
1974), New and selected poems (Ged., 1978).
Literatur: HOTOPF, W. H. N.: Language, thought
and comprehension. A case study in the writings of I. A. R. Bloomington (Ind.) u. London
1965. – SCHILLER, J. P.: I. A. R.' theory of literature. New Haven (Conn.) u. London 1969 (mit
Bibliogr.). – RUSSO, J. P.: I. A. R. His life and
work. London 1989.

Richardson, Dorothy [Miller] [engl.
'rɪtʃədsn], verh. Odle, * Abingdon (Berkshire) 17. Mai 1873, † Beckenham (heute
zu London) 17. Juni 1957, engl. Schriftstellerin. – Lehrerin, kaufmänn. Angestellte. R., die als Vorläuferin von J. Joyce
und V. Woolf gilt, stellte in ihrem Hauptwerk, dem zwölfbändigen Romanzyklus
›Pilgrimage‹ (1915–38), unter Verzicht
auf viele Charakteristika des klass. Romans (u. a. äußere Handlung) das psych.
Erleben einer jungen Lehrerin dar; verwendete die Technik des inneren Monologs zur Darstellung von Bewußtseins-
strömen (↑ Stream of consciousness).
Literatur: ROSENBERG, J.: D. R. London u. New
York 1973. – FROMM, G. G.: D. R. A biography.
Urbana (Ill.) 1977. – HANSCOMBE, G. E.: The art
of life. D. R. and the development of feminist
consciousness. London 1982. – RADFORD, J.:
D. R. Bloomington (Ind.) u. a. 1991.

Richardson, Henry Handel [engl.
'rɪtʃədsn], eigtl. Ethel Florence Lindsay
R., verh. Robertson, * Melbourne 3. Jan.
1870, † Fairlight (Sussex) 20. März 1946,
austral. Schriftstellerin. – Lebte ab 1903
(bis auf einen Besuch in Australien,
1912) in England. In ihrem Künstler-
roman ›Maurice Guest‹ (1908, dt. 1912)
besticht bereits ihre vom frz. Realismus,
bes. G. Flaubert, beeinflußte naturalist.
Milieuschilderung, die in dem autobiographisch gefärbten Roman über ihre
Schulzeit, ›The getting of wisdom‹
(1910), eine eindrucksvolle, psycholo-
gisch-impressionist. Vertiefung erfährt.

Als Meisterwerk der austral. Literatur
gilt ihre Romantrilogie über das Schicksal eines ir. Arztes, ›Australia Felix‹
(1917), ›The way home‹ (1926), ›Ultima
Thule‹ (1929), als überarbeitete Ausgabe
1930 u. d. T. ›The fortunes of Richard
Mahony‹.
Weitere Werke: The end of a childhood (En.,
1934), The young Cosima (R., 1939), Myself
when young (Autobiogr., hg. 1948).
Literatur: BUCKLEY, V.: H. H. R. Australian
writers and their works. Melbourne ²1970. –
McLEOD, K.: H. H. R. A critical study. Cambridge 1985.

Richardson, Samuel [engl. 'rɪtʃədsn],
≈ Mackworth (Derbyshire) 19. Aug.
1689, † London 4. Juli 1761, engl. Schriftsteller. – Selbständiger Buchdrucker.
Seine Begabung, Briefe für im Schreiben
Ungeübte zu verfassen, trug ihm, schon
50jährig, den Auftrag ein, einen Brief-
steller herauszugeben (›Letters written to
and for particular friends ...‹, 1741). Hieraus erwuchs auch die Idee zu dem Roman in Briefen ›Geschichte der Pamela,
oder die belohnte Tugend eines Frauen-
zimmers‹ (2 Bde., 1740, dt. 4 Bde., 1772),
worin er die Tugendhaftigkeit einer den
Versuchungen ihres jungen Herrn wider-
stehenden Dienstbotin darstellte. Der
große Erfolg wurde von dem seines
nächsten, komplexeren Romans ›Clarissa Harlowe‹ (7 Bde., 1748, dt. 16 Bde.,
1790/91) noch übertroffen. Als Gegenstück (mit männl. Hauptfigur) schrieb er
›Geschichte Herrn Carl Grandison‹ (R.,
7 Bde., 1754, dt. 7 Bde., 1754–70). Mit
allen diesen Werken gab R. der schon
früher in Frankreich und England gebräuchl. Gattung des Briefromans literar.
Gewicht. R.s wirklichkeitsnahe, empfindsame, psychologisch einfühlende
und puritanisch erbauende Darstellung
einfacher Helden kam dem Zeitge-
schmack entgegen; sie beeinflußte die
literar. Empfindsamkeit und wurde für
die weitere Geschichte des Romans bedeutsam. Von R.s Wirkung waren u. a.
J.-J. Rousseau, Goethe und G. E. Lessing
berührt, aber schon H. Fielding lehnte
sich gegen das sentimentale Pathos auf.
Ausgaben: The correspondence of S. R. Hg. v.
A. L. BARBAULD. London 1804. Nachdr. New
York 1968. 6 Bde. – S. R. The novels. Hg. v.
W. KING und A. BOTT. Shakespeare Head Edition. Oxford 1929–31. 18 Bde.

Literatur: McKillop, A. D.: S. R., printer and novelist. Chapel Hill (N. C.) u. Hamden (Conn.) 1936. – Ball, D. L.: S. R.'s theory of fiction. Den Haag u. Paris 1971. – Eaves, T. C. D./Kimpel, B. D.: S. R. A biography. Oxford 1971. – Doody, M. A.: A natural passion. A study of the novels of S. R. Oxford 1974. – Engel, G.: Individuum, Familie u. Gesellschaft in den Romanen R.s. Ffm. 1974. – Levin, G.: R. the novelist. Amsterdam 1978. – Eagleton, T.: The rape of Clarissa. Writing, sexuality and class struggle in R. S. Oxford 1982. – Harris, J.: S. R. Cambridge 1987. – S. R. Tercentary essays. Hg. v. M. A. Doody u. P. Sabor. Cambridge u. a. 1989.

Richartz, Walter Erich, eigtl. W. E. von Bebenburg, * Hamburg 14. Mai 1927, † Klingenberg a. Main 1. März 1980, dt. Schriftsteller. – Chemiker; seit 1979 freier Schriftsteller. Schrieb Erzählungen und Romane, die sich kritisch-ironisch mit den Themen Wissenschaftsbetrieb und Angestelltenverhältnisse auseinandersetzen; auch Hörspiele.
Werke: Meine vielversprechenden Aussichten (En., 1966), Prüfungen eines braven Sohnes (E., 1966), Tod den Ärzten (R., 1969), Das Leben als Umweg (En., 1976), Büroroman (1976), Vorwärts ins Paradies (Essays, 1979), Reiters westl. Wissenschaft (R., 1980), Vom Äußersten (En., hg. 1986).

Richepin, Jean [frz. riʃ'pɛ̃], * Médéa (Algerien) 4. Febr. 1849, † Paris 12. Dez. 1926, frz. Schriftsteller. – War u. a. Seemann, Schauspieler, Bohemien, durchwanderte Europa. Verbindet als Romanschriftsteller (teilweise unter Einfluß von E. A. Poe) und Lyriker (beeinflußt von F. Villon) ungebundene Romantik mit naturalist. Detail; als Dramatiker neben E. Rostand Vertreter des neu erwachenden romant. Versdramas. 1908 Mitglied der Académie française.
Werke: La chanson des gueux (Ged., 1876), Les morts bizarres (En., 1876), La Glu (R., 1881; dramatisiert 1910), Nana Sahib (Dr., 1883), Miarka, das Bärenmädchen (R., 1883, dt. 1887), Der ewige Jude (Ged., 1884, dt. 1904), La mer (Ged., 1886), Le chemineau (Dr., 1897), Interludes (Ged., 1922).
Ausgabe: J. R. Théâtre en vers. Paris 1919–24. 4 Bde.
Literatur: Sutton, W. H.: The life and work of J. R. Genf u. Paris 1961.

Richler, Mordecai [engl. 'rɪtʃlə], * Montreal 27. Jan. 1931, kanad. Schriftsteller. – Wurde geprägt durch seine Jugend im damaligen jüd. Arbeiterviertel um Saint Urbain Street in Montreal und die internat. polit. Szene (Span. Bürgerkrieg) der 30er Jahre; 1959–72 in England. Wurde v. a. bekannt durch seine humorvoll-moral. bis bitter-satir. Romane über modernes, bes. Montrealer Judentum in ›Sohn eines kleineren Helden‹ (1955, dt. 1963), ›The apprenticeship of Duddy Kravitz‹ (1959) und ›Saint Urbain's horseman‹ (1971) sowie über kanad. Nationalismus und amerikan. Unterhaltungsindustrie in ›The incomparable Atuk‹ (1963) und ›Cocksure‹ (1968).
Weitere Werke: Die Akrobaten (R., 1954, dt. 1955), Der Boden trägt nicht mehr (R., 1957, dt. 1958), The street (Memoiren, 1969), Joshua damals und jetzt (R., 1980, dt. 1981), Solomon Gursky war hier (R., 1989, dt. 1992).
Literatur: Woodcock, G.: M. R. Toronto 1971. – Davidson, A. E.: M. R. New York 1983.

Richter, Hans Werner, * Bansin 12. Nov. 1908, † München 23. März 1993, dt. Schriftsteller. – Gab mit A. Andersch 1946/47 die Zeitschrift ›Der Ruf‹ heraus; Initiator und Organisator der Gruppe 47 (›Im Etablissement der Schmetterlinge‹, Porträts, 1986). Verfaßte realist. Antikriegsromane (›Die Geschlagenen‹, 1949; ›Sie fielen aus Gottes Hand‹, 1951), später satirisch-gesellschaftskrit. Darstellungen der Nachkriegszeit (›Linus Fleck oder Der Verlust der Würde‹, R., 1959); schrieb in klarer, leicht ironischer Sprache. Hg. von Anthologien und Hörspielautor.
Weitere Werke: Spuren im Sand (R., 1953), Du sollst nicht töten (R., 1955), Menschen in freundl. Umgebung (Satiren, 1965), Karl Marx in Samarkand (Reisebericht, 1967), Blinder Alarm (En., 1970), Rose weiß, Rose rot (R., 1971), Briefe an einen jungen Sozialisten (Auto-

Hans Werner
Richter

biogr., 1974), Die Flucht nach Abanon (E., 1980), Die Stunde der falschen Triumphe (R., 1981), Ein Julitag (R., 1982), Reisen durch meine Zeit. Lebensgeschichten (1989). **Literatur:** RICHTER, H. W.: H. W. R. u. die Gruppe 47. Bln. 1981.

Richter, Johann Paul Friedrich, dt. Schriftsteller, † Jean Paul.

Richter, Joseph, Pseudonym F. A. Obermayer, * Wien 16. März 1749, † ebd. 16. Juni 1813, österr. Schriftsteller. – Kaufmann, dann Journalist und freier Schriftsteller; Hg. der satir. Wochenschrift ›Briefe eines Eipeldauers an seinen Herrn Vetter in Kakran über d'Wienstadt‹ (1785–97 und 1802–13), in der ein naives Landkind die historische Entwicklung und die zeitgeschichtlichen Ereignisse Wiens glossiert. Diese Wochenschrift gilt als wertvolle kulturhistorische Quelle. R. schrieb Gedichte, Romane, Erzählungen, Satiren und Dramen. **Ausgabe:** J. R. Briefe eines Eipeldauers über d'Wienstadt. Bearb. v. L. PLAKOLB. Mchn. 1970. **Literatur:** STÖHR, TH.: Die Sprache in den Eipeldauerbriefen J. R.s. Diss. Wien 1956.

Ridder, Alfons de [niederl. 'rɪdər], fläm. Schriftsteller, † Elsschot, Willem.

Riding, Laura [engl. 'raɪdɪŋ], eigtl. L. [R.] Jackson, * New York 16. Jan. 1901, † Sebastian (Fla.) 2. Sept. 1991, amerikan. Schriftstellerin. – Lebte 1925–39 in England und auf Mallorca, wo sie in Zusammenarbeit mit R. Graves u. a. ›A survey of modernist poetry‹ (1927) verfaßte. R. wurde v. a. durch ihre intellektbetonte, durch Genauigkeit der Diktion gekennzeichnete Lyrik bekannt; daneben schrieb sie Essays, Kurzgeschichten und den Roman ›A Trojan ending‹ (1937). Nach ihrer Heirat mit dem Literaturkritiker Schuyler B. Jackson (* 1900, † 1968) widmete sich R. semant. Sprachstudien (›The telling‹, 1972; ›Descriptions of life‹, 1980; ›Some communications of broad reference‹, 1983). **Weitere Werke:** Poems. A joking word (Ged., 1930), Experts are puzzled (Essays und Kurzgeschichten, 1930), Laura and Francisca (Ged., 1931), Poet. A lying word (Ged., 1933), Progress of stories (Kurzgeschichten und Essays, 1935), Collected poems (Ged., 1938, 1980 erweitert u. d. T. The poems of L. R.), Lives of wives (Kurzgeschichten, 1939), Selected poems (Ged., 1970). **Literatur:** WEXLER, J. P.: R.'s pursuit of truth. Athens (Ohio) 1979. – WEXLER, J. P.: L. R. A

bibliography. New York 1981. – ADAMS, B. B.: The enemy self. Poetry and criticism of L. R. Ann Arbor (Mich.) u. a. 1990.

Ridler, Anne [engl. 'rɪdlə], geb. Bradby, * Rugby 30. Juli 1912, engl. Schriftstellerin. – Vermittelt in Gedichten und in Versdramen christl. Themen in rhythmisierter moderner Alltagssprache; trug in der Nachfolge T. S. Eliots zur Erneuerung poet. Dramatik bei; schrieb dann v. a. Opernlibretti und gab Gedichtanthologien heraus. **Werke:** A dream observed (Ged., 1941), Cain (Dr., 1943), The shadow factory (Dr., 1946), The mask (Dr., 1950), The golden bird (Ged., 1951), The trial of Thomas Cramner (Dr., 1956), Selected poems (Ged., 1961), Some time after (Ged., 1972), The Jesse tree (Dr., 1972), New and selected poems (Ged., 1988).

Riegel, Werner, * Danzig 19. Jan. 1925, † Hamburg 11. Juli 1956, dt. Schriftsteller. – Als Soldat zweimal verwundet; arbeitete nach Kriegsende in mehreren Berufen, zuletzt Angestellter in Hamburg, wo er 1952–56 mit P. Rühmkorf die (hektographierte) Zeitschrift ›Zwischen den Kriegen‹ herausgab; schrieb durch Pessimismus und aggressive Sprache gekennzeichnete Lyrik und Prosa. **Werke:** Heiße Lyrik (1956; mit P. Rühmkorf), Gedichte und Prosa (hg. 1961).

Riehl, Wilhelm Heinrich von (seit 1883), * Biebrich (heute zu Wiesbaden) 6. Mai 1823, † München 16. Nov. 1897, dt. Kulturhistoriker und Schriftsteller. – R. trat nach seinem Studium der Theologie, Philosophie, Musik sowie der Geschichte und Staatswissenschaft v. a. nach der Revolution von 1848 als konservativer Publizist hervor; in München 1854–59 Prof. der Staatswissenschaften, 1859–92 der Kulturgeschichte; ab 1885 Direktor des Bayer. Nationalmuseums. R. strebte nach wiss. Grundlegung der histor. Volkskunde und erweiterte das Forschungsgebiet der Kulturgeschichte durch kultursoziolog. Betrachtungen, wie er sie in seinem Hauptwerk ›Die Naturgeschichte des Volkes als Grundlage einer dt. Socialpolitik‹ (4 Bde., 1851–69) anstellt. Aufbauend auf seinen kulturhistor. Untersuchungen und um deren Thesen zu verdeutlichen, schrieb er v. a. zahlreiche, von einer humorvoll-biedermänn. Erzählhaltung geprägte Novellen, u. a.

›Culturgeschichtl. Novellen‹ (1856) und ›Geschichten aus alter Zeit‹ (2 Bde., 1863/64).

Weitere Werke: Musikal. Charakterköpfe (Skizzen, 3 Bde., 1853–78), Die Pfälzer (Skizzen, 1857), Culturstudien aus drei Jahrhunderten (1859), Die dt. Arbeit (1861), Am Feierabend (Nov.n, 1880), Lebensrätsel (Nov.n, 1888), Religiöse Studien eines Weltkindes (1894), Ein ganzer Mann (R., 1897).

Literatur: ALTENBOCKUM, J. VON.: W. H. R. 1823–1897. Köln u. a. 1994.

Riemer, Friedrich Wilhelm, * Glatz 19. April 1774, † Weimar 19. Dez. 1845, dt. Literarhistoriker und Schriftsteller. – 1812 Gymnasiallehrer und Bibliothekar, ab 1841 Geheimer Hofrat in Weimar. War zuvor Hauslehrer der Kinder W. von Humboldts und ab 1803 von Goethes Sohn August; bearbeitete Goethes Fragment ›Elpenor‹ und wirkte bei der Ausgabe von Goethes Werken letzter Hand maßgeblich mit. Edierte den ›Briefwechsel zwischen Goethe und Zelter 1796–1832‹ (6 Bde., 1833/34) und die ›Mitteilungen über Goethe aus mündl. und schriftl. Quellen‹ (2 Bde., 1841). Schrieb außerdem unter dem Pseudonym Silvio Romano Gedichte im Geschmack der Zeit (›Blumen und Blätter‹, 2 Bde., 1816–19).

Literatur: POLLMER, A.: F. W. R. u. seine ›Mitteilungen über Goethe‹. Lpz. 1922.

Riemerschmid, Werner [...ʃmɪt], * Maria Enzersdorf am Gebirge (Niederösterreich) 16. Nov. 1895, † Wien 16. April 1967, österr. Schriftsteller. – Ab 1928 Dramaturg und Spielleiter beim Rundfunk in Wien, ab 1945 freier Schriftsteller, Lyriker und Erzähler mit Neigung zum Visionären, zu Skeptizismus und Sarkasmus; profilierter Hörspielautor; auch Dramen und Übersetzungen.

Werke: Das Buch vom lieben Augustin (R., 1930), Das verzauberte Jahr (Ged., 1936), Die Frösche von Sumpach (R., 1939), Der Bote im Zwielicht (Ged., 1942), Schatten (R., 1947), Trakl (E., 1947), Zwischen Hades und Olymp (2 Kom.n, 1955), Steinbrüche (Ged., 1965).

Riemersma, Trinus, * Ferwerd 17. Mai 1938, westfries. Schriftsteller. – Am bedeutendsten sind seine psycholog., oft experimentellen Romane und Novellen, die in der Nachfolge A. S. Wadmans die Emanzipation der westfries. Literatur

mit der Aufgabe mancher Tabus kennzeichnen; von seinen zahlreichen Romanen sind v. a. ›Fabryk‹ (1964), ›Minskrotten-Rotminsken‹ (1966), ›De hite simmer‹ (1968) und ›De skijntme vurt ferbwólgwódde‹ (1981) zu erwähnen. Für die Literaturwissenschaft ist seine Dissertation ›Proza van het platteland‹ (1984, über die westfries. Belletristik von 1855 bis 1945) wichtig.

Riemkasten, Felix, * Potsdam 8. Jan. 1894, † Friedenweiler (Landkreis Breisgau-Hochschwarzwald) 6. Okt. 1969, dt. Schriftsteller. – Begann mit politischzeitkrit. Romanen und Novellen, von denen der Typenroman ›Der Bonze‹ (1930) bes. bekannt wurde. Später schrieb er v. a. humorist. Feuilletons, auch Jugendbücher und Jogalehrbücher.

Weitere Werke: Stehkragenproletarier (R., 1920), Des Seiens Knörkel (Ged., 1922), Alle Tage Gloria (Nov.n, 1927), Genossen (R., 1931), Der Götze (R., 1932), Ali, der Kater (Humoreske, 1938), Der Bund der Gerechten (Jugendb., 1956), Die verborgene Kraft in uns (Schrift, 1967).

Rieple, Max, * Donaueschingen 13. Febr. 1902, † ebd. 16. Jan. 1981, dt. Schriftsteller. – Veröffentlichte zahlreiche Landschafts- und Reisebücher über Frankreich, die Schweiz, Italien, Österreich und Süddeutschland; Essays, Lyrik; Übersetzer und Hg. frz. Lyrik.

Werke: Das frz. Gedicht. (1947; Hg.), Goldenes Burgund (1961), Malerisches Elsaß (1964), Verliebt in den Bodensee (1965), Auf tausend Treppen durchs Tessin (1970), Die oberitalien. Seen (1972), Der Tag war viel zu kurz (Autobiogr., 1976).

Rietenburg (Riedenburg), Burggraf von, mhd. Minnesänger des 12. Jahrhunderts. – Wahrscheinlich einer der Söhne des 1177 gestorbenen Heinrich III. aus der Familie der Grafen von Steffling und Riedenburg, ein (jüngerer?) Bruder des Burggrafen von Regensburg. Von ihm sind fünf einstrophige und ein zweistrophiges Lied erhalten, die sich von der älteren donauländ. Schule des Minnesangs lösen und bereits provenzal. Einflüsse (unerfüllte Minne) zeigen.

Ausgabe: Des Minnesangs Frühling. Hg. v. H. MOSER u. H. TERVOOREN. Bd. 1. Stg. [37]1982.

Rifat, Oktay, * Trabzon 10. Juni 1914, † Istanbul 18. April 1988, türk. Schriftsteller. – Veröffentlichte zus. mit O. V.

Kanık und M. C. Anday 1941 den spektakulären Band ›Gârip‹ (= fremdartige Dichtung), mit dem der türk. Lyrik neue Dimensionen eröffnet wurden. Der Einfluß der nach den drei Autoren benannten Poesie der ›Ersten Neuen‹ ist bis heute zu spüren; schrieb auch Romane und Dramen.

Weitere Werke: Yeni şiirler (= Neue Gedichte, 1973), Bir kadının penceresinden (= Aus dem Fenster einer Frau, R., 1976), Danaburnu (R., 1980), Bay Lear (= Herr Lear, R., 1982), Çobanıl şiirler (= Hirtengedichte, 1982).

Rifbjerg, Klaus [dän. 'rifbjɛr], * Kopenhagen 15. Dez. 1931, dän. Schriftsteller. – Einer der erfolgreichsten zeitgenöss. Schriftsteller in Dänemark; sucht neue Entwicklungswege (z. B. Collagetechnik), wobei es ihm gelingt, der Sprache neue Bilder und Effekte abzugewinnen; spielte in der kulturpolit. Debatte der 60er Jahre eine exponierte Rolle. Seit 1967 Mitglied der Dänischen Akademie; schreibt auch Dramen, Hörspiele, Filmdrehbücher und Fernsehspiele.

Werke: Der schnelle Tag ist hin (R., 1958, dt. 1962, 1971 u. d. T. Unschuld), Konfrontation (Ged., 1960), Portræt (Ged., 1963), Der Opernliebhaber (R., 1966, dt. 1968), Reisende (Prosa, 1969, dt. 1973), Anna (jeg) Anna (R., 1969), Adresse: ›Lena Jørgensen‹, Kopenhagen (R., 1971, dt. 1974), Dilettanten (R., 1973, dt. 1976), Sommer (R., 1974, dt. 1977), Ein abgewandtes Gesicht (R., 1977, dt. 1981), Joker (R., 1979), Livsfrisen (Ged., 1979), Mænd og kvinder (R., 1982), Landet Atlantis (Ged., 1982), Intet nyt fra køkkenfronten (Dr., 1984), Som man behager (R., 1986), Engel (R., 1987), Septembersang (Ged., 1988, dt. 1991), Det svage køn (Nov.n, 1989), Rapsodi i blåt (R., 1991), Uhrenschlag der aufgelösten Zeit (Ged., dt. Ausw. 1991).

Literatur: JØRGENSEN, A.: K. R. Nogle literaturhenvisninger. Aarhus 1973. – JØRGENSEN, J. CH.: Omkring den kroniske uskyld. Kopenhagen 1974. – ØHRGAARD, P.: K. R. Kopenhagen 1977. – GLIENKE, B.: Noras Heimflug. Die Frauenperspektive in der Prosa K. R.s In: Aspekte der skand. Gegenwartslit. Hg. v. D. BRENNECKE. Hdbg. 1978. – BROSTRØM, T.: K. R. En digter i tiden. Kopenhagen ¹⁻²1991. 2 Bde.

Rigas Velestinlis (tl.: Rēgas Velestinlēs; Rigas Pheraios), * Welestino (Thessalien) um 1757, † Belgrad 24. Juni 1798, neugriech. Dichter. – Stand 1786–96 im Dienst des Fürsten der Walachei und in Verbindung mit den im griech. Bildungszentrum von Bukarest wirkenden griech. Gelehrten und Schriftstellern; widmete sich dem Kampf für die Befreiung Griechenlands, schrieb aufrührer. Freiheitslieder, die zu den ersten Zeugnissen der neugriech. Literatur gehören, und polit. Schriften; auch Übersetzer aus dem Deutschen und Französischen. Von den Österreichern in Triest verhaftet, wurde er dem türk. Kommandanten von Belgrad ausgeliefert und hingerichtet.

Ausgabe: Rēgas Velestinlēs-Pheraios. Hapanta. Hg. v. L. VRANUSSIS. Athen 1968. 2 Bde.

Rigaut de Barbezieux [frz. rigodbarbə-'zjø] (R. de Berbezilh), provenzal. Troubadour der 2. Hälfte des 12. Jh. aus Angoulême. – Literar. Tätigkeit zwischen 1140 und 1163; bes. im 13. Jh. über die Provence hinaus auch in Italien, Katalonien und Nordfrankreich geschätzter Sänger-Dichter, dessen lyr. Werk sich durch die Integration antiken (Ovid) und spätantik-mittelalterl. (Bestiarien) Gedankengutes auszeichnet; von ihm stammt ein früher Hinweis (vor 1160) auf Perceval und die Gralslegende.

Ausgabe: R. de Berbezilh. Liriche. Hg. v. A. VÁRVARO. Bari 1960.

Rigsþula ['ri:ksθula], altnord., nur in einer Handschrift der Prosaedda unvollständig überliefertes Götterlied. Der Gott Rig zeugt die drei Söhne præll (= Knecht), Karl (= Bauer) und Jarl (= Edelmann), die als Ahnherren der drei Stände gelten. Die R., die ir. Einfluß zeigt, ist eine wichtige kulturgeschichtl. Quelle. Die Datierung schwankt zwischen dem 9. und dem 13. Jahrhundert.

Literatur: JÓNSSON, F.: R. In: Arkiv för nordisk filologi 33 (1917), S. 157. – SEE, K. VON: Das Alter der R. In: Acta Philologica Scandinavica 24 (1957–61), S. 12 – SCHER, S. P.: R. as poetry. In: Modern Language Notes 78 (1963), S. 397.

Rigweda ↑ Rgveda.

Rihani, Ar (tl.: Ar-Rīḥānī), Amin (Raihani, Ar), * Al Furaika 24. Nov. 1876, † ebd. 13. Sept. 1940, libanes. Schriftsteller und Journalist. – Verfaßte zahlreiche histor. Werke und Reisebeschreibungen in engl. und arab. Sprache, u. a. ›Mulūk al-'arab aw riḥlaʰ fī'l-bilād al-'arabiyyaʰ‹ (= Die Könige der Araber oder eine Reise in die arab. Ländern, 2 Bde., 1924), ›Qalb Lubnān‹ (= Das Herz des Libanon, hg. 1947); bed. Aufsätze u. Reden (›Ar-Rīḥāniyyāt‹, 4 Bde., 1910–23).

Literatur: BROCKELMANN, C.: Gesch. der arab. Litteratur. Suppl.-Bd. 3. Leiden 1942. S. 399. – RIHANI, A.: Where to find Ameen R. Bibliography. Beirut 1979.

Rilke, Rainer Maria, eigtl. René M. R., * Prag 4. Dez. 1875, † Val-Mont bei Montreux 29. Dez. 1926, österr. Dichter. – Stammte aus kleinbürgerl. Verhältnissen; der Vater, ehem. Unteroffizier, war Eisenbahnbeamter, die Mutter stammte aus einer Kaufmannsfamilie. Die Eltern trennten sich 1886; den Sohn schickte man auf die Militärerziehungsanstalt St. Pölten, wo er gemäß der Familientradition auf die Offizierslaufbahn vorbereitet werden sollte. Aus Gesundheitsgründen wurde er 1891 entlassen, die traumat. Erinnerung an jene unglückl. Jahre jedoch verließ ihn lange nicht. Besuch der Handelsakademie, schließlich Privatunterricht bis zum Abitur. In Prag, München und Berlin Studium der Philosophie, Kunst und Literatur. Vielfältige, mehr und mehr auch aktive Hinwendung zur Kunst, ehe er sich ›zwischen Malerei und Sprache entschied‹; selbst danach aber hatte er zeitlebens engste Beziehungen zum Bildkünstlerischen. 1897 traf er Lou Andreas-Salomé, mit der er zweimal (1899 und 1900) in ihrer Heimat Rußland war. Diese Reisen, deren spätere produktive Ergebnisse ›Das Stunden-Buch‹ (1905), aber auch ›Vom lieben Gott und Anderes‹ (1900, 1904 u. d. T. ›Geschichten vom lieben Gott‹) waren, v. a. die Begegnung mit dem greisen L. N. Tolstoi, erwiesen sich als nachhaltigstes Erlebnis in R.s Frühzeit. Die Beziehung zu Lou hielt lebenslang an; 1899 entstand in ihrer Nähe sein später verbreitetstes Werk, ›Die Weise von Liebe und Tod des Cornets Christoph Rilke‹ (1906). Im Jahre 1900 erhielt R. eine Einladung des Jugendstilmalers H. Vogeler nach Worpswede; hier lernte er u. a. Paula Modersohn-Becker und auch die Bildhauerin Clara Westhoff kennen, die er im April 1901 heiratete; schon 1902 mußte er aber den Haushalt mit Frau und Tochter Ruth auflösen, da er ihn materiell nicht halten konnte. Ein Prosaband ›Die Letzten‹ (1902), eine neue Sammlung von Gedichten ›Das Buch der Bilder‹ (1902, erweitert 1906) sowie ›Worpswede‹

Rainer Maria Rilke

(1903), die ›Monographie einer Landschaft und ihrer Maler‹, sind der Ertrag dieser Zeit. R. siedelte nach Paris über, wo er, von vielen Reisen abgesehen, bis zum Ausbruch des 1. Weltkriegs nahezu seßhaft blieb. Er arbeitete zeitweise als Sekretär bei A. Rodin, dann, nach dem Bruch mit diesem, ganz auf sich selbst gestellt, unterstützt von Mäzenen wie H. Graf Keßler, dem Verleger Anton Kippenberg (* 1874, † 1950) sowie Sidonie Nádherný von Borutin, mit der ihn lebenslange Freundschaft verband. In diesen Jahren wurde das ›Stunden-Buch‹ vollendet, entstand eine Auftragsarbeit, die Monographie ›Auguste Rodin‹ (1903), v. a. aber R.s einziger Roman, ›Die Aufzeichnungen des Malte Laurids Brigge‹ (2 Bde., 1910). Zugleich schuf er weitere Gedichte (›Neue Gedichte‹, 1907; ›Der neuen Gedichte anderer Teil‹, 1908). Nach dem ›Malte‹ erschien, abgesehen vom ›Marienleben‹ (1913; vertont von P. Hindemith 1922/23), für längere Zeit kein eigenes größeres Werk; andererseits setzte 1911/12 die Konzeption von R.s bedeutendstem Spätwerk, den ›Duineser Elegien‹ (1923), ein, in einer Zeit, als er sich auf dem Adriaschloß Duino seiner mütterl. Freundin, der Fürstin Marie von Thurn und Taxis befand. In der Periode bis 1922, die R. selbst als Krise seiner Produktivität empfand, entstanden gut die Hälfte der ›Elegien‹ und viele Gedichte in neuem Ton (dem ›Spätstil‹), dazu eine Vielzahl von Entwürfen; außerdem ist sein erhebl. Teil seiner Produktivität auch in dieser Zeit in das Briefwerk übergegangen (rund 10 000

Briefe). Den Krieg erlebte R. hpts. in München; 1915/16 mußte er für ein halbes Jahr in Wien Kriegsdienst leisten. 1919 siedelte er in die Schweiz über, wo er nach verschiedenen Stationen und Einladungen 1921 den ›Turm‹ von Muzot bei Siders bezog, den ein Freund mietete und ihm zur Verfügung stellte. In der Abgeschiedenheit dieses Schlößchens erlebte R. noch einmal Tage intensiver Produktivität. Innerhalb von knapp 14 Tagen schrieb er ›Die Sonette an Orpheus‹ (1923) und vollendete die ›Duineser Elegien‹. Außer einem Aufenthalt 1925 in Paris unternahm er Reisen fast nur noch innerhalb der Schweiz. Kurz nach Weihnachten 1926 starb R. an Leukämie und wurde seinem Testament gemäß an der Bergkirche von Raron bestattet.

R.s Jugendlyrik, seine frühen Dramen und Prosaskizzen bewegen sich noch unsicher zwischen den damals aktuellen literar. Strömungen, zwischen Naturalismus, Jugendstil und Neuromantik. Erst der Gedichtband ›Mir zur Feier‹ (1899, 1909 u. d. T. ›Die frühen Gedichte‹) bedeutet einen Stilwandel, läßt die Bemühung um sachlichere, genauere Begriffe erkennen, wie sie später typisch sind; das ›Ich‹ tritt allmählich zurück, abstrakte Wendungen werden häufiger. Die Worpsweder und endgültig die Pariser Zeit festigten diese Entwicklung zur Eigenständigkeit und poet. Integrität. Ein nuancenreicher, plast., malerisch-intensiver Stil prägt jetzt zunehmend die Lyrik R.s, die inzwischen weniger Stimmungen und Gefühle, sondern Erfahrungen, Erlebnisse von Daseinsformen (selbst der Dinge, was zum sog. ›Dinggedicht‹ führt) in Sprache umsetzt. Mehr als in der ersten Ausgabe kommt dies dann in der erweiterten Fassung vom ›Buch der Bilder‹ zum Ausdruck, v. a. aber in den beiden Bänden der ›Neuen Gedichte‹, welche einen dichter. Höhepunkt darstellen. Zur Reife gelangt ist hier R.s Ästhetik der wechselseitigen Durchdringung von Außenwelt und Innenwelt, seine Überzeugung, alle Dinge der Erscheinungswelt seien gleichermaßen Kundgaben des Lebens, die gering geachteten und unscheinbaren Naturobjekte nicht weniger als die Zeugnisse hochentwickelter Kultur. Diese An-

schauungen decken sich weitgehend mit denen, welche M. Proust nur wenig später in seinem Romanwerk ›Auf der Suche nach der verlorenen Zeit‹ (ab 1913–27) herausarbeitete; zwischen diesem Roman und insbes. R.s ›Malte‹, dem Roman eines jungen Dichters in Paris, besteht eine enge Verwandtschaft. Ausgehend von der Suche nach Identität, nach Wahrheit, nach der eigenen künstler. Bestimmung wird die Hoffnung thematisiert, daß künstler. Form zugleich Sinnstruktur ist, die dem Leben individuellen Halt und eine gestalthafte Ordnung geben kann. So erscheint Kunst als Rettung und Bewahrung der vergängl. Welt, als Form des Widerstands gegen die Zeitlichkeit der Dinge. Das Bewahren durch Verwandlung ist ein zentrales Motiv auch in den ›Duineser Elegien‹, in deren zehnjähriger Entstehungsperiode R. einen ganz einzigartigen dichter. Spätstil entwickelte. Formal greift er den antiken Elegienvers auf, der Inhalt aber ist das Antiidyll: Verzweiflung am Menschen und seiner Situation in der Welt, an seinem Ungenügen, seiner Gebrochenheit. Form- und ideengeschichtlich gleich wichtig ist die Herausbildung einer ›neuen Mythologie‹ des ›Engels‹, der Liebenden, der jungen Toten. Und neue Mythologie ganz und gar, ebenfalls in geklärter strenger Form, ist das letzte zusammengefaßte Werk R.s in dt. Sprache. ›Die Sonette an Orpheus‹. Die Sonette erschienen R. selbst als ›Kehrseite‹ der Elegien, denn sie sind nicht Schmerzensschrei, sondern Jubelruf, Rühmung, Preisen. Orpheus ist das Symbol der Möglichkeit der Verwandlung der Welt ins Wort, ins ›Unsichtbare‹. – Die letzten Jahre in R.s künstlerischem Schaffen sind auch geprägt durch Übersetzungen (P. Valéry, A. Gide, M. de Guérin, E. Barrett Browning) sowie das Dichten in französischer Sprache.

Weitere Werke: Larenopfer (Ged., 1896), Traumgekrönt (Ged., 1897), Advent (Ged., 1898), Am Leben hin (Nov.n, Skizzen, 1898), Vergers suivi des Quatrains Valaisans (Ged., 1926), Les fenêtres (Ged., hg. 1927), Les roses (Ged., hg. 1927).
Ausgaben: R. M. R. Briefe. Hg. v. R. SIEBER-RILKE u. C. SIEBER. Lpz. Neuausg. 1936–39. 6 Bde. – R. M. R. Sämtl. Werke. Hg. v. R. SIEBER-RILKE. Ffm. 1955–66. 6 Bde. – R. M. R. Briefe

an Sidonie Nádherný von Borutin. Hg. v.
B. BLUME. Ffm. 1973. – R. M. R. u. Lou Andreas-Salomé. Briefwechsel. Hg. v. E. PFEIFFER.
Ffm. 1975. – R. M. R. Übertragungen. Hg. v.
E. ZINN u. K. WAIS. Ffm. 1975. – R. M. R. Werke
in 3 Bden. Hg. v. H. NALEWSKI. Lpz. 1978. – R.
M. R. Die Gedichte. Ffm. 1986. – R. M. R. Brief-
wechsel mit R. Ullmann u. E. Dalp. Hg. v. W. SI-
MON. Ffm. 1987. – R. M. R. u. Ellen Key. Brief-
wechsel. Hg. v. TH. FIEDLER. Ffm. u. a. 1993.
Literatur: RITZER, W.: R. M. R. Bibliogr. Wien
1951. – Insel-Almanach 1967. R. M. R. zum
vierzigsten Todestag. Ffm. 1966. – STEINER, J.:
R.s Duineser Elegien. Bern u. a. ²1969. –
R. M. R. 1875–1975. Ausst.-Kat. Stg. 1973. –
FUERST, N.: R. in seiner Zeit. Ffm. 1975. – KU-
NISCH, H.: R. M. R. Dasein u. Dichtung. Bln.
²1975. – SAAS, CH.: R. M. R. Stg. ²1975. –
SCHNACK, I.: R. M. R. Chronik seines Lebens u.
seines Werkes. Ffm. 1975. 2 Bde. – HAMBUR-
GER, K.: R. Stg. 1976. – SIMON, W.: Verz. der
Hochschulschrr. über R. M. R. Hildesheim u.
New York 1978. – LEPPMANN, W.: R. Sein Leben, seine Welt, sein Werk. Bern u. Mchn.
1981. – Zu R. M. R. Hg. v. E. SCHWARZ. Stg.
1983. – HÄHNEL, K.-D.: R. M. R. Werk, Literaturgeschichte, Kunstanschauung. Bln. u. a.
1984. – OLZIEN, O. H.: R. M. R. Wirklichkeit u.
Sprache. Bln. 1984. – NALEWSKI, H.: R. M. R. in
seiner Zeit. Lpz. 1985. – PRATER, D. A.: Ein klin-
gendes Glas. Das Leben R. M. R.s. Dt. Übers.
Mchn. 1986. – R. M. R. Hg. v. R. GÖRNER.
Darmst. 1987. – R. Leben, Werk u. Zeit in Texten u. Bildern. Hg. v. H. NALEWSKI. Ffm. 1992. –
R. M. R. u. die Schweiz. Hg. v. J. STEINER. Zü.
1992. – Rencontres R. M. R. Hg. v. J. SÖRING
u. a. Neuenburg 1992. – ANDREAS-SALOMÉ, L.:
R. M. R. Ffm. ²1993. – R. u. Frankreich. Bearb.
v. H. SCHMIDT-BERGMANN. Sigmaringen 1993. –
HOLTHUSEN, H. E.: R. M. R. Rbk. 168.–171. Tsd.
1994.

Rimbaud, [Jean Nicolas] Arthur [frz.
rɛ̃'bo], * Charleville (heute Charleville-
Mézières, Ardennes) 20. Okt. 1854,
† Marseille 10. Nov. 1891, frz. Dichter. –
Sohn eines Berufsoffiziers; frühreifer
Schüler, der gegen die strenge Erziehung
durch seine religiöse Mutter opponierte;
er floh u. a. zweimal nach Paris, wohin er
schließlich auf Einladung P. Verlaines,
dem er einige seiner Verse zugesandt
hatte, übersiedelte; lebte 1871–73 mit
Verlaine zusammen, mit dem er mehrmals nach England und nach Belgien reiste. In Brüssel kam es 1873 zum dramat.
Bruch (Verlaine verletzte R. durch einen
Schuß an der Hand). Ab 1874 gab R. jegl.
literar. Tätigkeit auf. Ohne zu wissen,
daß er durch einen Aufsatz Verlaines in
dessen Werk ›Les poètes maudits‹ (1884)

Arthur
Rimbaud

berühmt geworden war, begann er ein
unstetes Wanderleben, das ihn u. a. bis in
den Nahen und Fernen Osten sowie nach
Äthiopien führte, wo er als Waffenein-
käufer für den Negus tätig war. Er starb
an den Folgen einer Beinamputation. –
R. entwickelte sich nach belanglosen Anfängen (1869/70), in denen er V. Hugo,
Th. de Banville und die Parnassiens
nachahmte, zu einem der Wegbereiter
der modernen Lyrik überhaupt. In den
›Lettres du voyant‹ (entst. 1871, hg. 1912
und 1926, dt. 1961 u. d. T. ›Zwei Briefe
über Dichtung‹) formulierte er seine Auffassung vom Dichter als Seher (›voyant‹)
in Prosa. Seine Lyrik, die auch Ausdruck
der Auflehnung gegen Konventionen
aller Art ist, entwirft in esoter., seherisch-
dunklen Texten immer neue Annäherun-
gen an den Ausdruck des Absoluten. Gedichte voll graziöser Melodik stehen neben schockierend-dissonanten Versen. In
der in 25 vierzeiligen Alexandrinerstro-
phen abgefaßten Dichtung ›Das trunkene Schiff‹ (entst. 1871 als dichter. Umsetzung der ›Lettres du voyant‹, veröffentlicht von Verlaine in der Zeitschrift
›Lutèce‹, 1883, dt. 1908) gelingt R. die
Gestaltung kompromißloser Sehnsucht
nach Freiheit; fortschreitende Lockerung des Versbaus führte ihn zur Form
des rhythmisierenden Prosagedichts:
›Aufenthalt in der Hölle‹ (1873, dt. 1907),
vollendet nach dem Bruch mit Verlaine,
ist eine Absage an mögl. Formen geistiger Existenz, die er bekräftigt in
den Bruchstücken der ›Erleuchtungen‹
(entst. 1873/74[?], veröffentlicht 1886, dt.
1907). R.s Werk, gekennzeichnet durch

sprachl. Kühnheit und Ausdruckskraft, hatte großen Einfluß auf die späten frz. Symbolisten und bes. die Expressionisten und Surrealisten.

Weitere Werke: Le reliquaire (Ged., hg. 1891), Poèmes (hg. 1891), Poésies complètes (hg. von P. Verlaine 1895), Les mains de Jeanne-Marie (Ged., hg. 1919), Un cœur sous une soutane (Ged., hg. 1924).

Ausgaben: A. R. Poésies. Krit. Ausg. Hg. v. H. DE BOUILLANE DE LACOSTE. Neuausg. Paris 1947. – Jean A. R. Das dichter. Gesamtwerk. Dt. Übers. Hg. v. F. VON REXROTH. Wsb. 1954. – A. R. Poet. Werke. Hg. u. übers. v. H. THERRE u. R. G. SCHMIDT. Mchn. 1979–80. 2 Bde. – A. R. Œuvres. Hg. v. S. BERNARD u. A. GUYAUX. Paris 1981. – Jean A. R. Sämtl. Dichtungen. Frz. u. dt. Hdbg. ⁶1982. – A. R. Sämtl. Dichtungen. Dt. Übers. v. W. KÜCHLER. Hdbg. ⁶1982. – A. R. Œuvres complètes. Hg. v. A. ADAM. Neuausg. Paris 1983. – A. R. Poésies complètes. Hg. v. D. LEUWERS. Paris 1984. – A. S. Sämtl. Werke. Frz. u. dt. Hg. v. TH. KECK. Ffm. u. Lpz. 1992.

Literatur: CHADWICK, CH.: Études sur R. Paris 1960. – STARKIE, E.: Das trunkene Schiff. Das Leben des Jean A. R. Dt. Übers. Hamb. 1963. – HACKETT, C.-A.: Autour de R. Paris 1967. – ÉTIEMBLE, R.: Le mythe de R. Paris ²⁻³1968 ff. (bisher 3 Bde. erschienen). – Études rimbaldiennes. Hg. v. P. PETITFILS. Bd. 1. Paris 1968 ff. – RIVIÈRE, J.: R. Ein Essay. Dt. Übers. Freib. 1968. – RAY, L.: A. R. Paris 1976. – HACKETT, C. A.: R. A critical introduction. Cambridge 1981. – RIEDEL, E.: Strukturwandel in der Lyrik R.s. Mchn. 1982. – MARCOTTE, G.: La prose de R. Montreal 1983. – BORER, A., u. a.: Un sieur R. se disant négociant. Paris 1984. – ÉTIEMBLE, R.: R., système solaire ou trou noir? Paris 1984. – LITTLE, R.: R., ›Illuminations‹. London 1984. – BRAUN, V.: R. Ein Psalm der Aktualität. Stg. u. Wsb. 1985. – WETZEL, H. H.: R.s Dichtung, ein Versuch, ›die raube Wirklichkeit zu umarmen‹. Stg. 1985. – Revue d'histoire littéraire de France 87 (1987), H. 2. Sondernummer ›R. Illuminations‹. – MURPHY, S.: Le premier R. ou l'apprentissage de la subversion. Lyon 1990. Nachdr. 1991. – JEANCOLAS, C.: Le dictionnaire R. Paris 1991. – BONNEFOY, Y.: A. R. Dt. Übers. Rbk. 30.–32. Tsd. 1994.

Rime riche [frz. rim'riʃ], reicher ↑ Reim.

Rímur ['ri:mʊr; altisländ. = Reimgedichte] (Einzahl Ríma), isländ. erzählende Dichtungen, von denen meist mehrere Einzelgedichte von je 30–80 Strophen zu Zyklen zusammengefaßt werden. Die nur in Island existierende Gattung entwickelte sich im 14. Jh.; aus vorreformator. Zeit sind etwas mehr als 60 vorwiegend anonyme R.zyklen erhal-

ten. Ihre Stoffe sind meist isländ. Sagas entnommen, v. a. den ↑ Fornaldar sögur und den übersetzten Rittersagas (Riddarasögur), aber auch anderen Sagas und Volkserzählungen. Die verschiedenen und komplizierten Metren der R.dichtung beruhen einerseits auf Versformen der ↑ Skaldendichtung und verwenden auch deren Stilmittel, z. B. Kenningar (↑ Kenning), zeigen aber in ihren vierzeiligen Strophen und der Verwendung des Endreims neben dem Stabreim Einflüsse der mittelalterl. skand. Balladendichtung (↑ Folkevise). Die Einleitung jedes Einzelgedichtes steht mit seinem Inhalt oft in keinem Zusammenhang, bei älteren R. sind es oft Liebesstrophen, die vielleicht auf mittelalterl. europ. höf. Liebesdichtung zurückgehen. Die R.dichtung war durch Jahrhunderte die populärste isländ. literar. Gattung; durch sie blieben zahlreiche literar. Stoffe lebendig, und sie trug wesentlich zur Bewahrung des Verständnisses für die Stabreimdichtung auf Island bei. Im 19. Jh. wurde sie bes. durch Sigurður Breiðfjörð (* 1798, † 1846) und Hjálmar Jónsson belebt; neue R.dichtungen entstanden bis ins 20. Jahrhundert.

Literatur: Rímnasafn. Hg. v. F. JÓNSSON. Kopenhagen ²1913–22. 2 Bde. – SIGMUNDSSON, F.: Rímnatal. Reykjavík 1966. 2 Bde. in 1 Bd. – Kulturhistorisk leksikon for nordisk middelalder fra vikingetid til reformationstid. Hg. v. G. RONA u. A. KARKER. Bd. 14. Kopenhagen 1969. S. 319.

Rinckart (Rinckhart, Rinkart), Martin, * Eilenburg 23. April 1586, † ebd. 8. Dez. 1649, dt. Dichter. – Studierte in Leipzig, war Kantor in Eisleben, Diakon, Pfarrer und lebte seit 1617 als Archidiakon in Eilenburg; Poeta laureatus; von seinen 7 Dramen zur Reformationsgeschichte sind 3 erhalten, darunter das Lutherdrama ›Der Eislebische Christl. Ritter‹ (1613); bekannter ist R. als Dichter und Komponist von Kirchenliedern, u. a. des Chorals ›Nun danket alle Gott‹ aus der Sammlung ›Jesu-Hertz-Büchlein in geistl. Oden‹ (1636).

Ringelnatz, Joachim, eigtl. Hans Bötticher, * Wurzen 7. Aug. 1883, † Berlin 17. Nov. 1934, dt. Schriftsteller und Maler. – Nach dem bestandenen ›Einjährigen‹ verließ R. 1901 die Schule und wurde Schiffsjunge; danach war er in vielen Berufen tätig. 1909 ›Hausdichter‹ im ›Simpl‹, einer Münchner Künstlerkneipe; 1914–18 bei der Marine; ab 1920 Autor und Schauspieler in Berlin an der Kleinkunstbühne ›Schall und Rauch‹; Vortragsreisen durch Europa. Seine skurrile Lyrik umfaßt eine breite Skala von der Moritat und dem Song bis zur Groteske. Seine Nonsensverse öffnen der lyr. Zeitkritik und Satire durch die Erschließung des Trivialen neue Perspektiven. Mit hintergründigem Humor zeigt der Moralist R. antibürgerl. Protest und wehmütigen Sarkasmus.

Joachim
Ringelnatz

Werke: Gedichte (1910), Die Schnupftabaksdose (Ged., 1912), Ein jeder lebt's (Nov.n, 1913), Kuttel Daddeldu (Ged., 1920, erweitert 1923), Turngedichte (1920, erweitert 1923), Die Woge (En., 1922), Geheimes Kinder-Spiel-Buch (Ged., 1924), Nervosipopel (Ged., 1924), Reisebriefe eines Artisten (1927), Als Mariner im Krieg (Autobiogr., 1928), Kinder-Verwirr-Buch (1931), Mein Leben bis zum Kriege (Autobiogr., 1931), Gedichte dreier Jahre (1932), Die Flasche und mit ihr auf Reisen (Ged., 1932), Gedichte, Gedichte von Einstmals und Heute (1934). **Ausgaben:** Der Nachlaß von J. R. Bln. 1935. – J. R. Überall ist Wunderland. Nachwort v. L. KUSCHE. Bln. 1964. – J. R. u. auf einmal steht es neben dir. Ges. Gedichte. Bln. 223.–226. Tsd. 1980. – Das R.-Lesebuch. Hg. v. D. KEEL. Zü. 1984. – J. R. Das Gesamtwerk. Hg. v. W. PAPE. Neuausg. Zü. 1994. 7 Bde. **Literatur:** In memoriam J. R. Eine Bibliogr. Lpz. 1937. – KAYSER, W./DES COUDRES, H.-P.: J.-R.-Bibliogr. Hamb. 1960. – GÜNTHER, H.: J. R. Rbk. 1964. – PAPE, W.: J. R. Parodie u. Selbstparodie in Leben u. Werk. Bln. u. New York 1974. – BEMMANN, H.: Daddeldu, ahoi. Leben u. Werk des Dichters, Malers u. Artisten J. R. Ffm. 1982. – R. der Maler. Hg. vom Hamburger Kunstverein. Bln. 1983. – SCHWARZE, H. D.:

Vom ungeheuren Appetit nach Frühstück u. nach Leben. Unverhoffte Begegnung mit J. R. Mchn. 1983.

Ringmann, Matthias, Pseudonym Philesius, * Schlettstadt (?) 1482, † ebd. 1511, elsäss. Schriftsteller und Gelehrter. – Studierte Griechisch, Mathematik und Kosmographie; Schulmeister (v. a. in Colmar und Straßburg); steht zwischen MA und Humanismus; schrieb nlat. Gedichte, eine Einführung in die Kosmographie (›Cosmographiae introductio‹, 1507), eine ›Grammatica figurata‹ (1509), und eine Übersetzung von Caesars ›Commentarii de bello Gallico‹, die die humanist. Übersetzungsliteratur mit einleitete.
Literatur: NEWALD, R.: Probleme u. Gestalten des dt. Humanismus. Hg. v. H.-G. ROLOFF. Bln. 1963.

Ringwaldt, Bartholomäus, * Frankfurt/Oder 28. Nov. 1532, † Langenfeld bei Zielenzig (Neumark) 9. Mai 1599, dt. Dichter. – Ab 1566 Pfarrer in Langenfeld; setzte die ev. Kirchenliedtradition mit meditativen Liedern (›Herr Jesu Christ, du höchstes Gut‹) fort; in den vielgelesenen Lehrgedichten ›Christl. Warnung des trewen Eckarts‹ (1582, neue Fassung 1588) und ›Die lauter Warheit‹ (1585) erweist sich R. als freimütiger Zeitkritiker, ebenso in dem moralisch-allegor. Drama ›Speculum mundi‹ (1590).
Literatur: WEGNER, F.: Die ›Christl. Warnung des treuen Eckarts‹ des B. R. Breslau 1909.

Rinkart (Rinckhart), Martin, dt. Dichter, ↑ Rinckart, Martin.

Rinser, Luise, * Pitzling (heute zu Landsberg a. Lech) 30. April 1911, dt. Schriftstellerin. – Lehrerin; 1940 Berufsverbot; 1944/45 wegen Hochverrats und Wehrkraftzersetzung inhaftiert (›Gefängnis-Tagebuch‹, 1946), danach Journalistin, Literaturkritikerin; 1953–59 ∞ mit dem Komponisten Carl Orff; lebt als freie Schriftstellerin in Italien. Gestaltet psychologisch differenziert in Romanen und Erzählungen meist Mädchen- und Frauenschicksale; ihre Themen sind fast immer die Suche nach einer Sinngebung des Lebens aus christl. Gesinnung und die Suche nach gültigen Moralgesetzen. Seit Ende der 1960er Jahre bezieht sie engagiert und kritisch Stellung zu aktuellen kirchl. und polit. Fragen, u.a. zur Stellung der Frau in der Kirche (›Zölibat und Frau‹, 1967), zur Frauenbewegung, zur Atomrüstung und Friedensbewegung; 1984 kandidierte sie, von den Grünen nominiert, für das Amt des Bundespräsidenten. Ihre Werke zeichnen sich durch anspruchsvolle Gedankenführung aus; sie benutzt eine einfühlsame, sensible Sprache. Schreibt auch Hörspiele, Essays und v. a. Tagebücher, in denen sich ihre Gedanken, Beobachtungen und [Reise-] erlebnisse in Form von Notizen, Reflexionen, Reden und kurzen Prosastücken niedergeschlagen haben.

Weitere Werke: Die gläsernen Ringe (E., 1941), Jan Lobel aus Warschau (E., 1948), Die Stärkeren (R., 1948), Mitte des Lebens (R., 1950), Daniela (R., 1953), Der Sündenbock (R., 1955), Ein Bündel weißer Narzissen (En., 1956), Abenteuer der Tugend (R., 1957; zus. mit Mitte des Lebens 1961 u. d. T. Nina), Die vollkommene Freude (R., 1962), Septembertag (E., 1964), Ich bin Tobias (R., 1966), Baustelle. Eine Art Tagebuch. 1967–70 (1970), Grenzübergänge. Tagebuch-Notizen (1972), Wenn die Wale kämpfen. Portrait eines Landes: Süd-Korea (1976), Kriegsspielzeug. Tagebuch 1972–78 (1978), Den Wolf umarmen (Autobiogr., 1981), Winterfrühling. 1979–1982 (Tagebuch, 1982), Mirjam (R., 1983), Im Dunkeln singen. 1982–1985 (Tagebuch, 1985), Geschichten aus der Löwengrube (En., 1986), Silberschuld (R., 1987), Wachsender Mond (Tageb., 1988), Abaelards Liebe (R., 1991), Wir Heimatlosen. 1989–1992 (1992), Saturn auf der Sonne (Autobiogr., 1994).

Luise Rinser

Ausgaben: L. R. Ein Bündel weißer Narzissen. Die Erzählungen. Ffm. ¹³1986. – L. R. Gratwanderung. Briefe der Feundschaft an Karl Rahner. Hg. v. B. SNELA. Kempten 1994.
Literatur: L. R. Materialien zu Leben u. Werk. Hg. v. H. R. SCHWAB. Ffm. 1986.

Rintala, Paavo, *Wyborg 20. Sept. 1930, finn. Schriftsteller. – Mit seiner reichen ep. Produktion ist R. zeitkrit. Moralist und Typenschilderer von unmittelbarem Zugriff, der u. a. Reportagetechniken als Ausdrucksmittel verwendet. In seiner Mannerheim-Trilogie (›Mummoni ja Mannerheim‹ [= Meine Oma und Mannerheim], R., 1960–62) wendet er sich gegen nat. Tabuvorstellungen der Zeit; schrieb auch Schauspiele.

Weitere Werke: Sissiluutnantti (= Guerillaleutnant, R., 1963), Diener auf dem Pferderücken (R., 1964, dt. 1966), Leningrads Schicksalssymphonie (R., 1968, dt. 1970), Valehtelijan muistelmat (= Memoiren eines Lügners, R., 1982), Maatyömies ja kuu (= Landarbeiter und der Mond, R., 1983), Vänrikin muistot (= Erinnerungen eines Fähnrichs, R., 1985), Pitkä matka Veronaan (= Lange Reise nach Verona, Dr., 1990).

Rinuccini, Ottavio [italien. rinut-'tʃiːni], *Florenz 20. Jan. 1562, †ebd. 28. März 1621, italien. Dichter. – Hofdichter in Florenz; bemühte sich, beeinflußt von den antiken Tragödien und der italien. Pastorale, um das Wiederaufleben des Sprechgesangs. Erfolgreich als einer der ersten Opernlibrettisten (›Dafne‹, 1594, und ›Euridice‹, 1600, Musik von I. Peri; ›L'Arianna‹, 1608, Musik von C. Monteverdi); schrieb auch Sonette, Balladen und Kanzonen.

Ausgabe: O. R. Drammi per musica. Krit. Ausg. Mit einer Einf. u. Anmerkungen v. A. DELLA CORTE. Turin 1926.
Literatur: RACCÁMADORO-RAMELLI, F.: O. R. Studio biografico e critico. Fabriano 1900.

Ripley, George [engl. 'rɪplɪ], *Greenfield (Mass.) 3. Okt. 1802, †New York 4. Juli 1880, amerikan. Schriftsteller und Reformer. – War unitar. Geistlicher (1826–41) in Boston. Durch seine Vertrautheit mit der dt. idealist. Philosophie, die er in Übersetzungen zus. mit Frederic Henry Hedge (*1805, †1890) herausgab (›Specimens of foreign standard literature‹, 14 Bde., 1838–42), und durch seine darauf aufbauenden liberalen Ideen geriet er in Widerspruch zur religiösen Lehrmeinung (›Discourses on the philosophy of religion‹, 1836) und wurde zu einem der führenden Transzendentalisten; Gründungsmitglied des Transcendental Club (1836), dessen Zeitschrift ›The Dial‹ er mitbetreute (1840–44); gab 1841

sein geistl. Amt auf und übernahm die Leitung der Kommune ↑ Brook Farm, wo er die Zeitschrift ›The Harbinger‹ (1845 bis 1849) herausgab. R. war einflußreicher Kritiker der ›New York Tribune‹ (1849–80) und gab bed. enzyklopäd. Werke heraus (›A handbook of literature and the fine arts‹, 1852, mit B. Taylor; ›New American cyclopaedia‹, 16 Bde., 1858–63, mit Charles Anderson Dana [* 1819, † 1897]).
Literatur: CROWE, CH.: G. R. Transcendentalist and utopian socialist. Athens (Ga.) 1967. – GOLEMBA, H. L.: G. R. Boston (Mass.) 1977.

Risse, Heinz, * Düsseldorf 30. März 1898, † Solingen 17. Juli 1989, dt. Schriftsteller. – Seine fesselnd geschriebenen, oft hintergründigen und kulturkrit. Romane, Novellen und Essays behandeln v. a. die geistig-weltanschaul. Problematik des heutigen Menschen.
Werke: Das letzte Kapitel der Welt (Essay, 1949), Wenn die Erde bebt (R., 1950), So frei von Schuld (R., 1951), Dann kam der Tag (R., 1953), Die Grille (En., 1953), Fördert die Kultur! (Essays, 1955), Große Fahrt und falsches Spiel (R., 1956), Buchhalter Gottes (En., 1958), Ringelreihen oder Die Apologie des Verbleibs im Zimmer (R., 1963, Neuausgabe 1984), Macht und Schicksal einer Leiche (En., 1967), Skepsis ohne Trauerflor. Impressionen und Illusionen (1980), Der Diebstahl. Und andere Nachrichten ... (Essay, 1984), Fiscalia Curiosa (Glossen, Auswahl, 1986), Es hätte anders ausgehen sollen. Sieben spannende Geschichten (1988).

Rist, Johann von (seit 1653), * Ottensen (heute zu Hamburg) 8. März 1607, † Wedel (Holstein) 31. Aug. 1667, dt. Dichter. – Ev. Pfarrer in Wedel, 1645 von Kaiser Ferdinand III. zum Dichter gekrönt, später zum Konsistorialrat und zum kaiserl. Pfalzgrafen ernannt; war Mitglied des ›Nürnberger Dichterkreises‹ als ›Daphnis aus Cimbrien‹ und der ›Fruchtbringenden Gesellschaft‹ als ›Der Rüstige‹ und gründete 1658 den Dichterbund ›Elbschwanenorden‹ in Hamburg; Anhänger von M. Opitz; wichtigster Vertreter des Frühbarock in Norddeutschland; Verfasser geistl. (›O Ewigkeit, du Donnerwort‹) und weltl. Lyrik sowie allegor. Dramen und Festspiele zum Zeitgeschehen; das Drama ›Das Friede wünschende Teutschland‹ (1647) spielt im Dreißigjährigen Krieg.
Weitere Werke: Musa Teutonica (Ged., 1634), Perseus (Dr., 1634), Poet. Lust-Garte (Ged.,

1638), Das Friedejauchzende Teutschland (Festspiel, 1652).

Ristić, Marko [serbokroat. ˌriːstitɕ], * Belgrad 20. Juni 1902, † ebd. 12. Juli 1984, serb. Schriftsteller. – 1945–51 jugoslaw. Botschafter in Paris, stand der Kommission für kulturelle Auslandsbeziehungen vor. In seiner Dichtung war er zuerst von den Surrealisten beeinflußt, für die er sich als einer der ersten in der jugoslaw. Literatur einsetzte. Später wandte er sich dem sozialist. Realismus zu.
Werke: Od sreće i od sna (= Vom Glück und vom Traum, Ged., 1925), Bez mere (= Ohne Maß, R., 1928), Turpituda (Vers-E., 1938), Nox microcosmica (Ged., 1956), Hacer tiempo (Essays, 1964).

Ristikivi, Karl, * Paadremaa 16. Okt. 1912, † Stockholm 19. Juli 1977, estn. Schriftsteller. – Lebte seit 1944 als Emigrant in Schweden; wurde mit seiner Reval-Trilogie (›Tuli ja raud‹ [= Feuer und Eisen], 1938; ›Võõras majas‹ [= In fremdem Haus], 1940, 1942 u. d. T. ›Õige mehe koda‹ [= Das Haus des rechtschaffenen Mannes]; ›Rohtaed‹ [= Der Garten], 1942), Entwicklungsromane vor dem histor. Hintergrund der Jahrhundertwende, zu einem der führenden Vertreter des psycholog. Romans in der estn. Literatur; fand in Schweden Anschluß an westl. literar. Strömungen (Kafka-Nachfolge im Roman ›Hingede öö‹ [= Nacht der Seelen], 1953); schrieb ab 1961 histor. Romane.

Ritornell [italien. = Refrain, Wiederholungssatz, zu ritorno = Wiederkehr], italien. Gedichtform volkstüml. Ursprungs, die aus einer beliebigen Anzahl von Strophen zu drei Zeilen besteht, von denen jeweils zwei durch Reim oder Assonanz verbunden sind (gängiges Reimschema: axa; seltener: aax oder xaa). Die Versform ist grundsätzlich frei, doch bevorzugt die Kunstdichtung den ↑ Endecasillabo. Die erste Zeile einer Strophe ist häufig kürzer als die anderen und kann auch aus einer kurzen Apostrophe (z. B. sog. ›Blumenruf‹) bestehen; gelegentl. Nachbildungen des R.s in der dt. Lyrik bei F. Rückert, P. Heyse und Th. Storm.

Ritsos, Jannis, * Monemwasia (Lakonien) 1. Mai 1909, † Athen 11. Nov. 1990, neugriech. Lyriker. – Kam mit sechzehn

Jahren nach Athen. Wegen seines polit. Engagements wurde R., der schon in den 30er Jahren als Lyriker bekannt und anerkannt war, immer wieder verfolgt. Die Jahre zwischen 1948 und 1952 verbrachte er im Gefängnis und in den Konzentrationslagern auf Limnos, Makronissos und Ajios Efstatios und von 1967 bis 1972 – während der Militärregierung in Griechenland – auf Jaros, Leros und am Schluß Samos. 1972 wurde er aus Gesundheitsgründen frei gelassen. Ritsos' umfangreiches literar. Werk fand mittlerweile weltweite Anerkennung und ist in fast alle Sprachen übersetzt worden. In seinem lyr. Werk erkennt man drei Haupttypen, die politisch engagierten aus der Zeit des Klassenkampfes, des Widerstandes im 2. Weltkrieg und im Bürgerkrieg, dann die langzeiligen längeren Dichtungen in Monologform, die Stagnation und Sterilität der Gesellschaft – oft des Lebens in der Provinz – entlarven, und die kurzen, die unpathetisch aber prägnant Lebenssituationen einfangen.

Werke: Trakter (= Traktor, Ged., 1934), Pyramides (= Pyramiden, Ged., 1935), Epitaphios (= Grab, Ged., 1936), To tragudi tēs adelphēs mu (= Das Lied meiner Schwester, Ged., 1937), Earinē symphōnia (= Frühlingssymphonie, Ged., 1938), To embatērio tu ōkeanu (= Ozeanmarsch, Ged., 1940), Hē agrypnia (= Die Nachtwache, Ged., 1954), Die Mondscheinsonate (Ged., 1956, dt. 1988), Makronēssiōtika (= ›Makronissos-Gedichte‹, Ged., 1957), Die Nachbarschaften der Welt (Ged., 1957, dt. 1984), Anypotachtē politeia (= Rebellische Stadt, Ged., 1958), Hē gephyra (= Die Brücke, Ged., 1960), Der schwarze Heilige (Ged., 1961, dt. 1973), To nekro spiti (= Das tote Haus, Ged., 1962), Zwölf Gedichte an Kavafis (Ged., 1963, dt. 1973), Zeugenaussagen (2 Tle., 1963 bis 1966, dt. Ausw. 1968), Gedichte (Auswahl, 1968), Die Wurzeln der Welt (dt. 1970), Mit dem Maßstab der Freiheit (Anthologie, dt. 1972), Steine, Wiederholungen, Gitter (Ged., 1972, dt. 1980), Cheironomies (= Gesten, Ged., 1972), Tetartē diastasē (= Vierte Dimension, Ged., 1972), Dekaochtō lianotraguda tēs pikrēs patridas (= Achtzehn Lieder für das gequälte Vaterland, Ged., 1972), Diadromos kai skala (= Korridor und Treppe, Ged., 1973), Graganda (Ged., 1973, dt. 1980), Petrinos chronos (= Steinerne Zeit, Ged., 1974), Ho toichos mesa ston kathrephtē (= Die Wand im Spiegel, Ged., 1974), Tagebuch des Exils (Ged., 1975, dt. 1979), Thyrōreio (= Pförtnerloge, Ged., 1976), Phädra (Ged., 1978), Das ungeheure Meisterwerk. Erinnerungen eines ruhigen Menschen, der nichts wußte (1978, dt. 1988), Erotika (Ged., dt. 1983), Ikonenwand anonymer Heiliger (9 Bde., 1982–86, dt. 1986–89 in 3 Bden.), Epinikeia (= Siegesgedichte, 1984), Tanagraies (= Tanagräen, Ged., 1984), Steine, Knochen, Wurzeln (Essays u. Interviews, dt. Ausw. 1989), Unter den Augen der Wächter (Ged., dt. 1989), Gedichte (dt. Ausw. 1991).

Literatur: GINIS, S. A.: Gia ton Giannē Ritso. Athen 1975. – TOPUSIS, K.: Giannēs Ritsos. Prōtes sēmeiōseis sto ergo tu. A' Hē sonata tu selēnophōtos. Hotan erchetai ho xenos. Hē gephyra. Athen 1979. – PROKOPAKI, CHRYSA: Hē poreia pros tēn Graganda ē hoi peripeteies tu hōramatos. Athen 1981. – Aphierōma ston Giannē Ritso. Athen 1981. – DIASLIMAS, S.: Eisagōgē stēn poiēsē tu Giannē Ritsu. Athen 1981. – PREVELAKIS, P.: Ho poiētēs Giannēs R. Synolikē theōrēsē tu ergu tu. Athen 1981. – VELOUDIS, G.: Giannēs R. Problēmata meletēs tu ergu tu. Athen 1982.

Ritterdichtung,

1. Dichtung des MA, in der in Epos (↑ höfisches Epos) und Lyrik (↑ Minnesang) die Ideale des mittelalterl. Rittertums gestaltet werden.
2. Form der Literatur, die (auch nach dem MA) die ritterl. Welt und deren Lebensformen zum Inhalt hat, in der Gestalten von Rittern und ihre Taten im Mittelpunkt stehen. Die gängigsten Formen sind Ritterballade, ↑ Ritterdrama, ↑ Ritterroman.

Ritterdrama,

Drama des ausgehenden 18. Jh., das unter dem Einfluß von Goethes ›Götz von Berlichingen‹ (1773) Stoffe und Figuren dem mittelalterl. Rittertum entnahm, u. a. F. M. Klingers ›Otto‹ (1775), J. A. von Törrings ›Agnes Bernauerinn‹ (1780) und ›Kaspar der Thorringer‹ (1785). Die Renaissance mittelalterl. Ritterthematik steht einerseits im Zusammenhang mit der Genieperiode des Sturm und Drang, andererseits mit den nat. und historist. Strömungen der europ. Romantik, die das MA glorifizierten; typisch sind H. von Kleists ›Das Käthchen von Heilbronn‹ (1810) und L. Uhlands ›Ernst, Herzog von Schwaben‹ (1817).

Ritterroman,

der Ursprung dieses Typus liegt in den span. ›Libros de Caballerías‹, die im Gefolge der karoling., breton., und griechisch-oriental. Heldenepik entstanden sind. Im ›Caballero Cifar‹ (vor 1321) läßt sich der Charakter des R.s ablesen, da hier bereits alle wichtigen Figuren und Elemente enthalten sind: Ritter, Knappe, abenteuerl. Reise, Schiffbrüche, wunderbare Ereignisse. Immense Popularität erlangte das Genre jedoch erst gegen Ende des 15. Jh. mit dem ↑›Amadisroman‹; im 16. Jh. setzte eine allgemeine Modewelle des R.s ein, die alle Gesellschaftsklassen und Altersgruppen erfaßte. In seiner nunmehr sentimentalisierten und stilistisch verflachten Form blieben Reminiszenzen an die ursprüngl. Ideale des Rittertums nur noch literar. Topik. Der Anspruch an Geist und Bildung war gering, der Inhalt mit Zauberern und Dämonen, Riesen und Zwergen, Feuer- und Zauberbergen, Phantasie- und Traumschlössern, Massenprügeleien und Versöhnungen, Hilfe für Unterdrückte und Befreiung von Gefangenen bot Spannung und Faszination. Die span. Vorlagen wurden in anderen Ländern übersetzt und nachgeahmt. Von der Rezeption blieben außerhalb des iber. Raums die geistl. R.e ausgeschlossen. Der ›Don Quijote‹ (1605–15, dt. 1621) des M. de Cervantes Saavedra besiegelte den Untergang der R.e, die gleichwohl zur Erfüllung trivialer Lesebedürfnisse v. a. seit dem 18. Jh. neue Verbreitung erfuhren. Entsprechend sollte der R. im 19. Jh. in Form von Bilderbögen, Groschenheften, und stilistisch wie inhaltlich überarbeiteten Jugend- und Volksbüchern sowie im Bereich des Volkstheaters neu aufleben. **Literatur:** MÜLLER-FRAUREUTH, C.: Die Ritter- u. Räuberromane. Halle/Saale 1894. Nachdr. Hildesheim 1965. – KILGOUR, R. L.: The decline of chivalry as shown in the French literature of the late Middle Ages. Cambridge (Mass.) 1937. Nachdr. Gloucester (Mass.) 1966. – RIQUER, M. DE: Cavalleria fra realtà e letteratura nel Quattrocento. Bari 1970. – Libros de caballerías hispánicos. Hg. v. J. AMEZCUA. Madrid 1973. – BAUMGARTNER, E.: Le ›Tristan en prose‹. Essai d'interprétation d'un roman médiéval. Genf 1975. – NAHL, A. VAN: Originale ›Riddarasögur‹ als Teil altnord. Sagalit. Ffm. 1981.

Rittner, Tadeusz, Pseudonym Tomasz Czaszka, * Lemberg 31. Mai 1873, † Badgastein 19. Juni 1921, österr.-poln. Schriftsteller. – Nach Jurastudium Tätigkeit im Unterrichtsministerium in Wien. R.s neuromant. Dramen in dt. und poln. Sprache sind von melanchol. Stimmung

beherrscht. Er schrieb auch lyr. Gesellschaftsstücke über erot. Probleme und naturalist. Novellen sowie autobiograph. und phantast. Romane.
Werke: Das kleine Heim (Dr., poln. 1907, dt. 1908), Unterwegs (Dr., dt. 1909, poln. 1916), Der dumme Jakob (Dr., dt. 1910, poln. UA 1910, poln. Ausg. 1930), Wölfe in der Nacht (Kom., dt. 1914, poln. UA 1916, poln. Ausg. 1956), Kinder der Erde (Dr., dt. 1914, poln. EA 1922), Geister in der Stadt (R., dt. 1921, poln. 1921), Die andere Welt (R., dt. 1921, poln. 1921; dramatisiert u. d. T. Die Feinde der Reichen, dt. 1921).
Ausgabe: T. R. Dramaty. Warschau 1966. 2 Bde.
Literatur: WÖHRER-RYSZAWY, E.: Th. R.'s Dramen. Diss. Wien 1981.

Rivarol, Antoine de [frz. riva'rɔl], eigtl. Antoine Rivaroli, genannt ›der Graf von R.‹, * Bagnols-sur-Cèze 26. Juni 1753, † Berlin 13. April 1801, frz. Schriftsteller italien. Abstammung. – Hatte als Schriftsteller und Journalist Kontakt mit den aufklärer. Kreisen in Paris; als Monarchist mußte er nach Ausbruch der Revolution emigrieren und lebte ab 1800 in Berlin. Verfasser geschliffener Polemiken, witziger Essays und geistreicher Aphorismen, verteidigte das Recht des Gefühls neben dem der Vernunft; gab auch sprachphilosophische Anregungen; gilt als bedeutender Dante-Übersetzer.
Werke: Discours sur l'universalité de la langue française (Abhandlung, 1784; von der Berliner Akademie preisgekrönt), De l'influence des passions (1797), Discours sur l'homme intellectuel et moral (1797), L'esprit de R. (Aphorismen, hg. 1802), Pensées inédites (hg. 1808), Maximen und Gedanken (dt. Ausw. 1938 [Neuausg. 1973/74] in: Die frz. Moralisten, hg. v. F. Schalk).
Ausgabe: A. R. Œuvres complètes. Paris 1808. 5 Bde. Nachdr. Genf 1968.
Literatur: DUTOURD, J.: R. Lüttich 1961. – VERCRUYSSE, J.: R. conteur philosophique. Paris 1968. – FAŸ, B.: R. et la Révolution. Paris 1978. – JÜNGER, E.: R. Stg. 1989.

Rivas, Ángel de Saavedra, Herzog von [span. 'rriβas], * Córdoba 10. Mai 1791, † Madrid 22. Juni 1865, span. Dichter. – Wurde zeitweise als Liberaler verfolgt und lebte 1823–34 im frz. und engl. Exil; nach der Rückkehr nach Spanien Minister, Botschafter und Akademiemitglied. Begann mit klassizist. Werken, entwickelte sich unter dem Einfluß bes. der engl. Dichtung zum ersten span. Romantiker von Rang; schrieb ›El moro expósito o Córdoba y Burgos en el siglo X‹

(Zyklus von 12 Romanzen, 1834) und ›Romances históricos‹ (1841) nach Quellen und Vorlagen aus der Geschichte Spaniens; sein Hauptwerk, ›Don Álvaro o la fuerza del sino‹ (Dr., 1835), gilt als bedeutendstes romant. Drama der span. Literatur (Quelle für G. Verdis Oper ›Die Macht des Schicksals‹, 1862).

Ausgabe: Á. Pérez de S., duque de R. Obras completas. Hg. v. E. RUIZ DE LA SERNA. Madrid ²1956.
Literatur: BOUSSAGOL, G.: Angel de S., duc de R. Sa vie, son œuvre poétique. Paris u. Toulouse 1926. – GONZÁLEZ RUIZ, N.: El duque de R., o la fuerza del sino. Madrid ²1944. – LOVETT, G. H.: The Duke of R. Boston (Mass.) 1977.

Rivera, José Eustasio [span. rri'βera], * Neiva 19. Febr. 1888, † New York 1. Dez. 1928, kolumbian. Schriftsteller. – Jurist und Abgeordneter, zuletzt in den USA; wirkte mit seinem bed., in viele Sprachen übertragenen realist. Roman aus dem trop. Regenwald ›Der Strudel‹ (1924, dt. 1934) weit über sein Land hinaus; auch Lyriker unter dem Einfluß des Parnasse (›Tierra de promisión‹, Sonette, 1921).

Literatur: NEALE-SILVA, E.: Horizonte humano. Vida de J. E. R. Mexiko u. Madison (Wis.) 1960.

Rivière, Jacques [frz. ri'vjɛ:r], * Bordeaux 15. Juli 1886, † Paris 14. Febr. 1925, frz. Schriftsteller. – Mitbegründer und 1910–14 sowie 1919–25 Leiter der ›Nouvelle Revue Française‹; befreundet u. a. mit A. Gide und Alain-Fournier. Neben seiner journalist. Tätigkeit Verfasser von Tagebüchern, zwei psycholog. Romanen (›Aimée‹, 1922; ›Florence‹, unvollendet, hg. 1935) und der Autobiographie ›À la trace de Dieu‹ (1925), die seine Wandlung zum Katholiken schildert, sowie bed. krit. Essays, in denen er sich als einer der ersten für M. Proust, J. Joyce und P. Claudel eingesetzt hat.

Weitere Werke: Études (1911, dt. Ausw. 1921 u. d. T. Studien), Freud et Proust (Abhandlung, hg. 1927), Carnet de guerre (Tageb., hg. 1929), Rimbaud (Essay, hg. 1930, dt. 1968), Nouvelles études (hg. 1947).
Ausgabe: J. R. Carnets 1914–1917. Hg. v. I. u. A. RIVIÈRE. Paris 1974.
Literatur: LEVY, K. D.: J. R. Boston (Mass.) 1982. – LACOUTURE, J.: Une adolescence du siècle. J. R. et la NRF. Paris 1994.

Rivoyre, Christine de [frz. ri'vwa:r], * Tarbes 29. Nov. 1921, frz. Schriftstellerin. – Journalistin, u. a. 1955–65 literar.

Leiterin der Zeitschrift ›Marie-Claire‹; Verfasserin erfolgreicher Romane, die sich durch lebendige sprachl. Gestaltung, originelle Formgebung und Sensibilität auszeichnen.

Werke: Geblendete Liebe (R., 1956, dt. 1957), Liebe klein und groß geschrieben (R., 1957, dt. 1958), La tête en fleurs (R., 1957), La glace à l'ananas (R., 1962), Das starke Geschlecht (R., 1964, dt. 1966), Le petit matin (R., 1968), Schwarze Blume Liebe (R., 1970, dt. 1972), Boy (R., 1973, dt. 1975), Reise nach rückwärts (R., 1977, dt. 1978), Belle Alliance (R., 1982), Reinemère (R., 1985), Crépuscule, taille unique (R., 1989).

Rizal, José Protasio [span. rri'θal], * Calamba (Laguna) 19. Juni 1861, † Manila 30. Dez. 1896, philippin. Schriftsteller. – Studierte u. a. in Madrid und Heidelberg Kunst, Jura und Medizin; Arzt; Aufenthalt in Leipzig und Berlin. Schrieb den sozialkrit. Roman ›Noli me tangere‹ (1886, dt. 1987) und einen zweiten antispan. Roman, ›El filibusterismo‹ (1891); gründete 1892 in Manila die nationalistisch-reformist. Liga Filipina; wurde verhaftet und nach Dapitan (Mindanao) verbannt, 1896 bei der Ausreise nach Kuba festgenommen und als polit. Agitator hingerichtet.

Literatur: COATES, A.: R., Philippine nationalist and martyr. Hongkong u. New York 1968. – CRAIG, A.: Lineage, life and labors of J. R. Philippine patriot. New York 1977.

Rjasanow (tl.: Rjazanov), Eldar Alexandrowitsch [russ. rı'zanɛf], * Samara 18. Nov. 1927, russ. Dramatiker. – R., seit 1956 erfolgreicher Filmregisseur (›Ein Bahnhof für Zwei‹, 1982; ›Eine Wolga-Romanze‹, 1983/84), schreibt mit Emil W. Braginski (* 1921; allein u. a. ›Avantjuristka‹ [= Die Abenteurerin], Dr., 1984; ›Detektiv na sem' person‹, Dr., 1987) neben Drehbüchern und Erzählungen insbes. bühnenwirksame Theaterstücke (Komödien), die den Alltag mit gutmütiger Satire aufs Korn nehmen (u. a. ›Schauspieler‹, 1975, dt. 1977; ›Garage‹, 1977, dt. EA 1985; beide in der Sammlung ›Ironija sud'by, ili S legkim parom‹ [= Ironie des Schicksals oder Mit leichtem Dampf], 1983).

Roa Bastos, Augusto [span. 'rrɔa 'βastɔs], * Asunción 13. Juni 1917, paraguay. Schriftsteller. – Journalist; lebte 1947–76 im Exil in Argentinien, danach in Frankreich. Gilt neben M. Á. Asturias und A. Carpentier als bedeutendster Vertreter des ›mag‹. Realismus‹. Veröffentlichte neben früher Lyrik Erzählungen und Romane. Hauptthema ist die Gewalt, die über die konkrete Spiegelung des histor. Schicksals, der sozialen und polit. Verhältnisse Paraguays auf den universellen Zusammenhang einer bedrohten und schuldhaften Menschheit verweist. Sein komplexester Roman ›Ich, der Allmächtige‹ (1974, dt. 1977) rekonstruiert Persönlichkeit und Epoche des paraguay. Diktators J. G. T. Rodríguez de Francia (* 1766, † 1840). 1989 erhielt R. B. den Premio Miguel de Cervantes.

Weitere Werke: Die Nacht der treibenden Feuer (En., 1953, dt. 1964), Menschensohn (R., 1960, dt. 1962), El baldío (En., 1966), Moriencia (En., 1969), Contravida (R., 1970), El pollito de fuego (En., 1974), Lucha hasta el alba (En., 1979), Carta abierta a mi pueblo (Essay, 1986), Vigilia del Almirante (R., 1992).
Literatur: FOSTER, D. W.: A. R. B. Boston (Mass.) 1978. – A. R. B. Actas des coloquio franco-alemán Düss. Hg. v. L. SCHRADER. Tüb. 1984. – Las voces del karaí. Estudios sobre A. R. B. Hg. v. F. BURGOS. Madrid 1988.

Robai (Robaijat) [arab.-pers. tl.: Ruba‘i (Rubāyāt) = Vierzeiler], in der pers. Literatur typ. Form des Vierzeilers mit dem Reimschema a a b a, selten auch a a a a; das Versmaß besteht in der Regel aus zehn langen Silben. Das R.-Versmaß ist das einzige genuine neupers. Metrum. Alle anderen Versmaße sind der arab. Literatur entlehnt, wobei Vierzeiler mit anderen Metren nicht als R. bezeichnet werden, sondern ›do-bejti‹ genannt werden. Das R. eignet sich bes. für zugespitzte Sinnsprüche, Aphorismen u. a.; bekanntester Vertreter ist Omar Chaijam.

Robaijat ↑ Robai.

Robak̦dse (tl.: Robakidze), Grigol, * Swiri 1. Nov. 1884, † Genf 21. Nov. 1962, georg. Dichter. – Übersiedelte in den 30er Jahren nach Deutschland und lebte nach 1945 in Genf. Kaukas. und oriental. Mythen bestimmen seine ep., dramat. und lyr. Werke; seine Romane sind Ausdruck leidenschaftl. Protestes gegen Gottesferne und Nüchternheit der zivilisierten Welt.

Werke: Londa (Mysterienspiel, 1919), Das Schlangenhemd (R., 1924, dt. 1928), Megi. Ein georg. Mädchen (R., 1929, dt. 1932), Kaukas.

Novellen (1931, dt. 1932), Der Ruf der Göttin (1933, dt. 1934), Dämon und Mythos (Essays, 1935, dt. 1935), Die Hüter des Grals (R., 1937, dt. 1937).

Robbe-Grillet, Alain [frz. rɔbgri'jɛ], * Brest 18. Aug. 1922, frz. Schriftsteller. – Agraringenieur, u. a. 1945–48 Mitarbeiter des staatl. Instituts für Statistik und Wirtschaftsplanung, dann Tätigkeit in einem biolog. Labor; 1955–85 literar. Direktor der ›Éditions de Minuit‹; Anreger und einer der Hauptvertreter der literar. Richtung des Nouveau roman (v. a. mit ›Der Augenzeuge‹, R., 1955, dt. 1957; ›Die Jalousie oder die Eifersucht‹, R., 1957, dt. 1959). R.-G. verläßt die überkommenen Romanschemata (bes. den Standpunkt des allwissenden Erzählers), indem er mit nahezu ›laboratoriumshafter‹ Objektivität und scheinbar ohne persönl. Teilnahme spürbar werden zu lassen, in Wirklichkeit jedoch extrem subjektiv, die Wege menschl. Erfahrung nachzuzeichnen und so die ›reine‹ Dingwelt zu erfassen sucht. Mit der dadurch bedingten Auflösung traditioneller Kategorien der Erzähltechnik (Raum, Zeit, Art der Handlungsführung) gewinnt der Roman neue Dimensionen: Er wird zum experimentell-phänomenolog. ›Bericht‹ über Wirklichkeiten und ihre verborgenen Beziehungen und Zusammenhänge. R.-G. trat auch mit literaturtheoret. Essays und Filmszenarien (›Letztes Jahr in Marienbad‹, 1961, dt. 1961) sowie als Filmregisseur (u. a. ›Trans-Europ-Expreß‹, 1967; ›Im Garten Eden und danach‹, 1970; ›Die schöne Gefangene‹, 1983) hervor.

Weitere Werke: Un régicide (R., entst. 1949, überarbeitet 1957, erschienen 1978), Ein Tag zuviel (R., 1953, dt. 1954, 1989 u. d. T. Die Radiergummis), Die Niederlage von Reichenfels (R., 1959, dt. 1960), Pour un nouveau roman (Essays, 1963, dt. Ausw. 1965 u. d. T. Argumente für einen neuen Roman), Die blaue Villa in Hongkong (R., 1965, dt. 1966), Projekt einer Revolution in New York (R., 1970, dt. 1971), Ansichten einer Geisterstadt (R., 1976, dt. 1977), Djinn. Ein rotes Loch im lückenhaften Pflaster (R., 1981, dt. 1983), Der wiederkehrende Spiegel (Autobiogr., 1984, dt. 1986), Angélique oder die Verzauberung (Autobiogr., 1988, dt. 1989), Les derniers jours de Corinthe (Autobiogr., 1994).
Literatur: MORRISETTE, B.: Les romans de R.-G. Paris Neuausg. 1971. – R.-G. Analyse, théorie. Colloque de Cerisy-la Salle. Hg. v. J. RICARDOU.

Alain
Robbe-Grillet

Paris 1976. 2 Bde. – R. G. Sonderheft der Zs.
›Obliques‹. Paris 1978. – ROTHER, M.: Das Problem des Realismus in den Romanen v. A. R.-G.
Hdbg. 1980. – MIES, G.: Die Darstellung der
gegenständl. Welt in den Romanen A. R.-G.s
und Claude Olliers. Diss. Bonn 1981. – VAREILLE, J.-C.: R.-G. l'étrange. Paris 1982. – NOWAK, M.: Die Romane A. R.-G.s. Hdbg. 1982. –
FLETCHER, J.: R.-G. London 1983. – KNAPPSTEIN, F. J.: Nouveau Roman und Ideologie.
Die Methodologisierung der Kunst durch A.
R.-G. Ffm. u. a. 1984. – BROCHIER, J.-J.: R.-G.
Lyon 1985. – SCHUH, H.-M.: A. R.-G. In: Frz.
Lit. des 20. Jh. Gestalten und Tendenzen. Hg. v.
W.-D. LANGE. Bonn 1986. S. 369. – STOLTZFUS, B.: A. R.-G. Life, work, and criticism. Fredericton 1987. – BROCK, R.: Lire, enfin, R.-G.
New York u. a. 1991.

Robberechts, Daniel [niederl. 'rɔbə-
rɛxts], * Etterbeek 8. Mai 1937, † Brakel
27. Mai 1992, fläm. Schriftsteller. –
Schrieb Romane und Erzählungen unter
dem Einfluß des Nouveau roman, die
häufig Tagebuchcharakter haben.
Werke: Tegen het personage (E., 1968), De
grote schaamlippen (R., 1969, auch u. d. T.
Open boek), Aankomen in Avignon (Skizzen,
1970), Praag schrijven (Collage, 1975), Dagboek, 64/65 (1984), Dagboek, 66/68 (1987).

Robbers, Herman, Pseudonym Phocius, * Rotterdam 4. Sept. 1868, † Amsterdam 15. Sept. 1937, niederl. Schriftsteller. – Seine Romane bilden den
Höhepunkt des realist. bürgerl. Gesellschaftsromans in den Niederlanden;
auch Hg. und Übersetzer.
Werke: De roman van Bernhard Bandt (R.,
1897), Een mannenleven (R., 3 Bde., 1919–27),
Litteraire smaak (Essays, 1924), Redding (R.,
1933).

Robbins, Harold [engl. 'rɔbɪnz], eigtl.
H. Rubin, * New York 21. Mai 1916, ame-

rikan. Schriftsteller. – Autor von Bestsellerromanen, die meist in Kreisen der
amerikan. Wirtschafts- und Finanzwelt
spielen und aktuelle Probleme des amerikan. Lebens behandeln.
Werke: Die Wilden (R., 1948, dt. 1968), Die
Traumfabrik (1949, dt. 1966, erstmals dt. 1951),
Einen Stein für Danny Fisher (R., 1952, dt.
1959, 1988 u. d. T. Die Gnadenlosen), Stiletto
(R., 1960, dt. 1967, 1970 u. d. T. Die Profis), Die
Unersättlichen (R., 1961, dt. 1963), Die Playboys (R., 1966, dt. 1967), Die Bosse (R., 1969, dt.
1970), Der Clan (R., 1971, dt. 1972), Der Pirat
(R., 1974, dt. 1975), Die Aufsteiger (R., 1980, dt.
1980), Der Seelenfänger (R., 1982, dt. 1983), Die
Unsterblichen (R., 1984, dt. 1984), Hollywood
(R., 1986, dt. 1986).

Robbins, Tom [engl. 'rɔbɪnz], eigtl.
Thomas Eugene, * Blowing Rock (N. C.)
22. Juli 1936, amerikan. Schriftsteller. –
Nahm am Koreakrieg teil; Journalist. R.
gilt als Kultfigur des literar. Underground; die surrealen Ereignisse seiner
Romane stellen ihn neben Romanciers
wie J. D. Salinger und Th. Pynchon und
zielen in ihrer Kritik auf Institutionen
wie FBI und CIA sowie die Kirche (›Ein
Platz für Hot Dogs‹, 1971, dt. 1987), führen exzentr. Figuren auf einer von
Frauen geführten Ranch im Westen zusammen (›Sogar Cowgirls kriegen mal
Blues‹, 1976, dt. 1981, 1983 u. d. T.
›Sissy – Schicksalsjahre einer Tramperin‹), bieten Reflexionen über die Dauer
der Liebe (›Buntspecht. So was wie eine
Liebesgeschichte‹, 1980, dt. 1983) und
über ein durch Blütenduft bestimmtes
Bewußtsein (›Pan Aroma‹, 1984, dt.
1985).
Weiteres Werk: Salomes siebter Schleier (R.,
1990, dt. 1992).
Literatur: SIEGEL, M.: T. R. Boise (Id.) 1980.

Robert de Boron [frz. rɔbɛrdəbɔ'rõ] (R.
de Borron), * Montbéliard oder Boron
bei Belfort, frz. Dichter des 12./13. Jahrhunderts. – Ritter im Dienst der Grafen
von Montbéliard; anglonormann. Herkunft; in seinem dreiteiligen Gralsroman
(›Joseph d'Arimathie‹, ›Merlin‹, ›Perceval‹) in Achtsilblern, ›Die Geschichte des
Hl. Gral‹ (um 1180, dt. 1958), verbindet
er die Gralslegende mit der Person Josephs von Arimathia (↑ auch Gral).
Ausgaben: R. de B. Merlin. Roman du XIIIᵉ siècle. Hg. v. A. MICHA. Genf 1979. – R. de B. Le
roman du Saint Graal. Dt. Übers. v. M. BEINHAUER-SCHÖLER. Mchn. 1980. – R. de B. Merlin

der Künder des Graals. Dt. Übers. v. K. SAND-
KÜHLER. Stg. [2]1980. – R. de B. Le Roman du
Graal. Hg. v. B. CERQUIGLINI. Paris 1981.
Literatur: CHARVET, L.: Des vaus d'Avalon à la
queste du Graal. Paris 1967. – MICHA, A.: Étude
sur le ›Merlin‹ de R. de B. Genf 1980. – ZAM-
BON, F.: R. de B. e i segreti del Graal. Florenz
1984.

Robert of Gloucester [engl. 'rɔbət əv
'glɔstə], *um 1260, †1300, engl. Chronist. – Wahrscheinlich Mönch in Gloucester; gilt als Autor der einzigen engl.
Verschronik des 13. Jh., ›Chronicle of
England‹ (1297 [?], hg. v. W. A. Wright
1887). Sie stellt in 14silbigen, paarweise
gereimten Versen mit Zäsur nach der
achten Silbe – z. T. unkritisch – die Geschichte Britanniens bis 1272 dar.

Robert, Paul, Pseudonym des dt.
Schriftstellers Paul ↑Zech.

Robert, Shaaban [engl. 'rɔbət], *Vi-
bambani bei Tanga 1. Jan. 1909, †Tanga
22. Juni 1962, tansan. Schriftsteller. –
Schrieb Swahili; die Mehrheit seiner lyr.
Arbeiten sind eth. und philosoph. Problemen gewidmet, aber auch Natur-,
Heimat- und Liebeslyrik; später Hinwendung zum nat. Befreiungskampf.
Werke: Pambo la Lugha (Ged., 1947), Kufiki-
rika (E., 1951), Adili na nduguze (En., 1952),
Marudi Mema (Ged., 1952), Diwani (Ged.,
1966), Baada ya Miaka Hamsini (Autobiogr.,
1966).
Literatur: ARNOLD, R.: Afrikan. Lit. u. nat. Befreiung. Menschenbild u. Gesellschaftskonzep-
tion im Prosawerk Sh. R.s. Bln. (Ost) 1977.

Roberthin (Robertin), Robert, *Saalfeld (Ostpr.) 3. März 1600, †Königsberg
(Pr) 7. April 1648, dt. Dichter. – Kur-
fürstl. Rat bei der Regierung in Königsberg; unternahm 1625–33 mehrere Bil-
dungsreisen in Europa; von 1637 an in
brandenburg. Diensten. Befreundet mit
M. Opitz. Bedeutender als durch seine
Lieder (meist in H. Alberts ›Arien‹ veröffentlicht) ist R. als geistiges Haupt des
Königsberger Dichterkreises und als Mäzen S. Dachs, dessen Talent er früh erkannte.

Roberts, Sir (seit 1935) Charles
G[eorge] D[ouglas] [engl. 'rɔbəts], *Douglas (New Brunswick) 10. Jan. 1860, †To-
ronto 26. Nov. 1943, kanad. Schriftsteller. – Lehrte 1885–95 engl. Literatur am
King's College in Windsor (Nova Sco-
tia), 1897–1925 freier Schriftsteller in

New York (bis 1907), dann in Europa,
v. a. England; Teilnahme am 1. Weltkrieg; ab 1925 wieder in Kanada. Als Lyriker zunächst Natur und Landschaft zugewandt (einflußreicher Gedichtband
›Orion‹, 1880; ferner ›In divers tones‹,
1886; ›Songs of the common day‹, 1893);
dann auch städt., philosoph. und Liebesdichtung (›New York nocturnes‹, 1898;
›The book of the rose‹, 1903); schließlich
moderner, experimenteller (›The vagrant
of time‹, 1927; ›The iceberg‹, 1934); ferner patriot. Dichtung. Bekannt wurde er
v. a. durch seine modernen, gut beobachteten Tiergeschichten (›Earth's enigmas‹,
1896; ›The kindred of the wild‹, 1902;
›The watchers of the trails‹, 1904; ›Red
fox‹, 1905, u. a.). Er verfaßte auch histor.
Romane (›The forge in the forest‹, 1896;
›A sister to Evangeline‹, 1898), im zeitgenöss. New Brunswick spielende Romane
(›The heart that knows‹, 1906) sowie
Landesführer, Werke zur kanad. Geschichte und Biographien.
Literatur: KEITH, W. J.: Sir Ch. G. D. R. Toronto
1969. – ADAMS, J. C.: Sir Charles god damn. The
life of Sir Ch. G. D. R. Toronto 1986.

Roberts, Elizabeth Madox [engl. 'rɔ-
bəts], *Perryville bei Springfield (Ky.)
30. Okt. 1886, †Orlando (Fla.) 13. März
1941, amerikan. Schriftstellerin. – Schilderte in ihren meist in ihrer Heimat Kentucky spielenden Romanen realistisch
das Leben der Farmer und Bergbauern;
schrieb auch Gedichte.
Werke: Seit Menschengedenken (R., 1926, dt.
1928), Kentucky, große Weide (R., 1930, dt.
1938), Song in the meadow (Ged., 1940), Not by
strange gods (Kurzgeschichten, 1941).
Literatur: ROVIT, E.: Herald to chaos. The
novels of E. M. R. Lexington (Ky.) 1960. –
McDOWELL, F. P. W.: E. M. R. New York 1963.

Roberts, Kate [engl. 'rɔbəts], *Rhos-
gadfan (Caernarvon) 1891, †Denbigh
4. April 1985, walis. Schriftstellerin. –
Verfasserin von Kurzgeschichten und
Romanen, in denen sie den tägl. Exi-
stenzkampf von Menschen, bes. von
Frauen, der ländl. Gesellschaft in Wales
einfühlsam und lebendig schildert. Mit
ihren in der mündlichen walisischen
Erzähltradition verwurzelten Kurzgeschichten, die z. T. auch ins Englische
übersetzt worden sind, hat sie für dieses
Genre Maßstäbe gesetzt.

Werke: O gors y bryniau (= Vom Sumpf der Berge, En., 1925), Deian a Loli (= Diana und Lola, R., 1927), Rhigolau bywyd (= Der Trott des Lebens, En., 1929), Laura Jones (R., 1930), Traed mewn cyffion (= Füße in Fesseln, R., 1936), Ffair gaeaf (= Wintermarkt, Kurzgeschichten, 1937), A summer day (Übersetzung ausgewählter Kurzgeschichten, 1946), Stryd y glep (= Straße des Klatsches, R., 1949), Y lôn wen (= Der weiße Weg, Autobiogr., 1960).

Roberts, Kenneth Lewis [engl. 'rɔbəts], * Kennebunk (Maine) 8. Dez. 1885, † Kennebunkport (Maine) 21. Juli 1957, amerikan. Schriftsteller. – Studierte an der Cornell University in Ithaca (N. Y.); Journalist. Schrieb histor. Romane über abenteuerliche Episoden der amerikan. Geschichte, von denen ›Nordwest-Passage‹ (2 Bde., 1936/37, dt. 1938) am bekanntesten wurde.

Weitere Werke: Arundel (R., 1930, dt. 1936), Die muntere Lady (R., 1931, dt. 1952), Volk in Waffen (R., 1933, dt. 1936), Kapitän Marvin (R., 1934, dt. 1950), Oliver Wiswell (R., 1940, dt. 1941), Lydia Bailey (R., 1947, dt. 1948), I wanted to write (Autobiogr., 1949), Die Gnadeninsel (R., 1956, dt. 1960), Water unlimited (R., 1957).

Roberts, Michael [engl. 'rɔbəts], * Southampton 1902, † London 13. Dez. 1948, engl. Schriftsteller und Kritiker. – Mathematik- und Physiklehrer; nach dem 2. Weltkrieg Leiter einer Lehrerbildungsanstalt; als Hg. sozialist. Anthologien wegbereitend für die Dichtung W. H. Audens, S. Spenders und C. Day-Lewis'; versuchte, der neuen polit. Dichtung eine theoret. Grundlage zu geben; schrieb auch krit. Essays allgemeinen Inhalts und philosoph. Lyrik.

Ausgabe: M. R. Selected poems and prose. Hg. v. F. GRUBB. Manchester 1980.

Robertson, Thomas William [engl. 'rɔbətsn], * Newark (Nottinghamshire) 9. Jan. 1829, † London 3. Febr. 1871, engl. Dramatiker. – Stammt aus einer Schauspielerfamilie; bemühte sich, das damals gängige melodramat. Unterhaltungstheater durch realist. Bühnenausstattung und lebensechte Darstellung menschl. Verhaltens zu reformieren, und ist darin ein Vorläufer der naturalist. Dramatik. Von seinen zahlreichen Stücken, die auch zu sozialen Fragen Stellung nehmen, war ›Caste‹ (1868) bes. erfolgreich.

Weitere Werke: David Garrick (Dr., 1864), Society (Dr., UA 1865, hg. 1866), Play (Dr., 1868),

Home (Dr., 1869), M. P. (Dr., UA 1870, hg. 1889), Birth (Dr., UA 1870, hg. 1889), War (Dr., 1871).

Literatur: SAVIN, M.: Th. W. R. His plays and stagecraft. Providence (R. I.) 1950.

Robinson, Edwin Arlington [engl. 'rɔbınsn], * Head Tide (Maine) 22. Dez. 1869, † New York 6. April 1935, amerikan. Lyriker. – Neben R. L. Frost der bedeutendste amerikan. Lyriker zu Beginn des 20. Jahrhunderts. Seine psycholog. Gedankenlyrik kreist um das Thema der trag. Verlassenheit des Menschen in einer chaot. Welt. Seine z. T. bitter-kom. Porträts – meist von Menschen in der Stadt – offenbaren trotz ihrer Herbheit soziales Mitgefühl. Die Verbundenheit R.s mit der europ. Tradition zeigt das dreiteilige Versepos mit Stoffen aus der Artussage: ›Merlin‹ (1917), ›Lancelot‹ (1920) und ›Tristram‹ (1927; Pulitzerpreis 1928).

Weitere Werke: The torrent and the night before (Ged., 1896), The man against the sky (Ged., 1916), Collected poems (Ged., 1921; Pulitzerpreis 1922), The man who died twice (Vers-E., 1924; Pulitzerpreis 1925), Sonnets 1889–1927 (Ged., 1928), The glory of the nightingales (Vers-E., 1930), Amaranth (Vers-E., 1934), King Jasper (Vers-E., 1935).

Ausgaben: E. A. R. Selected letters. Hg. v. R. TORRENCE. New York 1940. Nachdr. 1986. – E. A. R. Collected poems. New York ¹⁸1972. – E. A. R. Uncollected poems and prose. Hg. v. R. CARY. Waterville (Maine) 1975.

Literatur: BARNARD, E.: E. A. R. A critical study. New York 1952. – ROBINSON, W. R.: E. A. R. A poetry of the act. Cleveland (Ohio) 1967. – ANDERSON, W. L.: E. A. R. A critical introduction. Cambridge (Mass.) 1968. – E. A. R. Centenary essays. Hg. v. E. BARNARD. Athens (Ga.) 1969. – COXE, L. O.: E. A. R. The life of poetry. New York 1969. – E. A. R. A collection of critical essays. Hg. v. F. MURPHY. Englewood Cliffs (N. J.) 1970. – VAN DOREN, M.: E. A. R. New York 1975. – E. A. R. Hg. v. H. BLOOM. New York 1988.

Robinson, Henry Crabb [engl. 'rɔbınsn], * Bury Saint Edmunds 13. März 1775, † London 5. Febr. 1867, engl. Schriftsteller. – Studierte Jura, 1800–05 auch in Deutschland, wo er zahlreiche berühmte Persönlichkeiten (u. a. Goethe, Schiller, J. G. Herder, Ch. M. Wieland) kennenlernte; 1813–28 Rechtsanwalt in London. Bed. Vermittler dt. Literatur in Großbritannien; führte ab 1811 ein Tagebuch, in dem er v. a. über die literar. Ereignisse seiner Zeit sowie über persönl. Begegnungen mit Schriftstellern (u. a. mit S. T. Coleridge, W. Wordsworth) berichtete (›Diary, reminiscences, and correspondance‹, 3 Bde., hg. 1869).

Literatur: MORLEY, E. J.: The life and times of H. C. R. London 1935. Neudr. New York 1970. – H. C. R. u. seine dt. Freunde. Nach Briefen, Tagebüchern u. a. Aufzeichnungen bearb. v. H. MARQUARDT u. K. SCHREINERT. Gött. 1964–67. 2 Bde.

Robinson, Henry Morton [engl. 'rɔbɪnsn], * Boston (Mass.) 7. Sept. 1898, † New York 13. Jan. 1961, amerikan. Schriftsteller. – Studierte und lehrte an der Columbia University in New York; 1935–48 Chefredakteur von ›Reader's Digest‹; bes. erfolgreich mit dem Roman um einen einfachen Priester, der die Kardinalswürde erlangt, ›Der Kardinal‹ (1950, dt. 1950), einer guten Darstellung des Katholizismus in den USA.

Weitere Werke: Das geschlossene Rund (R., 1945, dt. 1963), In den Schnee geschrieben (R., 1947, dt. 1957), Wasser des Lebens (R., 1960, dt. 1961, 1970 u. d. T. Der Whisky-König).

Robinson, [Esmé Stuart] Lennox [engl. 'rɔbɪnsn], * Douglas (Grafschaft Cork) 4. Okt. 1886, † Dublin 14. Okt. 1958, ir. Dramatiker. – Schauspieler, ab 1923 Leiter des Abbey Theatre in Dublin. Schrieb zahlreiche Dramen, zunächst mit Stoffen aus der Welt der ir. Bauern, dann satir. Komödien über den Mittelstand in der Provinz; behandelte auch histor. und soziale Fragen.

Werke: The Clancy name (Trag., 1908), Harvest (Dr., 1910), Patriots (Dr., 1912), The dreamers (Dr., 1915), The lost leader (Dr., 1918), Crabbed youth and age (Dr., 1924), The far-off hills (Dr., 1931), Church Street (Dr., 1934), Curtain up (Autobiogr., 1942), Ireland's Abbey Theatre. A history 1899–1951 (Studie, 1951).
Literatur: O'NEILL, M. J.: L. R. New York 1964.

Robinson, Therese, dt. Schriftstellerin, ↑ Talvj.

Robinsonade, Bez. für Nachahmungen von D. Defoes Roman ›Robinson Crusoe‹ (1719/20, dt. 1720/21). Stoff und Motiv waren zwar schon vor Defoe literarisch verarbeitet, doch erst dieser hatte durchschlagenden Erfolg. Die bedeutendste der deutschsprachigen R.n ist J. G. Schnabels Roman ›Wunderl. Fata einiger Seefahrer ...‹ (1731–43, 1828 neu hg. von L. Tieck u. d. T. ›Die Insel Felsen-

burg‹). Schnabel weitete die Thematik des Originals zur ↑ Utopie aus. Die meisten R.n blieben dagegen bloße Nachahmungen, teilweise mit pädagogisch gemeinter Tendenz, u. a. ›Robinson der Jüngere‹ von J. H. Campe (1779/80, 120 Auflagen, Übersetzungen in 25 Sprachen) und ›Der schweizer. Robinson‹ des Pfarrers J. D. Wyß (hg. 1812–27).

Literatur: BRÜGGEMANN, F.: Utopie u. R.n. Interss. zu Schnabels ›Insel Felsenburg‹ 1731–43. Bln. 1903. Neudr. Hildesheim 1978. – RECKWITZ, E.: Die R. Themen u. Formen einer literar. Gattung. Amsterdam 1976. – LIEBS, E.: Die pädagog. Insel. Studien zur Rezeption des ›Robinson Crusoe‹ in dt. Jugendbearbeitungen. Stg. 1977. – FOHRMANN, J.: Abenteuer u. Bürgertum. Zur Gesch. der dt. ›R.‹ im 18. Jh. Stg. 1981. – STACH, R.: Robinson u. R.n in der deutschsprachigen Lit. Eine Bibliogr. Wzb. 1991.

Roblès, Emmanuel [frz. rɔ'blɛs], * Oran 4. Mai 1914, † Boulogne (Hautsde-Seine) 22. Febr. 1995, frz. Schriftsteller. – Reporter und Kriegsberichterstatter, u. a. in der Sowjetunion und im Fernen Osten. 1973 Mitglied der Académie Goncourt. Beeinflußt von A. Camus, A. Malraux und vom Existentialismus; Verfasser handlungsreicher, fesselnd geschriebener Romane, erfolgreicher Dramen (u. a. ›Montserrat‹, 1948, dt. 1949; ›Die Wahrheit ist tot‹, 1952, dt. 1959) sowie von Essays.

Weitere Werke: L'action (R., 1937), Les hauteurs de la ville (R., 1948), Es nennt sich Morgenröte (R., 1952, dt. 1955), Federica (R., 1954, dt. 1955), Die Messer (R., 1956, dt. 1969), Der Vesuv (R., 1962, dt. 1963), La remontée du fleuve (R., 1963), Die Kreuzfahrt (R., 1968, dt. 1974), Un printemps d'Italie (R, 1970), Ungestümer Sommer (R., 1974, dt. 1975), Les sirènes (R., 1977), Venise en hiver (R., 1981), La chasse à la licorne (R., 1985), Norma ou l'exil infini (R., 1988), Cristal des jours. La rose de l'énigme (Ged., 1990), Les rives du fleuve Bleu (Prosa, 1990), L'herbe des ruines (R., 1992), Erica (Nov.n, 1994).
Ausgabe: E. R. Théâtre. Bd. 1. Paris ²1985.
Literatur: ROZIER, M. A.: E. R. ou la rupture du cercle. Sherbrooke 1973. – CHÈZE, M. H.: E. R. Témoin de l'homme. Sherbrooke u. a. 1979. – TOSO RODINIS, G.: Il teatro di E. R. Abano Terme 1980. – RAFFI, M. E.: Il romanzo di E. R. Abano Terme 1981. – ASTRE, G. A.: E. R. Paris 1987. – TOSO RODINIS, G.: E. R. et le grand théâtre du monde. Frz. Übers. Paris 1989.

Rocca, Gino [italien. 'rɔkka], * Mantua 22. Febr. 1891, † Mailand 13. Febr. 1941, italien. Schriftsteller. – Journalist,

1914–37 Theaterkritiker der Zeitung ›Il Popolo d'Italia‹; wurde bekannt mit dem Roman ›L'uragano‹ (1919), einer Schilderung der inneritalien. Spannungen vor dem Kriegseintritt 1915 und des Lebens an der Front; beliebt v. a. als Verfasser von Lustspielen in venezian. Mundart (›El sol sui veri‹, UA 1914; ›Se no i xe mati no li volemo‹, 1928; ›Sior Tita paron‹, 1929).

Weitere Werke: Il terzo amante (Kom., 1929), Il mondo senza gamberi (Kom., 1932), Il re povero (Kom., 1937).
Ausgabe: G. R. Teatro scelto. Hg. v. N. MANGINI. Mailand 1967.

Rocha, Adolfo Correia da [portugies. 'rrɔʃɐ], portugies. Schriftsteller, ↑ Torga, Miguel.

Roche, Denis [frz. rɔʃ], * Paris 1937, frz. Schriftsteller. – In seinem avantgardistisch-experimentellen Werk, das im Umkreis der von ihm z. T. mitformulierten literar. Theorie der Gruppe Tel Quel anzusiedeln ist, erprobt R. im fingierten Rahmen herkömml. Gattungen (Gedichte, Romane, Erzählungen, Essays) Möglichkeiten von Sprache und Literatur, die die Reflexion über das Geschriebene im Entwurf ständig miteinbeziehen; Übersetzer E. Pounds.

Werke: Récits complets (Ged., 1963), Éros énergumène (Ged., 1968), La liberté ou la mort (Anthologie, 1969), Carnac (Essay, 1969), Éloge de la véhémence (1970), Trois pourrissements poétiques (1972), Le mécrit (Ged., 1972), Louve basse (R., 1976), Notre antéfixe (Texte, 1978), Légendes de D. R. Gris banal (1982), Photolalies. Doubles, doublets et redoublés (Texte, 1988), Dans la maison du Sphinx. Essais sur la matière littéraire (1992).
Literatur: PRIGENT, C.: D. R. Paris 1977.

Roche, Mazo de la, kanad. Schriftstellerin, ↑ de la Roche, Mazo.

Rochefort, Christiane [frz. rɔʃ'fɔːr], * Paris 17. Juli 1917, frz. Schriftstellerin. – Journalistin; Verfasserin vieldiskutierter Romane mit sozialkrit. Tendenz, z. T. im Stil des Nouveau roman. ›Das Ruhekissen‹ (1958, dt. 1959) schildert einen Fall erot. Hörigkeit; ›Kinder unserer Zeit‹ (1961, dt. 1962) ist eine Satire auf das frz. Kindergeldsystem. Auch Essays.

Weitere Werke: Mein Mann hat immer recht (R., 1963, dt. 1965), Eine Rose für Morrison (R., 1966, dt. 1967), Frühling für Anfänger (R., 1969, dt. 1970), Archaos ou le jardin étincelant (R., 1972), Zum Glück geht's dem Sommer entgegen

(R., 1975, dt. 1977), Kinder (Essay, 1976, dt. 1977), Ma vie, revue et corrigée par l'auteur (1978; mit M. Chavardès), Quand tu vas chez les femmes (R., 1982), Die Welt ist wie zwei Pferde (Prosa, 1984, dt. 1986), Die Tür dahinten (R., 1988, dt. 1990).
Literatur: GALZIN-RICHARD, N.: Écriture et critique sociale dans l'œuvre de Ch. R. Diss. Montpellier 1981. – FELTEN, H.: Ch. R. In: Krit. Lex. der roman. Gegenwartsliteraturen. Hg. v. W.-D. LANGE. Losebl. Tüb. 1984 ff. – KLEIN, K.: Zum Verhältnis von Weiblichkeit u. Lit. bei Ch. R. Diss. Lpz. 1991.

Rochefoucauld, François de La ↑ La Rochefoucauld, François VI, Herzog von, Prince de Marcillac.

Rochester, John Wilmot, Earl of [engl. 'rɔtʃɪstə], engl. Dichter, ↑ Wilmot, John, Earl of Rochester.

Rod, Édouard [frz. rɔd], * Nyon (Waadt) 31. März 1857, † Grasse 29. Jan. 1910, schweizer. Schriftsteller. – Trat zunächst als Schüler É. Zolas mit naturalist. Romanen in frz. Sprache hervor, wandte sich dann vorwiegend dem psycholog. Roman zu; daneben schrieb er Monographien und Essays über G. Leopardi, Stendhal, A. de Lamartine, Goethe u. a. und ein Drama.

Werke: La course à la mort (R., 1885), Le sens de la vie (R., 1889), Das Privatleben des Michel Teissier (R., 1893, dt. 1905), La seconde vie de Michel Teissier (R., 1894).
Literatur: LERNER, M. G.: É. R., a portrait of the novelist and his times. Den Haag 1975.

Rodari, Gianni, * Omegna (Piemont) 23. Okt. 1920, † Rom 14. April 1980, italien. Kinderbuchautor. – Schrieb phantastisch-surrealist. Märchen und Fabeln, Comics und Nonsensverse, die auch die moderne Technik und die Problematik unserer Zeit mit einbeziehen. Für sein Gesamtwerk erhielt er 1970 den internat. Hans-Christian-Andersen-Preis.

Werke: Zwiebelchen (1951, dt. 1954), Gelsomino im Lande der Lügner (1958, dt. 1961), Gutenachtgeschichten am Telefon (1962, dt. 1964), Von Planeten und Himmelhunden (1962, dt. 1969), Das fliegende Riesending (1966, dt. 1968), Der Zaubertrommler (1971, dt. 1976), Zweimal Lamberto oder das Geheimnis der Insel San Giulio (1978, dt. 1982).

Roda Roda, Alexander, ursprüngl. (bis 1908) A. Friedrich Roda, * Drnovice (Südmähr. Gebiet) 13. April 1872, † New York 20. Aug. 1945, österr. Schriftsteller. – Sohn eines Gutspächters Rosen-

Alexander
Roda Roda

feld, der um 1870 den Namen Roda annahm. Bis 1902 Soldat, danach als Journalist Reisen durch Südosteuropa; 1914–18 im Pressequartier des österr. Oberkommandos; Mitarbeiter des ›Simplicissimus‹; Vorträge und Auslandsaufenthalte; emigrierte 1937/38 über Brüssel in die Schweiz, 1940 in die USA. Als volkstüml. Erzähler, Bühnenautor (oft zusammen mit seiner Schwester Marie Roda oder mit G. Meyrink) und Essayist zeigte sich R. R. mit Skizzen, Anekdoten und Schwänken als Satiriker der Endzeit der Donaumonarchie und bes. ihres Offizierskorps. Übersetzer und Bearbeiter B. Nušićs (›Der Knabe mit den 13 Vätern‹, R., dt. 1927).

Werke: Soldatengeschichten (2 Bde., 1904), Der Schnaps, der Rauchtabak und die verfluchte Liebe (Anekdoten und Skizzen, 1908), Schummler, Bummler, Rossetummler (En., 1909), Der Feldherrnhügel (Lsp., 1910; mit C. Rößler), Junker Marius (En., 1911, 1921 u. d. T. Die Streiche des Junkers Marius), R. R.s Roman (Autobiogr., 1925), Der Schlangenbiß (En., 1930), Die Panduren (R., 1935). **Ausgaben:** A. R. R. Ausgew. Werke in 3 Bden. Wien 1933–34. – Das große R. R. Buch. Hg. v. E. RODA RODA. Wien 6.–9. Tsd. 1950. **Literatur:** HACKERMÜLLER, R.: R. R. Einen Handkuß der Gnädigsten. Wien 1986.

Rodenbach, Albrecht [niederl. 'ro:dənbɑx], * Roeselare 27. Okt. 1856, † ebd. 23. Juni 1880, fläm. Schriftsteller. – Studierte Jura, schloß sich der Jugendbewegung an. Schrieb Kampflieder und Gedankenlyrik (›Eerste Gedichten‹, 1878) sowie das Drama ›Gudrun‹ (hg. 1882, dt. 1919) die erste große dramat. Bühnendichtung in der modernen flämischen Literatur.

Ausgabe: A. R. Verzamelde werken. Eeuwfeest uitgave 1856–1956. Hg. v. F. BAUR. Tielt 1956–60. 3 Bde. **Literatur:** NEUTJENS, C.: De ontwikkeling van R.s levensinzicht. Antwerpen 1956. – WESTERLINCK, A.: A. R. 1856–1880. Brüssel 1958.

Rodenbach, Georges [frz. rɔdɛ̃'bak, rɔdɛn'bak], * Tournai 16. Juli 1855, † Paris 25. Dez. 1898, belg. Dichter. – Stand dem Kreis um E. de Goncourt nahe; schrieb unter dem Einfluß des frz. Symbolismus und der Parnassiens zarte, wehmütige, klangvolle Gedichte, u. a. ›Le règne du silence‹ (Ged., 1891); in seinem Hauptwerk, dem einzigen bed. symbolist. Roman ›Das tote Brügge‹ (1892, dt. 1903), gibt er ein düster-melanchol. Bild seiner Heimat und ihrer Menschen.

Weitere Werke: Les tristesses (Ged., 1879), La jeunesse blanche (Ged., 1886), Le musée des béguines (R., 1894), Le carillonneur (R., 1897), Le miroir du ciel natal (Ged., 1898). **Ausgaben:** G. R. Die dramat. Werke. Dt. Übers. v. S. TREBITSCH. Mchn. 1913. – G. R. Œuvres. Paris 1923–25. 2 Bde. **Literatur:** GLASER, K.: G. R., der Dichter des toten Brügge. Marburg/Lahn 1917. – MAES, P.: G. R., 1855–1898. Gembloux Neuaufl. 1952. – GASTINEAU, T.: The visionary world of G. R. New York 1978. – GORCEIX, P.: Le symbolisme en Belgique. Étude sur G. R. Diss. Paris IV 1981.

Rodenberg, Julius, eigtl. J. Levy, * Rodenberg (Landkreis Schaumburg) 26. Juni 1831, † Berlin 11. Juli 1914, dt. Schriftsteller. – War als Journalist in Paris, lebte ab 1862 in Berlin; 1867–74 Mit-Hg. der Zeitschrift ›Der Salon‹, ab 1874 Hg. der von ihm begründeten ↑›Deutschen Rundschau‹. Als Lyriker von der Romantik ausgehend, entwickelte sich R. zum realist. Erzähler und Feuilletonisten; schrieb histor. und bürgerl. Romane, Dramen, Wander- und Skizzenbücher sowie Reisebetrachtungen.

Werke: Lieder (1854), Pariser Bilderbuch (Reisebericht, 1856), Kleine Wanderchronik (Reisebericht, 2 Bde., 1858), Die Straßensängerin von London (R., 3 Bde., 1863), Die neue Sündfluth (R., 4 Bde., 1865), Die Grandidiers (R., 3 Bde., 1878), Bilder aus dem Berliner Leben (3 Bde., 1885–88), Erinnerungen aus der Jugendzeit (2 Bde., 1899). **Literatur:** HAACKE, W.: J. R. u. die Dt. Rundschau. Hdbg. 1950.

Rodenko, Paul [Thomas Basilius] [niederl. ro'dɛnko], * Den Haag 26. Nov. 1920, † Warnsveld 9. Juni 1976, niederl.

Dichter und Literaturkritiker. – Wichtiger Vertreter der sog. ›Vijſtigers‹, einer Gruppe von Dichtern, die seit den 50er Jahren mit den traditionellen Formen der niederl. Lyrik brachen (Gedichte ohne Reim und Versmaß, freie Handhabung von Strophenbau, Syntax, Interpunktion u. a.); machte durch Essays und Anthologien die niederl. fortschrittl. Poesie der Nachkriegszeit bekannt.

Werke: Gedichten (1951), Nieuwe griffels, schone leien (Anthologie, 1954), Stilte, woedende trompet (Ged., 1959), Orensnijder Tulpensnijder (Ged., 1975).

Rodó, José Enrique [span. rrɔ'ðo], * Montevideo 15. Juli 1871, † Palermo 1. Mai 1917, uruguay. Schriftsteller. – Bereiste Spanien und Italien, wurde v. a. von der frz. Literatur beeinflußt (bes. von E. Renan); er blieb der geistigen Welt Europas verhaftet und versuchte, sie mit der Tradition Lateinamerikas zu verbinden; stellte sich in betonten Gegensatz zum nordamerikan. Utilitarismus (›Ariel‹, Essay, 1900). Einer der geistigen Führer der lateinamerikan. Länder, mit R. Darío Haupt des Modernismo. Bed. Literaturkritiker und Essayist.

Weitere Werke: Rubén Darío (Essays, 1899), Liberalismo y jacobinismo (Essay, 1906), Motivos de Proteo (Essay, 1909), El mirador de Próspero (Essays, 1913).

Ausgabe: J. E. R. Obras completas. Hg. v. E. RODRÍGUEZ MONEGAL. Madrid ²1967.

Literatur: ALBARRÁN PUENTE, G.: El pensamiento de J. E. R. Madrid 1953. – BENEDETTI, M.: Genio y figura de J. E. R. Buenos Aires 1966.

Rodoreda, Mercè [katalan. rruðu-'rɛðə], * Barcelona 10. Okt. 1908, † Gerona 13. April 1983, katalan. Schriftstellerin. – Lebte nach dem Bürgerkrieg 1939–57 im Exil (u. a. in Paris und Genf); gilt als bedeutendste zeitgenöss. Autorin Kataloniens; behandelt in ihren sprachlich meisterhaften Romanen und Erzählungen v. a. Frauenschicksale.

Werke: Aloma (R., 1938, dt. 1991); Vint i dos contes (En., 1957), Auf der Plaça del Diamant (R., 1962, dt. 1979), El carrer de les camèlies (R., 1966), Der Fluß und das Boot (En., 1966, dt. 1986), Der zerbrochene Spiegel (R., 1974, dt. 1982), Reise ins Land der verlorenen Mädchen. Poet. Prosastücke (1980, dt. 1981), Isabel i Maria (R., hg. 1991).

Ausgabe: M. R. Obres completes. Hg. v. C. ARNAU. Barcelona ²⁻³1984. 3 Bde.

Literatur: ARNAU, C.: Introducció a la narrativa de M. R. El mite de la infantesa. Barcelona 1979. – MULLOR-HEYMANN, M./HEYMANN, J.: M. R. In: Krit. Lex. der roman. Gegenwartsliteraturen. Hg. v. W.-D. LANGE. Losebl. Tüb. 1984 ff.

Rodrigues Lobo, Francisco [portugies. rru'ðriɣɪʒ 'loβu], * Leiria um 1580, † 1622 (im Tejo ertrunken), portugies. Dichter. – Studierte Rechtswiss. in Coimbra; in Leiria Erzieher im Dienste der Bragança; einer der letzten und bedeutendsten Dichter aus der Schule L. Vaz de Camões'; führte die Kunstromanze ein (›Romanceiro‹, 1596), schrieb bukol. Pastorellen, Elegien, Sonette, Schäferromane (Trilogie ›A primavera‹, 1601; ›O pastor peregrino‹, 1608; ›O desenganado‹, 1614) und, nach dem Vorbild B. Castigliones, ein Brevier des vollkommenen Hofmanns (›Corte na aldeia e noites de inverno‹, 1619) in Dialogen.

Ausgabe: F. Rodríguez L. Poesias. Ausw. mit Vorwort u. Anmerkungen v. A. LOPES VIEIRA. Lissabon 1940.

Literatur: PONTES, M. DE LOURDES BELCHIOR: Itinerário poético de R. L. Lissabon 1959. Nachdr. 1985. – CARVALHO, J. A. DE: Contribução para o estudo das fontes da ›Corte na aldeia‹ de F. R. L. Porto 1978.

Rodríguez Álvarez, Alejandro [span. rrɔ'ðriɣeθ 'alβarɛθ], span. Dramatiker, ↑ Casona, Alejandro.

Rodríguez Larreta, Enrique [span. rrɔ'ðriɣeð la'rrɛta], argentin. Schriftsteller, ↑ Larreta, Enrique [Rodríguez].

Roehler, Klaus ['rø:lər], * Königsee (Thüringen) 25. Okt. 1929, dt. Schriftsteller. – Studium der Geschichte und Philosophie, freier Schriftsteller, später Verlagslektor in Berlin, seit 1974 in Darmstadt; schreibt zeitnahe Prosa, in der er mit verschiedenen Stilmitteln die gesellschaftl. Wirklichkeit zu erfassen sucht; Neigung zu Satire und Groteske; umfangreiche Herausgebertätigkeit.

Werke: Triboll (En., 1956; mit G. Elsner), Die Würde der Nacht (En., 1958), Ein angeschwärzter Mann (En., 1966), Ein Blick in die Zukunft jetzt gleich, im Oktober (En., 1978), Achtung Abgrund (E., 1985), Das Wahlkontor dt. Schriftsteller in Berlin (1990; Hg.).

Roelants, Maurice [niederl. 'rulɑnts], * Gent 19. Dez. 1895, † Sint-Martens-Lennik 25. April 1966, fläm. Schriftsteller. – Verfaßte zunächst Gedankenlyrik.

In seinen nach frz. Vorbildern gestalteten Romanen und Novellen analysierte er eindringlich die Sehnsucht der Menschen nach Glück und wurde damit einer der Begründer des psycholog. Romans in Flandern. Später fand er erneut zur lyr. Form; auch Übersetzer (Molière, G. Bernanos). **Werke:** De kom der loutering (Ged., 1918), Kommen und Gehen (R., 1927, dt. 1955), Der Jazzspieler u. a. Erzählungen (1928, dt. 1959), Maria Danneels (R., 1931, dt. 1932, 1956 u. d. T. Ein Leben, das wir träumten), Alles kommt zurecht (R., 1937, dt. 1957), Gebet um ein gutes Ende (R., 1944, dt. 1955). **Literatur:** CLOSSET, F.: M. R. Brüssel 1946. – VEEN, A. VAN DER: M. R. Brüssel 1960.

Roethke, Theodore [engl. ˈrɛtkɪ], * Saginaw (Mich.) 25. Mai 1908, † Bainbridge Island (Wash.) 1. Aug. 1963, amerikan. Lyriker. – Ab 1947 Prof. für Anglistik an der Washington University in Seattle; schrieb zunächst von W. Whitman beeinflußte Naturgedichte (›The lost son‹, 1948; ›Praise to the end!‹, 1951; ›The waking. Poems 1933–53‹, 1953, Pulitzerpreis 1954); spätere, von W. Blake und W. B. Yeats beeinflußte Gedichte betonen das Thema der Liebe und erschließen angesichts des Todes geistige Dimensionen der menschlichen Existenz (›Words for the wind‹, 1958; ›The far field‹, hg. 1964). **Weitere Werke:** Open house (Ged., 1941), The exorcism (Ged., 1957), I am! Says the lamb (Kinderged., 1961), Party at the zoo (Kinderged., 1961). **Ausgaben:** Th. R. The collected poems. New York 1966. – Th. R. Selected letters. Hg. v. R. J. MILLS. Seattle (Wash.) 1968. – Straw for the fire. From the notebooks of Th. R. 1943–63. Hg. v. D. WAGONER. Garden City (N. Y.) 1972. – Th. R. On the poet and his craft. Selected prose. Hg. v. R. J. MILLS. Seattle (Wash.) ⁴1974. **Literatur:** Th. R. Essays on the poetry. Hg. v. A. STEIN. Seattle (Wash.) 1965. – MALKOFF, K.: Th. R. An introduction to the poetry. New York ³1971. – PARINI, J.: Th. R. An American romantic. Amherst (Mass.) 1979. – WOLFF, G.: Th. R. Boston (Mass.) 1981. – SCHWEIZER, H.: ›I was never his son, nor I‹. The poetry of Th. R. Bern u. a. 1985. – STIFFLER, R.: Th. R. The poet and his critics. Chicago (Ill.) 1986. – SEAGER, A.: The glass house. The life of Th. R. Neuausg. Ann Arbor (Mich.) 1991.

Rogers, Samuel [engl. ˈrɔdʒəz], * London 30. Juli 1763, † ebd. 18. Dez. 1855, engl. Lyriker. – Bankier, bed. Mäzen; schrieb kultivierte, formal vollendete Lyrik; seinerzeit erfolgreicher Klassizist; seine späteren Werke nähern sich der romant. Dichtung an (›Columbus‹, 1810; ›Jacqueline‹, 1814). 1856 erschienen Gespräche seines Freundeskreises ›Tabletalk of Samuel Rogers‹. **Weitere Werke:** Die Freuden des Gedächtnisses (Ged., 1792, dt. 1836), Human life (Dichtung, 1819), Italy, a poem (2 Bde., 1822–28). **Literatur:** ROBERTS, R. E.: S. R. and his circle. London 1910.

Rogge, Alma, * Brunswarden (heute zu Rodenkirchen, Gemeinde Stadland, Landkreis Wesermarsch) 24. Juli 1894, † Bremen 7. Febr. 1969, dt. Schriftstellerin. – Studierte Literatur- und Kunstgeschichte, war Redakteurin, freie Schriftstellerin in Bremen. Autorin von humorvollen heimatgebundenen hoch- und niederdt. Lustspielen und Erzählungen. **Werke:** De Straf (Lsp., 1924), In de Möhl (Dr., 1930), Leute an der Bucht (En., 1935), Hinnerk mit'n Hot (En., 1937), Hochzeit ohne Bräutigam (R., 1952), Seid lustig im Leben (En., 1953), Land, aus dem ich geboren bin (Ged., hg. 1970).

Roggeman, Willem Maurits [niederl. ˈrɔxəman], * Brüssel 9. Juli 1935, fläm. Schriftsteller. – Schrieb experimentelle Poesie (›Rhapsody in blue‹, 1958; ›De revolte der standbeelden‹, 1960; ›Baudelaire verliefd‹, 1963) und modernist. Romane (›De centauren‹, 1963; ›De verbeelding‹, 1966); wandte sich immer mehr der literar. Kritik und dem Essay zu. **Weitere Werke:** Het orakel van New York City (Ged., 1969), Majakofski vliegt over het land (Prosa, 1979), Het zwart van Goya (Ged., 1982), Niets gaat ooit voorbij (Ged., 1991).

Rohmer, Sax [engl. ˈroʊmə], eigtl. Arthur Sarsfield Ward, * Birmingham 15. Febr. 1883, † London 1. Juni 1959, engl. Schriftsteller. – Veröffentlichte ab 1909 Erzählungen in populären Magazinen; v. a. bekannt durch zahlreiche, großenteils verfilmte Romane über den sinistren Dr. Fu Mandschu (›Die Mission des Dr. Fu Mandschu‹, R., 1915, dt. 1927, 1975 u. d. T. ›Das Geheimnis des Dr. Fu Mandschu‹), den fiktiven Anführer einer chin. Geheimorganisation, die die Weltherrschaft anstrebt.

Röhrig, Tilman, * Hennweiler (Landkreis Bad Kreuznach) 28. März 1945, dt. Schriftsteller. – Schauspielerausbildung in Frankfurt am Main; seit 1973 freier Schriftsteller und Regisseur. Als Autor von Kinder- und Jugendbüchern bevorzugt er Themen wie: Außenseiter in der Gesellschaft, Probleme in Freundschaften und Partnerschaften, histor. Themen mit Gegenwartsbezug. Erhielt 1984 den Dt. Jugendliteraturpreis für sein Buch ›In dreihundert Jahren vielleicht‹ (1983); auch Hörspiele und Fernsehdrehbücher.

Weitere Werke: Thoms Bericht (1973), Langes Zwielicht (1974), Mathias Weber, genannt Fetzer (1975), Frederik Faber (1980), Dank gebührt Hannibal (1981), Freunde kann man nicht zaubern (1981), Der angebundene Traum (1982), Stadtluft macht frei (1985), Tina, Tom und Florian (1985), Neuschnee (1986), Sand oder Der Freiheit eine Gasse (R., 1993).

Roïdis (tl.: Roïdēs), Emmanuel, * Ermupolis (Siros) 28. Juli 1836, † Athen 7. Jan. 1904, neugriech. Erzähler und Essayist. – Lebte 1841–49 in Genua, dann bis 1855 auf Syros, studierte in Berlin; einer der Erneuerer der neugriech. Literatur. Als scharfsinniger Kritiker der Literatur seiner Zeit leitete er die Wende von den Auswüchsen einer ins Uferlose führenden Romantik ein. Sein Roman ›Hē papissa Iōna‹ (= Die Päpstin Johanna, 1866, dt. 1979) brachte ihm wegen seiner schockierenden Handlung den Bann der griech.-orthodoxen Kirche ein; schrieb mustergültige Erzählungen; Anhänger der griech. Volkssprache (Dimotiki); auch bed. Übersetzer.

Roig, Jaume [katalan. rrɔt∫], * Valencia um 1401, † Benimàmet bei Valencia 1. (5.?) April 1478, katalan. Dichter. – Arzt der Königin Maria von Aragonien, Gemahlin Alfons' V.; schrieb die frauenfeindl. satir. Versdichtung in 16 000 Versen ›Spill o Llibre de les dones‹ (entst. um 1457, gedr. 1531 u. d. T. ›Libre de consells‹).

Ausgabe: J. R. Spill o Libre de consells. Hg. v. R. MIQUEL Y PLANAS. Barcelona 1929–50. 2 Bde.
Literatur: QUEROL FAUS, F.: La vida valenciana en el siglo XV. Un eco de J. R. Valencia 1963. – AGUERA, V. G.: Un pícaro catalán del siglo XV. El ›Spill‹ de J. R. y la tradición picaresca. Barcelona 1975.

Rojas, Fernando de [span. 'rrɔxas], * Puebla de Montalbán (Toledo) um 1465, † Talavera de la Reina 8. (?) April 1541, span. Dichter. – Gilt einem Akrostichon zufolge als Verfasser wenigstens eines Teils des ep. Dramas ↑›Celestina‹ (1499, dt. 1520).

Literatur: BATAILLON, M.: ›La Célestine‹ selon F. de R. Paris 1961. – LEUBE, E.: Die Celestina. Mchn. 1971.

Rojas, Manuel [span. 'rrɔxas], * Buenos Aires 8. Jan. 1896, † Santiago de Chile 11. März 1973, chilen. Schriftsteller. – Lebte ab 1912 in Chile; war u. a. Hilfsarbeiter, Theatersouffleur, Setzer und Journalist, ab 1931 Direktor der Universitätsdruckerei von Santiago de Chile, später Prof. für Journalistik. Ausgehend von persönlichen Erlebnissen gestaltete er mit großer Fabulierkunst in seinen Romanen und Erzählungen ein breites Panorama der unteren Bevölkerungsschichten Chiles.

Werke: Hombres del sur (En., 1926), El delincuente (En., 1929), Wartet, ich komme mit (R., 1951, dt. 1955), Chilen. Beichte (R., 1960, dt. 1967), Sombras contra el muro (R., 1964), Cuentos (En., 1970), La oscura vida radiante (R., 1971).
Literatur: CORTÉS, D. A.: La narrativa anarquista de M. R. Madrid 1986.

Rojas, Ricardo [span. 'rrɔxas], * San Miguel de Tucumán 16. Sept. 1882, † Buenos Aires 29. Juli 1957, argentin. Schriftsteller. – Ab 1913 Inhaber des von ihm gegründeten Lehrstuhls für argentin. Literatur, 1926–30 Rektor der Univ. von Buenos Aires; 1931–34 aus polit. Gründen inhaftiert. Die in seinem Essay ›La restauración nacionalista‹ (1909) formulierten Gedanken der geschichtl. Bestimmung Argentiniens bzw. Lateinamerikas ziehen sich durch sein gesamtes Werk als Literarhistoriker, Essayist, Erzähler, Lyriker und Dramatiker. Sein Hauptwerk ist die materialreiche ›Historia de la literatura argentina‹ (4 Bde., 1917–22).

Weitere Werke: La victoria del hombre (Ged., 1903), El país de la selva (En., 1907), Eurindia (Essay, 1924), El santo de la espada. Vida de San Martín (Biogr., 1933), Ollantay (Dr., 1939).
Ausgabe: R. R. Obras completas. Buenos Aires 1947–53. 30 Bde.
Literatur: GUARDIA, A. DE LA: R. R., 1882–1957. Buenos Aires 1967. – PICKENHAYN, J. O.: La obra literaria de R. R. Buenos Aires 1992.

Rojas Zorrilla, Francisco de [span. 'rrɔxas θo'riʎa], * Toledo 4. Okt. 1607, † Madrid 23. Jan. 1648, span. Dramatiker. – Schrieb bühnenwirksame Charakterlustspiele mit Sinn für Situationskomik; sein Meisterwerk ›Vom König

abwärts – Keiner‹ (Dr., 1645, dt. 1896) hat das für die höf. Literatur Spaniens wichtige zentrale Thema der Verteidigung beleidigter Ehre; mit der Darstellung seel. Regungen motiviert R. Z. die Strenge der Ehrauffassung; bed. Einfluß auf das frz. Drama, bes. auf P. Corneille.
Weitere Werke: Entre bobos anda el juego (Kom., 1645), Lo que son las mujeres (Kom., 1645).
Ausgaben: F. de R. Z. Teatro. Hg. v. F. RUIZ MORCUENDE. Madrid Neuausg. 1956. – F. de R. Z. Teatro. Hg. v. R. R. MACCURDY. Madrid 1961. – Del rey abajo ninguno. Hg. v. R. R. MACCURDY. Englewood Cliffs (N. J.) 1970.
Literatur: COTARELO Y MORI, E.: Don F. de R. Z. Madrid 1911. – MACCURDY, R. R.: F. de R. Z. and the tragedy. Albuquerque (N. Mex.) 1958. – SCHMIDT, GISELA: Studien zu den Komödien des Don F. de R. Z. Diss. Köln 1959.

Rokeah, David [ro'ke:ax], * Lemberg 22. Juli 1916, † Duisburg 29. Mai 1985, israel. Lyriker. – Kam 1934 nach Palästina und arbeitete als Ingenieur; veröffentlichte ab 1939 mehrere Gedichtbände; dt. erschienen ›Poesie‹ (hebr. und dt. 1962), ›Von Sommer zu Sommer‹ (dt. 1965), ›Ijara‹ (hebr. und dt. 1968), ein 12teiliger Gedichtzyklus, ›Kein anderer Tag‹ (dt. 1971), ›Wo Stachelrosen wachsen‹ (dt. 1976), ›Jerusalem‹ (dt. 1981) und ›Du hörst es immer‹ (hebr. und dt. 1985).

Rokha, Pablo de [span. 'rrɔka], eigtl. Carlos Díaz Loyola, * Licantén 22. März 1894, † Santiago de Chile 10. Sept. 1968, chilen. Lyriker. – Wandte sich nach einer gefühlsbetonten, metaphysisch bestimmten Frühphase einer sozialist. agitator. Dichtung zu; seine Sprache und Bilder brachen mit jeder Art lyr. Konvention.
Werke: Los gemidos (Ged., 1922), U (Ged., 1927), Jesucristo (Ged., 1933), Oda a la memoria de Máximo Gorki (1936), Gran temperatura (Ged., 1937), Morfología del espanto (Ged., 1942), Neruda y yo (Essay, 1955), Genio del pueblo (Ged., 1960), Mundo a mundo (Ged., 1966).
Literatur: LAMBERG, F.: Vida y obra de P. de R. Santiago de Chile 1965. – FERRERO, M.: P. de R., guerrillero de la poesia. Santiago de Chile 1967.

Rokoko [frz., zu frz. rocaille = Geröll, aufgehäufte Steine, Grotten-, Muschelwerk], in der bildenden Kunst die Stilphase zwischen Barock und Klassizismus (etwa 1720–80). Bei aller gebotenen Vorsicht, mit der kunsthistor. Epochenbegriffe auf die Geschichte der Literatur zu übertragen sind, schlösse sich das literar. R. an die Epoche des Barocks an (etwa 1740–80); bestimmend für diese Zeit sind Züge der ↑ Aufklärung und der ↑ Empfindsamkeit; oberstes Ideal ist ›Grazie‹ als das moralisch Schöne; propagiert wird eine heitere, weltimmanente Lebensfreude, verfeinerter Sinnengenuß, der in ästhet. Spiel und graziöser Form Leben und Kunst zu verbinden sucht. Die Dichtung des R. ist wie die des Barock ↑ Gesellschaftsdichtung, aber alles Repräsentative und Großartige wird abgelehnt zugunsten des Intimen, Zierlichen und Ironisch-Scherzhaften oder Empfindsamen. Der Begriff des Natürlichen orientiert sich an literar. Vorbildern, am antiken Arkadien der überlieferten ↑ Schäferdichtung und ↑ Anakreontik. Anakreon, Horaz, Catull werden zu Leitbildern eudämonist. Lebensgenusses. Die wichtigsten Themenkreise sind: Lieben, Trinken, Singen, Freundschaft, Geselligkeit, Natur. Das dt. R. (↑ auch Graziendichtung) ist Teil einer europ. Strömung und steht bes. unter dem Einfluß Frankreichs (↑ französische Literatur); doch wird die frz. höfisch-galante Dichtung dem Geschmack des dt. Bürgertums angepaßt, das in Deutschland Hauptträger des literar. R. ist. Bevorzugt werden Kurzformen wie Lyrik, Verserzählung, Dramolett, Singspiel, Idylle, Epyllion. Hauptvertreter in Deutschland sind Ch. M. Wieland, der junge Goethe, der junge G. E. Lessing, F. von Hagedorn, J. W. L. Gleim, J. P. Uz, J. N. Götz, Ch. F. Weiße, Ch. F. Gellert, S. Geßner, H. W. von Gerstenberg, E. von Kleist, J. E. Schlegel, J. G. Jacobi, M. A. von Thümmel.

Literatur: KIMBALL, S. F.: The creation of the Rococo. Philadelphia (Pa.) 1943. Nachdr. New York 1964. – Europ. R. Kunst u. Kultur des 18. Jh. Ausst.-Kat. Mchn. ³1958. – SCHÖNBERGER, A./SOEHNER, H.: Die Welt des R. Kunst u. Kultur des 18. Jh. Mchn. 1959. – ANGER, A.: Literar. R. Stg. ²1968. – Dichtung des R. Hg. v. A. ANGER. Tüb. ²1969. – ZEMAN, H.: Die dt. anakreont. Dichtung. Ein Versuch zur Erfassung ihrer ästhet. u. literarhistor. Erscheinungsformen im 18. Jh. Stg. 1972. – PERELS, CH.: Studien zur Aufnahme u. Kritik der R.lyrik zw. 1740 u. 1760. Gött. 1974. – MARCARD, M: R. oder Das Experiment am lebenden Herzen. Galante Ideale u. Lebenskrisen. Rbk. 1994.

Roland Holst, Adriaan (Adrianus) [niederl. 'ro:lɑnt 'hɔlst], * Amsterdam 23. Mai 1888, † Bergen (Prov. Nordholland) 6. Aug. 1977, niederl. Schriftsteller. – Lebte seit 1918 in Nordholland, 1929–34 Redakteur der Zeitschrift ›De Gids‹, während des 2. Weltkriegs einer der bedeutendsten Schriftsteller der Widerstandsbewegung. Seine mystisch-visionäre Lyrik zeigt den Einfluß von M. W. Shelley, W. B. Yeats und P. Verlaine. R. H., der in seiner Zeit nichts Wesentliches finden zu können glaubte, suchte die ird. Vollkommenheit in einer verlorenen Urzeit; das griech. und das kelt. Altertum stellten für ihn Ideale dar.

Werke: Deirdre en de zonen von Usnach (Prosa, 1916), Voorbij de wegen (Ged., 1920), De wilde kim (Ged., 1925), Tusschen vuur en maan (E., 1932), Voortekens (Prosa, 1936), Voor West-Europa (Ged., 1939), Tegen de wereld (Ged., 1945).

Roland Holst, Henriëtte [niederl. 'ro:lɑnt 'hɔlst], geb. van der Schalk, * Noordwijk-Binnen 24. Dez. 1869, † Amsterdam 21. Nov. 1952, niederl. Schriftstellerin. – Nach dem 1. Weltkrieg Mitglied der Kommunist. Partei; Ende der 20er Jahre wandte sie sich einem Sozialismus religiös-myst. Prägung zu. In ihren Gedichten zunächst Beschäftigung mit der Philosophie, bes. Spinoza (›Sonnetten en verzen in terzinen geschreven‹, 1895), später Auseinandersetzung mit dem Kommunismus, gegen den sich ihr soziales Empfinden sträubte; Dramen und theoret., v. a. polit. Schriften und Biographien.

Weitere Werke: De nieuwe geboort (Ged., 1902), De vrouw in het woud (Ged., 1912), Verworvenheden (Ged., 1927), Tusschen tijd en eeuwigheid (Ged., 1934), Rosa Luxemburg (Biogr., 1935, dt. 1937).

Rolandslied (Chanson de Roland), ältestes, wohl zwischen 1075 und 1100 entstandene frz. Heldenepos (Chanson de geste), das in der ältesten und bedeutendsten erhaltenen Handschrift von Oxford (aus dem 12. Jh., in frühanglonormann. Mundart) aus 4002 Zehnsilblern besteht, die durch wechselnde Assonanzen zu 298 Laissen verschiedener Länge zusammengefaßt sind. Ob der in der letzten Zeile genannte Kleriker Turoldus der Dichter, der Abschreiber der Handschrift, der Bearbeiter einer Vorlage oder Vortragender ist, war lange Zeit umstritten. Heute geht man allgemein davon aus, daß er der begabte Redaktor vorliegender mündl. Überlieferungen des Epenstoffes war.

Den *histor. Kern* der Erzählung bildet die Vernichtung der Heeresnachhut Karls des Großen durch die Basken im Paß von Roncesvalles (frz. Roncevaux) im Jahre 778. Das zugrunde liegende histor. Ereignis, das Einhard in seiner ›Vita Caroli Magni‹ (um 830) nur beiläufig erwähnt, erscheint in der Geste erweitert und umgestaltet. Vielleicht zur Zeit des ersten Kreuzzuges schreibend, hat der Bearbeiter daraus einen Aufruf zum Kampf gegen die Sarazenen gemacht. Held der Handlung ist Roland, historisch ein Markgraf der Breton. Mark, der zum Neffen Karls des Großen und zu einem seiner 12 Paladine umgewandelt wird.

Inhalt: Nachdem Karl der Große die Sarazenen, mit Ausnahme des Königs Marsilius, besiegt hat, entsendet er auf Rolands Vorschlag dessen Stiefvater Ganelon als Friedensboten. In dem Glauben, daß Roland ihn ins Verderben schikken will, verabredet Ganelon mit Marsilius einen Überfall auf Karls Nachhut. Zu Karl zurückgekehrt, gelingt es ihm, Roland den Befehl über die Nachhut übertragen zu lassen. Im Tal von Roncesvalles fallen Roland, der im Epos als Symbol unbesonnenen Heldenmutes ist, und sein historisch nicht bezeugter Freund Olivier, der für die Weisheit steht, da Roland sich weigert, das Heer Karls zu Hilfe zu rufen. Der Kampf Rolands mit seinem Schwert Durendal und sein Tod bilden den Höhepunkt der Handlung. Karl kehrt zu spät zurück, er kann nur noch den Tod Rolands und seiner Mitkämpfer rächen. Er schlägt die Sarazenen, auch den Marsilius zu Hilfe geeilten Emir Baligant, in die Flucht und kehrt nach Aachen zurück, wo über Ganelon ein Gottesgericht gehalten wird. Über die *Entstehung* des R.s gab es verschiedene Hypothesen. Die romant. Auffassung ging von unmitelbar nach der histor. Niederlage von Roncesvalles 778 entstandenen (nicht überlieferten) Heldenliedern als Ursprung aus, die antiromant. von der Wiederaufnahme einer vor dem Oxforder Roland (oder dessen

Vorlage) vorhandenen Ortssage (›Pilgerstraßentheorie‹), formlosen oder geformten Erzählfragmenten, die ein begabter Bearbeiter (›Dichter‹ bei J. Bédier; ↑Chanson de geste) aufnahm, der aus der Sage erst das Kunstwerk des R.s machte. Die Verbreitung von Sagenelementen wird bezeugt durch das Vorkommen des Namenspaares Roland und Olivier im 11.Jh., die Nennung von Roland und Olivier vom Jahre 1000 an in Nord- und Südfrankreich, in Italien und Katalonien und durch eine kurze, mlat./roman. Wiedergabe des Handlungsablaufs (mit Ausschluß der Baligant-Episode) in der ›Nota emilianense‹ (Spanien, Kloster San Millán de la Cogolla, um 1065). Gerade dieser Text, der der Forschung erst seit 1953 bekannt ist, belegt eindrucksvoll die Verbreitung der Rolandssage vor ihrer schriftlichen Fixierung in der Fassung des Turoldus und setzt damit auch wichtige Elemente der romantischen Theorie zur Entstehung der mittelalterlichen Epik wieder in ihr Recht (↑Mündlichkeit).

Nachdichtungen: Vom Erfolg des Oxforder ›R.s‹ zeugen die zahlreichen Bearbeitungen, von der bald erfolgten Umsetzung in die gereimte Form Handschriften des 13. bis 15. Jahrhunderts. Das ›R.‹ gab ferner den Auftakt zur Abfassung weiterer Heldenlieder über andere Abenteuer Karls des Großen, seine Jugend usw. sowie über die gegen ihn rebellierenden Vasallen. Wahrscheinlich 1172 wurde das altfrz. ›R.‹ vom Pfaffen Konrad ins Mittelhochdeutsche übertragen. Im Gegensatz zur Vorlage tritt dabei das polit. Moment zurück. Karls des Großen Kriegszug wird als religiöser Kampf der Christen gegen die Heiden gesehen, Roland stirbt als Märtyrer. Der Stoff fand in Deutschland v. a. durch die Bearbeitung des Strickers (›Karl‹, Versepos, 1. Hälfte des 13.Jh.) weite Verbreitung. Auf dem altfrz. ›R.‹ fußen auch eine lat. Prosafassung des Pseudo-Turpin (ein unbekannter frz. Geistlicher unterschob um 1150 die ›Historia Karoli Magni et Rotholandi‹ dem Erzbischof Turpin von Reims [†794]), das span. Fragment ›Roncesvalles‹ (um 1230) und die nord. ›Karlamagnússaga‹ (13.Jh.). In Italien wurde der Stoff selbständig weiterentwickelt:

Andrea da Barberinos ›I reali di Francia‹ (hg. 1491), L. Pulcis Epos ›Il Morgante‹ (1478), die Orlando-Epen M. M. Boiardos (entst. 1476–94) und L. Ariostos (1516). In deren Folge entstanden Lope F. de Vega Carpios Drama ›La belleza de Angélica‹ (1602) und Opern (Ph. Quinault/J.-B. Lully, 1686; Grazio Braccioli [*1682, †1752]/G. F. Händel, 1733). In Spanien fand – wie auch schon in Italien (Epos L. Dolces, 1572) – u. a. die Liebesgeschichte der Eltern Rolands Eingang in die Dichtung (Lope F. de Vega Carpios Drama ›La mocedad de Roldán‹). Im 19.Jh. entstanden v. a. um den Tod Rolands zahlreiche Romanzen und Balladen (F. de La Motte-Fouqué, 1805; F. Schlegel, 1806; L. Uhland, 1808 und 1841; A. de Vigny, 1829; M. von Strachwitz, 1842) sowie Dramen (K. L. Immermann, 1819; R. von Kralik, 1898).

Ausgaben: Les textes de la Chanson de Roland. Hg. v. R. MORTIER. Paris 1940–44. 10 Bde. – La Chanson de Roland. Altfrz. u. dt. Übers. v. H. W. KLEIN. Mchn. 1963. Nachdr. ebd. 1983. – La Chanson de Roland. Krit. Ausg. Hg. v. C. SEGRE. Mailand 1971. – Das R. Dt. Übers. u. hg. v. R. BESTHORN. Lpz. 1972. – Das altfrz. R. (La Chanson de Roland. Hg. v. A. HILKA u. G. ROHLFS. Tüb. [7]1974. – La Chanson de Roland. Hg. v. P. JONIN. Paris 1979. – La Chanson de Roland. Texte établi d'après le manuscrit d'Oxford. Übers. u. Anm. v. G. MOIGNET. Neuausg. Paris 1989.

Literatur: DELBOUILLE, M.: Sur la genèse de la Chanson de Roland. Brüssel 1954. – Le GENTIL, P.: La Chanson de Roland. Paris 1955. – Bull. Bibliographique de la Société Rencesvals. Jg. 1, Paris 1958 ff. – MENÉNDEZ PIDAL, R.: La Chanson de Roland et la tradition épique des Francs. Frz. Übers. Paris [2]1960. – WALTZ, M.: R., Wilhelmslied, Alexiuslied. Zur Struktur u. geschichtl. Bedeutung. Hdbg. 1965. – AEBISCHER, P.: Rolandiana et Oliveriana. Recueil d'études sur les chansons de geste. Genf 1967. – RÜTTEN, R.: Symbol u. Mythus im altfrz. R. Brsw. 1970. – AEBISCHER, P.: Préhistoire et protohistoire du ›Roland‹ d'Oxford. Bern 1972. – BURGER, E.: Turold, poète de la fidélité. Essai d'explication de la Chanson de Roland. Genf 1977. – DUGGAN, J. J.: A guide to studies on the ›Chanson de Roland‹. London 1977. – PENSOM, R. M.: Literary technique in the Chanson de Roland. Genf 1982. – HORRENT, J.: Chanson de Roland et Geste de Charlemagne. Partie documentaire. In: Grundr. der roman. Literaturen des MA. Bd. III, 2. Faszikel 2. Hg. v. R. LEJEUNE, J. WATHELET-WILLEM u. H. KRAUSS. Hdbg. 1985 (mit Bibliogr.). – FARRIER, S. E: A linguistic dating of the Oxford ›Chanson de Roland‹. Diss.

Cornell University Ithaca (N.Y.) 1985. – KELLER, H.-E.: Autour de Roland. Paris 1989. – MAURICE, J.: La chanson de Roland. Paris 1992.

Rolicz-Lieder, Wacław [poln. 'rɔlitʃ-'lidɛr], * Warschau 27. Sept. 1866, † ebd. 25. April 1912, poln. Lyriker. – Bed. poln. Symbolist, dessen literar. Wirkung in Polen erst nach dem 2. Weltkrieg einsetzte; war mit S. Mallarmé, P. Verlaine und v.a. S. George befreundet; Übersetzer Georges, der seinerseits R.-L. übersetzte; auch Übertragungen aus dem Französischen und Persischen; Verfasser hermet. Lyrik, die altpoln. und oriental. Elemente enthält.

Ausgaben: W. R.-L. Wybór poezji. Krakau 1962. – S. George/W. R.-L. Gedichte u. Übertragungen. Poln.-dt., dt.-poln. Düss. 1968. **Literatur:** PODRAZA-KWIATKOWSKA, M.: W. R.-L. Warschau 1966.

Rolland, Romain [frz. rɔ'lã], * Clamecy (Nièvre) 29. Jan. 1866, † Vézelay (Yonne) 30. Dez. 1944, frz. Schriftsteller. – Ab 1880 in Paris, studierte 1886–89 an der École normale supérieure; 1889–91 in Rom, wo ihn der Einfluß Malwida von Meysenbugs zu R. Wagner und der geistigen Welt Deutschlands führte; 1903–12 Prof. für Musikwiss. an der Sorbonne; Mitarbeit an Ch. P. Péguys ›Cahiers de la Quinzaine‹; kämpfte während des 1. Weltkriegs von der Schweiz aus – u.a. mit den Schriften ›Au-dessus de la mêlée‹, 1915, und ›Les précurseurs‹, 1919, beide dt. 1946 u.d.T. ›Der freie Geist‹ – gegen den Krieg und den Imperialismus der europ. Nationalstaaten. 1915 erhielt er den Nobelpreis für Literatur. 1935 unternahm er eine Reise in die UdSSR; dem Kommunismus, zu dem er sich 1927 bekannt hatte, stand er zuletzt kritisch gegenüber. R. stand in Verbindung mit Persönlichkeiten des literar., kulturellen und polit. Lebens in aller Welt und unternahm viele Reisen. Literarisch trat er zuerst als Verfasser zweier Dramenzyklen mit welthistor. Hintergrund hervor, mit ›Les tragédies de la foi‹ (›Saint Louis‹, 1897; ›Aert‹, 1898, dt. 1926; ›Der Triumph der Vernunft‹, 1899, dt. 1925) und den ›Revolutionsdramen‹ (›Die Wölfe‹, 1898, dt. 1914; ›Danton‹, 1900, dt. 1919; ›Der 14. Juli‹, 1902, dt. 1924). Bed. Widerhall fanden seine Biographien, die den Geist

Romain
Rolland

eines unüberwindl. moral. Heroismus beschwören, u.a. ›Ludwig van Beethoven‹ (1903, dt. 1918), ›Das Leben Michelangelos‹ (1905, dt. 1919), ›Das Leben G. F. Händels‹ (1910, dt. 1922), ›Das Leben Tolstois‹ (1911, dt. 1922), ›Mahatma Gandhi‹ (1924, dt. 1924), ›Péguy‹ (2 Bde., 1944, dt. 1951). In seinem bedeutendsten Roman, dem 10bändigen, z.T. autobiograph. Entwicklungsroman ›Johann Christof‹ (1904–12, dt. 3 Bde., 1914–17), dessen Titelgestalt ein dt. Musiker ist, gibt R. eine treffende Synthese dt.-frz. Wesensart, der Roman ›Clérambault‹ (1920, dt. 1922) enthält eine wirkungsvolle Kampfansage gegen den Chauvinismus. Über die rein literar. Wirkung hinaus ist R. bed. als Vorkämpfer für den Pazifismus und für eine übernat. Völkergemeinschaft; in der Humanität, in der Unabhängigkeit von allen Doktrinen sah er das erstrebenswerte Ziel, dem seiner Meinung nach aus dem Geist der ind. Philosophie und den Ideen der proletar. Revolution Anregungen und Möglichkeiten erwachsen können.

Weitere Werke: Die Zeit wird kommen (Dr., 1903, dt. 1920), Das Theater des Volkes (Abhandlung, 1903, dt. 1926), Meister Breugnon (R., 1919, dt. 1920), Verzauberte Seele (R., 6 Bde., 1922–24, dt. 1924–36), Ein Spiel von Tod und Liebe (Dr., 1925, dt. 1925), Reise nach innen (Autobiogr., 1942, dt. 1949).

Ausgaben: R. R. Œuvres complètes. Paris 1930–34. 10 Bde. – R. R. Ges. Werke in Einzel-Bden. Dt. Übers. Mit einem Vorwort v. G. SCHEWE. Bln. 1–7 1951 ff. Auf mehrere Bde. berechnet. – R. R. Textes politiques, sociaux et philosophiques. Paris 1970. – R. R. Théâtre de la Révolution. Hg. v. G. SIGAUX. Évreux 1972. 2 Bde. – R. R. Das Gewissen Europas. Tageb.

der Kriegsjahre 1914–1919. Dt. Übers. Düss. 1984. 3 Bde.
Literatur: CURTIUS, E. R.: Die literar. Wegbereiter des neuen Frankreich. Potsdam ³1923. – Bull. de l'Association des Amis de R. R. Jg. 1, Clamecy 1946 ff. – Cahiers R. R. Jg. 1, Paris 1948 ff. – CHEVAL, R.: R. R., l'Allemagne et la guerre. Paris 1963. – R. R. Weltbürger zw. Frankreich u. Deutschland. Ausstellungskat. Bearb. v. K. DAHME u. M. R. ROLLAND. Stg. 1967. – SIPRIOT, P.: R. R. Paris 1968. – R. R. (Hommage). Mit Beitrr. v. P. ABRAHAM u. a. Neuenburg 1969. – STARR, W. TH.: R. R. One against all. A biography. Den Haag u. Paris 1971. – BENDAOUD, A.: Le théâtre de R. R. Diss. Straßburg 1977. – BARRÈRE, J.-B.: R. R. L'âme et l'art. Paris Neuaufl. 1978. – KASTINGER RILEY, H. M.: R. R. Bln. 1979. – MOTYLEVA, T. L.: R. R. Eine Biogr. Dt. Übers. v. W. TECHTMEIER. Bln. u. a. 1981.

Rollengedicht (Chanson dramatique), lyr. Monolog, der einer meist zeittyp. Gestalt (Liebender, Schäfer, Wanderer) in den Mund gelegt ist (z. B. C. Brentano, ›Der Spinnerin Lied‹; Goethe, ›Wanderers Nachtlied‹). Das R. war bes. ausgeprägt im ↑ Minnesang und im ↑ Volkslied, ist aber bis zur Gegenwart in der Dichtung lebendig. Der Begriff R. bezeichnet auch den lyr. Dialog zwischen Schäfer und Schäferin (Hirt und Hirtin) in den ↑ Eklogen und anderen Hirten- oder Schäferdichtungen in MA, Renaissance und Barock.

Rollenhagen, Gabriel, * Magdeburg 22. März 1583, † ebd. 1619, dt. Dichter. – Sohn Georg R.s; ab 1605 Protonotar des Magdeburger Domkapitels. Erfolgreicher nlat. Lyriker, obwohl seine Dichtung stark epigonal ist; er schrieb neben Reisemärchen die Liebeskomödie ›Amantes amentes‹ (1609) in dt. Sprache (mit derbem niederdt. Dialekt in den Bedientenrollen).
Weitere Werke: Juvenilia (Ged., 1606), Emblemata (Ged., 1611–13), Epigrammata (1619).
Literatur: GAEDERTZ, K. TH.: G. R., sein Leben u. seine Werke. Lpz. 1881.

Rollenhagen, Georg, * Bernau bei Berlin 22. April 1542, † Magdeburg 20. Mai 1609, dt. Dichter. – Vater von Gabriel R.; Privatlehrer, später Rektor in Halberstadt und Magdeburg; dort zuletzt auch ev. Prediger. Schrieb bürgerlich-moralist. Schuldramen mit bibl. Stoffen nach antiken Mustern, u. a. das Spiel ›Vom reichen Manne und armen

Lazaro‹ (1590); die reformator. Tendenz seiner Dramen ist auch in seinem Hauptwerk spürbar, dem grotesken satir. Tierepos ›Froschmeuseler‹ (1595), einer allegor. Darstellung der Reformationszeit und ihrer Wirren nach dem Muster der pseudohomer. ↑ ›Batrachomyomachia‹.
Weitere Werke: Des Ertzvaters Abrahams Leben und Glauben (Schsp., 1569), Tobias (Schsp., 1576).
Literatur: BERNLEITHNER, E.: Humanismus u. Reformation im Werke G. R.s. Diss. Wien 1954.

Rolle of Hampole, Richard [engl. 'roʊl əv 'hæmpoʊl], * Thornton Dale (Yorkshire) um 1300, † Hampole (Yorkshire) 29. Sept. 1349, engl. Mystiker. – Ließ sich nach abgebrochenem Studium in Oxford als Eremit in Yorkshire, zuletzt beim Kloster Hampole, nieder. Gilt als Begründer der engl. Mystik des 14. Jahrhunderts. Seine aus der Seelsorge für die Zisterzienserinnen hervorgegangenen, mit lyr. Elementen durchsetzten engl. Prosaschriften (u. a. ›The form of perfect living‹), die für die nachfolgende Erbauungsliteratur wegweisend wurden, und v. a. seine lat. Hauptwerke ›Melos amoris‹, ›Incendium amoris‹ und ›Emendatio vitae‹ umkreisen den Gedanken der Gottesliebe als Streben nach harmon. Vereinigung der Seele mit Gott. Nach R.s Tod wurde seine Kanonisierung betrieben.
Ausgabe: English writings of R. R. Hg. v. H. E. ALLEN. Oxford 1931.
Literatur: MARZAC, N.: R. R. de H. (1300–1349). Paris 1968. – RIEHLE, W.: The Middle English mystics. London 1981. – WATSON, N.: R. R. and the invention of authority. Cambridge u. a. 1991.

Rollett, Hermann, * Baden bei Wien 20. Aug. 1819, † ebd. 30. Mai 1904, österr. Dichter. – Gehörte der Bewegung Junges Österreich an und bekannte sich zum Deutschkatholizismus. Er schrieb freiheitl. Gedichte; die 1848er Revolution feierte er mit ›Kampfliedern‹ (1848); daneben Dramen und erzählende Dichtungen, geschichtl. und kulturhistor. Schriften.
Weitere Werke: Frühlingsboten aus Österreich (Ged., 1846), Dramat. Dichtungen (3 Bde., 1851), Erzählende Dichtungen (1872).

Rolli, Paolo, * Rom 13. Juni 1687, † Todi 20. März 1765, italien. Dichter. – Mitglied der Accademia dell'Arcadia;

1715–44 in England, Erzieher der Söhne Georgs II. Warb in England für die italien. Dichtung, indem er u. a. Werke von G. Boccaccio, G. B. Guarini und L. Ariosto herausgab; übersetzte u. a. J. Miltons ›Paradise lost‹. Verfasser zahlreicher Libretti zu Melodramen. Sein Ruhm beruht auf seinen vielgestaltigen Gedichten (z. T. in Catullschen Elfsilblern), Kanzonetten in der Art G. Chiabreras und auf seinen Kantaten, eine Gattung, die er in Nachahmung J.-B. Rousseaus in die italien. Lyrik einführte.

Werke: Rime (1717), Due libri di canzonette e cantate (1727), Poetici componimenti (3 Bde., 1753).

Ausgabe: P. R. Liriche. Hg. v. C. CALCATERRA. Turin 1926.

Literatur: DORRIS, G. E.: P. R. and the Italian circle in London, 1715–1744. Den Haag u. Paris 1967.

Rølvaag, Ole Edvart [norweg. ‚rœlvoːg, engl. 'roʊlvɑːg], * Dønna (Nordland) 22. April 1876, † Northfield (Minn.) 5. Nov. 1937, norweg.-amerikan. Schriftsteller. – Variiert in seinen Romanen selbsterlebte Probleme der norweg. Einwanderung in die USA und schildert den Pioniergeist seiner Landsleute.

Werke: Reines Gold (R., 1920, dt. 1938), I de dage (R., 1924), Riket grundlaegges (R., 1925; beide zus. dt. 1928 u. d. T. Das Schweigen der Prärie, 1948 u. d. T. Die Wegbereiter), Peder der Sieger (R., 1928, dt. 1929), Leuchtende Straße (R., 1931, dt. 1938).

Literatur: JORGENSON, TH./SOLUM, N. O.: O. E. R. Oslo 1939. – GVÅLE, G. H.: O. E. R. – nordmann og amerikan. Oslo 1962.

Romains, Jules [frz. rɔ'mɛ̃], eigtl. Louis Farigoule, * Saint-Julien-Chapteuil (Haute-Loire) 26. Aug. 1885, † Paris 14. Aug. 1972, frz. Schriftsteller. – Lehrer für Philosophie an höheren Schulen in Brest, Laon, Paris und Nizza; ab 1919 freier Schriftsteller. R. schloß sich 1906 dem Künstlerkreis der Abbaye (Ch. Vildrac, René Arcos [* 1880, † 1959], G. Duhamel u. a.) in Créteil an. Aus der Zusammenarbeit in dieser Gruppe entwickelte sich der dichterisch-philosoph. Gedanke des Unanimismus, dessen Hauptvertreter R. wurde: Über das Leben des Individuums stellt er das Leben der Gruppen, von den kleinsten zu den größten. Ihr Leben und ihre Existenz verkörpern das Menschenleben in seiner Entwicklung über den einzelnen hinaus. Sie gilt es darzu-

Jules
Romains

stellen. Diese Gedanken und das Erlebnis des Kollektivs verwirklichte R. in seiner Lyrik (›La vie unanime‹, 1908), die eine Abkehr von symbolist. Esoterik und Poésie pure ist. Von 1906 an schrieb er Romane, in denen er an verschiedenen Gruppen die Kollektivseele als einigende Kraft darstellte (u. a. ›Jemand stirbt‹, 1911, dt. 1932; ›Kumpane‹, 1913, dt. 1930). Sein Hauptwerk ist der 27bändige Romanzyklus ›Les hommes de bonne volonté‹ (1932–46, Bd. 1–7 dt. 1935–38 u. d. T. ›Die guten Willens sind‹, Bde. 2 und 16 zus. 1962 u. d. T. ›Quinettes Verbrechen‹), in dem er die Gruppenseele einer Epoche (1908–33) zu zeigen versucht, mit Paris im Mittelpunkt, aber weit darüber hinaus das Zeitgeschehen mit einbeziehend; mosaikartig werden Bruchstücke aus verschiedenen Milieus zusammengefügt, durch keinen wiederkehrenden Personenkreis (wie bei H. de Balzac) noch eine Familiengeschichte (wie bei É. Zola) zusammengehalten; simultane Ereignisse werden durch lange Einblendungen auseinandergerissen. Vom Unanimismus geprägt sind auch seine Theaterstücke, am deutlichsten die satir. Komödie ›Dr. Knock oder Der Triumph der Medizin‹ (1923, dt. 1947), die die Verführbarkeit der Menge zeigt. Daneben verfaßte R. auch zahlreiche polit. Schriften, in denen er am Glauben an den Internationalismus festhielt und die dt.-frz. Zusammenarbeit als Garanten der Zukunft sah. 1946 wurde er Mitglied der Académie française.

Weitere Werke: Donogoo-Tonka oder das Wunder der Wiss. Eine Filmgesch. (1920, dt.

1920), Petit traité de versification (Essay, 1923; mit G. Chennevière), Der Diktator (Dr., 1926, dt. 1927), Die Erlebnisse der Madame C. (R., 2 Bde., 1959/60, dt. 1961).

Ausgabe: J'entends les portes du lointain ... Proses et poèmes de l'adolescence de J. R. (1899–1904). Hg. v. A. GUYON. Paris 1981.

Literatur: NORRISH, P.J.: Drama of the group. A study of unanimism in the plays of R. New York u. Cambridge 1958. – BERRY, M.: J. R. Paris 1959. – WIDDAM, W.: Weltbejahung u. Weltflucht im Werke J. R.' Genf u. Paris 1960. – BOURIN, A.: Connaissance de J. R. Essai de géographie littéraire. Paris 1961. – CUISENIER, A.: J. R., l'unanimisme et Les Hommes de bonne volonté. Paris 1969. – BOAK, D.: J. R. New York 1974. – Actes du Colloque J. R. Bibliothèque Nationale, 17–18 fév. 1978. Hg. v. A. BOURIN. Paris 1979. – JULES-ROMAINS, L.: Les vies inimitables. Souvenirs. Paris 1985.

Roman, neben Novelle und Erzählung die heute üblichste, vorwiegend große Form der erzählenden Literatur (↑ Epik) in Prosa. Das Wort ›R.‹ geht auf die im mittelalterl. Frankreich seit dem 12. Jh. geläufige altfrz. Bez. ›romanz‹ für volkssprachl. Literatur in Vers und Prosa zurück, die nicht in der gelehrten ›lingua latina‹, sondern in der ›lingua romana‹, der roman. Volkssprache, verfaßt waren; die Wendung ›metre en romanz‹ (= ins Romanische übertragen) hatte auch die Bedeutung ›einen R. schreiben‹, was der Tatsache entspricht, daß die ersten altfrz. Vers-R.e Übersetzungen antiker Epen waren.

Die Entwicklung des R.s verlief jenseits aller normativen Poetiken; Aristoteles erwähnt den R. im Rahmen der drei Grundgattungen Epos, Drama und Poesie nicht; die in der aristotel. Tradition stehenden nachfolgenden Poetiken vermochten in ihm allenfalls eine Variante des Epos, nicht aber eine originäre Gattung zu sehen. Dieses Phänomen hat dazu geführt, daß sich der R. verhältnismäßig frei von literar. Gesetzgebung entfalten konnte, was seine spezif. Struktur entscheidend geprägt hat. In diesem Sinne kann man den R. als Prototyp der offenen Form bezeichnen, als Gattung des relativ ungebundenen Experimentierens. Die bis heute offen verlaufende Entwicklung läßt den R. als Synthese der verschiedensten Möglichkeiten der verschiedensten literar. Gattungen, Formen und Techniken auftreten. Die Freiheit

der Mittel gestattet ihm v. a. auch, sich Formprinzipien der Malerei, der Musik und des Films zu eigen zu machen.

Geschichte: Romanhafte Erzählformen gab es lange vor der Entwicklung des europ. Romans.

In *Ägypten* ist seit dem Mittleren Reich eine sehr produktive Erzählliteratur bekannt, berühmt ist die ›Geschichte von Sinuhe‹ (um die Mitte des 2. Jt. v. Chr.). In *Indien* entstand das wohl im 1. Jh. v. Chr. von Guṇāḍhya verfaßte, heute verlorene und nur durch spätere Adaptionen (z. B. Somadevas ›Kathāsaritsagara‹, 11. Jh.) bekannte Prosawerk ›Bṛhatkathā‹ (= Große Erzählung), dessen charakterist. Schachteltechnik auch andere Sammlungen prägte. Wie diese, so wirkten auch andere Erzählsammlungen über Indien hinaus, z. B. die ›Śukasaptati‹ (= Die 70 Geschichten des Papageien), die nachhaltige Resonanz etwa in der neupers., mongol. und arab. Erzählkunst fanden. Den Erzählungen sind ferner die Fürstenspiegel und Prinzenbücher der Inder zuzuordnen, insbes. das mit Tierfabelgut angereicherte ›Pañcatantra‹ (4./6. Jh. n. Chr.), das in mehreren Fassungen verbreitet ist. Dem R. nahe stehen das ›Daśakumāracarita‹ (= Leben der 10 Prinzen) des Daṇḍin (wohl 7. Jh.), Subandhus ›Vāsavadattā‹ und Bāṇas ›Kādambarī‹ (beide 7. Jh.) in ausgefeilter Kunstprosa.

In *China* ergaben sich mit dem Verfall der Sungdynastie und in Auseinandersetzung mit der mongol. Fremdherrschaft (12. bis 14. Jh.) sowie seit dem Übergang zur nat.-chin. Mingdynastie die Grundlagen für einen weit verbreiteten Leseroman, z. B. der histor. Abenteuer- und Räuber-R. ›Die Räuber vom Liang-shan-Moor‹ (2. Hälfte des 14. Jh., dt. 1934), der erot. Sitten-R. ›Chin-p'ing-mei‹ (Ende des 16. Jh., gedr. 1617, dt. 1928–32), ›Der Traum der roten Kammer‹ (Ende des 18. Jh., dt. gekürzt 1932) von Ts'ao Chan. In *Japan* tendiert die Erzählprosa wie die gesamte jap. Literatur eher zur kleinen Form. Das, dem Umfang nach allerdings romanhafte, von der Hofdame Murasaki Schikibu verfaßte ›Gendschi-monogatari‹ (vor 1010, dt. 1937), ein Spiegel höf. Lebens und seiner ästhet. Ideale, gilt als Gipfel der Monogatari-Literatur (↑ japanische Literatur), deren höf. Formen ab dem Ende des 12. Jh. durch Kriegs- und Heldenhistorien aus dem Bereich des Schwertadels (Heike-monogatari, Gikeiki) abgelöst wurden. Das 18. und 19. Jh. brachten in den volkstüml. R.en des Ryutei Tanehiko (*1783, †1842) und den Abenteuer-R.en des Takisawa Bakin eine bürgerlich-städt. Renaissance des Romans. – Die Erzählungen beginnen mit Sammlungen buddhist. Legenden, später auch weltl. Geschichten (setsuwashū) ab dem 9. Jahrhundert. Im 15. Jh. traten die volkstüml. Otogisoschi-Erzählungen auf, Vorläufer der didaktischen Unterhaltungserzählungen Kanasoschi (17. Jh.). Nach den bürgerl. Milieuschilderungen kamen mit der sog. Gesaku-Prosa, dem ›zum Spaß Geschriebenen‹, ab dem 18. Jh. neue städtisch orientierte Erzählungsgattungen auf.

In der *europ. Antike* waren in Geschichtswerke und andere Prosaschriften häufig novellenartige Erzählungen eingeflochten, z. B. bei Herodot (5. Jh. v. Chr.), Petronius (1. Jh. n. Chr.), Apuleius (2. Jh. n. Chr.). Außerordentlich beliebt war eine Sammlung erot. Erzählungen von Aristeides von Milet (›Miles. Geschichten‹, um 100 v. Chr.; Einfluß auf Petronius und Apuleius). – Vorstufen des R.s finden sich bei den griech. Geschichtsschreibern ab Herodot, bes. in den histor. und polit. Schriften Xenophons (›Anábasis‹, ›Kýrou paideía‹, 4. Jh. v. Chr.) sowie in den teils historisch-geograph., teils phantast. Berichten des Ktesias (›Persiká‹, 4. Jh. v. Chr.). Der vielleicht älteste vollständig erhaltene griech. R. ist der Liebes-R. ›Chaireas und Kallirhoe‹ des Chariton von Aphrodisias (1. Jh. v. Chr. oder n. Chr., spätestens um 200 n. Chr., dt. 1753). Dieser und die fragmentarisch erhaltenen R.e weisen die für den antiken R. typ. Merkmale auf: exot., meist oriental. Schauplätze und private Schicksale, beides Anzeichen für den Rückzug des einzelnen aus Politik und aktuellem Zeitgeschehen, die Verbindung von phantast. Reiseabenteuern mit einer pathet. Liebeshandlung, dramat. Höhepunkte, Dialoge und Reden, die aus der Tragödie und mehr noch der neuen att. Komödie entlehnt sind. Sehr umfangreich war die R.produktion im 2. Jh. n. Chr. Genannt

seien die Liebes-R.e Xenophons von Ephesos und des Iamblichos sowie das Hauptwerk der Gattung in lat. Sprache, die ›Metamorphosen‹ (um 170 n. Chr.) des Apuleius, eine Bearbeitung des anonymen griech. R.s über die Abenteuer eines Lukios von Patrai. Der R. des Apuleius ist mit einem für die röm. Literatur charakterist. satir. Einschlag verfaßt, der auch das zeit-, gesellschafts- und literaturkrit. ›Satyricon‹ (1. Jh. n. Chr.) des Petronius geprägt hatte sowie den Griechen Lukian von Samosata (2. Jh. n. Chr.; Satiren auf den Roman). Ein Sonderfall u. a. wegen seiner Beschränkung auf den einzigen Schauplatz Lesbos ist der griech. Liebes-R. ›Daphnis und Chloe‹ von Longos (wahrscheinlich auch 2. Jh. n. Chr.). Wohl in das 2. oder 3. Jh. n. Chr. gehört die griech. Urfassung des anonymen Liebes-R.s über die Schicksale des Apollonius von Tyrus. Die spätantiken lat. Fassungen (4.–6. Jh.) dieses R.s sowie des Troja-R.es (Diktys von Kreta, Dares Phrygius) und Volksbücher wie der griech. Alexander-R. des 3. Jh. n. Chr. hatten weitreichende Nachwirkungen in der Literatur der Folgezeit. Ähnlich erfolgreich waren auch die griech. Liebes-R.e ›Leukippe und Kleitophon‹ von Achilleus Tatios (ausgehendes 2. Jh. n. Chr.) und – als Schluß- und Höhepunkt – die ›Aithiopiká‹ von Heliodoros von Emesa (3. Jh. n. Chr.).

Im Unterschied zu anderen Kulturen und Epochen (Antike) kannte das *europ. MA* den Prosa-R. zunächst nur in vermittelter Form. Seit dem späten MA wurden nämlich ↑Heldenepen, ↑Chansons de geste, die höf. Artus-R.e (↑Artusdichtung) und die ↑Spielmannsdichtung Quellen und Vorlagen für zahlreiche, zunächst meist frz. Prosaauflösungen. Als älteste gilt der aus dem Artuskreis abgeleitete ›Prosa-Lanzelot‹ (altfrz. um 1220, mhd. 1250). Mit dem Buchdruck wurden ihre Übersetzungen im *15. und 16. Jh.* als *Ritterromane* weit verbreitet, ebenso neue Versionen antiker und oriental. Stoffe sowie die Volksbuchfassungen anderer Sagenkreise (›Die schöne Magelone‹). Originale Prosaschöpfungen sind u. a. der dt. ›Fortunatus‹ (1509), die Werke J. Wickrams, das ›Faustbuch‹ (1587) sowie die Schwank-R.e vom

›Eulenspiegel‹ (1515) bis zum ›Lalebuch‹ (1597). Einzigartig ragt in Frankreich der fünfbändige R.-Zyklus ›Gargantua und Pantagruel‹ (1532–64, dt. 1832–41; dt. Bearbeitung von J. Fischart 1575) von F. Rabelais aus dem 16. Jh. heraus. Mit der Gestalt des Gargantua, dessen Abenteuer seit dem 15. Jh. in der frz. Volkssage verbreitet waren, verband Rabelais eine umfassende *Zeitsatire.* Dies gilt auch für den span. *Schelmenroman* (›Lazarillo de Tormes‹, 1554, dt. 1617; M. Alemán, ›Der Landstörtzer Guzman von Alfarache‹, 1599–1604, dt. 1615), der im ›Simplicissimus‹ (1669) von J. J. Ch. von Grimmelshausen und im ›Gil Blas von Santillana‹ (1715–35, dt. 1774) von A. R. Lesage bed. Nachahmungen fand. Wenn G. Lukács den großen R.en der Weltliteratur ›eine gewisse Tendenz zum Transzendieren auf die Epopöe‹ nachsagt, so kann dies v. a. von einem Werk gesagt werden, das die voraufgegangenen romanesken Traditionen durch die totale – und d. h. hier absurde – Integration uneinholbar aufhebt, dem ›Don Quijote‹ (1605–15, dt. 1621) des M. de Cervantes Saavedra. – Mit dem Übergang zum *18. Jh.* etablierte sich der R. v. a. in Form von Autobiographischem (↑ Autobiographie) und (fiktiven) Lebensläufen, bes. beliebt war der *Briefroman;* in Frankreich sind u. a. die ›Geschichte der Manon Lescaut und des Ritters Desgrieux‹ (1731, dt. 1756) von A. F. Prévost d'Exiles sowie die Brief-R.e J.-J. Rousseaus ›Die neue Heloise oder Briefe zweier Liebenden‹ (1761, 1764, dt. 1761–66) und P. A. F. Choderlos de Laclos' ›Die gefährl. Bekanntschaften‹ (1782, dt. 1783) zu nennen, in England neben den empfindsamen Brief-R.en S. Richardsons (u. a. ›Clarissa Harlowe‹, 1748, dt. 1790/91) u. a. H. Fieldings ›Tom Jones oder die Geschichte eines Findelkindes‹ (4 Bde., 1749, dt. 1786–88, erstmals dt. 1771). Während L. Sternes R. ›Das Leben und die Ansichten Tristram Shandys‹ (1760–67, dt. 1952) durch seine Technik der gebrochenen Handlung, die von immer wieder eingeschobenen Erinnerungsfetzen und ständigen, nicht kausal verbundenen Meinungen und Äußerungen überlagert ist, ins 20. Jh. (J. Joyce) weist, entstand in der 2. Hälfte des 18. Jh.

ein spezifisch dt. R.-Typus, der *Bildungsroman,* der im 19. Jh. v. a. in Form des *Künstlerromans* modifiziert wird und im 20. Jh. u. a. von G. Grass in der ›Blechtrommel‹ (1959) parodistisch gewendet wird: ›Wilhelm Meister auf Blech getrommelt‹ (H. M. Enzensberger). Als Prototyp des Bildungs-R.s gilt Goethes ›Wilhelm Meisters Lehrjahre‹ (1795/96), der zusammen mit ›Wilhelm Meisters Wanderjahre‹ (1821, erweiterte Fassung 1829) für die Theorie des R.s der dt. Romantiker ein wichtiger Bezugspunkt war. Das *19. Jh.* ist das Jh. des großen *Zeit-* und *Gesellschaftsromans,* des sogenannten ›realist.‹ oder auch ›bürgerl.‹ R.s (↑ Realismus); v. a. in Frankreich (bes. H. de Balzac, Stendhal, G. Flaubert; ↑ französische Literatur), England (bes. Ch. Dickens, W. M. Thackeray, G. Eliot; ↑ englische Literatur) und Rußland (bes. L. N. Tolstoi, F. M. Dostojewski, I. A. Gontscharow; ↑ russische Literatur). Die Titel von Balzacs gigantischer ›Comédie humaine‹ (1829–54, dt. u. d. T. ›Die menschl. Komödie‹, 1923–26; der Titel umfaßt das gesamte Romanwerk Balzacs, der mit mehr als 90 Titeln nur zwei Drittel des ursprünglich geplanten Werks verwirklicht hat) und von Tolstois ›Krieg und Frieden‹ (6 Bde., 1868/69, dt. 4 Bde., 1885) verweisen auf eine Tendenz, die L. Pollmann als Ausdruck einer ›Weltentfremdung‹ bezeichnet: ›Der R. lebt ... als Form von einer Struktur, die er als der Wirklichkeit unangemessen erkannt hat‹. – Die Tradition des ›Realismus‹ des 19. Jh. wirkt bis heute nicht unwesentlich in das *20. Jh.* hinein (der ↑ sozialistische Realismus ist ein gesondertes Problem). Das Kriterium, im R. einen Spiegel der ›Wirklichkeit‹ zu sehen, ist zum Teil noch Gewohnheit geblieben. Für den Bruch mit der Konvention der dem Kausalitätsprinzip verpflichteten ›realist.‹ Auffassung von Wirklichkeit und Sprache stehen seit Anfang des 20. Jh. die in ihrer Wirkung bis heute nicht absehbaren Werke von M. Proust ›Auf der Suche nach der verlorenen Zeit‹ (1913–27, dt. 1953–57, erstmals dt. 1926–30) und von J. Joyce. Joyce löst u. a. mit seinem R. ›Ulysses‹ (1922, dt. 1927) das ein, was den R. als Gattung der unbegrenzten Möglichkeiten ausmacht; er läßt den R.

über Sprache zum ästhet. Objekt werden: ›Ulysses‹, der seinem Umfang nach dem ›Zauberberg‹ (1924) von Th. Mann vergleichbar ist, und dabei einen einzigen Tag zu einem Universum verlängert, könnte als Fragment der Fragmente bezeichnet werden, das mit den Mitteln des inneren Monologs, mit der Zerstückelung des Erzählens, mit einem Strom von Sprachbrocken, Wortsätzen sowie Wort- und Sprachreihungen, mit einer Komposition der verschiedenen Erzählebenen und -haltungen die ›Totalität‹ in ein Universum der unbestimmten Wirklichkeiten zusammenführt oder auch in ihm auflöst. In der englischsprachigen Literatur stehen für diese Entwicklungen u.a. J. Dos Passos, W. Faulkner, V. Woolf, D. Barnes, W. S. Burroughs, S. Bellow, in der deutschsprachigen Literatur v.a. F. Kafka, A. Döblin (später E. Canetti). Der frz. ↑Nouveau roman (u.a. N. Sarraute, M. Butor, A. Robbe-Grillet) steht unter dem Einfluß des R.s des 19.Jh. (G. Flaubert) und des 20.Jh., aber auch unter dem des Surrealismus (A. Breton u.a.) und seiner Dissidenten (G. Bataille, M. Blanchot u.a.) sowie der Objektdichtung F. Ponges; er war richtungsweisend für die äußerst produktive Entwicklung des zeitgenöss. R.s in Lateinamerika (u.a. M. Á. Asturias, A. Carpentier, E. Sábato, C. Alegría, C. Fuentes, M. Vargas Llosa, G. García Márquez, M. Puig), für den postmodernen amerikan. R. (Th. Pynchon, J. Barth, J. Hawkes u.a.) und überhaupt für experimentelle Tendenzen des R.s der Gegenwart.
Theorie: Der R. ist an die Stelle des ↑Epos getreten. Die Frage, was die spezif. Eigengesetzlichkeit des R.s ausmacht, die neben gemeinsamen Merkmalen (Erzählung, Epik zu sein, an einen ↑Erzähler gebunden sein) den R. vom Epos unterscheidet, ist ein Problem, das in den Ästhetiken und der Literaturwiss. immer wieder diskutiert wird. Die Position, daß der Unterschied zwischen R. und Epos ein historisch gewachsener ist, der sich in unterschiedl. Strukturen, nicht etwa in festen Gattungsmerkmalen ausdrückt, ist heute wohl unumstritten. – Theoret. Bestimmungen des R.s finden sich seit etwa der 2. Hälfte des 16.Jh. (u.a. Pierre Daniel Huet [* 1630, † 1721],

C. R. von Greiffenberg, G. W. Leibniz) v.a. im 18.Jh. in einer Fülle von Schriften und Gesichtspunkten; sie alle können jedoch im wesentlichen als Versuch bezeichnet werden, den R. aus den gattungspoet. Normen des Epos abzuleiten; eine originäre R.theorie konnte so nicht entstehen, die Möglichkeiten des auffallend großen Spektrums an verschiedenen R.typen seit Mitte des 16.Jh. (v.a. der span. Schelmenroman, ↑Abenteuerroman) blieben außer Sichtweite. Die eigentl. R.theorie setzte in der 2. Hälfte des 18.Jh. – zunächst noch als vereinzelte Erscheinung – mit dem ›Versuch über den R.‹ (1774) von Christian Friedrich von Blankenburg (* 1744, † 1796), dessen für die weitere Entwicklung der R.theorie entscheidender Schritt, den R. in histor. Betrachtung literar. zu (er)lösen, erst mit G. W. F. Hegels ›Ästhetik‹ (entst. zw. 1817 und 1828/1829, hg. 1835–38) produktiv wirksam wurde. Blankenburg, der seine Theorie aus der Untersuchung von Ch. M. Wielands ›Geschichte des Agathon‹ (2 Bde., 1766/67, endgültige Ausg. 1794) und H. Fieldings ›Tom Jones ...‹ entwickelte, leitet die Trennung des R.s vom Epos aus der Unterscheidung zwischen ›damaliger‹ und ›jetziger‹ Welt ab; während das Epos von ›öffentl. Thaten und Begebenheiten des Bürgers‹ berichte, erzähle der R. die ›innere Geschichte‹ eines Menschen, wobei ›die Begebenheit dem Charakter untergeordnet‹, die Darstellung des ›Werdens‹ eines ›mögl. Menschen‹ einer ›wirkl. Welt‹ für den R. wesentlich sei. Vom Romanschriftsteller fordert die R.theorie Blankenburgs eine Umwandlung von berichtender Erzählung in erzählende Handlung, dies auch mit den Möglichkeiten des dramat. Erzählens (Gespräche, Monologe, szen. Darstellungen). Während für Schiller (›Über ep. und dramat. Dichtung‹, gedr. 1827) das Epos Maßstab aller ep. Gattungen bleibt, legt G. W. F. Hegel mit der Erkenntnis, daß zwischen R. und Epos nach geschichtsphilosoph. Gegebenheiten zu unterscheiden sei (›Ästhetik‹, entst. zw. 1817 u. 1828/29, hg. 1835–36), für die R.theorie die entscheidende Grundlage, die von G. Lukács im wesentlichen über-

nommen und (jedoch mit der Tendenz
zum Apodiktischen, Normativen) ausge-
baut wird: Die Möglichkeiten des Epischen als Darstellungsweise der räuml.
Breite und zeitl. Entfaltung, die Möglichkeit des zeitl. und/oder räuml. Aus-
einandergehens, was sich in freier Komposition von mehr oder weniger locker
verbundenen Teilen, Episoden o. ä. ausdrücken kann, bestimmt das Grundlegende der erzählenden Darstellung, das,
was Epos und R. zur Epik vereinigt. Die
strukturelle Unterscheidung zwischen
Epos und R. ist in der Hegelschen Ästhetik (bis heute richtungweisend) die Unterscheidung zwischen dem Poetischen
und Prosaischen: Das Poetische und das
Prosaische sind Kategorien, die einen bestimmten Welt- oder Lebenszustand umfassen. Das Poetische wird als Zustand
der ›freien Individualität aller Gestalten‹, das Prosaische als ›barbar. Wirklichkeit‹ einer Ordnung von ›Befehl und
Gehorsam, des Herren und seiner
Knechte‹ beschrieben. Das Poetische
nennt Hegel auch den ›heroischen Weltzustand‹, den er ›in schönster Poesie‹ bei
Homer geschildert sieht. Wesentlich für
das Epos als ›ursprüngl. Totalität eines
bestimmten Volkes‹ sei die ›ursprünglich
poet. Mitte‹ (Agamemnon wird als ›König der Könige‹ beschrieben, der keine
Untergebenen um sich versammelt, sondern Individuen, die ›selbständig wie er
selber‹ sind). Die Freiheit der Wahl, die
›Unabhängigkeit der Individualität‹ gibt,
so Hegel, ›dem ganzen Verhältnisse seine
poet. Gestalt‹. Hegel, der zwischen dem
›klass.‹ Epos der Griechen und Römer
und dem ›romant.‹ Epos der Romanen
und Germanen differenziert, macht Ähn-
liches für den span. ›Cid‹ geltend, dessen
Gestalt er allerdings nur aus der Übersetzung der Cid-Romanzen durch J. G. Herder (1803/04) kennt. Entsprechend sieht
er die Veränderung der Struktur der ep.
Dichtung in den *erzählenden Romanzen*
angekündigt: Die Romanzen sind zwischen dem Epos und dem R. angesiedelt,
ihre Handlungen stellen einerseits nicht
mehr die totale Welt eines bestimmten
Volkes dar, andererseits bewegen sie sich
noch nicht ›auf der Grundlage ... eines
prosaischen Weltlaufs‹. Die Entwicklung
des Romanhaften spiegelt sich demnach

in der Entfaltung des Konflikts zwischen
Ideal und Wirklichkeit, die Welt des Helden und die tatsächl. Wirklichkeit bilden
keine selbstverständl. Einheit, keine ›ein-
heitsvolle‹ Totalität mehr. Die Helden
stehen ›mit ihren Idealen der Weltver-
besserung‹ der ›bestehenden Ordnung
und Prosa der Wirklichkeit gegenüber‹:
Der Held findet eine ›für ihn ganz unge-
hörige Welt, die er bekämpfen muß, weil
sie sich gegen ihn sperrt ... Nun gilt es ein
Loch in diese Ordnung zu stoßen‹. Als
Beispiel für das Romanhafte, Prosaische
nennt Hegel den ↑Rosenroman, dem er
die ↑Fabliaux und ↑Contes zur Seite
stellt und deren weitere Entwicklung er
in G. Boccaccios Novellen zur Vollendung gebracht sieht. Als Ereignis für
die Entwicklung des ›R.s im modernen
Sinne‹ wird neben den Werken L. Ariostos ›der tiefere Roman‹ M. de Cervantes
Saavedras angeführt, der ›vom Standpunkt der Komik‹ die Welt des Rittertums schon als Vergangenheit hinter sich
gelassen habe, da daher ›nur als ... phantast. Verrücktheit in die reale Prosa und
Gegenwart des Lebens hereintreten
kann‹. – Das Kriterium für die ästhet.
Relevanz eines literar. Kunstwerks ist für
Hegel ›das konkret Geistige in individueller Gestalt‹; dieses Kriterium ist wesentlich für die Bedeutung des bis heute
vielbemühten Begriffs der ›Totalität‹ des
Epischen, der v. a. als Zentralbegriff die
Romantheorie von Lukács bestimmt.
Den R. erklärt Hegel aus dem ›ganze(n)
heutige(n) Weltzustand‹, der ›in die Gestalt angenommen‹ habe, ›welche in
ihrer prosaischen Ordnung sich schnur-
stracks den Anforderungen entgegen-
stellt, welche wir für das echte Epos un-
erläßlich fanden‹; der R., die ›moderne
bürgerl. Epopöe‹, setzt ›eine bereits zur
Prosa geordnete Wirklichkeit‹ voraus.
Bestimmend ist der ›Konflikt zwischen
der Poesie des Herzens und der entge-
genstehenden Prosa der Verhältnisse‹.
Hegel betont, daß aus diesem Konflikt
sich für die ep. Dichtung ›ein unbe-
schränkter Raum für den Roman, die Erzählung und Novelle‹ aufgetan hat. Im
Anschluß an Hegel wurde es üblich, den
R. als Struktur zu begreifen, die die
›Wirklichkeit‹ in oder mit der Erzählung
entstehen läßt. ›Die Epopöe gestaltet

eine von sich aus geschlossene Lebenstotalität, der R. sucht gestaltend die verborgene Totalität des Lebens aufzudecken und aufzubauen‹ (Lukács). Diese Struktur wird in den theoret. Diskussionen nicht nur für die R.e des 18. und 19. Jh. geltend gemacht, sondern auch (u. a. L. Pollmann) für den neuen R. des 20. Jh., einschließlich der R.e, die sich als *Antiromane* verstehen. Der R. ist nicht unbedingt an die Existenz einer ›Fabel‹ oder ›Story‹ gebunden. Wenn eine Fabel oder durchlaufende Handlung fehlt, so heißt das nicht, daß auf ein Erzählen verzichtet wird, die Erzählweise kann einem nicht linearen, (mehrfach) gebrochenen Prinzip folgen, das beispielsweise die unmittelbaren psych. Prozesse oder Bewußtseinsvorgänge Sprache werden läßt. Der Romanautor kann die Grenzen von Raum und Zeit in Brüchen, Verschachtelungen, Kreisbewegungen, Variationen, Wiederholungen verwischen. Auch die Gegenwart des Erzählers braucht nicht unbedingt faßbar zu sein. Der Erzähler kann verdeckt oder gestaltlos auftreten, u. a. als Transporteur essayist. oder philosoph. Reflexionen oder in Form des ↑inneren Monologs.

Literatur: Der R.führer. Begr. v. W. OLBRICH u. J. BEER. Stg. ¹⁻²1952–84. 17 Bde. – HELM, R.: Der antike R. Gött. ²1956. – HOFFMANN, F. J.: The modern novel in America. London u. New York ²1963. – BUTOR, M.: Repertoire, Bd. 2.: Probleme des R.s. Dt. Übers. Mchn. 1965. – BUYTENDIJK, F. J. J.: Psychologie des R.s. Dt. Übers. Salzburg 1966. – POLLMANN, L.: Der neue R. in Frankreich u. Lateinamerika. Stg. u. a. 1968. – Der engl. R. Hg. v. F. K. STANZEL. Düss. 1969. 2 Bde. – Zur Poetik des R.s. Hg. v. V. KLOTZ. Darmst. ²1969. – Der moderne engl. R. Hg. v. H. OPPEL. Bln. ²1971. – R.theorie. Dokumentation ihrer Gesch. in Deutschland. 1620–1975. Hg. v. E. LÄMMERT u. a. Köln u. Bln. 1971–75. 2 Bde. – OTTEN, K.: Der engl. R. vom 16. zum 19. Jh. Bln. 1971. – EMMEL, H.: Gesch. des dt. R.s. Bern u. Mchn. 1972–78. 3 Bde. – VOSSKAMP, W.: R.theorie in Deutschland. Von M. Opitz bis Ch. F. von Blankenburg. Stg. 1973. – Dt. R.theorien. Hg. v. R. GRIMM. Königstein i. Ts. Neuaufl. 1974. 2 Bde. – Texte zur R.theorie. Hg. v. E. WEBER. Mchn. 1974 ff. (bisher 2 Bde. ersch.). – Der frz. R. Hg. v. K. HEITMANN. Düss. 1975. 2 Bde. – SCHOBER, W. H.: Erzähltechniken in R.en. Wsb. 1975. – STEINECKE, H.: R.theorie u. R.kritik in Deutschland. Stg. 1975–76. 2 Bde. – Der dt. R. im 20. Jh. Hg. v. M. BRAUNECK. Bamberg 1976. 2 Bde. – HERZOG, K.: Der dt. R. des 17. Jh. Stg. u. a. 1976. – KIMPEL, D.: Der R. der Aufklärung (1670–1774). Stg. ²1977. – RUCKHÄBERLE, H. J./WIDHAMMER, H.: R. u. R.theorie des Realismus. Königstein i. Ts. 1977. – Zur Struktur des R.s. Hg. v. B. HILLEBRAND. Darmst. 1978. – SCHEUNEMANN, D.: R.krise. Hdbg. 1978. – DURZAK, M.: Der dt. R. der Gegenwart. Stg. ³1979. – NORA, E. DE: La novela española contemporánea. 1898–1967. Madrid ²1979. 3 Bde. – Theorie u. Technik des R.s im 20. Jh. Hg. v. H. STEINECKE. Tüb. ²1979. – ORTHEIL, H.-J.: Der poet. Widerstand im R. Gesch. und Auslegung des R.s im 17. Jh. und 18. Jh. Königstein i. Ts. 1980. – THEILE, W.: Immanente Poetik des R.s. Darmst. 1980. – WEBER, R. W.: Der moderne R. Bonn 1981. – ENGLER, W.: Gesch. des frz. R.s. Stg. 1982. – Die Entwicklung des R.s. Hg. v. Z. KONSTANTINOVIĆ. Innsb. 1982. – POLLMANN, L.: Gesch. des lateinamerikan. R.s. Bln. 1982–84. 2 Bde. – Hdb. des dt. R.s. Hg. v. H. KOOPMANN. Düss. 1983. – KOOPMANN, H.: Der klassischmoderne R. in Deutschland. Stg. 1983. – Dt. R.e des 20. Jh. Neue Interpretationen. Hg. v. P. M. LÜTZELER. Königstein i. Ts. 1983. – LÄMMERT, E.: Bauformen des Erzählens. Stg. ⁸1983. – GOLDMANN, L.: Soziologie des R.s. Dt. Übers. Neuausg. Ffm. 1984. – STANZEL, F. K.: Theorie des Erzählens. Gött. ⁴1989. – Der hispanoamerikan. R. Hg. v. V. ROLOFF u. H. WENTZLAFF-EGGEBERT. Darmst. 1992. 2 Bde. – POTT, H.-G.: Neue Theorie des R.s. Mchn. 1990. – Le roman antique au Moyen Âge. Hg. v. D. BUSCHINGER. Göppingen 1992. – Anfänge des R.s. Hg. v. W. HAUBRICHS. Gött. 1993. – HILLEBRAND, B.: Theorie des R.s. Stg. ³1993. – STANZEL, F. K.: Typ. Formen des R.s. Gött. ¹²1993. – LUKÁCS, G.: Die Theorie des R.s. Neuausg. Mchn. 1994.

Romancier [romãsi'e:; frz.], Romanschriftsteller.

Roman de la Rose [frz. rɔmãdla'ro:z] ↑Rosenroman.

Roman de Renart [frz. rɔmãdrə'na:r], zwischen 1175 und 1250 entstandener, aus 27 ›branches‹ (= Zweigen, d. h. Teilen) bestehender Verszyklus altfrz. Tierfabeln verschiedener Verfasser, von denen drei dem Namen nach bekannt sind. Das Werk ist eine frz. Version der in verschiedenen Sprachen und zu verschiedenen Zeiten immer wieder bearbeiteten Fabel von Fuchs und Wolf, die bis auf Äsop zurückgeht. Handlungsträger sind Tiere mit menschl. Charakter. Die besten ›branches‹ sind bis um 1200 entstanden; die späteren ›branches‹ stellen den Fuchs als durchtrieben-grausamen Verräter dar. Während die frühen Teile die Parodie auf die höfische Gesellschaft mit der Unzufriedenheit mit dem Klerus und dem Wunsch nach ausgleichender Gerechtigkeit verbinden, erheben die späteren bitter-ironische Anklage gegen die menschliche Gesellschaft.

Ausgaben: Le R. de R. Hg. v. M. ROQUES. Paris 1951–63. 6 Bde. – Le R. de R. Hg. u. eingel. v. H. JAUSS-MEYER. Altfrz. u. nhd. Mchn. 1965. – Le R. de R. Hg. v. N. FUKUMATO, N. HARANO u. S. SUZUKI. Tokio/Paris 1983–85. 2 Bde. – Le R. de R. Hg. u. übersetzt v. J. DUFOURNET u. A. MÉLINE. Paris 1985. **Literatur:** FOULET, L.: Le R. de Renard. Paris 1914. – TILANDER, G.: Lexique du ›R. de R.‹. Göteborg 1924. Nachdr. Genf 1984. – BOSSUAT, R.: Le R. de Renard. Paris 1957. – JAUSS, H. R.: Unterss. zur mittelalterl. Tierdichtung. Tüb. 1959. – FLINN, J. F.: Le R. de R. dans la littérature française et dans les littératures étrangères au moyen âge. Paris 1963. – VINCENSINI, J.-J.: Le R. de R. Paris 1979. – SUOMELA-HÄRMÄ, E.: Les structures narratives dans le ›R. de R‹. Helsinki 1981.

Romanistik [lat.], die Wiss. von den roman. Sprachen (Dalmatinisch, Französisch, Italienisch, Katalanisch, Portugiesisch, Provenzalisch, Rätoromanisch, Rumänisch, Sardisch, Spanisch), Literaturen und Kulturen. Die Zusammengehörigkeit der roman. Sprachen erkannte bereits Dante Alighieri in seiner Schrift ›De vulgari eloquentia‹ (entst. um 1304, gedr. 1529, dt. 1845 u. d. T. ›Über die Volkssprache‹). Die Einheit der roman. Sprachen stellte im 19. Jh. als erster F. Raynouard fest, allerdings ohne Kenntnis der Überlegungen Celso Cittadinis (* 1553, † 1627) zum sog. Vulgärlatein (1604). Der wiss. Begründer der roman. Philologie wurde Friedrich Christian Diez (* 1794, † 1876). Er erkannte die roman. Sprachen als Abkömmlinge des Lateinischen und wandte die Methoden der von Franz Bopp (* 1791, † 1867) entwickelten vergleichenden Methode der indogerman. Sprachwiss. auf die roman. Sprachen an. Im Gegensatz zu Bopp, der nur die Verwandtschaftsverhältnisse behandelt hatte, nahm er die Geschichte der Entwicklung der Sprachen hinzu und von J. Grimm den Begriff der Lautgesetze, wobei er, anders als Grimm, scharf zwischen Lauten und Buchstaben unterschied (›Grammatik der roman. Sprachen‹, 3 Bde., 1836–44). Grundlegend für die weitere Entwicklung wurde sein ›Etymolog. Wörterbuch

der roman. Sprachen‹ (2 Bde., 1853). Diez begründete auch die roman. Literaturwiss. mit dem Werk ›Die Poesie der Troubadours‹ (1826) und der Darstellung ›Leben und Werke der Troubadours‹ (1829), ferner betonte er die Notwendigkeit der krit. Herausgabe der noch in den Bibliotheken schlummernden Handschriften mittelalterl. Dichter, wobei er die Kriterien des Germanisten Karl Lachmann (* 1793, † 1851) und seiner Schule zugrunde legte. Diez gab damit der roman. Philologie die entscheidende, bis ans Ende des 19. Jh. wirkende Ausrichtung: Beschäftigung mit allen roman. Sprachen insgesamt, Vereinigung von Sprachwiss. und Literaturwiss., Vorrang des histor. Interesses in der Sprachwiss., d. h. Vorrang der Etymologie und Darstellung der Sprachentwicklung, ausschließl. Berücksichtigung der schriftl. Quellen; histor. Vorrang auch im Literarischen; als Hauptaufgabe sah er den Druck der ältesten Texte in krit. Ausgaben an. Als Hg. von Texten wirkten nach ihm Karl Bartsch (* 1832, † 1888), Carl Appel (* 1857, † 1934), Wendelin Foerster (* 1844, † 1915), Gaston Paris (* 1839, † 1903), Alfons Hilka (* 1877, † 1939), R. Menéndez Pidal. In der 2. Hälfte des 19. Jh. erhielt die roman. Philologie neuen Antrieb von der Schule der Junggrammatiker, deren Hauptinteresse der nach allgemeinen, starren Gesetzen erfolgenden Sprachentwicklung und der Rekonstruktion der sprachl. Urformen der Wörter und Formelemente galt. In der roman. Philologie fand die junggrammat. Lehre ihren Verfechter und Vervollkommner in Wilhelm Meyer-Lübke (* 1861, † 1936), dessen Hauptwerke ›Grammatik der roman. Sprachen‹ (4 Bde., 1890–1902) und ›Roman. etymolog. Wörterbuch‹ (1911) noch heute Bedeutung haben. Bis Ende des 19. Jh. blieb die dt. R. führend, aber auch außerhalb Deutschlands wurde sie durch bed. Forscher vorangetrieben, in Italien durch den Sprachwissenschaftler Graziadio Isaia Ascoli (* 1829, † 1907), in Frankreich durch die Hg. und Erforscher mittelalterl. Literatur Paul Meyer (* 1840, † 1917) und G. Paris sowie den Sprachwissenschaftler Mario Roques (* 1875, † 1961). Inzwischen erfuhr die Lehre der

Junggrammatiker eine wesentl. Korrektur durch Hugo Schuchardt (* 1842, † 1927), der die Aufmerksamkeit auf die lebenden Mundarten lenkte und den Automatismus der naturgesetzartig konzipierten Sprachgesetze der Junggrammatiker widerlegte. Auf die lebenden Mundarten hatte sich bereits G. I. Ascoli gestützt, ihm folgten der Franzose Jean-Pierre Rousselot (* 1846, † 1924) und der Schweizer Louis Gauchat (* 1866, † 1942) sowie schließlich der Begründer der Sprachgeographie, der Schweizer Jules Gilliéron (* 1854, † 1926). Erweiterung und Vertiefung seiner Methode brachte die Erkenntnis vom Zusammenhang zwischen ›Wörtern und Sachen‹ Rudolf Meringers (* 1859, † 1931). Die sprachgeograph. Methode wurde vom Ausgang der 1880er Jahre an bis in die Gegenwart vorherrschend. An ihrer Entwicklung haben Wissenschaftler aller Nationen Anteil: u. a. die Schweizer Jakob Jud (* 1882, † 1952), Walther von Wartburg (* 1888, † 1971), in Deutschland Ernst Gamillscheg (* 1887, † 1971), Gerhard Rohlfs (* 1892, † 1986), Max Leopold Wagner (* 1880, † 1962), Fritz Krüger (* 1889, † 1974), Friedrich Schürr (* 1888, † 1980), in Italien Matteo Giulio Bartoli (* 1873, † 1946), Guilio Bertoni (* 1878, † 1942), Carlo Tagliavini (* 1903, † 1982), in Spanien R. Menéndez Pidal. Eine grundsätzl. Abwendung von der reinen Sprachwiss., wie sie Junggrammatiker und Sprachgeographen betrieben, brachte die Forderung nach der Beschäftigung mit den Sprachen als Literatursprachen und als Ausdruck einer Kultur durch die sog. idealist. Sprachwiss., deren Anführer Karl Voßler (* 1872, † 1949) war, dem Eugen Lerch (* 1888, † 1952), Leo Spitzer (* 1887, † 1960) u. a. folgten. Die Verbindung von Kultur- und Sprachwiss. hatte in Frankreich Ferdinand Brunot (* 1860, † 1938) eingeleitet. Folge war das Aufblühen der syntakt. und stilist. Studien, die bes. in Skandinavien Pflege fanden. Die sog. synchron. Sprachwiss. wurde durch den Genfer Ferdinand de Saussure (* 1857, † 1913) begründet und von Charles Bally (* 1865, † 1947) und Charles Albert Séchehaye (* 1870, † 1946) vertieft und ausgeweitet. Im Rahmen der strukturellen und funktionellen Sprachwiss. nach dem 2. Weltkrieg entwickelte man einerseits die Lehre Saussures weiter (z. B. Eugenio Coseriu [* 1921]), stellte andererseits aber auch ihre Grenzen fest (u. a. Mario Wandruszka [* 1911]). Seit Beginn des 20. Jh., bes. aber seit dem 1. Weltkrieg, trat in Deutschland eine Verselbständigung der Literaturwiss. gegenüber der Sprachwiss. ein. Die Herausgabe alter Texte trat in den Hintergrund gegenüber der Beschäftigung mit der neueren und neuesten Literatur, der Darstellung literar. Epochen und von Monographien über einzelne Schriftsteller (K. Voßler, Hans Heiss [* 1877, † 1935], Heinrich Morf [* 1854, † 1921], Gustav Gröber [* 1844, † 1911], E. R. Curtius, Leonardo Olschki [* 1885, † 1961], Fritz Neubert [* 1884, † 1970], Hermann Gmelin [* 1900, † 1958], Erich Auerbach [* 1892, † 1957], Hugo Friedrich [* 1904, † 1978], Fritz Schalk [* 1902, † 1980], Walter Pabst [* 1907, † 1992], Albrecht Noyer-Weidner [* 1921], Erich Köhler [* 1924, † 1981], Hans Robert Jauß [* 1921] u. a.). In den 60er und 70er Jahren hat sich die roman. Literaturwiss. dabei nicht nur zunehmend national-literarisch spezifiziert (Italianistik, Hispanistik, Lusitanistik u. a.) und mit romanischsprachigen Marginalliteraturen (frankophone Literatur [↑ französische Literatur, Francophonie], ↑ galicische Literatur, ↑ kanadische Literatur, ↑ katalanische Literatur) auseinandergesetzt, sondern sich auch ausführlich methodolog. Fragen gewidmet. Neben Anregungen aus dem frz. Strukturalismus, aus Linguistik und Semiotik wurden dabei auch solche aus der Psychologie/Psychoanalyse, aus den Geschichts- und Sozialwissenschaften und der Philosophie erörtert. Diese methodolog. Reflexion, die wesentlich zur Systematisierung literaturwiss. Arbeitens beigetragen hat, tritt seit der Beobachtung eines ›postmaterialist. Wertewandels‹ (R. Inglehart) oder einer ›neuen Innerlichkeit‹ seit Beginn der 1980er Jahre teilweise zugunsten stärkerer Stoffbezogenheit zurück. Neue Perspektiven gewann die innerfachl. Diskussion v. a. seit Mitte der 1980er Jahre zum einen aus einer intensiv geführten wissenschaftsgeschichtl. Diskussion u. a. über die Haltung dt. Romanisten in der

NS-Zeit und über die weiteren Wege der aus Deutschland vertriebenen Gelehrten, sowie zum anderen aus der grundsätzl. Infragestellung der Einheit der R. zugunsten hochspezialisierter Einzelphilologien. Dieser intendierten Aufsplitterung stehen jedoch nicht nur eine Reihe von gesamtromanisch orientierten publizist. Vorhaben gegenüber, sondern auch der entschiedene Hinweis auf den ›ganzheitl. Zusammenhang der roman. Kulturen‹ (R. Hess u. a.), der die historisch und genetisch besseren Argumente auf seiner Seite hat. – Die fragile Situation der Geisteswiss. in der modernen Industriegesellschaft im allgemeinen und die schwierige Arbeitsmarktsituation für Philologen in der BR Deutschland im besonderen bedrohen in den 80er und 90er Jahren auch die R. institutionell und in ihrem Selbstverständnis als eine der großen Universitätsdisziplinen, die Kontinuität von Traditionen und Vielfalt von aktuellen Entwicklungen in einmaliger Weise komparatistisch präsentieren kann. So wird eine wesentl. Aufgabe zur Bewahrung dieser Philologie und ihrer akadem. Spezifitäten darin bestehen, den geistlosen Forderungen nach ›Entrümpelung‹, Nützlichkeit und Anwendungsbezogenheit zu widerstehen, um das Fach von F. Ch. Diez, E. R. Curtius, E. Auerbach und L. Spitzer nicht auf eine Zubringerfunktion zu verkürzen und auf die Vermittlung von fremdsprachl. und landeskundl. Kenntnissen zu reduzieren.

Literatur: Grundr. der roman. Philologie. Hg. v. G. GRÖBER. Straßburg [2]1904–06. 4 Lfgg. Nachdr. Bln. u. New York 1985. – AUERBACH, E.: Introduction aux études de philologie romane. Ffm. [3]1965. – SCHROEDER, K.-H.: Einf. in das Studium des Rumänischen. Bln. 1967. – BEC, P.: Manuel pratique de philologie romane. Paris 1970–71. 2 Bde. – TAGLIAVINI, C.: Einf. in die roman. Philologie. Dt. Übers. Mchn. 1973. – Sprache, Literatur, Kultur. Romanist. Beitr. Hg. v. D. BRIESEMEISTER. Bern u. Ffm. 1974. – Einf. in das Studium der frz. Literaturwiss. Hg. v. W.-D. LANGE. Hdbg. 1979. – BEYER, H. J./GALLASCH, C.: Fachstudienführer Romanische Philologie. Weil der Stadt 1980. – ROHR, R.: Einführung in das Studium der R. Bln. [3]1980. – Trends in Romance linguistics and philology. Hg. v. R. POSNER u. J. N. GREEN. Den Haag u. a. 1980. 4 Bde. – RENZI, L.: Einf. in die roman. Sprachwiss. Dt. Übers. Tüb. 1980. – AGARD, F. B.: A course in Romance linguistics.

Washington (D. C.) 1984. 2 Bde. – WITTSCHIER, H. W.: Die italien. Lit. Einf. u. Studienführer. Tüb. [3]1985. – Lex. der romanist. Linguistik. Hg. v. G. HOLTUS u. a. Tüb. 1988 ff. Auf 8 Bde. ber. (bisher 4 Bde. in 6 Tlen. erschienen). – WITTSCHIER, H. W.: Die frz. Lit. Einf. u. Studienführer. Tüb. 1988. – Dt. u. österr. Romanisten als Verfolgte des Nazionalsozialismus. Hg. v. H. H. CHRISTMANN u. a. Tüb. 1989. – Literaturwiss. Wörterbuch für Romanisten. Beitr. von R. HESS u. a. Tüb. [3]1989. – R. Eine Bonner Erfindung. Hg. v. W. HIRDT u. a. Bonn 1993. 2 Tle. – WITTSCHIER, H. W.: Die span. Lit. Einf. u. Studienführer. Tüb. 1993.

Romanos (R. der Melode; tl.: Romanòs ho Melōdós), hl., byzantin. Hymnendichter des 5./6. Jahrhunderts. – War der Legende zufolge Syrer, kam als Geistlicher nach Konstantinopel, soll in einem Traum die Gabe der Hymnendichtung erhalten haben soll. Diese Hymnen (↑Kontakion) gestaltete er in solcher Vollendung, daß er als der bedeutendste byzantin. Hymnendichter angesehen wird; meisterhafte Beherrschung der Sprache, gleichmäßig gebaute Strophen, plast. Darstellung und Originalität zeichnen seine Lieder aus; von etwa 1 000 sind nur 85 erhalten.

Literatur: BECK, H.-G.: Kirche u. theolog. Lit. im byzantin. Reich. Mchn. [2]1977. (HdA XII, 2, 1). S. 425.

Romanow (tl.: Romanov), Panteleimon Sergejewitsch [russ. raˈmanɐf], *Petrowskoje bei Tula 5. Aug. 1884, †Moskau 8. April 1938, russ.-sowjet. Schriftsteller. – Seine auch im Ausland aufsehenerregenden realist. Romane und Erzählungen, die von der sowjet. Kritik oft als destruktiv abgelehnt wurden, behandeln Themen aus der Zeit nach der Oktoberrevolution, v. a. das Problem der illusionslosen, oft zyn. Einstellung der sowjet. Jugend zu Liebe und Ehe; der großangelegte Roman ›Rus‹ (5 Tle., 1922–36) sollte ein Bild russ. Lebens im 20. Jh. geben. Deutsch erschien der Roman ›Drei Paar Seidenstrümpfe‹ (1930, dt. 1932).

Ausgabe: P. S. Romanov. Polnoe sobranie sočinenij. Moskau 1928–30. 12 Bde.

Romantik, kulturrevolutionäre Bewegung in Europa um die Wende zum und in der 1. Hälfte des 19. Jh., die ebenso auf den mentalitätsgeschichtl. Prämissen der ↑Empfindsamkeit wie auf den polit. und sozialen Vorstellungen

Athenaeum.

Eine Zeitschrift

von

August Wilhelm Schlegel

und

Friedrich Schlegel.

Ersten Bandes Erstes Stück.

Berlin, 1798.
bey Friedrich Vieweg dem älteren.

Romantik. Titelblatt der ersten Ausgabe der programmatischen Zeitschrift ›Athenaeum‹ (1798)

von der Befreiung des Individuums in der Frz. Revolution von 1789 als ›Tochter der Vergangenheit und Mutter der Zukunft‹ (F. Guizot) fußt. Die romant. Bewegung war daher nicht nur Ausdruck einer an der Autonomie der Kunst orientierten und (v. a. in Deutschland) universal geführten philosoph. Auseinandersetzung um die existentielle Bedeutung der Kunst, sie war auch unmittelbare Umsetzung individueller Freiheitsrechte (wie u. a. auch die verschiedenen Freiheits-, Unabhängigkeits- und Einigungsbewegungen im 19. Jh. zeigen). Vor diesem Hintergrund war die Reflexion über Geschichte, Literatur und Kunst zentrales Thema der literar. Werke selbst. Kunst, Kunsttheorie und Kunstkritik verstanden sich als notwendige Einheit. Der

romant. Literaturbegriff öffnet sich zur ↑ Universalpoesie, er umfaßt alle Bereiche von Kunst und Wiss., von Kultur und Leben. Die Auseinandersetzung um eine neue Kunst entfaltete sich auf internat. Ebene in Form des unmittelbaren Dialogs, in literar. Zirkeln, Salons oder ↑ Cénacles und ihren literar. Zeitschriften, in Essays und Vorlesungen (u. a. die berühmten Wiener Vorlesungen F. und A. W. Schlegels über die ›Geschichte der alten und neuen Literatur‹, 1813), in Briefen und v. a. durch lebhafte internat. persönl. Kontakte (u. a. Madame de Staëls Kreis in Coppet). Ein literar. Dokument für diese Kultur der ästhetisch-freien Geselligkeit ist L. Tiecks in einer Rahmennovelle dialogisierte Sammlung von 13 Märchen, Erzählungen, Schauspielen und Novellen ›Phantasus‹ (1812–16), in der auch das Programm der romant. Kunst- und Weltanschauung diskutiert wird. Wesentlich war darüber hinaus die intensive, kongeniale Übersetzungstätigkeit bed. Literaten (in Deutschland v. a. L. Tieck: Dante, M. de Cervantes Saavedra; A. W. Schlegel: P. Calderón de la Barca, Dante und insbes. Shakespeare [fortgeführt von L. Tieck mit Dorothea Tieck und W. Graf Baudissin]), durch die Goethes Begriff der Weltliteratur bereits im Vorgriff eingelöst wurde.
In der Regel unterscheidet man zwischen einer 1. Romantikergeneration (in England die Lake poets S. T. Coleridge, W. Wordsworth, R. Southey; in Deutschland u. a. Novalis, F. und A. W. Schlegel, L. Tieck, J. G. Fichte, F. W. J. Schelling, F. D. E. Schleiermacher; in Frankreich F. R. de Chateaubriand, Madame de Staël, Ch. Nodier, E. P. de Senancour, B. H. Constant de Rebecque) und einer 2. Romantikergeneration (in England G. G. N. Lord Byron, P. B. Shelley, J. Keats; in Deutschland u. a. E. T. A. Hoffmann, C. Brentano, J. von Eichendorff, J. Görres, J. und W. Grimm, F. de la Motte Fouqué; in Frankreich u. a. V. Hugo, G. de Nerval, A. de Musset). Charakteristisch für die engl. R. ist die Bevorzugung der lyr. Formen der Versdichtung, wobei bes. die Werke Byrons (u. a. ›Don Juan‹, 16 Cantos, 1819–24, dt. 1832; ›Ritter Harold's Pilgerfahrt‹,

4 Cantos, 1812–18, dt. 1836) Maßstäbe
für die lyr. Dichtung der gesamten R.
(bes. auch in Rußland: M. J. Lermontow,
A. S. Puschkin; in Portugal: J. B. da Silva
Leitão de Almeida Garrett, ›Camões‹,
1825, dt. 1890; in Spanien: J. L. de Espronceda y Delgado, ›El diablo mundo‹,
1841; und in Frankreich: A. de Musset,
›Rolla‹, 1833, dt. 1883) setzten. Als Welt-,
Lebens- und Kunstauffassung wirkte die
R. in all ihrer Vielschichtigkeit auch in
den USA (R. W. Emerson, H. D. Tho-
reau, M. Fuller [† auch Transzendentalis-
mus], Ch. B. Brown, E. A. Poe) und, mit
zeitl. Verschiebung, in Lateinamerika
(u. a. in Kuba: G. Gómez de Avellaneda;
in Argentinien: O. V. Andrade, R. Obli-
gado, J. Mármol; in Mexiko: Fernando
Calderón [* 1809, † 1845], Ignacio Rodríguez Galván [* 1816, † 1842], Manuel
Acuña [* 1849, † 1873]; in Kolumbien:
R. Pombo, J. Isaacs; in Venezuela: J. A.
Pérez Bonalde; in Uruguay: J. Zorrilla de
San Martín; in Peru: R. Palma).
In der Literaturkritik wird der R.begriff
bis heute kontrovers diskutiert. Während
in den roman. Ländern neben der Diskussion der polit. Inhalte von R. die zeitgenöss. Auseinandersetzung zwischen
›Klassikern‹ und ›Romantikern‹ heftig-
ste Formen annahm (in Frankreich u. a.
der Theaterskandal um V. Hugos Drama
›Hernani‹, 1830, dt. 1830), entwickelten
sich in Deutschland klass. und romant.
Kunstauffassung aufeinander bezogen.
Die Auseinandersetzung zwischen Schiller, Goethe, Novalis, den Brüdern F. und
A. W. Schlegel u. a. waren Teil eines
Klärungsprozesses um den Begriff einer
modernen Literatur. F. Schlegel charak-
terisierte in seinem ›Gespräch über die
Poesie‹ (gedr. 1800) Goethes ›Wilhelm
Meister‹ als Verbindung des Klassischen
und Romantischen. Auch aus heutiger
Sicht sind die Ähnlichkeiten deutlicher
als die Unterschiede. Die Kontroversen
erscheinen als Einheit von Kunst- und
Literaturgeschichte. R. Wellek z. B. sieht
in der R. eine Einheit von der Mitte des
18. Jh. bis etwa 1830. Demgegenüber dominiert in dt. Sicht die Trennung von
›Klassik‹ und ›Romantik‹. Die populärste Umschreibung für die Zeit der klass.
und romant. Dichtung in Deutschland ist
die Bez. ›Goethezeit‹. Dies entspricht der
zeitgenöss. europ. Sichtweise, für die, im
wesentlichen durch Madame de Staël
und Th. Carlyle vermittelt, Schiller und
Goethe ebenso zur R. gehören wie Novalis, Tieck und E. T. A. Hoffmann. Nicht
wenige Vertreter der europ. R. fanden
über Goethes ›Faust‹ (1. Teil, gedr. 1808)
Zugang zur dt. Philosophie der R.; noch
zu Lebzeiten Goethes gab es in Frankreich drei verschiedene ›Faust‹-Übersetz-
zungen (u. a. von G. de Nerval), in England wurde ›Faust‹ von P. B. Shelley
übersetzt, in Portugal von A. F. de Ca-
stilho, in Schweden von V. Rydberg und
in Polen von S. Garczyński.

Romant. Weltsicht: Die Vorliebe der Romantiker für die Vergangenheit deutet
auf ein durch die Frz. Revolution von
1789 verändertes Geschichtsbewußtsein,
das von dem spezif. Eigenwert aller Epochen ausgeht und darüber hinaus anneh-
men kann, daß alles Bedeutende schon
einmal gedacht worden ist. Die romant.
Weltsicht war nicht nur Erinnerung an
Mythos, Sage, Legende und Märchen,
nicht nur Rezeption der reichen Kultur
des als ›romantisch‹ begriffenen MA,
d. h. der volkssprachl. Literaturen, der
Welt der provenzal. Troubadours, des
höf. Romans, Dantes, F. Petrarcas und
G. Boccacios, sie war nicht nur Erinnerung an die ›wunderbare‹ Welt M. de
Cervantes Saavedras, L. de Camões',
P. Calderón de la Barcas und Shakespeares, sondern sie bestand auch aus einem Erkenntnisstreben, das sich auf die
Welt der ganz anderen Traditionen, wie
z. B. der oriental. Kulturen oder der Kultur Chinas, richtete, das mit einer allgemeinen Liebe zum Exotischen, zu fremden, unbekannten Lebensbereichen verbunden war. Aus der Kenntnis dessen,
was gewesen war, und auf der Basis des
neuen Geschichtsverständnisses entwikkelte romant. Denken die Idee eines
neuen, noch zu erschaffenden poet.
Weltverhältnisses: ›Nichts ist poetischer,
als Erinnerung und Ahndung oder Vorstellung der Zukunft‹ (Novalis). Geschichte und Zukunft erscheinen als Variationen eines Themas: der Suche nach
dem ›ursprüngl. Sinn‹ des Universums,
das symbolisch als ›Buch‹ oder ›Roman‹
begriffen wird. Die Perspektive eines
›ursprüngl. Sinns‹ ist für Novalis Aus-

gangspunkt seiner Forderung, die Welt müsse ›romantisiert‹, d. h. ›transzendiert‹ bzw. ›poetisiert‹ werden. Die romant. Idee von der durch das Poetische zu transzendierenden Welt ist die Idee von der Welt, wie sie in der Vergangenheit hätte sein können, und zugleich der Welt, die durch Inspiration (›produktive Einbildungskraft‹, ›Imagination‹) gedacht bzw. geschaffen werden kann. ›Das Leben soll kein uns gegebener, sondern ein von uns gemachter Roman sein‹ (F. Schlegel). – Der organ. Zusammenhang von Geschichte und Zukunft findet in der engl. R. im †historischen Roman (W. Scott, E. G. Bulwer-Lytton u. a.) sowie in lyr. Versdichtungen, die die Vision einer freien, menschl. Gesellschaft, die Vision der Selbstvollendung des Menschen darstellen (W. Blake, ›Europe: A prophecy‹, 1794, ›America: A prophecy‹, 1793; Coleridge, ›Kubla Khan‹, entst. 1798, gedr. 1816; P. B. Shelley, ›Der entfesselte Prometheus‹, 1820, dt. 1840) seinen literar. Ausdruck. Geschichtl. Vorgänge können dabei auch als Symbole eines allgemeinen kosm. Prozesses gesehen werden. Die Geschichte wurde in den meisten europ. R.n in den Gattungen von histor. Roman, Geschichtsdrama und historisch inspirierter Lyrik produktiv. In Rußland (A. S. Puschkin, ›Der Mohr Peters des Großen‹, entst. 1827, hg. 1837, dt. 1952, erstmals dt. 1837, ›Boris Godunow‹, 1831, dt. 1840; N. W. Gogol, ›Taras Bulba‹, 1835, dt. 1846), in Polen (A. Mickiewicz, ›Todtenfeier‹, gedr. 1832, dt. 1887, ›Konrad Wallenrod‹, 1828, dt. 1834; Z. Krasiński, ›Ungöttl. Komödie‹, 1835, dt. 1841, ›Iridion‹, 1836, dt. 1847; J. Słowacki, ›Kordian‹, 1834, dt. 1887; ›Lilla Weneda‹, 1840, dt. 1891), in Frankreich (V. Hugo, ›Der Glöckner von Notre Dame‹, 1831, dt. 1948, erstmals dt. 1831, ›Cromwell‹, 1827, dt. 1830; ›Die Burggrafen‹, 1843, dt. 1843; P. Mérimée, ›Die Bartholomäusnacht‹, 1829, dt. 1845), in Italien (A. Manzoni, ›Die Verlobten‹, 1827, dt. 1827), in Spanien (Ángel de Saavedra, Herzog von Rivas, ›Don Álvaro o la fuerza del sino‹, 1835; J. Zorrilla y Moral, ›Don Juan Tenorio‹, 1844, dt. 1850; A. García Gutiérrez, ›El trovador‹, 1836), und in Portugal (Almeida Garrett, ›Manuel de Sousa‹, 1844, dt.

1899, ›Der Schwertfeger von Santarem oder Das Schwert des Connetabel‹, 1842, dt. 1900, erstmals dt. 1878). Das Offensein für alles Fremde, Andersartige und Unbekannte äußerte sich in der romant. Literatur auch im Aufspüren und Darstellen der unbewußten Ebenen menschl. Bewußtseins, bes. des eigenen Ichs. Das Anderssein liegt im Menschen selbst. Novalis spricht von dem künstler. ›Vermögen eine fremde Individualität in sich zu erwecken‹, um dann zu betonen, daß ›im Menschen Fähigkeiten verborgen‹ seien, ›die durch die rationalist. Verstandeskultur verschüttet‹ seien, deshalb gelte es, ›die Möglichkeiten des Menschen zu entwickeln, um das ganze Wesen der Welt, ihre unsichtbare Ordnung zu erfassen‹. Auch F. W. J. Schelling unterstreicht in seinem ›System des transcendentalen Idealismus‹ (1800) die Fähigkeit der Kunst, durch ›Einbildungskraft‹ das Unbewußte zu befreien, das zu erfassen, ›was die Philosophie äußerlich nicht darstellen kann, nämlich das Bewußtlose im Handeln und Produzieren und seine ursprüngl. Identität mit dem Bewußten‹. Einem in irgendeiner Weise normativen Weltbild setzen die Romantiker die Unabhängigkeit der Kunst entgegen, um im freien Spiel von Inspiration und romant. †Ironie das Unfaßbare im Unfaßbaren zu suchen und die mögl. Vermischung von Unbewußtem und Bewußtem, von Traum und Wirklichkeit, von Kunst und Leben in ihrer unendl. Vielfalt darzustellen. Das Phantastische, Skurrile, Groteske, die ›nächtl.‹ Seiten des Lebens, die Welt der Dämonie und des Doppelgängertums (u. a. E. T. A. Hoffmann, V. Hugo, Byron, N. W. Gogol, u. a. ›Der Mantel‹, 1842, dt. 1851), die Welt des Opiumrausches (u. a. Th. De Quincey, ›Bekenntnisse eines Opiumessers‹, 1822, erweitert 1856, dt. 1886), des Wahnsinns (u. a. Ch. Nodier, ›Une heure ou la vision‹, 1806; †auch Serapionsbrüder) und Verbrechens (u. a. M. G. Lewis, ›Der Mönch‹, 1796, dt. 1962, erstmals dt. 1797/98; W. Beckford, ›Vathek‹, entst. 1782, dt. 1788; E. T. A. Hoffmann, ›Die Elixiere des Teufels‹, 1815/16; Ch. Nodier, ›Hans Sbogar‹, 1818, dt. 1835; E. A. Poe, ›Der Doppelmord in der Rue Morgue‹, 1841, dt. 1853) wird bedeutungsvoll (↑auch Gothic novel). Das ›Normale‹ wird in Deutschland in den sog. Literaturkomödien L. Tiecks (›Die verkehrte Welt‹, 1800), C. Brentanos und A. von Arnims auch zum Gegenstand von Parodie und Satire, so auch bei Ch. D. Grabbe (›Scherz, Satire, Ironie und tiefere Bedeutung‹, entst. 1822, gedr. 1827) und G. Büchner (›Leonce und Lena‹, entst. 1836, gedr. 1842). Die romant. Ironie erscheint in der frz. R. auch als Theorie des ↑Grotesken.

Literatur: ABRAMS, M. H.: The mirror and the lamp. Romantic theory and the critical tradition. Oxford u. a. 1953. – GIRAUD, J.: L'École romantique française. Paris ⁶1953. – FOAKES, R. A.: The romantic assertion. London 1958. – COURTHION, P.: Le Romantisme. Genf 1962. – WELLEK, R.: Konfrontationen. Vergleichende Studien zur R. Dt. Übers. Ffm. 1964. – MAINUSCH, H.: Romant. Ästhetik. Bad Homburg v. d. H. 1969. – SCHENK, H. G.: Geist der europ. R. Dt. Übers. Ffm. 1970. – FUGIER, A.: Napoleone e l'Italia. Rom 1970. – MEIXNER, H.: Romant. Figuralismus. Ffm. 1971. – MONTANELLI, I.: L'Italia giacobina e carbonara (1789–1831). Mailand 1971. – ARENDT, D.: Der poet. Nihilismus in der R. Tüb. 1972. 2 Bde. – Die europ. R. Hg. v. E. BEHLER u. a. Ffm. 1972. – Begriffsbestimmung der R. Hg. v. H. PRANG. Darmst. ²1972. – Die dt. Lit. Ein Abriß in Text u. Darst. Hg. v. O. F. BEST u. HANS-JÜRGEN SCHMITT. Bde. 8 u. 9: R. Hg. v. HANS-JÜRGEN SCHMITT. Stg. 1974. – SCHANZE, H.: R. u. Aufklärung. Nbg. ²1976. – Zur Modernität der R. Hg. v. D. BÄNSCH. Stg. 1977. – HEINRICH, D.: Geschichtsphilosoph. Positionen der dt. Früh-R. Kronberg i. Ts. u. Bln. 1977. – R. in Deutschland. Ein interdisziplinäres Symposion. Hg. v. R. BRINKMANN. Stg. 1978. – HOFFMEISTER, G.: Dt. u. europ. R. Stg. 1978. – Die dt. R. Poetik, Formen u. Motive. Hg. v. H. STEFFEN. Gött. ³1978. – R. Ein literaturwiss. Studienbuch. Hg. v. E. RIBBAT. Königstein i. Ts. 1979. – R.forschung seit 1945. Hg. v. K. PETER. Königstein i. Ts. 1980. – PRAZ, M.: Liebe, Tod u. Teufel. Die Schwarze R. Dt. Übers. Mchn. ²1981. – BUSSE, G.: Die R. Freib. 1982. – Neues Hdb. der Literaturwiss. Hg. v. K. VON SEE. Bde. 14–16: Europ. R. Hg. v. K. R. MANDELKOW u. K. HEITMANN. Wsb. 1982 bis 1986. – FRYE, N.: A study of English romanticism. Brighton 1983. – Die literar. Frühromantik. Hg. v. S. VIETTA. Gött. 1983. – WATSON, J. R.: English poetry of the romantic period. London 1985. – CURRAN, S.: Poetic form and British romanticism. Oxford 1986. – DE MAN, P.: The rhetoric of Romanticism. New York 1986. – PUNTER, D.: Romanticism and the unconscious mind. Brighton 1987.

romantische Ironie ↑Ironie, ↑Romantik.

Romạnze [roman.], episch-lyr. Gattung der span. Literatur: kürzeres volkstüml. Erzähllied, das Stoffe der altspan. Sage und Geschichte gestaltet. Häufigste Strophenform ist der reimlose trochäische 16silbler mit Mittelzäsur und Assonanzen. Die frühesten R.n sind im 15. Jh. faßbar (↑Romanzero). Man unterscheidet nach den Stoffkreisen 1. histor. R.n über geschichtl. Tatsachen oder Legenden, 2. R.n des karoling. und breton. Sagenkreises, 3. die sog. Grenz-R.en über die Kämpfe zwischen Mauren und Christen, bes. in den letzten Jahrhunderten der Rückeroberung Spaniens, und 4. die maur. R.n, entstanden nach 1492, dem endgültigen Sieg der Christen über die Mauren, die das Leben der Mauren idealisieren. In dieser Zeit entstanden auch romanhafte, religiöse und lyr. Romanzen. Bes. im 16. und 17. Jh. wurden R.n auch als Kunstdichtung gepflegt und die Gattung bei gleichen Themenkreisen auch intentional (pastorale, burleske, satir. R.n) und formal (kunstvoller Strophenbau, Vollreime, Refrain) erweitert. Vertreter sind u. a. L. de Góngora y Argote, F. Gómez de Quevedo y Villegas, Lope F. de Vega Carpio. In der modernen span. Dichtung wurde die R. v. a. von F. García Lorca und A. Machado y Ruiz wieder aufgegriffen. In Deutschland wurden Begriff und Gattung von J. W. L. Gleim (1756) eingeführt und zunächst synonym für Kunstballade verwendet (Sturm und Drang; G. A. Bürger, Goethe, Schiller). J. G. Herder wies dann durch kongeniale Übersetzungen, insbes. in dem R.nzyklus ›Cid‹ (1803/04), auf den formal gebundenen volkstüml. Charakter hin und leitete eine Blüte der romant. R.ndichtung ein, in der Herders Grundform beibehalten, jedoch meist mit subtilen Assonanzen und Klangreimen verbunden wurde; bed. sind die R.n (und R.nübersetzungen) von A. W. und F. Schlegel, L. Tieck, F. de la Motte Fouqué, J. von Eichendorff, L. Uhland, A. von Platen und insbes. von C. Brentano (›R.n von Rosenkranz‹, entst. 1804–12, hg. 1852); parodistisch verwendeten K. L. Immermann (›Tulifäntchen‹, 1830) und H. Heine (insbes. ›Atta Troll‹, 1847) die R.nform. Als R.n bezeichnet man auch (bes. in der engl. Literatur) all-

gemein abenteuerlich-phantast. Erzählwerke in Vers oder Prosa (↑ Roman).
Literatur: PFANDL, L.: Span. R.n. Halle/Saale
1933. – MEHL, D.: Die mittelengl. R.n des 13. u.
14. Jh. Hdbg. 1967. – MENÉNDEZ PIDAL, R.: Romancero hispánico. Teoría e historia. Madrid
²1968. 2 Bde. – STAUB, M.: Die span. R. in der
Dichtung der dt. Romantik. Diss. Hamb. 1970.

Romanzero (span. romancero),
Sammlung von ↑ Romanzen. Die volkstüml. altspan. Romanzen wurden zunächst mündlich tradiert; ihre schriftl.
Überlieferung setzte Ende des 15. Jh. ein
(›Cancionero musical de Palacio‹, entst.
zw. 1500 und 1530); seit dem 15. Jh. auf
losen Druckblättern mit groben Holz-
schnitten (›pliegos sueltos‹) verbreitet.
Die erste (gedruckte) Romanzensamm-
lung erschien 1547/48 in Antwerpen
(›Cancionero de Romances‹), 1550/51
folgte in Zaragoza die dreiteilige ›Silva
de varios romances‹, 1573 in Valencia
der R. ›Rosa española‹, der neben volkstüml. Romanzen auch Kunstromanzen
enthält. Nur Kunstromanzen enthalten
der ›Flor de varios romances‹ (1589;
9 Teilsammlungen) und der ›Romancero
general‹ (1600), der in den folgenden
Jahren mehrfach erweitert wurde (2. Teil
1605). In dieser Zeit gab es auch R.s
der einzelnen Romanzendichter, ferner
Sammlungen zu bestimmten Themen
oder einzelnen Helden (z. B. der ›Romancero del Cid‹, 1551). – Neues Interesse an der Romanzendichtung in der
Romantik zeitigte moderne Ausgaben, so
die von J. Grimm 1815 als erste zusam-
mengestellte Sammlung ›Silva de romances viejos‹; vollständigste Ausgabe ist
der ›Romancero general‹ (5 Bde.,
1828–32) des span. Romantikers Agustin
Durán (* 1793, † 1862). Bed. dt. Übersetzungen span. R.s sind u. a. das ›Span.
Liederbuch‹ von E. Geibel und P. Heyse
(1852) und der ›R. der Spanier und Por-
tugiesen‹ (1860) von E. Geibel und A. F.
Schack. – Der ›R.‹ (1851) H. Heines enthält nur teilweise Romanzen.
Literatur ↑ Romanze.

Rombach, Otto, * Heilbronn 22. Juli
1904, † Bietigheim-Bissingen 19. Mai
1984, dt. Schriftsteller. – Begann mit Gedichten, Novellen und Dramen, die z. T.
soziale und pazifist. Tendenz zeigen; bekannt v. a. als Autor von phantasievoll-

amüsanten Bildungs- und kulturhistor.
Romanen; schrieb auch Hörspiele.
Werke: Apostel (Dr., 1928), Der Brand im Af-
fenhaus (Nov.n, 1928), Adrian, der Tulpendieb
(R., 1936), Der junge Herr Alexius (R., 1940),
Vittorino oder Die Schleier der Welt (R., 1947),
Gordian oder der Reichtum des Lebens (R.,
1952), Der gute König René (R., 1964), Italien.
Reisen (Reiseber., 1967), Peter der Taxasgraf
(R., 1972), Wieder in Frankreich (Reiseb., 1973),
Vorwärts, rückwärts, meine Spur (Autobiogr.,
1974), Das was dich trägt, ruht in dir selbst
(Prosa, 1979), Der Goldene Meilenstein. Röm.
Veduten und Gestalten (1984).

Romero, José Rubén, * Cotija de la
Paz (Michoacán) 25. Sept. 1890, † Me-
xiko 4. Juli 1952, mex. Schriftsteller. –
Beteiligte sich 1911 aktiv an F. I. Made-
ros Erhebung; bekleidete nach der
Revolution verschiedene Staatsämter;
1931–44 Diplomat. Seine Werke behan-
deln v. a. die mex. Situation nach der Re-
volution, deren Ergebnislosigkeit der
Schelmenroman ›La vida inútil de Pito
Pérez‹ (1938) mit bitterer Ironie kritisiert.
Schrieb auch Lyrik, Erzählungen und Es-
says.
Weitere Werke: El pueblo inocente (R., 1934),
Mi caballo, mi perro y mi rifle (R., 1936), Antici-
pación a la muerte (R., 1939), Una vez fui rico
(R., 1939), Rosenda (R., 1946).
Ausgabe: J. R. R. Obras completas. Hg. v.
A. CASTRO LEAL. Mexiko ²1966.
Literatur: IDUARTE, A./ARREOLA, R./MOORE, E.
R.: J. R. R., vida y obra. New York 1946. – ROS-
BACH, J. B.: Novelas de R. R. Mexiko 1960.

römische Literatur, die in lat. Sprache abgefaßte Literatur des antiken Röm.
Reiches. Zur r. L. gehören 1. die eigentl.
r. L., die von den polit. Gebilde Rom
ihre maßgebl. Impulse empfing (etwa
240 v. Chr. bis etwa 240 n. Chr.); 2. die
lat. Literatur der Spätantike bzw. der Kir-
chenväterzeit, bei der die christl. Religion im Mittelpunkt stand (etwa 200 bis
etwa 650). Der hierbei gebrauchte Begriff
›Literatur‹ umfaßt nicht nur die sog.
schöne Literatur, sondern auch die wenig oder gar nicht geformte Gebrauchs-
und Gelegenheitsliteratur (Fachliteratur,
Pamphlete u. a.), nicht hingegen die
durch Inschriften oder Papyri überlieferten öffentl. und privaten Urkunden. –
Von der r. L. ist nur erhalten, was in späteren Zeiten, insbes. in den Schreibstu-
ben der mittelalterl. Klöster, tradiert
wurde; von der eigentl. r. L., der ›heidn.‹

Literatur, ist nur ein Bruchteil des Wichtigsten und Erlesensten bekannt, von der Literatur der christl. Spätantike erheblich mehr (etwa das Vierzigfache), aber auch nur ein Teil der wirkl. Produktion. Man muß somit unterscheiden: Autoren, von denen sämtl. oder einige Werke vollständig erhalten sind, Autoren, von deren Werken nur Fragmente (insbes. Zitate späterer, erhaltener Schriftsteller) bewahrt blieben und Autoren, von deren Werken nur noch Titel oder Inhaltsangaben bekannt sind.

Die **eigentl. röm. Literatur** (etwa 240 v. Chr. bis etwa 240 n. Chr.): Roms Ausgreifen in den Mittelmeerraum (seit dem 1. Pun. Krieg) führte zu intensiver Berührung mit der griech. Kultur; so entstand die r. L. als sekundäre Erscheinung, die von den Griechen die Gattungen, Versmaße und Stilmittel sowie einen Teil der Stoffe übernahm (z. B. Komödie, Tragödie, Roman, Fabel). Die Entwicklung setzte schlagartig ein, als im Jahre 240 v. Chr. die ersten griech. Dramen in der Übersetzung des Livius Andronicus aufgeführt wurden; die nunmehr begonnene, an griech. Vorbilder sich anlehnende r. L. verdrängte das wenige genuin Römische, das zuvor existiert hatte. Immerhin bemächtigten sich röm. Stoffe eines Teils der ›importierten‹ griech. Gattungen: Staat, Recht, Politik und Gesellschaft der Römer sowie das Erleben des einzelnen, die private und alltägl. Sphäre; diese Substanz, die röm. Wirklichkeit, in manchem Zweig der Literatur (z. B. in der Geschichtsschreibung, im histor. Epos sowie in der öffentl. Rede und Rechtswissenschaft) die griech. Formen gänzlich mit röm. Inhalt erfüllt und die meisten anderen Gattungen (philosoph. Schriften, Satire, Lyrik, Elegie) stark durchdrungen. Die r. L. zeigt trotz ihrer fundamentalen Abhängigkeit ein von Epoche zu Epoche sich wandelndes Verhältnis zum griech. Vorbild, so daß die jeweiligen Charakteristika dieses Verhältnisses zu den bestimmenden Merkmalen der einzelnen Epochen gehören.

Die **Vorklassik** (etwa 240 bis etwa 100 v. Chr.): Die ›Wegbereiter‹ (Livius Andronicus, Naevius, Ennius, in der Prosa Cato d. Ä.) brachten insbes. Übersetzun-

gen und Bearbeitungen griech. Originale hervor; ihre wichtigste Leistung bestand darin, daß sie sich in Syntax, Stil und Wortschatz um feste Konventionen bemühten. Eigene Stoffe suchte man in histor. Epen und Dramen sowie in Geschichtswerken zu formen; Lucilius begründete die Satire; die Kunst der Rede erreichte mit Cato d. Ä. und den Gracchen (2. Hälfte des 2. Jh. v. Chr.) erste Höhepunkte. Die vorklass. Literatur neigte zu grellen Effekten; die Autoren schienen damals noch nicht bestrebt gewesen zu sein, große Stoffe überzeugend zu ordnen. Die Prosa wurde bes. von Angehörigen der Senatsaristokratie gepflegt; die Dichter – oft aus niederem Stand – erfreuten sich meist adliger Protektion. Außer Zitaten blieben aus dieser Zeit nur eine Gattung, die Komödie (Plautus und Terenz) sowie Catos d. Ä. Schrift ›De agri cultura‹ erhalten.

Die **Klassik** (etwa 100 v. Chr.–14 n. Chr.): In der Zeit der großen, stark ausgeprägten Persönlichkeiten entstanden Werke mit souveräner Kompositions- und Stilkunst, die denen der Griechen kongenial waren. Ein ausgewogenes Verhältnis von Stoff und Form sowie von Fiktion und Wirklichkeit wurde erstrebt. Das Repertoire der Gattungen bereicherte sich um Lyrik, Elegie, Lehrdichtung und philosoph. Schriften; die öffentl. Rede erreichte mit Cicero ihren Höhepunkt. Die Klassik läßt zwei sich überschneidende Phasen erkennen: das Zeitalter der Bürgerkriege und die Ära des Augustus; in der ersten Phase dominierte die Prosa, in der zweiten die Poesie. In beiden Phasen war der röm. Staat, seine Auflösung, dann seine Erneuerung das vorrangige, zunächst pessimistisch (Cicero, Sallust), dann mit verhaltenem Optimismus gestaltete Thema (Vergil, Horaz, Livius). Daneben nahmen – wohl infolge des Zerfalls der staatl. Gemeinschaft – persönl. Überzeugungen (Lukrez: epikureische Philosophie) und private Erlebnisse (Catull: Liebe zu ›Lesbia‹; die Elegiker) einen bislang unerhört breiten Raum ein. Die Prosa war nach wie vor Sache der Senatsaristokratie und ihr Nahestehender; die Dichtung wurde weiterhin zuallererst von Angehörigen der unteren Schichten, mitunter jedoch auch von solchen der

Oberschicht gepflegt. Etwa um 85 v. Chr. setzte die dichte Reihe der vollständig erhaltenen Werke ein (mit der pseudociceron. ›Rhetorik an Herennius‹ [↑Auctor ad Herennium] und Ciceros rhetor. Frühschrift ›De inventione‹). Sie umfaßte Repräsentanten aller wichtigen Gattungen: Epos (Vergil, Ovid), Lehrgedicht (Lukrez, Vergil), Lyrik (Catull, Horaz), Elegie (Properz, Tibull, Ovid), Satire (Horaz), Philosophie und öffentl. Rede (Cicero), Geschichtsschreibung (Caesar, Sallust, Livius), grammat. und rhetor. Fachschriften (Marcus Terentius Varro, Cicero).

Die **Nachklassik** (14 n. Chr. bis etwa 240): Die Literaten der frühen Kaiserzeit orientierten sich nicht mehr so sehr an den griech. Gattungsmustern wie an den Werken der eigenen Klassik, die sie durch Raffinement, Maniriertheit und Phantastik zu überbieten suchten. Ihr Weltbild tendierte zum Düsteren und Negativen; es insistierte auf den Lastern des Menschen und der Tücke und Brüchigkeit der Verhältnisse. So jedenfalls in der ersten, ›modernen‹ Phase mit den Gattungen Epos (Lukan, Statius) und Tragödie (Seneca d. J.). Sie wurde um 90 n. Chr. von einer klassizist. Phase, der Cicero, Sallust u. a. als Vorbilder dienten, abgelöst (Quintilian, Plinius d. J., Tacitus). Dem Klassizismus folgte bald eine auf die Anfänge der r. L. zurückgreifende archaist. Strömung (Fronto, Gellius). Die im 2. Jh. verebbende Produktion erstarb gänzlich zu Beginn der großen Reichskrise (Mitte des 3. Jh.); nach der kleinen Schrift ›De die natali‹ (238) des Censorinus bricht die Reihe der überlieferten Werke ab und läßt sich auch mit Sicherheit kein Autor und kein Werk mehr namhaft machen, bis hin zu den Anfängen der profanen lat. Literatur der Spätantike. Die wichtigste Novität der Epoche ist der Roman (Petronius, Apuleius). Die in ihrem Stil schlichte und prägnante jurist. Literatur, der wichtigste Beitrag der Epoche, erlebte im 1. und 2. Jh. ihre Blütezeit.

Die **lat. Literatur der Spätantike** (etwa 200 bis etwa 650): Die überragende literar. Erscheinung der Epoche ist die Literatur der Kirchenväter, v. a. die Werke des Ambrosius, Hieronymus und Augustinus. Mit und neben ihr wurden vielerlei prosaische und poet. Gattungen (außer dem Drama) sowohl religiösen als auch profanen Inhalts gepflegt. Das Grundthema der r. L. der Spätantike war die Auseinandersetzung zwischen Christentum und Heidentum (d. h. der vorchristl. Religion, Philosophie und Weltanschauung). Die Autoren gehörten durchweg – als Staatsbeamte, Kleriker oder Privatleute – der spätröm. Aristokratie an. Der wichtigste Teil der Literatur bezieht sich auf die christl. Religion (Theologie, Bibelepik, Hagiographie). Andere Werke befassen sich mit Kirche und Staat (Geschichtsschreibung, Biographie, Panegyrik). Wieder andere sind der Selbstdarstellung der führenden Schicht gewidmet (Briefsammlungen, Gelegenheitsdichtung, z. B. Epithalamien [= Hochzeitslieder]). Ein vierter Teil suchte die antiken Bildungsstoffe zu bewahren (Enzyklopädien, Fachliteratur).

Die Anfänge (etwa 284 bis etwa 350) auf der profanen Seite bestehen in Unterhaltungs-, Gebrauchs- und Fachliteratur, ferner in panegyr. Reden. Auf christl. Seite reichen sie bis um 200 zurück; seit Tertullian suchte man auch in lat. Schriften den Glauben gegen Heiden und Ketzer zu verteidigen (z. B. Lactantius), wobei man auf die griechische christl. Literatur zurückgriff (↑Apologeten). In der Zeit Konstantins des Großen entstand mit dem Evangelienepos des Iuvencus (4. Jh.) u. a. die erste christl. lat. Poesie. – Während der Blütezeit (etwa 350 bis etwa 430) erreichte der Konflikt zwischen Heiden und Christen den Höhepunkt; beide Seiten traten mit kompromißlosem Absolutheitsanspruch für die eigene geistigliterar. Tradition ein. Die Heiden, insbes. der Kreis des Quintus Aurelius Symmachus, versuchten, die überkommene r. L. zu bewahren und dem Verständnis der Mitwelt zu erschließen (Editionen, Kommentare, grammat. und rhetor. Schriften; Donatus, Servius). Bed. waren v. a. Geschichtsschreibung (Ammianus Marcellinus) und poet. Panegyrik (Claudianus). Die Christen suchten nahezu sämtl. Gattungen der antiken Tradition im Sinne ihres Glaubens umzuprägen. Die großen Theologen vollendeten die Rezeption

und Adaption der griech. Kirchenväter-
literatur. Die christl. Dichtung, im wesentl. ein Sonderphänomen des lat. Westens, erreichte rasch eine erste Blüte
(Prudentius Clemens, Paulinus von
Nola); es entstanden erste Werke der
christl. Geschichtsschreibung und der
Hagiographie (Hieronymus, Sulpicius
Severus). – Ab Beginn des 5. Jh. war die
gesamte spätröm. Gesellschaft zumindest äußerlich christianisiert; man
pflegte nunmehr sowohl christl. als auch
heidn. Stoffe und Gattungen, wobei die
Autoren des 4. Jh. als klass. Muster galten. Die allmählich nachlassende Produktion erlebte im ostgot. Italien (Boe-
thius, Cassiodorus) im westgot. Spanien (Isidor von Sevilla) noch einmal
charakterist. Höhepunkte. Dabei steht
der Verfasser der ›Etymologiae‹ für die
eindrucksvolle Fortdauer spätantiker Latinität auf der Iber. Halbinsel, die sich
ebenso in den Formen der jüdisch-
christl. Kontroversliteratur der folgenden Jahrhunderte wie in den jurist. For-
melbüchern zur Abfassung von Urkunden ausdrückt. Im 7. Jh. brach das literar.
Schaffen im fränkisch-german. Gebiet
mit dem Tod der letzten bed. Autoren in
Italien und Gallien ab (Papst Gregor I.,
der Große, Gregor von Tours, Venantius
Fortunatus). Die Kontinuität der abendländ. Bildung blieb so im wesentlichen in
den Klöstern Irlands und Schottlands ge-
wahrt; von dort wurden die mit ihr verbundenen Texte im Rahmen von Klo-
sterneugründungen des 7. und 8. Jh. wieder auf den Kontinent zurückgebracht
und konnten so zur Grundlage der karoling. Renaissance werden.

Literatur: SCHANZ, M./HOSIUS, C.: Gesch. der
r. L. bis zum Gesetzgebungswerk des Kaisers
Justinian. Mchn. [1-4]1914–35. 4 Bde. in 5 Tlen.
Nachdr. 1969–1980 (HdA VIII). – KAPPELMA-
CHER, A./SCHUSTER, M.: Die Lit. der Römer bis
zur Karolingerzeit. In: Hdb. der Literaturwiss.
H. 8–15. Potsdam 1931–34. – LABRIOLLE, P. DE:
Histoire de la littérature latine chrétienne. Paris
[3]1947. 2 Bde. – BARDON, H.: La littérature latine
inconnue. Paris 1951–56. 2 Bde. – MARROU,
H.-I.: Saint Augustin et la fin de la culture antique. Paris [4]1958. – FONTAINE, J.: Isidore de
Séville et la culture classique dans l'Espagne vi-
sigothique. Paris 1959. 2 Bde. – NORDEN, E.: Die
r. L. Lpz. [6]1961. – LEEMAN, A. D.: Orationis ra-
tio. The stylistic theories and practice of the Roman orators, historians, and philosophers. Am-

sterdam 1963. 2 Bde. – KROLL, W.: Studien zum
Verständnis der r. L. Stg. [2]1964. – KLINGNER, F.:
Röm. Geisteswelt. Mchn. [5]1965. – Neues Hdb.
der Literaturwiss. Bd. 3: R. L. Hg. v. M. FUHR-
MANN. Wsb. 1974. – DÍAZ Y DÍAZ, M. C.: De Isi-
doro al siglo once. Ocho estudios sobre la vida
literaria peninsular. Barcelona 1976. – BÜCH-
NER, K.: Röm. Literaturgesch. Stg. [5]1980. – GEN-
TILI, B., u. a.: Storia della letteratura latina per le
scuole. Bari u. Rom [5]1981. – MARROW, H.-I.:
Augustinus u. das Ende der antiken Bildung.
Dt. Übers. Paderborn u. a. 1981. – CAMPENHAU-
SEN, H. VON: Lat. Kirchenväter. Stg. [5]1983. – AL-
BRECHT, M. VON: Gesch. der r. L. Mchn. [2]1994.
2 Bde.

Rompler von Löwenhalt (Rumpler), Jesaias, * Dinkelsbühl 1605, † nach
1672, dt. Lyriker. – Gründete 1633 in
Straßburg die Aufrichtige Tannengesellschaft (sein Gesellschaftsname: Wahr-
mund von den Tannen), in der nat., kulturelle und moral. Ideale gefördert werden
sollten. 1645 als ›Der Freie‹ Mitglied der
Rosenzunft der Teutschgesinnten Genossenschaft ebd.; seine Lyrik umfaßt
vorwiegend religiöse und profane Lehr-
und höf. Gelegenheitsdichtung (›Erstes
gebüsch Reim-getichte‹, 1647).

Ronda, La [italien. la 'ronda], italien.
Literaturzeitschrift, erschien monatlich
von April 1919 bis November 1923 in
Rom, gegr. und hg. von R. Bacchelli,
A. Baldini, Bruno Barilli, V. Cardarelli,
E. Cecchi, Lorenzo Montano, Aurelio
E. Saffi; Beiträge zahlreicher Autoren.
Indem sich die ›rondisti‹ G. Leopardis
Prosaschriften zum Vorbild nahmen,
propagierten sie einen transparenten Stil.
Sie reagierten damit ablehnend auf zeit-
genöss. literar. Erscheinungen wie den
Futurismus oder den von der Zeitschrift
›La Voce‹ befürworteten Fragmentismus,
ebenso auf G. Pascolis Symbolismus
oder G. Carduccis und G. D'Annunzios
pathet. Sprache.

Ausgaben: L. R. Antologia. Hg. v. G. CASSIERI.
Florenz 1955. – L. R. 1919–1923. Antologia. Hg.
v. G. CASSIERI. Turin 1969.

Rondeau [rõ'do:; lat.-frz.] (Rondel),
ein vom 13. bis 15. Jh. verbreitetes frz.
Rundtanz-[Reigen-]Lied mit Refrain, das
wahrscheinlich wechselweise vom Vor-
sänger und vom Chor (Refrain) vorgetragen wurde. Es war zunächst sechszeilig,
wurde dann durch Voranstellung des Refrains achtzeilig und zeigt folgenden
Vers- und musikal. Aufbau: AB aAab AB

(große Buchstaben = Refrainzeile, gleiches Lautzeichen = gleiche Musik). Im 15. Jh. wurde bei unveränderter musikal. Anlage der Text bis auf 16 (R. simple) oder 21 Zeilen (R. double) erweitert. R.s wurden zusammen mit den verwandten Refrainformen ↑Ballade und ↑Virelai bes. im höf. Umkreis gepflegt und sind bis um 1400 überliefert, u. a. von Adam de la Halle, Guillaume de Machault, im 15. Jh. von den Komponisten G. Dufay, G. Binchois, A. Busnois und J. Ockeghem. Literarisch wurde das R. im 16. und 17. Jh. u. a. von J. Fischart, G. R. Weckherlin, Ph. von Zesen, im 19. Jh. von A. de Musset, Th. de Banville und S. Mallarmé wieder aufgegriffen.

Pierre de Ronsard (Kupferstich von Theodor de Bry, um 1597)

Literatur: GENNRICH, F.: Rondeaux, Virelais u. Balladen ... Dresden u. a. 1921–63. 3 Bde. – REANEY, G.: Concerning the origins of the r., virelai, and ballade forms. In: Musica Disciplina 6 (1952). – Rondeaux et refrains du 12ᵉ au début du 14ᵉ siècle. Hg. v. N. H. J. VAN DEN BOOGAARD. Paris 1969. – GENNRICH, F.: Grundriß einer Formenlehre des mittelalterl. Liedes als Grundlage einer musikal. Formenlehre des Liedes. Tüb. ²1970. – FRANÇON, M.: La structure du r. In: Medium Aeoum 44 (1975), S. 54. – CALVEZ, D.: La structure du r. Mise au point. In: The French Review 55 (1981/82), S. 461. – BRITNELL, J.: ›Clore et rentrer‹. The decline of the r. In: French Studies 37 (1983), S. 285.

Rondel [frz.], in älteren Handbüchern gleichbedeutend mit ↑Rondeau gebraucht. Heute werden als R. meist die älteren, bis ins 16. Jh. gebräuchl. freieren Formen des Rondeaus bezeichnet, um diese von der ›klass.‹ Rondeauform auch terminologisch abzusetzen.

Ronild, Peter [dän. 'ronil], * Kopenhagen 25. Sept. 1928, dän. Journalist, Schauspieler und Schriftsteller. – Vom frz. Nouveau roman inspiriert, schrieb er 1964 seinen bedeutendsten Roman ›Die Körper‹ (dt. 1971); experimentiert, oft in einer Mischung aus Realismus und Symbolismus, mit der Sprache und sucht neue kompositor. Möglichkeiten.
Weitere Werke: Fodring af slanger i vissent græs (Nov., 1966), Boksning for een person (Fsp., 1966), Tal sagte, månen sover (R., 1968), Fader min (Fsp., 1975), Hr. Bimmlers safari (Hsp., 1979).

Ronsard, Pierre de [frz. rõ'sa:r], * Schloß Possonnière bei Coutoure-sur-Loir 11. Sept. 1524 oder 1525, † Saint-Cosme-en-l'Isle bei Tours 27. Dez. 1585, frz. Dichter. – Sohn eines Hofbeamten von niederem Adel, wurde 1536 Page, mußte 1541 wegen hochgradiger Schwerhörigkeit den Hofdienst aufgeben; anschließend Studium der alten Sprachen als Schüler des Archäologen Lazare de Baïf (* um 1496, † 1547) und ab 1547 des Gräzisten Jean Dorat (* 1508, † 1588) am Collège de Coqueret in Paris. R. wurde bald der Mittelpunkt eines Freundeskreises (J. A. de Baïf, J. Du Bellay, R. Belleau, É. Jodelle, Pontus de Tyard, J. Dorat), der sich nach antikem Vorbild ↑Pléiade nannte und sich die Förderung der frz. Sprache und Dichtung (im Wettbewerb mit der lat., griech. und italien. Dichtung) sowie die Verdrängung der überkommenen mittelalterl. Dichtungsformen zugunsten antiker und italien. Gattungen zum Ziel setzte. R.s Hauptbedeutung liegt in seiner Lyrik. Er schrieb, zuerst dem Beispiel L. Alamannis folgend, in der Art Pindars, dann, nach Horaz und Anakreon als Vorbildern, Oden (›Les quatre premiers livres des odes‹, 1550; ›Le cinquième livre des odes‹, 1552, u. a.), den Sonettzyklus ›Les amours de Cassandre‹ (1552) im Geist F. Petrarcas, zwei ›Continuations des amours‹ (1555 und 1556), ›Les hymnes‹ (2 Bde., 1555/1556), satir. ›Discours‹ (1560–70; z. B. gegen die Hugenotten), ›Églogues‹ (1560–67), ›Sonnets pour Hélène‹ (1578, dt. und frz. 1923), ›Élégies‹ (1578–84) und zahlreiche Gelegenheitsgedichte für Hoffestlichkeiten. Sein Nationalepos ›La Franciade‹ (1572), mit dem er versuchte, ein Gegenstück zu den Werken Vergils und Homers zu schaffen, zugleich eine Huldigung an

Franz I., blieb mit vier Gesängen unvollendet. Zu Lebzeiten bes. als Hofdichter (1560–74) sehr geschätzt, dann durch Ph. Desportes aus der königl. und öffentl. Gunst verdrängt, zog R. sich auf seine Pfründen (1564 hatte er drei Abteien als Pfründen erhalten) zurück. Die Ausgabe letzter Hand seiner Werke (1586) erlebte bis 1630 sieben Auflagen, dann wurde seine Dichtung durch F. de Malherbes Verurteilung der Pléiade als altmodisch abgetan. Im 19. Jh. erlangte R. wieder Ansehen durch V. Hugo und Ch. A. Sainte-Beuve, die seine metr. Formenfülle und seine Inspiration schätzten.

Ausgaben: P. de R. Œuvres complètes. Hg. v. P. LAUMONIER u. a. Paris 1914–75. 20 Bde. in 25 Tl.-Bden. – P. R. Œuvres complètes. Hg. v. G. COHEN. Paris Neuaufl. 1972. 2 Bde. – P. de R. Œuvres complètes. Hg. v. G. DEMERSON. Paris 1984. 7 Bde.
Literatur: LAUMONIER, P.: R. poète lyrique. Étude historique et littéraire. Paris ²1923. Neudr. 1972. – SILVER, I.: R. and the Hellenistic Renaissance in France. Saint Louis (Mo.) u. Genf 1961–81. 2 Bde. – RAYMOND, M.: L'influence de R. sur la poésie française (1550–1585). Genf ²1965. 2 Bde. Nachdr. ebd. 1993. – KATZ, R. A.: R.'s French critics; 1585–1828. Genf 1966. – LEBÈGUE, R.: R., l'homme et l'œuvre. Paris ⁴1966. – NOLHAC, P. DE: R. et l'humanisme. Paris Neuausg. 1966. – STONE, D.: R.'s sonnet cycles. New Haven (Conn.) 1966. – DASSONVILLE, M.: R., étude historique et littéraire. Genf 1968–85. 4 Bde. – ARMSTRONG, E.: R. and the Age of Gold. London 1968. – GENDRE, A.: R., poète de la conquête amoureuse. Neuenburg 1970. – GORDON, A. L.: R. et la rhétorique. Genf 1970. – JONES, K. R. W.: P. de R. New York 1970. – MÉNAGER, D.: R., le roi, le poète et les hommes. Genf 1979. – BENSIMON, M.: Les amours de R. Paris 1981. – PY, A.: Imitation et Renaissance dans la poésie de R. Genf 1984. – RAYMOND, M.: Baroque et Renaissance poétique. Quelques aspects de la poésie de R. Paris 1985. – GADOFFRE, G.: R. Neuausg. Paris 1994.

Roquette, Otto [rɔ'kɛt], * Krotoschin (Posen) 19. April 1824, † Darmstadt 18. März 1896, dt. Schriftsteller. – 1862 Prof. für Literatur in Berlin, ab 1869 in Darmstadt. Sein Jugendwerk, die sentimentale lyrisch-ep. Dichtung ›Waldmeisters Brautfahrt‹ (1851), und sein ›Liederbuch‹ (1852, 1859 u. d. T. ›Gedichte‹) brachten ihm einen großen Publikumserfolg. Neben Romanen schrieb er eine ›Geschichte der dt. Literatur‹ (2 Bde., 1862/63).

Rosa, António Ramos [portugies. 'rrɔza], * Faro 17. Okt. 1924, portugies. Lyriker und Dichtungstheoretiker. – Vertreter der sog. ontolog. Dichtung, die in der Nachfolge von Romantik, Symbolismus und Surrealismus symbol. Strukturen im Sein sucht. Mittels Reflexivität, reduzierter Lexik und Paradoxien formuliert sie Erfahrungen an den Grenzen sprachl. Ausdrucksmöglichkeiten.

Werke: O grito claro (Ged., 1958), Voz inicial (Ged., 1960), Ocupação do espaço (Ged., 1963), A construção do corpo (Ged., 1969), Pedra nua (Ged., 1972), Círculo aberto (Ged., 1979), O incerto exacto (Ged., 1982), Matéria de amor (Ged., 1983), O livro da ignorância (Ged., 1988), Acordes (Ged., 1989), O não e o sim (Ged., 1990), A rosa esquerda (Ged., 1991).
Ausgabe: A. R. R. Obra poética. Coimbra 1989.

Rosa, João Guimarães, brasilian. Schriftsteller, ↑ Guimarães Rosa, João.

Rosa, Salvator[e], * Arenella bei Neapel 20. Juni 1615, † Rom 15. März 1673, italien. Maler und Dichter. – Folgte nach zwei Romaufenthalten 1640 einem Ruf an den Hof von Florenz, wo er nicht nur als Maler, sondern auch als Schöpfer von Dichtungen und Kompositionen sowie als deren Interpret zum Mittelpunkt eines mus. Kreises wurde. Als geschätzter Maler von Schlachtenbildern und Landschaften kehrte R. 1649 nach Rom zurück. Er machte sich auch mit sieben Satiren (hg. 1695) einen Namen, in denen er die Dichtungen des Marinismus verspottete und die Schwächen der Zeit anprangerte.

Ausgaben: S. R. Poesie e lettere. Hg. v. G. A. CESAREO. Neapel 1892. – S. R. Poesie e lettere inedite. Hg. v. U. LIMENTANI. Florenz 1950.
Literatur: SALERNO, L.: Salvator R. Florenz 1963. – S. R. pittore e poeta nel centenario della morte (1615–1673). Rom 1975.

Rosales Camacho, Luis [span. rrɔ'sales ka'matʃo], * Granada 31. Mai 1910, † Madrid 24. Okt. 1992, span. Lyriker und Kritiker. – Mitarbeiter von Zeitschriften (u. a. ›Cruz y Raya‹, ›Escorial‹) und Direktor der ›Cuadernos hispanoamericanos‹. Trat als Lyriker nach dem Span. Bürgerkrieg als Vertreter einer neoklassizist. Richtung hervor. Unter seinen frühen Gedichtsammlungen steht ›Abril‹ (1935) in der Tradition der Liebesdichtung Garcilaso de la Vegas, während ›Retablo sacro del nacimiento del

Señor‹ (1940) von mittelalterl. religiöser Lyrik beeinflußt ist. ›La casa encendida‹ (1949) und ›Rimas‹ (1951) zeigen die Tendenz zu autobiograph. Themen. Sein Interesse als Kritiker gilt der literar. Vergangenheit seines Landes (u. a. ›Cervantes y la libertad‹, Essays, 1960; ›Pasión y muerte del conde de Villamediana‹, Studie, 1964). 1982 wurde er mit dem Premio Miguel de Cervantes ausgezeichnet.

Weitere Werke: Diario de una resurrección (Ged., 1979), Un rostro en cada ola (Ged., 1982), Oigo el silencio universal del miedo (Ged., 1984).

Rosanow (tl.: Rozanov), Michail Grigorjewitsch [russ. 'rɔzɐnɐf], russ.-sowjet. Schriftsteller, ↑Ognjow, N[ikolai].

Rosanow (tl.: Rozanov), Wassili Wassiljewitsch [russ. 'rɔzɐnɐf], * Wetluga (Gebiet Nischni Nowgorod) 2. Mai 1856, † Sergijew Possad 5. Febr. 1919, russ. Religionsphilosoph, Publizist und Schriftsteller. – Arbeiten über Probleme der Ehe und des Familienlebens; Vertreter einer individuell-naturhaften Religion; Neigung zur Mystik, sah im Christentum eine traurige, dem Tod und dem Leben nach dem Tod zugewandte Religion; mit seinem Werk ›Dostojewski und seine Legende vom Großinquisitor‹ (1891, dt. 1924) bot R. die erste bed. Deutung F. M. Dostojewskis.

Weitere Werke: Uedinennoe (= Solitaria, Prosa, 1912), Opavšie list'ja (= Verwehte Blätter, Prosa, 2 Tle., 1913–15), Apokalipsis našego vremeni (= Die Apokalypse unserer Zeit, 10 Tle., 1917).

Ausgaben: V. V. Rozanov. Izbrannoe. Mchn. 1970. – Wassilij R. Solitaria. Dt. Übers. v. H. STAMMLER. Zü. 1985.

Literatur: CRONE, A. L.: Rozanov and the end of literature. Wzb. 1978. – PASCALUTA, O.: Rozanov's Solitaria. Diss. Toronto 1980.

Roschdestwenski (tl.: Roždestvenskij), Robert Iwanowitsch [russ. raʒ'dʲestvɪnskij], * Kossicha (Altaigebiet) 20. Juni 1932, † Moskau 20. Aug. 1994, russ. Lyriker. – Schrieb lyrisch-deklamator. Gedichte und Poeme; versuchte, die Versform W. W. Majakowskis weiterzuentwickeln.

Werke: Radius dejstvija (= Aktionsradius, Ged., 1965), 210 šagov (= 210 Schritte, Poem, 1979), Semidesjatye (= Die Siebziger, Versdichtung, 1980), Sem' poèm (= Sieben Gedichte, 1982), Èto vremja (= Das ist die Zeit, Ged., 1983), Druz'jam (= Den Freunden, Ged., 1986).

Ausgaben: R. Roshdestwenski [Ged.-Ausw.]. Dt. Übers. Mchn. 1981. – R. I. Roždestvenskij. Sobranie sočinenij. Moskau 1985. 3 Bde.

Literatur: UMLAUFT, W.: Das künstler. Schaffen R. I. Roždestvenskijs ... Diss. Dresden 1973 [Masch.].

Roschtschin (tl.: Roščin), Michail Michailowitsch [russ. 'rɔʃtʃin], * Kasan 10. Febr. 1933, russ. Schriftsteller. – Journalist; befaßt sich als Erzähler und (sehr erfolgreicher) Dramatiker mit den (heutigen) Fragen des Alltags.

Werke: Valentin und Valentine (Stück, 1971, dt. 1972), Reka (= Der Fluß, E., 1973), Ehepaar sucht Zimmer (Stück, 1975, dt. 1976), Vospominanie (= Erinnerung, E., 1977), Sed'moj podvig Gerakla (= Die siebente Heldentat des Herakles, Stück, 1987), Polosa (= Der Streifen, 3 Kurz-R.e und En., 1987), Na serom v jablokach kone (= Auf dem Apfelschimmel, En., 1988), Družina (= Gefolgschaft, Dr., 1989).

Ausgabe: M. M. Roščin. Izbrannoe. Moskau 1988.

Peter
Rosegger

Rosegger, Peter ['roːzɛgər, roˈzɛgɛr, 'rosɛgər], eigtl. P. Roßegger, Pseudonym P. K. (= Petri Kettenfeier), * Alpl (Steiermark) 31. Juli 1843, † Krieglach 26. Juni 1918, österr. Schriftsteller. – Aus ärml. bäuerl. Verhältnissen. Frühe Neigung zum Schreiben, Malen und Zeichnen. Schneiderlehre, durch Gönner geförderte Ausbildung an der Grazer Handelsakademie. Freundschaft mit L. Anzengruber, der ihn auch literarisch beeinflußte. Seine vielgelesenen Romane führen die Tradition der Dorfgeschichte weiter, wobei indes ein besonderer Gegensatz zwischen intakter bäuerl. Bergwelt und dämonisch anmutender Großstadt aufgebaut wird. Hierin spiegelt sich R.s eigene Entwurzelung, seine Zerrissenheit zwischen verlorener Kindheit, Waldheimat und fremd gebliebener Stadtwelt, welche er als sozial und moralisch verkümmernd erlebte; eine Situation, die R. allgemein auf die des modernen Menschen übertrug. Fortschrittszweifel prägen zunehmend sein Werk. Dieses umfaßt rund fünfzig Bände; zweifellos am bekanntesten sind seine Erinnerungen ›Waldheimat‹ (1877) sowie die autobiograph. Erzählungen ›Als ich noch der Waldbauernbub war‹ (3 Bde., 1902).

Weitere Werke: Zither und Hackbrett (Ged., 1870), Die Schriften des Waldschulmeisters (R., 1875), Der Gottsucher (R., 2 Bde., 1883), Jakob der Letzte (R., 1888).

Ausgaben: P. R. Ges. Werke. Lpz. Neuausg. 1922–24. 40 Bde. – P. R. Ausgew. Werke. Hg. v. K. Eigel. Wien 1964–65. 4 Bde.

Literatur: Latzke, R.: P. R. Köln 1943–53. 2 Bde. – Haslinger, F.: P. R. als Jünger Merkurs u. Apolls (1865–1869). Graz 1964. – Latzke, R.: P. R. als Literat. Graz 1972. – Rossbacher, K.: Heimatkunstbewegung u. Heimatroman. Stg. 1975. – Kraus-Müller, U./Schuller, A. L.: P. R. Werkkat. u. Bibliogr. zur Gedächtnisausstellung. Graz 1983. – P. R. 1843–1918. Hg. v. G. Schöpfer. Ausst.-Kat. Graz 1993. 2 Tle. – P. R. u. die Waldheimat. Bearb. v. G. Schöpfer u. a. Graz 1993. – Philippoff, E.: P. R. Dichter der verlorenen Schule. Eine Biogr. Graz u. a. 1993. – Zitzenbacher, W.: P. R. Graz ³1993.

Rosei, Peter, * Wien 17. Juni 1946, österr. Schriftsteller. – Studium der Rechte; u. a. 1969–71 Sekretär des Malers Ernst Fuchs, seit 1972 freier Schriftsteller, lebt in Wien. In seiner in einer äußerst sachl. und präzisen Sprache gehaltenen Prosa zeigt R. Ausschnitte von Abläufen ohne Anfang und Ende, in denen sich Wirklichkeit, Erinnerung und Traum vermischen; sein ganzes bisheriges Werk kann als immer wieder aufgenommener Versuch einer umfassenden Weltbeschreibung gedeutet werden. Verfaßte auch Hörspiele, Gedichte und Essays.

Werke: Landstriche (En., 1972), Klotz spricht mit seinem Anwalt (Hsp., Ursendung 1973), Wege (En., 1974), Entwurf für eine Welt ohne Menschen. Entwurf für eine Reise ohne Ziel (Prosa, 1975), Der Fluß der Gedanken durch den Kopf. Logbücher (1976), Wer war Edgar Allan? (R., 1977), Von hier nach dort (R., 1978), Regentagstheorie (Ged., 1979), Die Milchstraße (R., 1981), Reise ohne Ende. Aufzeichnungsbücher (1982), Versuch, die Natur zu kritisieren (Essays, 1982), Komödie (E., 1984), 15 000 Seelen (R., 1985), Der Aufstand (E., 1987), Rebus (R., 1990), Der Mann, der sterben wollte, samt einer Geschichte von früher (1991), Fliegende Pfeile (Reiseaufzeichnungen, 1993).

Peter Rosei

Rosen, Erwin, eigtl. E. Carlé, * Karlsruhe 7. Juni 1876, † Hamburg 21. Febr. 1923, dt. Schriftsteller. – Sein an Abenteuern und Reisen reiches Leben verarbeitete R. in zahlreichen spannenden und vielgelesenen Erzählungen und Memoirenbänden.

Werke: In der Fremdenlegion (Erinnerungen, 1909), Der König der Vagabunden (En., 1910), Der dt. Lausbub in Amerika (Erinnerungen, 3 Bde., 1911–13), Yankeegeschichten (En., 1912), Cafard (Dr., 1914), Teufel Geld (Erinnerungen, 1920).

Rosenberg, Isaac [engl. ˈroʊzənbəːg], * Bristol 25. Nov. 1890, ✕ in Frankreich 19. April 1918, engl. Lyriker und Dramatiker. – Studierte während seiner Kupferstecherlehre an Kunstschulen; 1914/15 wegen eines Lungenleidens in Südafrika; diente nach seiner Rückkehr in der Armee. Schrieb bildreiche, kraftvolle und dichte Lyrik; bekannt wurden v. a. seine realistisch auf das Kriegserlebnis reagierenden Gedichte aus dem 1. Weltkrieg.

Werke: Night and day (Ged., 1912), Youth (Ged., 1915), Moses (Dr., 1916).

Ausgabe: I. R. The collected poems. Hg. v. G. Bottomly u. D. W. Harding. London ²1974. – The collected works of I. R. Hg. v. I. Parsons. London 1979.

Literatur: Liddiard, J.: I. R. London 1975. – Cohen, J.: Journey to the trenches. The life of I. R. London 1975.

Rosenblut, Hans, spätmittelalterl. dt. Dichter, † Rosenplüt, Hans.

Rosendahl, Sven Viktor [schwed. ‚ru:sənda:l], * Stocksund 7. April 1913, † Stockholm 8. Sept. 1990, schwed. Schriftsteller. – In R.s Werk nehmen Naturbeobachtungen und -schilderungen, zumeist über die värmländ. und norbottn. Landschaft, eine zentrale Stellung ein. Thematisch kreisen seine Novellen und Romane um Fragen wie Schuld und Gnade oder übersinnl. Dinge, wobei die Handlung bisweilen in histor. Zeiten verlegt wird.

Werke: Skogarnas åbor (Naturbuch, 1932), Vårsådd (R., 1937), Fjäril (Naturbuch, 1945), Frid på jorden (Nov., 1945), Gud fader och tattaren (R., 1951), Varulven (R., 1954), Lövhyddorna (R., 1959), Den femtonde hövdingen (R., 1964), Lämlarna (R., 1970), Den stora wännerna (Nov., 1973), Jordens fägring (R., 1978), Det outtömliga (R., 1983).

Rosendorfer, Herbert, * Bozen 19. Febr. 1934, dt. Schriftsteller. – Jurist, seit 1968 Richter am Amtsgericht in München. Verfasser von skurrilen Romanen, Erzählungen und Dramen vielfältigster Thematik, die sich durch Humor und Lust am Fabulieren auszeichnen. R. schreibt außerdem Fernsehdrehbücher sowie Hörspiele.

Werke: Der Ruinenbaumeister (R., 1969), Scheiblgrieß (Stück, 1970), Dt. Suite (R., 1972), Großes Solo für Anton (R., 1976), Stephanie und das vorige Leben (R., 1977), Der Prinz von Homburg ... (Biogr., 1978), Eichkatzelried. Geschichten aus Kindheit und Jugend (1979), Ballmanns Leiden oder Lehrbuch für Konkursrecht (R., 1981), Der Traum des Intendanten. Gedanken zur Musik (1984), Die Frau seines Lebens (En., 1985), Herkulesbad (E., 1985), Oh Tyrol oder Der letzte auf der Säule (Monolog, 1985), Das Gespenst der Krokodile und über das Küssen der Erde (En.), Die Nacht der Amazonen (R., 1989), Die goldenen Heiligen oder Columbus entdeckt Europa (R., 1992), Die Erfindung des SommerWinters. Neue Erzählungen, Gedichte, Glossen und Aufsätze (1994), Ein Liebhaber ungerader Zahlen. Eine Zeitspanne (1994).

Rosenfeld, Morris, eigtl. Mosche Jakob Alter, * Boksze (Polen) 28. Dez. 1862, † New York 22. Juni 1923, jidd. Schriftsteller. – Kam 1886 nach New York und begann, seine Erfahrungen als Arbeiter in Gedichten mit proletar. und jüdischnat. Grundton zu verarbeiten, wodurch er zu einem Pionier der jidd. Lit. in den USA wurde. Sein ›Lider-buch‹ (1897) erschien 1898 in engl., 1903 auch in dt.

Übersetzung (›Lieder des Ghetto‹) und machte R. international bekannt. Er verfaßte u. a. eine Biographie H. Heines.

Ausgaben: M. R. Schriften. New York 1910. 6 Bde. – Gewehlte schriften fun M. R. New York 1912. 3 Bde. – M. R. Dos buch fun libe. New York 1914.
Literatur: GOLDENTHAL, L.: Toil and triumph, a novel based on the life of M. R. New York 1960. – BEST, O. F.: Mameloschen. Ffm. 1973. S. 310. – DINSE, H./LIPTZIN, S.: Einf. in die jidd. Lit. Stg. 1978. S. 124.

Rosengarten (Der große R., Der R. zu Worms), anonymes, in Österreich Mitte des 13. Jh. entstandenes mhd. Heldenepos im Hildebrandston, das Dietrichepik und ›Nibelungenlied‹ verbindet. Kriemhild lädt Dietrich von Bern mit elf Mannen zum Kampf, um die Stärke ihres Geliebten Siegfried und seiner Recken zu prüfen. Bei allen zwölf Kämpfen unterliegen die Wormser, zuletzt Siegfried dem Dietrich. Das Motiv des R.s übernahm der belesene Dichter aus dem ↑ ›Laurin‹, das der Zwölfkämpfe aus der ↑ ›Virginal‹. Die Beliebtheit des Stoffes (sechsmal gedr., u. a. im ›Straßburger Heldenbuch‹) bezeugen fünf stark divergierende Fassungen, die sich auf verschiedene dt. Sprachgebiete verteilen, sowie Schauspiele seit dem 15. Jahrhundert. Episoden gingen in ↑ ›Biterolf und Dietleib‹ sowie in die nord. ›Þiðreksaga‹ ein; Fragmente einer niederdt. und tschech. Bearbeitung zeugen von weiter Verbreitung.
Literatur: HEINZLE, J.: Mhd. Dietrichepik. Zü. u. Mchn. 1978.

Rosengarten, Der kleine, mhd. Heldenepos, ↑ Laurin.

Rosenplüt (Rosenblut), Hans [...ply:t], genannt der Schnepperer, * Nürnberg (?) zwischen 1400 und 1405, † ebd. nach 1460, spätmittelalterl. dt. Dichter. – Lebte meist in Nürnberg, ab 1444 als Büchsenmacher der Stadt. Sein Werk besteht aus Reimpaargedichten, teils monolog. (Sprüche), teils dialog. Form (Fastnachtspiele). Häufig verwendet er die Spruchform des Priamel. Unter den Sprüchen gibt es neben Erzählungen, historisch-polit. und didakt. Sprüchen zahlreiche komisch-volkstüml. Reden und Lieder. Mit seinen etwa 30 Fastnachtspielen, die stark auf zotige Komik angelegt sind, ist R. zusammen mit

H. Folz der bedeutendste Vertreter der Nürnberger Tradition des 15. Jh.; als einer der ersten stadtbürgerl. Handwerkerdichter geht er konform mit den Wertvorstellungen des Bürgertums.

Literatur: Die dt. Märendichtung des 15. Jh. Hg. v. H. FISCHER. Mchn. 1966. – REICHEL, J.: Handwerk u. Arbeit im literar. Werk des Nürnbergers H. R. In: Dt. Handwerk in Spät-MA u. Früher Neuzeit. Hg. v. R. S. ELKAR. Gött. 1983. – KIEPE, H.: Die Nürnberger Priameldichtung. Unterss. zu H. R. u. zum Schreib- u. Druckwesen im 15. Jh. Mchn. 1984.

Rosenroman (Roman[z] de la Rose), altfrz. Versroman des 13. Jh.; besteht aus 22 068 achtsilbigen Versen und zerfällt in zwei Teile: den ersten, 4068 Verse zählenden Teil verfaßte zwischen 1230 und 1240 **Guillaume de Lorris** (* Lorris-en-Gâtinais zw. 1200 und 1210, † nach 1240), den zweiten zwischen 1275 und 1280 **Jean de Meung**, auch Jehan Clopinel (Chopinel) de Meun[g] (* Meung-sur-Loire um 1240, † um 1305) genannt. Der Roman, eines der bedeutendsten Werke des MA, ist eine Art allegorisch-moralisierende ›Ars amandi‹: Er schildert in Anlehnung an die höf. Dichtung mit den mittelalterl. Stilmitteln der Traumallegorie die Suche nach einer Rose als Symbol für den Gegenstand der Liebe; während im ersten Teil das poet. Element überwiegt, trägt der zweite den Stempel des gebildeten Gesellschaftskritikers und skept. Satirikers Jean de Meung, der seiner Zeit und den folgenden Jahrhunderten als einer der größten Dichter seit dem Altertum galt; über 200 Handschriften (gedr. um 1480, dt. 1839 u. d. T. ›Das Gedicht von der Rose‹).

Ausgaben: Guillaume de Lorris/Jean de Meung: Le roman de la rose. Hg. v. E. LANGLOIS. Paris 1914–24. 5 Bde. – GUILLAUME DE LORRIS: Der R. Dt. Übers. Eingel. v. G. INEICHEN. Bln. ²1967. – Der R. Dt. Übers. v. K. A. OTT. Mchn. 1976–79. 3 Bde. – Le roman de la rose. Hg. v. F. LECOY. Paris 1982. 3 Bde.
Literatur: GUNN, A. M. F.: The mirror of love. A reinterpretation of ›The romance of the rose‹. Lubbock (Tex.) ²1952. – FLEMING, J. V.: The roman de la rose. A study in allegory and iconography. Princeton (N.J.) 1969. – POTANSKY, P.: Der Streit um den R. Mchn. 1972. – OTT, K. A.: Der R. Darmst. 1980. – Études sur le roman de la rose de Guillaume de Lorris. Hg. v. J. DUFOURNET. Genf 1984. – STRUBEL, A.: Guillaume de Lorris, Jean de Meun: Le roman de la rose. Paris 1984.

Rosmer, Ernst, eigtl. Elsa Bernstein, geb. Porges, * Wien 28. Okt. 1866, † Hamburg 12. Juli 1949, österr. Dramatikerin. – War Schauspielerin; 1933–45 inhaftiert, zuletzt im KZ Theresienstadt. Schrieb Dramen im Stil des Naturalismus; auch Lyrikerin und Erzählerin.

Werke: Wir drei (Dr., 1893), Königskinder (Märchenspiel, 1895), Themistokles (Trag., 1897), Nausikaa (Trag., 1906), Maria Arndt (Schsp., 1908), Achill (Trag., 1910).

Rosny, Joseph Henri [frz. ro'ni], Pseudonym der Brüder Joseph Henri Boex, auch J. H. Rosny d. Ä. genannt, * Brüssel 17. Febr. 1856, † Paris 15. Febr. 1940, und Séraphin Justin Boex, auch J. H. Rosny d. J. genannt, * Brüssel 21. Juli 1859, † Ploubazlanec (Côtes-du-Nord) 14. Juni 1948, frz. Schriftsteller. – Aus dem Kreis der zehn ersten Mitglieder der Académie Goncourt; schrieben 1886–1909 gemeinsam naturalist. Romane (u. a. ›Les Xipéhuz‹, 1887; ›Le bilatéral‹, 1887; ›Daniel Valgraive‹, 1891), die dem Naturalismus der Brüder Goncourt näherstanden als dem É. Zolas, von dem sie sich schon 1887 mit dem von ihnen mitverfaßten ›Manifeste des cinq‹ abwandten.

Rosow (tl.: Rozov), Wiktor Sergejewitsch [russ. 'rɔzɐf], * Jaroslawl 21. Aug. 1913, russ. Dramatiker. – Gestaltet in seinen Dramen v. a. die Konflikte und Probleme junger Menschen. Sein Schauspiel ›Die ewig Lebenden‹ (1956, dt. 1959) liegt dem Film ›Wenn die Kraniche ziehen‹ (1957) zugrunde.

Weitere Werke: Hals- und Beinbruch! (Schsp., 1955, dt. 1960), Auf der Suche nach Freude (Kom., 1957, dt. 1959), Unterwegs (Stück, UA 1962, dt. 1965), Am Tage der Hochzeit (Schsp., 1964, dt. 1965), Der Kulturleiter (Stück, 1966, dt. 1977), Das Nest des Auerhahns (Stück, 1979, dt. 1979), Chozjain (= Der Hausherr, Stück, 1982), Kabančik (= Der kleine Keiler, Dr., UA 1986), Doma (= Zu Hause, Dr., 1989), Skrytaja pružina (= Die verborgene Feder, Kom., 1989). **Ausgaben:** W. S. R. Stücke. Dt. Übers. Bln. 1982. – V. S. Rozov. Izbrannoe. Moskau 1983. **Literatur:** MEISTER, I.: Die Entwicklung der dramat. Technik v. V. Rozov. Diss. Bonn 1965. – Sowjet. Bühnenautoren. Hg. v. I. NOWIKOWA. Hamb. 1979.

Ross, Martin [engl. rɔs], Pseudonym für Violet Florence Martin, * Ross (Galway) 11. Juni 1865, † Cork 21. Dez. 1915, ir. Schriftstellerin. – Schrieb gemeinsam mit ihrer Kusine Edith Anna Oenone ↑Somerville Romane und Erzählungen.

Ross, Sinclair [engl. rɔs], * Shellbrook (bei Prince Albert, Saskatchewan) 22. Jan. 1908, kanad. Schriftsteller. – Unter seinen vier Romanen ragt ›As for me and my house‹ (1941) heraus, ein als Tagebuch einer Pastorenfrau angelegter Roman, der ein realist. Bild wirtschaftl. Depression und geistiger Enge in einer Kleinstadt des kanad. Westens darbietet, aber in seiner Vieldeutigkeit auch auf die erzähler. Moderne verweist, deren Einfluß (M. Proust, C. Mauriac) in dem Roman ›Sawbones memorial‹ (1974) deutlich wird.

Weitere Werke: The well (R., 1958), The lamp at noon and other stories (En., 1968), Whir of gold (R., 1970).
Literatur: CHAMBERS, R. D.: S. R. and Ernest Buckley. Vancouver 1975. – McMULLEN, L.: S. R. Boston (Mass.) 1979.

Rossetti, Christina Georgina [engl. rɔ'sɛti], Pseudonym Ellen Allayne (Alleyn[e]), * London 5. Dez. 1830, †ebd. 29. Dez. 1894, engl. Lyrikerin italien. Herkunft. – Schwester von Dante Gabriel R.; schrieb zarte, gedankentiefe religiöse Lyrik und formvollendete Sonette; im Sonettzyklus ›Monna Innominata‹ (in: ›A pageant and other poems‹, 1881) gibt sie eigene entsagungsvolle Liebeserlebnisse verhalten wieder; auch Verfasserin von melanchol. märchenhaften Verserzählungen (u. a. ›Goblin Market‹, 1862) und Kinderversen (›Singsong‹, 1872).

Weitere Werke: Time flies (Ged., 1885), The face of the deep. A devotional commentary on the Apocalypse (Ged., 1892), New poems (hg. 1896).
Ausgabe: The complete poems of Ch. R. Hg. v. W. R. CRUMP. Baton Rouge (La.) 1979–90. 3 Bde.
Literatur: BELLAS, R. A.: Ch. R. Boston (Mass.) 1977. – BATTISCOMBE, G.: Ch. R. A divided life. London 1981. – JONES, K.: Learning not to be the first. The life of Ch. R. Oxford 1992. – MARSH, J.: Ch. R. London 1994.

Rossetti, Dante Gabriel [engl. rɔ'sɛti], eigtl. Gabriel Charles Dante R., * London 12. Mai 1828, †Birchington-on-Sea (Kent) 9. April 1882, engl. Dichter und Maler italien. Herkunft. – Sohn von Gabriele R.; studierte Kunst; Mitbegründer der sich gegen die viktorian. Kunstschu-

len wendenden Bruderschaft der Präraffaeliten, deren Verknüpfung von detailgetreuem Realismus und artifizieller Symbolik sein maler. Werk bis etwa 1860 bestimmt (u. a. ›Ecce Ancilla Domini‹, 1850; ›Paolo und Francesca‹, 1854; ›Die Hochzeit des hl. Georg mit der Prinzessin Sabra‹, 1857; alle London, Tate Gallery). Später befaßte er sich v. a. mit Frauenhalbfigurenbildern (u. a. ›Der Tagtraum‹, 1880; London, Victoria and Albert Museum). Sein kunstkrit. und poet. Schaffen steht mit seiner Malerei in enger Wechselbeziehung. Die Bedeutung Dantes und seiner Zeitgenossen für R. zeigt sich in Zeichnungen nach der ›Divina Commedia‹ ebenso wie in Übersetzungen aus dem Dantekreis oder in seiner eigenständigen Lyrik, in der sich ausgeprägtes Formbewußtsein und sinnlichkeitsbeladener Schönheitskult verbinden. Beispielhaft für R.s poet. Schaffen sind die Sonettfolge ›Das Haus des Lebens‹ (1870, dt. 1900), eine Klage über den Tod seiner Frau, sowie die Sammlung ›Ballads und sonnets‹ (1881). R.s bedeutendste Prosaschrift ist das Künstlerbekenntnis ›Hand und soul‹ (1850). Auch war er maßgeblich an der Konzeption der Zeitschrift der Präraffaeliten, ›The germ‹ (1850), beteiligt. Seine Neigung zu einem phantasievollen Ästhetizismus beeinflußte W. H. Pater und O. Wilde.

Ausgaben: The works of D. G. R. Hg. v. W. M. ROSSETTI. London 1911. Nachdr. Hildesheim u. New York 1972. – The letters of D. G. R. Hg. v. O. DOUGHTY u. J. R. WAHL. Oxford 1965–67. 4 Bde.
Literatur: COOPER, R. M.: Lost on both sides. D. G. R., critic and poet. Athens (Ohio) 1970. – DOBBS, B./DOBBS, J.: D. G. R. An alien Victorian. London 1977. – WEINTRAUB, S.: Four R.'s. A victorian biography. New York 1977. – REES, J.: The poetry of D. G. R. Cambridge 1981. – RIEDE, D. G.: D. G. R. and the limits of Victorian vision. Ithaca (N. Y.) 1983. – ↑auch Präraffaeliten.

Rossetti, Gabriele, * Vasto (Chieti) 28. Febr. 1783, †London 24. April 1854, italien. Dichter. – Vater von Dante Gabriel R. und Christina Georgina R.; war zunächst Maler und Konservator am königl. Museum in Neapel, ging nach der Revolution von 1820, die er in einer volkstüml. Hymne besang, nach Malta

und wurde 1831 Prof. für italien. Literatur in London. Schrieb u.a. einen bed. ›Commento analitico della Divina Commedia‹ (2 Bde., 1826/27), die Abhandlungen ›Il mistero dell'amor platonico svelato‹ (5 Bde., 1840), ›Ragionamenti sulla Beatrice di Dante‹ (1842) sowie patriot. und religiöse Lyrik.
Ausgaben: G. R. Le poesie. Hg. v. G. CARDUCCI. Florenz ²1879. – Opere inedite e rare di G. R. Hg. v. D. CIAMPOLI. Vasto 1929–31. 3 Bde.
Literatur: BENELLI, Z.: G. R. Notizie biografiche e bibliografiche. Raccolte e ordinate. Florenz 1898. Nachdr. Avezzano 1982. – WALLER, R. D.: The R. family, 1824–1854. Manchester 1932. – STICCO, M.: Gli studi danteschi di G. R. Mailand 1940. – GIANNANTONIO, P.: Bibliografia di G. R., 1806–1958. Florenz 1959. – HOWARD, R. R.: The dark glass. Vision and technique in the poetry of G. R. Athens (Ohio) 1972.

Rößler, Carl, eigtl. C. Reßner, * Wien 25. Mai 1864, † London 16. Febr. 1948, österr. Schriftsteller. – Lebte als Schauspieler in Berlin, seit 1908 als Schriftsteller in München; 1938 emigrierte er nach England. Er schrieb z.T. recht erfolgreiche Lustspiele, später auch Romane.
Werke: Der Feldherrnhügel (Lsp., 1910; mit A. Roda Roda), Die fünf Frankfurter (Lsp., 1912), Der hl. Crispin (Lsp., 1924), Die drei Niemandskinder (R., 1926).

Rosso di San Secondo, Pier Luigi Maria, eigtl. Pietro Maria Rosso, * Caltanissetta 30. Nov. 1887, † Camaiore-Lido di Camaiore e Fossa Abate 22. Nov. 1956, italien. Schriftsteller. – Bed. Dramatiker in der Nachfolge L. Pirandellos. Formulierte seine Auflehnung gegen bürgerl. Konventionen und den Alltag bitter-ironisch oder in grotesker Verzerrung der Wirklichkeit, u.a. in den erfolgreichen Komödien ›Marionetten, welche Leidenschaft!‹ (1918, dt. 1925) und ›Die Dorfhure‹ (UA 1919, gedr. 1923, dt. 1919), der Dramatisierung eines Volksmärchens. Schrieb auch Romane und Novellen.
Weitere Werke: Elegie a Maryke (Nov.n, 1914), La fuga (R., 1917), La festa delle rose (R., 1920), Primavera (Dr., 1920), L'ospite desiderata (Dr., 1921), La danza in un piede (Dr., 1922), Staubregen (Nov.n, dt. Ausw. 1925), L'avventura terrestre (Dr., 1925), Una cosa di carne (Dr., 1925), Lo spirito della morte (Dr., 1931), Il ratto di Proserpina (Dr., 1954).
Literatur: CALENDOLI, G.: Il teatro di R. di S. S. Rom ²1957. – FERRANTE, L.: R. di S. S. Bologna 1959. – La critica e P. M. R. di S. S. Hg. v. P. D.

GIOVANELLI. Bologna 1977. – BARSOTTI, A.: P. M. R. di S. S. Florenz 1978. – LEGAMI, F. DI, u.a.: P. M. R. di S. S. La figura e l'opera. Marina di Piatti 1988.

Rost, Johann Christoph, * Leipzig 7. April 1717, † Dresden 19. Juli 1765, dt. Dichter. – War Redakteur in Berlin, Sekretär und Bibliothekar des Grafen von Brühl, schließlich Obersteuersekretär in Dresden. Ursprünglich J. Ch. Gottsched nahestehend, später dessen erbitterter Gegner, den er in den Satiren ›Das Vorspiel‹ (1743) und ›Der Teufel‹ (1753) verspottete, indem er den von Caroline Neuber hervorgerufenen Theaterskandal (Verhöhnung Gottscheds auf der Bühne) verherrlichte. Verfaßte auch Schäfererzählungen, die wegen der frivolen Inhalte damals häufig Anstoß erregten.
Weitere Werke: Schäfererzählungen (1742), Vermischte Gedichte (hg. 1769), Nuditäten (2 Bde., hg. 1797).
Literatur: WAHL, G.: J. Ch. R. Lpz. 1902. – KORMANN, H.: J. Ch. R. Diss. Erlangen 1965.

Rostand, Edmond [Eugène Alexis] [frz. rɔs'tã], * Marseille 1. April 1868, † Paris 2. Dez. 1918, frz. Dramatiker. – Studierte in Paris und begann seine literar. Karriere mit wenig erfolgreichen Gedichten; erst das neuromant. Versdrama ›Cyrano von Bergerac‹ (1897, dt. 1898) brachte ihm internat. Anerkennung; weitere Dramen zeigen Versgewandtheit und geschickte Dramaturgie; sie entstanden nach z.T. durch Krankheit erzwungenen Pausen; nach dem Mißerfolg des satir. Dramas ›Chantecler‹ (1910) zog sich R. von der Bühne zurück. Seit 1901 war er Mitglied der Académie française.
Weitere Werke: Die Romantischen (Dr., 1894, dt. 1896), Die Prinzessin im Morgenland (Dr., 1895, dt. 1905), Das Weib von Samaria (Dr., 1897, dt. 1899), Der junge Aar (Dr., 1900, dt. 1925), La dernière nuit de Don Juan (Dr., hg. 1921).
Ausgabe: E. R. Œuvres complètes illustrées. Paris 1910–25. 6 Bde.
Literatur: RIPERT, E.: R., sa vie, son œuvre. Paris 1968. – TRIAUD, A.: E. R., 1868–1918. Cambo-les-Bains 1976. – LLOYD, S. M.: E. R.'s success: ›Cyrano de Bergerac‹. Diss. University of East Anglia 1977. – DELLA FAZIA AMOIA, A.: R. Boston (Mass.) 1978.

Roswitha von Gandersheim, dt. Dichterin, † Hrotsvit von Gandersheim.

Roswitha-Gedenkmedaille, seit 1973 von der Stadt Bad Gandersheim verliehener, mit 10 000 DM dotierter Literaturpreis, der in Erinnerung an Hrotsvit von Gandersheim ausschließlich an Frauen verliehen wird. Bisherige Preisträgerinnen: M. L. Kaschnitz (1973), H. Domin (1974), I. Aichinger (1975), E. Borchers (1976), D. Nick (1977), E. Jelinek (1978), L. Rinser (1979), R. Ausländer (1980), H. Spiel (1981), F. Mayröcker (1982), S. Kirsch (1983), G. Schoon (1984), I. Morgner (1985), U. Hahn (1986), I. Korschunow (1987), G. Reinshagen (1988), H. M. Novak (1989), Herta Müller (1990), H. Königsdorf (1992), Ch. Reinig (1993), M. Maron (1994); 1991 wurde der Preis nicht vergeben.

Eugen Roth

Roth (Rot), Dieter (Diter), * Hannover 21. April 1930, schweizer. Schriftsteller, Maler, Graphiker und Musiker. – Macht Bücher, Zeitschriften, Kataloge, Plakate, Schallplatten, Filme, Videoaufzeichnungen, Graphik, Objekte und Formulare. Bringt in iron. Weise künstler. Mittel und Materialien ins Spiel; eine der Wurzeln seiner Kunst ist Zeitkritik (Überfülle an Informationen, ideolog. Verbrämungen).
Ausgabe: D. Rot. Ges. Werke. Stg. u. a. 1970 ff.
Literatur: D. R. Katalog zur Ausstellung Zwei-Drei-Vier-Dimensionales. Bonn 1983.

Roth, Eugen, * München 24. Jan. 1895, † ebd. 28. April 1976, dt. Schriftsteller. – Bis 1933 Redakteur, nach 1933 freier Schriftsteller in München. Nach wenig erfolgreichen, z. T. expressionist. Anfängen wurde er überaus populär durch die heiter-besinnl. Gedichte der Sammlungen ›Ein Mensch‹ (1935), ›Mensch und Unmensch‹ (1948), ›Der letzte Mensch‹ (1964). Mit melanchol. Witz und ironisch-skept. Distanz werden menschl. Unzulänglichkeiten und kleine Dinge des Lebens sprachlich virtuos karikiert. Schrieb auch Essays, Erzählungen und Kinderbücher.
Weitere Werke: Die Dinge, die unendlich uns umkreisen (Ged., 1918), Der Ruf (Ged., 1923), Die Frau in der Weltgeschichte (Ged., 1936), Der Weg übers Gebirg (E., 1941), Abenteuer in Banz (Nov., 1943), Eugen R.s Tierleben (Ged., 2 Bde., 1948/49), Sammelsurium (Prosa, 1955), Unter Brüdern (En., 1958), Neue Rezepte vom Wunderdoktor (Ged., 1959), Lebenslauf in Anekdoten (1962), Ins Schwarze (Ged., 1968), Erinnerungen eines Vergeßlichen (En., 1972), Alltag und Abenteuer (En., 1974).

Ausgaben: E. R. Sämtl. Werke. Mchn. 1977. 8 Bde. – Das große E. R. Buch. Mchn. ²1985. **Literatur:** FLÜGEL, R.: E. R. Mchn. u. Köln 1957. – SCHÜTTE, M.: Facetten des ›Menschen‹. Studien zur Biogr. u. zum Erzählwerk E. R.s. Münster u. a. 1993.

Roth, Friederike, * Sindelfingen 6. April 1948, dt. Schriftstellerin. – Studierte Philosophie und Linguistik; lebt in Stuttgart. Verfasserin von Gedichten, Erzählungen, Hörspielen, Theaterstücken, Prosatexten und Essays. Bekannt wurde R. durch ihre Erzählung ›Ordnungsträume‹ (1979), in der sie versucht, Träume, Gedanken und Betrachtungen der unterschiedlichsten Art zu einem Ganzen zusammenzufügen. Sie erhielt 1983 den Ingeborg-Bachmann-Preis, 1984 den Hörspielpreis der Kriegsblinden.
Weitere Werke: minimal-erzählungen (1970), Tollkirschenhochzeit (Ged., 1978), Schieres Glück (Ged., 1980), Ritt auf die Wartburg (Stück, 1981), Das Buch des Lebens. Ein Plagiat (3 Bde., 1983–93), Krötenbrunnen (Stück, 1984), Das Ganze ein Stück (Stück, 1986), Schattige Gärten (Ged., 1987).

Roth, Gerhard, * Graz 24. Juni 1942, österr. Schriftsteller. – Nach einem Medizinstudium Organisationsleiter im Rechenzentrum Graz, seit 1978 freier Schriftsteller. Schrieb anfangs vorrangig experimentelle, tradierte literar. Muster auflösende, teils parodierende Prosawerke. Einige seiner frühen Arbeiten (Prosa, Kurzromane und Stücke) erschienen zusammengefaßt 1979 u. d. T. ›Menschen, Bilder, Marionetten‹, darin u. a. ›die autobiographie des albert einstein‹ (1972) sowie ›Der Ausbruch des ersten Weltkriegs u. a. Romane‹ (1972). Die

Gattungen des Entwicklungs- und des Kriminalromans verbindet R. in den in Nordamerika spielenden Romanen ›Der große Horizont‹ (1974) und ›Ein neuer Morgen‹ (1976). 1984 erschien der umfangreiche Roman ›Landläufiger Tod‹, dem eine ›Dorfchronik zum Landläufigen Tod‹ zur Seite steht, wo das ep. Geschehen des Romans noch einmal auf einen einzigen Tag konzentriert ist. Reflektiert wird das Leben auf dem Lande, das jedoch keineswegs idyllisch, sondern bedrohend und bedroht zugleich ist; eine Welt, in der Angst, Abhängigkeiten und Todessehnsucht aus Verzweiflung dominieren. Mehrere seiner Bücher sind von G. Brus illustriert, mit dem R. auch bei der Realisierung des Theaterstücks ›Erinnerungen an die Menschheit‹ (1985) zusammenarbeitete.

Gerhard Roth

Weitere Werke: Herr Mantel und Herr Hemd (Kinderb., 1974), Winterreise (R., 1978), Der stille Ozean (R., 1980), Das Töten des Bussards (Dichtung, 1982), Am Abgrund (R., 1986), Der Untersuchungsrichter (R., 1988), Im tiefen Österreich (R., 1990), Die Geschichte der Dunkelheit. Ein Bericht (1991), Eine Reise in das Innere von Wien (1991).

Roth, Henry [engl. rɔθ], * Tysmenica (Galizien) 8. Febr. 1906, amerikan. Schriftsteller. – Lebte ab 1908 in New York; sein Ruhm beruht auf dem 1934 veröffentlichten, aber erst bei der Wiederveröffentlichung 1960 bekannt gewordenen Roman ›Nenne es Schlaf‹ (dt. 1970), in dem er autobiographisch aus der Sicht des Kindes David Schearl das Leben im jüd. Einwandererviertel im Südosten Manhattans zeigt und die im Kind sich austragenden ödipalen Span-

nungen darstellt. Weitere Romanwerke blieben unvollendet oder wurden nicht veröffentlicht. ›Nature's first green‹ (1979) ist ein Memoirenband; 1987 erschien ›Shifting landscape. A composite, 1925–1987‹ (En. und Essays), 1994 der 1. Bd. (›A star shines over Mt. Morris Park‹) einer auf 6 Tle. angelegten Autobiographie.

Literatur: LYONS, B.: H. R. New York 1976. – HOWE, I.: World of our fathers. New York 1983.

Roth, Joseph, * Brody (Gebiet Lemberg) 2. Sept. 1894, † Paris 27. Mai 1939, österr. Schriftsteller. – Studierte Germanistik, war Freiwilliger im 1. Weltkrieg, jedoch kein Fronteinsatz. Veröffentlichte während des Krieges erste feuilletonist. Arbeiten. Nach dem Krieg war er für verschiedene Zeitungen in Wien, Prag und Berlin tätig, bekam schließlich eine Stelle bei der ›Frankfurter Zeitung‹, in deren Auftrag er Reisen nach Frankreich, in die UdSSR, nach Polen und Albanien machte. Emigrierte 1933, lebte zuletzt in Paris, wo er in einem Armenhospital starb. R. gehört zu den bed. Vertretern der Neuen Sachlichkeit in der deutschsprachigen Literatur. Seine ersten Romane, die er ›Berichte‹ nannte, sind von sozialist. Engagement geprägt (›Das Spinnennetz‹, 1923; ›Hotel Savoy‹, 1924), das nach R.s Reise in die UdSSR 1926 in Resignation überging, da er die Bürokratisierung der Revolution feststellen mußte; in dem Roman ›Die Flucht ohne Ende‹ (1927) und dem Romanfragment ›Der stumme Prophet‹ (hg. 1966) analysierte er diese Entwicklung. R. entwarf mit seiner nostalg. (subtilen) Darstellung des habsburg. Vielvölkerstaates (›Radetzkymarsch‹, 1932; ›Die Kapuzinergruft‹, 1938) die für ihn einzig mögl. Gegenwelt zu den Nationalstaaten.

Weitere Werke: Die Rebellion (R., 1924), Juden auf Wanderschaft (Essay, 1927), Zipper und sein Vater (R., 1928), Rechts und links (R., 1929), Hiob (R., 1930), Tarabas ... (R., 1934), Beichte eines Mörders ... (R., 1936), Die hundert Tage (R., 1936), Das falsche Gewicht (R., 1937), Die Geschichte von der 1002. Nacht (R., 1939), Die Legende vom heiligen Trinker (E., 1939), Der Leviathan (E., hg. 1940), Erdbeeren (R.-Fragment, hg. 1974), Perlefter (R.-Fragment, hg. 1978).

Ausgaben: J. R. Werke. Hg. v. H. KESTEN. Neuausg. Köln 1975–76. 4 Bde. – J. R. Werke. Hg. v.

Joseph Roth
(Tusch-
zeichnung
von Mies
Blomsma,
1938)

K. WESTERMANN u. a. Köln 1989–91. 6 Bde. –
J. R. Unter dem Bülowbogen. Prosa zur Zeit.
Hg. v. R.-J. SIEGEL. Köln 1994.
Literatur: SCHEIBLE, H.: J. R. Stg. u. a. 1971. –
J. R. Hg. v. H. L. ARNOLD. Mchn. 1974. – MAR-
CHAND, W. R.: J. R. u. völkisch-nat. Wertbe-
griffe. Bonn 1974. – SIEG, W.: Zwischen Anar-
chismus u. Fiktion. Eine Untersuchung zum
Werk von J. R. Bonn 1974. – J. R. u. die Tradi-
tion. Hg. v. D. BRONSEN. Darmst. 1975. – SÜLTE-
MEYER, I.: Frühwerk J. R.s 1915–1926. Wien u.
Freib. 1977. – NÜRNBERGER, H.: J. R. Rbk.
1981. – KOESTER, R.: J. R. Bln. 1982. – FREY, K.:
Kein Weg ins Freie. J. R.s Amerikabild. Ffm. u.
Bern 1983. – WILLERICH-TOCHA, M.: Rezeption
als Gedächtnis. Studien zur Wirkung J. R.s.
Ffm. u. a. 1984. – WESTERMANN, K.: J. R., Journalist. Eine Karriere. 1915–39. Bonn 1987. –
BRONSEN, D.: J. R. Eine Biogr. Neuausg. Köln
1993. – J. R. Interpretation – Kritik – Rezeption. Hg. v. M. KESSLER u. F. HACKERT. Tüb.
²1994. – J. R. Leben u. Werk in Bildern. Bearb.
v. H. LUNZER u. V. LUNZER-TALOS. Köln 1994.

Roth, Philip [engl. rɔθ], * Newark
(N. J.) 19. März 1933, amerikan. Schriftsteller. – In R.s Romanwerk manifestiert
sich eine Entwicklung von der Konzen-
tration auf das städt. Milieu der jüdisch-
amerikan. Familie der Mittelschicht zur
universalen Perspektive der jüd. Existenz. Thematisieren die anfängl. Erzählungen die Rebellion des jugendl. Helden gegen die jüdisch-orthodoxe Tradition und bes. die Über-ich-Rolle der
Mutter (›Goodbye, Columbus‹, En.,
1959, dt. 1962; ›Anderer Leute Sorgen‹,
R., 1962, dt. 1965), so leitet eine Phase
ironisch-satir., auf literar. Quellen wie
F. Kafka, N. W. Gogol, F. M. Dostojewski zurückgreifender Erzählungen
über zu fast ausschließlich autobiograph.
Beschäftigung mit der jüd. Schriftsteller-

existenz. Die in ›Mein Leben als Mann‹
(R., 1974, dt. 1990) formal getrennte
Kombination von fakt. Autobiographie
und fiktiver Kurzgeschichte wird zum
Ausgangspunkt der nach dem fiktionalen
Alter ego R.s benannten Zuckerman-
Romane (›Der Ghost-writer‹, 1979, dt.
1980, als Fernsehspiel 1983; ›Zucker-
mans Befreiung‹, 1981, dt. 1982, 1983
u. d. T. ›Der entfesselte Zuckerman‹;
›Die Anatomiestunde‹, 1983, dt. 1986),
die die Karriere des Schriftstellers fiktio-
nal wiederholen und die Unbefangenheit
gegenüber der Literarisierung der jüd.
Existenz mit dem Leiden der Juden im
Holocaust konfrontieren.
Weitere Werke: Lucy Nelson oder Die Moral
(R., 1967, dt. 1973), Portnoys Beschwerden (R.,
1969, dt. 1970), Unsere Gang. Die Story von
Trick E. Dixon u. den Seinen, (Satire, 1971, dt.
1972), Die Brust (E., 1972, dt. 1979), The great
American novel (R., 1973), Reading myself and
others (Essays, 1975), Der Professor der Be-
gierde (R., 1977, dt. 1978), Novotny's pain (En.,
1980), Die Prager Orgie (Nov., 1985, dt. 1986),
Gegenleben (R., 1987, dt. 1988), Die Tatsachen
(R., 1988, dt. 1991), Täuschung (R., 1990, dt.
1993), Mein Leben als Sohn (R., 1991, dt. 1992),
Operation Shylock (R., 1993, dt. 1994).
Literatur: McDANIEL, J. N.: The fiction of Ph.
R. Haddonfield (N.J.) 1974. – PINSKER, S.: The
comedy that ›hoits‹. An essay on the fiction of
Ph. R. Columbia (Mo.) 1975. – RODGERS, B. F.,
JR.: Ph. R. Boston (Mass.) 1978. – JONES,
J. P./NANCE, G. A.: Ph. R. New York 1981. –
LEE, H. : Ph. R. London u. a. 1982. – Critical es-
says on Ph. R. Hg. v. S. PINSKER. Boston (Mass.)
1982. – RODGERS, B. F., JR.: Ph. R. A biblio-
graphy. Metuchen (N.J.) Neuaufl. 1984. –
Ph. R. Hg. v. H. BLOOM. New York 1986. –
Reading Ph. R. Hg. v. A. Z. MILBAUER u. a. Lon-
don u. a. 1988.

Rothe, Johannes, * Creuzburg bei Eisenach um 1350 oder 1360, † Eisenach
5. Mai 1434, dt. Chronist und Dichter. –
R. entstammte dem städt. Patriziat, er
war Ratsschreiber in Eisenach; 1387 als
Priester genannt. 1404 Stiftsherr, vor
1421 Leiter der Stiftsschule Sankt Marien
und Kaplan der Landgräfin Anna in Eisenach. Verfaßte Rechtsbücher und eine
für die Kulturgeschichte Thüringens
wichtige ›Düringische Chronik‹ (abgeschlossen 1421) sowie religiöse und didakt. Reimpaardichtungen. Von seinen
Rechtsbüchern ist nur das sog. ›Eisen-
acher Rechtsbuch‹ (1400) vollständig erhalten, weitere Schriften sind in Bearbei-

tungen überliefert. Heilsgeschichtlich orientierte Spätwerke sind die fragmentarisch erhaltene ›Passion‹ und das beliebte und verbreitete ›Leben der hl. Elisabeth‹ (um 1430). In seinen drei Lehrgedichten von den Ratsämtern, dem sog. ›Liber devotae animae‹ bzw. ›Die geistliche Brustspange‹, im ›Lob der Keuschkeit‹ und im ›Ritterspiegel‹ (um 1415) vertritt er bürgerl. Moral- und Rechtsvorstellungen.

Rothenberg, Jerome [engl. 'rɔ-θənbə:g], * New York 11. Dez. 1931, amerikan. Lyriker. – Vertreter der auf der mündl. Kultur verschiedener Volksstämme aufbauenden ›ethnopoetry‹. Neben der Herausgabe einschlägiger Anthologien afrikan., asiat. (›Technicians of the sacred‹, 1968) und indian. Dichtung (›Shaking the pumpkin‹, 1972) sowie Aufsätzen (›Symposium of the whole‹, 1983) praktiziert er in seinen eigenen, im Sprechgesang vorgetragenen Gedichten eine Form postmoderner Performanzpoesie.
Werke: The seven hells of Jigoku Zoshi (Ged., 1962), Poland/1931 (Ged., 1969, erweitert 1974), Poems for the game of silence 1960–1970 (Ged., 1971), 6 horse songs for 4 voices (Ged., 1978), Vienna Blood and other poems (Ged., 1980), Pre-faces (Essays, 1981), Altar pieces (Ged., 1982), That Dada strain (Ged., 1983), 15 flower world variations (Ged., 1984), A Merz sonata (Ged., 1985), New selected poems, 1970–1985 (Ged., 1986), Gematria (Ged., 1992).
Literatur: Interpreting the Indian. Twentieth century poets and the native American. Hg. v. M. CASTRO. Albuquerque (N. Mex.) 1983.

Rother, mhd. Epos, ↑ König Rother.

Rotrou, Jean de [frz. rɔ'tru], * Dreux 21. (?) Aug. 1609, † ebd. 28. Juni 1650, frz. Dramatiker. – Sohn eines wohlhabenden Bürgers, studierte Jura in Paris und gehörte dort zur ›Brigade‹ der fünf von Richelieu protegierten Dramatiker; zuletzt wieder in seiner Heimatstadt, wo er ein Magistratsamt bekleidete. Einer der erfolgreichsten frz. Dramatiker seiner Zeit und als Konkurrent von P. Corneille einer der Begründer des klassizist. Dramas; schrieb zahlreiche Tragikomödien, Tragödien und Komödien unter Verwendung antiker, span. und italien. Stoffe; am bekanntesten sind die Tragödien ›Le véritable Saint-Genest‹ (1647), ›Venceslas‹ (1648) und ›Cosroès‹ (1649).

Weitere Werke: L'heureuse constance (Kom., 1631), L'innocente infidélité (Tragikom., 1635), Les ménechmes (Kom., 1636).
Ausgabe: J. de R. Œuvres. Hg. v. E. L. N. VIOLLET-LE-DUC. Paris 1820–22. 5 Bde. Nachdr. Genf 1967.
Literatur: JARRY, J.: Essai sur les œuvres dramatiques de J. R. Lille 1868. Nachdr. Genf 1970. – VAN BAELEN, J.: R., le héros tragique et la révolte. Paris 1965. – KNUTSON, H. C.: The ironic game, a study of R.'s comic theater. Berkeley (Calif.) u. Los Angeles (Calif.) 1966. – NELSON, R. J.: Immanence and transcendence. The theatre of J. R. (1609–1650). Columbus (Ohio) 1969. – HOWARD, M. A. B.: R. A critical bibliography, 1701–1974. Diss. University of Georgia Athens (Ohio) 1976. – MORELLO, J.: J. de R. Boston (Mass.) 1980.

Rotrouenge [frz. rɔtru'ã:ʒ] (Retrouenge; altprovenzal. retroencha, retroensa, retrooncha), Bez. für eine durch Binnen- oder Endreimrefrain gegliederte, volkstümlich inspirierte Liedform der Trouvère- und Troubardourlyrik. Das seit dem letzten Drittel des 12. Jh. in Nordfrankreich nachweisbare Genre, das nur in acht Beispielen *mit* Melodie überliefert ist, gehört formal und inhaltlich zur Gattung der Tanzlieder (Balada, Rondeau, Virelai); auch im dt. Minnesang nachgewiesen.
Literatur: GENNRICH, F.: Die altfrz. R. Halle/Saale 1925. – BEC, P.: Note sur la r. médiévale. In: Mélanges de langues et de littératures romanes offerts à K. Th. Gossen. Hg. v. G. COLÓN u. R. KOPP. Bern u. Lüttich 1976. S. 127.

Röttger, Karl, * Lübbecke 23. Dez. 1877, † Düsseldorf 1. Sept. 1942, dt. Schriftsteller. – Volksschullehrer, gehörte zum ↑ Charonkreis, dessen Zeitschrift er mit herausgab; 1911–14 Hg. der Zeitschrift ›Die Brücke‹; seine in bilderreicher, visionärer Sprache gestalteten Ideendramen, Romane, Novellen und Legenden und auch seine bekenntnishafte Lyrik entstanden aus dem Geist der religiösen Neuromantik.
Werke: Glück und anderes (Ged., 1902), Wenn deine Seele einfach wird (Ged., 1909), Die Lieder von Gott und dem Tod (Ged., 1912), Christuslegenden (1914), Haß (Dr., 1918), Zum Drama und Theater der Zukunft (Abhandlungen, 1921), Das Herz in der Kelter (R., 1927), Kaspar Hausers letzte Tage (R., 1933), Das Unzerstörbare (Autobiogr., 1937).
Ausgabe: K. R. Ausgew. Werke. Hg. v. H. RÖTTGER u. H. M. ELSTER. Emsdetten 1958. 2 Bde.
Literatur: K. R. Dichter u. Pädagoge. Gedächtnisausstellung zum 100. Geburtstag. Düss. 1977.

Rotulus [mlat.], in der Spätantike und im MA, als sich als neue Buchform der ↑ Kodex durchsetzte, die übl. Bez. für die Buchrolle aus Pergament.

Roubaud, Jacques [frz. ru'bo], * Caluire (Rhône) 4. Dez. 1932, frz. Lyriker und Romancier. – Mathematiker; bemüht sich mit seinen u. a. in der Nachfolge R. Queneaus stehenden Texten um die Erneuerung der Dichtung. Die Sonettsammlung ›∈‹ (1967) z. B. nimmt die Struktur der Regeln des jap. Brettspiels Go auf. Mit O. Paz, E. Sanguineti und Ch. Tomlinson verfaßte er ein europ. Kettengedicht (›Renga‹, 1971). Bekannt wurde er v. a. mit den Romanen ›Die schöne Hortense‹ (1985, dt. 1989), ›Die Entführung der schönen Hortense‹ (1987, dt. 1991) und ›Das Exil der schönen Hortense‹ (1990, dt. 1994), die sprachspieler., parodist. und metaliterar. Elemente auf unterhaltsame Weise verbinden.

Weitere Werke: Mono no aware (Ged., 1970), Autobiographie, chapitre dix. Poèmes avec des moments de repos en prose (1977), La vieillesse d'Alexandre (Essay, 1978), Le grand incendie de Londres (Prosa, 1989), La boucle (Prosa, 1993).

Roud, Gustave [frz. ru], * Saint-Légier sur Vevey 20. April 1897, † Moudon 10. Nov. 1976, schweizer. Schriftsteller. – Befreundet mit Ch. F. Ramuz; Mitarbeiter der ›Cahiers Vaudois‹ und der ›Revue Romande‹; trat v. a. mit Lyrik in frz. Sprache und als Übersetzer dt. Dichter (J. Ch. F. Hölderlin, Novalis, R. M. Rilke, G. Trakl) hervor.

Werke: Adieu (Ged., 1927), Feuillets (Ged., 1929), Essai pour un paradis (Ged., 1933), Air de la solitude (Ged., 1943), Écrits (2 Bde., 1951), Le repos du cavalier (Ged., 1958), Requiem (Ged., 1967).

Literatur: KELLER, U.: G. R. ou La recherche d'un paradis terrestre. Diss. Zü. 1972. – CHAPPAZ, M./JACCOTTET, PH./CHESSEX, J.: Adieu à G. R. Vevey 1977. – Cahiers G. R. L'Association des amis de G. R. Lausanne 1 (1980). – VINCENT, G.: G. R. Point de vue sur un homme discret. Genf 1981.

Rougemont, Denis de [frz. ruʒ'mõ], * Neuenburg 8. Sept. 1906, † Genf 6. Dez. 1985, schweizer. Schriftsteller. – Stand ursprüngl. dem Personalismus des Philosophen Emmanuel Mounier (* 1905, † 1950) nahe, mit dem zusammen er 1932

die Zeitschrift ›Esprit‹ gründete. Führender Vertreter des Gedankens eines vereinten Europas; Gründer und Leiter des ›Centre européen de la culture‹ in Genf, 1952–66 Präsident des Exekutivkomitees des ›Congrès pour la liberté de la culture‹ in Paris, ab 1963 Universitätsprof. in Genf. Schrieb in frz. Sprache zahlreiche kulturkrit., zeitgeschichtl. und literar. Essays, u. a. ›Tagebuch eines arbeitslosen Intellektuellen‹ (1937, dt. 1939), ›Die Liebe und das Abendland‹ (1939, dt. 1966), ›Der Anteil des Teufels‹ (1942, dt. 1949), ›Über die Atombombe‹ (1946, dt. 1948), ›Lettre ouverte aux Européens‹ (1970), ›Die Zukunft ist unsere Sache‹ (1977, dt. 1980).

Literatur: RESZLER, A./SCHWAMM, H.: D. de R., l'écrivain européen. Neuenburg 1976.

Rouget de l'Isle, Claude Joseph [frz. ruʒɛ'dlil], Pseudonym Auguste Hix, * Lons-le-Saulnier 10. Mai 1760, † Choisy-le-Roi 26. Juni 1836, frz. Dichter. – Musisch begabter Ingenieuroffizier, dichtete und komponierte 1792 aus Anlaß des frz.-österr. Krieges den ›Chant de guerre pour l'armée du Rhin‹, der zur frz. Nationalhymne (›Marseillaise‹) wurde; verfaßte ferner teils liedhafte, teils patriot. und pathet. humanitäre Gedichte sowie Opernlibretti.

Roumain, Jacques [frz. ru'mɛ̃], * Port-au-Prince 4. Juni 1907, † ebd. 18. Aug. 1944, hait. Schriftsteller und Ethnologe. – Studierte in der Schweiz; 1934 Gründer der KP Haitis, zeitweilig in Haft; ethnolog. Studien in Paris und in den USA; Gesandter Haitis in Mexiko. Sein Hauptwerk ist der in viele Sprachen übersetzte Roman ›Herr über den Tau‹ (hg. 1944, dt. 1948), in dem er das Leben der einheim. Bauern, ihre Bräuche und ihre Ausbeutung durch weiße Kapitalisten darstellt.

Weitere Werke: La proie et l'ombre (En., 1930), La montagne ensorcelée (R., 1931), Les fantoches (R., 1932), Bois d'ébène (Ged., hg. 1945).

Literatur: ANDRÉ, J.: Caraïbales. Études sur la littérature antillaise. Paris 1981.

Roumanille, Joseph [frz. ruma'nij], * Saint-Rémy-de-Provence bei Arles 8. Aug. 1818, † Avignon 24. Mai 1891, neuprovenzal. Dichter. – War zunächst Lehrer, dann Korrektor, zuletzt Buchhändler in Avignon; bedeutendster Vertreter der neuprovenzal. Dichtung neben F. Mistral und Th. Aubanel, mit denen er 1854 die Gruppe des Félibrige (↑ Félibres) und später dessen literar. Organ ›L'Armana prouvençau‹ gründete.

Werke: Lis oubreto en vers (Ged., 1859), Lis oubreto en proso (Prosa, 1860), Li conte prouvençau e li cascareleto (En., 1884).

Literatur: RIPERT, E.: R. Paris 1948.

Roundel [engl. raʊndl], eine von A. Ch. Swinburne entwickelte engl. Variante des Rondeaus: ein Gedicht aus drei Terzinen mit refrainartiger Wiederholung der Anfangsworte nach der ersten und dritten Terzine, wobei sich diese Kurzzeile mit den b-Zeilen reimt; Reimschema: abaB/bab/abaB.

Rousseau, Jean-Baptiste [frz. ru'so], * Paris 6. April 1670, † Genette bei Brüssel 17. März 1741, frz. Dichter. – Mußte wegen umstrittener satir. Gedichte 1712 Frankreich verlassen, lebte zunächst in der Schweiz, 1714–17 in Wien bei Prinz Eugen, zuletzt in Brüssel. Galt mit seinen formvollendeten Oden, Kantaten, Epigrammen und Episteln seinerzeit als der größte Lyriker (›Odes, épigrammes et poésies diverses‹, 1723); weniger erfolgreich als Dramatiker.

Rousseau, Jean-Jacques [frz. ru'so], * Genf 28. Juni 1712, † Ermenonville bei Paris 2. Juli 1778, frz. Schriftsteller und Kulturphilosoph. – Stammte aus einer bürgerl. kalvinist. Genfer Familie, ging nach unglückl. Kindheit nach Annecy, wo Madame de Warens ihn zur Konversion zum Katholizismus bewog (später rückgängig gemacht); versuchte sich in Paris durchzusetzen, arbeitete dort mit D. Diderot und den Enzyklopädisten zusammen und wurde durch den von der Akademie in Dijon preisgekrönten ›Discours sur les sciences et les arts‹ (1750, dt. 1752, 1955 u. d. T. ›Über Kunst und Wiss.‹) berühmt, in dem er die Zivilisation als Ursache der Korruption angriff und die von ihm konstruierte glückl. Frühstufe der menschl. Gesellschaft verherrlichte, weil ihm der Mensch im Zustand der Natur, unbeeinflußt von Kultur und Zivilisation gut erschien. Die Schrift ›Du contrat social ou principes du droit politique‹ (1762, dt. 1763 u. d. T. ›Der gesellschaftl. Vertrag oder Die Grundregeln des allgemeinen Staats-

rechts‹) wurde für die Geschichte der parlamentar. Demokratie wichtig. Weitere Hauptwerke beeinflußten die moderne Pädagogik – so der Erziehungsroman ›Emil, oder über die Erziehung‹ (1762, dt. 5 Tle., 1762–80) – und die Literatur der Empfindsamkeit, zu der R. mit dem Briefroman ›Lettres de deux amants ...‹ (1761, 1764 u. d. T. ›La nouvelle Héloïse‹, dt. 1761–66 in 4 Tlen. u. d. T. ›Die neue Heloise, oder Briefe zweier Liebenden‹) und seinen autobiograph. Schriften (›Bekenntnisse‹, entst. 1764–70, hg. 1782–89 in 4 Bden., dt. 4 Bde., 1786–90) einen wichtigen Beitrag leistete. R.s Neigung zu Extremen und seine ausgeprägte Reizbarkeit brachten ihn in private und öffentl. Konflikte, denen er sich durch völlige Flucht vor der Gesellschaft entzog; ganz Aufklärer und die Aufklärung doch zugleich überwindend, erlangte R. überragende Bedeutung für die Entwicklung der frz. und europ. Geistesgeschichte, des Sturm und Drangs und der Romantik; auch Komponist und Musiktheoretiker.

Jean-Jacques Rousseau

Weitere Werke: Der Dorfwahrsager (Singspiel, 1752, dt. 1819), Narcisse (Kom., 1752), Lettre à M. d'Alembert (Abhandlung, 1758), Lettres de la montagne (Schrift, 1764), Träumereien eines einsamen Spaziergängers (Erinnerungen, hg. 1782, dt. 1943, 1782 u. d. T. Selbstgespräche auf einsamen Spazierwegen).

Ausgaben: J.-J. R. Sämmtl. Werke. Dt. Übers. v. K. F. CRAMER. Bln. u. Lpz. 1785–99. 11 Bde. – J.-J. R. Œuvres complètes. Paris 1864–65. 13 Bde. – J.-J. R. Correspondance générale. Hg. v. TH. DUFOUR. Paris 1924–34. 20 Bde. – J.-J. R. Œuvres complètes. Hg. v. B. GAGNEBIN u. a. Paris 1959–71. 5 Bde. – J.-J. R. Correspondance complète. Hg. v. R. A. LEIGH. Genf u. Oxford

1965–86. 45 Bde. – R. Œuvres complètes. Hg. v.
M. LAUNAY. Paris 1967–71. 3 Bde. – J.-J. R.
Schrr. Hg. v. H. RITTER. Mchn. u. Wien 1978.
2 Bde. – J.-J. R. Diskurs über die Ungleichheit.
Krit. Ausg. des integralen Textes. Übers. u. hg.
v. HEINRICH MEIER. Paderborn 1984. – J.-J. R.
Frühe Schrr. Dt. Übers. Hg. v. W. SCHRÖDER.
Bln. 1985.
Literatur: Annales de la Société J.-J. R. Bd. 1
(1905)ff. – GEIGER, L.: J.-J. R. Sein Leben u.
seine Werke. Lpz. 1907. – DUCROS, L.: J.-J. R.
Paris 1908–15. 3 Bde. – BUCK, R.: R. u. die dt.
Romantik. Bln. 1939. – RITZEL, W.: J.-J. R. Stg.
1959. – JOST, F.: J.-J. R. suisse. Étude sur sa per-
sonnalité et sa pensée. Frib. 1961. 2 Bde. –
DÉDÉYAN, CH.: R. et la sensibilité littéraire à la
fin du XVIIIᵉ siècle. Paris 1963. – J.-J. R. et son
œuvre. Problèmes et recherches. Commémora-
tion et colloque de Paris (16–20 octobre 1962)
organisé par le Comité national pour la com-
mémoration de J.-J. R. Paris 1964. – LICHET, R.:
R., la vie et l'œuvre. Paris 1971. – BURGELIN, B.:
La philosophie de l'existence de J.-J. R. Paris
²1973. – FORSCHNER, M.: R. Freib. u. Mchn.
1977. – AHRBECK, R.: J.-J. R. Köln 1978. – SPAE-
MANN, R.: R., Bürger ohne Vaterland. Von der
Polis zur Natur. Mchn. 1980. – CRANSTON, M.:
J.-J. The early life and work of J.-J. R. 1712 bis
1754. London 1983. – COUPRIE, A.: La nature, R.
et les romantiques. Paris 1985. – DIRSCHERL, K.:
Der Roman der Philosophen. Diderot, R., Vol-
taire. Tüb. 1985. – STAROBINSKI, J.: R. Dt. Übers.
Neuausg. Ffm. 1993. – HOLMSTEN, G.: J.-J. R.
Rbk. 57.–59. Tsd. 1994.

Roussel, Raymond [frz. ru'sɛl], * Paris 20. Jan. 1877, † Palermo 14. Juli
1933, frz. Schriftsteller. – Gilt als Vorläufer der Surrealisten; seine Dramen und
Gedichte sind in der absurd-log. Verknüpfung von Traum und Analogie ver-
wirrend und schwer deutbar, in der de-
taillierten Beschreibung des Phantastischen äußerst genau. R. wirkte nur wenig
auf seine Zeitgenossen, durch seine
Theorie des dichterischen Schaffens
(›Comment j'ai écrit certains de mes
livres‹, Schrift, hg. 1935) jedoch auf die
Vertreter des Nouveau roman; er beeinflußte auch das absurde Theater.
Weitere Werke: La doublure (Dichtung, 1897),
Eindrücke aus Afrika (R., 1910, dt. 1980), Locus
solus (R., 1914, dt. 1968), Der Stern auf der Stirn
(Dr., 1925, dt. 1974), Sonnenstaub (Dr., 1926, dt.
1978 in: R. R.: Die Prädestinierten), Nouvelles
impressions d'Afrique (Ged., 1932, frz. und dt.
1980).
Ausgaben: R. R. Œuvres complètes. Paris
1963–65. 8 Bde. – R. R. In Havanna. Als Kane-
vas gedachte Dokumente. Ein Romanfragment.
Hg. u. Übers. aus dem Frz. v. H. GRÖSSEL.
Mchn. 1982.

Literatur: CARADEC, F.: Vie de R. R.
(1877–1933). Paris 1972. – MATTHEWS, J. H.: Le
théâtre de R. R. Une énigme. Paris 1977. – R. R.
Eine Dokumentation. Hg. v. H. GRÖSSEL. Mchn.
1977. – ADAMSON, G.: Le procédé de R. Amsterdam 1984.

Rousset, David [frz. ru'sɛ], * Roanne
18. Jan. 1912, frz. Schriftsteller. – Journalist; ab 1941 in der Widerstandsbewegung, 1943 verhaftet und in ein KZ deportiert (bis 1945); begründete 1948 mit
J.-P. Sartre u. a. die Partei des ›Rassem-
blement démocratique révolutionnaire‹,
1949 Bruch mit den Kommunisten. Schilderte mehrfach die Welt der KZ (›L'univers concentrationnaire‹, Bericht, 1946,
Prix Renaudot 1946; ›Les jours de notre
mort‹, Bericht, 1947; ›Le pitre ne rit pas‹,
Dokumente, 1948).
Weitere Werke: Entretiens sur la politique (Dialoge, 1949; mit J.-P. Sartre und Gérard Rosenthal), Ancien député (Abh., 1968 bis 1973), La
société éclatée (Abh., 1973), Sur la guerre (Abh.,
1987).

Roussin, André [frz. ru'sɛ̃], * Marseille 22. Jan. 1911, † Paris 3. Nov. 1987,
frz. Dramatiker. – War u. a. Journalist
und Schauspieler; schrieb eine Reihe un-
terhaltsamer Boulevardkomödien, die
durch hervorragende Dialoge und vir-
tuose Beherrschung bühnenwirksamer
Mittel erfolgreich sind. 1973 wurde er
Mitglied der Académie française.
Werke: Die Komödianten kommen (Kom.,
1944, dt. 1953), Die kleine Hütte (Kom., 1947,
dt. 1949), Eine unmögl. Frau (Kom., 1949, dt.
1953, auch u. d. T. Viola), L'amour fou (Kom.,
1955), La mamma (Kom., 1956), Les glorieuses
(Kom., 1960), Die vollkommene Liebe (Kom.,
1963, dt. 1976), Die Lokomotive (Kom., 1967,
dt. 1969), La claque (Kom., 1973), La boîte à
couleurs (Erinnerungen, 1974), Le rideau rouge
(Porträts und Erinnerungen, 1982), La vie est
trop courte (Kom., 1982), Rideau gris et habit
vert (Erinnerungen, 1983), Treize comédies en
un acte (Kom., n° 1987), Mesdames, mesdemoi-
selles, messieurs (Essay über das Theater, 1987),
La petite chatte est morte (Stück, UA 1987).

Roux, Paul [frz. ru], frz. Schriftsteller.
† Saint-Pol-Roux.

Rovani, Giuseppe, * Mailand 12. Jan.
1818, † ebd. 26. Jan. 1874, italien. Schriftsteller. – Hauslehrer, nahm 1849 an der
Verteidigung der Röm. Republik teil;
zeitweilig im Exil in der Schweiz. Als Literaturkritiker Vertreter der † Scapigliatura. Unter seinen zahlreichen realist. hi-

stor. Romanen ragt hervor ›Cento anni, 1750–1850‹ (5 Bde., 1859–64, erweiterte Ausg. 2 Bde., 1868/69), ein Versuch, die polit. und gesellschaftl. Entwicklung der lombard. Gesellschaft in einer Abfolge von Zeitbildern zu schildern.

Literatur: BALDI, G.: G. R. e il problema del romanzo nell'Ottocento. Florenz 1967. – DELLA ROCCA, A.: Tarchetti e R. Temi e orientamenti della Scapigliatura. Neapel 1970.

Rovẹtta, Gerolamo, * Brescia 30. Sept. 1851, † Mailand 8. Mai 1910, italien. Schriftsteller. – War in Mailand journalistisch tätig; schrieb zu seiner Zeit erfolgreiche verist. Romane und bürgerl. Dramen; am bekanntesten wurde das zur Zeit des Risorgimento in der Lombardei spielende patriot. Drama ›Romanticismo‹ (1903).

Weitere Werke: Mater dolorosa (R., 1882), I Barbarò o le lagrime del prossimo (R., 2 Bde., 1888, Dr. 1890), La trilogia di Dorina (Dr., 1890), La baraonda (R., 1894, Dr. 1905), La signorina (R., 1899), Re burlone (Dr., 1905).
Literatur: APOLLONIO, C.: G. R. In: Letteratura italiana. I minori. Bd. 4. Mailand 1962. S. 3159.

Rowe, Nicholas [engl. roʊ], ≈ Little Barford (Bedfordshire) 30. Juni 1674, † London 6. Dez. 1718, engl. Dramatiker. – Jurist, war u. a. Unterstaatssekretär; befaßte sich ab 1692 zunehmend mit Literatur; mit J. Swift, J. Addison und A. Pope befreundet; 1715 zum ›poet laureate‹ ernannt. Von Bedeutung ist R. als erster krit. Hg. Shakespeares (6 Bde., 1709), dessen Dramentexte er durchgehend mit Akt- und Szeneneinteilung sowie Bühnenanweisungen versah und an dessen Biographie er sich versuchte. Er verfaßte selbst heroisch-pathet. Tragödien mit zeitgeschichtl. Bezügen, schrieb Gedichte und übersetzte u. a. Lukan (1718).

Werke: Tamerlane (Trag., 1701), The fair penitent (Trag., 1703), The tragedy of Jane Shore (Trag., 1714), Lady Johanna Gray (Trag., 1715, dt. von Ch. M. Wieland, 1758), Poetical works (1715).
Ausgabe: N. R. Three plays. Hg. v. J. R. SUTHERLAND. London 1929.
Literatur: BURNS, L. C.: Pity and tears. The tragedies of R. Salzburg 1974. – CANFIELD, J. D.: R. and Christian tragedy. Gainesville (Fla.) 1977.

Rowley, William [engl. 'roʊlɪ], * um 1585, † London im Febr. 1626, engl. Dramatiker. – War als Schauspieler für seine kom. Rollen berühmt. Als Dramatiker ar-

beitete R. meist mit anderen Autoren zusammen, bes. mit Th. Middleton, mit dem er u. a. die Tragödie ›The changeling‹ (UA 1622, gedr. 1653) schrieb. Zu seinen selbständigen Stücken gehören ›A shoemaker a gentlemen‹ (Kom., UA um 1608, gedr. 1638), ›All's lost by lust‹ (Trag., UA 1619 ?, gedr. 1633) und wohl auch das mit Shakespeare in Verbindung gebrachte Drama ›The birth of Merlin‹ (UA um 1608 ?, gedr. 1662). R. verfaßte ferner das satir. Pamphlet ›A search for money‹ (1609) sowie Elegien.

Roy, Christine [slowak. rɔj], eigtl. Kristína Royová, * Stará Turá (Westslowak. Gebiet) 18. Aug. 1860, † ebd. 27. Dez. 1937, slowak. Schriftstellerin und Publizistin. – Verfaßte Romane und Erzählungen mit christlich bestimmter Thematik und gab (ab 1925) die Zeitschrift ›Večernica‹ heraus, in der sie auch zu polit. Fragen der Tschechen und Slowaken Stellung bezog.

Werke: Ohne Gott in der Welt (R., 1897, dt. 1902), Um hohen Preis (R., 1903, dt. 1911), In der Verbannung (R., 1906, dt. 1906), Die Macht des Lichtes (R., 1909, dt. 1924), Im Sonnenlande (R., 1910, dt. 1910).

Roy, Claude [frz. rwa], eigtl. C. Orland, * Paris 28. Aug. 1915, frz. Schriftsteller. – War ursprünglich beeinflußt von Ch. Maurras; Résistancemitglied, 1944–56 Mitglied der KP. Kriegsberichterstatter bis 1949, dann Reporter (u. a. in den USA, in China, Nordafrika, Korea). Vom Surrealismus herkommender Lyriker (›L'enfance de l'art‹, 1941; ›Un seul poème‹, 1954; ›Poésies‹, 1970), auch Romancier (›La mer à boire‹, 1944; ›La nuit est le manteau des pauvres‹, 1947; ›Le soleil sur la terre‹, 1956; ›La dérobée‹, 1968) und Essayist (›Descriptions critiques‹, 6 Bde., 1949–65). Autobiographie: ›Moi je‹ (1969), ›Nous‹ (1972), ›Somme toute‹ (1976).

Weitere Werke: La traversée du Pont des Arts (R., 1979), Permis de séjour. 1977–1982 (Tageb., 1983), À la lisière du temps (Ged., 1984), Temps variable avec éclaircies (Tageb., 1984), Jean Vilar (Biogr., 1987), L'ami lointain (R., 1987), La fleur du temps. 1983–1987 (Tageb., 1988), Le noir de l'aube (Ged., 1990), L'étonnement du voyageur 1987–1989 (Tageb., 1990), Le rivage des jours 1990–1991 (Tageb., 1992), La conversation des poètes (Prosa, 1993).
Literatur: GRENIER, R.: C. R. Paris 1971.

Roy, Gabrielle [frz. rwa], * Saint-Boni-face (Manitoba) 22. März 1909, † Quebec 14. Juli 1983, kanad. Schriftstellerin. – Nach Jugendjahren in Manitoba und Reisen sowie Studium in England und Frankreich ging sie 1939 nach Montreal, dessen ehemaliges Slumviertel Saint Henri den Schauplatz ihres einfühlsamen naturalist. Romans ›Bonheur d'occasion‹ (1945) bildet; es war das erste kanad. Buch, das einen bed. frz. Literaturpreis gewann (Prix Femina, 1947), und dank der engl. Übersetzung (›The tin flute‹, 1947) ein gesamtkanad. Klassiker wurde. Ein weiterer Montreal-Roman ist ›Gott geht weiter als wir Menschen‹ (1955, dt. 1956); Geschichtenzyklen über Manitoba sind ›Das kleine Wasserhuhn‹ (1950, dt. 1953), ›Rue Deschambault‹ (1955), ›Die Straße nach Altamont‹ (1966, dt. 1970); in der Arktis spielen ›La montagne secrète‹ (R., 1961) und ›La rivière sans repos‹ (En., 1970).

Weitere Werke: Cet été qui chantait (En., 1972), Un jardin au bout du monde (En., 1975), Ces enfants de ma vie (Skizzen, 1977).

Literatur: GROSSKURTH, P.: G. R. Toronto 1969. – GAGNÉ, M.: Visages de G. R. Paris 1973. – NOVELLI, N.: G. R. De l'engagement au désengagement. Rom 1989.

Roy, Jules [frz. rwa], * Rovigo (heute Bouguera) bei Algier 22. Okt. 1907, frz. Schriftsteller. – Berufsoffizier der Luftwaffe, nahm 1953 als Oberst seinen Abschied. Verfasser von Gedichten, Essays, Dramen und Romanen, in denen sich der Kampfflieger v. a. mit Gedanken über soldat. Pflichterfüllung, mit Gewissenskonflikten zwischen Pflicht und Menschlichkeit, mit der Angst und Einsamkeit des auf sich allein angewiesenen Fliegers u. a. auseinandersetzt (›Der Überlebende‹, R., 1954, dt. 1956). Romancier des frz. Algerien, u. a. mit dem Zyklus ›Sonnenpferde‹ (6 Bde., 1968–75, dt. 1981).

Weitere Werke: Das glückl. Tal (R., 1946, dt. 1948), Beau sang (Dr., 1952), Zyklone (Dr., 1954, dt. 1954), Die ungetreue Frau (R., 1955, dt. 1957), L'homme à l'épée (Essay, 1957), Der Fall von Dien Bien Phu (Bericht, 1963, dt. 1964), Passion und Tod Saint-Exupérys (Essay, 1964, dt. 1965), Danse du ventre au-dessus des canons (Bericht, 1976), Le désert de Retz (R., 1978), La saison des za (R., 1982), Guynemer, l'ange de la mort. Une vie (Biogr., 1986), Chant d'amour pour Marseille (Prosaged., 1988), Mémoires

barbares (Erinnerungen, 1989), Vézelay ou l'amour fou (Essay, 1990), Amours barbares (R., 1993), Un après-guerre amoureux (R., 1995).

Roy, Vladimír [slowak. rɔj], * Kochanovce 17. April 1885, † Nový Smokovec 6. Febr. 1936, slowak. Lyriker. – Ev. Pfarrer; Redakteur; gehört zur slowak. Moderne; schrieb Liebes- und Naturlyrik; dominierend ist die Reflexion; auch Nähe zur Heimat; vielseitiger Übersetzer.

Literatur: BREZINA, J.: Básnik V. R. Preßburg 1961.

Royal Shakespeare Company [engl. 'rɔɪəl 'ʃeɪkspɪə 'kʌmpəni], 1960 gegründetes Schauspielensemble, das unter der künstler. Leitung von Peter Hall (*1930), Peter Brook (* 1925), Trevor Robert Nunn (* 1940), Terry Hands (* 1941) und (seit 1991) Adrian Noble (* 1950) in Stratford-upon-Avon (drei Bühnen) sowie in London (zunächst im Aldwych Theatre, seit 1983 im Barbican Arts Centre) v. a. Shakespeare-Dramen, aber auch zeitgenöss. Stücke aufführt.

Literatur: THOMSEN, C. W.: Das engl. Theater der Gegenwart. Düss. 1980. – BEAUMAN, S.: The R. Sh. C. London 1982.

Royová, Kristína [slowak. 'rɔjəva:], slowak. Schriftstellerin und Publizistin, † Roy, Christine.

Rozanov, Michail Grigor'evič, russ.-sowjet. Schriftsteller, † Ognjow, N[ikolai].

Rozanov, Vasilij Vasil'evič, russ. Religionsphilosoph, Publizist und Schriftsteller, † Rosanow, Wassili Wassiljewitsch.

Roždestvenskij, Robert Ivanovič, russ. Lyriker, † Roschdestwenski, Robert Iwanowitsch.

Rozenberga, Elza [lett. 'ro:zenbɛrga], lett. Schriftstellerin, † Aspazija.

Różewicz, Tadeusz [poln. ru'ʒevit ʃ], * Radomsko 9. Okt. 1921, poln. Schriftsteller. – 1943/44 Widerstandskämpfer; mit Lyrik, Dramen und Prosa bed. Vertreter der poln. Gegenwartsliteratur; prägend waren das Erlebnis des Krieges, die Erschütterung humanist. Grundwerte und die Einsicht in die Inadäquatheit tradierter Ausdrucksformen. R. versucht eine Humanisierung der Sprache: Abkehr von der artifiziellen Metaphorik der Avantgarde, Aufdeckung falscher Bewußtseinsinhalte.

Werke: Niepokój (= Unruhe, Ged., 1947, dt. in: Formen der Unruhe [1965] und Offene Gedichte [1969]), Die Kartothek (Dr., 1961, dt. 1967), Die Laokoon-Gruppe (Dr., 1961, dt. 1962), Die Zeugen oder Unsere kleine Stabilisierung (Stück, UA 1962, dt. 1964), In der schönsten Stadt der Welt (En., dt. Ausw. 1962), Der unterbrochene Akt (Dr., UA dt. 1965, poln. EA 1970), Entblößung (E., 1966, dt. 1968), Schild aus Spinngeweb (Prosa, dt. 1967), Der Tod in der alten Dekoration (E., 1970, dt. 1973), Opowiadanie traumatyczne. Duszyczka (= Traumat. Erzählung. Seelchen, 1979), Die Falle (Schsp., 1982, dt. 1983), Na powierzchni poematu i w środku. Nowy wybór wierszy (= An der Oberfläche des Poems und im Innern. Neue Gedichtauswahl, 1983), Überblendungen (Ged., dt. Ausw. 1987), Das unterbrochene Gespräch (Ged., poln. u. dt. 1992).
Ausgaben: T. R. Gedichte, Stücke. Dt. Übers. Ffm. 1983. – T. R. Poezja. Krakau 1988. 2 Bde. – T. R. Teatr. Krakau 1988. 2 Bde. – T. R. Proza. Krakau 1990. 2 Bde. – T. R. Hg. u. übers. v. H. BERESKA. Bln. 1993.
Literatur: WYKA, K.: R. parokrotnie. Warschau 1977. – GĘBALA, S.: Teatr R.a. Breslau u. a. 1978. – DEDECIUS, K.: Von Polens Poeten. Ffm. 1988.

Rozov, Viktor Sergeevič, russ. Dramatiker, ↑ Rosow, Wiktor Sergejewitsch.

Ruark, Robert Chester [engl. 'ru:ɑ:k], * Wilmington (N. C.) 29. Dez. 1915, † London 1. Juli 1965, amerikan. Schriftsteller. – Erfolgreicher Journalist; schrieb Romane und Essays, in denen er sich hauptsächlich mit soziolog. und [afrikan.] Rassenproblemen auseinandersetzte.
Werke: Grenadine etching (R., 1947), Horn of the hunter (R., 1953), Die schwarze Haut (R., 1955, dt. 1956), The old man and the boy (R., 1957), Nie mehr arm (R., 1959, dt. 1960), The old man's boy grows older (R., 1961), Uhuru (R., 1962, dt. 1962), Der Honigsauger (R., 1965, dt. 1966), Safari (Sachbuch, hg. 1966, dt. 1968).

Rubatscher, Maria Veronika, * Hall in Tirol 23. Jan. 1900, † Brixen 1. Sept. 1987, österr. Schriftstellerin. – Lehrerin in Sankt Pölten und Südtirol, aus der Italienisierung Südtirols aus dem Schuldienst entlassen; danach Erzieherin; lebte in Brixen. Schrieb Romane, Erzählungen, Legenden und Biographien, die in der Landschaft und Geschichte Südtirols wurzeln und von tiefer Religiosität geprägt sind.
Werke: Maria Ward (Biogr., 1927), Der Lusenberger (R., 1930), Die Schmerzensreiche von Capriana (Biogr., 1935, 1956 u. d. T. Konners-

reuth in Südtirol), Tiroler Legende (1938), Die Thurnwalder Mutter (R., 1950), Genie der Liebe (Bodelschwingh-Biogr., 1954), Es war einmal ein Schützenfest (En., 1958).

Rubeanus, Crotus, dt. Humanist, ↑ Crotus Rubianus.

Rubens, Bernice [Ruth] [engl. 'ru:bənz], * Cardiff 26. Juli 1928, anglowalis. Schriftstellerin. – Ihr jüd. Familienhintergrund lieferte Material für ihre frühen Romane wie ›Set on edge‹ (1960), ›Madame Sousatzka‹ (1962, dt. 1989) und ›The elected member‹ (1969, auch u. d. T. ›Chosen people‹; Booker-Preis 1969). Seitdem behandelt sie in kom. bis bizarrer Darstellung Themen der sozialen Vereinsamung in vielerlei Bereichen.
Weitere Werke: Mate in three (R., 1966), Sunday best (R., 1971), Go tell the lemming (R., 1973), The Ponsonby post (R., 1977), A five year sentence (R., 1978), Birds of passage (R., 1981), Brothers (R., 1983), Mr. Wakefield's crusade (R., 1985), Our father (R., 1987), Set on edge (R., 1989), Kingdom come (R., 1990), A solitary grief (R., 1991), Fackeln im Schnee. Der Roman Rußlands (R., 1992, dt. 1992), Autobiopsy (Autobiogr., 1993).

Rubeš, František Jaromír [tschech. 'rubɛʃ], * Čížkov (Südböhm. Gebiet) 16. Jan. 1814, † Skuteč (Ostböhm. Gebiet) 10. Aug. 1853, tschech. Schriftsteller. – Hg. der humorist. Zeitschrift ›Paleček‹; schrieb Schwänke und Gedichte (›Deklamovánky a písně‹, 6 Bde., 1837–47) sowie Erzählungen mit treffender Charakterzeichnung (u. a. ›Pan Amanuensis na venku aneb Putování za novelou‹ [= Herr Amanuensis auf dem Lande oder Auf der Reise nach der Novelle], 1842).
Ausgabe: F. J. R. Humoresky. Prag 1960.

Rubianus, Crotus, dt. Humanist, ↑ Crotus Rubianus.

Rubin, Harold [engl. 'ru:bɪn], amerikan. Schriftsteller, ↑ Robbins, Harold.

Rubiner, Ludwig, Pseudonym Ernst Ludwig Grombeck, * Berlin 12. Juli 1881, † ebd. 26. Febr. 1920, dt. Schriftsteller. – Stammte aus einer östjüd. Familie, lebte meist als freier Schriftsteller in Berlin, während des 1. Weltkriegs in der Schweiz; aktivistisch-revolutionärer Expressionist, wichtiger Mitarbeiter von F. Pfemferts Zeitschrift ›Die Aktion‹ u. a. pazifist. Zeitschriften. Aufsehen erregte sein polit. Ideendrama ›Die Gewaltlosen‹ (1919). R. schrieb auch expressionist. Gedichte, Essays; Übersetzungen; Hg. von revolutionären Dichtungen (›Kameraden der Menschheit‹, 1919).

Weitere Werke: Die ind. Opale (Kriminal-R., 1911), Das himml. Licht (Ged., 1916), Der Mensch in der Mitte (Essays, 1917). **Ausgabe:** L. R. Der Dichter greift in die Politik. Ausgew. Werke 1908–19. Hg. v. K. SCHUHMANN. Ffm. 1976. **Literatur:** PETERSEN, L.: L. R. Eine Einf. mit Textauswahl u. Bibliogr. Bonn 1980.

Rubinstein, Renate, * Berlin 16. Nov. 1929, † Amsterdam 23. Nov. 1990, niederl. Schriftstellerin dt. Herkunft. – Journalistin, lebte in Amsterdam; viele ihrer Artikel in der Wochenzeitung ›Vrij Nederland‹ unter dem Pseudonym Tamar sind in Sammelausgaben erschienen (u. a. ›Namens Tamar‹, 1964; ›Was getekend Tamar‹, 1977; ›Naar de bliksem? ik niet‹, 1984); schrieb essayist., manchmal polem. Prosa mit Erzählelementen und autobiograph. Zügen (u. a. ›Nichts zu verlieren und dennoch Angst‹, 1978, dt. 1980; ›Hedendaags feminisme‹, 1979; ›Ieder woelt hier om verandering‹, 1979) und Reiseberichte (›Jood in Arabië – Goi in Israël‹, 1967). Nach ihrem Tod erschien ›Mein besseres Ich. Erinnerungen an eine Liebe‹ (Prosa, 1991, dt. 1993).

Rubió i Ors, Joaquim [katalan. rru'βio i 'ɔrs], * Barcelona 31. Juli 1818, † ebd. 7. April 1899, katalan. Lyriker und Historiker. – Wurde 1847 Prof. für Literatur und Geschichte in Valladolid, 1858 in Barcelona; setzte sich für eine Erneuerung der katalan. Sprache und Literatur ein; veröffentlichte Gedichte (›Lo gayter del Llobregat‹, 1841 und [4 Bde.] 1888–1902; ›Lo roudor de Llobregat‹, 1842), histor. und literaturkrit. Werke.

Rubrik [lat. = rote Erde, rote Farbe], rot gehaltene Überschrift, Inhaltsangabe oder Initiale in mittelalterl. Handschriften und Frühdrucken; trennte die einzelnen Abschnitte.

Rucellai, Giovanni [italien. rutʃel-'la:i], * Florenz 20. Okt. 1475, † Rom 3. April 1525, italien. Dichter. – Neffe von Lorenzo de' Medici; seine Tragödien ›Rosmunda‹ (entst. 1516, hg. 1525) und ›Oreste‹ (entst. 1516–20) sind frühe

Nachahmungen der Vorbilder Sophokles und Euripides; das volkssprachl. Lehrgedicht ›Le api‹ (entst. 1524, hg. 1539) ist eine Nachdichtung des 4. Buches von Vergils ›Georgica‹.

Ausgabe: G. R. Le opere. Hg. v. G. MAZZONI. Bologna 1887 (mit Bibliogr.). **Literatur:** G. R. ed il suo zibaldone. Hg. v. A. PEROSA u. a. London 1960–81. 2 Bde. – DE CECCO, A.: ›Le api‹ del R. ed alcuni luoghi del IV libro delle ›Georgiche‹ di Virgilio. Benevento 1976.

Rücker, Günther, * Reichenberg 2. Febr. 1924, dt. Schriftsteller. – Arbeitete ab 1949 als Regisseur beim Rundfunk, zunächst in Leipzig, seit 1951 in Berlin, wo er heute als freier Schriftsteller lebt. Wurde v. a. bekannt als Autor von Hörspielen, der bes. die Form des Funkmonologs bevorzugte; schreibt auch Drehbücher für Filme (u. a. Dokumentarfilme) und Fernsehstücke, Schauspiele und Erzählungen.

Werke: Der Platz am Fenster (Hsp., 1962), Der Herr Schmidt (Schsp., 1969), Das Modell (Hsp., 1972), Private Galerie (Hsp., 1976), Bis daß der Tod euch scheidet (Drehbuch, 1979), Geschichte begreifen (Dokumentation, 1980), Herr von Oe. Hilde, das Dienstmädchen (2 En., 1984), Anton Popper u. a. Erzählungen (1985), Es lebten einst zwei Brüder (Hsp., Ursendung 1986), Alles Verwandte (Nov.n, 1987), Woher die Geschichten kommen. Beiträge aus zwei Jahrzehnten (1990), Otto Blomor. Geschichte eines Untermieters (1991).

Rückert, Friedrich, Pseudonym Freimund Raimar, * Schweinfurt 16. Mai 1788, † Neuses bei Coburg 31. Jan. 1866, dt. Dichter. – Wuchs in bescheidenen Verhältnissen auf; studierte Jura und Philologie, 1811 Habilitation in Jena. Unter dem Einfluß der romant. Philologie von J. Grimm, Georg Friedrich Creuzer (* 1771, † 1858) und J. von Hammer-Purgstall begeisterte sich R. für die morgenländ. Kultur. 1809 und 1814 durch seine labile Gesundheit gehindert, an den Kriegen gegen Napoleon I. teilzunehmen, dichtete er 74 ›Geharnischte Sonette‹ (in: ›Dt. Gedichte‹, 1814), ein inhaltlich wichtiger Beitrag zur patriotisch-polit. Befreiungslyrik, und verfaßte die polit. Komödie ›Napoleon‹ (2 Bde., 1815–18). 1815 wurde er Redakteur an Cottas ›Morgenblatt für gebildete Stände‹ in Stuttgart. 1818 lernte er in Wien J. von Hammer-Purgstall persönlich kennen und vertiefte seine Kenntnisse der arab., türk. und pers. Sprache und Literatur. Er begann, oriental. Lyrik zu übersetzen, deren Formen (Makame, Ghasel) er zugleich für eigene Gedichte übernahm. Ab 1826 war R. Prof. für oriental. Philologie in Erlangen, ab 1841 in Berlin. Während er als Wissenschaftler wenig erfolgreich war, wurde er schon zu Lebzeiten als bed. dt. Übersetzer morgenländ. Dichtung anerkannt. Ab 1848 lebte er auf dem Landsitz seiner Frau Luise Wiethaus-Fischer (∞ seit 1821) in Neuses bei Coburg.

Friedrich
Rückert

R. schrieb u. a. Kinderlieder und Märchen, ein Versepos ›Leben Jesu‹ (1839) und etl. bibl. und histor. Dramen, u. a. ›Saul und David‹ (1843), ›Kaiser Heinrich IV.‹ (2 Bde., 1844), ›Herodes der Große‹ (1844) und ›Christofero Colombo oder die Entdeckung der neuen Welt‹ (1845). Mittelpunkt seines Schaffens ist jedoch die Lyrik. Neben den wichtigen polit. Gedichten der Befreiungsjahre stehen u. a. die idyll. Sammlung ›Amaryllis‹ (1825) und die Sammlung ›Liebesfrühling‹ (1844). Die meisten Gedichte haben biedermeierl. Thematik, sie zeigen außergewöhnl. Formenvielfalt, Sprachgewandtheit und Virtuosität. In diesen Qualitäten liegt auch der Grund von R.s Meisterschaft als Übersetzer aus dem Arabischen, Hebräischen, Persischen, Indischen und Chinesischen: ›Oestl. Rosen‹ (1822), ›Die Verwandlungen des Ebu Seid von Serûg oder die Mâkâmen des Harîrî ...‹ (2 Bde., 1826; erweitert 1837), ›Nal und Damajanti‹ (1828), ›Hebr. Propheten, übersetzt und erläu-

tert‹ (1831), ›Schi-King‹ (1833; ges. von Confucius), ›Rostem und Suhrab‹ (1838; aus dem ›Šāhnāmaʰ‹ des Ferdousi). Die Übersetzungen führten R. thematisch zu eigenen Werken, u. a. zu den Fabeln, Sprüchen und Erzählungen in klass. Alexandrinern in dem sechsbändigen Werk ›Die Weisheit des Brahmanen‹ (1836–39). Das Andenken an R. wird heute von der in Schweinfurt beheimateten R.-Gesellschaft gepflegt.

Ausgabe: F. R. Werke. Hg. v. E. Gross u. E. Hertzer. Bln. 1910. Nachdr. Hildesheim u. New York 1979. 3 Bde. – F. R. Briefe. Hg. v. R. Rückert. Schweinfurt 1977. 2 Bde. – F. R. Gedichte. Bearb. v. H. Henel. Königstein i. Ts. 1983.
Literatur: Uhrig, M. R.: R.-Bibliogr. Schweinfurt 1979. – Rückert, R.: F. R.-Literaturen. Ffm. 1980. – 200 Jahre F. R. Hg. v. E. Friedrich. Rodach bei Coburg 1989. – F. R., Dichter u. Sprachgelehrter in Erlangen. Hg. v. W. Fischer u. a. Neustadt a. d. Aisch 1990.

Ruck-Pauquèt, Gina [poˈkeː], * Köln 17. Okt. 1931, dt. Kinder- und Jugendbuchautorin. – Nach Tätigkeit in verschiedenen Berufen seit 1958 freie Schriftstellerin. In ihren zahlreichen Bilderbüchern und Geschichten für Kinder spielen Tiere eine große Rolle (›Der kleine Igel‹, 1959; ›Zweiundzwanzig kleine Katzen‹, 1961; ›Eine Handvoll Katze‹, 1979), während sie mit ihren Erzählungen für Jugendliche vorwiegend sozialkrit. Themen aufgreift (›Wie in einer Seifenblase. Emanzipationsgeschichten‹, 1978).

Weitere Werke: Gespenster essen kein Sauerkraut (1959), Joschko (1963), Kommt ein Wölkchen angeflogen (1966), Sandmännchen erzählt von seinen kleinen Freunden (1968), Das große Buch von G. R.-P. (1978), Das Landstraßenglück (1978), Geschichten für das Widder-Kind (1983), Marktfrau Petunia und ihre Freunde (1985), Eine Badewanne voller Geschichten (1993).

Rud, Nils Johan [norweg. rʉːd], * Ringsaker 24. Juli 1908, † Asker 7. Juni 1993, norweg. Schriftsteller. – Repräsentierte in seinen zeittyp. Romanen die themat. und stilist. Wandlungen der neueren norweg. Literatur, von der im kleinbürgerl. Milieu angesiedelten sozialen Krise der 30er Jahre über die Bewältigung des Okkupationstraumas in seinem Hauptwerk, der Trilogie ›Fredens sønner‹, ›Kvinner i advent‹, ›Vi var jordens elskere‹ (1947–49), bis hin zur symbolist. Naturmystik des Spätwerks.

Weitere Werke: Vi skal ha et barn (R., 1933), Så stjeler vi et fattig hus (R., 1934), Jeg er ingen proletar (R., 1935), Die Frau und der Elch (R., 1939, dt. 1953), Markus og bålene (R., 1951), Oppfordring til dans (R., 1957), Bronnen (R., 1971), Evjene (R., 1975), Breen blomster (R., 1980), Ekko i det gamle tun (R., 1982).

Rudaki (tl.: Rūdakī), Abu Abdellah Dschafar [pers. rudæˈkiː], *Rudak bei Samarkand 858, †ebd. 940 oder 941, pers. Gelehrter, Dichter und Musiker. – Lebte in Buchara am Hof des Samanidenkönigs Nasr II., den er in vielen Kassiden besang. Er war einer der gefeiertsten pers. Dichter und gelangte zu sprichwörtl. Reichtum. 938 mußte er den Hof verlassen. Er starb, verarmt und vermutlich erblindet, in seiner Heimat. Der unter R.s Namen überlieferte ›Diwan‹ (hg. 1958) enthält v. a. Kassiden und Ghasele von dem um ein Jahrhundert jüngeren Dichter Ghatran. Aus R.s Schaffen sind nur Teile überliefert; gilt als einer der ältesten Klassiker der pers. Literatur.

Literatur: Enc. Islam Bd. 3, 1936, S. 1261.

Rudčenko, Panas Jakovyč, ukrain. Schriftsteller, †Myrny, Panas.

Rudd, Steele, eigtl. Arthur Hoey Davis [engl. rʌd], *Drayton (Queensland) 14. Nov. 1868, †Brisbane 11. Okt. 1935, austral. Schriftsteller. – Verfasser beliebter Romane, Dramen und Kurzgeschichten. Die Hauptmotive seiner Werke, das Landleben in den Darling Downs im Süden Queenslands und die Stadt, spiegeln autobiographisch seinen Werdegang vom Zureiter und Viehtreiber zum städt. Angestellten und Dichter. Realistisch und tragisch im Frühwerk, betonte er später das Humorvoll-Komische typisierter Landbewohner. Gründer des populären Magazins ›S. R.'s Magazine‹ (1904–29). Wichtige Kurzgeschichtensammlungen: ›On our selection‹ (1899), ›New selection‹ (1903), ›Sandy's selection‹ (1904), ›Back at our selection‹ (1906), ›Stocking our selection‹ (1909).

Weiteres Werk: Green grey homestead (R., 1934).

Literatur: PALMER, V.: S. R. In: Overland 15 (1959). – DAVIS, E. D.: The life and times of S. R. Melbourne 1976.

Rudel, Jaufré, provenzal. Troubadour, †Jaufré Rudel.

Rudkin, David [engl. ˈrʌdkɪn], *London 29. Juni 1936, engl. Dramatiker. – Studierte in Oxford; Lehrer; wurde bekannt durch das Drama ›Vor der Nacht‹ (UA 1960, gedr. 1963, dt. 1969), das in einem Ritualmord gipfelt und zur Welle des zeitgenöss. ›Theaters der Grausamkeit‹ beitrug. Auch in späteren, z. T. experimentellen Stücken geht es R. um die Verdeutlichung repressiver gesellschaftl. und kirchl. Machtstrukturen und unterdrückter primitiver Kräfte. R. schreibt auch Hör- und Fernsehspiele; Übersetzer aus dem Norwegischen und Griechischen.

Weitere Werke: Penda's fen (Fsp., 1973), Ashes (Dr., 1977), Artemis (Fsp., 1981), The sons of light (Dr., 1981), The triumph of death (Dr., 1981), The Saxon shore (Dr., 1986), When we dead awaken (Dr., 1990; nach H. Ibsen), Will's way (Mono-Dr., 1993).

Rudnicki, Adolf [poln. rudˈnitski], *Warschau 19. Febr. 1912, †ebd. 14. Nov. 1990, poln. Schriftsteller. – Bankbeamter; kämpfte 1939 gegen die Deutschen, nahm 1944 am Warschauer Aufstand teil. Stoff seiner erzählenden Werke sind Kriegserlebnisse, die Leiden der poln. Juden und Probleme des Künstlers. Dt. erschienen ›Das lebende und das tote Meer‹ (Nov.n, 1952, dt. 1960), ›Goldene Fenster‹ (2 En., dt. 1959) und ›Die Ungeliebte‹ (En., dt. Ausw. 1964).

Weitere Werke: Krakowskie Przedmieście pełne deserów (= Krakowskie Przedmieście voll von Dessert, Essays, 1986), Dżoker Pana Boga (= Der Joker Gottes, En., 1989).

Ausgaben: A. R. Wybór opowiadań. Warschau 1976. – A. R. Sto jeden. Krakau u. a. 1984–88. 3 Bde.

Rudnicki, Lucjan [poln. rudˈnitski], *Sulejów bei Piotrków Trybunalski 2. Jan. 1882, †Warschau 8. Juni 1968, poln. Schriftsteller. – Kam 1898 nach Łódź, wo er sich der poln. Arbeiterbewegung anschloß und sich aktiv an ihren Kämpfen (1903/04 verbannt) beteiligte. Ein lebendiges Zeitbild gibt sein autobiograph. Roman ›Stare i nowe‹ (= Altes und Neues, 3 Bde., 1948–60); dt. erschien der Roman ›Die Wiedergeburt‹ (1920, dt. 1930).

Rudolf von Ems, *Hohenems (Vorarlberg) um 1200, †in Italien vermutlich vor 1254, mhd. Epiker. – Ministeriale der

Herren von Montfort (Bodensee); wirkte zuerst im engeren Umkreis seiner Heimat. Schrieb dort das Epos ›Der gute Gerhard‹ für Rudolf von Meinach (um 1222–1232) und den ursprünglich auf oriental. Quellen fußenden, in Indien spielenden Legendenroman ›Barlaam und Josaphat‹ (um 1225/30); eine weitere Legende, ›Eustachius‹, ist verloren. Um 1235/40 trat R. in Kontakt zum Stauferhof; in dieser Zeit entstand nach frz. Vorlage im höf. Roman ›Willehalm von Orlens‹ für den schwäb. Reichsministerialen Schenk Konrad von Winterstetten. Anschließend schrieb er die ›Weltchronik‹ (etwa 36 000 Verse) für König Konrad IV. und arbeitete parallel dazu am ›Alexander‹; beide blieben unvollendet. ›Der gute Gerhard‹ verbindet Legendenelemente mit Minne- und Abenteuerthematik: am Beispiel des Kölner Kaufmanns Gerhard wird christlich-ritterl. Verhalten demonstriert (in einer Rahmenhandlung um Kaiser Otto den Großen); der ›Willehalm von Orlens‹ folgt dem spätantiken Romanschema von Trennung und Wiederfindung im Fall des durch Kinderminne verbundenen Paares; Ziel des Werkes ist eine Schule adliger Lebensführung. Auch der ›Alexander‹ hat als Idealbiographie Fürstenlehre zum Ziel. Die ›Weltchronik‹ (bis zum Tod König Salomons) dient der Verherrlichung des Verherrschaftsanspruchs (Preis König Konrads IV.). Stilistisch steht R. in der Tradition Gottfrieds von Straßburg, v. a. im ›Willehalm von Orlens‹ strebt er nach demonstrativ virtuoser Sprachbehandlung; ›Barlaam und Josaphat‹ und die ›Weltchronik‹ sind einfacher gehalten. Sämtl. Werke zeichnet ein stark didakt. Moment aus: Die Lehre äußert sich in Handlungsablauf und Kommentar, ihr Inhalt gründet auf den Werten von feudaler Rechtsordnung und religiöser Heilsordnung, in die das höf. Element integriert ist. Die ›Weltchronik‹ ist reich überliefert.

Ausgaben: R. v. E. Barlaam u. Josaphat. Hg. v. F. PFEIFFER. Lpz. 1843. Neudr. Bln. 1965. – R. v. E. Alexander. Hg. v. V. JUNK. Lpz. 1928–29. 2 Bde. Nachdr. Darmst. 1970. 2 Bde. in 1 Bd. – R. v. E. Weltchronik. Hg. v. G. EHRISMANN. Zü. u. a. ²1967. – R. v. E. Willehalm von Orlens. Hg. v. V. JUNK. Zü. u. a. ²1967.

Literatur: ERTZDORFF, X. VON: R. v. E. Mchn. 1967. – BRACKERT, H.: R. v. E. Dichtung u. Gesch. Hdbg. 1968. – SCHNELL, R.: R. v. E. Studien zur inneren Einheit seines Gesamtwerkes. Bern 1969. – WALLICZEK, W.: R. v. E. ›Der guote Gêrhart‹. Mchn. 1973. – HERZOG, U.: Die Erlösung des Kaufmanns. Der guotê Gerhart des R. v. E. In: Wirkendes Wort 24 (1974), S. 372. – TIPPELSKIRCH, I. VON: Die Weltchronik des R. v. E. Göppingen 1979. – ODENTAL, A.: R. v. E. Eine Bibliogr. Köln 1988.

Rudolf von Fenis (Graf Rudolf II. von Neuenburg), * Mitte des 12. Jh., † vor dem 30. Aug. 1196, mhd. Minnesänger. – Urkundlich bezeugt zwischen 1182 und 1192; lebte im zweisprachigen Gebiet (dt. und roman.) der Westschweiz. Von allen mhd. Lyrikern weist er die engste Beziehung zur Lyrik der Troubadours auf (Kontrafaktur u. a. zu Folquet de Marseille, Peire Vidal und Gace Brulé). Seine Leistung liegt in der Aneignung der provenzal. Formen- und Bildsprache sowie der Minneideologie für die Minnelyrik.

Ausgabe: R. v. F. Des Minnesangs Frühling. Hg. v. H. MOSER u. H. TERVOOREN. Bd. 1. Stg. ³⁷1982.

Literatur: BALDINGER, E.: Der Minnesänger Graf R. v. F. Neuenburg u. Bern 1923.

Rudolf, Graf, mhd. Verserzählung, ↑ Graf Rudolf.

Rueda, Lope de [span. 'rrueða], * Sevilla 1510(?), † Córdoba 1565, span. Dramatiker. – Goldschläger, dann Schauspieler, später auch Leiter einer Wanderbühne; schrieb nach italienischem Vorbild vier Komödien von geringer Bedeutung. Sein Ruhm beruht auf zehn Pasos, derb-schlagfertigen Szenen aus dem Alltagsleben der unteren Stände, voller Komik und Realistik (u. a. ›Las aceitunas‹, ›Los criados‹, ›El convidado‹).

Ausgaben: L. de R. Teatro completo. Hg. v. A. CARDONA DE GIBERT u. G. PALLARDO. Barcelona 1967. – L. de R. Pasos completos. Hg. mit einer Einl. v. F. GARCÍA PAVÓN. Madrid 1967.

Literatur: TUSÓN, V.: L. de R. Bibliografia crítica. Madrid 1965.

Ruederer, Joseph ['ru:ε...], * München 15. Okt. 1861, † ebd. 20. Okt. 1915, dt. Schriftsteller. – Freier Schriftsteller in München; 1896 Mitbegründer des dortigen ›Intimen Theaters‹. Neben Erzählungen verfaßte er satir. Volksstücke, beeinflußt vom naturalist. Drama. Die von N. Gogols ›Revisor‹ angeregte Komödie

›Die Fahnenweihe‹ (1895) entlarvt die doppelte Moral korrupter bayr. Dorfhonoratioren.

Weitere Werke: Ein Verrückter (R., 1894), Tragikomödien (Nov.n, 2 Bde.), 1897–1906), Wallfahrer-, Maler- und Mördergeschichten (1899), Die Morgenröte (Kom., 1905), Wolkenkukkucksheim (Kom., 1909), Der Schmied von Kochel (Trag., 1911), Das Erwachen (R., hg. 1916). **Ausgabe:** J. R. Werkausg. in 5 Bden. Hg. v. H.-R. MÜLLER. Textausw. nach den Erstausg. von M. KORFSMEYER. Mchn. 1987. **Literatur:** MÜLLER-STRATMANN, C.: J. R. (1861–1915). Leben u. Werk ... Ffm. 1994.

Ruef, Jacob, schweizer. Dramatiker, ↑ Ruf, Jacob.

Ruf (Ruef, Ruof), Jacob, * Zürich um 1500, † ebd. 1558, schweizer. Dramatiker. – War Stadtwundarzt in Zürich; schrieb viele erfolgreiche moralisch-didakt. Abhandlungen über bibl. Stoffe sowie die seinen Ruhm begründenden geistl. und weltl. Dramen nach bibl. und historisch-patriot. Stoffen.

Werke: Das Buch Job (1535), Vom wol- und übelstand einer lobl. Eidgenossenschaft (1538; 1847 hg. u. d. T. Etter Heini uss dem Schwitzerland), Ein hüpsch und lustig spyl vom frommen und ersten Eydgenossen Wilhelm Tellen (1545), Lazarus (1552), Geistl. Spiel von der Geburt Christi (1552). **Literatur:** WILDHABER, R.: J. R. Ein Zürcher Dramatiker des 16.Jh. Diss. Basel 1929.

Ruffini, Giovanni, * Genua 20. Sept. 1807, † Taggia (Prov. Imperia) 3. Nov. 1881, italien. Schriftsteller. – Beteiligte sich 1833 an einer Verschwörung zugunsten des italien. Freiheitskämpfers G. Mazzini und mußte deshalb nach England fliehen; lebte bis 1848 im Exil in England und Frankreich. Schrieb wirkungsvolle Romane in engl. Sprache, u. a. ›Lorenzo Benoni, Scenen aus dem Leben eines Italieners‹ (engl. 1853, italien. 1854, dt. 4 Bde., 1854), eine mit autobiograph. Zügen ausgestattete Schilderung der Verschwörung von 1833, und ›Doctor Antonio‹ (engl. 1855, italien. 1856, dt. 1862), in dem er Ausländern ein zutreffendes Bild Italiens vermitteln wollte. Verfasser des Librettos zu G. Donizettis Oper ›Don Pasquale‹ (1843).

Rufinus von Aquileia (Tyrannius R.), * Concordia bei Aquileja um 345, † Messina um 410, lat. Kirchenschriftsteller. – Studium in Rom zusammen mit Hieronymus, ab 368 Asket in Aquileja. 370

Taufe; 371/372 Reise nach Alexandria, wurde Schüler Didymos' des Blinden und Anhänger der Theologie des Origenes; 378–380 Priester in Jerusalem, hier 394 Streit mit Hieronymus, dem Gegner des Origenes; 397 Rückkehr nach Rom, Übersetzung von Origenes' ›De principiis‹, nannte Hieronymus im Vorwort, um das Werk im Westen einzuführen. Anastasius von Rom schlichtete den erneuten Streit. R. kehrte nach Aquileja zurück (400) und starb auf der Flucht vor den Westgoten. Von großer Bedeutung als Übersetzer griech. Kirchenväter, da die Originale oft verloren gegangen sind. **Literatur:** ALTANER, B./STUIBER, A.: Patrologie. Freib. ⁹1980. S. 392.

Rúfus, Milan [slowak. 'ru:fus], * Závažná Poruba 10. Dez. 1928, slowak. Lyriker. – In seinem lyr. Frühwerk, das von der Nachkriegsthematik bestimmt ist, finden sich Einflüsse der Avantgarde. Später sucht R. die Verbindung zu Malerei, Musik, Fotografie sowie zur Folklore; auch Essayist und Übersetzer.

Rugge, Heinrich von, mhd. Lyriker, ↑ Heinrich von Rugge.

Rühm, Gerhard, * Wien 12. Febr. 1930, österr. Schriftsteller und Komponist. – Musikstudium an der Staatsakademie in Wien. Ausgedehnte Reisen durch Europa und den Nahen Osten. Beschäftigung mit oriental. Musik in Beirut. Vorwiegend literarisch tätig ab 1954, als sich R. mit F. Achleitner, H. C. Artmann, K. Bayer und O. Wiener zur sog. Wiener Gruppe zusammenschloß. 1964 übersiedelte er nach Berlin, lebt derzeit in Köln. R. ist ein bedeutender Vertreter der konkreten Poesie und gilt als einer der wichtigsten Anreger der österr. Literatur nach 1945. Bei seinen Arbeiten geht es ihm um die verschiedenen Entfaltungsmöglichkeiten der Sprache; dabei prägte seine Herkunft aus der Musik den Zugang zur Literatur, diese wiederum führte ihn zur bildenden Kunst. Entsprechend vielfältig, ›multimedial‹, sind die Ergebnisse: Lautdichtungen, Textmontagen (auch mit Farben), Dialektgedichte, Seh- und Hörtexte, Theaterstücke, Happenings, Chansons. U. a. erhielt er 1983 den Hörspielpreis der Kriegsblinden, 1991 den Großen österr. Staatspreis.

Werke: hosn rosn baa (mit F. Achleitner und H. C. Artmann, 1959), Konstellationen (Ged., 1961), Thusnelda Romanzen (1968), fenster (Texte, 1968), Gesammelte Gedichte und visuelle Texte (1970), Ophelia und die Wörter. Gesammelte Theaterstücke 1954–71 (1972), Räuberhauptmann Grasel (Hsp., 1976; in: Protokolle), bleistiftmusik (Dias und Tonkassette, 1983), visuelle musik (1984), melogramme (1984), wintermärchen – ein radiomelodram (1984), Reisefieber. Theatral. Ereignisse in fünf Teilen (1989), Geschlechterdings. Chansons, Romanzen, Gedichte (1990), Sämtl. Wiener Dialektdichtungen (1993), textall (R., 1993), Bravo. Ein Sittenbild aus den fünfziger Jahren (1994).

Ausgabe ↑ Achleitner, Friedrich.

Rühmkorf, Peter, * Dortmund 25. Okt. 1929, dt. Schriftsteller. – Gehörte zur Gruppe 47; Verlagslektor, heute freier Schriftsteller in Hamburg. Als Lyriker (›Heiße Lyrik‹, 1956, mit W. Riegel; ›Kunststücke‹, 1962) und Dramatiker (›Was heißt hier Volsinii?‹, 1969; ›Die Handwerker kommen‹, 1974) bezieht R. eine gesellschafts- und zeitkrit. Position, bevorzugt einen gelegentlich burlesken, frivol-aggressiven, ›januszüngigen‹ Stil, besitzt eine Vorliebe für Wortspiele und Sprachvariationen mit dem Ziel, nach dem eigentl. Sinn eines Wortes zu fragen bzw. ihn neu herzustellen. Auch Verfasser von literaturkrit. Essays und Abhandlungen (›Über das Volksvermögen. Exkurse in den literar. Untergrund‹, 1967) sowie einer Monographie über W. Borchert (1961). Bekannt auch durch den Vortrag seiner Lyrik zu Jazzimprovisationen. Erhielt 1988 den Heinrich-Heine-Preis, 1993 den Georg-Büchner-Preis.

Weitere Werke: Ird. Vergnügen in g (Ged., 1959), Die Jahre die ihr kennt. Anfälle und Er-

Peter
Rühmkorf

innerungen (1972), Lombard gibt den Letzten (Schsp., 1972), Walther von der Vogelweide, Klopstock und ich (Essays, Ged., Gespräche, 1975), Phoenix voran! (Ged., 1977), Strömungslehre I. Poesie (Prosa, 1978), Haltbar bis Ende 1999 (Ged., 1979), agar agar – zaurzaurim. Zur Naturgeschichte des Reims und der menschl. Anklangsnerven (1981), Der Hüter des Misthaufens. Aufgeklärte Märchen (1983), Bleib erschütterbar und widersteh. Reden, Aufsätze, Selbstgespräche (1984), Dreizehn dt. Dichter (1989), Einmalig wie wir alle (Ged., 1989), Komm raus! Gesänge, Märchen, Kunststücke (1992), Laß leuchten! Memos, Märchen, TaBu, Gedichte, Selbstporträt mit und ohne Hut (1993).

Ausgabe: P. R. Ges. Gedichte. Rbk. 1976.

Literatur: BEKES, P./BIELEFELD, M.: P. R. Mchn. 1982. – P. R. Seine Lyrik im Urteil der Kritik. Hg. v. D. LAMPING u. S. SPEICHER. Bonn 1987. – P. R. Hg. v. H. L. ARNOLD. Mchn. 1988. – Zw. Freund Hein u. Freund Heine: P. R. Hg. v. M. DURZAK u. a. Rbk. 1989.

rührender Reim ↑ Reim.

Rührstück, triviale, rührselige Variante des bürgerl. Trauerspiels der Empfindsamkeit. Das dt. R. entspricht der engl. ›sentimental comedy‹ (R. Steele) und der ›domestic tragedy‹ (G. Lillo) sowie der frz. ↑ Comédie larmoyante. Die Handlung spielt meist im Kreis der bürgerl. Familie; Konflikte werden durch den biederen Sieg unerschütterl. Tugend im Versöhnungsschluß wieder aufgehoben. Populäre dt. Vertreter des R.s waren H. L. Wagner, F. L. Schröder und v. a. A. W. Iffland und A. von Kotzebue. Figuren des R.s, Situationsklischees, Handlungselemente und kleinbürgerl. Moralvorstellungen finden sich im ↑ Melodrama und in der Trivialdramatik des 19. Jh. (Ch. Birch-Pfeiffer, R. Benedix) und im Familienfilm des 20. Jahrhunderts.

Literatur: GLASER, H. A.: Das bürgerl. R. Stg. 1969. – PIKULIK, L.: ›Bürgerl. Trauerspiel‹ u. Empfindsamkeit. Köln ²1981. – KRAUSE, M.: Das Trivialdrama der Goethezeit. Produktion u. Rezeption. Bonn 1982.

Ruisbroeck, Jan van [niederl. 'rœȳzbruk], fläm. Mystiker, ↑ Ruusbroec, Jan van.

Ruiz, José Martínez [span. rruiθ], span. Schriftsteller, ↑ Azorín.

Ruiz, Juan [span. rruiθ], genannt Arcipreste de Hita, * Alcalá de Henares 1283 (?), † um 1350, span. Dichter. – Erzpriester in Hita bei Alcalá; einer der herausragenden Autoren der mittelalterl. Literatur Spaniens; sein umfangreicher ›Libro de buen amor‹ (erhalten in drei Handschriften nach zwei Fassungen von 1330 und [erweitert] 1343 [7 173 Verse], hg. 1790, dt. Ausw. 1960 u. d. T. ›Aus dem Buch der guten Liebe‹), ein moralischdidakt. Traktat über die Liebe in fingierter autobiograph. Form nach lat., mittellat., arab. u. a. Quellen, gibt ein umfassendes Lebens- und Sittenbild Spaniens im 14. Jh. in origineller stoffl. und formaler Vielfalt: Fabeln, realist. Erzählungen, geistl. und weltl. Gedichte u. a. in bunter Folge, wobei Satire und Pessimismus durch Humor gemildert werden.

Ausgabe: J. R. El libro de buen amor. Krit. Ausg. v. J. COROMINAS. Madrid 1967. **Literatur:** LEO, U.: Zur dichter. Originalität des Arcipreste de Hita. Ffm. 1958. – ZAHAREAS, A. N.: The art of J. R., archpriest of Hita. Oxford 1965. – ›Libro de buen amor‹-studies. Hg. v. G. B. GYBBON-MONYPENNY. London 1970. – BOBES NAVES, R.: Clerecía y juglaría en el siglo XIV. ›Libro de buen amor‹. Madrid 1980. – REYNAL, V.: El ›buen amor‹ del Arcipreste de Hita y sus secretas razones. Alcácer 1982.

Ruiz de Alarcón y Mendoza, Juan [span. 'rr̯ui̯ð ðe alar'kon i men'doθa], *Tasco (Mexiko) 1581(?), †Madrid 4. Aug. 1639, span. Dramatiker. – Kam 1600 aus Mexiko nach Spanien; studierte Rechtswiss. in Mexiko und Salamanca, war dann Anwalt, ab 1626 bei der Verwaltungsbehörde für Westindien. Verfasser von rund 20 formal glänzenden moralisierenden Dramen (Comedias), mit denen er P. Corneille und C. Goldoni beeinflußte.

Werke: Verdächtige Wahrheit (Kom., 1634, dt. 1967, 1844 u. d. T. Selbst die Wahrheit wird verdächtig), Der Weber von Segovia (Kom., 1634, dt. 1845), Das Ehemänner-Examen (Kom., 1634, dt. 1925, 1867 u. d. T. Examen für Ehemänner), So gewinnt man Freunde (Kom., 1634, dt. 1904). **Ausgaben:** J. R. de A. y M. Obras completas. Hg. v. A. V. EBERSOLE. Valencia 1966. 2 Bde. – R. de A. Mantel u. Degen. Neun Komödien. Dt. Übers. Mit einem Nachwort v. M. FRANZBACH. Mchn. 1969. **Literatur:** JIMÉNEZ RUEDA, J.: J. R. de A. y su tiempo. Mexiko 1939. – GRANADOS, J.: J. R. de A. e il suo teatro. Mailand 1954. – CLAYDON, E. E.: J. R. de A., baroque dramatist. Madrid 1970. – FOLEY, A. E.: Occult arts and doctrine in the theater of J. R. de A. Genf 1972. – POESSE, W.: J. R. de A. New York 1972.

Ruiz de Nervo, Juan Crisóstomo [span. 'rr̯uiz ðe 'nɛrβo], mex. Dichter, †Nervo, Amado.

Ruiz de Santayana y Borrás, Jorge Agustín Nicolás [span. 'rr̯ui̯ð ðe santa-'jana i βo'rras], amerikan. Dichter und Philosoph, †Santayana, George [de].

Rulfo, Juan, *Sayula (Jalisco) 16. Mai 1918, †Mexiko 7. Jan. 1986, mex. Schriftsteller. – Übte mit dem Erzählungsband ›Der Llano in Flammen‹ (1953, dt. 1964) und dem als ›magisch-realistisch‹ bezeichneten Roman ›Pedro Páramo‹ (1955, dt. 1958) starken Einfluß auf die gesamte lateinamerikanische Literatur aus. Gestaltet in suggestiv bildhaften Szenen und knapper, klarer Sprache die Lebensproblematik der zumeist indianischen Bevölkerung seiner Heimatprovinz. Seine einzige weitere Publikation sind drei Erzählungen (›El gallo de oro‹, 1980, z. T. dt. 1984 u. d. T. ›Der goldene Hahn‹).

Literatur: RODRÍGUEZ ALCALÁ, H.: El arte de J. R. Mexiko 1965. – GORDON, D. K.: Los cuentos de J. R. Madrid 1976. – GONZÁLEZ BOIXO, JOSÉ C.: Claves narrativas de J. R. León 1980. – VERDUGO, I. H.: Un estudio de la narrativa de J. R. Mexiko 1982. – PORTAL, M.: R. Dinámica de la violencia. Madrid 1984. – EZQUERRO, M.: J. R. Paris 1987.

Rulman Merswin [...svi:n], *Straßburg 1307, †ebd. 18. Juli 1382, dt. Mystiker. – Kaufmann in Straßburg, gab 1347 seinen Beruf auf und gehörte ab etwa 1350 den Straßburger Gottesfreunden, den Anhängern Johannes Taulers an; lebte ab 1380 in seiner von den Johannitern verwalteten Stiftung Grünenwörth. Verfaßte geistl. Sendschreiben und Traktate (z. T. unter der fiktiven Gestalt des Gottesfreundes vom Oberland). Er stellt seine eigene geistl. Entwicklung dar (›Vier anfangende Jahre‹) und entwirft im ›Neunfelsenbuch‹ eine Allegorie des menschlichen Heils. Seine geistlichen Schriften sind ein wichtiges Zeugnis der religiösen Laienemanzipation im 14. Jahrhundert.

Ausgabe: R. M. Vier angefangene Jahre. Des Gottesfreundes Fünfmannbuch. Hg. v. PH. STRAUCH. Halle/Saale 1927. – R. M. Sieben bisher unveröffentlichte Traktate u. Lektionen. Hg. v. PH. STRAUCH. Halle/Saale 1927. – R. M. Neun-Felsen-Buch. Hg. v. PH. STRAUCH. Halle/Saale 1929.

rumäniendeutsche Literatur, Bez. für die Literatur der deutschsprachigen Minderheiten im heutigen Rumänien; sie entstand aus der deutschsprachigen Dichtung Siebenbürgens, des Banats und der Bukowina. Die Dichtung der Siebenbürger Sachsen reicht ins 12. Jh., die der Banater Schwaben bis ins 18. Jh. zurück; die Bukowina weist durch ihre Zugehörigkeit zur Habsburgermonarchie von 1775–1919 bed. Vertreter deutschsprachiger Literatur auf; wechselnd im Lauf der Geschichte umfaßten die deutschsprachigen Gebiete auch Teile des heutigen Ungarn, Jugoslawien und der Sowjetunion. Von den Siebenbürger Sachsen sind seit dem MA mundartl. Volksdichtung, Märchen, Sagen und Balladen bekannt, die eine starke Bindung an Deutschland zu erkennen geben. Auch die Humanisten und Historiographen des 16. Jh. wie Johannes Honterus (* 1498, † 1549), auf den die 1. Druckerpresse in Südosteuropa zurückgeht, Christian Schesäus (* 1536, † 1585) und Albert Huet (* 1537, † 1607) sind ohne die Wechselbeziehungen zu den Entwicklungen in Deutschland undenkbar. Im 17./18. Jh. spielten siebenbürgisch-sächs. Autoren v. a. im Ausland eine Rolle (Auswanderung in die USA), während die Literatur der Banater Schwaben sich heimatl. Sujets zuwandte. Daneben verdienen Umdichtungen der aus Deutschland übernommenen Volks- und Kirchenlieder und bes. Bearbeitungen europ. Theaterdichtung Erwähnung (1677 erste Shakespeareaufführung in Kronstadt). Die wichtigen Autoren des 19. Jh., z. T. an der Revolution 1848/49 maßgeblich beteiligt, waren der Lyriker Joseph Marlin (* 1824, † 1849), der Erzähler und Dramatiker Daniel Roth (* 1801, † 1859), der Mundartdichter Viktor Kästner (* 1826, † 1857) sowie der Pfarrer und Chronist Stephan Ludwig Roth (* 1796, † 1849). Romantisierende Tendenzen brachten eine Fülle wiss. und histor. Schriften und Sammlungen von Märchen und Gedichten hervor; eine Spaltung charakterisiert die r. L. fortan: einerseits anspruchslose Heimatliteratur, andererseits Dichtung, v. a. Lyrik, die übernationale, allgemein menschliche Themen behandelt. Um eine ästhet. Erziehung seiner siebenbürg. Leserschaft bemühte sich A. Meschendörfer; A. Müller-Guttenbrunn zielte auf ein starkes banat-schwäb. Gemeinschaftsbewußtsein. Die literar. Produktion nach dem 1. Weltkrieg belebten Romane und Erzählungen H. Zillichs, E. Wittstocks, O. W. Ciseks, Otto Alschers (* 1880, † 1945); einen eigenen Weg schlugen Autoren jüd. Herkunft in der Bukowina ein (A. Margul-Sperber, P. Celan, Alfred Kittner [* 1906], R. Ausländer, Immanuel Weissglas [* 1920, † 1979]).

Von der Gründung der Rumän. Volksrepublik bis in die zeitgenöss. Literatur eint die rumäniendt. Autoren das Bestreben, die Werte ihrer Heimat zu behaupten, ihre geistige Substanz zu erschließen, die Geschichte zu verarbeiten, aber auch offen zu sein für Einflüsse, die die Sprach- und Mentalitätsgrenzen überwinden können (Franz Liebhard [* 1899], Andreas Birkner [* 1911], Wolf von Aichelburg [* 1912], Georg Scherg [* 1917], Hans Bergel [* 1925], Franz Storch [* 1927, † 1983], Franz Heinz [* 1929], Arnold Hauser [* 1929]). In dem vom rumän. Staat mehr oder weniger gewährten Freiraum entwickelte sich ein differenziertes lebendiges literar. Leben in allen seinen Ausprägungen, dem an Selbstfindung und Selbstbehauptung gelegen war (Irene Mokka [* 1915, † 1973], Paul Schuster [* 1930], Hans Liebhardt [* 1934]). Sprache wird zum Ausweis einer Eigenart in der Spannung von wandlungsfähiger Mundart bis zu ihrer symbolistisch-hermet. Verwendung (Hans Mokka [* 1912], Klaus Kessler [* 1925], Claus Stephani [* 1938], Joachim Wittstock [* 1939], Werner Söllner [* 1951]); einen originären poet. Ton weisen Gedichte Anemone Latzinas (* 1942), R. Bosserts, Franz Hodjaks (* 1944) und Richard Wagners auf. Die Bindung an eine Minderheitenkultur, die weitgehend ohne Rezeptions- und Publikationsmöglichkeiten, ohne Verbindung zur lebendigen dt. Sprache existiert, wird Thema bei Herta Müller, R. Bossert, Dieter Schlesak (* 1934). Den Repressionen durch das kommunist. Regime suchten sich durch Ausreise in die BR Deutschland zu entziehen: u. a. A. Birkner, H. Bergel, W. von Aichelburg, R. Bossert, H. Müller und

R. Wagner. Nach den polit. Veränderungen in Rumänien hat nun auch eine starke literar. Neuorientierung eingesetzt. Schriftsteller wie der Lyriker H. Britz (* 1956) lehnen den Begriff einer ›r. L.‹ ab. Sie sprechen von der deutschsprachigen Literatur in Rumänien. Im Umkreis der in Bukarest erscheinenden Zeitschrift ›Neue Literatur‹ artikuliert sich die jüngste Generation, die sich strikt gegen eine landsmannschaftl. Begrenzung der ›r. L.‹ wendet.

Literatur: KLEIN, K. K.: Rumän.-dt. Literaturbeziehungen. Hdbg. 1929. – KLEIN, K. K.: Literaturgesch. des Deutschtums im Ausland. Lpz. 1939. Nachdr. Hildesheim 1979. – Nachrichten aus Rumänien. R. L. Hg. v. H. STIEHLER. Hildesheim u. New York 1976. – Reflexe. Hg. v. E. REICHRATH. Bukarest 1977. 2 Bde. – MOTZAN, P.: Die rumäniendt. Lyrik nach 1944. Klausenburg 1980. – MOTZAN, P.: Streiflichter. Studien und Essays zur r. L. Klausenburg 1985. – BERGEL, H.: Literaturgesch. der Deutschen in Siebenbürgen. Thaur ²1988. – Nachruf auf die r. L. Hg. v. W. SOLMS. Marburg 1990. – Die r. L. in den Jahren 1918–1944. Bearb. v. J. WITTSTOCK u. a. Bukarest 1992. – Die siebenbürgisch-dt. Lit. als Beispiel einer Regionallit. Hg. v. A. SCHWOB u. a. Köln 1993.

rumänische Literatur, der erst im 16. Jh. einsetzenden geschriebenen Literatur ging eine umfangreiche **Volksdichtung** mit vielen Gattungen voraus. An erster Stelle stand die lyr. Doinǎ (schwermütige Liebes-, Sehnsuchts- und Heimatlieder), daneben Grabgesänge, Tanzlieder, Balladen (berühmt: ›Miorița‹ [= Das Lämmchen]), Krippenspiele, Märchen usw.; in dieser Volksdichtung ist die gesamte r. L. bis in die Gegenwart verwurzelt.

In der r. L. lassen sich zwei voneinander wesentlich verschiedene Perioden unterscheiden: eine ältere, bis zur Mitte des 19. Jh., und eine neuere, von 1860 an, der von etwa 1800 an eine vorbereitende Übergangszeit vorangig. Die ältere Periode ist gekennzeichnet durch ihre enge Verbundenheit mit der byzantin., südslaw., poln. und ungar. Literatur sowie durch die unterschiedl. Entwicklung in den verschiedenen Landesteilen. Die Loslösung vom Osten erfolgte durch die neugriech. und italien. Literatur, vermittelt durch die Phanarioten in den Fürstentümern und die Rumänen Siebenbürgens. Die moderne Epoche beginnt mit der Einigung der Fürstentümer Walachei und Moldau (1859) und ist gekennzeichnet durch die entschiedene Hinwendung zum Westen, bes. zur frz. Kultur.

Ältere Periode: Erstes überliefertes Dokument in rumän. Sprache ist der Brief des Bojaren Neacșu vom Jahre 1521. Zunächst herrschten Werke liturg. Inhalts vor. Aus den Klöstern im Norden Siebenbürgens und in Maramureș sind u. a. die Handschriften von drei Psalterübersetzungen und einer Apostelgeschichte (›Codicele Voronețean‹) überliefert. Bald wurden in Siebenbürgen und in der Moldau Druckereien eingerichtet. Dem Drucker D. Coresi sind u. a. die Übersetzung des luther. Katechismus zu verdanken, eine Apostelgeschichte, die Evangelien und eine Psalterausgabe. Im 16. Jh. trat die r. L. ebenbürtig neben die slawische. Gedruckt wurden Volksbücher (›Alexandria‹, die Geschichte von Barlaam und Josaphat u. a.), Heiligenleben, meist Übersetzungen aus dem Slawischen oder Griechischen. Im 17. Jh. entfaltete sich eine Geschichtsschreibung in rumän. Sprache. Unter dem Einfluß des poln. Humanismus entstanden die moldauischen Chroniken eines Grigore Ureche (* 1590, † 1647), Miron Costin (* 1633, † 1691) und Ion Neculce (* 1672, † um 1745); die bekannteste Chronik verfaßte Constantin Cantacuzino (* um 1640, † 1716). Auf der Höhe westl. Geschichtsschreibung stehen die Werke des Polyhistors Fürst Dimitrie Cantemir. 1688 erschien in Bukarest auf Veranlassung des Fürsten Șerban Cantacuzino die erste vollständige Bibelübersetzung (›Biblia lui Șerban‹). Unter der *Phanariotenherrschaft (1711–1821)* erlebte Rumänien einen kulturellen Aufstieg. Die griech. Statthalter der Hohen Pforte vermittelten die Bekanntschaft mit dem Westen. Übersetzt wurden u. a. P. Metastasio und V. Alfieri, J. Racine, Goethe und A. von Kotzebue. In der Walachei traten vier Mitglieder der Familie Vǎcǎrescu als Dichter hervor, u. a. Iancu Vǎcǎrescu (* 1792, † 1863), der als ›Vater der rumän. Poesie‹ gilt. In Siebenbürgen erkannten drei in Rom ausgebildete Priester (Samuil Micu [* 1745, † 1806], Gheorghe Șincai [* 1754, † 1816], Petru Maior [* 1760?, † 1821]) den Zusammenhang des Rumänischen mit dem Lateinischen. Die sog. Siebenbürg. Schule (Şcoala ardeleană, mit dem Zentrum in Blaj) versuchte, die rumän. Sprache mit lat. und italien. Wörtern zu durchsetzen und die lat. Schrift einzuführen. Den Latinismus der Şcoala ardeleană übertrug der Siebenbürger Gheorghe Lazăr (* 1779, † 1823) nach Bukarest. Das bedeutendste Dichtwerk schuf jedoch, aus der Volkssprache schöpfend, Ion Budai-Deleanu (* um 1760, † 1820) mit seinem Epos aus dem Zigeunerleben ›Ţiganiada‹ (hg. 1875–77).

1821–1860: Nach 1821 gewann der nat. Gedanke an Bedeutung, damit auch die Hinwendung zum Westen. Neben zahlreichen Übersetzungen aus dem Französischen erschienen die ersten rumän. Zeitungen, ›Curierul Românesc‹ (1829) in Bukarest und ›Albina Românească‹ (1829) in Jassy, in denen sich exemplarisch die Gleichzeitigkeit der Auseinandersetzung mit Klassizismus und Romantik Westeuropas spiegelte. Für die Entwicklung des rumän. Theaters sorgte in Bukarest I. Heliade-Rădulescu. Eine an der Romantik und an der rumän. Tradition orientierte Lyrik schuf G. Alexandrescu. Zum Theoretiker der Traditionalisten wurde der Historiker M. Kogălniceanu. Aus dem Traditionalismus gingen hervor der Lyriker und Dramatiker V. Alecsandri sowie C. Negruzzi, Dramatiker und Verfasser histor. Novellen (›Alexandru Lăpuşneanu‹, 1840, dt. 1933).

Neuere Periode: Die Anregungen der Übergangszeit trugen ihre Früchte. Führend war T. L. Maiorescu, der Begründer der rumän. Literaturkritik. Um die von ihm in Jassy gegründete Zeitschrift ›Convorbiri literare‹ (1867–1944) sammelte sich der Kreis der †Junimea, der die wichtigsten rumän. Dichter der Zeit angehörten; neben dem Historiker Alexandru D. Xenopol (* 1847, † 1920) v. a. der Lyriker M. Eminescu, der Dramatiker I. L. Caragiale, der Erzähler I. Creangă und der Novellist I. Slavici. In Gegensatz zu Maiorescu trat in Jassy der Sozialist Constantin Dobrogeanu-Gherea (* 1855, † 1920) mit seiner Zeitschrift ›Contemporanul‹ (1881–91), in Bukarest der Historiker und Hg. eines

etymolog. Wörterbuchs B. P. Hasdeu. In scharfem Gegensatz zur Junimea standen ferner die Siebenbürger Latinisten (Timotei Cipariu [* 1805, † 1887] u. a.). Der bedeutendste Gegner der Junimea wurde A. Macedonski, der sich an den frz. Parnassiens orientierte. Der Junimea näher standen der Lyriker A. Vlahuţă, der Novellist B. Delavrancea und D. Zamfirescu, der mit seinem Romanzyklus ›Romanul Comăneştenilor‹ (5 Bde., 1894–1911, dt. Teilausg. 1967 u. d. T. ›Das Leben auf dem Lande ...‹) ein zutreffendes Bild der Zeit schuf. Im Gegensatz zu dem pessimist. Eminescu stand der lebensfrohe Bauerndichter G. Coşbuc. Den an der bodenständigen Dichtung sich orientierenden Schriftstellern gaben Coşbuc und Alexandru Vlahuţă (* 1858, † 1919) in der Zeitschrift ›Sămănătorul‹ (1901–09) einen Sammelplatz. Zu diesem Kreis gehörten u. a. der Lyriker O. Goga sowie der Meister der Kurzgeschichte I. A. Brătescu-Voineşti. Vor dem *1. Weltkrieg* entwickelte sich der rumän. Symbolismus (Vertreter u. a. D. Anghel, I. Minulescu). Diese Richtung überdauerte den Krieg, ihre Vertreter sammelten sich um die Zeitschrift ›Gîndirea‹ (1921–44): u. a. G. Bacovia, N. Crainic und L. Blaga. Über den 2. Weltkrieg hinaus lebte diese Richtung weiter in den Modernisten A. Maniu und I. Barbu. Die führenden Prosaisten der Zeit zwischen den Weltkriegen waren L. Rebreanu und M. Sadoveanu.

Aus der Vorkriegszeit wirkten bis in die *60er Jahre* hinein der Lyriker T. Arghezi, ferner M. Beniuc, D. Botez und der Romanautor M. Sadoveanu, die Erzähler Cezar Petrescu und Camil Petrescu, der, ebenso wie G. Călinescu, auch als Kritiker einflußreich war. Als Literaturkritiker ragten ferner hervor Perpessicius (Pseudonym für Dimitrie S. Panaitescu [* 1891, † 1971]) und Tudor Vianu (* 1898, † 1964), als Dramatiker Victor Eftimiu (*1889, † 1973). Bekanntere Vertreter der ihnen folgenden Generation waren u. a. die Romanautoren E. Barbu, M. Preda und P. Goma sowie der Lyriker A. E. Baconsky. Seit Mitte der 60er Jahre kennzeichneten die r. L. die Wiederaufnahme der vielfältigen stilist. Mittel der Zwischenkriegszeit, die intensive Rezeption moderner westl. Literatur (J. Joyce, F. Kafka, M. Proust) und das Eingeständnis des histor. Wandels des Realismusbegriffes im Anschluß an L. Aragon und Roger Garaudy (* 1913). Als Manifest dieser Tendenzen gilt das Nachwort zu ›Tinereţea lui Don Quijote‹ (= Die Jugend des Don Quijote, 1968) von M. Sorescu. Darüber hinaus war neben einem parteilich-gesellschaftl. Engagement eine antirealist. Phantastik sowie die ästhetisierende Erprobung neuer Formen und Stile zu beobachten, z. B. bei L. Dimov, N. Stănescu, S. Mărculescu (* 1936) und I. Alexandru. Zunehmende Einschränkung der Meinungsfreiheit und der literar. Darstellungsmöglichkeiten, v. a. in den *70er Jahren,* veranlaßten (wie schon vorher den Religionsphilosophen und Erzähler M. Eliade) die Romanciers P. Dumitriu, P. Goma und P. Popescu (*1944) zur Emigration. Gleichwohl bewahrte sich die r. L. Überlebensräume, wie die leidenschaftl. Dichtungen Adrian Păunescus (*1943), die nach einer umfassenden Harmonie von Natur und Zeit strebenden Texte A. Blandianas und die von der okzidentalen literar. Tradition seit der Antike geprägten Werke I. Alexandrus ebenso beweisen wie die Romane und Theaterstücke von Dumitru Radu Popescu (* 1935) oder die histor. Dramen von M. Sorescu und Dan Tărchilă (*1923). Im westl. Ausland fanden unter literar. und polit. Aspekten Romane von Vintila Ivanceanu ([* 1940]; ›Aus‹, dt. 1971) und P. Goma (›Ostinato‹, dt. 1971) bes. Beachtung. Auf die andauernde polit. Repression reagierte die r. L. jedoch nicht nur mit einer verstärkten Auseinandersetzung mit nat. Traditionen als Ausdruck einer Identitätssuche auf der Basis von Mythen und Symbolen (z. B. Ion Gheorghe [* 1935] ›Zoosophia [= Die Zoosophie] 1967), sondern auch durch die Forcierung der Produktion trivialer und unterhaltender Genres, die in schlichter Sprache konfliktscheu und idealisierend alltägliche Fluchten aus einer ökonomisch und sozial bedrohl. Situation gewährten. Mit ihrer sozialkritisch-erzählenden Prosa vermochten sich dagegen auch Autoren wie Constantin Ţoiu (* 1923), Augustin Buzura (* 1938)

und M. Sorescu nicht zu behaupten, wie darüber hinaus die Kritik an der Sozialismuskritik der siebziger Jahre oder die lakon. Deskription gesellschaftl. Fakten bei Alexandra Târziu (* 1937), Mihai Sin (* 1942), Dumitru Dinulescu (* 1942), Ioan Radin (* 1945), Alexandru Papilian (* 1947), Mircea Nedelciu (* 1950) u. a. beweist.

Das grundsätzl. polit. Engagement der rumän. Autorinnen und Autoren war auch beim Sturz des Diktators N. Ceauçescu im Dez. 1989 wirksam und prägt das rumän. Literaturleben bis in die unmittelbare Gegenwart. Die durch die polit. Veränderungen gewonnene Publikationsfreiheit wird v. a. dazu benutzt, die erschütternden Zeugnisse der kommunist. Gewaltherrschaft (an erster Stelle Berichte, Tagebücher, Erinnerungen aus dem Gefängnis, z. B. von Constantin Noica [* 1909, † 1987] und Nicolae Steinhardt [* 1912, † 1985]) die bis dahin mit Publikationsverbot belegten Werke regimekrit. Autoren zu veröffentlichen. Darüber hinaus bemüht man sich, im Rahmen der erstrebten Wiederherstellung zumindest einer geistig-literar. Kontinuität intensiv um die Rehabilitierung von Persönlichkeiten, die der Willkür der kommunist. Zensur zum Opfer fielen (Nae Ionescu [*1890, † 1940]; Mircea Vulcanescu [* 1904, † 1952]) sowie um die Reintegration der rumän. Exilliteratur der älteren (M. Eliade, E. Cioran, P. Dumitriu) und der jüngeren (P. Goma, Dumitriu Tepeneag [* 1937]) Generation.

Literatur: CĂLINESCU, G.: Istoria literaturii române de la origini pînă in prezent. Bukarest 1941. – MUNTEANU, B.: Gesch. der neueren rumän. Lit. Dt. Übers. Wien 1943. – LUPI, G.: Storia della letteratura rumena. Florenz ³1955. – MICU, D.: Istoria literaturii române (1910–1918). Bukarest 1964–65. 2 Bde. – Istoria literaturii române. Hg. v. G. CĂLINESCU u. a. Bukarest ¹⁻²1968–73. 3 Bde. – MICU, D./MANOLESCU, N.: R. L. der Gegenwart 1944–1966. Dt. Übers. Mchn. 1968. – GABANYI, A. U.: Partei u. Lit. in Rumänien seit 1945. Mchn. 1975. – Scriitori români. Hg. v. M. ZACIU. Bukarest 1978. – Literatura română și originile române de la origini pînă la 1900. Hg. v. der Academia Republicii Socialiste România. Bukarest 1979. – Literatura română. Dicţionar cronologic. Bearb. v. I. C. CHIŢIMIA u. a. Bukarest 1979. – STANOMIR, G.: Die rumän. Dramatik nach 1945. Ffm. u. a. 1979. – CARTOJAN, N.: Istoria literaturii române vechi.

Bukarest 1980. – POPA, M.: Gesch. der r. L. Dt. Übers. Bukarest 1980. – CIOPRAGA, C.: The personality of Rumanian literature. A synthesis. Engl. Übers. Jassy 1981. – Lit. Rumäniens. 1944–1980. Einzeldarstt. Von einem Autorenkollektiv unter der Leitung v. Z. DUMITRESCU-BUȘULENGA u. M. BUCUR. Dt. Übers. Bln. 1983. – BEHRING, E.: Vierzig Jahre Lit. im sozialist. Rumänien. In: Beitrr. zur Roman. Philologie, Bd. 23 (1984), S. 5 (mit Bibliogr.). – Rumän.-dt. Interferenzen. Akten des Bukarester Kolloquiums über Literatur- und Geistesbeziehungen zw. Rumänien und dem dt. Sprachraum vom 13.–15. Okt. 1983. Hg. v. K. HEITMANN. Hdbg. 1986. – Rumänistik in der Diskussion. Sprache, Lit. u. Gesch. Hg. v. G. HOLTUS u. E. RADTKE. Tüb. 1986. – BEHRING, E.: Rumän. Lit.-Gesch. Von den Anfängen bis zur Gegenwart. Konstanz 1994.

Rumi, Dschalal od-Din, pers. Dichter und Mystiker, ↑ Dschalal od-Din Rumi.

Rummo, Paul-Eerik, * Reval 19. Jan. 1942, estn. Dichter. – Formulierte das Lebensgefühl der Nachkriegsgeneration in assoziationsreicher, suggestiver Lyrik mit unablässigem Wandel der Stimmungen zwischen abgeklärtem Optimismus, Unruhe und Ängsten; auch Schauspiel- und Drehbuchautor, Übersetzer.
Werke: Luulet 1960–1967 (= Dichtung 1960–1967, Ged., 1968), Tuhkatriinumäng (= Aschenputtelspiel, Dr., 1969), Saatja aadress (= Die Adresse des Absenders, Ged., 1991).

Rumohr, Carl Friedrich von, Pseudonym Joseph König, * Reinhardsgrimma bei Dresden 6. Jan. 1785, † Dresden 25. Juli 1843, dt. Schriftsteller und Kunsthistoriker. – Studierte in Göttingen Kunstgeschichte, trat zum kath. Glauben über; Studienreisen führten ihn oft nach Italien. R. war einer der Begründer der dt. Kunstwissenschaft als wiss. Disziplin; Verfasser grundlegender kunsthistor. Werke (›Italien. Forschungen‹, 3 Bde., 1826–31, neu hg. 1920; ›Zur Geschichte und Theorie der Formschneidekunst‹, 1837). Als Schriftsteller trat er u. a. mit ›Novellen‹ (1833–35), dem Roman ›Dt. Denkwürdigkeiten aus alten Papieren‹ (1832) und dem satirisch-humorist. Epos ›Kynalopekomachia, der Hunde Fuchsenstreit‹ (1835) hervor.

Rumpler von Löwenhalt, Jesaias, dt. Lyriker, ↑ Rompler von Löwenhalt, Jesaias.

Runeberg, Johan Ludvig [schwed. ˌrʉːnəbærj], * Jakobstad 5. Febr. 1804, † Borgå 6. Mai 1877, schwedischsprachiger finn. Dichter. – Redakteur und Gymnasiallehrer in Helsinki und Borgå. Galt bis ins 20. Jh. hinein als Nationaldichter Finnlands. Seine Werke hatten großen Einfluß auf die schwed. und finn. Literatur sowie auf die Entwicklung des patriot. Gedankens in Finnland. ›Vårt land‹, der Eingang des Gedichtzyklus ›Fähnrich Stahls Erzählungen‹ (2 Tle., 1848–60, dt. 1900, 1852 u. d. T. ›Die Sagen des Fähnrich Stahl‹), seines Hauptwerks, wurde zur finn. Nationalhymne. R. schrieb Lyrik und Versepik, in geringerem Umfang Dramen und Prosa; er knüpfte an klassizistisch-romant. Grundhaltung vielfach an humanist. Gedanken und antike Formen des 18. und beginnenden 19. Jh. an. Bed. als Liebeslyriker, unpathet., wenn auch idealist. Schilderer der finn. Landschaft und des gesellschaftl. Lebens der finn. Oberschicht seiner Zeit; Vermittler serb. Volksdichtung.
Weitere Werke: Die Elchjäger (Epos, 1832, dt. 1891), Hanna (Epos, 1836, dt. 1850), Der Weihnachtsabend (Epos, 1841, dt. 1852), Nadeschda (Epos, 1841, dt. 1852), König Fjalar (Epos, 1844, dt. 1877), Die Könige auf Salamis (Trag., 1863, dt. 1869).
Ausgaben: J. L. R. Ep. Dichtungen. Dt. Übers. u. hg. v. W. EIGENBRODT. Halle/Saale 1891. 2 Bde. – J. L. R. Samlade arbeten. Helsinki 1899–1902. 8 Bde. – J. L. R. Samlade skrifter. Krit. hg. v. G. CASTRÉN u. a. Stockholm 1933 ff. Auf zahlreiche Bde. in Tl.-Bden. berechnet.
Literatur: PESCHIER, E.: Johann Ludwig R., ein schwedisch-finn. Dichter. Stg. 1881. – CASTRÉN, G.: J. L. R. Stockholm 1950.

Runen [von ahd. runa = Geheimnis, geheime Beratung, Geflüster], Bez. für die graph. Zeichen der R.schrift, der ältesten Schrift der Germanen, die mit der Christianisierung der german. Stämme der lat. Schrift wich. Die Form der R. aus vertikalen und diagonalen Strichen geht auf die Technik der R.ritzung auf Holz und Metall zurück; daran erinnert noch das engl. *to write* (›schreiben‹, eigentlich ›ritzen‹) und Buch*stabe* (Stab = der senkrechte Hauptstrich der Rune). Die R. besitzen nicht nur einen Lautwert, sondern repräsentieren außerdem auch einen Begriff, der mit dem jedem Zeichen eigenen R.namen identisch ist, z. B. Pferd, Mensch, Tag. Die Zahl der R.zeichen wechselte im Laufe der Entwicklung der R.schrift. Die ältesten Inschriften stammen aus dem 2./3. Jahrhundert. Die älteren Quellen haben einen Zeichenvorrat von 24 R., das ›Futhark‹, so benannt nach den ersten sechs Zeichen. Seit etwa 500 wurde im anglofries. Bereich das R.inventar auf 28–30 Zeichen vermehrt. Es gibt rund 5000 bekannte R.inschriften.

Literatur: ARNTZ, H.: Hdb. der R.kunde. Halle/Saale ²1944. – JANSSON, S. B. F.: The runes of Sweden. Engl. Übers. Stockholm 1962. – EL-LIOTT, R. W. V.: Runes. An introduction. Manchester ²1963. – KLINGENBERG, H.: R.schr., Schriftdenken, R.inschrr. Hdbg. 1973. – PAGE, R. I.: An introduction to English runes. London 1973. – KOSBAB, W.: Das R.orakel. Einweihung in die Praxis der R.-Weissagung. Freib. 1982. – DÜWEL, K.: R.kunde. Stg. ²1983. – KRAUSE, W.: R. Bln. ²1993.

Rung, Otto [dän. roŋ'], * Kopenhagen 16. Juni 1874, † ebd. 19. Okt. 1945, dän. Schriftsteller. – Wählte oft Kriminalmotive für seine Novellen und Romane, die von sozialkrit. Thematik bestimmt sind. Bed. sind seine Erinnerungen ›Fra min klunketid‹ (1942).

Weitere Werke: Das Unabwendbare (R., 1902, dt. 1909), Der letzte Kampf (R., 1904, dt. 1906), Die weiße Yacht (R., 1906, dt. 1911), Skyggernes tog (R., 1909), Die große Karawane (R., 1914, dt. 1918), Sünder und Schelme (R., 1918, dt. 1919), Als die Wasser fielen (R., 1922, dt. 1923), Der Engel und die Eselsohren (R., 1924, dt. 1925), Retfærdighedens kiosk (Nov., 1944). **Literatur:** RIMESTAD, CH.: O. R. Kopenhagen 1924.

Runge, Erika, * Halle/Saale 22. Jan. 1939, dt. Schriftstellerin. – Arbeitet als Schriftstellerin, Film- und Fernsehautorin, auch als Regisseurin; gehört zum Werkkreis Literatur der Arbeitswelt. Mit ihren Sozialreportagen und [halb]dokumentar. Berichten und Filmen in einer bevorzugten Mischung aus Interview, Tonbandprotokoll und Diskussionsaufzeichnung zählt sie zu den wichtigsten Vertretern einer dokumentar. Literatur aus der Arbeitswelt.

Werke: Bottroper Protokolle (1968), Frauen. Versuche zur Emanzipation (1969), Ich heiße Erwin und bin 17 Jahre (Fernsehfilm, 1970; Buchausg. 1973), Reise nach Rostock, DDR (1971), Südafrika – Rassendiktatur zwischen Elend und Widerstand (1974), Opa Schulz (Fernsehfilm, 1976), Die merkwürdigen Abenteuer einer zuverlässigen und keineswegs aufsässigen Chefsekretärin (Hsp., 1979), Lisa und Tshepo (Fernsehfilm, 1981), Berliner Liebesgeschichten (1987).

Runge, Philipp Otto, * Wolgast (Pommern) 23. Juli 1777, † Hamburg 2. Dez. 1810, dt. Maler und Schriftsteller. – Künstler. Ausbildung in Hamburg, Kopenhagen und Dresden; neben C. D. Friedrich der Hauptvertreter der dt. frühromant. Malerei. Verfaßte außer kunsttheoret. Schriften (›Farbenkugel oder Konstruktion der Verhältnisse der Farben zueinander‹, 1810) unter dem Einfluß seines Freundes L. Tieck zwei plattdt. Märchen (›Der Machandelbaum‹ und ›Von dem Fischer un syner Fru‹, 1806) für die Sammlung der Gebrüder Grimm.

Ausgaben: Ph. O. R. Hinterlassene Schrr. Hg. v. J. D. RUNGE. Hamb. 1840/41. 2 Bde. Nachdr. Gött. 1965. – Ph. O. R. Schrr., Fragmente, Briefe. Hg. v. E. FORSTHOFF. Bln. 1938. – Ph. O. R. Briefe in der Urfassung. Hg. v. K. F. DEGNER. Bln. 1940. – Ph. O. R. Briefe u. Schrr. Hg. v. P. BETTHAUSEN. Mchn. 1982. **Literatur:** PRIVAT, K.: Ph. O. R. Sein Leben in Selbstzeugnissen, Briefen u. Berichten. Bln. 1942. – BEREFELT, G.: Ph. O. R. zw. Aufbruch u. Opposition. 1777–1802. Stockholm u. a. 1961. – BETTHAUSEN, P.: Ph. O. R. Lpz. 1980.

Runyon, [Alfred] Damon [engl. 'rʌnjən], * Manhattan (Kans.) 4. Okt. 1884, † New York 10. Dez. 1946, amerikan. Schriftsteller. – Nahm 14jährig am Spanisch-Amerikan. Krieg (1898) teil, Korrespondent im 1. Weltkrieg; einer der erfolgreichsten amerikan. Reporter. R. schrieb in fließendem, stark vom New Yorker Slang geprägten Stil Kurzgeschichten, in denen er, oft grotesk-komisch, das amerikan. Großstadtleben, v. a. Unterwelt und Gangstertum darstellt; zu seinen Hauptwerken gehört die Kurzgeschichtensammlung ›In Mindys Restaurant‹ (1931, dt. 1953, 1956 u. d. T. ›Schwere Jungen, leichte Mädchen‹).

Weitere Werke: Blue plate special (Kurzgeschichten, 1934), A slight case of murder (Kom., 1940; mit H. Lindsay), In our town (Kurzgeschichten, 1946), Stories vom Broadway (dt. Ausw. 1957).

Ausgabe: The D. R. omnibus. New York 1944. 3 Bde. in 1 Bd.

Ruodlieb, ein nach der Hauptperson benannter lat. Roman in leonin. Hexametern, um 1040/50 in Tegernsee entstanden und in 18 Bruchstücken erhalten (2300 von etwa 4000 Versen). Er schildert den Weg eines adligen Ritters, der nach Verlassen der Heimat am Königshof vom Hofjäger zum Heerführer und Gesandten aufsteigt und nach dem Tod seiner Widersacher zurückkehrt; im Traum der Mutter wird er sogar die Königskrone erwerben. Vermutlich handelt es sich um die Herkunftssage eines Adelshauses; stofflich bestehen Beziehungen zur Chanson de geste, zur Spielmannsdichtung und zur antiken Literatur. Als erster dt., wenn auch nicht deutschsprachiger Roman verbindet er eine adlig-ritterl. Aufstiegsideologie mit benediktinisch geprägter religiöser Tradition. In seiner Wirkung blieb der Roman begrenzt, heute ist er von sozial- und deutungsgeschichtl. Interesse.

Ausgaben: LANGOSCH, K.: Waltharius, R., Märchenepen. Lat. Epik des MA mit dt. Versen. Darmst. u. a. 1956. – The R. Linguistic introduction, Latin text, and glossary. Hg. v. G. B. FORD. Leiden 1966. – R. Faksimile-Ausg. des Codex Latinus Monacensis 19486. Hg. v. W. HAUG. Wsb. 1974–85. 2 Bde. in 3 Tlen.
Literatur: BRAUN, W.: Studien zum R. Bln. 1962. – LANGOSCH, K.: Zum Stil des R. In: Zeiten u. Formen in Sprache u. Dichtung. Hg. v. K.-H. SCHIRMER u. B. SOWINSKI. Köln u. Wien 1972. S. 17. – WOLF, A.: R.s Ausfahrt. In: H. BIRKHAN: Strukturen u. Interpretationen. Hg. v. A. EBENBAUER u. a. Wien 1974. S. 380. – KNAPP, F. P.: Bemerkungen zum ›R.‹. In: Zs. f. dt. Altertum u. dt. Lit. 104 (1975), S. 189. – VOLLMANN, B. K.: R. Darmst. 1993.

Ruof, Jacob, schweizerischer Dramatiker, ↑ Ruf, Jacob.

Rusafi, Ar (tl.: Ar-Ruṣāfī), * Bagdad 1875, † ebd. 1945, irak. Schriftsteller. – Zählt zu den führenden irak. Dichtern der Gegenwart; gilt als Bahnbrecher der polit. Poesie im modernen Irak sowie als Verfechter eines Nationalismus, der unter dem Einfluß der Jungtürken von 1908 steht. R. war zunächst Lehrer in Bagdad, Jerusalem und Istanbul. Neben einem Diwan (›Dīwān Ar-Ruṣāfī‹, 1910) erschienen zahlreiche literar., soziale und polit. Untersuchungen.

Literatur: BROCKELMANN, C.: Gesch. der arab. Litteratur. Suppl.-Bd. 3. Leiden 1942. S. 488. – JAYYUSI, S. K.: Trends and movements in modern Arabic poetry. Leiden 1977. Bd. 1. S. 188.

Rusbroec, Jan van [niederl. 'ryzbruk], fläm. Mystiker, ↑ Ruusbroec, Jan van.

Rushdie, Salman [Ahmed] [engl. 'rʊʃdı], * Bombay 19. Juni 1947, ind.

Schriftsteller. – Seit 1961 in England, studierte Geschichte in Cambridge; Arbeit am Theater, dann freier Journalist und Schriftsteller. R. verbindet histor. und polit. Realitäten mit phantast., traum- und märchenhaften Elementen sowie einer Fülle von literar. und mytholog. Anspielungen und Sprachspielereien, so etwa in dem Roman ›Mitternachtskinder‹ (1981, dt. 1983; Booker-Preis 1981) über die Entwicklung Indiens seit 1947 oder in dem Roman ›Scham und Schande‹ (1983, dt. 1985) über die Geschichte Pakistans. Der Roman ›Die satanischen Verse‹ (1988, dt. 1989) über die Situation von Immigranten im heutigen England trug dem Autor aufgrund der Darstellung von Szenen aus dem Leben Mohammeds den Blasphemievorwurf sowie Mordaufruf des iran. Staatsoberhauptes ein, der R. seitdem zum Leben im Untergrund zwingt. Er erhielt u. a. 1992 den Österr. Staatspreis für europ. Literatur, der ihm erst 1994 überreicht wurde; 1993 wurde er mit dem ›Booker of Bookers‹ geehrt.

Weitere Werke: Grimus (R., 1975), Das Lächeln des Jaguars (Reiseber., 1987, dt. 1987), Harun und das Meer der Geschichten (R., 1990, dt. 1991), Heimatländer der Phantasie. Essays und Kritiken 1981–1991 (1991, dt. 1992), Osten, Westen (En., 1994, dt. 1995).
Literatur: The R. file. Hg. v. L. APPIGNANESI u. a. Neuausg. Syracuse (N. Y.) [2]1990. – PIPES, D.: The R. affair. New York 1990. – HARRISON, J.: S. R. New York u. a. 1992.

Salman
Rushdie

Rusiñol i Prats, Santiago [katalan. rrusi'ɲol i 'prats], * Barcelona 25. Febr. 1861, † Aranjuez 13. Juni 1931, katalan. Schriftsteller. – Studium der Malerei in

Paris, befreundet mit M. Utrillo, wurde als Maler span. Gärten berühmt. Als Verfasser von Reiseskizzen, Erzählungen, Romanen und v. a. Bühnenwerken, von denen ›El místic‹ (1904) das bedeutendste ist, gab er der katalan. Literatur überregionale Bedeutung.

Weitere Werke: Anant pel món (En., 1896), Fulls de la vida (En., 1898), El poble gris (R., 1902), L'auca del senyor Esteve (R., 1906, Kom. 1917), L'illa della calma (Reiseb., 1920). **Ausgabe:** S. R. y P. Obres completes. Hg. v. C. SOLDEVILLA. Barcelona ²1956.

Ruskin, John [engl. 'rʌskɪn], * London 8. Febr. 1819, † Brantwood (Lancashire) 20. Jan. 1900, engl. Schriftsteller, Kunstkritiker und Sozialphilosoph. – Studierte in Oxford; Reisen nach Frankreich und Italien; ab 1869 Prof. für Kunstgeschichte in Oxford. Ausgehend von der Verteidigung der Malerei W. Turners, entwickelte R. in ›Moderne Maler‹ (5 Bde., 1843–60, dt. 4 Bde., 1902–06) eine ganzheitl. Kunsttheorie, die das ästhet. Denken des 19. Jh. nachhaltig beeinflußte. Dem gleichen Zusammenhang entstammt seine Neuwertung der Gotik in ›Die sieben Leuchter der Baukunst‹ (1849, dt. 1900) und ›Die Steine von Venedig‹ (3 Bde., 1851–53, dt. Ausw. 1900). Auch setzte er sich für die Präraffaeliten ein. Später weitete sich R.s Anliegen zur Kulturkritik; sozialökonomisch orientierte Arbeiten, zusammengefaßt in ›Unto this last‹ (1862) und ›Munera pulveris‹ (1872), wandten sich gegen den Utilitarismus der Wettbewerbsgesellschaft; in den Arbeiterbriefen ›Fors clavigera‹ (1871–84) plädierte er für soziale Reformen, denen er sich auch praktisch widmete. Die Autobiographie ›Praeterita‹ (3 Bde., 1885–89, dt. 2 Bde., 1903) blieb unvollendet.

Ausgaben: J. R. Ausgew. Werke in vollständiger Übers. Jena u. Lpz. 1900–06. 15 Bde. – J. R. The works. Hg. v. E. T. COOK u. A. WEDDERBURN. London 1903–12. 39 Bde. – The diaries of J. R. Hg. v. J. EVANS u. J. H. WHITEHOUSE. Oxford 1956–59. 3 Bde. – The genius of J. R. Selections from his writings. Hg. v. J. D. ROSENBERG. London 1964. Nachdr. 1980. **Literatur:** WILENSKI, R. H.: J. R. New York 1933. Nachdr. 1980. – BRADLEY, J. L.: An introduction to R. Boston (Mass.) u. a. 1971. – HEWISON, R.: J. R., the argument of the eye. London 1976. – CONNER, P.: Savage R. London 1979. – HUNT, J. D.: The wider sea. A life of J. R. London 1982. – J. R. Leben u. Werk. Hg. v. W. KEMP. Mchn. 1983. – SPEAR, J. L.: Dreams of an English Eden. R. and his tradition in social criticism. New York 1984. – LANDOW, G. P.: R. Oxford 1985. – HILTON, T.: J. R. The early years, 1819–1859. New Haven (Conn.) u. a. 1985.

John Ruskin

Russ, Joanna [engl. rʌs], * New York 22. Febr. 1937, amerikan. Schriftstellerin. – Seit 1970 Prof. für Englisch, zuletzt an der University of Washington in Seattle. R. setzte sich bereits in ihrem ersten Science-fiction-Roman, ›Alyx‹ (1968, dt. 1983), von den gängigen Frauenklischees dieses Genres ab, indem sie eine selbstbewußte und aggressive Protagonistin schuf. Ihr 1969 verfaßter, aber erst 1975 erschienener Roman ›Planet der Frauen‹ (dt. 1979) führte wegen seines militant feminist. Standpunktes zu heftigen Kontroversen. Die in diesem Roman entworfene, nur von Frauen bewohnte Welt Whileaway beeinflußte eine Reihe weiterer feminist. Utopien der 80er Jahre.

Weitere Werke: Als das Chaos starb (R., 1970, dt. 1975), We who are about to ... (R., 1977), Die Frauenstehlerin (R., 1978, dt. 1982), Aufstand gegen Gott (R., 1980, dt. 1983), The adventures of Alyx (Kurzgeschichten, 1985), The hidden side of the moon (Kurzgeschichten, 1987), How to suppress women's writings (Sachb., 1983), Extra(ordinary) people (E., 1984).

Russell, Bertrand [Arthur William] [engl. rʌsl], 3. Earl R., * Trelleck (Monmouthshire) 18. Mai 1872, † Plas Penrhyn bei Penrhyndeudraeth (Wales) 2. Febr. 1970, brit. Mathematiker, Philosoph und Schriftsteller. – Ab 1910 Dozent am Trinity College in Cambridge, 1916 Entlassung aufgrund seiner Verurteilung und Inhaftierung wegen Aufforderung zur

Kriegsdienstverweigerung. Später Gastvorlesungen u. a. in Oxford, London, an der Harvard University, in Chicago, Los Angeles, Peking. Trat nach dem 2. Weltkrieg öffentlich gegen die atomare Rüstung, später auch gegen die amerikan. Beteiligung am Vietnamkrieg und gegen die Intervention der Warschauer-Pakt-Staaten in der Tschechoslowakei auf. Seine präzise wiss. Prosa trug ihm 1950 den Nobelpreis für Literatur ein. R.s Erkenntnistheorie entwickelte sich aus einer gegen den Hegelianismus gerichteten realist. Position zu einem logischen Atomismus, wonach alle Erkenntnis von unbezweifelbaren, da in unmittelbarer Erfahrung gegebenen Sinnesdaten abhängt. In der mathemat. Grundlagenforschung ist R. einer der Hauptvertreter des Logizismus. Die philosoph. Grundlagen für die Reduktion der Mathematik auf reine Logik hatte R. im Anschluß an seine Entdeckung der Russell-Antinomie und deren Erörterung mit G. Frege geschaffen. Seine Analyse der log. und semant. Antinomien führte ihn zu verschiedenen Formulierungen seines Vicious-Circle-Prinzips, das imprädikative Begriffsbildungen ausschließt, und der darauf aufbauenden Typentheorie. Dabei stehen neben mathemat. und log. auch sprachphilosoph. Überlegungen. In der Ethik R.s überwiegen Probleme der Metaethik. Nach einer kurzen Phase des Wertobjektivismus wurde R. zum entschiedenen Vertreter eines Wertsubjektivismus. Diese theoretisch subjektivist. und skeptizist. Position bedeutete für R. keineswegs den Verzicht auf den Rationalitätsanspruch für das konkrete Handeln. R. engagierte sich auch im gesellschaftspolit. Bereich; er wandte sich selbstlos und mutig gegen jegl. Art von Unterdrückung. R. prägte die engl. und amerikan. Philosophie des 20. Jh. entscheidend und gewann durch popularwiss. und sozialkrit. Schriften bed. Einfluß auf die öffentl. Meinung.

Werke: Die dt. Sozialdemokratie (Abh., 1896, dt. 1978), Probleme der Philosophie (Abh., 1912, dt. 1950), Grundlagen für eine soziale Umgestaltung (Abh., 1916, dt. 1921), Mystik und Logik (Abh., 1918, dt. 1952), Ehe und Moral (Abh., 1929, dt. 1930), Die Eroberung des Glücks (Abh., 1930, dt. 1951), Lob des Müßiggangs (Essays, 1935, dt. 1951), Philosophie des Abendlandes (Abh., 1946, dt. 1951), Das menschl. Wissen (Abh., 1948, dt. 1952), Macht und Persönlichkeit (Abh., 1949, dt. 1950), Satan in den Vorstädten (Kurzgeschichten, 1953, dt. 1953), Hat der Mensch noch eine Zukunft? (Abh., 1961, dt. 1963), Mein Leben (Autobiogr., 3 Bde., 1967–69, dt. 1972–73), Erziehung ohne Dogma (pädagog. Schrr., dt. Ausw. 1974), Freiheit ohne Furcht. Erziehung für eine neue Gesellschaft (Schrr., dt. Ausw. 1975).
Literatur: GOTTSCHALK, H.: B. R. Bln. 1962. – AIKEN, L. W.: B. R.'s philosophy of morals. New York 1963. – SANDVOSS, E. R.: B. R. Rbk. 1980. – LANGHAMMER, W.: B. R. Köln 1983. – CLARK, R. W.: B. R. Philosoph, Pazifist, Politiker. Dt. Übers. Mchn. 1984. – MOOREHEAD, C.: B. R. A life. London 1992.

Russell, George William [engl. ɾʌsl], Pseudonym A. E., auch Æ., A E, * Lurgan 10. April 1867, † Bournemouth 17. Juli 1935, ir. Dichter und Essayist. – Einer der führenden Vertreter der nat. ir. Bewegungen in Literatur und bildender Kunst; wurde auch als Maler bekannt; Mitbegründer des Abbey Theatre in Dublin und ab 1910 Hg. des ›Irish Statesman‹. R. schrieb ekstatisch-visionäre Lyrik, in der er Sinnliches und Übersinnliches als Einheit darstellte; auch bed. Essayist.
Werke: Deirdre (Dr., UA 1902, hg. 1907), The divine voice (Ged., 1904), The national being (Ged., 1916), The interpreters (Prosa, 1922), The avatars (Prosa, 1933), The house of Titans (Ged., 1934), Selected poems (Ged., 1935).
Literatur: DENSON, A.: Printed writings by G. W. R. (Æ.). A bibliography. London 1961. – SUMMERFIELD, H.: That myriad-minded man. A biography of G. W. R. – ›Æ.‹. 1867–1935. Totowa (N. J.) 1975. – KAIN, R. M./O'BRIEN, J. H.: G. R. (Æ.). Lewisburg (Pa.) 1976.

russische Literatur, bestimmt man die r. L. als die russischsprachige Literatur der Russen, so ist die älteste Periode dieser Literatur weder im sprachl. noch im nat. Sinne ausschließlich russisch, sondern kirchenslawisch-ostslawisch (↑ auch kirchenslawische Literatur). Erst mit dem Aufstieg des Moskauer Reiches im 14./15. Jh. entwickelte sich allmählich eine nationalruss. Literatur, deren Sprache aber noch lange der älteren kirchenslaw. Tradition weitgehend verpflichtet blieb.
Die Kiewer Literatur (11.–13. Jh.): Mit der Christianisierung des Kiewer Reiches (988) wurde gottesdienstl. und weltl.

Literatur vorwiegend aus Bulgarien als Folge der Slawenmission des 9. Jh. in kirchenslaw. Übersetzung übernommen. Die gottesdienstl. Übersetzungsliteratur umfaßt neben Evangelistar (›Ostromir-Evangelium‹, 1056/57), Psalter und Teilen des AT insbes. liturg. (Euchologion, Sakramentarium) und ᵛKirchengesangstexte, daneben auch Übersetzungen der Kirchenväter und religiöser byzantin. Schriftsteller sowie Erbauungsschriften und Apokryphen. Die weltl. Übersetzungsliteratur ist insbes. durch romanhafte Erzählungen (›Alexandreis‹, Troja- und Digenisroman), didakt. Werke, Chroniken, naturwiss. Werke (›Hexaemeron‹, ›Physiologus‹) und Sammelbände u. a. von Werken der Kirchenväter (›Izborniki‹ von 1073 und 1076) vertreten. Diese reiche Übersetzungsliteratur bot die stilist. Vorbilder und schuf die lexikal. und syntakt. Muster für eine im 11. Jh. im Kiewer Reich entstehende ostslaw. Originalliteratur in kirchenslaw. Sprache, die neben der bed. und vielschichtigen ↑›Nestorchronik‹ als Hauptwerk literar. Annalistik insbes. Predigten (u. a. ›Über Gesetz und Gnade‹ [zw. 1037 und 1050] des Kiewer Metropoliten Ilarion; ↑ auch Serapion von Wladimir) und Heiligenlegenden (Viten über Feodossi und die Brüder Boris und Gleb des Mönchs ↑ Nestor), die Werke des Kiewer Fürsten ↑ Wladimir Monomach (›Belehrung‹, um 1117) und das Patrikon des Kiewer Höhlenklosters umfaßt. In diese älteste Periode gehört seinem Inhalt nach das ↑›Igorlied‹, das als Meisterleistung und Gipfelpunkt altruss. Epik gilt. Nach dem Zerfall des Kiewer Reiches im 13. Jh. verlagerte sich der Schwerpunkt des literar. Schaffens unter Fortsetzung der stilist. und themat. Traditionen in die nördl. und nordöstl. Teilfürstentümer Nowgorod, Pleskau, Twer und v. a. Moskau.

Die Moskauer Literatur (14.–17. Jh.): Das 14./15. Jh. als ›Zeit des geistigen Ringens‹ wird geprägt durch den polit. Aufstieg Moskaus, durch hesychast. Strömungen und sektierer. Bewegungen. Die übersetzte und entlehnte Literatur dieser Zeit ist weniger umfangreich und bietet im wesentl. Neuübersetzungen schon bekannter Erzählstoffe. Bedeuten-

der ist die reich geschmückte hagiograph. Literatur. Die religiöse Publizistik des 15. Jh. findet in dem die asket. Mönchsideale vertretenden ↑ Nil Sorski und dem die russ. Staatskirche rigoros fördernden Joseph von Wolokolamsk (Iossif Wolozki; *1439 oder 1440, † 1515) ihre beiden Gegenpole. Die weltl. und kirchl. Publizistik stand im Dienst der Propagierung Moskaus als des ›Dritten Rom‹ und der Legitimierung seiner Herrschaftsansprüche. Sie ist vom 11. Jh. bis zu diesem Zeitpunkt – abweichend von der Entwicklung in Westeuropa – in weiten Teilen auch Geschichtsschreibung. Im 16. Jh., als der Moskauer Staat seine größte Machtentfaltung erreichte, herrschte eine offizielle literar. Sammeltätigkeit enzyklopäd. Charakters vor. Kompiliert wurden u. a. die ›Velikie Minei-Čet'i‹ (Sammlungen von Heiligenlegenden und religiöser Literatur) des Metropoliten Makari, das genealogisch-annalist. ↑›Stufenbuch‹, der ›Stoglav‹ (= Hundertkapitel[buch]; mit den Bestimmungen des Moskauer Konzils 1551), der konservativ-reglementierende ↑›Domostroi‹. Es entstand die erste vollständige Bibelübersetzung. Die krit. Publizistik der Zeit setzte sich mit dem Zarismus auseinander (↑ Maxim Grek), tadelte Auswüchse der Kirche und des Mönchtums und vertrat eigene polit. Anschauungen. – Das 17. Jh. (mit Auswirkungen bis in das erste Drittel des 18. Jh.) ist eine Periode des Übergangs, in der polit. Wirren, Dynastiewechsel, Kirchenspaltung (Raskol) von einem allmähl. Entstehen einer politisch-publizistisch bestimmten Erzählliteratur und einem langsamen Eindringen westeurop. literar. Ideen und Erzählstoffe begleitet wurden, in der auch die russ. Umgangssprache gegenüber dem Kirchenslawischen in die Literatursprache vordrang (Autobiographie des Protopopen P. Awwakum). Eine wichtige Rolle in der Vermittlung westeurop. Gedankenguts und zeitgenöss. literar. Strömungen und Gattungen Westeuropas spielte die Kiewer Geistl. Akademie, deren Schüler ↑ Simeon Polozki neben barocken Schuldramen panegyr. Gelegenheitsgedichte in syllab. Versmaß verfaßte. Das von Byzanz geformte, im Laufe seiner Entwicklung zu Eigenständigkeit gelangte alt-russ. literar. System aus Homiletik, Hagiographie und Annalistik wurde von einem in den Gattungen Epos, Lyrik, Drama westeuropäisch bestimmten, die neue r. L. begründenden literar. System abgelöst (W. Lettenbauer). So ist das 17. Jh. der Beginn der zunächst noch kirchenslawisch geschriebenen russ. Lyrik, der satir. milieuschildernden Erzählliteratur wie des Abenteuerromans und des auch engl. und dt. Einflüsse aufnehmenden didakt. Dramas; daneben barocke Predigtliteratur und Lehrbücher der Rhetorik. Die Reformen Peters des Großen beschleunigten diesen Wandlungsprozeß, ohne jedoch literar. Leistungen oder Normen liefern zu können. Bed. Vertreter dieser Zeit ist F. Prokopowitsch.

Klassizismus und Sentimentalismus (18. Jh.): Die erste neuruss. literar. Epoche ist der an frz. (N. Boileau-Despréaux) und dt. (J. Ch. Günther, M. Opitz) Vorbildern orientierte aufklärer. Klassizismus, der in den 40er Jahren des 18. Jh. einsetzte. Die wesentl. Vertreter dieser Schule sind A. D. Kantemir (†Cantemir, Antioh Fürst) mit milieukrit. Satiren, W. K. Trediakowski als Theoretiker der russ. Verskunde und Verfechter des syllabisch-ton. Metrums, A. P. Sumarokow mit satir. Komödien, bed. Fabeln und als Begründer der Gattung der russ. Tragödie, schließlich als Universalgelehrter M. W. Lomonossow, der die russ. Versdichtung theoretisch und praktisch weiter ausbildete, in seiner Theorie der drei Stile antike Gattungs- und Stilmuster mit den sprachl. Möglichkeiten des Kirchenslawischen und Russischen verband und die erste Grammatik der russ. Literatursprache verfaßte (1757). Die charakterist. dichter. Form des Klassizismus ist die feierl., im gehobenen kirchenslawisch-russ. Stil geschriebene Ode zur Verherrlichung der Herrscherin und des Thrones, die in der Lyrik G. R. Derschawins im späten Klassizismus ihre Vollendung fand. Die russ. klassizist. Komödie, von Katharina II. auch durch eigene Beiträge gefördert, fand in D. I. Fonwisin ihren Meister, der entlehnte Muster (Molière) mit typ. russ. gesellschaftl. Problemen in volkstüml. Sprache zu verbinden wußte. Ihm folgten W. W. Kapnist

und Wladimir I. Lukin (* 1737, † 1794). Das literar. Leben der 1770er Jahre ist durch die zahlreichen, meist kurzlebigen satir. Zeitschriften geprägt, als deren bed. Hg. und Autor N. I. Nowikow gilt. A. N. Radischtschews ›Reise von Petersburg nach Moskau‹ (1790, vollständige krit. Ausg. 1905, dt. 1922) eröffnet die Gattung des sentimentalen Reiseromans. In diesem Werk werden aus emotional subjektiver Sicht die Mißstände in Verwaltung, Bildungswesen und Kirche schonungslos kritisiert und wird ihre radikale Veränderung gefordert. Die europ. Strömung der Empfindsamkeit, die gegen den bis in die 20er Jahre des 19. Jh. fortwirkenden späten Klassizismus auftritt, nahm auch M. M. Cheraskow in Gedichten und Romanen auf. Den Höhepunkt des Sentimentalismus bilden jedoch die stimmungs- und gefühlsreichen Erzählungen N. M. Karamsins (›Die arme Lisa‹, 1792, dt. 1800), der nach dem stilist. Vorbild des Französischen eine einfache, echt russ. Literatursprache ohne Kirchenslawismen zu schaffen versuchte. In der Auseinandersetzung um eine russ. Literatursprache stießen Karamsin und seine Schule als ›Neuerer‹ jedoch auf den erbitterten Widerstand der ›Archaisten‹ um A. S. Schischkow, der sich gegen die frz. Überfremdung des Russischen und für eine russisch-kirchenslaw. Lösung der Literatursprachenfrage einsetzte.

Die russ. Romantik (etwa 1820 bis etwa 1850): In sprachlich-stilist. Beziehung bereiteten der russ. Spätklassizismus Derschawins und der Sentimentalismus v. a. Karamsins und der Karamsinschen Schule ab etwa 1800 auch eine erste romant. oder präromant. Phase vor, deren Hauptvertreter insbes. der feinsinnige Lyriker und bed. Übersetzer W. A. Schukowski, der Dramatiker A. S. Gribojedow und – mit Einschränkungen und zeitlich verschobener – der größte russ. Fabeldichter I. A. Krylow sind. Ihnen gelang durch Annäherung an die russ. Volkssprache bereits eine deutl. Befreiung von dem normativen Stil- und Sprachzwängen des Klassizismus. – Die russ. Romantik bestimmen neben einer antirationalist. Grundkomponente und Einflüssen der westeurop., v. a. engl. und

dt. Romantik insbes. eine neue Weltanschauung und eine neue Poetik, die entgegen strenger Norm und formaler Geschlossenheit des Klassizismus die offenere, oft auch fragmentar. Form vorzieht, die subjektivsten seel. Erfahrungen von menschl. und histor. Schicksal Gestaltungs- und Ausdrucksmöglichkeiten bietet. Sie schuf die russ. Literatursprache, die endgültig die Fesseln des archaischen Kirchenslawischen abstreifte und in Vers und Prosa literar. Werke hervorbrachte, die die r. L. als ebenbürtig in die Reihe der großen europ. Nationalliteraturen einführten. Die seit dem 17. Jh. trotz fortwährender Zensur immer wieder hervortretende gesellschaftskritisch-satir. Grundtendenz bestimmt auch gewisse Bereiche der russ. Romantik, für die aber v. a. ›südl.‹ Exotik, byronist. Leidenschaften, Melancholie und Lebensüberdruß, auch die ironisch gebrochene Lebens- und Entwicklungsgeschichte des einzelnen und der Gesellschaft wesentl. Themen sind. Die prägenden Dichterpersönlichkeiten der russ. Romantik sind A. S. Puschkin, M. J. Lermontow und N. W. Gogol.
Die Zeit A. S. Puschkins gilt als das ›goldene Zeitalter‹ der r. L., Puschkin als der größte russ. Dichter, der dem Russischen als Literatursprache nach dem Vorbild des Französischen und in Anlehnung an die gepflegte Volks- und Umgangssprache durch sein dichter. Werk jene Klarheit, Knappheit und Geschmeidigkeit gab und dadurch die weitere Entwicklung mustergültig prägte. Dabei begann Puschkin durchaus im Sinne des Klassizismus, löste sich von diesem aber unter dem Einfluß Lord Byrons und Shakespeares schon in seinen ersten südlich-exot. Poemen und in seiner Lyrik ab 1820. Puschkins reife Lyrik, sein Versroman ›Eugen Onegin‹ (erste vollständige Fassung 1833, dt. 1840), aber auch seine Dramen (›Boris Godunow‹, 1831, dt. 1840) und die ab 1830 vorherrschende Prosa (›Die Erzählungen Belkins‹, 1831, dt. 1840) bilden jeweils die Höhepunkte in ihren Gattungen und weisen in Gedankenfülle und Form bereits über den Rahmen der Romantik hinaus; sie bestimmen die r. L. bis in die Gegenwart. Neben und mit Puschkin (Puschkinsche

↑ Plejade) trat eine Reihe von bed. Dichtern auf, so die romant. Lyriker A. A. Delwig, W. K. Kjuchelbeker, N. M. Jasykow, v. a. J. A. Baratynski, W. F. Odojewski und mit dem Versuch auch revolutionärer Lyrik der Dekabrist K. F. Rylejew. F. I. Tjuttschew schrieb musikalisch-rhythm. Liebes- und Gedankenlyrik, die an Derschawin anknüpft und von F. W. J. von Schelling inhaltlich beeinflußt ist. Den dritten Abschnitt der russ. Romantik prägen seit den 30er Jahren M. J. Lermontow und N. W. Gogol. Es ist die Zeit allmähl. Änderungen der ästhet. Normen, der langsamen Verdrängung der Versdichtung durch erzähler. Werke. Lermontows musikalisch-schwermütige Lyrik und seine Verserzählungen werden größtenteils künstlerisch übertroffen von seinem Prosaroman ›Ein Held unserer Zeit‹ (1840, dt. 1906, erstmals dt. 1845), der thematisch an Puschkins ›Eugen Onegin‹ anknüpft. Der bedeutendste Prosadichter der Romantik, dessen stilist. und themat. Vorbild weite Bereiche der r. L. des 19. und 20. Jh. unverwechselbar prägt, ist Gogol. In seinen weltberühmten Erzählungen und seinem unvollendeten Roman ›Die toten Seelen‹ (1. Teil 1842, dt. 1846, 2. Teil fragmentarisch hg. 1855) wie auch in der bis heute bühnenwirksamen Komödie ›Der Revisor‹ (1836, dt. 1854) erweist sich Gogol einerseits als geschliffener Stilist, der die rhetor. und stilist. Verfahren bis zur phantast. Groteske meisterhaft beherrscht, andererseits als unerbittl. Entlarver und Ankläger russ. Mißstände, der die beklemmende Ausweglosigkeit seiner ›kleinen Leute‹ so eindringlich – jedoch oft aperspektivisch gebrochen und hyperbolisch verzerrt – zu gestalten weiß, daß von W. G. Belinski und F. M. Dostojewski bis in die moderne Literaturwiss. die Komponente des ›sozialen Mitleids‹ in seinem Werk immer wieder überbewertet wurde.
Das Ende der russ. Romantik und den Übergang zum Realismus stellt eine sich auf Gogol berufende literar. Gruppe der 1840er Jahre dar, die sich ↑ natürliche Schule nennt und deren charakterist. Genre die kurze Prosaskizze (↑ Otscherk) ist. Zahlreiche Dichter, die die r. L. der zweiten Hälfte des 19. Jh. bestimmen, be-

gannen im Rahmen der natürl. Schule zu publizieren, so neben dem Folkloristen und Lexikographen W. I. Dal sowie dem Schriftsteller und Vertreter der Anklageliteratur D. W. Grigorowitsch v. a. die jungen I. Turgenjew, Dostojewski, N. A. Nekrassow, I. A. Gontscharow, aber auch der Dramatiker A. N. Ostrowski. Ähnlich Tjuttschew geht auch die Lyrik der K. K. Pawlowa weit über die Zeit der Romantik hinaus. – In dieser geistesgeschichtlich wichtigen Zeit der 40er Jahre begann auch die Auseinandersetzung zwischen Westlern und Slawophilen (genauer ›Russophilen‹), deren konträre philosoph. Ideen eine starke Wirkung auf die Literatur ausübten, ohne daß ihre Hauptvertreter P. J. Tschaadajew, A. S. Chomjakow, I. W. Kirejewski und P. W. Kirejewski, K. S. Axakow und I. S. Axakow selbst bedeutendere literar. Werke schufen. Wichtig für die Wertung der zeitgenöss. Literatur und ihre Festlegung auf eine einseitige sozialpolit. Funktion wurde der Literaturkritiker W. G. Belinski. Nachhaltig, auch mit eigenen literar. Werken, nahm A. I. Herzen an der geistigen Entwicklung teil, in die er anarchist. und nihilist. Gedanken einführte.

Der Realismus (etwa 1850 bis etwa 1890): Die zweite Hälfte des 19. Jh. ist in der r. L. die Epoche der großen realist. Erzähler, die sich von der Romantik v. a. durch ihre Themenwahl (zeitgenöss. Probleme der russ. Gesellschaft und der jüngsten Vergangenheit), durch bes. Berücksichtigung sozialer, gesellschaftskrit. und psycholog. Aspekte und durch eine möglichst detaillierte, auch ›typisierende‹ und erklärende Beschreibung der Geschehensabläufe unterscheidet.
Nach anfängl. lyr. und dramat. Versuchen wandte sich I. Turgenjew der Prosa zu und traf mit seinem ersten Band Erzählungen ›Aufzeichnungen eines Jägers‹ (1852, dt. 1854) auf ein starkes Interesse der Kritik, die jedoch die soziale Tendenz überbewertete. Seine späteren großen Romane und bes. seine Novellen stellen ihn als Erzähler und Stilist in westeurop. Traditionen mit russ. zeitgeschichtl. und später auch allgemein menschl. Thematik, die in seinen letzten Werken auch lyrisch resignative (›Senilia. Dichtungen in Prosa‹, 1882, dt. 1883)

und phantast. (›Das Lied der triumphierenden Liebe‹, 1881, dt. 1884) Züge annimmt. Schon vor Turgenjew hatte I. A. Gontscharow den ersten seiner drei großen Romane ›Eine alltägl. Geschichte‹ (1847, dt. 1885) veröffentlicht, dem 1859 ›Oblomow‹ (dt. 1869) und 1869 ›Die Schlucht‹ (dt. 1912, 1890 u. d. T. ›Der Absturz‹) folgten. Er ist der Dichter der ausweglosen Langeweile und des Untergangs des russ. Landadels. In der stilist. und themat. Tradition Gogols steht F. M. Dostojewski, dessen umfangreiches erzähler. Werk Elemente des spannungs- und intrigenreichen Kriminalromans mit radikaler sozialer Anklage, psych. Grenzsituationen und intensivem geistig-religiösem Kampf um die Grundprobleme der menschl. Freiheit, des Glaubens und der Liebe verbindet. Dostojewskis Technik des dynam., ›polyphonen‹ Romans, seine Verwendung des inneren Monologs und der erlebten Rede, seine tiefenpsychol. Handlungsmotivationen sprengen die Gattung des Romans und nehmen spätere westeurop. Entwicklungen voraus. Eine andere Linie verfolgte L. N. Tolstoi, dessen große Romane ›Krieg und Frieden‹ (1868/69, dt. 1885) und ›Anna Karenina‹ (1878, dt. 1885) eher von eth. und sozialen Fragen des Verhältnisses zwischen individuellem und histor. Schicksal bestimmt sind und eine aufklärerisch ›verfremdende‹ Gesellschaftskritik üben. Die urchristl. moral. Gesellschaftslehre seines Alters wendet sich gegen sein künstler. Schaffen. Von den Zeitgenossen verkannt steht der Erzähler und bed. Stilist N. S. Leskow eher am Rande des russ. Realismus. Erfolgreiche satir. radikale Erzählungen verfaßte M. J. Saltykow, Gesellschaftsromane und Tragödien A. F. Pissemski. Die Gattung des Dramas vertraten in der Tradition Gogols A. W. Suchowo-Kobylin und A. N. Ostrowski mit bühnenwirksamen Komödien namentlich über die Moskauer Kaufmannschaft. Die beherrschenden Kritikerpersönlichkeiten des Realismus sind v. a. N. G. Tschernyschewski, N. A. Dobroljubow, D. I. Pissarew, deren nihilist., antiästhet. Gedankengänge die große zeitgenöss. Erzählkunst jedoch wenig beeinflußten. – Eine folklorist. und sozial ankläger. Versdichtung des Realismus vertrat N. A. Nekrassow, eine ›reine‹ Lyrik in der Tradition Schukowskis und Tjuttschews A. A. Fet und A. K. Tolstoi. Das Ende des russ. Realismus markieren Schriftsteller wie W. M. Garschin, G. I. Uspenski, W. G. Korolenko und alle überragend A. P. Tschechow, dessen Erzählungen und Dramen bereits zur Moderne gehören, indem sie sozialkrit. Elemente des späten Realismus mit impressionist. und symbolist. Zügen verbinden. Tschechow begründete in der r. L. das Genre der Kurzerzählung und schuf in seinen milieugetreuen, stimmungsreichen und handlungsarmen Stücken den Typ des tragikom. lyr. Dramas.

Symbolismus, Akmeismus, Futurismus und zwanziger Jahre (etwa 1894 bis etwa 1925): Anknüpfend an die frz. Symbolisten und die russ. Lyriktradition Baratynskis, Tjuttschews und Fets, wandte sich die russ. Symbolismus entschieden gegen die gesellschaftskrit. Thematik und die vorherrschenden Prosagattungen des Realismus und verfocht einerseits das Prinzip eines autonomen lyr. Ästhetizismus als Welterfahrung und Welterschaffung durch symbolisch-euphon. Bildlichkeit, andererseits aber auch eine eher philosophisch-religiöse Richtung, deren Hauptvertreter D. S. Mereschkowski und Sinaida Hippius sind. Die erste Richtung repräsentieren die Lyriker F. Sologub, W. J. Brjussow, W. I. Iwanow, A. Bely und bes. A. A. Blok, in dessen Poem ›Die Zwölf‹ (1918, dt. 1921) die Revolution ihre höchste myst. Verklärung erfährt. Schon ab 1905 wandten sich einige Symbolisten der Prosa zu (F. Sologub, W. J. Brjussow, A. Bely), ab 1910 bzw. 1912 geriet der Symbolismus in eine Krise und wurde von neuen literar. Gruppierungen abgelöst oder bekämpft: so vom ↑ Akmeismus der Lyriker N. S. Gumiljow, S. M. Gorodezki, A. A. Achmatowa, O. E. Mandelschtam und vom ↑ Futurismus mit W. Chlebnikow, A. J. Krutschonych und W. W. Majakowski. Neben diesen vorherrschenden avantgardist. Strömungen wird die Erzähltradition des 19. Jh. fortgeführt, teils in naturalistisch-realist. Manier (M. Gorki, L. N. Andrejew, A. I. Kuprin, M. M. Prischwin), teils symbolistisch beeinflußt

(A. M. Remisow, M. A. Kusmin). Von bes. Bedeutung ist I. A. Bunins erzähler. Werk (Erzählung ›Ssuchodol‹, 1912, dt. 1966). Anfang der 20er Jahre kam es zu einem größeren Exodus führender Schriftsteller (A. I. Kuprin, I. A. Bunin, A. M. Remisow, B. K. Saizew, K. D. Balmont, I. S. Schmeljow, W. I. Iwanow u. a.), die ihr Werk in der Emigration fortzusetzen suchten.

Die russ. avantgardist. Strömungen erstreckten sich nach den Oktoberrevolution bis weit in die 20er Jahre, in deren zweiter Hälfte sie jedoch zunehmend ihre ästhet. Forderungen ändern mußten und klassenbewußt proletar. Literatur propagierten. Das vielfältige literar. Leben formierte sich in wechselnden programmat. Gruppen um Dichterpersönlichkeiten und Zeitschriften, so die LEF-Gruppe (↑ LEF) um Majakowski die futurist. Ausgangspunkt, die Proletkult-Gruppe (↑ Proletkult), die Gruppen ↑ Kusniza und Oktjabr (gegr. 1922), die Imaginisten mit S. A. Jessenin, die ↑ Serapionsbrüder ab 1921 mit den führenden Prosaschriftstellern J. I. Samjatin, M. M. Soschtschenko, K. A. Fedin, W. W. Iwanow, W. A. Kawerin, die Konstruktivisten (↑ Konstruktivismus) ab 1924 mit I. L. Selwinski und E. G. Bagrizki, die Oberiuten (1926–30; Vertreter einer Kunst, die sich der Realität durch Absurdität nähern will) mit D. I. Charms u. a.; bes. Bedeutung gewann in den 20er Jahren die ›ornamentale Prosa‹ I. E. Babels und B. A. Piljnaks und die an die realist. Erzähltradition anknüpfende L. M. Leonows, A. N. Tolstois, O. D. Forschs. – Literaturkritik und -theorie erreichten durch die ›Formalisten‹ B. M. Eichenbaum, J. N. Tynjanow, W. B. Schklowski u. a. neue Analysetechniken, in deren Zentrum die Beschreibung der künstler. Verfahren steht (↑ Formalismus).

Sowjetliteratur (ab etwa 1925 bis 1991): Ab Mitte der 20er Jahre setzte mit F. W. Gladkow (Roman ›Zement‹, 1925, dt. 1927), A. A. Fadejew und M. A. Scholochow eine proletar., klassenbewußte Literatur ein, die formal eher traditionell ist, thematisch sich aber dem Druck der Partei und dem ›Aufbau des Sozialismus‹ stellt. Die literar. Freiheit wurde offiziell immer mehr eingeschränkt, ›formalist.‹ Experimente wurden öffentlich kritisiert und verurteilt. 1932 wurden schließlich alle literar. Gruppierungen aufgelöst, und auf dem ersten sowjet. Schriftstellerkongreß 1934 wurde der ↑sozialistische Realismus zum einzigen künstler. Prinzip erklärt. Damit war die r. L. künstlerisch ›gleichgeschaltet‹, einige Schriftsteller emigrierten (J. I. Samjatin), andere kamen in den stalinist. Verfolgungen um (B. A. Pilnjak, I. E. Babel u. a.) oder sagten sich von ihren älteren Werken durch Selbstkritik los, paßten sich an (W. P. Katajew u. a.); wieder andere verstummten, wurden nicht gedruckt (J. K. Olescha, M. A. Bulgakow). Diese Periode der schematisierten Ansichten und typisierten ›positiven‹ Helden währte – durch eine relativ liberalere Kulturpolitik während des Zweiten Weltkrieges teilweise unterbrochen (K. M. Simonow, A. A. Fadejew, A. A. Achmatowa, O. F. Berggolz, W. F. Panowa) – bis in die Zeit nach Stalins Tod (1953) und nach dem 20. Parteitag (1956). Allein einige Romane mit histor. Stoffen ragen in dieser Zeit heraus (M. A. Scholochow).

Die ›Tauwetter‹-Periode begann mit I. Ehrenburgs gleichnamigem Roman (2 Tle., 1954–56, dt. 1957), ihm schlossen sich W. D. Dudinzew (Roman ›Der Mensch lebt nicht vom Brot allein‹, 1956, dt. 1957), D. A. Granin, J. M. Nagibin u. a. an. Die überragenden Dichterpersönlichkeiten der späten 50er und der 60er Jahre sind jedoch die schon in den Kriegsjahren publizierenden Lyrikerinnen W. F. Panowa, O. F. Berggolz, M. I. Aliger und v. a. A. A. Achmatowa sowie der Lyriker N. A. Sabolozki. Als Erzähler traten bes. hervor W. P. Nekrassow, die anfänglich als Lyriker bekannt gewordenen K. M. Simonow und B. L. Pasternak (Roman ›Doktor Schiwago‹, italien. 1957, dt. 1958, russ. Ann Arbor [Mich.] 1959), K. A. Fedin, K. G. Paustowski, L. M. Leonow, W. A. Kawerin und schließlich M. A. Scholochow. In dieser Periode, deren relative künstler. Liberalität nicht über das Fortbestehen des Dogmas des sozialist. Realismus hinwegtäuschen darf, kam es zu Rehabilitationen stalinist. Opfer und zur Aufhebung von Schreibverboten. Die Auseinandersetzungen um die Nobelpreisverleihung an

B. L. Pasternak (1958) machen die engen parteipolit. Grenzen künstler. Tätigkeit deutlich. Inhaltlich oft auch zeitkrit. Literatur schafft bzw. schuf die Erzählergeneration um W. F. Tendrjakow, W. P. Axjonow, J. P. Kasakow, W. A. Solouchin und W. W. Konezki. J. M. Daniel und A. D. Sinjawski wurden 1966 wegen regimekrit., im Ausland publizierter Werke zu verschärfter Haft verurteilt (diesen Prozeß beschreibt Alexandr Ginsburg [*1938] in einem Weißbuch [1967]); Sinjawski lebt und lehrt seit 1973 in Paris. Mit pathetisch-patriot., teils auch in der Tradition Bloks und Majakowskis stehenden Gedichten treten J. A. Jewtuschenko und R. I. Roschdestwenski seit Beginn der 60er Jahre in Erscheinung, neue lyr. Formen sucht der Dichter des modernen techn. Zeitalters A. A. Wosnessenski. Die Dichtung der B. A. Achmadulina und die liedhafte Lyrik B. Sch. Okudschawas knüpfen an akmeist. und Volksliedtraditionen an. Unbeirrbar in seiner kritischen Haltung gehört A. I. Solschenizyn zu den bedeutendsten literar. und literaturpolit. Vertretern der modernen russisch-sowjet. ›Anklage‹-Literatur (Ausweisung aus der UdSSR 1974, Rückkehr 1994). Mitte bis Ende der 70er Jahre kam es nach Verfolgungen in der Sowjetunion zu einer dritten Emigrationswelle von Schriftstellern und einem Anwachsen der politisch engagierten russ. Emigrationsliteratur. Zu nennen sind W. J. Maximow (der 1974–92 in Paris die Zeitschrift ›kontinent‹ – ein Forum der Exil- und verbotenen Literatur – leitete), A. A. Amalrik, der Erzähler W. N. Woinowitsch, der Schriftsteller und Germanist L. S. Kopelew. Offiziell verbotene Werke wurden in der Sowjetunion durch Samisdat-Ausgaben verbreitet bzw. erschienen im westl. Ausland im Tamisdat. Die in der Sowjetunion erfolgreich (im Gosisdat, d. h. im Staatsverlag) publizierenden Schriftsteller W. G. Rasputin, J. W. Trifonow, A. G. Bitow, ferner S. P. Salygin, W. S. Makanin und W. P. Astafjew wurden, auch in ihren z. T. zahlreichen dt. Übersetzungen, rege rezipiert. Die soziale Thematik verlagerte sich v. a. ins Dorfgeschehen. Vertreter dieser (schon in den 50er Jahren einsetzenden)

Dorfprosa, die die ans Dorf gebundenen Werte der Menschlichkeit, der Ethik, der Tradition pflegt, sind u. a. Astafjew, Salygin, W. M. Schukschin, Rasputin und Solouchin.

Mitte der 80er Jahre setzte im Zeichen der Politik der Perestroika M. S. Gorbatschows auch eine grundlegende kulturpolit. Liberalisierung ein. Die Auseinandersetzung mit der Vergangenheit erfolgte krasser als zuvor, auch Werke – häufig schon früher entstanden –, die radikal mit den bisher bestehenden Tabus brechen, konnten nun erscheinen: der Anti-Stalin-Roman ›Die weißen Gewänder‹ (1988, dt. 1989) von Dudinzew, die Romane ›Der Genetiker‹ (1987, dt. 1988, 1988 auch u. d. T. ›Sie nannten ihn Ur‹) von Granin und ›Die weißen Gewänder‹ (1988, dt. 1989) von Dudinzew, die den ›Lyssenkoismus‹ (Pseudogenetik) entlarven, die Romane ›Alles fließt‹ (hg. Frankfurt am Main 1970, dt. 1972) von W. S. Grossman und ›Über Nacht eine goldene Wolke‹ (1988, dt. 1988) von A. I. Pristawkin über die Deportationen während der Stalinzeit, der Roman ›Der Richtplatz‹ (1987, dt. 1987) von T. Aitmatow über Drogen und der Roman ›Der traurige Detektiv‹ (1987, dt. 1988) von Astafjew über Kriminalität. Auch Memoiren, in ihrer Aussage härter als alles bisher Erlaubte, wurden publiziert, u. a. von Jewgenija Ginsburg, Nadeschda Mandelschtam, Lidija Tschukowskaja und Nina Berberowa (›Ljudi i loži‹ [= Menschen und Logen], New York 1986). Literaturgeschichtl. Lücken wurden gefüllt, v. a. mit der Exilliteratur der Zwischenkriegszeit (Zentren: Berlin, Paris), deren Verfasser (Bunin, Mereschkowski, Remisow, V. Nabokov u. a.) jahrzehntelang totgeschwiegen worden waren. Autoren, die unter L. I. Breschnew ausgewiesen worden waren, die sog. Dissidenten, wurden wieder in den Schriftstellerverband aufgenommen.

Zunehmend zeichnet sich das Wiederaufleben philosoph., auch religiöser Fragestellungen ab, so bei J. Ternowski, F. N. Gorenschtein und W. Pjezuch (›Die neue Moskauer Philosophie‹, R., 1989, dt. 1991). Als Lyriker treten S. Kuschner, Nowella N. Matwejewa, Junna P. Moriz, Juri D. Lewitanski (* 1922) hervor. Nach-

dem erstmals die in der Tradition v. a. Marina Zwetajewas und Mandelschtams stehende Lyrik I. Brodskis in sowjet. Ausgaben zugänglich wurde, ist der Anspruch an die russ. Lyrik gestiegen. – Mit großem Selbstbewußtsein hat sich die Dramatik entwickelt: Stücke von W. S. Rosow und A. W. Wampilow, die sich kritisch mit der sowjet. Wirklichkeit auseinandersetzen, gehören fest zum Repertoire der russ. Gegenwartsdramatik. In jüngster Zeit haben die Stücke von Ljudmila Petruschewskaja Aufsehen erregt, die – ebenso ›düster‹ und ›grausam‹ wie ihre Erzählungen – den Alltag der Städte schildern. Die Chronikstücke M. F. Schatrows über die Stalinzeit gehören zu der gegenwärtig noch stark vertretenen vergangenheitsbewältigenden Entlarvungsliteratur, die sich auf der Bühne früher zu Wort meldete als in der gedruckten Prosa. Hier traten Ende der 80er Jahre Autoren an die Öffentlichkeit, die zuvor im Untergrund geschrieben hatten: Die ›alternative Prosa‹ von Wenedikt Jerofejew, Wiktor Jerofejew, J. Popow, Pjezuch oder Tatjana Tolstaja verfolgt rein künstler. Ziele und bemüht sich um eine neue Ästhetik.

Ebenfalls zur r. L. wurde bisher die in russ. Sprache geschriebene Literatur nichtruss. Völker der ehem. Sowjetunion gerechnet, u. a. G. N. Aigi, Aitmatow, W. U. Bykaŭ, R. Gamsatow, M. Ibragimbekow, F. A. Iskander, A. Kim, O. Suleimenow.

Literatur: Literaturgeschichten: Istorija russkoj literatury. Moskau 1941–54. 10 Bde. – Tschiżewskij, D.: Gesch. der altruss. Lit. im 11., 12. u. 13. Jh. Ffm. 1948. – Lettenbauer, W.: Russ. Literaturgesch. Wsb. ²1958. – Gudzij, N. K.: Gesch. der r. L. 11.–17. Jh. Dt. Übers. Halle/Saale 1959. – Struve, G.: Gesch. der Sowjetlit. Dt. Übers. Mchn. ²1963. – Tschiżewskij, D.: Russ. Literaturgesch. des 19. Jh. Mchn. 1964–67. 2 Bde. – Istorija russkoj sovetskoj literatury. Moskau ²1967–71. 4 Bde. – Tschiżewskij, D.: Abriß der altruss. Literaturgesch. Mchn. 1968. – Gesch. der russ. Sowjetlit. 1917–67. Hg. v. H. Jünger u. a. Bln. 1973–75. 2 Bde. – Stender-Petersen, A.: Gesch. der r. L. Dt. Übers. Mchn. ³1978. – Istorija russkoj literatury. Red.: N. I. Pruckov. Leningrad 1980–83. 4 Bde. – Istorija russkoj sovetskoj poèzii. 1917–1980. Leningrad 1983–84. 2 Bde. – Gesch. der r. L. von den Anfängen bis 1917. Hg. v. W. Düwel u. a. Bln. 1986. 2 Bde. – **Einzeldar-**

stellungen zur neueren Lit.: HOLTHUSEN, J.: R. L. im 20. Jh. Mchn. 1978. – Sowjetlit. heute. Hg. v. G. LINDEMANN. Mchn. 1979. – Multinat. Lit. der Sowjetunion. 1945 bis 1980. Redaktion: G. LOMIDSE u. a. Bln. 1981–85. 2 Bde. – KASACK, W.: Die r. L. 1945–1982. Mchn. 1983. – Russ. Avantgarde 1907–1921. Hg. v. B. ZELINSKY. Bonn 1983. – WOLL, J./TREML, V. G.: Soviet dissident literature. Boston (Mass.) 1983. – The third wave. Russian literature in emigration. Hg. v. O. MATICH u. M. HEIM. Ann Arbor (Mich.) 1984. – STRUVE, G.: Russkaja literatura v izgnanii. Paris ²1984. – FLAKER, A.: Ruska avangarda. Zagreb 1984. – HIERSCHE, A.: Sowjet. Dorfprosa. Bln. 1985. – KASACK, W.: R. L. des 20. Jh. in dt. Sprache. 350 Kurzrezensionen v. Übersetzungen 1976–1983. Mchn. 1985. – STEVANOVIC, B./WERTSMAN, V.: Free voices in Russian literature. 1950–1980. New York 1986. – R. L. an der Wende vom 19. zum 20. Jh. Hg. v. R. GRÜBEL. Amsterdam u. a. 1993. – Russ. Prosa im 20. Jh. Eine Lit.-Gesch. in Einzelporträts 1914–1934. Hg. v. K. KASPER. Mchn. 1993. – ULLMANN, H.: Religiöse Sinnfrage unter dem Roten Stern. Sowjet. Lit. 1958–1986. Gld. 1993. – Vom ›Tauwetter‹ zur Perestroika. R. L. zw. den fünfziger u. neunziger Jahren. Hg. v. W. BEITZ. Ffm. u. a. 1994. – Nachschlagewerke: Kratkaja literaturnaja ènciklopedija. Moskau 1962–78. 9 Bde. – Russkie pisateli. Biobibliografičeskij slovar'. Red.: D. S. LICHAČEV u. a. Moskau 1971. – Hdb. der Sowjetlit. (1917–1972). Hg. v. N. LUDWIG. Lpz. 1975. – The modern encyclopedia of Russian and Soviet literature. Hg. v. H. B. WEBER. Gulf Breeze (Fla.) 1976 ff. (bisher 7 Bde. erschienen). – Handbook of Russian literature. Hg. v. V. TERRAS. New Haven (Conn.) u. London 1985. – KASACK, W.: Lex. der r. L. des 20. Jh. Mchn. ²1992. – KASACK, W.: Russ. Autoren in Einzelporträts. Neuausg. Stg. 1994. – Bibliographien: NAZAREVSKIJ, A. A.: Bibliografija drevnerusskoj povesti. Moskau u. Leningrad 1955. – Russkie sovetskie pisateli. Prozaiki. Leningrad 1959–72. 7 Bde. – Istorija russkoj literatury XIX veka. Red.: K. D. MURATOVA. Moskau 1962. – Istorija russkoj literatury konca XIX – načala XX veka. Red.: K. D. MURATOVA. Moskau 1963. – TARASENKOV, A. K.: Russkie poèty XX veka. 1900–1955. Moskau 1966. – ŠTEPANOV, V. P./STENNIK, J. V.: Istorija russkoj literatury XVIII veka. Leningrad 1968. – FOSTER, L. A.: Bibliografija russkoj zarubežnoj literatury. Bibliography of Russian emigré literature. 1918–1968. Boston (Mass.) 1970. 2 Bde. – WYTRZENS, G.: Bibliogr. der russ. Autoren u. anonymen Werke. Ffm. 1975–82. 2 Hefte. – KANDEL', B. L., u. a.: Russkaja chudožestvennaja literatura i literaturovedenie. Moskau 1976. – Russkie sovetskie pisateli. Poèty. Moskau 1977–86. 9 Bde. – ŠTEJN, È.: Russkaja russkogo rassejanija. 1920–1977. Ashford (Conn.) 1978. – CROSS, A. G./SMITH, G. S.: Eighteenth

century Russian literature, culture and thought. Newtonville (Mass.) 1984.

russischer Formalismus ↑ Formalismus.

Rustawęli (tl.: Rustaveli), Schota, georg. Dichter des 12. Jahrhunderts. – Soll Schatzmeister der Königin Tamar gewesen sein; unter seinem Namen ist das georg. Nationalepos ›Wepchistkaossani‹ (um 1200, erster Druck 1712, dt. 1889 u. d. T. ›Der Mann im Tigerfelle‹) überliefert, das – angeregt von den pers. Ritterepen – unwandelbare Liebe und Vasallentreue verherrlicht; das Epos hat über 1 660 Strophen, jeweils aus vier 16silbigen Versen bestehend, die im Versmaß ›Schairi‹ gedichtet sind; der Einfluß auf die folgenden Generationen war groß.

Ausgabe: Sch. R. Der Mann im Pantherfell. Dt. Übers. Zü. ²1991.

Rutebeuf (Rustebeuf, Rustebuef) [frz. ryt'bœf], * in der Champagne (?) vor 1250, † um 1285, frz. Dichter. – Fahrender Spielmann, von den Brüdern Ludwigs IX. gefördert; bedeutendster frz. Lyriker vor F. Villon; nahm in scharf satir. Gedichten zu polit. und sozialen Mißständen Stellung; die Neigung zum Moralisieren tritt in den religiösen Gedichten und den Kreuzzugsliedern zurück. ›Das Mirakelspiel von Theophilus‹ (entst. um 1261, hg. 1838, dt. 1955) ist dem Fauststoff verwandt.

Ausgaben: R. Onze poèmes concernant la Croisade. Hg. v. J. BASTIN u. E. FARAL. Paris 1946. – R. La vie de sainte Marie l'Égyptienne. Hg. v. B. A. BUJILA. Ann Arbor (Mich.) 1949. – R. Les neuf joies Nostre Dame. Hg. v. T. F. MUSTANOJA. Helsinki 1952. – R. Poèmes concernant l'Université de Paris. Hg. v. H. H. LUCAS. Paris 1952. – R. Œuvres complètes. Hg. v. E. FARAL u. J. BASTIN. Paris 1959–60. 2 Bde. – R. Poésies. Neufrz. Übers. v. J. DUFOURNET. Paris 1977. **Literatur:** LAFEUILLE, G.: R. Paris 1966. – SERPER, A.: R., poète satirique. Paris 1969. – REGALADO, N. F.: Poetic patterns in R. New Haven (Conn.) 1970. – PALMER, L. D.: R. Performerpoet. High Wycombe 1975. – BYAS, H.: Le réalisme de R. Ann Arbor (Mich.) 1979. – DOS SANTOS, I.: Les figures du poète. Étude sur l'imaginaire de R. Diss. Paris-III 1984.

Ruusbroec (Rusbroec, Ruisbroeck, Ruysbroeck), Jan van [niederl. 'ryzbruk], sel., * Ruisbroek bei Brüssel 1293, † Groenendaal bei Brüssel 2. Dez. 1381, fläm. Mystiker. – Studium der Freien

Künste und der Theologie, 1317 Priester, 1318 Domvikar in Brüssel. Um 1330 entstanden erste Traktate sowie sein Hauptwerk ›Zierde der geistl. Hochzeit‹ (Handschrift von 1350, dt. 1923), eine Darstellung der wahren myst. Lehre (Warnung vor geistl. Müßiggang, sittl. Wertung des Willens) im Gegensatz zu den volkstümlich-quietistisch-freigeistigen Ansichten v. a. der Brüder und Schwestern des freien Geistes, gegen die er sich scharf abgrenzte. Ab 1343 lebte er im Zoniënwoud (Wald südlich von Brüssel), stiftete die Augustiner-Chorherren-Propstei Groenendaal, deren erster Prior er war (1353). Seine Schriften fanden weite Verbreitung, rund 250 Handschriften sind bekannt, der Ruf seiner Heiligkeit zog viele Besucher an, u. a. J. Tauler und G. Groote. In seiner Vorstellungswelt nachweisbar von Meister Eckhart beeinflußt, neigen Sprache und Gedankenführung zum Überschwang, was ihm den Namen ›Doctor ecstaticus‹ eintrug; er preist die Ekstase als den Zustand höchsten Seins, in dem der Mensch, von den Hüllen des eigenen Daseins erlöst, im Abgrund der göttl. Liebe versinke. R.s Mystik ist eine Synthese von Christus- und Trinitätsmystik: Der Geist muß drei Stufen überwinden, um zu Gott zu gelangen, in der Nachfolge Christi kann der Mensch in der Verborgenheit des Geistes zur Erneuerung seiner selbst gelangen und die ›Brautfahrt‹ Christi erleben.

Ausgaben: J. v, R Werken. Hg. v. J. B. POUKENS. Mecheln u. Tielt ²1944–48. 4 Bde. – J. v. R. Opera omnia. Hg. v. G. DE BAERE. Tielt u. Leiden 1981 ff. Auf 10 Bde. berechnet.
Literatur: DOLEZICH, G.: Die Mystik J. v. Ruysbroecks des Wunderbaren (1293–1381). Habelschwerdt 1926. – AMPE, A.: De grondlijnen van R.'s drieëenheidsleer als onderbouw van den zieleopgang. Tielt 1950. – EICHLER, W.: J. v. R. Brulocht in oberdt. Überlieferung. Mchn. 1969. – MOMMAERS, P.: The land within. The process of possessing and being possessed by God according to the mystic J. v. R. Chicago (Ill.) 1975.

Ruyra i Oms, Joaquim [katalan. 'rruirǝ i 'ɔms], *Gerona 27. Sept. 1858, †Barcelona 15. Mai 1939, katalan. Schriftsteller. – Lyriker, Dramatiker und bed. Erzähler; schrieb anfangs in span., später in katalan. Sprache. In seinen Erzählungen, in denen R. in meisterhafter, nuancierter Sprache Menschen, Sitten und Landschaften Kataloniens schildert, verbinden sich Realismus, Phantasie und Empfindung.

Werke: Marines i boscatges (En., 1903, 1920 u. d. T. Pinya de rosa), El país del pler (Ged., 1906), La parada (En., 1919), Entre flames (En., 1928).
Ausgabe: J. Ruyra. Obres completes. Hg. v. M. DE MONTOLIU. Barcelona 1949.

Ruysbroeck, Jan van, ↑ Ruusbroec, Jan van.

Ruyslinck, Ward [niederl. 'rœyslıŋk], eigtl. Raymond Charles Marie De Belser, *Berchem 17. Juni 1929, fläm. Schriftsteller. – Wichtigster fläm. Vertreter einer modernen zeitkrit. Richtung in realist. Stil; debütierte 1957 mit der Erzählung ›Die Rabenschläfer‹ (dt. 1961), der zwei bed. Romane folgten: ›Das Tal Hinnom‹ (1961, dt. 1963) und ›Das Reservat‹ (1964, dt. 1966). R. zeichnet die Schattenseiten des Lebens, läßt aber der Hoffnung Raum; auch autobiograph. Romane: ›De uilen van Minerva‹ (1985), ›Stille waters‹ (1987), ›IJlings naar nergens‹ (1989).

Weitere Werke: Goldene Ophelia (R., 1966, dt. 1980), Het ledikant van Lady Cant (R., 1968), De heksenring (R., 1972), De verliefde àkela (E., 1973), Wierook en tranen (R., 1974), In naam van de beesten (Dokumentation, 1975), De sloper in het slakkehuis (R., 1977), De boze droom het medeleven (R., 1982), Hunkerend gevangen (Ged., 1988), De speeltuin (R., 1992; mit M. Lo Cascio).
Literatur: SCHALKEN, T.: W. R. Utrecht ²1971. – BRUYNE, A. DE: W. R. Nimwegen u. Brügge 1977.

Ruzzante, altpaduan. Ruzante, eigtl. Angelo Beolco, *Padua um 1496, †ebd. 17. März 1542, italien. Dramatiker. – Schauspieler, der seine Stücke mit eigener Truppe aufführte. Seine realist. Dialektkomödien und Farcen, meist in ländl. Milieu spielend, gehören zu den besten Lustspielen der Renaissance (›Pastoral‹, ›L'anconitana‹, ›La moschetta‹, ›Fiorina‹). Er schuf den Typ des einfältigen und melanchol., allen Nöten und Wirren seiner Zeit ausgesetzten Bauern, den er selbst oft auf der Bühne verkörperte und nach dem er ›R.‹ genannt wurde.

Ausgaben: R. Teatro. Prima edizione completa. Hg. v. L. ZORZI. Turin 1967. – Angelo Beolco il Ruzante. Hg. v. G. PADOAN. Padua 1978 ff. Auf mehrere Bde. ber. (bisher Bd. 1 u. 3 erschienen).

Literatur: LOVARINI, E.: Studi sul R. e la letteratura pavana. Padua 1965. – MASTROPAS-
QUA, F./MOLINARI, C.: R. e Arlecchino. Parma
1970. – PROSPERI, M.: Angelo Beolco nominato
R. Padua 1970. – DERSOFI, N.: Arcadia and the
stage. An introduction to the dramatic art of
Angelo Beolco called R. Madrid 1978. – CAR-
ROLL, L. L.: Language and dialect in R. and Goldoni. Ravenna 1981. – CALENDOLI, G.: R. Venedig 1985.

Rybakow (tl.: Rybakov), Anatoli
Naumowitsch [russ. rɨba'kɔf], * Tscherni-
gow 14. Jan. 1911, russ. Schriftsteller. –
Wurde 1989 erster Präsident des neuge-
gründeten russ. PEN-Zentrums. Begann
(1948) mit Abenteuergeschichten für
Kinder; auch Produktionsromane im
Sinne der Parteilinie; geschickter Erzäh-
ler, dessen Werk durch psycholog.
Kenntnisse und die Auseinandersetzung
mit eth. Fragen an Tiefe gewinnt. Sein
Anti-Stalin-Roman ›Die Kinder vom
Arbat‹ konnte erst 1987 erscheinen
(dt. 1988).
Weitere Werke: Menschen am Steuer (R., 1950,
dt. 1951), Schwerer Sand (R., 1978, dt. 1980),
Jahre des Terrors (R., 1989, dt. 1990), Stadt der
Angst (R., 1990, dt. 1994).
Ausgabe: A. N. Rybakov. Izbrannye proizvede-
nija. Moskau 1991. 3 Bde.

Rychner, Max ['riːçnər], * Lichten-
steig (Kanton Sankt Gallen) 8. April
1897, † Zürich 10. Juni 1965, schweizer.
Schriftsteller und Literarhistoriker. –
Mitarbeiter und Feuilletonist bed.
schweizer. Zeitungen, Hg. und Übersetzer (P. Valéry), daneben Lyriker und Novellist. In seinen Essays betonte R. den
überzeitl. Zusammenhang großer Dichtungen der abendländ. Kultur und sah
sich als Mittler zwischen dt. und frz. Geisteswelt.
Werke: Freundeswort (Ged., 1941), Zur europ.
Literatur zwischen zwei Weltkriegen (Essays,
1942), Glut und Asche (Ged., 1945), Zeitgenöss.
Literatur (Essays, 1947), Die Ersten. Ein Epyllion (1949), Arachne (Essays, 1957), Bedachte
und bezeugte Welt (Prosa, Ged., Aufsätze,
1962).
Literatur: SIEBERT, W.: M. R., Bibliogr. Mchn.
1986.

Rydberg, Viktor [schwed. ˌryːdbærj],
* Jönköping 18. Dez. 1827, † Djursholm
bei Stockholm 21. Sept. 1895, schwed.
Dichter, Kulturhistoriker und Religionsphilosoph. – War Hauslehrer, Redakteur, Dozent, schließlich Prof. in Stock-

holm; Mitglied der Schwed. Akademie.
Sein Liberalismus und romant. Idealismus vereinigendes Gesamtwerk trägt religiöse, religionskrit., moderne naturwiss., aber auch zeitkrit. und soziale
Züge; in seinen für den Fortschritt ein-
tretenden Romanen werden die Vertreter
der religiösen Intoleranz in dunklen Farben gezeichnet. Als Sprachforscher trat
R. für den Purismus ein (Einfluß auf die
folgende Dichtergeneration); schuf eine
kongeniale Übersetzung von Goethes
›Faust‹.
Werke: Der Korsar (R., 1857, dt. 4 Bde., 1924),
Singoalla (R., 1857, dt. 1885), Der letzte Athener
(R., 1859, dt. 1875), Bibelns lära om Kristus
(Abh., 1862), Röm. Kaiser in Marmor (Biographien, 1877, dt. Ausw. 1907), Dikter (Ged., 1882
und 1891), Der Waffenschmied (E., 1891, dt.
1908).
Ausgabe: V. R. Skrifter. Hg. v. K. WARBURG.
Stockholm 1896–1900. 14 Bde.
Literatur: WARBURG, K.: V. R. Stockholm 1900.
2 Bde. – HOLMBERG, O.: V. R.s lyrik. Stockholm
1935. – ROOTH, E. G. T.: V. R.s Faustöversätt-
ning. Lund 1951. – HEGERFORS, T.: R.s utveck-
ling till religiös reformator. Göteborg 1960 (mit
dt. Zusammenfassung). – NAUMANN, H. P.:
Goethes ›Faust‹ in schwed. Übers. Göteborg u.
Stockholm 1970.

Ryga, George [engl. 'raɪgə], * Deep
Creek (Alberta) 27. Juli 1932, † Summer-
land (British Columbia) 18. Nov. 1987,
kanad. Schriftsteller. – Wuchs in einer
ukrain. Gemeinde im kanad. Westen auf;
kurze Schulausbildung; viele Jobs. Der
zugleich realist., experimentelle und engagierte Dramatiker zeigte in seinen
Stücken Indianer als Opfer (›The ecstasy
of Rita Joe and other plays‹, 1971) und
die Gesellschaft in der Krise (›Captives
of the faceless drummer‹, 1971). Weiter
griff er Themen auf wie z. B. den Mythos
des Westens (›Ploughmen of the glacier‹,
1977), Bürgerinitiativen (›Seven hours to
sundown‹, 1977), Gefängniswelt (›Lad-
die boy‹, in: ›Transactions I: Short
plays‹, 1978) und Einwanderungsproble-
matik (›A letter to my son‹, 1984).
Weitere Werke: Hungry kills (R., 1963), Ballad
of the stonepicker (R., 1966), Night desk (R.,
1976), In the shadow of the vulture (R., 1985).
Literatur: Four Canadian playwrights. R. Davies, G. Gelinus, J. Reaney, G. R. Hg. v.
M. MOORE u. R. BENTLEY. Toronto 1973.

Rylejew (tl.: Ryleev), Kondrati Fjodorowitsch [russ. rɨ'ljejɪf], * Batowo

(Gebiet Petersburg) 29. Sept. 1795, † Petersburg 25. Juli 1826, russ. Dichter. – 1814–18 Militärdienst als Offizier, 1821–24 Assessor beim Strafgerichtshof; als einer der Führer des Dekabristenaufstands hingerichtet. R., der zunächst durch eine bittere Satire gegen den führenden zarist. Politiker Graf Araktschejew bekannt wurde, behandelte in seinen Dichtungen meist aufrüttelnd revolutionäre Themen; bed. Vertreter der engagierten, dogmat. Agitationsdichtung mit pädagog. Absicht; diese Neigung bestimmte u. a. den Stil seiner ›Dumy‹ (Ged., 1825) und seines romant. Poems ›Vojnarovskij‹ (1825).

Ausgabe: K. F. Ryleev. Polnoe sobranie sočinenij. Moskau u. Leningrad 1934. Nachdr. Den Haag 1967.
Literatur: BERNDT, M.: J. Niemcewicz u. K. Ryleev. Diss. Bln. 1960. – RICKWOOD, T. M.: Themes and style in the poetry of K. Ryleyev. Diss. Liverpool 1968.

Rylsky (tl.: Ryl's'kyj), Maxym Tadejowytsch [ukrain. 'reljskej], *Kiew 19. März 1895, † ebd. 24. Juli 1964, ukrain.-sowjet. Schriftsteller. – 1917–29 Lehrer; Mitglied des Obersten Sowjets. R., der bis Ende der 20er Jahre vorwiegend persönl., unpolit., lyr. und lyrisch-ep. Versdichtungen schrieb, wandte sich dann der sowjet. Tendenzdichtung mit patriot. Grundhaltung zu (›Maryna‹, Vers-E., 1933). Seine von der Sowjetkritik häufig getadelten neoklassizist. Gedichte gehören zum Besten der neueren ukrain. Dichtung. Sein bed. Übersetzungswerk umfaßt u. a. Werke von Shakespeare, Goethe, A. Mickiewicz, Dramen der frz. Klassizisten, eine Übertragung des ›Eugen Onegin‹ von A. S. Puschkin sowie des ›Igorlieds‹.

Weiteres Werk: Saško (Poem, 1929).
Ausgabe: M. T. Ryl's'kyj. Tvory. Kiew 1960–62. 10 Bde.
Literatur: BYSYKALO, S.: M. Ryl's'kyj. Kiew 1962.

Rys, Jan, eigtl. Marcel Nehrlich, *Ostrau 22. Juli 1931, † Unterrabnitz (Burgenland) 22. Nov. 1986, österr. Schriftsteller. – Kam 1948 nach Wien, ging 1949 in die BR Deutschland; ab 1951 freier Schriftsteller, lebte ab 1960 wieder in Österreich. Wurde v. a. als Verfasser von Hörspielen mit aktueller Thematik bekannt. Schrieb auch Romane, Dramen, Fernsehspiele.

Werke: Pfade im Dickicht (Jugend-R., 1955), Grenzgänger (Hsp., 1960), Die Toten dürfen nicht sterben (Hsp., Ursendung 1961), Vertreibung (Hsp., Ursendung 1965), Interview mit einer bed. Persönlichkeit (Hsp., Ursendung 1969), Das neue Maghrebinien (Hsp., Ursendung 1973).

Rytchëu, Juri, *1930, tschuktschischer Schriftsteller. – Fesselnder Erzähler vom Leben an der Beringstraße.

Werke: Traum im Polarnebel (R., 1970, dt. 1991), Teryky. Eine Tschuktschenlegende (dt. 1989), Wenn die Wale fortziehen (E., 1977, dt. 1984), Unter dem Sternbild der Trauer (R., dt. 1994).

Rzewuski, Henryk Graf [poln. ʒɛ-'vuski], Pseudonym Jarosz Bejła, *Sławuta (heute Slawuta, Ukraine) 3. Mai 1791, † Cudnów 28. Febr. 1866, poln. Erzähler. – Teilnehmer am Feldzug 1809; ab 1850 russ. Verwaltungsbeamter. R., der jedem Fortschritt feindlich gegenüberstand, verherrlicht die poln. Vergangenheit. Er führte die Adelserzählung (poln. gawęda) in die poln. Literatur ein. Mit dem Roman ›Der Fürst ‚Mein Liebchen' und seine Parteigänger‹ (3 Bde., 1845/46, dt. 1856) schrieb er den ersten nennenswerten histor. Roman der poln. Literatur.

Weitere Werke: Denkwürdigkeiten des Pan Severin Soplica, Mundschenk von Parnau (Erinnerungen, 4 Bde., 1839–41, dt. 1875), Schloß Krakau und das letzte Turnier (R., 3 Bde., 1847/ 1848, dt. 1857).
Literatur: URBANIAK, J.: Konserwatyzm w poglądach społeczno-filozoficznych H. R.ego. Posen 1979.

S

Saadia (Saadja Ben Josef), * in Ägypten 882, † Sura (Babylonien) 942, jüd. Gelehrter. – Gehörte zu den einflußreichsten Gestalten des mittelalterl. Judentums; von ihm sind auf dem Gebiet des Religionsgesetzes, der [liturg.] Poesie, der Exegese und der hebr. Grammatik sowie v. a. der [Religions]philosophie wesentl. Impulse ausgegangen. Von umfassender, nicht nur jüd., sondern auch arab. Bildung, bediente er sich auf mehreren Gebieten als erster Jude auch literarisch der arab. Sprache. Hervorzuheben ist ein Bibelkommentar (mit der ersten arab. Bibelübersetzung) und das religionsphilosoph. Werk ›Buch des Glaubens und Wissens‹ (arab. ›Kitāb al-amānāt wa'li tiqādāt‹, hebr. ›Sefer haʾ emûnôt wëhadde'ôt‹), das die Einheit von Philosophie und Offenbarung behandelt.

Literatur: MALTER, H.: Saadja Gaon. His life and works. Philadelphia (Pa.) ²1942.

Saalfeld, Martha, verh. vom Scheidt, *Landau in der Pfalz 15. Jan. 1898, † Bad Bergzabern 14. März 1976, dt. Schriftstellerin. – 1933–45 Veröffentlichungsverbot; schrieb v. a. Gedichte; auch Erzählungen, Romane und Dramen.

Werke: Gedichte (1931), Staub aus der Sahara (Schsp., 1932), Dt. Landschaft (Ged., 1946), Idyll in Babensham (En., 1947), Der Wald (E., 1948), Pan ging vorüber (R., 1954), Anna Morgana (R., 1956), Herbstmond (Ged., 1958), Mann im Mond (R., 1961), Judengasse (R., 1965), Isi oder die Gerechtigkeit (R., 1970), Gedichte und Erzählungen (1973).

Saar, Ferdinand von, * Wien 30. Sept. 1833, † ebd. 24. Juli 1906, österr. Erzähler und Lyriker. – Bis 1859 Berufsoffizier, danach freier Schriftsteller; lebte abwechselnd in Wien und auf den Landsitzen von Freunden; beging, schwer erkrankt, Selbstmord. Beeinflußt von N. Lenau schrieb er pessimist. Poesie und empfindsam-dekadente Erzählungen mit Stoffen aus der k. u. k. Armee und der Wiener Gesellschaft. Seine dramat. Versuche mit histor. Stoffen blieben erfolglos. Wegen der Verbindung von Psychologie und skept. Realismus zählt er zu den Vorläufern von A. Schnitzler u. a.; blieb stets der zeitgenöss. politisch-sozialen Realität verpflichtet.

Werke: Novellen aus Österreich (1877; enthält u. a.: Innocens, 1866; Die Steinklopfer, 1874), Gedichte (1882), Wiener Elegien (Ged., 1893), Herbstreigen (Nov.n, 1897), Camera obscura (Nov.n, 1901), Tragik des Lebens (Nov.n, 1906).

Ausgaben: F. v. S. Sämtl. Werke. Hg. v. J. MINOR. Lpz. 1909. 12 Bde. (mit Biogr.). – F. v. S. Meisternovellen. Nachwort v. H. JACOBI. Zü. 1982. – F. v. S. Ginevra u. a. Novellen. Bearb. v. K. ROSSBACHER. Bln. 1983. – F. v. S. Novellen aus Österreich. Hg. v. R. ROČEK. Wien 1986. – F. v. S. Herr Fridolin u. sein Glück. Hg. v. L. B. KAISER. Tüb. 1993.

Literatur: KRETZSCHMAR, H.: F. v. S. Eine Zusammenstellung der ... Ausgg. seiner Schrr. u. der Lit. über ihn u. sein Werk. Köln 1965. – F. v. S. Krit. Texte u. Deutungen. Hg. v. K. K. POLHEIM. Tüb. 1980 ff. Bisher 5 Bde. erschienen. – F. v. S. Ein Wegbereiter der literar. Moderne. Hg. v. K. K. POLHEIM. Bonn 1985. – KLAUSER, H.: Ein Poet aus Österreich. F. v. S. – Leben u. Werk. Wien 1990. – WENSKE, M.: F. v. S.s ›Wiener Elegien‹. Ffm. u. a. 1994.

Saarikoski, Pentti, * Impilahti 2. Sept. 1937, † Joensuu 24. Aug. 1983, finn. Schriftsteller. – Studierte zuerst Theologie, dann klass. Philologie, arbeitete als liberaler, später als kommunist. Journalist; lebte ab 1975 bis kurz vor seinem Tod in Göteborg. Bed. und engagierter Vertreter einer poetisch-sozialen Literatur; wegweisend für die Lyrik der 60er Jahre; auch bed. Übersetzer (u. a. Aristoteles, Euripides, Platon, I. Calvino, J. D. Salinger, J. Joyce); außer einzelnen Gedichten in dt. Anthologien ist eine Auswahl seiner Jugendlyrik in dt. Übersetzung erschienen (›Ich rede‹, dt. 1965).

Weitere Werke: Runot ja Hipponaksin runot (= Gedichte und Gedichte des Hipponax,

1959), Nenän pakinoita (= Glossen der Nase, Glossen, 1960), Mitä tapahtuu todella? (= Was geschieht in Wirklichkeit?, Ged., 1960), Kuljen missä kuljen (= Ich gehe, wo ich gehe, Ged., 1965), Asiaa tai ei (= Berichtenswertes oder auch nicht, Prosa, 1980), Euroopan reuna (= Der Rand Europas, Prosa, 1982), Hämärän tanssit (= Tanz der Dämmerung, Ged., hg. 1983), P. S. Merkintöjä suruvuodelta (= P. S. Aufzeichnungen von einem Trauerjahr, Tagebuchnotizen, hg. 1986).

Saavedra, Ángel de [span. saa'βeðra], Herzog von Rivas, span. Dichter, † Rivas, Ángel de Saavedra, Herzog von.

Saaz, Johannes von, dt. Schriftsteller, † Johannes von Tepl.

Saba (tl.: Ṣabā), Fath Ali Chan [pers. sæ'bɑː], * Kaschan 1765 oder 1766, † 1822 oder 1823, pers. Dichter. – Zeitweilig Gouverneur der Provinzen Ghom und Kaschan; war v. a. Panegyriker; schrieb neben zahlreichen Kassiden und zwei weiteren Epen in Nachahmung von Ferdousis ›Šāhnāmaʰ‹ (= Königsbuch) zu Ehren seines Herrschers Fath Ali Schah und dessen Sohn Abbas Mirsa das seinerzeit sehr hoch geschätzte Epos ›Šāhanšāhnāmaʰ‹ (= Das Buch des Königs der Könige) mit rund 40 000 Versen.

Saba, Umberto, eigtl. U. Poli, * Triest 9. März 1883, † Gorizia 25. Aug. 1957, italien. Lyriker. – War Buchhändler und Antiquar in Triest; seine Dichtung von melanchol. Grundhaltung wurde von jüd. Tradition sowie von dt. und slaw. Einflüssen bestimmt. Die Sammlung ›Il canzoniere‹ (1945, erstmals 1921 erschienen) vereinigt die Lyrik von 1900 bis 1945 (enthält u. a. ›Preludio e canzonette‹, 1922, und ›Ultime cose‹, 1944; 1948 ergänzt, definitive Ausg. ⁵1961). In ›Storia e cronistoria del canzoniere‹ (Prosa, 1948) gibt S. Rechenschaft über seine künstler. Entwicklung. Schrieb auch Erzählungen.

Weitere Werke: Mediterranee (Ged., 1950), Riccordi – racconti (Prosa, 1956), Ernesto (R.-Fragment, entst. 1953, hg. 1975, dt. 1985), Das zerbrochene Glas (Ged., italien. und dt. Ausw., 1991).

Ausgaben: U. S. Poesie scelte. Hg. v. G. GIUDICI. Mailand 1976. – U. S. Prose scelte. Hg. v. G. GIUDICI. Mailand 1976. – U. S. Il canzoniere 1921. Krit. Ausg. Hg. v. G. CASTELLANI. Mailand 1981.

Literatur: KANDUTH, E.: U. S. In: Italien. Lit. der Gegenwart in Einzeldarstt. Hg. v. J. HÖSLE

u. W. EITEL. Stg. 1974. S. 62. – Per conoscere S. Hg. v. M. LAVAGETTO. Mailand 1981. – FAVRETTI, E.: La prosa di U. S. Dai racconti giovanili a ›Ernesto‹. Rom 1984. – FERRI, T.: Poetica e stile di U. S. Urbino 1984. – MATTIONI, S.: Storia di U. S. Mailand 1989. – RAIMONDI, P.: Invito alla lettura di U. S. Mailand ³1990.

Sabahattin Alį, * Gjumjurdschina (türk. Gümülcine; heute Komotini, Griechenland) 25. Febr. 1907, † Kırklareli 2. April 1948, türk. Schriftsteller. – 1928–30 Studium in Deutschland, danach Deutschlehrer in verschiedenen Städten Anatoliens; ab 1938 Dozent am Konservatorium in Ankara, 1944 aus polit. Gründen entlassen, danach Journalist, u. a. Hg. (zus. mit A. Nesin) der einflußreichen, häufig konfiszierten satir. Zeitschrift ›Marko Paşa‹, was ihm Verhaftung und Gefängnisstrafen einbrachte; wurde beim Versuch der Flucht nach Bulgarien kurz vor der Grenze ermordet. Unter dem Einfluß der dt. und russ. krit. Realismus veröffentlichte S. A. Erzählungen und Romane, die in ihrer Unmittelbarkeit die türk. Prosa bis heute nachhaltig beeinflussen. In teils lapidarer, scheinbar kunstloser Sprache, teils lyrisch-poetisch, unter Verwendung der Metaphorik der Volksromanzen, wird das länd̓l. und kleinstädt. Anatolien oft mit bitterer Sozialkritik porträtiert.

Werke: Kağnı (= Der Karren, En., 1936), Ses (= Die Stimme, En., 1937), Kuyucaklı Yusuf (= Yusuf aus Kuyucak, R., 1937), İçemizdeki şeytan (= Der Teufel in uns, R., 1940).

Sabat Ercasty, Carlos [span. sa'βat εr'kasti], * Montevideo 4. Nov. 1887, † ebd. 4. Aug. 1982, uruguay. Lyriker. – Einer der bedeutendsten spätmodernist. Lyriker seines Landes, besingt mit leidenschaftl. Pathos in der kosm. Dimensionen gesehene Natur; auch Essayist und Dramatiker.

Werke: Pantheos (Ged., 1917), Poemas del hombre (9 Bde., 1921–58), Prometeo (Epos, 1953), Sonetos de las agonías y los éxtasis (Ged., 1977).

Sábato, Ernesto [span. 'saβato], * Rojas (Prov. Buenos Aires) 24. Juni 1911, argentin. Schriftsteller. – War 1940–45 Prof. für theoret. Physik an der Univ. von La Plata; gab aus Protest gegen die Peronismus seine Stellung auf; nach wechselnden Tätigkeiten freier Schriftsteller; leitete 1983/84 die mit der Aufdeckung

Ernesto
Sábato

der Verbrechen der Militärdiktatur betraute staatl. Kommission (›Nie wieder! Ein Bericht über Entführung, Folter und Mord durch die Militärdiktatur in Argentinien‹, 1984, dt. 1987). Schrieb vielschichtige psycholog. Romane um metaphys. Probleme der menschl. Existenz, außerdem bed. literar., sozial- und kulturpolit. Essays. Sein Roman ›Über Helden und Gräber‹ (1961, dt. 1967) gilt als einer der bedeutendsten Romane Argentiniens. Wurde u. a. 1984 mit dem span. Premio Miguel de Cervantes, 1989 mit dem Jerusalem-Preis ausgezeichnet.

Weitere Werke: Uno y el universo (Essay, 1945), Der Maler und das Fenster (R., 1948, dt. 1958, 1976 u. d. T. Maria oder die Geschichte eines Verbrechens), Die unbesiegten Furien (Essays, 1963, dt. 1991), La convulsión política y social de nuestro tiempo (Essay, 1969), Abaddon (R., 1974, dt. 1980), Apologías y rechazos (Essays, 1979), Cuatro hombres de pueblo (En., 1980), Querido y remoto muchacho (Essay, 1990).
Literatur: DELLEPIANE, A. B.: S., un análisis de su narrativa. Buenos Aires 1970. – WAINERMAN, L.: S. y el misterio de los ciegos. Buenos Aires ²1978. – UZAL, F. H.: Nación, sionismo y masonería. Rectificaciones a E. S. Buenos Aires 1980. – BALKENENDE, L.: Aproximación a la novelística de S. Buenos Aires 1983. – SCHEERER, TH. M.: E. S. In: Krit. Lex. der roman. Gegenwartsliteraturen. Hg. v. W.-D. LANGE. Losebl. Tüb. 1984 ff. – CATANIA, C.: Genio y figura de E. S. Buenos Aires 1987. – SEGUÍ, A. F.: Lo psicopatológico en las novelas de E. S. Ffm. u. a. 1988. – KNEUER, M.: Lit. u. Philosophie. Ihr Verhältnis bei E. S. Ffm. u. a. 1991.

Sabbe, Maurits, * Brügge 9. Febr. 1873, † Antwerpen 12. Febr. 1938, fläm. Schriftsteller. – Ab 1923 Prof. für niederl. Literatur in Brüssel; schrieb volkstüml. Romane und Novellen, in denen er hu-

morvoll v. a. den Brügger Alltag schildert; auch Essays und Dramen.
Werke: Een mei van vroomheid (E., 1903), De filosoof van 't sashuis (R., 1907), Het pastoorken van Schaerdycke (R., 1919), Peilingen (Essay, 1935).
Literatur: MONTEYNE, L.: De S.s. Antwerpen 1934.

Sabina, Karel, * Prag 29. Dez. 1813, † ebd. 9. Nov. 1877, tschech. Schriftsteller und Journalist. – Führende Persönlichkeit der radikalen Demokraten, wegen Teilnahme am Aufstand 1849 zum Tode verurteilt, später zu 18 Jahren Gefängnis begnadigt und 1857 amnestiert. Seine Gedichte zeigen den Einfluß Lord Byrons, seine romant. Romane und Novellen haben z. T. soziale Tendenz. S. schrieb auch Libretti (u. a. für B. Smetanas Oper ›Die verkaufte Braut‹, 1866, dt. 1872) und einen Bericht über das Leben polit. Gefangener (›Oživené hroby‹ [= Belebte Gräber], 1870); Literarhistoriker und Kritiker, der auf das tschech. Kulturleben seiner Zeit bed. Einfluß ausübte; Hg. der Werke K. H. Máchas.
Weitere Werke: Hrobník (= Totengräber, Nov., 1844), Povídky, pověsti, obrazy a novely (= Erzählungen, Sagen, Bilder und Novellen, 2 Bde., 1845), Jaroslava (E., 1859).
Ausgabe: K. S. Soubor spisu. Prag 1910–11. 3 Bde.
Literatur: THON, J.: O K. Sabinovi. Prag 1947. – PURŠ, J.: K případu K. Sabiny. Prag 1959. – BROD, M.: Die verkaufte Braut. Der abenteuerl. Lebensroman des Textdichters K. S. Mchn. 1962.

Sabino, Fernando [brasilian. sa'binu], * Belo Horizonte 12. Okt. 1923, brasilian. Schriftsteller. – Jurastudium in Belo Horizonte und Rio de Janeiro; veröffentlichte mit 17 Jahren sein erstes Buch ›Os grilos não cantam mais‹ (En., 1940); lebte nach dem Studium zwei Jahre in den USA; Mitarbeiter verschiedener Zeitungen; sein bekanntestes Werk ist der Roman ›Schwarzer Mittag‹ (1956, dt. 1962), in dem er die Krise der intellektuellen Jugend seines Landes darstellt.
Weitere Werke: A marca (R., 1944), A cidade vazia (Berichte, 1950), A vida real (E., 1952), Gente (Berichte, 2 Bde., 1975), O encontro das águas (Berichte, 1977), O grande mentecapto (R., 1979), O menino no espelho (R., 1982), O gato sou eu (Berichte, 1983).

Sabinus, Georg, eigtl. G. Schuler, * Brandenburg/Havel 23. April 1508,

† Frankfurt/Oder 2. Dez. 1560, dt. Humanist und nlat. Lyriker. – Schwiegersohn Ph. Melanchthons; Prof. für Rhetorik in Frankfurt/Oder und Königsberg (Pr). Widmete sich neben philolog. und histor. Arbeiten der Dichtkunst und schrieb nlat. Gedichte, in denen die Themen Liebe, Freundschaft, Moral, Politik kunstvoll variiert werden (›Poemata‹, 1544 und 1558).

Sabir, eigt. Mirsa Alekper Tairsade, * Schemacha 31. Mai 1862, † ebd. 25. Juli 1911, aserbaidschan. Schriftsteller. – Schrieb zunächst intime Lyrik; in den Jahren 1905–07 begann er, polit. Lyrik und Satiren zu verfassen. Mitarbeiter der satir. Zeitschrift ›Molla Nasreddin‹ unter dem Pseudonym Hop-Hop; wirkte auf die Dichtung in Iran und in der Türkei. Eine Sammlung seiner Werke erschien 1912 u. d. T. ›Hop-Hop-name‹ (= Das Hop-Hop-Buch).

Sabolozki (tl.: Zabolockij), Nikolai Alexejewitsch [russ. zɐba'lɔtskij], * Kasan 7. Mai 1903, † Moskau 14. Okt. 1958, russ.-sowjet. Lyriker. – Studierte in Leningrad (heute Petersburg) an der pädagog. Hochschule; 1938–46 Lagerhaft und Verbannung; durfte erst nach dem 2. Weltkrieg wieder publizieren; schrieb, in seiner Auffassung vom Dichten W. W. Chlebnikow verpflichtet, später auch von N. A. Nekrassow angeregt, eine oft satir. Lyrik, deren Stil v. a. anfangs durch eine effektvolle Verbindung von Vers und rhythm. Prosa, stilisierter Hochsprache und vulgären Wendungen gekennzeichnet ist.

Ausgabe: N. A. Zabolockij. Sobranie sočinenij. Moskau 1983–84. 3 Bde.
Literatur: JACK, W. F.: Three worlds of N. Zabolockij. Diss. University of Michigan 1977. – TURKOV, A.: N. Zabolockij. Moskau 1981.

Sá-Carneiro, Mário de [portugies. 'sakɐr'nɐiru], * Lissabon 19. Mai 1890, † Paris 26. April 1916, portugies. Lyriker. – Freund F. A. Nogueira de Seabra Pessoas; frühvollendeter, sensibler Symbolist, dann Modernist aus dem Kreise der avantgardistischen Zeitschriften ›Orpheu‹, ›Centauro‹, ›Exílio‹ und ›Portugal Futurista‹; schrieb lyrische Gedichte (›Dispersão‹, 1914; ›Indícios de oiro‹, hg. 1937), Novellen (›A confissão de Lúcio‹, 1914; ›Céu em fogo‹, 1915) so-

wie das Drama ›Amizade‹ (1912, zusammen mit Tomás Cabreira Junior).

Ausgabe: M. de Sá-C. Obras completas. Neuausg. Lissabon 1–6 1978–92. 5 Tle.
Literatur: WOLL, D.: Wirklichkeit u. Idealität in der Lyrik M. de Sá-C.s. Bonn 1960. – GALHOZ, M. A.: M. de Sá-C. Lissabon 1963.

Sacchetti, Franco [italien. sak'ketti], * Florenz oder Ragusa (Dubrovnik) zwischen 1330 und 1335, † San Miniato(?) 15. (?) Aug. (?) 1400, italien. Dichter. – Aus alter Guelfenfamilie, war Kaufmann und Politiker, zuletzt Podesta in verschiedenen italien. Städten. Seine ›Trecento novelle‹ im Stil G. Boccaccios (jedoch ohne Rahmenhandlung), von denen 223 erhalten sind, vermitteln ein getreues Bild des Volkslebens seiner Zeit (begonnen 1392, vielleicht schon 1388, gedr. 1724, dt. 1907 in 3 Bden. u. d. T. ›Novellen‹); schrieb auch Balladen, Madrigale, heitere und religiöse Gedichte sowie Briefe.

Ausgaben: F. S. Opere. Hg. v. A. BORLENGHI. Mailand 1957. – F. S. Il Trecentonovelle. Hg. v. A. LANZA. Florenz 1984. – F. S. Die wandernden Leuchtkäfer. Renaissancenovellen aus der Toskana. Dt. Übers. Bln. 1988.
Literatur: BORLENGHI, A.: F. S. In: Letteratura italiana. I minori. Bd. 1. Mailand 1962. S. 343. – CARETTI, L.: Saggio sul S. Rom 2 1978.

Sachbuch, Publikation, die [neue] Fakten und Erkenntnisse auf wiss., polit., sozialem, wirtschaftl., kulturellem oder kulturhistor. Gebiet in meist populärer und allgemeinverständl. Form darbietet. S. steht also im Unterschied zur † Belletristik und zum wiss. Fachbuch, dessen method. Vorgehen und dessen Aufbauprinzipien es nicht immer folgt. Es wendet sich nicht an den Spezialisten, sondern an den interessierten Laien. Zum S. im weiteren Sinne werden oft auch das Lexikon, das Wörterbuch und der ›prakt. Ratgeber‹ gerechnet (im Englischen zusammengefaßt als Non-fiction im Gegensatz zu † Fiction). Der Begriff S. wird seit den 1930er Jahren verwendet, die Form der Publikation ist jedoch viel älter. Sachschriften und sachbuchartige Information gab es im Altertum (z. B. bei Thukydides und Herodot) und im MA (›Merigarto‹, als älteste deutschsprachige Erdbeschreibung um 1090 entst.); sie erscheinen dann bes. seit dem 18. Jh., wo sie neben den † moralischen Wochenschriften dem Bildungshunger des Bürgertums entgegenkamen. Erneut gewann das S. Interesse mit der Entwicklung des Arbeiterstandes im 19. Jh., als es ebenfalls zur Verbreitung neuer, v. a. naturwiss. Erkenntnisse beitrug. Auch die vom Ende des 19. Jh. bis in die 1920er Jahre in den Schulen verwendeten Realienbücher gehören zur Gattung des S. s ebenso wie die der Belletristik zuneigenden Reiseberichte († Reiseliteratur; z. B. B. H. Bürgel, ›Aus fernen Welten‹, 1910). Als Markstein in der Geschichte des S.s gilt ›Sage und Siegeszug des Kaffees‹ (1934) von H. E. Jacob. Nach dem 2. Weltkrieg erlebte das S. weltweite Bestsellererfolge, z. B.: C. W. Ceram, ›Götter, Gräber und Gelehrte‹ (1949), W. Keller, ›Und die Bibel hat doch recht‹ (1956), P. Pörtner, ›Mit dem Fahrstuhl in die Römerzeit‹ (1959), K. Lorenz, ›Das sogenannte Böse‹ (1963), H.-E. Richter, ›Die Gruppe‹ (1972), H. Gruhl, ›Ein Planet wird geplündert‹ (1975), F. Vester, ›Phänomen Stress‹ (1976), F. Alt, ›Frieden ist möglich‹ (1983), H. Ortner, ›Der Justizmord Sacco und Vanzetti‹ (1993).

Literatur: DODERER, K.: Das S. als literarpädagog. Problem. Ffm. u. a. 1962. – HILLER, H.: Seit wann gibt es Sachbücher? In: Börsenbl. f. den Dt. Buchhandel (Ffm.) 18 (1962), S. 2150. – AUBÖCK, I.: Die literar. Elemente des S.es. Diss. Wien 1963 [Masch.]. – LEITHÄUSER, J. G.: Zur Definition u. Gesch. des S.s. In: Börsenbl. f. den Dt. Buchhandel (Ffm.) 20 (1964), S. 1749. – PSAAR, W./KLEIN, M.: Sage u. S. Paderborn 1980.

Sacher, Friedrich, Pseudonym Fritz Silvanus, * Wieselburg (Niederösterreich) 10. Sept. 1899, † Wien 22. Nov. 1982, österr. Schriftsteller. – Lehrer in Klosterneuburg, ab 1934 freier Schriftsteller in Wien; Lyriker und Erzähler mit Vorliebe für die Darstellung des Kleinen, Zarten und Besinnlichen; auch Essayist.

Werke: Mensch in den Gezeiten (Ged., 1937), Das Buch der Mitte (Ged., 1939), Die Schatulle (En., 1951), Die Welt im Fingerhut (Miniaturen, 1953), Anekdoten (1959).
Ausgabe: F. S. Ausgew. Werke. Wien 1964. 2 Bde.

Sacher-Masoch, Alexander, * Witkowitz (heute zu Ostrau) 18. Nov. 1901, † Wien 17. Aug. 1972, österr. Schriftsteller. – 1938–45 in der Emigration; begann erst danach zu schreiben; Lyriker und

Erzähler; eindringl. Darsteller der Menschen im ehem. Vielvölkerstaat Österreich; auch Übersetzer.

Werke: Die Parade (R., 1946), Zeit der Dämonen (Ged., 1946), Beppo und Pule (R., 1948), Piplatsch träumt (Zigeunergeschichten, 1949), Die Ölgärten brennen (R., 1956), Plaotina (En., 1963).

Sacher-Masoch, Leopold Ritter von, Pseudonyme Charlotte Arand, Zoë von Rodenbach, * Lemberg 27. Jan. 1836, † Lindheim (heute zu Altenstadt, Wetteraukreis) 9. März 1895, österr. Schriftsteller. – Sohn des Polizeichefs von Galizien. Studierte Jura, Geschichte und Mathematik, war in Lemberg Prof. für Geschichte, 1880 Redakteur in Budapest, ab 1881 in Leipzig und Mannheim; in 1. Ehe ∞ mit der Schriftstellerin Aurora von Rümelin (Pseudonym Wanda von Dunachev). Schrieb zahlreiche Romane (u. a. ›Die geschiedene Frau‹, 2 Bde., 1870; ›Venus im Pelz‹, 1870) mit pessimist. Darstellung des Familienlebens und einer Neigung zum Sexualpathologischen (Masochismus). Literarisch bed. sind v. a. seine Novellen mit realist. Schilderungen des polnisch-jüd. Bauern- und Kleinbürgerlebens.

Weitere Werke: Eine galiz. Geschichte (R., 1858, 1864 u. d. T. Graf Donski), Das Vermächtnis Kains (Nov. n, 4 Bde., 1870–77), Die Ideale unserer Zeit (R., 4 Bde., 1875), Galiz. Geschichten (2 Bde., 1877–81), Poln. Ghetto-Geschichten (1886), Die Seelenfängerin (R., 2 Bde., 1886), Die Schlange im Paradies (R., 3 Bde., 1890), Grausame Frauen (En., 6 Bde., hg. 1907).
Ausgabe: S.-M. oder die Selbstvernichtung. Teilsg. Hg. v. R. FELDMANN. Graz u. Wien 1961.
Literatur: SCHLICHTEGROLL, C. F. VON: S.-M. u. der Masochismus. Dresden 1901. – CLEUGH, J.: The first masochist. A biography of L. v. S.-M. New York 1967. – L. v. S.-M. Materialien zu Leben u. Werk. Hg. v. M. FARIN. Bonn 1987. – MICHEL, B.: S.-M. Paris 1989.

Sachs, Hans, * Nürnberg 5. Nov. 1494, † ebd. 19. Jan. 1576, dt. Meistersinger und Dichter. – Sohn eines Schneidermeisters; besuchte zunächst die Lateinschule und begann mit 15 Jahren eine Schuhmacherlehre. Von 1511 bis 1516 auf Wanderschaft in Deutschland, wurde in München im Meistersang unterrichtet, kehrte dann nach Nürnberg zurück, wo er bald Meister wurde. Sein Leben war von zunehmendem Wohlstand und wachsender Berühmtheit bestimmt. In

Hans Sachs

der Frage der Reformation stellte er sich früh auf die Seite Luthers. In polit. und sozial-eth. Hinsicht vertrat er die Normen der bürgerl. Mittelschicht und distanzierte sich ebenso von revolutionären Bewegungen der Unterschicht wie von fürstl. Tyrannei. Er machte mehrmals Bekanntschaft mit der strengen Zensur des Nürnberger Rats, so daß er brisante Texte allegorisch verschlüsselte. S. beherrschte vier literar. Gattungen: den Meistersang, das Spruchgedicht in der Nachfolge von H. Rosenplüt und H. Folz, das Spiel und den Prosadialog. Er schuf über 4000 Lieder geistl. und weltl. Inhalts. Seine Spruchgedichte waren vielfach in Einzeldrucken verbreitet, sie haben geistl., histor., polit. und schwankhafte Inhalte und sind teilweise parallel zu den Meisterliedern entstanden; am populärsten war ›Die Wittenbergisch Nachtigall‹ von 1523 mit einer volkstüml. Darstellung der Lehre Luthers. In seinen 85 Fastnachtsspielen stand S. in der Nürnberger Tradition; die durch die Reformation veränderte Aufführungssituation, ohne Bezug zur Fastenzeit, führte zu einer Reduktion des ursprünglich kontrastiven-obszön-grobian. Einschlags. In seinen mehr als 100 Komödien und Tragödien dramatisierte er v. a. bibl. und histor. Stoffe, aber auch mittelalterl. Erzählungen. Im Prosadialog werden Probleme der Reformation und der richtigen Lebensführung von fiktiven Partnern diskutiert, wobei es S. darum ging, der städt. Mittel- und Unterschicht religiöse und weltl. Bildung nahezubringen und die Interessen des handeltreibenden Bürgertums durch die Propagierung von Frieden, Ordnung, Ehrbarkeit und Vernunft zu sichern. – S. geriet im späten 17. Jh. in Vergessenheit und galt Anfang des 18. Jh. als beschränkter Stümper. Sein umfangreiches Werk ist jedoch wichtigstes Zeugnis der reichsstädt. bürgerl. Kultur des 16. Jahrhunderts. Die Neubewertung ging von Ch. M. Wieland und Goethe aus, mit R. Wagners Oper ›Die Meistersinger von Nürnberg‹ (UA 1868) erreichte die S.rezeption ihren Höhepunkt.

Weitere Werke: Lucretia (Trag., 1527), Das Narrenschneiden (Fastnachtsspiel, 1536), Comedi von dem reichen sterbenden Menschen (1549), Der farendt Schuler im Paradeiß (Fastnachtsspiel, 1550), Sanct Peter mit der Gaiß (Schwank, 1555).
Ausgaben: H. S. Werke. Hg. v. A. VON KELLER u. E. GÖTZE. Tüb. 1870–1908. 26 Bde. Nachdr. Hildesheim 1964. Reg.-Bd. Hildesheim 1982. – H. S.ens ausgew. Werke. Hg. v. P. MERKER u. R. BUCHWALD. Lpz. 11.–14. Tsd. 1961. 2 Bde. – H. S. Werke in 2 Bden. Bearb. u. eingel. v. K. M. SCHILLER. Bln. u. Weimar ³1972.
Literatur: GENÉE, R.: H. S. u. seine Zeit. Lpz. 1894. Neudr. Niederwalluf bei Wsb. 1971. – EICHLER, F.: Das Nachleben des H. S. vom 16. bis ins 19. Jh. Lpz. 1904. – GEIGER, E.: Der Meistersgesang des H. S. Bern 1956. – KÖNNEKER, B.: H. S. Stg. 1971. – WEDLER, K.: Die Entwicklung des Fastnachtspiels bei H. S. Diss. Rostock 1971 [Masch.]. – BALZER, B.: Bürgerl. Reformationspropaganda. Die Flugschrr. des H. S. in den Jahren 1523–1525. Stg. 1973. – H. S. u. Nürnberg. Hg. v. H. BRUNNER u. a. Nbg. 1976. – HOLZBERG, N./HILSENBECK, H.: H.-S.-Bibliogr. Nbg. 1976. – Die Welt des H. S. Ausst.-Kat. Hg. v. den Museen der Stadt Nürnberg. Nbg. 1976. – H. S. Studien zur frühbürgerl. Lit. im 16. Jh. Hg. v. T. CRAMER u. E. KARTSCHOKE. Bern u. a. 1978. – KRAUSE, H.: Die Dramen des H. S. Bln. 1979. – H. S. u. die Meistersinger in ihrer Zeit. Hg. v. G. BOTT. Nbg. 1981. – BERNSTEIN, E.: H. S. Rbk. 1993. – OTTEN, F.: Mit hilff gottes zw tichten ... got zw lob vnd zw aüspreittüng seines heilsamen wort. Unterss. zur Reformationsdichtung des H. S. Göppingen 1993.

Sachs, Maurice [frz. saks], eigtl. Jean-M. Ettinghausen, *Paris 16. Sept. 1906, †Hamburg 14. April 1945, frz. Schriftsteller. – Führte ein ungeregeltes, z. T. skandalerfülltes Leben, wurde von J. Maritain zum Katholizismus bekehrt; im Krieg zeitweise Gestapospitzel, dann im KZ, in einem Hamburger Gefängnis vermutlich ermordet. Romancier (›Alias‹, 1935; ›Le voile de Véronique‹, hg. 1959),

Essayist und scharfsichtiger satir. Chronist, bes. des Lebens außerhalb der Gesellschaft (›Der Sabbat‹, E., hg. 1946, dt. 1967, 1950 u. d. T. ›Mein Leben ist ein Ärgernis‹; ›La chasse à courre‹, E., hg. 1948; ›Tableau des mœurs de ce temps‹, hg. 1954); verfaßte auch literarische Porträts (u. a. von A. Gide und J. Cocteau).

Literatur: BELLE, J. M.: Les folles années de M. S. Paris 1979. – DU DOGNON, A./MONCEAU, P.: Le dernier sabbat de M. S. Paris 1979. – SCHMITT, C.: Le double jeu de S. Essai. Lausanne u. Paris 1979. – RACZYMOW, H.: M. S. ou les travaux forcés de la frivolité. Paris 1988.

Sachs, Nelly, eigtl. Leonie S., * Berlin 10. Dez. 1891, † Stockholm 12. Mai 1970, dt.-schwed. Schriftstellerin. – Entstammte einer jüd. Familie, floh, von S. Lagerlöf unterstützt, 1940 nach Schweden, wurde schwed. Staatsbürgerin und lebte bis zu ihrem Tod in Stockholm. Gestaltete, frei von Haß und Rachegedanken, in ihren lyr. und dramat. Werken dichterisch das Schicksal des jüd. Volkes, das die menschl. Bedrohtheit dokumentiert; bilderreiche, rhythmisch bewegte, von tiefem Gefühl getragene und doch herbe Lyrik; auch Übersetzungen aus dem Schwedischen. 1965 erhielt sie den Friedenspreis des Dt. Buchhandels, 1966 den Nobelpreis für Literatur (mit S. J. Agnon).

Nelly Sachs

Werke: Legenden und Erzählungen (1921), In den Wohnungen des Todes (Ged., 1947), Sternverdunkelung (Ged., 1949), Eli (Mysterienspiel, 1951), Und niemand weiß weiter (Ged., 1957), Flucht und Verwandlung (Ged., 1959), Fahrt ins Staublose (Ged., 1961), Zeichen im Sand (szen. Dichtungen, 1962), Glühende Rätsel (Ged., 1964), Die Suchende (Ged.-Zyklen, 1966), Verzauberung (szen. Dichtungen, 1970), Suche nach Lebenden (Ged., hg. 1971), Teile dich Nacht (Ged., hg. 1971).

Ausgaben: Briefe der N. S. Hg. v. R. DINESEN u. H. MÜSSENER. Ffm. 1984. – Und Leben hat immer wie Abschied geschmeckt. Frühe Gedichte u. Prosa der N. S. Hg. v. H. D. MÜCK. Stg. 1985. – N. S. Gedichte. Hg. v. H. DOMIN. Ffm. 9. u. 10. Tsd. 1986. – Paul Celan u. N. S. Briefwechsel. Hg. v. B. WIEDEMANN. Ffm. 1993.

Literatur: LAGERCRANTZ, O.: Versuch über die Lyrik der N. S. Dt. Übers. Ffm. 1967. – KERSTEN, P.: Die Metaphorik in der Lyrik von N. S. Hamb. 1970 (mit Bibliogr.). – BERENDSOHN, W. A.: N. S. Einf. in das Werk der Dichterin jüd. Schicksals. Darmst. 1974. – BAHR, E.: N. S. Mchn. 1980. – KLINGMANN, U.: Religion u. Religiosität in der Lyrik v. N. S. Ffm. u. a. 1980. – FALKENSTEIN, H.: N. S. Bln. 1984. – DINESEN, R.: N. S. Eine Biogr. Dt. Übers. Ffm. 1994. – N. S. Neue Interpretationen. Hg. v. M. KESSLER u. J. WERTHEIMER. Tüb. 1994.

Sachsenheim, Hermann von, spätmhd. Dichter, ↑ Hermann von Sachsenheim.

Sachsenspiegel ↑ Eike von Repgow.

sächsische Komödie (sächs. Typenkomödie), satirisch-moralkrit. sog. Verlachkomödie, die im Zuge der Theaterreform J. Ch. Gottscheds (in Sachsen, bes. Leipzig) entstanden ist, entsprach der Komödientheorie des Gottschedschen ›Versuchs einer Crit. Dichtkunst vor die Deutschen‹ (1730, bes. ³1742). Vorbild für die s. K. war die frz., regelmäßig gebaute, literarisch ausgeformte Gesellschaftskomödie (v. a. Ph. Destouches), kennzeichnend waren Umsetzung in zeitgenöss., bürgerl. Wirklichkeit (›Ehrbarkeitsklausel‹), satir. Gegenüberstellung von tugendhaftem und lasterhaftem Verhalten, ›natürl.‹ Umgangssprache (Prosa zwischen barocker Hof- und Pöbelsprache) und Vermeidung von Sprachkomik zugunsten lächerl. Handlungen. – Vertreter der s. K. sind Gottscheds Frau Luise Adelgunde Victoria (›Die Pietisterey im Fischbein-Rocke ...‹, 1736; ›Die ungleiche Heirat‹, 1743, u. a.), J. E. Schlegel (›Der geschäftige Müßiggänger‹, 1741; ›Die stumme Schönheit‹, 1747), Johann Christian Krüger ([* 1722, † 1750] ›Die Kandidaten‹, 1747, u. a.), der junge G. E. Lessing (›Der junge Gelehrte‹, 1754), ferner Adam Gottfried Uhlich (* 1720, † nach 1756), H. Borken-

stein, Johann Theodor Quistorp (* 1722,
† ?), Gottlieb Fuchs (* 1720, † 1799) und
z. T. Ch. F. Gellert (›Die Betschwester‹,
1745), der dann zum Repräsentanten
des empfindsamen weinerl. Lustspiels
wurde. – Die s. K. wurde durch die Thea-
tertruppe der Caroline Neuber (Verbannung des † Hanswursts 1737) realisiert;
nach deren Wegzug aus Sachsen veröffentlichte Gottsched die s. K.n in seinem
Werk ›Die dt. Schaubühne nach den Regeln und Exemplen der Alten‹ (6 Bde.,
1741–45). Literarhistorisch bedeutsam
ist die s. K. als früheste bürgerl. Ausprägung der Komödie.

Literatur: BRÜGGEMANN, D.: Die s. K. Köln u.
Wien 1970.

Sächsische Weltchronik, um 1230

in niederdt. Sprache verfaßte Darstellung der Welt- und Reichsgeschichte; erstes dt. Geschichtswerk in Prosa; gehört
in den Kreis niederdt. literar. Bestrebungen am Welfenhof in Braunschweig. Die
angenommene Verfasserschaft Eikes von
Repgow ist nicht gesichert.

Ausgabe: S. W. Hg. v. L. WEILAND. Hann. 1877.
Nachdr. Bln. 1980.
Literatur: HERKOMMER, H.: Überlieferungsgesch. der S. W. Mchn. 1972. – ZIPS, M.: Daz ist
des van Repegouwe rat. Bemerkungen zur Ver-
fasserfrage der S. W. In: Niederdt. Jb. 106
(1983), S. 43.

Sackville, Thomas [engl. 'sækvɪl], 1.

Earl of Dorset, Baron Buckhurst,
* Schloß Buckhurst bei Withyham (Sussex) 1536 (?), † London 19. April 1608,
engl. Dichter und Politiker. – Jurist; 1567
geadelt; bekleidete später hohe polit.
Ämter (u. a. ab 1599 Schatzkanzler).
Seine Dichtungen entstammen ausschließlich den frühen Jahren. Das zus.
mit Thomas Norton (* 1532, † 1584) verfaßte Drama ›Gorboduc‹ (UA 1561,
gedr. 1565, 1570 u. d. T. ›Ferrex and Por-
rex‹) gilt als die erste regelgerechte engl.
Tragödie nach klass. Vorbild (Seneca
d. J.). Zu dem Sammelwerk ›A † mirror
for magistrates‹ steuerte S. 1563 als die
dichterisch bedeutendsten Beiträge den
Prolog (›Induction‹) mit imposanter Un-
terweltschilderung und ›The complaint
of the Duke of Buckingham‹ bei.

Ausgabe: Th. S. The works. Hg. v. R. W. SACK-
VILLE-WEST. London 1859.
Literatur: BERLIN, N.: Th. S. New York 1974.

Victoria
Sackville-
West

Sackville-West, Victoria [Mary]

[engl. 'sækvɪl'wɛst], * Knole Castle (Kent)
9. März 1892, † Sissinghurst Castle
(Kent) 2. Juni 1962, engl. Schriftstellerin. – Entstammte dem Hochadel; 1913
∞ mit dem Schriftsteller H. G. Nicolson,
den sie auf vielen seiner Reisen im diplomat. Dienst begleitete. Gehörte der
Bloomsbury Group an und inspirierte
V. Woolf zu deren Roman ›Orlando‹
(1928). Ihre eigenen Erzählungen (›Der
Erbe und andere Erzählungen‹, 1922, dt.
1948) und Romane sind formal weitgehend konventionelle, detailgetreue Chroniken der Welt der engl. Aristokratie,
zeigen aber inhaltlich ein ausgeprägtes
Engagement für die Rechte der Frau
(›Schloß Chevron‹, R., 1930, dt. 1931;
›Erloschenes Feuer‹, R., 1931, dt. 1948;
›Family history‹, R., 1932). Das geschichtl. Interesse der Autorin zeigt sich
in der Studie über ›Knole and the Sack-
villes‹ (1922, erweitert 1958) sowie in den
Biographien über die Großmutter, eine
span. Tänzerin, ›Pepita. Die Tänzerin
und die Lady‹ (1937, dt. 1938), über
Johanna von Orléans (›Jeanne d'Arc‹,
1936, dt. 1937) oder über Theresia von
Ávila und Theresia von Lisieux (›Adler
und Taube‹, 1943, dt. 1947). Traditionsbewußtsein kennzeichnet auch ihre Naturgedichte (›Selected poems‹, 1941) sowie die poet. Langformen ›The land‹
(1926), ›Solitude‹ (1938) und ›The garden‹ (1946); verfaßte auch Reisebeschreibungen sowie Werke über Garten-
baukultur.

Weitere Werke: Eine Frau von vierzig Jahren
(R., 1932, dt. 1950), Die Ostergesellschaft (R.,

1953, dt. 1953), Weg ohne Weiser (R., 1961, dt. 1963).

Literatur: NICOLSON, N.: Portrait einer Ehe. Dt. Übers. Ffm. u. Bln. [4]1993. – RAITT, S.: Vita and Virginia. The work and friendship of V. S.-W. and Virginia Woolf. Oxford 1993. – GLENDINNING, V.: V. S.-W. Eine Biogr. Dt. Übers. Neuausg. Ffm. 1994.

Sacra rappresentazione ↑ Rappresentazione sacra.

Saddharmapuṇḍarikasūtra [...'ri:-ka ... = Lehrtext vom Lotus der wahren Lehre] (Kurzform: Saddharmapuṇḍarīka), Sanskrittext des Mahāyāna-Buddhismus; Thema dieses wichtigen, heute v. a. in Japan geschätzten und vor 250 n. Chr. entstandenen Lehrtextes ist die Erscheinung des Buddha in seinen verschiedenen Formen als Retter der Menschen. Wie ein Arzt oder ein besorgter Vater führt er die Menschen aus dem Kreislauf der Welt (›saṃsāra‹) zur Erlösung (›nirvāṇa‹). Das S. wurde als erster Text des Mahāyāna-Buddhismus in Europa bekannt (frz. 1852, engl. 1884).

Ausgabe: The Saddharma-puṇḍarika, or, The lotus of the true law. Engl. Übers. Delhi 1965. **Literatur:** BARUCH, S.: Beitrr. zum S. Leiden 1938. – YUYAMA, A.: A bibliography of the Sanskrit texts of the S. Canberra 1971. – BECHERT, H.: Über die Marburger Fragmente des S. Gött. 1972.

Sade, Donatien Alphonse François Marquis de [frz. sad], * Paris 2. Juni 1740, † Charenton (heute zu Saint-Maurice) bei Paris 2. Dez. 1814, frz. Schriftsteller.- Sohn eines Diplomaten; nahm am Siebenjährigen Krieg teil; Offizier; erste Gefängnisstrafe wegen ausschweifenden Lebens bereits in den 1760er Jahren; verbrachte 27 Jahre seines Lebens in Haft oder in der Irrenanstalt; angeklagt wegen Giftmords, ›bes. schwerer‹ Ausschweifungen, polit. Delikte u. a.; auf Veranlassung Napoleons I. von 1803 bis zum Tode in der Nervenheilanstalt Charenton. Schrieb, meist in der Haft, neben zahlreichen [bedeutungslosen] Theaterstücken v. a. psychologisch-aufklärer., obszöne Romane und Erzählungen, von denen ein großer Teil verlorenging. Sein bekanntestes Werk ist der Roman ›Justine ou Les malheurs de la vertu‹ (1791, zus. mit der Forts. ›Histoire de Juliette ou Les prospérités du vice‹ [1797] 1797 in 10 Bden. u. d. T. ›La nouvelle Justine ...‹

Donatien
Alphonse
François
Marquis
de Sade

erschienen, dt. 1904 in 2 Bden. u. d. T. ›Justine und Juliette‹). Während die Werke S.s wegen ihrer realistisch-exakten Darstellung von Perversionen, die heute nach ihm als sadistisch bezeichnet werden, lange nur vom psychopatholog. Gesichtspunkt interessierten, wurden sie seit Ch. A. Sainte-Beuve mehr und mehr auch literarisch gewürdigt. S.s Amoralismus wirkte stark auf die Surrealisten, die Autoren um den ›Collège de Sociologie‹ (G. Bataille, P. Klossowski, M. Leiris u. a.), auf die existentialist. Literatur nach dem 2. Weltkrieg sowie auf die Gruppe Tel Quel, auf das Werk von R. Barthes, M. Foucault und A. Robbe-Grillet.

Weitere Werke: Aline und Valcour oder Der philosoph. Roman (R., 2 Tle., 1793, dt. 1963), Philosophie im Boudoir (Dialoge, 1795, dt. 1967), Verbrechen der Liebe (Nov.n, entst. 1787/88, erschienen 1800 in 4 Bden., dt. Ausw. 1803 in 2 Bden.), Die Marquise de Gange (R., 1813, dt. 1967), Die 120 Tage von Sodom oder Die Schule der Ausschweifung (R.-Fragment, entst. 1785, erschienen 1904, dt. 1908 in 2 Bden.).

Ausgaben: D.-A.-F. Marquis de S. Œuvres complètes. Édition définitive. Hg. v. G. LELY. Paris [2]1966–67. 16 Bde. (mit Biogr.). – D. A. F. Marquis de S. Ges. Werke. Dt. Übers. Hg. v. J.-P. HOOFT. Mchn. 1969. 2 Bde. – D. A. F. Marquis de S. Der Greis in Charenton. Letzte Aufzeichnungen u. Kalkulationen. Dt. Übers. Mit einem Nachwort v. M. LUCKOW. Mchn. 1972. – D. A. F. de S. Opuscules et lettres politiques. Vorwort v. G. LELY. Paris 1978. – D. A. F. de S. Ausgew. Werke. Dt. Übers. v. M. LUCKOW. Ffm. 1978. 3 Bde. – D. A. F. de S. Erzählungen u. Schwänke ... Übers. v. G. AHRENS u. a. Gifkendorf [2]1980.

Literatur: FLAKE, O.: Marquis de S. Mchn. 1966. – Das Denken v. S. Hg. v. Tel Quel. Dt.

Übers. Mchn. 1969. – BARTHES, R.: S., Fourier, Loyola. Dt. Übers. Ffm. 1974. – BLOCH, I.: Der Marquis de S. u. seine Zeit. Hg. v. P. SCHALK. Mchn. 1978. – THOMAS, D.: Marquis de S. Dt. Übers. v. D. WALTER. Bergisch-Gladbach 1981. – HOFFMANN, D.: Die Figur des Libertin. Überlegungen zu einer polit. Lektüre de S.s. Ffm. u. New York 1984. – LYNCH, L. W.: The Marquis de S. Boston (Mass.) 1985. – Die Befreiung der Lust. Natur, Gesellschaft u. Sexualität bei dem Marquis de S. Hg. v. W. NEUMANN. Hann. 1986. – JEAN, R.: Ein Porträt des Marquis de S. Dt. Übers. Mchn. 1990. – PAUVERT, J.-J.: Der göttl. Marquis. Dt. Übers. Mchn. u. Lpz. 1991. 2 Bde. – LENNIG, W.: Marquis de S. Rbk. 34.–36. Tsd. 1992. – BAUER, C.: Triumph der Tugend. Das dramat. Werk des Marquis de S. Bonn 1994.

Sá de Miranda, Francisco de [portugies. 'sa ðə mi'rɐndɐ], * Coimbra 27. Okt. 1485, † Tapada (Minho) 15. März 1558, portugies. Dichter und Humanist. – Lernte auf einer längeren Italienreise 1521–26 die wichtigsten Vertreter der italien. Renaissance kennen. Sá. de M. gilt als bedeutendster Erneuerer der portugies. Poesie, die er durch Einführung neuer italien. Versformen (u. a. Sonett, Oktave, Kanzone) aus der Erstarrung löste, ohne dabei die alten einheim. Formen ganz zu vernachlässigen (›Poesias‹, hg. 1595); schrieb die ersten klass. Prosakomödien in Portugal (›Os estrangeiros‹, hg. 1559; ›Vilhalpandos‹, hg. 1560).
Ausgabe: F. de Sá de M. Obras completas. Hg. v. M. RODRIGUES LAPA. Neuausg. Lissabon 1976–77. 2 Bde.
Literatur: CARVALHO, C. ALMEIDA DE: Glossário das poesias de Sá de M. Lissabon 1953. – EARLE, T. F.: Theme and image in the poetry of Sá de M. Oxford u. New York 1980.

Sadi (tl.: Sa'dī), Abu Abdellah Moscharrefoddin Ebn Moslehoddin [pers. sæ'di:], * Schiras zwischen 1213 und 1219, † ebd. 9. Dez. 1292, pers. Dichter. – Studien in seiner Heimatstadt, dann Wanderungen durch Kleinasien, Mesopotamien, Syrien, Ägypten; um 1256 Rückkehr nach Schiras. Unter dem Mäzenatentum lokaler Herrscher wurde S. als Dichter berühmt. Seine Hauptwerke sind der ›Būstān‹ (= Duftgarten, entst. 1257, dt. 2 Bde., 1850), eine didakt. Dichtung, und der ›Gulistān‹ (= Rosengarten, entst. 1258, dt. 1654 von A. Olearius u. d. T. ›Persianischer Rosenthal ...‹), eine didaktisch-unterhaltsame Anekdotensammlung mit eingestreuten Versen. S.

erweist sich als skept., pragmat. Moralist; er führte vor Hafes die lyr. Form des Ghasels zu einem ersten Höhepunkt. Gilt als hervorragender Klassiker der pers. Literatur.
Ausgabe: Saadi. Hundertundeine Gesch. aus dem Rosengarten. Dt. Übers. u. Ausw. v. R. GELPKE. Zü. 1967.
Literatur: MASSÉ, H.: Essai sur le poète Saadi, suivi d'une bibliographie. Paris 1919.

Sadji, Abdoulaye [frz. sad'ʒi], * Rufisque 1910, † ebd. 25. Dez. 1961, senegales. Schriftsteller. – Lehrer; Mitarbeiter beim senegales. Rundfunk und der Zeitschrift ›Présence africaine‹; ab 1959 Schulinspektor. Im Mittelpunkt seiner Romane und Erzählungen stehen meist Frauen, die an den Zwiespältigkeiten der Kolonisierung und der Stadt zerbrechen.
Werke: Tounka (E., 1952), Maimouna (R., 1953), Nini, mulâtresse du Sénégal (R., 1954), Modou-Fatim (E., 1960).

Sadoveanu, Ion Marin [rumän. sado'vẹanu], eigtl. Iancu-Leonte Marinescu, * Bukarest 15. Juni 1893, † ebd. 2. Febr. 1964, rumän. Schriftsteller. – Theaterkritiker; Intendant des Bukarester Nationaltheaters. Wandte sich nach lyr. und dramat. Versuchen dem Roman zu: ›Jahrhundertwende in Bukarest‹ (1944, dt. 1964) schildert im Stil H. de Balzacs den Aufstieg des Bürgertums in den letzten Jahrzehnten des 19. Jh.; ›Jahre der Entscheidung‹ (1957, dt. 1961), als Bildungsroman konzipiert, setzt die Schilderung der Gesellschaft in den ersten Jahren des 20. Jh. fort. S. schrieb auch Essays über das Theater und übersetzte H. von Kleist, Stendhal und Shakespeare.
Weitere Werke: Dramă și teatru (= Drama und Theater, Essay, 1926), Cîntece de rob (= Sklavenlieder, 1930), Molima (= Die Seuche, Dr., 1930), Taurul mării (= Der Stier des Meeres, R., 1962).
Ausgabe: I. M. S. Scrieri. Hg. v. I. OPRIȘAN. Bukarest 1969–83. 7 Bde.
Literatur: LEONTE, L.: Prozatori contemporani. Jassy 1984.

Sadoveanu, Mihail [rumän. sado-'vẹanu], Pseudonym M. S. Cobuz, *Pașcani 5. Nov. 1880, † Bukarest 19. Okt. 1961, rumän. Schriftsteller. – Mitarbeiter verschiedener Zeitschriften; wurde 1926 Abgeordneter, 1931 Senatspräsident; 1947–61 Stellvertretender Vorsitzender

des Präsidiums der Großen Nationalversammlung. 1921 Mitglied der Rumän.
Akademie. S. gehört zu den fruchtbarsten (über 120 Romane und Erzählungen) und bedeutendsten Repräsentanten
der rumän. Prosaliteratur; er war, v. a. in
seinen Anfängen, dem Naturalismus verpflichtet. Die Stärke seiner [histor.] Romane liegt in den kraftvollen, farbigen
Natur- und Landschaftsschilderungen,
der Brillanz seiner Sprache, in seiner
Darstellung vitaler, unproblemat. bäuerl.
Typen. Realistisches und Phantastisches
vermischen sich in seinen Werken der
mittleren Periode, in der auch alte Volksbücher teils nacherzählt, teils umgestaltet
werden. Das polit. Engagement brachte
für S. in seinem späteren Werk die Hinwendung zum sozialist. Realismus mit
sich.
Werke: Das Geschlecht der Falken (R., 1915, dt.
1969, 1963 u. d. T. Das Geschlecht der Şoimaru),
Der Wunderwald (R., 1922, dt. 1952), Ankutzas
Herberge (R., 1928, dt. 1954), Im Zeichen des
Krebses (R., 1929, dt. 1968), Nechifor Lipans
Weib (R., 1930, dt. 1936), Die Nächte um Jo-
hanni (R., 1934, dt. 1944), Fraţii Jderi (= Die
Brüder Jderi, R., 3 Bde., 1935–42), Die Heimkehr Mitrea Cocors (R., 1951, dt. 1953), Reiter
in der Nacht (R., 1952, dt. 1971).
Ausgaben: M. S. Opere. Bukarest 1954–70. 21
Bde. – M. S. Opere. Hg. v. C. SIMIONESCU. Buka-
rest 1981 ff.
Literatur: BRATU, S.: M. S. O biografie a operei.
Bukarest 1963. – CIOPRAGA, C.: M. S. Bukarest
1966. – SÎNGEORZAN, Z.: M. S. Teme fundamen-
tale. Bukarest 1976. – Studien zu S. Arbeitskreis
f. Rumän. Sprache u. Lit. Salzburg 1980.

Sa'eb-e Tabrisi (tl.: Şā'ib-i Tabrīzī),
Mirsa Mohammad Ali [pers. sɑ‟ebɑtæ-
bri'zi:], * Isfahan 1601, † ebd. 1676, pers.
Dichter. – Aus einer Täbriser Familie
stammend, machte S.-e T., wie viele andere pers. Dichter seiner Zeit, eine erfolgreiche Karriere am Hofe der ind.
Großmoguln. Später wurde er Hofdichter am iran. Hof von Isfahan (Schah Abbas II.). Einer der wenigen Dichter des
durch komplizierte Metaphorik gekennzeichneten sog. ind. Stils der pers. Literatur, der auch einer Iran selbst geschätzt
wurde; war einer der fruchtbarsten Dichter der pers. Lyrik; allein seine Ghaselen
umfassen 150 000 Distichen. Als Aser-
baidschaner schrieb er auch aseri-türk.
Verse.
Ausgabe: S.-e T. Kollijat. Teheran 1954.

Literatur: Iran. Literaturgesch. Hg. v. J. RYPKA
u. a. Lpz. 1959. S. 291.

Safa, Peyami, * Konstantinopel
(heute Istanbul) 1899, † ebd. 15. Juni
1961, türk. Schriftsteller. – Schrieb zahlreiche Romane, die die gesellschaftl.
Entwicklung der Türkei seit dem 1. Weltkrieg zum Thema haben; sein Erzählstil
ist kolportagehaft und konventionell, die
behandelten Konflikte sind jedoch zentral für den Stand der gesellschaftl. Entwicklung in der Türkei; später Hinwendung zu konservativ-religiös geprägtem
Gedankengut.
Werke: Gençliğimüz (= Unsere Jugend, R.,
1922), Şimşek (= Der Blitz, R., 1923), Saal 9 für
äußere Krankheiten (R., 1930, dt. 1947), Zwischen Ost und West (R., 1931, dt. 1943), Bir
tereddüdün romanı (= Roman eines Zögerns,
1933), Biz insanlar (= Wir Menschen, R., 1959).

Šafárik, Pavol Jozef [slowak.
'ʃafa:rik] (tschech. Šafařík, Pavel Josef
[tschech. 'ʃafarʒi:k]), * Kobeliarovo (Ost-
slowak. Gebiet) 13. Mai 1795, † Prag
26. Juni 1861, slowak. Gelehrter. – Studierte in Jena, 1819–33 Gymnasialdirek-
tor in Novi Sad, 1837 Zensor in Prag und
1841 Bibliothekar; ab 1848 Prof. der
slaw. Philologie an der Univ. Prag. Er
schrieb in seiner Jugend Gedichte und
Balladen in klassizist. Stil, die auf F. G.
Klopstock und G. A. Bürger hinweisen;
verdient um die Sammlung slowak.
Volkslieder; verfaßte, z. T. in dt. Sprache,
bed. philolog. und literarhistor. Arbeiten
und krit. Studien zur slaw. Altertums-
und Volkskunde; auch Übersetzer.
Werke: Geschichte der slaw. Sprache und Literatur nach allen Mundarten (1826), Slaw. Alter-
thümer (2 Bde., tschech. 1836/37, dt. 1843/44),
Geschichte der südslaw. Literatur (3 Bde., hg.
1864/65).
Ausgabe: P. J. Šafařík. Sebrané spisy. Prag
1862–65. 3 Bde.
Literatur: TIBENSKÝ, J.: P. J. Š. Preßburg 1975. –
RÖSEL, H.: P. J. Š. In: Lebensbilder zur Gesch.
der böhm. Länder 4 (1981), S. 137.

Saga [isländ. = Bericht, Erzählung]
(Plural Sögur), Sammelbegriff für die
skand., insbes. isländ. Prosaerzählungen
des MA (12.–14. Jh.) in realist., knappem
Stil. Die Sögur sind keine festumrissene
Gattung: Sie umfassen eine Reihe von
ep. Formen und werden nach ihren Inhalten verschiedenen Gruppen zugeord-
net. Die literarisch bedeutendsten Sögur

gehören zur Gruppe der **Íslendinga sögur** (Isländergeschichten; 36 Prosaerzählungen), die (meist fiktive) Stoffe aus der isländ. Landnahmezeit (900–1050) gestalten. Wichtigste Typen sind die romanartige Biographie und der isländ. Familienroman. Im Gegensatz zu älteren Theorien ist die Literaturwiss. heute der Meinung, daß die Íslendinga sögur nicht mehr Zeugnisse des german. Altertums, sondern literar. Leistungen des skand. Hoch-MA sind, unter den bes. histor. und gesellschaftl. Bedingungen Islands entstandene Gegenstücke zur höf. Epik West- und Mitteleuropas. Wichtige Íslendinga sögur sind die ›Egils saga‹, die ›Gísla saga Súrssonar‹, die ›Laxdæla saga‹, die ›Hrafnkels saga Freysgoða‹, die ›Njáls saga‹ und die ›Grettis saga Asmundarsonar‹. Sie sind größtenteils in Einzelhandschriften überliefert; die bedeutendste Sammelhandschrift ist das ›Möðruvallabók‹ (14. Jh.). – Eine weitere Gruppe sind die **Konunga sögur** (Königsgeschichten), die v. a. das histor. Schrifttum, Werke zur norwegisch-dän. Königsgeschichte usw. umfassen. Sie stellen die älteste Gruppe der Sögur dar. Im Gegensatz zu den anderen Gruppen sind ihre Verfasser z. T. namentlich bekannt, so z. B. Snorri Sturluson. Die Konunga sögur sind, von Einzelüberlieferungen abgesehen, in umfangreichen Sammelhandschriften überliefert, die teilweise erst aus dem 14. und 15. Jh. stammen, darunter als umfangreichste das ›Flateyjarbók‹. – In den **Biskupa sögur** (Bischofserzählungen) finden sich Darstellungen der Geschichte der isländ. Kirche seit der Christianisierung (um 1000) und ihrer Bischöfe. Die Werke haben teilweise hagiograph. Charakter; dies gilt v. a. für die ›Jóns saga Helga‹ und die ›Þorláks saga‹, die die Viten der ersten Heiligen Islands, der Bischöfe Jón Ögmundarson von Hólar und Þorlakr Þórhallsson von Skálholt erzählen. Größere Zeiträume behandeln die ›Kristni saga‹ des Sturla Þórðarson (von der Christianisierung Islands bis 1118) und die ›Hungrvaka‹ (Mitte des 11. Jh. bis 1176). – Die **Fornaldar sögur** (Vorzeitgeschichten) gestalten Stoffe aus der Heldensage südgerman. Herkunft (›Völsunga saga‹), aber auch skand. Ur-

sprungs (›Hrolfs saga kraka‹) und sagenhafte Überlieferungen aus der Wikingerzeit (›Ragnars saga loðbrókar‹, ›Ásmundar saga Kappabana‹); z. T. erfinden sie auch ihre Gegenstände nach dem Muster der Helden- und Wikingersage. Zur S.literatur im weiteren Sinne gehören: Die **Riddara sögur** (Rittergeschichten), Prosaübersetzungen und -bearbeitungen westeurop., v. a. frz. und anglonormann. Epik, darunter, am Anfang der S.dichtung stehend, die ›Tristrams saga‹ (1226), weiter die ›Ívents saga‹, ›Parcevals saga‹, ›Erex saga‹ und die ›Karlamagnús saga‹. – Die **Lygisögur** (Lügengeschichten, Märchen) sind isländ. Neuschöpfungen nach dem Muster der Riddara (und Fornaldar) sögur (mit Verarbeitung nichtisländ. Märchenstoffe). – Die Heldensagenkompilation der ›Þiðreks saga‹, abgefaßt um 1250, wird gelegentlich auch zu den Fornaldar sögur gerechnet. – Zur S.literatur im weiteren Sinne zählt auch die auf lat. Quellen zurückgehende histor. und pseudohistor. Übersetzungsliteratur, darunter die ›Veraldar saga‹ (eine Weltchronik), die ›Rómveria saga‹ (röm. Geschichte nach Sallust und Lukan), die ›Trojumanna saga‹ (Trojaroman) und die ›Alexanders saga‹ (Alexanderroman) sowie die hagiograph. Literatur (Marien-, Apostel- und Heiligenlegenden).

Die neuere Forschung hat die Einteilung der S.literatur durch andere Gliederungen zu ersetzen versucht. Teilweise durchgesetzt hat sich dabei die Gliederung durch S. J. Nordal, der ›Gegenwartssagas‹ (die jüngeren Konunga sögur, die Biskupa sögur und die ›Sturlunga saga‹), ›Vergangenheitssagas‹ (die Mehrzahl der Konunga sögur und der Íslendinga sögur) und ›Vorzeitsagas‹ (die in heroischer Vorzeit und in pseudohistor. Zeit angesiedelte S.literatur sowie die Märchen) unterscheidet. – Im 19. und 20. Jh. haben v. a. die Íslendinga sögur thematisch und stilistisch (↑ Sagastil) insbes. den skand. histor. Roman seit der Romantik beeinflußt (S. Undset, H. K. Laxness) und stehen als Muster hinter zahlreichen modernen Familienromanen.

Literatur: SCHIER, K.: S.literatur. Stg. 1970. – Die Isländer-S. Hg. v. W. BAETKE. Darmst.

1974. – SEE, K. VON: Edda, S., Skaldendichtung. Hdbg. 1981. – KRETSCHMER, B.: Höf. u. altwestnord. Erzähltradition in den Riddarasögur. Hattingen 1982.

Sagan, Françoise [frz. sa'gã], eigtl. F. Quoirez, * Cajarc (Lot) 21. Juni 1935, frz. Schriftstellerin. – Verfasserin erfolgreicher, skeptisch-melanchol. und erot. Romane und Theaterstücke, die sich durch stilist. Sicherheit und erzähler. Gewandtheit auszeichnen. Hauptthema ist die Erfahrung der unabänderl. Einsamkeit des Menschen, der Vorläufigkeit jeder erot. Beziehung; den Hintergrund bildet eine Lebensauffassung, die dem Existentialismus nahesteht. Schrieb auch Novellen, Drehbücher, Ballette.

Werke: Bonjour tristesse (R., 1954, dt. 1955), ... ein gewisses Lächeln (R., 1956, dt. 1956), In einem Monat, in einem Jahr (R., 1956, dt. 1958), Lieben Sie Brahms? (R., 1959, dt. 1959), Ein Schloß in Schweden (Kom., 1960, dt. 1961), Landru (Drehb., 1963, dt. 1964), Der Wächter des Herzens (R., 1968, dt. 1969), Ein bißchen Sonne im kalten Wasser (R., 1969, dt. 1970), Ein Klavier im Grünen (Kom., 1970, dt. 1972), Blaue Flecken auf der Seele (R., 1972, dt. 1973), Ein verlorenes Profil (R., 1974, dt. 1975), Edouard und Beatrice (R., 1977, dt. 1978), Ein Traum vom Senegal (R., 1980, dt. 1981), Willkommen Zärtlichkeit (R., 1981, dt. 1983), Stehendes Gewitter (R., 1983, dt. 1986), Das Lächeln der Vergangenheit (Erinnerungen, 1984, dt. 1985), Brennender Sommer (R., 1985, dt. 1987), Un sang d'aquarelle (R., 1987), Die Lust zu leben. Sarah Bernhardt (1987, dt. 1988), Die seidene Fessel (R., 1989, dt. 1990), Die Landpartie (R., 1991, dt. 1992), Un chagrin de passage (R., 1994).

Literatur: HOURDIN, G.: Le cas F. S. Paris 1958. – KIENZLE, S.: F. S. In: Frz. Lit. der Gegenwart in Einzeldarstt. Hg. v. W.-D. LANGE. Stg. 1971. S. 484. – VANDROMME, P.: F. S. ou l'élégance de survivre. Paris 1977. – POIROT-DELPECH, B.: Bonjour S. Paris 1985. – LAMY, J.-C.: S. Biographie. Paris 1987.

Sagarra i Castellarnau, Josep Maria de [katalan. sə'ɣarrə i kəstəʎər'nau], * Barcelona 5. März 1894, † ebd. 27. Sept. 1961, katalan. Schriftsteller. – Während des Span. Bürgerkriegs zeitweilig in Frankreich; einer der aktivsten Vertreter der neueren katalan. Literatur; auch Übersetzer (Dante, Shakespeare).

Werke: El mal caçador (Epos, 1916), Cançons de taverna i oblit (Ged., 1922), El comte Arnau (Epos, 1928), L'hostal de la glòria (Dr., 1931), La fortuna de Sílvia (Dr., 1947), El poema de Montserrat (Ged., 1956).

Ausgabe: J. M. de S. Obres completes. Barcelona 1948–69. 4 Bde.

Sagastil, die bes. Merkmale der isländ. Sagaliteratur (↑ Saga) sind eine gehobene, aber dennoch natürl. Alltagsprosa sowie Knappheit und Präzision der Darstellung. Geschildert werden nur die Höhepunkte eines Geschehens, und zwar so, daß objektiv referierende Abschnitte mit solchen, in denen das Geschehen im Dialog der Handelnden greifbar wird, abwechseln; es werden weder die Figuren der Handlung direkt charakterisiert, noch wird das Geschehen kommentiert. In der modernen Literatur wird der S. bewußt als Stilmittel hauptsächlich in histor. Romanen und Erzählungen verwendet.

Sage, durch die ›Dt. Sagen‹ (2 Bde., 1816–18) der Brüder J. und W. Grimm festgelegter Sammelbegriff für mündl. Erzählungen, deren Realitätsanspruch über dem des ↑ Märchens liegt. Die Entstehung der S.n (noch bis ins 18.Jh. Bez. für unbeglaubigte Vergangenheitsberichte) macht W.-E. Peuckert an (nicht in einer histor. Abfolge zu sehenden) zauber., myth. und rationalen Bewußtseinsebenen fest. H. Bausinger führt als Entstehungsursachen Kriterien wie ›subjektive Wahrnehmung‹, ›objektives Geschehen‹ bzw. ›gegenständl. Realität‹ an. Ausgehend vom individuellen Wahrheitswert der S. unterscheidet die vergleichende S.nforschung Untergattungen: das **Memorat** als Bericht über ein übernatürl. Erlebnis und das **Fabulat** als Bericht mit nicht glaubhaften Elementen. Andere Unterscheidungskriterien sind solche nach inhaltl. (Toten-, Riesen-, Hexen-S.n), funktionalen (aitiolog. S.n bzw. Erklärungs-S.n) oder formalen Aspekten (Zeitungs-S.n, Schwanksagen). Von der Volks-S. müssen die nord. ↑ Sagas sowie die Götter- und Helden-S.n, die als Gegenstand der Hochdichtung meist literarisch fixiert sind, getrennt werden. Merkmale der S. sind ihre Datierung und Lokalisierung (Orts-S.) sowie im Unterschied zum Märchen die strenge Scheidung der jenseitigen von der diesseitigen Welt. Die meist mündlich überlieferte S. ist sprachlich und stilistisch anspruchslos, meist einepisodisch und mundartlich gefaßt. Sie spiegelt den jeweiligen regionalen Stand der volkstüml. Glaubensvorstellungen wider. Ihre Struktur ist durch

das Vorhandensein mag., numinoser und myth. Elemente gekennzeichnet. Neben den sog. myth. oder auch dämonolog. S.n gibt es die umfangreiche Gruppe der histor. Sagen. In ihnen steht nicht die numinose Begegnung, sondern die histor. Persönlichkeit bzw. das histor. Ereignis im Mittelpunkt. – Die neuere S.nforschung interpretiert die S.nüberlieferung unter kulturhistor., morpholog., stoff- und motivgeschichtl. Aspekten, deren Verbreitung und histor. Entwicklung sie mit der historisch-geograph. Methode untersucht. Sie hat eine umfangreiche Sammeltätigkeit bes. in Europa angeregt sowie S.nkataloge und eine große Anzahl von Monographien zu einzelnen S.ngestalten und Motiven hervorgebracht.
Ausgaben: Europ. S.n. Begr. v. W.-E. PEUCKERT. Bln. 1961 ff. Auf mehrere Bde. berechnet (bisher 11 Bde. erschienen). – Histor. S.n. Hg. u. erl. v. L. PETZOLDT. Mchn. 1976–77. 2 Bde. – Dt. Volks-S.n. Hg. v. L. PETZOLDT. Mchn. ²1978.
Literatur: PEUCKERT, W.-E.: S.n. Geburt u. Antwort der myth. Welt. Bln. 1965. – RÖHRICH, L.: S. Stg. 1966. – BAUSINGER, H.: Formen der Volkspoesie. Bln. 1968. – Vergleichende S.nforschung. Hg. v. L. PETZOLDT. Darmst. 1969. – LÜTHI, M.: Volksmärchen u. Volkssage. Bern u. Mchn. ³1975. – RÖHRICH, L.: S. u. Märchen. Freib. u. a. 1976. – S. Hg. v. H. G. RÖTZER. Bamberg 1982.

Šaginjan, Mariëtta Sergeevna, russ.-sowjet. Schriftstellerin, ↑ Schaginjan, Marietta Sergejewna.

Sagortschinow (tl.: Zagorčinov), Stojan Pawlow [bulgar. zagor'tʃinof], * Plowdiw 3. Dez. 1889, † Sofia 31. Jan. 1969, bulgar. Schriftsteller. – Seine erfolgreichen Erzählwerke und Dramen behandeln histor. Themen des byzantinisch-balkan. MA.
Werke: Legenda na Sveta Sofija (= Legende der Heiligen Sophia, E., 1926), Der jüngste Tag (R., 3 Tle., 1931–34, dt. 1977).
Ausgabe: S. P. Zagorčinov. Izbrani proizvedenija. Sofia 1968–69. 4 Bde.

Sahl, Hans, * Dresden 20. Mai 1902, † Tübingen 27. April 1993, dt. Schriftsteller. – Journalist, v. a. Theater- und Filmkritiker; emigrierte 1933, lebte zunächst in Prag, Zürich und Paris, von 1941 bis 1989 in New York, seitdem in Tübingen. Lyriker (›Die hellen Nächte‹, 1942) und Romancier (›Die Wenigen und die Vielen‹, 1959), auch Verfasser von Hörspie-

len, Chorwerken (›Jemand‹, UA 1938) und Essays; übersetzte u. a. Werke von Th. Wilder, T. Williams und J. Osborne.
Weitere Werke: Wir sind die Letzten (Ged., 1976), Memoiren eines Moralisten (2 Bde., 1983–90), Umsteigen nach Babylon (En., Prosa, 1987), ›Und doch ...‹. Essays und Kritiken aus zwei Kontinenten (1991), Der Tod des Akrobaten (En., 1992).
Literatur: SKWARA, E. W.: H. S. Leben u. Werk. Bern 1986.

Said (tl.: Sa'īd), Ali Ahmad, arab. Schriftsteller, ↑ Adonis.

Saidan (tl.: Zaydān), Dschurdschi, * Beirut 14. Dez. 1861, † Kairo 22. Juli 1914, libanes. Schriftsteller. – Sein umfangreiches Werk besteht aus philosoph., histor., literar. und geograph. Untersuchungen. Berühmt sind v. a. seine arab. Literaturgeschichte (›Tārīḫ adāb al-luġaʰ al-'arabiyyaʰ‹, 4 Bde., 1911–14) und seine Geschichte der islam. Zivilisation (›Tārīḫ at-tamaddun al-islāmī‹, 5 Bde., 1902–06). Durch zahlreiche histor. Romane (u. a. ›Der letzte Mameluck und seine Irrfahrten‹, 1891, dt. 1917) gilt S. als Bahnbrecher auf diesem Gebiet in der arab. Literatur.
Literatur: ALKHAYAT, H.: Ǧurǧī Zaidān. Leben u. Werk. Köln 1973.

Saijab, As (tl.: As-Sayyāb), Badr Schakir, * Dschaikur (Verw.-Geb. Basra) 1926, † Kuwait 24. Dez. 1964, irak. Dichter. – Einer der führenden irak. Dichter der Gegenwart, Mitbegründer der arab. ›freien‹ Poesie. Zunächst Kommunist, später Nationalist; pessimist. Grundauffassung; Verfasser zahlreicher Gedichte; auch Übersetzungen aus der Weltliteratur.
Literatur: BOULLATA, I. J.: The poetic technique of Badr Shākir al-Sayyāb (1926–1964). In: J. of Arabic Literature 2 (1971), S. 104. – JAYYUSI, S. K.: Trends and movements in modern Arabic poetry. Leiden 1977 (Index).

Saikaku, Ihara, jap. Schriftsteller, ↑ Ihara Saikaku.

Saiko, George, * Seestadtl 5. Febr. 1892, † Rekawinkel (Niederösterreich) 23. Dez. 1962, österr. Schriftsteller. – Studierte u. a. Kunstgeschichte und Philosophie; arbeitete u. a. als Filmregisseur, Übersetzer, Kunsthistoriker; ab 1939 Angestellter, 1945–50 Leiter der Graphiksammlung Albertina in Wien. S. begann mit Novellen, wandte sich dann dem psycholog. und gesellschaftskrit. Roman zu; die beiden Romane ›Auf dem Floß‹ (1948) und ›Der Mann im Schilf‹ (1955, vollständig hg. 1971) schildern den Zerfall der aristokrat. und bürgerl. Gesellschaft Österreichs nach dem 1. Weltkrieg. Subtile Detailbeobachtungen, knappe, meisterhafte Darstellung und die Fähigkeit, das an der Grenze des Sagbaren Gelegene auszudrücken, kennzeichnen seine Sprache; erhielt 1962 den Großen österr. Staatspreis.

Weitere Werke: Giraffe unter Palmen (En., 1962), Der Opferblock (En., 1962), Erzählungen (hg. 1972).
Ausgabe: G. S. Sämtl. Werke. Hg. v. A. HASLINGER. Salzburg 1985–92. 5 Bde.
Literatur: RIEDER, H.: Der mag. Realismus. Eine Analyse von ›Auf dem Floß‹ von G. S. Marburg 1970.

Sainęte [span.; eigtl. = Würze, Wohlgeschmack], Einakter, der sich im span. Theater des Barock (17. Jh.) als Nach- oder ↑ Zwischenspiel entwickelte, dem ↑ Entremés vergleichbar, sich wie dieses verselbständigte und die Entremeses schließlich ersetzte. Der S. zeigt knappe, realist. Alltagsskizzen, volkstüml. Figuren, brillanten Sprachwitz, musikal. und tänzer. Einlagen. Hauptvertreter im 17. Jh. war Luis Quiñones de Benavente (* 1589, † 1651), im 18. Jh. R. de la Cruz Cano y Olmedilla. Der S. erblühte erneut im ↑ Género chico. Wichtigste Autoren waren die Brüder Álvarez Quintero und C. Arniches y Barrera. Dem S. kam hohe Bedeutung als populäres sozialkrit. Medium zu; er ist trotz Operette und Varieté bis heute nicht verdrängt worden.

Saint-Amant, Marc Antoine Girard, Sieur de [frz. sɛta'mã], eigtl. Antoine Girard, * Quevilly (Seine-Maritime) 30. Sept. 1594, † Paris 29. Dez. 1661, frz. Dichter. – Frühes Mitglied der Académie française (1634); gehörte zu den Gegnern F. de Malherbes, zu den sog. Burlesken, die durch die Wahl ihrer Themen und durch den Gebrauch archaischer und vulgärer Wörter eine humorvolle Variante zur Hof- und Salondichtung schufen. S.-A. verteidigte die dichter. Inspiration gegen Sprachregelung und Rhetorik und verwarf die unkrit. Erhebung der antiken Autoren zu zeitlosen Mustern (›Rome ridicule‹, 1643).

Weitere Werke: Les visions (Ged., 1628), Le passage de Gibraltar (Ged., 1640), Albion (Ged., 1644), Moïse sauvé (Ged., 1653), La solitude (Ged., 1654).
Ausgabe: M. A. G. sieur de S.-A. Œuvres. Krit. hg. v. J. BAILBÉ u. J. LAGNY. Paris 1967–79. 5 Bde.
Literatur: GOURIER, F.: Étude des œuvres poétiques de S.-A. Genf u. Paris 1961. – WENTZLAFF-EGGEBERT, CH.: Forminteresse, Traditionsverbundenheit u. Aktualisierungsbedürfnis als Merkmale des Dichters v. S.-A. Mchn. 1970. – ROLFE, C. D.: S.-A. and the theory of ›ut pictura poesis‹. London 1972. – DUVAL, E. M.: Poesis and poetic tradition in the early works of S.-A. York (S. C.) 1981. – KOHLS, J.: Aspekte der Naturthematik und Wirklichkeitserfassung bei Théophile de Viau, S.-A. u. Tristan L'Hermite. Ffm. u. Bern 1981. – LYONS, J. D.: The listening voice. An essay on the rhetoric of S.-A. Lexington (Ky.) 1982.

Sainte-Beuve, Charles-Augustin [frz. sɛt'bœ:v], * Boulogne-sur-Mer 23. Dez. 1804, † Paris 13. Okt. 1869, frz. Literaturkritiker und Schriftsteller. – Medizinstudium; Freundschaft mit V. Hugo und Aufnahme in den ›Cénacle‹; da seine dichter. Versuche (u. a. ›La vie, les poésies et les pensées de Joseph Delorme‹, Dichtung, 1829, und ›Volupté‹, R., 2 Bde., 1834, beides romant. Selbstdarstellungen) ohne großen Erfolg blieben, wandte er sich ganz der Literaturkritik zu. Bereits 1828 hatte er sich mit seinem ›Tableau historique et critique de la poésie française et du théâtre français au XVIᵉ siècle‹ (2 Bde., erweitert 1843) gegen den Zwang der Klassik gewandt und die Romantik als Rückwendung zur literar. Tradition des 16. Jh. gerechtfertigt. 1837/38 hielt er Vorlesungen in Lausanne, aus denen seine ›Histoire de Port-Royal‹ (5 Bde., 1840–59) hervorging. 1840 bis zur Revolution 1848 war er Bibliothekar der Bibliothèque Mazarine in Paris, 1848/49 Prof. in Lüttich (aus den dort gehaltenen Vorlesungen entstand ›Chateaubriand et son groupe littéraire sous l'Empire‹, 1860); in Paris 1857–61 Prof. für frz. Literatur an der École normale supérieure, 1865 Prof. für lat. Dichtung am Collège de France. 1844 wurde er Mitglied der Académie française, 1865 ernannte Napoleon III. ihn zum Senator. – S.-B.s Bedeutung für die Literaturwiss. beruht auf der konsequenten Anwendung der biograph. Methode auf die Literaturgeschichte. Sein epochemachendes krit. Werk (meist Sammlungen von regelmäßig in Zeitungen und Zeitschriften erschienenen Aufsätzen; bed. v. a. die ›Causeries du lundi‹, 15 Bde., 1851–62, dt. Ausw. 1880 u. d. T. ›Menschen des XVIII. Jh.‹), in dem er die Form des literar. Porträts bevorzugte, ist Kunstprosa von hohem Rang, dem Inhalt nach eine frz. Kultur- und Geistesgeschichte und eine epochenspezifisch interessante Darstellung von Literaten, die auch Autoren außerhalb des belletrist. Bereichs umfaßt. In dem Essay ›Gegen S.-B.‹ (entst. zw. 1908 und 1910, hg. 1954, dt. 1962) umreißt M. Proust Schwächen und Grenzen von S.-B.s Literaturkritik.

Charles-Augustin Sainte-Beuve (Ausschnitt aus einem Stahlstich von Tony Goutière, um 1860)

Weitere Werke: Les consolations (Ged., 1830), Portraits littéraires (Essays, 2 Bde., 1844, dt. Ausw. 1923 in 2 Bden. u. d. T. Literar. Portraits aus dem Frankreich des 17.–19. Jh., 1958 Ausw. u. d. T. Literar. Portraits), Frauenbildnisse aus 4 Jahrhunderten (Essays, 1844, dt. 2 Bde., 1914), Portraits contemporains (2 Bde., 1846), Nouveaux lundis (Aufsätze, 13 Bde., 1861–69), Souvenirs et indiscrétions (Memoiren, hg. 1872). **Ausgaben:** Ch. A. S.-B. Correspondance générale. Hg. v. J. BONNEROT. Paris u. Toulouse 1935–83. 19 Bde. – S.-B. Œuvres. Hg. u. bearb. v. M. LEROY. Paris 1951–56. 2 Bde. **Literatur:** SCHEINFUSS, K.: Die bürgerl. Literaturkritik im 19. Jh. in Frankreich in ihrer Beziehung zur gesellschaftl. Entwicklung 1825–1870: S.-B. Habil. Jena 1955. – REGARD, M.: S.-B. L'homme et l'œuvre. Paris 1960. – LEHMANN, A. G.: S.-B. A portrait of the critic 1804–1842. Oxford 1962. – MOREAU, P.: La critique selon S.-B. Paris 1964. – FAYOLLE, R.: S.-B. et le XVIIIᵉ siècle, ou comment les révolutions arrivent. Paris 1972. – MOLHO, R.: L'ordre et les ténèbres ou la naissance d'un mythe du XVIIIᵉ

siècle chez S.-B. Paris 1972. – CORBIÈRE-GILLE, G.: Aperçus de l'œuvre critique de S.-B. Paris 1973. – CHADBOURNE, R. M.: Ch. A. S.-B. Boston (Mass.) 1978. – THOMAS, J.: Ch.-A. S.-B. In: Frz. Lit. des 19. Jh. Hg. v. W.-D. LANGE. Bd. 3. Hdbg. 1980. S. 23. – GLABISCHNIG, S.: Der journalist. Aspekt im krit. Werk S.-B.s. Wien 1986.

Sainte-More, Benoît de, altfrz. Dichter, ↑ Benoît de Sainte-More.

Sainte-Soline, Claire [frz. sε̃tsɔ'lin], eigtl. Nelly Fouillet, * Melleran bei Niort 18. Sept. 1891, † Paris 14. Okt. 1967, frz. Schriftstellerin. – In ihren psycholog. Romanen werden Landschaft und Atmosphäre der frz. Provinz teils heiter, teils düster zur Folie der gelungen charakterisierten Handlungspersonen.

Werke: Zwischen Morgen und Abend (R., 1934, dt. 1946), Antigone (R., 1936, dt. 1938), Belle (R., 1947, dt. 1949), Monsieur hat immer recht (R., 1952, dt. 1953), Les années fraîches (Autobiogr., 1966).

Saint-Évremond, Charles de Marguetel de Saint-Denis, Seigneur de [frz. sε̃tevrə'mõ], * Saint-Denis-le-Gast (Manche) 1. April 1610, † London 29. Sept. 1703, frz. Schriftsteller. – Offizier im Kampf gegen die Fronde, mußte 1661 wegen seiner Kritik am Pyrenäenfrieden nach England fliehen, wo er eine bed. gesellschaftl. Stellung errang. Geistreichwitziger Satiriker, sinnenfroher Anhänger Epikurs und freigcistig-iron. Skeptiker; in seinem Bemühen um eine krit. Geschichtsschreibung war er Vorläufer von Montesquieu und Voltaire. In der ↑ Querelle des anciens et des modernes Verteidiger der zeitgenöss. Dichtung.

Werke: Die Gelehrtenrepublik (Kom., 1650, dt. 1870), Discours sur Épicure (1684), Sur les poèmes des anciens (1685). **Ausgaben:** S.-É. Schrr. u. Briefe, u. die Memoiren der Herzogin v. Mazarin. Dt. Übers. Hg. v. K. FEDERN. Mchn. 1912. 2 Bde. – Ch. de S.-É. Œuvres. Hg. v. R. DE PLANHOL. Paris 1927. 3 Bde. – Ch. de M. de Saint-Denys de S.-É. Œuvres en prose. Hg. v. R. TERNOIS. Paris u. Brüssel 1963–69. 4 Bde. **Literatur:** SCHMIDT, ALBERT MARIE: S.-É. ou l'humaniste impure. Paris 1932. – DE NARDIS, L.: Il cortegiano e l'eroe. Studio su S.-É. Florenz 1964. – MAGAW, M. E.: The development of S.-É.'s deism. Ann Arbor (Mich.) 1976. – SILVIA, A. M.: S.-É.'s prose style. Ann Arbor (Mich.) 1976.

Saint-Exupéry, Antoine de [frz. sε̃tεgzype'ri], eigtl. Antoine-Marie-Roger

Antoine
de Saint-
Exupéry

Graf von S.-E., * Lyon 29. Juni 1900, ✕ bei Saint-Raphaël (Var) 31. Juli 1944 (bei einem Aufklärungsflug über dem Mittelmeer abgeschossen), frz. Schriftsteller. – 1921 Militärdienst bei der Luftwaffe, dann Flieger bei privaten Luftfahrtgesellschaften, ab 1934 bei der Air France. Ab 1939 Soldat, zuletzt in einer Aufklärungsgruppe. Sein dichter. Werk erwuchs aus den Erlebnissen als Flieger; er suchte die moderne Technik mit humanitärem Ethos zu erfüllen und bejahte sie als Mittel für eine geistige und seel. Verbindung zwischen den Menschen. Als Moralist (sinnvolles Leben ist Dienst am Menschen) sah er als wichtigste Werte Brüderlichkeit, Pflichtbewußtsein, Mut, Verbindlichkeit von Geste, Tat und Wort. Als sein Hauptwerk gilt der Roman ›Wind, Sand und Sterne‹ (1939, dt. 1940; Grand prix du roman der Académie française 1939), bekannt wurde v. a. das Märchen ›Der kleine Prinz‹ (1943, dt. 1950).

Weitere Werke: Südkurier (R., 1928, dt. 1949), Nachtflug (R., 1931, dt. 1932; Prix Femina 1931), Flug nach Arras (R., 1942, dt. 1942), Brief an einen Ausgelieferten (Schr., 1943, dt. 1948), Die Stadt in der Wüste (Schr., hg. 1948, dt. 1951), Carnets (Tageb., hg. 1953, dt. 1958), Dem Leben einen Sinn geben (Schr., hg. 1956, dt. 1957).

Ausgaben: A. de S.-E. Œuvres. Mit einer Einl. v. R. CAILLOIS. Paris Neuaufl. 1963. – Œuvres complètes de A. de S.-E. Paris 1976. 6 Bde. – A. de S.-E. Ges. Schrr. in 3 Bden. Übers. v. P. VON THUN-HOHENSTEIN. Mchn. 1978. 3 Bde. – A. de S.-E. Die innere Schwerkraft. Schriften aus dem Krieg, 1939–1944. Dt. Übers. Hg. v. REINHARD SCHMIDT. Ffm. ²1991. – A. de S.-E. Œuvres complètes. Hg. v. M. AUTRAND u. M. QUESNEL. Paris 1994 ff. Auf mehrere Bde. berechnet.

Literatur: LOSIC, S.: L'idéal humain de S.-E. Paris 1965. – THEISEN, J.: A. de S.-E. Bln. 1969. – OUELLET, R.: Les relations humaines dans l'œuvre de S.-E. Paris 1971. – CATE, C.: A. de S.-E. Sein Leben u. seine Zeit. Dt. Übers. Zug 1973. – DESTREM, M.: S.-E. Paris 1974. – Cahiers S.-E. Paris 1 (1980) ff. – DESCHODT, E.: S.-E. Biogr. Paris 1980. – A. de S.-E. Écrits de guerre 1939–44 avec la ›Lettre à un otage‹ et des témoignages et documents. Vorwort v. R. ARON. Paris 1982. – BRAUNBURG, R.: Sucht mich am Himmel. Unverhoffte Begegnungen mit S.-E. Mchn. 1984. – ROBINSON, J. D. M.: S.-E. Boston (Mass.) 1984. – VAN DEN BERGHE, C. L.: La pensée de S.-E. Ffm. u. a. 1985. – SCHNELL, I.: A. de S.-E. In: Frz. Lit. des 20. Jh. Gestalten u. Tendenzen. Hg. v. W.-D. LANGE. Bonn 1986. S. 215. – ROBINSON, J. D. M.: A. de S.-E. Dt. Übers. Mchn. 1993. – WEBSTER, P.: A. de S.-E. Dt. Übers. Mchn. 1994. – SCHIFF, S.: S.-E. Biographie. Dt. Übers. Mchn. 1995.

Saint-Gelais, Mellin de [frz. sɛ̃'ʒlɛ], * Angoulême 3. Nov. (?) 1491, † Paris im Okt. 1558, frz. Dichter. – Vollendete seine Studien in Italien, trat in den geistl. Stand und wurde königl. Bibliothekar und Hofdichter Franz' I., stand später jedoch im Schatten P. de Ronsards. In seinen galanten Gelegenheitsgedichten (Gesamtausgabe 1574) ahmte er v. a. italien. Formen und Gattungen nach (Terzinen, Sonette, Madrigale); Mitübersetzer der klass. Tragödie ›Sofonisba‹ des Trissino (hg. 1559).

Literatur: BECKER, PHILIPP AUGUST: M. de S.-G. Eine krit. Studie. Wien u. Lpz. 1924.

Saint-Georges de Bouhélier [frz. sɛ̃ʒɔrʒdəbue'lje], eigtl. Stéphane Georges de B.-Lepelletier, * Rueil (heute Rueil-Malmaison, Hauts-de-Seine) 19. Mai 1876, † Montreux 20. Dez. 1947, frz. Schriftsteller. – Begründete 1896 mit seiner École naturiste eine neue literar. Richtung, die im Gegensatz zum Symbolismus eine stärkere Berücksichtigung der Natur und des einfachen Lebens in der Dichtung forderte; schrieb lyr. Gedichte, Romane, Essays und Dramen.

Werke: Les chants de la vie ardente (Ged., 1902), Le carnaval des enfants (Dr., 1910), La tragédie de Tristan et Iseult (Dr., 1923), Jeanne d'Arc (Dr., 1934).

Literatur: ALLEN, R. W.: S.-G. de B. Sa vie, son œuvre. Diss. Paris 1952.

Saint-Hélier, Monique [frz. sɛ̃te'lje], eigtl. Betty (auch Berthe) Briod, geb. Eymann, * La Chaux-de-Fonds 2. Sept. 1895, † Pacy-sur-Eure 9. März 1955, schweizer. Schriftstellerin. – Befreundet mit R. M. Rilke und H. Hesse; während einer schweren Krankheit (28 Jahre bettlägerig) entstanden ihre frz. geschriebenen, von M. Proust beeinflußten Romane, zwei lose aneinandergereihte Zyklen, deren Hauptthema die Geschichte zweier Familien ist.

Werke: Traumkäfig (Prosa, 1932, dt. 1990), Morsches Holz (R., 1934, dt. 1938), Strohreiter (R., 1936, dt. 1939), La chronique du martin-pêcheur (R., 2 Bde., 1953–55, Bd. 1 dt. 1954 u. d. T. Der Eisvogel, Bd. 2 dt. 1956 u. d. T. Die rote Gießkanne), Quick (E., 1954, dt. 1955).

Literatur: Hommage à M. S.-H. Mit einer Einl. v. J. CORNU u. Beitrr. v. M. BRION u. a. Neuenburg 1960. – DENTAN, M./PIOLINO, P.: Le jeu de la vie et de la mort dans l'œuvre de M. S.-H. Lausanne 1978.

Saint-John Perse [frz. sɛ̃dʒɔn'pɛrs], eigtl. Marie-René-Alexis [Saint-Léger] Léger, * Saint-Léger-les-Feuilles (Antillen) 31. Mai 1887, † Giens (Var) 20. Sept. 1975, frz. Lyriker. – Verlebte seine Jugend auf den Antillen; trat 1914 in den diplomat. Dienst ein, Missionen im Fernen Osten; ab 1922 Mitarbeiter A. Briands, 1933–40 Generalsekretär im Außenministerium; schied 1940 freiwillig aus dem diplomat. Dienst aus, emigrierte nach Großbritannien, dann in die USA und kehrte erst 1959 nach Frankreich zurück. Feinfühliger, sprachlich eleganter Lyriker, dessen Werk (meist Prosagedichte) sich nach dem Vorbild P. Claudels durch weitgeschwungene feierl. Rhythmen, kühne Stilmittel und Bildhaftigkeit der Sprache auszeichnet. Bevorzugte. Symbolkomplexe sind u. a. das Meer, das Licht und der Wind. S.-J. P. erhielt 1960 den Nobelpreis für Literatur.

Werke: Éloges (Ged., 1911; enthält außerdem: Images à Crusoé, 1909, Pour fêter une enfance, 1910, Récitation à l'éloge d'une reine, 1910; ²1925 erweitert um: Amitié du prince, 1924, Chanson du présomptif, 1924; ³1948 erweitert um: Berceuse, 1945; dt. Ausw. 1938 und 1957 u. d. T. Preislieder), Anabasis (Ged., 1924, dt. 1950), Exil (Ged., 1942), Poème à l'étrangère (Ged., 1943), Pluies (Ged., 1943), Neiges (Ged., 1944; alle vier dt. 1949 u. d. T. Exil), Winde (Ged., 1946, dt. 1957), See-Marken (Ged., dt. und frz. 1959), Chronik (Ged., 1960, frz. und dt. 1960), Oiseaux. Vögel (Ged., 1962, frz. und dt. 1964), Pour Dante (Ged., 1965), Chant pour un équinoxe (Ged., hg. 1975).

Ausgaben: S.-J. P. Dichtungen. Frz. u. dt. Hg. v. F. KEMP. Nw. u. a. 1957 (mit Bibliogr.). – S.-J. P. Œuvre poétique. Paris Neuaufl. 1960. 2 Bde. – S.-J. P. Das dichter. Werk. Hg. v. F. KEMP. Frz. u. dt. Mchn. 1978. 2 Bde. – S.-J. P. Œuvres complètes. Neuausg. Paris 1982. – S.-J. P. Lettres à l'étrangère. Hg. v. M. BERNE. Paris 1987.

Literatur: CHARPIER, J.: S.-J. P. Paris 1962 (mit Bibliogr.). – Honneur à S.-J. P. Hommages et témoignages littéraires, suivis d'une documentation sur Alexis Léger, diplomate. Einf. v. J. PAULHAN. Paris 1965. – LITTLE, R.: Wordindex of the complete poetry and prose of S.-J. P. Durham 1965. – YOYO, E.: S.-J. P. et le conteur. Paris u. a. 1971. – GALAND, R.: S.-J. P. New York 1972. – CADUC, E.: S.-J. P. Connaissance et création. Paris 1977. – Cahiers S.-J. P. Paris 1 (1978) ff. – SACOTTE, M.: Itinéraire de S.-J. P. Espace, initiation, écriture. Diss. Paris-IV 1983. – EUDEVILLE, J. DE: S.-J. P. ou La poésie pour mieux vivre. Paris 1984. – LITTLE, R.: Études sur S.-J. P. Paris 1984. – AQUIEN, M. J.: S.-J. P., l'être et le nom. Seyssel 1985. – LE GUEN, J. M.: L'ordre exploratoire. ›L'anabase‹. Paris 1985. – BOSQUET, A.: S.-J. P. Paris 1986. – EMILIAN, A.: S.-J. P. Bukarest 1986. – JACOBSEN, B.: S.-J. P. In: Frz. Lit. des 20. Jh. Gestalten u. Tendenzen. Hg. v. W.-D. LANGE. Bonn 1986. S. 248. – GUERRE, P.: Portrait de S.-J. P. Marseille 1990. – STERLING, R. L.: The prose works of S.-J. P. New York u. a. 1994.

Saint-John Perse

Saint-Lambert, Jean François Marquis de [frz. sɛ̃lɑ̃'bɛːr], * Nancy 26. Dez. 1716, † Paris 9. Febr. 1803, frz. Schriftsteller. – Trat 1737 in den militär. Dienst König Stanislaus' I. Leszczyński in Lunéville ein, wurde Hofdichter; eng befreundet mit der Marquise de Châtelet, die bei der Geburt eines Kindes von S.-L. starb. S.-L. lebte dann in Paris und veröffentlichte literar. und philosoph. Essays, Erzählungen und Gedichte. 1770 Mitglied der Académie française.

Werke: Jahreszeiten (Dichtung, 1769, dt. 1771), Die Tugendkunst, oder Universalkatechismus für alle Völker der Erde (Schr., 1798, dt. 3 Tle., 1798/99).

Saint-Laurent, Cécil [frz. sɛlɔ'rã], Pseudonym des frz. Schriftstellers Jacques ↑ Laurent.

Saint-Pierre, Jacques Henri Bernardin de [frz. sɛ'pjɛːr], frz. Schriftsteller, ↑ Bernardin de Saint-Pierre, Jacques Henri.

Saint Pierre, Michel de [frz. sɛ'pjɛːr], eigtl. M. de Grosourdy, Marquis de S. P., * Blois 12. Febr. 1916, † Saint-Pierre-du-Val (Eure) 19. Aug. 1987, frz. Schriftsteller. – Vetter von H. de Montherlant; 1934 Handwerker auf einer Werft von Saint-Nazaire; Matrose in der [Kriegs]marine; Mitglied der Résistance. Seine Jugenderfahrungen gingen ein in die Romane ›Le monde ancien‹ (1948) und ›La mer à boire‹ (1952); schrieb auch Biographien (›Bernadette‹, 1953, dt. 1954; ›Der Pfarrer von Ars‹, 1959, dt. 1975). Präsident der Vereinigung der frz. kath. Traditionalisten ›Credo‹.
Weitere Werke: Die Aristokraten (R., 1954, dt. 1955), Die Goldmaske (R., 1957, dt. 1959), Les murmures de Satan (R., 1959), Les nouveaux prêtres (R., 1964), Les prêtres qui souffrent (R., 1966), Der Milliardär (R., 1970, dt. 1973), L'accusée (R., 1972), Je reviendrai sur les ailes de l'aigle (R., 1975), Laurent (R., 1980), Le double crime de l'impasse Salomon (R., 1984).

Saint-Pol Roux [frz. sɛpɔl'ru], eigtl. Paul Pierre Roux, * Saint-Henri (heute zu Marseille) 15. Jan. 1861, † Brest 18. Okt. 1940, frz. Dichter. – Mitbegründer der Académie Mallarmé. Symbolist. Lyriker und Dramatiker, versuchte mit Hilfe der Imagination die Dinge von klischeehaften Vorstellungen zu befreien und auf ihren Ursprung zurückzuführen; die dunkle, metaphernreiche Sprache weist bereits auf den Surrealismus hin.
Werke: Les reposoirs de la procession (Ged., 1893, erweiterte Ausg. in 3 Bden. 1901–07: La rose et les épines du chemin, 1901; De la colombe au corbeau par le paon, 1904; Les féeries intérieures, 1907), La dame à la faulx (Dr., 1899), Anciennetés (Ged., 1903), La mort du berger (Ged., 1938), La supplique du Christ (Ged., 1939), Bretagne est univers (Ged., hg. 1941).
Ausgaben: S.-P.-R. Les plus belles pages. Mit einem Vorwort v. A. JOUFFROY. Paris 1966. – S.-P.-R. Le tragique dans l'homme. Monodrames. Vorwort v. J. GOORMA. Mézières-sur-Issoire 1983/1984. 2 Bde. – S.-P.-R. Werkausg.

Dt. Übers. Hg. v. J. SCHULTZ u. a. Bln. 1985–87. 16 Bde.
Literatur: BRIANT, TH.: S.-P.-R., une étude. Paris ³1971 (mit Bibliogr.). – ECKELKAMP, U.: Der Dichter S.-P. R. Münster 1992.

Saint-Simon, Louis de Rouvroy, Herzog von [frz. sɛsi'mõ], * Versailles 16. Jan. 1675, † Paris 2. März 1755, frz. Schriftsteller. – Offizier; ab 1702 am Hof Ludwigs XIV., auch im diplomat. Dienst tätig; als Literat v. a. bekannt durch seine kulturgeschichtlich interessanten, jedoch parteiisch-subjektiven ›Memoiren‹ (entst. 1694–1752, hg. 1829/30; dt. in Auszügen 1789, vollständig in 3 Bden. 1913–17), die das Leben am Hof für die Zeit von 1694 bis 1723 stilistisch glanzvoll und psychologisch sensibel nachzeichnen.
Ausgaben: S.-S. Mémoires. Hg. v. G. TRUC. Paris 1948–61. 7 Bde. – S.-S. Œuvres complètes. Hg. v. R. DUPUIS u. a. Paris 1964. – Die Memoiren des Herzogs von S.-S. Ffm. u. a. 1977. 4 Bde. – S.-S. Mémoires. Hg. v. Y. COIRAULT. Paris 1983–87. 7 Bde.
Literatur: LA VARENDE, J. B. M. M. DE: Ah, Monsieur! (Cahiers S.-S.) Paris 1957. – COIRAULT, Y.: L'optique de S.-S. Paris 1965. – VAN DER CRUYSSE, D.: La mort dans les ›Mémoires‹ de S.-S. Paris 1981.

Saint-Sorlin, Jean Desmarets de, frz. Dichter, ↑ Desmarets de Saint-Sorlin, Jean.

Sait Faik Abasıyanık [türk. sɑ'it fɑ'ik ɑbɑsjɑ'nɨk], * Adapazarı (Anatolien) 23. Nov. 1906, † Istanbul 11. Mai 1954, türk. Erzähler. – Schrieb zwei Romane, hinterließ dreizehn Bände mit Erzählungen; gilt als bed. Erneuerer der türk. Prosa und Meister der Kurzgeschichte, mit seiner lyrisch-pointillistisch gefärbten Sprache, melancholisch verhalten, doch nie sentimental, eine untergehende Welt porträtierend: Das kosmopolit. Istanbul zwischen den beiden Weltkriegen mit seiner buntgemischten Bevölkerung aus Griechen, Türken und Levantinern.
Werke: Ein Lastkahn namens Leben (R., 1944, dt. 1991), Ein Punkt auf der Landkarte (En., dt. 1991).
Ausgabe: S. F. A. Bütün eserleri. Istanbul 1970 ff. 8 Bde.

Saizew (tl.: Zajcev), Boris Konstantinowitsch [russ. 'zajtsəf], * Orel 10. Febr. 1881, † Paris 28. Jan. 1972, russ. Schriftsteller. – Emigrierte 1922 und lebte ab

1924 in Paris. S., von I. Turgenjew und A. P. Tschechow (denen er 1932 bzw. 1954 biograph. Studien widmete) beeinflußt, schrieb Erzählungen und Romane mit Themen aus dem Alltag des vorrevolutionären Rußland; er behandelte auch Fragen des Emigrantenschicksals und religiöse Stoffe. Seine Neigung zum Zarten und Melancholischen kennzeichnet bes. seine impressionist. Stimmungsbilder.

Werke: Golubaja zvezda (= Der blaue Stern, R., 1918), Natascha Nikolajewna (R., 1926, dt. 1959).

Ausgabe: B. K. Zajcev. Izbrannoe. New York 1973.

Sajat-Nowa (tl.: Sayat'-Nowa), eigtl. Harowt'iwn Sayadyan, *Tiflis 1712, †ebd. 1795, armen. Lyriker. – Ursprünglich Handwerker, dann wandernder Dichter (Troubadour); 1750–65 Hofdichter des georg. Königs Heraklios II., trat 1770 nach dem Tod seiner Frau in das Kloster Haghbat ein, verfaßte Liebeslyrik in aserbaidschan., georg. und armen. Sprache.

Saki [engl. 'sɑːkı], eigtl. Hector Hugh Munro, *Akyab (Birma) 18. Dez. 1870, ✕ Beaumont-Hamel 14. Nov. 1916, engl. Schriftsteller. – Meister der polit. Satire, der geistreichen Skizze, bes. der phantasievollen, pointierten Kurzgeschichte, die oft Neigung zum Makabren aufweist; stellte in seinen Romanen satirisch die engl. Gesellschaft, bes. den Mittelstand, dar.

Werke: Reginald (Kurzgeschichten, 1904), Reginald in Russia (Kurzgeschichten, 1910), The chronicles of Clovis (Kurzgeschichten, 1912), The unbearable Bassington (R., 1912), When William came (R., 1914), The square egg and other sketches (hg. 1924), Tobermory und andere Kurzgeschichten (dt. Ausw. 1959).

Ausgabe: S. Gesammelte Geschichten. Hg. v. F. Senn. Dt. Übers. Zü. 1986–93. 5 Bde. – The complete works of S. London 1989.

Literatur: Gillen, Ch. H.: H. H. Munro (S.). New York 1969.

Sakowski, Helmut, *Jüterbog 1. Juni 1924, dt. Schriftsteller. – War in der Forstwirtschaft tätig, seit 1961 freier Schriftsteller in Neustrelitz. Autor von Bühnenstücken und Fernsehspielen bzw. -romanen. Thema und Gegenstand seiner Werke sind vorrangig Ereignisse aus dem sozialist. Alltag der ehem. DDR. Auch Hörspiele und Erzählungen.

Werke: Die Entscheidung der Lene Mattke (Fsp., 1958), Zwei Frauen (En., 1959), Steine im Weg (Fsp., 1962), Sommer in Heidkau (Fsp., 1964), Wege übers Land (Fernsehroman, Ursendung 1968, Buchausgabe 1969), Die Verschworenen (Fernsehroman, Ursendung 1971), Zwei Zentner Leichtigkeit (En., Skizzen, 1971), Daniel Druskat (R., 1976), Verflucht und geliebt (R., 1980), Das Wagnis des Schreibens (Prosa, 1983), Wege übers Land. Ein Lesebuch (1984), Wie ein Vogel im Schwarm (R., 1984), Die letzte Hochzeit. Lebensgeschichten (1988), Die Schwäne von Klevenow (R., 1993), Schwarze Hochzeit auf Klevenow (R., 1994).

Salacrou, Armand [frz. sala'kru], *Rouen 9. Aug. 1899, †Le Havre 23. Nov. 1989, frz. Dramatiker. – Journalist, zeitweilig·Mitarbeiter an der Zeitung ›L'Humanité‹, später an ›L'Internationale‹; erfolgreich als Chef einer Werbeagentur; seit 1949 Mitglied der Académie Goncourt. S. ist mit rund 30 Dramen seit Ende der 20er Jahre einer der erfolgreichsten Autoren des modernen frz. Theaters; die Skala reicht vom surrealist. Bühnenstück mit metaphys. Thematik (›Die unerbittl. Sekunde‹, 1935, dt. 1947) über das Résistancedrama (›Die Nächte des Zorns‹, 1947, dt. 1948) bis zum bürgerl. Konversations- und Boulevarddrama (›Ich will nicht dein Eigentum sein‹, 1934, dt. 1946; ›Vertauschte Welten‹, 1946, dt. 1947).

Weitere Werke: La vie en rose (Dr., 1931), Die Erde ist rund (Dr., 1938, dt. 1946), Les fiancés du Havre (Dr., 1944), Der Archipel Lenoir (Dr., 1947, dt. 1948), Tugend um jeden Preis (Dr., 1955, dt. 1957), La rue noire (Dr., 1967), Dans la salle des pas perdus (Erinnerungen, 1974), Les amours (Erinnerungen, 1976).

Ausgaben: A. S. Théâtre. Paris ¹⁻³1943–66. 8 Bde. – A. S. Théâtre. Édition définitive. Paris 1977–78. 2 Bde.

Literatur: Mignon, P.-L.: S. Paris 1960 (mit Bibliogr.). – Übersfeld, A.: S. Paris 1970. – Loosely, D.: A search of commitment. The theatre of A. S. Exeter 1985. – Hommage à A. S. Hg. v. P. Potron u. a. Cherbourg 1990.

Salama, Hannu, *Kouvola 6. Okt. 1936, finn. Schriftsteller. – Thema seines z. T. aufsehenerregenden Werkes ist das Problem individueller und gesellschaftl. Entwicklung; sein Erzählmilieu ist die Arbeiterwelt.

Werke: Se tavallinen tarina (= Die übl. Geschichte, R., 1961), Mittsommertanz (R., 1964, dt. 1966), Minä, Olli ja Orvokki (= Ich, Olli und Orvokki, Autobiogr., 1967), Siinä näkijä missä tekijä (= Wie geschehen, so gesehen, Autobiogr., 1972), Finlandia (R.-Zyklus, 5 Bde., 1976–83), Amos ja saarelaiset (R., 1987), Näkymä kuivaushuoneen ikkunasta (R., 1988).

Sälama, Abunä Abba [amhar. sɛlama], Beiname Mätärgwem (= der Übersetzer), *1348 oder 1350, †1388 oder 1390, äthiop. Metropolit. kopt. Herkunft. – Wurde v. a. durch sein Wirken als Übersetzer [kopt.-] arab. theolog. Werke ins Gees bekannt (†äthiopische Literatur). Auch wenn nicht alle Übersetzungen, die ihm traditionellerweise zugeschrieben werden, auf ihn unmittelbar zurückgehen sollten, dürfte er zumindest als ihr Initiator anzusehen sein.

Šalamov, Varlam Tichonovič, russ.-sowjet. Schriftsteller, †Schalamow, Warlam Tichonowitsch.

Salat, Hans, * Sursee 1498, † Freiburg (Üechtland) 20. Okt. 1561, schweizer. Dichter. – War Seiler und Wundarzt; 1522–27 im frz. Heer in Italien, kämpfte als leidenschaftl. Gegner der Reformation 1529 bei Kappel gegen die Protestanten, danach Gerichtsschreiber und Chronist in Luzern, bis er 1540 als Anhänger der Franzosen sein Amt verlor. Er schlug sich dann als Schulmeister, Wundarzt, Alchimist und Astrologe durch. Schrieb religiös-polem. Gedichte, Satiren, Streitschriften und Dramen, in denen er v. a. U. Zwingli scharf angriff.
Werke: Der Tanngrotz (Ged., 1531), Triumphus Herculis Helvetici (Satire, 1532), Der verlorene Sohn (Dr., 1537), Büchlein in Warnungsweise an die 13 Orte (1538).
Literatur: MÜLLER, KUNO: Das abenteuerl. Leben des Luzerner Dichters H. S. 1498–1561. Luzern 1967.

Salazar Arrué, Salvador [span. sala-'sar a'rrųe], Pseudonym Salarrué, * Sonsonate 22. Okt. 1899, † San Salvador 29. Nov. 1975, salvadorian. Schriftsteller und Maler. – Leiter der Kunstakademie in San Salvador. Veröffentlichte v. a. Erzählungen, in denen er surrealist. Techniken mit oriental. Märchen oder indian. Mythen verschmolz. Bes. seine mundartlich gefärbten indigenist. Erzählungen ›Cuentos de barro‹ (1933) fanden weite Verbreitung.
Weitere Werke: El señor de la burbuja (R., 1927), O'Yarkandal (En., 1929), Cuentos de cipotes (En., 1961), Catleyn Luna (R., 1974), Mundo nomasito (Ged., 1975), El ángel del espejo y otros relatos (En., hg. 1977).

Salazar Bondy, Sebastián [span. sala'sar 'βondi], * Lima 4. Febr. 1924, † ebd. 4. April 1965, peruan. Schriftsteller. – Schuf mit seinen sozialkrit. Dramen, Komödien und lyrisch-grotesken Einaktern die Grundlagen des modernen peruan. Theaters. Seine Lyrik entwikkelte sich vom hermet. Frühwerk zur geschliffenen klaren Bekenntnispoesie. Schrieb auch soziolog. Essays (›Lima, la horrible‹, 1964) und Erzählungen (›Pobre gente de París‹, 1958).
Weitere Werke: Amor, gran laberinto (Kom., 1947), Rodil (Dr., 1952), Algo que quiere morir (Dr., 1956), El fabricante de deudas (Kom., 1962), Der Rutengänger (Einakter, 1965, dt. 1967).
Ausgabe: S. S. B. Obras. Lima 1967. 3 Bde.

Šalda, František Xaver [tsćech. 'ʃalda], * Reichenberg 22. Dez. 1867, † Prag 4. April 1937, tschech. Kritiker und Schriftsteller. – Ab 1918 Prof. für roman. Literaturen in Prag; Mit-Hg. und Mitarbeiter an literar. Zeitschriften; wurde schon früh zum maßgebenden Kritiker, der die tschech. Literatur nachhaltig beeinflußte. Seine Essaysammlungen ›Boje o zítřek‹ (= Kämpfe um das Morgen, 1905) und ›Duše a dílo‹ (= Seele und Werk, 1913) und sein literar. Notizbuch ›Šaldův zápisník‹ (9 Bde., 1928–37) wie auch seine ›Studie z české literatury‹ (= Studien aus der tschech. Literatur, einzeln 1909–37, ges. 1961) zeigen ihn als Vertreter einer Literaturauffassung, für die der Dichter als Schöpfer literar. Werte im Zentrum steht und die vom Kunstwerk inhaltl. Aufrichtigkeit verlangt. Š. förderte junge tschech. Schriftsteller und trat für den † Poetismus ein; auch Lyriker, Erzähler (›Život ironický‹ [= Iron. Leben], En., 1912) und Dramatiker (›Dítě‹ [= Das Kind], 1923).
Ausgabe: F. X. Š. Soubor dila. Prag 1947–63. 22 Bde.
Literatur: SVOBODA, L.: F. X. Š. Prag 1967. – F. X. Š. 1867–1937–1967. Prag 1968. – BIELFELDT, S.: Die tschech. Moderne im Frühwerk Š.s. Mchn. 1978.

Sälde, eines der Zentralwörter der mittelalterl. Wertewelt mit der Bedeutung ›Heil, Segen, Seligkeit‹; im Unterschied zum ambivalenten ›gelücke‹ (Zufall, Geschick, Glück) überwiegend in positivem Sinn verwendet. Tritt in der mhd. Dichtung auch personifiziert als

›Frau S.‹ auf, z. B. bei Walther von der Vogelweide oder Hartmann von Aue. Der Begriff S. wird im Neuhochdeutschen durch das ursprünglich niederdt. Wort ›Glück‹ verdrängt, erhalten ist es nur im verwandten Adjektiv ›selig‹ und den davon abgeleiteten Wörtern ›Seligkeit, beseligen, glückselig‹.

Literatur: SCHARMANN, TH.: Studien über die Saelde in der ritterl. Dichtung des 12. und 13. Jh. Wzb. 1935.

Salice-Contessa, Karl Wilhelm [frz. sa'lis], dt. Schriftsteller, ↑ Contessa, Karl Wilhelm.

Salinas, Pedro [span. sa'linas], * Madrid 27. Nov. 1892, † Boston (Mass.) 4. Dez. 1951, span. Schriftsteller. – Prof. für span. Sprache und Literatur in Sevilla (1917–30) und Madrid (1930–36), ging 1936 nach Amerika, ab 1940 Prof. in Baltimore. S. gehörte zur Generation von 1927; er schrieb Lyrik, Dramen, Prosa und literaturwissenschaftl. Studien; neben nüchtern-realist. Gedichten stehen solche, in denen sich die Freude am Spielerischen zeigt. Er besingt die Errungenschaften der Technik ebenso wie menschl. Beziehungen; Erschütterung über das Grauen des Krieges zeigt sich in Gedichten, die unter dem Eindruck des Völkermordens entstanden sind.

Werke: Presagios (Ged., 1923), Fábula y signo (Ged., 1931), La voz a ti debida (Ged., 1933), Razón de amor (Ged., 1936), Die Rätselbombe (R., 1950, dt. 1959), Confianza (Ged., hg. 1954). **Ausgaben:** P. S. Teatro completo. Madrid 1957. – P. S. Poesías completas. Hg. v. J. MARICHAL. Madrid ³1961. – P. S. Gedichte. Span. u. dt. Hg. v. R. WITTKOPF. Ffm. 1990. **Literatur:** BAADER, H.: P. S. Studien zu seinem dichter. u. krit. Werk. Köln 1955. – DEHENNIN, E.: Passion d'absolu et tension expressive dans l'œuvre poétique de P. S. Gent 1957. – COSTA VIVA, O.: P. S. frente a la realidad. Madrid 1969. – CABRERA, V.: Tres poetas a la luz de la metáfora. S., Aleixandre y Guillén. Madrid 1975. – STIXRUDE, D. L.: The early poetry of P. S. Madrid u. Princeton (N. J.) 1975. – CIRRE, J. F.: El mundo lírico de P. S. Granada 1982. – El teatro de P. S. Hg. v. P. MORALEDA. Madrid 1985. – GARCÍA TEJERA, M. D.: La teoría literaria de P. S. Cádiz 1988.

Salinger, J[erome] D[avid] [engl. 'sælɪndʒə], * New York 1. Jan. 1919, amerikan. Schriftsteller. – Nahm am 2. Weltkrieg teil, lebt zurückgezogen in Neuengland. S.s größter Erfolg ist der Ich-Roman ›Der Mann im Roggen‹ (1951, dt. 1954, 1962 u. d. T. ›Der Fänger im Roggen‹), in dem ein wegen schlechter Zensuren aus der Schule entlassener Jugendlicher in einem kaliforn. Lungensanatorium seine Erfahrungen in New York und seine Einsamkeit und seel. Nöte mit einer Mischung aus Pathos und Humor schildert; später Kurzgeschichten. Seit 1965 hat S. nichts mehr veröffentlicht, blieb aber literarisch einflußreich und als Kultautor wirksam.

Weitere Werke: Neun Erzählungen (1953, dt. 1966), Franny und Zooey (En., 1961, dt. 1963), Kurz vor dem Krieg gegen die Eskimos (En., dt. Ausw. 1961), Hebt den Dachbalken hoch, Zimmerleute (En., 1963, dt. 1965). **Literatur:** HAMILTON, K.: J. D. S. A critical essay. Grand Rapids (Mich.) 1967. – FRENCH, W.: J. D. S. Boston (Mass.) Neuaufl. 1976. – ROSEN, G.: Zen and the art of J. D. S. Berkeley (Calif.) 1977. – LUNDQUIST, J.: J. D. S. New York 1978. – ALSEN, E.: S.'s Glass stories as a composite novel. Troy (N. Y.) 1984. – HAMILTON, I.: Auf der Suche nach J. D. S. Dt. Übers. Bln. 1989.

Salis-Seewis, Johann Gaudenz Freiherr von, * Schloß Bothmar bei Malans (Kanton Graubünden) 16. Dez. 1762, † ebd. 29. Jan. 1834, schweizer. Schriftsteller. – Offizier der Schweizergarde in Versailles, später eidgenöss. Offizier; Günstling Marie Antoinettes; 1789/90 Reisen in den Niederlanden und Deutschland, wo er in Weimar Goethe, Schiller und J. G. Herder besuchte. Die Revolutionsjahre erlebte er als Privatmann in Paris; ging 1793 zurück in die Schweiz, wo er den Anschluß Graubündens vermittelte. In formgewandten ›Gedichten‹ (1793), die an die Werke seines Freundes F. von Matthisson erinnern, besingt er Natur und Landschaft seiner Heimat.

Ausgabe: J. G. v. S.-S. Gedichte. Hg. v. CH. ERNI. Chur 1964. **Literatur:** KORRODI, E.: Traute Heimat meiner Lieben. Ein Lebensbild des Dichters J. G. v. S.-S. St. Gallen 1950.

Salle, Antoine de La, frz. Schriftsteller, ↑ La Salle, Antoine de.

Sallet, Friedrich von [...lɛt], * Neisse 20. April 1812, † Reichau (Niederschlesien) 21. Febr. 1843, dt. Schriftsteller. – Offizier; 1830 wegen satir. Schriften gegen das Militär in Haft. Begann in dieser Zeit Gedichte, Aphorismen, Epigramme und Novellen zu schreiben. Nahm 1838 seinen Abschied. Beeinflußt von G. W. F. Hegels Philosophie, verfaßte er ein ›Laienevangelium‹ (1842) in Jamben.

Weitere Werke: Gedichte (1835), Funken (Ged., 1837), Kontraste und Paradoxen (Nov.n, 1838), Die wahnsinnige Flasche (Epos, 1838), Gesammelte Gedichte (1843).

Ausgabe: F. v. S. Sämmtl. Schrr. Hg. v. TH. PAUR. Breslau [1-8]1846–73. 5 Bde.

Literatur: KRAUS, G.: F. v. S. Diss. Freib. 1956 [Masch.].

Sallust (Gaius Sallustius Crispus), * Amiternum (heute Vittorino) 86, † 35, röm. Politiker und Geschichtsschreiber. – Quästor 55 oder 54, Volkstribun 52, Gegner Milos und Ciceros, Anhänger Caesars, 50 aus dem Senat ausgestoßen (wohl aus polit. Gründen, angeblich wegen seines Lebenswandels), 49 von Caesar rehabilitiert, 46 Statthalter der Provinz Africa nova. Nach Caesars Ermordung zog er sich aus der Politik zurück und widmete sich ganz der Geschichtsschreibung. Außer einer Invektive gegen Cicero (von umstrittener Echtheit), zwei polit. Briefen an Caesar und geringen Bruchstücken seines zeitgeschichtl. Spätwerkes ›Historiae‹ (5 Bücher über die Zeit von 78 bis 67) sind zwei Monographien erhalten: ›De coniuratione Catilinae‹ (= Die Verschwörung des Catilina) und ›Bellum Iugurthinum‹ (= Jugurthin. Krieg). Das Leitthema der histor. Schriften ist die innere Auflösung der röm. Republik, deren Verfall der Autor nach althergebrachter röm. Weise mit moral. Kategorien deutet, indem er die revolutionären Auseinandersetzungen zuallererst auf das sittl. Versagen der maßgebl. Schicht (Nobilität), auf ihren übertriebenen Geltungsdrang, auf ihre Habgier und Schwelgerei (ambitio, avaritia, luxuria) zurückführt. Seine Sprache ist knapp und archaisierend; seine souveräne, bisweilen kühn über die Fakten verfügende Kompositionstechnik verleiht seinen Werken hohen künstler. Rang.

Ausgabe: S. Werke u. Schrr. Lat. u. dt. Hg. u. Übers. v. W. EISENHUT u. J. LINDAUER. Mchn. 1985.

Literatur: LA PENNA, A.: Sallustio e la ›rivoluzione‹ romana. Mailand 1968. – SYME, R.: S. Dt. Übers. Darmst. 1975. – Das Staatsdenken der Römer. Hg. v. R. KLEIN. Darmst. [3]1980. – S. Hg. v. V. PÖSCHL. Darmst. [2]1981. – BÜCHNER, K.: S. Hdbg. [2]1982.

Salluste, Guillaume de [frz. sa'lyst], frz. Dichter, ↑ Du Bartas, Guillaume de Salluste, Seigneur.

Salman und Morolf, von einem unbekannten mittelrhein. Dichter verfaßtes mhd. stroph. Spielmannsepos, dessen Entstehung für die 2. Hälfte des 12. Jh. angesetzt wird; die Überlieferung ist wesentlich jünger (14./15. Jh.; ein Druck von 1499). Im Epos ist das Brautwerbungsmotiv eigenartig umgestaltet: Dem Helden Salomo wird die Gattin Salme zweimal durch Heidenkönige entführt, er gewinnt sie mit Hilfe des listigen Bruders Morolf, der ›spielmännischsten‹ Figur vorhöf. Dichtung, zurück. Den Stoff, die kabbalist. bzw. talmud. Salomolegende (Streit zwischen Salomo und dem Dämonenfürsten Aschmodai), kannte der Dichter aus byzantin. Quelle. Neuartig ist die erstmals im Epos verwendete † Morolfstrophe. Das gegen Ende des 14. Jh. von einem moselfränk. Kleriker verfaßte Spruchgedicht ›Salomon und Markolf‹ geht im Aufbau auf den mlat. Prosadialog ›Dialogus Salomonis et Marcolfi‹ des späten 12. Jh. zurück, dem ebenfalls die Salomolegende zugrunde liegt. Er erzählt den Sieg der derben Pfiffigkeit des häßl. Bauern Markolf über Salomos Weisheit. Der lat. Dialog wirkte weiter im Volksbuch ›Frag und antwort Salomonis und marcolfij‹ (Erstdruck 1482), das zahlreiche Auflagen erlebte und H. Folz und H. Sachs zu Fastnachtspielen, zuletzt A. Paquet zum Spiel ›Marcolph oder König Salomo und der Bauer‹ (1924) anregte.

Ausgaben: Die dt. Dichtungen von Salomon u. Markolf. Bd. 1: S. u. M. Hg. v. F. VOGT. Halle/Saale 1880. Nachdr. 1968. Bd. 2: Das Spruchgedicht. Hg. v. W. HARTMANN. Halle/Saale 1934. – Spielmannsepen. Bd. 2: Sankt Oswald. Orendel. S. u. M. Hg. v. W. J. SCHRÖDER. Darmst. 1976. – S. u. M. Hg. v. A. KARNEIN. Tüb. 1979.

Literatur: BENATH, J.: Vergleichende Studien zu den Spielmannsepen König Rother, Orendel u. S. u. M. In: Beitr. zur Gesch. der dt. Sprache u. Lit. (Halle/Saale) 84 (1962), S. 312; 85 (1963), S. 374. – BOOR, H. DE: Gesch. der dt. Lit. von den Anfängen bis zur Gegenwart. Bd. 1. Mchn. [9]1979. – WISHARD, A.: Oral formulaic composition in the spielmannsepik. An analysis of S. u. M. Göppingen 1984.

Salminen, Sally, * Vårdö (Ålandinseln) 25. April 1906, † Kopenhagen

18. Juli 1976, schwedischsprachige finn. Erzählerin. – Aus einfachen Verhältnissen, 1930–36 Aufenthalt in den USA, ab 1940 in Dänemark; hatte Welterfolg mit ihrem autobiograph. Erstling ›Katrina‹ (R., 1936, dt. 1937); weniger erfolgreich waren ihre späteren Romane.

Weitere Werke: Den långa våren (R., 1939), På lös sand (R., 1941), Lars Laurila (R., 1943, dt. 1952), Nya land (R., 1945), Barndomens land (R., 1948), Små världar (R., 1949), Prinz Efflam (R., 1953, dt. 1954), Vid havet (R., 1963).

Salmon, André [frz. sal'mõ], * Paris 4. Okt. 1881, † Sanary-sur-Mer (Var) 12. März 1969, frz. Schriftsteller. – Verlebte einen Teil seiner Jugend in Rußland; Journalist, war befreundet mit G. Apollinaire; geschult an Th. de Banville, T. Corbière und J. Laforgue. In traumartigen, vom Surrealismus beeinflußten Bildern läßt S. die russ. Revolution erstehen (›Prikaz‹, Ged., 1919); daneben beschreibt er in Romanen und Gedichten in trockner, exakter Sprache die Pariser Künstler- und Halbwelt (›Le calumet‹, Ged., 1910); auch kunstkrit. Essays und Biographien über zeitgenöss. Künstler (›Montmartre – Montparnasse‹, 1957, dt. 1958).

Weitere Werke: Les féeries (Ged., 1907), Monstres choisis (R., 1918), Le livre et la bouteille (Ged., 1920), Peindre (Ged., 1921).

Literatur: BERGER, P.: A. S. Paris 1956 (mit Bibliogr.).

Salomé, Lou, dt. Schriftstellerin, ↑ Andreas-Salomé, Lou.

Salomo Ben Isaak, jüd. Gelehrter, ↑ Raschi.

Salomon, Ernst [Friedrich Karl] von, * Kiel 25. Sept. 1902, † Winsen (Luhe) 9. Aug. 1972, dt. Schriftsteller. – Am Kapp-Putsch beteiligt; wegen versuchter Beihilfe an der Ermordung W. Rathenaus zu fünf Jahren Zuchthaus verurteilt; Förderung seiner Werke im Dritten Reich; S. zog sich jedoch von der Politik zurück; 1945/46 Internierung in einem amerikan. Lager. Er schrieb z. T. autobiograph. Romane mit preußisch-nationalist. Tendenz (›Die Geächteten‹, 1930; ›Die Stadt‹, 1932; ›Die Kadetten‹, 1933), den sarkast. Entnazifizierungsroman ›Der Fragebogen‹ (1951), ferner Filmdrehbücher (u. a. ›Nullacht fünfzehn‹, 1956; nach H. H. Kirst).

Weitere Werke: Die schöne Wilhelmine (R., 1965), Die Kette der tausend Kraniche (Reisebericht, 1972), Der tote Preuße (R., hg. 1973).

Salomon, Horst, * Pillkallen (Ostpreußen) 6. Mai 1929, † Gera 20. Juni 1972, dt. Schriftsteller. – Bergmann; begann mit Lyrik (›Getrommelt, geträumt und gepfiffen‹, 1960), wurde bekannt mit seinem als Beitrag für das Agitproptheater entstandenen Bühnenstück ›Katzengold‹ (1964), in dem es um Alltagsprobleme in einer Kohlengrube der DDR geht, und mit dem Schwank ›Der Lorbaß‹ (UA 1967).

Weitere Werke: Genosse Vater (Fsp. und Schsp., 1969), Die Zeit der schlaflosen Nächte (Fsp., 1969; Schsp. u. d. T. Auf höherer Ebene, 1969), Schwarzes Schaf (Fernsehfilm, 1971).

Salomon und Markolf ↑ Salman und Morolf.

Salon [za'lõ:; auch za'lɔŋ; frz. salon von italien. salone = Festsaal], regelmäßige gesellige Zusammenkunft eines intellektuellen Zirkels (Künstler, Schriftsteller, Politiker, Gelehrte) im S. einer Dame der Gesellschaft. Die ersten S.s dieser Art wurden in Frankreich bereits in der 2. Hälfte des 16. Jh. geführt (S. der Louise Labé in Lyon; ↑ École lyonnaise); nach den Religionskriegen im 17. Jh. und mit der Entwicklung der Stadt Paris als polit. und geistigem Zentrum entstanden die berühmten frz. Salons. Ihre Bedeutung lag zunächst in der Entfaltung und Pflege verfeinerter gesellschaftl. Kultur, bes. der Kultivierung der zwangslosen Konversation, der krit. Diskussion und Analyse und Entwicklung ästhet. Maßstäbe. S.s wurden immer wieder zu Keimzellen polit., wiss. und literar. Entwicklungen, so z. B. der S. der Marquise de Rambouillet, in dem das Stilideal der Préciosité gepflegt wurde (↑ preziöse Literatur), insbes. von einem Kreis gebildeter Frauen, den ›Précieuses‹, von denen einige auch eigene S.s unterhielten, u. a. Mademoiselle de Scudéry, Marquise de Sévigné, Madame de La Fayette. Schöngeistige Zentren waren auch der S. der Ninon de Lenclos (* 1620, † 1705), im 18. Jh. die S.s der Madame de Tencin, der Marquise Du Deffand, der Madame d'Épinay. Die maßgebl. Politiker der Revolution verkehrten im S. der Madame Roland de la Platière (* 1754, † 1793), im

S. der Madame Récamier später die Gegner Napoleons I. Die bedeutendsten S.s des 19. Jh. führten die Nichte Napoleons I., Prinzessin Mathilde (* 1820, † 1904), und Madame d'Agoult, um 1900 noch die Gräfin de Noailles. In Deutschland verhinderte das Fehlen eines kulturell-geistigen Zentrums die Entstehung einer ähnl. S.kultur. Versuche machten Caroline Schelling (Frühromantiker) in Jena, H. J. Herz und R. Varnhagen von Ense in Berlin (sog. Berliner Romantik), J. Schopenhauer in Weimar und K. Pichler in Wien. Im S. der F. Lewald trafen sich seit 1845 die Kräfte des Liberalismus, im S. des Politikers und Publizisten Franz Duncker (* 1822, † 1888) und seiner Frau Lise die Wegbereiter der Sozialreformen der 80er Jahre des 19. Jahrhunderts. In dieser Zeit lösten aber immer mehr programmatisch ausgerichtete polit. und ↑literarische Gesellschaften, ↑Dichterkreise u. a. die S.s ab.

Literatur: GLOTZ, M./MAIRE, M.: Salons du XVIIIe siècle. Paris 1949. – MONGRÉDIEN, G.: La vie de société aux XVIIe et XVIIIe siècles. Paris 1950. – RIÈSE, L.: Les salons littéraires parisiens du Second Empire à nos jours. Toulouse 1962. – DREWITZ, I.: Berliner S.s Bln. 1965. – BAADER, R.: Dames de lettres. Autorinnen der preziösen, hocharistokrat. u. modernen Salons (1649–1698). Stg. 1986 (mit Bibliogr.). – WILHELMY, P.: Der Berliner S. im 19. Jh. (1780–1914). Münster 1989. – SEIBERT, P.: Der literar. S. Lit. u. Gesellschaft zw. Aufklärung u. Vormärz. Stg. u. a. 1993.

Salten, Felix, eigtl. Siegmund Salzmann, * Budapest 6. Sept. 1869, † Zürich 8. Okt. 1945, österr. Schriftsteller. – Publizist (Theaterkritiker, Feuilletonredakteur) in Wien und Berlin. Emigrierte 1938 in die USA, lebte später in Zürich. Schrieb histor. und gesellschaftskrit. Romane, Novellen und bes. Tiergeschichten, deren erfolgreichste ›Bambi‹ (1923) wurde; außerdem naturalist. Dramen und Essays.

Weitere Werke: Die kleine Veronika (Nov., 1903), Olga Frohgemut (R., 1910), Die klingende Schelle (R., 1915), Der alte Narr (Nov.n, 1918), Der Hund von Florenz (R., 1923), Neue Menschen auf alter Erde (Reiseber., 1925), Martin Overbeck (R., 1927), Florian, das Pferd des Kaisers (R., 1933), Bambis Kinder (E., 1940), Die Jugend des Eichhörnchens Perri (E., 1942), Djibi das Kätzchen (E., 1945).
Ausgabe: F. S. Ges. Werke in Einzelausgg. Wien 1928–32. 6 Bde.

Saltykow (tl.: Saltykov), Michail Jewgrafowitsch [russ. sɐltɨ'kɔf], auch M. J. S.-Schtschedrin, * Spas-Ugol (Gebiet Twer) 27. Jan. 1826, † Petersburg 10. Mai 1889, russ. Schriftsteller. – Hatte wegen sozialutop. Ideen zunächst Schwierigkeiten in der Beamtenlaufbahn, 1844–56 nach Wjatka strafversetzt, ab 1858 Vizegouverneur in Rjasan und Twer, ab 1868 freier Schriftsteller und Journalist; veröffentlichte unter dem Pseudonym N. Schtschedrin; schrieb v. a. Satiren in scharfer, geistreicher Sprache, in denen er soziale Probleme aus christl. Sicht behandelt; auch satir. Märchen und Fabeln. ›Die Geschichte einer Stadt‹ (1870, dt. 1946) stellt die Herrscher Rußlands in der Zeit von 1731 bis 1825 karikaturistisch dar.

Michail Jewgrafowitsch Saltykow (Lithographie nach einem Ölgemälde von Iwan Nikolajewitsch Kramskoi aus dem Jahr 1879)

Weitere Werke: Skizzen aus dem Gouvernement (1856/57, dt. 1960), Miša i Vanja (E., 1863), Die Herren Taschkenter (Skizzen, erste gekürzte Buchausg. 1873, vollständig 1881, dt. 1953), Die Herren Golowljow (R., 1880, dt. 1885), Skazki (1882–86, dt. Ausw. u. a. 1924 u. d. T. Geschichten und Märchen, 1958 u. d. T. Satir. Märchen, 1966 u. d. T. Die Tugenden und die Laster), Provinz Poschechonien (Skizzen, 1887–89, dt. 1953).
Ausgabe: M. E. Saltykov-Ščedrin. Sobranie sočinenij i pisem. Moskau 1965–78. 20 Bde.
Literatur: STRELSKY, N.: Saltykov and the Russian squire. New York 1940. Nachdr. 1966. – SANINE, K.: Saltykov-Chtchédrine, sa vie et ses œuvres. Paris 1955. – KUPFERSCHMIDT, H.-G.: S.-Stschedrin. Halle/Saale 1958. – DOERNE, CH.: M. E. Saltykov-Ščedrin ›Gubernskie očerki‹. Diss. Gött. 1968. – GORJAČKINA, M. S.: Satira Ščedrina i russkaja demokratičeskaja literatura 60ch–80ch gg. 19 v. Moskau 1977. – POKUSAEV, E. I./PROZOROV, V. V.: M. E. Saltykov-Ščedrin. Leningrad ²1977.

Salustri, Carlo Alberto, italien. Schriftsteller, ↑ Trilussa.

Salutati, [Lino] Coluccio, *Stignano (heute zu Buggiano, Prov. Pistoia) 16. Febr. 1331, † Florenz 4. Mai 1406, italien. Humanist und Staatsmann. – Notar; wirkte ab 1375 als Kanzler in Florenz. Sein Beitrag zur Verbreitung klass. Texte, seine philosoph. Werke und Staatsschriften (u. a. ›De saeculo et religione‹, 1381; ›De tyranno‹, 1400) und v. a. sein Briefwechsel machten S. zur Zentralfigur der Frührenaissance.
Ausgaben: Epistolario di C. S. Hg. v. F. NOVATI. Rom 1891–1911. 4 Bde. in 5 Tlen. – C. S. Il trattato ›De tyranno‹ e lettere scelte. Hg. v. F. ERCOLE. Bologna 1942. – LANGKABEL, H.: Die Staatsbriefe C. S.s Unterss. zum Frühhumanismus in der Florentiner Staatskanzlei u. Auswahledition. Köln u. Wien 1981.
Literatur: MARTIN, A. VON: C. S. u. das humanist. Lebensideal. Lpz. 1916. Nachdr. Hildesheim 1973. – ULLMANN, B. L.: The humanism of C. S. Padua 1963. – PETRUCCI, A.: C. S. Rom 1972. – WITT, R. G.: C. S. and his public letters. Genf 1976. – ROSA, D. DE: C. S. Il cancelliere e il pensatore politico. Florenz 1980.

Salygin (tl.: Zalygin), Sergei Pawlowitsch [russ. za'lïgin], * Durassowka (Baschkir. Republik) 6. Dez. 1913, russ. Schriftsteller. – Befaßt sich – auch kritisch – mit Problemen der Sowjetzeit, z. B. Bürgerkrieg, Zwangskollektivierung (›Republik Salzschlucht‹, R., 2 Tle., 1967/68, dt. 1970; ›Die Kommission‹, R., 1975, dt. 1979); Aufsehen erregte sein Liebesroman ›Liebe ein Traum‹ (1973, dt. 1977); seit 1986 Chefredakteur der Zeitschrift ›Nowy Mir‹.
Weitere Werke: Am Irtysch (E., 1964, dt. 1966), Posle buri (= Nach dem Sturm, R., 2 Bde., 1982–86), Festival (En., dt. Ausw. 1983), Zimnij chleb (= Das Winterbrot, Dr., 1988), Nezabudka (= Vergißmeinnicht, E., 1989).
Ausgabe: S. P. Zalygin. Sobranie sočinenij. Moskau 1989–91. 6 Bde.

Salzburg, Hermann von, mhd. Liederdichter, ↑ Mönch von Salzburg.

Salzmann, Siegmund, österr. Schriftsteller, ↑ Salten, Felix.

Samain, Albert [Victor] [frz. sa'mɛ̃], * Lille 3. April 1858, † Magny-les-Hameaux bei Paris 18. Aug. 1900, frz. Dichter. – Mitbegründer des ›Mercure de France‹. Symbolist. Lyriker unter dem Einfluß Ch. Baudelaires, P. Verlaines und bes. A. Chéniers, trat zu Lebzeiten mit den beiden vielgelesenen elegisch gestimmten Gedichtbänden ›Au jardin de l'infante‹ (1893) und ›Aux flancs du vase‹ (1898) hervor; postum erschienen die Gedichtsammlung ›Le chariot d'or‹ (1901), ein Drama und Erzählungen.
Ausgaben: A. S. Gedichte. Dt. Übers. Bln. 1911. – A. S. Œuvres complètes. Paris Neuausg. 1936–37. 3 Bde.
Literatur: RUSSEL, F.: L'art d'A. S. Toulouse 1929. – BOCQUET, L.: A. S., sa vie et son œuvre. Paris ⁸1938. – REUCHER, G. M.: Rosen u. Rubine im Traumreich der Infantin. Studien zur Lyrik A. S.s. Bonn 1986.

Samaniego, Félix María [span. sama'nieɣo], * Laguardia (Álava) 12. Okt. 1745, † ebd. 11. Aug. 1801, span. Schriftsteller. – Studierte Jura in Valladolid und begeisterte sich in Frankreich für die aufklärer. Ideen des 18. Jh.; klass. span. Fabeldichter neben T. de Iriarte; seine Fabeln (›Fábulas morales‹, 1781) sind trotz der offenkundigen Anlehnung an Phaedrus und J. de La Fontaine von hoher Originalität und wurden außerordentlich populär.

Samarakis (tl.: Samarakēs), Antonis, * Athen 16. Aug. 1919, neugriech. Erzähler. – Studierte Jura, war viele Jahre im Arbeitsministerium; schildert in modernem, abgehacktem Stil die Isolation und die Ängste des verunsicherten, von den Zwängen der Gesellschaft unterdrückten, drangsalierten und zum Äußersten getriebenen Menschen.
Werke: Zēteitai elpis (= Hoffnung gesucht, En., 1954, dt. 1962), Sēma kindynu (= Notbremse, R., 1959, dt. 1977), Arnumai (= Ich leugne, En., 1961), To lathos (= Der Fehler, R., 1965, dt. 1969), Zungla (= Dschungel, En., 1967), To diabatērio (= Der Paß, En., 1973, dt. 1973).

Sāmaveda [sanskr. = Das Wissen von den Melodien], eine der Sammlungen (›saṃhitā‹) des Veda; enthält neben Auszügen aus dem ›Ṛgveda‹ nur wenig Eigenes. Der S. besteht aus zwei Teilen, von denen der eine zum Lernen der Melodien, der andere zum Lernen der Texte für den Sänger beim altind. Opferritual diente.
Ausgaben: Die Hymnen des Sāma-Veda. Übers. v. TH. BENFEY. Lpz. 1848. – BHATTACHARYYA, S. S.: S. Saṃhitā. Nachdr. Neu-Delhi 1983. 5 Bde.
Literatur: HOWARD, W.: Sāmavedic chant. London 1977.

Samisdat-Literatur (tl.: samizdat), in der UdSSR Mitte der 1960er Jahre entstandener Begriff für private literar. und sonstige Publikationen; als Ersatz für staatl. Veröffentlichungen gedacht, da diese infolge der staatl. Zensur in ihrem Wahrheitsgehalt beeinträchtigt waren. Der Begriff ›Samsidat‹ ist eine Analogiebildung zu seinerzeit übl. sowjet. Verlagsabkürzungen wie ›Gosisdat‹ (= Staatsverlag) und heißt wörtlich ›Selbstverlag‹ (ursprünglich **Sam**sebjais**dat**). Da private Verlage und Vervielfältigungsmaschinen in der UdSSR verboten waren, wurden die Erzeugnisse des Samisdat durch Schreibmaschinenabschriften bei maximaler Kopienzahl, durch Abfotografieren, Tonband- und Kassettenkopien hergestellt. – Samisdat-Ausgaben auf Fotokopie- oder Computerdruckgrundlage waren selten. Die Anzahl der Exemplare erhöhte sich durch Kopien von Kopien. Der Beginn dieser Ersatzbuchherstellung fällt mit der Enttäuschung der sowjet. liberalen Intelligenz Ende der fünfziger Jahre zusammen, als die freiheitl. Entwicklung nach Stalins Tod nicht das erhoffte Ziel der Wahrheit in Literatur und Presse erreichte und rückläufig wurde. B. L. Pasternaks Roman ›Doktor Schiwago‹ (italien. 1957, russ. Ann Arbor 1958, dt. 1958) gehört zu den ersten Werken der S.-L., er leitete auch die Phase der Auslandspublikation von in der UdSSR aus polit. Gründen nicht publizierbaren Werken ein. Hierfür entstand die Bez. Tamisdat-Literatur (›Tamisdat‹ = Dortverlag). Von fast allen Autoren, die während der 70er und 80er Jahre die dritte Emigrationswelle aus der UdSSR bildeten, wie A. I. Solschenizyn, W. P. Nekrassow, W. N. Woinowitsch, W. P. Axjonow, W. J. Maximow, kursierten vor der Ausreise Werke im Samisdat. Publikationen sowjet. Autoren im Westen gerieten in kleinem Umfang in die UdSSR oder erreichten sowjet. Hörer durch Lesungen im westl. Rundfunk. Außer den Werken lebender Schriftsteller wurden im Samisdat verbotene Werke verstorbener Autoren verbreitet wie solche von A. A. Achmatowa, O. E. Mandelschtam oder N. S. Gumiljow. Samisdat war nicht auf literar. Werke beschränkt, er war bes. aktiv im Bereich der Wahrung der Menschenrechte und religiöser Texte. Die sowjet. Strafverfolgung ging in der Regel von einem Verstoß gegen Artikel 70 des Strafgesetzbuches der RSFSR (antisowjetische Agitation und Propaganda) aus, konnte aber Samisdat nie zum Schweigen bringen. Material des Samisdat, das in ähnl. Weise in anderen Staaten des sowjet. Machtbereichs entstand (z. B. Polen, Tschechoslowakei), wurde im Westen gesammelt und archiviert, insbesondere von Radio Liberty (München), der Alexander-Herzen-Stiftung (Amsterdam) und dem Kuratorium Geistige Freiheit (Bern).

Literatur: Boiter, A.: Samisdat in der UdSSR. In: Osteuropa 22 (1972), H. 9, S. 645. – Archiv Samizdata. Mchn. 1972–76. Forts.: Materialy Samizdata. Mchn. 1977. – Feldbrugge, F. J. M.: Samizdat and political dissent in the SovietUnion. Leiden 1975. – Novyj samizdat. In: Kontinent 52 (1987), S. 253.

Samjatin (tl.: Zamjatin), Jewgeni Iwanowitsch [russ. za'mjatin], * Lebedjan (Gebiet Lipezk) 1. Febr. 1884, † Paris 10. März 1937, russ. Schriftsteller. – Schiffbauingenieur; fand nach der Oktoberrevolution Anerkennung als Schriftsteller, wurde aber bald gehindert, weiterhin zu publizieren; 1931 erhielt S. die Erlaubnis zur Emigration. Anlaß zu den Kontroversen war sein für die Entwicklung des modernen zeitkritisch-utop. Romans wichtiges Werk ›Wir‹, dessen Satire und offene Kritik am totalitären Staat von der Zensur beanstandet wurden. Es erschien nach frz. (1924) und engl. (1924) Ausgaben 1927 in einer nicht autorisierten russ. Kurzfassung in Prag und schließlich vollständig 1952 in New York (dt. 1958). S., einer der Führer der Serapionsbrüder und einer der bedeutendsten russ. Satiriker, hatte mit seinem an A. M. Remisows ornamentaler Prosa geschulten, auch von N. S. Leskow beeinflußten Stil große Wirkung auf die moderne russ. Prosadichtung.

Weitere Werke: Uezdnoe (= Aus der Provinz, E., 1913), Ostrovitjane (= Insulaner, E., 1918), Die Höhle (E., 1922, dt. 1989), Ogni svjatogo Dominika (= Die Feuer des hl. Dominikus, Dr., 1922), Der Floh (Dr., 1925, dt. 1962), Die Geißel Gottes Attila (E., 1937, dt. 1965), Morgen (En., Essays und Dokumente, dt. 1967), Rußland ist groß (En. u. Satiren, dt. Auswahl 1976).

Ausgaben: E. I. Zamjatin. Sobranie sočinenij. Moskau 1929. 4 Bde. - E. I. Zamjatin. Sočinenija. Mchn. 1970-82. 2 Bde. - E. I. Zamjatin. Povesti i rasskazy. Woronesch 1986. - J. S. Ausgew. Werke. Lpz. u. a. 1991. 4 Bde.
Literatur: RICHARDS, D. J.: Zamjatin. New York u. London 1962. - LEECH-ANSPACH, G.: E. Zamjatin. Wsb. 1976. - SCHEFFLER, L.: E. Zamjatin. Habil. Tüb. 1979 [Masch.]. - FRANZ, N.: Groteske Strukturen in der Prosa Zamjatins. Mchn. 1980.

Sammlung, Die, 1933-35 in Amsterdam (Em. Querido's Uitgeverij N. V.) von K. Mann mit Unterstützung von A. Gide, A. Huxley und H. Mann herausgegebene literar. Exilzeitschrift; Autoren waren neben dt. Emigranten u. a. auch J. Cocteau, R. Crevel, R. Rolland, Ph. Soupault, W. H. Auden, J. Mortimer, L. Trotzki; wurde in der BR Deutschland 1986, in der DDR 1970 als Nachdruck herausgegeben.

Samsonow (tl.: Samsonov), Lew Alexejewitsch [russ. sam'sɔnɐf], russ. Schriftsteller, † Maximow, Wladimir Jemeljanowitsch.

Sanai (tl.: Sanā'ī), Abol Madschd Madschdud [pers. sæna''i:], * Balkh oder Ghazni (heute Afghanistan) um 1050, † 1130 oder 1131, pers. Dichter. - Erster großer Dichter der pers. Mystik. In lehrhaften Epen wirbt er für Askese und myst. Weltanschauung. Seine Hauptwerke sind ›Ḥadīqat al-ḥaqīqa wa-šari'at und das Gesetz des Weges; engl. 1911 u. d. T. ›The first book of the Ḥadīqatu 'l-ḥaqīqah; or, The enclosed garden of the truth‹), ein myst. Lehrgedicht in zehn Kapiteln, und ›Sair al'ibād ilā'l-ma'ād‹ (= Die Reise der Gottesknechte an den Ort der Rückkehr), die Beschreibung einer Fahrt ins Jenseits.

Sánchez, Florencio [span. 'santʃes], * Montevideo 17. Jan. 1875, † Mailand 7. Nov. 1910, uruguay. Dramatiker. - Unstetes Künstlerleben, meist in Argentinien ansässig; 1909/10 in Italien und Frankreich. In seinen u. a. von H. Ibsen beeinflußten Dramen behandelt er in außerordentl. sprachl. Verdichtung und dramatur. Ökonomie den Gegensatz von Stadt- und Landleben, zeichnet Charaktere und soziale Konflikte in den La-Plata-Ländern, wobei er als einer der ersten Dramatiker Dialekt und Umgangssprache verwendete.
Werke: Einwanderer (Dr., 1904, dt. 1925), Barranca abajo (Dr., 1905), Los muertos (Dr., 1905), Los derechos de la salud (Dr., 1907), Nuestros hijos (Dr., 1907).
Ausgabe: F. S. Obras completas. Buenos Aires 1968. 2 Bde.
Literatur: GARCÍA ESTEBAN, F.: Vida de F. S. Montevideo 1970.

Sánchez Ferlosio, Rafael [span. 'santʃɛθ fɛr'losi̯o], * Rom 4. Dez. 1927, span. Schriftsteller. - ∞ mitCarmen Martín Gaite; Verfasser des pikaresken Romans ›Abenteuer und Wanderungen des Alfanhui‹ (1951, dt. 1959); sein mit dem Premio Nadal ausgezeichneter Roman ›Am Jarama‹ (1956, dt. 1960) zeigt seine Wendung zu objektivist. Präzision der Beobachtung.
Literatur: MEDENDORP, F. Z. S.: El ›Jarama‹, sus símbolos y sujeto. In: Neophilologus 65 (1981), S. 62.

Sand, George [frz. sã:d], eigtl. Aurore Dupin, verh. Baronin Dudevant, * Paris 1. Juli 1804, † Nohant-Vic (Indre) 8. Juni 1876, frz. Schriftstellerin. - Verlebte ihre Jugend auf Gut Nohant, dem Besitz der Großmutter; heiratete 1822, verließ 1831 ihren Mann und ging mit dem Schriftsteller J. Sandeau (daher ihr Pseudonym) nach Paris; Mitarbeiterin von ›Le Figaro‹ und ›La Revue des Deux Mondes‹; 1833-35 befreundet mit A. de Musset, den sie auf einer Italienreise begleitete, bei der es in Venedig zum Bruch kam; 1836 Ehescheidung; Beziehungen zu F. Liszt, H. Berlioz, H. de Balzac u. a.; 1838-46 lebte sie mit F. Chopin auf Mallorca und in Paris zusammen; nach der Trennung widmete sie sich sozialpolit. Tätigkeit; enttäuscht über das Ergebnis der Revolution von 1848, zog sie sich auf ihren Landsitz Nohant zurück, der zum Sammelpunkt von Schriftstellern und Künstlern wurde. - G. S. begann mit romantisch-idealist. Liebesromanen, in denen sie für die Emanzipation der Frau eintrat, dann schrieb sie unter dem Einfluß von Pierre Leroux (* 1797, † 1871) sozialistisch-humanitäre Tendenzromane; literarisch wertvoller sind ihre lebensnahen, jedoch leicht idealisierten Schilderungen aus dem bäuerl. Milieu. Ihre dramat. Versuche sind weniger bedeutend.

George Sand

Werke: Indiana (R., 2 Bde., 1832, dt. 1836), Valentine (R., 1832), Lelia (R., 1833, dt. 1834), Der frz. Handwerksbursche (R., 2 Bde., 1840, dt. 1841, 1954 u. d. T. Gefährten von der Frankreichwanderschaft), Die Gräfin von Rudolstadt (R., 9 Bde., 1842–44, dt. 1844), Consuelo (R., 8 Bde., 1843, dt. 15 Tle., 1845/1846), Der Teufelssumpf (R., 2 Bde., 1846, dt. 1846), Das Findelkind (Kom., 1849; R., 1850, dt. 1948), Die kleine Fadette (R., 2 Bde., 1849, dt. 1850), Die Musikanten-Zunft (R., 1853, dt. 2 Tle., 1863), Geschichte meines Lebens (Autobiogr., 20 Bde., 1854/55, dt. 12 Tle., 1855), Sie und er (Autobiogr., 1859, dt. 1982), Die Beichte eines jungen Mädchens (R., 1865, dt. 1919), Mademoiselle de Merquem (R., 1868).
Ausgaben: G. S. Œuvres complètes. Paris 1840–1914. 135 Bde. – G. S. Sämmtl. Werke. Dt. Übers. Lpz. Neuausg. 1847–56. 35 Bde. – G. S. Correspondance. Hg. v. G. LUBIN. Paris 1964–85. 20 Bde. – G. S. Œuvres autobiographiques. Hg. v. G. LUBIN. Paris 1978. 2 Bde. – S. et Musset. Lettres d'amour. Hg. v. F. SAGAN. Paris 1985. – Sie sind ja eine Fee, Madame! Märchen aus Schloß Nohant. Hg. v. H. T. SIEPE. Köln ²1985.
Literatur: PAILLERON, M.-L.: G. S., histoire de sa vie. Paris 1938–53. 3 Bde. – DOLLÉANS, E.: G. S. Féminisme et mouvement ouvrier. Paris 1951. – LUBIN, G.: G. S. en Berry. Paris 1967. – BARRY, J. A.: Infamous woman. The life of G. S. New York 1977. – WINEGARTEN, R.: The double life of G. S. Woman and writer. A critical biography. New York 1978. – MALLET, F.: Die Muse der Republik. G. S., 1804–1876. Dt. Übers. Stg. 1979. – STEINWACHS, G.: G. S. Eine Frau in Bewegung, die Frau von Stand. Bln. 1980. – MAYR, J.: Studien zur Rezeption des art social. Die Sozialromane S.s in der zeitgenöss. Kritik. Ffm. u. a. 1984. – SALOMON, P.: G. S. Meylan 1984. – MAUROIS, A.: Lélia ou la vie de G. S. Vorwort v. J.-F. JOSSELIN. Erweiterte Neuausg. Paris 1985. – MITCHELL, A.-M.: G. S. ou Les cheveux dénoués. Paris 1985. – RAMBEAU, M.-P.: Chopin dans la vie et l'œuvre de G. S.

Paris 1985. – VERMEYLEN, P.: Les idées politiques et sociales de G. S. Brüssel 1985. – PULVER, C.: G. S. Genie der Weiblichkeit. Düss. 1987. – G. S. Leben u. Werk in Texten u. Bildern. Hg. v. G. SCHLIENTZ. Ffm. 1987. – PULVER, C.: G. S. Düss. 1988. – CHALON, J.: G. S. Ein Leben in Leidenschaft. Dt. Übers. Mchn. 1993. – WIGGERSHAUS, R.: G. S. Rbk. 24.–26. Tsd. 1993. – ↑ auch Musset, Alfred de.

Sand, Jules [frz. sã:d], frz. Schriftsteller, ↑ Sandeau, [Léonard Sylvain] Julien.

Sandburg, Carl [August] [engl. 'sændbə:g], * Galesburg (Ill.) 6. Jan. 1878, † Flat Rock (N. C.) 22. Juli 1967, amerikan. Lyriker. – Sohn eines schwed. Immigranten; Gelegenheitsarbeiter, Freiwilliger im Spanisch-Amerikan. Krieg (1898). S. wurde nach dem wenig erfolgreichen ersten Gedichtband ›Reckless ecstasy‹ (1904) durch die Aufnahme seiner Gedichte in die Zeitschrift ›Poetry‹ bekannt und schaffte mit seinen im Stil W. Whitmans geschriebenen freien Rhythmen (›Chicago-Gedichte‹, 1916, dt. Ausw. 1948) den Durchbruch als Dichter. Neben diesen realist., städt. Bildern schuf S. auch Landschaftsbilder des Mittleren Westens. In allen Gedichten galt sein Hauptinteresse dem einfachen Mann, der Folklore und dem Glauben an das demokrat. Amerika (›Cornhuskers‹, 1918, Pulitzerpreis 1919; ›Guten Morgen, Amerika‹, 1928, dt. 1948; ›Das Volk, jawohl‹, 1936, dt. 1964; ›Honey and salt‹, 1963). Große Bedeutung erlangte seine Lincoln-Biographie (6 Bde., 1926–39, dt. Ausw. 1958 u. d. T. ›Abraham Lincoln‹; Pulitzerpreis 1940). S. trat auch als Sammler von Volksliedern (›The American songbag‹, 1927) und als Verfasser von Kindergeschichten (›Rootabaga stories‹, 1922; ›Rootabaga pigeons‹, 1923; ›Potato face‹, 1930) hervor. Er schrieb außerdem den Roman ›Remembrance rock‹ (1948).
Weitere Werke: Smoke and steel (Ged., 1920), Slabs of the sunburnt West (Ged., 1922), Early moon (Kinderged., 1930), Complete poems (Ged., 1950; Pulitzerpreis 1951), Harvest poems 1910–1960 (Ged., 1960), Ever the winds of change (Autobiogr., hg. 1983).
Ausgaben: The letters of C. S. Hg. v. H. MITGANG. New York 1968. – The complete poems of C. S. New York Neuausg. 1970.
Literatur: CORWIN, N. L.: The world of C. S. A stage presentation. New York 1961. –

Carl
Sandburg

CROWDER, R.: C. S. New York 1964. – DUR-
NELL, H.: The America of C. S. Washington
(D. C.) 1965. – CALLAHAN, N.: C. S., Lincoln of
our literature. A biography. New York 1970. –
SANDBURG, H.: A great and glorious romance.
The story of C. S. and Lilian Steichen. New
York 1978. – SUTTON, W. A.: C. S. remembered.
Metuchen (N. J.) 1979. – CALLAHAN, N.: C. S.
His life and works. University Park (Pa.) 1987.

Sandeau, [Léonard Sylvain] Julien
[frz. sã'do], genannt Jules Sand, * Aubus-
son (Creuse) 19. Febr. 1811, † Paris
24. April 1883, frz. Schriftsteller. – Befreundet mit G. Sand, mit der er unter
dem Pseudonym Jules Sand ›Prima
Donna‹ (Nov., 1831) und ›Rose et
Blanche, oder Schauspielerin und
Nonne‹ (R., 1831, dt. 1836) veröffentlichte. In ›Mariane‹ (R., 1839, dt. 2 Bde.,
1839) skizzierte er das Porträt G. Sands.
Erfolgreich war v. a. sein Roman ›Das
Fräulein von Seiglière‹ (1848, dt. 1852).
In ›Sacs et parchemins‹ (R., 1851) zeichnete er ein realist. gesellschaftskrit. Sittenbild seiner Zeit. Mit É. Augier schrieb
S. einen Teil seiner Romane und Novellen zu erfolgreichen Theaterstücken um
(u. a. ›Der Schwiegersohn des Herrn Poi-
rier‹, 1854, dt. 1881). 1858 wurde er Mitglied der Académie française.
Literatur: SILVER, M.: Jules S. L'homme et la
vie. Diss. Paris 1936.

Sandel, Cora, eigtl. Sara Fabricius,
* Kristiania (heute Oslo) 20. Dez. 1880,
† Uppsala 9. April 1974, norweg. Schrift-
stellerin. – Schildert in ihren Romanen
mit starkem psycholog. Einfühlungsver-
mögen und emanzipator. Tendenz v. a.
Frauenschicksale.
Werke: Alberte und Jakob (R., 1926, dt. 1961),
Alberte und die Freiheit (R., 1931, dt. 1962), Al-

berte und das Leben (R., 1939, dt. 1963), Kranes
konditori (R., 1945), Kein Weg zu Dondi (R.,
1958, dt. 1964).
Ausgabe: C. S. Samlede verker. Oslo 1950–51.
6 Bde.
Literatur: SOLUMSMOEN, O.: C. S., en dikter i
ånd og sannhet. Oslo 1957. – ØVERLAND, J.: C.
S. om seg selv. Oslo 1983.

Sandemose, Aksel [norweg. ‚san-
dəmu:sə], * Nykøbing 19. März 1899,
† Kopenhagen 6. Aug. 1965, dän.-nor-
weg. Schriftsteller. – Ab 1929 in Norwegen, schrieb ab 1931 in norweg. Sprache,
nachdem seine ersten sechs Romane in
dän. Sprache erschienen waren. Verband
in seinen farbigen, nuancenreichen Werken modernist. Erzähltechniken (die
Schreibart ist durch häufige reflektie-
rende und kommentierende Einschübe
gekennzeichnet) mit realist., oft geheim-
nisvoll-kriminalist. Handlungsführung;
gilt als Pionier und ›Klassiker‹ des modernen skand. Romans.
Werke: Der Klabautermann (R., 1927, dt. 1928,
norweg. 1932), En sjømann går i land (R., 1931),
Ein Flüchtling kreuzt seine Spur (R., 1933, dt.
1973), Det svundne er en drøm (R., schwed.
1944, norweg. 1946), Alice Atkinson og hennes
elskere (R., 1949), Varulven (R., 1958), Felicias
bryllup (R., 1961).
Ausgabe: A. S. Verker i utvalg. Oslo 1965–66.
8 Bde.
Literatur: S. Hg. v. C. E. NORDBERG. Oslo
1967. – AARBAKKE, J. H.: Høyt på en vinget hest.
Oslo 1976. – EGGEN, E.: Espen Arnakke og hans
verden. Oslo 1981.

Sandgren, Gustav [Emil] [schwed.
‚sandgre:n], * Västra Stenby (Östergöt-
land) 20. Aug. 1904, † Stockholm Aug.
1983, schwed. Schriftsteller. – Arbeitete
in mehreren Berufen, u. a. als Industrie-
arbeiter; Mitglied der Dichtergruppe der
Fünf Jungen (Fem Unga), deren primiti-
vist. Programm er in seinen von K. Ham-
sun und D. H. Lawrence beeinflußten
Werken anarchistisch interpretiert. Mit
lyrisch-musikal., oft an H. Ch. Andersen
erinnerndem Sprachstil huldigt er einem
romant. Sensualismus, der den modernen Menschen vor sinnl. Verarmung bewahren will.
Werke: Sju (R., 1930), Skymningssagor (En.,
2 Bde., 1936–46), Att leva på vinden (R., 1940),
Partisan (Ged., 1944), Förebud (Ged., 1945),
Svensk ensamhet (Nov., 1946), Cresilas, herden
(R., 1955), Glashusen (R., 1962), Wie der nackte
Wind des Meeres (R., 1965, dt. 1966), Plötsligt
en dag (R., 1967).

Sandys, George [engl. sændz], * Bishop-
thorpe (Yorkshire) 2. März 1578, † Box-
ley 1644, engl. Schriftsteller. – Studium
in Oxford, Reisen nach Italien und in
den Vorderen Orient, 1621–31 in Amerika als Schatzmeister der Virginia Company. Verfasser des vielgelesenen Reise-
berichts ›A relation of a journey
begun an. Dom. 1610 ...‹ (1615). Literar.
Ansehen fand v. a. seine Übersetzung
von Ovids ›Metamorphosen‹ in engl.
Reimpaare (1626); auch bibl. Verspara-
phrasen.
Ausgabe: G. S. Poetical works. Hg. v. R. HOOPER.
London 1872. 2 Bde.
Literatur: HAYNES, J.: The humanist als traveler
G. S.' relation of a journey ... Rutherford 1986.

Šanfarà, Aš-, arab. Dichter, ↑ Schanfara, Asch.

Sangam-Literatur ↑ indische Literaturen (drawidische Literaturen).

Sängerkrieg auf der Wartburg
↑ Wartburgkrieg.

Sangspruch ↑ Spruchdichtung.

Sanguineti, Edoardo [italien. saŋgui-
'ne:ti], * Genua 9. Dez. 1930, italien.
Schriftsteller. – Prof. für italien. Literatur
in Genua; zeitweilig Hg. der Zeitschrift
›Il Verri‹, u. a. Mitarbeiter der frz. Zeitschrift ›Tel Quel‹; gilt als Haupt des
avantgardist. Gruppo '63. Trat zuerst als
Lyriker hervor (›Laborintus‹, 1956;
›Opus metricum‹, 1960), schrieb auch
experimentelle Dramen und Romane
(›Capriccio italiano‹, R., 1963, dt. 1964;
›Gänsespiel‹, R., 1967, dt. 1969); literaturwiss. Arbeiten v. a. über Dante und die
italien. Lyrik des frühen 20. Jahrhunderts.
Weitere Werke: Tre studi danteschi (1961), Tra
liberty e crepuscolarismo (1961), Triperuno
(Ged., 1965, dt. Ausw. in: Kursbuch 5, 1966),
Ideologia e linguaggio (1965, dt. Auszüge
u. d. T. Über die Avantgarde in: Akzente 14,
1967), Il realismo di Dante (1966), Guido Goz-
zano (1966), Teatro (Dramen, 1969), Wirwarr
(Ged., 1972, dt. Ausw. 1972 u. d. T. Reisebilder),
Catamerone (Ged., 1974), Giornalino (1976),
Postkarten (Ged., 1978), Giornale secondo,
1976–1977 (1979), Stracciafoglio. Poesie
1977–1979 (Ged., 1980), Segnalibro. Poesie
1951–1981 (Ged., 1982), Alter ego (Ged., 1984),
Novissimum testamentum (Ged., 1986), Lettura
del Decameron (Essays, 1989).
Literatur: SCHWADERER, R.: E. S. In: Italien.
Lit. der Gegenwart in Einzeldarstt. Hg. v.
J. HÖSLE u. W. EITEL. Stg. 1974. S. 455. – SICA,

G.: S. Florenz 1974. – PIETROPAOLI, A.: Unità e
trinità di E. S. Poesie e poetica. Neapel 1991.

Šaṅkara ['ʃaŋkara] (Shankara), ind.
Philosoph des 8. Jahrhunderts(?). – Über
seine Lebensumstände ist nichts Sicheres
bekannt. Nach Traditionen aus dem
14. Jh. gründete er in ganz Indien zahlreiche, teilweise noch heute bestehende
Klöster (›maṭha‹). In seiner Philosophie,
die er in Kommentaren zu den ›Upani-
schaden‹, der ›Bhagavadgītā‹ und v. a.
dem ›Brahmasūtra‹ des ind. Philosophen
Bādarāyaṇa niederlegte, erweist sich Š.
als Vertreter eines rigorosen Monismus.
Eine Einführung in sein Denken gibt die
›Upadeśasāhasrī‹ (= 1 000 Verse der Un-
terweisung, dt. 1949). Unter Š.s Namen
sind viele unechte Schriften überliefert.
Ausgaben: Shankara: Bhaja Govidam. Eine
Hymne der Entsagung. Übers. u. eingel. v.
D. SCHANG. Stühlingen 1980. – Shankara: Das
Kleinod der Unterscheidung. Übers. v. U. VON
MANGOLDT. Mchn. 1981. – Shankara on the
Yoga Sūtras. Engl. Übers. Hg. v. T. LEGGETT.
London 1981–83. 2 Bde.
Literatur: HACKER, P.: Zur Gesch. u. Beurtei-
lung des Hinduismus. Tl. 2: Zu Š. u. zum Advai-
tismus. In: Orientalist. Literaturzeitung 59
(1964), S. 231.

Sankt Oswald (Sant Oswalt uz En-
gellant), in vier verschiedenen Fassungen
überliefertes Spielmannsepos aus den
70er Jahren des 12. Jh., das von der histor. Gestalt des hl. Oswald, König von
Northumbrien (604–642), stark abweicht. Das vermutlich von einem Geistlichen in der Gegend von Aachen verfaßte Epos verbindet einige Züge der
ursprüngl. Legende mit einer stark
märchenhafte Elemente aufweisenden
Brautwerbungs- und Reisegeschichte, in
der ein Rabe als Brautwerber auftritt.
Ausgabe ↑ Salman und Morolf.
Literatur: CURSCHMANN, M.: Der Münchener
Oswald u. die dt. spielmänn. Epik. Mchn.
1964. – BRÄUER, R.: Das Problem des Spielmän-
nischen aus der Sicht der S.-O.-Überlieferung.
Bln. 1969.

Sannazaro, Iacopo, * Neapel 28. Juli
1456, † ebd. 24. April 1530, italien. Dichter. – Entstammte einer alten span. Familie; mit G. Pontano befreundet, Mitglied
der Accademia Pontaniana unter dem
Namen Actius Sincerus; folgte 1501 König Friedrich von Neapel, der ihm das
Dorf Mergellina geschenkt hatte, ins Exil
nach Frankreich, kehrte 1504 nach Fried-

richs Tod nach Mergellina zurück. S. begründete mit seinem Roman ›Arcadia‹ (nicht autorisierter, unvollständiger Erstdruck 1502, vollständig 1504) nach dem Vorbild griech. und röm. Bukoliker (u. a. Theokrit, Vergil, Ovid) den europ. Schäferroman; das Werk wurde für die Folgezeit richtungweisend und übte u. a. auf Ph. Sidney, J. de Montemayor und H. d'Urfé großen Einfluß aus. S. schrieb in italien. Sprache auch Festspiele und Gedichte. Von seinen lat. Werken (u. a. Elegien, Epigramme, Eklogen) ist bes. das religiöse Gedicht ›De partu virginis‹ (1526, dt. 1875 u. d. T. ›Parthenias, Christi Geburt‹, erstmals dt. 1757) hervorzuheben.

Weitere Werke: Eclogae piscatoriae (1526), Sonetti e canzoni (hg. 1530).
Ausgaben: Jacopo S. Opere. Hg. v. E. CARRARA. Turin 1952. – I. S. Opere volgari. Hg. v. A. MAURO. Bari 1961. – Poesie latine. I. S., Michele Marullo, Poliziano. Hg. v. F. ARNALDI u. L. GUALDO ROSA. Turin 1976. 2 Bde.
Literatur: ALTAMURA, A.: I. S. Neapel 1951. – TOFFANIN, G.: L'Arcadia. Saggio storico. Bologna ³1958. – GAJETTI, V.: Edipo in Arcadia. Miti e simboli nell'›Arcadia‹ del S. Neapel 1977. – KENNEDY, W. J.: Jacopo S. and the uses of pastoral. Hanover (Mass.) 1983. – VELLI, G.: Tra lettura e creazione. S., Alfieri, Foscolo. Padua 1983.

San Pedro, Diego Fernández de [span. sam'peðro], span. Schriftsteller der 2. Hälfte des 15. Jahrhunderts. – Schrieb den für die Entwicklung des sentimentalen Liebesromans vorbildl., auch in England, Frankreich und Italien verbreiteten ›Tratado de los amores de Arnalte y Lucenda‹ (R., 1491), ferner den seinerzeit außerordentlich populären allegorisch-didakt. Liebesroman ›Carcell de amor, oder Gefängnüß der Lieb‹ (1492, dt. 1625, 1678 dramatisiert).
Ausgabe: D. de S. P. Obras. Hg. v. S. GILI Y GAYA. Madrid 1950.
Literatur: LANGBEHN-ROHLAND, R.: Zur Interpretation der Romane des D. de S. P. Hdbg. 1970.

San Secondo, Rosso di, italien. Schriftsteller, ↑ Rosso di San Secondo, Pier Luigi Maria.

Sanskrit-Literatur ↑ indische Literaturen.

Sansom, William [engl. 'sænsəm], * London 18. Jan. 1912, † ebd. 20. April 1976, engl. Schriftsteller. – Seine Kurzgeschichten aus der Alltagswelt zeichnen sich durch präzise Milieu- und Charakterschilderung aus sowie durch eine Vorliebe für visuelle Details, z. T. in Verbindung mit alptraumhaften Elementen (›Fireman flower and other stories‹, 1944; ›The ulcerated milkman‹, 1966; ›The vertical ladder‹, 1969; ›The marmalade bird‹, 1973); auch Verfasser von Reiseliteratur und Romanen (›The body‹, R., 1949; ›The face of innocence‹, R., 1951).
Literatur: MICHEL-MICHOT, P.: S. A critical assessment. Paris 1971.

Sánta, Ferenc [ungar. 'ʃaːntɔ], * Kronstadt 4. Sept. 1927, ungar. Schriftsteller. – Stammt aus einer siebenbürg. Kleinbauernfamilie; schildert in psychologisch-realist. Romanen und Erzählungen mit dramat. Kraft das konfliktbeladene ungar. Dorfleben.
Werke: Das fünfte Siegel (R., 1963, dt. 1985), Zwanzig Stunden (R., 1964, dt. 1970), Isten a szekéren (= Gott auf dem Wagen, En., 1970), Az aruló (= Der Verräter, R., 1979).
Literatur: VASY, G.: S. F. Budapest 1975.

Santareno, Bernardo [portugies. santa'renu], eigtl. António Martinho do Rosário, * Santarém 19. Nov. 1924, † Carnaxide bei Lissabon 29. Aug. 1980, portugies. Dramatiker. – Arzt; während der Salazardiktatur zensiert, richtete er viele seiner Stücke, die Parallelen zu A. Artaud und B. Brecht enthalten, eher an ein Lese- als an ein Theaterpublikum. Wandte sich mit ›O judeu‹ (1966) gegen inquisitor. und faschist. Unterdrückung.
Weitere Werke: A promessa (Dr., in: Teatro, 1957), Nos mares do fim do mundo (En., 1959), O lugre (Dr., 1959), O crime de Aldeia Velha (Dr., 1959), O duelo (Dr., 1961), O inferno (Dr., 1967), A traição do padre Martinho (Dr., 1969), Português, escritor, quarenta e cinco anos de idade (Dr., 1974), Os marginais e a revolução (Dr., 1979).
Ausgabe: B. S. Obras completas. Hg. v. L. F. REBELLO. Lissabon 1984–87. 4 Bde.

Santayana, George [de] [span. santa-'jana, engl. sæntɪ'ænə], eigtl. Jorge Agustín Nicolás Ruiz de S. y Borrás, * Madrid 16. Dez. 1863, † Rom 26. Sept. 1952, amerikan. Philosoph und Dichter span. Herkunft. – Stammte aus einer span. Adelsfamilie; ab 1872 in den USA; studierte an der Harvard University sowie in

George
Santayana

Deutschland und England; 1889–1912 Prof. für Philosophie an der Harvard University; lebte danach als Privatgelehrter v. a. in Paris, zuletzt in Rom. In seinem grundlegenden kulturphilosoph. und kulturkrit., zugleich als Utopie verstandenen Hauptwerk ›The life of reason or the phases of human progress‹ (5 Bde., 1905/1906), in dem S. Moral, Kunst und Urteilskraft der Vernunft kritisiert, werden heterogene Positionen eines Materialismus und eines an Platon und G. W. F. Hegel orientierten Idealismus miteinander verbunden unter der Formel ›Alles Ideale hat eine natürl. Grundlage und alles Natürliche eine ideale Entwicklungsmöglichkeit‹. Dabei rezipiert S. auch Elemente des Pragmatismus des Philosophen William James (* 1842, † 1910): Die erste Stufe der Entwicklung der Vernunft ist durch ›Moralisierung des Tierglaubens‹ gekennzeichnet, d. h. durch die Unterwerfung der Bedürfnisse im Kampf um das Dasein unter den kategor. Imperativ, die zweite Stufe durch den Ausbau des Normensystems des Common sense mit der Unterscheidung von Recht und Unrecht im gesellschaftl. und polit. Bereich, die dritte durch die anthropolog. Objektivierung der Lebenssituation in und durch die Religion. Über die Kunst als vierte Stufe wird die fünfte Stufe, der Höhepunkt, in der Wiss., der Rationalisierung der irrationalen Existenz erreicht. Diese Ansätze führt S. in ›Scepticism and animal faith‹ (1923) und ›Realms of being‹ (4 Bde., Bd. 1: ›The realm of essence‹, 1927; Bd. 2: ›The realm of matter‹, 1930; Bd. 3: ›The realm

of truth‹, 1937; Bd. 4: ›The realm of spirit‹, 1940) konsequent fort. – S. kritisierte die puritan. Pflichtethik; er schrieb auch formgewandte, oft philosoph. Gedichte und hatte großen Erfolg mit dem Roman ›Der letzte Puritaner‹ (1935, dt. 1936), in dem er kritisch und ironisch neuengl. Lebensumstände darstellt.

Weitere Werke: Sonnets and other verses (Ged., 1894), The sense of beauty (Abh., 1896), Lucifer. A theological tragedy (Vers-Dr., 1899, revidiert 1924), Interpretations of poetry and religion (Abh., 1900), Three philosophical poets. Lukrez, Dante, Goethe (1910), Egotism in German philosophy (Abh., 1916), Philosophical opinion in America (Abh., 1918), Character and opinion in the United States (Abh., 1920), The genteel tradition at bay (Abh., 1931), Persons and places (Memoiren: The background of my life, 1944; The middle span, 1945; My host the world, 1953), Die Christusidee in den Evangelien (Abh., 1946, dt. 1951).
Ausgaben: The works of G. S. New York 1936–40. 15 Bde. – G. S. The letters. Hg. v. D. CORY. New York 1955. – Selected critical writings of G. S. Hg. v. N. HENFREY. Cambridge 1968. 2 Bde. – The complete poems of G. S. Hg. v. W. G. HOLZBERGER. Lewisburg (Pa.) 1979.
Literatur: SINGER, I.: S.'s aesthetics. Cambridge (Mass.) 1957. – BUTLER, R.: The life and world of G. S. Chicago (Ill.) 1960. – MUNSON, TH. N.: The essential wisdom of G. S. New York u. London 1962. – ASHMORE, J.: S. Art and aesthetics. Cleveland (Ohio) 1966. – SPRIGGE, T. L.: S. An examination of his philosophy. London 1974. – HUGHSON L.: Thresholds of reality. G. S. and modernist poetics. Port Washington (N.Y.) 1976.

Šantić, Aleksa [serbokroat. 'ʃaːntitɕ], * Mostar 27. Mai 1868, † ebd. 2. Febr. 1924, serb. Dichter. – Ab 1883 im väterl. Geschäft tätig; eine der führenden Gestalten der nat. Bewegung gegen Österreich-Ungarn. Seine Dichtung knüpfte bei J. Jovanović und V. Ilić an; auch H. Heine, den er u. a. meisterhaft übersetzte, hat ihn beeinflußt. Š. schöpfte aus der Volksdichtung; Motive und Stoffe lieferte ihm auch die Befreiungsbewegung. Seine romantisch-symbolist. Dichtungen fanden ein breites Publikum. Neben patriot. Lyrik schrieb er Liebesgedichte und Versdramen.
Ausgabe: A. Š. Sabrana djela. Sarajevo 1957. 3 Bde.

Santillana, Íñigo López de Mendoza, Marqués de [span. santiˈʎana], * Carrión de los Condes (Prov. Palencia) 19. Aug.

1398, † Guadalajara 25. März 1458, span. Dichter. – Spielte eine bed. Rolle in der Politik, nahm am Kampf gegen die Mauren teil; Humanist, bed. Büchersammler, veranlaßte die Übersetzung klass. Autoren. Einer der frühesten Vertreter einer eigenständigen span. Kunstpoesie, unter dem Einfluß Dantes und F. Petrarcas. Seine Gedichte, elegant in Form und Sprache, sind teils von didakt., teils von lyr. Momenten bestimmt; bed. sind die allegor. Dichtungen. S. schrieb außerdem mit dem Prosavorwort zur Sammlung seiner Lyrik die erste Darstellung der roman. Literaturen und die erste Poetik in span. Sprache (›Proemio e carta al Condestable de Portugal‹, entst. zw. 1445 und 1449, hg. 1779).

Weitere Werke: Comedieta de Ponza (Allegorie, entst. 1444, hg. 1852), Diálogo de Bías contra Fortuna (didakt. Ged., entst. 1446, hg. 1502), Sonetos (hg. 1911).
Ausgaben: Í. L. de M., marqués de S. Poesías completas. Hg. v. M. DURÁN. Madrid 1976–80. 2 Bde. – ‹Í. L. de M., Marqués de S. Los sonetos ›al italico modo‹. Krit. Ausg. v. H. M. SOLA-SOLÉ. Barcelona 1980.
Literatur: LAPESA, R.: La obra literaria del marqués de S. Madrid 1957. – FOSTER, D. W.: The Marqués de S. New York 1971.

Santo Ângelo, Manuel de Araújo Pôrto Alegre, Baron von [brasilian. 'ɐʒelu], brasilian. Dichter, ↑ Pôrto Alegre, Manuel de Araújo, Baron von Santo Ângelo.

Santo Kioden (tl.: Santō Kyōden), eigtl. Iwase Denso, * Edo (heute Tokio) 15. Aug. 1761, † ebd. 7. Sept. 1816, jap. Schriftsteller. – Hauptvertreter der sog. ›Sharebon‹-Unterhaltungsliteratur mit Milieuschilderungen aus den Freudenvierteln; schrieb nach Abwendung von der erot. Literatur v. a. lehrhafte Erzählungen, in denen er herkömml. Themen in kunstvoller Verknüpfung und persönl. Stilgebung aufgriff.

Werke: Gozonji no shōbaimono (E., 1782), Udonge-monogatari (E., 1805, engl. 1914 u. d. T. Fortune's wheel), Das Weib des Yoshiharu (E., 1806, dt. 1957, 1993 u. d. T. Die Geschichte der schönen Sakurahime).

Santos Chocano, José [span. 'santɔs tʃo'kano], peruan. Dichter, ↑ Chocano, José Santos.

Santucci, Luigi [italien. san'tuttʃi], * Mailand 11. Nov. 1918, italien. Schrift-

steller. – Prof. für Sprachwiss. in Mailand. Stellt in seinen bilderreichen, oft humorvollen Erzählungen v. a. das Leben von Priestern und Mönchen dar.

Werke: In Australia con mio nonno (R., 1947), Lo zio prete (En., 1952, dt. Ausw. 1956 u. d. T. Esel, Weinkrug und Sandalen, 1980 u. d. T. Roter Wein und sanfte Hügel), Die Kelter der Freude (En., 1955, dt. 1957), Die seltsamen Heiligen von Nr. 5 (R., 1963, dt. 1967), Il velocifero (En., 1963), Volete andarvene anche voi? (R., 1969), Come se (R., 1973), Il Mandragolo (R., 1979), Il bambino della strega (R., 1981), Brianza e altri amori (En., 1981), L'almanacco d'Adamo (R., 1985).
Literatur: BADILINI, G.: S. fra provocazione e mistero. Mailand 1976. – CRISTINI, G.: Invito alla lettura di L. S. Mailand 1976.

Sanzara, Rahel [zan'za:ra], eigtl. Johanna Bleschke, verh. Davidsohn, * Jena 9. Febr. 1894, † Berlin 8. Febr. 1936, dt. Schauspielerin und Schriftstellerin. – Ging 1913 nach Berlin, ließ sich zur Tänzerin ausbilden; enge Freundschaft und Zusammenarbeit mit E. Weiß. 1918 Schauspielausbildung in München, hatte als Schauspielerin bis 1924 große Erfolge, u. a. in E. Weiß' Drama ›Tanja‹ (UA 1919). Lebte ab 1925 zurückgezogen in Berlin. Aufsehen erregte ihr Roman ›Das verlorene Kind‹ (1926), das einen Sexualmord an der vierjährigen Tochter eines Gutsbesitzers schildert und die psycholog. Entwicklung des Mörders aufzeigt.

Weiteres Werk: Die glückl. Hand (E., 1936).

Saphir, Moritz Gottlieb ['za:fɪr, za-'fi:r], eigtl. Moses S., * Lovasberény bei Székesfehérvár 8. Febr. 1795, † Baden bei Wien 5. Sept. 1858, österr. Schriftsteller. – Gab in Berlin die Blätter ›Berliner Schnellpost‹ und ›Der Berliner Courier‹ heraus. Sein boshafter Witz führte dazu, daß er häufig Tätigkeiten und Wohnorte wechseln mußte, er hielt sich einige Zeit in Paris, München und ab 1834 in Wien auf, wo er Kritiker bei der ›Wiener Theaterzeitung‹ A. Bäuerles war. Ab 1837 gab er die satir. Zeitschrift ›Der Humorist‹ heraus.

Ausgaben: M. G. S. Ges. Schrr. Stg. 1832. 4 Bde. – M. G. S. Schrr. Wien und Lpz. 1862–63. 10 Bde. – M. G. S. Schrr. Neuausg. Brünn 1887–88. 26 Bde. – M. G. S. Humorist. Schrr. Bln. Neuausg. 1902. 2 Bde.
Literatur: HAINSCHINK, W.: Die witzige Kritik ... Diss. Wien 1950.

sapphische Strophe ['zapfɪʃə, 'za-fɪʃə], zuerst von Sappho und Alkaios verwendete Strophe aus drei sapph. Elfsilblern (‒◡‒◡‒◡◡‒◡‒◡), deren letzter durch einen ↑Adoneus erweitert ist. Bed. röm. Vertreter: Catull und Horaz, bei dem sie vierzeilig (der Adoneus als vierter Vers) und mit strenger gefaßtem Sapphiker (‒◡‒‒‒‖◡◡‒◡‒◡) ist. – Von F. G. Klopstock kongenial in dt. Sprache nachgebildet, z.T. mit Varianten (›Der Frohsinn‹, 1784, u.a.); von J. Ch. F. Hölderlin, L. Ch. H. Hölty, A. von Platen, N. Lenau gepflegt; seitdem kaum noch verwendet.

Sappho (tl.: Sápfō) ['zapfo, 'zafo], eigtl. Psappho, griech. Lyrikerin um 600 v. Chr. – Aus adliger Familie wie ihr Zeitgenosse Alkaios; 604/603–596/595 in der Emigration in Sizilien. In Mytilene sammelte S. einen Kreis junger Mädchen um sich, der wohl der musisch-gesellschaftl. Erziehung diente. Ihre in äol. Dialekt abgefaßte monod. Lyrik und Chorlyrik (Hochzeitslieder) – nur bruchstückhaft überliefert – sind in einfacher, musikal. Sprache geschrieben und wirken bes. durch die Lebendigkeit, mit der sie ihre Welt schildert, sowie die Intensität und Natürlichkeit, mit der sie ihr Fühlen ausdrückt – ›erschüttert‹ durch den ›bittersüßen‹ Eros im umfassenden Sinn (›das Schönste ist das, was man liebt‹). Im Mittelpunkt ihrer Gedichte steht der geliebte Mensch (junge Freundinnen; der Mann, der sie fasziniert; ihre schöne Tochter; der Bruder). – Die Sammlung und Edition ihres Werkes erfolgte durch die alexandrin. Philologen in neun Büchern. Schon sehr früh galt S. als klass. Dichterin, deren Dichtungen zum allgemeinen Bildungsschatz gehörten. Catull machte ihre Gedichte in Rom bekannt; die von Horaz verwendete ↑sapphische Strophe zeigt den großen Einfluß, den S. auch auf die röm. Lyrik hatte.

Ausgaben: S. In: Poetarum Lesbiorum fragmenta. Hg. v. E. LOBEL u. D. PAGE. Oxford 1955. Nachdr. 1968. – S. Lieder. Griech. u. dt. Hg. v. M. TREU. Mchn. ⁷1984.
Literatur: SCHADEWALDT, W.: S. Welt u. Dichtung. Dasein u. Liebe. Darmst. 1950. – WILAMOWITZ-MOELLENDORFF, U. VON: S. u. Simonides. Unterss. über griech. Lyriker. Bln. ²1966. – SAAKE, H.: S.studien. Paderborn 1972. – GIEBEL, M.: S. Rbk. 1980. – ↑auch Alkaios.

Saramago, José [portugies. sɐrɐ-'mayu], *Azinhaga (Ribatejo) 16. Nov. 1922, portugies. Schriftsteller. – Sohn von Landarbeitern; nach siebenjähriger Schulzeit Ausübung verschiedener Berufe; autodidakt. Studien; Verlagstätigkeit und Mitarbeit an Zeitungen, freier Schriftsteller in Lissabon. Herausragender Vertreter der Literatur seines Landes, dessen Werk stilistisch mit Formen mündl. Erzählens und experimenteller Prosa spielt und das inhaltlich durch eine vielfältige Vermischung von Fiktion, Geschichte und Irrealität (z. B. ›Hoffnung im Alentejo‹, R., 1980, dt. 1985; ›Das Memorial‹, R., 1982, dt. 1986, 1986 auch u. d. T. ›Das Kloster zu Mafra‹) sowie eine stets präsente Kritik an Staat, Kirche und nat. Denkstereotypen gekennzeichnet ist (u. a. ›Das Todesjahr des Ricardo Reis‹, R., 1984, dt. 1988; ›A segunda vida de Francisco de Assis‹, Stück, 1987). Bes. S.s mehrfach ausgezeichnete Romane haben wesentlich mit zur Befreiung der portugies. Gegenwartsliteratur aus den Fesseln des Neorealismus beigetragen und ihr erneut zu internat. Ansehen verholfen.

Weitere Werke: Os poemas possíveis (Ged., 1966), Provavelmente alegria (Ged., 1970), O ano de 1993 (ep. Ged., 1975), Handbuch der Malerei und Kalligraphie (R., 1976, dt. 1990), A noite (Stück, 1979), Que farei com este livro? (Stück, 1980), Das steinerne Floß (R., 1986, dt. 1990), Geschichte der Belagerung von Lissabon (R., 1989, dt. 1992), Das Evangelium nach Jesus Christus (R., 1991, dt. 1993).
Literatur: LOPES, O.: Os sinais e os sentidos. Literatura portuguesa do século XX. Lissabon 1986. – BALTRUSCH, B.: J. S. In: Krit. Lex. der roman. Gegenwartsliteraturen. Hg. v. W.-D. LANGE. Losebl. Tüb. 1984 ff. – SEIXO, M. A.: O essencial sobre J. S. Lissabon 1987.

Sarbiewski, Maciej Kazimierz [poln. sar'bjɛfski], latinisiert Sarbievius, *Gut Sarbiewo (Masowien) 24. Febr. 1595, †Warschau 2. April 1640, poln. nlat. Dichter. – Wurde 1612 Jesuit; 1623 in Rom vom Papst zum Dichter gekrönt; ab 1627 Prof. am Jesuitenkolleg in Wilna; ab 1635 Hofprediger Wladislaws IV. von Polen. S. war Lyriker und Theoretiker des Barocks, schrieb Predigten, zwei Poetiken (›Praecepta poetica‹, entst. 1619/ 1620, hg. 1958, mit dem Traktat ›De acuto et arguto‹; ›De perfecta poesi‹,

entst. 1626/27, hg. 1954), Oden, Epoden und Dithyramben. Großen Erfolg (berühmt als ›christl. Horaz‹) brachten ihm die sprachlich vollendeten Gedichte der Sammlung ›Lyricorum libri III‹ (1625; zahlreiche Ausgaben, letzte Ausgabe zu S.s Lebzeiten ›Lyricorum libri IV‹, 1634).
Ausgaben: M. C. S. Poemata omnia. Stara Wieś 1892. – M. K. S. Lyrica ... Warschau 1980.
Literatur: SARNOWSKA-TEMERIUSZ, E.: Świat mitów i świat znaczeń. M. K. S. i problemy wiedzy o starożytności. Breslau 1969.

Sardou, Victorien [frz. sar'du], * Paris 7. Sept. 1831, † ebd. 8. Nov. 1908, frz. Dramatiker. – Schrieb für verschiedene Pariser Theater, z. T. auch mit anderen Autoren, zahlreiche bühnenwirksame histor. Dramen und Komödien, die großen Erfolg hatten. Seine Stücke zeichnen sich durch geistreiche Dialoge, dramat. Spannung und guten Aufbau aus. Daneben verfaßte er auch Opern- und Operettenlibretti für C. Saint-Saëns und J. Offenbach. 1877 wurde er Mitglied der Académie française.
Werke: Der letzte Liebesbrief (Kom., 1860, dt. 1861), Vaterland (Dr., 1869, dt. 1880), Cyprienne (Kom., 1880, dt. 1889; mit Émile de Najac [* 1828, † 1889]), La Tosca (Dr., 1887; danach Oper von G. Puccini, 1900), Madame Sans Gêne (Kom., 1893, dt. 1895; mit Émile Moreau [* 1852, † 1922]), Robespierre (Dr., 1899), L'affaire des poisons (Dr., 1907).
Ausgabe: V. S. Théâtre complet. Paris 1934–61. 15 Bde.
Literatur: HECHT, S.: V. S. et la ›Pièce bien faite‹. Diss. Columbia University New York 1971. – SARDOU, F.: Les S. de père en fils. Paris 1982. – STEINMETZ, A.: Scribe, S., Feydeau. Unterss. zur frz. Unterhaltungskomödie im 19. Jh. Ffm. u. a. 1984.

Sarduy, Severo [span. sar'ðui], * Camagüey 25. Febr. 1937, † Paris 8. Juni 1993, kuban. Schriftsteller. – Lebte ab 1960 in Paris; Mitarbeiter der Zeitschrift ›Tel Quel‹ u. a.; konstruierte, ausgehend von Strukturalismus und Semiotik (R. Barthes), in seiner experimentellen Lyrik und Prosa durch Verfremdung und Montage verschiedener textl. Materialien neue Bezüge zwischen Sprache und Wirklichkeit; auch Hörspielautor.
Werke: Bewegungen (R., 1963, dt. 1968), Woher die Sänger sind (R., 1967, dt. 1993), Escrito sobre un cuerpo (Essays, 1969), Cobra (R., 1972), Big Bang (Ged., 1973), Barroco (Essay, 1974), Maitreya (R., 1978), Daiquiri (Ged., 1980), Kolibri (R., 1984, dt. 1991).

Literatur: SÁNCHEZ-BOUDY, J.: La temática novelística de S. S. Miami (Fla.) 1985. – GONZÁLEZ ECHAVARRÍA, R.: La ruta de S. S. Hanover (N. H.) 1987. – MACÉ, M.-A.: S. S. Paris 1992.

Sarfatti, Margherita, geb. Grassini, * Venedig 8. April 1880, † Cavallasca (Prov. Como) 30. Okt. 1961, italien. Schriftstellerin. – Journalistin; bis 1915 Sozialistin, näherte sich dann dem Faschismus, wurde 1919 Feuilletonredakteurin der Zeitung ›Il Popolo d'Italia‹, gründete (1921) und leitete mit B. Mussolini die Zeitschrift ›Gerarchia‹. Schrieb Lyrik, Erzählungen, Essays (u. a. ›Storia della pittura moderna‹, 1930) und eine Biographie Mussolinis (›Mussolini‹, 1926, dt. 1926). Ihre Jugenderinnerungen ›Acqua passata‹ (1955) sind zeitgeschichtlich interessant.

Sargeson, Frank [engl. 'sɑːdʒɪsn], eigtl. Norris Frank Davey, * Hamilton (Neuseeland) 23. März 1903, † Auckland 1. März 1982, neuseeländ. Schriftsteller. – Bekanntester zeitgenöss. Erzähler Neuseelands; schrieb zunächst Kurzgeschichten, dann auch Romane und zwei Dramen. Gewöhnlich in der Form der Ich-Erzählung, kommentieren sie ironisch-kritisch indirekt fragwürdige menschl. Verhaltensweisen. Seine vierbändigen Memoiren (›Once is enough‹, 1973; ›More than enough‹, 1975; ›Never enough!‹, 1977; ›S.‹, 1981) gehören zu seinen besten Werken.
Weitere Werke: Conversation with my uncle (Skizzen, 1936), A man and his wife (Kurzgeschichten, 1940), When the wind blows (R., 1945), Damals im Sommer (Kurzgeschichten, 1946, dt. 1968), I saw in my dream (R., 1949), Wrestling with the angel (enthält zwei Dramen: A time for sowing, The cradle and the egg, 1964), The hangover (R., 1967), Joy of the worm (R., 1969), Man of England (enthält zwei Novellen: A game of hide and seek, I for one ... [1954], 1972), The stories of F. S. 1935–1973 (Kurzgeschichten, 1973), Sunset village (R., 1976).
Literatur: RHODES, H. W.: F. S. New York 1969.

Sargon-Epos, auch nach den Anfangsworten *Schar tamchari* (›König der Schlacht‹) benannt, eine bruchstückhaft erhaltene romanhafte Erzählung von einem wohl histor. Feldzug König Sargons von Akkad (nach 2300 v. Chr.) nach Kleinasien zur südanatol. Stadt Puruschchanda, überliefert in mehreren akkad. Fassungen seit altbabylon. Zeit, u. a. aus

Assur und dem ägypt. Amarna; auch in hethit. Übersetzung aus Boğazkale.

Literatur: HIRSCH, H.: Die Inschriften der Könige von Agade. In: Arch. f. Orientforsch. 20 (1963), S. 1. – GÜTERBOCK, H. G.: Ein neues Bruchstück der Sargon-Erzählung ›König der Schlacht‹. In: Mitt. der Dt. Orient-Ges. 101 (1969), S. 14.

Sargonslegende, Geburtslegende Sargons, eine wohl erst in mittel- oder neuassyr. Zeit (14./8. Jh. v. Chr.) in jung-babylon. Sprache verfaßte fiktive Autobiographie König Sargons von Akkad (nach 2300 v. Chr.), die von seiner niederen Geburt, Aussetzung auf dem Wasser, Auffindung durch einen Gärtner, höf. Aufstieg und Reichsgründung berichtet. Die S. ist die früheste Bezeugung des auch für Moses, David und Kyros bekannten literar. Topos des nach der Geburt ausgesetzten Helden.

Literatur: LEWIS, B.: The legend of Sargon. Diss. New York University 1976.

Sargtexte, ägypt. Texte, die in ↑ Hieroglyphen oder hierat. Schrift auf Holzsärge des Mittleren Reiches aufgeschrieben sind. Eine umfangreiche Sammlung von Sprüchen sollte dem Verstorbenen Orientierung und Weiterleben im Jenseits ermöglichen. Religionsgeschichtlich stehen die S. zwischen ↑ Pyramidentexten und ↑ Totenbuch.

Sarmiento, Domingo Faustino, * San Juan 14. Febr. 1811, † Asunción (Paraguay) 11. Sept. 1888, argentin. Schriftsteller und Politiker. – Zwischen 1831 und 1855 mehrfach im Exil; 1868–74 Präsident der Republik. Seine literar. Tätigkeit stand größtenteils im Dienst seines polit. Wirkens; sein bedeutendstes Werk ist der biograph. Essay ›Facundo o civilización y barbarie‹ (1845), in dem er gegen die Diktatur von J. M. Rosas polemisiert.

Weitere Werke: Recuerdos de provincia (Autobiogr., 1850), Campaña en el ejército grande aliado de Sudamérica (Bericht, 1852), Conflicto y armonías de las razas en América (Essay, 2 Bde., 1883).
Ausgabe: Obras de D. F. S. Santiago de Chile u. a. 1885–1903. 53 Bde.
Literatur: GALVÁN MORENO, C.: Radiografía de S. Buenos Aires ²1961. – VERDEVOYE, P.: D. F. S. éducateur et publiciste. Paris 1963. – JITRIK, N.: Muerte y resurrección de Facundo. Buenos Aires 1968.

Sarnelli, Pompeo, * Polignano a Mare (Prov. Bari) 1649, † Bisceglie 1724, italien. Schriftsteller. – Stieg nach dem Studium (Jura, Theologie) bis zum Bischof von Bisceglie auf. Der Apulier eignete sich in Neapel den dortigen Dialekt an, revidierte G. Basiles Märchen (4. Auflage) und veröffentlichte selbst neben kirchen- und kunsthistor. Schriften eine Sammlung von Märchen in neapolitan. Dialekt (›Posilecheata‹, 1674). Die mit erzähler. Geschick in raffinierter Spannung dargebotenen Märchen bewegen sich zwischen realist. Plätzen Neapels und phantast. Begebenheiten. Sie wurden später in Frankreich als Quelle benutzt.

Ausgaben: P. S. Posilecheata. Märchen-Slg. Neapel 1684. – P. S. Posilecheata. Krit. Ausg. Hg. v. E. MALATO. Florenz 1962.
Literatur: KARLINGER, F.: S. In: Österr. Zs. f. Volkskunde 85 (1982), S. 220. – KLOTZ, V.: S. In: KLOTZ: Das europ. Kunstmärchen. Stg. 1985. S. 54.

Saroyan, William [engl. sə'rɔɪən], * Fresno (Calif.) 31. Aug. 1908, † ebd. 18. Mai 1981, amerikan. Schriftsteller armen. Abstammung. – Verfasser zahlreicher Erzählungen und Kurzgeschichten sowie von Romanen und Dramen; auch Drehbuch- und Fernsehautor. S. schildert in episod. Erzählweise mit verstehendem Humor idyllisierend den Alltag einfacher Menschen. Häufig zeigt er auch Kinder oder exzentr. Originale in grotesken Situationen. Seine bedeutendsten Werke nach der erfolgreichen Kurzgeschichtensammlung ›Der waghalsige junge Mann auf dem fliegenden Trapez‹ (1934, dt. 1948) sind ›Ich heiße Aram‹

William
Saroyan

(Kurzgeschichten, 1940, dt. 1946) und ›Menschl. Komödie‹ (R., 1943, dt. 1943), zwei stark autobiograph. Bücher, sowie der Roman ›Die Abenteuer des Wesley Jackson‹ (1946, dt. 1947), in dem S. seine Kriegserlebnisse skeptisch darstellt. In seine Dramen, v. a. ›Mein Herz ist im Hochland‹ (1939, dt. 1942), ›Ein Leben lang‹ (1939, dt. 1948; Pulitzerpreis 1940 verliehen, aber nicht angenommen) und ›Die Höhlenbewohner‹ (1958, dt. 1958) bezieht er romant. Elemente und dramat. Effekte ein.

Weitere Werke: Razzle-dazzle (Kurz-Dr., 1942), Fußtritt aus Liebe (Kurzgeschichten, 1948, dt. 1951), Sam Ego's Haus (Dr., 1949, dt. 1954), Tracys Tiger (R., 1951, dt. 1953), Wir Lügner (R., 1951, dt. 1952), Es endet in Gelächter (R., 1953, dt. 1957), Ich habe dich lieb, Mama (R., 1956, dt. 1957), ... sagte mein Vater (R., 1957, dt. 1959), Die ganze Welt und auch der Himmel selbst (Kurzgeschichten, 1957, dt. 1959), Ihr wißt schon wer (Autobiogr., 1961, dt. 1964), Short drive, sweet chariot (Autobiogr., 1966), Tage des Lebens, Tage des Sterbens. Tagebuchblätter aus Paris und Fresno (1970, dt. 1980), Places where I have done time (Autobiogr., 1972), Freunde und andere Leute (Autobiogr., 1976, dt. 1979), Chance meetings (Autobiogr., 1978), Obituaries (Erinnerungen, 1979). **Ausgabe:** My name is S. Hg. v. J. H. TASHJIAN. London 1983. **Literatur:** KHERDIAN, D.: A bibliography of W. S., 1934–1964. San Francisco (Calif.) 1965. – FLOAN, H. R.: W. S. New York 1966. – CALONNE, D. S.: W. S. My real work is being. Chapel Hill (N. C.) 1983. – SAROYAN, A.: W. S. San Diego (Calif.) 1983. – FOSTER, E. H.: W. S. Boise (Id.) 1984. – LEE, L./GIFFORD, B.: S. A biography. New York 1984.

Sarraute, Nathalie [frz. saˈroːt], geb. Tscherniak, * Iwanowo 18. Juli 1900, frz. Schriftstellerin russ. Herkunft. – Kam 1902 mit ihrer Mutter nach Frankreich; verbrachte ihre Kindheit abwechselnd in Frankreich und Rußland; lebt seit 1908 ständig in Paris; 1922–25 Jurastudium in Paris und Oxford; bis 1937 Rechtsanwältin in Paris. Vorläuferin und Wegbereiterin des ↑Nouveau roman, mit dessen Erfolg seit dem Ende der 50er Jahre auch ihr früheres Werk zunehmend an Bedeutung gewann. Ihre Romane sind durch eine nahezu völlige Abwesenheit von ›Handlung‹ im traditionellen Sinn und eine fast ebenso vollständige ›Depersonalisation‹ der Charaktere gekennzeichnet; das Hauptinteresse der Autorin gilt statt dessen dem beständigen Fluß jener meist noch ungerichteten, keimhaften psych. ›Bewegungen‹ und Impulse, die dem menschl. Handeln zugrunde liegen und die sie mit einer biolog. Metapher ›Tropismen‹ nennt. Auch Dramen, Hörspiele, Essays; erhielt 1982 den Grand prix national des lettres.

Nathalie
Sarraute

Werke: Tropismen (Prosaskizzen, 1939, dt. 1959), Porträt eines Unbekannten (R., 1948, dt. 1962), Martereau (R., 1953, dt. 1959), Zeitalter des Argwohns (Essays, 1957, dt. 1963), Das Planetarium (R., 1959, dt. 1960), Die goldenen Früchte (R., 1963, dt. 1964), Das Schweigen. Die Lüge (Hsp.e, 1967, dt. 1969), Zwischen Leben und Tod (R., 1968, dt. 1969), Hören Sie das? (R., 1972, dt. 1973), ›sagen die Dummköpfe‹ (R., 1976, dt. 1978), Théâtre (Stücke, 1979), Der Wortgebrauch (Texte, 1980, dt. 1984), Pour un oui ou pour un non (Stück, 1982), Kindheit (Autobiogr., 1983, dt. 1984), Paul Valéry et l'enfant d'éléphant. Flaubert le précurseur (Essays, 1986), Du liebst dich nicht (R., 1989, dt. 1992). **Literatur:** MICHA, R.: N. S. Paris 1966. – TISON BRAUN, M.: N. S. ou la recherche de l'authenticité. Paris 1971. – COENEN-MENNEMEIER, B.: Der Roman im Zeitalter des Mißtrauens. Unterss. zu N. S. Ffm. 1974. – ALLEMAND, A.: L'œuvre romanesque de N. S. Neuenburg u. Lausanne 1980. – MINOGUE, V.: S. and the war of words. A study of five novels. Edinburgh 1981. – WATSON-WILLIAMS, H.: The novels of N. S. Towards an aesthetic. Amsterdam 1981. – BELL, S. M.: N. S. A bibliography. London 1982. – SCHULZE, J.: N. S. In: Frz. Lit. des 20. Jh. Gestalten u. Tendenzen. Hg. v. W.-D. LANGE. Bonn 1986. S. 345. – BENMUSSA, S.: N. S. Lyon 1987. – RAFFY, S.: S. romancière. Espaces intimes. New York u. a. 1988. – RYKNER, A.: N. S. Paris 1991.

Sarria, Luis [de], span. Prediger und Schriftsteller, ↑Luis de Granada, Fray.

Sarruf (tl.: Sarrūf), Yakub, * Hadath bei Beirut 1852, † Kairo Juli 1927, libanes. Schriftsteller. – Gründete 1876 die Zeitschrift ›Al-Muqtaṭaf‹ (= die Auslese), die eine wichtige Rolle in der modernen arab. Renaissance spielte. Durch seine Beiträge und sein umfangreiches Werk, das meist in dieser Zeitschrift erschien, versuchte er, Gesellschaft, arab. Literatur und Sprache in die moderne Zeit zu führen; beschäftigte sich auch mit naturwissenschaftl., histor. und pädagog. Problemen; außerdem Romanschriftsteller und Übersetzer zahlreicher Werke.

Literatur: BROCKELMANN, C.: Gesch. der arab. Litteratur. Suppl.-Bd. 3. Leiden 1942. S. 215.

Sarton, [Eleanor] May [engl. sɑːtn], *Wondelgem (Belgien) 3. Mai 1912, amerikan. Schriftstellerin belg. Herkunft. – Kam 1916 nach Boston (Mass.), 1923 naturalisiert; lebt in Maine. England, die Heimat der Mutter, Belgien, die Heimat des Vaters, und Neuengland bilden den Hintergrund der meisten ihrer Romane, in denen sie alltägl. Probleme menschlicher Beziehungen und Schicksale von Angehörigen der Mittelschicht darstellt; schreibt auch Gedichte.

Werke: Encounter in April (Ged., 1937), The single hound (R., 1938), Inner landscape (Ged., 1939), Brücke der Jahre (R., 1946, dt. 1951), The lion and the rose (Ged., 1948), Shadow of a man (R., 1950), The land of silence (Ged., 1953), The birth of a grandfather (R., 1957), In time like air (Ged., 1957), I knew a phoenix. Sketches for an autobiography (1959), The small room (R., 1961), Joanna and Ulysses (R., 1963), Mrs. Stevens hört die Meerjungfrauen singen (R., 1965, dt. 1980), A private mythology (Ged., 1965), Kinds of love (R., 1970), Journal of a solitude (autobiograph. Schrift, 1973), As we are now (R., 1973), Collected poems (Ged., 1974), Crucial conversations (R., 1975), The house by the sea (autobiograph. Schrift, 1977), Eine Abrechnung (R., 1978, dt. 1985), Halfway to silence (Ged., 1980), Recovering. A journal 1978–1979 (1980), Writings on writing (Essays, 1980), Letters from Maine (Ged., 1984), At seventy. A journal (Tageb., 1984), The magnificent spinster (R., 1985), Single hound (R., 1991), Endgame: Journal of the seventy-ninth year (Tageb., 1992).

Literatur: BLOUIN, L. P.: M. S. A bibliography. Metuchen (N.J.) 1978. – M. S., woman and poet. Hg. v. C. HUNTING. Orono (Maine) 1982. – Conversations with May S. Hg. v. E. G. INGERSOLL. Jackson (Miss.) 1991.

Sartre, Jean-Paul [frz. sartr], *Paris 21. Juni 1905, †ebd. 15. April 1980, frz. Philosoph und Schriftsteller. – Großneffe von A. Schweitzer; Studium an der

Jean-Paul
Sartre

École normale supérieure; lernte während seiner Studienzeit Simone de Beauvoir kennen; beider Lebensgemeinschaft – mit ihrem Verzicht auf eine bürgerl. Normen entsprechende Bindung und ihrer Maxime absoluter Aufrichtigkeit – hatte z. T. Vorbildcharakter für intellektuelle Schichten in Frankreich. 1931–45 Gymnasial-Lehrer in Le Havre, Laon und Paris (ab 1937); 1940/41 in dt. Kriegsgefangenschaft; ab 1941 Mitglied der Résistance. Lebte ab 1945 als freier Schriftsteller in Paris. 1952–56 Annäherung an die frz. KP. Vielfältige polit. Initiativen: Kritisierte die Intervention der UdSSR in Ungarn (1956) sowie die der Warschauer-Pakt-Staaten in der Tschechoslowakei (1968); engagierte sich für die Beendigung des Algerienkriegs durch Gehorsamsverweigerung (›Manifest der 121‹); war Vorsitzender des von B. Russell initiierten ›Vietnam-Tribunals‹ (1967); stand im Pariser Mai 1968 auf der Seite der Studenten, übernahm u. a. 1970 die Leitung der linken Zeitschrift ›La Cause du Peuple‹; von 1973 an erschwerte ein Augenleiden zunehmend weitere literar. Arbeiten. 1964 verweigerte S. die Annahme des ihm verliehenen Nobelpreises für Literatur. Als Hauptvertreter des frz. Existentialismus verband S. die Existenzphilosophie mit individualistisch orientierten Werten, v. a. in seinem philosophisch-ontologisch orientierten Hauptwerk ›Das Sein und das Nichts‹ (1943, dt. Teilübers. 1952, vollständig dt. 1962). Wesentlich beeinflußt von G. W. F. Hegel und M. Heidegger, ist für S. der Begriff der Freiheit zentral. Es gibt zwei grundsätzlich voneinander unterschiedene Seinstypen: das An-sich, das einfach das ist, was es ist, und das Für-sich, das ›zu sein hat, was es ist‹. Das Für-sich gewinnt sein Sein im Verhältnis zum An-sich und zu sich selbst, sein Selbstverständnis erst über die Erfahrung des anderen. Die Stiftung des Für-sich geschieht aus Freiheit, der sich grundsätzlich kein Mensch entziehen kann. Nach dem konsequenten Atheisten S. ist der Mensch für sein Tun voll verantwortlich, weil alle Weltordnung seiner Freiheit entstammt. Der um seine Freiheit wissende Mensch gewinnt durch sein Engagement und die auf ihn fallende und von ihm bejahte Verantwortung für sein Tun die höchste Form seines Seins.

Als dezidierter Anhänger einer Littérature engagée setzt sich S. in seinen Romanen, Dramen und Filmdrehbüchern v. a. mit dieser in seinem philosoph. Werk systematisch entwickelten Freiheitsproblematik auseinander: ›Der Ekel‹ (R., 1938, dt. 1949) schildert, wie Abscheu vor der Absurdität des Daseins Impetus zur Freiheit (= Wille zum Durchstehen) wird; ›Die Wege der Freiheit‹ (unvollendete R.-Tetralogie, 3 Bde., 1945–49, dt. 1949–51, Bd. 4 [Fragmente], hg. 1983, dt. 1986 u. d. T. ›Die letzte Chance‹) weisen als Kriterium für die Freiheit des Menschen [im Wissen um seine Verlassenheit] dessen Entschluß zum Tun (Handeln) oder Nichttun (Unterlassen) aus. Seine Forderung des Engagements, zunächst inhaltlich nicht näher bestimmt, orientierte S. in den 1950er und 1960er Jahren zunehmend an marxist. Positionen, deren dogmat. und politisch gewalttätige Ausprägungen er jedoch scharf kritisierte (›Marxismus und Existentialismus‹, 1957, dt. 1964). In ›Kritik der dialekt. Vernunft‹ (Bd. 1, 1960, dt. 1964) wird die dialekt. Grundlegung einer philosoph. Anthropologie versucht. Mit seiner Flaubert-Biographie ›Der Idiot der Familie‹ (3 Bde., 1971/72, dt. 5 Bde., 1977–79) lieferte er eine philosophisch-literaturkrit. Summe, die ihn als einen der großen Denker der Neuzeit ausweist.

Weitere Werke: Die Mauer (E., 1939, dt. 1950), Die Fliegen (Dr., 1943, dt. 1949), Bei geschlossenen Türen (Dr., 1945, dt. 1949, auch u. d. T. Geschlossene Gesellschaft), Die ehrbare Dirne (Dr., 1946, dt. 1949), Tote ohne Begräbnis (Dr., 1946, dt. 1949), Das Spiel ist aus (Drehbuch, 1947, dt. 1952), Die schmutzigen Hände (Dr., 1948, dt. 1949), Was ist Literatur? (Essay, 1948, dt. 1958), Der Teufel und der liebe Gott (Dr., 1951, dt. 1951), Saint Genet. Komödiant und Märtyrer (Essay, 1952, dt. 1982), Kean oder Unordnung und Genie (Dr., 1954, dt. 1954), Nekrassov (Dr., 1956, dt. 1956), Die Eingeschlossenen (Dr., 1960, dt. 1960), Die Wörter (Autobiogr., 1964, dt. 1965), Die Troerinnen des Euripides (Dr., 1965, dt. 1966), Mai 68 und die Folgen (Aufsätze, Reden, Interviews in dt. Ausw. in 2 Bden., 1974/75), Was kann Literatur? (Interviews, Reden, Texte, 1960–76, dt. Ausw. 1979), Tagebücher. Nov. 1939 – März 1940 (hg. 1983, dt. 1984), Cahiers pour une morale (hg. 1983). **Ausgaben:** J.-P. S. Œuvres romanesques. Hg. v. M. CONTAT u. M. RYBALKA. Paris 1982. – J.-P. S. Le scénario Freud. Paris 1984. – J.-P. S. Briefe an Simone de Beauvoir und andere. Dt. Übers. Rbk. 1984/85. 2 Bde. – J.-P. S. Ges. Werke. Hg. v. T. KÖNIG u. a. Dt. Übers. Rbk. 1986 ff. Auf zahlr. Bde. berechnet. **Literatur:** HARTMANN, K.: S.s Sozialphilosophie. Bln. 1966. – KROSIGK, F. VON: Philosophie u. polit. Aktion bei J. P. S. Mchn. 1969. – CONTAT, M./RYBALKA, M.: Les écrits de S. Chronologie, bibliographie commentée. Paris 1970. – SICARD, M.: La critique littéraire de J.-P. S. Paris 1976 ff. Auf mehrere Bde. berechnet. – LARAQUE, F.: La révolte dans le théâtre de S. Paris 1976. – MÜLLER-LISSNER, A.: S. als Biograph Flauberts. Zu Zielen u. Methoden von ›L'idiot de la famille‹. Bonn 1977. – WROBLEWSKY, V. VON: S., Theorie u. Praxis eines Engagements. Ffm. 1977. – CAWS, P.: S. Boston (Mass.) u. London/ 1979. – HODARD, P.: S. entre Marx et Freud. Paris 1979. – HOWELLS, C. M.: S.'s theory of literature. London 1979. – S.s Flaubert lesen. Essays zu ›Der Idiot der Familie‹. Hg. v. T. KÖNIG. Hamb. 1980. – CHAMPIGNY, R.: S. and drama. Birmingham (Ala.) 1982. – MIETHING, C.: Saint-Sartre oder der autobiograph. Gott. Hdbg. 1983. – THOMPSON, K. A.: S. Life and works. New York 1983. – GOLDTHORPE, R.: S., literature and theory. Cambridge 1984. – COLOMBEL, J.: S. Paris 1985/86. 2 Bde. – DAHLHAUS, R.: Subjektivität u. Literatur. S.s Literaturästhetik. Köln 1986. – COHEN-SOLAL, A.: S. 1905–1980. Dt. Übers. Neuausg. Rbk. 1991. MAIRHOFER, E.: Fesseln der Freiheit. Zum Begriff der Freiheit in der Ontologie J.-P. S.s. Innsb. 1992. – BIEMEL, W.: J.-P. S. Rbk. 182.–185. Tsd. 1993. – DANTO, A. C.: S. Dt. Übers. Gött. 1993.

Sarudin (tl.: Zarudin), Nikolai Nikolajewitsch [russ. za'rudin], ursprünglich N. N. Eichelman, * Pjatigorsk 13. Okt. 1899, † in Haft 1937, russ.-sowjet. Schriftsteller. – In den 20er Jahren Mitglied der marxist. literar. Gruppe Perewal; wurde als ›Trotzkist‹ erschossen; Lyrik, v. a. aber (auch polit. Verweise enthaltende) Erzählprosa in ausgeschmückter Sprache (›Dreißig Nächte in einem Weinberg‹, R., 1932, dt. 1984).

Sarvig, Ole [dän. 'saːrviː'], * Kopenhagen 27. Nov. 1921, † ebd. 4. Dez. 1981, dän. Schriftsteller. – Seit 1972 Mitglied der Dänischen Akademie. Seine bahnbrechende modernist. Lyrik besitzt die darstellende Kraft und suggestive Dingsymbolik der abstrakten Malkunst sowie musikal. Rhythmusgefühl; deutete in seinen kulturkrit. Essays mit großem Einfühlungsvermögen und in oft myst. Visionen die Situation des heutigen Menschen. In späteren Jahren Hinwendung zu religiöser Lyrik; auch bed. Übersetzer Shakespeares.
Werke: Grønne digte (Ged., 1943), Jeghuset (Ged., 1944), Mangfoldighed (Ged., 1945), Munch, Edvard: Graphik (Essays, 1948, dt. 1965), Krisens billedbog (Essays, 1950), Midtvejs i det tyvende århundrede (Essays, 1950), Stenrosen (R., 1955), Glimt. Små essays (1956), Die Schlafenden (R., 1958, dt. 1960), Das Meer unter meinem Fenster (R., 1960, dt. 1961), Der späte Tag (Ged., 1962, dt. 1964), Limbo (R., 1963), Forstadsdigte (Ged., 1974), I går – om lidt. Tekster og taler (En., 1976), De rejsende (R., 1978), Jeg synger til jer (Ged., 1982), Hør jordens råb. Salmer og kærlighedsdigte (Ged., 1982).
Literatur: Borum, P.: Samtale med O. S. Kopenhagen 1969. – Jørgensen, C. M.: O. S. lyrik. Kopenhagen 1971. – Skovgård Andersen, P.: Omkring O. S.s kristusdigte. Holstebro 1979. – Tidstegn. En bog om O. S.s forfatterskab. Hg. v. I. Holk. Viby Journal (1982).

Sassoon, Siegfried Lorraine [engl. sə'suːn], * Brenchley (Kent) 8. Sept. 1886, † Heytesbury (Wiltshire) 1. Sept. 1967, engl. Schriftsteller. – Nahm als Freiwilliger am 1. Weltkrieg teil; das Kriegserlebnis ließ S. zum dichter. und publizist. Verkünder pazifist. Ideen werden, die den Gehalt seiner Lyrik und seiner oft autobiograph. Romane bestimmen; später zunehmend religiöse Gedichte.
Werke: The old huntsman (Ged., 1917), Counter-attack (Ged., 1918), The complete memoirs of George Sherston (R.-Trilogie; Bd. 1: Glück im Sattel, 1928, dt. 1949; Bd. 2: Memoirs of an infantry officer, 1930; Bd. 3: Sherston's progress, 1936), Vom Krieg zum Frieden (Autobiogr., 1945, dt. 1947), Collected poems 1908–1956 (Ged., 1961), An octave. 8 september 1966 (Ged., 1966).
Ausgabe: S. S. Collected poems. 1908–1956. London 1984.
Literatur: Thorpe, M.: S. S. A critical study. London 1966. – Silkin, J.: Out of battle. London 1972.

Sassun, Helden von (tl.: Sasna cṙer), Volksepos der Armenier, seit 900 in zahlreichen Fassungen mündlich überliefert. Seit dem 19. Jh. haben die Sammlung und schriftl. Edition sowie Übersetzung begonnen. – Das Epos soll aus verschiedenen Zyklen zusammengefügt worden sein. Gegenwärtig liegen noch 4 Zyklen vor: 1. Durch wunderbare Geburt entstehen die Helden Sanassar und Baghdassar, die ihr Land Sassun vom Joch des Kalifen in Bagdad befreien und an seinem Aufbau tätig sind. 2. Ein Sohn Sanassars, der ältere Mher, wird dessen Nachfolger und erhält die Selbständigkeit Sassuns. 3. Sein Sohn Dawit, der zunächst nach Bagdad in Pflege gegeben worden ist, kehrt nach Sassun zurück und schlägt schließlich im Zweikampf seinen Gegner Msra-Melik und befreit so sein Land. Von einer unehel. Tochter wird er hinterlistig ermordet. 4. Sein ehel. Sohn, der jüngere Mher, wird nach mancherlei Heldentaten wegen der Unwahrheit und Ungerechtigkeit auf der Welt des Lebens überdrüssig. Er verschwindet in einem schwarzen Felsen am Vansee, bis die Welt sich einmal gebessert hat. – Im Epos spiegeln sich alte Mythen und Erinnerungen an die armen. Geschichte im Kampf gegen die Araber wider.
Ausgabe: Daredevils of Sassoun. The Armenian national epic. Hg. v. L. Z. Surmelian. London 1966.
Literatur: Abeghian, A.: Das armen. Volksepos. In: Mitt. der Ausland-Hochschule an der Univ. Berlin 42 (1940). S. 225.

Sastre, Alfonso, * Madrid 20. Febr. 1926, span. Schriftsteller. – Gelangt in seinem essayist. und literaturkrit. ebenso wie in seinem umfangreichen dramat. Werk nach einer Phase avantgardist. Produktion zu seinem zentralen Thema: der Verwandlung der Welt auf der Basis der Veränderung der Gesellschaft. Sein sozialkritisches Engagement bezieht vielfach die zeitgenössische dramatische Literatur anderer europäischer Länder mit ein.

Werke: Uranio 235 (Dr., 1946), Cargamento de sueños (Dr., 1948), Escuadra hacia la muerte (Dr., 1953), La sangre de Dios (Dr., 1956), Drama y sociedad (Abh., 1956), El cuervo (Dr., 1957), Der Tod des Torero (Dr., 1960, dt. 1968 in: Im Netz), Guillermo Tell tiene los ojos tristes (Dr., 1960), Im Netz (Dr., 1961, dt. 1968), La revolución y la crítica de la cultura (Essays, 1970), Te veo, Viet Nam (Skizzen, 1973), Balada de Carabanchel y otros poemas (Ged., 1976), Crítica de la imaginación (Essay, 1978), Lumpen, marginación y jerigonça (Sammlung marginalsprachl. Texte, 1980), El lugar del crimen (Abh., 1982), Los últimos días de Emmanuel Kant contados por Ernesto Teodoro Amadeo Hoffmann (Dr., 1989), Jenofa Juncal (Dr., 1992).
Ausgabe: A. S. Obras completas. Madrid 1967 ff. (bisher 1 Bd. erschienen).
Literatur: RUGGERI MARCHETTI, M.: Il teatro di A. S. Rom 1975. – PALLOTTINI, M.: La saggistica di A. S. Teoria letteraria e materialismo dialettico (1950–1980). Mailand 1983.

Satanismus, zweifelhafter Begriff für die Darstellung der verdrängten oder unbewußten Dimensionen des menschl. Bewußtseins, den R. Southey im Vorwort zu seinem Gedicht ›A vision of judgement‹ (1821) gegenüber den zeitgenöss. engl. Romantikern Lord Byron, P. B. Shelley, J. Keats und weiteren ›Byroniden‹ gebrauchte, um sie als ›Satanic school‹ zu diskreditieren. In diesem Zusammenhang wurden auch in Frankreich, Deutschland und Italien Schriftsteller wie der Marquis de Sade, V. Hugo, A. de Musset, George Sand, Lautréamont und bes. Ch. Baudelaire, H. von Kleist, E. T. A. Hoffmann, G. Leopardi, G. Carducci und J.-K. Huysmans Satanisten genannt.
Literatur: SUMMERS, M.: The history of witchcraft and demonology. New York ³1969. Nachdr. New York u. London 1973. – PRZYBYSZEWSKI, S.: Die Synagoge Satans. Entstehung u. Kult des Hexensabbats, des S. u. der Schwarzen Messe. Bln. ²1979. – THIELE, R.: S. als Zeitkritik bei Joris-Karl Huysmans. Ffm. u. Bern 1979. – Teufelsglaube. Hg. v. H. HAAG. Tüb. ²1980. – PRAZ, M.: Liebe, Tod u. Teufel. Die schwarze Romantik. Dt. Übers. Mchn. Neuaufl. ²1981. – ZACHARIAS, G.: Der dunkle Gott. Die Überwindung der Spaltung von Gut und Böse. Satanskult und Schwarze Messe. Mchn. 1982.

Satire, als S.n werden literar. Werke (auch bildl. Darstellungen oder Filme) bezeichnet, deren gemeinsames Merkmal bei aller Verschiedenheit der Form die abwertende Darstellung von Personen, Ständen, Institutionen, polit. Positionen, sozialen Verhaltensweisen oder Weltanschauungen mit ästhet. Mitteln ist, wodurch sie von direkten verbalen Attacken wie der Verhöhnung oder Beschimpfung abgegrenzt werden können. Die Ursache für die Breite und Unschärfe des Begriffs S. ist seine Verwendung sowohl für das einzelne Werk, für verschiedene literar. Gattungen und für eine prinzipiell alle Textsorten überformende ahistor. Schreibweise, deren allgemeines Kennzeichen es ist, daß die ästhet. Ausdrucksmittel in den Dienst einer Tendenz gestellt werden, die auf ein Objekt in der sozialen Wirklichkeit gerichtet ist (K. W. Hempfer).
Herkunft des Begriffs: Heute wird die erstmals von dem frz. Philologen Isaac Casaubon (*1559, †1614) etymolog. Ableitung von S. aus lat. ›satura lanx‹ (= mit verschiedenen Früchten gefüllte Opferschale) allgemein akzeptiert. Ob an der Herausbildung des Begriffs und der Sache auch andere Wörter, die auf die Satyrspiele oder auf den Saturnkult verweisen, beteiligt waren, wird noch diskutiert. Von der Spätantike bis ins 17. Jh. wurde die S. etymologisch mit den Satyrn in Zusammenhang gebracht, was den Stil und die Darstellungsweise der S. in diesen Jahrhunderten wesentlich prägte.
Theorie: Im Gegensatz zu früheren Auffassungen und zu vielen Selbstaussagen der Satiriker, wonach die S. ihre Entstehung dem gesellschaftl. Engagement des Satirikers verdanke und letztlich der Besserung der Menschen und der Gesellschaft diene, wird heute die S. anthropologisch in der menschl. Aggression fundiert und damit als eine auf Vernichtung des satir. Objekts abzielende Kulthandlung begriffen. Darauf verweisen nicht zuletzt die vielen Tötungsbilder in satir. Werken und theoret. Äußerungen von Satirikern. Die S. kann somit als ›ästhetisch sozialisierte Aggression‹ (J. Brummack) verstanden werden. Diese Definition vermag die völlig unterschiedl. Bewertung der S. als Kunstwerk oder als justiziable Attacke erklären. S.n sind durch eine besondere Sprechsituation charakterisiert. Anders als z. B. erzähler. Texte berichten sie nicht über Ereignisse der

Vergangenheit, sondern zielen auf Veränderung des Urteils des Lesers oder Hörers über Ausschnitte der Wirklichkeit, deren Kenntnis beim Rezipienten immer schon vorausgesetzt wird. Aus dieser Sprechsituation, die die S. mit der Utopie teilt, folgen die extreme Zeitgebundenheit und Kulturbezogenheit der S., die bei einer zeitversetzten oder kulturüberschreitenden Rezeption entweder die genaue Rekonstruktion der historisch-kulturellen Entstehungssituation für das Verständnis erforderlich macht oder aber zur Auswechslung des satir. Objekts oder zur Gattungsverschiebung des ursprünglich satir. Textes führt (z. B. J. Swifts ›Gullivers sämtl. Reisen‹ [1726, revidiert 1735, dt. 1788] als Kinderbuch). Aus der beim Rezipienten vorausgesetzten Kenntnis des satirisierten Objekts einerseits und der über den Text hinausweisenden Tendenz andererseits ergibt sich die amimet. Darstellungsweise der S., die nicht eine verläßl., aus sich selbst verstehbare Welt modellieren will, sondern die Revision bisheriger Wertvorstellungen anstrebt. Diese persuasive und tendenziell auf Vernichtung zielende Absicht der S. bestimmt die spezifisch satir. Verfahren. Zu ihnen gehört der vom satir. Sprecher reklamierte Wahrheitsanspruch und dessen Selbstausstattung mit Autorität durch Inanspruchnahme verbindl. Normen, die vom religiös sanktionierten Moralsystem (Laster-S.) über das gesellschaftl. Ideal verfeinerter Kultur (Dummheits- und Tölpel-S.) bis zu einem anarchisch-vitalen Freiheitsbegriff reichen, von dem aus jede Ordnungsvorstellung in Frage gestellt werden kann. Der amimetische, tendenzielle Charakter der S. fördert bei der Darstellung die perspektiv. Verzerrung oder die Verfremdung des Vertrauten durch die Wahl eines standes- oder kulturfremden Beobachters oder Kommentators (z. B. der Sprecher des dritten Standes in der mittelalterl. S. als Narr oder exot. Reisender). Der satir. Stil wird vom Prinzip der ›semant. Gravitation‹ (J. Bentley) beherrscht, die Präsentation des satir. Objekts erscheint als lächerlich, ekelerregend oder als dem Verfall anheimgegeben, dies durch Verwendung einer unangemessenen Sprache (z. B. hoher ep. Stil

für die Wahl des Monarchen der Dummheit in J. Drydens ›MacFlecknoe‹ [1682], kolloquial-lässiger Stil für eine Totenelegie in J. Swifts ›Satirical elegy on the death of a late famous general‹ [1722]) oder durch Reduzierung auf diejenigen Aspekte der menschl. Physis, die den Menschen als triebunterworfenes, exkrementierendes oder von Krankheit gezeichnetes Wesen ausweisen. Gesellschaftsbilder erscheinen in der S. entweder als verkehrte Welt oder als Chaos, in dem der Kampf aller gegen alle tobt oder absurde Rituale vollzogen werden. Die satir. Schreibweise unternimmt keine fiktionale Weltmodellierung, sondern richtet sich wertend gegen gesellschaftl. Normen und Zustände, wobei sie gewisse Gattungen, wie z. B. Komödie oder Fabel bevorzugt. Durch die Wirkung von Vorbildern und durch das poetolog. Gebot der Imitation kommt es zur Ausbildung von gattungsähnl. Traditionen über längere Zeiträume, wie z. B. der klass. **Verssatire** oder der **menippeischen Satire**. Die wichtigsten Funktionen der S. sind in der nichtidealisierten Wirklichkeitsbeschreibung, in der Infragestellung konventioneller Wirklichkeitsmodelle und im Aufbrechen und Überwinden erstarrter Literatursysteme zu sehen.

Geschichte: Die Geschichte der literar. S. begann in Griechenland mit den Komödien des Aristophanes, in der lebende Personen und polit. Vorgänge auf der Bühne verspottet wurden. Quintilian reklamierte eine satura für die röm. Literatur (›satura quidem tota nostra est‹), da im Übergang von Ennius, der die Satura noch als nichtaggressives Mischgedicht pflegte, zu G. Lucilius (2. Jh. v. Chr.), der diese Gedichte mit aggressiver Tendenz versah, die lange Tradition der klass. Vers-S. in Form eines kürzeren, ursprünglich in Hexametern gehaltenen Gedichts ohne bestimmte Gliederung, aber mit einem als Individuum deutlich hervortretenden satir. Sprecher begründet wurde. Die europ. Tradition der lucil. S., die in L. Ariosto, M. Régnier, N. Boileau-Despréaux, J. Donne und A. Pope hervorragende Vertreter fand, wurde stilistisch vom urban-iron. Ton Horaz' einerseits und den mit trag. Pathos vorgetragenen Anklagen

Juvenals andererseits bestimmt. Die Beschränkung auf jeweils ein satir. Objekt führte in der Geschichte der Vers-S. zur Zusammenstellung von Sammlungen und Büchern. Für satir. Kleinformen wirkten v. a. Martials bissige Epigramme traditionsbildend. – Die menippeische S., benannt nach dem griech. Populärphilosophen Menippos, weist im Gegensatz zur röm. Vers-S. keine einheitl. Erscheinungsform auf. Typisch für sie ist allenfalls, daß sie Formelemente der verschiedensten Gattungen beliebig mischt, um spielerisch-ironisch über philosoph. Systeme zu spotten oder komisch-absurde Weltmodelle in krit. Absicht zu entwerfen (spoudogéloion). In der Antike galt die prosimetr. Mischform als ihr Kennzeichen, aber auch parodistisch-satir. Überformungen von Gattungen wurden zur ›Menippea‹ gerechnet. Antike Werke, die in der europ. Literatur wirkten, sind das ›Satyrikon‹ des G. Petronius, die ›Apokolocyntosis‹ Senecas d. J. und Lukians iron. Dialoge (Götter- und Totengespräche), wobei seit dem 17. Jh. unter ›Menippea‹ v. a. S.n verstanden wurden, deren Attacken in phantast. Fiktionen eingekleidet waren. Im MA entfaltete sich zunächst eine umfangreiche mittellat. satir. Literatur, die später auch auf die volkssprachl. S. wirkte. Sie ist weniger von der Individualität eines satir. Sprechers geprägt, vielmehr bevorzugt sie einen panoramat. Blick auf die Welt oder die (feudal gegliederte) Gesellschaft und wird oft zur allgemeinen Welt- und Zeitklage entschärft (Johannes von Alta Villa, ›Architrenius‹, 1184). Zu den häufigsten Themen der S. zählen die röm. Kurie, die Höfe, das Mönchtum und die Allmacht des Geldes. Die Skala satir. Formen reicht vom Rügelied und Schwank über die Stände-S. bis zum Tierepos und allegor. Epos. Bes. typisch für das MA ist die umfassende Stände-S., in der in analog der gegliederten feudalen Hierarchie den verschiedenen Ständen ihre ständespezif. Normenverletzungen vorgehalten werden. Die Stände-S. erfuhr im Zuge der gesellschaftl. Differenzierung eine zunehmende Ausweitung, die schließlich zu ihrer Auflösung führte. S. Brants ›Narrenschiff‹ (1494) ist teils noch ständisch, teils bereits nach moral.

Gesichtspunkten gegliedert. Gegenüber der katalogartigen Stände-S. vermag das satir. Tierepos, so die Mönchs-S. ›Speculum Stultorum‹ (um 1178) des Nigellus de Longchamps oder die Feudal-S. ›Reinke de Vos‹ (1498) wesentlich genauer Verfallserscheinungen des Klosterlebens oder – im Widerspruch zur idealisierenden höf. Epik – der Adelswelt zu entlarven. In den spätmittelalterl. S.n erscheinen auch Sprecher der unteren Stände (W. Langland, ›The vision of William concerning Piers of Plowman‹; J. Skelton, ›Collyn Clout‹ entst. 1519/20), die aus der Perspektive des Opfers gesellschaftl. Zustände ihre Kritik formulieren. – Die Vertreter des Humanismus führten das gelehrt-iron. Spiel mit literar. Anspielungen und rhetor. Kunstgriffen ein (Erasmus, ›Lob der Torheit‹, 1511, dt. 1534; ›Epistolae obscurorum virorum‹, 1515–17). Gleichzeitig versuchten sie die röm. Vers-S., die lukian. Dialoge und satir. Epigramme wiederzubeleben. Charakteristisch für die humanist. S. der Renaissance ist der durch die heftigen weltanschaulich-religiösen Auseinandersetzungen und durch die Etymologie ›Satyr‹ – ›satira‹ geförderte grobe und oft obszöne Ton. Im 17. Jh., dem Zeitalter des Absolutismus, der religiös-polit. Kämpfe und philosoph. Kontroversen, wurde die ›Menippea‹, verstanden als parodist. Überformung ep. Gattungen, wiederentdeckt (S. Butlers ›Hudibras‹, 1663–78, dt. 1761, Drydens ›MacFlecknoe‹, J. M. Moscherosch, J. J. Ch. von Grimmelshausen, J. Beer). Der Klassizismus war bemüht, die S. in sein rationalist. poetolog. System zu integrieren und sie aufgrund seines pragmat. Literaturverständnisses durch Verfeinerung ihres Tons und thematischer Einengung (Dummheits-S.) zu einem akzeptierten Instrument gesellschaftl. Kritik aufzuwerten. Bahnbrechend für das neue theoret. Verständnis der S. war Drydens ›Discourse concerning the original and progress of satire‹ (1693). Die imitator. Vers-S. des 18. Jh. stand ganz im Zeichen Horaz' und Juvenals und wurde dabei häufig zur mild-iron. oder moral-didakt. Betrachtung entschärft (S. Johnsons ›The vanity of human wishes‹, 1749). Im 18. Jh. erlebte die S. in England und

Frankreich ihre größte Blütezeit. In England vollendete A. Pope durch präzis-elegante Episteln und Vers-S.n die von Dryden begonnene Erneuerung der Satire. J. Swift, einer der größten Satiriker der Weltliteratur, durchbrach mit seinem satir. Werk den traditionellen Formenkanon der S., indem er nahezu jede der übl. literar. wie nichtliterar. Textsorten (Reisebericht, Elegie, Pastoraldialog, Epigramm, Memorandum, Essay, Reportage, Meditation usw.) in den Dienst seiner polit., gesellschaftl. und weltanschaul. Attacken stellte, die in der umfassenden Zeit- und Menschheitssatire ›Gullivers sämtl. Reisen‹ ihren künstler. Höhepunkt fanden. Während in England die S. vorwiegend konservative Positionen vertrat, stand sie in Frankreich v. a. im Dienste der Aufklärung. Ihr bedeutendster Vertreter war Voltaire ›Candide oder Die beste Welt‹ (1759, dt. 1776). Wegen der engen politisch-kulturellen Verhältnisse konnte in Deutschland die S., die ohnehin unter dem Eindruck der engl. und frz. Satirediskussion und -produktion stand, zunächst nur durch themat. Selbstbeschränkung und Entschärfung überleben, worüber sich Satiriker wie G. W. Rabener lebhaft beklagten. Erst in den 1770er Jahren wurden die polit. und kulturellen Bedingungen für die S. in Deutschland günstiger. Durch G. Ch. Lichtenberg wurde der Aphorismus als satir. Form eingeführt, ganz allgemein wurde die S. differenzierter und präziser. Ihren besten Ausdruck fand sie im zeitkrit. Roman (Ch. M. Wieland, F. M. von Klinger, J. C. Wezel, Th. G. von Hippel, Jean Paul), der von Vorbildern wie Lukian, M. de Cervantes Saavedra, H. Fielding, L. Sterne und Voltaire geprägt ist. In der Romantik erfuhr die pragmat. Gesellschafts-S. eine im neuen expressiven Literaturverständnis gründende Ablehnung als literar. Zweckform. In England (mit Ausnahme Lord Byrons) und Frankreich wurde sie nur wenig gepflegt. In Deutschland wurde die pragmat. S. von der ›idealist-utop. S.‹ (J. Schönert) verdrängt, in der die unzulängl. Wirklichkeit und das menschl. Dasein aus der Perspektive schöner Utopien verurteilt werden. Daneben wurden Philister- und Literatur-S.n geschrieben

(L. Tieck, J. von Eichendorff). Erst mit H. Heine und L. Börne kehrte die S. wieder zu polit. und sozialen Themen zurück. Von J. Nestroy wurde sie in Form von Possen und Volksstücken auf die Bühne gebracht. Im viktorian. England erschien die S. v. a. in einzelnen Passagen im Roman (W. M. Thackeray), während der dt. realist. Roman sie eher ablehnte. S. tauchte in dieser Zeit v. a. in Witz- und Karikaturblättern auf. Erst seit dem Naturalismus wandte sich die dt. Literatur wieder verstärkt der S. im Roman und Drama zu, die im 20. Jh. in G. Hauptmann, K. Kraus, F. Wedekind, K. Sternheim, H. Mann, R. Musil, B. Brecht, K. Tucholsky, E. Kästner, H. Böll und G. Grass ihre profiliertesten Vertreter hat. In England stellte G. B. Shaw seine satir. Dramen ganz in den Dienst seiner evolutionären Gesellschaftskritik. Romanciers wie A. Huxley, E. Waugh und G. Orwell widmeten der S. nicht nur einzelne Passagen, sondern schrieben gesellschaftl. und polit. S.n in Romanform. Als Begründer der russ. S. gelten N. W. Gogol und v. a. M. J. Saltykow. Von den Satirikern des 20. Jh. ist v. a. M. M. Soschtschenko zu nennen. Als satir. Autor von internat. Rang gilt auch der tschech. Schriftsteller J. Hašek. Neben dem Roman wird in Deutschland heute die S. v. a. im kabarettist. Chanson, Sketch und Vortrag gepflegt. Von dort aus fand sie Eingang in die modernen Massenmedien, wo sie wie schon zu Zeiten Drydens und Swifts wieder zum Instrument polit. Auseinandersetzung wurde. Im Zuge dieser Popularisierung wird aber auch die Tendenz erkennbar, den Begriff S. aus einer Bindung an literarisch-ästhetische Formen zu lösen und ihn auf jede kritische und polemische Äußerung anzuwenden.

Literatur: LUKÁCS, G.: Zur Frage der S. In: Internat. Lit. 2 (1932), H. 4/5, S. 136. – BAUM, G.: Humor u. S. in der bürgerl. Ästhetik. Bln. 1959. – JAUSS, H. R.: Unterss. zur mittelalterl. Tierdichtung. In: Zs. für roman. Philologie. Beih. 100 (1959). – ELLIOTT, R. C.: The power of satire. Magic, ritual, art. Princeton (N. J.) 1960. – HIGHET, G.: The anatomy of satire. Princeton (N. J.). 1962. – LEHMANN, P.: Die Parodie im MA. Mchn. ²1963. – STEPHAN, J.: S. u. Sprache. Zu dem Werk v. Karl Kraus. Mchn. 1964. – ELLIOTT, R. C.: Saturnalia, satire and utopia. In: The Yale Review. N. S. 55 (1965/ 1966). – VAN ROOY, C. A.: Studies in classical satire and related theory. Leiden 1965. – ARNTZEN, H.: Dt. S. im 20. Jh. In: Dt. Lit. im 20. Jh. Hg. v. O. MANN u. W. ROTHE. Bern u. Mchn. ⁵1967. – FEINBERG, L.: Introduction to satire. Ames (Iowa) 1967. – GAIER, U.: S. Studien zu Neidhart, Wittenwiler, Brant u. zur satir. Schreibart. Tüb. 1967. – PAULSON, R.: The fictions of satire. Baltimore (Md.) u. Mchn. 1967. – BENTLEY, J.: Semantic gravitation. An essay on satiric reduction. In: Modern Language Quarterly 30 (1969). – HODGART, M.: Die S. Dt. Übers. Mchn. 1969. – SCHÖNERT, J.: Roman u. S. im 18. Jh. Ein Beitr. zur Poetik. Stg. 1969. – TRONSKAJA, M. L.: Die dt. Prosasatire der Aufklärung. Dt. Übers. Bln. 1969. – WEINBROT, H. D.: The formal strain. Studies in Augustan imitation and satire. Chicago (Ill.) 1969. – WELLMANN, G. TH.: Studien zur dt. S. im Zeitalter der Aufklärung. Theorie, Stoffe, Form u. Stil. Diss. Bonn 1969. – BRUMMACK, J.: Zu Begriff u. Theorie der S. In: Dt. Vjsch. f. Lit.wiss. u. Geistesgesch. 45 (1971), Sonderh. – HESS, G.: Dt.-lat. Narrenzunft. Studien zum Verhältnis v. Volkssprache u. Latinität in der satir. Lit. des 16. Jh. Mchn. 1971. – KNOCHE, U.: Die röm. S. Gött. ³1971. – HANTSCH, I.: Bibliogr. zur Gattungspoetik, 2: Theorie der S. (1900–1971). In: Zs. f. frz. Sprache u. Lit. 82 (1972) S. 153. – HEMPFER, K. W.: Tendenz u. Ästhetik. Studien zur frz. Versdichtung des 18. Jh. Mchn. 1972. – KORKOWSKI, E. P.: Menippus and his imitators. A conspectus, up to Sterne, for a misunderstood genre. Ann Arbor (Mich.) 1980. – NAUMANN, U.: Zw. Tränen u. Gelächter. Satir. Faschismuskritik 1933 bis 1945. Köln 1983. – GUILHAMET, L.: Satire and the transformation of genre. Philadelphia (Pa.) 1987. – TAUSCHER, R.: Literar. S. des Exils gegen Nationalsozialismus u. Hitlerdeutschland. Hamb. 1993.

Šatrijos Ragana [litauisch ʃatrı'jo:s 'ra:gana], eigtl. Marija Pečkauskaitė, * Medingėnai bei Telšiai 8. März 1877, † Židikai 24. Juli 1930, litauische Schriftstellerin und Pädagogin. – Trug mit Erzählungen und impressionist. Skizzen aus dem Landleben Wesentliches zur Entwicklung der künstler. Prosa und zur Stärkung des erwachenden litauischen kulturellen Selbstbewußtseins bei.
Werke: Vikutė (E., 1903), Vincas Stonis (E., 1906), Sename dvare (= Auf dem alten Gut, R., 1922).
Literatur: GULBINAS, K.: Das pädagog. Lebenswerk der litauischen Dichterin Marija Pečkauskaitė. Paderborn 1971.

Šatrov, Michail Filippovič, russ. Dramatiker, ↑Schatrow, Michail Filippowitsch.

Satura [lat.], altlat. Bez. für die röm. Literaturgattung, die der europ. ↑Satire ihren Namen gab.

Saturnier [lat.] (saturn. Vers), ältestes Versmaß lat. Versmaß; nach den etwa 150 überlieferten Zeilen aus Epen (z. B. die Übersetzung der ›Odyssee‹ des Livius Andronicus und das ›Bellum Poenicum‹ des Naevius) und Inschriften bestand der S. aus einer variablen ↑Langzeile mit fünf Hauptakzenten und einer nicht festgelegten Zahl von Nebenakzenten oder unbetonten Silben. Vor dem vierten Hauptakzent hat der Vers stets eine ↑Diärese. Umstritten ist, ob für den metr. Vortrag die natürl. Wortbetonung oder die Silbenquantität entscheidend war.

Satyros aus Kallatis (tl.: Sátyros), griech. Schriftsteller der 2. Hälfte des 3. Jh. v. Chr. – Peripatetiker in Oxyrhynchos und Alexandreia; verfaßte eine Sammlung von Biographien (Könige, Rhetoren, Dichter und v. a. Philosophen) in Dialogen.

Satyrspiel, ausgelassenes Nachspiel der griech. Tragödientrilogie und damit vierter Teil jeder der an den Großen Dionysien in Athen aufgeführten Dramentetralogien. Als Schöpfer der literar. Kunstform wird der Tragiker Pratinas von Phleius (6./5. Jh.) angegeben; das Verfassen von S.en blieb Sache der Tragödiendichter. Als Vorstufen des S.s werden rituelle Tänze vermutet, und als Herkunftsgebiet wird die Peloponnes angenommen. Dort soll Arion (7./6. Jh.) in Korinth Dithyramben (↑Dithyrambus) von einem Satyrchor haben singen lassen, womit der maßgebl. Schritt hin zur späteren Verbindung von S. und ↑Tragödie gemacht worden sei. Im S. trat ein um einen alten Anführer (Papposilen) gescharter Chor von Satyrn (Silenen) auf. Das burleske Spiel bot meist eine Travestie der Heldensage und wurde von den Satyrn bestimmt, die als geil, trunksüchtig und verfressen galten. So bildete es den belustigenden Kontrast zu den Tragödien. Nur wenige Texte sind überliefert, darunter Fragmente der S.e ›Diktyoulkoi‹ (= Die Netzzieher) von Aischylos sowie ›Ichneutai‹ (= Die Aufspürer) und ›Ínachos‹ von Sophokles. Vollständig erhalten ist nur das S. ›Kýklōps‹ (= Der Kyklop) von Euripides. In hellenist. Zeit wurde das S. erneut von Sositheos aufgegriffen; die Römer übernahmen es nicht, sondern führten statt dessen seit der Zeit Sullas nach Tragödien eine ↑Atellane, später einen ↑Mimus auf.

Literatur: PATZER, H.: Die Anfänge der griech. Tragödie. Wsb. 1962. – PICKARD-CAMBRIDGE, A. W.: Dithyramb, tragedy, and comedy. Oxford ²1962. – LESKY, A.: Die trag. Dichtung der Hellenen. Gött. ³1972. – SUTTON, D. F.: The Greek satyr play. Meisenheim 1980.

James
Saunders

Saunders, James [engl. 'sɔːndəz, 'sɑːndəz], * Islington (heute zu London) 8. Jan. 1925, engl. Dramatiker. – Ursprünglich Chemielehrer. Verbindet, zunächst in der Tradition L. Pirandellos, E. Ionescos und S. Becketts, eine absurde Daseinssicht mit dem Spiel mit dramat. Formen und intellektueller Komik. Im Vordergrund steht dabei das Thema der menschl. Isolation und Kommunikationslosigkeit, so z. B. in ›Ein Eremit wird entdeckt‹ (Dr., 1962, dt. 1963) oder in dem Stück um den Selbstmord eines jungen Mädchens, ›Ein Duft von Blumen‹ (Dr., 1965, dt. 1967). Später gewinnen soziale und polit. Belange an Bedeutung, z. B. in ›Spiele‹ (Dr., 1971, dt. 1971), einer Diskussion unter Schauspielern über die Dramatisierung des My-Lai-Massakers, oder in ›The Borage pigeon affair‹ (Dr., 1969), einer Satire auf die Kleinstadtgesellschaft. Die Darstellung zwischenmenschl. Beziehungen am Beispiel des Problems des Partnertauschs in ›Leib und Seele‹ (Dr., dt. 1978, engl. 1979) deutet eine Hinwendung zum Realismus an. S. ist auch Verfasser von Hör- und Fernsehspielen sowie von Adaptationen literar. Erzählwerke.

Weitere Werke: Wirklich schade um Fred (Dr., 1959, dt. 1965), Ein unglückl. Zufall (Dr., 1961, dt. 1967), Der Schulmeister (Dr., 1962, dt. 1963), Nachbarn (Dr., 1964, dt. 1967), Michael Kohlhaas (Dr., 1973, dt. 1973), Irre, alte Welt (Dr., UA 1975, gedr. 1980, dt. 1976), Vogelgezwitscher (Dr., 1980, dt. 1980), Herbst (Dr., UA 1981, dt. EA 1983), Menoccio (Hsp., 1985), Making it better (Hsp., 1992).

Sauser, Frédéric [frz. so'zɛːr], frz. Schriftsteller, ↑Cendrars, Blaise.

Sava [serbokroat. 'sava] (Sabas), eigtl. Rastko Nemanja, * um 1175, † Tarnowo 14. Jan. 1235 (1236?), serb. Nationalheiliger und Schriftsteller. – Gründer und Organisator der serb. Volkskirche, Schöpfer einer spezifisch serb. Form des Christentums; wurde um 1192 auf dem Athos Mönch und besiedelte dort mit seinem ebenfalls Mönch gewordenen Vater Stephan Nemanja, ehem. (um 1170–96) Großžupan (Großfürst) von Serbien, das Kloster Chilandar. 1208 kehrte er in die Heimat zurück. 1219 erreichte er vom griech. Patriarchen von Nizäa die Unabhängigkeit der serb. Kirche, deren erster Erzbischof er wurde. S. war der erste große serb. Schriftsteller (v. a. liturg. und kirchenrechtl. Bücher). Schrieb eine bed. Vita seines Vaters Stephan Nemanja, des hl. Simeon, wodurch er zum Begründer der serb. Herrscherbiographie wurde. – ↑auch Domentijan.

Literatur: PAVLOVIĆ, D.: S. Nemanjić. Belgrad ²1963.

Savage, Richard [engl. 'sævɪdʒ], * London(?) um 1697, † Bristol 1. Aug. 1743, engl. Dichter. – Nach eigenen Angaben unehel. Sohn des 4. Grafen Rivers und der Gräfin Macclesfield; S.s Lebensgeschichte wurde von S. Johnson 1744 (Neuausg. 1971) nach seinem Bericht wiedergegeben, die Wahrheit von S.s Angaben jedoch bald angezweifelt. S. war mit A. Pope und J. Thomson befreundet; er starb nach unstetem Leben im Gefängnis. Von seinen Gedichten und Satiren ist bes. ›The bastard‹ (1728) bekannt geblieben; in klassizist. Stil schrieb er die Dramen ›Love in a veil‹ (1718) und ›Sir Thomas Overbury‹ (Trag., 1723); als sein Hauptwerk gilt die von J. Thomson beeinflußte visionäre Dichtung ›The wanderer‹ (1729).

Ausgabe: R. S. The poetical works. Hg. v. C. TRACY. Cambridge 1962.

Savard, Félix-Antoine [frz. sa'va:r], *Quebec 31. Aug. 1896, † ebd. 24. Aug. 1982, kanad. Schriftsteller. – Nach einer in Chicoutimi verbrachten Jugend dort 1922–27 Priester und Lehrer, 1931 Gründer der Pfarrei Saint-Philippe-de Clermont (Charlevoix); ein Pionier des Nordens der Provinz Quebec. Volkstumsforscher, lehrte ab 1943 an der Univ. Laval (Dekan 1950–57). Sein Roman ›Menaud, maître-draveur‹ (1937) ist ein kraftvoller, von frankokanad. Nationalismus erfüllter Klassiker, der im Holzfällermilieu spielt. S. verbindet Prosa und Vers in seinen Darstellungen von Pionier- und Landleben: ›L'abatis‹ (1943), ›Le barachois‹ (1959).

Weitere Werke: La minuit (R., 1948), La folle (Dr., 1960), La dalle-des-morts (Dr., 1965), Aux marges du silence (Ged., 1975), Discours (Essays, 1975).
Literatur: F.-A. S. Dossier de presse 1937–1980. Sherbrooke 1981. – TESSIER, J. J.: Les particularités de vocabulaire dans l'œuvre de F.-A. S. Diss. Toronto 1981.

Savinio, Alberto, eigtl. Andrea De Chirico, *Athen 25. Aug. 1891, †Rom 6. Mai 1952, italien. Schriftsteller, Musiker und Maler. – Bruder des Malers Giorgio De Chirico; studierte Musik; Mitarbeiter verschiedener Zeitschriften; 1910 in Paris, u. a. befreundet mit G. Apollinaire; stand den Kubisten und Surrealisten nahe. Spürte in magischphantasievollen Romanen, Erzählungen und Dramen den unterbewußten Beziehungen zwischen Mensch und Umwelt nach; Essayist.

Werke: Hermaphrodito (Prosa, 1918), La casa ispirata (R., 1925), Capitano Ulisse (Dr., 1934), Infanzia di Nivasio Dolcemare (Autobiogr., 1941), Narrate, uomini, la vostra storia (Biographien, 1942), Maupassant und der ›andere‹ (Essay, 1944, dt. 1988), Stadt, ich lausche deinem Herzen (Prosa, 1944, dt. 1989), Tutta la vita (En., 1945), Orfeo vedovo (Dr., 1950), Neue Enzyklopädie (Artikel, hg. 1977, dt. 1983), Unsere Seele. Signor Münster (2 En., dt. 1982).
Literatur: CARLINO, M.: A. S. La scrittura in stato d'assedio. Rom 1979. – LANUZZA, S.: A. S. Florenz 1979. – PEDULLÀ, W.: A. S. Scrittore ipocrita e privo di scopo. Cosenza 1979. – BRAMANTI, V.: Dei e gli eroi di S. Palermo 1983. – PIETROMARCHI, L.: Dal manichino all'uomo di ferro. A. S. a Parigi (1910–15). Mailand 1984.

Savinkov, Boris Viktorovič, russ. Schriftsteller, ↑ Sawinkow, Boris Wiktorowitsch.

Savonarola, Girolamo, *Ferrara 21. Sept. 1452, †Florenz 23. Mai 1498, italien. Dominikaner. – Entstammte einer vornehmen paduan. Familie, 1474 Eintritt in den Dominikanerorden zu Bologna, ab 1482 Bußprediger in Florenz, Ferrara, Brescia und Genua; 1491 Prior des Klosters San Marco in Florenz, das er zum Ausgangspunkt einer Klosterreform machen wollte; nach der Vertreibung der Medici (1494) machte S. Florenz zu einer Republik auf theokratischdemokrat. Grundlage, rief zur Buße auf und suchte die Menschen für ein christl., streng asket. Leben zu gewinnen; da er auch die Kurie angriff, wurde er von Papst Alexander VI. exkommuniziert und als Häretiker und Schismatiker gehenkt, der Leichnam verbrannt. Verfaßte außer den Predigten (hg. 1930–35) Liebeslieder im Stil F. Petrarcas (›Poesie‹, hg. 1926), Traktate sowie bed. lateinisch und italienisch geschriebene Briefe.

Ausgaben: G. S. Prediche italiane ai Fiorentini. Hg. v. F. COGNASSO u. R. PALMAROCCHI. Perugia u. Venedig 1930–35. 3 Bde. – Edizione nazionale delle opere di G. S. Hg. v. R. RIDOLFI u. a. Rom 1955–82. 17 Bde. – G. S. Predigten u. Schrr. Ausgew. v. A. FERRARA. Dt. Übers. Salzburg 1957. – G. S. Lettere. Hg. v. R. RIDOLFI u. a. Rom 1984.
Literatur: RIDOLFI, R.: The life of G. S. Engl. Übers. New York 1959. – VAN PAASSEN, P.: A crown of fire. The life and times of G. S. New York 1960. – HERRMANN, H.: Der Ketzer v. San Marco. Mchn. 1977. – GUALAZZI, E.: S. Prophet oder Fanatiker. Dt. Übers. v. J. H. MACHOWETZ. Graz u. a. 1984.

Sąwa, Jan, poln. Schriftstellerin, ↑ Konopnicka, Maria.

Sawinkow (tl.: Savinkov), Boris Wiktorowitsch [russ. 'savinkɐf], Pseudonym W. Ropschin, *Charkow 31. Jan. 1879, † Moskau 7. Mai 1925, russ. Schriftsteller. – Als führendes Mitglied der sozialrevolutionären Partei an deren terrorist. Kampforganisation beteiligt; als Gegner der Kommunisten emigrierte S. 1919, wurde nach seiner illegalen Rückkehr 1924 verhaftet und verübte Selbstmord. Seine pseudonym veröffentlichten Werke behandeln Revolutionsthemen; sein Hauptwerk, ›Das fahle Pferd‹ (R.,

1909, dt. 1909), gibt die psycholog. Charakterstudie eines Terroristen.

Weiteres Werk: Erinnerungen eines Terroristen (hg. 1926, dt. 1929).

Saxo Grammaticus, * auf Seeland (?) um 1150, † um 1220, dän. Geschichtsschreiber. – Nach Studien in Frankreich wahrscheinlich Kaplan und Schreiber des Erzbischofs Absalon von Lund. Von diesem veranlaßt, verfaßte er um 1200 seine ›Gesta Danorum‹, eine Volksgeschichte in 16 Büchern. Die ersten neun Bücher bringen v. a. legendenhafte und sagenhafte Erzählungen (Hamlet, Hrolf Krake, Starkad). Drei Heldenlieder über Bjarka, Ingjald sowie Hagbard und Signe sind dort erstmals überliefert. Die sieben letzten Bücher berichten über die histor. Vergangenheit Dänemarks bis zum Jahre 1185/87. S. G., der erst etwa 1340 den Beinamen Grammaticus wegen seiner lat. Sprachgewandtheit erhielt, lieferte mit seinem Werk, das nur in der Ausgabe von Ch. Pedersen von 1514 vollständig überliefert ist, den wichtigsten Beitrag zur mlat. dän. Literatur.

Ausgaben: S. G. Danmarks krønike. Hg. v. F. W. HORN. Kopenhagen 1896–98. 2 Bde. – S. G. Die ersten neun Bücher der dän. Gesch. Dt. Übers. u. erl. v. H. JANTZEN. Bln. 1899–1900. 2 Hefte. – HERRMANN, P.: Erll. zu den ersten neun Büchern der dän. Gesch. des S. G. Tl. 1: Übers.; Tl. 2: Komm. Lpz. 1901–22. – S. G. Gesta Danorum. Hg. v. J. OLRIK u. a. Kopenhagen 1931–57. 2 Bde. – S. G. Danmarks krønike. Hg. v. N. F. S. GRUNDTVIG u. a. Kopenhagen Neuausg. 1951. **Literatur:** GÖTZ, E.: S. G. u. die dt. Heldensage. Dresden 1934. – FREDERIKSEN, E.: Fra S. G. til Hjalmar Gullberg. Essays. Kopenhagen 1944. – BETZ, W.: Das Deutschlandbild des S. G. In: Zs. f. dt. Philologie 71 (1951/52), S. 117. – CHRISTENSEN, A. E.: Kongemagt og aristokrati. Kopenhagen ²1968.

Sayers, Dorothy L[eigh] [engl. ˈsɛɪəz], * Oxford 13. Juni 1893, † Witham (Essex) 17. Dez. 1957, engl. Schriftstellerin. – Absolvierte 1915 als eine der ersten engl. Frauen ein Universitätsstudium in Oxford. Dorothy S. begann mit religiösen Gedichten und schrieb dann eine Reihe von Detektivgeschichten (um die Gestalt des Amateurdetektivs Lord Peter Wimsey), die mit ihrer psycholog. Motivierung und ihren ausgezeichneten Charakterstudien literar. Wert besitzen. In späteren Jahren verfaßte sie unter dem Einfluß T. S. Eliots religiöse Versdramen. Sie

Dorothy Sayers

veröffentlichte auch religiös-philosoph. Abhandlungen und übersetzte Dante.

Werke: Opus I (Ged., 1916), Der Tote in der Badewanne (R., 1923, dt. 1952, 1971 u. d. T. Ein Toter zu wenig), Lord Peters schwerster Fall (R., 1926, dt. 1954), ... eines natürl. Todes (R., 1927, dt. 1936), Totenstille im Club (R., 1928, dt. 1939, 1955 u. d. T. Es geschah im Bellona Club), Des Rätsels Lösung (R., 1928, dt. 1959), Falsche Spuren (R., 1931, dt. 1937), Mord braucht Reklame (R., 1933, dt. 1950), Glocken in der Neujahrsnacht (R., 1934, dt. 1947, 1958 u. d. T. Die neun Schneider), Aufruhr in Oxford (R., 1935, dt. 1937), Lord Peters abenteuerl. Hochzeitsfahrt (R., 1938, dt. 1954, 1984 u. d. T. Hochzeit kommt vor dem Fall), Zum König geboren (Hsp.-Folge, 1943, dt. 1949), The Emperor Constantine (Schsp., 1951). **Literatur:** SIEBALD, M.: D. L. S. Wuppertal u. Zü. 1989. – BRUNSDALE, M. M.: D. L. S. New York 1990. – REYNOLDS, B.: D. L. S. Her life and soul. London 1993.

Sayers, Peig [engl. ˈsɛɪəz], * Dunquin (Gft. Kerry) 1873, † Dingle (Gft. Kerry) 8. Dez. 1958, irisch-gäl. Schriftstellerin. – Bedeutendste Erzählerin ihrer Generation. Wie M. Ó'Sullivan und T. Ó Crohan verbrachte sie den größten Teil ihres Lebens auf Great Blasket Island, wo sie ihre zahlreichen Geschichten anderen diktierte.

Werke: Peig (Autobiogr., 1935, engl. 1973), Scéalta ón mBlascoad (= Geschichten von der Großen Blasket Insel, 1938), An old woman's reflections (engl. 1962), Oral literature from Dunquin, County Kerry (En., hg. 1983). **Literatur:** FLOWER, R.: The western island, or the Great Blasket. Oxford ²1946.

Scaliger, Julius Caesar (Giulio Cesare Scaligero), wahrscheinlich eigtl. Giulio Bordoni, * Riva 23. April 1484, † Agen (Lot-et-Garonne) 21. Okt. 1558, italien. Dichter und Humanist. – Stand bis 1529 in dt. und frz. Kriegsdiensten, wurde Arzt und ließ sich im Gefolge des Bischofs von Agen in Frankreich nieder. S. war als Philologe in zahlreiche literar. Fehden, u. a. mit Erasmus von Rotterdam, verwickelt, gab als bed. Humanist (Anhänger Ciceros) Werke des Theophrast und des Aristoteles heraus und schrieb nlat. Gedichte. Von großer Bedeutung war seine Poetik (›Poetices libri septem‹, hg. 1561), die in Anlehnung an die antiken Lehren (Aristoteles, Horaz, Seneca d. J. u. a.) prakt. Richtlinien für die Dichtung gab, v. a. die frz. Dramentheorie des 17. Jh. beeinflußte und auch auf die dt. Dichtung bis ins 18. Jh. bestimmend wirkte.

Ausgabe: J. C. S. Poetices libri septem. Lyon 1561. Nachdr. mit einer Einl. v. A. BUCK. Stg. 1964. – J. C. S. Poetices libri septem. Sieben Bücher über die Dichtkunst. Lat. u. dt. Hg. v. L. DEITZ u. a. Stg. 1994 ff. Auf 5 Bde. berechnet. **Literatur:** HALL, V.: Life of J. C. S. (1484–1558). Philadelphia (Pa.) 1950. – JEHASSE, J.: La renaissance de la critique. Saint-Étienne 1976. – FERRARO, R. M.: Giudizi critici e criteri estetici nei ›Poetices libri septem‹ (1561) di Giulio Cesare Scaligero rispetto alla teoria letteraria del Rinascimento. Chapel Hill (N. C.) 1971.

Scannell, Vernon [engl. skænl], * Spilsby (Lincolnshire) 23. Jan. 1922, engl. Schriftsteller. – Studierte in Leeds; war zeitweise Berufsboxer. Der Gedichtband ›A sense of danger‹ (1962) brachte ihm Anerkennung. Seine Lyrik drückt oft die schmerzhaften Seiten alltägl. Erfahrung aus. S. schrieb auch mehrere Romane.

Weitere Werke: The face of the enemy (R., 1961), The big time (R., 1965), The tiger and the rose. A proper gentleman (Autobiogr., 1971), New and collected poems 1950–1980 (Ged., 1980), Winterlude (Ged., 1982), Ring of truth (R., 1983), Funeral games and other poems (Ged., 1987), The dangerous ones (R., 1988), Soldiering on: Poems of military life (Ged., 1989), Love shouts and whispers (Ged., 1990), Travelling light (Ged., 1991), On your cycle, Michael (Ged., 1992), Collected poems. 1950–1993 (Ged., 1993).

Scapigliatura [italien. skapiʎʎa-'tu:ra; von scapigliare = (die Haare) zersausen, ausschweifend leben], Name einer Gruppe meist lombard. Künstler und Schriftsteller in Mailand zwischen 1860 und 1880, die in betonter Ablehnung des bürgerl. Lebensstils (Nachahmung der Pariser Boheme), des polit. Konformismus und des herrschenden literar. Geschmacks (repräsentiert z. B. durch G. Prati und A. Aleardi) eine Erneuerung der Kunst forderten. Sie verwiesen dafür auf die europ. Romantik, auf die frz. Dekadenzdichtung (v. a. Ch. Baudelaire), auch auf realist. und verist. Strömungen. Der Name ›S.‹ wurde dem Titel des Romans ›La S. e il 6 febbraio‹ (1862) von Cleito Arrighi (eigtl. Carlo Righetti [* 1828, † 1906]) entnommen. Haupt der S. war G. Rovani. Weitere Vertreter: C. Dossi, Igino Ugo Tarchetti (* 1841, † 1869), E. Praga, A. Boito, Giovanni Camerana (* 1845, † 1905). Analog zu dieser *S. milanese* oder *S. lombarda* wird ein Künstlerkreis in Turin als *S. piemontese* (G. Faldella, G. A. Molineri [* 1847, † 1912], Achille Giovanni Cagna [* 1847, † 1931], Roberto Sacchetti [* 1847, † 1881] u. a.) bezeichnet.

Literatur: MARIANI, G.: Storia della S. Caltanissetta. Rom u. Palermo 1967. – VILLA, E.: S. e verismo a Genova. Rom 1969. – La critica e gli scapigliati. Hg. v. F. BETTINI. Bologna 1976. – FERRINI, A.: Invito a conoscere la S. Mailand 1988.

Scapin [frz. ska'pɛ̃] (italien. Scapino), Typenfigur der der ↑ Commedia dell'arte verpflichteten frz. klass. Komödie; ein schlauer, intriganter Diener, dem ↑ Brighella verwandt; trägt Käppchen, Maske, Schnurrbart und ein grün-weiß gehaltenes Gewand; literarisch eingeführt von Molière.

Scarpi, N. O., eigtl. Fritz Bondy, * Prag 18. April 1888, † Zürich 24. Mai 1980, schweizer. Schriftsteller österr. Herkunft. – Veröffentlichte neben Novellen und Romanen eine Reihe von Skizzen- und Anekdotensammlungen, u. a. ›Handbuch des Lächelns‹ (1943). Schrieb in unterhaltender, witzig-satir. Weise über Allgemeinmenschliches, die kleinen Freuden des Alltags, die Kultur und das Theater. Bed. Übersetzer frz. und engl. Literatur.

Weitere Werke: Nicht Trommeln noch Trompeten (1948), Darohne (1949), Alle Achtung beiseite (1950), Anekdoten am Spieß (1963), Aus einem nichtgeführten Tagebuch (Skizzen, 1971), Da lächelt Merkur (1974), Reiseführer in den Himmel (1975), Schüttelreime (1976), Der beseelte Karpfen (En., 1980).

Scarron, Paul [frz. skɑˈrõ], ≈ Paris 4. Juli 1610, † ebd. 7. Okt. 1660, frz. Schriftsteller. – Trotz schwerer Jugend von witzig-heiterem, lebenslustigem Naturell, das er auch nicht verlor, als er (ab 1638) gelähmt war; ab 1652 ∞ mit der (um 25 Jahre jüngeren) Françoise d'Aubigné, der späteren Madame de Maintenon. Steht als Schriftsteller mit seiner Neigung zu Parodie, Satire, Travestie in der frühbarocken Tradition, brachte das Burleske als Gegengewicht zur heroisch-galanten Zeittendenz in Mode. Schrieb Gedichte, Epen, [von span. Vorbildern beeinflußte] Dramen, Novellen. Sein unvollendetes Hauptwerk, ›Der Komödianten-Roman‹ (2 Bde., 1651–57, dt. 1887), spiegelt komisch-satirisch die Welt der Schauspieler.

Weitere Werke: Typhon oder der Gigantenkrieg (Epos, 1644, dt. 1856), Jodelet ou le maître valet (Kom., 1645), Le Virgile travesti (Epos, 7 Bücher, 1648–53, erste vollständige Ausg. 1667 in 2 Bden.), Dom Japhet d'Arménie (Dr., 1652), L'écolier de Salamanque ou Les généreux ennemis (Dr., 1654), Le marquis ridicule (Dr., 1655).
Ausgaben: P. S. Œuvres. Paris 1786. Nachdr. Genf 1970. – P. S. Œuvres, d'après l'édition de 1663. Hg. v. CH. BAUMENT. Paris 1877. 2 Bde. – P. S. Poésies diverses. Mit Einl. u. Anmerkungen v. M. CAUCHIE. Paris u. Brüssel 1947–61. 2 Bde. in 3 Tlen.
Literatur: PHELPS, N. F.: The queen's invalid. A biography of P. S. Baltimore (Md.) 1951. – KRÄMER, U.: Originalität u. Wirkung der Komödien P. S.s Genf 1976. – KORITZ, L. S.: S. satirique. Paris 1977. – POTTIER, F.: De l'écriture à la représentation. Essai sur le théâtre de S., 1610 bis 1660. Diss. Paris-X 1981. – DÉDÉYAN, CH.: ›Le roman comique‹ de S. Neuausg. Paris 1983.

Ščerbatov, Michail Michajlovič, russ. Schriftsteller, Publizist und Historiker, ↑ Schtscherbatow, Michail Michailowitsch.

Ščerbina, Nikolaj Fedorovič, russ. Lyriker, ↑ Schtscherbina, Nikolai Fjodorowitsch.

Scève, Maurice [frz. sɛːv], * Lyon zwischen 1500 und 1510 (1501?), † ebd. zwischen 1560 und 1564, frz. Dichter. – Spielte eine bed. Rolle im Leben der Stadt Lyon; führende Dichtergestalt zwischen C. Marot und ↑ Pléiade und maßgebendes Mitglied der ↑ École lyonnaise; sein Hauptwerk ist die durch seine Geliebte, die Dichterin Pernette du Guillet (* um 1510, † 1545) inspirierte Dichtung

in 449 Zehnsilblern ›Délie, Inbegriff höchster Tugend‹ (1544, frz.-dt. Ausw. 1962). S.s Stil ist vielfach dunkel und mystisch; als Dichter wurde er erst im 20. Jh. wiederentdeckt.

Weitere Werke: La Saulsaye. Églogue de la vie solitaire (1547), Microcosme (didakt. Epos, 1562).
Ausgaben: M. S. Œuvres poétiques complètes. Hg. v. H. STAUB. Vorwort v. G. POULET. Paris 1971. 2 Bde. – M. S. Œuvres complètes. Hg. v. P. QUIGNARD. Paris 1974. – M. S. Gedichte. Vorwort u. Übers. v. W. NAUMANN. Darmst. 1981.
Literatur: SAULNIER, V.-L.: M. S., ca. 1500 bis 1560. Paris 1948–49. 2 Bde. – QUIGNARD, P.: La parole de la Délie. Essai sur M. S. Paris 1974. – MULHAUSER, R. E.: M. S. Boston (Mass.) 1977. – TETEL, M.: Lectures scéviennes. L'emblème et les mots. Paris 1983.

Schack, Adolf Friedrich Graf von (seit 1876), * Brüsewitz bei Schwerin 2. Aug. 1815, † Rom 14. April 1894, dt. Schriftsteller und Kunstsammler. – Studium in Bonn, Heidelberg und Berlin; ab 1838 im preuß., danach im mecklenburg. Staatsdienst. 1852–54 in Spanien; ließ sich 1855 in München nieder, wo er Beziehungen zum Münchner Dichterkreis aufnahm, in dessen klassisch-romant. Tradition er epigonale Lyrik, Erzählungen und Dramen schrieb; sein wiss. Interesse galt der span. und arab. Literatur. Seine bed. Gemäldesammlung, die er 1894 Kaiser Wilhelm II. zum Geschenk machte, befindet sich heute im Besitz des Landes Bayern (Schack-Galerie).

Werke: Geschichte der dramat. Literatur und Kunst in Spanien (3 Bde., 1845/46), Gedichte (1867), Lothar (Epos, 1872), Die Pisaner (Dr., 1872), Ein halbes Jahrhundert (Memoiren, 3 Bde., 1888), Episteln und Elegien (1894).
Ausgabe: A. F. Graf v. Sch. Ges. Werke. Stg. ³1897–99. 10 Bde.
Literatur: SCHOEN, O.: Gehalt u. Gestalt im dramat. Schaffen des Grafen A. F. v. Sch. Breslau 1938. – CALOV, G.: Museen u. Sammler des 19. Jh. in Deutschland. Bln. 1969.

Schack, Hans Egede [dän. sjag], Pseudonym E. S., * Sengeløse bei Roskilde 2. Febr. 1820, † Schlangenbad 20. Juli 1859, dän. Schriftsteller. – Sein einziger vollendeter Roman ›Phantasterne‹ (= Die Phantasten, 1857), ein Zentralwerk der dän. Literatur um 1860, verknüpft Traditionen des Entwicklungsromans mit zukunftsweisender psycholog. Darstellungskunst.

Literatur: ANDERSEN, J. K.: Feudalistisk fantasteri og liberalistisk virkelighed. Kopenhagen 1978. – JØRGENSEN, J. CH.: Den sande kunst. Kopenhagen 1980. S. 153.

Schack von Staffeldt, Adolph Wilhelm. Dichter dt. Abstammung, ↑ Staffeldt, Adolph Wilhelm Schack von.

Schade, Jens August [dän. 'sja:ðə], * Skive 10. Jan. 1903, † Kopenhagen 20. Nov. 1978, dän. Schriftsteller. – Wählte in seinen lyr. und ep. Werken öfter erot. Motive, die er reizvoll, zuweilen auch schockierend abhandelte; der Form nach Surrealist.
Werke: Den levende violin (Ged., 1926), Den himmelske elskov på jorden (R., 1931), Sie treffen sich, sie lieben sich, und ihr Herz ist voll süßer Musik (R., 1944, dt. 1968, 1985 u.d.T. Menschen begegnen sich, und ihr Herz ist voll süßer Musik), Det evige liv (Ged., 1948), Der er kærlighed i luften (Ged., 1954), Schades højsang (Ged., 1958), Schadebogen (Ged., 1963), Overjordisk (Ged., 1973).
Ausgabe: J. A. Sch. Udvalgte digte. Kopenhagen 1962.
Literatur: SCHADE, V.: Den lyse digter Sch. Kopenhagen 1963. – LARSEN, F.: J. A. Sch. Kopenhagen 1973.

Schädlich, Hans Joachim, * Reichenbach/Vogtl. 8. Okt. 1935, dt. Schriftsteller. – Studierte Germanistik, war 1959–76 an der Akad. der Wiss. der DDR in Berlin (Ost) tätig; kam im Dez. 1977 in die BR Deutschland, lebt jetzt in Berlin. Seine subtilen, künstler. Prosastücke in ›Versuchte Nähe‹ (1977) zeigen die Grenzen des Handelns und Denkens im Alltag der Menschen in der ehem. DDR, durch sprachl. Distanziertheit macht Sch. die Kluft zwischen Mensch und Staat erfahrbar. Auch sprachwiss. Arbeiten sowie Übersetzungen (v. a. aus dem Niederländischen). Erhielt 1992 den Heinrich-Böll-Preis.
Weitere Werke: Der Sprachabschneider (E., 1980), Tallhover (R., 1986), Ostwestberlin (En., 1987), Schott (R., 1992), Über Dreck, Politik und Literatur (Aufsätze, Reden, Gespräche, Kurzprosa, 1992).

Schaefer, Friedrich Hans, eigtl. Bruno Hermann Friedrich Sch., * Rostock 24. März 1908, niederdt. Schriftsteller. – Schneiderlehre; Lehrer an berufsbildenden Schulen ab 1933 in Ahrensburg. Autor zahlreicher Bühnenstücke und Hörspiele (›De Weg torügg‹, Ursendung 1966; ›De Dörr stunn open‹, Ursendung 1980; ›Gröpelgraben 46‹, Ursendung 1981; ›Nachtmanöver‹, Ursendung 1983; ›Lüttmann un Levegott‹, Ursendung 1985). Übersetzer von Theaterstücken u.a. Texten (›F. Villon, Balladen un Leeder‹, 1977) ins Niederdeutsche.
Weitere Werke: De Holsteensche Faust (1974, 1983 u.d.T. Dat Speel vun Dokter Faust), Dat Piratenstück (Kom., 1975), De Engel Claudia (Kom., 1979), Ilsebill in Nordostersiel (Kom., 1981), Fiete Knast un de Monarch (Geschichten, 1987), De Brüder Pott (Kom., 1994).

Schaefer, Oda, eigtl. O. Lange, geb. Kraus, * Berlin 21. Dez. 1900, † München 5. Sept. 1988, dt. Schriftstellerin. – Studierte Gebrauchsgraphik und Kunstgewerbe; war in 2. Ehe ⚭ mit dem Schriftsteller Horst Lange. Schrieb musikalischfarbige naturverbundene Lyrik, teils mit persönl. Motiven; auch das Erzählwerk zeigt lyr. Elemente und weist häufig zeitgeschichtl. Züge auf; außerdem Kritikerin, Feuilletonistin, Hörspielautorin und Herausgeberin von Frauenlyrik (›Unter dem Sapphischen Mond‹, 1957) und von Texten aus und über Schwabing (›Schwabing‹, 1985).
Weitere Werke: Die Windharfe (Ged., 1939), Ird. Geleit (Ged., 1946), Die Kastanienknospe (En., 1947), Katzenspaziergang. Poet. Feuilleton (1956), Auch wenn du träumst, gehen die Uhren (Erinnerungen, 1970), Der grüne Ton (Ged., 1973), Die Haut der Welt. Erzählungen und Augenblicke (1976), Die leuchtenden Feste über der Trauer (Erinnerungen, 1977).

Schaeffer, Albrecht, * Elbing 6. Dez. 1885, † München 4. Dez. 1950, dt. Schriftsteller. – Studium der klass. und dt. Philologie, ab 1913 freier Schriftsteller; 1939 Emigration in die USA, Nov. 1950 Rückkehr nach Deutschland. Anfangs von S. George beeinflußter traditions- und formbewußter Lyriker, Erzähler und Dramatiker, der um die Verbindung der Ideale antiker und christlich-humanist. Bildungswelt bemüht war; Beschäftigung mit myst. und mytholog. Themen; bewußte Fortsetzung des dt. Entwicklungs- und Bildungsromans; auch Übersetzungen (O. Wilde, D. Diderot, P. Verlaine, Homer u. a.).
Werke: Die Meerfahrt (Ged., 1912, erweitert 1920 u.d.T. Der göttl. Dulder), Josef Montfort (R., 1918, 1931 u.d.T. Das nie bewegte Herz), Helianth ... (R., 3 Bde., 1920–24), Parzival (Epos, 1922), Dichter und Dichtung (Essays,

1923), Die Sage von Odysseus (1930), Rudolf Erzerum oder Des Lebens Einfachheit (R., 1945), Enak oder Das Auge Gottes (E., 1948), Mythos (Essays, hg. 1958).

Literatur: A. Sch., 1885–1950. Gedächtnisausstellung ... Marbach am Neckar 1960. – BREUER, W.: Begegnung u. Selbstbegegnung in A. Sch.s ›Helianth‹. Diss. Bonn 1961.

Schäfer, Walter Erich, * Hemmingen (Landkreis Ludwigsburg) 16. März 1901, † Stuttgart 28. Dez. 1981, dt. Schriftsteller. – Dramaturg, u. a. in Mannheim und Kassel, 1949–72 Generalintendant der Württembergischen Staatstheater in Stuttgart. Verfaßte bühnenwirksame nat. Geschichtsdramen, Volksstücke, Novellen und Hörspiele; auch Künstlermonographien.

Werke: Letzte Wandlung (Nov.n, 1928), Der 18. Oktober (Dr., 1932), Der Kaiser und der Löwe (Dr., 1935), Die Heimkehrer (En., 1944), Die Verschwörung (Dr., 1949), Günther Rennert – Regisseur in unserer Zeit (1962), Wieland Wagner (Biogr., 1970), Die Stuttgarter Staatsoper: 1950–1972 (1972), Bühne eines Lebens (Memoiren, 1975).

Schäfer, Wilhelm, * Ottrau (Schwalm-Eder-Kreis) 20. Jan. 1868, † Überlingen 19. Jan. 1952, dt. Schriftsteller. – Bis 1896 Lehrer im Rheinland, dann freier Schriftsteller in Berlin; Freundschaft mit R. Dehmel und P. Scheerbart; 1900–22 Hg. der Zeitschrift ›Die Rheinlande‹. Begann mit naturalist. Dramen und Bauerngeschichten mit völk. Tendenzen; Autor formvollendeter Anekdoten. Nationalistisch-schwärmer. Gedanken bestimmen seine fortschrittsfeindl. Deutung der Geschichte in seinem Hauptwerk, dem Prosaepos ›Die dreizehn Bücher der dt. Seele‹ (1922).

Weitere Werke: Die zehn Gebote (En., 1897), Anekdoten (1908), Die Halsbandgeschichte (E., 1910), Karl Stauffers Lebensgang (R., 1913), Die unterbrochene Rheinfahrt (E., 1913), Lebenstag eines Menschenfreundes (R., 1915), Neue Anekdoten (1926), Der Hauptmann von Köpenick (R., 1930), Dt. Reden (1933), Mein Leben (Autobiogr., 1934, 1948 erweitert u. d. T. Rechenschaft), Theoderich, König des Abendlandes (R., 1939).

Schäferdichtung, Gattung der europ. Literatur der Renaissance und des Barock, die in der Tradition der † bukolischen Dichtung insbes. Vergils (›Bucolica‹, auch ›Eclogae‹ genannt, entst.

42–39, dt. 1568) und der an ihn anknüpfenden Werke F. Petrarcas und G. Boccaccios steht. Sie entstand im Rahmen der im 16. und 17. Jh. in Europa verbreiteten Mode der ›Schäferei‹ als aristokrat. Gesellschaftsspiel (schäferl. Kostümfeste, Schäfereien und Meiereien in ländl. Lustschlössern, Schäfernamen usw.), wobei die Hirtenwelt zur manieristisch gestalteten konventionellen Fiktion wurde, die nicht mehr eine grundsätzlich andere Gegenwelt zur aristokrat. Gesellschaftsform (am Hofe) bildete, sondern eher Spiegel eines schäferlich kostümierten höf. Lebens und seiner verfeinerten Sitten war. Sch. ist Rollendichtung, sie ist formal gekennzeichnet durch die Vermischung der Gattungen, v. a. das Vorherrschen des lyrisch-musikal. Elements, z. B. in Eklogen, in denen Prosa und kunstvolle Verse, Dialoge und Lieder kantatenhaft gemischt sind, oder im **Schäferspiel** und schäferl. Singspiel, das in melod. Versen mit Lied- und Gedichteinlagen lyr. Situationen dramatisiert. Richtungweisend war T. Tassos ›Aminta‹ (gedr. 1580, dt. 1742), von europ. Wirkung G. B. Guarinis ›Der treue Schäfer‹ (1590, dt. 1619). Im Barock entstand, beeinflußt durch den Amadisroman, der **Schäferroman;** die Prosaform ist durch obligator. lyr. Einlagen aufgelockert, Verschlüsselungen und allegor. Elemente nehmen größeren Raum ein. Die weitgehend normierte [Liebes]handlung bleibt dem höf. Gesellschaftsideal untergeordnet. Der Schäferroman wurde durch I. Sannazaros ›Arcadia‹ (1504) begründet und durch J. de Montemayors Roman ›Diana‹ (1559, dt. 1646, erstmals dt. 1619) zu europ. Wirkung gebracht, dem M. de Cervantes Saavedras ›Galathea‹ (1585, dt. 1830), Lope F. de Vega Carpios ›Arkadien‹ (1598, dt. 1827), Ph. Sidneys ›Arcadia‹ (entst. um 1580, dt. 1629), J. Barclays ›Argenis‹ (1621, dt. 1626–31) und J. O. de Gombaulds ›Endymion‹ (1624) folgten; als Höhepunkt gilt H. d'Urfés Schäferroman ›L'Astrée‹ (1607–27, dt. 1619 u. d. T. ›Von der Lieb Astreae und Celadonis‹), der zu einer Art Handbuch internat. aristokrat. Umgangsformen wurde. – Die dt. Sch. setzte erst im 17. Jh., nach Abschluß der europ. Blüte, ein und blieb von den roman. Vorbildern abhängig, auch als auf die zahlreichen Übersetzungen (seit 1619) und Bearbeitungen (bes. durch M. Opitz) selbständige Werke folgten, unter denen bes. Singspiele und Opern großen Erfolg hatten. Die Beliebtheit der gesellschaftl. und literar. Schäfermode auch in bürgerl. Kreisen bezeugt z. B. der von G. Ph. Harsdörffer und J. Klaj gegründete ›Löbl. Hirten- und Blumenorden an der Pegnitz‹ (↑Nürnberger Dichterkreis) und die religiöse Sch., z. B. von F. Spee von Langenfeld. Weitere dt. Vertreter der Sch. sind Opitz (›Schäfferey Von der Nimpfen Hercinie‹, 1630), A. Buchner, S. von Birken, Ph. von Zesen, P. Fleming, G. R. Weckherlin u. a. – Die Theorie der Aufklärung versuchte der Gattung feste Regeln zu geben, wobei auch eine Erneuerung im ursprüngl. Sinne versucht wurde (K. W. Ramler, Ch. M. Wieland); S. Geßners ›Idyllen‹ (1756) verbinden Elemente der antiken Bukolik mit bürgerl. Sentimentalität. Schließlich entwikkelten sich die schäferl. Gelegenheitsdichtung und die Kleinformen einer erot. Schäferpoesie der Anakreontiker des ↑Rokoko (J. Ch. Rost, J. W. L. Gleim, J. P. Uz, J. N. Götz, F. von Hagedorn, Ch. F. Gellert, der junge Goethe [›Die Laune des Verliebten‹, entst. 1767/68]). Die Sch. wurde durch die ↑Idylle, im 19. Jh. dann durch den z. T. schon sozialkrit. Land- oder Bauernroman abgelöst. – ↑auch Pastorelle.

Literatur: GREG, W. W.: Pastoral poetry and pastoral drama. London 1906. Nachdr. New York 1959. – GARBER, K.: Der locus amoenus u. der locus terribilis. Köln u. Wien 1974. – Sch. Hg. v. W. VOSSKAMP. Hamb. 1977. – Le genre pastoral en Europe du XVᵉ au XVIIᵉ siècle. Hg. v. CL. LONGEON. Saint-Étienne 1980. – SOLÉ-LE-RIS, A.: The Spanish pastoral novel. Boston (Mass.) 1980. – SAMBROOK, J.: English pastoral poetry. Boston (Mass.) 1983.

Schaffner, Jakob, * Basel 14. Nov. 1875, † Straßburg 25. Sept. 1944, schweizer. Schriftsteller. – Früh Waise, Erziehung bei den Großeltern in Wyhlen und in der pietist. Armenanstalt Beuggen (Breisgau); Schumacherlehre; wanderte als Geselle jahrelang durch Europa; Fabrikarbeiter, Autodidakt, freier Schriftsteller, seit 1911 meist in Berlin, kam bei einem Luftangriff ums Leben. Realist., stark autobiograph. Erzähler, der das

schweizer. Bauern- und Kleinbürgertum, v. a. die Welt der Handwerksgesellen, darstellte; beeinflußt von F. Nietzsche, Anhänger des ›Blut-und-Boden-Mythos‹ der Nationalsozialisten.

Werke: Die Erlhöferin (R., 1908), Konrad Pilater (R., 1910, Neufassung 1922), Kinder des Schicksals (R., 1920), Johannes (R., 2 Bde., 1922), Die Jünglingszeit des Johannes Schattenhold (R., 1930), Eine dt. Wanderschaft (R., 1933), Kampf und Reife (R., 1939).

Schaginjan (tl.: Šaginjan), Marietta Sergejewna, Pseudonym Dschim (Jim) Dollar, * Moskau 2. April 1888, † ebd. 20. März 1982, russ.-sowjet. Schriftstellerin. – Armen. Herkunft; begann mit symbolist. Gedichten, schrieb v. a. Romane und Skizzen. Bekannt ist auch ihre literaturwiss. Arbeit ›Goethe‹ (1950, dt. 1952).

Weitere Werke: Abenteuer einer Dame (R., 1923, dt. 1924), Mess Mend oder die Yankees in Leningrad (R., 1924, dt. 1924/25, dt. Neuausg. 1987), Das Wasserkraftwerk (R., 1931, dt. 1952), Eine Reise durch Sowjetarmenien (1950, dt. 1953), Die Familie Uljanow (R., Neuausg. 1957 [erstmals 1938], dt. 1959), Čelovek i vremja (= Mensch und Zeit, Erinnerungen, 8 Tle., 1971–78).

Ausgabe: M. S. Šaginjan. Sobranie sočinenij. Moskau 1971–75. 9 Bde.

Literatur: SKORINO, L. I.: M. Šaginjan chudožnik. Moskau 1975. – Tvorčestvo M. Šaginjan. Leningrad 1980.

Schahasjs, Smbat, * Aschtarak 5. Sept. 1840, † Moskau 25. Dez. 1907, armen. Lyriker. – Seine Lyrik ist der Liebe und der Natur zugewandt, später auf sein Heimatland und dessen Leiden ausgerichtet; beschreibt in dem autobiograph. Züge enthaltenden Werk ›Das Leid Lewons‹ die traurige Lage Armeniens.

Ausgabe: Armen. Dichter. Dt. Übers. v. A. LEIST. Lpz. 1912.

Schaitberger (Schaidberger, Schaidtberger), Joseph, * Dürrnberg 19. März 1658, † Nürnberg 2. Okt. 1733, österr. Erbauungsschriftsteller. – Wurde 1685 im Zuge einer Protestantenverfolgung in Dürrnberg verhaftet und mit etwa 1 000 anderen ausgewiesen (Deferegger Exulanten). War Tagelöhner in Nürnberg, wurde durch heiml. Besuchsreisen, Briefe, Erbauungsschriften und Lieder geistl. Haupt der Exulanten.

Werke: Ev. Sendbrief (1702), Wahrhaftiger Bericht von der Saltzburgischen Reformation ... (1732).

Schalamow (tl.: Šalamov), Warlam Tichonowitsch [russ. ʃa'laməf], * Wologda 1. Juli 1907, † Moskau 18. Jan. 1982, russ.-sowjet. Schriftsteller. – 1929–32 und 1937–53 in Lagerhaft, wovon seine ›Geschichten aus Kolyma‹ (New York 1966–69, vollständig London 1978, dt. Ausw. 1967, vollständig 1983) erschütterndes Zeugnis ablegen; auch Lyrik.

Schallück, Paul, * Warendorf 17. Juni 1922, † Köln 29. Febr. 1976, dt. Schriftsteller. – Studierte nach dem 2. Weltkrieg, in dem er als Soldat schwer verwundet wurde, Philosophie, Germanistik, Geschichte und Theaterwiss.; war Theaterkritiker und freier Schriftsteller in Köln; gehörte zur ›Gruppe 47‹. Schrieb Essays, Hörspiele, später vorwiegend realist. Erzählungen und Romane. Mitbegründer der dt.-jüd. Bibliothek ›Germania Judaica‹ in Köln; ab 1971 Chefredakteur der Zeitschrift ›Dokumente‹. Seine zeitkrit. Abrechnung mit der Nachkriegszeit machte ihn zu einem bed. Autor der dt. Literatur nach 1945; auch Theaterstücke und Fernsehspiele.

Werke: Gericht über Kain (Hsp., Ursendung 1949), Wenn man aufhören könnte zu lügen (R., 1951), Ankunft null Uhr zwölf (R., 1953), Die unsichtbare Pforte (R., 1954), Engelbert Reinecke (R., 1959), Zum Beispiel (Essays, 1962), Don Quichotte in Köln (R., 1967), Hierzulande und anderswo (Ged., 1974), Dein Bier und mein Bier. Monolog und Briefe (1976), Bekenntnisse eines Nestbeschmutzers (En., hg. 1977).
Ausgabe: P. Sch. Gesamtwerk. Leverkusen 1976–77. 5 Bde.
Literatur: KEELE, A. F.: P. Sch. and the post-war German Don Quixote. Bern u. a. 1976.

Schalom, Schin, hebr. Dramatiker, ↑ Shalom, Shin.

Schami, Rafik, eigtl. Suheil Fadél, * Damaskus 23. Juni 1946, deutschsprachiger Erzähler syr. Herkunft. – Seit 1971 in Deutschland; in seine zeitkrit., satir. Prosa gehen oriental. Motive ein. Erhielt 1993 den Adelbert-von-Chamisso-Preis.

Werke: Andere Märchen (1978), Das Schaf im Wolfspelz (Prosa, 1982), Der erste Ritt durchs Nadelöhr (Prosa, 1985), Eine Hand voller Sterne (Jugend-R., 1987), Erzähler der Nacht (Märchen, 1989), Der fliegende Baum (Märchen, Fabeln, phantast. Geschichten, 1991), Der ehrl. Lügner (R., 1992), Der brennende Eisberg. Eine Rede, ihre Geschichte und noch mehr (1994).

Schamir (tl.: Šamîr), Mosche, * Safed (Palästina) 15. Sept. 1921, israel. Schriftsteller. – War 1941–47 Kibbuz-Mitglied, während der Mandatszeit Mitglied der (bei der Staatsgründung aufgelösten) Palmach (der militanten jüd. Selbstverteidigungsorganisation); Protagonist einer engagierten Literatur. Dementsprechend ist Uri, der Held seines ersten Romans ›Hû' halak ba-śadôt‹ (= Er ging durch die Felder, 1947), ein im Kibbuz aufgewachsener Vorkämpfer für ein rauhes, einfaches Leben, der bei einer Kommando-Aktion der Palmach ums Leben kommt; Meister des histor. Romans, in dem der Bezug zu Problemen der Gegenwart stets erkennbar ist.

Weitere Werke: Mȩlȩk baśar wa-dam (= Ein König aus Fleisch und Blut, R., 1951), Kivśat ha-raś (= Das Schaf des Armen, R., 1956), Kî'arom attâ (= Denn du bist nackt, R., 1959), Ha-gȩvûl (= Die Grenze, R., 1966).
Literatur: Enc. Jud. Bd. 14, 1972, S. 1289. – STEMBERGER, G.: Gesch. der jüd. Lit. Mchn. 1977. S. 213.

Schandorph, Sophus [Christian Frederik] [dän. 'sjandɔrf], * Ringsted 8. Mai 1836, † Kopenhagen 1. Jan. 1901, dän. Schriftsteller. – Gehörte zu den von G. Brandes beeinflußten Dichtern des ›modernen Durchbruchs‹ von 1871; schrieb unter dem Einfluß von I. Turgenjew und É. Zola zeittyp. Romane, u. a. ›Thomas Friis' historie‹ (2 Bde., 1881), sein stilistisch unausgeglichenes Hauptwerk.

Weitere Werke: Fra provindsen (Nov.n, 1876), Ohne inneren Halt (R., 1878, dt. 1881), Oplevelser (Autobiogr., 2 Bde., 1889–98).
Ausgabe: S. Sch. Ausgew. Novellen u. Skizzen. Dt. Übers. v. C. BENER. Bern 1905.
Literatur: BRANDES, G.: Det moderne giennembruds mænd. Kopenhagen ²1891. S. 314.

Schanfara, Asch (tl.: Aš Šanfarà), vorislam. arab. Dichter (des 6. Jahrhunderts?). – Starb nach einem abenteuerl. Leben eines gewaltsamen Todes. Von seinen wenigen erhaltenen Gedichten ist das auf l reimende ›Lamijjat Al Arab‹ (dt. 1915 und 1922) am bekanntesten.

Literatur: BROCKELMANN, C.: Gesch. der arab. Litteratur. Suppl.-Bd. 1. Leiden 1937. S. 52. – SEZGIN, F.: Gesch. des arab. Schrifttums. Bd. 2. Leiden 1975. S. 133.

Schaper, Edzard [Hellmuth], * Ostrowo (heute Ostrów Wielkopolski)

Edzard
Schaper

30. Sept. 1908, † Bern 29. Jan. 1984, dt. Schriftsteller. – Verbrachte seine Kindheit in Glogau und Hannover, ging mit 16 Jahren von der Schule, hatte verschiedene Berufe, u.a. Schauspieler und Matrose, 1930–40 freier Schriftsteller in Estland; floh 1940 nach Finnland, 1944 nach Schweden; seit 1947 in der Schweiz (schweizer. Staatsbürger), 1951 Übertritt zur kath. Kirche. Sein Erzählwerk (meist Stoffe aus Ost- und Nordeuropa) ist durch eine gleichnis- und legendenhafte Darstellung überkonfessionell-religiöser Themen gekennzeichnet: der Mensch in Grenzsituationen, die Bewährung des im Glauben gebundenen Gewissens unter Terror und Gewalt, Ringen um Freiheit in einer versklavten Welt. Sch. schrieb auch Dramen, Essays, Hör- und Fernsehspiele und übersetzte skand. und finn. Autoren.

Werke: Die sterbende Kirche (R., 1936), Der Henker (R., 1940, 1956 u.d.T. Sie mähten gewappnet die Saaten), Der letzte Advent (R., 1949), Die Freiheit des Gefangenen, Die Macht der Ohnmächtigen (Doppel-R., 1950 und 1952, zusammen 1961 u.d.T. Macht und Freiheit), Der Gouverneur oder Der glückselige Schuldner (R., 1954), Bürger in Zeit und Ewigkeit (Autobiogr., 1956), Der Aufruhr der Gerechten (R., 1963), Der Gefangene der Botschaft (Spiele, 1964), Das Feuer Christi (Dr., 1965), Schattengericht (En., 1967), Am Abend der Zeit (R., 1970), Taurische Spiele (R., 1971), Sperlingsschlacht (R., 1972), Degenhall (R., 1975), Die Reise unter den Abendstern (R., 1976), Geschichten aus vielen Leben (1977).
Literatur: Gespräche mit E. Sch. Hg. v. L. BESCH. Zü. 1968. – SONDEREGGER-KUMMER, I.: Transparenz der Wirklichkeit. E. Sch. u. die innere Spannung in der christl. Lit. des 20.Jh. Bln. u. New York 1971.

Scharang, Michael, * Kapfenberg 3. Febr. 1941, österr. Schriftsteller. – Studium der Theaterwiss., Philosophie und Kunstgeschichte; erste literar. Versuche während des Studiums, Mitglied des Grazer Forum Stadtpark; lebt als freier Schriftsteller in Wien. Verfaßte zuerst sprachkrit. Kurzprosa, in der er neue Sprachtechniken erprobte (›Schluß mit dem Erzählen und andere Erzählungen‹, 1970), wandte sich dann der dokumentar. Literatur, dem Hörspiel und dem realist. Roman zu, Formen, die sich für die Darstellung der Arbeitswelt besser eignen; auch theoret. Arbeiten.

Weitere Werke: Verfahren eines Verfahrens (Prosa, 1969), Zur Emanzipation der Kunst (Essays, 1971), Bericht vom Arbeitsamt (Hsp., Ursendung 1972), Charly Traktor (R., 1973), Einer muß immer parieren (Dokumentation, 1973), Bericht an das Stadtteilkomitee. Polit. Lesebuchtexte (1974), Der Beruf des Vaters (Hsp., Ursendung 1975), Der Sohn eines Landarbeiters (R., 1976), Der Lebemann (R., 1979), Harry (R., 1984), Das Wunder Österreich oder wie es in einem Land immer besser und dabei immer schlechter wird (Essays, Polemiken, Glossen, 1989), Auf nach Amerika (R., 1992), Bleibt Peymann in Wien oder kommt der Kommunismus wieder (Geschichten, Satiren, Abhandlungen, 1993).

Scharfenberg, Albrecht von, mhd. Dichter, † Albrecht von Scharfenberg.

Scharpenberg, Margot, verh. Wellmann, * Köln 18. Dez. 1924, dt. Schriftstellerin. – Lebt in New York, seit 1968 amerikan. Staatsbürgerin. Verfasserin von Erzählungen, Gedichten (oft zu Bildern oder Skulpturen) und Reisebüchern, schreibt v.a. knappe, subtile Lyrik; ihr Interesse gilt der bildenden Kunst von der Frühzeit bis zur Moderne; stellt in ihren mit großem Einfühlungsvermögen verfaßten Erzählungen meist Situationen des Alltagslebens und das Leben in der Großstadt dar.

Werke: Gefährl. Übung (Ged., 1957), Spiegelschriften (Ged., 1961), Brandbaum (Ged., 1965), Vermeintliche Windstille (Ged., 1968), Ein Todeskandidat (En., 1970), Spielraum (Ged., 1972), Fröhliche Weihnachten und andere Lebensläufe (En., 1974), Veränderung eines Auftrags (Ged., 1976), Fundfigur (Ged., 1977), Bildgespräche in Aachen (Ged., 1978), Fundort Köln (Ged., 1979), Moderne Kunst im Bildgespräch (Ged., 1982), Fallende Farben (Ged., 1983), Windbruch (Ged., 1985), Verlegte Zeiten (Ged., 1988), Rahmenwechsel (Ged., 1992).

Scharrelmann, Wilhelm, * Bremen 3. Sept. 1875, † Worpswede 18. April 1950, dt. Schriftsteller. – Volksschullehrer, dann freier Schriftsteller. Verfasser von religiös gestimmten Romanen, Tiergeschichten, Märchen und Fabeln; schildert v. a. Landschaft und Menschen Norddeutschlands.

Werke: Michael Dorn (R., 1909), Piddl Hundertmark (R., 1912), Geschichten aus der Pickbalge (1916), Das Fährhaus (R., 1928), Tiere, klug wie Menschen (E., 1946), Die Hütte unter den Sternen (R., 1947).

Scharrer, Adam, * Kleinschwarzenlohe (Landkreis Roth) 13. Juli 1889, † Schwerin 2. März 1948, dt. Schriftsteller. – Metallarbeiter, 1918 Mitglied des Spartakusbundes und der KPD, ab 1920 der Kommunistischen Arbeiterpartei Deutschlands; Redakteur der ›Kommunist. Arbeiterzeitung‹. Emigrierte 1933 nach Prag; 1934–45 in der UdSSR; schrieb autobiograph. Romane, in denen er die Zustände im Industrieproletariat zwischen 1918 und 1933 darstellte, sowie Bauernromane und Dorfgeschichten, in denen er die nationalsozialist. Volksgemeinschaftsideologie und die Verherrlichung des Landlebens kritisierte.

Werke: Vaterlandslose Gesellen (R., 1930), Der große Betrug (R., 1931), Maulwürfe (R., 1933), Familie Schuhmann (R., 1939), Die Hochzeitsreise (E., 1940), Der Hirt von Rauhweiler (R., 1942), Dorfgeschichten – einmal anders (1948). Ausgabe: A. Sch. Ges. Werke in Einzelausgg. Bln. 1–2 1961–74. 6 Bde. Literatur: Vorläufiges Findb. des literar. Nachlasses von A. Sch. Bearb. v. H. SCHURIG. Bln. 1960. – A. Sch., Erwin Strittmatter. Hg. v. K. BÖTTCHER. Bln. 3 1961.

Scharuni, Asch (tl.: Aš-Šārūnī), Jusuf, * Minuf 14. Okt. 1924, ägypt. Schriftsteller. – Schrieb unter dem Einfluß von N. Mahfus Erzählungen, die mit den Mitteln eines naiven Realismus die Probleme einfacher Leute behandeln. Dt. Übersetzungen seiner Erzählungen erschienen in den Anthologien ›Der Tod des Wasserträgers‹ (dt. 1967) und ›Von Abend zu Abend‹ (dt. 1970).

Schatrow (tl.: Šatrov), Michail Filippowitsch [russ. ʃaˈtrɔf], * Moskau 3. April 1932, russ. Dramatiker. – Schreibt Dramen u. a. über Fragen der zeitgenöss. sowjet. Jugend; mit seinem bühnenwirksamen polit. Stück ›Diktatur des Gewissens‹ (UA 1986, dt. 1987) wurde Sch. zum bekanntesten Dramatiker der Perestroika.

Weitere Werke: Bolschewiki (Dr., 1968, dt. 1969), Der Brester Frieden (Dr., UA 1987, dt. 1987, als Roman 1991 u. d. T. Der Frieden von Brest-Litowsk), Weiter ... weiter ... weiter ... (Dr., 1988, dt. 1988).

Schattenspiel (Schattentheater), Sonderform des ↑ Puppenspiels; Spiel mit handgeführten Figuren aus Eselshaut (Peking), Büffelhaut (Szetschuan, Java), Ziegenhaut oder Leder, Pergament oder (geöltem) Papier vor einer beleuchteten Glas-, Stoff- oder Papierwand; die Figuren können auch von hinten mit einer Lampe auf den Wandschirm, eine meist auf Holzrahmen gespannte Leinwand, projiziert werden. Ein hinter dem Schirm befindl. Akteur bewegt die Figuren mit zwei dünnen, am Körper und den bewegl. Armen befestigten Stäben. Mit Hilfe von Perforationen können außer dem Umriß auch Gesichtszüge und Kleider der Figuren projiziert werden. – Ursprungsland des Sch.s ist China oder Indien, als Vorform gilt es das Sch. wohl seit dem 2. Jh. v. Chr.; in China war es vom 10. bis zum 13. Jh. eine höf. Kunst, die erst allmählich dem Volk zugänglich gemacht wurde und belehrende Absicht hatte. Die Sch.figuren waren personifizierte Ahnen, jedes Detail des Spiels hatte symbol. Bedeutung. Erlernt wurde diese Flächenkunst (Yinghi) in Spielgruppen oder innerhalb der Familie über Generationen jeweils vom Vater. Das Sch. genoß weite Verbreitung in Asien (China, Indien, Thailand, Malaysia, Indonesien), wo es auf Bali und Java unter dem Namen ↑ Wayang seine kunstvollste Ausprägung erhielt. Gepflegt wurde es auch in arab. Ländern (u. a. in Ägypten seit dem 12. Jh.). Über Italien kam das Sch. nach Europa, wo es v. a. in Frankreich zu großer Kunst entwickelt wurde. In Deutschland wurde das Sch. bes. von den Romantikern gepflegt. Versuche einer Neubelebung wurden in der ersten Hälfte des 20. Jh. unternommen, u. a. von A. von Bernus (dem Begründer und Leiter der Schwabinger Schattenspiele, 1908–12), K. Wolfskehl, L. Weismantel, Lotte Reiniger (* 1899, † 1981), die 1920 ihre ersten ›Silhouettenfilme‹ anfertigte.

Literatur: BÜHRMANN, M.: Das farbige Sch. Bern 1955. – BORDAT, D./BOUCROT, F.: Les théâtres d'ombres. Paris 1956. – DILL, S.: Finger- u. Sch.e. Hdbg. 1958. – HOENERBACH, W.: Das nordafrikan. Schattentheater. Mainz 1959. – BLACKHAM, O.: Shadow puppets. London 1960. – REINIGER, L.: Shadow theatres and shadow films. London u. New York 1970. – SWEENEY, A.: Malay shadow puppets. London 1972. – SPITZING, G.: Das indones. Sch. Köln 1981. – SELTMANN, F.: Schatten- u. Marionettenspiel in Savantvadi (Süd-Maharastra). Stg. 1985. – SELTMANN, F.: Sch. in Kerala. Sakrales Theater in Süd-Indien. Stg. 1986. – SELTMANN, F.: Sch. in Karnâtaka. Stg. 1993 ff.

Schaubild, im geistl. und weltl. Schauspiel stumme, z. T. musikalisch untermalte (bisweilen unbewegte) Szene, dargestellt von lebenden Personen zur Illustration eines Gedankens oder Sachverhaltes, der z. T. durch Schrifttafeln, z. T. aus symbol. und anderen Attributen aus sich selbst heraus verständlich ist; vorgeführt auf festen Bühnen, Schaugerüsten, Altären und auf Wagen. Höhepunkt und Blütezeit: Renaissance und Barock.

Schaubühne, Die ↑ Weltbühne, Die.

Schauerroman, neben dem Räuberroman, Ritterroman, Geheimbundroman und Familienschicksalsroman eine Hauptgattung der erfolgreichen Trivial- und Unterhaltungsliteratur seit der 2. Hälfte des 18. Jahrhunderts. Der Sch. nimmt Bezug auf die Tendenzen der Aufklärung und des Rationalismus, indem er entweder das Unheimliche als erklärbare Mystifikationen enthüllt und damit zum Vorläufer des Detektivromans (↑ Kriminalliteratur) wird oder aber das Irrationale als eine Wirklichkeit vorstellt, die sich dem Zugriff der Kausalerklärungen entzieht. Die zweite Art des Sch.s erzielte den größeren Publikumserfolg. Dazu trug wesentlich der in Europa rasch und stark verbreitete engl. Sch., die sog. ↑ Gothic novel, bei, insbes. M. G. Lewis' Roman ›Der Mönch‹ (1796, dt. 1962, erstmals dt. 1797/ 1798). Erreichten die Sch.e der Engländer H. Walpole, Ann Radcliffe, Ch. R. Maturin, der Deutschen L. Tieck (frühe Romane), E. T. A. Hoffmann (›Die Elixiere des Teufels‹, 1815/ 1816), W. Hauff und später des frz. Feuilletonromanciers E. Sue (›Die Geheimnisse von Paris‹, 1842/43, dt. 1843) bes.

literar. Ansehen, so übernahm die Gattung sehr bald die Funktion – meist durch Leihbibliotheken verbreiteter – trivialer Gruselgeschichten.

Literatur: APPELL, J. W.: Die Ritter-, Räuber- u. Schauerromantik. Zur Gesch. der dt. Unterhaltungslit. Lpz. 1859. Nachdr. Pullach 1968. – TRAUTWEIN, W.: Erlesene Angst. Schauerlit. im 18. und 19. Jh. Mchn. u. Wien 1980. – TRACY, A. B.: Patterns of fear in the Gothic novel, 1790–1830. New York 1980. – WEBER, I.: Der engl. Sch. Eine Einführung. Mchn. 1983.

Schaukal, Richard, * Brünn 27. Mai 1874, † Wien 10. Okt. 1942, österr. Schriftsteller. – Ab 1897 als Sektionschef im österr. Staatsdienst, 1918 geadelt. In seiner frühen, an Übersetzungen und Symbolisten geschulten Lyrik war Sch. einem ästhetisch-dekadenten Impressionismus verpflichtet; dann Übergang zu liedhafter Schlichtheit; traditionsbewußte, konservative Haltung, Kampf gegen den Verfall in der Moderne und sprachpurist. Bemühungen bestimmen sein Werk. In kleinen Prosastücken, Aphorismen und Impressionen, äußerte er sich über Kunst und Literatur, Aristokratie und Gesellschaft im Wien der Jahrhundertwende. Schrieb auch Erzählungen und Dramen und trat als Übersetzer hervor.

Werke: Tage und Träume (Ged., 1900), Ausgewählte Gedichte (1904), Eros Thanatos (Nov.n, 1906), Leben und Meinungen des Herrn Andreas von Balthesser ... (R., 1907), Schlemihle (Nov.n, 1908), Herbst (Ged., 1914), Gedichte (1918), Dionys-bácsi (Nov.n, 1922), Von Kindern, Tieren und erwachsenen Leuten (En., 1935), Spätlese (Ged., hg. 1943), Einsame Gedankengänge (hg. 1947).

Ausgabe: R. v. Sch. Werke in Einzelausgg. (ursprüngl. u. d. T.: Ges. Werke in Ausw.). Hg. v. L. VON SCHAUKAL u. a. Wien u. a. 1960–67. 6 Bde.

Literatur: MAYER, KARL: R. v. Sch.s Weltanschauung. Diss. Wien 1959.

Schauki (tl. Šawqī), Ahmad, * Kairo 1868, † ebd. 14. Okt. 1932, ägypt. Dichter. – Studium der Rechtswissenschaft und Literatur in Montpellier; stand in großer Gunst des Khediven in Kairo; im 1. Weltkrieg von den Briten verbannt, lebte er 1915–19 im Exil in Spanien. Sch. gilt als einer der bedeutendsten Dichter der modernen arab. Literatur. Er führte das klass. Theater in die arab. Literatur ein (›Maǧnūn Lailā‹ [= Der nach Laila Verrückte], 1916;

›Kleopatra‹, 1917, u.ʾa.) und schrieb auch
histor. Romane. In seiner Dichtung
(Diwan ›Aš-Šawqiyyāt‹, 1. Ausg.
1898) trat er für Toleranz in der Religion und
den Fortschritt in der Gesellschaft ein.
Literatur: BROCKELMANN, C.: Gesch. der arab.
Litteratur. Suppl.-Bd. 3. Leiden 1942. S. 21. –
JAYYUSI, S. K.: Trends and movements in modern Arabic poetry. Leiden 1977. S. 46.

Schaumann, Ruth, * Hamburg
24. Aug. 1899, † München 13. März 1975,
dt. Schriftstellerin, Bildhauerin und Gra-
phikerin. – Veröffentlichte 15jährig ihre
ersten Gedichte, war 1918–20 Schülerin
an der Kunstgewerbeschule in München;
1924 Konversion zum Katholizismus, ∞
mit dem Kulturkritiker Friedrich Fuchs
(* 1890, † 1948). Ihr umfangreiches Werk
ist geprägt vom Katholizismus. Sie
schrieb anfangs expressive, später formstrenge, melodiöse Lyrik, ferner romantisierende Novellen und Romane, Spiele
und Jugendbücher. Schuf religiöse Bild-
werke, illustrierte viele ihrer Bücher
selbst.
Werke: Die Kathedrale (Ged., 1920), Der Re-
benhag (Ged., 1927), Amei. Eine Kindheit (Autobiogr., 1932, erweitert 1949), Yves (R., 1933),
Der Major (R., 1935), Kommt ein Kindlein auf
die Welt (Ged., 1939), Die Übermacht (R.,
1940), Die Silberdistel (E., 1941), Die Uhr (R.,
1946), Ländl. Gastgeschenk (Ged., 1948), Die
Karlsbader Hochzeit (R., 1953), Das Arsenal
(Autobiogr., 1968), Am Krippenrand (Ged.,
1969).
Literatur: TANZER, L.: Die Lyrik R. Sch.s. Diss.
Innsb. 1972.

Schauspiel,
1. Theateraufführung.
2. im allgemeinen Sprachgebrauch un-
spezifisch für alle Gattungen des ↑ Dramas, als Synonym für Bühnenstück.
3. in Unterscheidung zu Tragödie oder
Trauerspiel Drama, in dem das Tragische
angelegt ist, jedoch positiv gelöst wird
(›Lösungsdrama‹), u.a. G. E. Lessings
›Nathan der Weise‹ (1779), Goethes
›Iphigenie auf Tauris‹ (1787) oder H. von
Kleists ›Prinz Friedrich von Homburg‹
(gedr. 1821).

Schede, Paul, dt. Dichter und Humanist, ↑ Melissus, Paulus.

Scheerbart, Paul, Pseudonym Bruno
Küfer, * Danzig 8. Jan. 1863, † Berlin
15. Okt. 1915, dt. Schriftsteller. – Studierte Philosophie und Kunstgeschichte,

gründete 1892 in Berlin den ›Verlag dt.
Phantasten‹; Mitarbeiter an H. Waldens
Zeitschrift ›Der Sturm‹. In seinen Romanen und Erzählungen verbinden sich
phantast. und grotesker Humor mit gesellschaftskrit., v. a. gegen den wilhelmin.
Militarismus gerichteten Elementen;
seine skurril-utopischen Visionen weisen
auf den Surrealismus hin. Seine Programmschrift ›Glasarchitektur‹ (1914;
neu hg. 1971 u. d. T. ›Glasarchitektur und
gesammelte architektonische Phantasien‹), in der er Offenheit und Transparenz in der Architektur fordert, wurde zu
einem Kultbuch der damaligen Architek-
turavantgarde.
Weitere Werke: Na prost! (R., 1898), Rakkóx
der Billionär (R., 1900), Die Seeschlange (R.,
1901), Die große Revolution (R., 1902), Immer
mutig! (R., 2 Bde., 1902), Der Kaiser von Utopia
(R., 1904), Die Entwicklung des Luftmilitaris-
mus (Pamphlet, 1909), Kater-Poesie (Ged.,
1909), Lesabéndio (R., 1913).
Ausgaben: P. Sch. Dichterische Hauptwerke.
Hg. v. E. HARKE. Stg. 1962. – P. Sch. Ges. Werke.
Hg. v. J. KÖRBER u. a. Linkenheim 1986 ff. Auf
10 Bde. berechnet (bisher 8 Bde. erschienen).
Literatur: P. Sch. Eine Einf. in sein Werk u. eine
Ausw. Hg. v. C. MUMM. Wsb. 1955. – WOLFF, E.:
Utopie u. Humor. Aspekte der Phantastik im
Werk P. Sch.s. Ffm. u. Bern 1982. – KOHNLE, U.:
P. Sch. Eine Bibliogr. Bellheim 1994.

Scheffel, Joseph Victor von (seit
1876), * Karlsruhe 16. Febr. 1826, † ebd.
9. April 1886, dt. Schriftsteller. – Jurastudium, ab 1850 Rechtspraktikant in Heidelberg, dann in Säckingen, wo er seine volkstümlich-romant. Verserzählung
›Der Trompeter von Säkkingen‹ (1854)
begann, und in Bruchsal. 1852 reiste er
als Malerpoet nach Italien. Bald nach

Joseph Victor
von Scheffel
(Ausschnitt
aus einem
Gemälde von
Anton von
Werner,
um 1875)

der Rückkehr Austritt aus dem bad. Staatsdienst. Aufenthalt am Bodensee und in Sankt Gallen, dort Studien für seinen kulturhistor., im 10. Jh. angesiedelten Roman ›Ekkehard‹ (1855, bis 1886 neunzig Auflagen). 1856 in München, Verbindung zum ↑Münchner Dichterkreis. 1857 Archivar und Bibliothekar auf Schloß Donaueschingen, 1863 Gast bei J. Freiherr von Laßberg auf Schloß Meersburg, dann beim Großherzog von Sachsen-Weimar; 1865 sächsisch-weimar. Hofrat. Verbrachte die letzten Lebensjahre seelisch und körperlich krank bei Radolfzell am Bodensee. Neben seinen Romanen, die ihn zum Lieblingsschriftsteller des damaligen dt. Bildungsbürgertums machten, schrieb Sch. zahlreiche Kneipen- und Studentenlieder, so z. B. ›Alt-Heidelberg, du feine ...‹, ›Als die Römer frech geworden‹, ›Wohlauf, die Luft geht frisch und rein‹. Insbes. auch in seinen Gedichtsammlungen ›Frau Aventiure‹ (1863) und ›Gaudeamus‹ (1868) erweist er sich als Vertreter einer sog. ›Butzenscheibenlyrik‹, einer lyrisch-gemütvollen Idyllenpoesie, geistig und zeitlich der Gegenwart entrückt, allerdings bei Sch. nicht selten ironisch durchsetzt. Von seiner Hand sind auch noch Skizzenbücher sowie fast vierhundert Zeichnungen und Aquarelle erhalten.

Ausgaben: J. V. v. Sch. Ges. Werke in 6 Bden. Hg. v. J. PROELSS. Stg. 1907 (mit Biogr.). – J. V. v. Sch. Werke. Hg. v. F. PANZER. Lpz. ²1925. 4 Bde.
Literatur: BREITNER, A.: J. V. v. Sch. u. seine Lit. Bayreuth 1912. – LECHNER, M.: J. V. v. Sch. Eine Analyse seines Werkes u. seines Publikums. Diss. Mchn. 1962. – EGGERT, H.: Studien zur Wirkungsgesch. des histor. Romans. 1850–1875. Ffm. 1971. – Der unbekannte Sch. Biogr. v. F. BENTMANN u. Nachwort v. H. BENDER. Waldkirch 1982. – SELBMANN, R.: Dichterberuf im bürgerl. Zeitalter. J. V. v. Sch. u. seine Lit. Hdbg. 1982. – MAHAL, G.: J. V. v. Sch. Karlsr. 1986.

Scheffler, Johann, dt. Liederdichter und Epigrammatiker, ↑Angelus Silesius.

Schéhadé, Georges [frz. ʃeaˈde], *Alexandria (Ägypten) 2. Nov. 1907, †Paris 17. Jan. 1989, libanes. Schriftsteller. – Aus frz. orientierter libanes. Familie; lebte ab 1976 in Paris. Sch., der in frz. Sprache schrieb, war als Dramatiker mit seiner Vorliebe für das Surrealistisch-

Georges
Schéhadé

Traumhafte und Poetisch-Märchenhafte einer der frühesten Vertreter des absurden Theaters in Frankreich; auch surrealist. Lyriker und Romancier.

Werke: Poésies (Ged., 3 Bde., 1938–48), Poésies zéro (Ged., 1951), Herr Bob'le (Dr., 1951, dt. 1957), Sprichwörterabend (Dr., 1954, dt. 1954), Die Geschichte von Vasco (Dr., 1956, dt. 1958), Die Veilchen (Dr., 1960, dt. 1960), Die Reise (Dr., 1961, dt. 1961), Die Auswanderer (Dr., 1965, dt. 1966), L'habit fait le prince (Pantomime, 1973), Le nageur d'un seul amour (Ged., 1985).
Literatur: BÉHAR, H.: Étude sur le théâtre dada et surréaliste. Paris 1967. – SCHOELL, K.: Das frz. Drama seit dem Zweiten Weltkrieg. Bd. 2. Gött. 1970. S. 23. – JAZZAR, D.: Étude littéraire et dramaturgique du théâtre de Sch. Bordeaux 1979. – Cahiers G. Sch. Paris 1994.

Scheibelreiter, Ernst, *Wien 13. Nov. 1897, †ebd. 3. März 1973, österr. Schriftsteller. – Naturverbundener Lyriker, Erzähler und Dramatiker; knüpfte an die österr. Dramentradition an. Schrieb Hörspiele, Essays und Filmdrehbücher sowie Kinderbücher. Gab mehrere österr. Lyrikanthologien heraus.

Werke: Hirten um den Wolf (Dr., 1930), Freundschaft mit der Stille (Ged., 1932), Rudi Hofers grünes Jahrzehnt (R., 1934), Die frohe Ernte (Ged., 1935), Hanna und die ›Wallfahrer‹ (R., 1938), Der Weg durch die bittere Lust (R., 1946), Unselige Begegnung (R., 1947), Das fremde Nest (R., 1954), Mensch zwischen Trümmern und Splittern (Ged., 1971).

Scheidt (Scheit, Scheid, Scheyt), Kaspar, *um 1520, †Worms 1565, dt. Dichter. – Onkel und Lehrer J. Fischarts, Schulmeister in Worms; als Moralist und Lehrdichter v. a. durch die volkstüml. Übertragung und Erweiterung von F. Dedekinds ›Grobianus‹ bekannt (hg. 1551

u. d. T. ›Grobianus. Von groben sitten, und unhoeflichen geberden‹).

Weitere Werke: Ein kurtzweilige Lobrede von wegen des Meyen, ... (1551), Frölich Heimfart (1552).

Scheidt, Martha vom, dt. Schriftstellerin, ↑ Saalfeld, Martha.

Schelle-Noetzel, A. H. [ˈnœtsəl], Pseudonym des österr. Schriftstellers Arnolt ↑ Bronnen.

Scheller (tl.: Šeller), Alexandr Konstantinowitsch [russ. ˈʃellɪr], Pseudonym A. Michailow, * Petersburg 11. Aug. 1838, † ebd. 4. Dez. 1900, russ. Schriftsteller. – Sohn eines Esten; stammte aus einer Musikerfamilie. Sch. schrieb erfolgreiche, von D. I. Pissarew beeinflußte Romane mit Themen aus der Welt der russ. Intelligenz; er pflegte auch die sozialpolit. Publizistik; übersetzte u. a. S. Petőfi, F. Freiligrath und A. von Chamisso.

Schelling, Caroline von, * Göttingen 2. Sept. 1763, † Maulbronn 7. Sept. 1809, dt. Schriftstellerin. – Tochter des Orientalisten Johann David Michaelis (* 1717, † 1791), 1784 ∞ mit dem Bergarzt Böhmer in Clausthal (heute zu Clausthal-Zellerfeld), lebte nach dessen Tod (1788) in Göttingen und Marburg; ab 1790 mit G. Forster befreundet; mit ihm hatte sie Verbindungen zum jakobin. Mainzer Klub; deshalb 1793 in Königstein im Taunus inhaftiert. Freundschaftl. Beziehungen zu Friedrich Schlegel, 1796 ∞ mit dessen Bruder August Wilhelm Schlegel, mit dem sie in Jena zum Mittelpunkt des frühromant. Kreises wurde; nach der Scheidung heiratete sie 1803 den Philosophen F. W. J. von Schelling, mit dem sie nach Würzburg übersiedelte. Sie war die bedeutendste Frau für dt. Romantik; hatte Anteil an mehreren unter A. W. Schlegels Namen erschienenen Aufsätzen und dessen erster Shakespeare-Übersetzung; verfaßte Besprechungen belletrist. Werke; bed. Briefwechsel.

Ausgabe: Caroline (d. i. Caroline Schlegel). Briefe aus der Frühromantik. Nach G. Waitz vermehrt hg. v. Erich Schmidt. Lpz. 1913. 2 Bde. Nachdr. Bern 1970.
Literatur: Ritchie, G. F.: Caroline Schlegel-Sch. in Wahrheit u. Dichtung. Bonn 1968. – Murtfeld, R.: Moderne Frau in revolutionärer Zeit. Caroline Schlegel-Sch. Bonn 1973. – Dischner, G.: Caroline und der Jenaer Kreis. Bln. 1979. – Klessmann, E.: ›Ich war kühn, aber

Caroline von Schelling (Ausschnitt aus einem Gemälde von Johann Friedrich August Tischbein, 1789)

nicht frevelhaft‹. Das Leben der C. Schlegel-Sch. Neuausg. Bergisch-Gladbach 1992.

Schelmenroman (pikarischer Roman, pikaresker Roman, Pikaroroman), bed. Form des ↑ Abenteuerromans, in dessen Mittelpunkt die Gestalt des Picaro (Schelms) steht, der in der Ichform seine mannigfaltigen Schicksale und Abenteuer aus der Perspektive des sozial Benachteiligten erzählt, der sich im Dienst verschiedener Herren mit List und oft unerlaubten Machenschaften durchs Leben schlägt. Dabei werden meist die Gesellschaftsschichten, mit denen er in Berührung kommt, kritisch betrachtet, so daß der Schelmenroman auch als Gesellschaftssatire verstanden werden kann. – Der europ. Sch. entstand in Spanien in der 2. Hälfte des 16. Jahrhunderts. Als frühestes Beispiel gilt der 1554 anonym veröffentlichte ›Lazarillo de Tormes‹ (dt. 1617). Aus der Fülle der span. Sch.e des 16./17. Jh. sind v. a. M. Alemáns ›Der Landstörtzer Gusman von Alfarache‹ (1599–1604, dt. 1615), M. de Cervantes Saavedras Novelle ›Rinconete und Cortadillo‹ (1613, dt. 1617), V. Espinels ›Leben und Begebenheiten des Escudero Marcos Obregon, oder ...‹ (1618, dt. 1827) und F. G. de Quevedo y Villegas ›Der abenteuerl. Buscón‹ (1626, dt. 1963, erstmals dt. 1665) zu erwähnen, die im übrigen Europa rasch übersetzt und, oft stark erweitert oder modifiziert, nachgeahmt wurden.

Literatur: Parker, A. A.: Literature and the delinquent. The picaresque novel in Spain and Europe 1599–1753. Edinburgh 1967. – Bataillon, M.: Pícaros y picaresca. Madrid 1969. – Pikar. Welt. Schriften zum europ. Sch. Hg. v.

H. HEIDENREICH. Darmst. 1969. – DUNN, P. N.: The Spanish picaresque novel. Boston (Mass.) 1979. – Der dt. Sch. im europ. Kontext. Rezeption, Interpretation, Bibliogr. Hg. v. G. HOFFMEISTER. Amsterdam 1987. – ROSKOTHEN, J.: Hermet. Pikareske. Beitrr. zu einer Poetik des Sch.s. Ffm. u. a. 1992. – BAUER, MATTHIAS: Im Fuchsbau der Geschichten. Anatomie des Sch.s. Stg. u. a. 1993. – GRETSCHEL, H.-V.: Die Figur des Schelms im dt. Roman nach 1945. Ffm. 1993.

Scheltema, Carel Steven Adama van ↑ Adama van Scheltema, Carel Steven.

Schemtschuschnikow (tl.: Žemčužnikov), Alexei Michailowitsch [russ. ʒəmˈtʃuʒnikɐf], * Potschep (Gebiet Brjansk) 22. Febr. 1821, † Tambow 7. April 1908, russ. Lyriker. – Aus Adelsfamilie; bis 1858 im Senat; veröffentlichte mit seinem Bruder Wladimir Michailowitsch Sch. (* 1830, † 1884) und A. K. Tolstoi unter dem Pseudonym ↑ Kosma Prutkow. Seine Lyrik ist N. A. Nekrassow verpflichtet und behandelt soziale und bürgerl. Themen.
Ausgabe: A. M. Žemčužnikov. Izbrannye proizvedenija. Moskau u. Leningrad 1963.

Schendel, Arthur van [niederl. ˈsxɛndəl], * Batavia (heute Jakarta) 5. März 1874, † Amsterdam 11. Sept. 1946, niederl. Schriftsteller. – Lehrer in England und in den Niederlanden, freier Schriftsteller, ab 1921 in Italien, ab 1945 in den Niederlanden. Schrieb anfangs neuromant. Romane und Erzählungen über mittelalterl. Themen, wobei Zeit und Raum kaum bestimmt werden, später realist. Romane mit Themen v. a. aus dem holländ. Kleinbürgertum; hier steht häufig der kalvinist. Prädestinationsgedanke als Variante des Schicksals im Hintergrund. In seinem Spätwerk tritt das romantisch-phantast. Element wieder stärker hervor.
Werke: Een zwerver verliefd (En., 1904), Een zwerver verdwaald (En., 1907, beide zus. dt. 1924 u. d. T. Ein Wanderer), Der Berg der Träume (R., 1913, dt. 1927), Das Vollschiff Johanna Maria (R., 1930, dt. 1933), Eine Insel in der Südsee (R., 1931, dt. 1959), Eeen Hollandsch drama (R., 1935), De grauwe vogels (R., 1937), Het oude huis (R., 1946).
Literatur: PULINCKX, R.: A. v. S., zijn werk en zijn betekenis. Diest 1944. – NoË, J.: A. v. S. Nimwegen u. Brügge 1980. – 's-GRAVESANDE, G. H.: A. v. S., zijn leven en werk. Den Haag 1981.

Schengelaja (tl.: Šengelaja), Leon Michailowitsch, georg. Schriftsteller, ↑ Kiatscheli, Leo.

Schenhar (tl.: Šenhar), Isaak, eigtl. I. Schenberg, * Woltschisk (Ukraine) 21. Febr. 1902, † Jerusalem 18. Juni 1957, israel. Schriftsteller. – Emigrierte 1921 nach Palästina; sein Werk umfaßt Novellen, Gedichte, Reiseberichte, bibl. Erzählungen, Kinderbücher sowie 30 Bände Übersetzungen aus europ. Sprachen (aus dem Deutschen u. a. R. M. Rilke). Meister der psycholog. Novelle; handhabt einen ausgewogenen, nuancenreichen Stil, durch den er ›Atmosphäre‹ schafft. Hintergrund der Novellen ist das jüd. Leben im Stetel (Städtchen) und das Leben der russisch-jüd. Pioniere (Chaluzim) in Palästina zur Mandatszeit. In späteren Erzählungen beschreibt er mit großer Einfühlung Lebensweise und Mentalität von Einwanderern aus aller Herren Länder. Einige Novellen sind ins Deutsche übersetzt worden (u. a. in der Anthologie ›In Davids Laube‹, 1959).

Schenk, Johannes, * Berlin 2. Juni 1941, dt. Schriftsteller. – War u. a. Seemann, lebt in Berlin. Schreibt Gedichte, Kurzgeschichten und Stücke, u. a. für das von ihm 1969 gegründete ›Kreuzberger Straßentheater‹. Gegenstand seiner literar. Werke ist meist die See und das Leben als Seemann.
Werke: Bilanzen und Ziegenkäse (Ged., 1968), Zwiebeln und Präsidenten (Ged., 1969), Die Genossin Utopie (Ged., 1973), Jona (Ged., 1976), Die Stadt im Meer (Kinderb., 1977), Zittern (Ged., 1977), Der Schiffskopf (En., 1978), Für die Freunde an den Wasserstellen (Ged., 1980), Die Abenteuer des Erfinders Philipp Nobalbo (1984), Café Americain (Ged., 1985), Spektakelgucker (Ged., 1990), Dorf unterm Wind. Eine Kindheit in Worpswede (1993).

Schenkendorf, Max von, * Tilsit 11. Dez. 1783, † Koblenz 11. Dez. 1817, dt. Lyriker. – Mit A. von Arnim, J. G. Fichte, J. D. Gries u. a. Hg. der Zeitschriften ›Vesta‹ (1807) und ›Studien‹ (1808); Teilnahme am Freiheitskampf gegen Napoleon, nach dem Krieg Regierungsrat in Koblenz. Schrieb volkstümlich gewordene patriot. (›Freiheit, die ich meine‹) und religiös-myst. Lieder; trat für die Wiederherstellung des alten Reiches ein.

Ausgabe: M. v. Sch. Gedichte. Hg. v. E. GROSS. Bln 1910.
Literatur: MERTENS, E.: Neue Beitrr. zu M. v. Sch.s Leben, Denken u. Dichten. Koblenz 1988.

Schenker, Walter, * Solothurn 16. Juli 1943, schweizer. Germanist und Schriftsteller. – Seit 1975 Prof. für dt. Sprachwiss. in Trier. Veröffentlichte neben sprachwiss. Arbeiten (›Die Sprache M. Frischs in der Spannung zwischen Mundart und Schriftsprache‹, 1969) Erzählungen und Romane, z. B. den aus der Perspektive einer 1943 geborenen Frau geschriebenen Roman ›Gudrun‹ (1985).
Weitere Werke: Leider. Solothurner Geschichten (1969), Prof. Gifter (R., 1979), Anaxagoras oder Der Nord-Süd-Konflikt (R., 1981), Soleil. Eine Geschichte zwischen Tag und Traum (1981), Engelsstaub oder Paris am Gegenpol der Melancholie (R., 1986), Am andern Ende der Welt (R., 1988), Manesse (R., 1991).

Schenschin (tl.: Šenšin), Afanassi Afanasjewitsch [russ. ʃɐnˈʃin], russ. Lyriker, † Fet, Afanassi Afanasjewitsch.

Schenute, hl., * vor 360 (333/334?), † um 451, kopt. Mönch und Abt. – Sch. war Abt des ›Weißen Klosters‹ in Atripe bei Sohag (Oberägypten); er wirkte als Reformator und Organisator des ägypt. Mönchtums in der Tradition des Pachomius. 431 nahm er am Konzil von Ephesus teil. Über das Kloster hinaus wirkte er als Missionar mit dem Ziel der gewaltsamen Unterdrückung des Heidentums.
Ausgabe: Sinuthii archimandritae vita et opera omnia. Hg. v. J. LEIPOLDT u. E. W. CRUM. In: CSCO 41, 42, 73, 96, 108, 129. Nachdr. Paris 1951–64. 6 Bde.; dt. Übers. v. H. WIESMANN. In: CSCO 96, 108, 129. Löwen 1931–1951.
Literatur: LEIPOLDT, J.: Schenüte v. Atripe u. die Entstehung des national-ägypt. Christentums. Lpz. 1903.

Schenzinger, Karl Aloys, * Neu-Ulm 28. Mai 1886, † Prien a. Chiemsee 4. Juli 1962, dt. Schriftsteller. – Arzt u. a. in Hannover, 1923–25 in New York; ab 1928 freier Schriftsteller. Sein 1932 erschienener, später verfilmter Roman ›Hitlerjunge Quex‹ verherrlichte die nationalsozialist. Jugendorganisation. Die Romane ›Anilin‹ (1936) und ›Metall‹ (1939) zählen zu den ersten populärwiss. Darstellungen techn. Entwicklungen.
Weitere Werke: Atom (R., 1950), Schnelldampfer (R., 1951), I. G.-Farben (R., 1953), 99 % Wasser (R., 1956).

Scherenberg, Christian Friedrich, * Stettin 5. Mai 1798, † Zehlendorf (heute zu Berlin) 9. Sept. 1881, dt. Lyriker. – Als Handlungsgehilfe tätig, Schauspielerausbildung; Bibliothekar im Kriegsministerium in Berlin; Mitglied der Dichtergesellschaft ›Tunnel über der Spree‹. Schrieb seinerzeit sehr beliebte vaterländ. Gedichte, in denen er v. a. Schlachten der preuß. Geschichte schilderte (›Waterloo‹, 1849; ›Leuthen‹, 1849; ›Hohenfriedberg‹, 1869).
Ausgabe: Ch. F. Sch. Ausgew. Dichtungen. Hg. v. H. SPIERO. Lpz. 1914.
Literatur: FONTANE, TH.: Ch. F. Sch. Neuausg. Ffm. 1979.

Scherfig, Hans [dän. 'sjɛrfi], * Kopenhagen 8. April 1905, † Hillerød 28. Jan. 1979, dän. Schriftsteller. – Schildert und kritisiert aus marxist. Sicht in seinen vielgelesenen Romanen Gewohnheiten, Ungereimtheiten und Absurditäten der modernen bürgerl. Gesellschaft, u. a. sektierer. Idealismus, Anpassung und Widerstand während der dt. Besetzung.
Werke: Der tote Mann (R., 1937, dt. 1958), Der verschwundene Kanzleirat (R., 1938, dt. 1949), Der versäumte Frühling (R., 1940, dt. 1949), Idealisten (R., 1945, dt. 1950), Schloß Frydenholm (R., 1962, dt. 1967), Affe und andere Erzählungen (1964, dt. 1975), Morgenrødens land (Essays, 1971), Den fattige mands bil (Essays, 1971), Det borgerlige samfund (Essays, 1974), Marxisme, rationalisme, humanisme (Essays, 1975).
Literatur: CLANTE, C.: Normale mennesker. H. Sch. og hans romaner. Kopenhagen 1975. – MOESTRUP, J.: H. Sch. Kopenhagen 1977. – MAYFAHRT, A.: Dän. Gesellschaftszustände im Prisma des Komischen. Gestalten u. Gestaltung in H. Sch.s Romanen. Diss. Greifswald 1979.

Scherr, Johannes, * Hohenrechberg-Hinterweiler (heute zu Schwäbisch Gmünd) 3. Okt. 1817, † Zürich 21. Nov. 1886, dt. Schriftsteller und Literarhistoriker. – Der antiklerikale Publizist wurde 1848 als demokrat. Abgeordneter in die württemberg. Abgeordnetenkammer gewählt; 1849 mußte er wegen seiner großdt. Einstellung in die Schweiz fliehen. Ab 1860 Prof. für Geschichte in Zürich. In zahlreichen Gedichten, Erzählungen und Romanen schilderte Sch. seine württemberg. Heimat und die dt. Vergangenheit. Daneben stehen kultur- und literarhistor. Arbeiten.

Werke: Der Kerker auf Neuffen (Nov., 1839), Der Genius (Ged., 1842), Allgemeine Geschichte der Literatur (1851), Geschichte dt. Cultur und Sitte (3 Bde., 1852/53), Geschichte der Engl. Literatur (1854), Schiller und seine Zeit (1859).
Literatur: KLINKE, W.: J. Sch., Kulturhistoriker. Leben, Wirken, Gedankenwelt. Thayngen-Schaffhausen 1943.

Schertenleib, Hansjörg, * Zürich 4. Nov. 1957, schweizer. Schriftsteller. – Veröffentlicht seit 1981 Gedichte, Hörspiele, einen Roman sowie Erzählungen, die sich durch phantasiereiche Bilder, atmosphärische Dichte und sprachliche Genauigkeit auszeichnen.
Werke: Zeitzünder Bd. 2 (Ged., 1981; mit J. Stelling und M. Züfle), Grip (En., 1982), Die Ferienlandschaft (R., 1983), Die Prozession der Männer (En., 1985), Im Herzen der Bestie (Hsp., 1987), Die Geschwister (R., 1988), Stoffmann und Herz (Dr., UA 1988), Der stumme Gast (Ged., 1989), Der Antiquar (E., 1991).

Schewtschenko (tl.: Ševčenko), Taras Hryhorowytsch [ukrain. ʃɛfʹtʃɛnkɔ], * Morinzy (Gebiet Tscherkassy) 9. März 1814, † Petersburg 10. März 1861, ukrain. Dichter. – Leibeigener, wurde 1838 freigekauft; studierte 1838–44 Malerei an der Petersburger Akademie (u. a. Schüler von K. P. Brjullow); beschäftigte sich später in Kiew mit der Erforschung ukrain. Altertümer; 1847 wegen Zugehörigkeit zu einer geheimen Slawophilengemeinschaft, der Kyrillo-Methodianischen Gesellschaft, und antizarist. Schriften verbannt und mit Schreibverbot belegt; 1857 begnadigt; ab 1858 in Petersburg. Bedeutendster Dichter der Ukraine, erhob die ukrain. Volkssprache zur Literatursprache; Anregungen verdankte er der Bibel, der ukrain. Folklore, der antiken und zeitgenöss. Literatur; seine volkstüml. Dichtung umfaßt v. a. lyr., politisch-soziale und histor. Poeme und Balladen, ferner Dramen und Erzählungen; schrieb auch in russ. Sprache. Bes. bekannt wurde der Gedichtzyklus ›Der Kobsar‹ (1840, dt. Auszug 1911, vollständig dt. 1951), ebenso ›Die Haidamaken‹ (Poem, 1841, dt. 1951). Sch. trat auch als Maler hervor. Seine Radierungen entstanden z. T. nach eigenen Werken.
Weitere Werke: Der Künstler (E., 1856, dt. 1939), Der Traum (Poem, 1859, dt. 1951), Der Kaukasus (Poem, 1859, dt. 1911), Der Häretiker

Taras Hryhorowytsch Schewtschenko

oder Johannes Hus (Poem, 1860, dt. Auszug 1911), Die Neophyten (Poem, 1860, dt. 1951), Marina (Poem, postum 1867, dt. 1962), Velykyj l'och (= Die große Gruft, Verdichtung, postum 1867–76).
Ausgaben: T. H. Ševčenko. Povne zibrannja tvoriv. Kiew 1939–64. 10 Bde. – T. Sch. Der Kobsar. Ausgew. Dichtungen. Dt. Übers. Moskau 1951. 2 Bde.
Literatur: T. Ševčenko, 1814–61. Hg. v. V. MIJAKOVS'KYJ u. G. Y. SHEVELOV. Den Haag 1962. – T. Ševčenko. 1814–61. Mchn. 1964. – T. Ševčenko. Hg. v. J. BOJKO u. E. KOSCHMIEDER. Wsb. 1965. – Shevchenko and the critics. 1861–1980. Hg. v. G. S. LUCKYJ. Toronto 1981.

Scheye, Ruth, dt. Schriftstellerin, ↑ Hoffmann, Ruth.

Scheyt, Kaspar, dt. Dichter, ↑ Scheidt, Kaspar.

Schickele, René, Pseudonym Sascha, * Oberehnheim (Unterelsaß) 4. Aug. 1883, † Vence 31. Jan. 1940, elsäss. Schriftsteller. – Sohn einer Französin und eines dt. Weingutsbesitzers; Studium in Straßburg, München, Paris und Berlin. Gründer und Hg. der Zeitschriften ›Der Stürmer‹ (1902) und ›Der Merker‹ (1903; beide mit O. Flake). Freier Schriftsteller, als Journalist Reisen nach Griechenland, Italien, Kleinasien, Nordafrika und Indien; 1909 Korrespondent in Paris, Chefredakteur in Straßburg, während des 1. Weltkriegs Emigration in die Schweiz; ab 1913 Mitarbeiter, 1914–20 Hg. der pazifist. Zeitschrift ›Die weißen Blätter‹, eines Forums für linksbürgerl. Intellektuelle und Expressionisten. 1932 erneute Emigration (nach Südfrankreich). Sch., einer der Wortführer des Expressionismus, gestaltete als Elsässer, der sich zwei Nationen zugehörig fühlte, menschl. Schicksale zwischen Völkern und Kulturen, kämpfte unermüdlich für eine gegenseitige Annäherung und Verständigung über Grenzen hinweg mit dem Ziel einer europ. Kultureinheit. Seine weltbürgerlich-pazifist. Haltung kennzeichnet auch die Entwicklung vom symbolist. Lyriker zum expressionist. Erzähler, der stets als krit. Realist dem politisch-geistigen Zeitgeschehen verpflichtet blieb. Seine Romantrilogie ›Das Erbe am Rhein‹ (1925–31) verweist auf die trag. Situation eines Grenzländers; auch Essays und Übersetzungen (G. Flaubert, H. de Balzac).

René
Schickele

Weitere Werke: Sommernächte (Ged., 1902), Der Ritt ins Leben (Ged., 1906), Der Fremde (R., 1909), Weiß und Rot (Ged., 1910), Meine Freundin Lo (E., 1911), Schreie auf dem Boulevard (Essays, 1913), Benkal, der Frauentröster (R., 1914), Die Leibwache (Ged., 1914), Mein Herz, mein Land (Ged., 1915), Hans im Schnakenloch (Dr., 1915), Der 9. November (Essays, 1919), Die Genfer Reise (Skizzen, 1919), Am Glockenturm (Dr., 1920), Wir wollen nicht sterben! (Essays, 1922), Symphonie für Jazz (R., 1929), Die Witwe Bosca (R., 1933), Die Flaschenpost (R., 1937), Heimkehr (E., frz. 1938, dt. 1939).
Ausgabe: R. Sch. Romane u. Erzählungen. Vorwort v. W. Rasch. Köln 1983. 2 Bde.
Literatur: R. Sch.s Leben u. Werk in Dokumenten. Hg. v. F. Bentmann. Nbg. ²1976. – Elsässer, Europäer, Pazifist: Studien zu R. Sch. Hg. v. A. Finck u. M. Staiber. Kehl u. a. 1984. – Ertz, M.: Friedrich Lienhard u. R. Sch. Elsäss. Literaten zw. Deutschland u. Frankreich. Hildesheim 1990. – R. Sch. aus neuer Sicht. Hg. v. A. Finck u. a. Hildesheim 1991. – Seubert, H.: Dt.-frz. Verständigung: R. Sch. Mchn. 1993.

Schicksalsdrama (Schicksalstragödie), allgemein ein Drama, in dem die Handlung durch den Kampf des Helden mit einem von außen hereinbrechenden, unabwendbaren Schicksal bestimmt wird. Diese Grundkonstellation spielte seit der antiken Tragödie eine maßgebl. Rolle: der Mensch ist dem als göttlich verehrten Schicksal ausgeliefert (Sophokles, ›Oidípus týrannos‹, entst. vor 425 v. Chr., dt. 1759, 1968 u. d. T. ›König Ödipus‹). Die dt. Klassik formte den antiken Schicksalsgedanken um: der Mensch als freie sittl. Persönlichkeit überwindet das Schicksal, gerade auch im äußeren Scheitern (Schiller, ›Wallenstein‹, 1800). Die Vorstellung eines unheiml., dämon. Schicksals, das den Menschen vernichtet, entstand erst in der Romantik. Mit Z. Werners Stück ›Der vierundzwanzigste Februar‹ (1810) begann das romant. Sch. als literar. Modegattung, in der mit einer Häufung schreckl. Zufälle, mit unheilvollen Weissagungen, Familienfluch, blutrünstigen Szenen usw. eine grausige Stimmung beschworen wurde. Die Schwächen dieser Dramengattung riefen Parodien hervor (z. B. A. von Platens Komödie ›Die verhängnisvolle Gabel‹, 1826).

Schidjak, Asch (tl.: Aš-Šidyāq), Ahmad Faris, * Aschkut (Libanon) 1804, † Konstantinopel (heute Istanbul) 1887, libanes. Schriftsteller. – Früher Kontakt zu den amerikan. Missionaren von Beirut; Übertritt zum Protestantismus; half 1848 der engl. Bibelgesellschaft in London bei der Übersetzung der Bibel ins Arabische; Übertritt zum Islam und Annahme des Vornamens Ahmad; einer der Bahnbrecher der modernen arab. Renaissance; seine Erneuerungen fanden ihren Niederschlag in seiner Tätigkeit als Journalist, in seiner Autobiographie und seinen linguist. Untersuchungen, in denen er für eine Vereinfachung der Regeln der arab. Grammatik eintrat.
Literatur: Brockelmann, C.: Gesch. der arab. Litteratur. Suppl.-Bd. 2. Leiden 1938. S. 867.

Schiebelhuth, Hans, * Darmstadt 11. Okt. 1895, † auf Long Island (N.Y.) 14. Jan. 1944, dt. Schriftsteller. – Studierte Germanistik; lebte lange in Italien, ab 1937 in New York. War mit K. Wolfskehl befreundet und dem Kreis um S. George nahestehender Lyriker; bed. Übersetzer v. a. der Werke von Th. Wolfe.

Werke: Die Klänge des Morgens (Ged., 1912), Der kleine Kalender (Ged., 1919), Wegstern (Ged., 1921), Schalmei vom Schelmenried (Ged., 1933), Lyr. Vermächtnis (Ged., hg. 1957), Wir sind nicht des Ufers (Ged., hg. 1957). **Ausgabe:** H. Sch. Werke. Bearb. u. kommentiert v. M. Schlösser. Darmst. 1966–67. 2 Bde. **Literatur:** Usinger, F.: H. Sch. Eine Einf. in sein Werk. u. eine Ausw. Wsb. 1967.

Schieber, Anna, * Esslingen am Nekkar 12. Dez. 1867, † Tübingen 7. Aug. 1945, dt. Schriftstellerin. – Verfasserin von Kinder- und Jugendbüchern, Erzählungen und Romanen, in denen sie Menschen liebevoll und mit Humor darstellt und die Landschaft ihrer schwäb. Heimat schildert. Später wandte sie sich auch sozialen Themen zu.
Werke: Röschen, Jaköble und andere kleine Leute (Kinderb., 1907), Der Unnutz. Zugvögel (En., 1912), Ludwig Fugeler (R., 1918), Das Opfer u. a. Erzählungen (1920), Balladen und Lieder (1927), Das große Ich (R., 1930), Doch immer behalten die Quellen das Wort (Erinnerungen, 1932), Der Weinberg (E., 1937), Heimkehr zum Vater (En. und Ged., hg. 1961).

Schierbeek, Bert [niederl. 'sxi:rbe:k], eigtl. Lambertus Roelof S., * Glanerbrug bei Enschede 28. Juni 1918, niederl. Schriftsteller. – Sein Werk ›Het boek ik‹ (1951), in dem auch typograph. Gestaltungsmittel eingesetzt werden, gilt als erstes Werk der experimentellen Prosa in den Niederlanden. Beeinflußt u. a. vom Zen-Buddhismus. Auch Reisebeschreibungen.
Weitere Werke: De blinde zwemmers (R., 1955), De tuinen van Zen (Essay, 1959), Inspraak (R., 1970), De deur (Ged., 1972), Vallen en opstaan (Ged., 1977), Betrekkingen (Prosa, 1979), Binnenwerk (Prosa, 1982), Door het oog van de wind (Ged., 1988).

Schiestl-Bentlage, Margarete, dt. Schriftstellerin, ↑ Zur Bentlage, Margarete.

Schiga (tl.: Shiga), Naoja, * Schinomaki (Mijagi) 20. Febr. 1883, † Nara 21. Okt. 1971, jap. Schriftsteller. – Studierte in Tokio engl. Literatur; begründete mit S. Muschanokodschi die Zeitschrift ›Shirakaba‹; behandelte in seinen Erzählwerken mit großer Einfühlungsgabe gern psycholog. Themen in einem gemäßigten Realismus. Sein konventionell-humorist. Engagement drückt sich aus in der Suche nach Gerechtigkeit, Ehre, Integrität der Persönlichkeit und geistiger Klarheit. Bed. ist sein stark autobiograph. Züge tragender Roman ›Anjakoro‹ (= Straße durch die dunkle Nacht, 1921–37, engl. u. d. T. ›A dark night's passing‹, 1976). Einige seiner Novellen erschienen 1960 in dt. Übersetzung in dem Sammelband ›Der Flaschenkürbis‹.
Weitere Werke: Seibei und seine Flaschenkürbisse (E., 1913, dt. 1964), Das Verbrechen des Han (E., 1913, dt. 1975), In Kinosaki (E., 1917, dt. 1964), Liebesbriefe eines Spions (E., 1917, dt. 1950), Die Gottheit des Burschen Senkichi (E., 1919, dt. 1930), Die Wiedergeburt (E., 1924, dt. 1964), Kuniko (E., 1927, dt. 1942), Erinnerungen an Yamashina (Kurzprosa, dt. Ausw. 1986).

Schikaneder, Emanuel, eigtl. Johann Joseph Schickeneder, * Straubing 9. Sept. 1751, † Wien 21. Sept. 1812, dt. Bühnendichter und Theaterleiter. – War Schauspieler, Regisseur, Sänger und Musiker in verschiedenen Städten, lernte 1780 in Salzburg die Familie Mozart kennen, kam 1785 als Schauspieler und Sänger an das Nationaltheater in Wien, übernahm 1786 die Leitung des Hoftheaters in Regensburg, 1789 die des Freihaus-Theaters in Wien, gründete 1801 das Theater an der Wien und war 1807–09 Direktor des Brünner Theaters. Starb verarmt und wahnsinnig. Von seinen zahlreichen Zauberstücken, Ritterstükken, Lokalpossen und Singspielen ist nur noch das Libretto zu W. A. Mozarts Oper ›Die Zauberflöte‹ (1791) bekannt.
Literatur: Komorzynski, E.: E. Sch. Ein Beitr. zur Gesch. des dt. Theaters. Wien 1951. – Honolka, K.: Papageno. E. Sch. Der große Theatermann der Mozartzeit. Salzburg 1984. – Kammermayer, M.: E. Sch. u. seine Zeit. Grafenau 1992.

Schildbürger (Die Sch.), Titel einer Sammlung von Streichen und Schwänken törichter Kleinbürger, als deren Vertreter die Bewohner des literarisch fingierten Ortes Schilda (dem heutigen Schildau, bei Torgau, zugeschrieben) erscheinen. Das Volksbuch ›Die Sch.‹ (1598) geht weitgehend auf das ↑ ›Lalebuch‹ zurück.

Schildt, [Ernst] Runar, * Helsinki 26. Okt. 1888, † ebd. 29. Sept. 1925, schwedischsprachiger finn. Dichter. – Seine Vorbilder waren G. de Maupassant, A. France und v. a. H. Söderberg.

Sein episches und dramatisches Werk
kreist um das Problem des gescheiterten
Lebens.
Werke: Den segrande Eros (Nov.n, 1912),
Regnbågen (Nov., 1916), Perdita (Nov.n, 1918),
Hemkomsten (Nov.n, 1919), Armas Fager
(Nov., 1920), Häxskogen (Nov.n, 1920),
Galgmannen (Dr., 1922), Den stora rollen (Dr.,
1923), Lyckoriddaren (Dr., 1923).
Ausgaben: R. Sch. Samlede skrifter. Helsinki
¹⁻⁵1926. 6 Bde. – E. R. Sch. Noveller. Helsinki
1955. 2 Bde.
Literatur: CASTRÉN, G.: R. Sch. Stockholm
1927.

Friedrich
von Schiller

Schiller, [Johann Christoph] Friedrich von (seit 1802), * Marbach am Nekkar 10. Nov. 1759, † Weimar 9. Mai 1805,
dt. Dichter. – Sein Vater, Johann Caspar
Sch. (* 1723, † 1796), absolvierte die militär. Laufbahn, bevor er die Leitung der
Hofgärtnerei der ›Solitude‹ bei Stuttgart
übernahm; die Mutter war die Marbacher Wirtstochter Elisabeth Dorothea
Kodweis (* 1732, † 1802). Sch. besuchte
ab 1767 die Ludwigsburger Lateinschule,
um in den württemberg. Kirchendienst
einzutreten, ab 1773 die Hohe Karls-
schule in Stuttgart. Die herzogl. Willkür
bestimmte ihn zum Studium der Rechte,
Ende 1775 wechselte er zur Medizin, in
der Hoffnung, als Arzt einen dem ange-
strebten Amt des Seelsorgers annähernd
entsprechenden Beruf ausüben zu können. Die medizin. Abgangsarbeiten (u. a.
›Versuch über den Zusammenhang der
thierischen Natur des Menschen mit seiner geistigen‹, 1780) formulierten bereits
eine aus der materialist. Psychologie
stammende anthropolog. Grundkon-
stante von Sch.s Denken: die der physio-
log. Bedingtheit alles Geistigen. Auch zu
der zweiten lebensprägenden Grundein-
sicht gelangte er früh: zu der Überzeugung von der Hinfälligkeit geschichtl.
Größe und, damit verbunden, zu einem
Zweifel am Sinn überhaupt. Ende 1780
wurde Sch. Regimentsmedikus in Stuttgart; einen Ausgleich für die Verbitte-
rung über geringe Bezahlung, strengste
Dienstvorschriften und Uniformzwang
bot das burschikose Leben mit Freunden, das ihm den Ruf eines wilden Menschen und Trinkers einbrachte.
Schon als Vierzehnjähriger hatte sich
Sch. an Gedichten und dramat. Entwürfen versucht, dann wandte er sich eher

beiläufig und aus finanziellen Gründen
dem Schreiben zu. Seine frühe Lyrik
(›Anthologie auf das Jahr 1782‹, 1782)
zeigt einen rhetor. Reichtum an Tönen,
lebt aus den Affekten der Unermeßlich-
keit und Harmonie der Schöpfung, des
Grauens vor dem Tod und der Sinnlosig-
keit des Weltlaufs; spricht von Ent-
zücken und Resignation der Liebe
(›Laura‹-Oden), dem Konflikt von Leben
und Tod, stellt hochgemutes Reden, in
dem sich das idealist. Pathos ankündigt,
neben zynisches, dem die Gewißheit der
Größe Gottes zerbrochen ist (›Die
Freundschaft‹, ›Hymne an den Unendli-
chen‹). Der philosoph. Aufsatz ›Die
Theosophie des Julius‹ (entst. 1781, gedr.
1786, in: ›Thalia‹) dagegen bezeugt den
Glauben an die ideelle Einheit der Welt.
Der völlig unerwartete Erfolg seines
Schauspiels ›Die Räuber‹ (gedr. 1781,
UA am 13. Jan. 1782) auf dem Mannheimer Theater bestätigte sein literar. Talent, führte aber zum Konflikt mit seinem
Landesherrn Karl Eugen, der Sch. wegen
unerlaubter Reisen (er war u. a. ohne Urlaub zur Uraufführung gefahren) mit Ar-
rest belegte und ihm unter Androhung
von Festungshaft Schreibverbot erteilte.
Sch.s Flucht aus dem herzogl. Machtbe-
reich nach Mannheim am 22./23. Sept.
1782 (zusammen mit seinem Freund J. A.
Streicher) bedeutete in letzter Konsequenz die Flucht vor der Gefährdung seines Dichtertums, dem er eine neue, revolutionäre Aufgabe zumaß: Die Verkündigung des existentiellen Protestes der
mündigen Person gegen heteronome Bindung. Das Gedicht ›Die schlimmen

Monarchen‹ (1782, in: ›Anthologie auf das Jahr 1782‹) beschreibt diesen Anspruch der Poesie auf ein universales Richteramt in dem freiheitlich-polit. Protest gegen alles Versklavende, gegen die zeitgenöss. Staatsordnung, Sitte und Konvention. In diesem Pathos der Freiheit lag das eigtl. Lebensthema für den Dramatiker Sch., dem die außergewöhnl. Größe eines Charakters – auch eines großen Verbrechers – zum Leitbild seiner Schauspiele wurde. Seiner Vorstellung von Theater als einem Gemälde von Charakteren unter großem Schicksal korrespondiert die Frage nach dem Sinn des Bösen, die sog. Theodizee, die sich in den ›Räubern‹ den Motiven des verlorenen Sohns, der feindl. Brüder und der gestörten Familien- und Weltordnung verband. Anders, als es der expressiv-revolutionäre Elan des Stückes vermuten läßt, entstand dieser dramat. Erstling in einem wandlungsreichen Prozeß, der auch nach der Uraufführung nicht abgeschlossen war und der neben Sch.s ursprüngl. Gespür für dramat. Situation und Effekt seine artistisch planende und ökonomisch verfahrende Arbeitsweise verrät. Sein dramaturgisch bewußt auf Wirkung zielender Kunstverstand setzte neben das trag. Ende der ›Verschwörung des Fiesko zu Genua‹ (Dr., 1783) auch ein glückliches und zeigte eine wachsende Neigung, dramat. Figuren in der Vieldeutigkeit ihrer Handlungen psychologisch zu analysieren.

Die Ablehnung des ›Fiesko‹, der bei Sch.s Flucht nahezu abgeschlossen war, durch den Mannheimer Intendanten W. H. von Dalberg, eine Schuldenlast, die sich u. a. durch den Selbstverlag der ›Anthologie‹ angehäuft hatte, und die Angst vor Verhaftung und Auslieferung als Deserteur veranlaßten Sch. Ende Nov. 1782 zu einem Aufenthalt bei Henriette von Wolzogen, der Mutter seines Schulfreundes in Bauerbach (Thüringen). Zwischen Dez. 1782 und Juli 1783 skizzierte er hier einen ersten Aufriß des ›Dom Karlos Infant von Spanien‹ (heute meist ›Don Carlos‹) und Szenen zur ›Maria Stuart‹; ein Plan zur Gründung eines Theaterjournals, der späteren ›Rheinischen Thalia‹ und ›Thalia‹, wurde erwogen. Das Interesse der Mannheimer Bühne an der ›Luise Millerin‹ bewog ihn im Juli 1783 zur Rückkehr nach Mannheim, wo eine Anstellung als Theaterdichter und die Aussicht auf eine Aufführung des umgearbeiteten ›Fiesko‹ die Geldschwierigkeiten beheben zu können schienen. Das mit deutl. Bezug auf W. Shakespeares ›Romeo und Julia‹ konzipierte bürgerl. Trauerspiel ›Luise Millerin‹, von dem Mannheimer Schauspieler W. A. Iffland in ›Kabale und Liebe‹ umbenannt, war, im Sommer 1783 fertiggestellt (gedr. 1784, UA am 13. April 1784 in Frankfurt am Main), kein dauernder Publikumserfolg in Mannheim, ebensowenig der ›Fiesko‹. Fieberanfälle, der Ausbruch einer Krankheit, die Sch. nie überwinden sollte, verhinderten die Lieferung eines vertraglich abgemachten weiteren Stückes; der Vertrag wurde nicht verlängert. Auch der Versuch einer ›Mannheimer Dramaturgie‹ nach dem Vorbild G. E. Lessings schlug fehl; der Vortrag ›Was kann eine gute stehende Schaubühne eigentlich wirken?‹ (1785, in: ›Rhein. Thalia‹; 1802 u. d. T. ›Die Schaubühne als moral. Anstalt betrachtet‹) hebt den moralisch-nutzbringenden Zweck des Theaters und die kulturstiftende Funktion der Kunst hervor, die das Element des ästhet. Scheins nicht zur bloßen Zerstreuung, sondern zur Sphäre der Humanität werden läßt, eine Vorstellung, die in der politisch-philosophisch ausgeweiteten Abhandlung ›Ueber die ästhet. Erziehung des Menschen, in einer Reihe von Briefen‹ (1795, in: ›Die Horen‹) ausführlich dargestellt wird.

Die Ernennung zum ›Fürstl. Rath‹ durch den Herzog Karl August von Sachsen-Weimar (am 27. Dez. 1784) hob Sch.s Selbstbewußtsein, eine Wende seines Lebens aber brachte die Bekanntschaft mit Ch. G. Körner, der ihn nach Leipzig und Dresden (1785/86) einlud und ihm zu gewisser materieller Unabhängigkeit für seinen Dichterberuf verhalf; als Ausdruck des Dankes für diese selbstlose Freundschaft entstand 1785 das Lied ›An die Freude‹ (gedr. 1803, in: ›Gedichte‹, Bd. 2). 1787 erschien die Buchausgabe des ›Dom Karlos‹, das Drama der Spannung von Idee und Geschichte, von abstraktem Ideal und geschichtl. Konkretisierung, vielfach umgearbeitet und in den ›Briefen über Don Karlos‹ (1788, in: ›Teutscher Merkur‹) entwicklungsgeschichtlich beleuchtet. Diese Liebes-, Freundschafts- und Herrschertragödie, deren Keimzelle Sch.s historisch-polit. Interesse an der Inquisition als Form der geheimen Mechanik von Weltbeherrschung war, zieht in der virtuosen Handhabung des Blankverses und in der inneren Ökonomie die Summe seiner bisherigen dramat. Möglichkeiten. Durch finanzielle Bedürfnisse veranlaßt, erprobte Sch. neue schriftsteller. Möglichkeiten: Literaturkritik, Übersetzung und Bearbeitung von Weltliteratur, Geschichtsdarstellung (›Geschichte des Abfalls der vereinigten Niederlande von der span. Regierung‹, 1788) und erzählende Dichtung, die wie ›Der Geisterseher‹ (1787–89, in: ›Thalia‹) und ›Verbrecher aus Infamie‹ (1786, in: ›Thalia‹; ab 1792 u. d. T. ›Der Verbrecher aus verlorener Ehre‹) eine Lust am Kriminalistischen und an der psychologisch-genet. Betrachtung des Verbrecherischen verrät.

Auf Einladung besuchte Sch. 1787 Weimar, wo ihn J. G. Herder, Ch. M. Wieland und der Kreis um die Herzoginmutter Anna Amalia wohlwollend aufnahmen. Die erste Begegnung mit Goethe (7. Sept. 1788), auf den er sich in einem Gefühl von Rivalität und resignierter Unterlegenheit bezogen wußte, verlief kühl; Goethe schlug Sch. für eine (unbesoldete) Jenaer Professur vor, die er am 26. Mai 1789 mit der Vorlesung ›Was heißt und zu welchem Ende studiert man Universalgeschichte?‹ (gedr. 1789) antrat. 1790 heiratete er Charlotte von Lengefeld, mit der er vier Kinder hatte, und zog nach Jena. 1791 verschlechterte sich sein angegriffener Gesundheitszustand drastisch, sogar das Gerücht seines Todes verbreitete sich. Den langsam Genesenden beschäftigten die philosoph. Schriften I. Kants, die eine entscheidende Wendung in Sch.s theoret. Denken bewirkten und eine Pause in der dichter. Produktivität zur Folge hatten. In der philosoph. Reflexion suchte Sch. Klarheit über das Wesen des Schönen, der Kunst und v. a. des Dichters und dessen kulturstiftende Aufgabe. Neben die Bildungsmacht Kant trat die intensive Beschäftigung mit der Antike, die an die Winckelmannsche Kunsttheorie und das frühe Erlebnis angesichts des Mannheimer Antikensaals anknüpfte (›Brief eines reisenden Dänen‹, 1785, in: ›Rhein. Thalia‹). Auch das Gedicht ›Die Götter Griechenlandes‹ (1788, in: ›Teutscher Merkur‹) lebt aus diesem Bild der Antike, der Identität von Griechentum und totalem Menschentum. Durch diese Erfahrung reifte Sch., dessen geistesgeschichtl. Herkunft von Pietismus, Aufklärung und Geniekult bestimmt war, ein neuer Begriff von Klassizität zu. Ihre moderne Möglichkeit erkannte er in der bewundernden Rezension von Goethes ›Iphigenie‹ (1789, in: ›Krit. Übersicht der neuesten schönen Literatur der Deutschen‹). Auch die als Reflexion des Kantstudiums verfaßten Aufsätze ›Ueber Anmut und Würde‹ (1793, in: ›Neue Thalia‹), ›Ueber die ästhet. Erziehung des Menschen ...‹ und ›Ueber naive und sentimental. Dichtung‹ (1795/96, in: ›Die Horen‹) kreisen um das Problem, wie die moderne Gespaltenheit des Menschen in ein harmon. Lebensgefühl zu überführen sei. Mit dem Tragischen, seinen seel. Voraussetzungen und Wirkungen befassen sich die Schriften ›Ueber den Grund des Vergnügens an trag. Gegenständen‹ (1792, in: ›Neue Thalia‹), ›Ueber die trag. Kunst‹ (1792, in: ›Neue Thalia‹), ›Ueber das Pathetische‹ (1793, in: ›Neue Thalia‹), ›Ueber das Erhabene‹ (1801, in: ›Kleinere prosaische Schriften‹, Teil 3). Bereits das Gedicht ›Die Künstler‹ (1789, in: ›Teutscher Merkur‹) hatte die kultivierende Funktion der Kunst beschrieben, und auch nach dem Durchgang durch die krit. Reflexion auf der neuen Stufe eines vertieften Selbstverständnisses hielt Sch. an diesem Gedanken vom Dichter als dem erhöhten Menschen fest. Die Rückkehr zur dichter. Produktion markierte 1795 das Gedicht ›Die Macht des Gesangs‹, viele Gedichte der folgenden Sammlungen (u. a. ›Pegasus im Joche‹, 1796, in: ›Musenalmanach für das Jahr 1797‹; ›Das Ideal und das Leben‹, 1796, in: ›Die Horen‹) machten die Dichtung zum Gegenstand der Dichtung; die Elegie ›Der Spaziergang‹ (1795, in: ›Die Horen‹) bringt die Vision von der allegor. Gültigkeit kulturgeschichtl. Verläufe; die Reihe der Distichen ›Einer‹

(1796, in: ›Musenalmanach für das Jahr 1797‹) ist als Parallele zu Goethes ›Römischen Elegien‹ (1795) ersichtlich.

1794 kam es auf der Reise in die Heimat mit dem Verleger J. F. Cotta zur Erörterung gemeinsamer Verlagspläne, deren Ergebnis Sch.s Zeitschrift ›Die Horen‹ (1795–97) war; neben Kant, J. Ch. F. Hölderlin und J. G. Fichte lud Sch. auch Goethe zur Mitarbeit ein. Dessen Zusage, ein wechselseitig geführtes Gespräch über Goethes ›Metamorphose der Pflanzen‹ und Sch.s ebenso werbender wie klug charakterisierender Brief zu Goethes 45. Geburtstag begründeten einen Freundschaftsbund, der bis zu Sch.s Tod andauern sollte. Der sich anbahnenden Annäherung wegen lehnte Sch. eine Berufung als ordentl. Prof. der Philosophie nach Tübingen ab. Der gemeinsame Kampf gegen den Niedergang des literar. Geschmacks und die Bemühungen Sch.s und Goethes um eine neue, normative Klassik erhielten eine Freundschaft, der es gelang, alle Wesensgegensätze in einer gegenseitigen Produktivität mit dem Ziel einer erneuerten Kultur aufzuheben. Der von der Erfahrung zu prakt. Maximen führende Umgang mit Goethe milderte die spekulative Seite, die Naturferne Sch.s; die Zusammenarbeit bereicherte beider dichter. Praxis und Reflexion: in den ›Horen‹ und ›Propyläen‹ (1798 bis 1800), bei den ›Xenien‹ (1796, in: ›Musenalmanach für das Jahr 1797‹), im gemeinsamen Aufsatz ›Über ep. und dramat. Dichtung‹ (entst. 1797, gedr. 1827, in: ›Ueber Kunst und Alterthum‹); für beide Dichter machte die Vereinigung des einander Entgegengesetzten das Kennzeichen der ästhet. Kunst aus, für beide lag das eigtl. klass. Element in der dichter. Selbständigkeit der Verbindung von Antikem und Gegenwärtigem. Im gemeinsamen sogenannten ›Balladenjahr‹ 1797/98 schrieb Sch. u. a. ›Der Ring des Polykrates‹, ›Die Kraniche des Ibykus‹, ›Der Gang nach dem Eisenhammer‹, ›Ritter Toggenburg‹, ›Der Taucher‹, ›Der Handschuh‹, ›Die Bürgschaft‹, ›Der Kampf mit dem Drachen‹ (alle gedr. 1797 bzw. 1798, in: ›Musenalmanach für das Jahr 1798‹ bzw. ›1799‹). Sch.s Suche nach einem Neubeginn seines dramat. Schaffens mündete wieder

im Historischen, sein grundlegendes Kriterium fand er im ›prägnanten Moment‹. Bis auf ›Die Braut von Messina oder Die feindlichen Brüder‹ (gedr. 1803, UA 19. März 1803), die als Sch.s klassizistischstes Stück das Muster des Sophokleischen ›Oedipus‹ nachahmte, haben alle folgenden Dramen geschichtl. Themen. Auswirkungen seines Studiums der Antike finden sich u. a. in der Verwendung des Chores in der ›Braut von Messina‹ und Plänen zu chor., mit Musik begleiteten Schauspielen, wie ihm überhaupt die Oper eine Zeitlang als die Entsprechung der griech. Tragödie erschien. Zeitkritik übte Sch. in seinem Entwurf eines ästhet. Erziehungsprogramms, das zugleich eine Auseinandersetzung mit der Französischen Revolution und ihren Ausschreitungen darstellte. 1792 war dem Dichter der ›Räuber‹ von der frz. Nationalversammlung das Ehrendiplom der Revolution verliehen worden in der falschen Vorstellung (die lange wirksam blieb) vom jungen Schiller als ideolog. Vorläufer der Revolution. Die 12 Briefe ›Ueber die ästhet. Erziehung des Menschen‹ geben, wie auch seine anderen geschichtsphilosoph. Schriften, Einblick in die konservativ-legitimist. Anerkennung der gewachsenen Ordnung und entwickeln eine Konzeption des Schönen und der Kunst, der allein die Verwandlung des Menschen in die höchste Form des Menschseins gelingen kann. Für die moderne Dichtungstheorie wurde Sch.s Typologie von ›naiver und sentimental. Dichtung‹ programmatisch, die weniger eine Verteidigung des eigenen Dichtens gegenüber Goethe darstellte, sondern eine selbstbewußte Darstellung der neuzeitl. Produktivität beinhaltete.

Aus Sch.s Beschäftigung mit dem Dreißigjährigen Krieg erwuchs die ›Wallenstein‹-Trilogie (›Wallensteins Lager‹, UA 12. Okt. 1798; ›Die Piccolomini‹, UA 30. Jan. 1799; ›Wallensteins Tod‹, UA 20. April 1799; zusammen gedr. 1800), die Tragödie des zögernden Täters, der durch die Tat seine Freiheit zu verlieren glaubt, sie aber durch sein Nicht-Handeln erst recht verliert. Um Politik geht es auch in dem Trauerspiel ›Maria Stuart‹ (gedr. 1801; UA 14. Juni 1806), diesmal in der differenzierten Psychologie weibl.

Machtausübung, die den Gegensatz von Katholizismus und Protestantismus mitklingen läßt. Sch.s Skepsis gegen die positiven Formen und Inhalte der christl. Religion, im ›Don Carlos‹ noch auf den Nenner einer negativen Haltung zum Katholizismus gebracht, erscheint in der ›Jungfrau von Orleans‹ (gedr. 1801, in: ›Kalender auf das Jahr 1802‹; UA 11. Sept. 1801) von der Faszination durch das Phänomen der Heiligkeit überglänzt; in dieser ›romant. Tragödie‹ steht die poet. Wahrheit des Weges von ›Arkadien‹ nach ›Elysium‹, von der natürl. zur idealen Schönheit, gegen die histor. Wahrheit. Von der Problematik des Tyrannenmordes handelt Sch.s letztes Drama ›Wilhelm Tell‹ (gedr. 1804; UA 11. März 1804), das die Geschichte der Eidgenossenschaft durch die Heldentaten Tells als Heilsgeschichte interpretierte. Bis auf die ›Jungfrau von Orleans‹ (Leipzig) wurden alle klass. Dramen in Weimar uraufgeführt. Mit der Wiedereröffnung des umgebauten Weimarer Theaters und dem gemeinsamen Wirken Sch.s und Goethes setzte die Glanzzeit dieser Bühne ein. Sch. lieferte Bearbeitungen des ›Macbeth‹ von Shakespeare, des ›Nathan‹ von Lessing, der ›Turandot‹ von C. Graf Gozzi, der ›Phädra‹ des J. Racine und anderer Stücke mit der Absicht, dem dt. Theater ein solides Fundament auszubilden. Weimar, bislang nur Provisorium, wurde fester Wohnsitz (April 1802), der Herzog erhöhte Sch.s Gehalt, im Nov. 1802 wurde er in den Adelsstand erhoben.

In den letzten Lebensjahren behauptete sich die Produktivität gegen den Körper, trotz lähmender Krankheit bewiesen Listen und Konzepthefte vom dramat. Ideen und Plänen eine unermüdl. Tätigkeit des Sammelns, Planens und Durchdenkens und erlauben einen Blick in die Werkstatt des dramaturg. Kalküls, die Sch. sonst gern verschlossen hielt: der unvollendete ›Demetrius‹ (gedr. 1815) fußte auf dem Motiv des falschen Kronprätendenten, die Geschichte ›Warbecks‹ führte in das England des 15. Jh.; in ›Die Maltheser‹ spielte das Motiv der Freundschaft und der Empörung gegen staatl. Knechtung eine wichtige Rolle, die Nähe der Kriminaltragödie suchte

das Schauspiel ›Die Polizei‹. Eine Fortsetzung der ›Räuber‹ sollte das Stück ›Die Braut in Trauer‹ bringen, ›Narbonne oder Die Kinder des Hauses‹ hatte den Vater- und Brudermord im Zentrum der Idee. ›Charlotte Corday‹, ›Themistocles‹, ›Die Prinzessin von Celle‹, ›Agrippina‹ blieben Entwürfe, das Motiv der Seereise als Lebensfahrt taucht in mehreren Dramenplänen auf (›Die Flibustiers‹, ›Das Schiff‹), als Gegenstück zu ›Faust‹ oder ›Don Juan‹ war das Drama ›Rosamund‹ vorgesehen. Von einem erneuten Krankheitsanfall im Juli 1804 erholte sich Sch. nicht mehr. Seine sterbl. Überreste kamen 1827 in die Fürstengruft zu Weimar. Sein Freund Ch. G. Körner begann 1810 mit den Vorbereitungen zur ersten Gesamtausgabe der Werke (12 Bde., 1812–15).

Ausgaben: F. v. Sch. Sämmtl. Schrr. Hg. v. K. Goedeke u. a. Stg. 1867–76. 15 Bde. in 17 Tlen. – Sch.s dramat. Nachlaß. Hg. v. G. Kettner. Weimar 1895. 2 Bde. – F. v. Sch. Sämtl. Werke. Hg. v. E. von der Hellen u. a. Stg. u. Bln. 1904–05. 16 Bde. – Aus Sch.s Werkstatt. Seine dramat. Pläne u. Bruchstücke. Hg. v. G. Witkowski. Lpz. 1910. – Sch.s Werke. Nationalausg. Begr. v. J. Petersen. Hg. v. L. Blumenthal u. B. von Wiese. Weimar 1943 ff. Auf 43 Bde. in 49 Tlen. berechnet. Teilweise Nachdr. 1969 ff. – F. Sch. Briefe. Hg. v. G. Fricke. Mchn. 1955. – F. Sch. Sämtl. Werke. Hg. v. G. Fricke u. a. Mchn. ⁴1965–69. 5 Bde. Tb.-Ausg. u. d. T. dtv-Gesamtausg. 20 Bde. Mchn. ¹⁻²1965–70. – F. Sch. Briefe. Ausgew. u. erl. v. K.-H. Hahn. Bln. u. Weimar 1968. 2 Bde. – F. Sch. Sämtl. Werke. Textred. v. J. Perfahl. Mchn. 1968. 5 Bde. – Sch.s Gespräche. Hg. v. F. Frhr. von Biedermann. Zü. u. a. ²1974. – F. v. Sch. Sämtl. Werke in 10 Bden. Berliner Ausg. Hg. v. H.-G. Thalheim u. a. Bln. 1980 ff. – F. v. Sch. Briefe. Hg. v. E. Streitfeld u. V. Žmegač. Königstein i. Ts. 1983. – Der Briefwechsel zwischen Sch. u. Goethe 1794–1805. Hg. v. S. Seidel. Mchn. 1985. 3 Bde.

Literatur: Allgemeines: Sch.s Persönlichkeit. Urtheile der Zeitgenossen und Documente. Hg. v. M. Hecker u. J. Petersen. Weimar 1904–09. 3 Bde. – Ludwig, A.: Sch. u. die dt. Nachwelt. Bln. 1908. – Mann, Th.: Versuch über Sch. Bln. 1955. – Wilpert, G. von: Sch.-Chronik. Stg. 1958. – Koopmann, H.: F. Sch. Stg. 1966. 2 Bde. – Sch.s Leben u. Werk in Daten u. Bildern. Hg. v. B. Zeller u. W. Scheffler. Ffm. 1966. – Sch.s Leben dokumentar. in Briefen, zeitgenöss. Berr. u. Bildern. Zusammengestellt v. W. Hoyer. Köln u. Bln. 1967. – F. Sch. Hg. v. B. Lecke. Mchn. 1969–70. 2 Tle. – Koopmann, H.: Sch.-Kommentar. Mchn. 1969. 2 Bde. –

Sch. – Zeitgenosse aller Epochen: Dokumente zur Wirkungsgeschichte Sch.s in Deutschland. Hg. v. N. OELLERS. Mchn. 1970–76. 2 Bde. – UEDING, G.: Sch.s Rhetorik. Idealist. Wirkungsästhetik u. rhetor. Tradition. Tüb. 1971. – KAISER, G.: Von Arkadien nach Elysium. Sch.-Studien. Gött. 1978. – RUPPELT, G.: Sch. im nationalsozialist. Deutschland. Versuch einer Gleichschaltung. Stg. 1979. – Sch., Aspekte neuerer Forschung. Hg. v. N. OELLERS. Bln. 1990. – OELLERS, N.: Sch. Stg. 1993. – **Leben und Werk:** CYSARZ, H.: Sch. Halle/Saale 1934. Nachdr. Tüb. u. Darmst. 1967. – MUSCHG, W.: Sch. Die Tragödie der Freiheit. Mchn. ²1959. – WENTZLAFF-EGGEBERT, F. W.: Sch.s Weg zu Goethe. Bln. ²1963. – WIESE, B. VON: F. Sch. Stg. ³1963. – BUCHWALD, R.: Sch. Leben u. Werk. Ffm. ⁵1966. – STAIGER, E.: F. Sch. Zü. 1967. – STORZ, G.: Der Dichter F. Sch. Stg. ⁴1968. – LAHNSTEIN, P.: Sch.s Leben. Mchn. 1981. – KOOPMANN, H.: Sch. Eine Einf. Mchn. u. a. 1988. – BURSCHELL, F.: F. Sch. Rbk. 191.–194. Tsd. 1994. – **Lyrik:** VIEHOFF, H.: Sch.s Gedichte, erl. u. auf ihre Veranlassungen, Quellen u. Vorbilder zurückgeführt, nebst Varianten-Sammlung. Stg. ⁷1895. 3 Tle. in 2 Bden. – IFFERT, W.: Der junge Sch. im Weltanschauungskampf seiner Zeit. Halle/Saale ²1933. – KELLER, W.: Das Pathos in Sch.s Jugendlyrik. Bln. 1964. – **Dramatik:** SPENGLER, W.: Das Drama Sch.s. Seine Genesis. Lpz. 1932. – MAY, K.: F. Sch. Idee u. Wirklichkeit im Drama. Gött. 1948. – RUDLOFF-HILLE, G.: Sch. auf der dt. Bühne seiner Zeit. Bln. u. Weimar 1969. – RISCHBIETER, H.: F. Sch. Velber 1976–78. 2 Bde. – Sch.s Dramen. Hg. v. W. HINDERER. Stg. 1979. – **Geschichte und Philosophie:** FISCHER, KUNO: Sch. als Philosoph. Hdbg. ²1891–92. 2 Bde. – SPRANGER, E.: Sch.s Geistesart, gespiegelt in seinen philosoph. Schrr. u. Gedichten. In: Die Erziehung 17 (1941/42), S. 33. – MAINLAND, W. F.: Sch. The changing past. London u. a. 1957. – REGIN, D.: Freedom and dignity. The historical and philosophical thought of Sch. Den Haag 1965. – POTT, H.-G.: Die schöne Freiheit. Eine Interpretation zu Sch.s Schrift ›Über die ästhet. Erziehung ...‹. Mchn. 1980. – **Bibliographien und Periodika:** GOEDECKE, K.: Grundriß zur Gesch. der dt. Dichtung. Bd. 5, Abt. 2. Dresden ²1893. – MARCUSE, H.: Sch.-Bibliogr. Bln. 1925. Nachdr. Hildesheim 1971. – WIESE, B. VON: Sch.forschung und Sch.deutung von 1937–1953. In: Dt. Vjschr. 27 (1953), S. 452. – Jb. der Dt. Sch.gesellschaft. Hg. v. F. MARTINI u. a. Stg. Bd. 1 (1957)ff. – VULPIUS, W.: Sch.-Bibliogr. 1893–1953. Weimar 1959. – VULPIUS, W.: Sch.-Bibliogr. 1959–1963. Bln. u. Weimar 1967. – WERSIG, P.: Sch.-Bibliogr. 1964–1974. Bln. u. Weimar 1977. – KOOPMANN, H.: Sch.-Forschung 1970–1980. Marbach 1982. – HANNICH-BODE, I.: Sch.-Bibliogr. 1979–1982 u. Nachträge. In: Jb. der Dt. Sch.gesellschaft 23 (1979), 27 (1983) u. 31 (1987).

Schiller-Gedächtnispreis des Landes Baden-Württemberg, 1955 vom Land Baden-Württemberg gestifteter Literaturpreis, der zuerst alle zwei, seit 1959 alle drei Jahre am Geburtstag Schillers verliehen wird (Dotierung: heute 40 000 DM). Preisträger: R. Kassner (1955), R. Pannwitz (1957), W. Lehmann (1959), W. Bergengruen (1962), M. Frisch (1965), G. Eich (1968), G. Storz (1971), E. Jünger (1974), G. Mann (1977), M. Walser (1980), Ch. Wolf (1983), F. Dürrenmatt (1986), K. Hamburger (1989), V. Braun (1992).

Schillergesellschaft (Deutsche Sch.), literarisch-wiss. Vereinigung; Sitz Marbach am Neckar; 1994: 3 800 Mitglieder, Präsident: Eberhard Lämmert. Die Dt. Sch. wurde 1895 als ›Schwäb. Schillerverein‹ (ab 1946 ›Dt. Sch.‹) mit dem Ziel gegründet, ein ›Schiller-Archiv und -Museum‹ für die schwäb. Literatur und Geistesgeschichte zu errichten (verwirklicht 1903; ↑Schiller-Nationalmuseum/Deutsches Literaturarchiv); die zunächst regional beschränkten Sammlungen wurden 1955 mit der Gründung des Dt. Literaturarchivs auf die neuere dt. Literatur von 1750 bis zur Gegenwart ausgeweitet. Die Dt. Sch. ist Eigentümerin dieser Institute; ihre Aufgaben sieht sie heute deren Verwaltung und Aufbau, in Erforschung und Vermittlung der neueren dt. Literatur und des Werkes Schillers im besonderen. Neben kulturellen Veranstaltungen, Vorträgen, Ausstellungen, Kolloquien usw. dienen diesem Zweck seit 1957 das wiss. ›Jahrbuch der Dt. Sch.‹ (1994, Bd. 38) und als selbständige Publikationen die ›Veröffentlichungen der Dt. Sch.‹ (seit 1948, 1905–37 u. d. T. ›Veröffentlichungen des Schwäb. Schillervereins‹; bis 1994 46 Bde.); seit 1956 ›Marbacher Kataloge‹ (bis 1994 48 Bde.); seit 1968 ›Marbacher Schriften‹ (bis 1994 41 Bde.); seit 1972 ›Verzeichnisse–Berichte–Informationen‹ (bis 1994 16 Bde.); seit 1976 ›Marbacher Magazin‹ (bis 1994 70 Bde.). Das Schiller-Nationalmuseum ist seit 1943 Mit-Hg. der ›Nationalausgabe‹ der Werke und Briefe Schillers (bis 1994 51 Bde.); seit 1967 Mit-Hg. der historisch-krit. Gesamtausgabe der ›Werke und Briefe‹ E. Mörikes (bis 1994 11 Bde.).

Schiller-Nationalmuseum/Deutsches Literaturarchiv, Marbach am Neckar, Sammelstätte dt. Literatur ab 1750. – 1903 wurde ein schwäb. Dichtermuseum eingerichtet; Eigentümer und Träger war der ›Schwäb. Schillerverein‹ bzw. ist die Deutsche Schillergesellschaft; seit 1922 unter dem Namen ›Sch.-N.‹; enthält die größte ständige Schausammlung von Lebens- und Wirkungszeugnissen Schillers, daneben ständige Ausstellungen über Wieland und Schubart, Hölderin, die Schwäb. Romantik, Cotta als Verleger. Die Angliederung des über den schwäb. Bereich hinausgreifenden ›Cotta-Archivs‹ 1953 (1961 Stiftung der ›Stuttgarter Zeitung‹) gab den Anstoß zur Einrichtung des Deutschen Literaturarchivs (1955), das heute neben dem Museum einen Gebäudekomplex mit Studienbereich, Veranstaltungsräumen und Magazinbauten umfaßt. Es ist das größte und wichtigste Archiv für die neuere dt. Literatur in der BR Deutschland und verwahrt umfangreiche Handschriftenbestände (etwa 1 000 Schriftstellernachlässe, Teilnachlässe und Sammlungen, Verlags- und Redaktionsarchive), eine Spezialbibliothek von rund 450 000 Bänden mit Sondersammlungen (Zeitungsausschnitte, Plakat- und Schutzumschlagsammlungen, Theaterprogrammsammlung, Funk- und Fernsehskripte) und eine bed. Porträt-Sammlung (etwa 200 000 Stück). Umfangreiche Ausstellungstätigkeit im Schiller-Nationalmuseum; zahlreiche Veröffentlichungsreihen mit Quellenpublikationen, Bibliographien, Ausstellungskatalogen usw. Angeschlossen sind: verschiedene Archive und Arbeitsstellen, u. a. für die historisch-krit. Mörike-Ausgabe, die Herausgabe der Tagebücher Harry Graf Keßlers, die Geschichte der Germanistik sowie für die Zusammenarbeit der Literaturmuseen, Archive und Gedenkstätten in Baden-Württemberg.

Schimasaki (tl.: Shimazaki), Toson, eigtl. Sch. Haruki, * Kamisaka (Präfektur Nagano) 17. Febr. 1872, † Tokio 22. Aug. 1943, jap. Schriftsteller. – Wurde Christ, war als Lehrer tätig, lebte 1913–16 in Frankreich. Begann als Lyriker mit stark melancholisch-sentimentalen Zügen, schrieb dann Romane, Novellen und Es-says; beeinflußt von Lord Byron und R. W. Emerson, zeigt sein Werk zuerst romant., später naturalist. und realist. Elemente. In dt. Sprache liegt eine Teilübersetzung des Romans ›Vor Tagesanbruch‹ (1929, dt. in: ›Nippon‹, 2, 1936) vor, einige Gedichte wurden in ›Im Schnee die Fähre‹ (1960) und ›Ruf der Regenpfeifer‹ (1961) ins Deutsche übersetzt.
Literatur: ROGGENDORF, J.: Shimazaki Tōson. In: Monumenta Nipponica 7 (1951), S. 40. – MCCLELLAN, E.: Two Japanese novelists. Sōseki and Tōson. Chicago (Ill.) 1969.

Schimmel, Hendrik Jan [niederl. 'sχɪmɔl], * s-Graveland (Prov. Nordholland) 30. Juni 1823, † Bussum 15. Nov. 1906, niederl. Schriftsteller. – War Mit-Hg. der Zeitschrift ›De Gids‹, gründete 1875 die Zeitschrift ›Het Nederlandsch Tooneel‹. Autor historisch-romant. Dramen, Romane und Gedichte (meist aus der Zeit Wilhelms III. von Oranien).
Werke: Twee Tudors (Dr., 1847), Mary Hollins (R., 2 Bde., 1860), Mylady Carlisle (R., 2 Bde., 1864), Struensee (Dr., 1868), De kat van de Tower (Dr., 1880), De kapitein van de lijfgarde (R., 1888).
Literatur: BEAUFORT, C. M. DE: De historische romans en novellen van H. J. S. Utrecht 1943.

Schimoni (tl.: Šim'ônî), David, ursprüngl. D. Schimonowitz, * Bobruisk (Weißrußland) 22. Aug. 1886, † Tel Aviv-Jaffa 10. Dez. 1956, israel. Schriftsteller. – Studierte 1911–14 in Deutschland, während des 1. Weltkrieges Aufenthalt in Rußland, kam 1921 nach Palästina, wo er ab 1925 als Lehrer in Tel Aviv wirkte. Seine Gedichte behandeln v. a. das Leben und die Ideale der jüd. Siedler zur Zeit der zweiten Einwanderungswelle (1903–14); vorherrschend ist die Form der Idylle. Melancholie und Satire bestimmen sein späteres Werk; Übersetzer russ. Literatur ins Hebräische.
Werke: Sefer ha-idîlyôt (= Buch der Idylle, Ged., 2 Bde., 1944), Bišvîlê hab-bîbar (= Auf den Pfaden des Zoos, Fabeln, 1946), Sefer happô'emôt (= Buch der Dichtungen, 1952).
Literatur: Enc. Jud. Bd. 14, 1972, S. 1404.

Schindler, Alexander Julius, österr. Schriftsteller, † Traun, Julius von der.

Schirmbeck, Heinrich, * Recklinghausen 23. Febr. 1915, dt. Schriftsteller. – Buchhändler, dann Journalist, seit 1952 freier Schriftsteller. Sein Werk erinnert in der Verbindung von romantisch-phantast. und rationalen Elementen v. a. an H. von Kleist, E. T. A. Hoffmann und E. A. Poe; er gestaltet Themen der modernen Naturwiss. und Existenzphilosophie, insbes. die Problematik des von seinen techn. Möglichkeiten überforderten Menschen, in Romanen, Erzählungen, Hörbildern und Essays sowie in Sachbüchern.

Werke: Die Fechtbrüder (Nov.n, 1944), Gefährl. Täuschungen (E., 1947, erweitert u. d. T. Der junge Leutnant Nicolai, R., 1958), Das Spiegellabyrinth (En., 1948), Ärgert dich dein rechtes Auge (R., 1957), Die Formel und die Sinnlichkeit (Essays, 1964), Ihr werdet sein wie Götter. Der Mensch in der biolog. Revolution (Sachbuch, 1966), Träume und Kristalle (En., 1968), Tänze und Ekstasen (En., 1973), Schönheit und Schrecken. Zum Humanismusproblem in der modernen Literatur (Essays, 1977), Die Pirouette des Elektrons (En., 1980), Für eine Welt der Hoffnung (Essays, 1988). **Literatur:** Lit. u. Wiss. Das Werk H. Sch.s. Hg. v. K. A. HORST u. F. USINGER. Düss. u. Hamb. 1968.

Schirò (Skiro, Skiroi), Zef (Giuseppe) [italien. ski'rɔ], * Piana degli Albanesi (Prov. Palermo) 10. Aug. 1865, † Neapel 17. Febr. 1927, alban. Schriftsteller. – Ab 1900 Prof. für alban. Sprache und Literatur am Istituto Orientale in Neapel; sammelte und bearbeitete die Volksdichtung der Albanerkolonie auf Sizilien (›Rapsodie albanesi‹, 1887), setzte die romantisch-patriot. Richtung von J. De Rada fort.

Weitere Werke: Mili e Hajdhia (= Mili und Hajdhia, Ged., 1891), Te dheu huaj (= Im fremden Land, Ged., 1900), Canti tradizionali e altri saggi delle colonie albanesi di Sicilia (Sammlung, 1923).

Schirwansadę (tl.: Širvanzade), Alexandr, eigtl. Alexandr Mowsessian, * Schamach (Schirwan) 19. April 1858, † Kislowodsk 7. Aug. 1935, armen. Schriftsteller. – Wuchs in großer Armut auf, kam wegen seiner polit. Betätigung 1885 ins Gefängnis und wurde 3 Jahre danach nach Odessa verbannt; Bahnbrecher der realist. Richtung unter den ostarmen. Romanschriftstellern. Bes. bekannt sind sein Theaterstück ›Patwi hamar‹ (= Der Ehre wegen, 1905) und der Roman ›Kaos‹ (= Chaos, 1898).

Schischkow (tl.: Šiškov), Alexandr Semjonowitsch [russ. ʃiʃ'kɔf], * 20. März 1754, † Petersburg 21. April 1841, russ.

Schriftsteller. – In hohen (polit.) Stellungen; Hauptvertreter der ›Archaisten‹, der sich als Dichter und Theoretiker gegen die frz. Überfremdung des Russischen wandte und sich für eine russisch-kirchenslaw. Lösung der Literatursprachenfrage einsetzte; damit Gegner der ›Neuerer‹ um N. M. ↑ Karamsin.

Werk: Rassuždenie o starom i novom sloge rossijskogo jazyka (= Traktat über den alten und den neuen Stil der russ. Sprache, 1803).

Schischkow (tl.: Šiškov), Wjatscheslaw Jakowlewitsch [russ. ʃiʃ'kɔf], * Beschezk (Gebiet Twer) 3. Okt. 1873, † Moskau 6. März 1945, russ.-sowjet. Schriftsteller. – Ingenieur; verbrachte viele Jahre in Sibirien, das auch Schauplatz fast aller seiner Werke ist. Höhepunkte seines Schaffens sind der Roman ›Der dunkle Strom‹ (2 Bde., 1933, dt. 1949) und ›Emel'jan Pugačev‹ (3 Bde., 1938–45), ein unvollendet gebliebener histor. Roman.

Weitere Werke: Taiga (Nov., 1916, dt. 1932), Der Peipussee (Nov.n, 1924, dt. 1949), Vagabunden (R., 1931, dt. 1964). **Ausgabe:** V. J. Šiškov. Sobranie sočinenij. Moskau 1974. 10 Bde. **Literatur:** ESELEV, N. CH.: V. Šiškov. Moskau ²1976.

Schisgal, Murray [engl. 'ʃɪzgəl], * New York 25. Nov. 1926, amerikan. Dramatiker. – War Musiker in einer Jazzband; bis 1959 Anwalt in New York, danach freier Schriftsteller. Sch. schreibt – wie E. Albee, A. L. Kopit und J. Gelber – vom absurden Theater beeinflußte Komödien, in denen er die Existenzangst mit den Mitteln der Komik darstellt. Die in den 60er Jahren in London aufgeführten Stücke, v. a. ›Der Tiger‹ (Einakter, 1963, dt. 1963) und ›Liiiebe‹ (Kom., 1963, dt. 1965), machten ihn bekannt. In den Dramen der 70er Jahre wandte sich Sch. Alltagsproblemen zu (›All over town‹, Kom., 1974).

Weitere Werke: Ducks and lovers (Dr., 1961), The typists (Einakter, 1963), Jimmy Shine (Kom., 1968), The Chinese (Kom., 1970), Dr. Fish (Kom., 1970), The flatulist (Dr., 1979), Days and nights of a French horn player (R., 1980), A need for Brussels sprouts (Dr., 1982), A need for less expertise (Dr., 1983), Old wine in a new bottle (Dr., 1987), Road show (Dr., 1987), Man dangling (Dr., 1988), Popkins (Dr., 1990). **Ausgabe:** M. Sch. Luv and other plays. New York 1983.

Schklowski (tl.: Šklovskij), Wiktor Borissowitsch [russ. 'ʃklɔfskij], * Petersburg 24. Jan. 1893, † ebd. 5. Dez. 1984, russ.-sowjet. Schriftsteller. – Mitbegründer der dem Futurismus nahestehenden formalist. Literatenvereinigung ↑ Opojas (1916–23); führender Theoretiker des russ. ↑ Formalismus. Beeinflußt u. a. von L. Sterne, pflegte Sch. einen fragmentar., an Abschweifungen reichen Erzählstil; er schrieb auch wertvolle literaturkrit. Aufsätze und Studien und wandte sich seit Ende der 20er Jahre aus polit. Gründen der allgemeinen Literaturkritik zu; für seine erzählenden Werke wählte er histor. Stoffe.

Johannes
Schlaf

Werke: Sentimentale Reise (Erinnerungen, 2 Tle., 1923, dt. 1964), Zoo oder Briefe nicht über die Liebe (Prosa, 1923, dt. 1965), Theorie der Prosa (Essays, 1925, dt. Auszug 1966), Erinnerungen an Majakovskij (1940, dt. 1966), Lew Tolstoi (R.-Biogr., 1963, dt. 1981), Kindheit und Jugend (Autobiogr., 1964, dt. 1968), Schriften zum Film (1965, dt. Ausw. 1966), Von der Ungleichheit des Ähnlichen in der Kunst (Schrift, 1970, dt. 1972), Ėjzenštejn (Biogr., 1973, dt. 1977).

Ausgabe: V. B. Šklovskij. Sobranie sočinenij. Moskau 1973–74. 3 Bde.

Literatur: MUNK, M. A.: Fragmentation and unity in the prose of V. B. Šklovskij. Diss. New York University 1974. – SHELDON, R.: V. Shklovsky (Bibliogr.). Ann Arbor (Mich.) 1977.

Schlaf, Johannes, * Querfurt 21. Juni 1862, † ebd. 2. Febr. 1941, dt. Schriftsteller. – Studierte Philologie in Halle/Saale und Berlin; Freundschaft und (bis 1892) Zusammenarbeit mit A.↑ Holz unter dem gemeinsamen Pseudonym Bjarne Peter Holmsen; nervenkrank, Aufenthalt in verschiedenen Heilanstalten; ab 1904 freier Schriftsteller in Weimar, verbrachte die letzten Jahre seines Lebens in Querfurt. Sch. begründete zusammen mit A. Holz den ›konsequenten Naturalismus‹ in theoret. Schriften und gemeinsam verfaßten programmat. Musterdichtungen: ›Papa Hamlet‹ (Nov.n, 1889), ›Die Familie Selicke‹ (Dr., 1890); Sch.s Drama ›Meister Oelze‹ (1892) gilt als Musterdrama des Naturalismus, in dem allerdings die dem Naturalismus innewohnende sozialkrit. Tendenz in den Hintergrund tritt bei gleichzeitiger Betonung einer biologistisch verstandenen Determination des Menschen; etwa um 1895 sagte sich Sch. vom Naturalismus

los, was u. a. zu einem öffentlich ausgetragenen Bruch mit A. Holz führte; Hinwendung zu einem psycholog. Impressionismus und zu naturmyst. Prosalyrik; widmete sich der Philosophie und Astronomie und vertrat ein geozentr. Weltbild; Annäherung an nationalsozialist. Gedankengut; auch Übersetzer frz. und amerikan. Literatur.

Weitere Werke: Junge Leute (R., 1890; mit A. Holz), In Dingsda (lyr. Prosa, 1892), Neue Gleise (En. und Ged., 1892; mit A. Holz), Das dritte Reich (R., 1900), Die Suchenden (R., 1902), Der Kleine (R., 1904), Die Nonne (Nov.n, 1905), Das Sommerlied (Ged., 1905), Der Prinz (R., 2 Bde., 1908), Am toten Punkt (R., 1909), Das absolute Individuum und die Vollendung der Religion (Schr., 1910), Aufstieg (R., 1911), Tantchen Mohnhaupt (Nov.n, 1914), Miele (E., 1920), Das Gottlied (Ged., 1922), Aus meinem Leben (Autobiogr., 1941).

Ausgabe: J. Sch. Ausgew. Werke. Querfurt 1934–40. 2 Bde.

Literatur: FINK, F.: J. Sch., ein dt. Dichter u. Denker. Querfurt 1937. – Die Akte J. Sch. Hg. v. L. BÄTE. Bln. u. Weimar 1967. – KAFITZ, D.: J. Sch. – weltanschaul. Totalität u. Wirklichkeitsblindheit. Tüb. 1992. – ↑ auch Holz, Arno.

Schlagreim ↑ Reim.

Schlagwort, 1. ursprünglich svw. schlagendes (treffendes) Wort; kurze, verständl., prägnante, oft an Emotionen appellierende Formulierung, meist als Mittel der Propaganda bzw. der Werbung eingesetzt. Im heutigen Sprachgebrauch werden mit Sch. im allgemeinen unreflektiert, sinnentleert bzw. verschwommen gebrauchte, vorwiegend polit. Begriffe bezeichnet. Mrz.: Schlagworte. – 2. im Buch- und Bibliothekswesen (Mrz.: Schlagwörter) ein Wort, mit dem man den Inhalt einer Publikation in sprachlich möglichst knapper Form sachlich-inhaltlich treffend (›schlagend‹) beschreiben, erschließen und verzeichnen kann (z. B. in Katalogen und Bibliographien). Ein Sch. kann aus einem oder mehreren Wörtern gebildet sein; es kann, muß aber nicht im Titel einer Publikation enthalten, also aus ihm ›herausgestochen‹ sein, womit es dann zusätzlich auch **Stichwort** wäre.

Schleef, Einar, *Sangerhausen 17. Jan. 1944, dt. Schriftsteller. – War Bühnenbildner und Regisseur in Berlin (Ost), übersiedelte 1976 nach Berlin (West). Bekannt wurde Sch. durch seinen Roman ›Gertrud‹ (2 Tle., 1980–84), der vom Leben seiner Mutter handelt; die Mutter selbst ist die Erzählerin des Romans. Schreibt auch Erzählungen, Theaterstücke und Hörspiele.

Weitere Werke: Zuhause (Fototextband, 1981), Die Bande (En., 1982), Wezel (Schsp., 1983), Berlin ein Meer des Friedens (Schsp., 1985, in: Spectaculum), Die Schauspieler (Schsp., 1986), Schlangen. Geschichte der Stadt Theben (1986), Waffenruhe (Fotograf. Sammlung, 1987).

Schlegel, August Wilhelm von (seit 1815), *Hannover 5. Sept. 1767, †Bonn 12. Mai 1845, dt. Schriftsteller, Sprach- und Literaturwissenschaftler. – Bruder Friedrich Sch.s; studierte zunächst Theologie, dann Philosophie in Göttingen; war beeinflußt von seinem Lehrer, dem Philologen Christian Gottlob Heyne (*1729, †1812) und G. A. Bürger. 1791–95 Hauslehrer in Amsterdam. 1796–1803 ∞ mit Caroline Böhmer (†Schelling, Caroline von), die ihn bei seinen literar. Arbeiten und seiner ersten Shakespeare-Übersetzung unterstützte. Ab 1798 Prof. in Jena; Mitarbeit an Schillers ›Horen‹ und dessen ›Musenalmanach‹ sowie an der Jenaer ›Allgemeinen Litteratur-Zeitung‹; 1798–1800 mit Friedrich Sch. Hg. der romant. Zeitschrift ›Athenaeum‹. Ab 1804 Sekretär, Reisebegleiter und literar. Ratgeber der Madame de Staël; bis zu ihrem Tod (1817) Reisen in Italien, Frankreich, England und Skandinavien; Aufenthalt in Coppet am Genfer See. Ab 1818 Prof. für Kunst- und Literaturgeschichte in Bonn, wo Sch. die altind. Philologie begründete (Herausgeber der ›Ind. Bibliothek. Eine Zeitschrift‹, 3 Bde. in 7 Heften,

1820–30). – Als Schriftsteller stand Sch. im Schatten seines bedeutenderen Bruders. Trotz virtuoser Formbegabung erweist sich seine Dichtung als nachempfindend und voll akadem. Bildung. Als Lyriker steht er in der Nachfolge G. A. Bürgers (Sonette) und F. Schillers (Balladen), als klassizist. Dramatiker (›Ion‹, 1803) unter dem Einfluß Goethes. Bed. ist Sch. v. a. als Systematiker und Verbreiter der romant. Ästhetik, bes. der Ideen und Ansätze seines Bruders, u. a. in den ›Vorlesungen über schöne Litteratur und Kunst‹ (3 Tle., hg. 1883/84). Sch. entwickelte das unmittelbare Interesse der Romantik an fremden Sprachen und Kulturen zu wiss. Studien der histor. Schule, bes. für altind. und für roman. Literaturen. Dank seiner formalen Virtuosität gelangen ihm glänzende Übersetzungen, u. a. von Werken Dantes, P. Calderón de la Barca und Shakespeares.

Weitere Werke: Gedichte (1800), Charakteristiken und Kritiken (2 Tle., 1801; mit Friedrich Sch.), Blumensträuße italien., span. und portugies. Poesie (Übersetzungen, 1804), Vorlesungen über dramat. Kunst und Literatur (2 Bde., 1809–11), Poet. Werke (2 Bde., 1812), Observations sur la langue et la littérature provençales (1818), Krit. Schriften (2 Bde., 1828).

Ausgaben: A. W. v. Sch.s sämmtl. Werke. Hg. v. E. BÖCKING. Lpz. 1846–47. 12 Bde. – A. W. v. Sch. Œuvres, écrites en français. Lpz. 1846. 3 Bde. – A. W. v. Sch. Opuscula quae latine scripta reliquit. Lpz. 1848 (alle drei vorgenannten Ausgaben gemeinsam nachgedruckt als: Sämmtl. Werke. Hildesheim 1971–72. 16 Bde.). – W. v. Humboldt u. A. W. Sch. Briefwechsel. Hg. v. A. LEITZMANN. Halle/Saale 1908. – Briefe von u. an A. W. Schlegel. Hg. v. J. KÖRNER. Wien 1930. 2 Bde. – A. W. v. Sch. Krit. Schrr. u. Briefe. Hg. v. E. LOHNER. Stg. 1962–74. 7 Bde. – A. W. Sch. Bonner Vorlesungen. Hg. v. F. JOLLES. Hdbg. 1971 ff. Auf mehrere Bde. berechnet.

Literatur: BESENBECK, A.: Kunstanschauung u. Kunstlehre A. W. Sch.s. Bln. 1930. Nachdr. Nendeln 1967. – PANGE, P. DE: A. W. Sch. u. Frau von Staël. Dt. Übers. Hamb. ⁶1949. – RICHTER, W.: A. W. Sch. Wanderer zw. Weltpoesie u. altdt. Dichtung. Bonn 1954. – NAGAVAYARA, CH.: A. W. Sch. in Frankreich. Tüb. 1966. – GEBHARDT, P.: A. W. Sch.s Shakespeare-Übers. Gött. 1970. – EWTON, R. W.: The literary theories of A. W. Sch. Den Haag u. Paris 1972. – REAVIS, S. A.: A. W. Sch.s Auffassung der Tragödie. Bern 1978. – GROSSE-BROCKHOFF, A.: Das Konzept des Klass. bei Friedrich u. A. W. Sch. Köln 1981. – PAULINI, H. M.: A. W. Sch. u. die ver-

gleichende Literaturwiss. Ffm. u. a. 1985. –
BRENTANO, B. VON: A. W. Sch. Gesch. eines romant. Geistes. Neuausg. Stg. 1986. – SCHIR-
MER, R.: A. W. Sch. u. seine Zeit. Ein Bonner Leben. Bonn 1986. – SCHENK-LENZEN, U.: Das ungleiche Verhältnis von Kunst u. Kritik. Zur Literaturkritik A. W. Sch.s. Wzb. 1991.

Schlegel, Caroline von, dt. Schriftstellerin, ↑ Schelling, Caroline von.

Schlegel, Dorothea von (seit 1815),
* Berlin 24. Okt. 1763, † Frankfurt am
Main 3. Aug. 1839, dt. Schriftstellerin. –
Tochter M. Mendelssohns, lebte nach ihrer ersten Ehe mit dem Bankier S. Veit ab
1798 mit Friedrich Sch., den sie 1804 heiratete, in Paris und Jena; trat 1808 mit
ihm zum Katholizismus über. Mit Friedrich Sch. bildete sie in Wien den Mittelpunkt eines literar. Kreises. Nach dem
Tod ihres Mannes lebte sie bei ihrem
Sohn aus erster Ehe, dem Maler Philipp
Veit, in Frankfurt am Main. Ihr fragmentar. Roman ›Florentin‹ (1801) lehnt sich
in Stil, Aufbau und Handlung an Goethes ›Wilhelm Meister‹ an und vertritt romant. Anschauungen; auch als Übersetzerin tätig (›Corinna‹ von Madame de
Staël, 4 Bde., 1807/08).

Ausgabe: Krit. Friedrich-Schlegel-Ausg. Hg. v.
E. BEHLER u. a. Bd. 29. Abt. 3: Briefe v. u. an
Friedrich u. D. Sch. Vom Wiener Kongreß zum
Frankfurter Bundestag. Hg. v. J.-J. ANSTETT un-
ter Mitarb. v. U. BEHLER. Paderborn u. a. 1980.
Literatur: DEIBEL, F.: D. Sch. als Schriftstelle-
rin. Bln. 1905. Nachdr. New York 1970. – HIE-
MENZ, M.: D. v. Sch. Freib. 1911. – FINKE, H.:
Über Friedrich u. D. Sch. Köln 1918. – STERN,
C.: Ich möchte mir Flügel wünschen. Das
Leben der D. Sch. Rbk. 16.–23. Tsd. 1994.

Schlegel, Friedrich von (seit 1815),
* Hannover 10. März 1772, † Dresden

Friedrich von
Schlegel
(Ausschnitt
aus einem
zeitgenös-
sischen
Holzstich)

12. Jan. 1829, dt. Ästhetiker und Dichter. – Bruder von August Wilhelm Sch.;
nach einer Kaufmannslehre in Leipzig ab
1790 Jurastudium in Göttingen, ab 1791
Studium der Philosophie, Altphilologie
und Kunstgeschichte in Leipzig. Er lebte
anschließend in Berlin, wo er Umgang
mit F. D. E. Schleiermacher und Dorothea Veit hatte, die er 1804 heiratete. Un-
ruhiges, finanziell ungesichertes Leben
in Berlin und Jena. Kontakte zu J. G.
Fichte, F. W. J. von Schelling, Novalis
und L. Tieck. Nach seiner Kritik am
›Musenalmanach‹ Bruch mit Schiller.
Mitarbeiter an Ch. M. Wielands Zeitschrift ›Der Teutsche Merkur‹ und an
der ›Berlinischen Monatsschrift‹, mit seinem Bruder August Wilhelm Sch. 1798
bis 1800 Hg. der romant. Zeitschrift
›Athenaeum‹. 1801 Habilitation in Jena;
Freundschaft mit Rahel Levin. Mit Dorothea 1802–04 in Paris, wo er Sanskrit
und oriental. Sprachen studierte und
Vorlesungen über dt. Literatur und Philosophie hielt; 1803–05 Hg. der Zeitschrift ›Europa‹. Reisen in Deutschland,
den Niederlanden, Frankreich und der
Schweiz; in Köln Vorlesungen. 1808
Übertritt zum Katholizismus. Ab 1809
war Sch. im diplomat. und propagandist.
Dienst der österr. Regierung. In Wien
Vorlesungen über Geschichte und Literatur. 1815–18 Legationsrat bei der österr.
Gesandtschaft am Frankfurter Bundestag, zugleich Teilnehmer an Beratungen
des Wiener Kongresses. 1812 Hg. der
Zeitschrift ›Dt. Museum‹, 1819 ausgedehnte Reise mit Kaiser Franz und Metternich nach Italien. 1820–23 in Wien
Hg. der konservativen Zeitschrift ›Concordia‹, was zum Bruch mit dem Bruder
führte. Lebte zuletzt in Dresden, wo er
wiss. Vorträge hielt. Sch. war als Ästhetiker, Literaturtheoretiker und -historiker,
Kritiker und Dichter fruchtbarer Anreger
und geistiger Mittelpunkt der Frühromantik. Sch.s Begabung lag eher auf der
rezeptiven und krit. als auf der schöpfer.
Seite; sein vielseitiges, geistreiches Programm versteht die Romantik als ›progressive Universalpoesie‹, d. h. als die
Erschließung der transzendental-poet.
Struktur der Schöpfungswirklichkeit.
Nicht nur die Gattungsgrenzen innerhalb
der Literatur werden hinfällig, auch die

Grenzen zwischen den verschiedenen Wissensbereichen sind aufgehoben, Totalität wird in der Poesie möglich. Dichtung ist kein abgeschlossenes Gebilde, sondern bloßer Spiegel der unendl. Bewegung des dichter. Geistes und unendliche Reflexion. Seine subjektive Lebens- und Kunstphilosophie ist getragen von einer Hellhörigkeit für die psycholog., religiöse und weltanschaul. Problematik der Moderne. Seine bleibende Leistung bilden die kulturphilosoph. Schriften und Fragmente, die als Weiterentwicklung der frz. Moralistik gelten, ferner die pointierten und paradoxen, einprägsam formulierten Aphorismen, die auf eine Vereinigung von Philosophie, Religion und Kritik im Medium der Poesie zielen. In diesen Schriften begründete Sch. zugleich die Theorie der romant. Dichtung, überwand die Verbindlichkeit des Vorbildes der Antike und begann eine wiss. Literaturgeschichtsschreibung. Hervorzuheben sind u.a. die Abhandlungen ›Charakteristik des Wilhelm Meister‹ (1798), worin er diesen als epochemachend neben Fichtes Wissenschaftslehre und die Frz. Revolution stellt, und das ›Gespräch über die Poesie‹ (1800), das als repräsentative Schrift der Frühromantik gilt. Im Spiel mit dem Zufall, der Arabeske und der Illusionsunterbrechung bilden diese Arbeiten Sch.s ein umfassendes, aber subjektiv unsystemat. Bild der romant. Poesie. Im Gegensatz zu der willkürl. Subjektivität der Frühzeit strebte Sch. nach seiner Konversion eine engere Anlehnung an Vorbilder des christl. MA in weniger gelungenen Arbeiten an. Die Gedichte sind reflexiv, das Trauerspiel ›Alarcos‹ (1802) ist von Barock und Klassizismus abhängig. Sein autobiograph., kaum verschlüsselter fragmentar. Roman ›Lucinde‹ (1799), in dessen Titelgestalt unschwer seine Frau Dorothea zu erkennen war, pries den Müßiggang und die freie Entfaltung der Phantasie als Mittel zu einem ›gebildeten Leben‹. Indem der Roman gegen die rechtl. Grundlage der Beziehung von Mann und Frau eine subjektive Sittlichkeit und Freiheit setzte, wurde er als Programmschrift der ›Obszönität‹ mißverstanden und erregte einen Skandal.

Weitere Werke: Die Griechen und Römer (1797), Geschichte der Poesie der Griechen und Römer (1798), Charakteristiken und Kritiken (2 Bde.; mit August Wilhelm Sch.), Über die Sprache und Weisheit der Indier (1808), Gedichte (1809), Über die neuere Geschichte (Vorlesungen, 1811), Geschichte der alten und neuen Literatur (Vorlesungen, 2 Bde., 1813), Philosophie des Lebens (Vorlesungen, 1828), Philosophie der Geschichte (Vorlesungen, 2 Bde., 1829).

Ausgaben: Carl Wilhelm F. v. Sch. Sämmtl. Werke. Wien 1822–25. 10 Bde. – F. v. Sch. Sämmtl. Werke. Wien [1-2]1845–46. 15 Bde. – F. v. Sch. Neue philosoph. Schrr. Hg. v. J. KÖRNER. Ffm. 1935. – F. Sch. Schrr. u. Fragmente. Eingel. v. E. BEHLER. Stg. 1956. – F. Sch. Literary notebooks 1797 to 1801. Einl. u. Komm. v. H. EICHNER. London u. Toronto 1957. – F. Sch. u. Novalis. Biogr. einer Romantiker-Freundschaft in ihren Briefen. Hg. v. M. PREITZ. Darmst. 1957. – F. Sch. Krit. Ausg. seiner Werke. Hg. v. E. BEHLER u.a. Paderborn u.a. 1958 ff. Auf 35 Bde. berechnet. – F. Sch. Krit. Ausg. Hg. v. W. RASCH. Mchn. [3]1971.

Literatur: FINKE, H.: Über F. u. Dorothea Sch. Köln 1918. – WIESE, B. VON: F. Sch. Ein Beitr. zur Gesch. der romant. Konversionen. Bln. 1927. – MANN, O.: Der junge F. Sch. Bln. 1932. – SCHLAGDENHAUFFEN, A.: Frédéric Sch. et son groupe. Paris 1934. – WIRZ, L.: F. Sch.s philosoph. Entwicklung. Bonn 1939. – METTLER, W.: Der junge F. Sch. u. die griech. Lit. Ein Beitr. zum Problem der Historie. Zü. 1955. – BRIEGLEB, K.: Ästhet. Sittlichkeit. Versuch über F. Sch.s Systementwurf zur Begründung der Dichtungskritik. Tüb. 1962. – HENDRIX, G. P.: Das polit. Weltbild F. Sch.s. Bonn 1962. – NÜSSE, H.: Die Sprachtheorie F. Sch.s. Hdbg. 1962. – KLIN, E.: Die frühromant. Literaturtheorie F. Sch.s. Breslau 1964. – BEHLER, E.: F. Sch. Rbk. 1966. – SCHANZE, H. H.: Romantik u. Aufklärung. Unterss. zu F. Sch. u. Novalis. Nbg. 1966. – WEILAND, W.: Der junge F. Sch. oder Die Revolution in der Frühromantik. Stg. 1968. – BELGARDT, R.: Romant. Poesie. Begriff u. Bedeutung bei F. Sch. Den Haag u.a. 1969. – EICHNER, H.: F. Sch. New York 1970. – HUGE, E.: Poesie u. Reflexion in der Ästhetik des frühen F. Sch. Stg. 1971. – MENNEMEIER, F. N.: F. Sch.s Poesiebegriff, dargestellt anhand der literaturkrit. Schrr. Mchn. 1971. – DEUBEL, V.: Die F.-Sch.-Forschung (1945–1972). In: Dt. Vjschr. f. Literaturwiss. u. Geistesgesch. 47 (1973), Sonderh., S. 48. – DIERKES, H.: Literaturgesch. als Kritik. Unterss. zu Theorie u. Praxis v. F. Sch.s frühromant. Literaturgeschichtsschreibung. Tüb. 1980. – MICHEL, W.: Ästhet. Hermeneutik u. frühromant. Kritik. F. Sch.s fragmentar. Entwürfe, Charakteristiken u. Kritiken (1795–1801). Gött. 1982. – BEHRENS, K.: F. Sch.s Geschichtsphilosophie (1794–1808). Tüb. 1984.

Schlegel, Johann Adolf, Pseudonym Hanns Görg, * Meißen 18. Sept. 1721, † Hannover 16. Sept. 1793, dt. Schriftsteller. – Bruder von Johann Elias Sch., Vater von August Wilhelm und Friedrich Sch.; Superintendent in Hannover; Mitbegründer der ›Bremer Beiträge‹. Religiöser Lyriker und moralisch-didakt. Lehrdichter. Die um eigene krit. Zusätze erweiterte Übersetzung von Ch. Batteux' ›Les beaux-arts réduits à un même principe‹ (1746) u. d. T. ›Die schönen Künste aus einem Grundsatz hergeleitet‹ (1751, 2. erweiterte Ausg. 1759, [3]1770) hatte großen Einfluß auf die dt. Kunstauffassung seiner Zeit.
Literatur: RUTLEDGE, J. S.: J. A. Sch. Ffm. 1974.

Schlegel, Johann Elias, * Meißen 17. Jan. 1719, † Sorø 13. Aug. 1749, dt. Dichter. – Bruder von Johann Adolf Sch.; Jurastudium in Leipzig; Bekanntschaft mit J. Ch. Gottsched, Ch. F. Gellert und A. G. Kästner. Privatsekretär in Dresden, ab 1743 Gesandtschaftssekretär in Kopenhagen. 1748 Ernennung zum außerordentl. Prof. für Politik und öffentl. Recht an der dän. Ritterakademie in Sorø. Sch. war Mitarbeiter Gottscheds, schrieb später auch für die ›Bremer Beiträge‹. Ausgehend von Gottscheds und J. J. Bodmers ästhet. Theorien löste Sch. sich unter dem Eindruck Shakespeares von der normativen Poetik und strebte eine philosoph. Fundierung der Dichtkunst an. In der Auseinandersetzung mit der Literatur der Antike und des zeitgenöss. Auslandes fand Sch. einen Kompromiß zwischen der moralisch-didakt. Regeldramatik und einer lebendigen individualist. Gestaltung. Als Theoretiker wie als Dramatiker war Sch. eine bed. und einflußreiche Übergangsgestalt.
Werke: Hermann (Trag., 1743), Canut (Trag., 1746), Die stumme Schönheit (Lsp., 1748), Der Triumph der guten Frauen (Lsp., 1748).
Ausgaben: J. E. Sch. Werke. Hg. v. J. H. SCHLEGEL. Kopenhagen u. Lpz. 1764–73. 5 Bde. Nachdr. Ffm. 1971. – J. E. Sch. Aesthet. u. dramat. Schrr. Hg. v. J. VON ANTONIEWICZ. Stg. 1887. Nachdr. Darmst. 1970. – J. E. Sch. Ausgew. Werke. Hg. v. W. SCHUBERT. Weimar 1963.
Literatur: WOLFF, E.: J. E. Sch. Kiel [2]1892. – SCHONDER, H.: J. E. Sch. als Übergangsgestalt. Wzb. 1941. – WILKINSON, E. M.: J. E. Sch. A German pioneer in aesthetics. Oxford 1945. – WOLF, P.: Die Dramen J. E. Sch.s. Zü. 1964. –

SCHULZ, GEORG-MICHAEL: Die Überwindung der Barbarei. J. E. Sch.s Trauerspiele. Tüb. 1980.

Schleich, Carl Ludwig, * Stettin 19. Juli 1859, † Bad Saarow-Pieskow bei Fürstenwalde/Spree 7. März 1922, dt. Chirurg und Schriftsteller. – Ab 1899 Prof., ab 1900 Leiter der chirurg. Abteilung am Krankenhaus Groß-Lichterfelde (heute zu Berlin); lieferte bed. Beiträge zur Einführung der Lokalanästhesie. Schrieb neben medizin. Fachbüchern Gedichte, Essays und Erzählungen, bes. erfolgreich waren seine Memoiren ›Besonnte Vergangenheit‹ (1921).
Weitere Werke: Von der Seele (Essays, 1910), Echo meiner Tage (Ged., 1914), Vom Schaltwerk der Gedanken (Essays, 1916), Aus der Heimat meiner Träume (Ged., 1920).

Schlenther, Paul, * Insterburg 20. Aug. 1854, † Berlin 30. April 1916, dt. Schriftsteller. – War Theaterkritiker an der ›Vossischen Zeitung‹ und dem ›Berliner Tageblatt‹; bed. Förderer des Naturalismus (bes. von H. Ibsen und G. Hauptmann); mit O. Brahm u. a. Begründer der ›Freien Bühne für modernes Leben‹; 1898–1910 Direktor des Wiener Burgtheaters, danach wieder am ›Berliner Tageblatt‹.
Werke: Gerhart Hauptmann. Sein Lebensgang und seine Dichtung (1898), Das neunzehnte Jh. in Deutschlands Entwicklung (7 Bde., 1899 bis 1903; Hg.).
Literatur: BOHLA, K.: P. Sch. als Theaterkritiker. Dresden 1935.

Schlesinger, Klaus, * Berlin 9. Jan. 1937, dt. Schriftsteller. – 1963–65 Journalist, danach freie Schriftstellertätigkeit in Berlin (Ost). Sch. übersiedelte 1980 nach Berlin (West). Er setzt sich in seinen realistischen Erzählungen und Reportagen mit den Konflikten der jüngsten Vergangenheit und der Gegenwart auseinander.
Werke: Michael (R., 1971, 1972 u. d. T. Capellos Trommel), Hotel oder Hospital (Reportage, 1973), Alte Filme (E., 1975), Ikarus (Filmszenarium, 1975), Berliner Traum (En., 1977), Leben im Winter (E., 1980), Matulla und Busch (E., 1984), Felgentreu (Hsp., 1986), Marco mit c. Wie Marco Polo (Hsp., 1987), Fliegender Wechsel (persönl. Chronik, 1990).

schlesische Dichterschule, seit dem späten 17. Jh. geläufiger Name für die aus Schlesien stammenden Dichter der Barockzeit. Nach zeitl. und stilist.

Kriterien unterscheidet man die **1. schles. Schule,** die Generation um M. Opitz mit ihren Hauptvertretern P. Fleming, A. Tscherning, J. P. Titz, D. Czepko, und die **2. schles. Schule** mit ihren Hauptvertretern D. C. von Lohenstein, Ch. Hofmann von Hofmannswaldau und A. Gryphius, dem aber gelegentlich auch eine Sonderstellung nahe der 2. schles. Schule zugewiesen wird. Die sch. D. vertrat kein von den Zielsetzungen anderer Dichter des dt. 17. Jh. grundsätzlich verschiedenes Programm; sie war an den meisten literar. Entwicklungen des 17. Jh. führend beteiligt und fand seit der bahnbrechenden Dichtungslehre von Opitz Anklang im gesamten dt. Sprachraum.

schlesisches Kunstdrama, barokkes Trauerspiel der Vertreter der ↑ schlesischen Dichterschule; Entstehungs- und Wirkungszeit etwa 1650–90; Hauptvertreter waren A. Gryphius und D. C. von Lohenstein, J. Ch. Hallmann und A. A. von Haugwitz. Das sch. K. ist wie das gleichzeitige niederl. Drama und das ↑ Jesuitendrama gegliedert: in fünf Akte mit abschließenden ↑ Reyen; dominierende Versform ist der paarweise gereimte Alexandriner; die ↑ drei Einheiten sind nicht immer streng beachtet; gemäß der ↑ Ständeklausel sind Adlige Träger der Haupthandlung. Das schl. K. ist ein ↑ Schuldrama, der Lehrgehalt stand unter dem Einfluß staatsrechtl. Vorstellungen und diente gemäß der für die 2. Hälfte des 17. Jh. charakterist. Auffassung von der Unumschränktheit der Herrschermacht der Verklärung des keimenden Absolutismus.

Schloka [sanskr. tl.: śloka], aus vier Versvierteln (›pāda‹) mit je vier Silben bestehendes ind. Versmaß, wobei bestimmte Folgen von Längen und Kürzen bevorzugt oder gemieden werden. Am Ende des zweiten und vierten Pada steht eine jamb. Kadenz:

Der Sch. hat sich aus der ›anuṣṭubh‹ des ↑ Veda entwickelt, deren weitgehende Übereinstimmung mit dem ↑ Glykoneus auf ein indogerman. Vorbild hinweist.

Schlonski (tl.: Šlônsqî), Abraham, * Krjukowo (Gebiet Poltawa, Ukraine) 6. März 1900, † Tel Aviv-Jaffa 18. Mai 1973, israel. Lyriker. – Ließ sich 1921 endgültig in Tel Aviv nieder, wo er als Journalist, Übersetzer und Hg. literar. Zeitschriften tätig war; trug als ›Modernist‹ wesentlich zur Weiterentwicklung der neueren hebr. Literatur – über den ›Klassiker‹ Ch. N. Bialik hinaus – bei. Durch sprachl. Virtuosität sowie durch Wortschöpfungen und das Einbringen umgangssprachl. Wendungen schuf er neue lyr. Ausdrucksmöglichkeiten. Seine Übersetzungen A. S. Puschkins, N. W. Gogols, M. Gorkis, B. Brechts, Shakespeares u. a. ins Hebräische sind meisterhaft; einige Gedichte wurden auszugsweise ins Deutsche übersetzt (›Aus neuer hebr. Dichtung‹, hg. von M. Scheuer, 1949).

Werke: Le-abbā'-imma' (= Für Vater und Mutter, Ged., 1927), Avnê bohû (= Chaossteine, Ged., 1934), 'Al millet (= In Fülle, Ged., 1947), Avnê gěwîl (= Quadersteine, Ged., 1959). **Literatur:** Enc. Jud. Bd. 14, 1972, S. 1422.

Schlosser, Johann Georg, * Frankfurt am Main 2. Dez. 1739, † ebd. 17. Okt. 1799, dt. Schriftsteller. – Jugendfreund Goethes; ab 1773 ∞ mit Goethes Schwester Cornelia Friederica Christiana. Mitarbeiter an den ›Frankfurter gelehrten Anzeigen‹; übersetzte antike Autoren (u. a. Platon, Aristoteles), verfaßte Schriften zu literar., polit. und philosoph. (Polemik gegen I. Kant) Fragen.

Schlösser, Hans, dt. Schriftsteller. ↑ Müller-Schlösser, Hans.

Schlumberger, Jean ['ʃlumbɛrgər; frz. ʃlœbɛr'ʒe, ʃlõ..., ʃlum...], * Gebweiler 26. Mai 1877, † Paris 25. Okt. 1968, frz. Schriftsteller. – Sohn eines prot. Industriellen; Philologiestudium in Paris; 1909 Mitbegründer der Zeitschrift ›La Nouvelle Revue Française‹; Freund A. Gides, P. Claudels, P. Valérys; trat bes. mit zeitgebundenen, feinfühligen psycholog. Romanen (v. a. über Generationskonflikte) hervor; daneben auch Dramatiker und Essayist; wie Gide Vertreter des prot.-humanist. Erbes und eines streng gezügelten Individualismus; P. Corneille nahestehend, den er wieder ins literar. Bewußtsein rückte (›Plaisir à Corneille‹, Essay, 1936).

Weitere Werke: Unruhige Vaterschaft (R., 1913, dt. 1968), Ein Glücklicher (R., 1921, dt. 1947), Kardinal Retz (R., 1924, dt. 1955), Die Augen von achtzehn Jahren (R., 1928, dt. 1930), Saint-Saturnin (R., 1931, dt. 1946), Théâtre (Dramen, 1943), Madeleine und André Gide (Essay, 1956, dt. 1957), Rencontres (Tageb., 1968). **Ausgabe:** J. Sch. Œuvres complètes. Paris 1958–62. 7 Bde. **Literatur:** DELCOURT, M.: J. Sch. Essai critique. Paris 1945. – HOSBACH, J. D.: Sch. Problematik u. Stil des Gesamtwerkes. Genf u. Paris 1962. – J. Sch. Sondernummer der Nouvelle Revue Française (1969). – CAP, J.-P.: Techniques et thèmes dans l'œuvre romanesque de J. Sch. Genf 1971.

Schlüsselliteratur, literar. Werke, in denen wirkl. Personen, Zustände und Ereignisse, meist der Gegenwart, unter fiktiven oder histor. Namen mehr oder minder verborgen sind. Das Verständnis der Werke setzt beim Leser die Kenntnis des verwendeten ›Schlüssels‹ und der verschlüsselten Verhältnisse voraus. In der Sch. ist der Realitätsbezug des Textes das bewußte Ziel des Autors. Bes. geeignet für Verschlüsselungstechniken sind [biograph.] Romane **(Schlüsselromane),** Fabeln und Dramen. Entsprechend den Voraussetzungen, die zur Verschlüsselung führten, kann man (nach K. Kanzog) bestimmte Typen unterscheiden: die Darstellung zeitgeschichtl. polit. Ereignisse (u. a. B. Brecht, ›Der aufhaltsame Aufstieg des Arturo Ui‹, entst. 1940/41, gedr. 1957); die Verschlüsselung von Skandalen, hpts. von Liebesverhältnissen, polit. und gesellschaftl. Konflikten (u. a. O. J. Bierbaum, ›Prinz Kuckuck‹, 1907/08); die Verschlüsselung von Kontroversen literar. (u. a. L. Tieck, ›Der gestiefelte Kater‹, 1797). – Die Anfänge der Sch. in Deutschland sind schwer festzulegen. Als erstes Beispiel gilt Augustin von Hamerstettens († nach 1497) ›Hystori von Hirs mit den guldin ghurn und der Fürstin vom pronnen‹ (1496). Das Werk steht durch seinen allegor. Charaker in einer Tradition mit Kaiser Maximilians I. Versepos ›Theuerdank‹ (1517). In Mode kam die Verschlüsselung in der † Schäferdichtung in der Renaissance und im Barock (v. a. J. Barclays Roman ›Argenis‹, 1621, dt. 1626–31) und prägte dann v. a. den frz. †heroisch-galanten Roman. Die ausgeprägtesten dt. Schlüsselromane stammen von Anton Ulrich von Braun-

schweig-Wolfenbüttel und D. C. von Lohenstein. Für das 18. Jh. ist im Rahmen der satir. literaturkrit. Sch. neben den Romantikern (L. Tieck, E. T. A. Hoffmann) der junge Goethe zu nennen (u. a. ›Die Laune des Verliebten‹, entst. 1767/1768, gedr. 1806), für das 19. Jh. die Romane F. Spielhagens. Beispiele aus neuerer Zeit sind u. a. ›Der Mann ohne Eigenschaften‹ (1930–43) von R. Musil, ›Die Plebejer proben den Aufstand‹ (1966) von G. Grass, ›Juristen‹ (1979) von R. Hochhuth.
Literatur: KANZOG, K.: Erzählstrategie. Eine Einf. in die Normeinübung des Erzählens. Hdbg. 1976.

Schmähschrift † Pamphlet.

Schmaler, Johann Ernst, obersorb. Schriftsteller und Philologe, † Smoleŕ, Jan Arnošt.

Schmeljow (tl.: Šmelev), Iwan Sergejewitsch [russ. ʃmɛ'ljɔf], *Moskau 3. Okt. 1873, † Paris 24. Juni 1950, russ. Schriftsteller. – Emigrierte 1922 nach Paris; schrieb von F. M. Dostojewski beeinflußte, auch an N. S. Leskow geschulte Romane, Erzählungen und Skizzen mit treffender Milieuschilderung; nach der Revolution nahm er in seinen Werken gegen den Bolschewismus Stellung und verherrlichte das alte Rußland; wählte auch histor. Stoffe.
Werke: Ossja, der Maler (Jugend-R., 1904, dt. 1975), Der Kellner (R., 1911, dt. 1927), Der Abschied des Danila Stepanytsch (E., 1914, dt. 1973), Der niegeleerte Kelch (E., 1921, dt. 1926), Die Sonne der Toten (autobiograph. R., 1923, dt. 1925), Die Wallfahrt nach Brot (E., 1927, dt. 1948), Vorfrühling (R., 1927, dt. 1931), Wanja im heiligen Moskau (R., 1933, dt. 1958), Die Straße der Freude (R., 1935, dt. 1952), Die Kinderfrau (R., 1936, dt. 1936), Puti nebesnye (= Himml. Wege, R., 2 Bde., 1937–48, dt. Teilausg. 1965 u. d. T. Dunkel ist unser Glück).
Ausgaben: I. S. Šmelev. Rasskazy. Moskau u. Petersburg 1910–17. 8 Bde. – I. S. Šmelev. Povesti i rasskazy. Moskau 1983.
Literatur: ASCHENBRENNER, M.: I. Sch. Königsberg (Pr) 1937. – KUTYRINA, J. A.: I. S. Šmelev. Paris 1960. – SCHAKHOVSKOY, D.: Bibliographie des œuvres de I. Chmelev. Paris 1980. – SCHRIEK, W.: I. Šmelev. Die religiöse Weltsicht u. ihre dichter. Umsetzung. Mchn. 1987.

Schmeltzl, Wolfgang [...tsəl], *Kemnath um 1500, † nach 1560, dt. Dramatiker. – Schulmeister, später kath. Pfarrer in Wien; Verfasser von dt. Schuldramen, die v. a. kulturgeschichtl. Bedeutung haben; schrieb ferner einen ›Lobspruch der Stadt Wien‹ (1548) und ein Epos des Ungarnzugs von 1556 ›Zug in das Hungerland‹ (1556). Musikalisch bedeutsam ist seine vierstimmige Liedersammlung (1544).

Ausgabe: W. Sch., der Wiener Hans Sachs. Eine Auslese seiner Werke. Hg. v. E. TRIEBNIGG. Wien 1915.

Schmid, Christoph von (seit 1837) [ʃmiːt, ʃmɪt], * Dinkelsbühl 15. Aug. 1768, † Augsburg 3. Sept. 1854, dt. Schriftsteller. – Kath. Theologe, Schulinspektor, Pfarrer, ab 1827 Domherr in Augsburg. Von Johann Michael Sailer (* 1751, † 1832) angeregt, schrieb er Kinder- und Jugenderzählungen mit gemütvoll moralisierender Tendenz, deren Stoff er meist der Legenden- und Ritterwelt entnahm; weit verbreitet ist seine ›Bibl. Geschichte für Kinder‹ (6 Bde., 1801); verfaßte Lesebücher und erbaul. Schriften. Von ihm stammt auch das weit verbreitete Weihnachtslied ›Ihr Kinderlein, kommet‹.

Ausgabe: Ch. v. Sch. Das Denkmal des Jugendfreundes. Ausw. ... Bearb. v. A. ANTZ. Wittlich 1932.
Literatur: Ch. v. Sch. u. seine Zeit. Hg. v. H. PÖRNBACHER. Weißenhorn 1968.

Schmid, Eduard [ʃmiːt, ʃmɪt], dt. Schriftsteller, † Edschmid, Kasimir.

Schmid, Hermann von (seit 1876) [ʃmiːt, ʃmɪt], * Waizenkirchen (Oberösterreich) 30. März 1815, † München 19. Okt. 1880, dt. Schriftsteller. – Lebte ab 1843 in München, Romanautor für die ›Gartenlaube‹; war ebd. Dramaturg und Theaterdirektor sowie Prof. für Literaturgeschichte; Autor von volkstüml. Dramen, Romanen und von Volksstücken.

Werke: Dramat. Schriften (2 Bde., 1853), Der Kanzler von Tirol (R., 3 Bde., 1862), Der Tatzelwurm ... (Dr., 1873), Der Stein der Weisen (Volksstück, 1880).
Ausgabe: H. v. Sch. Ges. Schrr. Lpz. 1867–84. 50 Bde.

Schmidli, Werner, * Basel 30. Sept. 1939, schweizer. Schriftsteller. – Zeigt in seinen Erzählungen und Romanen auf liebevolle wie satirisch-iron. Weise die Lebenswelt kleiner Leute in der Schweiz, die an der Monotonie ihres Alltags zu ersticken drohen.

Werke: Meinetwegen soll es doch schneien (R., 1967), Das Schattenhaus (R., 1969), Zellers Geflecht (R., 1979), Ganz gewöhnliche Tage (R., 1981), Warum werden Bäume im Alter schön? (R., 1984), Der Mann am See (R., 1985), Hasenfratz (R., 1987), Guntens stolzer Fall (R., 1989), Von Sommer zu Sommer in meiner Nähe (R., 1990), Kythera oder Das blaue Zimmer (R., 1991), Der Mann aus Amsterdam. (Kriminal-R. 1993).

Schmidt, Alfred Paul, eigtl. A. Sch., * Wien 31. März 1941, österr. Schriftsteller. – In kompositor. Hinsicht vergleichbar mit dem Free Jazz vermeidet Sch. in seiner Prosa nach Möglichkeit einen Handlungszusammenhang zugunsten freier Assoziationen, Wortfolgen und iron., parodist. oder sprachspieler. Effekte. Durch ständige Selbstaufhebung löscht das fortlaufende Werk das eben erst Geschaffene.

Werke: Bester jagt Spengler (Prosa, 1971), Als die Sprache noch stumm war (Prosa, 1974), Das Kommen des Johnnie Ray (R., 1976), Geschäfte mit Charlie (En., 1977), Fünf Finger im Wind (R., 1978), Der Sonntagsvogel (R., 1982), Der wüste Atem (Kriminal-R., 1984), Just a gigolo (En., 1989), Vor dem zweiten Satz (R., 1992), Hinter der Haut lauert der Tod. Ein seismograph. Kriminalroman (1993).

Schmidt, Annie M[aria] G[eertruida], * Kapelle 20. Mai 1911, niederl. Schriftstellerin. – Erfolgreiche Verfasserin von Kinder- und Jugendbüchern, Kabarettund Musicaltexten. Durch Humor entlarvt sie häufig Wichtigtuerei. 1988 erhielt sie den Hans-Christian-Andersen Preis.

Werke: Het fluitketeltje (Kinderb., 1950), Het schaap Veronica (Kinderb., 1951), Jip en Janneke (Kinderb., 1953), Heerlijk duurt 't langst (Musical, 1956), Dikkertje Dap (Kinderb., 1961), Hexen en so (Kinderb., 1964, dt. 1968), Ja zuster, nee zuster (Radio- und Fernsehserie, 1967), En nu naar bed (Musical, 1971), Wat een planeet (Musical, 1973), Tom Tippelaar (Kinderb., 1977), Otje und ihr Papa Toss (Kinderb., 1980, dt. 1983), Madam (Musical, 1981), Tante Patent (Kinderb., 1988), Los zand (Stück, 1989), Jorrie en Snorrie (Kinderb., 1990).

Schmidt, Anton, dt. Schriftsteller, † Dietzenschmidt, Anton.

Schmidt, Arno, * Hamburg 18. Jan. 1914, † Celle 3. Juni 1979, dt. Schriftsteller. – Wohnte mit seiner Familie ab 1928 in Schlesien, war kaufmänn. Angestellter; im 2. Weltkrieg Soldat; ab 1947 freier Schriftsteller, lebte seit 1958 in Bargfeld (Kreis Celle). Sch. läßt sich, von expres-

sionist. Stilelementen seiner frühen
Prosa abgesehen, keiner zeitgenöss. Lite-
raturrichtung zuordnen. Sein durch asso-
ziationsreiche Sprache und eigenwillige
Orthographie gekennzeichnetes Werk
war zunächst erzähler. Art (›Leviathan‹,
En., 1949); es bildete sich schnell ein eigenes Kompositionsprinzip aus: Sch.
wollte eine konforme Abbildung der dis-
kontinuierl. Wirklichkeit geben und
glaubte, dies nur in der Abbildung von
Bewußtseinsprozessen leisten zu können,
die sich für ihn in Erinnerung, Erfassung
des ›musiv. Daseins‹, in ›längeres Ge-
dankenspiel‹ und in Traum gliedern. Sie

Arno Schmidt

werden in Textkürzeln, sog. ›Fotos‹, zu
Erzählungen zusammengefügt. Dabei
verzeichnen die Texte autobiograph. Erfahrung (›Die Umsiedler‹, En., 1953),
demonstrieren radikale Aggressivität
(›Seelandschaft mit Pocahontas‹, in:
›Rosen & Porree‹, En., 1959) und lassen
ihren Autor zunehmend als wenig kom-
munikationsfreudigen Sonderling erkennen, dessen Interesse, neben der Produktion fiktiver Literatur, die sowohl zeitgenöss. Nachkriegsverhältnisse spiegelt
(›Brand's Haide‹, 1951, mit den Romanen ›Schwarze Spiegel‹, 1951, und ›Aus
dem Leben eines Fauns‹, 1953, zusammengefaßt zur Trilogie ›Nobodaddy's
Kinder‹, 1963; ›Das steinerne Herz‹, R.,
1956) als auch zumeist alptraumhafte
Utopien (›Die Gelehrtenrepublik‹, R.,
1957) entwirft, von Anfang an auf andere
Autoren gerichtet war. Zwischen der
Form der wiss. Biographie (›Fouqué und
einige seiner Zeitgenossen‹, 1958) und
den Erzählungen und Kurzromanen ist
eine Gruppe von [überwiegend zunächst
für den Rundfunk geschriebenen] Essays
einzuordnen, in denen aus subjektiver
Sicht das Verhältnis einzelner Autoren zu
ihrer Zeit und ihrem Werk untersucht
wird (Sammlungen ›Dya na sore‹, 1958;
›Belphegor‹, 1961; ›Die Ritter vom
Geist‹, 1965). Daneben gehören zu Sch.s
Werk zahlreiche eigenwillige Übersetzungen aus dem Englischen (u.a. J. F.
Cooper, W. Faulkner, E. A. Poe, W. Collins, E. G. Bulwer-Lytton). In ›Kaff, auch
Mare Crisium‹ (R., 1960) erweiterte Sch.
die ›Foto‹-Technik seiner frühen Erzählungen zum zweisträngigen Erzählen,
ließ er dem sprachl. Reflex ird. Realität

eine fiktive Handlung auf dem Mond
parallel laufen. Das sogar dreisträngig
erzählte Werk ›Zettels Traum‹ (R., 1970)
vermischt schließlich alle Stilebenen,
Techniken und Themen Sch.s zu dem
Nebeneinander einer Analyse E. A. Poes,
eines Tagesablaufs und krit. Randnoti-
zen, die ineinander übergreifen, sich ge-
genseitig bedingen und in Frage stellen.
Sch.s zunehmendes Interesse an tiefen-
psycholog. Fragestellung (›Sitara und
der Weg dorthin‹, Karl-May-Studie,
1963) konkretisierte sich zunehmend zu
der auf S. Freud und J. Joyce fußenden
Theorie der Wortkeime, der ›Etyms‹, die
Sch. als akust. Ausdruck unbewußten
Trieblebens verstand. Im Finden und
Durchspielen derartiger ›Etyms‹ materi-
alreich, stellt ›Zettels Traum‹ auch sonst
unbestreitbar das wichtigste und zugleich problemreichste Werk Sch.s dar.
Weitere Werke: Kühe in Halbtrauer (En., 1964),
Trommler beim Zaren (En., 1966), Der Triton
mit dem Sonnenschirm (Essays, 1969), Die
Schule der Atheisten. Novellen-Comödie
(1972), Abend mit Goldrand. Eine Märchen-
Posse (1975), Vom Grinsen der Weisen (Funkes-
says, hg. 1982), Julia, oder die Gemälde. Scenen
aus dem Novecento (Dialogroman, hg. als Ty-
poskript-Faksimile 1983, Druckfassung 1992),
Dt. Elend. 13 Erklärungen zur Lage der Nation
(hg. 1984), ... denn ›wallflower‹ heißt ›Gold-
lack‹. Drei Nachtprogramme (hg. 1984).
Ausgaben: A.-Sch. Briefe. Hg. v. B. RAUSCHEN-
BACH. Zü. 1985 ff. (bisher 3 Bde. erschienen). –
A. Sch. Zürcher Kassette. Das erzähler. Werk in
8 Bänden. Zü. ²1985. – A. Sch. Bargfelder Ausg.
Zü. 1986 ff.
Literatur: Der Solipsist in der Heide. Materia-
lien zum Werk A. Sch.s. Hg. v. J. DREWS u.
H.-M. BOCK. Mchn. 1974. – Bargfelder Bote.
Materialien zum Werk A. Sch.s (Zs.). Mchn.

1976–77. – Bock, H.-M.: Bibliogr. A. Sch.
1949–77. Mchn. ²1979. – Blumenthal, B.: Der
Weg A. Sch.s. Mchn. 1980. – Pross, W.: A. Sch.
Mchn. 1980. – Gebirgslandschaft mit A. Sch.
Hg. v. J. Drews. Mchn. 1982. – Porträt einer
Klasse. A. Sch. zum Gedenken. Hg. v. E. Kra-
wehl. Ffm. 1982. – Kuhn, D.: Das Mißver-
ständnis. Polem. Überlegungen zum polit.
Standort A. Sch.s. Mchn. 1982. – Minden,
M. R.: A. Sch. A critical study of his prose.
Cambridge u. a. 1982. – Über A. Sch. Hg. v.
H.-M. Bock. Zü. 1984. – Barczaitis, R.: Kein
simpel-biederer Sprachferge. A. Sch. als Über-
setzer. Ffm. 1985. – Schardt, A.: Bibliogr. A.
Sch. 1979–85. Aachen 1985. – Wu Hi? A. Sch.
in Görlitz, Lauban, Greiffenberg. Hg. v. J. Ph.
Reemtsma u. B. Rauschenbach. Zü. 1986. –
Über A. Sch. II. Ges. Gesamtdarstt. Hg. v.
H.-M. Bock. Zü. 1987. – Gätjens, D.: Die Bi-
bliothek A. Sch.s. Zü. 1991. – Martynke-
wicz, W.: A. Sch. Rbk. 5.–12. Tsd. 1992. – Mü-
ther, K.-H.: Bibliogr. A. Sch. Bielefeld 1992. –
Czapla, R. G.: Mythos, Sexus u. Traumspiel. A.
Sch.s Prosazyklus ›Kühe in Halbtrauer‹. Paderborn 1993. – Strick, G.: An den Grenzen der
Sprache. Poetik, poet. Praxis u. Psychoanalyse
in ›Zettel's Traum‹; zu A. Sch.s Freud-Rezep-
tion. Mchn. 1993.

Schmidt, Eduard, dt. Schriftsteller,
↑Claudius, Eduard.

Schmidt, Friedrich Wilhelm August,
genannt Sch. von Werneuchen, * Fahr-
land bei Potsdam 23. März 1764, † Werneuchen 26. April 1838, dt. Dichter. –
War Pfarrer in Werneuchen. Verfasser
von an J. H. Voß orientierten Idyllen, in
denen er das ländl. Leben schilderte und
durch die er sich die Kritik Goethes und
der Romantiker zuzog, die ihn als ›märk.
Sandpoeten‹ verspotteten. 1793–96 Mit-
Hg. des ›Neuen Berlin. Musenalmanachs‹, 1796/97 des ›Kalenders der Mu-
sen und Grazien‹. 1797 und 1815 veröffentlichte er eigene Gedichtsammlungen.

Schmidt, Maximilian, genannt Wald-
schmidt, * Eschlkam (Landkreis Cham)
25. Febr. 1832, † München 8. Dez. 1919,
dt. Volks- und Heimatschriftsteller. –
Schrieb zu seiner Zeit sehr populäre
Volksschauspiele, Heimaterzählungen,
Humoresken und Dialektgedichte.
Werke: Volkserzählungen aus dem bayer.
Walde (4 Bde., 1863–68), Altboarisch (Ged.,
1884).
Ausgabe: M. Sch. Ges. Werke. Lpz. Neuausg.
1908. 32 Bde.

Schmidt, Otto Ernst, dt. Schriftsteller, ↑Ernst, Otto.

Schmidt, Wilhelm, dt. Schriftsteller,
↑Schmidtbonn, Wilhelm.

Schmidt-Barrien, Heinrich [...riən],
eigtl. H. Adolf Schmidt, * Uthlede (Landkreis Cuxhaven) 19. Jan. 1902, dt. Schriftsteller. – Kaufmänn. Angestellter und
Buchhändler u. a. in Breslau; seit 1945
freier Schriftsteller, lebt in Frankenburg
bei Bremen. Autor zahlreicher hochdt.
und niederdt. Werke, führender Vertreter
der niederdt. Literatur nach 1945 (Novellen, Bühnenstücke, Hörspiele); sein
Werk zeichnet sich durch die differenzierte sprachl. Gestaltung psych. Konflikte aus. Sch.-B. war auch Dramaturg in
Bremen, schrieb Übersetzungen und Bearbeitungen und war als Hg. tätig.
Werke: Dat plattdütsche Krüppenspeel (1933),
Nachtvagels (Kom., 1938), De Windmüller
(Nov., 1939), Ihr Kleinmütigen (R., 1943), De
frömde Fro (Nov., 1952), De Spaaßmaker
(Nov., 1960), Uhlenspegel 61 (Hsp., Ursendung
1961), De Moorkeerl (Nov., 1968), Strandgut
(R., 1980), Schnoor No. 6. Heini-Holtenbeen-
Anekdoten (1984), Not oder Brot (R., 1987),
Worpsweder Begegnungen. Aus meinem Skiz-
zenbuch (1989), De Vagelfänger (Nov., 1990),
Aus meinen Jungensjahren. Uthlede, Hamel-
wörden und Barrien. 1902–1917 (1992), Aus
dunklen Tagen. Bremische Novellen und Memoiren ... (1994).

Schmidtbonn, Wilhelm, eigtl.
W. Schmidt, * Bonn 6. Febr. 1876, † Bad
Godesberg (heute zu Bonn) 3. Juli 1952,
dt. Schriftsteller. – War Dramaturg und
Redakteur, im 1. Weltkrieg Kriegsberichterstatter. Neben Märchen, Sagen,
Legenden, Anekdoten sowie z. T. autobiograph. Romanen und Erzählungen
schrieb er volkstüml. Prosa über Menschen und Landschaft seiner rhein. Heimat (›Uferleute‹, Nov.n, 1903), großen
Erfolg brachten ihn nach naturalist. Anfängen die im Stil der Neuromantik geschriebenen Dramen; zeitweise auch Annäherung an den Expressionismus.
Weitere Werke: Mutter Landstraße (Dr., 1901),
Der Graf von Gleichen (Dr., 1908), Hilfe! Ein
Kind ist vom Himmel gefallen (Tragikomödie,
1910), Der Geschlagene (Dr., 1920), Die Fahrt
nach Orplid (Dr., 1922), Mein Freund Dei (R.,
1928), An einem Strom geboren (Autobiogr.,
1935), Der dreieckige Marktplatz (R., 1935),
Anna Brand (R., 1939), Albertuslegende (R.,
1948).
Literatur: Reber, T.: W. Sch. auf der deutschsprachigen Bühne. Diss. Köln 1969. – W. Sch. u.

August Macke. Bearb. v. M. JOCHIMSEN. Bonn 1994.

Schmidt von Werneuchen, dt. Dichter, ↑ Schmidt, Friedrich Wilhelm August.

Schmied-Kowarzik, Gertrud, dt.-balt. Schriftstellerin, ↑ Brincken, Gertrud von den.

Schmirger, Gertrud, österr. Schriftstellerin, ↑ Ellert, Gerhart.

Schmitz, Ettore, italien. Schriftsteller, ↑ Svevo, Italo.

Schmuelbuch, von einem unbekannten Autor aus hebr. Quellen verfaßtes jidd. David-Epos des 15. Jahrhunderts. Trotz betont jüd. Lehrtendenz formal und stilistisch spätmittelalterl. dt. Heldenepik nahestehend, wurde das Sch. Vorbild für eine Reihe literar. Nachahmungen (›Sch.-Schule‹) und eines der bekanntesten Werke der älteren jidd. Literatur.

Ausgabe: Das Schemuelbuch des Mosche Esrim Wearba. Eingel. v. F. FALK. Aus dem Nachlaß hg. v. L. FUKS. Assen 1961. 2 Bde.

Schnabel, Ernst, * Zittau 26. Sept. 1913, † Berlin 25. Jan. 1986, dt. Schriftsteller. – War 1931–45 bei der Handels- und Kriegsmarine, 1946–49 Chefdramaturg, 1951–55 Intendant des Nordwestdt. Rundfunks in Hamburg und Hannover, 1962–68 Redakteur bei Rundfunk und Fernsehen, danach freier Schriftsteller. Sch. begann mit Romanen und Erzählungen aus dem Seemannsleben. In seinen späteren Werken suchte er traditionelle literar. Elemente mit modernen dichter. Mitteln zu verbinden. Für den Funk fand er neue Ausdrucksmöglichkeiten, dem Feature gab er dichter. Rang. Bekannt ist er v. a. durch die Neugestaltung antiker Stoffe, u. a. ›Der sechste Gesang‹ (R., 1956), in dem das aktuelle Heimkehrerthema am Beispiel des Odysseus dargestellt wird; auch Drehbuchautor, Librettist und Übersetzer amerikan. Literatur.

Weitere Werke: Die Reise nach Savannah (R., 1939), Nachtwind (R., 1942), Schiffe und Sterne (R., 1943), Sie sehen den Marmor nicht (En., 1949), Interview mit einem Stern (R., 1951), Ein Tag wie morgen (Hsp., 1952), Anne Frank. Spur eines Kindes (Bericht, 1958), Ich und die Könige (R., 1958), Fremde ohne Souvenir (En., 1961), Das Floß der Medusa (Libretto zum Ora-

torium von H. W. Henze, 1969), Hurricane (E., 1972), Auf der Höhe der Messingstadt (En., 1979).

Schnabel, Johann Gottfried, Pseudonyme Gisander, Gysander, * Sandersdorf (bei Bitterfeld) 7. Nov. 1692, † Stolberg/Harz nach 1750, dt. Schriftsteller. – Feldscher unter Prinz Eugen im Spanischen Erbfolgekrieg; Reisebegleiter des Reichsgrafen zu Stolberg-Stolberg, an dessen Hof Chirurg und Beamter, 1731–41 auch Hg. der Zeitung ›Stolberg. Sammlung neuer und merkwürdiger Weltgeschichte‹. Verfasser des vielgelesenen, zwischen Barock und Aufklärung stehenden Romans ›Wunderl. Fata einiger Seefahrer …‹ (4 Bde., 1731–43; 1828 hg. u. d. T. ›Die Insel Felsenburg‹, 6 Bde.), dessen äußere Handlung im Dreißigjährigen Krieg angesiedelt ist; Motive des galanten und pikaresken Romans sowie der engl. Robinsonade sind zu einer Staats- und Sozialutopie in pietist. Geist verbunden.

Weitere Werke: Lebens- Helden- und Todesgeschichte des berühmten Feldherrn Eugenii Francisci von Savoyen (Biogr., 1736), Der im Irr-Garten der Liebe herum taumelnde Cavalier (R., 1738).

Literatur: MAYER, HANS: Die alte u. die neue ep. Form. J. G. Sch.s Romane. In: MAYER: Von Lessing bis Thomas Mann. Pfullingen 1959. – WEINHOLD, I.: J. G. Sch.s ›Insel Felsenburg‹. Diss. Bonn 1963. – BIERFREUND, H.: Bericht über das Leben des Dichters J. G. Sch. u. sein Hauptwerk ›Die Insel Felsenburg‹. Riestedt 1965.

Schnack, Anton, * Rieneck (Landkreis Main-Spessart) 21. Juli 1892, † Kahl a. Main 26. Sept. 1973, dt. Schriftsteller. – Bruder von Friedrich Sch.; war Journalist und Feuilletonredakteur; begann mit expressionist. Lyrik und Kriegsskizzen; autobiograph. Züge trägt der Gedichtband ›Die Flaschenpost‹ (1936); Meister amüsanter Kleinprosa; auch Hörspiele.

Weitere Werke: Strophen der Gier (Ged., 1919), Tier rang gewaltig mit Tier (Ged., 1920), Zugvögel der Liebe (R., 1936), Der finstere Franz (R., 1937), Die bunte Hauspostille (En., 1938, 1946 u. d. T. Die Angel des Robinson), Mädchenmedaillons (Skizzen, 1946), Mittagswein (Ged., 1948), Brevier der Zärtlichkeit (1956), Weinfahrt durch Franken (Prosa und Ged., 1965).

Schnack, Friedrich, * Rieneck (Landkreis Main-Spessart) 5. März 1888, † München 6. März 1977, dt. Schriftsteller. – War kaufmänn. Angestellter, Bankkaufmann, dann Journalist; ab 1926 freier Schriftsteller. Schrieb zunächst vom Expressionismus beeinflußte Lyrik aus der Welt des Orients (›Das kommende Reich‹, 1920), danach einfache, liedhafte Gedichte über die Schönheit seiner Heimat; sein Erzählwerk ist von den Mächten und Kräften der Natur bestimmt, wobei die Menschen immer mehr in den Hintergrund treten; auch zahlreiche Natur-, Reise- und Kinderbücher sowie Hörfolgen.

Weitere Werke: Herauf, uralter Tag (Ged., 1913), Klingsor (Zaubermärchen, 1922), Vogel Zeitvorbei (Ged., 1922), Die Hochzeit zu Nobis (R., 1924), Sebastian im Walde (R., 1926), Beatus und Sabine (R., 1927), Die Orgel des Himmels (R., 1927), Das Leben der Schmetterlinge (Dichtung, 1928), Die wundersame Straße (R., 1936), Cornelia und die Heilkräuter (Dichtung, 1939), Das Waldkind (R., 1939), Der glückselige Gärtner (R., 1940), Fränk. Universum (E., 1967), Petronella im Bauerngarten (En., 1970), Die schönen Tage des Lebens. Ein Erzählbuch (1971), Traumvogelruf (Ged., 1973).

Ausgaben: F. Sch. Gesamtausg. des poet. Werkes. Mchn. 1–2 1950–54. 7 Bde. – F. Sch. Ges. Werke. Hamb. 1961. 2 Bde.
Literatur: F. Sch. Festgabe... Hg. v. W. JANTZEN. Gött. 1958.

Schneckenburger, Max, * Talheim (Landkreis Tuttlingen) 17. Febr. 1819, † Burgdorf bei Bern 3. Mai 1849, dt. Dichter. – Mitbesitzer einer Eisengießerei; verfaßte zahlreiche patriot. Lieder. Volkstüml. Beliebtheit erlangte das 1840/41 entstandene Lied ›Die Wacht am Rhein‹ (›Lieb' Vaterland, magst ruhig sein ...‹), das durch seinen religiöse und nat. Affekte mobilisierenden Aufruf v. a. im Dt.-Frz. Krieg 1870/71 Aktualität erhielt (1854 vertont von Karl Wilhelm).

Ausgabe: M. Sch. Dt. Lieder. Hg. v. K. GEROK. Stg. 1870.

Schneider, Michael, * Königsberg (Pr) 4. April 1943, dt. Schriftsteller. – Studierte u. a. Philosophie, Soziologie und Religionswiss., war Verlagslektor in Berlin, Dramaturg in Wiesbaden, seit 1978 ebd. freier Schriftsteller. Als polit. Publizist, Kritiker, Essayist, Theaterautor und Erzähler äußert er sich zu polit. und gesellschaftl. Entwicklungen in der BR Deutschland.

Werke: Neurose und Klassenkampf (Abhandlung, 1973), Die lange Wut zum langen Marsch

(Essays, 1975), Das Spiegelkabinett (Nov., 1980), Den Kopf verkehrt aufgesetzt oder ... (Essays, 1981), Die Wiedergutmachung oder Wie man einen verlorenen Krieg gewinnt (Schsp., Dokumentation, 1985), Die Traumfalle (Nov.n, 1987), Das Beil von Wandsbek (Dr., UA 1988; nach A. Zweig), Das Unternehmen Barbarossa (Essay, 1989), Iwan der Deutsche (1989; mit Rady Fish).

Schneider, Peter, * Lübeck 21. April 1940, dt. Schriftsteller. – Lebt als freier Schriftsteller in Berlin. Verarbeitet aktuelle polit. Themen wie Studentenbewegung, Extremistenbeschluß, polit. Standortprobleme der linksbürgerl. Intelligenz in der BR Deutschland.

Werke: Lenz, eine Erzählung von 1968 und danach (1973), ... schon bist du ein Verfassungsfeind (Prosa, 1975), Atempause (Prosa, 1977), Die Wette (En., 1978), Die Botschaft des Pferdekopfs ... (Essays, 1981), Der Mauerspringer (E., 1982), Totoloque (Dr., 1985), Vati (E., 1987), Dt. Ängste (Essays, 1988), Extreme Mittellage (Reportagen, 1990), Paarungen (R., 1992), Vom Ende der Gewißheit (Essays, 1994).

Schneider, Reinhold, * Baden-Baden 13. Mai 1903, † Freiburg im Breisgau 6. April 1958, dt. Schriftsteller. – Kaufmänn. Ausbildung, autodidakt. Studium der roman. Literaturen, 1928/29 ausgedehnte Reisen durch Europa; ab 1932 freier Schriftsteller in Potsdam, danach in Freiburg; 1940 Schreibverbot, illegale Publikationen. Mit W. Bergengruen u. a. stand Sch. im Zentrum des kath. Widerstands gegen den Nationalsozialismus (u. a. mit der Erzählung ›Las Casas vor Karl V.‹, 1938). 1945, kurz vor Kriegsende, des Hochverrats angeklagt. Sch.s literar. wie kulturphilosoph. Werk ist von der christlich-humanist. Tradition geprägt. Seine Auseinandersetzung mit herrschenden Ideologien sucht in der Verbindung von Idealismus und Mystifikation eine eigenständige Variante dialekt. Analyse. Geschichte vollzieht sich zwischen Macht, Geist und Glaube als Möglichkeit der Überwindung. Sch. erhielt für sein lyr., dramat., ep. und essayist. Schaffen zahlreiche Auszeichnungen, u. a. den Friedenspreis des Dt. Buchhandels (1956).

Weitere Werke: Das Leiden des Camoes oder ... (Biogr., 1930), Philipp der Zweite oder Religion und Macht (Biogr., 1931), Sonette (1939, 1954 u. d. T. Die Sonette von Leben und Zeit, dem Glauben und der Geschichte), Macht und

Gnade (Essays, 1940), Taganrog (E., 1946), Weltreich und Gottesreich (Vorträge, 1946), Der große Verzicht (Dr., 1950), Innozenz und Franziskus (Dr., 1952), Das getilgte Antlitz (En., 1953), Erbe und Freiheit (Essays, 1955), Die silberne Ampel (R., 1956), Der Balkon (Autobiogr., 1957), Winter in Wien (Tagebuch, 1958), Innozenz der Dritte (Biogr., hg. 1960).
Ausgaben: R. Sch. Ges. Werke. Hg. v. E. M. LANDAU. Ffm. 1977–81. 10 Bde. – R. Sch. Tagebuch 1930–35. Nachwort v. J. RAST. Ffm. 1983. – R. Sch. Ges. Werke. Hg. v. E. M. LANDAU. Ffm. 1986 ff. Auf 15 Bde. berechnet.
Literatur: BALTHASAR, H. U. VON.: R. Sch. Sein Weg u. sein Werk. Köln u. Olten 1953. – BOSSLE, L.: Utopie u. Wirklichkeit im polit. Denken von R. Sch. Mainz 1965. – SCHERER, B.: Tragik vor dem Kreuz. Leben u. Geisteswelt R. Sch.s. Freib. 1966. – R. Sch. Leben u. Werk in Dokumenten. Hg. v. FRANZ ANSELM SCHMITT. Olten u. Freib. 1969. – R. Sch. – Leben u. Werk im Bild. Hg. v. E. M. LANDAU u. a. Ffm. 1977. – Über R. Sch. Hg. v. C. P. THIEDE. Ffm. 1980. – ZIMMERMANN, I.: R. Sch. Stg. 1983. – R.-Sch.-Jb. Hg. v. E. BLATTMANN. Bd. 1. Ffm. u. a. 1985. – KOEPCKE, C.: R. Sch. Eine Biogr. Wzb. 1993.

Rolf Schneider

Schneider, Rolf, * Chemnitz 17. April 1932, dt. Schriftsteller. – Studierte Germanistik, war Redakteur, seit 1958 freier Schriftsteller. 1979 wurde Sch. u. a. wegen seines Romans ›November‹ (1979), der sich mit der Ausbürgerung W. Biermanns befaßt, aus dem Schriftstellerverband der DDR ausgeschlossen (1989 Aufhebung der Relegierung), seitdem arbeitete er oft in der BR Deutschland, u. a. als Dramaturg in Mainz und als Hausautor am Schauspielhaus in Nürnberg. Beschäftigte sich zunächst mit der Zeit vor und während des Nationalsozialismus (›Der Tod des Nibelungen‹, R., 1970), wandte sich aber ab

1974, dem Erscheinungsjahr seines Romans ›Die Reise nach Jaroslaw‹, mehr und mehr Problemen des sozialist. Alltags zu. Sein Stil ist bestimmt durch satir., iron., mitunter literaturparodist. Elemente. Schreibt auch Hörspiele (›Stimmen danach‹, Hsp.e, 1973), Fernsehfilme (›Das Portrait‹, 2 Folgen, 1970 und 1977; ›Das andere Land‹, 1984) und Bühnenstücke (›Prozeß in Nürnberg‹, 1965).
Weitere Werke: Brücken und Gitter (En., 1965), Die Tage in W. (R., 1965), Nekrolog (En., 1973, in der BR Deutschland 1974 u. d. T. Pilzomelett und andere Nekrologe), Das Gück (R., 1976), Unerwartete Veränderung (En., 1980), Marienbader Intrigen (Hsp.e, 1985), Jede Seele auf Erden (R., 1988), Levi oder die Reise zu Richard Wagner (R., 1989), Theater in einem besiegten Land (Essay, 1989), Der alte Mann mit der jungen Frau (Stücke, 1990), Frühling im Herbst. Notizen vom Untergang der DDR (1991), Volk ohne Trauer. Notizen nach dem Untergang der DDR (1992), Potsdam. Garnison und Arkadien (E., 1994).

Schneider-Schelde, Rudolf, eigtl. R. Schneider, * Antwerpen 8. März 1890, † München 18. Mai 1956, dt. Schriftsteller. – Ab 1917 freier Schriftsteller; seine Bücher wurden in der Zeit des Nationalsozialismus verboten und verbrannt; 1949–51 Programmdirektor des Bayer. Rundfunks. Machte sich als Autor stilsicherer Kurzgeschichten, Romane und bühnenwirksamer Theaterstücke einen Namen; auch Hörspiele.
Werke: Die Straße des Gelächters (En., 1925), Der Frauenzüchter (R., 1928), Kies bekennt Farbe (R., 1930), Die Liebesprobe (Lsp., UA 1941), Offenes Fenster (R., 1944), Ein Mann im schönsten Alter (R., 1955).

Schnell, Robert Wolfgang, * Barmen (heute Wuppertal) 8. März 1916, † Berlin 1. Aug. 1986, dt. Schriftsteller. – Studierte Musik; war dann Maler (Autodidakt); lebte als freier Schriftsteller und Schauspieler in Berlin (West); 1959 Mitbegründer einer Galerie. Zeichnete in seiner realist. sozialkrit. Erzählprosa zeitgenöss. Schicksale, v. a. aus der Welt der einfachen Leute. Verfaßte auch Hör- und Fernsehspiele, Lyrik, Essays, Kinderbücher.
Werke: Wahre Wiedergabe der Welt (Satiren, 1961), Mief (En., 1963, 1969 u. d. T. Die Farce von den Riesenbrüsten), Geisterbahn (R., 1964), Muzes Flöte (En., Ged., 1966), Erziehung durch Dienstmädchen (R., 1968), Junggesellen-Weih-

nacht (En., 1970), Eine Tüte Himbeerbonbons (En., 1976), Die heitere Freiheit und Gleichheit (En., 1978), Sind die Bären glücklicher geworden? Autobiographien (1983), Der Weg einer Pastorin ins Bordell (En., 1984).

Schneller, Christian, * Holzgau (Tirol) 5. Nov. 1831, † Cornocalda bei Rovereto 5. Aug. 1908, Tiroler Schriftsteller und Volkskundler. – War Gymnasiallehrer in Rovereto und Landesschulinspektor in Innsbruck; seine Forschungen zur Volks- und Mundartkunde Südtirols waren bahnbrechend; schrieb kulturgeschichtl. Skizzen sowie Gedichte.

Werke: Märchen und Sagen aus Welschtirol (1867), Die roman. Volksmundarten in Südtirol (1870), Tirol. Namenforschung (1890), Südtiroler Landschaften (2 Bde., 1899/1900), Aus alter und neuer Zeit (En., 1902).

Schnepperer, der, spätmittelalterl. dt. Dichter, † Rosenplüt, Hans.

Schne'ur, Salman (hebr. tl.: Šĕnê'ûr), eigtl. Salkind Sch., * Schklow bei Mogiljow im Febr. 1887, † New York 20. Febr. 1959, hebr.-jidd. Schriftsteller. – Gehörte in Odessa zum Kreis um Ch. N. Bialik, lebte dann u. a. in Warschau; war während des 1. Weltkriegs in Berlin interniert; 1923–40 Aufenthalt in Paris, emigrierte dann in die USA und lebte ab 1951 in Israel; schrieb in hebr. und jidd. Sprache. Seine Prosawerke spielen zumeist in der Welt des Ostjudentums (›Noah Pandre‹, R., 1936, dt. 1937). In seiner Lyrik schildert er die Grauen der Judenverfolgungen und ruft zum heroischen Widerstand auf. Naturverbundenheit sowie Auflehnung gegen überkommene Kulturwerte und erstarrte Traditionen sind andere häufig verwendete Themen seiner Gedichte.

Weitere Werke: A Toit. Schriftn fun a Selbstmerder (Skizzen, 1909), Bametzar (= In der Enge, E., 1923), Gesharim (= Brücken, Ged., 1924), Sklower Jiden (E., 1929), Fetter Zsome (R., 1930), Ferzig Jor Nju York (Skizzen, 1945).
Literatur: Enc. Jud. Bd. 14, 1972, S. 1428. – Hauptwerke der hebr. Lit. Hg. v. L. PRIJS. Mchn. 1978. S. 86.

Schnitzler, Arthur, * Wien 15. Mai 1862, † ebd. 21. Okt. 1931, österr. Schriftsteller. – Studierte Medizin, war Arzt, später freier Schriftsteller in Wien. Gehörte zum Kreis Junges Wien; Freundschaft mit H. von Hofmannsthal, F. Salten, R. Beer-Hofmann, H. Bahr. Befaßte

Arthur Schnitzler

sich als Arzt mit Hypnose und Suggestion. 1892 Bekanntschaft mit K. Kraus; Briefwechsel mit G. Brandes. 1901 wurde ihm wegen seiner Novelle ›Lieutenant Gustl‹ (1901) der Offiziersrang abgesprochen, 1921 kam es wegen der Aufführung des ›Reigen‹ (1900) zu einer Gerichtsverhandlung, die mit Freispruch für alle Beteiligten endete. Zwischen 1922 und 1926 Kontakt zu S. Freud, als dessen literar. Pendant Sch. gilt. Er war ein bed. Kritiker des Österreich der ›fröhl. Apokalypse‹ (H. Broch) um 1900, ein Meister in der Darstellung des Wiener Fin de siècle mit seiner Mischung aus Todessehnsucht und Frivolität. Hinter spielender Leichtigkeit erscheint als dunkles Thema die Vergänglichkeit in ihren beiden Formen: als Untreue und als Tod. Eros und Thanatos sind, wie G. Brandes sagte, die beiden Mächte, die Sch.s Werk bestimmen. Er verband psychologisch-analytische Schärfe, skeptisch-iron. Distanz und moral. Relativismus. Die innere Welt der Figuren, aus Wünschen und Phantasmen, ist bestimmender als die äußere Wirklichkeit: nicht zufällig war es Sch., der den inneren Monolog, lange vor J. Joyce, in die Literatur einführte (›Fräulein Else‹, Nov., 1924; ›Lieutenant Gustl‹). Meister der Nuance des Gefühls, unerbittl. Analytiker des Trieblebens (›Reigen‹), vermag Sch., ohne als Gesellschaftskritiker aufzutreten, zugleich die Epoche und ihre Probleme (Antisemitismus, Dekadenz) in den Blick zu bringen. Seine Erzählweise ist in ihrer Realistik an G. Flaubert und G. de Maupassant geschult und weist in der Offenheit der Formen und dem Fast-Nichts der Handlung auf A. P. Tschechow hin. – Sch. bevorzugte, wie viele seiner Zeitgenossen, kleine Formen – Novellen, Einakter –, doch kann auch sein erster Roman, ›Der Weg ins Freie‹ (1908), als ein Meisterstück raffinierter Erzählkunst gelten. Sch.s Werk übt bis heute Einfluß auf die jüngere österr. Literatur und deren Gesellschaftskritik aus.

Weitere Werke: Anatol (Dr., 1893), Das Märchen (Schsp., 1894), Sterben (Nov., 1895), Liebelei (Schsp., 1896), Die Frau des Weisen (Nov., 1898), Freiwild (Schsp., 1898), Der grüne Kakadu (Dramen, 1899), Das Vermächtnis (Schsp., 1899), Lebendige Stunden (4 Einakter, 1902), Der einsame Weg (Schsp., 1904), Der Ruf des Lebens (Dr., 1906), Zwischenspiel (Kom., 1906), Der Weg ins Freie (R., 1908), Komtesse Mizzi oder Der Familientag (Kom., 1909), Das weite Land (Tragikom., 1911), Professor Bernhardi (Kom., 1912), Komödie der Worte (3 Einakter, 1915), Doktor Gräsler, Badearzt (E., 1917), Casanovas Heimfahrt (Nov., 1918), Komödie der Verführung (Kom., 1924), Der Gang zum Weiher (dramat. Ged., 1926), Traumnovelle (1926), Der Geist im Wort und der Geist in der Tat (Essays, 1927), Spiel im Morgengrauen (Nov., 1927), Therese (R., 1928), Flucht in die Finsternis (Nov., 1931), Über Krieg und Frieden (Schrift, hg. 1939), Das Wort (Dramenfragment, hg. 1966), Jugend in Wien (Autobiogr., hg. 1968), Zug der Schatten (Dramenfragment, hg. 1970).
Ausgaben: A. Sch. Ges. Werke. Neuausg. Bln. 1922–26. 9 Bde. – A. Sch. Ges. Werke in Einzelbden. Ffm. [1-2]1962–72. 4 Bde. – Hugo von Hofmannsthal u. A. Sch. Briefwechsel. Hg. v. Th. Nickl u. H. Schnitzler. Ffm. 1964. – A. Sch. Ges. Werke in Einzelbden. Ffm. 1981. 6 Bde. – A. Sch. Meisterdramen. Ffm. 14.–18. Tsd. 1981. – A. Sch. Meistererzählungen. Ffm. 47.–54. Tsd. 1981. – A. Sch. Briefe 1875–1912. Hg. v. H. Schnitzler u. Th. Nickl. Ffm. 1981. – A. Sch. Tagebuch 1879–1931. Hg. v. W. Welzig. Wien 1981 ff. Auf ca. 10 Bde. berechnet. – A. Sch. Briefe 1913–1931. Hg. v. P. M. Braunwerth u. a. Ffm. 1984. – A. Sch. Erzählungen. Bearb. v. B. Spinnen. Neuausg. Zü. 1994.
Literatur: Just, G.: Ironie u. Sentimentalität in den erzählenden Dichtungen A. Sch.s. Bln. 1968. – Melchinger, Ch.: Illusion u. Wirklichkeit im dramat. Werk A. Sch.s. Hdbg. 1968. – Kilian, K.: Die Komödien A. Sch.s. Sozialer Rollenzwang u. krit. Ethik. Wsb. 1972. – Urbach, R.: Sch.-Komm. Mchn. 1974. – Scheible, H.: A. Sch. u. die Aufklärung. Mchn. 1976. – A. Sch. in neuer Sicht. Hg. v. H. Scheible. Mchn. 1981. – Lindken, H.-U.: A. Sch. Aspekte u. Akzente. Materialien zu Leben u. Werk. Bern u. Ffm. 1984. – A. Sch. Sein Leben u. seine Zeit.

Hg. v. H. Schnitzler u. a. Ffm. 1984. – Wagner, R.: A. Sch. Eine Biographie. Ffm. 1984. – Allerdissen, R.: A. Sch. Impressionist. Rollenspiel u. skept. Moralismus in seinen Erzählungen. Bonn 1985. – Kiwit, W.: Sehnsucht nach meinem Roman. A. Sch. als Romancier. Bochum 1991. – Lindgren, I.: A. Sch. im Lichte seiner Briefe u. Tagebb. Hdbg. 1993. – Scheible, H.: A. Sch. Rbk. 38.–40. Tsd. 1994. – Weinzierl, U.: A. Sch., Lieben, Träumen, Sterben. Ffm. 1994.

Schnüffis, Laurentius von, dt. Dichter, ↑ Laurentius von Schnüffis.

Schnurre, Wolfdietrich, * Frankfurt am Main 22. Aug. 1920, † Kiel 9. Juni 1989, dt. Schriftsteller. – Kam 1928 nach Berlin; war 1946–49 Film- und Theaterkritiker in Berlin; ab 1950 freier Schriftsteller; gehörte zu den Mitbegründern der Gruppe 47. Schrieb meisterhafte Kurzgeschichten, ferner Romane, Lyrik, Aphorismen, Essays, Hör- und Fernsehspiele sowie Kinderbücher. Gestaltete moralisch-zeitkritisch, auch satirisch-ironisch aktuelle Stoffe und Probleme der Kriegs- und Nachkriegszeit. Sein Phantasiereichtum wird durch knappe Diktion und skizzenhafte Andeutung von Gestalten und Situationen gebändigt; illustrierte seine Bücher oft selbst; erhielt u. a. 1983 den Georg-Büchner-Preis.

Wolfdietrich
Schnurre

Werke: Die Rohrdommel ruft jeden Tag (En., 1950), Sternstaub und Sänfte (En., 1953, 1962 u. d. T. Die Aufzeichnungen des Pudels Ali), Kassiber (Ged., 1956, erweitert 1964 und 1979), Als Vaters Bart noch rot war (R., 1958), Eine Rechnung, die nicht aufgeht (En., 1958), Das Los unserer Stadt. Eine Chronik (1959), Berlin. Eine Stadt wird geteilt (Bilddokumentation, 1962), Funke im Reisig (En., 1963), Schreibtisch unter freiem Himmel (Essays, 1964), Freund-

schaft mit Adam (En., 1966), Was ich für mein Leben gern tue (Prosa, 1967), Rapport des Verschonten (En., 1968), Richard kehrt zurück (Kurzroman, 1970), Wie der Koala-Bär wieder lachen lernte (Kinderbuch, 1971), Ich frag ja bloß (Dialoge, 1973), Ich brauch dich (1976), Der Schattenfotograf (Aufzeichnungen, 1978), Ein Unglücksfall (R., 1981), Gelernt ist gelernt – Gesellenstücke (Prosa, 1984), Emil und die Direktiven. Anmerkungen zum Kinder- und Jugendbuch (1985).
Ausgaben: W. Sch. Erzählungen 1945–65. Mchn. 1977. – W.-Sch.-Kassette. Bln. u.a. 1979–80. 10 Bde.
Literatur: LAMBRECHT, R.: W. Sch.s ›Kassiber‹. Eine systemat. Interpretation. Bonn 1980. – BLENCKE, K.: W. Sch.s Nachlaß. Paderborn 1993. – WARG, I.-R.: ›Doch ich krümm mich um alles, was lebt‹. W. Sch.s lyr. Schaffen. New York u.a. 1993.

Schodschentsykus, Ali Aschadowitsch, kabardin.-sowjet. Dichter, ↑ Schogenzukow, Ali Aschadowitsch.

Schoeman, Karel [afrikaans 'sku:man], *Trompsburg (Oranje-Freistaat) 26. Okt. 1939, südafrikan. Schriftsteller. – Konvertierte zum Katholizismus; lebte 1968–78 in Europa; sammelt Gedichte und mytholog. Erzählungen des kelt. Kulturraums; übersetzt europ. Dramen (u.a. von Schiller); verfaßte biograph. Romane, u.a. über Shakespeare (›Die hart van die son‹, 1965) und Rembrandt (›Lig in die donker‹, 1969). Protagonisten seiner Romane sind Durchreisende, Introvertierte und Außenseiter, die sich der Wirklichkeit, auch der ihrer Gefühle, versagen. ›Na die geliefde land‹ (1972) und ›Om te sterwe‹ (1976), zwei apokalypt. Romane über Südafrika, enthalten eine Absage an die populäre nat. Rechtfertigungsliteratur der 60er Jahre.
Weitere Werke: n' Lug vol helder wolke (R., 1967), Op n'eiland (R., 1971), Afrika. n' Roman (1977), Onderweg (R., 1978), Vrystaatse erfenis (Studie, 1982), n' Ander land (R., 1984).

Schöfferlin, Bernhard, *Esslingen am Neckar zwischen 1436 und 1438, †1501, dt. Geschichtsschreiber. – Stand 1466–70 im Dienst des Grafen Heinrich von Württemberg, 1472 ff. Rat und Hofrichter des Grafen Eberhard im Bart von Württemberg, 1478–82 Kanzler der Erzherzogin Mechthild von Österreich; Jurist und Reichskammergerichtsbeisitzer 1495–99; verfaßte auf Wunsch Eberhards im Bart die erste röm. Geschichte

in dt. Sprache, die er von der Gründung Roms bis auf Augustus plante, aber nur bis zum Ende des Zweiten Punischen Krieges ausführen konnte. Als Quellen benützte er neben Livius Autoren wie Dionysios von Halikarnassos, Plutarch, Florus, Iustinus, Eutropius, Orosius, Plinius und Valerius Maximus, die er kompilierte und teils in sinngemäßer Übersetzung, teils in freierer Gestaltung verwertete. Sein Werk ist eine bed. humanist. und literar. Leistung. Ivo Wittich schloß nach Sch.s Tod an diese Arbeit eine Übersetzung der vierten Dekade des Livius an und ließ beides 1505 in Mainz u.d.T. ›Romische Historie uß Tito Livio gezogen‹ drucken (13 Auflagen bis 1562). Sch.s Werk geriet dadurch bis in unsere Zeit unter das falsche Etikett einer Livius-Übersetzung.
Literatur: LUDWIG, W.: Römische Historie im dt. Humanismus. Gött. 1987.

Schogenzukow (tl.: Šogencukov), Ali Aschadowitsch [russ. ʃɐgɪn'tsukɐf], eigtl. A. A. Schodschentsykus, *Staraja Krepost 28. Okt. 1900, †Bobruisk 29. Nov. 1941, kabardin.-sowjet. Dichter. – Sohn eines Bauern; besuchte 1914 ein geistl. Seminar, wurde relegiert; nach pädagog. Ausbildung 1923 Lehrer in Staraja Krepost; starb in dt. Gefangenschaft; Begründer der kabardin. Sowjetliteratur; in seinen Epen, Gedichten und Erzählungen von A. S. Puschkin, M. J. Lermontow, N. A. Nekrassow und M. Gorki beeinflußt; auch Übersetzer.
Literatur: CHAKUAŠEV, A.: A. Šogencukov. Naltschik 1958.

Schoham (tl.: Šoham), Matitjahu, *Warschau 1893, †ebd. 4. Juli 1937, hebr. Dramatiker. – Arbeitete als Lehrer und Hg. von Zeitschriften in Warschau; lebte 1930/31 in Palästina. Sch. gilt als bed. Vertreter der hebr. Dramatik. In seinen Versdramen – v.a. in ›Zôr wirûšalayim‹ (= Tyros und Jerusalem, 1933) und ›Elohê barzel lo' ta'ăśeh lĕka‹ (= Du sollst dir keine Eisengötter machen, 1935) – behandelt er anhand bibl. Themen den Gegensatz zwischen Juden- und Heidentum, wobei symbolist. Züge vorherrschen.
Literatur: STEMBERGER, G.: Gesch. der jüd. Lit. Mchn. 1977. S. 204. – STEMBERGER, G.: Epochen der jüd. Lit. Mchn. 1982.

Scholem
Aleichem

Scholem Alẹichem (hebr. tl.: Ṣạ-lôm-ʿĀlêḵẹm), eigtl. Schalom Rabino-witsch, * Perejaslaw (Ukraine) 2. März 1859, † New York 13. Mai 1916, jidd. Schriftsteller. – Wurde nach ersten Ver-öffentlichungen in Hebräisch und Rus-sisch durch die Gründung des literar. Jahrbuchs ›Jidische folksbibliothek‹ (2 Bde., 1888/89, Bd. 3 erschien nicht mehr) zum Bahnbrecher einer erneuerten, ästhetisch wie thematisch die Höhe der Zeit erreichenden jidd. Literatur, die den vorherrschenden sentimental-sensatio-nellen Schund und Kitsch (↑Schomer) verdrängen konnte. Neben Mendele Moicher Sforim und J. L. Perez gilt Sch. als dritter jidd. ›Klassiker‹, der durch zahllose Zeitschriftenbeiträge (Feuille-tons, Kurzgeschichten, Gedichte) und ausgedehnte Tourneen weiteste Publi-kumskreise erreichte, während er auf dem Theater weniger erfolgreich blieb. Ideologisch stand er dem Zionismus nahe. Die frühen Romane (Briefromane ›Menachem Mendl‹, begonnen 1892, 2. Briefserie 1895, bis 1913 Erweiterungen, dt. 1921 u. d. T. ›Menachem Mendel‹; ›Tewje der milchiger‹, begonnen 1894, erweitert bis 1916, dt. 1922 u. d. T. ›Die Geschichte Tewjes des Milchhändlers‹, 1961 u. d. T. ›Tewje, der Milchmann‹) kreisen weitgehend um Probleme der ge-sellschaftl. Existenz der osteurop. Juden, in humoristisch gebrochener Sicht bis-weilen das Absurde streifend. 1906/07 lernte Sch. A. in New York das Dasein der jüd. Einwanderer in den USA ken-nen, kehrte desillusioniert nach Westeu-ropa zurück, bis der Kriegsausbruch

1914 ihn erneut in die USA trieb. Im Spätwerk (z. B. im Roman ›Motl Peissi dem chasns‹, begonnen 1908, dt. u. d. T. ›Der Sohn des Kantors‹ bzw. ›Mottl der Kantorssohn‹, beide 1965) werden diese Erfahrungen verarbeitet, so daß die sonst in der jidd. Literatur verbreitete nostalg. Retrospektive aufgehoben wird. In den 20er und 30er Jahren fand Sch. A.s Werk, auch durch Übersetzungen, weltweit (auch in der Sowjetunion) bei Lesern und Kritikern starken Anklang, der in den 60er Jahren durch das Musical ›Fiddler on the roof‹ (1964, dt. ›Anatevka‹), das auf ›Tewje‹-Motiven beruht, nochmals belebt wurde.

Weitere Werke: Stempenju (E., 1888, dt. 1922), Schir-ha-Schirim (R., 1917, dt. 1981), Eine Hochzeit ohne Musikanten (En., dt. Ausw. 1961), Die verlorene Schlacht (En., dt. Ausw. 1984), Das bessere Jenseits (En., dt. Ausw. 1984).
Ausgabe: Sch.-A. Ale werk. New York 1917–23. 28 Bde.
Literatur: SAMUEL, M.: The world of Sholom A. New York 1965. – WAIFE-GOLDBERG, M.: My father Sholom A. London u. New York 1968. – BEST, O. F.: Mameloschen. Ffm. 1973. S. 203. – DINSE, H./LIPTZIN, S.: Einf. in die jidd. Lit. Stg. 1978. S. 41.

Schọlien [griech.], schulmäßige, kurze kommentierende Erklärung, oft stichwortartige Erläuterung von sprach-lich schwierigen Wendungen oder histor. Kommentierung einzelner Textstellen. Die v. a. in der griech. und röm. Antike verwendeten Sch. unterscheiden sich von den einfacheren ↑Glossen durch mehr Informationen und von den durchgehen-den, ausführl. Interpretationen dadurch, daß sie nicht als bes. Schrift verbreitet, sondern in die zu kommentierenden Texte eingefügt wurden. Dabei wurden das Stichwort (Lemma) oder auch ein kurzer Textabschnitt am Rande wieder-holt, danach folgte die Erläuterung (In-terpretament). Die Tradition der antiken **Scholiastik** wurde durch Vermittlung der alexandrin. und byzantin. Philologie im europ. MA fortgesetzt und von den Humanisten des 15. und 16. Jh. für ihre philolog. Arbeit übernommen.

Literatur: GUDERMAN, A.: Sch. In: PAULY-WIS-SOWA, R. 2, Bd. 2 A, Tl. 1. Stg. 1921. Spalte 625.

Scholochow (tl.: Šọlochov), Michail Alexandrowitsch [russ. ˈʃɔlɐxɐf], * Wjoschenskaja (Gebiet Rostow) 24. Mai 1905, † ebd. 21. Febr. 1984, russ.-sowjet. Schriftsteller. – Nahm nach vorübergehendem Besuch des Gymnasiums an Kämpfen gegen die Weißgardisten teil, 1932 Mitglied der KPdSU. Seine ersten Novellen entstanden 1923–26: ›Geschichten vom Don‹ (1926, dt. 1958) und ›Flimmernde Steppe‹ (1926, dt. 1959). Sein Hauptwerk ist der Roman ›Der stille Don‹ (zwischen 1928 und 1940 in vier Teilen erschienen; dt. Buch 1–3 1929–34, Buch 1–4 1943–48; die Autorschaft wird z. T. bestritten). Das Werk wurde 1953 umgearbeitet, 1965 von D. D. Schostakowitsch vertont. In breitem Stil wurde darin das Leben und Schicksal der Donkosaken vor, während und nach der Revolution und im Bürgerkrieg geschildert. Der Roman ›Neuland unterm Pflug‹ (Buch 1 1932, dt. 1934, Buch 2 1959/60, vollständig dt. 1960, 1966 u. d. T. ›Ernte am Don‹) behandelt die Kollektivierung im Donkosakengebiet. Die späteren Werke erreichen die frühen an Bed. und Wirkung nicht. 1965 erhielt Sch. den Nobelpreis für Literatur.

Michail Alexandrowitsch Scholochow

Weitere Werke: Schule des Hasses (E., 1942, dt. 1946), Sie kämpften für die Heimat (R., in Teilen 1943/44, neue Fassung 1969, dt. 1960), Ein Menschenschicksal (E., 1956/57, dt. 1957).
Ausgaben: M. Sch. Ges. Werke in Einzelausgg. Dt. Übers. Bln. [1-9]1967–75. 4 Bde. in 8 Tlen. – M. A. Šolochov. Sobranie sočinenij. Moskau 1980. 8 Bde.
Literatur: WEFERS, H.: Erzähler. Strukturen u. Weltbild in Šolochovs Dongeschichten ... Diss. Bochum 1975. – ŠTAVDAKER, L. V.: M. A. Šolochov. Bibliografičeskij ukazatel'. Rostow 1980. – ERMOLAEV, H.: M. Sholokhov and his art. Princeton (N. J.) 1982.

Scholtis, August, Pseudonym Alexander Bogen, * Bolatitz (tschech. Bolatice; Nordmähr. Gebiet) 7. Aug. 1901, † Berlin 25. oder 26. April 1969, dt. Schriftsteller. – Ab 1928 Journalist und freier Schriftsteller in Berlin. In seinen Romanen und Erzählungen stellte er v. a. Probleme der Bevölkerung des oberschles. Grenzgebiets dar; auch Dramen und Hörfolgen; Übersetzungen.
Werke: Ostwind (R., 1932), Baba und ihre Kinder (R., 1934), Jas der Flieger (R., 1935), Schles. Totentanz (En., 1938), Das Eisenwerk (R., 1939), Die Fahnenflucht (Nov., 1948), Die Zauberkrücke (E., 1948), Die Katze im schles. Schrank (En., 1958), Ein Herr aus Bolatitz (Autobiogr., 1959), Die Reise nach Polen (Bericht, 1962), Schloß Fürstenkron (R., hg. 1987).

Scholz, Hans, * Berlin 20. Febr. 1911, † ebd. 29. Nov. 1988, dt. Schriftsteller und Maler. – War 1963–76 Feuilletonchef des ›Tagesspiegels‹; schrieb Essays, Drehbücher für Werbefilme sowie Hör- und Fernsehspiele; besonderen Erfolg hatte sein Roman ›Am grünen Strand der Spree‹ (1955).
Weitere Werke: Schkola (Nov., 1956), Berlin, jetzt freue dich! (Skizzenbuch, 1960), Der Prinz Kaspar Hauser, Protokoll einer modernen Sage (1964), Süd-Ost hin und zurück. Luftreiseführer zum östl. Mittelmeer (1970), Wanderungen und Fahrten in der Mark Brandenburg (10 Bde., 1973–84), Theodor Fontane. Literar. Porträt (1978).

Scholz, Wilhelm von, * Berlin 15. Juli 1874, † Konstanz 29. Mai 1969, dt. Schriftsteller. – Studierte Philosophie und Literaturwiss.; Offizier, danach freier Schriftsteller; in München Bekanntschaft mit Vertretern der ›konservativen Erneuerung‹ (J. Ruederer, M. Halbe); danach in Weimar; lebte zuletzt auf seinem Schloß Seeheim bei Konstanz. 1916–22 Dramaturg in Stuttgart. Gehörte 1933 zu den Verteidigern des Nationalsozialismus. Das über 100 Titel umfassende Gesamtwerk ist in Form und Inhalt von konservativen Positionen des Neuklassizismus und der Neuromantik bestimmt. Im bewußten Gegensatz zum Naturalismus suchte Sch. die Erneuerung der Klassik; patriot. Stoffwahl sowie Magisches und Mystisches sollten ›Ausdruck dt. Seele‹ sein; konservativ-vaterländisch gesonnen, bevorzugte er mittelalterl. und ›german.‹

Stoffe. Neben Nachdichtungen (P. Calderón de la Barca) versuchte Sch. auch freie Bearbeitungen (Shakespeare) und edierte zahlreiche Werke, u.a. von E. Mörike, Novalis, F. Hebbel und J. von Eichendorff. Daneben stehen Abhandlungen zur Dramentheorie.

Werke: Frühlingsfahrt (Ged., 1896), Droste-Hülshoff (Biogr., 1904), Der Jude von Konstanz (Trag., 1905), Meroë (Trag., 1906), Der Wettlauf mit dem Schatten (Schsp., 1922), Zwischenreich (En., 1922), Die gläserne Frau (Schsp., 1924), Der Zufall, eine Vorform des Schicksals (Abh., 1924, 1935 u. d. T. Der Zufall und das Schicksal, erweitert 1950 und 1959), Perpetua (R., 1926), Der Weg nach Ilok (R., 1930), Berlin und Bodensee (Autobiogr., 1934), Das Drama (Abh., 1956), Das Inwendige (En., 1958), Mein Theater (Autobiogr., 1964), Theodor Dorn (R., 1967). **Ausgaben:** W. v. Sch. Ges. Werke. Stg. u. Bln. 1924. 5 Bde. – W. v. Sch. Ausgew. Schauspiele. Esslingen am Neckar 1985. **Literatur:** WÖHRMANN, A.: Das Programm der Neuklassik. Die Konzeption einer modernen Tragödie bei P. Ernst, W. v. Sch. u. S. Lublinski. Bern u. Ffm. 1979.

Schomer, eigtl. Nahum Meir Schaikewitsch, * Neswitsch (Gouv. Minsk) 1849, † New York 1905, jidd. Schriftsteller. – Verfaßte nach literar. Anfängen in Hebräisch weit über 100 jidd. Trivialromane und Dutzende unterhaltender Theaterstücke, so daß er für die jidd. Massenliteratur geradezu schulebildend wirkte (›Schomerismus‹). Er wurde u.a. von Scholem Aleichem schärfstens kritisiert.

Literatur: BEST, O. F.: Mameloschen. Ffm. 1973. S. 171. – DINSE, H./LIPTZIN, S.: Einf. in die jidd. Lit. Stg. 1978. S. 86.

Schön, Erich, tschech. Schriftsteller, † Kulka, Erich.

Schönaich, Christoph Otto Freiherr von, * Amtitz (Landkreis Guben) 11. Juni 1725, † ebd. 15. Nov. 1807, dt. Dichter. – 1745–47 Offizier in sächs. Diensten; Anhänger J. Ch. Gottscheds, von diesem 1752 in Leipzig zum Dichter gekrönt; bekannt v.a. durch seine Auseinandersetzungen mit F. G. Klopstock und G. E. Lessing; schrieb literarisch unbed. Epen (›Hermann oder das befreyte Deutschland‹, 1751; ›Heinrich der Vogler ...‹, 1757) und Trauerspiele.

Schönaich-Carolath, Emil Prinz von [...lat], * Breslau 8. April 1852,

† Schloß Haseldorf bei Pinneberg 30. April 1908, dt. Schriftsteller. – Seinerzeit ein berühmter, von L. Uhland und F. Freiligrath beeinflußter Lyriker. Schuf formsichere Gedichte und Erzählungen im Stil der Neuromantik.

Werke: Lieder an eine Verlorene (Ged., 1878), Bürgerl. Tod (Nov., 1894), Der Freiherr. Regulus. Der Heiland der Tiere (Nov.n, 1896), Lichtlein sind wir. Die Kiesgrube. Die Wildgänse (Nov.n, 1903). **Literatur:** KLEMPERER, V.: Prinz E. v. Sch. Charlottenburg 1908. – BECKER, E.: Emil Prinz v. Sch.-C. Lpz. 1927.

Schönherr, Karl, * Axams bei Innsbruck 24. Febr. 1867, † Wien 15. März 1943, österr. Dramatiker. – Studium der Germanistik und Medizin, Arzt in Wien, ab 1905 freier Schriftsteller. Schrieb Gedichte in Tiroler Mundart (›Tiroler Marterln für abg'stürzte Bergkraxler‹, 1895; ›Innthaler Schnalzer‹, 1895) und Erzählungen in Form von Kalendergeschichten (›Allerhand Kreuzköpf'‹, 1895); bed. sind seine handlungsstarken, z. T. sozialkrit. Dramen mit Themen aus dem Volkstum und der Geschichte seiner Tiroler Heimat. Neigte zu Heroisierung und völk. Romantisierung (›Volk in Not‹, Dr., 1916).

Weitere Werke: Die Bildschnitzer (Trag., 1900), Erde (Dr., 1908), Glaube und Heimat (Trag., 1910), Schuldbuch (En., 1913), Frau Suitner (Schsp., 1916), Narrenspiel des Lebens (Dr., 1918), Es (Schsp., 1923), Die Hungerblockade (Dr., 1925, 1927 u.d.T. Der Armen-Doktor), Der Judas von Tirol (Volksstück, 1927). **Ausgabe:** K. Sch. Gesamtausg. Hg. v. V. K. CHIAVACCI. Wien 1967–74. 3 Bde. **Literatur:** PAULIN, K.: K. Sch. u. seine Dichtungen. Innsb. 1950.

Schönlank, Bruno, * Berlin 31. Juli 1891, † Zürich 1. April 1965, dt. Schriftsteller. – Mitarbeiter sozialdemokrat. Zeitungen; emigrierte 1933 in die Schweiz; schrieb zahlreiche Gedichte, Romane und v.a. Chorwerke (Sprechchordichtungen), in denen er die Lage der Arbeiter und ihre Kämpfe thematisiert.

Werke: In diesen Nächten (Ged., 1917), Erlösung (Chorwerk, 1919), Brennende Zeit (Dr., 1919), Moloch (Chorwerk, 1923), Agnes (R., 1929), Fiebernde Zeit (Chorwerk, 1935), Funkenspiel (Ged., 1954).

Schönthan, Franz [...tan], Edler von Pernwald, * Wien 20. Juni 1849, † ebd.

2. Dez. 1913, österr. Bühnenautor. – Schauspieler, Regisseur und Theaterdichter. Schrieb zahlreiche bühnenwirksame, aber künstlerisch unbed. Lustspiele und Schwänke. Überaus erfolgreich war der gemeinsam mit seinem Bruder Paul Sch. verfaßte Schwank ›Der Raub der Sabinerinnen‹ (1885) mit der unsterbl. Figur des Theaterdirektors Striese.

Schönthan, Paul [...tan], Edler von Pernwald, *Wien 19. März 1853, †ebd. 5. Aug. 1905, österr. Erzähler und Lustspielautor. – Redakteur der ›Lustigen Blätter‹ in Berlin, dann beim ›Wiener Tageblatt‹ und 1902 an der ›Abendpost‹ der amtl. ›Wiener Zeitung‹. Verfasser zahlreicher Romane und Novellen aus der Wiener Welt; auch Bühnenstücke, vielfach zusammen mit seinem Bruder Franz Sch., v.a. ›Der Raub der Sabinerinnen‹ (1885).

Schönwiese, Ernst, *Wien 6. Jan. 1905, †ebd. 4. April 1991, österr. Schriftsteller. – Gehörte zum Kreis um F. Blei, war 1935/36 und 1946–52 Hg. der antinationalsozialist. Zeitschrift ›Das Silberboot‹. Emigrierte 1938 nach Ungarn. War 1954–70 Programmdirektor beim Österr. Rundfunk; 1972–78 Präsident des österr. PEN-Clubs. Schrieb Essays, Hörspiele, Erzählungen und v.a. mystisch bestimmte, traditionsverbundene Lyrik; auch Übersetzungen.
Werke: Der siebenfarbige Bogen (Ged., 1947), Das unverlorene Paradies (Ged., 1951), Requiem in Versen (Ged., 1953), Traum und Verwandlung (Ged., En., Aphorismen, 1961), Baum und Träne (Ged., 1962), Odysseus und der Alchimist (Ged., 1968), Der Schriftsteller und die Probleme seiner Zeit (Essays, 1975), Literatur in Wien zwischen 1930 und 1980 (Essays, 1980), Dichtung als Urwissen des Menschen (Vorlesungen, 1985), Antworten in der Vogelsprache (Ged., 1987).
Ausgabe: E. Sch. Versunken in den Traum ... Gedichte aus 50 Jahren. Ausgew. v. M. SCHLÜTER u. J. P. STRELKA. Wsb. 1984.
Literatur: Aufruf zur Wende. E. Sch. zum 60. Geburtstag. Hg. v. R. STAUFFER u.a. Wien 1965. – E. Sch. Sein geistiges Profil u. seine literar. Bedeutung. Hg. v. J. P. STRELKA. Bern u. Ffm. 1986.

Schopenhauer, Arthur, *Danzig 22. Febr. 1788, †Frankfurt am Main 21. Sept. 1860, dt. Philosoph. – 1809–11

Studium der Naturwissenschaften und Philosophie in Göttingen (Beschäftigung mit Platon und I. Kant), danach bei J. G. Fichte in Berlin; 1820 Privatdozent; 1831 gesundheitsbedingte Aufgabe der Lehrtätigkeit und Übersiedlung nach Frankfurt am Main, wo er fortan als Privatgelehrter lebte. – Sch. vertrat einen radikalen Idealismus, den er als Vollendung der Kantischen Philosophie ansah. Er war in zahllose Polemiken mit der akadem. Philosophie seiner Zeit (Fichte, F. W. J. von Schelling, G. W. F. Hegel) verstrickt, die ihm eine gebührende Anerkennung als Philosoph verweigerte. Sch. behauptet die Idealität der Welt, die nichts anderes als Bewußtseinsinhalt sei. ›Die Welt als Wille und Vorstellung‹ (1819) lautet der Titel seines bekanntesten Werks. ›Wille‹ bedeutet jede innere Regung des Gemüts (also auch Unbewußtes). Sch.s Weltbild war weitgehend pessimistisch; er sprach – im Gegensatz zu Leibniz – von der ›schlechtesten aller Welten‹. Eine endgültige Erlösung – der Eingang ins Nirwana – kann nur durch die Abtötung des Willens gelingen. Hier näherte sich Sch. buddhist. Gedankengut. Die Geschichte gilt ihm als Manifestation eines blinden Drangs. Nur die Kunst, die im Unterschied zur Natur die (platon.) Ideen unverfälscht darstellt, kann vorübergehend das Leiden vermindern. – Sch.s Denken beeinflußte den jungen F. Nietzsche, aber auch L. Wittgenstein. In der Literatur fanden seine Ansichten Niederschlag in den Werken von Th. Mann, R. Wagner und L. N. Tolstoi.
Ausgaben: A. Sch. Sämtl. Werke. Hg. v. A. HÜBSCHER. Wsb. ²1946–50. 7 Bde. Neudr. Mhm. 1988. – A. Sch. Sämtl. Werke. Hg. v. W. FRHR. VON LÖHNEYSEN. Stg. u. Ffm. 1960–65. 5 Bde. – A. Sch. Der handschriftl. Nachlaß. Hg. v. A. HÜBSCHER. Ffm. 1966–75. 5 Bde. in 6 Tlen.
Literatur: HÜBSCHER, A.: Denker gegen den Strom. Sch., gestern, heute, morgen. Bonn 1973. – PISA, K.: Sch., Kronzeuge einer unheilen Welt. Bln. u. Wien 1977. – HÜBSCHER, A.: Sch.-Bibliogr. Stg. 1981. – WEIMER, W.: Sch. Darmst. 1982. – ABENDROTH, W.: A. Sch. Rbk. 69.–71. Tsd. 1993. – KORFMACHER, W.: Sch. zur Einf. Hamb. 1994. – SPIERLING, V.: A. Sch. Philosophie als Kunst u. Erkenntnis. Ffm. 1994.

Schopenhauer, Johanna, geb. Trosiener, *Danzig 9. Juli 1766, †Jena 17. April 1838, dt. Schriftstellerin. – Mutter von Arthur Sch.; war nach 1806 in Weimar Mittelpunkt eines bed., auch von Goethe geschätzten literar. Salons; lebte 1828–37 in Bonn. Schrieb Novellen, Romane und Reisebeschreibungen.

Werke: Erinnerungen von einer Reise in den Jahren 1803, 4 und 5 (3 Bde., 1813–17), Gabriele (R., 3 Bde., 1819/20), Die Tante (R., 1823), Erzählungen (8 Bde., 1825–28), Richard Wood (R., 1837).

Ausgaben: J. Sch. Sämmtl. Schrr. Lpz. 1829–32. 24 Bde. – J. Sch. Nachlaß. Brsw. 1839. 2 Bde.

Literatur: MEILI-DWORETZKI, G.: J. Sch. Biograph. Skizzen. Düss. 1987.

Schopfer, Jean [frz. ʃɔp'fɛːr], frz. Schriftsteller, ↑ Anet, Claude.

Schota Rustawęli, georg. Dichter des 12. Jh., ↑ Rustaweli, Schota.

Schottel, Justus Georg, latinisiert Schottelius, * Einbeck 23. Juni 1612, † Wolfenbüttel 25. Okt. 1676, dt. Grammatiker und Schriftsteller. – Pfarrerssohn; Studium der Rechte u. a. in Leiden und Wittenberg. Danach Hofmeister beim Herzog von Braunschweig, wo er als Präzeptor 1638–46 den Prinzen Anton Ulrich erzog; herzogl. Rat in Wolfenbüttel, ab 1653 Hof-, Kammer- und Konsistorialrat. – Sch. war Mitglied der ↑ Fruchtbringenden Gesellschaft und des ↑ Nürnberger Dichterkreises. Neben seinen lyr. und dramat. Dichtungen, die wegen ihrer fromm-erbaul. Absicht weniger bedeutend sind, steht Sch.s Leistung als bed. Sprachgelehrter, Grammatiker und Poetiker des 17. Jh.; als Sprachhistoriker untersuchte er die Etymologie der dt. Wörter, bekämpfte das Fremdwörterunwesen und plante zur Festigung und Reinerhaltung der dt. Sprache eine normative Grammatik und ein allgemeines Wörterbuch. Als Metriker steht er in der Nachfolge von M. Opitz.

Werke: Lamentatio Germaniae exspirantis. Der numehr hinsterbenden Nymphen Germaniae elendeste Totenklage (Ged., 1640), Teutsche Sprachkunst (1641, erweitert 1651), Teutsche Vers- oder Reim-Kunst ... (1645), Ausführl. Arbeit von der Teutschen Haubt Sprache (1663), Ethica (1669).

Ausgaben: J. G. Sch. Fruchtbringender Lustgarten. Hg. v. M. BURKHARD. Reprographie der Erstausg. von 1647. Nachdr. Mchn. 1967. – J. G. Sch. Teutsche Vers- oder Reimkunst. Lüneburg 1656. Nachdr. Hildesheim u. New York 1976. – J. G. Sch. Ethica. Die Sittenkunst oder Wollebenskunst. Faksimile der Ausg. Wolfen-

büttel 1669. Hg. v. J. J. BERNS. Bern u. Mchn. 1980.

Literatur: KOLDEWEY, F. E.: J. G. Schottelius. Wolfenbüttel 1899. – BARBARIC, S.: Zur grammat. Terminologie von J. G. Sch. u. Kaspar Stieler. Bern u. a. 1981. – BERNS, J. J.: J. G. Sch. In: Dt. Dichter des 17. Jh. Hg. v. H. STEINHAGEN. Bln. 1984. S. 415. – NEUHAUS, G. M.: J. G. Schottelius... Göppingen 1991.

schottische Literatur, das in den Unabhängigkeitskriegen von 1286–1341 sich ausprägende Gefühl nat. Identität kommt im Schottischen (der aus dem Altenglischen in Northumberland hervorgegangenen nordengl. Mundart) als Schriftsprache wie auch in einer eigenständigen Literatur zum Tragen. Zwar ist das Verlangen Schottlands nach Unabhängigkeit bereits in Urkunden des 13. Jh. belegt, doch blieb es J. Barbour vorbehalten, in seinem Heldenlied ›The Bruce‹ (abgeschlossen um 1375) Freiheitsgedanken sowie Nationalgefühl sprachlich-literarisch zu verarbeiten. Als National- und Literatursprache fand das Schottische im *15. und 16. Jh.* allgemeine Verbreitung, mußte sich aber im Lauf der Zeit und im Zuge polit. Zwänge und soziokultureller Entwicklungen einer weitgehenden Anglisierung unterwerfen. Aussagekräftigstes Werk in der Nachfolge von ›The Bruce‹ ist das Versepos ›William Wallace‹ (entst. um 1477) des blinden Minstrels Harry (* um 1440, † um 1492). Ihm gelang die noch stärkere Hervorhebung des Freiheitsgedankens, verbunden mit einer Verlagerung vom äußeren Geschehen auf das innere Erleben des Helden. Die höf. Dichtung des 15. und 16. Jh., beginnend mit ›The kingis quair‹ (1423/24, hg. 1884) von Jakob I., König von Schottland, und im weiteren vertreten durch R. Henryson, W. Dunbar, G. Douglas und Alexander Montgomerie (* um 1545, † 1598), gilt als das Goldene Zeitalter der sch. L., dessen Dichter, bekannt als Makars (schott. für ›maker‹), sich bewußt des Schottischen als Literatursprache bedienten. Sir D. Lindsays im Jahre 1540 erstmals und in Bearbeitungen bis heute aufgeführte Moralität ›Ane pleasant satyre of the thrie estaitis‹ (hg. 1602) gibt ein„ wirklichkeitsnahes Bild des damaligen Schottland. Der Sentimentalismus als literar. Geschmacksrichtung des *18. Jh.* gipfelte in dem unerwartet erfolgreichen Roman ›The man of feeling‹ (1771) von Henry Mackenzie (* 1745, † 1831). Volkstüml. Lied- und Balladengut beeinflußte die Lyrik von R. Burns, häufig als ›Scotland's national bard‹ apostrophiert. Die Vorstellung eines möglichen nat. Epos aus myth. (gäl.) Vorzeit löste trotz der rationalen Skepsis der Schottischen Aufklärung im Zusammenhang mit J. Macphersons ›Übersetzung‹ der Ossian-Gesänge eine weit verbreitete und emotional angereicherte Diskussion aus. Die ↑ schottisch-gälische Literatur bestand bis zum Ende des 18. Jh. und erfuhr im 20. Jh. eine Neubelebung. Im *19. Jh.* begründete Sir W. Scott, in Ansatz und Durchführung nach wie vor verbindlich, die Gattung des histor. Romans, vorgeführt am Beispiel der jüngsten Vergangenheit des Landes. Die nostalgisch idyllisierende Schönung der Land- und Kleinstadtlebens bestimmte die Romane der sog. Kailyard-Autoren und schloß damit die unerfreul. Begleitumstände der industriellen Revolution aus. Rückbesinnung auf die große Tradition der sch. L., war die Forderung, die H. MacDiarmid als politisch engagierte Zentralgestalt der Scottish Renaissance im 20. Jh. erhob. Ihm folgten E. Muir, E. R. S. Linklater, James Leslie Mitchell (* 1901, † 1935) u. a. Mitstreiter in jener kulturpolit. Erneuerungsbewegung, doch blieb seine Hoffnung auf die Verbreitung des von ihm geschaffenen und kreativ genutzten ›synthetic Scots‹, einer unter Einbezug mundartl. Formen auf die Makars zurückgehenden Kunstsprache, unerfüllt. Seit 1950 verzeichnet die sch. L. vielfältig frische Impulse, etwa durch die Romane von M. Spark, G. M. Brown, Alasdair Gray (* 1934) und William McIlvanney (* 1936), die politsch fordernden Dramen von J. McGrath oder die Lyrik von Sorley MacLean (* 1911), Edwin George Morgan (* 1920), Iain Crichton Smith (* 1928), Roderick Watson (* 1943) und Robert Garioch (Sutherland) (* 1909, † 1981). Auch als Ergebnis und Ausdruck einer bed. europ. Regionalkultur beansprucht die sch. L. erneut und zunehmend krit. Interesse.

Literatur: FULTON, R.: Contemporary Scottish poetry. Loanhead 1974. – HUTCHISON, D.: The modern Scottish theatre. Glasgow 1977. – Scottish literature in English and Scots. A guide to information sources. Hg. v. W. R. AITKEN. Detroit (Mich.) 1982. – ROYLE, T.: Companion to Scottish literature. Detroit (Mich.) 1983. – WATSON, R.: The literature of Scotland. New York 1984. – The history of Scottish literature. Hg. v. C. CRAIG u. a. Aberdeen 1987–88. 4 Bde.

schottisch-gälische Literatur, bis zum 16. Jh. besaßen Irland und Schottland eine gemeinsame Literatursprache. Die schott. Barden erhielten ihre Ausbildung in Irland und dichteten auf Irisch. Erste Spuren des Schottisch-Gälischen finden sich im ›Book of Deer‹ (12. Jahrhundert). Das erste bed. literar. Denkmal war das ›Book of the Dean of Lismore‹ (um 1520), eine handschriftl. Sammlung von Gedichten und Balladen, die noch unter ir. Einfluß standen. Der Zusammenbruch der ir. und schott. Aristokratie gegen Ende des 16. Jh. brachte die endgültige Trennung von Irland. Im 17. Jh. entstand in Schottland eine neue Dichterschule, die aus allen sozialen Schichten stammte. Ihre ersten bed. Vertreter waren Mary MacLeod (Màiri Nighean Alasdair Ruaidh [* um 1615, † um 1710]) und John MacDonald (Iain Lom [* um 1620, † um 1710]). Sie wandten sich allmählich von den klass. silb. Metren ab und verwendeten freiere Versformen. Ihren Höhepunkt erlebte die sch.-g. L. im 18. Jh. mit den Werken von Alexander MacDonald (Alasdair Mac Mhaighstir Alasdair [* um 1700, † um 1770]) und Duncan MacIntyre (Donnchadh Bàn [* 1724, † 1812]), die bes. durch den poet. Realismus ihrer Naturlyrik hervorragten. John (Iain) MacCodrum (* um 1710, † 1796) verfaßte hpts. satir. Gedichte, Dugald Buchanan (* 1716, † 1768) religiöse Dichtung. Eine weitere Erneuerung erfuhr die sch.-g. L. im 20. Jahrhundert. Poesie zunächst durch Sorley MacLean (Somhairle Mac Ghilleathain [* 1911], ›Dàin do Eimhir‹ [= Lieder an Eimhir], 1943), George Campbell Hay (›Fuaran sléibh‹ [= Bergquell], 1947) und Derick S. Thomson (Ruaraidh Mac Thomàis, ›An dealbh briste‹ [= Die zerbrochene Form], 1951), in neuester Zeit durch Donald MacAulay und Iain Crichton Smith (* 1928), auf dem Gebiet der Kurzgeschichte durch I. C. Smith (›An

dubh is an gorm‹ [= Schwarz und Blau], 1963) und Colin MacKenzie (Cailein Mac Coinnich, ›Oirthir Tìm‹ [= Zeitgrenze], 1969).
Daneben existiert eine seit Jahrhunderten mündlich überlieferte Volksliteratur. Sie wird, z. T. durch J. † Macphersons geniale Fälschungen angeregt, seit dem Ende des 18. Jh., insbes. im 19. Jh., aber auch noch heute gesammelt, aufgezeichnet und ediert (u. a. ›Popular tales of the West Highlands‹, 4 Bde., hg. 1860–62 von John Francis Campbell; ›Carmina Gadelica‹, 6 Bde., hg. 1900–71 von Alexander Carmichael; ›Highland songs of the fourty-five‹, hg. 1933 von John Lorne Campbell; ›More West Highland tales‹, hg. 1940 von John G. MacKay; ›Hebridean folksongs‹, hg. 1969 von John Lorne Campbell und F. Collinson).
Literatur: LAMBERT, P.-Y.: Les littératures celtiques. Paris 1981. – The companion to Gaelic Scotland. Hg. v. S. THOMSON. Oxford 1983.

Schrader, [Anna Wilhelmine] Julie, *Hannover 9. Dez. 1881 (nicht 1892), †Oerlese (heute zu Edemissen, Landkreis Peine) 19. Nov. 1939, dt. Lyrikerin. – Errang postum als der ›welf. Schwan‹ literar. Ruhm. Schrieb angeblich über 2000 naiv-realist. Gedichte, die ihre Erlebnisse, ihre Gedanken zu Kunst und Geschichte und v. a. ihre Liebe zu C. Sternheim, F. Wedekind, A. Holz u. a. besingen; auch Prosa und Dramen. Zumindest der überwiegende Teil der bisher unter ihrem Namen veröffentlichten Werke scheint nicht von Sch. selbst zu stammen.
Werke: Willst du still mich kosen (Ged., hg. 1968), Wenn ich liebe, seh ich Sterne (Ged., hg. 1971), Ich bin deine Pusteblume. Die Tag- und Nachtbücher eines wilhelmin. Fräuleins (hg. 1971), Julie Sch., z. Zt. postlagernd. Die Correspondenzen der Pusteblume (hg. 1974), Bethlehem und Gänsebrust. Gesammelte Advents- und Weihnachtslust (hg. 1985).

Schreiber, Hermann, Pseudonyme Ludwig Bühnau, Ludwig Berneck, Ludwig Barring, Lujo Bassermann, *Wiener Neustadt 4. Mai 1920, österr. Schriftsteller. – Verfasser zahlreicher populär gewordener, spannend geschriebener Romane und Novellen; große Erfolge hat Sch. mit [histor.] Sachbüchern (u. a. ›Land im Osten‹, 1961; ›Die Zehn Gebote‹, 1962; ›Provence. Zauber des Sü-

dens‹, 1974; ›Die Hunnen‹, 1976; ›Auf den Spuren der Goten‹, 1977; ›Die Vandalen‹, 1979; ›Das Schiff aus Stein‹, 1982; ›Auf den Spuren der Hugenotten‹, 1983; ›König Attila‹, 1983; ›Auf Römerstraßen durch Europa‹, 1985; ›Alexander Girardi‹, 1991; ›Die Neue Welt‹, 1991).
Weiteres Werk: Florenz. Eine Stadt und ihre Menschen (1994).

Schreiner, Olive [Emilie Albertina] [afrikaans 'ʃraːinər], verh. Cronwright-Sch., * Missionsstation Wittebergen (Kapprovinz) 24. März 1855, † Kapstadt 11. Dez. 1920, südafrikan. Schriftstellerin. – Tochter eines dt. Methodistenmissionars; wurde in England, wo sie zeitweise lebte, durch den unter dem Pseudonym Ralph Iron veröffentlichten Roman ›Lyndall‹ (2 Bde., 1883, dt. 2 Bde., 1892, 1964 u. d. T. ›Geschichte einer afrikan. Farm‹), einer Darstellung des südafrikan. Farmerlebens, bekannt; verfaßte – ausschließlich in engl. Sprache – neben literar. Werken auch Abhandlungen zu kulturellen, sozialen und polit. Problemen, die die feminist. Literatur inspirierten; ihre Charakterzeichnung ist zuweilen überzogen, gewinnt aber durch symbol. und psycholog. Vertiefung an Substanz.
Weitere Werke: Träume (Allegorien, 1891, dt. 1894), Peter Halket im Mashonalande (R., 1897, dt. 1898), Die Frau und die Arbeit (Essays, 1911, dt. 1914), From man to man (R.-Fragment, hg. 1926), Undine (R., hg. 1928).
Literatur: SCHOEMAN, K.: A woman in South Africa 1855–1881. Engl. Übers. Johannesburg 1991.

Schreyer, Lothar, Pseudonym Angelus Pauper, * Blasewitz (heute zu Dresden) 19. Aug. 1886, † Hamburg 18. Juni 1966, dt. Schriftsteller und Maler. – Jurist; 1911–18 Dramaturg des Dt. Schauspielhauses in Hamburg; 1917 mit H. Walden Begründer der ›Sturm-Bühne‹ in Berlin, 1919/20 Leiter der ›Kampfbühne‹ in Hamburg; später u. a am Staatl. Bauhaus in Weimar; lebte ab 1928 in Hamburg. Schrieb expressionist. Dramen, Romane und Lyrik. Nach seiner Konversion zum Katholizismus wandte er sich einer christl. Mystik zu.
Werke: Jungfrau (Dr., 1917), Meer. Sehnte. Mann (Dramen, 1918), Nacht (Dr., 1919), Kreuzigung (Dr., 1921), Die Mystik der Deutschen

(Abh., 1933), Der Untergang von Byzanz (R., 1940), Expressionist. Theater. Aus meinen Erinnerungen (1948), Erinnerungen an Sturm und Bauhaus (1956), Siegesfest in Karthago (R., 1961).
Literatur: KEITH-SMITH, B.: L. Sch. Ein vergessener Expressionist. Stg. 1990.

Schreyvogel, Joseph, Pseudonyme Thomas West, Karl August West, * Wien 27. März 1768, † ebd. 28. Juli 1832, österr. Schriftsteller. – 1794–97 in Jena, wo er mit Schiller verkehrte und an der ›Allgemeinen Literatur-Zeitung‹ mitarbeitete; 1802–04 und ab 1814 Hoftheatersekretär in Wien. Verdient um das Burgtheater, dessen Spielplan er als Dramaturg bes. durch Bearbeitung span. Dramen bereicherte; starker Einfluß auf F. Grillparzer. Starb an der Cholera.
Werke: Biographie Schiller und Anleitung zur Critik seiner Werke (1810), Donna Diana (Kom., 1819), Don Gutierre (Trag., hg. 1834).
Ausgabe: J. Sch. Ges. Schrr. Brsw. 1829. 4 Bde.
Literatur: WACHE, K.: J. Sch.s theatral. Sendung. In: WACHE: Jahrmarkt der Wiener Lit. Wien 1966. – SCHAIDER, R.: Die Erzählungen J. Sch.s. Diss. Graz 1969.

Schreyvogl, Friedrich [...gəl], * Mauer (heute zu Wien) 17. Juli 1899, † Wien 11. Jan. 1976, österr. Schriftsteller. – Urgroßneffe von Joseph Schreyvogel; 1927 in Wien Prof. für Dramaturgie und Literatur, 1953/54 ebd. Chefdramaturg am Theater in der Josefstadt, ab 1959 am Burgtheater. Begann mit expressionist. Lyrik. Seine späteren Dramen verwenden histor. und religiöse Stoffe und Themen. Daneben schrieb Sch. Komödien, Übersetzungen und z. T. umstrittene Bearbeitungen; auch als Hg. tätig. Die Romane ›Eine Schicksalssymphonie‹ (1941) und ›Die Dame in Gold‹ (1957) kennzeichnen Sch. als Vertreter der kath.-altösterr. Tradition, die den Untergang der Donaumonarchie unkritisch und geschichtsfern interpretierte. Dies gilt auch für die vordergründig unterhaltenden Romane ›Grillparzer‹ (1935; 1937 u. d. T. ›Sein Leben ein Traum‹) und ›Der Friedländer‹ (2 Bde., 1943).
Weitere Werke: Singen und Sehnen (Ged., 1917), Friedl. Welt (Ged., 1920), Johann Orth (Dr., 1928, 1933 u. d. T. Habsburger Legende), Brigitte und der Engel (R., 1936), Der Gott im Kreml (Dr., 1937), Heerfahrt nach Osten (R., 1938, 1940 u. d. T. Die Nibelungen), Die kluge Wienerin (Kom., 1941), Das fremde Mädchen

(R., 1955), Wir Kinder Gottes (Ged., 1957), Venus im Skorpion (R., 1961), Ein Jahrhundert zu früh (R., 1964).

Schriber, Margrit, * Luzern 4. Juni 1939, schweizer. Schriftstellerin. – Kaufmänn. Lehre, Bankangestellte; lebt in Rothrist (AG). Veröffentlicht seit 1976 neben Hörspielen v. a. Romane und Erzählungen, in denen sie Menschen auf der Schwelle zu einem erwachenden Bewußtsein zeigt. Die Hauptfrage der meist weibl. Romanfiguren ist, wie sie zu einer ihnen gemäßen Lebensform gelangen können.
Werke: Aussicht gerahmt (R., 1976), Außer Saison (En., 1977), Kartenhaus (R., 1978), Vogel flieg (R., 1980), Luftwurzeln (En., 1981), Muschelgarten (R., 1984), Tresorschatten (R., 1987), Augenweiden (R., 1990), Rauchrichter (R., 1993).

Schriftsteller, das Wort ›Sch.‹ wurde im 17. Jh. abgeleitet aus der Wendung ›eine Schrift stellen‹ für den Verfasser einer Bitt- oder Rechtsschrift und bürgerte sich dann im 18. Jh. als Verdeutschung von ›Autor‹ (Verfasser) und ›Skribent‹ (Schreiber) ein. Diese Ursprungsbedeutung bestimmte das Wort ›Sch.‹ bis ins 20. Jh.: Sch. bezeichnete so dahin den Verfasser von Prosaschriften ohne literar. Anspruch im Gegensatz zum meist höher eingeschätzten ↑Dichter, dem Verfasser fiktionaler poet. Werke. Diese Unterscheidung wurde immer wieder in Frage gestellt, bis sie im 20. Jh. im Zuge der allgemeinen Veränderung des Literaturbegriffes nebensächlich wurde. Das Wort wird heute überwiegend wertfrei verwendet für Literaturproduzenten aller Sparten, d. h. sowohl für Autoren fiktionaler Literatur jeder Art als auch für Verfasser von Essays, Sachbüchern, Drehbüchern sowie – meist nicht so eng wie der Journalist an die aktuelle Nachricht gebunden – von Zeitungs- und Zeitschriftenartikeln, Beiträgen zu Funk und Fernsehen usw. Die Berufsbez. lautet meist ›freier Schriftsteller‹. Organisiert sind die Sch. in ↑Schriftstellerverbänden.

Schriftstellerverbände, Organisationen von Schriftstellern zur Wahrung ihrer Standes- und Berufsinteressen. – Die ersten Sch., die das Ziel hatten, durch Lesungen, Aufführungen usw. notleidende Mitglieder zu unterstützen, entstanden in Deutschland Ende des 19. Jh., so z. B. 1887 der ›Dt. Schriftstellerverband‹; sie schlossen sich 1895 im ›Verband Dt. Journalisten- und Schriftstellervereine‹ zusammen. Von den Einzelverbänden ist der 1909 gegründete ›Schutzverband Dt. Schriftsteller‹ (SDS) erwähnenswert, der sich als dt. Autorengewerkschaft verstand (1920 Umbenennung in ›Gewerkschaft Dt. Schriftsteller‹). Mit seinen vielfältigen Gliederungen (nach literar. Gattungen, nach Regionen) und sozialen Leistungen (Darlehen, Rechtsschutz usw.) war er der vormals größte Interessenverband. Er wurde 1933 im ›Reichsverband Dt. Schriftsteller e. V.‹ in der Reichsschrifttumskammer (Abteilung der Reichskulturkammer) gleichgeschaltet (und 1935 aufgelöst) ebenso wie alle weiteren Sch., die seit 1927 in der Dachorganisation ›Reichsverband des Dt. Schrifttums‹ zusammengeschlossen waren. – Emigrierte Schriftsteller gründeten 1933 in Paris einen antifaschist. Autorenverband, nach der dt. Autorengewerkschaft ebenfalls ›Schutzverband Dt. Schriftsteller‹ (SDS) genannt, der bis zum 2. Weltkrieg bestand. – Nach dem 2. Weltkrieg kam es bereits am 9. Nov. 1945 in Berlin zur Gründung des ›Schutzverbandes Dt. Autoren‹ (SDA); es folgten in der **BR Deutschland** zahlreiche Neugründungen von regional oder gattungsmäßig abgegrenzten Sch.n, die sich 1952 in Berlin in der ›Bundesvereinigung Dt. Schriftstellerverbände e. V.‹ (BDS) zusammenschlossen. Die Erfolglosigkeit der Bemühungen um soziale Verbesserungen, deren Grund in der satzungsmäßig festgelegten apolit. Haltung der BDS gesehen wurde, führte am 8. Juni 1969 in Köln zur Neuorientierung als ›Verband, dt. Schriftsteller e. V.‹ (VS; Sitz Stuttgart, den Vorsitz führt seit 1994 E. Loest) mit Landes- und Fachgruppen, der gewerkschaftl. Organisation erstrebte und 1974 der IG Druck und Papier beitrat, um die sozialpolit. Forderungen der Autoren durchzusetzen. 1991 (Lübeck/Travemünde) fand die Vereinigung mit den Mitgliedern des 1990 aufgelösten Schriftstellerverbandes der DDR statt. 1973 wurde in München der das polit. Engagement des VS ablehnende ›Freie

Dt. Autorenverband e. V.‹ (F. D. A.) gegründet. Daneben bestehen eine Reihe weiterer Schriftstellerverbände. – In der **DDR** bestand ab 1952 der ›Dt. Schriftstellerverband‹ (DSV; Sitz Berlin), der fachlich und regional gegliedert war, mit eigenem Organ (›Neue Dt. Literatur‹, ab 1953) und Einrichtungen zur Ausbildung eines Schriftstellernachwuchses (›Literaturinstitut Johannes R. Becher‹ in Leipzig). 1973–90 arbeitete er unter dem Namen ›Schriftstellerverband der DDR‹. Letzter Vorsitzender war R. Kirsch (1990). – Auch in **Österreich** bestehen zahlreiche Sch., so z. B. der ›Österr. Schriftstellerverband‹ (gegr. 1945), der ›Verband der Geistig Schaffenden Österreichs‹ (gegr. 1946), der ›Schutzverband österr. Schriftsteller‹ (gegr. 1952). In der ›Interessengemeinschaft Österr. Autoren‹ haben sich seit 1971 in Wien Autorengruppen und Sch. in Form einer Dachorganisation zusammengeschlossen. – In der **Schweiz** besteht seit 1912 der ›Schweizer. Schriftsteller-Verband‹ (SSV) mit Sektionen wie der ›Gesellschaft Schweizer. Dramatiker‹ (G. S. D.; gegr. 1924) oder dem ›Innerschweizer. Schriftstellerverein‹ (gegr. 1943) und unabhängigen Regionalverbänden (u. a. der frz., italien., rätoroman. Schweiz, dem Baseler, Züricher, Berner Schriftsteller-Verein). – Die **internat. Sch.** verfolgen neben den Berufsinteressen v. a. übergreifende Ziele wie die Förderung internat. Verständigung, Schutz der Autorenrechte, Verbesserung der Gesetzgebung über das geistige Eigentum in einzelnen Ländern, Erhaltung der Geistes- und Meinungsfreiheit, Kampf gegen die Zensur, gegen Rassen-, Klassen- und Völkerhaß. Zu nennen sind z. B. ›The Society of Authors‹, London (gegr. 1884; eigenes Organ ›The Author‹), der ↑›P.E.N.‹, die ›Confédération Internationale des Sociétés d'Auteurs et Compositeurs‹ (CISAC) in Paris (gegr. 1926), der ›Internat. Schutzverband deutschsprachiger Schriftsteller‹ (ISDS; Sitz Zürich, 1945 hervorgegangen aus dem Zusammenschluß der emigrierten Schriftsteller; Mitglieder in fünf Kontinenten).

Schröder, Friedrich Ludwig, * Schwerin 3. Nov. 1744, † Rellingen 3. Sept. 1816, dt. Schauspieler, Theaterleiter und

Dramatiker. – Sohn der Schauspielerin Sophie Charlotte Sch.; war anfangs Tänzer und Schauspieler bei verschiedenen Wandertruppen, dann in Hamburg bei der Gesellschaft seines Stiefvaters K. E. Ackermann, leitete die Hamburger Bühne 1771 bis 1780 (mit seiner Mutter), 1786–98 und 1812/13; 1781–85 war er gefeiertes Mitglied des Wiener Burgtheaters. Sch. schuf einen neuen Inszenierungs- und Darstellungsstil, er ersetzte das bis in seine Zeit übl. Pathos durch Natürlichkeit. Den Dramatikern des Sturm und Drangs verhalf er zum Durchbruch, führte Shakespeare-Dramen in eigenen (abschwächenden) Bearbeitungen auf und schrieb seinerzeit sehr erfolgreiche Komödien und bürgerl. Trauerspiele in der Art A. W. Ifflands und A. von Kotzebues. Seine ›Dramat. Werke‹ wurden 1831 herausgegeben; hatte großen Einfluß auf die Entwicklung der dt. Freimaurerei seiner Zeit; er reformierte das Gesetzbuch und das altengl. Ritual der (1737 gegr.) ersten dt. Loge (›Große Loge von Hamburg‹).

Rudolf
Alexander
Schröder

Werke: Ritualsammlung (1805), Materialien zur Gesch. der Freimaurerei (1815).
Ausgabe: F. L. Sch. Dramat. Werke. Hg. v. E. VON BÜLOW. Einl. v. L. TIECK. Bln. 1831. 4 Bde.
Literatur: WERNEKKE, H.: F. L. Sch. als Künstler u. Freimaurer. Bln. 1916. – HOFFMANN, P. F.: F. L. Sch. als Dramaturg u. Regisseur. Diss. Bln. 1939. – HADAMCZIK, D.: F. L. Sch. in der Gesch. des Burgtheaters. Bln. 1961.

Schröder, Rudolf Alexander, * Bremen 26. Jan. 1878, † Bad Wiessee 22. Aug. 1962, dt. Schriftsteller. – Sohn eines Kaufmanns; ging 1897 nach München, um Architekt zu werden; gründete hier 1899 zusammen mit A. W. Heymel und O. J. Bierbaum die Zeitschrift ›Die Insel‹. Aufenthalte in Paris, Bremen und mit dem Kunsthistoriker und Schriftsteller Julius Meier-Graefe (* 1867, † 1935) in Berlin; gründete 1911 mit H. von Hofmannsthal, R. Borchardt u. a. die ›Bremer Presse‹, in der bibliophile Handdrucke hergestellt wurden; Erfolge als Innenarchitekt; im 1. Weltkrieg Zensor in Brüssel; ab 1935 u. a. als Landschaftsmaler in Bergen (Oberbayern); Mitglied der Bekennenden Kirche. Sch. begann als Lyriker, in der Grundhaltung dem Ästhetizismus und dem Bekenntnis zum humanist. Erbe der Klassik verpflichtet. In mitunter weihevoll stilisiertem Patriotismus wird vor dem 1. Weltkrieg die Kontinuität abendländ. Daseins betont (›Dt. Oden‹, 1913; ›Heilig Vaterland‹, Ged., 1914). Nach 1918 bestimmen prot. Christlichkeit und Anlehnung an antike Klassizität Sch.s formgläubige, epigonal wirkende Dichtung. Dem Kirchenlied des 16./17. Jh. verbunden, initiierte Sch. eine neue Trennung von geistl. und weltl. Lyrik (›Die weltl. Gedichte‹, 1940; ›Die geistl. Gedichte‹, 1949). Auch die Prosawerke sind von der Lyrik beeinflußt. Leitmotiv ist oft die Frage nach der polit. und religiösen Verantwortung des Dichters. Daneben schrieb er Übersetzungen von Homer, Vergil, Horaz, Nachdichtungen niederl. und fläm. Lyrik, Übersetzungen von P. Corneille, J. Racine, Molière und Shakespeare sowie Essays über die Großen der Weltliteratur und der dt. Literatur. Sch. empfand sich stets als Repräsentant christlich-humanist. Dichtung, was ihn nach 1945 in Gegensatz zur politisch aktiveren Schriftstellergeneration brachte.

Weitere Werke: Unmut (Ged., 1899), Empedokles (Ged., 1900), An Belinde (Ged., 1902), Sonette zum Andenken an eine Verstorbene (1904), Elysium (Ged., 1906), Lieder und Elegien (1911), Der Herbst am Bodensee (Sonette, 1925), Mitte des Lebens (Ged., 1930), Der Wanderer und die Heimat (E., 1931), Die Ballade vom Wandersmann (Ged., 1937), Die Kirche und ihr Lied (Essays, 1937), Unser altes Haus (Erinnerungen, 1951).
Ausgaben: R. A. Sch. Ges. Werke. Ffm. 1952–65. 8 Bde. – R. A. Sch. Ausgew. Werke. Hg. v. J. PFEIFFER. Mchn. u. Hamb. 1965–66. 3 Bde. – R. A. Sch. Aphorismen u. Reflexionen.

Nachwort v. R. EXNER. Ffm. 1977. – R. A. Sch.
Ausgew. Gedichte. Nachwort v. H. E. HOLTHU-
SEN. Neuausg. Ffm. 1983. – R. A. Sch. Fülle des
Daseins. Eine Auslese aus dem Werk. Ffm.
1984.
Literatur: ADOLPH, R.: Sch.-Bibliogr. Aschaf-
fenburg 1953. – Leben u. Werk von R. A. Sch.
Hg. v. ADOLPH. Ffm. 1958. – WENTORF, R.: R.
A. Sch. Ein Dichter aus Vollmacht. Gießen u.
Basel 1965. – BURCKHARDT, C. J.: Abschied von
R. A. Sch. 1962. Hdbg. 1967. – LÖLKES, H.: R. A.
Sch. – Dichter der christl. Gemeinde. Stg.
1983. – ↑auch Heymel, Alfred Walter von.

Schroers, Rolf [ʃrøːrs], * Neuss
10. Okt. 1919, † Altenberge bei Münster
8. Mai 1981, dt. Schriftsteller. – Philologiestudium, nach 1945 Zeitungskritiker,
Verlagslektor; gehörte zeitweise zur
Gruppe 47. Politisch engagierter Verfasser von brillant geschriebenen Romanen,
Erzählungen, Hörspielen und Fernsehfilmen mit existentialistisch beeinflußter
Interpretation des Kriegs- und Nach-
kriegsgeschehens; auch zeitkrit. Essays
sowie Reisebücher und Übersetzungen.
Werke: T. E. Lawrence (Studie, 1949), Die Feu-
erschwelle (R., 1952), Der Trödler mit den
Drahtfiguren (R., 1952), In fremder Sache (E.,
1957), Der Partisan (Studie, 1961), Auswahl der
Opfer (Hsp., 1962), Aus gegebenem Anlaß (Essays, 1964), Im Laufe eines Jahres (Aufzeichnungen, 1964), Meine dt. Frage. Polit. und literar. Vermessungen 1961–1979 (1979), Der
Hauptmann verläßt Venedig (En., 1980).

Schtschedrin (tl.: Ščedrin), N. [russ.
ʃtʃɪ'drin], Pseudonym des russ. Schriftstellers Michail Jewgrafowitsch ↑Salty-
kow.

Schtscherbatow (tl.: Ščerbatov),
Michail Michailowitsch Fürst [russ. ʃtʃɪr-
'batɐf], * Moskau 2. Aug. 1733, †ebd.
23. Dez. 1790, russ. Schriftsteller, Publizist und Historiker. – 1767/68 in der
Gesetzgebenden Kommission Kathari-
nas II., der Großen, Führer der Adels-
opposition; 1779 Senator. In seiner
›Istorija Rossijskaja‹ (= Russ. Geschichte, 7 Bde., 1770–91) und in einem
utop. Roman (1786) betonte Sch. die Bedeutung des Adels und zeichnete sein
Idealbild: eine auf die Hocharistokratie
gestützte starke Staatsgewalt.
Weiteres Werk: Über die Sittenverderbnis in
Rußland (Schrift, gedr. 1858, dt. 1925).
Literatur: LENTIN, A.: M. M. Shcherbatov, with
special reference to his memoir ›On the corrup-
tion of morals in Russia‹. Diss. Cambridge
1968.

Schtscherbina (tl.: Ščerbina), Nikolai Fjodorowitsch [russ. ʃtʃɪr'binɐ],
* Grusko-Jelantschinskaja bei Taganrog
14. Dez. 1821, † Petersburg 22. April 1869,
russ. Lyriker. – Sohn eines Gutsbesitzers.
Sch., mütterlicherseits griech. Herkunft,
vertrat in seiner an der klass. Antike
orientierten Dichtung philhellen. Gedanken; stand später der Slawophilie nahe.
Ausgabe: N. F. Ščerbina. Izbrannye proizvedenija. Leningrad 1970.

Schtschipatschow (tl.: Ščipačev),
Stepan Petrowitsch [russ. ʃtʃipa'tʃɔf],
* Schtschipatschi (Gebiet Jekaterinburg)
7. Jan. 1899, † Moskau 2. Jan. 1980, russ.-
sowjet. Lyriker. – Bäuerl. Herkunft;
1919–31 in der Roten Armee, ab 1919
Mitglied der KP; im 2. Weltkrieg Front-
korrespondent. Seine gewollt einfache,
politisch stark engagierte Versdichtung
umfaßt u. a. Liebeslyrik wie auch Kriegs-
dichtungen. Erschienen sind u. a. die
dt. Auswahlen: ›Liebesgedichte‹ (1950),
›Lyr. Gedichte‹ (1952), ›Es gibt ein Buch
der Liebe‹ (1960).
Ausgabe: S. P. Ščipačev. Sobranie sočinenij.
Moskau 1977. 3 Bde.

Schubart, Christian Friedrich Daniel, * Obersontheim (Landkreis Schwäbisch Hall) 24. März 1739, † Stuttgart
10. Okt. 1791, dt. Schriftsteller und Publizist. – Sohn eines Pfarrvikars und Leh-
rers; Kindheit in Aalen. Ab 1758 Studium der Theologie in Erlangen (ohne
Abschluß); war später Hauslehrer, Präzeptor; 1769–72 Organist in Ludwigsburg, dann ebd. Kapellmeister am württemberg. Hof. Wegen lockeren Lebenswandels, ungezügelten Charakters und
satir. Veröffentlichungen 1773 vom Herzog amtsenthoben und des Landes verwiesen. Danach in Heilbronn, Mannheim und München. 1774 gründete er die
freiheitl., gegen Hof und Kirche gerichtete Zeitung ›Teutsche Chronik‹ in Augsburg. Auf Geheiß von Herzog Karl Eugen wurde Sch. nach Blaubeuren gelockt
und dort auf württemberg. Boden am
23. Jan. 1777 verhaftet; als er nach 10
Jahren Festungshaft auf Hohenasperg
am 25. Mai 1787 durch Vermittlung des
preuß. Hofes die Freiheit wiedererlangte,
war er ein psychisch und physisch gebrochener Mensch. Im gleichen Jahr noch

Christian
Friedrich
Daniel
Schubart

NOLKA, K.: Sch. Dichter u. Musiker, Journalist
u. Rebell. Stg. 1985. – Ch. F. D. Sch. bis zu seiner Gefangensetzung 1777. Bearb. v. B. BREI-
TENBRUCH. Ulm 1989. – Ich, Ch. F. D. Sch.,
1791–1991 u. die Folgen. Hg. v. H.-P. BANHOL-
ZER. Ulm 1991. – Wieland, Sch. Bearb. v.
D. SULZER u. a. Ausst.-Kat. Marbach ³1993.

Schübel, Theodor, * Schwarzenbach
a. d. Saale 18. Juni 1925, dt. Schriftsteller. – War 1960–63 Fernsehdramaturg,
seitdem freier Schriftsteller. Autor von
Dramen und Fernsehspielen; bekannt
v. a. durch sein um 1648 spielendes, von
B. Brecht beeinflußtes Bühnenstück ›Der
Kürassier Sebastian und sein Sohn‹
(1957), in dem er den Kampf eines einfachen Soldaten um sein Recht bis ins
Tragisch-Absurde schildert.

Weitere Werke: Wo liegt Jena? (Dr., 1964), Einfach sterben ... (Fsp., Ursendung 1971), Im
Schatten (Fsp., Ursendung 1974), Kellerjahre
(R., 1982), Die Matrosen von Kronstadt (Dr.,
1982), Damals im August (R., 1983), Martin Luther (Dr., 1983), 13 Stunden Angst (R., 1985),
Bischoff. Eine Karriere (R., 1987), Vom Ufer
der Saale. Geschichten aus der Zwischenzeit
(1992).

Schücking, Levin, * Schloß Cle-
menswerth bei Sögel (Landkreis Aschen-
dorf-Hümmling) 6. Sept. 1814, † Bad Pyr-
mont 31. Aug. 1883, dt. Schriftsteller. –
Wurde durch Vermittlung von
Droste-Hülshoffs 1841 Bibliothekar des
Freiherrn von Laßberg in Meersburg;
1843–52 Schriftleiter bei der Augsburger
›Allgemeinen Zeitung‹, dann bei der
›Kölner Zeitung‹. Zwischen 1846 und
1864 ausgedehnte Reisen in Europa. Veröffentlichte zusammen mit seinem
Freund F. Freiligrath ›Das maler. und romant. Westphalen‹ (1841). Schrieb zahlreiche teils kulturhistorisch-realist. Romane über Adel und Bauern seiner westfäl. Heimat um 1800, teils Gegenwartsro-
mane, die stark von W. Scott abhängig
und von der dt. Romantik und den Jung-
deutschen beeinflußt waren. Auch Übersetzer.

Weitere Werke: Der Dom zu Köln und seine
Vollendung (1842), Ein Schloß am Meer (R., 2
Bde., 1843), Die Ritterbürtigen (R., 3 Bde.,
1846), Günther von Schwarzburg (R., 1857), Die
Geschworenen und ihr Richter (R., 3 Bde.,
1861), Annette von Droste (1862), Verschlun-
gene Wege (R., 3 Bde., 1867), Die Malerin aus
dem Louvre (R., 4 Bde., 1869), Luther in Rom
(R., 3 Bde., 1870), Lebenserinnerungen (2 Bde.,
hg. 1886).

wurde er zum Theater- und Musikdirek-
tor des Stuttgarter Hofes ernannt. Hier
gab er auch eine Fortsetzung seiner Zeitung u. d. T. ›Vaterlandschronik‹ heraus. – Als unausgeglichener Charakter
gehörte Sch. zu dem Typus des Sturm-
und-Drang-Genies mit vielseitiger Begabung. Er war ein eindrucksvoller Rezitator und Musiker; in seiner Lyrik stand er
dem Volkslied nahe, im polit. Gedicht
wandte er sich mit pathet. Schwung gegen die Willkür der Tyrannen und Auto-
ritäten, u. a. in den Gedichten ›Die Fürstengruft‹ (1786), ›Kaplied‹ (1787) und
›Der Gefangene‹. Daneben stehen
schlichte volkstüml. Lieder. Wichtig ist
Sch. ferner als polit. und polem. Publizist, Journalist, Memoirenschreiber und
Musikschriftsteller. Schiller wurde von
ihm nachhaltig beeinflußt und verdankt
ihm den Stoff für ›Die Räuber‹.

Weitere Werke: Zaubereien (Ged., 1766), To-
desgesänge (Ged., 1767), Neujahrsschilde in
Versen (1775), Gedichte aus dem Kerker (1785),
Friedrich der Einzige (Ged., 1786), Sch.'s Leben
und Gesinnungen (2 Bde., hg. 1791–93).
Ausgaben: Ch. F. D. Sch. Ges. Schrr. u. Schicksale. Stg. 1839–40. 8 Bde. Nachdr. Hildesheim
1972. 4 Bde. – Ch. F. D. Sch. Gedichte. Ausgew.
v. P. HÄRTLING. Ffm. 1968. – Ch. F. D. Sch.
Werke. In 1 Bd. Ausgew. u. eingel. v. U. WERT-
HEIM u. H. BÖHM. Bln. u. Weimar ⁴1988.
Literatur: NESTRIEPKE, S.: Sch. als Dichter. Pöß-
neck 1910. – SCHAIRER, E.: Ch. F. D. Sch. als polit. Journalist. Tüb. 1914. Nachdr. ebd. 1984. –
ADAMIETZ, H.: Ch. F. D. Sch.s Volksblatt ›Dt.
Chronik‹. Weida 1943. – Ch. F. D. Sch., ein
schwäb. Rebell. Leben u. Gesinnungen. Bearb.
v. U. B. STAUDENMAYER. Heidenheim a. d. Brenz
1969. – KEPPLER, U.: Botschaft eines trunkenen
Lebens. Stg. 1972. – KEPPLER, U.: Ch. F. D. Sch.,
ein genialer Rebell. Mühlacker 1982. – HO-

Ausgaben: L. Sch. Ges. Erzählungen u. Novellen. Hann. 1859–66. 6 Bde. – L. Sch. Ausgew. Romane. Lpz. [2]1864–76. 24 Bde. in 2 Folgen. – L. Sch. Ausgew. Werke. Hg. v. J. HAGEMANN. Münster 1962–63. 2 Bde.
Literatur: PINTHUS, K.: Die Romane L. Sch.s. Lpz. 1911. – SIMMERMACHER, I.: L. Sch.s journalist. Leistung. Diss. Hdbg. 1945 [Masch.]. – HAGEMANN, J.: L. Sch. Emsdetten 1959.

Schuder, Rosemarie, verh. Hirsch, * Jena 24. Juli 1928, dt. Schriftstellerin. – War Journalistin, arbeitete 1951 ein Jahr in der Industrie, danach freie Schriftstellerin in Berlin (Ost). Schreibt Erzählungen und Romane, vorwiegend um histor. Begebenheiten und Persönlichkeiten, ohne dabei den Bezug zur Gegenwart aus den Augen zu verlieren.
Werke: Die Strumpfwirker (E., 1953), Der Ketzer von Naumburg (R., 1955), Der Sohn der Hexe (R., 1957), In der Mühle des Teufels (R., 1959), Der Gefesselte (R., 1962), Die zerschlagene Madonna (R., 1964), Die Erleuchteten oder ... (R., 1968), Paracelsus und der Garten der Lüste (R., 1972), Agrippa und das Schiff der Zufriedenen (R., 1977), Serveto vor Pilatus (R., 1982), Der gelbe Fleck. Wurzeln und Wirkungen des Judenhasses in der dt. Geschichte (Essays, 1988; mit Rudolf Hirsch).

Schukowski (tl.: Žukovskij), Wassili Andrejewitsch [russ. ʒuˈkɔfskij], * Mischenskoje (Gebiet Tula) 9. Febr. 1783, † Baden-Baden 24. April 1852, russ. Dichter. – Illegitimer Sohn eines Gutsbesitzers; Studien in Moskau; wurde 1826 Erzieher des späteren Zaren Alexander II.; ab 1841 in Deutschland und kurze Zeit in der Schweiz. Sch., der mit seiner Lyrik anfangs der Empfindsamkeit (Sentimentalismus) nahestand und in die Stiltradition N. M. Karamsins gehört, hat durch Aufnahme religiöser und folklorist. Elemente wesentl. Züge mit der Romantik gemein, die er v. a. in ihren dt., aber auch in den engl. Hauptvertretern kennenlernte. Er setzte im Verlauf der Entwicklung einer russ. Vorromantik die Anerkennung der Gattungen Elegie und Ballade durch. Mit seinem umfangreichen Übersetzungswerk, das einen Großteil seines Schaffens darstellt, trug er wesentlich zu einer Verminderung des damals dominierenden frz. Einflusses auf die russ. Literatur bei. Sch. übersetzte u. a. Werke von Th. Gray, Lord Byron, W. Scott und R. Southey sowie Schillers Balladen, Gedichte Goethes, L. Uhlands

und G. A. Bürgers, die ›Odyssee‹, ferner Werke der pers. und ind. Literatur. Er gilt als Wegbereiter des eng mit ihm befreundeten A. S. Puschkin.
Werk: Pevec vo stane russkich voinov (= Der Sänger im Lager der russ. Krieger, Poem, 1812).
Ausgaben: V. A. Žukovskij. Polnoe sobranie sočinenij. Petersburg 1902. 12 Bde. – V. A. Žukovskij. Sočinenija. Moskau 1980. 3 Bde.
Literatur: EICHSTÄDT, H.: Žukovskij als Übersetzer. Mchn. 1970. – SCHULZ, G.: Zur Balladen- u. Märchendichtung V. A. Žukovskijs. Diss. Konstanz 1972. – LANG, W. P.: V. A. Žukovsky's conception of poetry. Diss. Indiana University Bloomington u. a. 1974. – SEMENKO, I. M.: V. Zhukovsky. Boston (Mass.) 1976.

Schukschin (tl.: Šukšin), Wassili Makarowitsch [russ. ʃukˈʃɨn], * Srostki (Altai) 25. Juli 1929, † Kletskaja (Gebiet Wolgograd) 2. Okt. 1974, russ.-sowjet. Schriftsteller, Filmschauspieler und Filmregisseur. – Vertreter der Dorfprosa; schrieb auch Drehbücher, bes. für eigene Filme. In seinen kurzen Geschichten gestaltete er Ausschnitte aus dem Alltag in ihrer Komik und Tragik.
Werke: Es lebt da so ein Bursche (Filmszenario, 1964, dt. 1981; als Film: Von einem, der auszog, die Liebe zu finden, 1964), Ich kam euch die Freiheit zu bringen (R., 1971, dt. 1978, 1980 u. d. T. Rebell gegen den Zaren), Schöner Schneeballstrauch (Film-Nov., 1975, dt. 1975; als Film: Kalina krasnaja, 1973), Bruderherz (Prosa, dt. Ausw. 1978), Gespräche bei hellem Mondschein (En., 2 Bde., dt. Ausw. 1979), Voprosy samomu sebe (= Fragen an mich selbst, hg. 1981), Erzählungen (dt. Ausw. 1984).
Ausgabe: V. M. Šukšin. Izbrannye proizvedenija. Moskau [2]1976. 2 Bde.
Literatur: SÜDKAMP, B.: Šukšin u. die Dorfprosa im Russischunterricht. Hamb. 1981. – EMELʹJANOV, L. I.: V. Šukšin. Leningrad 1983.

Schulberg, Budd [Wilson] [engl. ˈʃuːlbəːg], * New York 27. März 1914, amerikan. Schriftsteller. – Sohn des Hollywood-Pioniers Benjamin P. Sch. (* 1892, † 1957). Karriere als Drehbuchautor in Hollywood; Marineoffizier im 2. Weltkrieg; sammelte Bilddokumente für die Nürnberger Prozesse; unterrichtete ›creative writing‹ u. a. an der Columbia University (New York); Mitbegründer des Watts Writers Workshop für mittellose Schwarze in Los Angeles (1965) und Begründer des Frederick Douglass Creative Arts Center (1971) in New York. Sch. wurde durch den Roman ›Lauf, Sammy!‹ (1941, dt. 1993) bekannt, der wie die folgenden Schlüsselromane den schnellen Aufstieg und Erfolg der Protagonisten und ihre damit verbundenen psych. Probleme darstellt. Die meisten seiner Romane wurden erfolgreich verfilmt.

Weitere Werke: Schmutziger Lorbeer (R., 1947, dt. 1956), Der Entzauberte (R., 1950, dt. 1954), Gesichter in der Menge (Kurzgeschichten, 1953, dt. 1962), Die Faust im Nacken (R., 1955, dt. 1959), Asyl Hölle (R., 1969, dt. 1971), The four seasons of success (Ber., 1972, 1983 revidiert u. d. T. Writers in America), Everything that moves (R., 1980), Moving pictures. Memories of a Hollywood prince (autobiograph. Ber., 1982), Love, action, laughter and other sad tales (En., 1989).

Schuldrama, lat. Drama der dt. Humanistenschulen des 15. bis 17. Jh. (seit dem 2. Drittel des 16. Jh. auch deutschsprachig), dessen Aufführung (wenigstens ursprünglich) eine primär didakt. Zielsetzung verfolgte: die Schüler, von denen die Aufführungen ausschließlich bestritten wurden, sollten zu gewandtem Auftreten und zur eleganten Handhabung der rhetor. Mittel der lat. (und dt.) Sprache erzogen werden. Die Einübung in die eth. Praxis des Christentums und des Humanismus kam als weiteres Ziel hinzu. Die erste Phase des Sch.s wurde durch das lat. ↑ Humanistendrama repräsentiert, das, in der 1. Hälfte des 16. Jh. zum religiösen Tendenzdrama umfunktioniert, in den Dienst der Reformation trat; es gab den eigentl. Anstoß zur Ausbildung eines deutschsprachigen Schuldramas. Dieses dt. Reformationsdrama blieb in Form und Aufführungspraxis dem Vorbild des Humanistendramas verhaftet. Die reformator. Ziele und die Grundsätze protestantischer Ethik standen im Mittelpunkt des Interesses. Die Zentren des Reformationsdramas lagen in Sachsen (u. a. P. Rebhun, Georg Rollenhagen, J. Agricola), Einfluß gewann es auch in den reformierten Gebieten Norddeutschlands, in Nürnberg und Württemberg (N. Frischlin). In der Schweiz (S. Birck) und im Elsaß (J. Wickram) verband es sich mit der Tradition der schweizer. Bürger- und Volksschauspiele. Die Stoffe des reformator. Sch.s stammten v. a. aus der Bibel. Daneben wurden häufig allegor. Stoffe (z. B. Jedermann) behandelt. In der 2. Hälfte des 16. Jh. ent-

wickelte sich aus dem lat. Sch. der Humanisten das gegenreformator. Tendenzen verfolgende lat. ↑ Jesuitendrama. Im 17. Jh. erlebte das deutschsprachige Sch. einen zweiten Höhepunkt im ↑ schlesischen Kunstdrama. Den Abschluß der Tradition bildete gegen Ende des 17. Jh. das Sch. des Zittauer Schulrektors Ch. Weise, das die primär pädagog. Zielsetzung des Sch.s erneut herausstellte.

Literatur: MAASSEN, J.: Drama u. Theater der Humanistenschulen in Deutschland. Augsburg 1929. – RUPPRICH, H.: Das Drama der Reformationsepoche. In: RUPPRICH: Die dt. Lit. vom späten MA bis zum Barock. Tl. 2. Mchn. 1973. – ZELLER, K.: Pädagogik u. Drama. Unterss. zur Schulkomödie Ch. Weises. Tüb. 1980.

Schulenburg, Werner von der, Pseudonym Gebhard Werner, *Pinneberg 9. Dez. 1881, †Neggio (Tessin) 29. März 1958, dt. Schriftsteller. – Entstammte einer Gutsbesitzer- und Offiziersfamilie, wurde Offizier, studierte dann Philosophie, Jura und Kulturgeschichte. Teilnahme am 1. Weltkrieg; längere Zeit im Tessin, Reisen in Europa, nach Amerika, Asien, Afrika; während des Dritten Reiches in Italien (gehörte der Widerstandsbewegung in Rom an); lebte zuletzt in der Nähe von Lugano. Schrieb v. a. histor. und biograph. Romane sowie Novellen, auch Komödien; Übersetzungen aus dem Italienischen.

Werke: Stechinelli (R., 2 Bde., 1911), Hamburg (R., 2 Bde. 1912–14), Der junge Jacob Burckhardt (Biogr., 1926), Jesuiten des Königs (R., 1927), Der graue Freund (R., 1938), Beglänzte Meere (Nov., 1947), Der König von Korfu (R., 1950), Der Genius und die Pompadour (R., 1954), Das Mädchen mit den Schifferhosen (E., 1957).

Schullern, Heinrich, Ritter von und zu Schrattenhofen, *Innsbruck 17. April 1865, †ebd. 16. Dez. 1955, österr. Schriftsteller. – Studierte Romanistik, Medizin, Malerei; prakt. Arzt, später Generalstabsarzt. Schrieb histor. Romane sowie in seiner Heimat spielende Romane und Erzählungen mit sozialer Tendenz. Verfaßte auch Dramen und Gedichte.

Werke: Ärzte (R., 1902), Kleinod Tirol (R., 1927), Boccaccio auf Schloß Tirol (R., 1932), Erinnerungen eines Feldarztes aus dem Weltkrieg (1934), Der Herzog mit der leeren Tasche (R., 1948).

Literatur: PAULIN, K.: H. v. Sch. u. seine Zeit. Innsb. 1960.

Schulmeister von Esslingen (Heinrich von Esslingen), mhd. Lyriker der 2. Hälfte des 13. Jahrhunderts. – Seine Identität mit dem 1279–81 in Esslingen am Neckar bezeugten Stadtschulmeister Heinrich ist zweifelhaft; sein Beiname bedeutet wohl ›Student‹ (lat. scholasticus). In neun Spruchstrophen in der Tradition Walthers von der Vogelweide kritisiert er Rudolf von Habsburg vom Standpunkt der partikularen Fürsten mit dem traditionellen Vorwurfinventar (Geiz, Anmaßung, Familienprotektion). Seine beiden Minnelieder stehen in der Nachfolge Gottfrieds von Neifen.

Ausgabe: Sch. von E. In: Dt. Liederdichter des 13. Jh. Hg. v. C. VON KRAUS. Tüb. ²1978. 2 Bde.

Schultheß, Barbara ['ʃʊltɛs], geb. Wolf, * Zürich 5. Okt. 1745, † ebd. 12. April 1818, Freundin Goethes. – Stand durch J. K. Lavaters Vermittlung ab 1774 mit Goethe in Briefwechsel und lernte ihn 1775 während seiner ersten Schweizreise persönlich kennen. In ihrem Nachlaß wurde 1910 die ihr von Goethe 1786 zugeschickte Abschrift der ersten sechs Bücher seines ›Wilhelm Meister‹ in der vom Dichter vernichteten Urfassung ›Wilhelm Meisters theatral. Sendung‹ gefunden. Ein idealisiertes Porträt von ihr als ›Gute-Schöne‹ schuf Goethe im 3. Buch von ›Wilhelm Meisters Wanderjahren‹.

Literatur: ISLER, U.: Frauen aus Zürich ..., B. Sch.-Wolf, ... Zü. 1991.

Schulz, Bruno, * Drohobycz (Drogobytsch, Gebiet Lemberg) 12. Juli 1892, † ebd. 19. Nov. 1942, poln. Schriftsteller. – Aus jüd. Kleinbürgerfamilie; 1924–41 Zeichenlehrer in Galizien; wurde im Ghetto von einem SS-Soldaten erschossen. Sch. schrieb groteske, expressionist. Erzählwerke (›Die Zimtläden‹, 1934, dt. 1961; ›Das Sanatorium des Todes‹, 1937, dt. 1961 in ›Die Zimtläden‹). Sie ranken sich um die Gestalt des verstorbenen Vaters und sind ein geniales Sprachexperiment mit Bildern düsterer Kindheitserlebnisse, surrealen Motiven und pathologischen Visionen.

Ausgaben: B. Sch. Die Republik der Träume. Fragmente, Aufss., Briefe, Grafiken. Dt. Übers. Hg. v. M. DUTSCH. Mchn. 1967. – B. Sch. Prosa. Krakau ²1973. – B. Sch. Die Mannequins u. a. Erzählungen. Dt. Übers. Ffm. 1987. – B. Sch. Ges. Werke. Hg. v. M. DUTSCH u. a. Dt. Übers. Mchn. u. a. 1992. 2 Bde. – B. Sch. Die Wirklichkeit ist Schatten des Wortes. Aufsätze u. Briefe. Hg. v. J. FICOWSKI. Mchn. 1992.

Literatur: GOŚLICKI-BAUR, E.: Die Prosa v. B. Sch. Bern u. Ffm. 1975. – STEINHOFF, L.: Rückkehr zur Kindheit als groteskes Denkspiel. Hildesheim 1984. – BROWN, R. E.: Myths and relatives. Seven essays on B. Sch. Mchn. 1991. – B. Sch.: 1892–1942; das graph. Werk. Hg. v. W. CHMURZYŃSKI u. a. Ausst.-Kat. Mchn. u. a. 1992. – STALA, K.: On the margins of reality. The paradoxes of representation in B. Sch.'s fiction. Stockholm 1993.

Schulz, Max Walter, * Scheibenberg (Landkreis Annaberg) 31. Okt. 1921, † Berlin 15. Nov. 1991, dt. Schriftsteller. – War Soldat, Lehrer, studierte 1957–59 am ›Literaturinstitut Johannes R. Becher‹ in Leipzig, dessen Direktor 1964–83 (ab 1969 Prof.); 1983–90 Chefredakteur der Zeitschrift ›Sinn und Form‹. Wurde v. a. bekannt mit seinem Entwicklungsroman ›Wir sind nicht Staub im Wind‹ (1962), der große Bedeutung für die sozialistisch-realist. Erzählliteratur in der DDR hatte.

Weitere Werke: Stegreif und Sattel (Essays, 1967), Tryptichon mit sieben Brücken (R., 1974), Pinocchio und kein Ende. Notizen zur Literatur (1978), Der Soldat und die Frau (Nov., 1978), Die Fliegerin oder ... (Nov., 1981), Auf Liebe stand Tod (Nov.n, 1989).

Schulze, Ernst [Konrad Friedrich], * Celle 22. März 1789, † Göttingen 29. Juni 1817, dt. Dichter. – Studierte Theologie und Philologie; wandte sich unter dem Einfluß des frühen Todes seiner Braut, zu deren Andenken er das romant. Versepos in 20 Gesängen ›Cäcilia‹ (2 Bde., hg. 1818/19) verfaßte, einer von Novalis und F. de la Motte Fouqué beeinflußten Dichtung zu.

Weitere Werke: Cäcilie. Eine Geisterstimme (1813), Gedichte (1813), Die bezauberte Rose (Ged., hg. 1818).

Literatur: DRAWS-TYCHSEN, H.: Requiem u. Hymnen f. Cecilie Tychsen. Dießen vor Mchn. ²1954.

Schulze, Friedrich August, Pseudonym Friedrich Laun, * Dresden 1. Juni 1770, † ebd. 4. Sept. 1849, dt. Schriftsteller. – Zeitungsredakteur, Gründer der Dresdner ›Abend-Zeitung‹; Mitglied des Romantikerkreises in Dresden. Schrieb über 100 pseudoromant. Unterhaltungsromane und Erzählungen, von denen nur

der Roman ›Der Mann auf Freiersfüßen‹ (1800) von einiger Bedeutung ist.
Weitere Werke: Gespensterbuch (6 Bde., 1810–17), Memoiren (3 Bde., 1837). **Ausgabe:** Friedrich Laun's ges. Schriften. Neu hg. v. L. TIECK. Stg. 1843. 3 Bde. **Literatur:** KRÜGER, H. A.: Pseudoromantik. Lpz. 1904.

Schumacher, Hans, * Zürich 2. März 1910, † ebd. 20. März 1993, schweizer. Schriftsteller. – Studierte Germanistik; schrieb zeitbezogene Lyrik sowie Kurzgeschichten, literar. Essays, Romane und Kinderbücher; auch Herausgeber.
Werke: In Erwartung des Herbstes (Ged., 1939), Schatten im Licht (Ged., 1946), Der Horizont (Ged., 1950), Zum Ruhme Zürichs (Ged., 1951), Meridiane (Ged., 1959), Rost und Grünspan (Erinnerungen, 1964), In der Rechnung ein Fehler. 24 kurze Geschichten (1968), Nachtkurs (Ged., 1971), Folgerungen (Kurzgeschichten, 1971), Ein Gang durch den Grünen Heinrich (Interpretation, 1976), Die Stunde der Gaukler. Roman einer Rückvorschau (1981), Harder und Harder (R., 1984), Die durchlässige Zeit. Erinnerungen und Betrachtungen im Spiegel der Kindheit (1990).

Schupp, Johann Balthasar, latinisiert Schuppius, * Gießen 1. März 1610, † Hamburg 26. Okt. 1661, dt. ev. Theologe und Moralsatiriker. – Studierte Philosophie und Theologie, war Magister in Rostock, seit 1635 Prof. der Geschichte und Rhetorik in Marburg, seit 1643 auch Pastor, 1646 Hofprediger, seit 1649 Hauptpastor in Hamburg. Berühmter Kanzelredner, verfaßte neben seinen Predigten volkstüml. Satiren auf die Schwächen und Laster der Zeit, in die er Anekdoten und Schwänke einfügte. Er schrieb auch geistl. Lyrik. In seinen pädagog. Schriften tritt er für ein besseres Schulwesen und für die Pflege der Muttersprache ein.
Werke: Morgen- und Abendlieder (Ged., 1655), Corinna. Die ehrbare und scheinheilige Hure (Satire, 1660), Der teutsche Lehrmeister. Vom Schulwesen (hg. 1667). **Literatur:** LÜHMANN, J.: J. B. Sch. Marburg 1907. Nachdr. New York 1968. – WICHERT, H. E.: J. B. Sch. and the baroque satire in Germany. New York 1952.

Schurek, Paul, * Hamburg 2. Jan. 1890, † ebd. 22. Mai 1962, dt. Mundartschriftsteller. – Ingenieur, Gewerbeschullehrer; wurde bekannt als Verfasser humorvoller Volksstücke und Erzählungen, v. a. in niederdt. Mundart.

Werke: Düwel un Dichter (En., 1920), De rode Heben (E., 1921), Snaksche Geschichten (1922), Stratenmusik (Kom., 1922), Entfesselung (R., 1924), Snieder Nörig (Kom., 1927), Geld im Strumpf (Volksstück, 1939), Das Leben geht weiter (R., 1940), De politische Kannegeter (Kom., 1945), Nichts geht verloren (R., 1949), Der Tulpentrubel (Kom., 1951), Öl aus der Hölle (E., 1959). **Literatur:** LESLE, U. TH.: P. Sch. Hamb. 1979. – ↑ auch Stavenhagen, Fritz.

Schurer, Fedde [niederl. 'sxy:rər], * Drachten 25. Juli 1898, † Heerenveen 19. März 1968, westfries. Lyriker. – Journalist und Politiker (Parlamentsmitglied für die niederl. ›Partij van de Arbeid‹). Sein umfangreiches Werk (acht Bände) offenbart in oft virtuoser und zugleich volkstüml. Sprache seine Religiosität und sein polit. Engagement; bed. Übersetzer (u. a. Psalm- und Gesangbuch, H. Heine und R. M. Rilke), seine Lyrik wurde nach seinem Tod vollständig veröffentlicht in ›Samle fersen‹ (1974). Von seinen Dramen war das bibl. ›Simson‹ (1945) am erfolgreichsten.

Schussen, Wilhelm, eigtl. W. Frick, * Kleinwinnaden (heute zu Bad Schussenried) 11. Aug. 1874, † Tübingen 5. April 1956, dt. Schriftsteller. – Volksschullehrer, Lektor; stellte in Gedichten, Erzählungen und Romanen mit Verständnis und Humor schwäb. Kleinstadtleben dar; zeigt dabei eine Vorliebe für Sonderlinge.
Werke: Vinzenz Faulhaber (R., 1907), Medard Rombold (R., 1913), Der Roman vom Doktor Firlefanz (1922), Der abgebaute Osiander (R., 1923), Aufruhr um Rika (R., 1938), Anekdote meines Lebens (1953).

Schuster, A., Pseudonym des dt. Schriftstellers Rudolf ↑ Huch.

Schüttelreim, Sonderform des ↑ Doppelreims; die Anfangskonsonanten der am Reim beteiligten Wörter oder auch Silben werden ausgetauscht, so daß eine neue sinnvolle Wortfolge entsteht: ›In Reimes Hut/Geheimes ruht‹. Sch.e gibt es seit dem 13. Jh. (Konrad von Würzburg).
Ausgabe: Die schönsten Schüttelgedichte. Ges. u. hg. v. M. HANKE. Stg. 1967. **Literatur:** HANKE, M.: Die Sch.er. Ber. über eine Reimschmiederzunft. Stg. 1968. – RUDORF, G.: Mach' dir einen Reim. Der moderne Verseschmied. Mit großem Reimlex. Niedernhausen/Ts. 1993.

Schutting, Julian, ursprüngl. (bis zur Geschlechtsumwandlung 1989) Jutta Sch., *Amstetten (Niederösterreich) 25. Okt. 1937, österr. Schriftsteller. – Studium der Germanistik und Geschichte in Wien; Gymnasiallehrer, lebt in Wien. Kennzeichnend insbes. für die literar. Anfänge ist das Experiment, das Erarbeiten einer individuellen sprachl. Darstellungsweise bis hin zum Schriftbild. Nach der Erzählung ›Der Vater‹ (1980) und dem ›Liebesroman‹ (1983), welcher die Liebe eines Malers zu einer auf Abstand bedachten älteren Frau zum Thema hat, vollzog Sch. mit dem Prosaband ›Das Herz eines Löwen‹ (1985) eine Annäherung zum Essay. Auf der Suche nach unverdorbenen Erscheinungen in Natur und Kunst hält Sch. Situationen, Begegnungen fest, die Ausgangspunkte werden für Überlegungen, Bekenntnisse und neue, Lyrik-nahe Assoziationen. Schreibt auch Gedichte und Hörspiele.

Weitere Werke: Baum in O (Prosa, 1973), In der Sprache der Inseln (Ged., 1973), Tauchübungen (Prosa, 1974), Parkmord (En., 1975), Sistiana (En., 1977), Am Morgen vor der Reise. Die Geschichte zweier Kinder (1978), Der Wasserbüffel (En., 1981), Liebesgedichte (1982), Traumreden (Ged., 1987), Reisefieber (En., 1988), Aufhellungen (Ged., 1990), Flugblätter (Ged., 1990), Wasserfarben (Prosa, 1991), Leserbelästigungen (poetolog. Essays, 1993), Der Winter im Anzug. Sprachspalterereien (1993).

Schütz, Helga, *Falkenhain (Schlesien) 2. Okt. 1937, dt. Schriftstellerin. – Studium an der Hochschule für Filmkunst, Tätigkeit als Dramaturgin; lebt in Potsdam. Ihre frühen Erzählungen und Romane zeichnen sich durch spielerisch-unbefangenen Gebrauch der Sprache sowie durch humorvolle Darstellungen aus. In dem Roman ›In Annas Namen‹ (1986), der die Wirklichkeit des Alltags in der DDR spiegelt, pflegt sie eher einen lapidaren Stil. Schreibt auch Hörspiele und Filmszenarien.

Werke: Vorgeschichte oder Schöne Gegend Probstein (En., 1971), Das Erdbeben bei Sangershausen (En., 1972), Festbeleuchtung (E., 1974), Jette in Dresden (R., 1977; in der BR Deutschland 1978 u. d. T. Mädchenrätsel), Julia oder Erziehung zum Chorgesang (R., 1980), Martin Luther (E., 1983), Heimat süße Heimat. Zeit-Rechnungen in Kasachstan (1992).

Schütz, Stefan, *Memel 19. April 1944, dt. Schriftsteller. – War Schauspieler an verschiedenen Theatern in der DDR, Regieassistent am Berliner Ensemble; übersiedelte 1980 in die BR Deutschland. Zentrales Thema seiner Theaterstücke ist die Konfrontation mit äußerem Druck, sei er politisch oder durch gesellschaftl. Normierung bedingt. Seine erste umfangreiche Prosaarbeit, ›Medusa‹ (1986), stellt, zumindest in ihrem ersten Teil, eine großangelegte Abrechnung mit der DDR dar.

Weitere Werke: Odysseus' Heimkehr. Fabrik im Walde. Kohlhaas. Heloisa und Abaelard (Stücke, 1977), Stasch (Stücke, 1978; darin: Majakowski, Der Hahn, Stasch 1, Stasch 2), Laokoon (Stücke, 1980; darin: Kohlhaas, Gloster, Laokoon), Sappa. Die Schweine (Stücke, 1981), Katt (Prosa, 1988), Monsieur X oder die Witwe des Radfahrers. Urschwejk (Stücke, 1988), Der vierte Dienst (Prosa, 1990), Galaxas Hochzeit (R., 1993), Schnitters Mall (E., 1994).

Schütz, Wilhelm von, gen. Sch.-Lacrimas, *Berlin 13. April 1776, †Leipzig 9. Aug. 1847, dt. Schriftsteller. – War dem Berliner Romantikerkreis verbunden und trat zunächst als Dramatiker (›Lacrimas‹, 1802) hervor. Später lebte er in Dresden, stand dem Kreis L. Tiecks nahe und trat in den zwanziger Jahren zum Katholizismus über. Unter dem Einfluß v. a. Adam Heinrich Müllers entfaltete er eine vielseitige publizist. Tätigkeit über volkswirtschaftl., kulturgeschichtl. und kirchenrechtl. Fragen, besorgte für den Verlag F. A. Brockhaus eine dt. Ausgabe der Memoiren Casanovas (›Aus den Memoiren ...‹, 12 Bde., 1822–28) und gab 1842–46 die kath. Zeitschrift ›Anticelsus‹ heraus.

Schuyler, James [Marcus] [engl. 'skaɪlə], *Chicago (Ill.) 9. Nov. 1923, †New York 12. April 1991, amerikan. Schriftsteller. – Studierte am Bethany College (W. Va.) und in Florenz, längerer Italienaufenthalt; 1955–61 Mitarbeiter des Museum of Modern Art in New York. Sch. gehörte, wie J. Ashbery, zu der New York School of Poetry. Seine von der bildenden Kunst beeinflußten Gedichte sind von scharfer Beobachtungsgabe und dem Streben nach Synästhesie gekennzeichnet und präsentieren städt. Bilder und Landschaften in und um New York. ›The crystal lithium‹ (1972) und die Elegie auf F. O'Hara ›Buried at Springs‹ (1977) gelten als seine besten

Gedichte. Sch. schrieb auch (experimentelle) Dramen und Romane.

Weitere Werke: Presenting Jane (Dr., UA 1952), Alfred and Guinevere (R., 1958), Salute (Ged., 1960), May 24th or so (Ged., 1966), Ein Haufen Idioten (R., 1969, dt. 1990; mit J. Ashbery), Hymne an das Leben (Ged., 1974, dt. 1991), Song (Ged., 1976), The home book. Prose and poems 1951–1970 (hg. 1977), What's for dinner? (R., 1978), The morning of the poem (1980; Pulitzerpreis 1980), Early in '71 (R., 1982), A few days (Ged., 1985), Selected poems (Ged., 1988), Collected poems (Ged., 1993).

Schwab, Gustav, * Stuttgart 19. Juni 1792, † ebd. 4. Nov. 1850, dt. Schriftsteller. – Studierte Theologie, Philologie und Philosophie in Tübingen; Freundschaft u. a. mit L. Uhland und J. Kerner; 1817 Gymnasiallehrer. Leitete 1827–37 den literar. Teil des Cottaschen ›Morgenblattes‹ und war 1833–38 mit A. von Chamisso Hg. des ›Dt. Musenalmanachs‹. Ab 1837 Pfarrer in Gomaringen. Reisen in die Schweiz, nach Schweden und Dänemark. Ab 1842 Dekan in Stuttgart, später Oberkonsistorialrat und Oberstudienrat. – Sch., Lyriker der schwäb. Romantik, schrieb v. a. Romanzen und Balladen sowie volksliedhafte Gedichte; verdienstvoll war seine Herausgabe und Nacherzählung klass. (›Die schönsten Sagen des klass. Alterthums‹, 3 Bde., 1838–40) und dt. Sagen und der ›Dt. Volksbücher‹ (2 Bde., ²1843, 1. Aufl. 1836/37 u. d. T. ›Buch der schönsten Geschichten und Sagen‹).

Weitere Werke: Neues dt. allgemeines Commers- und Liederbuch (1815), Romanzen aus dem Jugendleben Herzog Christophs von Württemberg (1819), Die Neckarseite der Schwäb. Alb ... (1823).

Literatur: STOCK, G.: G. Sch.s Stellung in der zeitgenöss. Lit. Diss. Münster 1916. – TECCHI, B.: G. Sch. In: Studi Germanici N. S. 6 (1968), H. 2, S. 75. – HALUB, M.: Das literar. Werk G. Sch.s. Breslau 1993.

Schwab, Werner, * Graz 4. Febr. 1958, † ebd. 1. Jan. 1994, österr. Schriftsteller. – Wurde mit ›Horrordramen‹ berühmt, in denen er ›wahre Monstren‹ auftreten ließ und eine nachexpressionist., die Figuren entstellende Sprache benutzte.

Werke: Die Präsidentinnen (Stück, UA 1990), Übergewicht, Unwichtig, Unform (Stück, UA 1991), Volksvernichtung oder Meine Leber ist sinnlos (Stück, UA 1991), Abfall Bergland Cäsar. Eine Menschensammlung (Prosa, 1992), Mein Hundemund (Stück, UA 1992), Offene Gruben – offene Fenster (Stück, UA 1992), Mesalliance – aber wir ficken uns prächtig (Stück, UA 1992), Der Himmel mein Lieb meine sterbende Beute (Stück, UA 1992), Pornogeographie (Stück, UA 1993), Endlich tot endlich keine Luft mehr (Stück, UA 1994), Faust: Mein Brustkorb: Mein Helm (Stück, UA 1994).

Schwabacher, Henri Simon, frz. Schriftsteller, † Duvernois, Henri.

Schwabenspiegel, führendes, vom ›Sachsenspiegel‹ angeregtes Rechtsbuch des außersächs. Deutschland, in der (erschlossenen) Form des Ur-Sch.s 1275/76 verfaßt von einem Augsburger Franziskaner; die bereits umgeänderte Erstausgabe erschien spätestens 1282. Die Bez. Sch. ist erst im 17. Jh. aufgekommen, handschriftlich überliefert ist die Bez. **Land- und Lehnrechtsbuch** bzw. **Kaiserrecht.** Unter den Verkehrsformen, in einer für bed. Breitenwirkung zeugenden größeren Anzahl von Handschriften (etwa 400) überliefert sind, sind Kurz-, Lang-, Normal- und systemat. Formen zu unterscheiden. Im Quellenmaterial (v. a. ›Sachsenspiegel‹, ferner german. Volksrechte, röm. und kanon. Recht) geht der Sch. nicht wesentlich über das gleichzeitig wohl ebenfalls in Augsburg entstandenen ›Deutschenspiegel‹ hinaus und fußt wie dieser auf dem ›Sachsenspiegel‹, ohne jedoch das Vorbild sprachlich und in der jurist. Prägnanz zu erreichen. Im 14. Jh. erfolgten Übersetzungen ins Lateinische, Französische und Tschechische.

Ausgabe: Sch. Kurzform I–IV. Hg. v. K. A. ECKHARDT. Aalen 1972–74. 3 Bde.

schwäbische Romantik, auch **schwäb.** Schule oder **schwäb.** Dichterbund benannter württembergischer Dichterkreis (zw. 1810 und 1850) um L. Uhland und J. Kerner. Der ursprüngl. Kreis, dem noch G. Schwab und Karl Mayer (* 1786, † 1870) angehörten, erweiterte sich später um W. Hauff, Gustav Pfizer (* 1807, † 1890), J. G. von Fischer und E. Mörike. Bes. Pflege galt dem volkstüml. Lied, der Ballade, Romanze und Sage mit Vorliebe für mittelalterl. und lokale Themenkreise.

Literatur: STORZ, G.: Sch. R. Stg. u. a. 1967.

schwäbische Schule † schwäbische Romantik.

Schwaiger, Brigitte, * Freistadt (Oberösterreich) 6. April 1949, österr. Schriftstellerin. – Studium der Psychologie, Germanistik und Romanistik in Wien; lebte einige Jahre in Spanien, danach ab 1973 Studium an der Pädagog. Akad. in Linz; daneben großes Interesse für Malerei und Bildhauerei; lebt seit 1975 als freie Schriftstellerin in Wien. Ein Bestsellererfolg gelang Sch. mit ihrem Romanerstling ›Wie kommt das Salz ins Meer‹ (1977), der Geschichte einer gescheiterten Ehe, wobei die Autorin gleichzeitig die bürgerlichen Vorstellungen von geschlechtsspezifischem Rollenverhalten scharf kritisiert. Die trügerische Idylle der Provinzkleinstadt entlarvt sie in dem Sammelband ›Mein spanisches Dorf‹ (1978). Schrieb auch Theaterstücke und Hörspiele.

Weitere Werke: Nestwärme (Stück, 1976), Steirerkostüm. Büroklammern. Kleines Kammerspiel (3 Einakter, 1977), Lange Abwesenheit (E., 1980), Malstunde (mit A. Rainer, 1980), Die Galizianerin (R., 1982; mit E. Deutsch), Der Himmel ist süß. Eine Beichte (1984), Mit einem möcht' ich leben (Ged., 1987), Liebesversuche (En., 1989), Schönes Licht (R., 1990), Tränen beleben den Staub (R., 1991), Der rote Faden (R., 1992), Der Mann fürs Leben (En., 1993), Jaro heißt Frühling. Geschichten vom Fremdsein (1994).

Schwank [zu mhd. swanc = lustiger Einfall], seit dem 15. Jh. literar. Begriff für scherzhafte Erzählungen in Vers und Prosa. Seit dem Ende des 19. Jh. bezeichnet Sch. auch ein Schauspiel mit Situations- und Typenkomik in Nachbarschaft zu ↑ Burleske, ↑ Farce, ↑ Posse, Spektakel. Ähnlich wie ↑ Anekdote, ↑ Fabel, ↑ Witz arbeitet der Sch. mit Pointen. Gegenstand ist der Alltag mit seinen Tücken, die Verspottung eines Dummen durch einen Listigen, Schlauen. Stoffe liefern die verschiedenen Lebens- und Tabubereiche sowie Ehekonflikte. – Schwankhaftes erscheint in allen literar. Gattungen. Seit den Brüdern J. und W. Grimm ist z. B. das **Schwankmärchen** bekannt. Für die globale Verbreitung der Schwänke sprechen ind., oriental. und antike Zeugnisse. In dieser Tradition stehen die mlat. Schwänke, die teils selbständig, teils eingelagert in andere Werke erscheinen, z. B. der Sch. vom Bauern Einochs (›Unibos‹, 10./11. Jh.), die ›Gesta Karoli Magni‹ des Notker Balbulus, die ›Fecunda ratis‹ (um 1023) des Egbert von Lüttich (* 1000, † 1040). Seit dem 13. Jh. werden Zusammenstellungen von Schwänken für Unterricht und Predigt beliebt (↑ Predigtmärlein) und als homilet. Hilfsmittel bis ins 18. Jh. üblich (J. Pauli, ›Schimpf und Ernst...‹, 1522 in alemann. Mundart, 1568 ins Lateinische übersetzt). Die dt. Sch.dichtungen des Hoch- und Spät-MA wurden durch die lat. Schwänke und die frz. ↑ Fabliaux beeinflußt. Als selbständige Gattung erscheint der Sch. in der seit dem 13. Jh. entstehenden mhd. Kleinepik (↑ Märe). Autoren von sog. **Schwankmären** oder **Schwankerzählungen** (Vers- oder Prosaerzählungen) sind u. a. der Stricker, H. Rosenplüt, H. Folz, H. Sachs. Der Stricker schuf mit dem ›Pfaffen Amis‹ (um 1230) eine zykl. Gruppierung von Schwänken um eine zentrale Figur, die häufig nachgeahmt wurde (›Neidhart Fuchs‹, ›Bruder Rausch‹, ›Des pfaffen geschicht und histori vom Kalenberg‹ von Ph. Frankfurter, Eulenspiegel). Unter dem Einfluß des italien. Humanisten G. F. Poggio Bracciolini erfuhr der Sch. eine bes. Ausprägung in der ↑ Fazetie. Auslösend für eine Flut von **Schwanksammlungen** war 1555 das ›Rollwagenbüchlin‹ von J. Wickram. Ihm folgten u. a. Jakob Frey (* vor 1520, † 1562) mit der Sammlung ›Die Garten Gesellschaft‹ (1557), M. Montanus mit ›Weg kürtzer‹, M. Lindeners ›Rastbüchlein‹ (1558), Valentin Schumanns (* um 1520, † nach 1559) ›Nachtbüchlein‹ (1559), H. W. Kirchhofs ›Wendunmuth‹ (1563–1603). Mit der Tendenz zur Anekdotensammlung reicht dieser Typus bis zu J. P. Hebels ›Schatzkästlein des rhein. Hausfreundes‹ (1811). Sch.romane und schwankhafte Biographien sind u. a. repräsentiert durch ›Ein kurzweilig Lesen von Dyl Ulenspiegel‹ (1515), das ›Lalebuch‹ (1597). Im 19. Jh. trat neben die Posse der **dramat. Schwank** (F. und P. Schönthan, ›Der Raub der Sabinerinnen‹, 1885; L. Thoma, ›Die Lokalbahn‹, 1902, u. a.).

Literatur: STRASSNER, E.: Sch. Stg. 1968. – SUCHOMSKI, J.: ›Delectatio‹ u. ›utilitas‹. Ein Beitr. zum Verständnis mittelalterl. kom. Lit. Bern u. Mchn. 1975. – BAUSINGER, H.: Formen der Volkspoesie. Bln. ²1980.

Schwartz, Delmore [engl. ʃwɔːts], * New York 8. Dez. 1913, † ebd. 11. Juli 1966, amerikan. Schriftsteller und Kritiker. – Prof. für Philosophie u. a. an der Harvard University und in Princeton (N. J.); war vielseitig publizistisch tätig, u. a. 1943–55 Hg. der ›Partisan Review‹. Sch. schrieb Gedichte, Versdramen und krit. Essays. Seine Dichtung behandelt philosoph. Aspekte des Lebens in der Gegenwart, wobei er sich als amerikan. Jude bes. mit dem Problem der Selbstbehauptung befaßte (›Genesis. Book one‹, Dichtung, 1943). Nach Sch. gestaltete S. Bellow die Figur des Von Humboldt Fleisher in seinem Roman ›Humboldts Vermächtnis‹; auch Übersetzer (A. Rimbaud).

Weitere Werke: In dreams begin responsibilities (Ged., 1938), Shenandoah (Dr., 1941), Summer knowledge (Ged.-Ausw., 1959), Successful love (Kurzgeschichten, 1962), Selected essays (hg. 1970), What to be given (Ged., hg. 1976), Last and lost poems of D. Sch. (Ged., hg. 1979), The ego is always at the wheel. Bagatelles (Essays, hg. 1986).

Ausgabe: Letters of D. Sch. Hg. v. R. PHILLIPS, Vorwort K. SHAPIRO. New York 1984.

Literatur: McDOUGALL, R.: D. Sch. New York 1974. – ATLAS, J.: D. Sch. The life of an American poet. New York 1977.

Schwarz, Georg, * Nürtingen 16. Juli 1902, † München 20. Febr. 1991, dt. Schriftsteller. – War Buchhändler, unternahm ausgedehnte Reisen, ging 1928 als Mitarbeiter des ›Simplicissimus‹ nach München. Begann als Lyriker, es folgten Romane, Novellen, Essays und Hörspiele, meist über Persönlichkeiten und Ereignisse der schwäb. Geschichte. Sein 021k steht in der Tradition der schwäb. Schriftsteller des 18./19. Jahrhunderts.

Werke: Jörg Ratgeb (R., 1937), Pfeffer von Stetten (R., 1938), Tage und Stunden aus dem Leben eines leutseligen, gottfröhl. Menschenfreundes, der Johann Friedrich Flattich hieß (R., 1940), Froher Gast am Tisch der Welt (Ged., 1940), Uhland (Essay, 1940), Die ewige Spur (Essays, 1946), Makarius (R., 1949), Unterm Hundsstern (E., 1951), Die Liebesranke (Ged., 1956), figaro figaro figaro! (R. über G. Rossini, 1962), Das Sommerschiff (Ged., 1967), Sizilien ist mehr als eine Insel (Reiseb., 1972), Tröster Vers (Ged., 1982), Musik der Jahreszeiten (Ged., 1984).

Schwarz (tl.: Švarc), Jewgeni Lwowitsch, * Kasan 21. Okt. 1896, † Leningrad (heute Petersburg) 15. Jan. 1958,

russ.-sowjet. Schriftsteller. – Begann mit Kinderliteratur, v. a. Märchenstücken nach alten Stoffen; dann auch satirischphilosoph. Dramen, in denen er Züge des Märchens mitverarbeitete. Als seine besten Stücke gelten ›Der Schatten‹ (1940, dt. EA 1946, dt. Buchausg. 1968) und ›Der Drache‹ (nach der Vorpremiere 1944 verboten, gedr. 1960, dt. 1962); 1982 erschienen in Paris ›Memuary‹ (= Memoiren).

Weitere Werke: Der zerstreute Zauberer (Märchen, 1945, dt. 1947), Don Quixote. Ein literar. Szenarium (1958, dt. 1985).

Ausgaben: E. L. Švarc. P'esy. Leningrad 1972. – J. Sch. Stücke. Dt. Übers. Bln. ³1972. – E. L. Švarc. Izbrannoe. Chicago (Ill.) 1973. – J. Sch. Märchenkomödien. Dt. Übers. Lpz. ²1974.

Literatur: J. Sch. Mensch u. Schatten. Hg. v. L. DEBÜSER. Bln. 1972. – METCALF, A. J.: E. Shvarts and his fairy tales for adults. Birmingham 1979.

schwarzamerikanische Literatur ↑afroamerikanische Literatur.

Schwarz-Bart, André [frz. ʃvarts-'baːr], * Metz 1928 (?), frz. Schriftsteller. – Sohn einer 1924 aus Polen nach Frankreich eingewanderten jüd. Familie; erhielt 1959 für seinen realist., z. T. autobiographisch beeinflußten Roman über die Judenverfolgungen ›Der Letzte der Gerechten‹ (1959, dt. 1960) den Prix Goncourt. Rassenkonflikte in Afrika und auf Guadeloupe sind Thema seiner Romane ›Un plat de porc aux bananes vertes‹ (1967; mit seiner Frau Simone Sch.-B. [* 1938]) und ›Die Mulattin Solitude‹ (1972, dt. 1976).

Literatur: KAUFMANN, F.: ›Le dernier des justes‹ d'A. Sch.-B. Genèse, structure, signification. Diss. Paris 1976.

Schwarze, Hans Dieter, * Münster 30. Aug. 1926, dt. Schriftsteller und Regisseur. – Intendant in Castrop-Rauxel (1968–72) und Nürnberg (1975/76); Theater- sowie Fernsehinszenierungen (u. a. ›Familienbande‹, Serie, 1983; ›Meersburg‹, 1987). Schreibt Gedichte, Erzählungen und Romane sowie Hörspiele.

Weitere Werke: Aloys Korp (Kom., 1954), Flügel aus Glas (Ged., 1956), Faustens Ende (Dr., 1957), Der Stiefel ist vergiftet (Anekdoten, 1960), Sterben üben – was sonst (Ged., 1973), Die Brandesbusemanns (En., 1980), Ludwig Leiserer (R., 1981), Caspar Clan (Ged., 1983), Vom ungeheuren Appetit nach Frühstück und nach

Leben. Unverhoffte Begegnungen mit J. Ringelnatz (1983), Sieben Tage Ruhe auf dem Lande (R., 1985), Kurz vorm Finale. Prosa und Verse aus 40 Jahren (hg. 1986), Geh aus mein Herz (Erinnerungen, 1990), Tom Törni, der Zauberer (E., 1993).

schwarzer Humor (engl. black humour, frz. humour noir), eine Bewußtseinshaltung, die mit dem ›Schwarzen‹, mit dem, was undurchsichtig bleiben soll, was ins Unbewußte verdrängt oder mit Tabus belegt wird, spielerisch distanziert umgeht. Das Verdrängte, das Schwarze, ist das, was mit Angst erfüllt: der Tod, die Krankheit, Verletzungen, das Unglück, aber auch die Aggressivität gegenüber anderen.

Die Geschichte des sch. H.s in literar. Texten ist noch nicht erforscht. Als Vater des sch. H.s wird gemeinhin J. Swift mit seiner Schrift ›A modest proposal for preventing the children of poor people in Ireland, from being a burden to their parents or country, and for making them beneficial to the publick‹ (1729) angesehen, doch gibt es auch schon frühere Zeugnisse. Im 19. Jh. findet man sch. H. beispielsweise in Erzählungen von E. A. Poe, A. G. Bierce und Mark Twain, in den Limericks von E. Lear, in den Bildergeschichten von W. Busch. Die Blütezeit des sch. H.s liegt zweifellos im 20. Jh., in dem die rigiden Einhaltungen von Tabus zunehmend abgebaut werden. Der sch. H. scheint bes. in der Literatur der angelsächs. Länder stark vertreten zu sein. So lassen sich viele der Erzählungen von R. Dahl und Stanley B. Ellin (* 1916) als Musterbeispiele sch. H.s verstehen. Die ›Anthologie de l'humour noir‹ (1940, ³1966) des frz. Surrealisten A. Breton belegt den literar. sch. H. jedoch ebenso für Frankreich, Italien, Spanien und den deutschsprachigen Bereich, in dem darüber hinaus u. a. noch Ch. Morgenstern, F. Wedekind, Ror Wolf, H. C. Artmann, G. Kreisler zu nennen wären. Auch die Literaturen Osteuropas und Lateinamerikas liefern zahlreiche Beispiele des schwarzen Humors. Von den Karikaturisten des sch. H.s sind bes. Saul Steinberg, Ronald Searle und Paul Flora zu nennen.
Literatur: HENNIGER, G.: Zur Genealogie des sch. H.s. In: Neue dt. Hefte 13 (1966), S. 110. – NUSSER, P.: Zur Phänomenologie des sch. H.s. In: NUSSER: Sch. H. Arbeitstexte für den Unter-

richt. Stg. 1986. – HELLENTHAL, M.: Sch. H. Theorie u. Definition. Essen 1989.

Schwarzkopf, Nikolaus, * Urberach bei Darmstadt 27. März 1884, † Darmstadt 17. Okt. 1962, dt. Schriftsteller. – Volksschullehrer, ab 1924 freier Schriftsteller; stellte in seinen z. T. romantisch verklärten Romanen und Erzählungen einfache Volkstypen dar. Für den Roman um M. Grünewald, ›Der Barbar‹ (1930), erhielt er 1930 den Georg-Büchner-Preis.
Weitere Werke: Greta Kunkel (R., 1913), Maria vom Rheine (E., 1919), Der schwarze Nikolaus (R., 1925), Die silbernen Trompeten (R., 1935), Der Feldhäfner (R., 1941).

schwebende Betonung, in nhd. Prosodie der Versuch, bei Auseinanderfallen von natürl. Sprechweise und metr. Skandierung einen Ausgleich durch gleichstarkes Betonen der metrisch gedrückten und erhobenen Silben zu erreichen.

Schwedhelm, Karl, * Berlin 14. Aug. 1915, † Braunsbach (Landkreis Schwäbisch Hall) 9. März 1988, dt. Schriftsteller. – War Lektor, ab 1954 Leiter der Abteilung Literatur beim Süddt. Rundfunk in Stuttgart. Schrieb bilderreiche Lyrik (›Fährte der Fische‹, 1955), daneben Hörspiele, Essays; Übersetzungen frz. (›Dichtungen der Marceline Desbordes-Valmore‹, 1947; Édouard Glissant: ›Carthago‹, 1979) und engl. Lyrik; Hg. von ›Propheten des Nationalismus‹ (1969).
Weitere Werke: Woher jeder kommt und wohin niemand zurückkann (Essay, 1978), Der Aufstand gegen das Bild (Essay, 1985).

schwedische Literatur, die Literatur in schwed. Sprache in Schweden und Finnland. – Schriftl. Zeugnisse aus der Epoche vor der Christianisierung (vor 1100 n. Chr.) finden sich nur auf den zahlreichen schwed. Runensteinen. Poet. Runentexte, Bildsteine und Felszeichnungen zeigen Vertrautheit mit der german. Heldensage und lassen den Schluß zu, daß die Gattungen der altnord. Literatur mit Ausnahme der Saga auch in Schweden bekannt waren.
Mittelalter: Die späte Christianisierung (um 1100) brachte die lat. Schriftkultur und verursachte damit einen Traditionsbruch; nur in den muttersprachl. Landschaftsrechten lebte heidnisch-german.

Bewußtsein fort. Die religiöse Literatur, meist in lat. Sprache (Petrus de Dacia [* um 1230, † 1289], Brynolf Algotsson [† 1317]), fand ihren Höhepunkt in den myst. Visionen (›Uppenbarelser‹) der hl. Birgitta, deren lat. Version (›Revelationes‹) in ganz Europa Aufsehen erregte. In der weltl. muttersprachl. Literatur waren neben den nach dt. Vorbild verfaßten Reimchroniken (›Erikskrönika‹, um 1325; ›Karlskrönika‹, um 1450) übersetzte und bearbeitete Ritterepen von Bedeutung, u. a. die ›Eufemiavisor‹ (3 Epen, 1303–12), ›Konung Alexander‹ (um 1380) und ›Karl Magnus‹ (vor 1430). Die ersten bed. selbständigen Dichtungen in der Landessprache verfaßte Bischof Thomas von Strängnäs (†1443). Die erst im 19. Jh. gesammelten Volksballaden entwickelten sich als mündl. Literatur am Ende des 13. Jh. unter dt., dän. und norweg. Einfluß; 1477 Gründung der ersten schwed. Univ. (Uppsala).

Reformationszeit (1520–1600): Die zunächst stark polem. Reformationsliteratur, die durch die Schriften der Lutherschüler O. Petri und L. Petri initiiert wurde, erhielt durch die ersten Bibelübersetzungen ihr volkssprachl. Fundament. Die erste schwed. Übersetzung des NT 1526 markierte auch die sprachgeschichtl. Grenze zwischen dem Altschwedischen und dem Neuschwedischen. Die Prälaten Johannes Magnus (* 1488, † 1544) und Olaus Magnus (* 1490, † 1558) verließen Schweden; im Exil in Italien verfaßte Johannes die große Königschronik ›Historia de omnibus gothorum sveonumque regibus‹ (hg. 1554), sein Bruder Olaus das ethnographisch-histor. Werk ›Historia de gentibus septentrionalibus‹ (1555).

Großmachtzeit (1611–1718): Die Epochenbezeichnungen in der schwed. Literaturgeschichte nach 1600 sind seit jeher mehr von der polit. Geschichte als von den gleichzeitigen literar. Strömungen Europas geprägt worden. Die ›Großmachtzeit‹ (vom Regierungsantritt Gustavs II. Adolf bis zum Tod Karls XII.) umfaßt den Übergang vom Humanismus zum sog. Karolinischen Barock. Künste und Wissenschaften wurden vom schwed. Hof gefördert und dort zentralisiert. Neben Königin Christine wirkte der Adel (A. G. Graf Oxenstierna) als Beschützer und Förderer der nicht mehr nur national verstandenen Künste und Wissenschaften: Descartes, H. Grotius, S. Frhr. von Pufendorf, J. A. Comenius u. a. wurden nach Schweden gerufen, Universitäten und Schulen gegründet. Parallel zu dieser Öffnung nach Europa erwachte das Interesse an der Muttersprache, der schwed. Geschichte und der Vorzeitkunde (›Götizismus‹). Das enzyklopädisch-polyhistor. Bewußtsein der Epoche spiegelt sich in dem Geschichtswerk ›Atland eller Manheim‹ (4 Bde., 1675–1702) des Universalgelehrten Olof Rudbeck d. Ä. (* 1630, † 1702), das Schweden als Wiege der Völker und Ursprung aller Kulturen darstellt. Andreas Arvidi (* um 1620, † 1673) verfaßte die erste schwed. Poetik ›Manuductio at poesin Svecanam‹ (1651) nach dem Vorbild des Deutschen M. Opitz und des Dänen H. M. Ravn. In L. Wivallius fand die sch. L. ihren ersten volkstüml. Lyriker. Mit seinem Gedicht ›Hercules‹ (1658) leitete G. Stiernhielm eine neue Epoche ein, in der nicht die muttersprachl. Tradition, sondern die poet. Kunstdichtung mit ihren festen Regeln und Formen die Literatur bestimmte. Die Dichtung wurde mit ihrem rhetorisch-repräsentativen Gepräge zum Ausdruck der barocken Weltordnung. Die Lyrik war teils religiös (Haquin Spegel [* 1645, † 1714], Jacob Frese [* 1691, † 1729], Jesper Swedberg [* 1653, † 1735]), teils weltlich geprägt und fand ihren Höhepunkt bei Skogekär Bärgbo, L. Johansson (Lucidor) und Johan Runius (* 1679, † 1713). G. Dahlstierna schuf mit seinem pompösen Begräbnisgedicht ›Kunga skald‹ (1698) das repräsentative Werk der Großmachtzeit, eine Manifestation des absolutist. Königtums.

Aufklärung: Mit Beginn des 18. Jh., der sog. ›Freiheitszeit‹ (1718–72) verdrängten frz. und engl. Einflüsse die kulturelle Dominanz des Deutschen. Die frz. Klassik und die Poetik N. Boileau-Despréaux' bestimmten die Dichtung. Einheit und Divergenz der Epoche zeigten sich in der naturwissenschaftl. Systematik C. von Linnés und in der religiösphantast. Mystik E. Swedenborgs (›De cultu et amore dei‹, 1745). O. von Dalin wurde mit seiner moralisch-satir. Wochenschrift ›Then swänska Argus‹ Begründer der modernen schwed. Prosasprache, die von dem ersten schwed. Romancier Jacob Henrik Mörk (* 1714, † 1763) und dem Humoristen J. Wallenberg weiterentwickelt wurde. Die Ideen der Frühaufklärung reflektierten die Mitglieder des Ordens der Gedankenbauer (Tankebyggarorden): Hedvig Charlotta Nordenflycht (* 1718, † 1763), G. Ph. Graf Creutz und C. Graf Gyllenborg. Neben diesen Repräsentanten der sog. akadem. Stilrichtung wirkte der größte Dichter des Jh., der Lyriker C. M. Bellman, dessen Gedichte auf der Tradition des Gesellschafts- und Trinkliedes aufbauen. 1737 erhielt Schweden ein Nationaltheater, aufgeführt wurden schwed. Dramen nach dem Vorbild J. Racines, Molières und L. Baron von Holbergs.

Klassizismus (Rokoko): König Gustav III., ein unermüdl. Förderer der Künste, schrieb Dramen und Opern und wirkte durch Theatergründungen und die Errichtung der Schwedischen Akademie (1786) bis in die Gegenwart. Die Schwed. Akademie und ihre führenden Mitglieder, die Dichter J. G. Graf Oxenstierna, J. H. Kellgren, Carl August Ehrensvärd (* 1745, † 1800) und C. G. af Leopold, sowie die Idyllikerin A. M. Lenngren verteidigten den klass. frz. Geschmack und die skept. Lebenshaltung gegen die von J.-J. Rousseau und vom dt. Sturm und Drang beeinflußten Dichter B. Lidner und Th. Thorild. Die von Kellgren herausgegebene Zeitung ›Stockholms Posten‹ stand im Mittelpunkt der öffentl. Diskussion; sie trug wesentlich zur Entwicklung einer Literatur- und Theaterkritik im modernen Sinne bei.

Romantik (1810–30): Die verspätet einsetzende Romantik erhielt die entscheidenden Impulse vom dt. Idealismus und von der Jenaer Romantik. Die Mitglieder des Auroraförbundet unter P. D. A. Atterbom vertraten eine von F. W. J. von Schelling beeinflußte romant. Universalpoesie, z. B. im Hauptwerk Atterboms, ›Die Insel der Glückseligkeit‹ (2 Bde., 1824–27, dt. 1831–33), in den polem. und satir. Schriften von L. Hammarskjöld und Clas Johan Livijin (* 1781, † 1844) sowie in den Romanen V. F.

Palmblads. Der Gotische Bund repräsentierte eine auf den Götizismus des 17. Jh. zurückgehende Nationalromantik; zu ihm gehörten u. a. der Dichter und Historiker E. G. Geijer, A. A. Afzelius und der schwed. Turnvater P. H. Ling. Nach dem Vorbild A. von Arnims, C. Brentanos und der Brüder Grimm sammelten Geijer und Afzelius Volksballaden, Sagen und Märchen. Außerhalb der beiden Lager blieben der von Götizismus und Klassizismus beeinflußte Nationaldichter der Epoche E. Tegnér, E. J. Stagnelius mit seiner von neuplaton. Mystik geprägten Lyrik sowie die ›Vorromantiker‹ F. M. Franzén und J. O. Wallin.

Liberalismus (1830–80): Die Ideen des europ. Liberalismus bewirkten nach der Julirevolution von 1830 eine langsame Ablösung romantischer Dichtungsideale durch den poetischen Realismus. Die Übergangssituation zwischen Romantik und Realismus repräsentierte C. J. L. Almqvist, der in seinem Hauptwerk ›Törnrosens bok‹ (14 Bde., 1832–51) romant. Universalpoesie und realist. Alltagsschilderung unnachahmlich verknüpfte. Eine idealistisch-realist. Richtung vertraten F. Cederborgh und Carl Fredric Dahlgren (* 1791, † 1844) sowie die Finnlandschweden J. L. Runeberg und Z. Topelius. Neben Almqvist waren an der Begründung einer realist. Romantradition v. a. drei Autorinnen beteiligt, die besonders Frauen- und Familienprobleme darstellten: F. Bremer, Sofie von Knorring (* 1797, † 1848) und E. Flygare-Carlén. A. Blanche schilderte das Stockholmer Bürgerleben. Vertreter einer formbewußten nachromant. Lyrik waren C. V. Böttiger und Bernhard Elis Malmström (* 1816, † 1865), während O. P. Sturzen-Becker und K. V. A. Strandberg sich für die Ideen des polit. Skandinavismus engagierten. Großen Einfluß hatten ab 1860 die Dichter der Signaturengruppe, u. a. Karl Pontus Wikner (* 1837, † 1888), C. D. af Wirsén und C. Graf Snoilsky, die zusammen mit dem Ästhetiker Carl Rupert Nyblom (* 1832, † 1907) den vordringenden Naturalismus bekämpften. Außerhalb der literar. Bewegung stand der vielseitig begabte idealist. Dichter, Journalist und Wissenschaftler V. Rydberg.

Naturalismus, Impressionismus, Symbolismus und Neuromantik (1880–1910): Die achtziger Jahre (schwed. åttitalet) standen im Zeichen des gesellschaftskrit. Naturalismus. Überragende Gestalt der 80er und 90er Jahre war der in Schweden zeitlebens umstrittene und bekämpfte A. Strindberg, der mit seinem Roman ›Das rote Zimmer‹ (1879, dt. 1889) den Naturalismus in Schweden einleitete, mit ›Der Vater‹ (1887, dt. 1888) und ›Fräulein Julie‹ (1888, dt. 1888) eine bed. naturalist. Dramatik schuf und mit den symbolistisch-myst. Dramen der ›Nachinfernozeit‹ die dramat. Weltliteratur des 20. Jh. entscheidend beeinflußte. Der Naturalismus wurde Anfang der 80er Jahre auch von Strindbergs Gefolgsmann G. af Geijerstam und der Gruppe Das junge Schweden vertreten, die in einer gemeinsamen realistisch-radikalen Front gegen den ›romant. Nachklang‹ und den Konservatismus standen: der Lyriker A. U. Bååth, der Journalist und Dramatiker T. Hedberg, die Erzähler A. W. Lundegård, O. Levertin, O. Hansson, A. Ch. Leffler und V. Benedictsson sowie der finnlandschwed. Dichter K. A. Tavaststjerna. Fast alle diese Vertreter des Naturalismus vollzogen in den 90er Jahren die Wendung zum Impressionismus und Symbolismus mit. Das einer neuromant. Ästhetik verpflichtete Programm der 90er Jahre (schwed. nittitalet) wird in V. von Heidenstams Schriften ›Renässans‹ (1889) und ›Pepitas bröllop‹ (1890; mit Levertin) formuliert. Heidenstam forderte eine Verinnerlichung der Literatur, die dem Schönheitsgefühl und der Phantasie des Dichters freien Raum läßt. Die Autoren der 90er Jahre gestalteten bevorzugt Themen aus der schwed. Geschichte und der bäuerl. Kultur der verschiedenen Landschaften. In der Lyrik von G. Fröding und E. A. Karlfeldt fand diese Ästhetik formvollendeten Ausdruck. Auch die Romane von S. Lagerlöf und P. A. L. Hallström reflektieren neuromant. Gefühl, Geschichtsbewußtsein und Heimatliebe. H. Söderberg und B. H. Bergman schildern dagegen die Fin-de-siècle-Stimmung des Stockholmer Bürgertums; Ellen Key (* 1849, † 1926) propagierte das ›Jahrhundert des Kindes‹ (›Studien‹, 2 Tle., 1900, dt. 1902).

Zwanzigstes Jahrhundert: Unter dem Einfluß der Philosophie H. Bergsons vollzog sich der endgültige Bruch mit der Ästhetik der Neuromantik. Die psychologisch vertiefte Gesellschaftsschilderung bestimmte die Prosa im 2. Jahrzehnt des 20. Jahrhunderts. L. Nordström, E. G. Hellström, E. Wägner, S. Siwertz und S. Lidman schildern in ihren realist. Romanen das Bürgertum. Sowohl aus erzähltechn. Sicht als auch von der psycholog. Personengestaltung her muß H. F. Bergman als der bedeutendste Prosaist dieser Generation gelten. Zwischen 1910 und 1920 debütierte die erste Gruppe von autodidakt. Autoren: M. Koch, K. F. Månsson und G. Hedenvind-Eriksson, die in der Zeit des 1. Weltkrieges als ›Proletärförfattare‹ die schwed. Arbeiterdichtung ins Leben riefen, eine auch von der Lyrik (Erik Lindorm [*1889, † 1941], R. Jändel) mitgetragene Bewegung. Eine Wendung von der sozialen Problematik zum Religiösen zeigte sich bei D. Andersson und H. Blomberg. V. Ekelunds von der schwed. Landschaft, vom europ. Ästhetizismus und von antiker Bildungstradition geprägten Gedichte wurden zum Vorbild für eine ganze Generation sensitiver Lyriker wie A. J. Österling und B. Malmberg. Zu den ›lyr. Intimisten‹ zählen auch S. Selander, G. M. Silfverstolpe und K. Asplund, während B. Sjöberg in seiner den Modernismus vorbereitenden Lyrik das Idyllische ironisch reflektiert. Als Beginn der modernen Lyrik im engeren Sinn gilt die Gedichtsammlung ›Ångest‹ (1916) des jungen P. F. Lagerkvist. Weitere Impulse kamen aus Finnland (u. a. E. I. Södergran, E. R. Diktonius). Lagerkvist entwickelte in seinen Romanen und Dramen eine pazifist. Bekenntnisdichtung, deren antifaschist. und christl. Elemente bed. Einfluß auf die schwed. Geistesgeschichte hatten. Die Erzählprosa der 20er und 30er Jahre ist wesentlich geprägt durch die 2. Generation autodidakt. Autoren. Aus einer Vielzahl von Programmen der 20er und 30er Jahre ragt der 1929 verkündete Primitivismus der Fünf Jungen (Fem Unga) N. A. Lundkvist, H. Martinson, G. E. Sandgren, E. Asklund und J. Kjellgren hervor. Bevorzugt wurden autobiograph. und histor. Themen gestaltet, häufig in

Romanzyklen. V. Moberg schilderte in seinen Auswandererzyklen schwed. Schicksale in Amerika, die Milieurealisten I. Lo-Johnsson, J. Fridegård und M. Martinson verwendeten sich für die unfreien Häusler; H. Martinson und E. Johnson begannen mit autobiograph. Romanen. In Johnsons späteren histor. Romanen, die moderne Erzählformen in Schweden einführten, ist eine Hinwendung zu einem universellen antifaschist. Humanismus festzustellen, wobei die geschichtl. Thematik stets als Parabel für Gegenwartsprobleme (Gewalt, Unfreiheit usw.) aufgefaßt werden kann. F. G. Bengtsson zeigte in den histor. Romanen einen satir. Humor, der sich bei N. F. Nilsson ins Hintergründig-Groteske wandelte. Die Tradition des bürgerl. Realismus verbanden C. O. Hedberg, Walter Ljungquist (* 1900, † 1974), S. Stolpe, S. Aronson und A. Brenner mit einer neuen psycholog. Mystik. Die Lyriker der 30er Jahre (H. Gullberg, K. R. Gierow, J. Edfelt, K. M. Boye, N. Ferlin u. a.) setzten in ihren formal meist traditionellen Gedichten Elemente der Alltagssprache ein. Die Arbeiten G. Ekelöfs, des klass. Lyrikers der Moderne, waren von oriental. Philosophie und Musik geprägt. In den 40er Jahren erhielt die Lyrik neue Impulse. Inspiriert von angelsächs. und frz. Vorbildern und eigenen modernen Traditionen (Sjöberg, Ekelöf) schufen u. a. K. W. Aspenström, E. Grave und v. a. E. Lindegren sowie K. G. Vennberg neue experimentelle, von Symbolismus und Surrealismus beeinflußte Gedichte. Einflüsse F. Kafkas und E. Hemingways wirken in der Erzählprosa bei Th. Jonsson, E. N. S. Arnér, S. H. Dagerman und L. G. Ahlin. In ihrem Werk ist bereits jene Verinnerlichung und Abkehr vom Ideologischen zu spüren, die noch kurz nach dem 2. Weltkrieg und in den 50er Jahren u. a. bei W. Kyrklund, L. J. R. Gyllensten und B. Trotzig thematisiert wurde. Eine völlig neue Richtung der Lyrik begann Ende der 50er Jahre mit konkretist. Experimenten (u. a. C. F. Reuterswärd, Bengt Emil Johnson [* 1936], E. Beckman). In den 60er Jahren entstanden neue literar. Formen wie der von P. O. Sundman und P. O. Enquist vertretene Dokumentarroman. Daneben bedienten sich viele Autoren nichtfiktionaler Genres wie Reportage, Protokoll, Interview, Bericht usw.: G. Palm schrieb Industriereportagen, J. Myrdal Berichte über China und Afghanistan, Sara Lidman machte Interviews mit schwed. Grubenarbeitern und berichtete über Nordvietnam. Sture Källberg (* 1928) schrieb ein ›Rapportbuch‹ über die mittelschwed. Stadt Västerås. Die Drehbücher des Regisseurs Ingmar Bergman (* 1918) öffneten die Gattungsgrenzen zwischen Film und Literatur. Die Probleme der modernen Welt (Technisierung, Enthumanisierung, Entfremdung, Bürokratisierung) waren Themen der Arbeiten von P. G. Evander, S. Claesson, E. Beckman, S. Seeberg, L. Gustafsson und P. C. Jersild. Eine krit. Sicht der schwed. Gesellschaft wurde auch in den Kriminalromanen M. Sjöwalls und P. Wahlöös deutlich. T. G. Tranströmer, Nestor der Gegenwartslyrik, entwickelt seit den 50er Jahren eine differenzierte Bildsprache mit z. T. surrealist. Zügen. Die modernist. Tradition der Lyrik führen auch Bo Setterlind (* 1923), F. Isaksson und Ö. Sjöstrand weiter, während die Vertreter der sog. ›neueinfachen‹ Richtung (schwed. nyenkelhet), u. a. G. Palm, S. Åkesson, P. Ortman, B. Håkansson, sich um mehr Nähe zur gesellschaftl. Realität bemühen. Im Werk G. Sonnevis, eines der bedeutendsten Lyriker der Gegenwart, verbinden sich polit. Engagement und sprachkrit. Reflexion. Im Bereich der Erzählprosa ist ab Mitte der 70er Jahre eine Neuorientierung festzustellen: Rückkehr zu ep. Großformen, zu histor. Themen, zur psycholog. Personenschilderung. Neben den stilbildend wirkenden Arbeiten S. Delblancs, K. Ekmans, Sara Lidmans und P. O. Enquists entsteht eine Flut sozialhistor. Romane und Romanzyklen. Neue Wege zu einer eindringl. psycholog. Personendarstellung zeigen die weibl. Autoren A. Ch. Alfverfors, Anna Westberg (* 1946), Gerda Antti (* 1929) und Gun-Britt Sundström (* 1945). Bei den Erzählern der jüngsten Generation ist zudem die Hinwendung zu mehr experimentellen Formen festzustellen; die Werke Göran Häggs (* 1947), K. Östergrens, Jacques Werups (* 1945), L. G. Anderssons, Torgny Lindgrens (* 1938) und

Ernst Brunners (* 1950) sind gekennzeichnet durch Sinn für Komik und
Humor, die Verbindung von Alltägli-
chem mit Phantastischem und große Fa-
bulierfreudigkeit. Wege zu einer eigenständigen Erzählsprache zeigen v. a.
L. Andersson, der die Verbildung zwischen individueller Identitätssuche und
gesellschaftl. Umwelt gestaltet, und
P. Odensten in seinem suggestiven Prosaepos ›Gheel‹ (1981, dt. 1984). Die Neuorientierung des naturalist. Familiendra-
mas durch eindringl., psychologisch fun-
dierte Personengestaltung gelingt dem
bedeutendsten Dramatiker der Gegenwart, L. Norén. Innerhalb der Epik ist in
den 80er Jahren ein mag., nicht selten
von den bed. lateinamerikan. Dichtern
des 20. Jh. beeinflußter Realismus auf
dem Vormarsch, zu dem neben einigen
neuen (Göran Tunström [* 1937]; Peter
Nilsson [* 1937]) auch bereits etablierte
Autoren wie Birgitta Trotzig und Enquist
beitragen, während Lindgren und L. Gustafsson die verschiedenen Möglichkeiten eines ›postmodernen‹ Erzählens nutzen. In der Lyrik dominieren vielfach
hermet. und sprachexperimentelle Tendenzen (Eva Runefeld [* 1953]; Stig Lars-
son [* 1955]).

Finnlandschwedische Literatur: Bis zur
Eroberung durch Rußland (1809) wurde
Finnland als Teil des Schwed. Reichs
und die fast ausschließlich schwedischsprachige Literatur in Finnland als inte-
graler Bestandteil der sch. L. betrachtet.
Erst seit dem Beginn des 19. Jh. entwikkelte sich eine bemerkenswerte schriftlich fixierte finn. Literatur, die die finnlandschwed. Literatur im Laufe von 150
Jahren in die Rolle einer – wenn auch
sehr aktiven und lebendigen – Minder-
heitenliteratur drängte. – In der Barockzeit traten erstmals finnlandschwed.
Dichter, u. a. Johan Paulinus Lillienstedt
(* 1655, † 1732) und Jakob Frese (* 1691,
† 1729), in Erscheinung. Eine spezifisch
finnlandschwed. Bewegung entwickelte
sich jedoch erst mit der sog. ›Åbo-Ro-
mantik‹. In der schwed. Univ. von Åbo
(finn. Turku) fanden sich nationalge-
sinnte Schüler des Dichters F. M. Franzén 1815 in der Auragesellschaft zusammen, um die Ideen der Romantik mit
dem neuen Nationalbewußtsein der Fin-

nen zu verbinden. Die Mitglieder des
Kreises, u. a. Adolf Ivar Arwidsson
(* 1791, † 1858), wurden zu Anregern für
die folgende Generation: für den fin-
nischschreibenden E. Lönnrot und die
schwedischsprachigen Autoren Johan
Vilhelm Snellman (* 1806, † 1881) und
J. L. Runeberg. In dem auch in Schweden
mit Begeisterung aufgenommenen und
als ›klassisch‹ empfundenen Werk Runebergs vereinigen sich die Tendenzen der
finnlandschwed. Literatur des 19. Jh.:
Vermischung von Klassik, Romantik und
Liberalismus in Verbindung mit einer pa-
triotisch-finn. Gesinnung; Tendenzen,
die von Josef Julius Wecksell (* 1838,
† 1907) und Z. Topelius übernommen
und in den bürgerl. Realismus einge-
bracht wurden. Den Wandel vom Realismus zum Naturalismus vollzogen um
1885 K. A. Tavaststjerna, J. Ahrenberg,
K. M. Lybeck und H. Procopé. A. Mörne
wurde zum Schilderer der schwedischsprachigen Westküste. In B. J. S. Gripen-
bergs sensualist. Lyrik fand wie bei Jacob
Tegengren (* 1875, † 1956) erstmals die
Fin-de-siècle-Stimmung Eingang in
Finnland, die in der pessimist. Prosa von
E. R. Schildt und J. Hemmer weitergeführt wurde; als Neoklassizisten gelten
E. Zilliacus und Ragnar Rudolf Eklund
(* 1895, † 1946). – Bald nach der finn.
Unabhängigkeitserklärung von 1917
fand der europ. Modernismus (dt. Expressionismus, W. Whitman u. a.) in die
finnlandschwed. Literatur Eingang: der
von H. Olsson mitbegründete Dynamis-
mus (E. I. Södergran, E. R. Diktonius)
beeinflußte den Modernismus in Schweden und strahlte zugleich auf die fin-
nischsprachige Literatur aus. Vom Dadaismus war der Ästhetiker G. O. Björ-
ling beeinflußt. Der formale Modernismus wurde in der Folgezeit sensibilisiert.
Hauptgattung blieb die Lyrik, u. a. bei
R. Enckell, H. G. W. Parland, R. R.
Eklund und Solveig von Schoultz
(* 1907). Die Grenzsituation mit Rußland prägte das Romanwerk von T. Collian-
der, während die Ålanderin S. Salminen populäre Romane verfaßte. Die
starke Orientierung zum Westen bleibt
trotz der veränderten polit. Situation
auch nach 1945 Kennzeichen der finnlandschwed. Literatur, die nun merklich

die Literatur einer kleinen Minderheit wird (7 % der Bevölkerung) und sich daher wieder näher an das Nachbarland Schweden anschließt. Dies wird deutlich in der Lyrik von B. Carpelan und Th. Warburton. Mit der lange dominanten Tradition des Modernismus bricht C. Andersson in seinem lyr. Werk; der Literaturwissenschaftler und Lyriker L. Huldén setzt sich in seinen Gedichten u. a. kritisch-ironisch mit dem Nationaldichter Runeberg auseinander. Unter den Autoren der erzählenden Prosa ist eine ausgeprägte Neigung zu ep. Großformen zu beobachten, J. Donner, Johan Bargum (*1943), Ch. A. Kihlman und H. Tikkanen gestalten soziale und psycholog. Themen aus der Welt des schwedischsprachigen Bürgertums, M. Tikkanen schilderte engagiert Frauenprobleme.

Literatur: Gesamtdarstellungen: BOOR, H. DE: Sch. L. Breslau 1924. – SCHÜCK, H./WARBURG, K.: Illustrerad svensk litteraturhistoria. Stockholm ³1926–49. 8 Bde. – Svenska litteraturens historia. Hg. v. O. SYLWAN u. a. Stockholm ²1929. 3 Bde. – GUSTAFSON, A.: A history of Swedish literature. Minneapolis (Minn.) 1961. – Ny illustrerad svensk litteraturhistoria. Hg. v. E. N. TIGERSTEDT. Stockholm ²⁻⁴1965–67. 5 in 6 Bden. – GABRIELI, M.: Le letterature della Scandinavia: danese, norvegese, svedese, islandese. Florenz u. Mailand Neuaufl. 1969. – TIGERSTEDT, E. N.: Svensk litteraturhistoria. Stockholm ⁴1971. – FRIESE, W.: Nord. Literaturen im 20. Jh. Tüb. 1971. – Författarnas litteraturhistoria. Hg. v. L. ARDELIUS u. G. RYDSTRÖM. Stockholm 1977–78. 3 Bde. – Grundzüge der neueren skand. Literaturen. Hg. v. F. PAUL. Darmst. 1982. – Nord. Literaturgesch. Hg. v. M. BRØNDSTED u. a. Dt. Übers. v. H. K. FINK. Mchn. 1982–84. – **Einzelgebiete:** LAMM, M.: Upplysningstidens romantik. Stockholm 1918–20. 2 Bde. – PIPPING, H. R.: Den fornsvenska litteraturen. Stockholm 1943. – HENRIQUES, A.: Svensk litteratur efter 1900. Stockholm 1944. – AHLSTRÖM, G.: Det moderna genombrottet i nordens litteratur. Stockholm 1947. – LUNDEVALL, K.-E.: Från åttital till nittital. Stockholm 1953. – Kulturhistoriskt lexikon för nordisk medeltid från vikingatid till reformationstid. Hg. v. J. ANDERSSON u. J. GRANLUND. Malmö 1956–78. 22 Bde. – NILSSON, A.: Svensk romantik. Lund 1964. – BRANDELL, G./STENKVIST, J.: Svensk litteratur 1870–1970. Stockholm 1974–75. 3 Bde. – HEDLUND, T.: Den svenska lyriken från Ekelund till Sonnevi. Stockholm 1978. – ALGULIN, I.: Schwed. Erzählkunst der Gegenwart. Dt. Übers. v. S. SEUL u. K. HEINS. Stockholm 1983. – **Finnlandschwedische Literatur:** HEDVALL, R.: Finlands svenska litteratur. Stockholm 1918. – LANDQUIST, J.: Modern svensk litteratur i Finland. Stockholm u. Helsinki 1929. – HOLMQVIST, B.: Modern finlandssvensk litteratur. Stockholm 1951. – WARBURTON, TH.: Finlandssvensk litteratur 1898–1948. Stockholm 1951. – Finlands svenska litteratur. Hg. v. L. HULDÉN u. a. Stockholm 1968–69. 2 Bde. – Modernism in Finnland-Swedish literature. Hg. v. J. WREDE. London 1976. – WARBURTON, TH.: Åttio år finlandssvensk litteratur. Helsinki 1984. – **Bibliographische Hilfsmittel:** Svenskt författarlexikon 1900–1940. Bearb. v. B. ÅHLEN u. a. Stockholm 1942. 3 Bde. – ÅHLEN, B.: Svenskt författarlexikon 1941–50. Stockholm 1953. – ÅHLEN, B.: Svenskt författarlexikon 1951–55. Stockholm 1959. – ÅHLEN, B.: Svenskt författarlexikon. Register 1941–55. Stockholm 1959. – Svensk litteraturhistorik bibliografi 1951–1960. Monografier. Lund 1965. – PALMQVIST, A./GRANDIN, O.: Svenska författare. Bibliografisk handbok. Stockholm 1967. – Svenskt litteraturlexikon. Lund ²1970. – DAHLBÄCK, L./DAHLBÄCK, K.: Bibliografisk vägledning i svensk litteraturvetenskap. Stockholm 1971. – Litteraturhandboken. Författarlexikon och litteraturöversikter. Stockholm 1983. – QUANDT, R.: Sch. L. in dt. Übers. 1830–1980. Eine Bibliogr. Gött. 1987–88. 7 Bde.

Schweifreim ↑ Reim.

schweizerische Literatur, das in dt., frz., italien. und rätoroman. Sprache verfaßte Schrifttum der Schweiz.
Die deutschsprachige Literatur: Als Beginn der deutschsprachigen sch. L. kann das Jahr 1648 angesehen werden, als sich im Westfäl. Frieden die Schweizer. Eidgenossenschaft aus dem Reichsverband löste. Die Besonderheiten dieser Literatur sind u. a. bedingt durch die staatl. Eigenständigkeit und sprachpolit. Lage: das Land war nie eine sprachl. Einheit; die Nähe der Sprachgrenzen zum Französischen, Italienischen und Rätoromanischen erhöht das Sprachbewußtsein, dazu kommt die hohe soziale Geltung der Mundarten. An den Strömungen der abendländ. Literatur hat die deutschsprachige Schweiz seit A. von Hallers Versdichtung ›Die Alpen‹ (1732) teil. Den von J. Ch. Gottsched hochgehaltenen Normen der frz. Literatur setzten die Züricher J. J. Bodmer und J. J. Breitinger engl. Vorbilder entgegen. Das Naturtalent U. Bräker entdeckte für sich Shakespeare und schrieb seine bed. Autobiographie, die ›Lebensgeschichte und na-

türl. Ebentheuer des Armen Mannes im Tockenburg‹ (1789). Der Einfluß J.-J. Rousseaus und der frz. Revolutionsliteratur wirkte hier stärker als in Deutschland und gab den Anstoß zu J. H. Pestalozzis umfangreichen pädagog. Schriften. Außer J. G. von Salis-Seewis hat die deutschsprachige Schweiz keine profilierte klass., noch weniger eine romant. Literatur aufzuweisen. Dagegen entfaltete sich nach 1835 ein politisch engagiertes Schrifttum; das soziale Engagement des Naturalismus wurde in den ersten Werken J. Gotthelfs (›Der Bauern-Spiegel oder Lebensgeschichte des Jeremias Gotthelf‹, 1837) vorweggenommen; nach 1840 schrieb er eine Reihe von Erziehungs- und Entwicklungsromanen von breiter Lebensfülle (z. B. ›Wie Uli der Knecht glücklich wird‹, 1841; ›Geld und Geist‹, 1844; ›Wie Anne Bäbi Jowäger haushaltet ...‹, 2 Tle., 1843/44) sowie histor. und zeitgenöss. Erzählungen, die meisten in der bern. Bauern-, Dorf- und Stadtwelt verlegt. Die polit. Radikalisierung und seine religiöse Überzeugung drängten ihn dabei mehr und mehr ins konservative Lager. Seine Sprache wirkt durch Einbeziehung von Mundartformen betont schweizerisch. Radikalisiert, aber zugleich poetisch verklärt erscheint dieses politisch-pädagogisch engagierte Denken bei G. Keller in seiner Lyrik, seinen Novellensammlungen (›Die Leute von Seldwyla‹, 1856, erweitert 4 Bde., 1873/74; ›Das Sinngedicht‹, 1882) und in dem Roman ›Der grüne Heinrich‹ (4 Bde., 1854/55). Sein Fortschrittsglaube wurde in der Gründerzeit durch die Erkenntnis wachsender Korruption gedämpft (›Martin Salander‹, R., 1886). In größerer Distanz zum Zeitgeschehen entfalteten sich das lyr. Schaffen und die Prosa (›Georg Jenatsch‹, 1876) von C. F. Meyer, dessen spätreal. Stil der histor. Novelle vom frz. Symbolismus mitgeprägt ist. Das Formenspiel der Neuromantik und des Jugendstils schufen sich in den Vers- und Prosadichtungen C. Spittelers eigenwillige Ausdrucksformen (›Olympischer Frühling‹, 4 Bde., 1900–05), während der sozial engagierte, psychologisch vertiefte Naturalismus J. Boßharts vor und während des 1. Weltkriegs von den expressionist. Welterlö-

sungsideen der Zeit gefärbt wurde. Vom Expressionismus ist auch die Lyrik des beginnenden 20. Jh. (z. B. K. Stamm) bestimmt. In einem Schwebezustand zwischen schizoider Labilität, gesellschaftl. Frustration und sprachschöpfer. Kraft entfalteten sich um dieselbe Zeit die Romane und die Kurzprosa R. Walsers sowie die volksnahe Erzählprosa H. Federers. Schon im 1. Weltkrieg kam der Schweiz, wie bereits im Vormärz des 19. Jh., eine Asylfunktion zu. H. Hesse fand hier seine zweite Heimat, R. M. Rilke suchte hier letzte Zufluchtsstätten. Als Folge des geistigen Einflusses der Exilierten entwickelte sich der Dadaismus zuerst in Zürich. Von den Asylanten profitierte, v. a. in der Zeit des Nationalsozialismus, auch das Theater, das sich hier, neben einer mannigfaltigen Laientheatertradition, verhältnismäßig langsam und spät entfaltete. Als erstem gelangen C. von Arx in der Zwischenkriegszeit bühnengerechte Dramen (›Die Geschichte vom General Johann August Suter‹, 1929; ›Der Verrat von Novara‹, 1934) und Festspiele. Später kamen das Kabarett (z. B. ›Die Pfeffermühle‹ von Erika Mann, das ›Cornichon‹) und die städt. Sprechbühnen zur Blüte, die von der Emigrantenwelle aus Deutschland und Österreich vielfältige Impulse bekamen; sie blieben als einzige im dt. Sprachraum im Genuß einer nahezu uneingeschränkten Redefreiheit. Der Welterfolg von M. Frisch und F. Dürrenmatt ist ohne diesen Aufschwung während und nach dem 2. Weltkrieg kaum denkbar. Sie führten die dt. Theatersatire (Frisch, ›Herr Biedermann und die Brandstifter‹, Hsp. 1956, Dr. 1958) und die Komödie (Dürrenmatt, ›Der Besuch der alten Dame‹, 1956; ›Die Physiker‹, 1962) einem neuen Höhepunkt zu. Verschont vom Sprachdefätismus der sog. Trümmerliteratur konnten sich auch einige der Tradition verpflichtete Lyriker durchsetzen, z. B. U. M. Strub, oder S. Walter, die einer myst. Religiosität neuen Ausdruck verlieh. Auf älterer Volksliedtradition aufbauend, vermag sich auch die Mundartlyrik bis in die Gegenwart zu halten; Dichter wie M. Lienert u. a. werden dabei durch eine neue Mundartprosa unterstützt. Wichtigste Vertreter dieser Erzählkunst sind der Berner R. von Tavel und, eine Generation jünger, der Schaffhauser Albert Bächtold (* 1891, † 1981). In den 50er Jahren des 20. Jh. wurde die Mundartdichtung durch die Vertreter der konkreten Literatur (E. Gomringer) bereichert, die zunächst im lyr. Bereich, dann auch in der Prosa und schließlich sogar im dramat. Bereich Fuß faßte (M. Frisch, ›Biografie: Ein Spiel‹, 1967, Neufassung 1985). Daneben entwickelten sich vom Berner Raum aus eine neue Art Kabarett und Bänkelsang mit immer stärkerer Politisierung (Mani Matter [* 1936, † 1972]) sowie die wirklichkeitsnahe Mundartprosa Ernst Burrens (* 1944).

Eine andere Art volkstüml. Literaturguts stieg in der Zwischenkriegszeit zu hohem literar. Rang auf: der Detektiv- und der psychologisch untermauerte Kriminalroman (F. Glauser, ›Wachtmeister Studer‹, 1936). Diese Tradition wurde nach dem Krieg von Dürrenmatt bewußt wieder aufgegriffen (›Der Verdacht‹, 1953; ›Die Panne‹, 1956).

Der gesellschaftskrit., gegenwartsnahe Zeitroman entwickelte sich, in Stil und Form einem differenzierteren psycholog. Denken zugekehrt, in der Zwischenkriegszeit fort, z. B. bei M. Inglin in ›Die Welt von Ingoldau‹ (1922), und führte in der Zeit der Bedrohung zu neuer Gesamtschau der gesellschaftspolit. Probleme, so in Inglins ›Schweizerspiegel‹ (1938). Der neorealist. Roman zog aus den Erfahrungen der Kriegs- und Nachkriegszeit neue Impulse und mühte sich, dem in der klassenlosen Gesellschaft fraglich gewordenen Ich in tieferen Gründen nachzuspüren, wobei in der kath. Tradition der Innerschweiz die moderne religiöse Problematik mit einbezogen wurde, während die Prosa M. Frischs oder A. Muschgs der oft satirisch zugespitzten Gesellschaftskritik verpflichtet blieb. Einem konsequenten Neonaturalismus folgte zunächst O. F. Walter (›Der Stumme‹, R., 1959), um sich hernach dem utop. Roman (›Die Verwilderung‹, 1977) zuzuwenden. Doch gewann bei andern die Verfremdung ins Absurde die Oberhand, so bei H. Schumacher in ›Die Stunde der Gaukler‹ (R., 1981), oder die Flucht in die Satire, z. B. bei W. Schen-

ker (›Professor Gifter‹, 1979) und bei H. Boesch (›Das Unternehmen Normkopf‹, Satiren, 1985). Anderseits erfreuen sich volksnahe Dorfromane und Erlebnisberichte bleibender Beliebtheit (W. Kauer, A. Honegger). Dabei erfährt der histor. Roman eine Aufwertung, insofern als auch für die im 2. Weltkrieg neutral gebliebene Schweiz mit dem Aufdecken rassist. und faschist. Umtriebe und mit dem Nachweis schlecht gelöster Flüchtlings- und Asylprobleme eine unbewältigte Vergangenheit heraufbeschworen wird.

Autoren wie H. Burger (›Schilten‹, R., 1976; ›Die künstliche Mutter‹, R., 1982) und G. Späth (›Balzapf ...‹, R., 1977) suchen den Widerspruch und die Auseinandersetzung mit den Vorstellungen einer übersättigten Wohlstandsgesellschaft. Gegen den kapitalistisch untermauerten, teils bürgerlich, teils sozialistisch regierten Wohlfahrtsstaat, der sich auf öffentl. und privatem Grunde der Umweltzerstörung, der Zementierung und Verschandelung der Landschaft schuldig macht, geht, angeführt von älteren Warnern, eine problembewußtere jüngere Generation vor. Ermahnungen zum Maßhalten, Warnung vor einer Übersättigung und Reizüberflutung der Jugend, Visionen künftiger Untergänge im Atomtod versuchen, den Menschen zu sich selbst zurückzuführen (F. Hohler, ›Die Rückeroberung‹, En., 1982). Schon F. Dürrenmatt stieß in seinen Prosatexten ›Stoffe I–III‹ (1981) aus seiner persönl. Existenz in eine gespenst. Utopie des Überlebens nach einem Atomkrieg vor, während er sich in der späteren Komödie ›Achterloo‹ (1983), mit einer Napoleonparodie im Zentrum, dem mittelalterl. Welttheater näherte. Dagegen scheint sich M. Frisch in seiner Spätphase in die Privatsphäre zurückzuziehen (›Montauk‹, 1975); die eigentl. Altersproblematik hat er in der Erzählung ›Der Mensch erscheint im Holozän‹ (1979) thematisiert; hier führt die Rückbesinnung auf die Geschichte der Biosphäre in die totale Isolation. Wie überhaupt die Altersproblematik mit dem Ausscheiden aus dem Arbeitsprozeß, dem Rückfall in die Isolation oder in die paragraphierte und reglementierte Al-

tersbetreuung in den Altersheimen eine bevorzugte Thematik der sozialkrit. Literatur wird (z. B. Verena Wyss [* 1945], ›Versiegelte Zeit‹, 1985). Zur sozialkrit. Literatur gehört auch die Beschäftigung mit der Arbeitswelt, mit den Problemen der in der Schweiz sog. ›Fremdarbeiter‹ (Beat Sterchi [* 1949], ›Blösch‹, 1983), ebenso wie die Auseinandersetzung mit der Technologierevolution durch Mikroelektronik und Computer (E. Zopfi, ›Jede Minute kostet 33 Franken‹, 1977). Der Verzicht auf den Versuch, Gegenwart und Zukunft des Menschen in den Griff zu bekommen, führt zu geistreichen, aber wirklichkeitsfremden Sprachspielen (H. Burger, ›Diabelli‹, En., 1979), zur Flucht in fiktiv veränderte Geschichtsbilder, z. B. bei W. Schenker (›Anaxagoras ...‹, R., 1981), oder zu traumähnl. wahnhaften Verfremdungen der Wirklichkeit wie in Markus Werners (* 1944) Roman ›Zündels Abgang‹ (1984). Auch hier ist eine Gegenbewegung erkennbar, eine Rückbesinnung und Hinwendung zum kulturellen Erbe; die eigene Gedankenwelt wird auf nähere oder entlegenere Zitate aus der geistesgeschichtl. Tradition und der Weltliteratur abgestützt. Dementsprechend wird hier auch der eigene Stil formbewußter, präziser, z. B. bei G. Meier (›Die Ballade vom Schneien‹, R., 1985) und bei E. Burkart (›Die Spiele der Erkenntnis‹, R., 1985). – Weitere bed. Autoren der zeitgenöss. Literatur der deutschsprachigen Schweiz sind u. a.: P. Bichsel, S. Blatter, B. Brechbühl, J. Federspiel, D. Fringeli, Ch. Geiser, R. Hänny, J. Laederach, G. Leutenegger, H. Loetscher, E. Y. Meyer, P. Nizon, E. Pedretti, W. Schmidli, J. Steiner und W. Vogt.
Die französischsprachige Literatur: Im 16. und 17. Jh. stand die französischsprachige Schweiz unter dem Einfluß Frankreichs und des Kalvinismus. Ein schweizer. Nationalbewußtsein erwachte im 18. Jahrhundert. Der ›Journal helvétique‹ brachte Beiträge aus allen Kantonen, der ›Journal littéraire‹ in Lausanne richtete eine eigene Spalte für die schweizer. Literatur ein, der Enzyklopädie D. Diderots wurde die ›Encyclopédie d'Yverdon‹ (58 Bde., 1765–89) entgegengestellt. Horace Bénédict de Saussure

(* 1740, † 1799) und Charles Bonnet (* 1720, † 1793) stellten ebenso wie der in Genf geborene J.-J. Rousseau in ihren Schriften ländl. Leben in Gegensatz zur Zivilisation und priesen die Rückkehr zur Natur. Ihr pädagog. Eifer kehrte wieder in den Schriften des gebürtigen Berner Patriziers Carl Victor von Bonstetten (* 1745, † 1832), bei Albertine Necker de Saussure (* 1766, † 1841) in ihrer Abhandlung ›L'éducation progressive‹ (2 Bde., 1828–32), in Jean Charles Léonard Simonde de Sismondis (* 1773, † 1842) Geschichtswerk ›Geschichte der italien. Freistaaten im MA‹ (8 Bde., 1807–09, dt. 16 Tle.) ebenso wie bei Madame de Staël, zu deren Kreis in Coppet sie gehörten. Madame de Staëls die Romantik prägende Gedanken über den Eigencharakter der Nationen hatten bereits Beat Ludwig von Muralt (* 1665, † 1748) mit ›Lettres sur les Anglais et les Français‹ (1725) und dann von Bonstetten mit ›L'homme du midi et l'homme du nord‹ (1807) vorbereitet. Mit dem Kreis von Coppet, zu dem auch B. H. Constant de Rebecque gehörte, begann die Vermittlerrolle der französischsprachigen Schweiz zwischen dt. und frz. Kultur. Dies führte zu einer engeren Angliederung an die frz. Literatur im 19. Jh., stärkte andererseits aber auch das Nationalbewußtsein der Schweizer. Aus Genf stammte im 19. Jh. R. Toepffer, Verfasser von Erzählungen und Comic-strip-ähnl. Bildgeschichten. Kalvinist. Moralisten waren die Waadtländer Eugène Rambert (* 1830, † 1886), dessen populärstes Werk seine philosoph. Erzählung ›La marmotte au collier‹ (1875) ist, und Alexandre Vinet (* 1797, † 1847). In Frankreich hatten Erfolg der Genfer V. Cherbuliez und der Waadtländer É. Rod. Literarisch bedeutsam war H. F. Amiel mit seinen ›Tagebüchern‹ (2 Bde., 1883/84, dt. 1905). Heimatromane schrieben u. a. Urbain Olivier (* 1810, † 1888), Rodolphe-Samuel Cornut (* 1861, † 1918), B. Vallotton. Die Überwindung von Provinzialismus und Mittelmäßigkeit setzten sich im 20. Jh. die Schriftsteller des Kreises um die 1904 gegründete Zeitschrift ›La Voile latine‹ zum Ziel, unter denen der Erzähler Ch. F. Ramuz hervorragte. Am Primat der sprachkünstler. Eigenart orientierte sich die Gruppe um die ›Cahiers Vaudois‹ (1914 aus ›La Voile latine‹ hervorgegangen). Zu ihr gehörten neben Ramuz u. a. E. Gilliard, Ch.-A. Cingria, Paul Budry (* 1883, † 1949), H. Spiess. Mit dem dt.-frz. Verhältnis beschäftigte sich der kath.-konservative Essayist und Historiker Gonzague de Reynold (* 1880, † 1970), ein Vorkämpfer des Europagedankens. Erfolgreiche volkstüml. Bühnenstücke schrieb R. Morax für sein ›Théâtre du Jorat‹. Genfer kosmopolit. Liberalismus kennzeichnete den Kreis um R. de Traz und J. Chenevière, die 1920–30 die von ihnen gegründete ›Revue de Genève‹ leiteten; zu diesem Kreis gehörte auch der Essayist und Literaturhistoriker Henri de Ziegler (* 1885, † 1970). Erzähler im Gefolge von Ramuz waren der Waadtländer Ch. F. Landry und der Walliser M. Zermatten. Als Lyriker zeichnen sich G. Roud, Gilbert Trolliet (* 1907), M. Chappaz, Corinna Bille (* 1912, † 1979) und der religiös bestimmte Ph. Jaccottet aus. Bekannte Romanciers waren G. Pourtalès, B. Cendrars, M. Saint-Hélier. Als Kulturkritiker trat der Genfer Essayist D. de Rougemont hervor; bed. Literaturkritiker sind A. Béguin, Marcel Raymond (* 1897, † 1981), Marc Eigeldinger (* 1907) sowie der Belgier G. Poulet, J. Starobinski (* 1920) und der Franzose Jean-Pierre Richard (* 1922) als Mitglieder der sog. Genfer Schule. Stärker als die deutschsprachige ist die moderne französischsprachige Literatur der Schweiz der Spannung zwischen Regionalismus und Internationalismus ausgesetzt. Die Herausforderung der Landschaft, individuelle Abgeschiedenheit, Einsamkeit und Verschlossenheit begrenzter Lebensbereiche stehen der hekt. Vielfalt der Zivilisation und der Beschreibung zerstörter oder zersiedelter Natur gegenüber. Idylle und angenländ. Melodrama wetteifern mit avantgardist. erzähler. und dramat. Entwürfen, der beschaul. Zusammenhang einstiger Lebensformen wird der Erkenntnis ihrer Fraglichkeit – etwa am Beispiel von Familienstrukturen – gegenübergestellt, dem sozialkrit. Engagement korrespondiert Sprachspiel und -reflexion. Zeitgenöss. Prosaautoren der frz. Schweiz sind J. Chessex, R. Pin-

get, Yves Velan (* 1925), Germain Clavien (* 1933), Richard Garzarolli (* 1945), Jean-Baptiste Mauroux (* 1941), Lorenzo Pestelli (* 1935), Daniel Wehrli (* 1953), Jean-Marc Lovay (* 1948), Étienne Barilier (* 1947), Jean-Luc Benoziglio (* 1941) u. a. Als Lyriker traten noch hervor: Georges Haldas (* 1917), G. Trolliet und Alexandre Voisard (* 1930), als Dramatiker Henri Debluë (* 1924, † 1988), Louis Gaulis (* 1932) und Walter Weideli (* 1927).

Die italienischsprachige Literatur: Die geringe Zahl der Italienischsprechenden und das Fehlen eines Kulturzentrums sowie die Nähe der italien. Kulturmetropole Mailand haben der Entstehung eines bes. schweizer. Schrifttums in italien. Sprache entgegengewirkt. Im 16. und 17. Jh. lebten in Lugano einige Humanisten, u. a. Francesco Cicereio (* 1521, † 1596) und der Reformator Paganino Gaudenzi (* 1595, † 1648), im 18. Jh. trat Francesco Soave (* 1743, † 1806) als Übersetzer und Pädagoge hervor. Ein eigenes Kulturbewußtsein konnte sich erst nach der Verselbständigung des Tessins im Rahmen der Eidgenossenschaft (1803) entfalten. Aus der ersten Hälfte des 19. Jh. ist nur Giovanni Maurizio (* 1815, † 1885) als Verfasser von Theaterstücken in der Mundart zu nennen. Bedeutender waren Politiker und Journalisten wie Stefano Franscini (* 1796, † 1857), Brenno Bertoni (* 1860, † 1945) und der als Redner hervorragende spätere Bundespräsident Giuseppe Motta (* 1871, † 1940). Als Historiker wirkten Emilio Motta (* 1855, † 1930) und Eligio Pometta (* 1865, † 1950), als Danteforscher Giovanni Andrea Scartazzini (* 1837, † 1901) und als Sprachforscher Carlo Salvioni (* 1858, † 1920), der 1907 das ›Vocabolario dei dialetti della Svizzera italiana‹ begründete. Durch seine humorvolle Autobiographie ›Cip‹ (hg. 1934) wurde der in Mailand lebende Erzähler Angelo Nessi (* 1873, † 1932) bekannt. Im 20. Jh. erlangte der Erzähler, Lyriker und Essayist F. Chiesa weltweiten Ruf; z. T. unter seinem Einfluß standen G. Zoppi, Piero Bianconi (* 1899, † 1984), der auch als Kunst- und Literaturkritiker tätig war, sowie der Erzähler und Literaturwissenschaftler G. Calgari, der auch die Kulturzeitschrift ›Svizzera italiana‹ (1941–62) gründete. Realist. Gegenwartsschilderungen geben in ihren Romanen Piero Scanziani (* 1908), Plinio Martini (* 1923, † 1979), Mario Agliati (* 1922) und Giovanni Orelli (* 1928), Skizzen in Kunstprosa schreibt A. Jenni. Dem Vorbild des Italieners E. Vittorini folgen der Erzähler und Maler Felice Filippini (* 1917) sowie Carlo Castelli (* 1909, † 1982). Als Lyriker machten sich Valerio Abbondio (* 1891, † 1958), Giorgio Orelli (* 1921), Remo Fasani (* 1922), Ugo Frey (* 1924), Amleto Pedroli (* 1922), Angelo Casè (* 1936), Grytzko Mascioni (* 1936), Alberto Nessi (* 1940), Aurelio Buletti (* 1946), Fabio Cheda (* 1944), Gilberto Isella (* 1943), Fabio Pusterla (* 1957) und, weiblich engagiert, Maria Piermartini einen Namen. Eine bed. Dialektdichterin war Alina Borioli (* 1887, † 1965), neuere Dialektliteratur stammt von Giovanni Orelli und Gabriele Alberto Quadri (* 1950).

Literatur in rätoroman. Sprache ↑rätoromanische Literatur.

Allgemeines: CALGARI, G.: Die vier Literaturen der Schweiz. Dt. Übers. Olten u. Freib. 1966. – Kindlers Lit.gesch. der Gegenwart. Bd. 4: Die zeitgenöss. Lit. der Schweiz. Hg. v. M. GSTEIGER. Zü. u. Mchn. 1974. – Le quattro letterature della Svizzera nel secolo di Chiesa. Hg. v. M. AGLIATI. Lugano 1975. – Innerschweizer. Schriftsteller. Texte u. Lex. Hg. v. B. S. SCHERER. Luzern u. Stg. 1977. – Schweiz/Suisse/Svizzera/ Svizra. Schriftsteller der Gegenwart. Hg. vom Schweizer. Schriftsteller-Verband. Bern 1978. – Helvet. Steckbriefe. Hg. u. W. WEBER. Zü. u. Mchn. 1981. – Die viersprachige Schweiz. Hg. v. R. SCHLÄPFER. 1982. – Modern Swiss literature. Hg. v. J. L. FLOOD. New York 1985. – Schriftstellerinnen u. Schriftsteller der Gegenwart (Schweiz). Hg. vom Schweizer Schriftstellerinnen- u. Schriftsteller-Verband. Aarau 1988. – Lex. der Schweizer Literaturen. Hg. v. P.-O. WALZER. Basel 1991. – Die Literaturen der Schweiz. Bearb. v. I. CAMERTIN. Basel u. a. 1992. **Deutschsprachige Literatur:** WEBER, R.: Die poet. Nationallit. der Schweiz. Glarus 1866 bis 1876. 4 Bde. – FAESI, R.: Gestalten u. Wandlungen schweizer. Dichtung. Wien 1922. – NADLER, J.: Der geistige Aufbau der dt. Schweiz (1798 bis 1848). Lpz. 1924. – Geisteserbe der Schweiz. Ausw. u. Nachw. v. E. KORRODI. Erlenbach-Zü. 1929. – NADLER, J.: Lit.gesch. der dt. Schweiz. Lpz. 1932. – ERMATINGER, E.: Dichtung u. Geistesleben der dt. Schweiz. Mchn. 1933. – Heisst ein Haus zum Schweizerdegen.

Tsd. Jahre dt.-schweizer. Geistesleben. Hg. v. E. STICKELBERGER. Olten 1939. 2 Bde. – ZÄCH, A.: Die Dichtung der dt. Schweiz. Zü. 1951. – BETTEX, A.: Spiegelungen der Schweiz in der dt. Lit. 1870–1950. Bln. 1954. – BRÄM, M.: Dichterporträts aus dem heutigen Schweizer Schrifttum. Bern u. Mchn. 1963. – Sprachleben der Schweiz. Hg. v. P. ZINSLI u. a. Bern 1963. – GÜNTHER, W.: Dichter der neueren Schweiz. Bern u. Mchn. 1963–68. 2 Bde. – FRINGELI, D.: Dichter im Abseits. Schweizer Autoren von Glauser bis Hohl. Zü. u. Mchn. 1974. – FRINGELI, D.: Von Spitteler zu Muschg. Lit. der dt. Schweiz seit 1900. Basel 1975. – Bibliogr. zur dt.-sprachigen Schweizerlit. ... Bern 1976 ff. – STERN, M.: Expressionismus in der Schweiz. Bern 1981. 2 Bde. – Das Deutsch der Schweizer. Zur Sprach- u. Literatursituation der Schweiz. Hg. v. H. LÖFFLER. Aarau 1986. – Gesch. der dt.-sprachigen Schweizer im 20. Jh. Bearb. v. K. PEZOLD u. a. Bln. 1991. – STUMP, D., u. a.: Dt.-sprachige Schriftstellerinnen in der Schweiz: 1700–1945. Eine Bibliogr. Zü. 1994. **Französischsprachige Literatur:** ROSSEL, V.: Histoire littéraire de la Suisse romande. Neuenburg 1903. Nachdr. Lausanne 1990. 3 Bde. – KOHLER, P.: Histoire de la littérature française. Bd. 3. Lausanne 1949. – WEBER-PERRET, M.: Écrivains romands, 1900–1950. Lausanne 1951. – GSTEIGER, M.: Westwind. Zur Lit. der frz. Schweiz. Bern 1968. – QUINODOZ, I.: Écrivains contemporains du Valais romand. Essai de bibliographie. Sitten 1977. – ANEX, G.: L'arrache-plume. Chronique de littérature romande 1965–1980. Lausanne u. Genf 1980. – Lettres romandes. Textes et études. Hg. v. PH. JACCOTTET. Lausanne 1981. Bibliographie annuelle des lettres romandes (1979 ff.). Hg. v. R. DE COURTEN. Paris u. Lausanne 1982 ff. – ALTWEGG, J.: Leben u. Schreiben im Welschland. Porträts, Gespräche u. Essays aus der frz. Schweiz. Zü. 1983. – Littératures romanes en Suisse. Hg. v. M. M. DENTAN. Zs. Versants 6 (1984). – NICOLLIER, A./DAHLEM, H. C.: Dictionnaire des écrivains suisses d'expression française. Genf 1994. 2 Bde. **Italienischsprachige Literatur:** Scrittori della Svizzera italiana. Bellinzona 1936. 2 Bde. – BONALUMI, G.: Il pane fatto in casa. Capitoli per una storia delle lettere nella Svizzera italiana e altri saggi. Bellinzona 1988. – Lingua e letteratura italiana in Svizzera. Hg. v. A. STÄUBLE. Bellinzona 1989.

Schwela, Christian, niedersorb. Schriftsteller und Publizist, ↑Šwjela, Kito.

Schwellvers, durch erhöhte Silbenzahl ›aufgeschwellte‹ Sonderform von Versen, die man metrisch entweder durch ein eigenes Versschema, durch den Ansatz eines vielsilbigen Auftakts oder durch metr. Aufspaltung der Hebungen und bes. der Senkungen, also durch eine gedrängtere Füllung des Versschemas interpretiert. Sch.e im engeren Sinne finden sich in der german. Stabreimdichtung, einzeln oder in Blöcken von bis zu zehn Langzeilen Umfang. Wegen seines deklamatorisch-breiten, lehrhaften Charakters wurde der Sch. v. a. von Verfassern geistl. Werke verwendet (so in altengl. und altsächs. Bibelepik).

Schwieger (Schwiger), Jakob, * Altona (heute zu Hamburg) 1624, † Glückstadt (?) um 1667, dt. Dichter. – Schrieb zahlreiche Lieder und Gedichte; hatte v. a. mit seinem Schäferroman ›Die verführte Schäferin Cynthie‹ (1660) großen Erfolg. Galt zeitweilig zu Unrecht als der Schöpfer von Caspar von ↑Stielers Sammlung ›Die Geharnschte Venus ...‹.

Schwitters, Kurt, * Hannover 20. Juni 1887, † Ambleside (Westmorland) 8. Jan. 1948, dt. Maler und Schriftsteller. – Studium an der Kunstakademie Dresden. Mitarbeiter an der expressionist. Zeitschrift ›Der Sturm‹. Emigrierte 1935 (endgültig 1937) nach Norwegen, 1940 nach England. Ab etwa 1919 entwickelte er die sog. Merzdichtung, eine spezif. Ausformung dadaist. Dichtung (↑Dadaismus); sie ist Teil der Merzkunst, eine Sammelbezeichnung, unter der Sch. seine Arbeiten in den verschiedensten Kunstgattungen subsumierte. Er veröffentlichte seine Merzdichtung z. T. in seiner Zeitschrift ›Merz‹ (24 Hefte, 1923–32). Das Wort ›Merz‹, ein Kürzel aus ›Kommerz‹, soll den Objettrouvé-Charakter der Merzkunst signalisieren: ›Die Merzdichtung ist abstrakt. Sie verwendet analog der Merzmalerei als gegebene Teile fertige Sätze aus Zeitungen, Plakaten, Katalogen, Gesprächen usw., mit und ohne Abänderung‹. Sch. lehnte sich gegen die von Presse und Technokratie mißbrauchte Sprache auf und suchte sie in dadaist., teils surrealist. Texten und Textcollagen für die Poesie neu zu beleben. Er gilt als Vorläufer des zeitgenöss. Textverständnisses und der konkreten Poesie. Sein dadaist. Gedichtband ›Anna Blume‹ (1919) erregte wegen seiner grotesken, humorvollen Skurrilität Aufsehen. – 1918 malte Sch. sein erstes

abstraktes Gemälde, dem 1919 das erste Merzbild in Form einer Assemblage aus kunstfremden Alltagselementen folgte. Seit den frühen 20er Jahren bildete er die Collage als autonomes Kunstwerk voll aus und verzichtete in der Regel auf gemalte Zusätze. Ab 1923 gestaltete Sch. sein Haus in Hannover zum ersten Merzbau um, einer Art Gesamtkunstwerk auf der Grundlage einer plastisch-maler. Konstruktion unter Einbeziehung der Architektur (1943 zerstört).

Weitere Werke: Memoiren Anna Blumes in Bleie (Dichtung, 1922), Die Blume Anna (Ged., 1923), Tran Nr. 30 Auguste Bolte (Ein Lebertran) (1923), Familie Hahnepeter (Kinderbuch, 1924), Die Märchen vom Paradies (1925), Die Scheuche (Märchen, 1925), Ursonate (Ged., 1932, in: Merz), Pin (Ged., entst. 1946/47, gedr. 1962; mit R. Hausmann).

Ausgaben: K. Sch. Anna Blume u. ich. Die ges. ›Anna-Blume‹-Texte. Hg. v. E. SCHWITTERS. Zü. 1965. – K. Sch. Das literar. Werk. Hg. v. F. LACH. Köln 1973–81. 5 Bde. – K. Sch. ... Briefe aus 5 Jahrzehnten. Hg. v. E. NÜNDEL. Bln. 1986. – K. Sch. Anna Blume u. a. Lit. u. Grafik. Hg. v. J. SCHRECK. Köln 1986.

Literatur: SCHMALENBACH, W.: K. Sch. Köln 1967. Nachdr. Mchn. 1984. – LACH, F.: Der Merzkünstler K. Sch. Köln 1971. – K. Sch. Hg. v. H. L. ARNOLD. Mchn. 1972. – SCHEFFER, B.: Anfänge experimenteller Lit. Das literar. Werk von K. Sch. Bonn 1978. – NÜNDEL, E.: K. Sch. Rbk. 1981. – K. Sch. Almanach. Hg. v. M. ERLHOFF. Hann. 1982 ff. – HEISSENBÜTTEL, H.: Versuch über die Lautsonate von K. Sch. Mainz u. Wsb. 1983. – BÜCHNER, J.: K. Sch. Hann. 1986. – K. Sch. ... Beitrr. zu Werk u. Wirkung eines Gesamtkünstlers. Hg. v. G. SCHAUB. Bln. 1993. – NOBIS, B.: K. Sch. u. die romant. Ironie. Alfter 1993.

Schwob, Marcel [frz. ʃvɔb], * Chaville (Hauts-de-Seine) 23. Aug. 1867, † Paris 12. Febr. 1905, frz. Schriftsteller. – Journalist; befreundet mit O. Wilde. Schrieb Abhandlungen über philolog., literar- und kunsthistor., psycholog. und hagiograph. Themen. Seine in knappem, klarem, suggestivem Stil geschriebenen Erzählungen, in denen er die seel. Abenteuer des Menschen in der Vergangenheit schildert, verbinden Wirklichkeit, Phantastisches, Burleskes, Bizarres und Tragisches.

Werke: Villon et les compagnons de la Coquille (Abh., 1890), Cœur double (En., 1891), Le roi au masque d'or (En., 1893), Das Buch von Monelle (Prosa-Ged., 1894, dt. 1904), Der Roman der zweiundzwanzig Lebensläufe (Porträts, 1896, dt. 1925), Der Kinderkreuzzug (Legende, 1896, dt. 1947), La lampe de Psyché (E., 1903). **Ausgabe:** M. Sch. Œuvres complètes. Paris 1927–30. 10 Bde. **Literatur:** TREMBLEY, G.: M. Sch., faussaire de la nature. Genf 1969.

Schwulst, seit dem letzten Drittel des 17. Jh. in abwertendem Sinne gebraucht für den gehäuften Einsatz rhetor. Figuren, dunkler Metaphern und Tropen. Als Stilform steht der Sch. dem ↑ Manierismus nahe.

Sciascia, Leonardo [italien. ˈʃaʃʃa], * Racalmuto (Prov. Agrigent) 8. Jan. 1921, † Palermo 20. Nov. 1989, italien. Schriftsteller. – War 1949–70 im Schuldienst tätig; 1975 als Unabhängiger auf der Liste der Kommunisten in den Stadtrat von Palermo gewählt (Rücktritt 1977), 1979–83 Parlamentsabgeordneter des Partito Radicale. Vielseitiger Autor; schilderte in Erzählungen und [Kriminal]romanen sozialkritisch engagiert sizilian. Leben und sizilian. [polit.] Verhältnisse. Verfaßte auch histor. und literarkrit. Studien (u. a. über L. Pirandello, 1953 und 1961) sowie Untersuchungen zur Volkskunde Siziliens, ferner Dramen und Gedichte.

Werke: Le parrocchie di Regalpetra (En., 1956), Sizilian. Verwandtschaft (En., 1958, dt. 1980), Der Tag der Eule (R., 1961, dt. 1964), Der Abbé als Fälscher (E., 1963, dt. 1967), Morte dell'inquisitore (R., 1964), Tote auf Bestellung (R., 1966, dt. 1968), Tote Richter reden nicht (R., 1971, dt. 1974, auch u. d. T. Die Macht und ihr Preis), Das weinfarbene Meer (En., 1971, dt. 1975), Todo modo oder das Spiel um die Macht (R., 1975, dt. 1977), Der Fall Majorana (R., 1975, dt. 1978), Candido oder ein Traum in Sizilien (R., 1977, dt. 1979), Die Affäre Moro (Essay, 1978, dt. 1979), Schwarz auf Schwarz (Tageb., 1979, dt. 1988), Aufzug der Erinnerung (R., 1981, dt. 1984), La palma va a nord. Articoli e interventi 1977–80 (Artikel u. Interviews, 1981), Kermesse (Essay, 1982, erweitert 1984 u. d. T. Occhio di capra), Stendhal e la Sicilia (Essay, 1984), Das Hexengericht (3 En., dt. Ausw. 1986), 1912 + 1 (R., 1986), Man schläft bei offenen Fenstern (En., 1987, dt. 1989), Il cavaliere e la morte (R., 1988), Una storia semplice (R., 1989, beide zus. dt. 1990 u. d. T. Der Ritter und der Tod. Ein einfacher Fall). **Ausgabe:** L. S. Opere. Hg. v. C. AMBROISE. Mailand [1-5]1991. 3 Bde. **Literatur:** EITEL, W.: L. S. In: Italien. Lit. der Gegenwart in Einzeldarstt. Hg. v. J. HÖSLE u. W. EITEL. Stg. 1974. S. 426. – CATTANEI, L.: L. S. Introduzione e guida allo studio dell'opera sciasciana. Storia e antologia della critica. Florenz 1979. – SIEPE, H. T.: L. S. In: Krit. Lex. der roman. Gegenwartsliteraturen. Hg. v. W.-D. LANGE. Losebl. Tüb. 1984 ff. – MOTTA, A.: L. S. La verità, l'aspra verità. Manduria 1985. – ROSSANI, O.: L. S. Rimini 1990. – AMBROISE, C.: Invito alla lettura di L. S. Mailand [8]1992.

Leonardo
Sciascia

Science-fiction [engl. ˈsaɪəns ˈfɪkʃən = Wissenschaftsdichtung, wiss. Erzählung], Sammelbegriff für Romane, Erzählungen, Hörspiele, Comics und Filme, deren Gegenstand die Darstellung einer meist zukünftigen, oft in kosm. Dimensionen gesehenen Welt ist, in der den Menschen durch den Fortschritt der wissenschaftlich-techn. Entwicklung ungeahnte, z. T. durchaus vorstellbare, z. T. aber den physikal. Grundgesetzen widersprechende Möglichkeiten eröffnet sind: Weltraumfahrten quer durch das Universum, Reisen in zukünftige oder vergangene Zeiten, Entdeckung und Besiedlung ferner Sterne, eine völlige Umgestaltung der Lebensbedingungen auf der Erde, feindl. und freundl. Begegnungen mit fremden Wesen usw. Auf der Grundlage eines rational und technisch erklärbaren Weltbildes werden sekundäre Welten kreiert, die Spiegel oder Alternative der realen Lebenswelt sein können. Definition und Geltungsbereich des Begriffes sind umstritten. Die S.-f. enthält zahlreiche Elemente anderer Literaturgattungen, die z. T. als ihre Vorläufer betrachtet werden können, z. B. die phantast. ↑ Reiseliteratur, deren Wurzeln bis in die Antike zurückreichen. Auch die ↑ Utopien der Renaissance und der Aufklärung mögen als Vorprägung der Grundkonzeption von S.-f.-Literatur gesehen werden, in die darüber hinaus u. a. Elemente des ↑ Abenteuerromans, des Kriminalromans (↑ Kriminalliteratur) und des ↑ Schauerromans eingegangen sind. An der S.-f. lassen sich in besonderem Maße Zukunftsängste und -hoffnungen ablesen. Als Entstehungszeit der S.-f. im heutigen Sinn gilt das 19. Jh., in dem mit dem weitgehenden Abschluß der Entdeckung der Erde die gedankl. Möglichkeiten eröffnet wurden, in weitere Fernen zu dringen, so bei J. Verne (›Reise von der Erde zum Mond‹, 1865, dt. 1873) und H. G. Wells (›Die Zeitmaschine‹, 1895, dt. 1904; ›Der Krieg der Welten‹, 1898, dt. 1901). In Deutschland wurde diese Gattung von K. Laßwitz (u. a. ›Auf zwei Planeten‹, 1897), später von H. Dominik (›Atlantis‹, 1925; ›Atomgewicht 500‹, 1935) vertreten. Die Entwicklung der S.-f. zur literar. Massenware wurde durch die seit Mitte der 20er Jahre in den USA erscheinenden S.-f.-Magazine ausgelöst, v. a. durch ›Amazing stories‹, das erste bekanntgewordene, 1926 von Hugo Gernsback (* 1884, † 1967) gegründete S.-f.-Magazin. Gernsback wird auch die Verbreitung des Begriffs ›S.-f.‹ zugeschrieben. Die in diesen Magazinen erschienenen Romane und Erzählungen, u. a. von I. Asimov, R. D. Bradbury, A. Ch. Clarke, Lyon Sprague de Camp (* 1907), R. A. Heinlein, Edward E. Smith (* 1890, † 1965), Theodore Sturgeon (* 1918, † 1985), und die frühen Erzählungen von B. Aldiss zeichnen sich durch großen Fortschrittsglauben aus. Dabei stehen die gesellschaftl. Entwicklungen eher im Hintergrund oder nehmen reaktionäre, faschist. und rassist. Züge an. Im Gegensatz dazu wendeten seit dem Beginn der 60er Jahre unter dem Eindruck polit. Entwicklungen (Vietnamkrieg, Jugendproteste usw.) die Autoren der sog. ›New wave‹ in Großbritannien (u. a. M. Moorcock, J. G. Ballard) und in den USA (u. a. Thomas M. Disch [* 1940], John T. Sladek [* 1937]) ihr Interesse mehr der ›künftigen Psychologie, sozialen Ordnung und Metaphysik‹ (Moorcock) zu. Sie arbeiteten u. a. mit experimenteller Prosa, stellten Raumfahrtmotive oft als Wahnvorstellungen dar oder thematisierten die Veränderung des Menschen und seines Bewußtseins durch

Drogeneinfluß und Technik. Auch bereits etablierte Autoren wie B. W. Aldiss, Harlan Ellison (* 1934), Robert Sheckley (* 1929) u. a. wandten sich, angeregt durch das engl. S.-f.-Magazin ›New Worlds‹, von der reinen Weltraum-S.-f. ab. Auch amerikan. Autoren wie S. R. Delany, Philip K. Dick (* 1928, † 1982), U. K. Le Guin, Norman Spinrad (* 1940), Roger Zelazny (* 1937) beschritten in den späten 60er Jahren sowohl inhaltlich als auch stilistisch neue Wege. Für die europ. S.-f.-Szene sind zu nennen: die Franzosen Jean Pierre Andrevon (* 1937), Stefan Wul (* 1922), Gérard Klein (* 1937) und die Italiener Lino Aldani (* 1926) und Ugo Malaguti (* 1945). Seit den 70er Jahren treten zunehmend auch Autorinnen in Erscheinung, u. a. C. J. Cherryh (* 1942), Vonda N. McIntyre (* 1948), Joanna Russ (* 1937) und Kate Wilhelm (* 1928). In Osteuropa nahm die S.-f. eine den polit. Umständen entsprechende andere Entwicklung. Einerseits entwarf sie marxist. Sozialutopien im Stil von Alexandr B. Bogdanows (* 1873, † 1928) ›Der rote Stern‹ (1908, dt. 1972), so u. a. in den frühen Romanen der Brüder A. N. Strugazki und B. N. Strugazki; andererseits erlaubte die S.-f. versteckte Kritik an der bestehenden sozialist. Gesellschaftsordnung, so bes. bei dem Polen S. Lem (›Solaris‹, 1961, dt. 1972). Später folgten viele Autoren den westl. Vorbildern. In den 80er Jahren drängten von kleinen Verlagen geförderte junge Autoren auf den Markt, darunter I. Watson, D. Brin (* 1950), Greg Bear (* 1951), Orson Scott Card (* 1951), Bruce Sterling (* 1954), William Gibson (* 1948) u. a. Dabei führten Neuerungen in den Bereichen Physik, Astrophysik, Chemie, Informatik, Gentechnologie und Chaosforschung zu rasanten Veränderungen. Mit spekulativen Möglichkeiten der Computerelektronik befaßt sich eine eigene Richtung, die nach W. Gibsons Roman ›Neuromancer‹ (1986, dt. 1987) als Neuromantik oder auch als Cyberpunk bezeichnet wird. – Ein utopisch-didakt. Ansatz manifestiert sich in der S.-f. v. a. als Antiutopie (auch negative Utopie oder Dystopie), so schon in E. M. Forsters ›Die Maschine versagt‹ (1909, dt. 1947) und v. a. bei A. Huxley (›Schöne neue Welt‹, 1932, dt. 1953, erstmals dt. 1932) oder G. Orwell (›1984‹, 1949, dt. 1950); sie zeichnen in Kritik an Fortschrittsgläubigkeit und Zukunftsoptimismus ein Bild totalitär organisierter Gesellschaften, das deutl. Züge wirkl. Zustände trägt und auch in seiner Zuspitzung als alles erfassendes System der Unterdrückung die durchaus denkbare Möglichkeit zukünftiger Realität aufweist. ›Die Moral, die aus dieser gefährl. Alptraumsituation zu ziehen ist, ist ganz simpel: Laßt es nicht geschehen. Es hängt von Euch ab.‹ (Orwell, 1949). – Im übrigen gehören zur S.-f. auch Parodien des Genres; die bekanntesten stammen von Douglas Adams ([* 1952]; ›Per Anhalter durch die Galaxis‹, 1979, dt. 1981). S.-f.-Literatur erscheint v. a. in Heft- und Taschenbuchform. Die höchsten Auflagen im deutschsprachigen Raum erzielt nach wie vor die Heftserie ›Perry Rhodan, der Erbe des Universums‹ (seit 1961; 1712 Folgen bis 1994). Die dt. S.-f. versucht Anschluß an die internat. S.-f. und deren inhaltl. und literar. Niveau zu gewinnen. Zu ihren bekanntesten Vertretern gehören C. Amery, Herbert W. Franke (* 1927), Horst Pukallus (* 1949), Georg Zauner (* 1920), Heike Hohlbein und Wolfgang Hohlbein (* 1953), Uschi Zietsch (* 1961) und Maria Erlenberger (* 1933). Seit 1980 wird der ›Kurd-Laßwitz-Preis‹, seit 1983 der ›Phantastik-Preis der Stadt Wetzlar‹ verliehen. Zu den internat. bekanntesten S.-f.-Preisen gehören der ›Hugo Gernsback Award‹ (seit 1953), der ›Nebula Award‹ (seit 1965) und der ›John W. Campbell Memorial Award‹ (seit 1973).

Das Interesse eines breiten Publikums an der S.-f. hat zu zahlreichen Rundfunk-, Film- und Fernsehadaptionen literar. Vorlagen geführt. Als bemerkenswertestes Hörspielereignis gilt bis heute O. Welles' Rundfunkfassung (1938) von H. G. Wells' Roman ›Der Krieg der Welten‹, die in den USA einen Schock auslöste, der zu einer Massenflucht der Bevölkerung aus den Städten führte, da man an eine tatsächl. Invasion außerird. Wesen glaubte. Einer der ersten Spielfilme überhaupt war ›Die Reise zum Mond‹ (1902) von G. Méliès; bedeutend waren u. a. auch ›Metropolis‹ (1927) von

F. Lang, ›2001: Odyssee im Weltraum‹ (1968; nach A. C. Clarke) von S. Kubrick und ›Solaris‹ (1972; nach S. Lem) von A. Tarkowski. Zu den zahlreichen S.-f.-Filmen der jüngeren Zeit gehören J. Carpenters Satire ›Dark Star – Flammender Stern‹ (1974), S. Spielbergs ›Unheimliche Begegnung der dritten Art‹ (1977) und R. Scotts ›Der Blade Runner‹ (1982; nach Ph. K. Dick). In dem Film ›Krieg der Sterne‹ (1977) von George Lucas (* 1944) erreichte die Tricktechnik einen neuen Höhepunkt. Seit Mitte der 60er Jahre hielt die S.-f. im Fernsehen mit einer Reihe von Serien, u. a. ›Ufo‹, ›Invasion von der Wega‹, ›Raumschiff Enterprise‹, ›Raumpatrouille Orion‹, Einzug. Großer Beliebtheit erfreuten sich über Jahrzehnte hinweg die S.-f.-Comic strips diverser Tages- und Sonntagszeitungen (USA: ›Buck Rogers‹, 1929–67; ›Flash Gordon‹, seit 1934, u. a.; Großbritannien: ›Dan Dare‹, 1950–69; ›Jeff Hawke‹, 1955–77, u. a.). Die in den auf S.-f. spezialisierten Comic-Magazinen wie dem frz. ›Métal Hurlant‹ (seit 1975) und dem amerikan. ›Heavy Metal‹ (seit 1977) veröffentlichten Werke der Zeichner J. Giraud/Moebius‹, Ph. Druillet und R. Corben zählen ebenso zu den Höhepunkten der graph. S.-f. wie die Illustrationen der Zeichner R. Dean, C. Foss und H. R. Giger.

Als Nebengenre der S.-f.-Literatur hat sich die **Fantasy** in den letzten Jahrzehnten zu einer eigenständigen Literaturgattung entwickelt. Als Fantasy werden die Romane, Erzählungen, Comics, Filme und Rollenspiele bezeichnet, die ihre Sujets, Themen und Motive aus Märchen, Sagen und Mythen überwiegend kelt., skand. und oriental. Herkunft beziehen. Die Fantasy ist geprägt von Technikfeindlichkeit, Trauer über den Verlust von Magie und Mythos und spielt v. a. in einem idealisierten MA oder in exot. Gefilden, in einem fiktiven archaischen Zeitalter oder in einer postapokalypt. Zukunft. Reisen in Alternativ- und Parallelwelten, Begegnungen mit fremden Zivilisationen und Kulturen, die Aussöhnung von Mensch, Natur und Magie, die abenteuerl. Suche (›Queste‹) und der ewige Kampf zwischen Gut und Böse bilden die Themen dieses Genres. Die Fan-

tasy vereint weitgehend dieselben Elemente anderer Literaturgattungen in sich
wie die S.-f.; daneben kann die Fantasy
aber durchaus auf eine eigenständige,
wenngleich von seiten der Literaturwissenschaft nicht unbestrittene Tradition
verweisen, die fast alle großen National-
epen Europas und des Orients umfaßt
(›Gilgamesch-Epos‹, ›Ilias‹ und ›Odyssee‹, ›Tausendundeine Nacht‹, ›Nibelungenlied‹, ›Artusdichtung‹). Als unmittelbare Vorläufer bzw. Begründer der
Fantasy gelten u. a. W. Morris (›Die
Quelle am Ende der Welt‹, 1896, dt.
1982), L. Carroll (›Alice im Wunderland‹, 1865, dt. 1963, erstmals dt. 1869),
L. F. Baum (›Der Zauberer Oz‹, 1900,
dt. 1964, mit 13 Fortsetzungs-Bden.),
G. MacDonald (›Lilith‹, 1895, dt. 1977).
Ihre ersten Erfolge verdankt sie den
Mitte der 1920er und in den 1930er
Jahren in den USA publizierten Fan-
tasy-Magazinen, v. a. ›Weird Tales‹
(1923–54), für die Autoren wie Clark
Ashton Smith (* 1893, † 1961), Fritz Lei-
ber (* 1910), L. Ron Hubbard (* 1911,
† 1986) und Robert E. Howard (* 1906,
† 1936) tätig waren. Die meisten der in
diesen Magazinen veröffentlichten Geschichten, in denen sich barbar. Helden
in regressiven Alternativwelten mit dem
Schwert (›sword‹) gegen Zauberei und
Magie (›sorcery‹) behaupten müssen
(Heroic Fantasy), sind geprägt von Ge-
waltverherrlichung, Rassendiskrimi-nie-
rung, sadomasochistisch ausgelebter Sexualität und einer totalitären Grundhaltung. Mit der Einstellung der Magazine
in den 40er und 50er Jahren verschwand
auch das von ihnen geschaffene Sub-
genre der Heroic Fantasy (mitunter als
›Sword & Sorcery‹-Literatur bezeichnet)
in der literar. Versenkung. Anfang der
50er Jahre veröffentlichte der engl. Literaturwissenschaftler J. R. R. Tolkien
seine Trilogie ›Der Herr der Ringe‹
(1954/55, dt. 1969/70), die zunächst unbeachtet blieb. Als sich Ende der 60er,
Anfang der 70er Jahre v. a. die Jugendlichen in den USA und in Westeuropa enttäuscht über die vergeblich angestrebte
polit. Veränderung der Gesellschaft von
dieser abwandten, avancierte Tolkiens
›Der Herr der Ringe‹ zum Kultbuch einer ganzen Generation. Im nunmehr ein-

setzenden Fantasy-Boom, der u. a. auch
der trivialen Heroic Fantasy wieder einen unerwarteten Auftrieb gab, bildete
sich im Laufe der Jahre eine an literar.
Qualität interessierte Fantasy heraus, die
heute allgemein, wenngleich nicht unumstritten, in der Literaturwiss. als **High
Fantasy** bezeichnet wird: Sie umfaßt die
Erzählungen und Romane, die sich auf
Mythen und Märchen beziehen, in einer
Alternativwelt spielen, von klar erkenn-
baren archetyp. Motiven und Themen
handeln, deren Hauptfiguren in vielen
Fällen Antihelden sind (Kinder, Kranke
u. ä.). Als Vertreter der High Fantasy gelten u. a. Tolkien (›Der kleine Hobbit‹,
1937, dt. 1971), Mervyn Peake (›Ghor-
mengast‹-Trilogie, 1946–49, dt. 1982/83),
Peter S. Beagle ([* 1939]; ›Das letzte Einhorn‹, 1968, dt. 1975), M. Ende (›Momo‹,
1973; ›Die unendliche Geschichte‹,
1979), Stephen R. Donaldson ([* 1947];
›Chronik des Thomas Covenant‹, 6 Bde.,
1977–83, dt. 1980–85).
Seit Beginn der 80er Jahre ist in der Fantasy eine intensive Auseinandersetzung
mit kelt. Mythen, v. a. der Artus- und
Gralssage, zu beobachten (u. a. M. Zimmer Bradley, ›Die Nebel von Avalon‹,
1982, dt. 1983). Bemerkenswert ist die
vergleichsweise große Zahl von Autorinnen, u. a. Joy Chant (* 1945), Tanith Lee
(* 1947), Anne McCaffrey (* 1926), Ka-
therine Kurtz (* 1944), Elisabeth A. Lynn
(* 1946), die eine feminist. Linie in der
Fantasy verfolgen. Jüngere Autoren wie
Guy Gavriel Kay (* 1954) und Ted Williams (* 1957) zeigen ein zunehmendes
Interesse an Problemen der histor. Wahrheit und hinterfragen das Gut-Böse-
Schema. Als Fantasy-Parodie begann
Terry Pratchett (* 1948) seine ›Scheiben-
welt‹-Reihe mit ›Die Farben der Fanta-
sie‹ (1983, dt. 1985), entwickelte diese
aber zu einem eigenen Stil kom. Fantasy
mit postmodernen Zügen weiter. Auch
viele Kinderbuchautoren bedienen sich
der Gattung Fantasy, so Astrid Lindgren,
O. Preußler, Joan Aiken (* 1924), Lloyd
Alexander (* 1924) und Diana Wynne
Jones (* 1934). – Während die Heroic
Fantasy im dt. Sprachraum auf den
Taschenbuchmarkt beschränkt bleibt,
erscheint die High Fantasy, v. a. der populären Autoren (Tolkien, Ende u. a.),

zunehmend auch als Leinenausgabe, wobei es sich fast ausnahmslos um Übersetzungen handelt, da die dt. Fantasy – mit Ausnahme von Ende und Hans Bemmann ([* 1922]; ›Stein und Flöte und das ist noch nicht alles‹, 1983) – erst am Beginn ihrer Entwicklung steht. Bei der Adaptation in andere Medien erfreut sich v. a. die Heroic Fantasy einer großen Publikumsresonanz. So wird R. E. Howards Barbarenheld ›Conan von Cimmera‹ weltweit mit Erfolg als Comicstrip-Figur und Kinoheld vermarktet. Auch die Poster und Portfolios der Zeichner F. Frazetta, B. Vallejo, R. Morriel und der Brüder Hildebrandt, die sich mit den Titelbildillustrationen von Fantasy-Taschenbüchern einen Namen gemacht haben, erzielen hohe Auflagen. Zu den bekanntesten frühen Fantasy-Filmen gehören V. Flemings ›Das zauberhafte Land‹ (1939, nach F. L. Baum) und der Disney-Zeichentrickfilm ›Alice im Wunderland‹ (1951, nach L. Carroll). Zu den anspruchsvolleren, wenngleich – gemessen an ihren literar. Vorlagen – umstrittenen Fantasy-Filmen der jüngeren Zeit zählen J. Boormans ›Excalibur‹ (1981; nach Th. Malory, ›Le morte Darthur‹) und W. Petersens ›Die unendl. Geschichte‹ (1984, nach Ende). Zahlreich sind die Animationsfilme: ›Der Herr der Ringe‹ (1978, nach Tolkien) von R. Bakshi, ›Der dunkle Kristall‹ (1982) von J. Henson und ›Das letzte Einhorn‹ (1982, nach Beagle) von A. Rankin Jr. Am Fantasy-Boom partizipieren auch die sog. Fantasy-Rollenspiele, die, teils als Brettspiel, teils in Buchform, Anfang der 80er Jahre auf den [Spielzeug]markt kamen.

Literatur: ELLERBROCK, B., u. a.: Perry Rhodan. Unters. einer S.-f.-Heftromanserie. Gießen 1975. – TYMN, M. B., u. a.: Recent critical studies on fantasy literature. Chicago (Ill.) 1978. – SUVIN, D.: Poetik der S.-f. Ffm. 1979. – TYMN, M. B., u. a.: Fantasy literature. New York 1979. – Neugier oder Flucht. Zu Poetik, Ideologie u. Wirkung der S.-f. Hg. v. K. ERMERT. Stg. 1980. – JEHMLICH, R.: S.-f. Darmst. 1980. – PARRINDER, P.: S. f. London 1980. – SUERBAUM, U., u. a.: S.-f. Stg. 1981. – NAGL, M.: S.-f. Ein Segment populärer Kultur im Medien- u. Produktverbund. Tüb. 1981. – PESCH, H. W.: Fantasy. Theorie u. Gesch. einer literar. Gattung. Diss. Köln 1982. – SCHRÖDER, H.: Bildwelten u. Weltbilder. S.-f.-Comics in den USA, in Deutschland, England u. Frankreich. Hamb. 1982. – HAHN, R./JANSEN, V.: Lex. des S.-f.-Films. Mchn. 1983. – KEIM, H.: ›New Wave‹ – die Avantgarde der modernen anglo-amerikan. S.-f.? Meitingen 1983. – HETMAN, F.: Die Freuden der Fantasy. Bln. 1984. – S.-f. in Osteuropa. Hg. v. W. KASACK. Bln. 1984. – Von Atlantis bis Utopia. Ein Führer zu den imaginären Schauplätzen der Weltlit. Hg. v. V. A. MANGUEL u. a. Dt. Übers. Hg. v. S. THIESSEN. Bln. 1984. 3 Bde. – ALDISS, B. W./WINGROVE, D.: Trillion year spree. The history of s. f. New York 1986. – WUCKEL, D.: S.-f. Eine illustrierte Literaturgesch. Hildesheim u. a. 1986. – Lex. der S.-f.-Lit. Hg. v. H. J. ALPERS u. a. Mchn. ²1991. – The encyclopedia of s. f. Hg. v. J. CLUTE u. a. London ²1993. – JAMES, E.: S. f. in the twentieth century. Oxford 1994.

Ščipačev, Stepan Petrovič, russ.-sowjet. Lyriker, ↑ Schtschipatschow, Stepan Petrowitsch.

Scipionenkreis, literar. Zirkel des Scipio Africanus d. J. (* um 185, † 129) und seiner Freunde (bes. der Konsul Laelius [* um 190, † vor 123], Lucius Furius Philus [Konsul 136 v. Chr.], Polybius, der Philosoph Panaitios von Rhodos [* um 185, † um 109]), durch den der röm. Philhellenismus begründet wurde. Der S. hatte einen bestimmenden Einfluß auf die röm. Literatur des 2. Jh. v. Chr. (u. a. Förderung von Terenz).

Scliar, Moacyr [brasilian. is'kljar], * Porto Alegre 23. März 1937, brasilian. Schriftsteller. – Sohn russ.-jüd. Einwanderer; Arzt; verbindet in seinen Romanen, in denen er bevorzugt Probleme der jüd. Minderheit Brasiliens darstellt, phantast. und reale, oft naturwissenschaftlich untermauerte Elemente; erzähltechnisch stark an film. Ausdrucksmitteln orientiert.

Werke: Histórias de um médico em formação (En., 1962), O carnaval dos animais (En., 1968), Die Ein-Mann-Armee (R., 1973, dt. 1987), Os deuses de Raquel (R., 1975), O ciclo das águas (R., 1977), Doutor Miragem (R., 1978), Der Zentaur im Garten (R., 1980, dt. 1985), Das seltsame Volk des Rafael Mendes (R., 1983, dt. 1989), A massataçia japonesa (R., 1984), O olho enigmático (En., 1986), A orelha de Van Gogh (En., 1989).

Scorza, Manuel [span. es'korsa], * Lima 1928, † bei Madrid 27. Nov. 1983 (Flugzeugabsturz), peruan. Schriftsteller. – Lebte ab 1963 als Exilierter in Paris; kehrte 1978 nach Peru zurück, wo er politisch tätig war; behandelt in seinen

›Baladas‹ bzw. ›Cantares‹ überschriebenen dokumentar., lyr. Romanen ›Trommelwirbel für Rancas‹ (1970, dt. 1975), ›Garabombo, der Unsichtbare‹ (1972, dt. 1977), ›Der schlaflose Reiter‹ (1977, dt. 1981), ›Der Gesang des Agapito Robles‹ (1977, dt. 1984) und ›La tumba del relámpago‹ (1979) den zunehmend wirkungsvoller organisierten Kampf indian. Bauern gegen Oligarchie und Militär. Auch bed. Lyriker.

Weitere Werke: Las imprecaciones (Ged., 1955), Poesía incompleta (Ged., 1976), La danza inmóvil (R., 1983).

Scott, Duncan Campbell [engl. skɔt], * Ottawa 2. Aug. 1862, † ebd. 19. Dez. 1947, kanad. Schriftsteller. – Sohn eines Methodistengeistlichen; besuchte das College in Stanstead (Quebec), Verwaltungslaufbahn im Department of Indian Affairs. Als einer der Confederation poets (er war Freund und literar. Nachlaßverwalter A. Lampmans) suchte er eine Synthese von dichter. Tradition und kanad. Thematik, was ihm v. a. mit ›New world lyrics and ballads‹ (Ged., 1905) gelang. Am besten sind seine Indianergedichte (u. a. ›The forsaken‹ über eine Chippewa-Indianerin). Auch Europareisen prägten ihn. Der Erzählungszyklus ›In the village of Viger‹ (1896) vermittelt die ein Dorf der Prov. Quebec bedrohende Verstädterung.

Weitere Werke: The magic house (Ged., 1893), Labor and the angel (Ged., 1898), Via Borealis (Ged., 1906), Beauty and life (Ged., 1921), The witching of Elspie (En., 1923), The poems of D. C. S. (Ged., 1926), The green cloister. Later poems (Ged., 1935), The circle of affection and other pieces in prose and verse (Prosa und Lyrik, 1947).

Literatur: D. C. S. Hg. v. S. DRAGLAND. Ottawa u. a. 1974.

Scott, F[rancis] R[eginald] [engl. skɔt], * Quebec 1. Aug. 1899, † Montreal 31. Jan. 1985, kanad. Lyriker, Jurist und Politiker. – Bed. für die Entwicklung der modernen kanad. Lyrik durch die Wirkung seiner Dichtung (u. a. mit ›Laurentian Shield‹ auf das moderne kanad. Landschaftsgedicht) wie auch durch Inspiration literar. Gruppierungen und Zeitschriften: Mitbegründer der ›McGill Fortnightly Review‹ (1925) und der ›Preview‹ (1942, 1945 mit ›First Statement‹ zur ›Northern Review‹ vereinigt); Hg.

(mit A. J. M. Smith) der bahnbrechenden Anthologie ›New provinces‹ (1936) und satir. Dichtung in ›The blasted pine‹ (1957). Seine Lyrik zeigt eine Entwicklung vom Imagismus über sozialist. Engagement zu metaphys. Komplexität und ergibt ein Spektrum zwischen Idealismus und Satire.

Weitere Werke: Overture (Ged., 1945), Events and signals (Ged., 1954), The eye of the needle (Satiren, 1957), Signature (Ged., 1964), Trouvailles. Poems from prose (Ged., 1967), Collected poems (Ged., 1981).

Literatur: On F. R. S. Hg. v. S. DJWA u. R. SAINT JOHN MACDONALD. Montreal 1983.

Scott, Gabriel [norweg. skɔt], eigtl. Holst Jensen, * Edinburgh 8. März 1874, † Arendal 9. Juli 1958, norweg. Schriftsteller. – Sohn eines Schiffspfarrers, kam mit sieben Jahren nach Südnorwegen. Schrieb volkstüml., humorist., histor. und sozialkrit. Romane; sein Spätwerk ist von religiöser Problematik und pantheist. Naturmystik bestimmt.

Werke: Digte (Ged., 1894), Die kleine Terz (Jugendb., 1902, dt. 1930), Das eiserne Geschlecht (R., 1915, dt. 1929), Die Quelle des Glücks oder ... (R., 1918, dt. 1925), Det gyldne evangelium (R., 1921), Und Gott ...? (R., 1926, dt. 1927), Fant (R., 1928, dt. 1934), Er kam vom Meer (R., 1936, dt. 1940), Ferdinand (R., 1937), Ferge-mannen (R., 1952).

Ausgabe: G. S. Utvalgte romaner. Oslo 1961–62. 8 Bde.

Literatur: BEISLAND, A.: G. S., en Sørlandsdikter. Oslo 1949.

Scott, Paul [engl. skɔt], * London 25. März 1920, † ebd. 1. März 1978, engl. Schriftsteller. – War im 2. Weltkrieg Offizier in Indien und Malaya, dann Verlagstätigkeit, ab 1960 freier Schriftsteller; weitere Indienaufenthalte. Von seinen 13 Romanen wurde v. a. die Romantetralogie ›Das Reich der Sahibs‹ bekannt: Bd. 1 : ›Das Juwel in der Krone‹ (1966, dt. 1985), Bd. 2: ›Der Skorpion‹ (1968, dt. 1986), Bd. 3: ›Die Türme des Schweigens‹ (1971, dt. 1987) und Bd. 4: ›Die Verteilung der Beute‹ (1975, dt. 1988), woran auch noch ›Nachspiel‹ (R., 1977, dt. 1989) anknüpft. S. schildert aus wechselnden Perspektiven und in komplexer Erzählchronologie den Druck ineinandergreifender persönlicher, politischer, rassischer und religiöser Konflikte im Indien der Jahre vor der Unabhängigkeit (1942–47); sein Werk wird damit zum literarischen Abgesang des britischen Imperialismus.

Weitere Werke: Johnnie Sahib (R., 1952), The alien sky (R., 1953), The mark of the warrior (R., 1958), Birds of paradise (R., 1962), Corrida in San Feliu (R., 1964, dt. 1967).

Literatur: BHASKARA RAO, K.: P. S. Boston (Mass.) 1980. – SWINDEN, P.: P. S. Images of India. London 1980. – SPURLING, H.: P. S. A life ... Neuausg. New York u. a. 1991.

Sir Walter
Scott

Scott, Sir (seit 1820) Walter [engl. skɔt], * Edinburgh 15. Aug. 1771, † Abbotsford (Roxburghshire) 21. Sept. 1832, schott. Dichter und Schriftsteller. – Sohn eines Anwalts, in dessen Kanzlei er nach dem Jurastudium in Edinburgh arbeitete; wurde 1799 Sheriff-Depute der Grafschaft Selkirk. Zur Dichtung führte ihn das Studium zeitgenöss. frz., italien. und dt. Literatur; er übersetzte Balladen von G. A. Bürger (1796) und Goethes ›Götz von Berlichingen‹ (1799). Wanderungen in der geschichtsträchtigen schottisch-engl. Grenzlandschaft weckten sein Interesse an mündlich überlieferten Volksballaden, die er sammelte und, z. T. in freier Bearbeitung, als ›Minstrelsy of the Scottish border‹ (3 Bde., 1802/03) veröffentlichte. Eigenen dichter. Erfolg errang er mit romant. Verserzählungen wie ›Der letzte Minstrel‹ (1805, dt. 1820), ›Marmion‹ (1808, dt. 1816), ›Das Fräulein vom See‹ (1810, dt. 1819) u. a. Danach wandte er sich der Prosa zu und begann mit ›Waverley‹ (R., 3 Bde., 1814, dt. 1821) die Reihe der zunächst anonym bzw. ›vom Verfasser von Waverley‹ veröffentlichten Romane (erst 1827 gab S. seine Identität preis), die sofort erfolgreich waren und ihn zum eigentl. Begrün-

der der Gattung des ↑ historischen Romans machten. Sie schildern vor dem sorgsam recherchierten Hintergrund geschichtlicher Vorgänge die darin verstrickten Schicksale fiktiver, einfacher Personen und vermitteln durch die einprägsame Zeichnung einer Fülle von Charakteren imaginative Panoramas vergangener Epochen. Viele davon spielen in Schottland, darunter so bekannte wie ›Guy Mannering‹ (3 Bde., 1815, dt. 1816), ›Der Alterthümler‹ (3 Bde., 1816, dt. 1821), ›Old mortality‹ (1816, dt. 1953, 1826 u. d. T. ›Die Presbyterianer‹), ›Robin der Rothe‹ (3 Bde., 1818, dt. 1822), ›Das Herz von Midlothian‹ (4 Bde., 1818, dt. 6 Bde., 1823/1824), ›Die Braut von Lammermoor‹ (1819, dt. 1851), ›Das Kloster‹ (3 Bde., 1820, dt. 1821), ›Der Abt‹ (3 Bde., 1820, dt. 1821) und ›Redgauntlet‹ (3 Bde., 1824, dt. 1824). Weitere Romane verlebendigen Stoffe aus der Geschichte Englands im MA, so ›Ivanhoe‹ (3 Bde., 1819, dt. 1820), oder der Renaissance, z. B. ›Kenilworth‹ (4 Bde., 1821, dt. 3 Bde., 1821), ›Nigels Schicksale‹ (1822, dt. 1824) und ›Woodstock‹ (1826, dt. 1826), oder greifen, wie ›Quentin Durward‹ (3 Bde., 1823, dt. 1823), in die frz. Geschichte.

Von seinen hohen Einkünften erbaute S. das Schloß Abbotsford. 1826 ging das Verlagshaus J. Ballantyne, an dem er finanziell beteiligt war, in Konkurs. Mit dem Vorsatz, die Schulden persönlich abzutragen, begann er eine hekt. literar. Produktion, die zunehmend an seinen phys. und künstler. Kräften zehrte. Die internat. Wirkung seines Erzählwerks war indes enorm; es wurde zum verpflichtenden Modell für histor. Romane des 19. Jh., etwa von E. G. Bulwer-Lytton, Ch. Dickens, W. M. Thackeray, J. F. Cooper, A. Dumas d. Ä., V. Hugo, H. de Balzac, W. Alexis, W. Hauff, A. Manzoni u. a. Bedeutung erlangte S. überdies durch Ausgaben und Biographien von J. Dryden (1808) und J. Swift (1814) sowie durch histor. und antiquar. Arbeiten, darunter ›Provincial antiquities of Scotland‹ (2 Bde., 1826) und eine ›Geschichte von Schottland‹ (2 Bde., 1829/30, dt. 1830/31).

Ausgaben: W. S. Poet. Werke. Dt. Übers. Hg. v. A. NEIDHARDT. Darmst. 1854–55. 4 Bde. – W. S.

Romane. Dt. Übers. Hg. mit Anmerkungen v. B. TSCHISCHWITZ. Bln. 1876–77. 12 Bde. – Sir W. S. Waverley novels. Edinburgh 1901–03. 48 Bde. – Sir W. S. Poetical works. Hg. v. J. L. ROBERTSON. London 1904. – W. S. The works, including the Waverley novels and the poems. New York u. Boston 1912–13. 50 Bde. **Literatur:** LOCKHART, J. G.: Memoirs of the life of W. S. Edinburgh 1837–38. 7 Bde. – COCK-SHUT, A. O. J.: The achievement of W. S. London 1969. – JOHNSON, E.: Sir W. S., the great unknown. New York 1970. 2 Bde. – TIPPKÖTTER, H.: W. S. Gesch. als Unterhaltung. Ffm. 1971. – MASSMANN, K.: Die Rezeption der histor. Romane Sir W. S.s in Frankreich (1816–1832). Hdbg. 1972. – GAMERSCHLAG, K.: Sir W. S. und die Waverley novels. Darmst. 1978. – BROWN, D. D.: W. S. and the historical imagination. London u. Boston 1979. – WILSON, A. N.: The laird of Abbotsford. Oxford u. a. 1980. – McMASTER, G.: S. and society. Cambridge 1981. – SCOTT, P. H.: W. S. and Scotland. Edinburgh 1981. – CRAWFORD, T.: S. Edinburgh 1982. – MILLGATE, J.: W. S. Edinburgh 1984. – WILT, J.: Secret leaves. The novels of W. S. Chicago (Ill.) u. a. 1985. – GOSLEE, N. M.: S. the rhymer. Lexington (Ky.) 1988.

Scribe, [Augustin] Eugène [frz. skrib], * Paris 24. Dez. 1791, † ebd. 20. Febr. 1861, frz. Dramatiker. – Schrieb (z. T. mit zahlreichen Mitarbeitern) rund 400 bühnenwirksame, problemlose, spannende Stücke und zahlreiche Opernlibretti, die bei seinen Zeitgenossen sehr beliebt waren; 1834 Mitglied der Académie française. S. beherrschte 40 Jahre lang die frz. Bühne; bis heute behauptet hat sich jedoch nur ›Das Glas Wasser‹ (Kom., 1840, dt. 1841).
Weitere Werke: Die weiße Dame (Libretto, 1825; Oper von F. Boieldieu), Die Stumme von Portici (Libretto, 1828, mit C. Delavigne; Oper von D. F. E. Auber), Fra Diavolo (Libretto, 1830; Oper von Auber), Die Hugenotten (Libretto, 1836; Oper von G. Meyerbeer), Adrienne Lecouvreur (Kom., 1849, dt. 1902; Oper von F. Cilea).
Ausgaben: E. S. Theater. Dt. Übers. Stg. 1842–44. 6 Bde. – E. S. Œuvres complètes. Paris 1874–85. 76 Bde.
Literatur: CARDWELL, W. D.: The dramaturgy of E. S. High Wycombe 1973. – VISCONTI, A. J.: E. S., bourgeois dramatist. Ann Arbor (Mich.) 1973. – RUPRECHT, H.-G.: Theaterpublikum u. Textauffassung. Eine textsoziolog. Studie zur Aufnahme u. Wirkung v. S.s Theaterstücken im dt. Sprachraum. Bern u. a. 1976. – PENDLE, K.: E. S. and the French opera of the nineteenth century. Ann Arbor (Mich.) 1979. – KOON, H./SWITZER, R.: S. Boston (Mass.) 1980. – ↑ auch Sardou, Victorien.

Scudéry, Georges de [frz. skyde'ri], * Le Havre 22. Aug. 1601, † Paris 14. Mai 1667, frz. Schriftsteller. – Ab 1639 in Paris Zusammenarbeit mit seiner Schwester Madeleine de S.; 1649 Mitglied der Académie française. Verfasser der gegen P. Corneille gerichteten Abhandlung ›Observations sur le Cid‹ (1637); schrieb ungewöhnlich erfolgreiche Theaterstücke und von G. Marino beeinflußte Gedichte im Geschmack der Zeit, ferner das Versepos ›Alaric ou Rome vaincue‹ (1654).
Weitere Werke: Le trompeur puni (Kom., 1633), La comédie des comédiens (Kom., 1635), La mort de César (Trag., 1635), L'amour tyrannique (Tragikom., 1638), Poésies diverses (1649).
Ausgabe: G. de S. Poésies diverses. Hg. v. R. GALLI PELLEGRINI. Fasano u. Paris 1983–84. 2 Bde.
Literatur: CLERC, CH.: Un matamore des lettres. La vie tragi-comique de G. de S. Paris 1929. – DUTERTRE, E.: S. et la querelle du ›Cid‹. In: XVIIᵉ siècle 84/85 (1969), S. 61. – DUTERTRE-DUCHEZ, E.: G. de S., dramaturge. Un précurseur méconnu du classicisme. Diss. Paris 1983.

Scudéry, Madeleine de [frz. skyde'ri], * Le Havre 15. Okt. 1607, † Paris 2. Juni 1701, frz. Schriftstellerin. – Kam 1639 zu ihrem Bruder Georges de S. nach Paris, wo sie, zunächst unter dessen Namen (und wahrscheinlich z. T. auch unter seiner Mitwirkung), eine Serie außerordentlich erfolgreicher, in ganz Europa gelesener pseudohistorisch-galanter [Schlüssel]romane veröffentlichte. Ihr Werk, v. a. ›Artamène ou le grand Cyrus‹ (R., 10 Bde., 1649–53) und ›Clelia: eine Röm. Geschichte‹ (R., 10 Bde., 1654–60, dt. 1664), die auch die ›Carte du Tendre‹, eine Landkarte des fiktiven Landes heroisch-galanter Liebe, enthält, markiert den Höhepunkt der zeitgenöss. Preziosität (↑ auch preziöse Literatur) und bereitete den frz. psycholog. Gesellschafts- und Liebesroman vor. In ihrem um 1650 gegründeten einflußreichen Salon verkehrten u. a. La Rochefoucauld, V. Conrart, J. Chapelain.
Weitere Werke: Ibrahims oder des durchleuchtigen Bassa und der Beständigen Isabella Wundergeschichte (R., 4 Bde., 1641, dt. 4 Bde., 1645), La promenade de Versailles (R., 1669), Conversations und entretiens (10 Bde., 1680–92).
Literatur: MONGRÉDIEN, G.: M. de S. et son salon. Paris 1946. – NUNN, R. R.: Mlle de S.'s ›Clélie‹. Diss. Columbia University New York

Madeleine
de Scudéry

1966. – ARONSON, N.: Mlle de S. Engl. Übers. v. S. R. ARONSON. Boston (Mass.) 1978. – GODENNE, R.: Les romans de M. de S. Genf 1983. – BAADER, R.: Dames de lettres. Autorinnen der preziösen, hocharistokrat. u. ›modernen‹ Salons (1649–1698): Mlle de S. – Mlle de Montpensier – Mme d'Aulnoy. Stg. 1986.

Scuola siciliana [italien. 'skuɔ:la sitʃi'lia̯:na] ↑ Sizilianische Dichterschule.

Sealsfield, Charles [engl. 'si:lzfi:ld], eigtl. Karl Anton Postl, * Poppitz (heute Popice, Südmähr. Gebiet) 3. März 1793, † Gut Unter den Tannen bei Solothurn 26. Mai 1864, österr. Schriftsteller. – Bauernsohn aus kath., konservativer Familie; Studium der Philosophie und Theologie in Prag; 1814 Priesterweihe. Unter dem innenpolit. Druck und aus privaten Gründen floh er 1823 in die Schweiz, dann in die USA. Nahm die amerikan. Staatsbürgerschaft unter dem Namen Ch. S. an, der erst nach seinem Tod als Pseudonym enthüllt wurde. 1826 Rückkehr nach Europa, ab 1827 wieder in den USA. 1830 Redakteur in New York; dann Korrespondent in London und Paris. Ab 1832 als Schriftsteller in der Schweiz. S. ist anfänglich politisch engagierter Journalist und Reiseschriftsteller, der das liberale Gedankengut der österr. Spätaufklärung in der Verfassung der USA verwirklicht fand und den Spannungen zwischen restaurativen und nationalliberalen Tendenzen Ausdruck gab. Unter dem Einfluß von J. F. Cooper, F. R. de Chateaubriand und W. Scott wurde S. zum frührealist. Erzähler mit polit. und pädagog. Engagement. Erster bed. deutschsprachiger Schilderer der amerikan. Landschaft und Gesellschaft.

In seinen Charakter- und Milieuzeichnungen stellte S. die harmon. Entsprechung von Mensch und Landschaft bei der Herausbildung demokrat. Staatsformen in Mexiko und im amerikan. Südwesten dar und lehnte die eher an Europa orientierte gesellschaftl. Entwicklung der Neuenglandstaaten ab; gleichzeitig ist aus diesen Werken eine Kritik an den sozialen und polit. Verhältnissen in Europa herauszulesen. S. trat für eine konservative, bürgerl. Agrargesellschaft ein und warnte vor den sozialen Folgen der fortschreitenden Industrialisierung. Trotz bewußter Distanzierung vom literar. Leben in Europa war S. seinerzeit ein vielgelesener Autor. Das Romanwerk ist thematisch und formal zyklisch angelegt.

Werke: Die Vereinigten Staaten von Nordamerika (1827), Austria as it is (1828), Tokeah, or The white rose (R., 2 Bde., 1829; dt. erweitert u. d. T. Der Legitime und die Republikaner, 3 Tle. in 1 Bd., 1833), Lebensbilder aus beiden Hemisphären (Romane, 6 Bde., 1834–37), Der Virey und die Aristokraten oder Mexiko im Jahre 1812 (R., 3 Bde., 1835), Neue Land- und Seebilder oder ... (R., 4 Bde., 1839/40), Das Cajütenbuch oder nationale Charakteristiken (R., 2 Bde., 1841), Süden und Norden (R., 3 Bde., 1842).

Ausgaben: Ch. S. Ausgew. Werke in 8 Bden. Hg. v. O. ROMMEL. Teschen 1919–21. – Ch. S. Sämtl. Werke. Neu hg. v. K. J. R. ARNDT. Hildesheim u. New York 1972 ff. Auf 28 Bde. berechnet.
Literatur: CASTLE, E.: Der große Unbekannte. Das Leben von Ch. S. Wien u. Mchn. 1952. Nachdr. Hildesheim 1993. – BORNEMANN, F./FREISING, H.: S.-Bibliogr., 1945–1965. Stg. 1966. – Ch. S., Leben u. Werk. Hg. v. TH. OSTWALD. Brsw. 1976. – RITTER, A.: S.-Bibliogr. 1966–75. Stg. 1976. – SCHÜPPEN, F.: Ch. S.: Karl Postl. Ffm. u. Bern 1981. – GRÜNZWEIG, W.: Das demokrat. Kanaan. Ch. S.s Amerika im Kontext amerikan. Lit. u. Ideologie. Mchn. 1987. – SCHNITZLER, G.: Erfahrung u. Bild. Die dichter. Wirklichkeit des Ch. S. (Karl Postl). Freib. 1988. – Neue S.-Studien. Hg. v. F. B. SCHÜPPEN. Stg. 1995.

Seami Motokijo (tl.: Zeami Motokiyo), auch Jusaki Motokijo, * Jusaki 1363, † Kioto 1443, jap. No-Dichter. – Gilt als Vollender des klass. No-Spiels. S. M. war gleichzeitig als Autor, Schauspieler und Regisseur tätig; er schrieb über 200 Stücke sowie zahlreiche bed. kunsttheoret. Arbeiten zum No-Spiel und gab dem lyr. Tanzdrama seine noch heute gültige Gestalt.

Ausgabe: Ze-Ami (= Yuzaki Saburō Moto-Kiyo). Die geheime Überlieferung des Nō. Dt. Übers. u. erl. v. O. BENL. Ffm. 1961.
Literatur: BENL, O.: S. Motokiyo u. der Geist des Nō-Schauspiels. Mainz u. Wsb. 1953.

Sebastian, Mihail [rumän. sebas-'tjan], eigtl. Josef M. Hechter, * Brăila 18. Okt. 1907, † Bukarest 29. Mai 1945 (Verkehrsunfall), rumän. Schriftsteller. – Studierte in Bukarest und Paris Rechtswiss. und wurde Redakteur. Er schrieb Romane, scharfsinnige, humorvolle Komödien und Essays.
Werke: Oraşul cu salcîmi (= Die Stadt mit Akazien, R., 1935), Steaua fără nume (= Der Stern ohne Namen, Kom., 1943), Letzte Nachrichten (Kom., 1944, dt. 1954), Accidentul (= Der Unfall, R., hg. 1968).
Ausgaben: M. S. Ausgew. Werke. Dt. Übers. v. D. HERMANN. Bukarest 1960. – M. S. Opere alese. Bukarest 1965. 2 Bde.

Sebestyén, György [ungar. 'ʃɛbɛʃtje:n], * Budapest 30. Okt. 1930, † Wien 6. Juni 1990, ungar. Schriftsteller. – Kam 1956 nach Wien, Redakteur; schrieb in dt. Sprache Romane und Erzählungen; Übersetzer aus dem Ungarischen, Sachbuchautor; 1988–90 Präsident des österr. PEN-Clubs.
Werke: Die Türen schließen sich (R., 1957), Der Mann im Sattel oder Ein langer Sonntag (R., 1961), Die Schule der Verführung (R., 1964), Thennberg oder Versuch einer Heimkehr (Nov., 1969), Der Faun im Park (E., 1972), Albino (R., 1984), Die Werke der Einsamkeit (R., 1986).
Ausgabe: G. S. Erzählungen. Graz u. a. 1989.

Secentismus [zetʃɛ...; zu italien. se(i)cento = sechshundert, 17. Jh.], italien. Barockliteratur (des 17. Jh.), bes. für die Stiltendenzen des ↑ Marinismus.

Secundus, Johannes, niederl. Dichter, ↑ Johannes Secundus.

Sedah, Mpu [indones. sə'dah], altjavan. Dichter des 12. Jahrhunderts. – Hofdichter des Königs Jayabhaya (1135–57) von Kediri; Autor des Heldenepos ↑ ›Bhāratayuddha‹. Gegen die im Hinblick auf die doppelte Verfasserschaft des Werkes wiederholt vertretene Spekulation, daß S. wegen einer Liebesaffäre mit der Königin in Ungnade gefallen und hingerichtet worden sei, spricht das überschwengl. Lob, das der Vollender des ›Bhāratayuddha‹, Mpu ↑ Panuluh, in seinem Epilog wohl kaum einem Verfemten gezollt hätte.
Ausgaben und Literatur ↑ Bhāratayuddha.

Sedaine, Michel Jean [frz. sə'dɛn], * Paris 4. Juli 1719, † ebd. 17. Mai 1797, frz. Dramatiker. – Der Erfolg seiner Dramen und Libretti beruht auf wirkungsvollen Dialogen, geschickter Verwendung bühnentechn. Mittel und sentimentalem Gehalt. Das gegen Standesvorurteile gerichtete Stück ›Der Philosoph, ohne es zu wissen‹ (1765, dt. 1767) gilt als typ. Beispiel des von D. Diderot geforderten ernsten bürgerl. Dramas (Comédie sérieuse). S.s Libretti zu Opern P. A. Monsignys und A. E. M. Grétrys trugen durch ihre heitere Anmut sehr zum Erfolg der damals in Frankreich in Mode kommenden kom. Oper bei. 1786 wurde S. Mitglied der Académie française.
Ausgabe: M.-J. S. Théâtre. Hg. mit Anmerkungen v. G. d'HEYLLI. Paris 1877. Nachdr. Genf 1970.
Literatur: ARNOLDSON, L. P.: S. et les musiciens de son temps. Paris 1934. – RAYNER, M. A.: The social and literary aspects of S.'s dramatic work. Diss. Westfield College London 1959/60.

Sedez [von lat. sedecim = 16] ↑ Buchformat.

Sedgwick, Anne Douglas [engl. 'sɛdʒwɪk], * Englewood (N.J.) 28. März 1873, † Hampstead (heute zu London) 19. Juli 1935, angloamerikan. Schriftstellerin. – Kam früh nach Europa und lebte fast ständig in England und Frankreich (studierte in Paris Malerei). Ihre vom Gegensatz der amerikan. und europ. Gesellschaftsstrukturen geprägten Romane stehen in der Nachfolge von H. James und E. Wharton. Die von S.s Ehemann, dem Essayisten Basil de Sélincourt (* 1876, † 1958), herausgegebene Sammlung ›A portrait in letters‹ (1936) hat autobiograph. Wert.
Weitere Werke: The rescue (R., 1902), A fountain sealed (R., 1907), Amabel Channice (R., 1908), Tante (R., 1911), The nest (En., 1913), The encounter (R., 1914), Christmas roses (En., 1920), The little French girl (R., 1924), The old countess (R., 1927), Dark Hester (R., 1929).

Sedgwick, Catherine Maria [engl. 'sɛdʒwɪk], * Stockbridge (Mass.) 28. Dez. 1789, † West Roxbury (Mass.) 31. Juli 1867, amerikanische Schriftstellerin. – Stammte aus einer wohlhabenden kalvinist. Familie, die 1820 zum unitar. Glauben konvertierte. S.s erfolgreiche, an Popularität den Werken von J. F. Cooper und W. Irving vergleichbare Romane ›A New England tale‹ (1822) und ›Redwood‹ (1824, dt. 2 Tle., 1837) schildern das Schicksal weibl. Protagonisten und entwerfen die Vision ihres Einflusses auf ein von Tugend und Liebe erfülltes harmon. Leben. Spätere Romane behandeln die Beziehung zwischen Weißen und Indianern (›Hope Leslie, oder sonstige Zeiten in Massachusetts‹, 1827, dt. 1836) und das Leben der Frau in der New Yorker Gesellschaft (›Clarence‹, 1830; ›Die Familie Linwood‹, 1835, dt. 2 Tle. 1836; ›Verheirathet oder ledig‹, 1857, dt. 5 Bde., um 1857).

Weitere Werke: Romantrilogie: Home (1835), Arm und reich (1836, dt. 1865), Live and let live (1837).

Literatur: BROOKS, G.: Three wise virgins. New York 1957. – FOSTER, E. H.: C. M. S. New York 1974.

Sedulius, christlich-lat. Dichter des 5. Jahrhunderts. – Sein hexametr. ›Carmen Paschale‹ (= Ostergedicht; 5 Bücher) stellt die Wunder Jesu dar; in der Einleitung jene des AT. Später ließ S. dem Epos eine Prosafassung (›Opus Paschale‹) folgen. Seine Dichtungen waren im Mittelalter weit verbreitet.

Sedulius Scottus (Sedulius Scotus), ir. Gelehrter und Dichter aus der Mitte des 9. Jahrhunderts. – Schrieb in mlat. Sprache; lebte auf dem Kontinent, v. a. in Lüttich und Köln. Sein bedeutendstes Werk ist der Fürstenspiegel ›Liber de rectoribus christianis‹ (um 855) für König Lothar II. Als hervorragender Kenner der griech. Sprache verfaßte er mehrere grammat. Abhandlungen; schrieb auch Bibelkommentare und zahlreiche Gedichte, deren Verse, z. T. mit vagantenhaften Zügen, viel Eigenes in Diktion und Erfindung zeigen.

Ausgaben: S. S. Gedichte. Hg. v. L. TRAUBE. In: Monumenta Germaniae Historica. Poetae 3. Bln. 1896. Nachdr. 1978. – HELLMANN, S.: S. S. In: Quellen u. Unterss. zur lat. Philologie des MA. Hg. v. L. TRAUBE. Bd. 1,1. Mchn. 1906.

Literatur: DÜCHTING, R.: S. S. Seine Dichtungen. Mchn. 1968.

Seeberg, Peter [dän. ˈseːbɐr’], * Skrydstrup (Jütland) 22. Juni 1925, dän. Schriftsteller. – Archäologe, Museumsdirektor in Viborg; schreibt neben archäolog. Arbeiten v. a. dem Nouveau roman verwandte Romane und Novellen; auch Kinderbücher.

Werke: Bipersonene (R., 1956), Der Wurf (R., 1957, dt. 1972), Die Nachforschung (Nov.n, 1962, dt. 1968), Ein Grund zum Bleiben (R., 1970, dt. 1972, 1973 u. d. T. Der Traum vom guten Hirten), Die Frau im Fluß (En., 1974, dt. 1983), Hovedrengøring. Stumper af erindring (Essay, 1977), Am Meer (R., 1978, dt. 1981), Om fjorten dage (En., 1981), Der Junge ohne Namen (Kinderb., 1985, dt. 1990), Das Mädchen mit der Muschelkette (Kinderb., 1989, dt. 1991), Rejsen til Ribe (En., 1990), En dag med Svava (Kinderb., 1991).

Seeberg, Staffan [schwed. ˌseːbærj], * Stockholm 14. Aug. 1938, schwed. Schriftsteller. – Arzt; bemüht sich v. a. seit dem Ende der 60er Jahre um einen neuen Realismus, bestehend aus einem konzentrierten, erzähltechnisch experimentellen Prosastil, der innerem und äußerem Erleben des Menschen Rechnung trägt.

Werke: P:s lidanden (R., 1966), Grodorna (R., 1967), Vägen genom Vasaparken (R., 1970), Der Lungenfisch (R., 1971, dt. 1973), Cancerkandidaterna (R., 1975), Holobukk (R., 1977), Der Wald von Grönland (R., 1980, dt. 1981), Där havet börjar (R., 1982), Stellas Freiheit (R., 1985, dt. 1989).

Seewald, Richard, * Arnswalde 4. Mai 1889, † München 29. Okt. 1976, dt.-schweizer. Maler, Graphiker und Schriftsteller. – Architekturstudium in München, als Maler Autodidakt; 1924–31 Leiter der Malklasse an den Kölner Werkschulen, 1954–58 Prof. an der Kunstakademie in München. S. ging vom Expressionismus aus, strebte dann zunehmend vereinfachte Formen an. Gemälde und Graphik (u. a. ›S. Bilderbibel‹, 1957), kirchl. und profane Wandmalereien, Mosaiken und Gobelins, Glasgemälde und Buchillustrationen. Schrieb Kunstbetrachtungen (›Giotto‹, 1950) und Reisebücher (›Glanz des Mittelmeeres‹, 1956; ›Das griech. Inselbuch‹, 1958; ›Das Herz Hollands‹, 1962), humorvolle Erzählungen (›Zufälle, Einfälle‹, 1966) und Tierbücher (›Tiere und Landschaften‹, 1921), oft mit eigenen Zeichnungen illustriert.

Seferis (tl.: Seféres), Giorgos, eigtl. Giorgos Seferiadis, * Smyrna (heute Izmir) 19. Febr. 1900, † Athen 20. Sept. 1971, neugriech. Lyriker. – Studierte Jura in Athen und Paris, Diplomat; gilt als der

Begründer der modernen griech. Lyrik. Zuerst beeinflußt von der Poésie pure, dann von T. S. Eliots Dichtung, fand er zu einer neuen von den Stilmitteln des Symbolismus befreiten, unpathet. Dichtungsform, die der neugriech. Dichtung neue Wege eröffnete. S. übersetzte P. Valéry, P. Éluard, T. S. Eliot, E. Pound, die Apokalypse, das Hohe Lied u.a. 1963 erhielt S. den Nobelpreis für Literatur.

Werke: Strophē (= Wende, Ged., 1931), Hē sterna (= Die Zisterne, Ged., 1932), Mythistorēma (= Mythische Geschichte, Ged., 1935), Gymnopaidia (= Gymnopädie, Ged., 1936), Tetradio gymnasmatōn (= Übungsheft, Ged., 1940), Hēmerologio katastrōmatos I (= Logbuch I, Ged. 1940), Hēmerologio katastrōmatos II (= Logbuch II, Ged., 1944), Dokimes (= Versuche, Essays, 1944, dt. 1973), Teleutaios stathmos (= Letzte Station, Ged., 1947), Kichlē (= Drossel, Ged., 1947), Poiēmata (Gedichte, 1950), Kypron u m'ethespisen (= Zypern, wo mir prophezeit wurde, Ged., 1956), Tria krypha poiēmata (= Drei geheime Gedichte, 1966, dt. 1985), Dokimes I, II, III (= Versuche, Essays, hg. 1974, dt. 1981), Hexi nychtes stēn Akropolē (= Sechs Nächte auf der Akropolis, R., hg. 1974, dt. 1984), Meres (= Tage [1925–60], Tagebuch, 7 Bde., 1975–90), Henas dialogos gia tēn poiēsē (= Ein Gespräch über die Dichtung, G. S. und K. Tsatsos, 1975), Tetradio gymnasmatōn B (= Übungsheft II, Ged., hg. 1976), Poesie (Ged., griech. u. dt. Ausw. 1987).
Literatur: Gia ton S. Festschr. Athen 1960. – MAURINA, Z.: Die Aufgabe des Dichters in unserer Zeit. Essays mit literar. Portraits v. D. Hammerskjöld, G. S., A. Solschenizyn. Mchn. 1965. – Ommagio a S. Festschr. der Univ. Padua 1970. – VITTI, M.: Phthora kai logos. Eisagōgē stēn poiēsē tu S. Athen 1978. – VITTI, M.: G. S. Florenz 1978. – DASKALOPULOS, D.: Ergographia Sepherē (1931–79). Athen 1979. – MARONITIS, D.: Hē poiēsē tu G. S. Athen 1984.

Giorgos Seferis

Segal, Erich [Wolf] [engl. 'siːgəl], *New York 16. Juni 1937, amerikan. Schriftsteller. – Prof. für klass. Literatur (seit 1968) an der Yale University (›Roman laughter. The comedy of Plautus‹, 1968; ›Euripides. A collection of critical essays‹, hg. 1968); hatte großen Erfolg mit dem Roman ›Love Story‹ (1970, dt. 1971), den er mit ›Oliver's Story‹ (1977, dt. 1977) fortsetzte.
Weitere Werke: Yellow submarine (Filmdrehbuch, 1968), Mann, Frau und Kind (R., 1980, dt. 1980), Scholarship on Plautus, 1965–76 (1981), Caesar Augustus. Seven aspects (1984; Hg. mit F. Millar), ... und sie wollten die Welt verändern (R., 1985, dt. 1986), Die Ärzte (R., 1988, dt. 1990), Die Gottesmänner (R., 1992, dt. 1992).

Segalen, Victor [Joseph] Ambroise [Désiré] [frz. sega'lɛn], eigtl. V. J. A. D. Ségalen, Pseudonym Max Anély, *Brest 14. Jan. 1878, †Huelgoat (Finistère) 21. Mai 1919, frz. Schriftsteller. – Schiffsarzt, Dolmetscher und Hobbyarchäologe; zahlreiche Reisen, u.a. nach Polynesien (Tahiti), China und Tibet. Schrieb von den frz. Symbolisten beeinflußte exot. Gedichte, ferner Romane, Novellen und Reisebeschreibungen, wobei es ihm gelang, v.a. Wesen und Atmosphäre Chinas einzufangen. In seinem Hauptwerk ›Stèles‹ (Ged., 1912) verherrlicht er das konfuzian. China.
Weitere Werke: Die Unvordenklichen (R., 1907, dt. 1986), Peintures (Ged., 1916), René Leys (R., hg. 1921, dt. 1982), Odes (hg. 1926), Aufbruch in das Land der Wirklichkeit (Reiseb., hg. 1929, dt. 1984), Imaginaires (Nov., hg. 1972).
Ausgaben: V. S. Paul Gauguin in seiner letzten Umgebung. Die zwei Gesichter des Arthur Rimbaud. Mit Dokumenten u. anderen Texten. Übers. v. R. v. RITTER, S. WERLE u. D. HORNIG. Ffm. 1982. – V. S. Der Sohn des Himmels. Chronik der Tage des Herrschers. Roman. Übers. v. S. WERLE. Ffm. 1983. – V. S. China. Die Große Statue. Dt. Übers. v. W. GEIGER. Ffm. 1986. – V. S. Ethnologie, Reisen, Roman, Essay, Poesie. Werkausg. Dt. Übers. Freib. 1987. 5 Bde.
Literatur: BOL, V. P.: Lecture de ›Stèles‹ de V. S. Paris 1972. – BÉDOUIN, J.-L.: V. S., une étude avec un choix de textes et une bibliographie. Neuausg. Paris 1973. – JAMIN, J.: Exotismus u. Dichtung. Exotisme et écriture. Sur V. S. Frz. u. dt. Übers. Ffm. 1982. – COURTOT, C.: V. S. Paris 1984. – BOUILLIER, H.: V. S. Paris ²1986. – MANCERON, G.: S. Paris 1991.

Šegedin, Petar [serbokroat. 'ʃɛɡɛdin], *Žrnovo (Korčula) 8. Juli 1909, kroat. Schriftsteller. – Studierte an der philo-

soph. Fakultät in Zagreb; begann unter dem Pseudonym Petar Kružić zu schreiben. Bekannt wurde er durch seine Romane ›Kinder Gottes‹ (1946, dt. 1962) und ›Osamljenici‹ (= Die Einsamen, 1947); auch Reisebeschreibungen, Essays und Erzählungen (u. a. ›Tišina‹ [= Die Stille], 1982; ›Vjetar‹ [= Der Wind], 1986).
Ausgabe: P. Š. Izabrana djela. Rijeka 1977. 2 Bde.

Seghers, Anna ['ze:gərs], eigtl. Netty Radványi, geb. Reiling, * Mainz 19. Nov. 1900, † Berlin (Ost) 1. Juni 1983, dt. Schriftstellerin. – Studierte Geschichte, Kunstgeschichte und Sinologie, heiratete 1925 den ungar. Schriftsteller und Soziologen László Radványi (* 1900, † 1978), 1928 Eintritt in die KPD, Auslandsreisen, 1933 Emigration nach Frankreich, Spanien, schließlich nach Mexiko, lebte seit ihrer Rückkehr (1947) in Berlin (Ost); 1952–78 Präsidentin des Schriftstellerverbandes der DDR. S. erhielt zahlreiche Preise, u. a. 1928 den Kleist-Preis, 1947 den Georg-Büchner-Preis, 1951, 1959 und 1971 den Nationalpreis der DDR. 1981 Ehrenbürgerin von Mainz. Ihr Werk ist gekennzeichnet durch die knappe, konzentrierte Darstellung aktueller sozialrevolutionärer Kämpfe und des antifaschist. Widerstandes aus der Perspektive psychisch unkomplizierter Menschen im Stil der Neuen Sachlichkeit, später des sozialist. Realismus. Ihrer Auffassung nach erhält Literatur ihren Wert durch die Verdichtung der Wirklichkeit und die Potenz zu deren Veränderung. Die Rezeption ihres Werks wurde in der BR Deutschland durch ihr offenes Bekenntnis zum sozialist. Gesellschaftssystem erschwert. In ihrer Erzählung ›Aufstand der Fischer von St. Barbara‹ (1928) schildert sie die Geschichte des Streiks breton. Fischer gegen die Ausbeutung und die Niederlage der Aufständischen. Weltruhm erlangte S. mit ihrem im Exil geschriebenen Roman ›Das siebte Kreuz‹ (1942), der über die Flucht von sieben Häftlingen aus einem KZ berichtet, von denen nur einer nicht wieder gefangengenommen wird, und ›Transit‹ (span. 1944, dt. 1948), in dem, teils autobiographisch, das Schicksal dt. Emigranten in Marseille geschil-

dert wird, die sich, immer in der Angst, vor der Ankunft der dt. Truppen nicht rechtzeitig auf ein Schiff zu kommen, mit einer allesbeherrschenden Bürokratie auseinandersetzen müssen. Nach dem Zweiten Weltkrieg ging S.' Bestreben dahin, jegl. noch vorhandenen faschist. Denkmuster auszumerzen. Schrieb auch zahlreiche Essays als engagiertes Mitglied der literar. Szene der DDR.

Anna Seghers

Weitere Werke: Auf dem Weg zur amerikan. Botschaft (En., 1930), Die Gefährten (R., 1932), Der Kopflohn (R., 1933), Der Weg durch den Februar (R., 1935), Die Rettung (R., 1937), Der Ausflug der toten Mädchen (En., 1946), Die Toten bleiben jung (R., 1949), Die Hochzeit von Haiti (En., 1954), Der gerechte Richter (Nov., entst. 1957, gedr. 1990), Die Entscheidung (R., 1959), Die Kraft der Schwachen (En., 1965), Das Vertrauen (R., 1968), Über Kunstwerk und Wirklichkeit (Essays, 4 Bde., 1970–79), Überfahrt. Eine Liebesgeschichte (1971), Sonderbare Begegnungen (En., 1973), Steinzeit. Wiederbegegnung (En., 1977), Die Macht der Worte. Reden, Schriften, Briefe (1979), Drei Frauen aus Haiti (En., 1980), Woher wir kommen, wohin sie gehen (Essays, 1980).
Ausgaben: A. S. Ges. Werke in Einzelausgg. Bln. u. Weimar Neuausg. 1976–80. 14 Bde. – A. S. Werke. Darmst. u. Nw. 1977. 10 Bde.
Literatur: SCHOLZ, J.: A. S. Leben u. Werk. Ein Literaturverz. Lpz. 1960. – NEUGEBAUER, H.: A. S. Bln. ²1961. Neudr. Bln. 1970. – Über A. S. Hg. v. K. BATT. Bln. u. Weimar 1975 (mit Bibliogr.). – HAAS, E.: Ideologie u. Mythos. Studien zur Erzählstruktur u. Sprache im Werk von A. S. Stg. 1975. – A. S. Materialienbuch. Hg. v. S. ROOS u. F.-J. HASSAUER-ROOS. Darmst. u. Nw. 1977. – NEUGEBAUER, H.: A. S. Bln. 1978. –SAUER, K.: A. S. Mchn. 1978. – ROGGAUSCH, W.: Das Exilwerk von A. S. 1933–1939. Mchn. 1979. – BATT, K.: A. S. Ffm. ²1980. – A. S. Hg. v. H. L. ARNOLD. Mchn. ²1982. – DEGEMANN, CH.: A. S. in der westdt. Literaturkritik

1946–83. Köln 1985. – SCHRADE, A.: A. S. Stg.
u. a. 1993. – A. S. Eine Biogr. in Bildern. Hg. v.
F. WAGNER. Bln. 1994. – ROMERO, C. Z.: A. S.
Rbk. 9.–11. Tsd. 1994. – SCHRADE, A.: Entwurf
einer ungeteilten Gesellschaft. A. S.' Weg zum
Roman nach 1945. Bielefeld 1994.

Seghers, Pierre [frz. se'gɛrs], * Paris
5. Jan. 1906, † ebd. 4. Nov. 1987, frz. Lyriker und Verleger. – Wurde bekannt
durch seine während der Zeit der dt. Besetzung verfaßten, zum inneren Widerstand aufrufenden Gedichte (›Le chien
de pique‹, 1943; ›Le domaine public‹,
1945; ›Le futur antérieur‹, 1947). Der von
S. gegründete Verlag war Sammelpunkt
der Dichter der Résistance. 1940–48 und
wieder ab 1984 Hg. der Zeitschrift
›Poésie‹; Schöpfer der Reihe ›Poètes
d'aujourd'hui‹; u. a. Hg. der Anthologie
›Le livre d'or de la poésie française‹
(3 Bde., 1961–69).
Weitere Werke: Racines (Ged., 1956), Les
pierres (Ged., 1958), Piranèse (Ged., 1960), Dia-
logue (Ged., 1966), Dis-moi, ma vie (Ged.,
1972), La résistance et ses poètes, France,
1940–45 (1974), Le temps des merveilles (Ged.,
1978), Victor Hugo visionnaire (Ged., 1983),
Fortune, infortune, fort une (Ged., 1984).
Literatur: SEGHERS, P.: P. S. Choix de textes. Paris 1967. – SEGHERS, C.: P. S., un homme couvert
de noms. Paris 1981.

Segrais, Jean Regnault de [frz. sə-
'grɛ], * Caen 22. Aug. 1624, † ebd.
25. März 1701, frz. Schriftsteller. – War
Sekretär der Herzogin von Montpensier,
dann literar. Berater der Madame de La
Fayette, die unter seinem Namen ihren
zweiten Roman ›Zaida‹ (2 Bde., 1670/71,
dt. 1790) veröffentlichte. Verkehrte in
bekannten Pariser Salons und wurde
1662 Mitglied der Académie française.
S. übersetzte Vergil, schrieb geistreiche,
arkadisch-idyllische Gedichte, Romane
und Novellen.
Werke: Bérénice (R., 4 Bde., 1648–51), Athys
(Ged., 1653), Nouvelles françoises ou les diver-
tissements de la princesse Aurélie. (Nov.n,
1657), Églogues (Ged., hg. 1723).
Literatur: TIPPING, W. M.: J. R. de S., l'homme
et son œuvre. Paris 1933. Nachdr. Genf 1978.

Sehtext, spezielle Form visueller
Dichtung (↑ experimentelle Dichtung),
bei der das Arrangement nicht unbedingt
äußrer, äußerl. Konsequenz der inhaltl.
Aussage ist (wie etwa beim ↑ Figuren-
gedicht, bei zahlreichen visuellen Gedichten ↑ konkreter Poesie), sondern – spe-

ziell bei F. Kriwet – auf eine dem ›visuellen Zeitalter‹ entsprechende ›veränderte
Rezeption von Wort und Bild‹ zielt.

Seidel, Heinrich, * Perlin (Bezirk
Schwerin) 25. Juni 1842, † Groß-Lichterfelde (heute zu Berlin) 7. Nov. 1906, dt.
Schriftsteller. – 1868 Ingenieur, ab 1880
freier Schriftsteller. Erzählt in seinen Gedichten, Romanen und Novellen humorvoll von Sonderlingen und den verspon-
nenen, zeitfernen Idyllen des kleinbürgerl. Lebens. ›Leberecht Hühnchen‹ ist
eine Zentralfigur vieler zwischen 1882
und 1890 erschienenen Erzählungen (zusammengefaßt 1901 u. d. T. ›Leberecht
Hühnchen‹).
Weitere Werke: Der Rosenkönig (Nov., 1871),
Blätter im Winde (Ged., 1872), Vorstadt-Ge-
schichten (Skizzen, 1880), Winterfliegen (Ged.,
1880), Idyllen und Scherze (Ged., 1884).
Ausgaben: H. S. Ges. Schrr. Stg. 1889–1907.
20 Bde. – H. S. Ges. Werke. Stg. u. Bln. 1925.
5 Bde.
Literatur: SEIDEL, H. W.: Erinnerungen an H. S.
Stg. ²1912.

Seidel, Heinrich Wolfgang, * Berlin
28. Aug. 1876, † Starnberg 22. Sept. 1945,
dt. Schriftsteller. – Sohn von Heinrich S.;
heiratete 1907 seine Kusine Ina S.; ab
1907 Pfarrer (Berlin und Eberswalde), ab
1934 freier Schriftsteller in Starnberg.
Suchte als Autor besinnl. humoresker
Romane und Erzählungen aus dem bürgerl. Leben die Verbindung von Geheim-
nisvollem mit religiös inspiriertem Nationalismus.
Werke: Der Vogel Tolidan (En., 1913), Die
Varnholzer (R., 1918), Das vergitterte Fenster
(R., 1918), Das deutsche Jahr (En., 1919), Das
Erwachen (En., 1922), George Palmerstone (R.,
1922), Genia (En., 1927), Abend und Morgen
(En., 1934), Krüsemann (R., 1935), Das Seefräu-
lein (E., 1937), Das Antlitz vor Gott (Essays,
1941).

Seidel, Ina, * Halle/Saale 15. Sept.
1885, † Schäftlarn (Landkreis München)
2. Okt. 1974, dt. Schriftstellerin. – Tochter eines Arztes; ab 1907 ∞ mit ihrem Vetter Heinrich Wolfgang S., lebte u. a. in
München und Berlin, ab 1934 in Starnberg; war ab 1908 nach einer Krankheit
schwer gehbehindert. Ina S. begann mit
religiös-empfindsamer Lyrik, schrieb im
1. Weltkrieg patriot. Trost- und Leidge-
dichte. In mystisch-myth. Verbrämung
und voller Schicksalspathos treten als

Ina Seidel

Hauptthemen ihrer erzählenden Prosa ›das Mütterliche‹, das ›Geheimnis des Blutes‹ sowie ›Vererbung und Eigenleben‹ auf. Dabei wird auch die Verbindung zu östl. Seelenwanderung, zum Darwinismus und zu theosoph. Ideen gesucht. Idealist. Schicksalsgläubigkeit kennzeichnet die Anlehnung an einen Romantizismus, der rückständige Geschichtsinterpretation konserviert. Bekannt wurde Ina S. mit dem Roman ›Das Wunschkind‹ (2 Bde., 1930); sie feierte Hitler in pathetisch-romant. Versen, was sie später als Irrtum bedauerte; dennoch verharmlosten ihre Werke nach 1945 (v. a. der Roman ›Michaela‹, 1959) den Faschismus.

Weitere Werke: Gedichte (1914), Weltinnigkeit (Ged., 1918), Das Labyrinth (R., 1922), Die Fürstin reitet (E., 1926), Der Weg ohne Wahl (R., 1933), Meine Kindheit und Jugend (1935), Lennacker (R., 1938), Unser Freund Peregrin (E., 1940), Das unverwesl. Erbe (R., 1954), Die Fahrt in den Abend (E., 1955), Vor Tau und Tag. Geschichte einer Kindheit (Autobiogr., 1962), Quartett (En., 1963), Lebensbericht 1885–1923 (Autobiogr., 1970), Sommertage (En., 1973).

Ausgaben: I. S. Gedichte. Stg. 1955. – I. S. Frau u: Wort. Ausgew. Betrachtungen u. Aufss. Stg. 1965. – I. S. Aus den schwarzen Wachstuchheften. Monologe, Notizen, Fragmente. Hg. v. CH. FERBER. Stg. 1980.

Literatur: HORST, K. A.: I. S. Wesen u. Werk. Stg. 1956. – WIEN, W.: Die ersten u. die letzten Bilder. I. S. zum 80. Geburtstag. Stg. 1966 (mit Bibliogr.). – FERBER, CH.: Die Seidels. Gesch. einer bürgerl. Familie 1811–1977. Stg. 1979.

Seidel, Willy, * Braunschweig 15. Jan. 1887, † München 29. Dez. 1934, dt. Schriftsteller. – Bruder von Ina S.; studierte Germanistik und Naturwissen-

schaften. Seine z. T. grotesk-phantast. Romane und Erzählungen spielen häufig in exot. Ländern; oft Neigung zum Unheimlich-Spukhaften.

Werke: Absalom (Legende, 1911), Der Sang der Skîje (R., 1914), Der Buschhahn (R., 1921), Die ewige Wiederkunft (Nov.n, 1925), Der Gott im Treibhaus (R., 1925), Schattenpuppen (R., 1927), Larven (Nov., 1929), Die mag. Laterne des Herrn Zinkeisen (R., 1929).

Seidl, Johann Gabriel [...dəl], Pseudonyme Meta Communis, Emil Ledie, * Wien 21. Juni 1804, † ebd. 18. Juli 1875, österr. Schriftsteller. – Gymnasial-Prof., 1856 Hofschatzmeister, ab 1871 Hofrat. Schuf zahlreiche von F. Schubert, R. Schumann und C. Loewe vertonte Gedichte, darunter die Kaiserhymne ›Gott erhalte ...‹; bekannt auch durch seine Mundartgedichte ›Flinserln‹ (4 Bde., 1828–37); auch Erzähler und Dramatiker.

Ausgabe: J. G. S. Ausgew. Dichtungen. Hg. v. K. FUCHS. Lpz. 1906. 3 Bde.
Literatur: WATZEK, J.: J. G. S.s Flinserln. Diss. Wien 1966.

Seifert, Jaroslav [tschech. 'sajfεrt], * Prag 23. Sept. 1901, † ebd. 10. Jan. 1986, tschech. Lyriker. – Redakteur; bekannte sich mit seinem Frühwerk zur proletar. Dichtung und vertrat sozialist. Ideen; schloß sich dann der dem Futurismus nahestehenden Künstlergruppe Devětsil an (↑ Poetismus). In seiner gefühlvollen, lebendigen Stimmungslyrik der späteren Zeit schlug er z. T. melanchol. Töne an und verwendete eine knappe liedhafte Versform; auch Reportagen, Feuilletons, Kindergedichte, Übersetzungen aus dem Französischen und Russischen; wandte sich 1968 gegen die Invasoren seines Landes; in den 70er Jahren Verbot der Publikation neuer Werke; Mitunterzeichner der Charta 77. 1984 erhielt S. den Nobelpreis für Literatur.

Werke: Město v slzách (= Stadt in Tränen, Ged., 1921), Auf den Wellen von TSF (Ged., 1925, dt. 1985), Zhasněte světla (= Löscht die Lichter aus, Ged., 1938), Kamenný most (= Die steinerne Brücke, Ged., 1944), Přílba hlíny (= Der Stahlhelm voll Erde, Ged., 1945), Šel malíř chudě do světa (= Es ging der Maler arm in die Welt, Ged., 1949), Was einmal Liebe war (Ged., 1954, dt. 1985), Koncert na ostrově (= Konzert auf der Insel, Ged., 1965), Der Halleysche Komet (Ged., 1967, dt. 1986), Der Regenschirm vom Piccadilly. Die Pestsäule (Ged.,

Jaroslav
Seifert

Mchn. 1979 u. Köln 1977, dt. 1985), Alle Schönheit dieser Welt. Geschichten und Erinnerungen (Toronto 1981, dt. 1985, 2. Teil dt. 1985 u. d. T. Ein Himmel voller Raben), Im Spiegel hat er das Dunkel (Ged., tschech. und dt. 1982), Gewitter der Welt. Vom süßen Unglück, ein Dichter zu sein (Ged., 1983, dt. 1984).
Ausgabe: J. S. Dílo. Prag 1953–70. 7 Bde.
Literatur: DREWS, P.: Devětsil u. Poetismus. Künstler. Theorie u. Praxis der tschech. literar. Avantgarde am Beispiel V. Nezvals, J. S.s u. J. Wolkers. Mchn. 1975.

Seifried Helbling, satirisch-didakt. Dichtung eines anonymen österr. Verfassers; Ende des 13. Jh. entstanden; besteht aus 15 ungleich langen Abschnitten (von 50 bis 1500 Versen). Vom ersten Hg. Th. von Karajan nach dem Spielmann in Gedicht 13 benannt; der Dichter selbst nennt sein Werk das ›Kleinen Lucidarius‹ († ›Lucidarius‹). In den Gesprächen zwischen dem Dichter und seinem Knappen wird eine großangelegte Zeit- und Gesellschaftskritik konzipiert, die sich gegen den polit. Niedergang der Babenberger, den Verfall der herrschenden Klasse des Rittertums und den allgemeinen moralisch-sittl. Verfall richtet.
Ausgabe: S. H. Hg. v. J. SEEMÜLLER. Halle/Saale 1886. Nachdr. Hildesheim u. a. 1987.

Seifullina (tl.: Sejfullina), Lidija Nikolajewna [russ. sɪj'fullɪnɐ], * Werchneuwelski (Gebiet Tscheljabinsk) 3. April 1889, † Moskau 25. April 1954, russ.-sowjet. Schriftstellerin. – Tochter eines orthodoxen Geistlichen tatar. Abstammung; Lehrerin, Schauspielerin; lebte ab 1923 in Moskau und Leningrad; schrieb, v. a. in den 20er Jahren, realist. Erzählungen, die meist das russ. Dorfleben nach

der Revolution zum Thema haben; auch Dramatisierungen eigener Werke.
Werke: Der Ausreißer (E., 1922, dt. 1925), Humus (Nov., 1922, dt. 1959), Wirinea (Nov., 1924, dt. 1925, 1959 u. d. T. Das Herz auf der Zunge).
Ausgabe: L. N. Sejfullina. Sočinenija. Moskau 1980. 2 Bde.
Literatur: JANOVSKIJ, N.: L. Sejfullina. Moskau ²1972.

Seiler, Andreas, obersorb. Dichter, † Zejleŕ, Handrij.

Seingalt, Chevalier de [frz. sɛ̃'galt], italien. Abenteurer und Schriftsteller, † Casanova, Giacomo Girolamo.

Sei Schonagon (tl.: Sei Shōnagon) [jap. se'ːʃoːnaˌɡoṇ], * um 965, † nach 1000, jap. Dichterin. – Entstammte einer angesehen und gebildeten Familie; wurde um 990 Hofdame der Kaiserin Sadako, nach deren Tod (1000) sie den kaiserl. Hof wieder verließ. Schuf mit ihrem ›Makura no sōshi‹ (entst. wohl zwischen 992 und 1021, teilweise dt. 1944 u. d. T. ›Das Kopfkissenbuch der Dame Sei Shōnagon‹) eine neue Literaturgattung, die † Suihitsu. Das Werk, die älteste Sammlung dieser Gattung skizzenhafter Miszellen, schildert in über 300 Abschnitten die Wahrnehmungen, v. a. aber Gefühle der Autorin in aphoristisch-essayist. Duktus; es gibt ein interessantes Bild vom Leben am Kaiserhof und gilt als eines der großen Werke der klass. jap. Literatur.
Ausgaben: Das Kopfkissenbuch der Dame S. Shonagon. Dt. Übers. u. hg. v. M. WATANABÉ. Zü. 1952. – The pillow-book of Sei Shônagon. Hg. v. I. MORRIS. London 1967.
Literatur: BEAUJARD, A.: Séi Shônagon', son temps et son œuvre. Paris 1934.

Sejfullina, Lidija Nikolaevna, russ.-sowjet. Schriftstellerin, † Seifullina, Lidija Nikolajewna.

Sekundärliteratur (Forschungsliteratur), wiss. Untersuchungen und Kommentare zu Werken aus den verschiedensten Gebieten des literar. Schaffens (zur sog. † Primärliteratur).

Sekundenstil, eine v. a. von A. Holz entwickelte, im Naturalismus erstmals realisierte literar. Technik, die eine vollkommene Deckungsgleichheit von Erzählzeit und erzählter Zeit († Epik) anstrebt, vergleichbar einer film. Dauereinstellung ohne Raffung und Dehnung;

das Zeitkontinuum bildet die einzige Ordnungsstruktur, während der Autor völlig zurücktritt. Der Begriff S. wurde von Adalbert von Hanstein (* 1861, † 1904) in seiner Literaturgeschichte ›Das jüngste Deutschland‹ (1900) geprägt. Die mit dem S. erreichte Parzellierung und Atomisierung von Wirklichkeit zeigt als Pointillismus-Phänomen Übergänge zu Impressionismus und Symbolismus. Der S. wurde auch nach dem Naturalismus als Extremmöglichkeit kopist. Schreibens angewandt, z. B. in den Collagen ›Der Schatten des Körpers des Kutschers‹ von P. Weiss (1960).

Seladon, Pseudonym des dt. Schriftstellers Georg ↑ Greflinger.

Selander, Sten, * Stockholm 1. Juli 1891, † ebd. 8. April 1957, schwed. Schriftsteller. – Nahm als Literatur- und Theaterkritiker verschiedener Zeitungen an der Kulturdebatte der 30er Jahre teil. Seine Gedichte spiegeln den städt. Alltag wider und gestalten aktuelle Probleme der Situation junger Intellektueller nach dem 1. Weltkrieg; auch Essays und Naturschilderungen; ab 1953 Mitglied der Schwed. Akademie.
Werke: Vers och visor (Ged., 1916), Vår Herres hage (Ged., 1923), En dag (Ged., 1931), Sommarnatten (Ged., 1941), Stränder (Ged., 1950), Mark och rymd (Essays, hg. 1958).

Selby, Hubert [engl. 'sɛlbɪ], * New York 23. Juli 1928, amerikan. Schriftsteller. – Wuchs in Brooklyn auf, war u. a. als Seemann und Versicherungsangestellter tätig; dann freier Schriftsteller. S. schildert in seinem z. T. auf eigenen Erfahrungen beruhenden Roman ›Letzte Ausfahrt Brooklyn‹ (1964, dt. 1968) schockierendnaturalistisch die ausweglose Existenz der von der Gesellschaft Gezeichneten in den Slums von Brooklyn. Seine weiteren Romane sind durch die Themen Sex, Drogen und Gewalt bestimmt.
Weitere Werke: Mauern (R., 1971, dt. 1972), Der Dämon (R., 1976, dt. 1980), Requiem für einen Traum (R., 1978, dt. 1981), Lied vom stillen Schnee (En., 1986, dt. 1989).

Selimović, [Mehmed-]Meša [serbokroat. sɛ'li:mɔvitɕ], * Tuzla 26. April 1910, † Belgrad 11. Juli 1982, serb. Schriftsteller. – 1942 von der faschist. Ustascha inhaftiert; ab 1947 Prof. für Pädagogik und Direktor des Nationaltheaters in Sara-

jevo. S.s Hauptwerk ist der Roman ›Der Derwisch und der Tod‹ (1966, dt. 1969), der am Beispiel einer Begebenheit aus der bosn. Geschichte des 18. Jh. die existentielle Bedrohung des Menschen durch Macht und deren Mißbrauch schildert. Neben I. Andrić ist S. der bedeutendste Nachkriegsschriftsteller der Serben.
Weitere Werke: Prva četa (= Der erste Trupp, E., 1951), Tuđa zemlja (= Fremde Erde, E., 1962), Die Festung (R., 1970, dt. 1977), Uspomene (= Erinnerungen, 1976).
Ausgabe: M. S. Sabrana djela. Belgrad u. Rijeka 1975. 8 Bde.

Selinko, Annemarie [dän. se'liŋgo], verh. Kristiansen, * Wien 1. Sept. 1914, † Kopenhagen 28. Juli 1986, österr.-dän. Schriftstellerin. – Lebte seit 1938 in Kopenhagen; wurde v. a. bekannt durch ihren Roman ›Désirée‹ (1951).
Weitere Werke: Ich war ein häßl. Mädchen (R., 1937), Morgen ist alles besser (R., 1938), Heut heiratet mein Mann (R., 1940).

Šeller, Aleksandr Konstantinovič, russ. Schriftsteller, ↑ Scheller, Alexandr Konstantinowitsch.

Selvon, Samuel [Dickson] [engl. 'sɛlvən], * Trinidad 20. Mai 1923, † 1994, karib. Schriftsteller. – War zunächst Journalist, ab 1954 freier Schriftsteller; lebte ab 1950 in England, ab 1978 in Kanada. S. schildert in seinen Romanen kulturelle und soziale Probleme der Karibik sowie der von dort kommenden Immigranten in England. Durch Verwendung eines modifizierten Dialekts gelang es ihm, die kulturellen Besonderheiten seiner Heimat einer europ. Leserschaft nahezubringen; schrieb auch Kurzgeschichten und Hörspiele.
Werke: A brighter sun (R., 1952), The lonely Londoners (R., 1956), Turn again tiger (R., 1958), Ways of the sunlight (R., 1958), I hear thunder (R., 1963), The housing lark (R., 1965), Those who eat the cascadura (R., 1972), Moses ascending (R., 1975), Moses migrating (R., 1983), Foreday morning. Selected prose 1946–1986 (Prosa, 1989).

Selwinski (tl.: Sel'vinskij), Ilja (Karl) Lwowitsch [russ. sɪlj'vinskij], * Simferopol 24. Okt. 1899, † Moskau 22. März 1968, russ.-sowjet. Schriftsteller. – Einer der Hauptvertreter des Konstruktivismus und Mitbegründer einer 1930 aufgelösten konstruktiv. Gruppe; schrieb experimentelle, u. a. an W. W. Majakowski geschulte Verdichtungen, in denen er vorwiegend historisch-patriot. Themen behandelt; er verfaßte auch Dramen sowie erzählende Prosawerke, in denen er mit Verseinschüben neue Wirkungen erzielte.

Werke: Uljalaevščina (= Das Uljalajew-Abenteuer, Poem, 1927, überarbeitet 1956), Pao-Pao (Dr., 1932), Der Bauernzar (Trag., 1937, dt. 1946), Rossija (= Rußland, dramat. Trilogie, 1944–57). **Ausgabe:** I. L. Sel'vinskij. Sobranie sočinenij. Moskau 1971–74. 6 Bde. **Literatur:** REZNIK, O.: Žizn' v poèzii. Moskau 1981.

Semadeni, Jon, * Vnà (Graubünden) 30. Mai 1910, † Samedan 24. Febr. 1981, rätoroman. Schriftsteller. – Führender Vertreter des rätoroman. Dramas des 20. Jh.; schrieb auch Hör- und Fernsehspiele, Kabarettmanuskripte, Erzählungen.

Werke: Famiglia Rubar (Dr., 1941), La s-chürdüm dal sulai (Dr., 1951), Pontius Pilatus (Dr., 1961), La jürada (E., 1962, mit dt. Übers. 1967), Il giat cotschen (Kurz-R., 1980), Ouvras dramaticas (Dramen, 1980).

Semanjuk, Iwan Jurijowytsch, ukrain. Schriftsteller, ↑ Tscheremschyna, Marko.

Semenov ↑ Semjonow.

Semiotik (auch Semiologie) [zu griech. sēmeīon = Zeichen], allgemeine Zeichentheorie und Zeichenlehre. Die S. analysiert alle Arten von sprachl. und nichtsprachl. Zeichencodes bzw. Zeichensystemen hinsichtlich der ihnen zugrundeliegenden kommunikativen Strukturen und Funktionen. – Die Tradition der S. reicht von der Antike (Platon, Aristoteles) über das MA (Scholastik, ›Modisten‹) bis zu wichtigen Philosophen des 17. und 18. Jh. (F. Bacon, G. W. Leibniz, D. Hume, J. H. Lambert). Die Grundlegung der modernen S. erfolgte im 19. Jh. (u. a. B. Bolzano) entscheidend durch den amerikan. Philosophen und Mathematiker Charles [S.] Sanders Peirce (* 1839, † 1914), dessen Basistheorie Charles William Morris (* 1901) programmatisch weiterentwickelte (›Grundlagen der Zeichentheorie‹, 1947, dt. 1972). – Die klass. S. entwirft ein mehrdimensionales (triad.) Zeichenmodell, erstellt Klassifikationen bestimmter Zei-

chentypen und -funktionen; sie gliedert sich in drei Teildisziplinen: **Syntax** (Relation zwischen den Zeichen), **Semantik** (Relation zwischen Zeichen und Bedeutung), **Pragmatik** (Relation zwischen Zeichen und Benutzer). Neuerdings wird noch die **Sigmatik** (Georg Klaus [* 1912, † 1974]) ausgegliedert (Relation zwischen Zeichen und Realität). – Außer aus der Philosophie (Logik, Ontologie, Erkenntnistheorie), die traditionellerweise bes. die amerikan. S. bestimmt, aber auch in Europa eine wichtige Quelle der S. darstellt (z. B. E. Cassirer, ›Philosophie der symbol. Formen‹, 1923–29), bezieht die europ. S. wesentl. Impulse aus der ↑ Linguistik, bes. aus dem ↑ Strukturalismus F. de Saussures (›Grundfragen der allgemeinen Sprachwiss.‹, 1916, dt. 1967) in Verbindung mit anderen sprachwissenschaftl. Modellen (Prager Strukturalismus, russischer Formalismus, Glossematik). Die Rezeption von de Saussures Theorie des sprachl. Zeichens (›Sprache als Zeichensystem‹) und sein Postulat von der ›Semiologie‹ (bzw. S.) als strukturalist. Grundlagenwiss. führte bes. in Frankreich (André Martinet [* 1908], R. Barthes, C. Lévi-Strauss, J. Kristeva u. a.) und Italien (U. Eco, Maria Corti [* 1914], Cesare Segre [* 1928] u. a.) – aber auch in der BR Deutschland (M. Bense), in der DDR (G. Klaus) und Osteuropa (marxist. S.-Modelle) – zu vielfältigen Entwürfen spezieller wie allgemeiner Semiotiken: in Disziplinen der Sprach- und Literaturwiss. (Rhetorik, Poetik, Narrativik, Textsemiotik, literar. S.) ebenso wie in anderen Bereichen der Kunst-, Kultur- und Geisteswissenschaften (z. B. Architektur, Anthropologie, Soziologie, Ästhetik, Theater, Film, Musik) einschließlich denen der sog. ›Mythen des Alltags‹ (Barthes; semiot. Analysen zur Reklame, Massenkommunikation usw.).

Literatur: ESCHBACH, A./RADLER, W.: S.-Bibliogr. I. Ffm. 1976. – NÖTH, W.: Handb. der S. Stg. 1985. – ECO, U.: S. Dt. Übers. Mchn. 1987. – ECO, U.: Einf. in die S. Dt. Übers. Mchn. ⁸1994.

Semitistik [nlat.] (semit. Philologie), Teildisziplin der Orientalistik, die sich mit der Erforschung der semit. Sprachen beschäftigt. Ausgehend von Erkenntnissen der mittelalterl. jüd. und arab. Grammatiker, betrachtete man in Europa bis ins 17. Jh. Hebräisch als ›Ursprache‹ und betrieb philolog. Studien v. a. aus theolog. Interesse. Mit dem Aufkommen der vergleichenden Sprachwiss. für die indogerman. Sprachen in der 1. Hälfte des 19. Jh. begann man auch die semit. Sprachen wissenschaftlich zu untersuchen und ihre Beziehungen untereinander aufzuzeigen (W. Gesenius, Th. Nöldeke, Ch. F. A. Dillmann). Mit den Arbeiten von C. Brockelmann erreichte die historisch-krit. Behandlung einen Höhepunkt. In jüngster Zeit hat man sich u. a. der Erforschung einzelner Dialekte zugewandt. Hierbei wird weitgehend mit modernen linguist. Methoden gearbeitet, im Vordergrund steht die synchrone Sprachbetrachtung. Gelehrte des 20. Jh. sind u. a. G. Bergsträsser, H. Bauer, M. Cohen und W. von Soden.

Semjonow (tl.: Semenov), Julian Semjonowitsch [russ. sɪˈmjɔnɐf], * Moskau 8. Okt. 1931, russ. Schriftsteller. – Verfasser von Abenteuer- und Kriminalromanen.
Werke: Pri ispolnenii služebnych objazannostej (= In Erfüllung der Dienstpflichten, E., 1962), Auftrag: Mord (Kriminal-R., 1963, dt. 1965, 1967 auch u. d. T. Petrowka 38), Die Alternative (R., 4 Bde., 1975–78, dt. 1978), TASS ist ermächtigt (Spionage-R., 1979, dt. 1982, 1985 u. d. T. Die Würfel fallen in Moskau), 1989 u. d. T. Moskau: streng geheim), Reporter (R., 1988).

Semjonow (tl.: Semenov), Sergei Alexandrowitsch [russ. sɪˈmjɔnɐf], * Naumowo-Potschinok (Gebiet Kostroma) 19. Okt. 1893, † an der Front bei Wolchow 12. Jan. 1942, russ.-sowjet. Schriftsteller. – Entstammte dem Industrieproletariat; ab 1918 Mitglied der KP; pflegte den dokumentar. Roman. Sein Roman ›Golod‹ (= Hunger, 1922) schildert die Hungersnot in Petrograd 1919. S. setzte sich auch mit soziolog. Fragen, bes. der Familie, auseinander.

Semonides (tl.: Sēmōnídēs), griech. Lyriker um 600 v. Chr. – Wanderte von Samos nach Amorgos aus, wo er eine Kolonie gründete; bekannt als Verfasser von Elegien und Jambendichtung; pessimist. Grundstimmung beherrscht eine Reihe der überlieferten Fragmente. Bekannt ist v. a. der fast ganz erhaltene ›Weiberiambos‹, eine Schmährede auf die Frauen.
Ausgabe: Iambi et elegi Graeci ante Alexandrum cantati. Hg. v. M. L. WEST. Bd. 2. Oxford 1972.
Literatur: WEST, M. L.: Studies in Greek elegy and iambus. Bln. u. New York 1974.

Semprún, Jorge, frz. J. Semprun [frz. sãˈprœ̃], * Madrid 10. Dez. 1923, span.-frz. Schriftsteller. – Lebt seit dem Span. Bürgerkrieg überwiegend in Frankreich; engagierte sich nach Studien an der Sorbonne in der Résistance, kam 1943 in das KZ Buchenwald, 1945 Rückkehr nach Paris; diplomatisch-kulturpolit. Tätigkeit in der UNESCO; ab 1953 Funktionär der verbotenen KP Spaniens, aus der er jedoch 1964 ausgeschlossen wurde; 1988–91 span. Kulturminister. In seinen vielfach autobiographisch inspirierten Romanen zeichnet S. mit z. T. beklemmender psycholog. Eindringlichkeit Verhaltensweisen von Individuen in Ausnahmesituationen (Résistance, Gefangenschaft, Deportation) nach. Dabei gelingt es ihm, Techniken des Nouveau roman (z. B. C. Simons) sinnvoll in den konkreten Handlungsablauf seiner Texte einzubringen. Schrieb auch Filmdrehbücher. 1994 erhielt er den Friedenspreis des Börsenvereins des Dt. Buchhandels.

Jorge
Semprún

Werke: Die große Reise (R., 1963, dt. 1964), La guerre est finie (R. und Drehb., 1966), L'évanouissement (R., 1967), Z (Drehb., 1968), Der zweite Tod des Ramón Mercader (R., 1969, dt. 1974; Prix Femina 1969), Das Geständnis (Drehb., 1969, dt. 1970), Federico Sánchez. Eine Autobiographie (1977, dt. 1978; Premio Planeta 1977), Was für ein schöner Sonntag! (Bericht, 1980, dt. 1981), Algarabía oder die neuen Geheimnisse von Paris (R., 1981, dt. 1985), Yves

Montand. Das Leben geht weiter (Biogr., 1983, dt. 1984), Der weiße Berg (R., 1986, dt. 1987), Netschajew kehrt zurück (R., 1987, dt. 1989), Federico Sánchez verabschiedet sich (Autobiogr., 1993, dt. 1994), Schreiben oder Leben (Autobiogr., 1994, dt. 1995).

Literatur: DELORY-MOMBERGER, CH./KÖNIG, T.: J. S. In: Krit. Lex. zur fremdsprachigen Gegenwartsliteratur. Hg. v. H. L. ARNOLD. Losebl. Mchn. 1983 ff. – KÜSTER, L.: Obsession der Erinnerung. Das literar. Werk J. S.s. Ffm. 1988.

Sena, Jorge de, *Lissabon 2. Nov. 1919, †Santa Barbara (Calif.) 4. Juni 1978, portugies. Schriftsteller. – Emigrierte 1959 nach Brasilien, ab 1967 Prof. für Literaturwiss. an der University of Wisconsin. Von unterschiedl. Stilrichtungen beeinflußt, ist seine metrisch vielfältige Dichtung geistige Autobiographie und engagierter Kommentar seiner Zeit. Die phantastisch-parabelartige Novelle ›Der wundertätige Physicus‹ (1966, enthalten in der Sammlung ›Novas andanças do demónio‹, 1977 einzeln erschienen, dt. 1989) wendet sich gegen Puritanismus und Verfolgungen der Salazar-Diktatur. Die Verstragödie ›O indesejado‹ (1949) stellt den glücklosen Thronbewerber Don António als Antimythos dem verklärten Don Sebastião gegenüber. S. verfaßte auch zahlreiche literar. Studien, u. a. Arbeiten über Camões und F. Pessoa.

Weitere Werke: Perseguição (Ged., 1942), Pedra filosofal (Ged., 1950), Ulisseia adúltera (Dr., 1952), As evidências (Ged., 1955), Fidelidade (Ged., 1958), Andanças do demónio (En., 1960), Metamorfoses (Ged., 1963), Os grão-capitães (En., 1976), Sinais de fogo (R., hg. 1978; unvollendet).

Ausgabe: J. de S. Poesia. Lissabon ²⁻³1988. 3 Bde.

Senancour, Étienne Pivert de [frz. sənã'ku:r], *Paris 5. oder 6. Nov. 1770, †Saint-Cloud 10. Jan. 1846, frz. Schriftsteller. – Emigrierte 1789 in die Schweiz; nach 1795 Publizist in Paris; lebte später einsam, verbittert und verarmt in der Nähe von Paris. Sein Briefroman ›Obermann‹ (1804, dt. 2 Bde., 1844), dessen Hauptfigur, wie der Verfasser selbst, den Typ des romant., resigniert reflektierenden Helden verkörpert, gilt als eines der bedeutendsten Werke der frz. Frühromantik; von J.-J. Rousseau beeinflußt, schrieb S. u. a. ›Rêveries sur la nature primitive de l'homme‹ (1799), die philo-

soph. Studie ›De l'amour‹ (1805), ›Libres méditations d'un solitaire inconnu sur le détachement du monde‹ (1819).

Literatur: LE GALL, B.: L'imaginaire chez S. Paris 1966. 2 Bde. – Hommage à S. Hg. v. J. SENELIER. Paris 1971. – DIDIER, B.: S. romancier. Paris 1986.

Senar [lat.], Bez. der lat. Metrik für den dem griech. akatalekt. jamb. ↑Trimeter entsprechenden lat. Sprechvers, der jedoch nicht aus ↑Dipodien, sondern monopodisch aus sechs jamb. Versfüßen gebaut ist; zahlreiche Variationsmöglichkeiten.

Sender, Ramón José [span. sen'dɛr], *Alcolea de Cinca (Prov. Huesca) 3. Febr. 1901, †San Diego (Calif.) 16. Jan. 1982, span. Schriftsteller. – Jurastudium, später Redakteur; nahm auf republikan. Seite am Span. Bürgerkrieg teil; Exil in Mexiko, ab 1942 in den USA, 1946 naturalisiert; 1947–63 Professor in Amherst (Mass.), Denver und Albuquerque. Setzte sich in Romanen, Erzählungen, Dramen, Essays und Kritiken v. a. mit sozialen und polit. Problemen auseinander. Die Jahre des Bürgerkrieges nehmen in seinem Werk, das sich gegen jede Art von Unterdrückung und Ausbeutung wendet, einen breiten Raum ein.

Werke: Imán (R., 1930, dt. 1931), Mr. Witt en el cantón (R., 1936), Proverbio de la muerte (Dr., 1939, 1947 u. d. T. La esfera), Der Verschollene (R., 1939, dt. 1961), Die Brautnacht des schwarzen Trinidad (R., 1942, dt. 1964), Crónica del alba (R.-Zyklus, 9 Tle., 1942–66), Der König und die Königin (R., 1949, dt. 1962), Requiem für einen span. Landmann (Nov., 1953, dt. 1964), Die fünf Bücher der Ariadne (R., 1957, dt. 1966), Bandido adolescente (R., 1965), Die Heilige und die Sünder (R., 1967, dt. 1971), Las criaturas saturnianas (R., 1968), En la vida de Ignacio Morel (R., 1969; Premio Planeta), Zu, el ángel anfibio (R., 1970), El fugitivo (R., 1972), La mesa de las tres moiras (R., 1974), Gloria y vejamen de Nancy (R., 1977), Luz zodiacal en el parque (R., 1980).

Ausgabe: R. J. S. Obra completa. Barcelona 1976–81. 3 Bde.

Literatur: RIVAS, J.: El escritor y su senda. Estudio crítico-literario sobre R. J. S. Mexiko ²1967. – PEÑUELAS, M. C.: La obra narrativa de R. J. S. Madrid 1971. – KING, CH. L.: R. J. S. New York 1974. – COLLARD, P.: R. J. S. en los años 1930–36. Gent 1980. – WEITZDÖRFER, E.: Die histor. Romane R. J. S.s. Ffm. u. a. 1983.

Seneca, Lucius Annaeus, d. Ä., *Corduba (heute Córdoba) um 55

v. Chr., † um 40 n. Chr., röm. Schriftsteller. – Vater von Lucius Annaeus S. d. J., Großvater des Dichters Lukan. Studium der Rhetorik in Rom; Beamter. Er zeichnete im Alter die großenteils erhaltenen ›Controversiae‹ (Plädoyers, 10 Bücher) und ›Suasoriae‹ (polit. Beratungsreden) auf. Anthologien von fingierten, z. T. ziemlich absurden Übungsthemen, wie sie in den damaligen Rhetorenschulen verwendet wurden, mit reichl. Angaben über deren Behandlung durch die einzelnen Rhetoren; eine wichtige Quelle für die Rhetorik der frühen Kaiserzeit.

Ausgabe: Sénèque le Rhéteur. Controversés et suasoires. Lat. u. frz. Hg. v. H. BORNECQUE. Paris Neuaufl. 1932. 2 Bde.
Literatur: FAIRWEATHER, J.: S. the Elder. Cambridge u. New York 1981.

Lucius
Annaeus
Seneca d. J.

Seneca, Lucius Annaeus, d. J., * Corduba (heute Córdoba) um 4 v. Chr., † Rom 65 n. Chr., röm. Politiker, Philosoph und Dichter. – Ausbildung in Rom, erfolgreiche Anwaltstätigkeit und Beginn der Ämterlaufbahn. Unter Kaiser Claudius als Opfer einer Hofintrige nach Korsika verbannt (41–48); Rückberufung auf Wunsch der neuen Kaiserin Agrippina d. J., die ihm die Erziehung ihres Sohnes Nero übertrug. Während der ersten fünf Jahre der Regierung Neros (54–59) leitete S. mit Burrus die gesamte Reichspolitik. Nach der Ermordung Agrippinas nahm sein Einfluß auf den Kaiser ab; er zog sich vom Hofe zurück und wurde nach dem Scheitern der Pisonischen Verschwörung als angebl. Mitwisser zur Selbsttötung gezwungen. – S. ist durch sein reiches literar. Werk (philosoph. Prosa, Tragödien) neben seinem Neffen Lukan der wichtigste Repräsentant der röm., sich von der ciceronisch-augusteischen Klassik distanzierenden ›Moderne‹. Die philosoph. Schriften, darunter die ›Epistulae morales‹ (= Moral. Briefe), suchten die stoische Ethik für die eigene Zeit fruchtbar zu machen; das Streben nach der autarken, von allen Umständen unabhängigen Person – zu dem auch die Bekämpfung der Leidenschaften und die richtige Einstellung zum Tode gehören – stehen im Mittelpunkt. S.s neun Tragödien ›Hercules furens‹ (= Der rasende Hercules), ›Troades‹, ›Phoenissae‹, ›Medea‹, ›Phaedra‹,

›Oedipus‹, ›Agamemno‹, ›Thyestes‹ und ›Hercules Oetaeus‹ sind freie Bearbeitungen von Stücken der griech. Klassiker (Aischylos, Sophokles, Euripides), z. T. auch von hellenist. Dramen. Sie vernachlässigen das Handlungsganze und die Charakterzeichnung zugunsten von breiten pathet. Szenen, von extremen Schilderungen des Leids und der Leidenschaft, denen ein zweites Hauptmotiv, der vielfältig variierte Gedanke an den Tod, die Waage hält. Ein Gelegenheitswerk ist die ›Apocolocyntosis‹ (= Veräppelung; wörtl.: Verkürbissung), eine Satire auf den verstorbenen Kaiser Claudius. Die unter S.s Namen überlieferte histor. Tragödie ›Octavia‹, die von der Verstoßung der Gattin Neros handelt, stammt von einem unbekannten S.-Nachahmer. – S. galt während des Mittelalters als Christ (ein gefälschter Briefwechsel mit Paulus ist erhalten). Seine Prosa gehörte bis zum 18. Jh. zur meistgelesenen philosophischen Literatur (M. E. de Montaigne, Neustoizismus). Seine Tragödien haben das neuzeitl. Drama von der Renaissance bis zur frz. Klassik stärker beeinflußt als die griech. Originale.

Ausgaben: L. A. S. Opera, quae supersunt. Bd. 1, 2: De beneficiis libri VII. De clementia libri II. Hg. v. C. HOSIUS. Lpz. 1914. – L. A. S. Philosoph. Schrr. Dt. Übers. u. hg. v. O. APELT. Lpz. 1923–24. 4 Bde. – Sénèque. Questions naturelles. Lat. u. frz. Hg. v. P. OLTRAMARE. Paris 1929–61. 2 Bde. – Sénèque. Lettres à Lucilius. Epistulae morales. Lat. u. frz. Hg. v. F. PRÉCHAC. Paris ²⁻⁷1965–76. 5 Bde. – S. Sämtl. Tragödien. Lat. u. dt. Hg. v. TH. THOMANN. Mchn. ¹⁻²1969–78. 2 Bde. – Sénèque. Dialogues. Lat. u. frz. Hg. v. A. BOURGERY. Paris ⁵⁻⁷1970–75. –

L. A. S. Apokolokyntosis. Einf., Text u. Anm. v.
A. STÄDELE. Mchn. 1976. – L. A. S. Philosoph.
Schrr. Lat. u. dt. Hg. u. Übers. v. M. ROSENBACH.
Darmst. [1-3]1980 ff. Auf 5 Bde. berechnet (bisher
4 Bde. erschienen). – L. A. S. Apokolokyntosis.
Text u. Kommentar. Hg. v. F. BROEMSER. Mün-
ster [4]1981. – L. A. S. Oedipus. Text, Materialien,
Kommentar. Hg. v. B. W. HÄUPTLI. Frauenfeld
1983.
Literatur: REGENBOGEN, O.: S. als Denker röm.
Willenshaltung. In: REGENBOGEN: Kleine Schrr.
Hg. v. F. DIRLMEIER. Mchn. 1961. – CANCIK, H.:
Unterss. zu S.s epistulae morales. Hildesheim
1967. – S.s Tragödien. Hg. v. E. LEFÈVRE.
Darmst. 1972. – MAURACH, G.: S. als Philosoph.
Darmst. 1975. – GRIFFIN, M. T.: S. A philo-
sopher in politics. Oxford 1976. – GRIMAL, P.: S.
Dt. Übers. Darmst. 1978. – SØRENSEN, V.: S. Ein
Humanist an Neros Hof. Dt. Übers. Mchn.
[2]1985. – DAVIS, P. J.: Shifting song. The chorus
in S.'s tragedies. Hildesheim u. a. 1993. –
MOTTO, A. L./CLARK, J. R.: Essays on S. Ffm.
1993.

Šengelaja, Leon Michajlovič, georg.
Schriftsteller, ↑ Kiatscheli, Leo.

Senghor, Léopold Sédar [frz. sẽ'gɔːr],
* Joal (Region Thiès) 15. Aug. 1906, senegales. Politiker und Lyriker. – Studium in
Paris; Gymnasiallehrer in Tours und Paris; Abgeordneter für Senegal in der
frz. Nationalversammlung (1946–59).
1948–58 Prof. an der École Nationale de
la France d'outre-mer. 1958–80 als Generalsekretär Führer der Union Progres-
siste Sénégalaise (seit 1976 Parti Socialiste Démocratique); außerdem Führer
übernat. afrikan. Parteien. 1959/60 Präsident der Föderation Mali; 1960–80
Staatspräsident, 1962–70 auch Minister-
präsident der Republik Senegal. – Geprägt von den lyr. Traditionen Frankreichs und beeinflußt vom Werk P. Claudels und Saint-John Perses versucht S. in
seiner Dichtung europ. und autochthon-
afrikan. Überlieferung miteinander zu
verschmelzen. Zusammen mit A. Césaire
und L.-G. Damas ist S. einer der führenden Vertreter der Négritude. 1968 erhielt
er den Friedenspreis des Dt. Buchhandels; 1983 wurde er als erster schwarz-
afrikan. Schriftsteller in die Académie
française gewählt.
Werke: Chants pour Naëtt (Ged., 1949), Liberté
I. Négritude et humanisme (Essays, 1964, dt.
1967 u. d. T. Négritude und Humanismus), Liberté II: Nation et voie africaine du socialisme
(Essays, 1971), La parole chez Paul Claudel et
chez les négro-africains (Essays, 1973), Paroles

Léopold
Sédar
Senghor

(Ged., 1975), Liberté III: Négritude et civilisa-
tion de l'Universel (Essays, 1977), La poésie de
l'action. Conversations avec Mohamed Aziza
(Essays, 1980), Liberté IV: Socialisme et planifi-
cation (Essays, 1983), Wir werden schwelgen,
Freundin (Ged., dt. Ausw. 1984), Bis an die
Tore der Nacht (Ged., dt. Ausw. 1985).
Ausgaben: L. S. S. Botschaft u. Anruf. Sämtl.
Gedichte. Frz. u. dt. Hg. u. übers. v. J. JAHN.
Neuausg. Mchn. 1966. – L. S. S. Poèmes. Neu-
ausg. Paris 1984. – L. S. S. Œuvre poétique.
Neuausg. Paris 1990.
Literatur: HYMANS, J. L.: L. S. S. An intellectual
biography. Edinburgh 1971. – BÂ, S. W.: The
concept of Négritude in the poetry of L. S. S.
Princeton (N.J.) 1973. – LEBAUD, G.: L. S. S. ou
la poésie du royaume d'enfance. Dakar u. Abi-
djan 1976. – GARROT, D.: L. S. S. Critique lit-
téraire. Paris 1978. – TILLOT, R.: Le rhythme
dans la poésie de L. S. S. Dakar 1979. – MAR-
QUET, M.-M.: Le métissage dans la poésie de L.
S. S. Dakar 1983. – PLOCHER, H.: L. S. S. In:
Krit. Lex. der roman. Gegenwartsliteraturen.
Hg. v. W.-D. LANGE. Losebl. Tüb. 1984 ff. –
SPLETH, J. S.: L. S. S. Boston (Mass.) 1985. –
JOUANNY, R.: Les voies du lyrisme dans les
poèmes de L. S. S. Paris 1986. – VAILLAUT,
J. G.: Black, French, and African. A life of
L. S. S. Cambridge (Mass.) 1990.

Sênio [brasilian. 'senịu], Pseudonym
des brasilian. Schriftstellers José Marti-
niano de ↑ Alencar.

Senkessar (tl.: Senekesar) [amhar.
sənkəssar], äthiop. Sammlung der Heiligenleben für jeden Tag des Jahres, das
Ende des 14., Anfang des 15. Jh. aus dem
Arabischen ins Gees übertragen und hier
durch zahlreiche den Erfordernissen der
äthiop. Eigentradition Rechnung tra-
gende Zusätze bereichert wurde, darunter auch Stücke, die für die Geschichte
Äthiopiens von Bedeutung sind.

Literatur: Kleines Wörterb. des Christl. Orients. Hg. v. J. ASSFALG u. P. KRÜGER. Wsb. 1975. S. 318.

Senkung, Begriff der Verslehre für eine nicht betonte, druckschwache (leichte) Silbe eines Verses, im Unterschied zur ↑ Hebung. S. ist die Übersetzung des griech. Begriffs ↑ Thesis. – ↑ auch Arsis.

Senkungsspaltung, in der altdt. Metrik die Aufspaltung einer unbetonten Silbe (↑ Senkung) in zwei kurze Silben; in ahd. und mhd. Dichtung aus Versnot (überfüllte Takte) oder zur Belebung des Versrhythmus.

Šenoa, August [serbokroat. ˌʃɛnɔa], *Zagreb 14. Nov. 1838, †ebd. 13. Dez. 1881, kroat. Schriftsteller. – 1868–71 künstler. Leiter des Nationaltheaters in Zagreb, 1874–81 Chefredakteur der wichtigsten literar. Zeitung Kroatiens ›Vijenac‹. Sein Werk umfaßt patriot. Lyrik, ep. Dichtungen, Romane, Feuilletons und Kritiken; schuf den kroat. histor. Roman.
Werke: Das Goldkind (R., 1871, dt. 1874), Smrt Petra Svačiča (= Der Tod des Petar Svačić, Epos, 1877), Seljačka buna (= Der Bauernaufstand, R., 1877/78), Diogenes (R., 1878, dt. 1880), Der König von Preußen (E., 1878, dt. 1896), Branka (R., 1881).
Ausgabe: A. Š. Sabrana djela. Kritičko izdanje. Zagreb 1963–64. 12 Bde.
Literatur: DIPPE, G.: A. Š.s histor. Romane. Mchn. 1972.

Šenšin, Afanasij Afanas'evič, russ. Lyriker, ↑ Fet, Afanassi Afanasjewitsch.

Sentenz [aus lat. sententia = Satz, Sinnspruch, Gedanke], ein in den größeren Zusammenhang eines literar. Werkes eingebauter allgemeiner Satz, der jedoch durch die Geschlossenheit seiner Aussage über den jeweiligen Kontext hinausweist, was ihn in die Nähe von ↑ Maxime, ↑ Gnome stellt; S.en finden sich in erzählender Prosa, Balladen, Gedankenlyrik u. a. Texten. Zu den bedeutensten S.ensammlungen gehören die von Erasmus von Rotterdam herausgegebenen, u. a. die ›Adagia‹ (1500, ²1515; eine Sammlung griech. und lat. S.en), die noch im 18. Jh. ein beliebtes Nachschlagewerk war, das v. a. auch die Schwachen mächtig‹, ›Wilhelm Tell‹, 1804) und Goethe (›Grau, teurer Freund ist alle Theorie, /

Und grün des Lebens goldner Baum‹, ›Faust‹ I, 1808) benutzten.

sentimentalisch ↑ naiv und sentimentalisch.

Sepamla, Sipho, *Krügersdorp 1932, südafrikan. Lyriker und Erzähler. – Verwendet häufig Sprachmuster aus dem Alltag der Townships; sein Gedichtband ›Das Soweto, das ich liebe‹ (1977, dt. 1978), der Schmerz, Hoffnung und Widerstand der Bewohner Sowetos artikuliert, wurde – obgleich verboten – den Schriftstellern nach 1976 zum literar. Vorbild.
Weitere Werke: Hurry up to it! (Ged., 1975), The blues is you in me (Ged., 1976), The root is one (R., 1979), A ride on the whirlwind (R., 1981).
Ausgabe: S. S. Selected poems. Craighall 1984.

Sephardi, Moise [span. sefar'ði], lat. Dichter, ↑ Petrus Alfonsi.

Seppänen, Unto Kalervo, *Helsinki 15. Mai 1904, †ebd. 22. März 1955, finn. Schriftsteller. – Schrieb phantasie- und humorvolle Schilderungen aus Karelien. Als sein reifstes Werk gilt der Dokumentarroman über die karel. Flüchtlinge des Krieges 1939/40 ›Evakko‹ (= Der Flüchtling, 1954).
Weitere Werke: Iloisten ukkojen kylä (= Das Dorf der fröhl. Alten, R., 1927), Pyörivä seurakunta (= Eine Gemeinde auf Rädern, R., 1930), Markku und sein Geschlecht (R.-Trilogie, 1931–34, dt. 1938), Brände im Schnee (R., 1941, dt. 1950), Myllytuvan tarinoita (= Geschichten aus der Müllerstube, Nov.n, 1945), Myllykylän juhlat (= Fest im Mühlendorf, Nov.n, 1946), Vieraan kylän tyttö (= Das Mädchen aus dem fremden Dorf, R., 1949).

Sęp Szarzyński, Mikołaj [poln. 'sɛmp ʃa'ʒiĩ ski], *Zimna Woda (?) bei Lemberg um 1550, †Wolica (?) bei Przemyśl im Frühjahr 1581, poln. Lyriker. – Adliger; studierte in Wittenberg und Leipzig. Überliefert ist nur ein Teil seines bereits Elemente der barocken Poetik enthaltenden lyr. Schaffens, in dem S. S. v. a. religiöse Themen behandelte; meisterhafte Beherrschung der Sonettform.
Ausgabe: M. S. S. Rytmy abo Wiersze polskie oraz cykl erotyków. Breslau ²1973.

Septem artes liberales [lat. = sieben freie Künste] ↑ Artes liberales.

Septenar [von lat. septenarius = aus sieben bestehend], in der lat. Metrik Bez. für den dem griech. katalekt. ↑ Tetrameter entsprechenden Sprechvers, der aus sie-

ben (vollständigen) Füßen (Jamben, Tro-
chäen, seltener Anapästen) besteht:

‿́‐|‿́‐|‿́‐|‿́‐||‿́‐|‿́‐|‿́‐|‿́‐.

Jede lange Silbe konnte durch zwei kurze
und jede kurze Silbe (jeweils mit Ausnahme der letzten) konnte durch eine
lange bzw. zwei kurze Silben ersetzt werden. In der röm. Dichtung sehr volkstüml. Versmaß.

Sequenz [aus spätlat. sequentia =
(Reihen)folge], Gattung liturg. Chorge-
sänge, die im 9. Jh. entstand und mit dem
↑ Tropus von entscheidendem Einfluß
auf Dichtungs- und Gesangsformen des
MA war (Lai, Leich). Im Rahmen der
röm. Meßliturgie schloß sie sich an das
Alleluja und dessen Schlußjubilus an,
wobei sie ursprünglich an den Anfang
der Allelujamelodie anknüpfte. Während
Anfangs- und Schlußstrophe allgemein
eine einfache Anlage aufweisen, wurden
die dazwischenliegenden Teile zu Dop-
pelstrophen mit jeweils eigener Melodie
zusammengefaßt, wobei in der Doppel-
strophe die Melodie zweimal zu neuem
Text erklang. Das im späten MA mehrere
tausend S.en umfassende S.enrepertoire
(vielfach in eigenen Handschriften, **Se-
quentiaren,** zusammengefaßt) wurde
durch das Tridentinum im Missale Ro-
manum Pius' V. auf die S.en zu Ostern
(›Victimae paschali laudes‹), Pfingsten
(›Veni sancte spiritus‹), Fronleichnam
(›Lauda, Sion, salvatorem‹) und zur To-
tenmesse (›Dies irae‹) reduziert. Ihnen
wurde 1727 das ›Stabat mater dolorosa‹
zum Fest der Sieben Schmerzen Mariae
hinzugefügt. Das vom 2. Vatikan. Konzil
1970 beschlossene neue röm. Meßbuch
berücksichtigt nur noch die S.en zu
Ostern und Pfingsten.

Serafimowitsch (tl.: Serafimovič),
Alexander Serafimowitsch [russ. sɪrɐfi-
'mɔvitʃ], eigtl. A. S. Popow, * Nischne-
kurmojarskaja (Gebiet Rostow am Don)
19. Jan. 1863, † Moskau 19. Jan. 1949,
russ.-sowjet. Schriftsteller. – Stand der
Sozialdemokraten, später dem radikale-
ren Kreis um Lenins Bruder A. I. Uljanow nahe; 1887–90 verbannt; Beziehungen zu M. Gorki; gilt als Klassiker des sozialist. Realismus; schrieb Romane und
Erzählungen aus der Welt der Arbeiter
und Bauern.

Werke: Die Stadt in der Steppe (R., 1912, dt.
1953), Der eiserne Strom (R., 1924, dt. 1925).
Ausgaben: A. S. Ausgew. Werke. Dt. Übers. Bln.
1956. 2 Bde. – A. S. Serafimovič. Sobranie sočinenij. Moskau 1980. 4 Bde.
Literatur: WOLKOW, A.: A. S. Dt. Übers. Bln.
1953. – BEITZ, W.: A. S. Halle/Saale 1961. –
LAFFERTY, V.: A. S. Serafimovič. Diss. London
1974.

Serafinowicz, Leszek [poln. sɛrafi-
'nɔvitʃ], poln. Lyriker, ↑ Lechoń, Jan.

Serao, Matilde, Pseudonyme Tuffo-
lina, Gibus, * Patras 7. März 1856, † Neapel 25. Juli 1927, italien. Schriftstellerin
und Journalistin. – Vater Neapolitaner,
Mutter Griechin, verbrachte die Kindheit in Neapel. Lehrerausbildung, Mitarbeiterin neapolitan. und röm. Zeitungen
(lebte 1882–88 in Rom); 1884–1904
∞ mit dem Journalisten Edoardo Scarfoglio (* 1860, † 1917), mit dem sie u. a. die
Zeitung ›Il Corriere di Roma‹ gründete.
Nach der Trennung von Scarfoglio gründete und leitete sie die Zeitung ›Il
giorno‹. Ihre vielgelesenen realist. Romane und Novellen aus dem neapolitan.
Volksleben, in denen sie v. a. Frauenprobleme, aber auch Skandalgeschichten
u. a. behandelt, zeugen von glänzendem
Beobachtungs- und psycholog. Einfühlungsvermögen.

Werke: Fantasia (R., 1883), Riccardo Joanna's
Leben und Abenteuer (R., 1887, dt. 1901),
Schlaraffenland (R., 1890, dt. 1904), Es lebe das
Leben! (R., 1909, dt. 1910), La vita è così lunga
(R., 1918), Mors tua, vita mea (R., 1926).
Ausgabe: M. S. Opere. Hg. v. P. PANCRAZI. Mai-
land 1944–46. 2 Bde.
Literatur: BANTI, A.: M. S. Turin 1965. – MAR-
TIN-GISTUCCI, M. G.: L'œuvre romanesque de
M. S. Grenoble 1973. – M. S. Vita, opere, testi-
monianze. Hg. v. G. INFUSINO. Neapel 1977. –
DE NUNZIO SCHILARDI, W.: M. S. giornalista.
Lecce 1986. – PASCALE, V.: Sulla prosa narrativa
die M. S. Neapel 1989.

Serapion von Wladimir, † 1275, russ.
Abt und Bischof von Wladimir (ab
1274). – Abt des Kiewer Höhlenklosters;
bed. als Prediger, der in der Zeit der Ta-
tarenherrschaft in Rußland zu Buße und
Umkehr mahnte; sah in der Fremdherrschaft Gottes Strafgericht für die Sünden
der Zeitgenossen. Seine Predigten sind
im Stil der klass. griech. Rhetorik gehalten.

Serapionsbrüder (russ. Serapio-
nowy bratja; tl.: Serapionovy brat'ja

[russ. sɪrɐpi'ɔnɐvɪ 'bratjjɐ]), Bez. für eine nach dem Vorbild der Berliner ›S.‹ E. T. A. Hoffmanns 1921 in Petrograd (heute Petersburg) gegründete literar. ›Bruderschaft‹, die – ohne ausschließlich die Prinzipien des L'art pour l'art zu vertreten – eine hpts. an der Literatur selbst orientierte Kunsttheorie verfocht und in ihren literar. Werken praktisch gestaltete; offiziell scharf kritisiert, von M. Gorki wohlwollend gedeckt, behielt die Gruppe bis in die Mitte der 20er Jahre ihren bed. literar. Einfluß. Hauptvertreter waren neben J. I. Samjatin u. a. L. N. Lunz, M. M. Soschtschenko, K. A. Fedin, W. A. Kawerin, W. W. Iwanow, W. B. Schklowski, N. S. Tichonow.

Serapions-Brüder, Die, Titel einer Sammlung von Erzählungen und Märchen E. T. A. Hoffmanns (4 Bde., 1819 bis 1821). In der Rahmenhandlung versammeln sich in regelmäßigen Abständen literarisch interessierte Freunde, um aus ihren Werken vorzulesen. Vorbild waren die ›Seraphinen-Abende‹, zu denen sich E. T. A. Hoffmann 1814–18 in Berlin mit K. W. Contessa, D. F. Koreff, A. von Chamisso, F. de la Motte Fouqué u. a. regelmäßig traf. Der Name ›S.-B.‹ geht auf ein zufälliges Ereignis zurück: Chamisso kehrte am 14. Nov. 1818, am Tag des hl. Serapion Sindonita (ägypt. Eremit und Märtyrer), von einer längeren Reise zurück. Bei E. T. A. Hoffmann ist Serapion ein wahnsinniger Graf, der sich für den Heiligen hält und von den Dichterfreunden, die seinen Wahnsinn als gesteigertes Dichtertum ansehen, als Schutzpatron erwählt wird.

serbische Literatur, die Literatur der Serben in serbokroat. Sprache. – Die Anfänge der s. L. des MA sind eng mit der Entstehung (2. Hälfte des 12. Jh.) und Entwicklung des serb. Nemanjiden-Staates verbunden und entfalteten sich in kirchenslaw. Sprache serb. Redaktion unter dem Einfluß der byzantin. Literatur, aus der das notwendige religiöse und theolog., aber auch das weltliche erzählende (Alexander-, Trojaroman) Schrifttum übersetzt wurde. Als eigenständige literar. Gattung ragen die altserb. Herrscherbiographien des 13. und 14. Jh. hervor, die hagiograph. und historiograph. Ele-

mente vereinen (u. a. die von ↑ Sava geschriebene Vita Stephan Nemanjas, die Sava-Viten ↑ Domentijans und ↑ Teodosijes, die Biographien ↑ Danilos und seiner Fortsetzer) und im 15. Jh. durch die bulgar. Emigranten Grigorije Camblak (* um 1365, † 1419 oder 1420) und Konstantin von Kostenec (* um 1380, † nach 1431) fortgesetzt wurden. Die osman. Eroberung Serbiens beendete diese Tradition sowie die ersten Ansätze süd- und mitteleurop. Einflüsse und isolierte Serbien – im Ggs. zur ↑ kroatischen Literatur – von den europ. Entwicklungen. Allein die Volksdichtung, insbes. die berühmte Heldenepik, schuf eine mündlich überlieferte, nat. bestimmte Tradition, die die literar. Entwicklung des 19. Jh. prägte.

Bedingt durch den orthodoxen Bildungseinfluß (Ukraine/Rußland) entstand in Serbien im 18. Jh. eine künstl. Mischsprache aus russisch-kirchenslaw. und serb. Elementen (Slawenoserbisch). Die weltl. Literatur dieser Zeit ist geprägt vom Geist der Barockpoetiken, v. a. im Werk von Gavril S. Venclović (* um 1680, † 1749?) und Z. S. Orfelin. Als Grundlage für die serb. Literatursprache konnte sich jedoch das Slawenoserbische nicht durchsetzen.

Der bedeutendste Vertreter der **Aufklärung** in Serbien ist D. Obradović. Sein Kampf für die Volksbildung und sein literar. Werk weisen gedanklich und sprachlich bereits ins 19. Jh., aus dessen erster Hälfte die Komödien von J. S. Popović hervorragen. Doch erst nach der endgültigen Schaffung einer eigenen Schriftsprache, die auf der Volkssprache und der Volksdichtung basiert und von Serben und Kroaten gleichermaßen als ihre gemeinsame Sprache (Serbokroatisch) akzeptiert wird, konnte sich eine serb. moderne Literatur entfalten. Die Begründung dieser Schriftsprache durch V. S. Karadžić und die kroat. Illyristen L. Gaj, I. Mažuranić (↑ Illyrismus) bedeutet den Beginn der z. T. dt. beeinflußten, aber v. a. nat. bestimmten **Romantik** in der s. L., die in dem Lyriker B. Radičević und dem montenegrin. Fürstbischof Petar II Petrović ↑ Njegoš mit seinem Epos ›Der Bergkranz‹ (1847, dt. 1886) kurz vor der Mitte des 19. Jh. ihre bedeutendsten

Vertreter fand, denen in der (nationalistisch-sozialist.) Omladinabewegung der 60er Jahre die Lyriker und Dramatiker J. Jovanović, Đ. Jakšić und L. Kostić folgten.

Unter dem Einfluß der russ. Realisten und unter der theoret. Führung des serb. Sozialisten S. ↑ Marković wandte sich die s. L. in den 70er Jahren dem **Realismus** zu und fand in den Dorfnovellen von L. K. Lazarević, M. Glišić, S. Ranković und S. Sremac ihr markantestes Genre. In der feinfühligen und formvollendeten Lyrik von V. Ilić, der die serb. Metrik reformierte, bahnte sich in den 90er Jahren der Übergang zu modernist. Strömungen an. Der Paradigmawechsel in der s. L. der Jahrhundertwende erfolgte im Wirkungsfeld des frz. Symbolismus (Ch. Baudelaire, P. Verlaine) und führte zur Herausbildung der komplexen Stilformation der serb. **Moderne,** die avantgardist. Impulse (Futurismus, Expressionismus, Surrealismus) verarbeitete und diese bis in die Zwischenkriegszeit (1920er und 1930er Jahre) fortsetzte, v. a. in den Werken von J. Dučić, S. Pandurović, M. Rakić, M. Crnjanski, Todor Manojlović (* 1883, † 1968), R. Petrović, S. Vinaver. Aus der traditionellen Prosa der Zeit **bis zum 1. Weltkrieg** ragen die Romane und Dramen von B. Stanković hervor. Bed. sind auch die Komödien von B. Nušić.

In die unruhige, von literar. Experimenten und Konfrontationen geprägte **Zwischenkriegszeit** fällt auch das literar. Debüt von I. Andrić, der als Lyriker der kroat. Moderne begann und später Prosawerke vorlegte, die ihm als dem ›Dichter Bosniens‹ Weltruhm einbrachten.

Nach dem 2. Weltkrieg orientierte sich die s. L. vorübergehend an der literar. Normen des sozialist. Realismus. Nach dem Kominformkonflikt (1948) und dem Schriftstellerkongreß in Ljubljana (1952) setzte jedoch bald – in Opposition zum sozialist. Realismus – eine eigenständige Entwicklung ein. Sie erwuchs aus der Verteidigung des Rechts auf individuelle künstler. Schaffensfreiheit und der Einsicht in den Kunstcharakter von Literatur. Diese neue Literaturästhetik begründeten in ihrer Poesie O. Davičo, V. Popa und M. Pavlović, die sich in den 50er Jah-

ren um die Zeitschrift ›Delo‹ (= Werk) gruppierten, ebenso die Dichter Branko V. Radičević (* 1925) und Branko Miljković (* 1934, † 1961). Die moderne serb. Prosa der 50er und 60er Jahre zeigt in den Erzählungen und Romanen von M. Bulatović Tendenzen zur ironischgrotesken Darstellung, in den Romanen von D. Ćosić eine krit. Hinwendung zur serb. Geschichte und eine psycholog. Motivierung der dargestellten Figuren. Themen aus dem Partisanenkrieg behandelten M. Lalić und B. Ćopić. In den 60er und 70er Jahren entstand eine neue Richtung: die **Jeans-Prosa** (bzw. junge Prosa). Ihr Grundmuster bedingt die Gegenüberstellung der Welt der jungen Helden und der Welt der Erwachsenen. Vordergründig ist das Moment der Identitätssuche. In der Sprachverwendung der jungen Helden stilisieren die Autoren den Belgrader Stadtjargon (G. Olujić, Milisav Savić [* 1945], Momo Kapor [* 1937] u. a.). Bed. für die Entwicklung der serb. Prosa sind die an europ. Vorbildern geschulten Romane von D. Kiš, R. Smiljanić, M. Kovač, Borislav Pekić (* 1930) und M. Selimović, dessen innovative Prosa in der bosn. Literatur – neben I. Andrić – einen herausragenden Platz einnimmt. Dazu trat in jüngster Zeit Prosa vom Typ J. L. Borges' mit Betonung des Tragisch-Grotesken oder Parodistischen und Phantastischen (M. Pavić, Vuk Stevanović [* 1942]). Auch Techniken aus anderen Medien ergänzen die vielfältigen Verfahren der serb. Prosa. Die serb. Poesie der 70er und 80er Jahre stand im Zeichen avantgardist. Experimente, die der Tradition der europ. ›konkreten Poesie‹ verpflichtet sind, bes. die ›signalist. Poesie‹ von Miroljub Todorović (* 1940) und Vladan Radovanović (* 1932). Iron. Stilisierung in verfremdender Funktion zeichnet die Poesie des in Sarajevo wirkenden Dichters Stevan Tontić (* 1947) aus. Zu nennen sind ferner v. a. Stevan Raičković (* 1928), Milovan Danojlić (* 1937), Matija Bećković (* 1939), Gojko Đogo (* 1940), Milovan Vitezović (* 1944) und Rajko Petrov Nogo (* 1945). Im Drama wurden erfolgreiche Romane dramatisiert (u. a. von Andrić, Crnjanski, Selimović, Pavić). Đorđe Lebović (* 1928) demonstriert die

Idee des Tragisch-Absurden. Eine freie Interpretation antiker Mythen versuchte Jovan Hrstić (* 1933). Velimir Lukić (* 1936) entwickelte die allegor. Farce. Eine radikale Hinwendung zum Alltag mit krit. und komödienhaften Akzenten gelingt Alexander Popović (* 1929). Erfolgreiche Bühnenwerke schufen auch Kapor, Jovan Cirilov (* 1931) und Dušan Kovačević (* 1940).

Literatur: RADOJIČIĆ, D. S.: Antologija stare srpske književnosti. Belgrad 1960. – KADIĆ, A.: Contemporary Serbian literature. Den Haag 1964. – GLIGORIĆ, V.: Srpski realisti. Belgrad ⁴1965. – SKERLIĆ, J.: Istorija nove srpske književnosti. Belgrad ⁴1967. – POPOVIĆ, M.: Istorija srpske književnosti. Romantizam. Belgrad 1968–72. 3 Bde. – PAVIĆ, M.: Istorija srpske književnosti baroknog doba (XVII i XVIII vek). Belgrad 1970. – PALAVESTRA, P.: Posleratna srpska književnost. 1945–1970. Belgrad 1972. – JEREMIĆ, L.: Proza novog stila. Belgrad 1978. – PAVIĆ, M.: Istorija srpske književnosti klasicizma i predromantizma. Klasicizam. Belgrad 1979. – DERETIĆ, J.: Srpski roman 1800–1950. Belgrad 1981. – DERETIĆ, J.: Istorija srpske književnosti. Belgrad 1983. – KONSTANTINOVIĆ, R.: Biće i jezik u iskustvu pesnika srpske kulture dvadesetog veka. Belgrad 1983. 6 Bde. – PAVIĆ, M.: Rađanje nove srpske književnosti. Belgrad 1983. – PALAVESTRA, P.: Nasleđe srpskog modernizma. Belgrad 1985. – ↑auch kroatische Literatur.

Serena [von provenzal. ser = Abend], von Guiraut Riquier de Narbonne als Gegenstück zur ↑Alba erfundene Gattung der Troubadourlyrik, in der der Liebende die Länge des Tages beklagt und seine Sehnsucht nach dem Abend als Zeit der Zusammenkunft mit der Geliebten ausdrückt.

Sergejew-Zenski (tl.: Sergeev-Censkij), Sergei Nikolajewitsch [russ. sır-'gjejıf], eigtl. S. N. Sergejew, * Preobraschenskoje (Gouv. Tambow) 30. Sept. 1875, † Aluschta 3. Dez. 1958, russ.-sowjet. Schriftsteller. – Anfangs von L. N. Andrejew beeinflußter Verfasser realist. Romane, in denen er meist psycholog. Probleme im vor- und nachrevolutionären Rußland darstellte. Von seinen histor. Romanen ist der nach dem Muster von L. N. Tolstois ›Krieg und Frieden‹ angelegte Roman ›Die heißen Tage von Sewastopol‹ (3 Bde., 1939/1940, dt. 2 Bde., 1953), eine Darstellung des Krimkrieges, bes. bemerkenswert. Ein mit dem

Roman ›Transfiguration‹ (1914, dt. 1926) begonnener, Fragment gebliebener Zyklus sollte umfassend die Entwicklung des neuen Rußland darstellen.

Weitere Werke: Der Obstgarten (E., 1905, dt. 1955), Leutnant Babajew. Roman eines verlorenen Lebens (1908, dt. 1988), Dviženija (= Bewegungen, E., 1910).
Ausgabe: S. N. Sergeev-Censkij. Sobranie sočinenij. Neuausg. Moskau 1967. 12 Bde.
Literatur: VAJSBERG, M.-J./TATAKOVSKAJA, E. S.: Sergeev-chudožnik. Taschkent 1977.

Sermo [lat.], in der röm. Literatur Gespräch, Rede, Vortrag; später Bez. für die christl. Predigt.

Serner, Martin Gunnar [schwed. 'sæːrnər], Pseudonym des schwed. Erzählers Frank ↑Heller.

Serner, Walter, eigtl. W. Seligmann, * Karlsbad 15. März 1889, deportiert von Theresienstadt am 12. Aug. 1942, österr. Schriftsteller. – Begann als Expressionist; mit kunstkrit. und philosoph. Essays Mitarbeiter der Zeitschrift ›Die Aktion‹. 1914 Emigration in die Schweiz; gehörte zum Kreis der Dadaisten des ›Café Voltaire‹ in Zürich; 1921 Bruch mit Dada, führte nach 1923 ein unstetes Leben, Aufenthalte u.a. in Barcelona, Bern, Wien, zuletzt in Prag. Schrieb kühle, hintergründig-böse Kriminalgeschichten, Erzählungen und Essays. Eines der wichtigsten Manifeste des Dada ist sein Werk ›Letzte Lockerung‹ (1920, erweitert 1927).

Weitere Werke: Zum blauen Affen (En., 1920), Der elfte Finger (Kriminal-En., 1923), Der Pfiff um die Ecke (Kriminal-En., 1925), Die Tigerin (E., 1925), Posada oder Der große Coup im Hotel Ritz (Schsp., 1926), Die tückische Straße (Kriminal-En., 1927).
Ausgabe: Hirngeschwür. Texte u. Materialien. W. S. u. Dada. Hg. v. TH. MILCH. Erlangen 1977. – W. S. Das gesamte Werk. Hg. v. TH. MILCH. Mchn. 1979–84. 8 Bde. u. 2 Suppl.-Bde.

Serote, Mongane Wally, * Sophiatown (Johannesburg) 1944, südafrikan. Lyriker und Erzähler. – Zeitweilig im Exil in New York und in Botswana; militanter Vertreter der Black-Consciousness-Bewegung, dessen Werk gewaltsam die Oberfläche der südafrikan. Realität durchdringt; verbindet die rhetor. Struktur des mündl. Vortrags mit dem Sprachidiom und der typ. Thematik der schwarzen Vorstädte (z. B. Gewalt, Not und Identitätsverlust).

Werke: Yakhal'inkomo (Ged., 1972), Tsetlo (Ged., 1974), No baby must weep (Ged., 1975), Behold Mama, flowers (Ged., 1978), Neues Leben, im Blut geboren (R., 1981, dt. 1992), The night keeps winking (Ged., 1982), Selected poems (Ged., 1982), A tough tale (Ged., 1987).

Serra, Renato, * Cesena 5. Dez. 1884, ✕ bei Gorizia 20. Juli 1915, italien. Schriftsteller und Literaturkritiker. – Wurde 1908 Lehrer in Cesena, ab 1909 dort Bibliotheksdirektor. Schüler G. Carduccis, dessen antiromant. und patriot. Einstellung er teilte; Mitarbeiter der Zeitschrift ›La Voce‹; entwickelte eine den Ansichten B. Croces nahestehende Ästhetik. Lebhaften Widerhall bei der Kriegs- und Nachkriegsgeneration fand seine Schrift ›Esame di coscienza di un letterato‹ (hg. 1915), in der er den Krieg verurteilte, eine Teilnahme aus Pflichtgefühl jedoch bejahte.

Ausgaben: R. S. Opere. Scritti critici. Rom 1919–20. 3 Bde. – R. S. Scritti. Hg. v. G. DE ROBERTIS u. A. GRILLI. Florenz ²1958. 2 Bde. – Edizione nazionale degli scritti di R. S. Rom 1990 ff. Auf mehrere Bde. berechnet.

Literatur: PACCHIANO, G.: S. Florenz 1970. – R. S. Il critico e la responsabilità delle parole. Hg. v. P. LUCCHI. Ravenna 1985.

Serventese [italien.], italien. Entsprechung der provenzal. Gattung des Sirventes.

Serventois [zervâto'a; frz.], nach dem Vorbild des provenzal. ↑Sirventes von nordfrz. Trouvères gepflegte Dichtungsgattung; im 14. Jh. v. a. Marienlieder.

Servius, lat. Grammatiker um 400 n. Chr. – Wirkte in Rom; schrieb einen Vergilkommentar (in zwei Fassungen erhalten), Kommentare zu den beiden ›Artes‹ des Aelius Donatus sowie kleinere grammat. Abhandlungen.

Ausgabe: Servii grammatici qui feruntur in Vergilii carmina commentarii. Hg. v. G. THILO u. E. HAGEN. Lpz. 1881–87. 3 Bde. Nachdr. Hildesheim 1961.

Sestigers [afrikaans 'sɛstəxərs = die Sechziger], Bez. für die bedeutendste literar. Richtung innerhalb der zeitgenöss. afrikaansen Literatur. Die ursprünglich unpolit., vorwiegend gegenwartsorientierte, sich mit den metaphys. Gesetzen befassende, mit neuen Formen und Inhalten experimentierende avantgardist.

Bewegung entwickelte sich fast zwangsläufig zur oppositionellen Stimme gegenüber der offiziellen Kulturpolitik, weil sie sich sowohl der Verflechtung von Kunst und Staat widersetzte, als auch mit einem literar. Erbe brach, das sich am kalvinist. Sendungsbewußtsein der Buren und an traditionellen Überlebensmythen ausrichtete. – Als bedeutendste Vertreter der S. gelten A. Ph. Brink, B. Breytenbach, É. Leroux, Dolf van Niekerk (* 1929), J. J. Rabies und Ch. Barnard, deren Werke sich v. a. mit der typ. Zweiteilung der südafrikan. Wirklichkeit auseinandersetzen, z. B. dem Gegensatz zwischen dem traditionell geprägten Wunschdenken der Väter und den konträren Bedingungen des vom Rassismus beherrschten Alltags, zwischen ländl. und industrieller Gesellschaft oder religiöser und agnostizist. Weltanschauung. Der Einfluß des Nouveau roman spaltete die Gruppe; ein Teil gab den Kontakt zur südafrikan. Realität als literar. Ziel auf; Brink und Breytenbach dagegen forderten eine kompromißlose, engagierte Literatur.

Literatur: NETHERSOLE, R.: Die Lit. Südafrikas. In: Propyläen, Gesch. der Lit. Bd. 6. Bln. 1982.

Sestine [lat.-italien.], allgemein: sechszeilige Strophe; speziell: eine aus der Provence stammende (von Arnaut Daniel erfundene) Liedform, die aus sechs sechszeiligen Strophen und einer dreizeiligen Geleitstrophe besteht. Die Einzelstrophe ist in sich nicht gereimt, ihre Endwörter wiederholen sich jedoch in bestimmter Reihenfolge in jeder Strophe so, daß das Endwort des letzten Verses einer Strophe das Reimwort des ersten Verses der nächsten Strophe bildet; in der dreizeiligen Schlußstrophe kehren die Reime in der Ordnung der ersten Strophe wieder, und zwar in der Mitte und am Schluß der Verse. Reimmuster: 1 2 3 4 5 6; 6 1 2 3 4 5; 5 6 1 2 3 4 usw., aber auch: 1 2 3 4 5 6; 6 1 5 2 4 3; 3 6 4 1 2 5 usw. (kreuzweise Vertauschung).

Literatur: RIESZ, J.: Die S. Ihre Stellung in der literar. Kritik u. ihre Gesch. als lyr. Genus. Mchn. 1971.

Seton, Ernest Thompson [engl. si:tn], eigtl. E. S. Thompson, * South Shields (Durham) 14. Aug. 1860, † Santa Fe (N.

Mex.) 23. Okt. 1946, kanad. Schriftsteller engl. Herkunft. – Kam 1866 mit seinen Eltern nach Kanada; erhielt eine zeichner. Ausbildung; führte ein naturverbundenes Leben in den nordamerikan. und kanad. Wäldern, zeitweise im Regierungsdienst in Manitoba als Naturforscher; 1910–16 Leiter der nordamerikan. Pfadfinderbewegung. Illustrator seiner erfolgreichen Tiergeschichten und Indianerbücher; auch wiss. Werke (›Lives of the game animals‹, 4 Bde., 1925–28).

Weitere Werke: Jochen Bär u. a. Tiergeschichten (1902, dt. 1909), Jan und Sam im Walde (R., 1903, dt. 1924), Tierhelden (R., 1906, dt. 1909), Domino Reinhard (R., 1909, dt. 1924), The trail of an artist-naturalist (Autobiogr., 1940).

Literatur: BLASSINGAME, W.: E. Th. S., scout and naturalist. Champaign (Ill.) 1971.

Seume, Johann Gottfried, * Poserna (Landkreis Weißenfels) 29. Jan. 1763, † Teplitz 13. Juni 1810, dt. Schriftsteller. – Nach dem frühen Tod des Vaters, eines verarmten Böttchers und Bauern, ermöglichte ihm der Graf von Hohenthal den Besuch des Gymnasiums und der Universität in Leipzig mit der Verpflichtung, Pfarrer zu werden. Schon 1781 wandte sich S. jedoch vom Theologiestudium ab und floh aus Leipzig, um dem drohenden Stipendiumsentzug zuvorzukommen. Auf dem Weg nach Paris sehr bald von hess. Werbern aufgegriffen und mit den von Landgraf Friedrich II. an Großbritannien verdingten Soldaten nach Amerika verschifft. 1784 auf der Rückreise desertiert, fiel er preuß. Werbern in die Hände; nach vergebl. Fluchtversuchen erhielt er Urlaub gegen Kaution, die er abverdienen mußte. 1787 Privatlehrer in Leipzig, daneben Übersetzungen aus dem Englischen. 1789 Aufnahme eines jurist. und philolog. Studiums, das er 1791 als Magister, 1792 mit der Habilitation abschloß. 1793 Sekretär eines russ. Generals in Warschau; bei der poln. Revolution russ. Leutnant. 1796 als Sprachlehrer wieder in Leipzig, ab 1797 Korrektor im Grimma beim Göschen-Verlag. 1801/02 ›Spaziergang‹ nach Syrakus, 1805 Reise nach Rußland, Finnland und Schweden. Gegen Ende seines Lebens kränkelnd und finanziell ungesichert; starb während eines Kuraufenthalts in Teplitz. Seine Autobiographie

Johann
Gottfried
Seume
(Kupferstich,
um 1800)

blieb unvollendet, erst 1813 erschien ›Mein Leben‹ mit Ergänzungen von Christian August Hinrich Clodius (* 1772, † 1836). Postum erst erschienen auch die Reflexionen und Aphorismen, die S. u. d. T. ›Apokryphen‹ (1811) gesammelt hatte, wegen ihrer polit. Brisanz jedoch nicht zur Veröffentlichung bringen konnte. Seine kulturhistorisch bedeutenden Memoiren und Reiseberichte sind in klarer und sachlicher Prosa abgefaßt und stellen die sozialen, wirtschaftlichen, politischen und kulturellen Verhältnisse der Länder vor, die er bereiste. Er steht in der Tradition der dt. Spätaufklärung und war Vorläufer von Ch. Sealsfield und F. Gerstäcker. S. schrieb auch Gedichte; sein ›Miltiades. Ein Trauerspiel in fünf Aufzügen‹ (1808) fand bei den zeitgenössischen Lesern Anklang, kam aber nie zur Aufführung.

Weitere Werke: Einige Nachrichten über die Vorfälle in Polen im Jahre 1794 (Bericht, 1796), Obolen (2 Bde., 1796–98), Gedichte (1801), Spaziergang nach Syrakus im Jahre 1802 (2 Bde., 1803), Mein Sommer 1805 (Reisebericht, 1806), Ein Nachlaß moral.-religiösen Inhalts (hg. 1811).

Ausgaben: J. G. S. Prosaische u. poet. Werke. Bln. 1879. 10. Tle. in 4 Bden. – J. G. S. Prosaschrr. Einl. v. W. KRAFT. Köln 1962. – J. G. S. Werke. Bearb. v. A. u. J.-H. KLINGENBERG. Bln. u. Weimar ⁴1981–83. 2 Bde.

Literatur: HEINE, G.: Der Mann, der nach Syrakus spazieren ging. Das abenteuerl. Leben des J. G. S. Bln. ²1942. – KLEMM, K. W.: J. G. S.s Schrr. Polit.-histor. Denken zw. Revolution u. Resignation. Diss. Bonn 1970. – STEPHAN, I.: J. G. S. Ein polit. Schriftsteller der dt. Spätaufklärung. Stg. 1973. – KOSTENECKI, G.: J. G. S. Absicht, Selbstdarst., Gedankenwelt. Ffm. u. a. 1979. – J. G. S. 1763–1810. Ein polit. Schriftsteller der

Spätaufklärung. Hg. v. J. DREWS. Bielefeld 1989. – BUDDE, B.: Von der Schreibart der Moralisten. S. Ffm. u. a. 1990. – Wo man aufgehört hat zu handeln, fängt man gewöhnlich an zu schreiben. J. G. S. in seiner Zeit. Hg. v. J. DREWS. Bielefeld 1991.

Seuren, Günter, * Wickrath 18. Juni 1932, dt. Schriftsteller. – Wurde bekannt durch seinen Zeitroman ›Das Gatter‹ (1964), das skept. Selbstbildnis einer Generation (verfilmt u. d. T. ›Schonzeit für Füchse‹, 1966); das Thema der individuellen Auseinandersetzung mit kleinbürgerl. Zwängen griff S. auch in den Romanen ›Lebeck‹ (1966), ›Das Kannibalenfest‹ (1968) und ›Der Abdecker‹ (1970) auf. In dem Roman ›Die fünfte Jahreszeit‹ (1979) machte er seine Situation als Schriftsteller und das Schreiben selbst zum Thema. Auch Lyriker (›Winterklavier für Hunde‹, 1961; ›Der Jagdherr liegt im Sterben‹, 1974) sowie Hör- und Fernsehspielautor.

Weitere Werke: Abschied von einem Mörder (E., 1980), Der Angriff (E., 1982), Die Asche der Davidoff (R., 1985), Hundekehle (R., 1992).

Seuse, Heinrich sel. (seit 1831), latinisiert Suso, * Konstanz oder Überlingen 21. März 1295 (?), † Ulm 25. Jan. 1366, dt. Mystiker. – Entstammte dem Konstanzer Patriziergeschlecht von Berg, trat 13jährig in den Dominikanerorden ein; um 1322–26 Schüler Meister Eckharts in Köln; seit 1330 Lektor in Konstanz sowie Prediger und Seelsorger am Oberrhein (u. a. Verbindung mit J. Tauler) und in den Niederlanden; 1343/44 Prior in Diessenhofen (Thurgau); seit 1348 in Ulm. Im ›Büchlein der Wahrheit‹ (um 1326) fußt er auf der Metaphysik Meister Eckharts und zeigt den Weg zur myst. Union mit Gott; das ›Büchlein der ewigen Weisheit‹ (um 1328), das meistgelesene Erbauungsbuch des dt. Mittelalters, zeigt den Weg zur Nachfolge Christi im betrachtenden Nachvollzug der Passion, der durch Elemente der Brautmystik stark affektiv-emotionale Züge erhält. ›Der Seuse‹ ist seine geistl. Autobiographie (von der Nonne Elsbeth Stagel [* um 1300, † um 1360] in Töß aufgezeichnet); sie benutzt Elemente der hagiograph. und legendar. Tradition und stilisiert das geistl. Leben als Minnedienst. Die novellistisch-poetische Dar-

stellung ist von Empfindsamkeit und lyrisch-virtuoser Sprachbehandlung geprägt und Zeugnis einer sinnl. Frömmigkeit sehr persönl. Art.

Ausgaben: H. S. Dt. Schrr. Hg. v. K. BIHLMEYER. Stg. 1907. Nachdr. Ffm. 1961. – H. S. Dt. myst. Schrr. Hg. v. G. HOFMANN. Düss. 1966. **Literatur:** GROEBER, K.: Der Mystiker H. S. Die Gesch. seines Lebens. Freib. 1941. – H. S.: Studien zum 600. Todestag 1366–1966. Hg. v. E. M. FILTHAUT. Köln 1966. – MISCH, G.: H. S. Ffm. 1967. – SCHWIETERING, J.: Zur Autorschaft von S.s Vita. In: SCHWIETERING: Mystik u. höf. Dichtung im Hochmittelalter. Darmst. ³1972. – HAAS, A. M.: Sermo mysticus. Frib. 1979. – Das ›einig Ein‹. Studie zur Theorie u. Sprache der dt. Mystik. Hg. v. A. M. HAAS u. H. STIRNIMANN. Frib. 1980. – JERGER, G.: H. S. Ein moderner Mystiker. Ostfildern 1992. – ENDERS, M.: Das myst. Wissen bei H. S. Paderborn 1993.

Ševčenko, Taras Hryhorovyč, ukrain. Dichter, ↑ Schewtschenko, Taras Hryhorowytsch.

Sevela, Èfraim Evelevič, russ. Schriftsteller, ↑ Sewela, Efraim Jewelewitsch.

Sevelingen, Meinloh von, mhd. Lyriker, ↑ Meinloh von Sevelingen.

Severjanin, Igor', russ. Lyriker, ↑ Sewerjanin, Igor.

Sévigné, Marie Marquise de [frz. sevi'ɲe], geb. de Rabutin-Chantal, * Paris 5. Febr. 1626, † Schloß Grignan (Drôme) 17. April 1696, frz. Schriftstellerin. – Bereits 1651 verwitwet. Ihre etwa 1 500 Briefe, die sie v. a. 1671–95 an ihre in der Provence lebende Tochter Marguerite-Française (ab 1669 verheiratet mit dem Grafen von Grignan) über die Ereignisse in Paris, am Hofe, beim Theater und in der Gesellschaft (sie führte einen bed. Salon) schrieb (1. Ausg. 1725 [31 Briefe], vollständig 1818, dt. Ausw. 1761, vollständig 1966), zeichnen sich durch Anschaulichkeit und Lebendigkeit ebenso aus wie durch Witz, Intelligenz und Menschlichkeit. Sie zählen zu den klass. Denkmälern der frz. Prosa und geben einen unmittelbaren Eindruck vom Leben der Zeit.

Ausgaben: Madame M. de S. Lettres. Hg. u. bearb. v. O. G. GAILLY. Paris 1953–57. 3 Bde. Neuaufl. 1960–63. – Mme de S. Correspondance. Hg. v. R. DUCHÊNE. Paris 1972–78. 3 Bde. – Madame de S. Lettres. Hg. v. B. RAFFALLI. Paris 1976. – M. de S. Briefe. Dt. Übers. Hg. v. TH. VON DER MÜHLL. Ffm. ²1983.

Marie
Marquise de
Sévigné
(zeitgenös-
sische
Darstellung)

Literatur: MUNK, G.: Madame de S. et Madame de Grignan dans la correspondance et dans la critique. Utrecht 1966. – CORDELIER, J.: Madame de S. par elle-même. Paris 1967. – GÉRARD-GAILLY, É.: Madame de S. Paris 1971. – NIES, F.: Gattungspoetik u. Publikumsstruktur. Zur Geschichte der S.-Briefe. Mchn. 1972. – AVIGDOR, E.: Madame de S. Un portrait intellectuel et moral. Paris 1974. – WILLIAMS, C. G. S.: Madame de S. Boston (Mass.) 1981. – MOSSIKER, F.: Mme de S. A life and letters. New York 1983. – DUCHÊNE, R.: Madame de S. ou la chance d'une femme. Paris ²1986. – RECKER, J. A. M.: ›Appelle-moi Pierrot‹. Wit and irony in the ›Lettres‹ of Madame de S. Amsterdam u. Philadelphia (Pa.) 1986.

Sewall, Samuel [engl. 'sju:əl], * Bishopstoke (England) 28. März 1652, † Boston (Mass.) 1. Jan. 1730, amerikan. Richter und Schriftsteller. – Kehrte mit seinen aus Neuengland stammenden Eltern 1661 nach Boston (Mass.) zurück; Student und Tutor an der Harvard University; ab 1679 polit. Karriere in der Verwaltung der Kolonie. S. widerrief als einziger der an den Salemer Hexenprozessen (1692) beteiligten Richter 1697 sein Urteil; als menschlich und liberal bekannt, bekleidete er 1718–28 das Amt des Obersten Richters. In seinen polit. und religiösen Schriften trat er für die Rechte der Sklaven (›The selling of Joseph‹, 1700), der Indianer (›A memorial relating to the Kennebek Indians‹, 1721) sowie der Frauen ein (›Talitha Cumi‹, hg. 1873). Sein Tagebuch ›The diary of S. S., 1674–1729‹ (hg. 1973) ist eines der aufschlußreichsten Dokumente über das polit. und gesellschaftl. Leben der Kolonialzeit in Neuengland.

Literatur: WINSLOW, O. E.: S. S. of Boston. New York 1964.

Sewela (tl.: Sevela), Efraim Jewelewitsch [russ. sɪ'vjɛlɐ], * Bobruisk (Weißrußland) 8. März 1928, russ. Schriftsteller. – U. a. beim Film (Drehbücher); wandte sich gegen sowjet. Antisemitismus; 1971–75 in Israel; ab 1976 in den USA; schrieb Erzählungen und Romane über jüd. Menschen.

Werke: Haltet das Flugzeug an, ich steige aus (R., 1977, dt. 1980), Der Weisheitszahn (R., 1981, dt. 1984), Der Papagei, der Jiddisch konnte (En., 1982, dt. 1982), Tojota-korolla (R., 1984).

Sęwer, poln. Schriftsteller, ↑Maciejowski, Ignacy.

Sewerjanin (tl.: Severjanin), Igor [russ. sɪvɪ'rjanin], eigtl. I. Wassiljewitsch Lotarjow, * Petersburg 16. Mai 1887, † Reval 20. Dez. 1941, russ. Lyriker. – War, bes. zu Beginn seiner literar. Laufbahn, auch als Rezitator eigener Lyrik erfolgreich; emigrierte nach der Revolution. S., Vertreter des sog. Ego-Futurismus, einer extrem selbstbewußten Dichtung, erregte 1913 mit ›Gromokipjaščij kubok‹ (= Der donnernd brodelnde Becher), einer Sammlung effektreicher, experimenteller, manierierter Lyrik, mit der er überraschende Neologismen verwendete, Aufsehen. Der oft dürftige Gehalt seiner Werke und seine Neigung zu einer ans Vulgäre grenzenden Behandlung erot. Themen wurden häufig angegriffen.

Ausgaben: I. Severjanin. Sobranie poèzii. Neudr. Washington (D. C.) 1966–70. 4 Bde. – I. Severjanin. Stichotvorenija. Leningrad 1975. **Literatur:** BORONOWSKI, E.: I. Severjanin. Leben u. Weltblick in seinem dichter. Werk. Diss. Münster 1978.

Sexton, Anne [engl. 'sɛkstən], * Newton (Mass.) 9. Nov. 1928, † Weston (Mass.) 4. Okt. 1974 (Selbstmord), amerikan. Lyrikerin. – War Lehrerin, daneben u. a. 1971/72 Lehrtätigkeit an der Colgate University, Hamilton (N.Y.). Schrieb, u. a. beeinflußt von A. Rimbaud, F. Kafka, P. Neruda und ihrem Lehrer R. Lowell, Bekenntnislyrik, in der sie in klarer, mitleidsloser Sprache ihre eigene Innenwelt erforscht und bloßlegt (Nervenzusammenbruch, Depression, Einsamkeit, Familienbande).

Werke: To Bedlam and part way back (Ged., 1960), All my pretty ones (Ged., 1962), Selected poems (Ged., 1964), Live or die (Ged., 1966; Pulitzerpreis 1967), Love poems (Ged., 1969),

Transformations (Ged., 1971), The book of folly (Ged., 1972), The death notebooks (Ged., 1974), The awful rowing toward God (Ged., 1975), 45 Mercer Street (Ged., hg. 1976), Words for Dr. Y. Uncollected poems with three stories (Ged. u. En., hg. 1978).
Ausgaben: A. S. A self-portrait in letters. Hg. v. L. G. SEXTON u. L. AMES. Boston (Mass.) 1977. – A. S. The complete poems. Hg. v. M. KUMIN. Boston (Mass.) 1981. – A. S. No evil star. Selected essays, interviews and prose. Hg. v. S. COLBURN. Ann Arbor (Mich.) 1985.
Literatur: NORTHOUSE, C./WALSH, TH. P.: Sylvia Plath and A. S. A reference guide. Boston (Mass.) 1974. – A. S. The artist and her critics. Hg. v. J. D. McCLATCHY. Bloomington (Ind.) 1978. – GEORGE, D. H.: Oedipus Anne. The poetry of A. S. Urbana (Ill.) 1987. – MIDDLEBROOK, D. W.: Zw. Therapie u. Tod. Das Leben der Dichterin A. S. Dt. Übers. Zü. 1993.

Seyfried, Lied vom Hürnen ↑ Hürnen Seyfried, Lied vom. ⸱

Şeyhî, Yusuf Sinan [türk. ʃɛi'hi], *Kütahya 1375, † ebd. 1431, türk. Dichter. – Arzt; umfassend gebildet; sein ›Harnâme‹ (= Eselsbuch, dt. 1952) ist ein satir. Meisterwerk. Lyrik in vollendeter Form, an Hafes erinnernd, anknüpfend an Nesami und T. I. Ahmedî.

Şeyh Mehmet Galip Dede [türk. 'ʃɛih mɛh'mɛt ɡɑ'lip dɛ'dɛ] (Mehmet Esat), *Konstantinopel (heute Istanbul) 1757, † ebd. 3. Jan. 1799, türk. Dichter. – Mitglied des Ordens der tanzenden Derwische, 1791 Ordenshausvorsteher in Galata, gefördert von Sultan Selim III. Er schuf einen Diwan und die mystisch-allegorische Dichtung ›Hüsn-ü-aşk‹ (= Schönheit und Liebe, entst. 1782) in 4 000 Distichen; bilderreiche Sprache.

Seyppel, Joachim, *Berlin 3. Nov. 1919, dt. Schriftsteller und Literaturwissenschaftler. – 1949–60 Lehrtätigkeit in den USA; danach in Berlin, ging 1973 in die DDR, lebt seit 1979 in der BR Deutschland (1982 aus der DDR ausgebürgert). Schreibt neben literaturwiss. Werken zeitkrit. Erzählungen und Romane, Essays, Dramen und Reportagen. Versuche einer krit. Gesellschaftsanalyse der Gegenwart und der jüngsten Vergangenheit sind die Romane ›Abendlandfahrt‹ (1963), ›Columbus Bluejeans oder Das Reich der falschen Bilder‹ (1965) und ›Torso Conny der Große‹ (1969).
Weitere Werke: Die Unperson oder Schwitzbad und Tod Majakowskis (Schsp., 1979), Die

Mauer oder Das Café am Hackeschen Markt (R., 1981), Ich bin ein kaputter Typ (Bericht, 1982), Ahnengalerie. Geschichte einer dt. Familie (1984), Lesser Ury. Maler der alten City (Monogr., 1987), Eurydike oder die Grenzenlosigkeit des Balkans (R., 1989), Trottoir & Asphalt (Erinnerungen, 1994).

Shadbolt, Maurice [Francis Richard] [engl. 'ʃædbɔʊlt], *Auckland 4. Juni 1932, neuseeländ. Schriftsteller. – Seine Kurzgeschichten ›Mädchen, Fluß und Zwiebel‹ (1959, dt. 1965) verweisen thematisch und formal bereits auf seine späteren episodenhaft strukturierten Romane, in denen häufig Heranwachsende auf der Suche nach sich selbst (›Der Sommer des Delphins‹, 1969, dt. 1973) oder biograph. Erfahrungen (›An ear of the dragon‹, 1971) dargestellt sind. Erzähltechnisch abwechslungsreich, bestechen an seinem Werk die Betonung des Visuellen und die lebendigen Landschaftsschilderungen.
Weitere Werke: Summer fires and winter country (En., 1963), Und er nahm mich bei der Hand (R., 1965, dt. 1973), The presence of music. Three novellas (En., 1967), Strangers and journeys (R., 1972), A touch of clay (R., 1974), Danger zone (R., 1975), Figures in light (En., 1978), The lovelock version (R., 1980), Season of the Jew (R., 1986).
Literatur: HOLLAND, P.: M. Sh. Boston (Mass.) 1981.

Shadwell, Thomas [engl. 'ʃædwəl], *Broomhill (Norfolk) um 1642, † London 19. Nov. 1692, engl. Dramatiker. – Schrieb bühnenwirksame, witzige Lustspiele nach dem Vorbild von B. Jonsons Comedy of humours, in denen er die vornehme Gesellschaft seiner Zeit verspottete, sowie Opernlibretti, darunter ›The enchanted island‹, eine Adaptation von Shakespeares ›Sturm‹; war in eine erbitterte literar. Kontroverse mit J. Dryden verwickelt; als dieser während der Revolution 1688 seine Ämter als ›poet laureate‹ und königl. Historiograph aufgeben mußte, wurde Sh. sein Nachfolger.
Weitere Werke: The sullen lovers (Kom., 1668), Epsom Wells (Kom., 1673), The virtuoso (Kom., 1676), A true widow (Kom., 1678), The Lancashire witches (Kom., 1682), The squire of Alsatia (Kom., 1688), Bury fair (Kom., 1689).
Ausgabe: Th. Sh. The complete works. Hg. v. M. SUMMERS. London 1927. 5 Bde.
Literatur: ALSSID, M. W.: Th. Sh. New York 1967. – KUNZ, D. R.: The drama of Th. Sh. Salzburg 1972.

Shaffer, Peter [Levin] [engl. 'ʃæfə], * Liverpool 15. Mai 1926, engl. Dramatiker. – War u. a. Musik- und Literaturkritiker. Durchgehendes Anliegen seiner publikumswirksamen, formal vielseitigen Dramen ist die Darstellung von Krisensituationen im Zusammenhang mit dem Verlust von Leitbildern bei gleichzeitiger Sehnsucht nach dem Glauben an das Absolute. Dem familiären Ausgangspunkt dieser Problematik geht Sh. in dem realist., mit dem Selbstmordversuch eines jungen Mannes endenden Stück ›Five finger exercise‹ (Dr., 1958) nach sowie in dem experimentelleren Psychodrama ›Equus‹ (1973, dt. 1975) um die zunächst unverständl. Blendung von sechs Pferden durch einen Jugendlichen. Die Auseinandersetzung mit Leitfiguren im polit. und religiösen Bereich bestimmt die Stücke um einen modernen Friedensphilosophen (›Exerzitien‹, 1966, Neufassung 1970, dt. 1973), um Pizarros Eroberung Perus (›Die königliche Jagd auf die Sonne‹, 1964, dt. 1966) und um die alttestamentar. Geschichte von der Vergewaltigung der Tochter Davids durch ihren Bruder (›Jonadab‹, 1986, dt. 1988). Auf dem Gebiet der Kunst gestaltet Sh. dieses Thema durch die Gegenüberstellung von Antonio Salieri und Mozart (›Amadeus‹, Dr., 1980, dt. 1982).

Weitere Werke: Hören Sie zu! (Einakter, 1962, dt. 1963), Geben Sie acht (Einakter, 1962, dt. 1963), Komödie im Dunkeln (1967, dt. 1967), Laura und Lotte (Dr., 1987, dt. 1989), Mit wem habe ich das Vergnügen? Ein Monolog (Hsp., 1990, dt. 1990), The gift of the Gorgon (Dr., 1993).
Ausgabe: Collected plays of P. Sh. Hinsdale (Ill.) 1982.
Literatur: KLEIN, D. A.: P. Sh. Boston (Mass.) 1979. – GIANAKARIS, C. J.: P. Sh. Basingstoke u. a. 1992. – BACH, S.: Grenzsituationen in den Dramen P. Sh.s. Ffm. u. a. 1992.

Shaftesbury, Anthony Ashley Cooper, 3. Earl of (seit 1699) [engl. 'ʃɑːftsbərɪ], * London 26. Febr. 1671, † Neapel 4. Febr. 1713, engl. Philosoph. – Einer der bedeutendsten Vertreter der engl. Aufklärung. 1686–89 in Europa auf Reisen; Mitglied des engl. Parlaments 1695–98, ab 1699 des Oberhauses; lebte ab 1711 in Italien. Sh.s Philosophie steht unter dem Einfluß J. Lockes und des Platonismus (Schule von Cambridge). Ein zentrales Problem seines Denkens ist die Begründung der Sittlichkeit im ›moral sense‹ (= moral. Bewußtsein). Die Überzeugung, daß die Sittlichkeit zur natürl. Ausstattung des Menschen gehört und unabhängig von den Ansprüchen einer Offenbarungsreligion begründet werden könne, führt zu der These, daß Religion Sittlichkeit bereits voraussetzt. Sittlichkeit besteht für Sh. in der harmon. Entfaltung des natürl. Vermögens des Menschen. Die Auszeichnung des Gefühls und die Verbindung von ästhet. mit moral. Kategorien im ›moral sense‹ machen den bed. Einfluß verständlich, den Sh. v. a. auf A. Pope, J. G. Herder, Schiller, Goethe, J.-J. Rousseau und Voltaire hatte. Die Vorstellung des aus ›Enthusiasmus‹ schaffenden Genies wurde zur Kernidee der moral.-ästhet. Revolte im Sturm und Drang.

Werke: Untersuchung über die Tugend (1699, dt. 1747), Ein Brief über den Enthusiasmus (1708, dt. 1909), Die Moralisten (1709, dt. 1910), Charakteristik, oder Schilderungen von Menschen, Sitten, Meinungen und Zeiten (3 Bde., 1711, revidiert 1714, dt. 1768).
Ausgabe: A. A. C., Third Earl of Sh. Sämtl. Werke, ausgew. Briefe u. nachgelassene Schrr. Hg. v. G. HEMMERICH u. W. BENDA. Stg. 1981 ff.
Literatur: WEISER, F.: Sh. u. das dt. Geistesleben. Lpz. u. Bln. 1916. Nachdr. Stg. 1969. – WOLFF, E.: Sh. u. seine Bedeutung für die engl. Lit. des 18. Jh. Tüb. 1960. – GREAN, S.: Sh.'s philosophy of religion and ethics. Athens (Ohio) 1967. – VOITLE, R.: The third Earl of Sh., 1671–1731. Baton Rouge (La.) 1984. – POLLOCK, J. CH.: Sh. The poor man's earl. London 1985.

Shahar (tl.: Šaḥar), David (Schachar) [hebr. ʃa'xar], * Jerusalem 17. Juni 1926, israel. Schriftsteller. – Einer der bedeutendsten Romanschriftsteller in Israel; sein Roman ›Sôḵen hôd malkûtô‹ (1979), dessen Handlung im Zweiten Weltkrieg beginnt und im Jom-Kippur-Krieg (1973) endet, wurde 1980 ins Englische, 1981 ins Französische und 1984 u. d. T. ›Agent seiner Majestät‹ ins Deutsche übersetzt.

Weitere Werke: Yeraḥ ha-dĕvaš wĕ-ha-zahav (= Die Flitterwochen und das Gold, R., 1959), Harpatqaʾôt šel Riqi Maʿûzi (= Die Abenteuer von Riqi Maʿûzi, R., 1961), Ein Sommer in der Prophetenstraße (R., 1974, dt. 1984), Die Reise nach Ur in Chaldäa (R., 1974, dt. 1985), Yôm ha-rôzenet (= Der Tag der Fürstin, R., 1976, frz. 1981 u. d. T. Le jour de la comtesse), Nin-Gal (R., 1983, frz. 1985 u. d. T. Nin-Gal), Yômâm šel ha-sedîm (= Der Tag der Dämonen, R., 1985, frz. 1988 u. d. T. Le jour des fantômes), Ḥâlôm lêl Tammûz (= Der Traum einer Tammuz-Nacht, R., 1988).

Shakespeare, William ['ʃeːkspiːr, engl. 'ʃɛɪkspɪə] (Shakspere, Shakespeare), ≈ Stratford-upon-Avon 26. April 1564, † ebd. 23. April 1616, engl. Dichter und Dramatiker. – Nur wenige Lebensdaten sind sicher überliefert. Wuchs als Sohn des Handschuhmachers John Sh., der zeitweilig Gemeindeämter innehatte und später in Schulden geriet, in Stratford-upon-Avon auf und besuchte dort vermutlich die Lateinschule. 1582 heiratete er die acht Jahre ältere Landwirtstochter

William
Shakespeare

Anne Hathaway. 1583 ist die Taufe einer Tochter, 1585 die von Zwillingen registriert. Für die folgenden sieben Jahre, in denen Sh. nach London gelangt sein muß, fehlen verläßl. Spuren (›verlorene Jahre‹); möglicherweise war er Lehrer in Lancashire. 1592 ist seine Verbindung zum Londoner Theater erwähnt. 1593 und 1594 widmete er dem als Mäzen renommierten Henry Wriothesley, 3. Earl of Southampton (* 1573, † 1624), zwei Verserzählungen; ob ihm dies Zugang zu Adelskreisen eröffnete, läßt sich allenfalls mutmaßen. Spätestens ab 1594 gehörte Sh. als Schauspieler, Stückeschreiber und Teilhaber einer Theatergruppe an, die unter der Bez. ›Chamberlain's Men‹, ab 1603 ›King's Men‹, zu einer der beiden führenden, wirtschaftlich unabhängigen Londoner Schauspielertruppen wurde. Die Verbindung nach Stratford riß unterdes nicht ab: Dort erwarb Sh. Häuser und Ländereien, dorthin zog er sich spätestens 1612 zurück. Sein 1615/16 abgefaßtes Testament bedenkt sowohl Stratforder Freunde als auch Londoner Schauspielerkollegen. Er wurde 1616 in der Trinity Church, Stratford, beigesetzt; die Büste des Grabmals ebd. (von G. Jannssen) und der Kupferstich in der 1. Folioausgabe (1623; von M. Droeshout) sind die einzigen authent. Bildnisse. Zusätzl. anekdot. Details sind erst vom Ende des 17. Jh. an überliefert und zeugen eher von der Legendenbildung der Nachwelt als von der histor. Persönlichkeit. Seit der Mitte des 19. Jh. angestellte Versuche, die unter Sh.s Namen veröffentlichten Dramen anderen, meist aristokrat. Personen zuzuschreiben (ge-

nannt wurden über 60, bes. F. Bacon, Ch. Marlowe, der 6. Earl of Derby [* 1561, † 1642], der 5. Earl of Rutland [* 1576, † 1612], der 17. Earl of Oxford [* 1550, † 1604] u. a.), sind spekulativ und daher für die Deutung der Dramen unergiebig.

Entstehungszeiten und Chronologie der Werke sind nur indirekt und ungefähr bekannt. Sie setzten um 1590 ein, am Gipfelpunkt der Regierungszeit Elisabeths I., einer Zeit nat. Hochgefühls (Sieg über die Armada 1588), wirtschaftl. Aufschwungs und des Vordringens von Renaissanceideen in den Rahmen mittelalterlich geprägter Kultur, in der auch das engl. Theater dank der Einrichtung feststehender öffentl. Schauspielhäuser in London (seit 1576), des Aufstrebens professioneller Schauspielertruppen und des Auftretens intellektueller Stückeschreiber (Ch. Marlowe, Th. Kyd, R. Greene, G. Peele, J. Lyly u. a.) breite Wirksamkeit entfaltete. In seinen frühesten Stücken griff Sh. überlieferte Dramenformen auf, entwickelte und kombinierte sie, verband volkstüml. und humanist. Elemente, verlebendigte vorgegebene Stoffe aus Chroniken, Novellen und älteren Dramen durch gegenwartsnahe Bezüge. ›Die Komödie der Irrungen‹ (entst. um 1591, gedr. 1621, dt. 1775, 1764 u. d. T. ›Die Irrungen oder Die doppelten Zwillinge‹) erweitert die Situationskomik der röm. Komödie (Plautus); ›Liebes Leid und Lust‹ (entst. um 1593, gedr. 1598, dt. 1833, 1774 u. d. T. ›Amor vincit omnia‹, 1836 u. d. T. ›Verlorene Liebesmüh‹) gestaltet geistreich den von Lyly initiierten Typ der höf. Komödie aus; ›Die beiden

Veroneser‹ (entst. etwa 1590–95, gedr. 1623, dt. 1775, 1765 u. d. T. ›Die zween edle Veroneser‹) setzt frühere Liebes- und Abenteuerdramatik fort; ›Der Widerspenstigen Zähmung‹ (entst. um 1593, gedr. 1623, dt. 1831, 1672 u. d. T. ›Kunst über alle Künste, ein bös Weib gut zu machen‹) knüpft an die italien. Renaissancekomödie und an Schwanktraditionen an; ›Titus Andronicus‹ (entst. etwa 1589–92, gedr. 1594, dt. 1777) folgt dem in Popularisierung von Tragödien Senecas d. J. gängigen Typ der Rache- und Greueltragödie. Einem neuerwachten Interesse an nat. Vergangenheit, dessen sich das Theater schon angenommen hatte, entsprechen Sh.s erste Geschichtsdramen, ›Heinrich VI.‹ (3 Tle., entst. etwa 1590–92, gedr. 1623, dt. 1776), gefolgt von ›Richard III.‹ (entst. um 1593, gedr. 1597, dt. 1776), die auf der Grundlage bes. der ›Chronicles of England, Scotland and Ireland‹ von R. Holinshed (2 Bde., 1577, Neuaufl. 1587) die Machtkämpfe der Rosenkriege zum Gegenstand haben; sie huldigen einerseits der Tudormonarchie (deren Beginn 1485 am Schluß von ›Richard III.‹ signalisiert wird) und ihrer bed. Königin Elisabeth I., warnen andererseits als polit. Lehrstücke vor aktuellen Gefahren. Neu war Sh.s Konzeption, engl. Geschichte im umfassenden Dramenzyklus zu präsentieren; sie stellt sich der Geschichtsepik der Zeit (z. B. von S. Daniel) an die Seite. In den folgenden Jahren erweiterte Sh. sein geschichtsdramat. Werk durch einen zweiten Zyklus mit den Dramen ›Richard II.‹ (entst. um 1595, gedr. 1597, dt. 1764), ›Heinrich IV.‹ (2 Tle., entst. um 1596 bzw. 1597, gedr. 1598 bzw. 1600, dt. 1764) und ›Heinrich V.‹ (entst. um 1599, gedr. 1600 [Raubdruck], dann 1623, dt. 1776); dieser behandelt die historisch vorausgehende Periode des 15. Jh. in komplexeren Stilarten (in ›Heinrich IV.‹ mit den Falstaffszenen als parodist. Gegenbild zur krieger. Handlung) unter weitergehender Thematisierung von Funktion und Legitimation des Königtums, Fürstenerziehung, Usurpation und Revolte, Verstrickung von Schuld und Sühne usw. Zum Geschichtspanorama der beiden Zyklen bildet ›König Johann‹ (entst. um 1596, gedr. 1623, dt. 1763) den Vorspann und

das späte, wohl nur teilweise von Sh. stammende Drama ›Heinrich VIII.‹ (entst. etwa 1612/13, gedr. 1623, dt. 1777) eine Art Epilog.

In der frühen Schaffensphase entstanden auch, vermutlich während einer pestbedingten Schließung der Theater, die dem Earl of Southampton gewidmeten Verserzählungen ›Venus und Adonis‹ (1593, dt. 1783) und ›Tarquin und Lucrezia‹ (1594, dt. 1783, 1876 u. d. T. ›Die Schändung der Lukretia‹), mit denen sich Sh. als Dichter (nicht nur Stückeschreiber) profilierte, sowie ein Teil der Sonette, sein Beitrag zur petrarkist. Sonettmode seiner Zeit (als Sammlung [›Sonnets‹] gedr. 1609, dt. 1820 u. d. T. ›Sonnette‹), dessen mögliche autobiograph. Hintergründe (die Identität des Adressaten sowie der Figuren des Dichterrivalen und der ›dunklen Dame‹) rätselvoll bleiben. Um 1595 brachte Sh. seine poetischsten Dramen hervor, die, wiederum in allen Gattungen, in nuancierter Verssprache imaginative Welten erschlossen: außer ›Richard II.‹ die Liebestragödie ›Romeo und Julia‹ (entst. um 1595, gedr. 1597 [Raubdruck], dann 1599, dt. 1766) und die Komödie ›Ein Sommernachtstraum‹ (entst. um 1595, gedr. 1600, dt. 1775, 1762 u. d. T. ›Ein Sankt Johannis Nachts-Traum‹), die das Wirken poet. Phantasie selbst zum Thema hat. Namentlich Sh.s Kunst der heiteren Komödie mit subversivem Potential entwickelte sich in den folgenden Jahren von dem Schauspiel ›Der Kaufmann von Venedig‹ (entst. um 1596, gedr. 1600, dt. 1763) über das Falstaff-Lustspiel ›Die lustigen Weiber von Windsor‹ (entst. um 1597, gedr. 1602 [Raubdruck], dann 1623, dt. 1775) bis zum reifsten Höhepunkt der drei sog. romant. Komödien ›Viel Lärm um Nichts‹ (entst. um 1598, gedr. 1600, dt. 1830, 1765 u. d. T. ›Viel Lermens um Nichts‹), ›Wie es euch gefällt‹ (entst. um 1599, gedr. 1623, dt. 1763) und ›Was ihr wollt‹ (entst. um 1601, gedr. 1623, dt. 1766) mit ihren spielerisch enthüllenden, von burlesken Prosaepisoden kontrastierten Handlungen um werbende Liebe.

Um 1601 ist ein Umbruch in Sh.s Schaffen zu verzeichnen, der zur umfassenden Artikulation eines trag. Weltbilds und zur kühnen Durchbrechung stilist. Konventionen führt. Darauf deutet ›Julius Caesar‹ voraus (entst. um 1599, gedr. 1604, dt. 1741), das erste von drei Römerdramen, das Themen der Geschichtsdramen am Stoff aus Plutarch weiterentwickelt. Der stärkste Ausdruck dieser Phase sind die vier Tragödien ›Hamlet‹ (entst. um 1601, gedr. 1603 [Raubdruck einer Frühfassung?], dann 1604, dt. 1766), ›Othello‹ (entst. 1604, gedr. 1622, dt. 1766), ›König Lear‹ (entst. um 1605, gedr. 1608, dt. 1762) und ›Macbeth‹ (entst. um 1608, gedr. 1623, dt. 1765), in denen Welterfahrung auf das Menschenbild bezogen ist und sich durch den Charakter des Helden manifestiert – in seiner Zerissenheit (Hamlet), im Getäuschtwerden (Othello), im wahnsinnigen Leiden (Lear), in der Infizierung durch das Böse (Macbeth). Gerade diese ›großen Tragödien‹ wurden zum Gegenstand vielschichtiger Deutung, die sich teils auf die Charaktere richtete, bis zur psychoanalyt. Ergründung, teils auf metaphys., eth., religiöse und polit. Aspekte des vorausgesetzten Weltbilds, teils auf die hier erreichte Komplexität dramat. Kunst. Zur gleichen Zeit verdüsterte sich für Sh. die Komödie zur Tragikomödie, zum Problemdrama, wobei Konflikte provozierend offenbleiben oder nur in Scheinlösungen münden: ›Troilus und Cressida‹ (entst. um 1601, gedr. 1609, dt. 1777) bringt eine bittersatir. Wertung von Krieg und Liebe; ›Ende gut, alles gut‹ (entst. etwa 1602/03, gedr. 1623, dt. 1776) und bes. ›Maß für Maß‹ (entst. um 1604, gedr. 1623, dt. 1708) werfen im Rahmen der Komödienhandlung Widersprüche der Beurteilung von Standesehre, Gerechtigkeit usw. auf. In den Tragödien ›Antonius und Kleopatra‹ (entst. um 1607, gedr. 1623, dt. 1764) und ›Coriolan‹ (entst. um 1608, gedr. 1623, dt. 1777) kehrte Sh. nochmals zur röm. Geschichte zurück, nun in weiter gespannter Darstellung, mit dramat. Konfrontationen von Kulturkreisen bzw. sozialen Gegensätzen, letzteres vielleicht in Anspielung auf gleichzeitige Volkserhebungen in Mittel- und Nordengland. In ›Timon von Athen‹ (entst. um 1608, gedr. 1623, dt. 1763) verfinstert sich die Satire auf die Geldgier zum abgrundtiefen Pessimismus. Die späten Dramen, ›Perikles‹ (entst. etwa

1606–08, gedr. 1609, dt. 1782), ›Cymbeline‹ (entst. etwa 1609/10, gedr. 1623, dt. 1777), ›Ein Wintermärchen‹ (entst. 1611, gedr. 1623, dt. 1766) und ›Der Sturm‹ (entst. 1611, gedr. 1623, dt. 1763), setzen im Gewand märchenhafter, phantastisch übersinnl. Handlungen den trag. Motiven und gestörten Ordnungen symbolhaft harmon. Visionen entgegen. – Seit dem 17. Jh. wurden überdies etliche anonym überlieferte Stücke Sh. zuzuschreiben versucht (›Sh.-Apokryphen‹), darunter ›Arden von Feversham‹ (1592, dt. 1823), ›Leben und Tod des Thomas Cromwell‹ (1602, dt. 1840), ›Der Londoner verlorene Sohn‹ (1605, dt. 1836), ›Ein Trauerspiel aus Yorkshire‹ (1608, dt. 1840) u. a. Wahrscheinlicher indes als bei diesen Dramen ist eine, wenn auch nur teilweise Verfasserschaft Sh.s nur bei ›Die beiden edlen Vettern‹ (entst. um 1613, gedr. 1634, dt. 1890) und ›Eduard III.‹ (1596, dt. 1840).

Sh.s Dramen waren für seine Schauspielertruppe bestimmt und sind auf deren Zusammensetzung und zunftähnl. Organisation sowie auf die Bedingungen der ihr verfügbaren Bühnen abgestellt. Von den öffentl. Londoner Theatern der Elisabethan. Zeit, arenaartigen Galeriebauten mit Innenhof, die Publikum aus allen Gesellschaftsschichten anzogen (↑ Shakespearebühne), besaß die Sh.truppe zunächst das 1576 erbaute ›Theatre‹ und ab 1599 das ↑ ›Globe Theatre‹. Andersartige Spielbedingungen bei Hof, auf Tournee und im 1608 hinzuerworbenen elitäreren ›Blackfriars' Theatre‹ verlangten Flexibilität der Darbietung. Gedruckt wurden die Dramen in der Regel ohne Zutun Sh.s erst Jahre nach der Aufführung, 20 davon in [Quarto-]Einzelausgaben, die anderen in der von Sh.s Schauspielerfreunden John Heminge († 1630) und Henry Condell († 1627) postum herausgebrachten Gesamtausgabe (1. Folio, 1623), nach Vorlagen unterschiedl. Qualität (Rohmanuskripte, Abschriften, Regiebücher); Handschriften Sh.s sind nicht erhalten. Die Nachhaltigkeit der **Wirkungsgeschichte** Sh.s ist mit der keines anderen neuzeitlichen Dramatikers vergleichbar. Schon zu seinen Lebzeiten hoch geschätzt, wurden viele seiner Dramen nach der Aufhebung des von den Puri-

tanern betriebenen Theaterverbots (1642–60) im England der Restaurationszeit den Verwandlungsbühnen neuer elitärer Theater und dem vom frz. Klassizismus beeinflußten Geschmack angepaßt. Daraus hervorgegangene, sprachlich geglättete, um szen. Effekte bereicherte Bühnenbearbeitungen (u.a. von W. Davenant, J. Dryden, N. Tate, Edward Ravenscroft [* 1660, † 1697]) hielten sich z. T. bis Mitte des 19. Jh.; sie veranlaßten bes. im 18. Jh. schauspieler. Einzelleistungen (u. a. D. Garrick, Sarah Siddons [* 1755, † 1831]) und opernhafte Ausgestaltungen (u. a. durch John Philip Kemble [* 1757, † 1823]). Dies, auch das Erscheinen zahlreicher Sh.-Ausgaben mit textl. Verbesserungen und regularisierter Akt- und Szeneneinteilung, trug im 18. Jh. zur Herausbildung eines Sh.-Kults bei, der seinen nachhaltigsten literar. Niederschlag in der Romantik fand. Nachdem Sh.s Werke aufgrund wiss. Erforschung ihrer Druckgeschichte ediert worden waren (erstmals 1790 von Edmund Malone [* 1741, † 1812]), spielten die Theater ab Mitte des 19. Jh. originalnähere Texte, jedoch nun mit üppiger illusionist. Dekoration. Hingegen zeitigte die Rückbesinnung auf ursprünglichere und eigtl. Sh.sche Spielenergien vitale Erneuerungen der Sh.-Inszenierung und überhaupt des Theaters (in England u. a. bei William Poel [* 1852, † 1934], Gordon Craig [* 1872, † 1966] und Harley Granville-Barker; in neuerer Zeit dann v. a. bei Peter Hall [* 1930] und Peter Brook [* 1925]).
In **Deutschland,** wo Stoffe Sh.s zuerst Anfang des 17. Jh. in grober Form durch die † englischen Komödianten bekannt wurden, bereiteten im 18. Jh. u. a. G. E. Lessing, J. G. Herder und Goethe der literar. Aufnahme die Wege; am Sh.-Enthusiasmus entzündete sich die Dramatik des Sturm und Drang; die Auseinandersetzung mit Sh. prägte das Werk bed. Autoren des 19. Jh. (Schiller, H. Kleist, Ch. D. Grabbe, G. Büchner u. a.). Die dt. Bühne führte Sh. zunächst in Bearbeitungen ein, bes. durch F. L. Schröder in Hamburg (1776 ff.), auch unter Goethes Direktion in Weimar (1791 ff.). Die Geschichte der dt. Sh.-Übersetzungen, in der sich die Auseinandersetzung um die Aneignung

Sh.s spiegelt, begann im wesentl. mit den [Prosa]übertragungen von Ch. M. Wieland (8 Bde., 1762–66) und J. J. Eschenburg (13 Bde., 1775–82). Die Versübertragung von A. W. Schlegel (9 Tle., 1797–1810), unter L. Tiecks Regie von Dorothea Tieck und W. H. von Baudissin fortgeführt (9 Bde., 1825–33), setzte sich als ›Schlegel-Tieck-Übersetzung‹ dank ihrer dichter. Einfühlung als die dauerhafteste gegenüber konkurrierenden Übertragungen durch, z. B. von J. H. Voß und Söhne (9 Bde., 1818–29), Johann Wilhelm Otho Benda (* 1757, † 1832; 19 Bde., 1825/26), Joseph Meyer (* 1796, † 1856; 52 Bde., 1825–34), Ernst Ortlepp (* 1800, † 1864; 16 Bde., 1838/39), Adalbert Keller (* 1812, † 1883) mit Moritz Rapp (* 1803, † 1883; 37 Bde., 1843–46). Weitere dt. Übersetzungen des 19. Jh. wurden herausgebracht u. a. von Adolf Böttger (* 1815, † 1870; 37 Bde., 1836–37), F. von Dingelstedt (10 Bde., 1867/68), F. M. von Bodenstedt (38 Bändchen, 1867–71); solche des 20. Jh. stammen von F. Gundolf (10 Bde., 1908–18), H. Rothe (3 Bde., 1928–35, revidierte Fassung in 4 Bden., 1963/64) sowie, mit Einsatz eines Teil des Gesamtwerks, von K. Kraus (2 Bde., 1934/35, Nachdr. 2 Bde., 1970), Richard Flatter (* 1891, † 1960; 1938; 6 Bde., 1952–55), R. A. Schröder (1941 und 1963), Theodor von Zeynek (* 1873, † 1948; 10 Dramen, 1952–62), Rudolf Schaller (* 1891, † 1984; 6 Bde., 1978), E. Fried (10 Bde., 1969–85), Frank Günther (* 1947; 23 Theaterausgg., 1976–93); daneben gibt es zahlreiche weitere Bühnenübersetzungen. Zu den mehr als 50 dt. Übersetzern der Sonette gehören überdies Karl Lachmann (1820), Johann Gottlob Regis (* 1791, † 1854; 1836), K. Simrock (1867), S. George (1909), Ludwig Fulda (1911), E. Ludwig (1923), Rolf-Dietrich Keil (* 1923; 1959), P. Celan (1967) und andere. Auch im roman. und im slaw. Bereich war die (z. T. kritischere) Aufnahme Sh.s im 18. Jh. (Voltaire) und bes. in der romant. Epoche (V. Hugo) impulsauslösend.
Die Wirkung erstreckte sich zudem auf andere Künste. Von vornherein an musikal. Elementen reich, regten Sh.s Dramen immer wieder zu Opern und Ballett-

musiken an, nach 1945 auch zu Musical-
bearbeitungen. Die Bildkunst steuerte
eine Fülle von Illustrationen Sh.scher
Motive bei, von denen bes. die von J. H.
Füssli originäre Interpretationen sind.
Früh hat sich der Film Sh.s angenommen
(ein Kurzstummfilm mit Sarah Bern-
hardt als Hamlet entstand schon 1900);
seitherige Verfilmungen durch z. T. bed.
Regisseure (M. Reinhardt, O. Welles,
G. M. Kosinzew, R. Polanski, A. Kuro-
sawa u. a.) sowie Fernsehbearbeitungen
garantieren heute Sh.s Dramen weite
Verbreitung. Viele moderne Bühnen-
autoren haben einzelne Stücke durch
Adaptationen aktualisiert; so u.a.
G. Hauptmann, B. Brecht (›Coriolan‹,
hg. 1964), T. Stoppard (›Rosenkranz und
Güldenstern sind tot‹, 1967, dt. 1967),
F. Dürrenmatt (›König Johann‹, 1968;
›Titus Andronicus‹, 1970), E. Bond
(›Lear‹, 1972, dt. 1972), E. Ionesco
(›Macbett‹, 1972, dt. 1973), Heiner Mül-
ler (›Macbeth‹, 1972; ›Anatomie Titus‹,
1984), A. Wesker (›Shylock‹, 1977, dt.
1977, ›Lady Othello‹, 1990). Auch zahl-
reiche moderne Romane basieren auf
Sh.-Dramen, z. B. bei A. Döblin (›Hamlet
oder die lange Nacht nimmt ein Ende‹,
1956), I. Murdoch (›Der schwarze Prinz‹,
1973, dt. 1975), R. Nye (›Falstaff‹, 1976),
Jane Smiley (›A thousand acres‹, 1991),
Marina Warner (›Indigo‹, 1992) u. a.
Zudem wurde Sh.s dürftig bekanntes
Leben häufig Gegenstand fiktionaler
Werke, wobei meist Episoden dargestellt
wurden. Dazu zählen u. a. L. Tiecks Novellenwerk ›Dichterleben‹ (1826), K. von
Holteis Drama ›Sh. in der Heimat‹
(1840), L. Daudets biograph. Roman
›Fahrten und Abenteuer des jungen Sh.‹
(1896, dt. 1898), G. B. Shaws Farce ›Die
dunkle Dame der Sonette‹ (1910, dt.
1920), W. Schäfers Drama ›Wilhelm Sh.‹
(1910), E. Stuckens Roman ›Im Schatten
Sh.s‹ (1929), Robert Paynes (* 1911) Roman ›Aufruhr der Komödianten‹ (1955,
dt. 1956), E. Bonds Drama ›Bingo‹ (1974,
dt. 1976), A. Burgess' Roman ›Nothing
like the sun‹ (1964), J. Mortimers Fernsehserie ›Will Sh.‹ (als Buch 1977) und
R. Nyes Roman ›Mrs. Sh.‹ (1993).

Ausgaben: A new variorum edition of the works
of W. Sh. Hg. v. H. H. FURNESS u. a. Philadelphia (Pa.) 1873 ff. – The [new] Arden Sh. Hg. v.

U. ELLIS-FERMOR u. a. London [1-9]1953–82.
39 Bde. – W. Sh. Sämtl. Dramen. Dt. Übers. v.
A. W. SCHLEGEL u. a. Mchn. 1967. 3 Bde. – The
first folio of Sh. The Norton facsimile. Hg. v.
CH. HINMAN. New York 1968. – Sh. Werke.
Engl. u. dt. Hg. v. L. L. SCHÜCKING. Bln. u.
Darmst. 1970. 12 Bde. – The Riverside Sh. Hg.
v. G. B. EVANS u. a. Boston (Mass.) 1974. –
Engl.-dt. Studienausg. der Dramen Sh.s. Hg. v.
W. HABICHT, E. LEISI u. a. Tüb. 1976 ff. (bisher
11 Bde. erschienen). – Sh.'s sonnets. Hg. v.
S. BOOTH. New Haven (Conn.) 1977. – The com-
plete works of W. Sh. Hg. v. D. BEVINGTON.
Glenview (Ill.) [3]1980. – W. Sh. The new Cam-
bridge Sh. Hg. v. PH. BROCKBANK u. a. Cam-
bridge 1984 ff. Auf zahlreiche Bde. berechnet. –
W. Sh. The complete works. Hg. v. S. WELLS u.
G. TAYLOR. Oxford 1986.

Literatur: Studien zur Biographie: BENTLEY,
G. E.: Sh. A biographical handbook. New Ha-
ven (Conn.) 1961. – QUENNELL, P.: Sh. Dt.
Übers. Mchn. 1964. Tb.-Ausg. 1982. – SCHOEN-
BAUM, S.: W. Sh. Eine Dokumentation seines
Lebens. Dt. Übers. Ffm. 1981. – SCHOENBAUM,
S.: W. Sh. Records and images. London 1981. –
HONIGMANN, E. A. T.: Sh. The ›lost years‹. Man-
chester u. a. 1985. – WELLS, S.: Sh. A dramatic
life. London 1994. – **Gesamt- u. Teildarstellun-
gen:** BRADLEY, A. C.: Shakespearean tragedy.
London 1904. Neudr. New York 1985. –
SCHÜCKING, L. L.: Die Charakterprobleme bei
Sh. Lpz. 1919. Neudr. Darmst. 1969. – CHAM-
BERS, E. K.: W. Sh. A study of facts and prob-
lems. Oxford 1930. 2 Bde. – GRANVILLE-BARKER,
H.: Prefaces to Sh. London 1930. 6 Bde. Neudr.
1974. – MAXWELL, B.: Studies in the Sh.
apocrypha. New York 1956. Nachdr. 1969. –
BENTLEY, G. E.: Sh. and his theatre. Lincoln
(Nebr.) 1964. – BARBER, C. L.: Sh.'s festive com-
edy. Cleveland (Ohio) u. New York [2]1966. –
RABKIN, N.: Sh. and the common understand-
ing. New York 1967. – WEIMANN, R.: Sh. und
die Tradition des Volkstheaters. Bln. 1967. –
KOTT, J.: Sh. heute. Dt. Übers. Mchn. [2]1970. –
ORNSTEIN, R.: A kingdom for a stage. The
achievement of Sh.'s history plays. Cambridge
(Mass.) 1972. – SALINGAR, L.: Sh. and the tradi-
tions of comedy. London 1974. – CLEMEN,
W. H.: The development of Sh.'s imagery. London [2]1977. – The woman's part. Feminist criticism of Sh. Hg. v. C. R. S. LENZ u.a. Urbana
(Ill.) 1980. – REESE, M. M.: Sh., his world and
his work. London [2]1980. – SUERBAUM, U.: Sh.s
Dramen. Düss. u. a. 1980. – BAYLEY, J.: Sh. and
tragedy. London 1981. – HUSSEY, S. S.: The literary language of Sh. London 1982. – MEHL, D.:
Die Tragödien Sh.s. Bln. 1983. – BEVINGTON,
D.: Action is eloquence. Sh.'s language of ge-
sture. Cambridge (Mass.) 1984. – CLEMEN,
W. H.: Sh.s Monologe. Mchn. 1985. – Alterna-
tive Sh.s. Hg. v. J. DRAKAKIS. London 1985. –
Political Sh. Hg. v. J. DOLLIMORE u. A. SINFIELD.
Ithaca (N. Y.) 1985. – GREENBLATT, S. J.: Shake-

spearean negotiations. Berkeley (Calif.) 1988. –
COURSEN, H. R.: Shakespearean performance as
interpretation. Newark (Del.) u. a. 1992. – **Wirkungsgeschichte:** STAHL, E. L.: Sh. und das dt.
Theater. Stg. 1947. – GUNDOLF, F.: Sh. und der
dt. Geist. Düss. ¹¹1959. – Sh. in music. Hg. v.
PH. HARTNOLL. London 1964. – OPPEL, H.: Die
Sh.-Illustration als Interpretation der Dichtung.
Wsb. 1965. – SCHOENBAUM, S.: Sh.'s lives. Oxford u. New York 1970. – Sh. The critical heritage. Hg. v. B. VICKERS. London 1974–81.
6 Bde. – JORGENS, J.: Sh. on film. Bloomington
(Ind.) 1977. – STYAN, J. L.: The Sh. revolution.
Cambridge u. a. 1977. – Anglo-amerikan. Sh.-
Bearbeitungen des 20.Jh. Hg. v. H. PRIESSNITZ.
Darmst. 1980. – Sh.-Rezeption. Die Diskussion
um Sh. in Deutschland. Hg. v. H. BLINN. Bln.
1982–88. 2 Bde. – ZANDER, H.: Sh. ›bearbeitet‹.
Tüb. 1983. – TAYLOR, G.: Sh. – wie er euch gefällt. Dt. Übers. Hamb. 1992. – **Handbücher u.
Nachschlagewerke:** KÖKERITZ, H.: Sh.'s pronunciation. New Haven (Conn.) ²1960. – Narrative
and dramatic sources of Sh. Hg. v. G. BULLOUGH. New York ¹⁻³1960–75. 8 Bde. – SPEVACK, M.: A complete and systematic concordance to the works of Sh. Hildesheim u. New
York 1968–70. 6 Bde. Einbändige Ausg. u. d. T.
The Harvard concordance to Sh. Ebd. 1973. –
SCHMIDT, ALEXANDER: Sh.-Lexicon. Hg. v.
G. SARRAZIN. Bln. ⁶1971. – The Cambridge companion to Sh. studies. Hg. v. S. WELLS. Cambridge 1986. – ROTHWELL, K. S./MELZER, A. H.:
Sh. on screen. An international filmography
and videography. New York u.a. 1990. –
GOOCH, B. N. S./THATCHER, D.: A Sh. music
catalogue. Oxford 1991. 5 Bde. – Sh.-Hdb. Hg. v.
I. SCHABERT. Stg. ³1992. – **Zeitschriften u. Jahrbücher:** Jb. der Dt. Sh.-Gesellschaft. Jg. 1–58.
Bln. 1865–1922. Fortgef. u. d. T. Sh.-Jb. N. F. 1:
59/60 (1924)ff. – Sh. Survey. Jg. 1 Cambridge
1948ff. – Sh. Quarterly. Jg. 1. New York
1950ff. – Jb. der Dt. Sh.-Gesellschaft West. Jg. 1.
Hdbg. (ab 1982 Bochum) 1965–92. – Sh. Studies. Jg. 1. Cincinnati (Ohio) 1965 ff. – **Bibliographien:** EBISCH, W./SCHÜCKING, L. L.: A Sh.
bibliography. Oxford 1931. Supplement for the
years 1930–35. Oxford 1937. – World Sh.
bibliography, jährl. in: The Sh. quarterly
(1950ff.). – SMITH, G. R.: A classified Sh. bibliography, 1936–1958. University Park (Pa.)
1963. – MCMANAWAY, J. G./ROBERTS, J. A.: A
selective bibliography of Sh. Charlottesville
(Va.) 1975. – BLINN, H.: Der dt. Sh. Bln. 1993.

Shakespearebühne   [ʃeːkspiːr],
Bühnentyp der öffentl. Londoner Theater zwischen 1576 und 1642, z. B. ›Rose
Theatre‹ (erbaut 1587), ›Swan Theatre‹
(1595), ›Globe Theatre‹ (1599), ›Fortune
Theatre‹ (1600). Die wenigen authent.
Zeugnisse, z. B. die Skizze des ›Swan
Theatre‹ von J. de Witt, die erst 1989
entdeckten Fundament-Überreste des
›Rose‹ und des ›Globe‹ sowie Rückschlüsse aus Dramentexten der Zeit erlauben nur eine im einzelnen umstrittene
Rekonstruktion. Hauptelement war die
ungefähr 13 m breite, über 8 m in den galerienumrahmten Zuschauerhof hineinragende offene Bühnenplattform, hinten
mit säulengestütztem Dach und der Fassade des Garderobenhauses mit zwei bis
drei Auftrittstüren und Balustrade als
Abschluß. Man hat sich eine Einheitsbühne vorzustellen; nur für punktuelle
Zusatzauftritte eigneten sich eine verhängbare hintere Tür oder Nische und
die obere Balustrade. Die Dramen verlangten daher ein raumgestaltendes,
die Zuschauerphantasie mobilisierendes
Spiel. Zur Einrichtung gehörten auch
Musikerloge, Versenkungsfalle, Maschinerien für akust. sowie Requisiten und
Versatzstücke für opt. Effekte. – Im
19. Jh. wurden zuweilen auf nachempfundenen Sh.n originalgetreue Shakespeareaufführungen angestrebt; u. a. von
L. Tieck (1843 in Berlin), systematischer
von William Poel (* 1852, † 1934) und der
Elizabethan Stage Society (gegr. 1895)
sowie von Jocza Savits ([* 1847, † 1915],
Münchener Sh., 1889, erneuert 1909). Bespielbare Nachbildungen der Sh. befinden sich in der Folger Shakespeare Library, Washington (gegr. 1932), sowie u. a.
in Ashland (Oreg.) und in Stratford (Ontario); letztere, entworfen von Tyrone
Guthrie (* 1900, † 1971), hat die neuere
Theaterarchitektur, z. B. das National
Theatre in London (1976), beeinflußt.
Eine Originalkonstruktion des ›Globe
Theatre‹ nahe dem ursprüngl. Ort in
Southwark, London, wird voraussichtlich 1995 fertiggestellt.
Literatur: CHAMBERS, E. K.: The Elizabethan
stage. Oxford 1923. 4 Bde. Nachdr. 1965. –
BECKERMAN, B.: Shakespeare at the Globe.
1599–1609. New York ⁶1967. – ORRELL, J.: The
quest for Shakespeare's ›Globe‹. Cambridge
1983. – FOAKES, R. A.: Illustrations of the London stage 1580–1642. London 1985. – ECCLES,
CH.: The Rose Theatre. London 1990. –
GURR, A.: The Shakespearean stage.
1574–1642. London ³1992.

Shakespeare-Gesellschaft   (Dt.
Sh.-G.) [ʃeːkspiːr], älteste noch bestehende dt. literar. Vereinigung, gegr. 1864
mit Sitz in Weimar auf Initiative von
Wilhelm Oechelhäuser (* 1820, † 1902).

Setzte sich unter Beteiligung von Literaturwissenschaftlern und Theaterschaffenden für die Erforschung, Verbreitung und Pflege von Shakespeares Werk und für die Förderung der Kenntnis engl. Sprache und Kultur ein; gibt seit 1865 das ›Jahrbuch der Dt. Sh.-G.‹ (seit 1924 u. d. T. ›Shakespeare-Jahrbuch‹) heraus. War 1963–92 auf den Bereich der DDR beschränkt, während im Westen ihre Tradition von der neugegründeten Dt. Sh.-G. West, Sitz Bochum, weitergeführt wurde, die 1964–92 ein eigenes ›Jahrbuch der Dt. Sh.-G. West‹ herausgab. Die Wiedervereinigung erfolgte 1993 in Weimar. Die Dt. Sh.-G. hat derzeit rund 3 500 Mitglieder und veranstaltet jährl. Tagungen. In Großbritannien bestanden bzw. bestehen Sh.-G.en als gelehrte Vereinigungen (›Shakespeare Society‹, 1840–53; ›New Shakespeare Society‹, 1873–94; ›Shakespeare Association‹, gegr. 1916) oder auf lokaler Ebene. Weitere nat. Sh.-G.en sind die ›Shakespeare Association of America‹ (gegr. 1923; Neugründung 1973), die ›Shakespeare Society of Japan‹ (gegr. 1961), die ›Société française Shakespeare‹ (gegr. 1978), die ›Shakespeare Society of Southern Africa‹ (gegr. 1984), die ›Shakespeare Association of Australia and New Zealand‹ (gegr. 1990) u. a. Dachorganisation ist die ›International Shakespeare Association‹, Sitz Stratford-upon-Avon (gegr. 1974).

Literatur: LEHNERT, M.: Hundert Jahre Dt. Sh.-G. In: Shakespeare-Jb. 100/101 (1965), S. 9 u. S. 74. – LEDEBUR, R. VON: Dt. Sh.-Rezeption seit 1945. Ffm. 1974.

Shakespeare-Preis [ˈʃeːkspiːr], Preis der ↑Stiftung F. V. S. zu Hamburg; 1935 geschaffener und nach kriegsbedingter Unterbrechung seit 1967 alljährlich verliehener Preis ›zur Auszeichnung von Persönlichkeiten aus dem engl. Sprachraum Europas auf den Gebieten der Geisteswissenschaften und der Künste‹. Mit dem Preis (Dotierung 40 000 DM) verbunden ist ein Stipendium von 18 000 DM für ein einjähriges Studium in der BR Deutschland an eine vom Preisträger zu benennende Nachwuchskraft. Bisherige Preisträger: P. Hall (1967), G. Greene (1968), R. Pascal (1969), H. Pinter (1970), J. Baker (1971), P. Scofield (1972), P. Brook (1973), G. Sutherland (1974), J. Pritchard (1975), Ph. Larkin (1976), M. Fonteyn de Arias (1977), J. Dexter (1978), T. Stoppard (1979), R. C. Strong (1980), J. Schlesinger (1981), D. Lessing (1982), D. Hockney (1983), C. Davis (1984), A. Guiness (1985), H. Jenkins (1986), G. Jones (1987), I. Murdoch (1988), P. Shaffer (1989), N. Marriner (1990), Maggie Smith (1991), R. Attenborough (1992), J. Barnes (1993), R. W. Burchfield (1994), G. Christie (1995).

Shalom (tl.: Šạlôm; Schalom), Shin [hebr. ʃaˈlɔm], eigtl. Sh. Joseph Shapira, * Parczew bei Lublin 28. Dez. 1904, israel. Schriftsteller. – 1914–22 in Wien, dann in Palästina, Besuch eines Lehrerseminars, 1930/31 Studium in Deutschland; wieder in Palästina, Lehrer, heute freier Schriftsteller. Kritiker und Übersetzer (Shakespeare); 1973 Israel-Preis für hebr. Literatur. Verfasser von Novellen, Dramen und symbolist. Gedichten, in denen er u. a. den Wiederaufbau des Landes Israel behandelt, wobei bibl. und myst. Motive vorherrschen. In dt. Übersetzung erschien 1954 ›Galiläisches Tagebuch‹.

Ausgabe: Sh. Sh. Gedichte. Dt. Übers. Tel Aviv 1989.
Literatur: Enc. Jud. Bd. 14, 1972, S. 1271.

Shange, Ntozake [engl. ˈʃaːŋgɪ], eigtl. Paulette Williams, * Trenton (N. J.) 18. Okt. 1948, amerikan. Schriftstellerin. – Tochter einer mit W. E. B. Du Bois befreundeten Familie. Ihre vielfältigen Interessen als Dozentin für Frauenstudien, Dichterin, Tänzerin und Schauspielerin verbinden sich in ihren v. a. von Le-Roi Jones beeinflußten ›Choreopoems‹, aus lyr. Gedichten bestehende, z. T. mit surrealist. und expressionist. Elementen durchsetzte Sing-Tanz-Theaterstücke, die stereotypisiert zumeist das Leiden schwarzer Frauen an der rücksichtslosen Haltung der sie mißhandelnden und sexuell ausbeutenden schwarzen Männer thematisieren. Eigene Erfahrungen bestimmen das erfolgreich aufgeführte erste Stück ›For colored girls who have considered suicide/When the rainbow is enuf‹ (UA 1975), das Selbstvertrauen und Lebensmut verleihen soll; ähnl. Themen und Stilzüge finden sich in dem das

Schicksal einer emanzipierten und einer noch unterdrückten Frau behandelnden Roman ›Schwarze Schwestern‹ (1982, dt. 1984). Neben Gedichtbänden (›Natural disasters and other festive occasions‹, 1977; ›Nappy edges‹, 1978; ›A daughter's geography‹, 1983) auch Essays (›See no evil‹, 1984).

Weitere Werke: From okra to greens (Stück, UA 1978, gedr. 1984), Three pieces (Stücke, 1981; enthält: Spell 7; A photograph; Lovers in motion; Boogie Woogie), Betsey Brown (R., 1985), Ridin' the moon in Texas (Ged., 1987), The love space demands: a continuing saga (Ged., 1991).
Literatur: BROWN, E.: Six female black playwrights. Images of Blacks in plays by Lorraine Hansberry, Alice Childress, Sonia Sanchez, Barbara Molette, Martie Charles, and N. Sh. Diss. Florida State University Tallahassee (Fla.) 1980.

Shankara, ind. Philosoph, ↑ Śaṅkara.

Shanty [engl. 'ʃæntɪ] (Chanty [engl. 'tʃɑːntɪ]), Arbeitslied der Seeleute z. Z. der Segelschiffe, das einen Arbeitsvorgang rhythmisch begleitete und das Tempo vorgab. Auf den oft improvisierten Solopart des Sh.man antwortete die Mannschaft mit einem Refrain. Bekannte Shanties sind u. a. ›The Rio Grande‹, ›The banks of Sacramento‹ und ›What shall we do with the drunken sailor‹.

Shapiro, Karl [Jay] [engl. ʃə'pɪərou], * Baltimore (Md.) 10. Nov. 1913, amerikan. Schriftsteller. – In Sh.s sprachlich präzisen, von eigenen Erlebnissen geprägten Gedichten kommt den Motiven Krieg und Liebe besondere Bedeutung zu (›Person, place, and thing‹, 1942; ›V-Letter and other poems‹, 1944, Pulitzerpreis 1945); die Identifizierung mit seiner eigenen jüd. Existenz in ›Poems of a Jew‹ (1958) leitete eine Neuorientierung in seiner Dichtungskonzeption ein, die von den intellektbetonten modernen Dichtern, W. H. Auden und T. S. Eliot, zu den menschl. Natur und Gefühle betonenden Dichtern, W. Whitman, D. H. Lawrence, H. Miller, W. C. Williams (›The bourgeois poet‹, Prosa-Ged., 1964) führt. Seine zahlreichen, auch in Versen (›Essay on rime‹, 1945) geschriebenen literaturkrit. Essays spiegeln diesen Wandel (›In defense of ignorance‹, 1960; ›Prose keys to modern poetry‹, 1962; ›The poetry wreck‹, 1975).

Weitere Werke: The place of love (Ged., 1942), Beyond criticism (Essays, 1953, 1965 u. d. T. A primer for poets), White-haired lover (Ged., 1968), To abolish children (Essays, 1968), Edsel (R., 1971), Adult bookstore (Ged., 1976), Collected poems 1940–1978 (Ged., 1978), Love and war. Art and God (Ged., 1984), The younger son (Autobiogr., 1988), Reports of my death (Autobiogr., 1990), The old horse-fly (Ged., 1992).
Literatur: WILSKE, D.: K. Sh. Ein jüdisch-amerikan. Dichter. Diss. Mchn. 1970. – BARTLETT, L.: K. Sh. A descriptive bibliography 1933–1977. New York 1979. – REINO, J.: K. Sh. Boston (Mass.) 1981.

Sharp, Margery [engl. ʃɑːp], * Salisbury 25. Jan. 1905, † 14. März 1991, engl. Schriftstellerin. – Schrieb seit 1930 erfolgreiche, humorvolle Unterhaltungsromane in leichter und geschickter Handlungsführung sowie Erzählungen und Kinderbücher (z. B. die von Walt Disney verfilmten Geschichten um Bernard und Bianca).

Werke: Die vollkommene Lady (R., 1937, dt. 1949), Das Mädchen Cluny Brown (R., 1944, dt. 1954), Das Auge der Liebe (R., 1957, dt. 1959), Liebe auf den letzten Blick (R., 1960, dt. 1961), Die Rabenmutter (R., 1964, dt. 1966), Witwe bis auf Widerruf (R., 1968, dt. 1970), Frühling im Herbst (R., 1971, dt. 1973), Der Stein der Keuschheit (R., 1971, dt. 1975), Das Picknick in der Kapelle (En., 1973, dt. 1981), Geliebte Dienerin (R., 1975, dt. 1977), Cotton Hall hat immer Gäste (R., 1977, dt. 1979).

Sharp, William [engl. ʃɑːp], schott. Schriftsteller, ↑ MacLeod, Fiona.

Shaw, George Bernard [engl. ʃɔː], * Dublin 26. Juli 1856, † Ayot Saint Lawrence (Hertford) 2. Nov. 1950, ir. Schriftsteller. – Stammte aus der zerrütteten Ehe eines Alkoholikers und einer Sängerin, die sich 1872 trennten; ab 1871 Angestellter bei einem Dubliner Makler; zog 1876 zur Mutter nach London, wo er zunächst in wirtschaftl. Not lebte. Seine ersten Versuche als Schriftsteller – fünf Romane, darunter ›Cashel Byrons Beruf‹ (1882, dt. 1908) – blieben unbeachtet. Betrieb im British Museum vielseitige Lektüre (u. a. Karl Marx) und schrieb ab 1885 Musik-, Kunst- und Buchkritiken. Seine Theaterkritiken für ›Saturday Review‹ (1895–98) erschienen später als ›Our theatre in the nineties‹ (3 Bde., 1932) in Buchform. Als Redner polit. und literar. Gesellschaften, v. a. der Fabian Society, sowie als Essayist und Pamphle-

George
Bernard
Shaw

tist engagierte er sich polemisch für sozialist. Anliegen und für Reformen auf vielerlei Gebieten (u. a. engl. Orthographie).

Zur Dramatik kam Sh. unter dem Einfluß H. Ibsens, an dessen Werken er in der Schrift ›Ein Ibsenbrevier‹ (1891, dt. 1908) das Element der Diskussion hervorhob, das er in eigenen Stücken weiterentwickelte. Diese kritisieren – zunächst in dialekt. Umkehrung konventioneller Theatererwartungen und mit gewitzten Dialogen – die sozialen Mißständen zugrundeliegenden polit. Strukturen etwa am Beispiel des Mietwuchers (›Die Häuser des Herrn Sartorius‹, 1893, dt. 1911, 1907 u. d. T. ›Heuchler‹) oder der Prostitution (›Frau Warrens Gewerbe‹, 1898, dt. 1906), oder stellen verbrauchte Ideale von Heldentum und romant. Liebe in Frage (z. B. ›Helden‹, 1898, dt. 1903; ›Candida‹, UA 1895, gedr. 1898, dt. 1903; ›Cäsar und Cleopatra‹, 1901, dt. 1905). Zehn frühe Dramen (vor 1900) wurden in den Bänden ›Plays unpleasant‹ (1898), ›Plays pleasant‹ (1898) und ›Three plays for puritans‹ (1901) mit essayistisch-polem. Vorworten veröffentlicht, wie Sh. sie auch vielen nachfolgenden Stücken beigab, auch dem bes. erfolgreichen ›Pygmalion‹ (1912, dt. 1913; als Musical von Alan J. Lerner [* 1918, † 1986] u. d. T. ›My fair lady‹, 1956). Nach 1900 propagierten seine Dramen überdies eine v. a. von F. Nietzsche und H. Bergson hergeleitete Philosophie des Willens, der biolog. Urkraft (›life force‹) und der kreativen Höherentwicklung der Menschheit, zuerst in ›Mensch und Übermensch‹

(1903, dt. 1907), später umfassend in dem fünfteiligen utop. Menschheitsdrama ›Zurück zu Methusalem‹ (1921, dt. 1923). Allerdings wurde Sh.s sozialer Optimismus durch die Erfahrung des 1. Weltkriegs erschüttert, was sich in ›Haus Herzenstod‹ (Dr., 1919, dt. 1920) bitter niederschlug. Wiederholt vermittelte er seine Thesen auch anhand eigenwillig gedeuteter histor. Stoffe (›Die heilige Johanna‹, 1924, dt. 1924), später auch in polit. Extravaganzstücken wie ›Der Kaiser von Amerika‹ (1930, dt. 1929) oder ›Genf‹ (1938, dt. 1948). Mit seinen insgesamt über 50 Dramen trug Sh. zur literar. Erneuerung des engl. Theaters seit der Wende zum 20. Jh. bei. Sein wachsendes Ansehen brachte ihm viele Ehrungen ein, u. a. 1925 den Nobelpreis für Literatur.

Weitere Werke: Der Mann des Schicksals (Dr., 1898, dt. 1915, 1904 u. d. T. Der Schlachtenlenker), Der Liebhaber (Dr., 1898, dt. 1908) Man kann nie wissen (Dr., 1898, dt. 1907, 1906 u. d. T. Der verlorene Vater), Ein Wagnerbrevier (Essay, 1898, dt. 1908), Der Teufelsschüler (Dr., 1901, dt. 1925, 1903 u. d. T. Ein Teufelskerl), Major Barbara (Dr., 1907, dt. 1909), Heiraten (Dr., 1908, dt. 1923, 1910 u. d. T. Die Ehe), Der Arzt am Scheideweg (Dr., 1911, dt. 1909), Androklus und der Löwe (Dr., 1914, dt. 1913), Wegweiser für die intelligente Frau zum Sozialismus und Kapitalismus (polit. Schrift, 1928, dt. 1928), Zu wahr um schön zu sein (Dr., 1931, dt. 1932), Die Millionärin (Dr., 1934, dt. 1936), Der gute König Karl (Dr., 1939, dt. 1948), Politik für jedermann (polit. Schrift, 1944, dt. 1945). **Ausgaben:** B. Sh. Romane. Dt. Übers. Potsdam 1924. 4 Bde. – B. Sh. Essays. Dt. Übers. Bln. [5]1927. – B. Sh. Standard edition. London 1931–50. 36 Bde. – G. B. Sh. Ges. dramat. Werke. Dt. Übers. Zü. 1946–48. 11 Bde. – G. B. Sh. Collected letters. London 1965 ff. 2 Bde. – G. B. Sh. The Bodley Head collected plays with their prefaces. Hg. v. D. H. LAURENCE. London 1970–74. 7 Bde.

Literatur: HENDERSON, A.: G. B. Sh. London 1911. Nachdr. Philadelphia (Pa.) 1963. – MEISEL, M.: Sh. and the 19th-century theatre. Princeton (N.J.) 1963. Neudr. New York 1984. – PURDOM, C. B.: A guide to the plays of B. Sh. London 1963. – BENTLEY, E. R.: B. Sh. London [2]1967. – DENNINGHAUS, F.: Die dramat. Konzeption G. B. Sh.s. Stg. u. a. 1971. – BERST, C. A.: B. Sh. and the art of drama. Urbana (Ill.) 1973. – DUKORE, B. F.: B. Sh. Playwright. Columbia (Mo). 1973. – Sh. The critical heritage. Hg. v. T. F. EVANS. London 1976. – G. B. Sh. Hg. v. K. OTTEN u. G. ROHMANN. Darmst. 1978. – WEINTRAUB, S.: The unexpected Sh. New York 1982. – GANZ, A.: G. B. Sh. London u. a. 1983. –

GRENE, N.: B. Sh. London 1984. – HOL-
ROYD, M.: B. Sh. London 1988–92. 5 Bde. –
WEINTRAUB, S.: B. Sh. A guide to research. University Park (Pa.) 1992. – **Zeitschrift:** The an-
nual of B. Sh. studies. 1981 ff.

Shaw, Irwin [engl. ʃɔ:], * New York
27. Febr. 1913, † Davos 16. Mai 1984,
amerikan. Schriftsteller. – Soldat im 2.
Weltkrieg; lebte ab 1950 meist in der
Schweiz. Sh. schrieb erfolgreiche Dramen, die seine pazifist. Einstellung zum
Ausdruck bringen (›Bury the dead‹,
1936; ›The gentle people‹, 1939). Als
seine eigentl. Begabung gelten die Kurzgeschichten im Stil E. Hemingways, z. T.
mit sozialkrit. Thematik (›Sailor off the
Bremen‹, 1939; ›Welcome to the city‹,
1941). Durch den (auch kommerziellen)
Erfolg seines Kriegsromans ›Die jungen
Löwen‹ (1948, dt. 1948) wurde Sh. zum
populären Romancier.
Weitere Werke: Gangster (Dr., 1939, dt. 1957),
Sons and soldiers (Dr., 1944), Act of faith
(Kurzgeschichten, 1946), Aus dem Nebel heraus
(Dr., 1948, dt. 1949), Das Bekenntnis (Kurzgeschichten, 1950, dt. 1960), Zwei Wochen in einer
anderen Stadt (R., 1960, dt. 1962), Stimmen ei-
nes Sommertages (R., 1965, dt. 1966), Liebe auf
dunklen Straßen (En., 1965, dt. 1968), Aller
Reichtum dieser Welt (R., 1970, dt. 1972),
Abend in Byzanz (R., 1973, dt. 1975), Den Seinen gibt's der Herr im Schlaf (R., 1975, dt.
1977), Ende in Antibes (R., 1977, dt. 1979), Griff
nach den Sternen (R., 1979, dt. 1980), Flüstern
in der Menge (En., dt. Auswahl 1980), Der
Wohltäter (R., 1981, dt. 1982), Auf Leben und
Tod (R., 1982, dt. 1984).
Literatur: GILES, J. R.: I. Sh. Boston (Mass.)
1983. – SHNAYERSON, M.: I. Sh. A biography.
New York 1989.

Shaw, Robert [engl. ʃɔ:], * West-
houghton (Lancashire) 9. Aug. 1927,
† Tourmakeady (Irland) 28. Aug. 1978,
engl. Schriftsteller. – War Bühnen- und
Filmschauspieler; schrieb Romane und
Dramen mit meist politisch-histor. Hintergrund. Seine bekanntesten Werke,
›The hiding place‹ (R., 1959), über die bis
in die 50er Jahre andauernde Gefangen-
haltung zweier britischer Soldaten durch
einen wahnsinnigen Deutschen, und
›The man in the glass booth‹ (R. und Dr.,
1967) über einen Prozeß, in dem ein jüdi-
scher Unternehmer die Rolle eines NS-
Verbrechers spielt, wurden erfolgreich
verfilmt.
Weitere Werke: Off the mainland (Dr., EA
1956), The sun doctor (Dr., 1961), The flag (R.,

1965), A card from Morocco (R., 1969), Cato
Street (Dr., 1972).

Shelley, Mary Wollstonecraft [engl.
ˈʃɛlɪ], * London 30. Aug. 1797, † ebd.
1. Febr. 1851, engl. Schriftstellerin. –
Tochter von W.↑Godwin und dessen erster Frau Mary Wollstonecraft; heiratete
1816 Percy Bysshe Sh. und gab nach dessen Tod seine Werke heraus. Schrieb Romane, Biographien und Erzählungen, oft
in kontinentaler Szenerie und mit histor.
Hintergrund, mit Anklängen an die Science-fiction und mit Mitteln des Schauerromans. Am bekanntesten wurde der
Schauerroman ›Frankenstein oder Der
moderne Prometheus‹ (3 Bde., 1818, dt.
1912), in dem sie ein künstlich erzeugtes
lebendes Wesen und dessen Reaktionen
auf die Umwelt darstellte.
Ausgaben: The letters of M. W. Sh. Hg. v. F. L.
JONES. Norman (Okla.) 1946. – M. W. Sh. Frankenstein, or the modern Prometheus. Hg. v.
M. K. JOSEPH. Oxford 1969. – M. Sh. Collected
tales and stories. Hg. v. C. E. ROBINSON. Baltimore (Md.) 1976. – Journals of M. Sh. Hg. v.
P. R. FELDMAN u. D. SCOTT-KILVERT. Oxford
1987. 2 Bde.
Literatur: LYLES, W. H.: M. Sh. An annotated
bibliography. New York u. London 1975. –
HARRIS, J.: The woman who created Frankenstein. New York 1979. – SPARK, M.: M. Sh. London 1987. – MELLOR, A. K.: M. Sh. Her life, her
fiction, her monsters. New York 1988. – SUN-
STEIN, E. W.: M. Sh. Romance and reality. Neuausg. Baltimore (Md.) 1991.

Shelley, Percy Bysshe [engl. ˈʃɛlɪ],
* Field Place (heute zu Warnham, Sussex) 4. Aug. 1792, † bei Viareggio 8. Juli
1822, engl. Dichter. – Entstammte einer
begüterten Adelsfamilie. Die klösterlich
strenge Erziehung in Eton weckte erste
revolutionäre Gefühle in ihm. Studierte
in Oxford, wurde jedoch wegen der von
ihm verfaßten Flugschrift ›The necessity
of atheism‹ (1811; mit J. Hogg) relegiert.
Entführte und heiratete 1811 die Gast-
wirtstochter Harriet Westbrook. Be-
freundete sich in London mit dem Rous-
seau-Anhänger und Verfechter sozialrevolutionärer Theorien W.↑Godwin; reiste 1814 mit dessen Tochter Mary in die
Schweiz. Nach dem Tod seiner Frau heiratete er 1816 Mary Godwin und lebte ab
1818 ständig in der Schweiz und in Italien. Mit Lord Byron verband ihn eine
enge Freundschaft. Sh. ertrank bei einem
Segelunfall im Golf von Spezia.

Percy Bysshe
Shelley

Von Jugend an war Sh. erfüllt von Haß gegen jede Art der Unterdrückung und von leidenschaftl. Sehnsucht nach einer besseren Welt, in der jeder volle Freiheit genießen und in Harmonie mit der Natur leben sollte. Später kam er – ausgehend von Platons Ideenlehre – zu einem eigenen pantheist. Weltbild. Sh., ein Philosoph unter den Dichtern, ist einer der bedeutendsten Lyriker Englands. Er schuf in vollendeter Verssprache Dichtungen von großer Schönheit und gedankl. Tiefe. Zu seinen bekanntesten Gedichten gehören ›Hymn to intellectual beauty‹ (1816), ›Ode to the west wind‹ (1820), ›To a cloud‹ (1820) und ›To a skylark‹ (1820). Seine Lyrik fußte auf persönl. Erleben und gab seinem Gefühl für das Einssein des Menschen mit der Natur Ausdruck. Sein lyr. Versdrama ›Der entfesselte Prometheus‹ (1820, dt. 1840) stellt in gewaltiger Sprache metaphys. Ideen handelnd dar; Grundgedanke der Dichtung ist die humanist. Vorstellung von der Selbstvollendung des Menschen. Das Drama ›Die Cenci‹ (1819, dt. 1837) folgt der Tradition der engl. Renaissancedramen, das Versdrama ›Hellas‹ (1822) steht in der Nachfolge von Aischylos. Die Elegie ›Adonais‹ (1821, dt. 1910) ist eine ergreifende Totenklage um den frühverstorbenen Freund, den Dichter J. Keats. Sh.s krit. Prosaschrift ›A defence of poetry‹ (entst. 1821, hg. 1840) über die schöpfer. und erlösende Macht der dichter. Imagination knüpft an Ph. Sidney an.

Weitere Werke: Königin Mab (Dichtung, 1813, dt. 1840, 1878 u. d. T. Feenkönigin), Alastor (Dichtung, 1816, dt. 1840), Laon and Cythna

(Dichtung, 1817, 1818 u. d. T. The revolt of Islam, dt. 1840 u. d. T. Die Empörung des Islam), Epipsychidion (Dichtung, 1821).

Ausgaben: Sh.'s ausgew. Dichtungen. Dt. Übers. Lpz. 1886. – P. B. Sh. The complete works. Hg. v. R. INGPEN u. W. E. PECK. London u. New York 1926–30. Nachdr. New York 1965. 10 Bde. – P. B. Sh. Letters. Hg. v. F. JONES. Oxford 1964. 2 Bde. – The complete poetical works of P. B. Sh. Hg. v. N. ROGERS. Oxford 1972–75. 2 Bde. – The prose works of P. B. Sh. Hg. v. E. B. MURRAY. Oxford 1993 ff. Auf mehrere Bde. berechnet.

Literatur: WHITE, N. I.: Sh. London 1940. Nachdr. New York 1972. 2 Bde. – MAUROIS, A.: Ariel oder das Leben Sh.s. Dt. Übers. Lpz. 14.–23. Tsd. 1954. – ROGERS, N.: Sh. at work. London u. New York [2]1967. – WEBB, T.: Sh. A voice not understood. Manchester 1971. – CAMERON, K. N.: Sh. The golden years. Cambridge (Mass.) 1974. – DUNBAR, C. A. E.: A bibliography of studies of Sh. 1823–1950. New York u. a. 1976. – WASSERMAN, E. R.: Sh. A critical reading. Baltimore (Md.) u. a. 1977. – SCRIVENER, M. H.: Radical Sh. Princeton (N. J.) 1982. – PALMER, D.: Sh. His reputation and influence. Doncaster 1983. – SPERRY, S. M.: Sh.'s major verse. Cambridge (Mass.) 1988. – REIMAN, D. H.: P. B. Sh. New York [2]1989.

Shen Congwen, chin. Gelehrter und Schriftsteller, ↑ Shen Ts'ung-wen.

Shenstone, William [engl. ˈʃɛnstən], * Gut Leasowes (heute zu Halesowen, West Midlands) 13. Nov. 1714, † ebd. 11. Febr. 1763, engl. Dichter. – Studienkollege S. Johnsons in Oxford. Sh., der mit vielen Schriftstellern seiner Zeit befreundet sowie Anreger und Berater des Bischofs Th. Percy bei dessen Balladensammlung war, wurde v. a. durch die autobiographisch beeinflußte, humorvolle Dichtung ›The schoolmistress‹ (1742; in Spenserstrophen) bekannt; schrieb u. a. auch Essays und eleg. Verserzählungen.

Ausgabe: W. Sh. Poetical works. Hg. v. G. GILFILLAN. New York 1854. Nachdr. London 1968.
Literatur: HUMPHREYS, A. R.: W. Sh. Cambridge 1937. Nachdr. New York 1976.

Shen Ts'ung-wen (Shen Congwen) [chin. ʃəntsʊŋuən], * Fenghuang (Hunan) 29. Nov. 1902, † Peking 10. Mai 1988, chin. Gelehrter und Schriftsteller. – Wurde seit den 40er Jahren als Kultur- und Altertumswissenschaftler berühmt. In den zwei Jahrzehnten davor schrieb er, an traditioneller chin. Erzählkunst geschult, Romane und Erzählungen voller Lokalkolorit über das ländl. Leben. ›Die Grenzstadt‹ (1934, dt. 1985) ist sein berühmtestes Werk. Er beklagt den Zerfall traditioneller Werte unter der Landbevölkerung seit der Jahrhundertwende und nimmt so eine Sonderstellung unter den Schriftstellern des 20. Jh. ein.

Weiteres Werk: Türme über der Stadt. Eine Autobiographie aus den ersten Jahren der chin. Republik (dt. 1994).

Ausgabe: Shen Congwen. Erzählungen aus China. Dt. Übers. v. U. RICHTER. Ffm. 1985.

Shepard, Sam [engl. 'ʃɛpəd], eigtl. Samuel Sh. Rogers, Jr., * Sheridan (Ill.) 5. Nov. 1943, amerikan. Schriftsteller. – Sh. gilt mit seinen mehr als 40 Dramen als einer der produktivsten und originellsten Gegenwartsdramatiker in den USA; auch Schauspieler. Seine von der amerikan. Gegenwartskultur, Drogenszene, Rockmusik, Science-fiction, von Film und Cowboymythos beeinflußten Stücke stellen eine Mischung aus myth. Nostalgie, Destruktion und Gewalt, neurot. Zwangsvorstellungen und pervertierter Liebe dar. Typisch ist die kom. Verbindung zweier heterogener Vorstellungsbereiche bzw. das fatale Ineinandergreifen verschiedener Bewußtseinsschichten: so die Touristenkrankheit in Mexiko und die Schlafkrankheit in den USA (›La Turista‹, UA 1966, dt. um 1970), die Klapperschlange als Kode für den Militärcomputer und als religiöses Symbol für die Hopi-Indianer (›Operation Sidewinder‹, UA 1970), die Vermischung verschiedener Sprachregister (›Rhythm & Bluad oder der Zahn der Zeit‹, 1972, dt. 1975). Eine im Stil E. O'Neills konzipierte Familientrilogie zeigt in der Konfrontation der nostalgischen Sehnsucht nach dem Mythos des Westens mit der gewalterfüllten Realität die Zerstörung menschl. Beziehungen (›Fluch der verhungernden Klasse‹, 1976, dt. 1980; ›Vergrabenes Kind‹, 1976, dt. 1980, Pulitzerpreis 1979; ›Goldener Westen‹, 1981, dt. 1982); ähnlich in ›Liebestoll‹ (1983, dt. 1984), in dessen Verfilmung Sh. die Hauptrolle spielt, sowie in ›Lügengespinst‹ (UA 1986, dt. 1987). Sh. schrieb auch Drehbücher, u. a. zu M. Antonionis ›Zabriskie point‹ (1965) und W. Wenders' ›Paris, Texas‹ (1984), sowie Erzählungen (›Habichtsmond‹, Ged. und Prosa, 1972, dt. 1987) und das Tagebuch ›Motel blues‹ (1982, dt. 1986).

Sam Shepard

Weitere Werke: The unseen hand and other plays (Stücke, 1971), Mad dog blues and other plays (Stücke, 1971), Angel City and other plays (Stücke, 1976), Schocks (Dr., 1992, dt. EA 1993).

Literatur: American dreams. The imagination of S. Sh. Hg. v. B. MARRANCA. New York 1981. – AUERBACH, D.: S. Sh., Arthur Kopit and the off-Broadway theater. Boston (Mass.) 1982. – SHEWEY, D.: S. Sh. New York 1985. – ADOLPHS, U.: Die Tyrannei der Bilder. S. Sh.s Dramen. Ffm. 1990.

Shepard, Thomas [engl. 'ʃɛpəd], *Towcester (England) 5. Nov. 1605, † Cambridge (Mass.) 25. Aug. 1649, amerikan. Schriftsteller. – Studierte am Emmanuel College in Cambridge; ab 1627 puritan. Geistlicher; das von Bischof William Land ausgesprochene Predigtverbot bewegte Sh. 1635 zur Umsiedlung nach Neuengland, dort Pastor der Church of Newtown (Cambridge); bed. Rolle in der Organisation des Kirchenlebens (›Theses Sabbaticae‹, 1649), bei der Gründung der ersten amerikan. Univ. (Harvard, 1636) sowie bei der die abtrünnige Lehre des Antinomianismus (u. a. Anne Hutchinson) verurteilenden Cambridge Synod (1637). Sein bekanntestes Werk, ›The sincere sinner‹ (1641), zeigt bei der Darstellung der Stufen der Bekehrung zum Glauben Verständnis für menschl. Schwächen und verkündet das Evangelium der Liebe, auch den Indianern gegenüber. Auch seine Predigten (›The parable of the ten virgins opened and applied‹, hg. 1660) sowie seine Autobiographie (hg. 1972) offenbaren menschliche Aspekte des Puritanismus.

Ausgaben: The works of Th. Sh. Hg. v. J. A. ALBRO. Boston 1853. 3 Bde. Nachdr. New York 1966. – God's plot. The paradoxes of Puritan

piety. Being the autobiography and journal of Th. Sh. Hg. v. M. McGiffert. Amherst (Mass.) 1972.
Literatur: Whyte, A.: Th. Sh. Pilgrim father and founder of Harvard. London u. Edinburgh 1909.

Sheridan, Richard Brinsley [engl. 'ʃɛrɪdn], *Dublin 30. Okt. 1751, † London 7. Juli 1816, ir. Dramatiker und Politiker. – Verbrachte seine Jugend in Bath; jurist. Ausbildung in London. Erwarb 1776 D. Garricks Anteil am Drury Lane Theatre, das er auch leitete. Nach Erfolgen als Dramatiker machte er als glänzender Redner polit. Karriere; war mit dem liberalen Staatsmann Ch. J. Fox befreundet; 1780–1812 Parlamentsmitglied; bekleidete hohe Regierungsämter, u. a. 1782 Unterstaatssekretär. Sh.s literar. Ruhm beruht auf seinen brillanten Sittenkomödien mit komplexen Intrigen, effektvoller Situationskomik, witzigen Dialogen und satir. Bloßstellungen von Heuchelei und Sentimentalismus, v. a. ›Die Nebenbuhler‹ (1775, dt. 1776), ›Die Lästerschule‹ (UA 1777, gedr. 1780, dt. 1782) und ›Die Kritiker‹ (UA 1779, gedr. 1781, dt. 1832), letztere zudem eine geistreiche Parodie auf die zeitgenöss. Dramatik. Später schrieb er das patriot. Melodrama ›Pizarro‹ (1799) nach A. von Kotzebue.
Weitere Werke: Der Sankt Patricks-Tag (Kom., UA 1775, gedr. 1788, dt. 1832), Die Duenna (Kom., 1775, dt. 1832), Ein Ausflug nach Scarborough (Kom., UA 1777, gedr. 1781, dt. 1832).
Ausgaben: R. B. Sh. Speeches. London 1842. Nachdr. 1969. 3 Bde. – R. B. Sh. The plays and poems. Hg. v. R. C. Rhodes. Oxford 1928. Nachdr. New York 1962. 3 Bde. – R. B. Sh. Letters. Hg. v. C. J. L. Price. London 1966. 3 Bde.
Literatur: Dulck, J.: Les comédies de R. B. Sh. Paris 1962. – Bingham, M.: The track of a comet. London 1972. – Loftis, J.: Sh. and the drama of Georgian England. Oxford 1976. – Durant, J. D.: R. B. Sh. A reference guide. Boston (Mass.) 1981. – Morwood, J.: The life and works of R. B. Sh. Edinburgh 1985.

Sherriff, Robert Cedric [engl. 'ʃɛrɪf], * Kingston upon Thames (heute zu London) 6. Juni 1896, † Rosebriars (Esher, Surrey) 13. Nov. 1975, engl. Schriftsteller. – Wurde während des 1. Weltkriegs bei Ypern schwer verwundet; hatte mit dem erschütternden Antikriegsdrama ›Die andere Seite‹ (1929, dt. 1929; Romanfassung mit Vernon Bartlett, 1930,

dt. 1930) internat. Erfolg; schrieb danach Unterhaltungsromane, weitere Dramen und Filmdrehbücher.
Weitere Werke: Badereise im September (R., 1931, dt. 1933, 1959 u. d. T. Septemberglück), Grüne Gartentüren (R., 1936, dt. 1936, 1961 u. d. T. Das neue Leben oder Das Haus mit der grünen Gartentür), Der Mond fällt auf Europa (Satire, 1939, dt. 1955), Um 7 Uhr zu Hause (Dr., 1950, dt. 1951), Die weiße Nelke (Dr., 1953, dt. 1954), The telescope (Dr., 1957), A shred of evidence (Dr., 1961), The wells of Saint Mary's (R., 1962), No leading lady (Autobiogr., 1968).

Sherwood, Robert [Emmet] [engl. 'ʃəːwʊd], * New Rochelle (N. Y.) 4. April 1896, † New York 14. Nov. 1955, amerikan. Dramatiker. – Studium in Harvard; die im 1. Weltkrieg erlittene Verwundung bestimmte seine pazifist. Einstellung, die sich durch seine polit. Tätigkeit im Verteidigungsministerium (1939–45) während der Regierung F. D. Roosevelts, für den er Reden schrieb, in krit. Engagement auf seiten der Alliierten wandelte. Sh. begann seine literar. Karriere als Journalist und Hg. der Zeitschriften ›Life‹ (1924–28) und ›Scribner's‹ (1928–30), schrieb dann Lustspiele und schließlich aktuelle Problemstücke, die existentielle Grenzsituationen darstellen. Er erhielt vier Pulitzerpreise für die Dramen ›Idiot's delight‹ (1936; Pulitzerpreis 1936), ›Abe Lincoln in Illinois‹ (1938; Pulitzerpreis 1939), ›There shall be no night‹ (1940; Pulitzerpreis 1941) sowie für die Biographie ›Roosevelt und Hopkins‹ (1948, dt. 1950; Pulitzerpreis 1949).
Weitere Werke: The love nest (Dr., 1927; nach R. Lardner), The road to Rome (Dr., 1927), Die Waterloo-Brücke (Dr., 1930, dt. 1955), Der versteinerte Wald (Dr., 1935, dt. 1955), Small war on Murray Hill (Kom., hg. 1957).
Literatur: Brown, J. M.: The worlds of R. E. Sh. New York 1962. Nachdr. 1979. – Meserve, W. J.: R. E. Sh. The reluctant moralist. New York (Ind.) 1970.

Shiga, Naoya, jap. Schriftsteller, ↑ Schiga, Naoya.

Shih-ching (Shijing) [chin. ʃidzɪŋ = Buch der Lieder], eines der fünf ›klass.‹ Werke des Konfuzianismus. Der Tradition zufolge wählte Konfuzius aus 3 000 Dichtungen der Vergangenheit 305 Lieder aus, die er nach Volks-, Hof- und Opferliedern gruppierte. Auf ihn soll auch die Umdeutung der Texte, oft schlichter

Liebeslieder, in eine Art Wegweiser zu polit. Moral zurückgehen. Als solcher und als erstes Zeugnis chin. Dichtkunst blieb es bis ins 20. Jh. der meistzitierte chin. Klassiker, der das gesamte chin. Geistesleben beeinflußte.

Ausgaben: Schi-king. Das kanon. Liederbuch der Chinesen. Dt. Übers. v. V. VON STRAUSS. Hdbg. 1880. Nachdr. Darmst. 1969. – The book of odes. Engl. Übers. v. B. KARLGREN. Stockholm 1950. – Altchin. Hymnen. Dt. Teil-Übers. v. P. WEBER-SCHÄFER. Köln 1967.

Shih Mo, chin. Dichter, ↑ Pei Tao.

Shih Nai-an (Shi Nai'an) [chin. ʃinaian], * etwa 1296, † etwa 1370, chin. Literat. – Über das Leben des Shih, der wohl aus Südchina stammte, ist wenig bekannt. Sein Roman ›Shui-hu chuan‹ (= Die Geschichte vom Wasserufer, dt. erstmals 1934 u. d. T. ›Die Räuber vom Liang Schan Moor‹), an dem auch Lo Kuan-chung mitwirkte, ist die beliebteste chin. ›Räubergeschichte‹. Eine verschworene Gemeinschaft von 108 ›Helden‹ wagt den Kampf gegen Kaiserherrschaft und ausländ. Eroberer. Auf Volksbuchüberlieferungen zurückgehend, regte der Roman trotz jahrhundertelangen Verbots viele Fortsetzungen und Nachahmungen an.

Ausgaben: Shih Nai-an. Die Räuber vom Liangschan. Dt. Übers. v. J. HERTZFELDT. Lpz. 1968. 2 Bde. – Outlaws of the marsh. Engl. Übers. v. S. SHAPIRO. Peking 1980. 3 Bde.
Literatur: IRWIN, R. G.: Evolution of a Chinese novel. Shui-hu chuan. Cambridge (Mass.) 1953.

Shih T'o (Shi Tuo) [chin. ʃituɔ], eigtl. Wang Ch'ang-chien, * Ch'i (Honan) 19. April 1910, chin. Schriftsteller. – Seine wichtigsten Werke, Erzählungen und Essays entstanden in den 30er und 40er Jahren, z. T. unter dem Einfluß von Lu Hsün. In ländl. Gebieten Chinas handelnd, beschreiben sie facettenreich die Einsamkeit des Individuums; einzelne Übersetzungen in ›Hundert Blumen. Moderne chin. Erzählungen‹ (1980).

Shijing, eines der fünf ›klass.‹ Werke des Konfuzianismus, ↑ Shih-ching.

Shikitei Samba, jap. Schriftsteller, ↑ Schikitei Samba.

Shi Mo, chin. Dichter, ↑ Pei Tao.

Shimose, Pedro [span. ʃi'mose], * Riberalto (Dep. Beni) 30. März 1940, boli-

vian. Lyriker. – Sohn jap. Einwanderer, lebt im Exil in Spanien. Hauptthema seiner bildstarken, anklagenden Lyrik ist der Kontrast von Ohnmacht bzw. verzweifelter Auflehnung gegenüber dem Zynismus der Mächtigen.

Werke: Triludio en el exilio (Ged., 1961), Sardonia (Ged., 1967), Poemas para un pueblo (Ged., 1968), Quiero escribir, pero se sale espuma (Ged., 1972), Caducidad del fuego (Ged., 1975), Reflexiones maquiavélicas (Ged., 1980), Bolero de caballería (Ged., 1985), Cómo dominar la literatura latinoamericana (Abh., 1989).
Ausgabe: P. Sh. Poemas. Madrid 1988.

Shi Nai'an, chin. Literat, ↑ Shih Nai-an.

Shirley, James [engl. 'ʃə:lı], * London 18. Sept. 1596, □ ebd. 29. Okt. 1666, engl. Dramatiker. – Anglikan. Geistlicher, konvertierte dann zum Katholizismus, wurde 1625 Bühnenautor, nahm als Royalist am Bürgerkrieg teil. Sh. war der letzte erfolgreiche engl. Renaissancedramatiker vor der Schließung der Theater durch die Puritaner (1642). Von seinen rund 40 Stücken, die dem Geschmack eines höf. Publikums entgegenkamen, sind die handlungsbetonten Sittenkomödien, die auf die Dramatik der Restaurationszeit vorausweisen, die gelungensten (u. a. ›The witty fair one‹, 1633; ›Hyde Park‹, 1637; ›The lady of pleasure‹, 1637). Nach dem Vorbild J. Fletchers schrieb er Tragikomödien mit verwickeltem Geschehen (u. a. ›The young admiral‹, 1637; ›Der königl. Meister‹, 1638, dt. 1911). In Tragödien behandelte er oft ungewöhnl. Verbrechen (u. a. ›The maid's revenge‹, 1639; ›The cardinal‹, 1641; ›The politician‹, 1655). Von ihm stammen aufwendige höf. Maskenspiele (u. a. ›The triumph of peace‹, 1634). Nach 1642 wurde Sh. Lehrer, veröffentlichte Gedichte (›Poems‹, 1646) und verfaßte Schulbücher.

Ausgabe: J. Sh. Dramatic works and poems. Hg. v. A. DYCE. London 1833. 6 Bde. Nachdr. New York 1966.
Literatur: NASON, A. H.: J. Sh. dramatist. A biographical and critical study. New York 1915. Nachdr. New York 1967. – GERBER, R.: J. Sh. Dramatiker der Dekadenz. Bern 1952. – LUCOW, B.: J. Sh. Boston (Mass.) 1981. – BURNER, S. A.: J. Sh. Lanham (Md.) 1988.

Shi Tuo, chin. Schriftsteller, ↑ Shih T'o.

Shorthouse, Joseph Henry [engl. 'ʃɔ:thaʊs], * Birmingham 9. Sept. 1834, † ebd. 4. März 1903, engl. Schriftsteller. – Sh.s erstes und einziges bed. Werk, der vom Geist der Oxfordbewegung geprägte Roman ›John Inglesant‹ (2 Bde., 1880), behandelt die Erlebnisse eines Kavaliers aus der Zeit Karls II. während einer Reise durch England und Italien auf der Suche nach religiöser Wahrheit.

Ausgabe: J. H. Sh. Life, letters, and literary remains. Hg. v. S. SHORTHOUSE. London 1905. 2 Bde.
Literatur: POLAK, M.: The historical, philosophical, and religious aspects of John Inglesant. Purmerend 1933.

Short story [engl. 'ʃɔ:t 'stɔ:rɪ = Kurzgeschichte], eine formal und inhaltlich weniger eng als die dt. ↑ Kurzgeschichte definierte Gattung der amerikan. und engl. Literatur, die sich im 19. Jh. teils aus den älteren Erzählformen des Kurzromans, der ↑ Novelle und des ↑ Märchens (tale), teils aus der ↑ Anekdote, der ↑ Skizze (sketch) und dem Essay herausbildete und zwischen diesen heute eingeordnet wird. Sie gelangte bes. in den USA aufgrund des hohen Entwicklungsstandes des Zeitschriftenwesens als erste eigenständige Literaturgattung des Landes rasch zu großer Beliebtheit. Als Begründer der amerikan. Sh. s. gelten W. Irving (›Gottfried Crayon's Skizzenbuch‹, 1819/20, dt. 1825) und J. K. Paulding. Die erste Theorie der neuen Gattung lieferte E. A. Poe. Ausgehend von N. Hawthornes Sammlung ›Zweimal erzählte Geschichten‹ (1837, dt. 1852), forderte er, daß die Sh. s. von einem besonderen, einzigartigen Effekt auszugehen habe, der die ganze Geschichte und den Leser beherrschen müsse; dabei solle sie mittels des Ungewöhnlichen das Alltägliche erhellen. Poes ›Tales of the grotesque and arabesque‹ (1840) haben nahezu alle bedeutenden amerikan. Autoren, wie z. B. H. Melville, Mark Twain, A. G. Bierce, B. Matthews und v. a. H. James, O. Henry, S. Crane Short stories geschrieben. Im 20. Jh. bestimmen v. a. die Initiationsthematik und zwischenmenschl. Beziehungen sowie E. Hemingways ›Eisberg-Theorie‹, nach der die Bedeutung eines Textes nicht an der Oberfläche, sondern in der Tiefenstruktur angesiedelt ist, die Sh. s., in den USA bei Sh. Anderson, W. Faulkner, J. Steinbeck, K. A. Porter, C. McCullers, F. O'Connor. – Die Entwicklung der engl. und irischen Sh. s. um die Jahrhundertwende wurde v. a. durch H. James entscheidend geprägt, dessen psycholog. Realismus in den die moderne Existenz spiegelnden Sh. stories von R. L. Stevenson, R. Kipling, H. G. Wells, W. Somerset Maugham, J. Conrad, J. Joyce, V. Woolf, D. H. Lawrence, K. Mansfield, E. Bowen, L. O'Flaherty, S. O'Faolain und F. O'Connor deutlich ist. Symbol, Metapher und die Technik des Bewußtseinsstroms dienen als Darstellungsmittel der komplexqualitativen Erlebnismomente der ›epiphany‹ (Joyce), des ›moment of being‹ (Woolf), des ›frozen moment‹ (Faulkner) und als strukturelle Bindeglieder von Sh.-s.-Zyklen bei Joyce, Anderson, Hemingway, Faulkner. – In der Gegenwart werden einerseits die Themen und Techniken der modernen Sh. s. fortgesetzt, in England z. T. mit sozialkrit. Aspekt (G. Greene, K. Amis, A. Sillitoe, D. Lessing), in den USA z. T. unter ethnischem, bes. jüd. Gesichtspunkt (Ph. Roth, B. Malamud, S. Bellow), andererseits wird die Sh. s. im Anschluß an J. L. Borges v. a. in Amerika für postmoderne Erzählexperimente genutzt, so bei J. Barth, D. Barthelme, W. Gass, R. Brautigan, J. C. Oates, R. Coover, Th. Pynchon, I. Reed, J. Updike, in England von A. S. Byatt und A. Carter. Die Sh. s. fand, bes. in der Nachfolge Poes, ihre Vertreter auch in Frankreich (G. de Maupassant), Rußland (A. P. Tschechow) und in Italien (C. Pavese).

Literatur: WEST, B. R., JR.: The sh. s. in America 1900–1950. Chicago (Ill.) 1952. Nachdr. New York 1968. – WRIGHT, A. M.: The American sh. s. in the twenties. Chicago (Ill.) u. London ³1968. – O'FAOLAIN, S.: The sh. s. New York ³1970. – Die amerikan. Sh. S. Theorie u. Entwicklung. Hg. v. H. BUNGERT. Darmst. 1972. – Die amerikan. Kurzgeschichte. Hg. v. K. H. GÖLLER u. G. HOFFMANN. Düss. 1972. – Die engl. Kurzgeschichte. Hg. v. K. H. GÖLLER u. G. HOFFMANN. Düss. 1973. – FREESE, P.: Die amerikan. Kurzgeschichte nach 1945. Ffm. 1974. – AHRENDS, G.: Die amerikan. Kurzgesch. Theorie u. Entwicklung. Stg. 1980. – BONHEIM, H.: The narrative modes. Techniques of the sh. s. Cambridge u. Totowa (N. J.) 1982. – SHAW, V.: The sh. s. A critical introduction.

Sidney 271

London u. New York 1983. – LUBBERS, K.:
Typologie der Sh. s. Darmst. ²1989.

Shu-ching (Shujing) [chin.
ʃudzıŋ = Buch der Urkunden], eines der
fünf ›klass.‹ Werke des Konfuzianismus.
Enthält Reden, Erlasse u. a., die chin.
Herrschern aus myth. und früher histor.
Zeit zugeschrieben werden, ferner
Schriften zu Geographie, Rechtsgrund-
sätzen u. ä. Seine Kompilation wurde
Konfuzius zugeschrieben, die Authenti-
zität mehrerer Schriften ist jedoch um-
stritten. Das Werk beeinflußte die Vor-
stellungen der Chinesen von ihrer Früh-
geschichte bis in die Gegenwart.
Ausgaben: Ausgew. Kap. aus dem chin. Buch
der Urkunden. Dt. Teil-Übers. v. R. WILHELM.
Ffm. 1931. – The book of documents. Engl.
Teil-Übers. v. B. KARLGREN. Stockholm 1950. –
The Shoo King. Book of documents. Engl.
Übers. v. J. LEGGE. Hongkong ³1960.

Shute, Nevil [engl. ʃuːt], eigtl. N. Sh.
Norway, * Ealing (heute zu London)
17. Jan. 1899, † Melbourne 12. Jan. 1960,
engl. Schriftsteller. – Flugzeugingenieur;
im 2. Weltkrieg u. a. mit Forschungsauf-
trägen der brit. Admiralität beschäftigt;
ging kurz nach Kriegsende nach Australien, dem Schauplatz vieler seiner späteren Romane. Sh. schrieb v. a. vielgelesene Flieger- und Kriegsromane, die
durch wirklichkeitsgetreue techn. Details
gekennzeichnet sind; Aufsehen erregte
sein utop. Atomkriegsroman ›Das letzte
Ufer‹ (1957, dt. 1958).
Weitere Werke: In fremdem Auftrag (R., 1928,
dt. 1954), Henry Warrens Wandlung (R., 1938,
dt. 1957), Streng geheim (R., 1945, dt. 1946),
Schach dem Schicksal (R., 1947, dt. 1948), Die
Straße fern (R., 1948, dt. 1950), Im Gleitflug des
Lebens (Autobiogr., 1954, dt. 1955), Das Mädchen aus der Steppe (R., 1956, dt. 1957), Dia-
manten im Meer (R., 1960, dt. 1961), Stephen
Morris (R., hg. 1961).
Ausgabe: N. Sh. Collected works. Uniform
edition. London 1963–71. 20 Bde.

Shuteriqi, Dhimitër S[imon] [alban.
ʃute'rikji], * Elbasan 26. Juli 1915, alban.
Schriftsteller und Literaturwissenschaftler. – Seit 1960 Prof. an der Univ. Tirana;
Vorsitzender des alban. Schriftsteller-
und Künstlerverbands; 1973 seiner Ämter enthoben. Veröffentlichte neben Arbeiten zur alban. Literaturgeschichte
(›Historia e letërsisë shqipe‹ [= Geschichte der alban. Literatur], 1955)
Gedichte (u. a. ›O Ptoleme!‹ [= Ptole-

mäus!], 1945), Erzählungen und den
Roman ›Çlirimtarët‹ (= Die Befreier,
2 Tle., 1952–55) über den Partisanen-
kampf in Albanien.

Siculus, Titus Calpurnius, röm. Bukoliker, ↑ Calpurnius Siculus, Titus.

Sideronym [lat.; griech.], Sonderform des ↑ Pseudonyms, bei der statt des
Verfassernamens ein Sternenname oder
ein astronom. Begriff steht, z. B. ›Sirius‹
für U. van de Voorde.

Sidney, Sir Philip [engl. 'sıdnı],
* Penshurst (Kent) 30. Nov. 1554, † Arn-
heim 17. Okt. 1586, engl. Dichter. – Gehörte dem engl. Hochadel an; studierte
in Oxford; unternahm Reisen nach
Frankreich, Deutschland und Italien;
wurde von Königin Elisabeth I. mit diplomat. Ämtern und Missionen betraut,
1583 zum Ritter geschlagen; starb an einer Verwundung, die er in der Schlacht
von Zutphen erlitten hatte. Sein Freund
E. Spenser, den er zu seinem Werk ›The
shepheardes calender‹ angeregt hatte,
schrieb eine Elegie auf seinen Tod. Mit
dem Sonettzyklus ›Astrophel und Stella‹
(entst. um 1579, hg. 1591, dt. 1889) begründete S. eine literar. Mode der elisabethan. Zeit. Anlaß dazu mag seine Liebe
zu Penelope Devereux, der Tochter des
Earl of Essex, gewesen sein, doch beruht
die Bedeutung des Werks auf der psychologisch spannungsreichen und vielseitigen Auseinandersetzung mit den
Konventionen petrarkist. Liebesdichtung. Der für seine Schwester, die Gräfin
von Pembroke, geschriebene pastoral-
chevalereske Roman ›Arcadia‹ (1. Fassung entst. um 1580, gedr. 1926) wurde in
der (unvollendeten) 2. Fassung (gedr.
1590) zum Prosaepos weiterentwickelt;
M. Opitz übersetzte ihn ins Deutsche
(1629; überarbeitet 1638). S.s Essay ›The
defence of poesie‹ (hg. 1595, auch u. d. T.
›An apologie for poetrie‹), der, aristotel.
Ästhetik und neuplaton. Gedankengut
harmonisierend, dem Dichter die Rolle
des Gesetzgebers der Welt zuweist,
wurde zu einem bed. Manifest der Dich-
tungsauffassung der Renaissance, das
auf die Poetik bes. der engl. Romantik
nachwirkte.
Ausgaben: Ph. v. S. Arcadia der Graeffin v.
Pembrock. Dt. Übers. v. M. OPITZ. Ffm. ⁴1643.

Sir Philip
Sidney

Nachdr. Darmst. 1971. – Sir Ph. S. The complete works. Hg. v. A. FEUILLERAT. Cambridge 1912–26. 4 Bde. – The poems of Sir Ph. S. Hg. v. W. A. RINGLER. Oxford 1962. – Miscellaneous prose of Sir Ph. S. Hg. v. K. DUNCAN-JONES u. J. VAN DORSTEN. Oxford 1973. – Sir Ph. S. The Countess of Pembroke's Arcadia (the old Arcadia). Hg. v. J. ROBERTSON. Oxford 1973.
Literatur: BUXTON, J.: Sir Ph. S. and the English Renaissance. London u. a. ²1964. Nachdr. 1966. – KALSTONE, D.: S.'s poetry. Cambridge (Mass.) 1965. – LAWRY, J. S.: S.'s two Arcadias. Ithaca (N. Y.) u. London 1972. – WASHINGTON, M. A.: Sir Ph. S. An annotated bibliography of modern criticism. Columbia (Mo.) 1972. – CONNELL, D.: Sir Ph. S. The maker's mind. Oxford 1977. – HAMILTON, A. C.: Sir Ph. S. A study of his life and work. Cambridge 1977. – McCOY, R. C.: Sir Ph. S. Rebellion in Arcadia. New Brunswick (N. J.) 1979. – HAGER, A.: Dazzling images. The masks of Sir Ph. S. Newark (Del.) 1991.

Sidonius Apollinaris, eigtl. Gaius Sollius Apollinaris Sidonius, hl., * Lugdunum (heute Lyon) um 430, † Augustonemetum (heute Clermont-Ferrand) um 486, lat. Schriftsteller. – Aus galloröm. Adel, Schwiegersohn des Kaisers Avitus; ab 470 Bischof von Augustonemetum, das er 471–474 gegen die Westgoten verteidigte. Seine preziösen Kunstbriefe (9 Bücher) knüpften an Plinius d. J. und Quintus Aurelius Symmachus an; die glatten panegyr. Dichtungen imitieren Claudius Claudianus. Das Werk ist ein aufschlußreiches Dokument der christlich-heidn. Mischkultur im sich auflösenden Weström. Reich.
Ausgabe: Sidoine Apollinaire. Lat. u. frz. Hg. v. A. LOYEN. Paris 1960–70. 3 Bde.
Literatur: CHRISTIANSEN, P. G./HOLLAND, J. E.: Concordantia in Sidonii A. carmina. Hildesheim u. a. 1993.

Siebenbürgische Schule (rumän. Şcoala ardeleană), Gruppe rumän. Schriftsteller und Dichter in Siebenbürgen im 18./19. Jh., die die Romanität und Einheit des rumän. Volkes im Donau-Karpaten-Raum betonte, die Rückbesinnung auf lat. Herkunft und Schreibung des Rumänischen verfocht und den Anspruch der siebenbürg. Rumänen auf polit. und soziale Gleichberechtigung mit den ›drei Nationen‹ unterstützte.

siebenbürgisch-sächsische Literatur ↑ rumäniendeutsche Literatur.

Siebert, Ilse, dt. Schriftstellerin, ↑ Langner, Ilse.

Sieburg, Friedrich, * Altena 18. Mai 1893, † Gärtringen (Landkreis Böblingen) 19. Juli 1964, dt. Schriftsteller und Publizist. – Studierte Philosophie, Geschichte und Nationalökonomie. 1924 bis 1942 Korrespondent der ›Frankfurter Zeitung‹ in Kopenhagen, Paris, London und Afrika; 1948–55 Mit-Hg. der Zeitschrift ›Die Gegenwart‹; ab 1956 Leiter der Literaturbeilage der ›Frankfurter Allgemeinen Zeitung‹. Er stand im Dritten Reich dem Nationalsozialismus nahe; nach 1945 galt S. als einflußreicher und umstrittener Literaturkritiker. Verfaßte auch histor. Biographien und Übersetzungen (H. de Balzac, Knud Rasmussen [* 1879, † 1933]).
Werke: Gott in Frankreich? (Essays, 1929, erweitert 1954), Robespierre (Biogr., 1935, erweitert 1958), Blick durchs Fenster (Essays, 1939), Die stählerne Blume (Reiseber., 1940), Nur für Leser (Essays, 1955), Napoleon (Biogr., 1956), Chateaubriand (Biogr., 1959), Gemischte Gefühle. Notizen zum Lauf der Zeit (1964), Verloren ist kein Wort (Essays, hg. 1966).
Ausgabe: F. S. Zur Lit. Hg. v. F. J. RADDATZ. Stg. 1981. 2 Bde.
Literatur: KRAUSE, T.: Mit Frankreich gegen das dt. Sonderbewußtsein. F. S.s Wege u. Wandlungen in diesem Jh. Bln. 1993.

Siedlecki Grzymała, Adam, poln. Kritiker und Dramatiker, ↑ Grzymała Siedlecki, Adam.

Siefkes, Wilhelmine, Pseudonym Wilmke Anners, * Leer 4. Jan. 1890, † ebd. 28. Aug. 1984, dt. Schriftstellerin. – Lehrerin; 1933 Entlassung aus dem Schuldienst und Schreibverbot, danach freie Schriftstellerin (unter Verwendung des Pseudonyms). Autorin zahlreicher Werke in hoch- und niederdt. Sprache

(Romane, Novellen, Gedichte, Bühnenstücke, Hörspiele), führende Vertreterin der ostfries. Regionalliteratur. In ihrem Werk spielen Probleme von Kindern und Jugendlichen, z. B. in dem sozialkrit. Roman ›Keerlke‹ (1941), eine zentrale Rolle.

Weitere Werke: Uda van der Mölen (R., 1920), Kasjen und Amke (R., 1952), Tüschen Saat un Seise (Ged., 1959, erweitert 1971), Van de Padd of (R., 1961), Ostfries. Sagen und sagenhafte Geschichten (1963), Tant' Remda in Tirol (En., 1964), Erinnerungen (1979).

Henryk
Sienkiewicz

Sienkiewicz, Henryk [poln. ɕɛŋ'kjɛvitʃ], * Wola Okrzejska bei Maciejowice 5. Mai 1846, † Vevey (Schweiz) 15. Nov. 1916, poln. Schriftsteller. – Entstammte dem poln. Landadel; Studium in Warschau; journalist. Tätigkeit; Reisen durch Europa, nach Nordamerika und Ostafrika; während des 1. Weltkrieges in der Schweiz für die poln. Kriegsgefangenen tätig. S. begann als Feuilletonist und Satiriker; zunächst Positivist, der in seinen Erzählungen v. a. das schwere Leben der unteren Volksschichten oder der poln. Auswanderer schilderte. Unter dem Einfluß der Romantik wandte er sich dann dem histor. Roman zu, der, patriotisch gestimmt, mit leidenschaftl. Temperament und in idealist. Glauben an die Größe des eigenen Volkes, durch Darstellung der ruhmreichen Geschichte des 17. Jh. das poln. Volk aufrichten sollte, so in der Trilogie ›Mit Feuer und Schwert‹ (4 Bde., 1884, dt. 1888), ›Sturmflut‹ (6 Bde., 1886, dt. 1900) und ›Pan Wolodyjowski, der kleine Ritter‹ (3 Bde., 1888, dt. 1902). Welterfolg hatte er mit dem Roman aus der Zeit der Christenverfolgung unter Nero ›Quo vadis?‹ (1896, dt. 2 Bde., 1898). 1905 erhielt S. den Nobelpreis für Literatur.

Weitere Werke: Briefe aus Amerika (1876–78, dt. 1903), Kohlenzeichnungen (En., 1880, dt. 1903), Ums Brod (E., 1880, dt. 1892), Bartek der Sieger (E., 1882, dt. 1889), Der Leuchtturmwärter (E., 1882, dt. 1907), Ohne Dogma (R., 1891, dt. 2 Bde., 1892), Briefe aus Afrika (1892, dt. 1902), Die Familie Polaniecki (R., 1895, dt. 1899), Die Kreuzritter (R., 1900, dt. 1902), Durch Wüste und Wildnis (R., 1911, dt. 1921). **Ausgaben:** H. S. Werke. Dt. Übers. Regensburg 1905–27. 12 Bde. – H. S. Ges. Werke. Dt. Übers. Graz 1906–08. 11 Bde. – H.S. Dzieła. Warschau 1948–55. 60 Bde. – H. S. Meistererzählungen. Dt. Übers. Zü. 1986.

Literatur: LEDNICKI, W.: H. S. Den Haag 1960. – KRZYŻANOWSKI, J.: Twórczość H. S.a. Warschau ³1976. – BUJNICKI, T.: S. i historia. Warschau 1981.

Sieroszewski, Wacław [poln. ɕɛrɔ'ʃɛfski], Pseudonyme W. Sirko, K. Bagrynowski, * Wólka Kozłowska (Masowien) 24. Aug. 1858, † Piaseczno 20. April 1945, poln. Schriftsteller. – Wegen sozialist. Tätigkeit 1878 verhaftet und 1879 nach Sibirien verbannt, wo er ein wiss. Werk über die Jakuten schrieb (um 1896 Rückkehr nach Polen); später Forschungsreisen nach Korea und Japan, die ihm reichen literar. Stoff lieferten. 1905 schloß er sich der Revolution an und kämpfte im 1. Weltkrieg unter Jósef Klemens Piłsudski; 1933–39 Präsident der poln. Literaturakademie. S. schrieb naturalist. und realist. Reiseschilderungen, histor. Romane und Märchen.

Werke: Na kresach lasów (= Am Ende der Wälder, R., 1894), Die Teufel von jenseits des Meeres (R., russ. 1900, poln. 1901, dt. 1927), Powieści chińskie (= Chin. Erzählungen, 1903), Ol-soni Kisan (R., 1906, dt. 1907), Ocean (R., 1917), Dalai-Lama (R., 1927, dt. 1928). **Ausgabe:** W. S. Dzieła. Krakau 1958–63. 20 Bde. **Literatur:** PANASEWICZ, J.: Środki wyrazu artystycznego egzotyki w twórczości W. S.ego. Bromberg 1975.

siete infantes de Lara, Los [span. lɔs 'sjete in'fantez ðe 'lara], altspan. Epos, ↑ Infantes de Lara.

Siful Sifadda [norweg. ˌsiːfʉl siˌfada], norweg. Dichter, ↑ Wergeland, Henrik Arnold.

Sigebert von Gembloux [frz. ʒã'blu], latin. Sigebertus Gemblacensis, * in Brabant um 1030, † Kloster Gembloux bei

Namur 5. Okt. 1112, Benediktinermönch und Geschichtsschreiber. – Im Investiturstreit Gegner Papst Gregors VII.; verfaßte u. a. eine Weltchronik, die die Zeit von 381 bis 1111 umfaßt und mehrfach fortgesetzt wurde, eine Abtsgeschichte von Gembloux und eine Literaturgeschichte (›De scriptoribus ecclesiasticis‹) von der Spätantike an.

Ausgaben: S. Chronica. In: Monumenta Germaniae Historica. Scriptores. Bd. 6. Hann. 1844. Nachdr. Stg. u. New York 1963. S. 300. – S. Gesta abbatum Gemblacensium. In: Monumenta Germaniae Historica. Scriptores. Bd. 8. Hann. 1848. Nachdr. Stg. u. New York 1963. S. 523. – S. v. G. In: Patrologiae cursus completus. Series latina. Hg. v. J.-P. MIGNE. Bd. 160. Paris 1880.

Sigel (Sigle) [aus lat. sigla (Mrz.) = Abkürzungszeichen], im ↑kritischen Apparat wissenschaftlicher Textausgaben Abkürzung, die zur Kennzeichnung der Handschriften oder Drucke verwendet wird. – ↑auch Abbreviaturen.

Sigel, Kurt, *Frankfurt am Main 3. Aug. 1931, dt. Schriftsteller. – War Schriftsetzer, Typograph und Maler; bekannt als satir. Erzähler, politisch engagierter Lyriker und hess. Mundartdichter. In ›Verse gegen taube Ohren‹ (1983) stellt er dieselben Gedichte in Hochsprache und Mundart einander gegenüber.

Weitere Werke: Traum und Speise (Ged., 1958), Sperrzone (Ged., 1960), Kurswechsel (En., 1968), Feuer, de Maa brennt (Ged., 1968), Kannibalisches (En., 1972), Uff Deiwelkommraus (Ged., 1975), Kotilow oder Salto Mortale nach innen (R., 1977), Krumm de Schnawwel – grad de Kerl (En., Ged., 1980), Kotilows Verwundungen (R., 1989), Großes Hessenlamento. Quertexte, Lieder Nonsensverse (1994).

Sigenot [...no:t], ein um 1250 entstandenes mhd. Heldengedicht aus dem Sagenkreis um Dietrich von Bern, das in der 13zeiligen Strophenform des sog. Berner Tons abgefaßt ist. Es erzählt von Kämpfen Jung-Dietrichs und Hildebrands mit dem Riesen S., der den Tod seiner Verwandten Hilde und Grim an Dietrich rächen will. Zwei Fassungen sind erhalten: Der ältere S. mit 44 Strophen diente in einer Handschrift des 14. Jh. als Vorspiel zum ↑›Eckenlied‹, der jüngere S. ist eine auf etwa 200 Strophen ausgedehnte Bearbeitung von 1350, die in sechs Handschriften und 17 Drucken (vom 15. bis ins 17. Jh.) überliefert ist.

Ausgaben: Der jüngere S. (S.lied). Nach sämtl. Hss. u. Drucken hg. v. C. SCHOENER. Hdbg. 1928. – Der ältere u. der jüngere S. Hg. v. J. HEINZLE. Göppingen 1978.
Literatur: HEINZLE, J.: Mhd. Dietrichepik. Mchn. 1978.

Sigfrid, Gerhard, Pseudonym des dt. Schriftstellers Karl ↑Weitbrecht.

Sighibuldi, Guittoncino de' [italien. sigi'buldi], italien. Dichter, ↑Cino da Pistoia.

Sighvatr Þórðarson [isländ. 'sıxwatyr 'θɔʊrðarsɔn], *um 995, †um 1045, isländ. Skalde. – Aufgewachsen in Apavatn auf Grímsnes, kam er 1015 nach Norwegen und trat in den Dienst der Könige Olaf II. Haraldsson und dessen Sohn Magnus I., der Gute; war mit verschiedenen diplomat. Aufgaben betraut, u. a. in Schweden, Frankreich und England. Sein Werk (u. a. ›Víkingavísur‹ [= Wikinger Verse], ›Austrfaravísur‹ [= Verse über eine Reise in den Osten], ›Vestrfaravísur‹ [= Verse über eine Reise in den Westen], ›Bersöglisvísur‹ [= Die freimütigen Verse]) ist in ungewöhnlich umfangreichem Ausmaß erhalten geblieben und ermöglicht – wie bei kaum einem anderen Skalden – tiefe Einblicke in Charakter und Psyche des Dichters. Bei vollendeter Beherrschung der formalen Mittel gelingt es ihm immer wieder, die hochartifizielle Form der skald. Dichtkunst mit persönl. Ausdruck und tiefem Empfinden zu durchdringen. Dies machte ihn zu einem der größten und bedeutendsten Dichter Islands.

Literatur: HOLLANDER, L. M.: Sigvat Thordsson and his poetry. In: Scandinavian studies and notes 16 (1940), S. 43. – VRIES, J. DE: Altnord. Literaturgesch. Bd. 1. Bln. ²1964. S. 240. – LIE, H.: S. P. In: Kulturhistorik leksikon for nordisk middelalder. Bd. 15. Kopenhagen 1970. S. 231.

Siglo de oro ['zi:glo de 'o:ro, span. 'siɣlo ðe 'oro], das ›goldene Zeitalter‹ der span. Literatur; umfaßt einen großen Teil des 16. sowie fast das ganze 17. Jh. (im allgemeinen bis zum Tode von P. Calderón de la Barca, 1681). – ↑auch spanische Literatur.

Sigurðardóttir, Jakobína [isländ. 'sı:ɣʏrðardɔʊhtır], *Hælavík 8. Juli 1918, †Akureyri 29. Jan. 1994, isländ. Schriftstellerin. – Zentrales Thema ihres Werkes ist das Verhältnis des modernen

Menschen zu seiner Umwelt, die von Entfremdung und Isolation des Individuums geprägt ist. Ihre scharfe Gesellschaftskritik bedient sich iron. und satir. Mittel, ihre späteren Werke sind durch einen lyr. Stil gekennzeichnet.

Werke: Punktur á skökkum stað (= Ein Punkt an der falschen Stelle, Nov.n, 1964), Dægurvísa (= Eines Tages Lauf, R., 1965), Snaran (= Die Schlinge, R., 1968), Sjö vindur gráar (= Sieben Lagen graues Garn, En., 1970), Lifandi vatnið (= Das lebendige Wasser, R., 1974), Kvæði (= Gedichte, 1983).

Sigurdlieder, Lieder der edd. Sammlung über Sigurd, der den Drachen Fafner tötet und damit den Nibelungenhort erwirbt. Davon handeln die sog. Jung-S. der ↑›Edda‹: ›Reginsmál‹, ›Fáfnismál‹, ›Sigrdrífumál‹. Ihnen vorangestellt ist ein Überblicksgedicht, die ›Grípisspá‹, eine das ganze Geschick Sigurds überschauende Weissagung aus dem Munde des Sehers Grípir. Es folgt das ›Brot af Sigurðarkviðu‹ – ein Bruchstück, dessen erster Teil verlorengegangen ist, das nach Form und Inhalt zur altertümlichsten Schicht der Sigurdüberlieferung gehört: Sigurd, der mit den Söhnen Gjúkis Schwurbrüderschaft geschlossen und deren Schwester Guðrún zur Frau erhalten hat, hilft dem Schwager die für ihn unbezwingl. Brynhild zu erringen. Bei einem Frauenzank wird der Betrug offenbar. Brynhild zwingt ihren Mann zum Mord an Sigurd. Es folgen Lieder einer jüngeren Zeit, aus der Sicht der Guðrún (›Guðrúnarkviða I–III‹), Brynhild (›Sigurðarkviða in skamma‹, ›Helreið Brynhildar‹) und Oddrún (der Geliebten Gunnars: ›Oddrúnargrátr‹). – Mit der Sigurd- bzw. Brynhildfabel wurde früh die Überlieferung von der Vernichtung der Burgundenkönige und ihrer Schwester (nach dt. Tradition Gunther, Gernot, Giselher und Kriemhild) durch die Hunnen und deren König Atli (Etzel) verknüpft, so daß sich ein folgerichtiger Übergang zu den Atliliedern ergibt. Andererseits ist Sigurd nach nord. Tradition ein Halbbruder Helgis, ein Sagenheld des Helgizyklus, der in der edd. Sammlung den S.n vorausgeht.

Sigurðsson, Stefán frá Hvítadal [isländ. 'sɪːɣʏrsɔn], * Hólmavík (Steingrímsfjörður) 16. Okt. 1887, † Bessatunga 7. März 1933, isländ. Lyriker. – Nach mehrjährigem Aufenthalt (1912–16) in Norwegen erschien 1918 der erste Gedichtband ›Söngvar förumannsins‹ (= Lieder des Wanderers), sein bestes Buch, das zugleich den Durchbruch und einen der Höhepunkte der isländ. Neuromantik bildete. Seine zentralen Themen Liebe und Natur werden darin formvollendet mit großer Sensitivität und stilist. Meisterschaft behandelt. Nach seiner Konversion zum Katholizismus wandte er sich auch religiösen Themen zu und besang und idealisierte die kath. Kirche.

Weitere Werke: Óður einyrkjans (= Lied des Kleinbauern, Ged., 1921), Heilög kirkja (= Heilige Kirche, Ged., 1924), Helsingjar (= Gänse, Ged., 1927), Anno Domini 1930 (Ged., 1930). **Ausgabe:** S. Ljóðmæli. Hg. v. K. KARLSSON. Reykjavík erweiterte Aufl. 1970.

Sigurjónsson, Jóhann [isländ. 'sɪːɣʏrjou̯nsɔn], * Laxamýri 19. Juni 1880, † Kopenhagen 31. Aug. 1919, isländ. Dramatiker und Lyriker. – Ging, um Veterinärmedizin zu studieren, 1899 nach Kopenhagen, wandte sich bald der Literatur zu und geriet in den Einfluß von G. Brandes und F. Nietzsche. S. verwendete in seinen Dramen, die auch außerhalb Islands anerkannt wurden, den reichen Stoffschatz alter Sagen. Sein berühmtestes Werk, ›Berg-Eyvind und sein Weib‹ (Dr., 1911, dt. 1913), geht ins 18. Jh. zurück und gestaltet das Schicksal eines Geächteten; schrieb auch in dän. Sprache.

Weitere Werke: Dr. Rung (Dr., 1905), Bóndinn á Hrauni (= Der Bauer auf Hraun, Dr., 1908), Ønsket (= Der Wunsch, Dr., 1917), Lügner (Dr., 1917, dt. 1917). **Ausgabe:** J. S. Rit. Reykjavík 1940–42. 2 Bde.

Sijada (tl.: Ziyādaʰ), Maij, eigtl. Maria S., * Nazareth 11. Febr. 1886, † Kairo 20. Okt. 1941, ägypt. Schriftstellerin libanes. Herkunft. – Katholikin; wanderte mit ihrem Vater nach Ägypten aus und schrieb mit ihm für die Zeitung ›Al-Mahrūsaʰ‹ (= Die Beschützte), die dieser in Kairo gegründet hatte. Ihre Artikel und Bücher beschäftigen sich vorwiegend mit polit. und sozialen Themen, bes. mit der Frauenfrage; schrieb auch in engl. und frz. Sprache; ihr Diwan erschien (unter dem Pseudonym Isis Copia) 1911 u. d. T. ›Fleurs de rêve‹ in frz. Sprache.

Literatur: BROCKELMANN, C.: Gesch. der arab. Litteratur. Suppl. Bd. 3. Leiden 1942. S. 259.

Sík, Sándor [ungar. ʃiːk], * Budapest 20. Jan. 1889, † ebd. 28. Sept. 1963, ungar. Schriftsteller. – Wurde 1930 Prof. für ungar. Literatur in Szeged, 1946 in Budapest. Er schrieb für die kath. orientierte Zeitschrift ›Élet‹ und gab das kath. Blatt ›Vigilia‹ heraus. S., der bedeutendste Vertreter des sog. Neukatholizismus in Ungarn, schrieb volkstüml. und religiöse Lyrik; neben Naturpoesie stehen patriot. Gedichte und Erbauungslyrik für die Jugend. Seine histor. Dramen, Mysterien- und Laienspiele hatten großen Erfolg; auch Erzählungen und wiss. Werke.

Sikelianós, Angelos, * Lefkas 15. März 1884, † Athen 9. Juni 1951, neugriech. Dichter. – Herausragende Persönlichkeit der neugriech. Literatur; Schöpfer einer ausdrucksstarken lyr. Sprache, visionärer Künder des Weiterlebens antiken griech. Geistes in der lebendigen Tradition des neugriech. Volkes, in der er die Verbindung von Antike und Christentum als vollzogen ansieht, bemühte sich um die Wiederauflebung der Delph. Festspiele (1926–32).
Werke: Ho prologos stē zōē (= Prolog zum Leben, Ged., 4 Bde., 1915–17), Mētēr Theu (= Gottesmutter, Ged., 1918), Pascha tōn Hellēnōn (= Ostern der Griechen, Ged., 1918), Ho teleutaios Delphikos dithyrambos ē ho dithyrambos tu rodu (= Der letzte delphische Dithyramb oder der Dithyramb der Rose, Ged., 1926–32), Ho Daidalos stē Krētē (= Dädalus auf Kreta, Trag., 1943), Hē Sibylla (= Die Sibylle, Trag., 1944), Ho Christos stē Rōmē (= Christus in Rom, Trag., 1946), Lyrikos bios (= Lyr. Leben, 13 Bde., 1946/47), Ho thanatos tu Digenē (= Digenis' Tod, Trag., 1947), Thymelē (12 Bde., hg. 1970–75), Pezos logos (= Prosa, 2 Bde., 1978–80).
Literatur: AVGERIS, M.: Ho S. Athen 1952. – KATSIMPALIS, G. K.: Bibliographia A. Sikelianou. Athen Neuausg. 1952. – XYDIS, TH.: Hē physiolatreia kai ho mystikismos tu S. Athen 1961. – KAPSOMENOS, E.: Eisagōgē stē lyrikē poiesē tu S. Athen 1969. – PREVELAKIS, P.: A. S. Athen 1984.

Šikula, Vincent [slowak. 'ʃikula], * Dubová bei Preßburg 19. Okt. 1936, slowak. Schriftsteller. – Musiker, Lehrer, Dramaturg, Redakteur; schreibt (autobiograph.) Dorfprosa, die anfangs zu ungewöhnl. erzähltechn. Konstruktionen neigte; auch Kinderbuchautor.

Werke: S Rozarkou (= Mit Rozarka, Nov., 1966), Majstri (= Die Meister, R., 1976), Vojak (= Der Soldat, Nov., 1982).

Silbenmaß, ursprünglich Bez. für das konstituierende Merkmal des ↑ quantitierenden Versprinzips der antiken Dichtung, in dem, bestimmt durch die Regeln der ↑ Prosodie, die Silben als lang und kurz ›gemessen‹ werden. Die Bez. wurde unzutreffend auch auf das ↑ silbenzählende Versprinzip (die Verslänge betreffend) und das ↑ akzentuierende Versprinzip übertragen.

Silbenschrift, eine Schrift, deren Zeichen nicht Einzellaute oder ganze Wörter, sondern Silben bezeichnen. Meist kommen allerdings Mischformen vor, z. B. die Wort-Silben-Schrift (Keilschrift, jap. Schrift).
Literatur ↑ Alphabet.

silbenzählendes Versprinzip, in der Metrik eine Versstruktur, in der lediglich die Anzahl der Silben festgelegt ist. Begegnet zuerst im mlat. rhythmisch-akzentuierenden christl. Dichtung und Vagantenpoesie, in der unter dem Einfluß eines starken dynam. Akzentes, der das Gefühl für die Silbenquantitäten aufhob, zum Festlegung einer bestimmten Silbenzahl pro Vers trat. Das s. V. wurde dann zum Hauptkriterium v. a. für den frz. Vers; es findet sich schon in den ersten literar. Zeugnissen der frz. Dichtung. In der Verslehre ist es strittig, ob der Versrhythmus durch einen regelmäßigen Wechsel von betonten und unbetonten Silben bestimmt wird oder ob die Akzentuierung unfest ist. Der älteste frz. Vers ist der Achtsilber (10. Jh.: hagiograph. Literatur); es folgen der Zehnsilber (11. Jh., z. B. im ›Alexiuslied‹), der Zwölfsilber (12. Jh.) und der ↑ Alexandriner. – In der dt. Dichtung findet sich das s. V. im Meistersang, auch im Kirchenlied des 16. Jh. und im Knittelvers. Es verschwand dann im 17. Jh. durch M. Opitz' Forderung der Übereinstimmung von Vers- und Sprachakzent wieder aus der dt. Dichtung.
Literatur: BECKER, PH. A.: Die Anfänge der roman. Verskunst. In: BECKER: Zur roman. Literaturgesch. Ausgew. Studien u. Aufss. Mchn. 1967. S. 78.

Silber (tl.: Zil'ber), Weniamin Alexandrowitsch [russ. 'ziljbɪr], russ.-sowjet.

Schriftsteller, ↑ Kawerin, Weniamin Alexandrowitsch.

Silesius, Angelus, dt. Liederdichter und Epigrammatiker, ↑ Angelus Silesius.

Silfverstolpe, Gunnar Mascoll [schwed. ˌsilvərstɔlpə], * Rytterne (Västmanland) 21. Jan. 1893, † Stockholm 26. Juni 1942, schwed. Lyriker. – War Intendant der königl. Kunstsammlung, ab 1926 Kunst- und Literaturkritiker an einer Stockholmer Zeitung. Seine Lyrik, beeinflußt von der engl. ↑ Georgian poetry, ist erfüllt von Lebensangst und Sehnsucht nach idyll. Frieden. Unter dem Druck des polit. Geschehens wurde S.s letzte Gedichtsammlung, ›Hemland‹ (1940), zu einer Huldigung für die humanist. Ideale und deren Verteidigung; auch Übersetzer; ab 1941 Mitglied der Schwed. Akademie.
Weitere Werke: Arvet (Ged., 1919), Dagsljus (Ged., 1923), Vardag (Ged., 1926), Efteråt (Ged., 1932).
Literatur: KJERSÉN, S.: G. M. S. Skalden och människan. Stockholm 1943.

Silius Italicus, Tiberius Catius Asconius, * um 26, † um 101, röm. Dichter. – Begüterter Angehöriger der Senatorenschicht; Anhänger der Stoa, Verehrer Vergils. Sein einziges Werk, die ›Punica‹ (17 Bücher), schildert den Krieg Hannibals gegen Rom. Die eintönige Darstellung verbindet eine Paraphrase der Hauptquelle, des Livius, mit dem konventionellen ep. Apparat.
Ausgabe: Catius S. I. Punica. Lat. u. engl. Hg. v. J. D. DUFF. London u. Cambridge (Mass.) Neuaufl. 1949–50. 2 Bde.
Literatur: BURCK, E.: Histor. u. ep. Tradition bei S. I. Mchn. 1984.

Silkin, Jon [engl. ˈsɪlkɪn], * London 2. Dez. 1930, engl. Lyriker. – Verbrachte seine Jugend in Wales, war Arbeiter und Lehrer, dann Studium in Leeds; lebt seit 1965 in Newcastle-on-Tyne. Der Gedichtband ›The peaceable kingdom‹ (1954) machte ihn als Lyriker bekannt. Bemerkenswert sind die Blumengedichte in ›Nature with man‹ (1965); der Band ›Amana Grass‹ (Ged., 1971) ist von Aufenthalten in Israel und Amerika inspiriert. S. begründete 1952 die literar. Zeitschrift ›Stand‹, die u. a. die Lyriker G. Hill und G. MacBeth förderte.
Weitere Werke: Selected poems (Ged., 1980), The psalms with their spoils (Ged., 1980), Guer-

ney (Versdrama, 1985), The ship's pasture (Ged., 1986), The lens-breakers (Ged., 1992).

Silko, Leslie Marmon [engl. ˈsɪlkoʊ], * Albuquerque (N. Mex.) 5. März 1948, amerikan. Schriftstellerin. – Von lagunaindian., mex. und weißer Abstammung, wuchs S. in der Laguna-Pueblo-Reservation im westl. New Mexico auf; Studium, später auch Lehrtätigkeit, an der University of New Mexico in Albuquerque; seit 1978 Prof. an der University of Arizona in Tucson. Gehört zu den bedeutendsten Vertretern der zeitgenöss. ↑ Indianerliteratur, deren Erzählungen und Gedichte die prekäre Stellung zwischen der dominanten weißen und der geschlossenen indian. Kultur reflektieren. So zeigt der erfolgreiche Roman ›Gestohlenes Land wird ihre Herzen fressen‹ (1977, dt. 1981) die schwierige Identitätssuche eines an einer Kriegsneurose leidenden Indianers. ›Storyteller‹ (1981) vereinigt Gedichte, Erzählungen und autobiograph. Fragmente, ›Laguna woman‹ (1974) ist ein Gedichtband.
Weiteres Werk: Almanac of the dead (R., 1991).
Literatur: SEYERSTED, P.: L. M. S. Boise (Id.) 1980. – VELIE, A. R.: Four American Indian literary masters. Norman (Okla.) 1982.

Sillanpää, Frans Eemil [finn. ˈsillɑmpæ:], * Hämeenkyrö 16. Sept. 1888, † Helsinki 3. Juni 1964, finn. Schriftsteller. – Sohn eines Kleinbauern; Studium der Naturwissenschaften in Helsinki, war Verlagsangestellter, später freier Schriftsteller. S. vermittelt in seinen Romanen, in deren Mittelpunkt die Darstellung des ›Schicksals‹ einzelner Menschen aus dem ländl. Milieu steht, ein sensibel gezeichnetes Bild der von Dorfarmut und Bürgerkrieg geprägten Verhältnisse in Finnland, wobei die Affinität zu M. Maeterlinck, dessen ›Schatz der Armen‹ er übersetzte, nicht zu übersehen ist; erhielt 1939 den Nobelpreis für Literatur.
Werke: Sonne des Lebens (R., 1916, dt. 1951), Das fromme Elend (R., 1919, dt. 1948, 1956 u. d. T. Sterben und Auferstehen), Hiltu ja Ragnar (= Hiltu und Ragnar, Nov., 1923), Silja, die Magd (R., 1931, dt. 1932), Eines Mannes Weg (R., 1932, dt. 1933), Menschen in der Sommernacht (R., 1934, dt. 1936), Schönheit und Elend des Lebens (R., 1945, dt. 1948).
Ausgabe: F. E. S. Kootut teokset. Helsinki 1932–50. 12 Bde.

Literatur: LAURILA, A.: F. E. S. vuosina 1888–1958. Helsinki 1958.

Sillitoe, Alan [engl. 'sɪlɪtoʊ], * Nottingham 4. März 1928, engl. Schriftsteller. – Stammt aus der Arbeiterklasse, war selbst Fabrikarbeiter, dann freier Schriftsteller. Von R. Graves zum Schreiben angeregt, schildert S. in seinem ersten, der Literatur der Angry young men zuzurechnenden Roman ›Samstag nacht und Sonntag morgen‹ (1958, dt. 1961) realistisch Lebensverhältnisse und Mentalität eines jungen Arbeiters und in ›Die Einsamkeit des Langstreckenläufers‹ (E., 1959, dt. 1967) die Verweigerung gegenüber den Erwartungen der etablierten Gesellschaft. S.s spätere Romane behandeln oft Identitätskrisen, beschwören das Verhältnis der Wirklichkeit zur Erinnerung (›Raw material‹, autobiograph. R., 1972; ›Down from the hill‹, R., 1984) und thematisieren dabei auch den Prozeß des fiktiven Erzählens (›Der Mann, der Geschichten erzählte‹, R., 1979, dt. 1983); auch Dramen, Lyrikbände, Reiseberichte, Essays, Kinderbücher und Filmdrehbücher nach seinen Romanen.

Alan Sillitoe

Weitere Werke: The rats and other poems (Ged., 1960), Schlüssel zur Tür (R., 1961, dt. 1966), Der Tod des William Posters (R., 1965, dt. 1969), Der brennende Baum (R., 1967, dt. 1975), Ein Start ins Leben (R., 1970, dt. 1971), Reise nach Nihilon (R., 1971, dt. 1973), Die Flamme des Lebens (R., 1974, dt. 1982), Mountains and caverns (Essays, 1975), Der Sohn des Witwers (R., 1976, dt. 1981), Gesammelte Erzählungen (5 Bde., dt. Ausw. 1981), Die Frau auf der Brücke (R., 1982, dt. 1989), Verschollen. The Lost Flying Boat (R., 1983, dt. 1987), Sun before departure. Poems 1974–1982 (Ged.,

1984), Life goes on (R., 1985), Tides and stone walls (Ged., 1986), Every day of the week (R., 1987), Insel im Nebel (R., 1987, dt. 1987), The open door (R., 1989), Last loves (R., 1990), Leonard's war (R., 1991), Snowstop (R., 1993). **Literatur:** PENNER, A. R.: A. S. New York 1972. – ATHERTON, S. S.: A. S. London 1979. – GERARD, D.: A. S. A bibliography. London 1988.

Sįllybos [griech. = Quaste, Anhängsel], Bez. für den Pergamentstreifen an antiken Buchrollen, auf dem Name des Verfassers und Titel des Werkes verzeichnet sind.

Silone, Ignazio, eigtl. Secondo Tranquilli, *Pescina (Prov. L'Aquila) 1. Mai 1900, †Genf 22. Aug. 1978, italien. Schriftsteller. – Sohn eines kleinen Gutsbesitzers; zum Priester bestimmt, besuchte er kath. Schulen; war Sekretär der sozialist. Jugend in Rom, 1921 Mitglied des ZK der von ihm mitbegründeten italien. KP; Redakteur der Triester Tageszeitung ›Il Lavoratore‹ und der röm. Wochenzeitung ›L'Avanguardia‹; 1930 Abkehr vom Kommunismus; während der faschist. Herrschaft 1930–44 im Exil in der Schweiz, wo auch seine ersten Werke in dt. Übersetzung erschienen; nach seiner Rückkehr 1945 Mitglied der Sozialist. Partei und Abgeordneter in der verfassunggebenden Versammlung; 1945/46 Leiter der sozialistischen Tageszeitung ›Avanti!‹, 1947–49 von ›Europa socialista‹. S.s schriftsteller. Schaffen steht im Zeichen seiner polit. Überzeugung, seines Kampfes gegen soziales Unrecht, für Freiheit und Menschenwürde. Seine sozial- und gesellschaftskrit. Romane schildern das Leben des verarmten Proletariats sowie der verschuldeten Kleinbauern und Landarbeiter in den Abruzzen. Berühmt machte ihn v. a. sein Erstlingswerk ›Fontamara‹ (R., zuerst dt. [1933], dann italien. [1933]), das in über 20 Sprachen übersetzt wurde.

Weitere Werke: Die Reise nach Paris (En., 1934, dt. 1934), Brot und Wein (R., engl. 1936, dt. 1936, italien. 1937; Neufassung italien. 1955, dt. 1974 u. d. T. Wein und Brot), Der Samen unterm Schnee (R., dt. 1942, italien. 1942), Und er verbarg sich (Dr., 1944, dt. 1945), Notausgang (Erinnerungen, En., Essays, 1951, dt. 1966), Eine Handvoll Brombeeren (R., 1952, dt. 1952), Das Geheimnis des Luca (R., 1956, dt. 1957), Der Fuchs und die Kamelie (R., 1960, dt. 1960), Das Abenteuer eines armen Christen (1968, dt. 1969), Severina (R., hg. 1981, dt. 1994).

Ignazio
Silone

Literatur: SCURANI, A.: I. S. Mailand 1969. – ARAGNO, P.: Il romanzo di S. Ravenna 1975. – GUERRIERO, E.: L'inquietudine e l'utopia. Il racconto umano e cristiano di I. S. Mailand 1979. – RIGOBELLO, G.: I. S. Florenz 1979. – VIRDIA, F.: I. S. Florenz ²1979. – ARNONE, V.: I. S. Rom 1980. – ESPOSITO, V.: I. S. La vita, l'opera, il pensiero. Rom 1980. – BARBAGALLO, A.: Omaggio a S. Catania 1982. – PADOVANI, G.: Letteratura e socialismo. Saggio su I. S. Catania 1982. – MARTELLI, S./DI PASQUA, S.: Guida alla lettura di S. Mailand 1988. – ESPOSITO, V.: Attualità di S. Rom 1989.

Silva, António Dinis da Cruz e, portugies. Dichter, ↑Dinis da Cruz e Silva, António.

Silva, António José da [portugies. 'silvɐ], genannt ›O Judeu‹, * Rio de Janeiro 8. Mai 1705, † Lissabon 18. oder 19. Okt. 1739, portugies. Dramatiker. – Sohn jüd. Eltern; studierte in Coimbra, war Advokat in Lissabon; war wegen seiner jüd. Herkunft der Verfolgung ausgesetzt und wurde nach einem Inquisitionsverfahren verbrannt. Schrieb burleske, satir. Komödien (Marionetten-Singspiele), in denen u. a. mytholog. Stoffe und klass. Fabeln parodiert werden, u. a. ›Vida do grande D. Quixote de la Mancha e do gordo Sancho Pança‹ (1733), ›Esopaida‹ (1734), ›Os encantos de Medeia‹ (1735), ›Guerras do Alecrim e Manjerona‹ (1737). Literarisch wurde das Schicksal S.s von C. Castelo Branco in einem biograph. Roman (›O Judeu‹, 1867) und von B. Santareno in einem gleichnamigen Theaterstück (1966) dargestellt.
Ausgabe: A. J. da S. Obras completas. Hg. v. J. P. TAVARES. Lissabon 1957–59. 4 Bde.
Literatur: JUCÁ FILHO, C.: Antônio José, o Judeu. Rio de Janeiro 1940. – MAGALHAES

JÚNIOR, R.: A. J. da S., o Judeo, e o seu teatro. Rio de Janeiro 1958.

Silva, José Asunción [span. 'silβa], *Bogotá 27. Nov. 1865, † ebd. 24. Mai 1896, kolumbian. Lyriker. – Gehört trotz des geringen Umfangs seines Werks zu den bedeutendsten Lyrikern des 19. Jh. im span. Sprachbereich; bevorzugte Themen seiner außerordentlich nuancenreichen, musikal. Gedichte sind Zweifel, Pessimismus und Melancholie. Verwendete als erster kolumbian. Vertreter des Modernismo neue metr. Formen; seine berühmtesten Gedichte sind die eleg. ›Nocturnos‹ (1894). Postum erschien 1925 sein autobiograph. Roman ›De sobremesa 1887–1896‹.
Ausgaben: J. A. S. Obras completas. Hg. v. H. ORJUELA. Buenos Aires ²1968. 2 Bde. – J. A. S. Obra completa. Hg. v. E. CAMACHO GUIZADO. Caracas 1977.
Literatur: CAPARROSO, C. A.: S. Bilbao ²1954. – TYREE OSIEK, B.: J. A. S., estudio estilístico de su poesía. Mexiko 1968. – SMITH, M. I.: J. A. S. Contexto y estructura de su obra. Bogotá 1981. – INGWERSEN, S. A.: Light and longing. S. and Darío. Modernism and religious heterodoxy. New York u. Bonn 1987.

Silvae [lat. = Wälder], bes. in der Antike und in der Renaissance Bez. für Sammelwerke, v. a. Sammlungen von Gedichten. Verdeutscht z. B. als ›Poetische Wälder‹ (Gedichtsammlung von Christian Gryphius [* 1649, † 1706], 1698).

Silvanus, Fritz, österr. Schriftsteller, ↑Sacher, Friedrich.

Sima Qian, chin. Historiograph, ↑Ssu-ma Ch'ien.

Sima Xiangru, chin. Dichter, ↑Ssu-ma Hsiang-ju.

Simenon, Georges [frz. sim'nõ], Pseudonym G. Sim u. a., * Lüttich 13. Febr. 1903, † Lausanne 4. Sept. 1989, belg. Schriftsteller. – Journalist; zahlreiche Reisen; lebte zuletzt in der Schweiz. Verfaßte mehr als 200 Romane, wurde weltbekannt durch seine psychologisch fundierten Kriminalromane um die Gestalt des Kommissars Maigret (seit 1931), der, ohne ein moral. Urteil zu sprechen, hinter dem äußeren Bild von Menschen aller Gesellschaftsschichten Fehler und Schwächen aufdeckt und damit die Fragwürdigkeit dieses Bildes deutlich macht.

Georges
Simenon

S. schrieb auch zahlreiche psycholog. Romane, die, wie seine Kriminalromane, vortreffl. Milieuschilderungen enthalten, sowie autobiograph. Arbeiten, Reiseberichte und Reportagen.

Werke: Au pont des arches (R., 1921), Maigret und sein Neffe (R., 1934, dt. 1960), Die bösen Schwestern von Concarneau (R., 1936, dt. 1987), 45 Grad im Schatten (R., 1936, dt. 1987), Der Schnee war schmutzig (R., 1948, dt. 1960), Maigret und die alte Dame (R., 1949, dt. 1959), Maigret und sein Revolver (R., 1952, dt. 1961), Maigret und die schreckl. Kinder (R., 1954, dt. 1958), Der Präsident (R., 1958, dt. 1961), Die Glocken von Bicêtre (R., 1963, dt. 1964), Die kleine Heilige (R., 1965, dt. 1966), Maigret und sein Jugendfreund (R., 1968, dt. 1970), Brief an meine Mutter (Autobiogr., 1975, dt. 1978), Intime Memoiren. Und das Buch von Marie-Jo (1981, dt. 1982).

Ausgaben: Œuvres complètes de G. S. Hg. v. G. SIGAUX. Lausanne 1967–73. Bisher 72 Bde. – Les Introuvables de G. S. Teil-Slg. Paris 1980. 12 Bde. – G. S. Œuvre romanesque. Paris 1988–93. 27 Bde. u. 2 Suppl.-Bde.

Literatur: FALLOIS, B. DE: S. Paris 1961. – Über S. Hg. v. C. SCHMÖLDERS u. CH. STRICH. Zü. 1978. – TILLINAC, D.: Le mystère de S. Paris 1980. – FABRE, J.: Enquête sur un enquêteur, Maigret. Montpellier 1981. – L'univers de S. Guide des romans et nouvelles (1931–1972). Hg. v. M. PIRON. Paris 1983. – TAUXE, H.-CH.: De l'humain au vide. G. S. Paris 1983. – ARENS, A.: G. S. In: Krit. Lex. der roman. Gegenwartsliteraturen. Hg. v. W.-D. LANGE. Losebl. Tüb. 1984ff. (Gesamtbibliogr. bis 1985). – BRESLER, F.: G. S. Auf der Suche nach dem ,nackten' Menschen. Biographie. Dt. Übers. Hamb. 1985. – JOUR, J.: S., enfant de Liège. Brüssel 1986. – RUTTEN, M.: G. S. Les origines, sa vie, son œuvre. Château de la Gotte 1986. – ARENS, A.: Das Phänomen S. Einf. in das Werk. Bibliogr. Stg. 1988. – GEERAERT, N.: G. S. Rbk. 1991.

Simeon Polozki (tl.: Polockij) [russ. sɪmɪˈɔn ˈpɔlɐtskij], weißruss. Simjaon Polazki, weltlicher russ. Name Samuil Jemeljanowitsch (oder Gawrilowitsch) Petrowski-Sitnianowitsch, * Polozk 1629, † Moskau 25. Aug. 1680, weißruss. und russ. Schriftsteller. – Wurde 1656 Mönch, lehrte dann in Polozk und kam 1664 nach Moskau, wo er u. a. als Erzieher am Zarenhof wirkte; verfaßte theolog. Schriften und schrieb als einer der ersten Vertreter der dem Russischen nicht gemäßen silbenzählenden Metrik (die sich auf Dauer nicht halten konnte) zahlreiche Gedichte in poln., weißrussisch-ukrain. und russ. Sprache, darunter neben didakt. Werken (›Vertograd mnogocvetnyj‹ [= Blumenreicher Ziergarten], entst. 1680) v. a. barocke Panegyrik; verfaßte ferner, unter Einfluß der polnischen Jesuitendramen, für die Entwicklung des russischen Dramas richtungweisende Schuldramen (›Komedija pritči o bludnom syne‹ [= Komödie über das Gleichnis vom verlorenen Sohn], gedr. 1685).

Ausgabe: S. Polockij. Izbrannye sočinenija. Moskau 1953.

Literatur: UHLENBRUCH, B.: S. Polockijs poet. Verfahren. Diss. Bochum 1979.

Simić, Novak [serbokroat. ˌsiːmitɕ], * Vareš 14. Jan. 1906, † Zagreb 20. Nov. 1981, kroat. Schriftsteller. – Studierte Ökonomie in Zagreb; nach Edition eines Bandes sozialkrit. Literatur (1929) verhaftet. Seine sozialrealist. Erzählungen greifen Probleme der modernen Stadtgesellschaft auf; bed. ist v. a. sein Roman ›Braća i kumiri‹ (= Brüder und Götzen, 1955); auch Gedichte und Essays.

Šimić, Antun Branko [serbokroat. ˌʃimitɕ], * Drinovci (Herzegowina) 18. Nov. 1898, † Zagreb 2. Mai 1925, kroat. Lyriker und Kritiker. – Journalist; seine Lyrik (›Preobraženja‹ [= Umwandlungen], 1920) ist geprägt durch expressionist. Züge, verfeinerte, genaue sprachl. Gestik sowie gefühlsbetontsinnl. Thematik; verfaßte auch kritische Essays über kroatische Schriftsteller (u. a. V. Nazor).

Ausgabe: A. B. Š. Sabrana djela. Zagreb 1960. 3 Bde.

Literatur: NUIĆ, V.: A. B. Š. Leben u. Werk. Diss. Wien 1979 [Masch.].

Simjaon Polazki (tl.: Polacki), weißruss. und russ. Schriftsteller, ↑Simeon Polozki.

Simmel, Johannes Mario, *Wien 7. April 1924, österr. Schriftsteller. – Nach dem Krieg zunächst Journalist, Dolmetscher und Übersetzer; seit 1963 freier Schriftsteller, lebt in der Schweiz. Seinen ersten Novellenband veröffentlichte S. 1947 (›Begegnung im Nebel‹), aber erst mit seinen Unterhaltungsromanen (›Es muß nicht immer Kaviar sein‹, 1960) gelang ihm der Durchbruch zum erfolgreichen lebenden deutschsprachigen Bestseller-Autor. Seine Bücher erreichten weltweit eine Auflage von über 65 Millionen; viele seiner Bücher wurden verfilmt. S. schrieb auch Filmdrehbücher, ein Drama und Jugendbücher.

Weitere Werke: Mich wundert, daß ich so fröhlich bin (R., 1949), Affäre Nina B. (R., 1958), Bis zur bitteren Neige (R., 1962), Der Schulfreund (Dr., 1964), Lieb Vaterland, magst ruhig sein (R., 1965), Alle Menschen werden Brüder (R., 1967), Und Jimmy ging zum Regenbogen (R., 1970), Der Stoff, aus dem die Träume sind (R., 1971), Die Antwort kennt nur der Wind (R., 1973), Niemand ist eine Insel (R., 1975), Hurra, wir leben noch (R., 1978), Wir heißen euch hoffen (R., 1980), Bitte, laßt die Blumen leben (R., 1983), Die im Dunkeln sieht man nicht (R., 1985), Doch mit den Clowns kamen die Tränen (R., 1987), Im Frühling singt zum letztenmal die Lerche (R., 1990), Auch wenn ich lache, muß ich weinen (R., 1993).

Simms, William Gilmore [engl. sımz], *Charleston (S. C.) 17. April 1806, †ebd. 11. Juni 1870, amerikan. Schriftsteller. – Stand in der Sezessionsbewegung auf seiten des Südens; schrieb in der Tradition J. F. Coopers stehende, auch von W. Scott beeinflußte Werke krit., biograph. und histor. Inhalts mit Stilzügen des Schauer- und Abenteuerromans sowie des histor. Romans; im Unterschied zu Cooper pflegte S. den nicht idealisierenden, realist. Grenzerroman (›Der Yemassee-Indianer‹, 1835, dt. 1847). Als sein bestes Werk gilt die Gesellschaftssatire ›Schwert und Spindel‹ (R., 1852, dt. 1854); auch Dramatiker und Lyriker.

Weitere Werke: Der Parteigänger (R., 1835, dt. 1863), Richard Hurdis (R., 1838, dt. 1857), Die Grenzjagd (R., 1840, dt. 1858).

Ausgabe: W. G. S. The writings. Centennial edition. Columbia (S. C.) 1969–75. 16 Bde.

Literatur: TRENT, W. P.: W. G. S. New York u. Boston (Mass.) 1892. Nachdr. 1968. – RIDGELY, J. V.: W. G. S. New York 1962. – WAKELYN, J. L.: The politics of a literary man. W. G. S. Westport (Conn.) 1973. – KIBLER, J./BUTTERWORTH, K.: W. G. S. A reference guide. Boston (Mass.) 1980. – WIMSATT, M. A.: The major fiction of W. G. S. Baton Rouge (La.) 1989.

Simon, Claude [frz. si'mõ], *Tananarivo (Madagaskar) 10. Okt. 1913, frz. Schriftsteller. – Einer der führenden Vertreter des Nouveau roman. Beeinflußt u. a. von W. Faulkner, erobert S. die Wirklichkeit neu mit seiner präzisen, episch breiten Beschreibung auch des Geringfügigsten, einer Fülle von Assoziationen, dem ständigen Wechsel der Erzählperspektive, der Aufhebung jeder chronolog. Abfolge. Sein Hauptthema ist die zerstörer. Wirkung der Zeit. Seine Romantheorie entwickelte S. in der Schrift ›Orion aveugle‹ (1970). 1985 erhielt er den Nobelpreis für Literatur.

Claude
Simon

Weitere Werke: Le tricheur (R., 1945), Das Seil (R., 1947, dt. 1964), Gulliver (R., 1952), Le sacre du printemps (R., 1954), Der Wind (R., 1957, dt. 1959), Das Gras (R., 1958, dt. 1970), Die Straße in Flandern (R., 1960, dt. 1961), Der Palast (R., 1962, dt. 1966), Histoire (R., 1967), Die Schlacht bei Pharsalos (R., 1969, dt. 1972), Die Leitkörper (R., 1971, dt. 1974), Triptychon (R., 1973, dt. 1986), Anschauungsunterricht (R., 1975, dt. 1986), Georgica (R., 1981, dt. 1992), La chevelure de Bérénice (R., 1983), Discours de Stockholm (Rede, 1986), Die Einladung (Reisebericht, 1987, dt. 1988), Die Akazie (R., 1989, dt. 1991).

Literatur: HAMMERMANN, I.: Formen des Erzählens in der Prosa der Gegenwart. Am Beispiel v. Ph. Sollers, R. Pinget u. C. S. Stg. 1979. – SYKES, S.: Les romans de C. S. Paris 1979. – BIRN, R./GOULD, K.: Orion blinded. Essays on

C. S. Lewisburg 1981. – HOLLENBECK, J.:
Éléments baroques dans les romans de C. S. Paris 1982. – KIRPALANI, M.-C.: Du ›Vent‹ à ›La
Bataille de Pharsale‹. Problèmes de narration
dans les romans de S. Diss. Paris 1983. –
SCHOELL, K.: C. S. In: Krit. Lex. der roman. Gegenwartsliteraturen. Hg. v. W.-D. LANGE. Losebl. Tüb. 1984ff. – C. S. New directions. Collected papers. Hg. v. A. B. DUNCAN. Edinburgh
1985. – PFEIFFER, H.: C. S. In: Frz. Lit. des 20. Jh.
Gestalten u. Tendenzen. Hg. v. W.-D. LANGE.
Bonn 1986. S. 359. – SARKONAK, C.: C. S., les
carrefours du texte. Toronto 1986. – DAELLENBACH, L.: C. S. Paris 1988.

Simon, Neil [engl. 'saɪmən], *New
York 4. Juli 1927, amerikan. Schriftsteller. – Schreibt witzige, z. T. autobiograph. Boulevardstücke, die erfolgreich
am Broadway aufgeführt werden, über
die Welt der amerikan. Vorstädte und die
Alltagsprobleme der dort lebenden Menschen.
Werke: Little me (Musical, 1962), Barfuß im
Park (Kom., 1964, dt. 1964), Ein seltsames Paar
(Kom., 1966, dt. 1966), Sweet Charity (Musical,
1966, dt. 1966), The star-spangled girl (Kom.,
1967), Plaza Suite (Kom., 1969, dt. 1970), Der
letzte der feurigen Liebhaber (Schsp., 1969, dt.
1977), Pfefferkuchen und Gin (Schsp., 1971, dt.
1979), Sonny-Boys (Kom., 1973, dt. 1977), Der
gute Doktor (Kom., 1974, dt. 1974), California
Suite (Kom., 1977, dt. 1977), Das zweite Kapitel
(Schsp., 1979, dt. EA 1980), Beim Film müßte
man sein (Kom., 1980, dt. 1980), Brooklyn-Memoiren (Schsp., 1984, dt. EA 1984), Lost in
Jonkers (Kom., 1991).
Ausgabe: N. S. Komödien. Dt. Übers. Ffm.
1994.
Literatur: McGOVERN, E. M.: N. S. A critical
study. New York [2]1979. – JOHNSON, R. K.: N. S.
Boston (Mass.) 1983.

Simon, Pierre Henri [frz. si'mõ],
*Saint-Fort-sur-Gironde (Charente-Maritime) 16. Jan. 1903, †Paris 20. Sept.
1972, frz. Schriftsteller. – Prof. für frz.
Literatur in Lille, Gent und Freiburg
(Schweiz); ab 1961 Literaturkritiker der
Zeitung ›Le Monde‹; schrieb Gedichte,
polit. und literar. Essays sowie Romane,
in denen er vom Standpunkt eines christlich-liberalen Humanismus Unmoral
und Ideenlosigkeit des Bürgertums kritisiert. 1966 wurde er Mitglied der Académie française.
Werke: L'homme en procès (Essays, 1949),
Grüne Trauben (R., 1950, dt. 1951, 1974 u. d. T.
Die Väter haben grüne Trauben gegessen), Histoire de la littérature française au XXᵉ siècle,
1900–1950 (2 Bde., 1956), Contre la torture

(Essay, 1957), Portrait eines Offiziers (R., 1958,
dt. 1960), Figures à Cordouan (R.-Zyklus; Bd.
1: Le somnambule, 1960; Bd. 2: Geschichte eines Glücks, 1965, dt. 1967; Bd. 3: La sagesse du
soir, 1971), Woran ich glaube (Essays, 1966, dt.
1967), Questions aux savants (Essays, 1969).
Literatur: Livres de France 17 (1966), Sonderh.
P. H. S.

Simonaitytė, Ieva [litauisch sɪmo:-
naj'ti:te:], *Vanagai 23. Jan. 1897,
†Wilna 27. Aug. 1978, litauische Schriftstellerin. – Wurde durch ihren Familienroman ›Aukštujų Šimonių likimas‹
(= Das Schicksal der Simonys von Aukštujai, 1935) sehr populär. Das litauische
Leben im Memelland war ihr Hauptthema, ehe sie sich in der Sowjetzeit, wie
viele ältere Schriftsteller, histor. Stoffen
zuwandte; Autobiographisches behandelte sie in den Werken ›O buvo taip ...‹
(= Und es war so ..., 1963), ›Ne ta
pastogė‹ (= Im fremden Haus, 1965),
›Nebaigta knyga‹ (= Das unvollendete
Buch, 1973).
Weitere Werke: Vilius karalius (= König Vilius,
R., 2 Bde., 1939–56), Be tėvo (= Vaterlos, R.,
1941), Pikčurnienė (= Frau Pikčurnis, R., 1953).
Ausgabe: I. S. Raštai. Wilna 1956–58. 6 Bde.

Simonides, Simon, poln. Dichter,
↑Szymonowic, Szymon.

Simonides von Keos (tl.: Simōnídēs),
*Iulis auf Keos um 556, †Akragas um
467, griech. Lyriker. – Lebte als Auftragsdichter in Athen und Thessalien, ab 476
am Hof von Syrakus. Das Hauptverdienst seiner vielseitigen, nur noch zu geringen Teilen erhaltenen Dichtung ist die
Lösung der Chorlyrik vom Kult und ihre
Übertragung auf den profanen Bereich.
Seine Gedichte sind sehr ausgewogen
nach dem Prinzip der Kunst der Gegensätze komponiert. Nachwirkungen v. a.
auf seinen Neffen Bakchylides von Keos
und auf Pindar.
Ausgaben: Poetae Melici Graeci. Hg. v. D. L.
PAGE. Oxford 1962. Nachdr. 1975. – S. v. K. Dt.
Übers. v. H. FRÄNKEL u. a. In: Antike Lyrik. Hg.
v. CARL FISCHER. Mchn. 1964.
Literatur ↑auch Sappho.

Simonow (tl.: Simonov), Konstantin
(Kirill) Michailowitsch [russ. 'sɪmɐnəf],
*Petrograd (heute Petersburg) 28. Nov.
1915, †Moskau 28. Aug. 1979, russ.-sowjet. Schriftsteller. – Begann als Lyriker,
zunehmend politisch engagiert, Kriegsberichterstatter; u. a. Chefredakteur der

Zeitschrift ›Nowy Mir‹. Sein Stalingradroman ›Tage und Nächte‹ (1944, dt. 1947) wurde in Rußland zu einem der populärsten Bücher über den 2. Weltkrieg, der auch Thema seiner Romantrilogie ›Die Lebenden und die Toten‹ (1959, dt. 1960), ›Man wird nicht als Soldat geboren‹ (1964, dt. 1965) und ›Der letzte Sommer‹ (1971, dt. 1972) ist; auch tendenziöse Dramen.

Weitere Werke: Russkie ljudi (= Russ. Menschen, Dr., 1942), Die russ. Frage (Dr., 1946, dt. 1947), Freunde und Feinde (Ged., 1948, dt. 1950), Der Vierte (Schsp., 1961, dt. 1962), Kriegstagebücher (2 Bde., 1977, dt. 1979), Das sog. Privatleben (R., 1978, dt. 1980), Erfahrungen mit Literatur (Prosa, dt. Ausw. 1984).
Ausgabe: K. M. Simonov. Sobranie sočinenij. Moskau 1979 ff. (bisher 11 Bde. erschienen).
Literatur: FINK, L. A.: K. Simonov. Moskau 1979. – ALIGER, M.: Erinnerungen an K. S. Dt. Übers. Bln. (Ost) 1988.

Simplicissimus, von A. Langen und Th. Th. Heine 1896 in München gegründete politisch-satir. Wochenschrift, an der u. a. L. Thoma, Dr. Owlglaß, F. Wedekind sowie als Zeichner (Karikaturisten) O. Gulbrannsson, E. Thöny, B. Paul, W. Schulz, F. Frhr. von Reznicek, K. Arnold und R. Wilke mitarbeiteten; erschien bis 1944, erneut 1954–67.

Simpliziade, eine nach der Hauptgestalt des Romans ›Der Abentheurliche Simplicissimus Teutsch‹ (1669) von J. J. Ch. von Grimmelshausen benannte Sonderform des Schelmenromans (↑ Abenteuerroman).

Simpson, Louis [Aston Marantz] [engl. sımpsn], *Jamaica 27. März 1923, amerikan. Schriftsteller. – Kam 1940 in die USA; seit 1967 Prof. an der State University of New York in Stony Brook. Beeinflußt von T. S. Eliot und W. Whitman, behandelt S. in seiner Dichtung Themen wie Krieg, Liebe, amerikan. Landschaft und Geschichte und entwikkelt freie, der Sprache des Alltags ähnelnde Rhythmen; für ›At the end of the open road‹ (1963) erhielt er 1964 den Pulitzerpreis. Neben Dramen, einem autobiograph. Roman (›Riverside Drive‹, 1962), einer Autobiographie (›North of Jamaica‹, 1972) hat S. auch bed. literaturkrit. Werke veröffentlicht (›Three on the tower. The lives and works of Ezra Pound, T. S. Eliot, and William Carlos Williams‹, 1975; ›A revolution in taste. Studies of Dylan Thomas, Allen Ginsberg, Sylvia Plath, and Robert Lowell‹, 1978).

Weitere Werke: The Arrivistes. Poems 1940–49 (Ged., 1949), Good news of death (Ged., 1955), A dream of governors (Ged., 1959), Selected poems (Ged., 1965), Adventures of the letter I (Ged., 1971), Searching for the ox (Ged., 1976), Caviare at the funeral (Ged., 1980), The best hour of the night (Ged., 1983), Collected poems (Ged., 1988).
Literatur: MORAN, R.: L. S. New York 1972. – MORAN, R./LENSING, G. S.: Four poets and the emotive imagination. Baton Rouge (La.) 1976. – ROBERTSON, W. H.: L. S. A reference guide. Boston (Mass.) 1980.

Simpson, Norman Frederick [engl. sımpsn], *London 29. Jan. 1919, engl. Dramatiker. – Im Umfeld des absurden Theaters bekanntgewordener Autor skurril-kom. Stücke, die, unter Aufnahme der Tradition engl. Nonsensliteratur, die Exzentrik fixer Ideen und das Unlogische im Verhalten, in den Gewohnheiten und in der Sprache moderner Menschen bizarr ausspinnen. S. schrieb auch zahlreiche Fernsehspiele.

Werke: A resounding tinkle (Dr., 1958), The hole (Dr., 1958), One way pendulum (Dr., 1960), The cresta run (Dr., 1966), Some small tinkles (3 Fsp.e, 1968), Was he anyone (Dr., 1973), In reasonable shape (Dr., 1977), Here in this silence (Ged., 1979).

Simpson, William von, *Nettienen bei Insterburg 19. April 1881, †Scharbeutz (Landkreis Ostholstein) 11. Mai 1945, dt. Schriftsteller. – Offizier, zeitweise in Dt.-Südwestafrika, danach Gutsbesitzer in Ostpreußen. Schrieb den erfolgreichen, breitangelegten Familienroman ›Die Barrings‹ (1937) mit der Fortsetzung ›Der Enkel‹ (1939) mit ausführl. Darstellung des Lebens der Großgrundbesitzer seiner ostpreuß. Heimat.

Simrock, Karl, *Bonn 28. Aug. 1802, †ebd. 18. Juli 1876, dt. Germanist und Schriftsteller. – Ab 1850 Prof. für ahd. Literatur und Sprache in Bonn. Widmete sich v. a. der Übertragung ahd. Dichtungen ins Neuhochdeutsche, wodurch er die Rezeption der mittelalterlichen Dichtung durch die Romantik außerordentlich förderte. S. verfaßte selbst Schwänke, Balladen und Lieder. Volkstümlich wurde sein Lied ›An den Rhein, an den Rhein‹ (1830). Er sammelte Sagen und Märchen, die er in zahlreichen Anthologien z. T. erstmals herausgab.

Werke: Das Nibelungenlied (Übers., 1827), Gedichte Walthers von der Vogelweide (Übers., 2 Bde., 1833), Dt. Volksbücher, neu gereimt (54 Tle., 1839–66; Hg.), Dt. Heldenbuch (6 Bde., 1843–50), Gedichte (1844), Die Edda (Übers., 1851), Handbuch der dt. Mythologie (1853–55), Tristan und Isolde (Übers., 2 Bde., 1855), Lieder der Minnesänger (Übers., 1857), Dt. Märchen (1864), Dichtungen (1872). **Ausgabe:** K. S. Ausgew. Werke. Hg. v. G. KLEE. Lpz. 1907. 12 Bde. **Literatur:** MOSER, H.: K. S. Bln. u. a. 1976. – PINKWART, D.: K. S. Bonner Bürger, Dichter u. Professor. Dokumentation einer Ausstellung. Bonn 1979.

Simultan-Raum-Bühne † Bühne.

Simultantechnik, v. a. in der experimentellen Dichtung angewandte literar. Technik, die die Mehrschichtigkeit von Wirklichkeiten und ihre Verflochtenheit in heterogenste Zusammenhänge zu verdeutlichen sucht, um damit das für die Sprache an sich konstitutive zeitl. Nacheinander einer Geschehniskette zu durchbrechen. Sie sucht keinen Längsschnitt, sondern den Eindruck eines zeitlich-räuml. Querschnitts zu vermitteln. Mittel sind die Montage simultan ablaufender, aber disparater Wirklichkeitsausschnitte, kurzer Porträts oder Szenen, die collageähnl. Reihung und Einblendung von Realitätssplittern wie Gesprächsfetzen, Stream-of-consciousness-Passagen, Zitaten, Zeitungsausschnitten oder Schlagzeilen, Werbeslogans, Geräusche usw.; v. a. in Romanen, die die Vielschichtigkeit des Großstadtlebens widerspiegeln, wie ›Manhattan Transfer‹ (1925, dt. 1927) von J. Dos Passos, ›Berlin Alexanderplatz‹ (1929) von A. Döblin, ›Ulysses‹ (1922, dt. 1927) von J. Joyce.

Šimunović, Dinko [serbokroat. ʃi-,muːˈnɔvitɛ], * Knin 1. Sept. 1873, † Zagreb 3. Aug. 1933, kroat. Schriftsteller. – Lehrer, 1909–27 an der Kunstgewerbeschule in Split; lebte zuletzt in Zagreb. Š. schrieb Novellen und Romane über die Armut und Rückständigkeit in seiner dalmatin. Heimat, schilderte die Schönheit der Natur und pries die Ursprünglichkeit des patriarchal. bäuerl. Lebens.

Werke: Salko, der Alkar (E., 1905, dt. 1943), An den Tränken der Cetina (Nov.n, 1930, dt. 1944).

Ausgabe: D. Š. Djela. Zagreb 1952. 2 Bde. **Literatur:** ČOLAK, T.: Čovjek i umjetnik D. Š. Diss. Rijeka 1962.

Sinán, Rogelio [span. siˈnan], eigtl. Bernardo Domínguez Alba, * auf Taboga 25. April 1904, panamaischer Schriftsteller. – Unter dem Einfluß des Spaniers J. Guillén entstanden die formstrengen, symbolist. Gedichte des Bandes ›Onda‹ (1929), mit dem die moderne Poesie in Panama beginnt. S. setzte auch außerdem mit dem lyrisch-phantast. Roman ›Plenilunio‹ (1947) neue Maßstäbe; auch Dramatiker.

Weitere Werke: La cucarachita Mandinga (Dr., 1937), Todo un conflicto de sangre (En., 1946), Los pájaros del sueño (En., 1957), La isla mágica (R., 1979).

Şinasi, Ibrahim [türk. ʃinaˈsi], * Konstantinopel (heute Istanbul) 1826, † ebd. 13. Sept. 1871, türk. Dichter. – Studierte in Paris Finanzwissenschaften; setzte sich nach der Rückkehr in seine Heimat bes. in den von ihm herausgegebenen Zeitschriften für eine Angleichung der Türkei an Europa ein, wurde zu einem neuerl. Aufenthalt in Paris gezwungen (1865–69). Förderte europ. Einflüsse auf die türk. Literatur durch zahlreiche Übersetzungen frz. Werke. Er schuf die erste türk. Originalkomödie (›Dichterheirat‹, 1860, dt. 1876), schrieb Gedichte im traditionellen Stil und Prosa in einer zunehmend vereinfachten Sprache.

Sinclair, Andrew [engl. ˈsɪŋkleə, ˈsɪŋklə], * Oxford 21. Jan. 1935, engl. Schriftsteller. – Studierte in Cambridge; Dozent für amerikan. Geschichte, dann Leiter eines Verlagshauses. Verfasser von histor. Werken (›Concise history of the United States‹, 1967) sowie von Biographien (u. a. über W. G. Harding, D. Thomas, J. London, John Ford). Diese Interessen bestimmen auch seine Romane, v. a. im Zusammenhang mit dem Thema der sozialen Anpassung an gesellschaftl. Wandel sowie der Bewältigung des Todes. Die zeitgenöss. Welt ist Hintergrund der Beschreibung des Soldatenlebens (›Das Bärenfell‹, R., 1959, dt. 1960) sowie der Eindrücke des jungen Ben Birt an der Univ. (›My friend Judas‹, R., 1961) oder auf einer Amerikareise (›The paradise bum‹, R., 1963). In ›The raker‹ (R., 1964) werden Bilder des modernen und des von der Pest heimgesuchten London des 17. Jh. evoziert. Durch die Titelfiguren der experimentellen Romane ›Gog‹ (1967) und ›Magog‹ (1972) wird dem geschilderten Nachkriegsengland ein mythologisches Raster unterlegt. ›The facts in the case of E. A. Poe‹ (R., 1979) behandelt das Schicksal eines Mannes, der sich für den im 20. Jh. wiedergeborenen amerikanischen Schriftsteller hält. S. ist auch Übersetzer, Drehbuchautor und Regisseur.

Weitere Werke: Sea of the dead (R., 1978), Victoria, Kaiserin für 99 Tage (Abh., 1981, dt. 1983), Beau Bumbo (R., 1985), Farthest distant, the last novel of them all (R., 1986), Spiegel. The man behind the pictures (Biogr., 1987), King Ludd (R., 1988), The far corners of the earth (R., 1991), The strength of the hills (R., 1992).

Sinclair, Emil [engl. 'sɪŋklɛə], Pseudonym des dt. Schriftstellers Hermann †Hesse.

Sinclair, Isaak von [engl. 'sɪŋklɛə], * Homburg (heute Bad Homburg v. d. H.) 3. Okt. 1775, † Wien 29. April 1815, dt. Diplomat, Dichter und Philosoph. – 1795 Diplomat in Diensten des Landgrafen von Hessen-Homburg, in dessen Auftrag er am Rastatter Kongreß teilnahm. 1805 in einen Hochverratsprozeß verwickelt, bei dem die Anschuldigung, S. u. a. hätten in Württemberg einen Umsturz geplant, nicht bewiesen werden konnte. Schon früh Anhänger der Frz. Revolution und der Idee einer Republik, wirkte S. in dieser Richtung auf J. Ch. F. Hölderlin, dem er seit seinem Studium in Jena (1794/95) freundschaftlich verbunden war und den er nach Ausbruch von dessen Krankheit zwei Jahre pflegte. Umgekehrt sind S.s eigene Dichtungen (veröffentlicht unter dem Anagramm: Crisalin) von Hölderlin, aber auch von F. G. Klopstock und Schiller beeinflußt. S.s philosoph. Position läßt sich als Versuch einer Synthese von Elementen der Philosophie J. G. Fichtes und G. W. F. Hegels beschreiben.

Werke: Cevennenkrieg (Dr., 1806/07), Gedichte (2 Bde., 1811–13), Wahrheit und Gewißheit (3 Bde., 1811).
Literatur: KIRCHNER, W.: Der Hochverratsprozeß gegen S. Ein Beitr. zum Leben Hölderlins. Ffm. ²1969. – BERTAUX, P.: Hölderlin u. die Frz. Revolution. Ffm. ²1970. – HEGEL, H.: I. v. S. zw. Fichte, Hölderlin u. Hegel. Ffm. 1971.

Sinclair, May [engl. 'sɪŋklɛə, 'sɪŋklə], * Rock Ferry (Cheshire) 24. Aug. 1863, † Bierton (Buckinghamshire) 14. Nov. 1946, engl. Schriftstellerin. – Diskutierte in ihren Schriften engagiert die Rechte der Frau (›Feminism‹, 1912), die psycholog. Theorien S. Freuds und C. G. Jungs (›A cure of souls‹, 1923) sowie philosoph. Fragen (›The new idealism‹, 1922). Diese Themenbereiche bestimmen auch ihre Kurzgeschichten und Romane, die von der konventionellen Beschreibung der individuellen Auswirkungen gesellschaftl. Zwänge und bes. dem Problem der Sinnhaftigkeit von Selbstverleugnung (›The divine fire‹, R., 1904; ›The three sisters‹, R., 1914; ›The tree of heaven‹, R., 1917) bis zur experimentellen, telegrammstilartigen Widerspiegelung des Bewußtseinsstroms der Charaktere reichen (›Mary Olivier. A life‹, R., 1919; ›Life and death of Harriet Frean‹, R., 1922). S. schrieb auch Gedichte, einen Versroman (›The dark night‹, 1924), eine Biographie der Brontës (›The three Brontës‹, 1912) sowie literaturkrit. Aufsätze.

Literatur: BOLL, T. E. M.: Miss M. S. Novelist. A biographical and critical introduction. Rutherford (N.J.) 1973. – ROBB, K.: M. S. An annotated bibliography of writings about her. English literature in transition 16 (1973), H. 3, S. 177. – ZEGGER, H. D.: M. S. Boston (Mass.) 1976.

Upton
Sinclair

Sinclair, Upton [Beall] [engl. 'sɪŋklɛə, 'sɪŋklə] * Baltimore (Md.) 20. Sept. 1878, † Bound Brook (N. J.) 25. Nov. 1968, amerikan. Schriftsteller. – Studium in New York; schrieb während dieser Zeit Unterhaltungsromane (›dime novels‹), u. a. über den Bürgerkrieg (›Manassas‹,

1904); kam während seiner Recherchen für den Roman ›Der Sumpf‹ (1906, dt. 1906), der die soziale Lage der Arbeiter, meist der ausgebeuteten Einwanderer, sowie die katastrophalen hygien. Zustände in den Schlachthöfen von Chicago drastisch darstellt, mit dem Sozialismus in Berührung. Der Roman machte S. schlagartig berühmt und führte unmittelbar zur Einführung von Lebensmittelgesetzen; Beteiligung an der alternativen Wohngemeinschaft der ›Helicon Home Colony‹ (Englewood, N. J., 1906–07), später Kandidat für polit. Ämter. Als einer der bedeutendsten Autoren der ↑ Muckrakers griff er in zahlreichen propagandist. Enthüllungsromanen und Berichten soziale Mißstände an. Seine nach dem 2. Weltkrieg gewandelte Einstellung zeigt sich in der aus 11 Romanen bestehenden Lanny-Budd-Serie (1940–53), die den Titelhelden zu den Schauplätzen der Weltpolitik im 20. Jh. führt. Für den antifaschist. Roman dieser Serie, ›Drachenzähne‹ (1942, dt. 1946), erhielt S. 1943 den Pulitzerpreis. ›My lifetime in letters‹ (1960) und ›The autobiography of U. S.‹ (1962) beschließen sein Werk.

Weitere Werke: Metropolis (R., 1908, dt. 1908), Die Börsenspieler (R., 1908, dt. 1909), König Kohle (R., 1917, dt. 1918), Der Sündenlohn (Essay, 1918, dt. 1921), Der Rekrut (Reportage, 1924, dt. 1924), Singende Galgenvögel (Dr., 1924, dt. 1927), Die goldene Kette oder Die Sage von der Freiheit der Kunst (Essay, 1925, dt. 1927), Petroleum (R., 1927, dt. 1927), Boston (R., 1928, dt. 1929), So macht man Dollars (R., 1930, dt. 1931), Alkohol (R., 1931, dt. 1932), Autokönig Ford (Reportage, 1937, dt. 1938, 1948 u. d. T. Das Fließband).

Literatur: DELL, F.: U. S. A study in social protest. Long Beach (Calif.) 1927. Neuausg. New York 1970. – Critics on U. S. Readings in literary criticism. Hg. v. A. BLINDERMANN. Coral Gables (Fla.) 1975. – HARRIS, L.: U. S., American rebel. New York 1975. – YODER, J. A.: U. S. New York 1975. – BLOODSWORTH, W. A.: U. S. Boston (Mass.) 1977. – HERMS, D.: U. S., amerikan. Radikaler. Ffm. 1978.

Sindhi-Literatur ↑ indische Literaturen.

Sined der Barde, österr. Schriftsteller, ↑ Denis, Michael.

Singenberg, Ulrich von, mhd. Lyriker, ↑ Ulrich von Singenberg.

Singer, Isaac Bashevis, * Leoncin (bei Warschau, Polen) 14. Juli 1904, † Miami

Isaac Bashevis Singer

(Fla.) 24. Juli 1991, jidd. Schriftsteller. – Sohn einer Rabbinerfamilie, jüdisch-traditionell gebildet; lebte ab 1934 in den USA. Er veröffentlichte die meisten seiner Romane und Erzählungen zuerst in engl. Übersetzung, danach jiddisch, und erreichte so eine breitere Leserschaft. 1978 erhielt er den Nobelpreis für Literatur. Sein Werk spiegelt die osteurop. Vergangenheit in die jüd. Erfahrung der Neuen Welt, verbindet realist. und expressionist. Ausdrucksmittel. S. bevorzugt Groteske und Dämonie, thematisch zentriert um Erotik und Religiosität. Dt. liegen u. a. vor: ›Satan in Goraj‹ (R., jidd. 1935, engl. 1955, dt. 1969), ›Gimpel der Narr‹ (En., engl. 1957, jidd. 1963, dt. 1968), ›Der Zauberer von Lublin‹ (R., engl. 1960, dt. 1967); ›Jakob, der Knecht‹ (R., engl. 1962, dt. 1965, jidd. 1967), ›Mein Vater, der Rabbi‹ (Autobiogr., engl. 1966, dt. 1971), ›Zlateh die Geiß u. a. Geschichten‹ (Kinderb., 1966, dt. 1968), ›Das Landgut‹ (R., engl. 1967, dt. 1977); ›Das Erbe‹ (R., engl. 1969, dt. 1981), ›Feinde, die Geschichte einer Liebe‹ (R., engl. 1972, dt. 1974), ›Der Kabbalist vom East Broadway. Geschichten‹ (engl. 1973, dt. 1976), ›Leidenschaften‹ (Kurzgeschichten, 1975, dt. 1977), ›Schoscha‹ (R., engl. 1978, dt. 1980), ›Verloren in Amerika‹ (Autobiogr., engl. 3 Bde., 1976–81, dt. in 1 Bd. 1983), ›Wahnsinns-Geschichten‹ (dt. Ausw. 1986).

Weitere Werke: Die Familie Moschkat (R., 1950, dt. 1984), Old Love. Geschichten von der Liebe (1979, dt. 1985), Der Golem (Legende, 1982, dt. 1988), Der Büßer (R., 1983, dt. 1987), Ein Tag des Glücks u. a. Geschichten von der

Liebe (1985, dt. 1990), Der Tod des Methusalem u. a. Geschichten vom Glück und Unglück der Menschen (1988, dt. 1992), The king of the fields (R., 1988).
Ausgabe: The collected stories of I. B. S. London 1982.
Literatur: BUCHEN, I.: I. B. S. and the eternal past. New York 1968. – The achievement of I. B. S. Hg. v. M. E. ALLENTUCK. Carbondale (Ill.) 1969. – Critical views of I. B. S. Hg. v. I. MALIN. New York 1969. – MALIN, I.: I. B. S. New York 1972. – KRESH, P.: I. B. S.: The magician of the West 86th Street. New York 1979. – ALEXANDER, E.: I. B. S. Boston (Mass.) 1980. – MILLER, D. N.: Fear of fiction. Narrative strategies in the works of I. B. S. Albany (N. Y.) 1985.

Singer, Israel Joshua, * Biłgoraj (Polen) 30. Nov. 1893, † New York 10. Febr. 1944, jidd. Schriftsteller. – Bruder von Isaac Bashevis S.; lebte ab 1934 in New York. In seinen Theaterstücken und Familienromanen beschreibt er v. a. soziale und polit. Wandlungen des osteurop. Judentums im 20. Jahrhundert.
Werke: Josche (R., 1932, dt. 1967; Dr., 1932), Die Brüder Aschkenasi (R., engl. 1936, jidd. 1937, dt. 1986; Di mischpoche (= Familie) Karnowski (R., 1943), Von einer Welt, die nicht mehr ist (Erinnerungen, 1946, dt. 1991).
Literatur: BEST, O. F.: Mameloschen. Ffm. 1973. S. 275.

singhalesische Literatur ↑ indische Literaturen.

Singspiel, Komödie mit musikal. Einlagen, insbes. der deutschsprachige Typus des musikal. Bühnenstücks mit gesprochenem Prosadialog. Aus volkstüml. Sprechstücken mit Musik entwickelten sich im frühen 18. Jh. als bürgerl. Gegenstück zur jeweils vorherrschenden Oper großen Stils die nat. Gattungen der engl. Ballad opera, der frz. Opéra-comique und der italien. Opera buffa. Eigentl. Schöpfer des dt. S.s war Johann Adam Hiller (* 1728, † 1804; u. a. ›Der Teufel ist los‹, 1766), der den Anteil der Musik gegenüber dem Dialog und die im Stück verwendeten musikal. Formen vermehrte (Ariette, Arie, einfache Ensembles, Schluß-Vaudeville mit Chor) und seine rührselig-idyll. Texte oft der Opéra-comique entlehnte (z. B. ›Lottchen am Hofe‹, 1767); als Textdichter betätigte sich auch Goethe. – Das **Wiener Nationalsingspiel,** 1778 mit Ignaz Umlauffs (* 1746, † 1796) ›Bergknappen‹ eröffnet, verband spezif. Wiener Traditionen mit Elementen der Opera buffa. Neben Karl Ditters von Dittersdorf (* 1739, † 1799; ›Doktor und Apotheker‹, 1786) u. a. komponierte v. a. W. A. Mozart S.e (›Entführung aus dem Serail‹, 1782; ›Zauberflöte‹, 1791).
Literatur: SCHLETTERER, H. M.: Das dt. S. v. seinen ersten Anfängen bis auf die neueste Zeit. Augsburg 1863. Nachdr. Hildesheim 1975. – CALMUS, G.: Die ersten dt. S.e von Standfuss u. Hiller. Lpz. 1908. Nachdr. Walluf bei Wsb. 1973. – SCHUSKY, R.: Das S. im 18. Jh. Quellen u. Zeugnisse zur Ästhetik u. Rezeption. Bonn 1980. – Das S. im 18. Jh. Colloquium. Hg. v. der Arbeitsstelle 18. Jh. Gesamthochschule Wuppertal. Hdbg. 1981.

Singvers, Bez. für die ↑ Verse der gesungenen Partien im antiken Drama (Ggs. ↑ Sprechvers). Sie sind in der Regel nicht-stichisch verwendet und strophisch angeordnet.

Sinisgalli, Leonardo, * Montemurro (Prov. Potenza) 9. März 1908, † Rom 31. Jan. 1981, italien. Schriftsteller. – Studium der Ingenieurwiss.; leitete u. a. 1953–58 die Zeitschrift ›Civiltà delle macchine‹. Trat v. a. als Lyriker, unter dem Einfluß G. Ungarettis stehend, mit Gedichtsammlungen hervor, aus denen, hermetisch verschlüsselt, die Sehnsucht nach der schlichten Bauernwelt seiner lukan. Heimat spricht (›Campi Elisi‹, 1939; ›La vigna vecchia‹, 1952; ›L'età della luna‹, 1962; ›Poesie di ieri, 1931–1956‹, 1966; ›L'ellisse‹, 1974; ›Mosche in bottiglia‹, 1975; ›Dimenticatoio, 1975–1978‹, 1978).
Weitere Werke: Furor mathematicus (Essays, 1944, erweitert 1950), Fiori pari, fiori dispari (Prosa, 1945), I nuovi Campi Elisi (Ged., 1947), Belliboschi (Prosa, 1948), Un disegno di Scipione e altri racconti (En., 1975), Sinisgalliana (Ged., hg. 1984).
Literatur: AYMONE, R.: Poeti ermetici meridionali. Quasimodo, Gatto, S., Badini, de Libero. Salerno 1981. – MARIANI, G.: L'orologio del Pincio. L. S. tra certezza e illusione. Rom 1981.

Sinjawski (tl.: Sinjavskij), Andrei Donatowitsch [russ. si'njafskij], * Moskau 8. Okt. 1925, russ. Schriftsteller. – Literaturwissenschaftler und -kritiker; veröffentlichte unter dem Pseudonym **Abram Terz** im westl. Ausland einige groteske Erzählungen und einen Roman, in denen er den kommunist. Staat kritisierte; 1965 Verhaftung und 1966 Verurteilung (mit J. M. ↑ Daniel); bis 1971 in

Andrei
Donatowitsch
Sinjawski

Haft. 1973 emigrierte S. nach Frankreich, Dozent für russ. Literatur in Paris.

Werke: Der Prozeß beginnt u. a. Prosa (dt. Ausw. 1966), Ljubimow (R., dt. 1966, russ. 1967), Phantast. Geschichten (1967, dt. 1967), Gedanken hinter Gittern (dt. 1968), Eine Stimme im Chor (Prosa, 1973, dt. 1974), Im Schatten Gogols (R.-Essay, 1975, dt. 1979), Promenaden mit Puschkin (Essay, 1976 [entst. in Haft], dt. 1977), Klein Zores (E., 1980, dt. 1982), Gute Nacht (R., 1984, dt. 1985), Zolotoj šnurok (= Das goldene Schnürchen, E., 1987), Der Traum vom neuen Menschen oder Die Sowjetzivilisation (1989, dt. 1989), Iwan der Dumme. Vom russ. Volksglauben (frz. 1990, dt. 1990, russ. 1991).
Literatur: Weißb. in Sachen Sinjawskij-Daniel. Zusammengestellt v. A. GINSBURG. Dt. Übers. Ffm. 1967. – DALTON, M.: A. Siniavskii and J. Daniel'. Wzb. 1973. – CHEAURÉ, E.: Abram Terc. Vier Aufsätze zu seinen ›Phantast. Erzählungen‹. Hdbg. 1980.

Sinnbild ↑ Emblem, ↑ Symbol.

Sinnespel (Spel van Sinnen, Zinnespel; Sinnspiel), Dramentyp in der niederl. Literatur des 15./16. Jahrhunderts. Spiel, das einen ›sin‹, d. h. eine Maxime, illustriert, die bei Wettbewerben zwischen städt. literar. Vereinen (Rederijkerskamers) von den einzelnen Autoren auszuarbeiten war. Die Figuren in diesen Stücken sind in der Regel Allegorien und Abstraktionen. Das bedeutendste unter den S.en ist der ›Elckerlijc‹, vielleicht die erste Gestaltung des ›Jedermann‹-Stoffes (↑ Dorlandus, Petrus).

Sinnfiguren ↑ rhetorische Figuren.

Sinngedicht, im Barock geprägte Bez. für Epigramm (z. B. F. von Logau, ›Deutscher Sinn-Getichte Drey Tausend‹, Sammlung von Epigrammen, 3 Bde., 1654).

Sinnspruch, kurzer prägnanter Satz, ↑ Sentenz, ↑ Denkspruch; ursprünglich Erklärung oder Überschrift (Motto) eines ↑ Emblems, auch Inschrift auf Waffen, Fahnen, Helmen usw.

Sinn und Form, 1949 von J. R. Becher und Paul Wiegler (* 1878, † 1949) in der DDR gegründete Literaturzeitschrift, die v. a. mit Beiträgen aus und über internat. Gegenwartsliteratur jährlich mit 6 Heften erscheint. Wurde von 1951 bis 1993 von der Akademie der Künste zu Berlin, danach von der Akademie der Künste herausgegeben; Chefredakteure: P. Huchel (bis 1962), B. Uhse (1963), Wilhelm Girnus (* 1906, † 1985; bis 1981), P. Wiens (1982), M. W. Schulz (1983–90), Sebastian Kleinschmidt (* 1948; seit 1991).

Sinologie [griech. sinai = Chinesen, China], Erforschung der chin. Sprache, Literatur, Geschichte und Kultur u. a. mit philolog., geschichts- und sozialwissenschaftl. Methoden. Die S. entstand im 19. Jh. u. a. mit der Aufgabe, den europ. und amerikan. Kolonialmächten spezif. Informationen zur Entwicklung kommerziell-kapitalist. Handlungsstrategien in China zur Verfügung zu stellen. 1814 wurde in Paris der erste europ. Lehrstuhl für S. eingerichtet, 1842 die ›American Oriental Society‹ gegründet, 1887 das Seminar für oriental. Sprachen in Berlin und 1909 der erste dt. Lehrstuhl für S. am Kolonialinstitut in Hamburg eingerichtet. Bed. Sinologen waren u. a. A. Forke, O. Franke, E. Haenisch, B. Karlgren, J. Legge, H. Maspéro, P. Pelliot und R. Wilhelm. Nach der Gründung der Volksrepublik China kam es in Deutschland zu einer Aufspaltung der S. in eine ›akadem. S.‹ unter vorwiegend traditionellen Fragestellungen (G. Debon, W. Franke, A. Hoffmann) und eine ›prakt. S.‹ (v. a. am Institut für Asienkunde in Hamburg). In China selbst hat sich nach 1949 eine S. auf der Grundlage des histor. Materialismus entwickelt; Arbeiten bes. auf dem Gebiet der alten Geschichte und Archäologie, der Philosophie und Literatur.

Sinowjew (tl.: Zinov'ev), Alexandr Alexandrowitsch [russ. zi'nɔvjɪf], * Pachtino bei Kostroma 29. Okt. 1922, russ.

Philosoph und Schriftsteller. – 1970–78 Prof. für Logik und Wissenschaftsmethodik in Moskau; ab 1974 Repressionen; verließ 1978 die Sowjetunion, Verlust der Staatsbürgerschaft, die er 1990 wiedererhielt; lebt in München. Aufsehen erregten seine philosoph. Reflexionen ›Gähnende Höhen‹ (1976, dt. 1981), eine bittere, satir. Analyse des sowjet. Gesellschaftssystems.

Weitere Werke: Lichte Zukunft (1978, dt. 1979), Ohne Illusionen (1979, dt. 1980), Kommunismus als Realität (1981, dt. 1981), Homo sovieticus (R., 1982, dt. 1984), Idi na Golgofu (= Geh nach Golgatha, R., 1985), Die Diktatur der Logik (dt. 1985), Der Staatsfreier oder Wie wird man Spion (R., dt. 1986), Ich bin für mich selbst ein Staat. Betrachtungen eines russ. Kosmopoliten (dt. 1987), Katastroika. Gorbatschows Potemkinsche Dörfer (dt. 1988), Katastrojka in der offenen Stadt Partgrad. Satir. Roman (dt. 1991).

Sinuhe, Held einer um die Mitte des 20. Jh. v. Chr. entstandenen, in zahlreichen Abschriften überlieferten altägypt. Erzählung. Geschildert wird die Flucht des jungen Hofbeamten S. nach der Ermordung Amenemhets I. (1962 v. Chr.), sein Aufenthalt in Palästina und Syrien sowie seine Rückkehr an den Pharaonenhof. Die Geschichte wird in Form einer Autobiographie erzählt, doch treten in diesem stilist. Meisterwerk auch zahlreiche andere literar. Gattungen auf.

Literatur: GARDINER, A.: Notes on the story of S. Paris 1916. – GRAPOW, H.: Unterss. zur ägypt. Stilistik. 1. Der stilist. Bau der Gesch. des S. Bln. 1952. – Meisterwerke altägypt. Dichtung. Hg. v. E. HORNUNG. Mchn. 1978.

Sirin, W. (V.) [russ. ˈsirin], Pseudonym des russ.-amerikan. Schriftstellers Vladimir ↑ Nabokov.

Sirko, Wacław [poln. ˈɕirkɔ], poln. Schriftsteller, ↑ Sieroszewski, Wacław.

Sirventes [provenzal. = Dienstlied], eine der Hauptgattungen der Troubadourlyrik. Ursprünglich weder durch Inhalt noch durch Form festgelegte Auftragsdichtung, für die ihr Autor entlohnt wurde. Dann spielmänn., d. h. Scherz, Spott und Satire betonende literar. Darbietung, die von der Mitte des 12. Jh. an zunehmend in die Lyrik der Troubadours integriert wurde. Ihre frühesten Beispiele stehen noch in der Tradition der Spielmannsdichtung, die auch in der Variante des **S. joglaresc** fortlebt. Neben diesem

sind in der 2. Hälfte des 12. Jh. das politisch motivierte **Rüge-S.**, das **Kriegs-S.** sowie das **Moral-S.** belegt. Hauptvertreter des S.: Bertran de Born, Giraut de Borneil, Marcabru, Peire Cardenal. Das S. polemisierte gegen alles, was sich in der polit. und gesellschaftl. Realität der in der ↑ Canso gepriesenen höf. Idealwelt entgegenstellte und unterwarf sich dann formal dieser Gattung, indem es in zunehmendem Maße Metrum und Melodie von deren Liedern übernahm. – ↑ auch Serventois.

Literatur: STOROST, J.: Ursprung u. Entwicklung der altprovenzal. S. bis auf Bertran de Born. Halle/Saale 1931. – RIEGER, D.: Gattungen u. Gattungsbezeichnungen der Trobadorlyrik. Tüb. 1976.

Šiškov ↑ Schischkow.

Sisolski, Jenio, kroat. Schriftsteller, ↑ Kumičić, Evgenij.

Sittenfeld, Konrad, dt. Schriftsteller, ↑ Alberti, Konrad.

Sittenstück, Drama, das zeitgenöss. Gebräuche, Moden, sinnentleerte oder korrumpierte Sitten, oft nur einzelner Stände oder Gesellschaftsschichten, in moralisierender, krit. Absicht darstellt (Variante des ↑ Zeitstücks). Meist sind S.e [Typen]komödien, die in aggressiv karikierten Typen und Situationen bestimmte sittl. Vorstellungen dem Gelächter ausliefern. Das S. findet sich vorwiegend in Zeiten, in denen Kritik an politisch-gesellschaftl. Zuständen unterdrückt wird. Es entstand im 3./2. Jh. v. Chr. während des Niedergangs der demokrat. Polis in Athen (neue att. Komödie, Menander) und fand sich dann v. a. im 17. Jh.: im Spanien der Gegenreformation als ↑ Mantel-und-Degen-Stück (Lope F. de Vega Carpio), im Frankreich Ludwigs XIV. (Molière). Im England der Restaurationszeit begegnete das S. als ↑ Comedy of manners (J. Dryden, G. Etherege, W. Congreve), die noch im 18. Jh. lebendig blieb; im 19. Jh. erneut aufgegriffen, in Frankreich als Comédie de mœurs, als ernstes Sitten- und Thesenstück (A. Dumas d. J., É. Augier, E. Brieux), auch als iron., publikumswirksame Salon-, Boulevard- oder ↑ Konversationskomödie (E. Scribe, V. Sardou, E. Labiche, E. A. Feydeau), die auch in England ihre Vertreter fand

(O. Wilde, Frederick Lonsdale [* 1881,
† 1954], W. S. Maugham), in Deutschland
v. a. als Tendenz- und Zeitstück oder
↑ Lokalstück im polit. Vormärz (Junges
Deutschland; H. Laube, E. von Bauern-
feld) und im Naturalismus, auch noch,
kraß satirisch zugespitzt, bei C. Sternheim. – ↑ auch Komödie.

Sittewald, Philander von, Pseudonym des dt. Satirikers Johann Michael
↑ Moscherosch.

Situationsfunktion, literar. Begriff:
Gestalten, Handlungselemente, Motive
in literar., v. a. dramat. Werken betreffend, die eine Funktion nur in bezug auf
eine bestimmte Situation haben (z. B. Ne-
bengestalten im mittelalterl. höf. Roman
oder Intrigantenfiguren im Drama); sie
können nur insoweit ausgeführt sein, wie
sie für den Fortgang der Handlung notwendig sind, führen also keine Eigenexi-
stenz und sind ohne eigene Wertigkeit.

Situationskomödie, v. a. von Situationskomik bestimmte Form der Komödie, in der die Verwicklungen der Hand-
lungsstränge, meist verursacht durch
Verwechslungen, Verkettungen überra-
schender Umstände oder durch Intrigen
(daher auch **Intrigenkomödie**), und nicht
(wie in der ↑ Charakterkomödie) die Darstellung eines kom. Charakters die kom.
Wirkung ausmachen. Diese Wirkung
kommt dadurch zustande, daß der Zu-
schauer die den mitspielenden Personen
zunächst verborgenen Zusammenhänge
durchschaut. Beide Komödientypen
können auch zusammenspielen (H. von
Hofmannsthal, ›Der Unbestechliche‹,
UA 1923, gedr. 1956). S.n finden sich in
der Antike bei Plautus und Terenz, später
bei Molière. Zu den S.n gehören auch die
span. ↑ Mantel-und-Degen-Stücke sowie
die Sittenstücke von E. Scribe und E. Labiche und die modernen Kriminalkomö-
dien.

Situationslied, Typus des german.
↑ Heldenliedes, in dem kein fortschrei-
tendes Geschehen (↑ Ereignislied), sondern eine stat. Situation vorgestellt wird,
etwa in der ›Edda‹ die an Sigurds Leiche
sitzende Guðrun (›Guðrúnarkviða I.‹).

Situmorang, Sitor, * Harianboho
(auf Samosir im Tobasee) 2. Okt. 1923,
indones. Schriftsteller. – Aktives Mitglied der literar. Bewegung Angkatan 45
(= Die Generation von 1945), dessen gesamtes Werk nachhaltig von der Existenzphilosophie, insbes. A. Camus', beeinflußt ist (u. a. 1952/53 Parisaufent-
halt). Mit ihrer schlichten, klaren, das
Wesentliche erfassenden Diktion gehören einige seiner Gedichte und Kurzgeschichten zu den besten Schöpfungen der
modernen indones. Literatur; schreibt
auch Dramen und Essays.

Werke: Surat kertas hijau (= Briefe auf grünem
Papier, Ged., 1953), Dalam sajak (= In Versen,
Ged., 1955), Pertempuran dan salju di Paris
(= Kollision und Schnee in Paris, Kurzge-
schichten, 1956), Dinding waktu (= Wand der
Zeit, Ged., 1976), Peta perjalanan (= Wander-
karte, Ged., 1977).
Literatur: TEEUW, A.: Modern Indonesian liter-
ature. Bd. 1. Den Haag ²1979. S. 180. Bd. 2. Den
Haag 1979. S. 104.

Sitwell, Dame (seit 1954) Edith [engl.
'sɪtwəl], * Scarborough 7. Sept. 1887,
† London 9. Dez. 1964, engl. Schriftstellerin. – Schwester von Sir Osbert und Sir
Sacheverell S.; wurde durch originelle
Gedichtexperimente und krit. Anthologien bekannt, mit denen sie die Mode-
dichtung ihrer Zeit angriff. Ihre Begabung für Witz und Satire ist bes. in den
frühen Dichtungen spürbar, für die u. a.
Ch. Baudelaire und A. Rimbaud ihre
Vorbilder waren, in denen sie mit Rhythmus und Klang experimentiert, heiter
verspielte Phantasien und kühne Metaphern bringt; im Spätwerk betont sie unter dem Eindruck des 2. Weltkrieges
christlich-humanitäre Gedanken; Grund-
akkord ist nun die tragische Ausweglosigkeit des menschl. Lebens; auch brillant geschriebene Essays und Romane.

Dame Edith
Sitwell

Werke: Façade (Ged., 1922), Bucolic comedies (Ged., 1923), Rustic elegies (Ged., 1927), Alexander Pope (Biogr., 1930), Engl. Exzentriker (Anekdoten, 1933, dt. 1987), Aspects of modern poetry (Essay, 1934), Victoria von England (Biogr., 1936, dt. 1937), Ich lebe unter einer schwarzen Sonne (R., 1937, dt. 1950), A poet's notebook (Essays, 1943), The canticle of the rose (Ged., 1949), Collected poems (Ged., 1957), Gedichte (engl. und dt. Ausw. 1964), Mein exzentr. Leben (Autobiogr., hg. 1965, dt. 1989). **Literatur:** SALTER, E.: The last years of a rebel. A memoir of E. S. Boston (Mass.) u. London 1967. – BROPHY, J. D.: E. S. The symbolist order. Carbondale (Ill.) 1968. – LEHMANN, J.: A nest of tigers. E., Osbert and Sacheverell S. in their times. London 1968. – FIFOOT, R.: A bibliography of E., Osbert and Sacheverell S. Hamden (Conn.) ²1971. – PEARSON, J.: The S.s. A family biography. New York 1978. – ELBORN, G.: E. S. A biography. Garden City (N. Y.) 1981.

Sitwell, Sir (seit 1956) Osbert [engl. 'sitwəl], * London 6. Dez. 1892, † Florenz 4. Mai 1969, engl. Schriftsteller. – Bruder von Dame Edith S. und Sir Sacheverell S.; nahm in seiner Lyrik und in seinen Romanen satirisch gegen soziale und politik. Mißstände und Vorurteile Stellung; er schrieb außerdem liedhafte Lyrik, Kurzgeschichten und biograph. Studien; dokumentar. Wert hat seine fünfbändige Autobiographie (›Linke Hand – rechte Hand‹, 1944, dt. 1948; ›The scarlet tree‹, 1946; ›Great morning‹, 1947; ›Laughter in the next room‹, 1948; ›Noble essences‹, 1950).
Weitere Werke: Argonaut and Juggernaut (Ged., 1919), Before the bombardment (R., 1926), The man who lost himself (R., 1929), Miracle on Sinai (R., 1933), Death of a god (Kurzgeschichten, 1949), Poems about people (Ged., 1965), Collected stories (En., hg. 1974).
Literatur: FULFORD, R.: O. S. London 1951. – ↑auch Sitwell, Dame Edith.

Sitwell, Sir Sacheverell [engl. 'sitwəl], * Scarborough 15. Nov. 1897, † Weston Hall bei Towcester (Northamptonshire) 1. Okt. 1988, engl. Schriftsteller. – Bruder von Dame Edith S. und Sir Osbert S.; hervorragender Kunst- und Musikkritiker; schrieb Studien u. a. über W. A. Mozart (1932), F. Liszt (1934, dt. 1958), W. Hogarth, Th. Gainsborough, J. Constable, W. Turner, ferner Reisebücher sowie, einen Schönheitskult vertretend, formal traditionelle Lyrik.
Weitere Werke: The people's palace (Ged., 1918), The hundred and one harlequins (Ged., 1922), All summer in a day (Autobiogr., 1926), For want of the golden city (Autobiogr., 1973), An Indian summer. 100 recent poems (Ged., 1982).
Literatur ↑Sitwell, Dame Edith.

Sivle, Per, * Aurland (Sogn og Fjordane) 6. April 1857, † Christiania (heute Oslo) 6. Sept. 1904, norweg. Schriftsteller. – War Redakteur in Drammen und Oslo. Trat in seinen Werken teils als volkstüml., humorist. Erzähler, teils, v. a. in seiner Lyrik, als politisch bewußter Nationaldichter hervor. Zu seiner Prosa gehört aber auch der erste große Arbeiterroman der norweg. Literatur, ›Streik‹ (1891, dt. 1906); schrieb in Riksmål und Landsmål.
Weitere Werke: Hvad en Treskilling kan forvolde (Nov., 1881), Sogor (Nov., 1887), Noreg (Ged., 1894), Skaldemaal (Ged., 1896), Folk og Fæ (Nov., 1898), Olavs-kvæde (Ged., 1901).
Ausgabe: P. S. Samlede skrifter. Christiania u. Kopenhagen 1909–10. 3 Bde.
Literatur: BIRKELAND, B.: P. S. Oslo ²1962.

Siwertz, Sigfrid, * Stockholm 24. Jan. 1882, † ebd. 26. Nov. 1970, schwed. Schriftsteller. – Anfänge als Lyriker in der Tradition der Fin-de-siècle-Literatur; wandte sich unter dem Einfluß H. Bergsons vom Pessimismus seines Frühwerks ab; in klarer, präziser Sprache gestaltete er in seinen späteren Werken das Verhältnis von Schein und Wirklichkeit. Schauplatz seiner aktualitätsbezogenen Romane sind oft Stockholm und die Schären, bevorzugte Themenkreise das moderne Geschäftsleben und die Welt der Presse.
Werke: Gatans drömmar (Ged., 1905), Die Mälarpiraten (R., 1911, dt. 1927), Seelambs – Die Geldjäger (R., 1920, dt. 1925), Zurück aus Babylon (R., 1923, dt. 1927), Das große Warenhaus (R., 1926, dt. 1928), Jonas und der Drache (R., 1928, dt. 1929), Sam, Beth und das Auto (Nov.n, 1929, dt. 1930), Samlade dikter (Ged., 1944), Der Rokokospiegel (R., 1947, dt. 1948), Pagoden (R., 1954), Det skedde i Liechtenstein (R., 1961), Nils Personne (R., 1967).

Siziliane [italien.], aus Sizilien stammende Sonderform der ↑Stanze mit nur zwei Reimklängen in der Folge des doppelten Kreuzreims: a b a b / a b a b (Vers: acht Endecasillabi bzw. fünffüßige Jamben mit wechselnd männl. und weibl. Ausgang). Ins Deutsche eingeführt von F. Rückert.

Sizilianische Dichterschule (Scuola siciliana), Gruppe von Dichtern am Hofe Kaiser Friedrichs II. in Palermo, zu der außer dem Kaiser und seinen Söhnen Manfred und Enzio v. a. Hofbeamte, Richter und Notare gehörten, meist Sizilianer, andere aus dem Herrschaftsbereich Friedrichs II. in Süditalien, wenige aus Oberitalien. Während in Oberitalien die provenzal. Minnedichtung von italien. Dichtern in provenzal. Sprache gepflegt wurde, war am sizilian. Hof die Nachahmung der Provenzalen in der Landessprache üblich, beispielgebend war der Kaiser selbst. Die sizilian. Mundart büßte durch die Beimischung charakterist. provenzal. und lat. Wörter ihren regionalen Charakter ein. Die sizilian. Grundlage blieb erkennbar, bes. in den Reimen. Die metr. Formen (Hauptform ↑Kanzone) wurden von den provenzal. Dichtern übernommen, aus der provenzalischen Einzelstrophe (›cobla esparsa‹; ↑Cobla) entwickelte Giacomo da Lentini das ↑Sonett. Nach 1250 wurde die Minnedichtung sizilian. Prägung in der Toskana u. a. durch Chiaro Davanzati und bes. durch Guittone d'Arezzo gepflegt. Der Name ›S. D.‹ geht auf Dante zurück, der in seiner Abhandlung ›De vulgari eloquentia‹ (entst. um 1340) darunter außer den eigentl. Sizilianern auch die toskan. Dichter vor dem ↑Dolce stil nuovo verstand.

Ausgaben: Poeti del Duecento. Hg. v. G. CONTINI. Mailand u. Neapel 1960. 2 Bde. – PANVINI, B.: Poeti italiani della corte di Federico II. Catania 1990.
Literatur: GASPARY, A.: Die sicilian. D. des 13. Jh. Bln. 1878. – SALINARI, C.: La poesia lirica del Duecento. Turin 1951. – FRIEDRICH, H.: Epochen der italien. Lyrik. Ffm. 1964. S. 16. – PAGANI, W.: Repertorio tematico della Scuola poetica siciliana. Bari 1968. – MÖLK, U.: Die sizilian. Lyrik. In: Neues Hdb. der Literaturwiss. Bd. 7.: Europ. Hoch-MA. Hg. v. H. KRAUSS. Wsb. 1981. S. 49. – PANVINI, B.: Poeti italiani della corte di Federico II. Catania 1989.

Sjöberg, Birger [schwed. 'ʃøːbærj], * Vänersborg 6. Dez. 1885, † Växjö 30. April 1929, schwed. Schriftsteller. – Von der Tradition C. M. Bellmans ausgehend, schuf S. selbstvertonte, die kleinbürgerl. Welt ironisch darstellende Lieder, aber auch Gedichte, die in düsterer Zukunftsschau Angst- und Schreckensbilder von beklemmender Aktualität in eindringlich-ausdrucksvoller Sprache gestalten; sein einziger Roman, ›Das gesprengte Quartett‹ (1924, dt. 1925), ist eine Schilderung des Lebens während der wirtschaftlichen Krise um 1920/21.
Weitere Werke: Fridas bok (Ged., 1922), Kriser och kransar (Ged., 1926), Fridas andra bok (Ged., hg. 1929), Fridas tredje bok (Ged., hg. 1956).
Literatur: AXBERGER, G.: Lilla Paris' undergång. En bok om B. S. Stockholm 1960. – EDFELT, J.: B. S. Stockholm 1971. – OLAFSSON, E. H.: Fridas visor och folkets visor. Om parodi hos B. S. Stockholm 1985 (mit engl. Zusammenfassung).

Sjöstrand, Östen [schwed. ˌʃøːstrand], * Göteborg 16. Juni 1925, schwed. Lyriker und Essayist. – Seit 1975 Mitglied der Schwedischen Akademie; steht als kath. Konvertit in der rhetor. Tradition des frz. Symbolismus. Seine Dichtung ist geprägt durch visuelle Bildlichkeit und musikal. Strukturen; verfaßte auch Hörspiele, Opernlibretti (für S.-E. Bäck) und übersetzte aus dem Französischen (u. a. Y. Bonnefoy).
Werke: Unio (Ged., 1949), Invigelse (Ged., 1950), Återvändo (Ged., 1953), Ande och verklighet (Essays, 1954), De gåtfulla hindren (Ged., 1961), En vinter i Norden (Ged., 1963), I vattumannens tecken (Ged., 1967), Drömmen är ingen fasad (Ged., 1971), Fantasins nödvändighet (Essays, 1971), Strömöverföring (Ged., 1977), Strax ovanför vattenlinjen (Ged., 1984).
Literatur: BERGSTEN, S.: Ö. S. New York 1974.

Sjöwall, Maj [schwed. ˌʃøːval], * Stockholm 25. Sept. 1935, schwed. Schriftstellerin. – Verfaßte von 1965 bis 1975 gemeinsam mit ihrem Mann Per ↑Wahlöö den zehnbändigen Romanzyklus ›Roman über ein Verbrechen‹, der unter Ausnutzung des publikumswirksamen Genres Kriminalroman eine krit. Analyse der schwed. Gesellschaft bietet: ›Die Tote im Götakanal‹ (R., 1965, dt. 1968), ›Der Mann, der sich in Luft auflöste‹ (R., 1966, dt. 1969), ›Der Mann auf dem Balkon‹ (R., 1967, dt. 1970), ›Endstation für neun‹ (R., 1968, dt. 1971), ›Alarm in Sköldgatan‹ (R., 1969, dt. 1972), ›Und die Großen läßt man laufen‹ (R., 1971, dt. 1972), ›Das Ekel aus Säffle‹ (R., 1971, dt. 1973), ›Verschlossen und verriegelt‹ (R., 1972, dt. 1975), ›Der Polizistenmörder‹ (R., 1974, dt. 1976), ›Die Terroristen‹ (R., 1975, dt. 1977).

Ausgabe: S./Wahlöö: Roman über ein Verbrechen. Die zehn Thriller mit Kommissar Martin Beck in einer Taschenbuchkassette. Rbk. 1986. 10 Bde.
Literatur: HENGST, H.: Von der Krimiwirklichkeit der Kriminalität zur Wirklichkeit der Kriminalität. M. S. u. Per Wahlöö zum Beispiel. In: Zur Aktualität des Kriminalromans. Hg. v. E. SCHÜTZ. Mchn. 1978. S. 155.

Skácel, Jan [tschech. 'ska:tsɛl], * Vnorovy (Südmähr. Gebiet) 7. Febr. 1922, † Brünn 7. Nov. 1989, tschech. Schriftsteller. – Während des Krieges Zwangsarbeit; 1948–69 überwiegend Redakteur; danach bis 1981 Publikationsverbot. Themen seiner Lyrik sind Natur, Landschaft und dörfl. Milieu, die eine harmon. Welt bilden; auch Erzählprosa. 1989 erhielt S. den Petrarca-Preis.
Werke: Das elfte weiße Pferd (Prosa, 1964, dt. 1993), Fährgeld für Charon (Ged., 1966, dt. 1967), Ein Wind mit Namen Jaromir (Ged., 1966, dt. 1991), Wundklee (Ged., 1968, dt. 1982), Chyba broskví (= Der Fehler der Pfirsiche, Ged., Toronto 1978), Dávné proso (= Die längst vergangene Hirse, Ged., 1981), Naděje s bukovými křídly (= Hoffnungen mit Buchenflügeln, Ged., 1983), Odlévání do ztraceného vosku (= Abgüsse in verlorenes Wachs, Ged., 1984), Kdo pije potmě víno (= Wer in der Finsternis Wein trinkt, Ged., 1988), Das blaueste Feuilleton (Prosa, dt. 1989), Und nochmals die Liebe (Ged., 1991, dt. 1993).

Skalbe, Kārlis [lett. 'skalbe], * Vecpiebalgas Inceni (Livland) 7. Nov. 1879, † Stockholm 14. April 1945, lett. Dichter. – Lehrer; verließ nach der Revolution seine Heimat (1905–07); setzte sich während des 1. Weltkrieges für die Unabhängigkeit Lettlands ein; emigrierte 1944 nach Schweden. Stille, Einfachheit, Bescheidenheit und Liebe zum Schönen sprechen aus seiner Dichtung. Als Meister des Kunstmärchens verschmolz er lett. und fremde Volksmärchenmotive zu geschlossenen Kunstwerken, deren Sprache einfach und doch sehr dichterisch ist; zu seinen Hauptwerken zählt ›Wintermärchen‹ (1913, dt. 1921).
Weitere Werke: Cietumnieka sapņi (= Häftlingsträume, Ged., 1902), Sirds un saule (= Herz und Sonne, Ged., 1911), Pazemīgas dvēseles (= Die demütigen Seelen, Märchen, 1913), Kaķīša dzirnavas (= Kätzchens Mühlen, Märchen, 1914).

Skalden [altnord. skáld = Dichter], norweg. und isländ. Dichter des 9.–14. Jh. (↑Skaldendichtung), die als Hofdichter der norweg. Königshöfe meist hoch geachtet waren.

Skaldendichtung, die an den norweg. Königshöfen gepflegte lyr. Dichtung der Skalden; umfaßt in erster Linie umfangreiche Preisgedichte (Verherrlichung krieger. Taten, des Nachruhms, der Ahnen, der Tapferkeit und der Freigebigkeit), dann Gelegenheitsgedichte, meist in Einzelstrophen (oft Spott- und Schmähverse), und Liebesdichtung. Die S. ist in erster Linie stroph. Formkunst, die sich eventuell unter ir. Einfluß entwickelt hat; sie wurde gesprochen, nicht gesungen. Neben Einzelstrophen sind die bedeutendsten Formen die vielstrophige, kunstvolle, dreigliedrige ↑Drápa und der kürzere, einfachere, ungegliederte Flokkr. Die häufigste Strophenform ist das streng gebaute ↑Dróttkvætt; weitere z. T. aus diesem entwickelte Strophenformen der S. sind der ↑Málaháttr, der einfachere, metrisch weniger anspruchsvolle Kviðuháttr sowie das Hrynhent, das seit dem 11. Jh. das Dróttkvætt als skald. Hauptversmaß zu verdrängen beginnt. Charakteristisch für die S. sind ferner eine extreme Freiheit der Wortstellung, Parenthesen und syntakt. Verschachtelungen, eine kunstvoll verrätselte Sprache durch preziöse Verwendung eines eigenen dichter. Vokabulars (↑Heiti) und durch anspielungsreiche metaphor. Umschreibungen und Bilder (↑Kenning). Ihre Blüte erreichte die S. durch die isländ. Skalden im 11. Jh., sie trat dann allmählich gegenüber der neu aufkommenden Sagaliteratur (↑Saga) zurück. Ab 1000 wurden aus Themen in der skald. Technik gestaltet (↑altnordische Literatur). Überliefert ist die S. in den Königs- und Skaldensagas als Belege der dort aufgezeichneten Viten oder Ereignisse; bes. wichtig ist in diesem Zusammenhang die ›Heimskringla‹ des ↑Snorri Sturluson. Die S. ist neben der Saga und den Götter- und Heldenliedern der ›Edda‹ die dritte große Gattung der altnord. Literatur. Einzelne ihrer Formelemente finden sich in den isländ. ↑Rímur bis in die Gegenwart.
Ausgaben: Thule. Altnord. Dichtung u. Prosa. Hg. v. F. NIEDNER u. G. NECKEL. Bd. 3–24. Jena 1911–30. Neudr. Düss. u. Darmst. 1963–67. 24 Bde. – Den norsk-islandske skjaldedigtning.

Hg. v. F. JÓNSSON. Kopenhagen 1912–15. 4
Bde. – KOCK, E. A./MEISSNER, R.: Skald. Lese-
buch. Halle/Saale 1931. 2 Bde. – Den norsk-
isländska skaldediktningen. Hg. v. E. A. KOCK.
Lund 1946–49. 2 Bde.
Literatur: MEISSNER, R.: Die Kenningar der
Skalden. Bonn 1921. – KOCK, E. A.: Notationes
Norrœnæ. Lund 1923–44. 5 Bde. – HEUSLER, A.:
Die altgerman. Dichtung. Potsdam ²1943.
Nachdr. Darmst. 1957. – HOLLANDER, L. M.:
A bibliography of skaldic studies. Kopenhagen
1958. – LANGE, W.: Studien zur christl. Dich-
tung der Nordgermanen. 1000–1200. Gött.
1958. – Bibliography of Old Norse-Icelandic
Studies. Hg. v. H. BEKKER-NIELSEN u. a. Kopen-
hagen 1963 ff. – VRIES, J. DE: Altnord. Literatur-
gesch. Bd. 1. Bln. ²1964. S. 99; Bd. 2. Bln. ²1967.
S. 15. – KREUTZER, G.: Die Dichtungslehre der
Skalden. Meisenheim 1967. – TURVILLE-PETRE,
E. O. G.: Scaldic poetry. Oxford 1976. – SEE,
K. VON: S. Mchn. 1980. – KRÖMMELBEIN, TH.:
Skald. Metaphorik. Freib. 1983. – KUHN, H.:
Das Dróttkvætt. Hdbg. 1983. – MAROLD, E.:
Kenningkunst. Bln. u. a. 1983.

Skallagrímsson, Egill, isländischer
Skalde, ↑Egill Skallagrímsson.

Skamander, nach der gleichnamigen
Zeitschrift (1920–28 und 1935–39) be-
nannte poln. Dichtergruppe (auch **Ska-
mandriten** genannt); schrieb in klassizist.
Versform pessimist. Werke, in deren Mit-
telpunkt das Alltägliche und der ge-
wöhnl. Mensch stehen (Einführung der
Großstadtdichtung); Beurteilung der
Vergangenheit und der Zukunft von der
Gegenwart aus; satir. Ablehnung literar.
Traditionen, v. a. des 19. Jahrhunderts.
Einflüsse von W. Whitman, K. D. Bal-
mont, W. J. Brjussow, Ch. Baudelaire
und A. Rimbaud. Hauptvertreter:
J. Iwaszkiewicz, J. Lechoń, A. Słonimski,
J. Tuwim und K. Wierzyński.

Skandinavistik [nlat.] (Nordistik,
skand. Philologie, nord. Philologie),
Wiss. von den skand. Sprachen und Lite-
raturen in ihren gegenwärtigen und hi-
stor. Sprachräumen unter der Berück-
sichtigung kulturgeschichtl. Phänomene.
Die **ältere Skandinavistik** (Philologie des
MA) läßt sich bis ins 16. Jh. zurückverfol-
gen: In Skandinavien bewirkte antiquar.
Interesse an der eigenen literar. Tradi-
tion die Wiederentdeckung der Literatur
des nord. MA, v. a. der ↑altnordischen
Literatur durch den Isländer Arngrímur
Jónsson (* 1663, † 1730), den Schweden
Johan Bureus (* 1568, † 1652) und den
Dänen Ole Worm (* 1588, † 1654). Die

Handschriftensammlung des Isländers
Á. Magnússon bildete die wichtigste
Grundlage für die Publizierung der altnord. Literatur. Vom 17. bis 19. Jh. weitete sich die Erforschung der skand.
Sprachen und Literaturen ständig aus,
bis sie in der vergleichenden Sprachfor-
schung des Dänen Rasmus Rask (* 1787,
† 1832) Grundlage einer modernen Wiss.
wurde. Diese Entwicklung und die Ideen
der Romantik von einer gemeinsamen
kulturellen Tradition der german. Völker
weckten in Deutschland das Interesse am
Altnordischen (die Brüder Grimm,
Friedrich Heinrich von der Hagen
[* 1780, † 1856]) und begründeten die bis
heute fortwirkende Dominanz der älteren S. als Teilbereich der german. Philologie. In Skandinavien entwickelte sich
im 19. und 20. Jh. neben der älteren S.
(S. Bugge, Adolf Noreen [* 1854, † 1925],
S. J. Nordal, Ernst Albin Kock [* 1864,
† 1943], Magnus Bernhard Olsen [* 1878,
† 1963], E. O. Sveinsson u. a.) eine **neuere
Skandinavistik** als jeweilige Nationalphi-
lologie, wie sie sich u. a. in den großange-
legten älteren und neueren Literaturgeschichten darstellt. – Auch außerhalb
Skandinaviens ist die S. in größerem Umfang vertreten, in Deutschland, in Belgien, Frankreich, Großbritannien, den
Niederlanden, den USA, in Rußland und
in der Schweiz. Es besteht eine Tendenz
zur neueren S. bei gleichzeitiger Ausweitung des Fachs zur Kulturwissenschaft
(Landeskunde).
Literatur: PAUL, H.: Gesch. der german. Philo-
logie. In: Grundr. der german. Philologie. Hg. v.
H. PAUL. Bd. 1. Straßburg ²1901. – FRIESE, W.:
Nordische Literaturen. Bericht 1: 1960 bis
1975. Ffm. u. a. 1976. – DURAND, F.: Nordistik.
Einf. in die skand. Studien. Mit Beitrr. v.
K. SCHIER u. F.-X. DILLMANN. Mchn. 1983. – Die
S. zwischen gestern u. morgen. Hg. v. B. HEN-
NINGSEN u. R. PELKA. Sankelmark 1984. – GIP-
PERT, S., u. a.: Studienbibliogr. zur älteren S.
Leverkusen 1991. – Arbeiten zur S. Hg. v.
H. SCHOTTMANN. Münster 1994.

Skaramuz (italien. Scaramuccia, frz.
Scaramouche), Gestalt der ↑Commedia
dell'arte und des frz. Lustspiels; um 1600
in Neapel als Variante des ↑Capitano
entwickelt, bereichert er die herkömml.
Karikatur des schwarzgewandeten span.
Offiziers mit originalem Witz und den
Zügen des antiken Miles gloriosus (Auf-

schneider, Prahlhans; nach dem Titel einer Komödie von Plautus).

Skarbek, Fryderyk Graf, *Thorn 15. Febr. 1792, † Warschau 25. Sept. 1866, poln. Schriftsteller, Historiker und Ökonom. – Schrieb von L. Sterne und W. Scott beeinflußte histor. Romane, histor. Abhandlungen über das Herzogtum Warschau und das Königreich Polen sowie volkswirtschaftl. Untersuchungen.

Werke: Die Reise ohne Ziel (R., 1824, dt. 2 Bde., 1845), Der Starost und sein Nachbar (R., 2 Bde., 1826, dt. 1845), Damian Ruszczyc (R., 3 Bde., 1827/28), Leben und Schicksale des Felix Faustin Dodosinski von Dodoscha (R., 2 Bde., 1838, dt. 1844).
Literatur: BARTOSZYŃSKI, K.: O powieściach F. Skarbka. Warschau 1965.

Skarga, Piotr, eigtl. P. Powęski, *Grójec im Febr. 1536, † Krakau 27. Sept. 1612, poln. Schriftsteller und Jesuit (seit 1569). – 1565 Domherr und -prediger in Lemberg; 1574–84 Rektor des Jesuitenkollegs (ab 1579 Akademie) in Wilna. Nach seiner Ernennung zum Hofprediger von König Sigismund III. (1588) war er Verfechter einer starken Monarchie und der religiösen Einheit Polens; Vorbereiter der Union von Brest-Litowsk (ruthen. Kirche), schuf in gegenreformator. Auseinandersetzung mit Protestanten und Sozinianern (einer unitar. Religionsgemeinschaft) eine poln. theolog. Terminologie. Seine Schriften über die Einheit der Kirche und die Viten der Heiligen zählen zu den bed. Prosawerken poln. Sprache im 16. Jahrhundert.

Werk: Kazania sejmowe (= Reichstagspredigten, 1597, Neuausg. 1972).
Literatur: TAZBIR, J.: P. S., szermierz kontrreformacji. Warschau 1978.

Skármeta, Antonio [span. es'karmeta], *Antofagasta 7. Nov. 1940, chilen. Schriftsteller. – Universitätsdozent; lebte 1973–89 im Exil in Berlin (West). Sein Roman ›Ich träumte, der Schnee brennt‹ (1975, dt. 1978) und das Jugendbuch ›Nixpassiert‹ (dt. 1978) schildern den Putsch gegen S. Allende Gossens sowie das Leben chilen. Emigranten in der BR Deutschland. Schrieb auch Erzählungen, Drehbücher – u. a. zu den Filmen ›Es herrscht Ruhe im Land‹ (1976; Regie: P. Lilienthal) und ›Aus der Ferne sehe ich dieses Land‹ (1978; Regie: Ch. Ziewer) – sowie Hörspiele und Essays.

Weitere Werke: El entusiasmo (En., 1967), Tiro libre (En., 1973), Der Aufstand (R., dt. 1981), Die Spur des Vermißten. Der Aufsatz (Filmszenarium und Hörspiel, dt. 1982), Mit brennender Geduld (R., dt. 1984), Der Radfahrer vom San Cristóbal (En., dt. 1986), Sophies Matchball (R., 1989, dt. 1992).
Literatur: Del cuerpo a las palabras: la narrativa de A. S. Hg. v. R. SILVA CÁCERES. Madrid 1983.

Skaryna, Franzysk [weißruss. ska-'rina], russ. Franzisk Skorina, *Polozk vor 1490, † Prag vor 1541, weißruss. Humanist. – Studierte in Krakau und Padua (Philosophie, Medizin); begründete Druckereien in Prag und Wilna, deren Erzeugnisse die slaw. Druckkunst beeinflußten; gab 1517 den Psalter in kirchenslaw. Sprache, 1517–19 große Teile des AT in weißruss. Übersetzung heraus; bedeutendster Vertreter des Humanismus im Westen des ostslaw. Raums. S. förderte die Entstehung einer weißruss. Literatursprache und die Entwicklung eines weißruss. Schrifttums.

Skas [russ. tl.: skaz, von russ. skazat' = sagen, erzählen], Begriff für eine fingierte mündl. Erzählweise, die von den ›schriftsprachl.‹ stilist. Normen der russ. Literatur durch Verwendung umgangssprachl. und mundartl. Syntax, Lexik und Rhythmik abweicht. In der russ. Literatur des 19. Jh. bes. bei N. W. Gogol und N. S. Leskow, im 20. Jh. u. a. bei A. M. Remisow, A. Bely, B. A. Pilnjak, M. M. Soschtschenko.

Skelton, John [engl. skɛltn], *Norfolk (?) um 1460, † London 21. Juni 1529, engl. Humanist und Dichter. – War 1497–1502 Erzieher des späteren Königs Heinrich VIII.; 1498 zum Priester geweiht, ab 1502 Pfarrer in Diss; war mit Erasmus von Rotterdam bekannt. Trotz der hofkrit. Tendenz seiner Dichtungen (u. a. ›Bowge of court‹, 1499) scheint er die Gunst des Königshauses nicht verloren zu haben; seine Angriffe auf den regierenden Kardinal Wolsey, bes. in ›Speke, Parrot‹, ›Collyn Clout‹ und ›Why come ye nat to courte‹ (Satiren, entst. um 1522), nötigten S. jedoch, sich vor dessen Zorn in Westminster zu verbergen. S. dichtete oft in einem knittelversartigen Metrum mit beliebig langen Reimketten, das als ›Skeltonischer Vers‹ unverwechselbar geblieben ist, u. a. auch in dem parodist. Requiem ›The boke of Phylyp Sparowe‹ (entst. um 1505, hg. 1545), das den Stoff eines Catull-Gedichts abwandelt, und in der Wirtshaus- und Weibersatire ›The tunnyng of Elyonour Rummyng‹ (1521). Von S. stammen auch eine Nachdichtung des ›Narrenschiffs‹ von S. Brant, die polit. Moralität ›Magnyfycence‹ (Dr., entst. um 1516, hg. um 1530) und Übersetzungen aus dem Lateinischen.

Ausgaben: J. S. Poems. Hg. v. R. S. KINSMAN. Oxford 1969. – J. S. Poetical works. Hg. v. A. DYCE. London ²1970. 2 Bde.
Literatur: POLLET, M.: J. S. Paris 1962. Nachdr. Havertown (Pa.) 1979. – FISH, S. E.: J. S.'s poetry. New Haven (Conn.) u. London 1965. Nachdr. Hamden (Conn.) 1976. – HARRIS, W. O.: J. S.'s ›Magnyfycence‹ and the cardinal virtue tradition. Chapel Hill (N. C.) 1965. – CARPENTER, N. C.: J. S. New York 1967. – KINSMAN, R. S.: J. S., early Tudor laureate. An annotated bibliography. London 1979. – KINNEY, A. F.: J. S. priest as poet. Chapel Hill (N. C.) 1987.

Skene [griech.] (lat. scaena, scaenae frons), antike Bühnenwand bzw. antikes Bühnenhaus. – ↑auch Bühne.

Sketch [skɛtʃ; engl.; eigtl. = Entwurf], kurze, effektvolle Szene, oft ironisch-witzig, meist bezogen auf aktuelle Ereignisse, mit scharfer Schlußpointe, bes. im Kabarett beliebt.

Skiro [alban. ski'ro], alban. Schriftsteller, ↑Schirò, Zef.

Skitalez (tl.: Skitalec), Stepan Gawrilowitsch [russ. ski'talıts], eigtl. S. G. Petrow, *Obscharowka (Gebiet Samara) 9. Nov. 1869, †Moskau 25. Juni 1941, russ.-sowjet. Schriftsteller. – Wurde von M. Gorki beeinflußt; schrieb sozialrevolutionäre Gedichte, Erzählungen (›Die Liebe des Dekorationsmalers‹, dt. Ausw. 1966) und den in der mandschur. Emigration (1922–34) entstandenen Roman ›Dom Černovych‹ (= Das Haus der Tschernows, 1935).

Ausgabe: S. G. Skitalec. Polnoe sobranie sočinenij. Petersburg 1916–18. 8 Bde.

Skizze [von italien. schizzo, eigtl. das Spritzen, der Spritzer, Skizze], erster Entwurf, Handlungsgerüst, vorläufige Fas009g eines [literar.] Werks; als S. bezeichnet man auch einen kurzen, formal und oft ebenfalls stilistisch bewußt nicht ausgeformten Prosatext. Entwickelte sich v. a. seit dem 18. Jh., wurde dann eine

programmat. Form des Naturalismus, bes. auch im literar. Impressionismus.

Šklovskij, Viktor Borisovič, russ.-sowjet. Schriftsteller, ↑Schklowski, Wiktor Borissowitsch.

Skobelew (tl.: Skobelev), Alexandr Sergejewitsch [russ. 'skɔbılıf], russ. Schriftsteller, ↑Newerow, Alexandr Sergejewitsch.

Skogekär Bärgbo [schwed. ˌskuː-gɔtçæːr ˌbærjbuː], schwed. Dichter des 17. Jahrhunderts. – Bis heute nicht enträtseltes Pseudonym eines Autors der höf. Barockliteratur, der wohl zum Umkreis des Hofes Königin Christines gehörte. Zu seinen bedeutendsten Werken zählen das patriotische Gedicht ›Thet Swenska språketz klagemål‹ (1658) und der Sonettenzyklus ›Wenerid‹ (hg. 1680), durch den die petrarkistische Liebeslyrik in die schwedische Literatur eingeführt wurde. Hinter dem Pseudonym wird einer der Brüder Schering (*1609, †1663) oder Gustaf Rosenhane (*1619, †1684) vermutet.

Weiteres Werk: Fyratijo små wijsor (Ged., 1682).
Literatur: FRIESE, W.: Nord. Barockdichtung. Mchn. 1968.

Skolien (Einzahl Skolion) [griech.], kurze Lieder, die in der griech. Antike beim Symposion von den einzelnen Gästen zur Unterhaltung vorgetragen wurden (oft Vier- oder Zweizeiler; entweder literar. Texte älterer oder zeitgenöss. Dichter oder improvisierte Strophen). Der Vortrag erfolgte zur Lyrabegleitung, Themen waren polit. Ereignisse und Lebensweisheiten, oft in iron. und satir. Form. Im 5. Jh. erlosch die Sitte des Skolienvortrags.

Literatur: BOWRA, C. M.: Greek lyric poetry. From Alcman to Simonides. Oxford ²1961. S. 373.

Skop (Scop) [skɔp, skoːp; altengl.], westgerman. Hofdichter und berufsmäßiger Sänger von ↑Heldenliedern und ↑Preisliedern.

Skorina, Franzisk [russ. ska'rinɐ], weißruss. Humanist, ↑Skaryna, Franzysk.

Skou-Hansen, Tage [dän. 'sgɔu-'hanˌsən], *Fredericia 12. Febr. 1925, dän. Schriftsteller. – Seit 1982 Mitglied der Dänischen Akademie. Trat 1950 mit dem Aufsatz ›Forsvar for prosaen‹ hervor, in dem er sich für eine engagierte und wirklichkeitserkennende Prosa einsetzt, Maßstäbe, denen er unter wechselnden gesellschaftl. Aspekten in seinen Schilderungen der dän. Gesellschaft v. a. der 70er Jahre gerecht wird; schrieb 1957 den erfolgreichen Roman ›Leidenschaften‹ (dt. 1964).

Weitere Werke: Hjemkomst (R., 1969), Tredje halvleg (R., 1971), Medløberen (R., 1973), Den hårde frugt (R., 1977), Über den Strich (R., 1980, dt. 1984), Springet (R., 1986), Krukken og stenen (R., 1987), Det andet slag (R., 1989).
Literatur: SØHOLM, E.: Fra frihedskamp til lighedsdrøm. En læsning i T. S.-H.s forfatterskab. Kopenhagen 1979. – SOKOLL, G.: Histor. Bilanz u. gesellschaftl. Relevanz im Erzählwerk v. T. S.-H. In: Weimarer Beitrr. 28 (1982), S. 51.

Skowroński, Zdzisław [poln. skɔ-'vrɔ̃iski], * Sambor bei Lemberg 21. März 1909, † Warschau 30. Okt. 1969, poln. Dramatiker. – Jurist; gehörte in der Kriegsgefangenschaft zu den Organisatoren des Lagertheaters; Verfasser von Dramen und Komödien; Satiriker; auch Film- und Fernsehautor.

Werke: Abiturienten (Schsp., 1955, dt. 1956), Kuglarze (= Lebenskünstler, Kom., 1960).
Ausgabe: Z. S. Dramaty. Warschau 1974.

Skram, Bertha Amalie, geb. Alver, * Bergen 22. Aug. 1846, † Kopenhagen 15. März 1905, norweg. Schriftstellerin. – Lebte ab 1884 in Dänemark. Schilderte in naturalist. Romanen und Erzählungen, die von empörter Anklage und tiefem Mitleid getragen sind, eindrucksvoll das harte Leben der norweg. Fischer und Kleinbauern. In einigen Romanen (z. B. ›Konstanze Ring‹, 1885, dt. 1898) beschreibt sie den negativen Einfluß der konventionellen Ehe auf die Frauen. Der weitgehend autobiograph. Roman ›Professor Hieronymus‹ (1895, dt. 1895) greift die Zustände in der psychiatr. Klinik in Kopenhagen an.

Weitere Werke: Knud Tandberg (R., 1886, dt. 1894), Hellemyrsfolket (R.-Zyklus, 4 Bde., 1887–98, dt. Bd. 1 u. 2 u.d.T. Die Leute vom Felsenmoor, 1898, Bd. 4 u. d.T. Nachwuchs, 1901), Ein Liebling der Götter (R., 1900, dt. 1902).
Ausgabe: A. S. Samlede værker. Oslo ⁴1943. 6 Bde.
Literatur: KRANE, B.: A. S.s diktning; tema og variasjoner. Oslo 1961. – ENGELSTAD, I.: Sam-

menbrudd og gjennombrudd. A. S.s romaner om ekteskap og sinnsykdom. Oslo 1984.

Skurkọ, Jaühen Iwanawitsch, weißruss. Lyriker, † Tank, Maxim.

Škvorecký, Josef [tschech. 'ʃkvɔrɛtski:], * Náchod 27. Sept. 1924, tschech. Schriftsteller. – Emigrierte 1968; Hochschullehrer (amerikan. Literatur) in Toronto (Kanada), wo er 1971 den tschech. Exilverlag Sixty-Eight Publishers, Corp. begründete (1991 stellte dieser seine Tätigkeit ein). Sein erstes Buch war der Roman ›Feiglinge‹ (1958, dt. 1968), der das Kriegsende 1945 in der tschech. Provinz aus der Sicht eines 20jährigen ironisch darstellt; verfaßt auch Gedichte und Erzählungen; Übersetzer englischsprachiger Literatur.

Weitere Werke: Legende Emöke (E., 1963, dt. 1966), Junge Löwin (R., 1969, dt. 1971, auch u. d.T. Die Moldau. Eine polit. Liebesgeschichte), Tankový prapor (= Das Panzerbataillon, R., 1971), Mirákl (= Das Mirakel, R., 1972), Konec poručíka Borůvky (= Das Ende des Leutnants Borůvka, R., 1975), Příběh inženýra lidských duší (= Der Ingenieur der menschl. Seelen, R., 2 Bde., 1977), Návrat poručíka Borůvky (= Die Rückkehr des Leutnants Borůvka, R., 1981), Scherzo capriccioso (R., 1983), Franz Kafka, jazz a jiné marginalie (= Franz Kafka, Jazz u. a. Marginalien, 1987), Talkin' Moscow Blues (1988).

Sládek, Josef Václav [tschech. 'sla:dɛk], * Zbiroh 25. Okt. 1845, † ebd. 28. Juni 1912, tschech. Lyriker. – 1868–70 in Amerika; Journalist, 1877–97 Redakteur der Zeitschrift ›Lumír‹; gehörte weder der kosmopolit. Richtung um diese Zeitschrift noch der nat. ausgerichteten Gruppe eindeutig an. S. schrieb vornehmlich zarte, intime Lyrik (Anregungen u. a. aus der Volksdichtung) und Kindergedichte. Einige seiner Werke tragen polit. und sozialen Charakter; bed. Übersetzer aus dem Englischen (v. a. Shakespeare) und Polnischen.
Literatur: POLÁK, J.: Americká cesta J. V. Sládka. Prag 1966.

Sládkovič, Andrej [slowak. 'sla:tkɔvitʃ], eigtl. A. Braxatoris, * Krupina (Mittelslowak. Gebiet) 30. März 1820, † Radvaň bei Banská Bystrica 20. April 1872, slowak. Dichter. – Studierte in Halle/ Saale; Anhänger G. W. F. Hegels; ab 1847 ev. Pfarrer. S. war einer der bedeutendsten Repräsentanten der slowak. Romantik, über deren begrenzten Themenkreis er aber hinausging. Er verfaßte religiöse und patriot. Lyrik sowie Epen. Als Hauptwerke gelten die lyr. ›Marína‹ (1846) und ›Detvan‹ (1853). S. schrieb in tschech., später in slowak. Sprache; von L. Štúr beeinflußt.

Ausgabe: A. S. Dielo. Preßburg 1961. 2 Bde.
Literatur: A. S. Hg. v. C. KRAUS. Martin 1980.

Slapstick-comedy [engl. 'slæpstɪk 'kɔmədɪ; von engl. slapstick = Narrenpritsche], kurze Grotesken im frühen amerikan. Stummfilm (v.a. Charlie Chaplin, Buster Keaton).

Slas, Pseudonym des schwed. Schriftstellers, Zeichners und Malers Stig ↑ Claesson.

Slauerhoff, Jan Jacob [niederl. 'slouərhɔf], Pseudonym John Ravenswood, * Leeuwarden 15. Sept. 1898, † Hilversum 5. Okt. 1936, niederl. Schriftsteller. – Medizinstudium, Schiffsarzt, zeitweilig Arzt in Marokko. Einer der bedeutendsten niederl. Lyriker nach dem 1. Weltkrieg, den frz. ›poètes maudits‹ (A. Rimbaud, T. Corbière, A. Jarry) verwandt, melancholisch und zugleich aufbegehrend. Dem inneren Zwiespalt suchte er durch Flucht aus der bürgerl. Ordnung zu entkommen. Seine phantast., zuweilen zyn. Novellen sind kunstvoll komponiert; von S. stammen auch ein Drama, ein Roman sowie Übersetzungen.

Werke: Archipel (Ged., 1923), Clair-obscur (Ged., 1927), Eldorado (Ged., 1928), Schuim en asch (Nov.n, 1930; daraus dt.: Larrios, 1930), Das verbotene Reich (R., 1932, dt. 1986), De opstand van Guadalajara (E., postum 1937), Dagboek (hg. 1957), Critisch proza (hg. 1958).
Ausgabe: J. J. S. Verzamelde werken. Den Haag 1940–54. 8 Bde.
Literatur: FESSARD, L. J.: J. S., 1898–1936. Paris 1964. – KELK, C. J.: Leven van S. Den Haag u. Rotterdam ²1971.

Slavejkov ↑ Slaweikow.

Slavici, Ioan [rumän. 'slavitʃ], * Şiria (Kreis Arad) 18. Jan. 1848, † Panciu (Kreis Vrancea) 17. Aug. 1925, rumän. Schriftsteller. – Mitglied des Dichterkreises ↑ Junimea, befreundet mit M. Eminescu; Journalist in Jassy, Bukarest und Siebenbürgen, dort wegen seiner prorumän. Einstellung im Gefängnis, ebenso nach dem 1. Weltkrieg wegen prooösterr. Haltung. Sein vielfältiges literar. Werk – er schrieb Erzählungen, Romane, Dramen – behandelt rustikale Themen und Probleme in kräftigem, farbenreichem Stil. S. gilt als Begründer der bäuerl. Prosa Rumäniens. Veröffentlichte auch pädagog. und philosoph. Schriften.

Werke: Die Glücksmühle (Nov., 1881, dt. 1886), Mara (R., 1906, dt. 1960).
Ausgaben: I. S. Opere. Hg. v. C. MOHANU u. D. VATAMANIUC. Bukarest 1967–87. 14 Bde. – I. S. Nuvele. Hg. v. C. MOHANU. Bukarest 1985. 2 Bde.
Literatur: MARCEA, P.: I. S. Bukarest ²1968. – POPESCU, M.: S. Bukarest 1977.

Slavkin, Viktor Iosifovič, russ. Dramatiker, ↑ Slawkin, Wiktor Iossifowitsch.

Slaweikow (tl.: Slavejkov), Pentscho Petkow [bulgar. sla'vɛjkof], * Trjawna 27. April 1866, † Brunate (Como) 28. Mai 1912, bulgar. Dichter. – Sohn von Petko Ratschew S.; sehr gebildet, schon sein Frühwerk steht unter dem Einfluß russ. und dt. Dichter, bes. dem H. Heines. Das Studium in Leipzig 1892–98 vermittelte ihm weitere Kenntnisse der dt., engl., frz., auch der poln. und russ. Literatur. 1908/09 Leiter des Nationaltheaters in Sofia, auch Bibliotheksdirektor. S. gilt als Wegbereiter des Symbolismus in Bulgarien; sein 1911–13 in 3 Bänden erschienenes, den bulgar. Freiheitskampf gegen die Türken verherrlichendes ep. Hauptwerk ›Kărvava pesen‹ (= Das blutige Lied) blieb Fragment; auch als Lyriker (›Săn za štastie‹ [= Traum vom Glück], 1907) und Kritiker bedeutend.

Ausgaben: P. P. Slavejkov. Săbrani săčinenija. Sofia 1958–59. 8 Bde. – P. P. Slavejkov. Izbrani tvorbi. Sofia ⁷1978.
Literatur: KONSTANTINOV, G.: P. Slavejkov. Sofia 1961. – DRANDIJSKI, D.: P. Slavejkov u. seine Hauptwerke ... Diss. Wien 1977 [Masch.].

Slaweikow (tl.: Slavejkov), Petko Ratschew [bulgar. sla'vɛjkof], * Weliko Tarnowo 17. Nov. 1827, † Sofia 1. Juli 1895, bulgar. Schriftsteller. – Setzte sich u. a. als Lehrer für nat. Selbständigkeit ein; bed. Vertreter der nat. Aufklärung; nach der Befreiung von den Türken (1878) 1879 Mitglied der verfassunggebenden Versammlung, Abgeordneter und Vorsitzender (1880) der Volksversammlung; publizistisch tätig. S. leistete Hervorragendes als Sammler alten Liedgutes und Übersetzer (u. a. erste neubulgar. Ausgabe des NT); hinterließ ein lyr.

und erzähler. Werk (›Bojka vojvoda‹ [= Bojka, die Führerin], fragmentar. Versepos, 1873), das, in der Volkssprache geschrieben, nachhaltige Wirkung auf die stilist. Entwicklung der neueren bulgar. Literatur hatte.

Ausgaben: P. R. Slavejkov. Săčinenija. Pălno săbranie. Sofia 1963–82. 6 Bde. – P. R. Slavejkov. Săčinenija. Sofia 1974. – P. R. Slavejkov. Izbrani tvorbi. Sofia ⁵1976. **Literatur:** BAEVA, S.: P. Slavejkov. Sofia 1968.

Slawistik [nlat.] (slaw. Philologie), philolog. Wiss., die sich mit der Erforschung slaw. Sprachen und Literaturen beschäftigt. Die Anfänge der S. gehen bis in das 18. Jh. zurück. Als ihre wiss. Begründer gelten J. Dobrovský, Jernej Kopitar (* 1780, † 1844), P. J. Šafárik und Alexandr Ch. Wostokow (* 1781, † 1864). Nach der Gründung slawist. Lehrstühle in Breslau (1842), Prag (1848) und Wien (1848/49) machte die einflußreichste, positivistisch ausgerichtete Wiener Schule von Franz Xaver von Miklosich (* 1813, † 1891) und Vatroslav Jagić (* 1838, † 1923) schnelle Fortschritte in der Erforschung und Edition alter slaw. Sprachdenkmäler, in der vergleichenden slaw. Grammatik und der Lexikologie. Bis in die 1920er Jahre setzten die Junggrammatiker diese Tradition fort, in die sie auch literarhistor., volkskundl., etymolog. und dialektolog. Arbeiten einbrachten, u.a. August Leskien (*1840, † 1916), Jan Niecisław Baudouin de Courtenay (* 1845, † 1929), Alexei A. Schachmatow (* 1864, † 1920), Václav Vondrák (*1859, † 1925), Aleksandar Belić (*1876, † 1960), Aleksander Brückner (* 1856, † 1939) und Max Vasmer (* 1886, † 1962). In den 20er und 30er Jahren verstärkte sich in der S. das Interesse für eine synchrone, systemhafte und funktionale Erforschung von Sprache und Literatur (russ. ↑ Formalismus, ↑ Strukturalismus der Prager Schule). Diese innovativen Ansätze wurden in der BR Deutschland erst in den 60er Jahren rezipiert. Nach der Zeit der Isolierung während des Nationalsozialismus begann nach 1945 der kontinuierl. Aufbau der S. in der BR Deutschland, der DDR, der Schweiz und Österreich. Schwerpunkte in der **Literaturwiss.** sind: Literaturgeschichtsschreibung (autoren- und epochenspezifisch), Text-editionen, Gattungsprobleme, Literatur- und Kultursemiotik, vergleichende Studien über dt.-slaw. Literaturbeziehungen, Probleme der literar. Übersetzung, slaw. Literaturtheorie. – Daneben erfolgt an slaw. Seminaren die Ausbildung der Russischlehrer.

Literatur: Materialien zu einer slavist. Bibliogr. (1945–83). Hg. v. E. WEDEL u.a. Mchn. 1963–83. 3 Bde. – Beitrr. zur Gesch. der S. Hg. v. H. H. BIELFELDT u. K. HORÁLEK. Bln. 1964. – WYTRZENS, G.: Bibliograph. Einf. in das Studium der slav. Literaturen. Ffm. 1972. – WYTRZENS, G.: Bibliogr. der literaturwiss. S. 1970–1980. Ffm. 1982. – Materialien zur Gesch. der Slavistik in Deutschland. Hg. v. H.-B. HARDER u.a. Wsb. 1982–86. 2 Tle. – Hdb. des Russisten. Hg. v. H. JACHNOW u.a. Wsb. 1984. – ANDREESEN, W.: Wie finde ich slawist. Lit. Bln. 1986. – S. in Deutschland von den Anfängen bis 1945. Ein biograph. Lex. Hg. v. E. EICHLER. Bautzen 1993. – ZEIL, W.: S. in Deutschland. Köln 1994.

Slawkin (tl.: Slavkin), Wiktor Iossifowitsch [russ. 'slafkin], * Moskau 1. Aug. 1935, russ. Dramatiker. – Schrieb zunächst Einakter in der Tradition E. Ionescos und S. Becketts, die das Absurde des Alltags erfassen. In seine realist. Dramen bricht zuweilen das Irreale ein.

Werke: Plochaja kvartira (= Die schlechte Wohnung, Einakter, entst. 1966, gedr. 1983), Serso (= Cerceau, Stück, entst. 1981, UA 1985, EA in der BR Deutschland 1987), Vzroslaja doč' molodogo čeloveka (= Die erwachsene Tochter eines jungen Mannes, Stück, 1990).

Slawophile [slaw.; griech.], russ. romant. Geschichtsphilosophen (bes. A. S. Chomjakow, I. W. Kirejewski, K. S. Axakow, M. P. Pogodin), die, im Gegensatz zu den ↑ Westlern, die Eigenständigkeit und Überlegenheit der orthodoxen russ. Kultur gegenüber dem Westen vertraten. Schwerpunkte slawophilen Denkens lagen in der Tradition östl. Christentums, im sozialen Ideal der russ. Dorfgemeinde (Mir) und in der prinzipiellen Bejahung der Autokratie bei gleichzeitiger Verurteilung ihrer gegenwärtigen bürokrat. Form.

Sleeckx, Domien [niederl. sle:ks], * Antwerpen 2. Febr. 1818, † Lüttich 13. Okt. 1901, fläm. Schriftsteller. – Begann als Romantiker, wandte sich dann dem Realismus zu. Schrieb Dramen und Lustspiele (›De kraenkinders‹, 1852; ›Grétry‹, 1862; ›Zannekin‹, 1865) sowie

Tiergeschichten (›Miss Arabella Knox‹, 1855, dt. 1862). Nach Romanen aus dem Seemannsmilieu (›In't schipperskwartier‹, 2 Bde., 1861) verfaßte er seine beiden bedeutendsten realist. Prosawerke, den Kleinstadtroman ›Tybaerts en Cie‹ (1867) und die Dorfgeschichte ›De plannen van Peerjan‹ (1868). **Literatur:** BAEKELMANS, L.: Vier vlaamsche prozaschrijvers. Antwerpen 1931.

Slessor, Kenneth [engl. 'slɛsə], * Orange (Neusüdwales) 27. März 1901, † Sydney 30. Juli 1971, austral. Schriftsteller. – Gilt als Wegbereiter der modernen austral. Lyrik. Seine Gestaltung der Themen Zeit, Erinnerung und Geschichte und die Verwendung von Landschaftsbildern (›South country‹) als Spiegel psycholog. Zustände zeigen Einflüsse A. Camus' und T. S. Eliots. Stilistisch beeindrucken seine klare, ungekünstelte Sprache, transparenter Strophenbau sowie konservative Syntax und Interpunktion. In seinen späteren Gedichten verbinden sich meisterhaft Sprechrhythmus (›Five visions of Captain Cook‹, erschienen in: ›Trio‹, Ged., 1931) mit anschaul. Bildlichkeit aus exot. und fremdartigen Bereichen zu komplexer Mehrdeutigkeit (›Five bells‹, Ged., 1939). **Weitere Werke:** Earth-visitors (Ged., 1926), Cuckooz Contrey (Ged., 1932), Darlinghurst nights and morning glories (Ged., 1933), One hundred poems 1919–1939 (Ged., 1944, erweitert 1957 u. d. T. Poems), Bread and wine (Prosaanthologie, 1970). **Ausgabe:** K. S. Critical essays. Hg. v. A. K. THOMSON. Brisbane 1968. **Literatur:** BURNS, G.: K. S. Melbourne 1975. – STEWART, D.: A man of Sydney. Melbourne 1977.

Slingsby, Philip [engl. 'slɪŋzbɪ], Pseudonym des amerikan. Schriftstellers Nathaniel Parker † Willis.

Slodnjak, Anton, * Bodkovci bei Ptuj 13. Juni 1899, † Ljubljana 13. März 1983, slowen. Literarhistoriker und Schriftsteller. – Prof. in Zagreb (1947–50) und Ljubljana (bis 1959); Hg. slowen. Literatur (u. a. F. Levstik, F. Prešeren) und Verfasser einer deutschsprachigen ›Geschichte der slowen. Literatur‹ (1958). Seine Romanbiographien über Prešeren (›Neiztrohnjeno srce‹ [= Nichtmorsches Herz], 1938) und Levstik (›Pogine naj, pes‹ [= Verrecken soll er, der Hund],

1946) vereinigen wiss. und künstler. Darstellungsweise mit Einfühlungsvermögen.

Slogan [engl. 'sloʊgən; von gälisch sluagh ghairm = Kriegsgeschrei, Schlachtruf], Schlagwort, Parole, einprägsame Formulierung im Dienst der kommerziellen und polit. Werbung. **Literatur:** Zitatenschatz der Werbung. S.s erobern Märkte. Hg. v. R. GÖÖCK. Güt. 1969. – CONEN, D.: Wirkung von Werbesprache. Unterföhring 1985.

Slonimski (tl.: Slonimskij), Michail Leonidowitsch [russ. sla'nimskij], * Petersburg 2. Aug. 1897, † ebd. 8. Okt. 1972, russ.-sowjet. Schriftsteller. – Gehörte zur literar. Gruppe der ↑ Serapionsbrüder; schrieb stilistisch teilweise an J. I. Samjatin geschulte Romane über die Zeit des 1. Weltkriegs und der Revolution sowie über die Stellung der techn. Intelligenz in der sowjet. Gesellschaft, u. a. ›Lavrovy‹ (= Die Lawrows, R., 1926, überarbeitete Fassung 1949), ›Foma Klešnev‹ (R., 1931), ›Eugen Leviné‹ (R., 1935, dt. 1949), ›Ingenieure‹ (R., 1950, dt. 1952). **Ausgabe:** M. L. Slonimskij. Izbrannoe. Leningrad 1980. 2 Bde.

Słonimski, Antoni [poln. sʉɔ'nimski], * Warschau 15. Okt. 1895, † ebd. 4. Juli 1976, poln. Schriftsteller. – Mitbegründer der futurist. Zeitschrift ›Skamander‹ und zugleich eine der wichtigsten Gestalten des poln. Futurismus; ab 1939 Emigration (Paris, London); 1951 Rückkehr nach Polen; 1956–59 Vorsitzender des poln. Schriftstellerverbandes. S. ein hervorragender Formkünstler, war v. a. der polnischen Romantik, aber auch H. Heine verpflichtet. Er schrieb Sonette, Komödien und Satiren sowie utopische Romane und Feuilletons. Charakteristisch ist ein zunehmend pessimist. Ton. **Werke:** Z dalekiej podróży (= Von einer weiten Reise, Ged., 1926), Alarm (Ged., 1940). **Ausgabe:** A. S. Poezje zebrane. Warschau ²1970. **Literatur:** KOWALCZYKOWA, A.: S. Warschau 1977.

Słowacki, Juliusz [poln. sʉɔ'vatski], * Krzemieniec 4. Sept. 1809, † Paris 3. April 1849, poln. Dichter. – Studium der Rechtswiss. in Wilna bis 1828, danach im Staatsdienst. 1831, nach dem erfolglosen Aufstand, freiwillige Emigration, lebte dann meist in Paris, 1836/1837

Juliusz
Słowacki
(Litho-
graphie,
um 1835)

große Orientreise. S. gilt mit A. Mickiewicz und Z. Krasiński als einer der drei großen poln. Romantiker; Rivale von Mickiewicz, dessen Verbindung von nat. und kath.-religiösen Elementen er ablehnte. Seine sprachlich vollendete, bilderreiche Lyrik und seine Poeme wurzeln in eigenem Erleben. Seine Dramen entstanden unter dem Einfluß Lord Byrons, Shakespeares und P. Calderón de la Barcas. Seine wortmusikal., mystisch-visionäre patriot. Dichtung, die von hoher formaler Meisterschaft und sprachl. Schönheit ist, wurde von seinen Zeitgenossen abgelehnt und erst von den Symbolisten des Jungen Polen in ihrer wahren Bedeutung erkannt.

Werke: Mindowe (Dr., 1832), Maria Stuart (Dr., 1832, dt. 1879), Poezje (= Dichtungen, 3 Bde., 1832/33), Kordian (Dr., 1834), Horsztyński (Dr., entst. 1835, gedr. 1866), Der Engel (Prosadichtung, 1838, dt. 1922), Balladyna (Dr., 1839, dt. 1882), In der Schweiz (Poem, 1839, dt. 1880), Die Pest in El-Arish (Poem, 1839, dt. 1896), Mazepa (Dr., 1840, dt. 1887), Lilla Weneda (Dr., 1840, dt. 1840), Beniowski (unvollendetes Poem, Gesang 1–5, 1841), Ksiądz Marek (= Priester Marek, Dr., 1843), Sen srebrny Salomei (= Der silberne Traum der Salome, Dr., 1844), Król-Duch (= König Geist, unvollendetes Versepos, Tl. 1 1847, vollständige Ausg. des Fragments 1924).

Ausgaben: J. S. Dzieła wszystkie. Breslau 1-2 1952–76. 17 Bde. – J. S. Gedichte. Dt. Übers. Bln. 1959.

Literatur: KLEINER, J.: J. S. Lemberg u. Warschau 1-3 1925–28. 4 Bde. – KRIDL, M.: The lyric poems of J. S. Den Haag 1958. – TREUGUTT, S.: J. S. Dt. Übers. Warschau 1959. – SAWRYMOWICZ, E.: J. S. Warschau [4]1973. – MAKOWSKI, S.: J. S. Warschau 1980. – ZGORZELSKI, C.: Liryka w pełni romantyczna. Studia i szkice o wierszach S.ego. Warschau 1981.

slowakische Literatur, die Literatur in slowak. Sprache. Nach der Verwendung der tschech. Bibelsprache seit dem **15. Jahrhundert** kam es nach dem gescheiterten Versuch Anton Bernoláks (* 1762, † 1813), auf der Grundlage des westslowak. Dialekts eine Schriftsprache zu schaffen, und den in dessen Sprache abgefaßten ep. Dichtungen und Übersetzzungen J. Hollýs erst in den 40er Jahren des **19. Jahrhunderts** – unterstützt von P. J. Šafárik und J. Kollár – durch L. Štúr, J. M. Hurban und M. M. Hodža zur Schaffung einer slowak. Schriftsprache, die die romant. Lyriker S. Chalupka, J. Král', A. Sládkovič (auch Epik) und J. Botto sowie der bedeutendste Erzähler der slowak. Romantik, J. Kalinčiak, in ihren Werken mustergültig und verbindlich ausformten.

Durch die politisch-gesellschaftl. Entwickung bedingt, wendete sich die s. L. Anfang der 1870er Jahre verstärkt sozialen Themen der Zeit zu und fand (auch unter dem Einfluß russ. und westeurop. Vorbilder) zum literar. **Realismus.** Bed. sind der Lyriker und Erzähler S. Hurban Vajanský mit der Gedichtsammlung ›Tatry a more‹ (= Die Tatra und das Meer, 1879) sowie mit Romanen und Erzählungen und insbes. der Lyriker und Versepiker Hviezdoslav mit sprachlich vollendeter Natur- und Gedankenlyrik und einem Drama über Herodes. Als Höhepunkt der slowak. realist. Prosa mit sozialkrit. Tendenz gilt das reiche erzähler. Werk von M. Kukučín (Roman ›Dom v stráni‹ [= Das Haus am Hang], 1903/ 1904). Ihm folgten die Schriftstellerinnen E. Maróthy-Šoltésová mit Dorfgeschichten, Kindererzählungen und Emanzipationsproblematik, T. Vansová mit moralisch geprägten Novellen und Romanen über das Leben der Frau und Timrava (Pseudonym für B. Slančíková) mit Erzählungen aus dem dörfl. und kleinstädt. Milieu. An A. P. Tschechow und M. Gorki geschult, sind die Dorferzählungen und Dramen von J. Gregor-Tajovský in Charakterzeichnung und Kolorit von dokumentar. Genauigkeit und in ihrem künstler. Aufbau von strenger Form. Ähnl. Tendenzen, teilweise auch mit moralisch-christl. Zielsetzung, verfolgten L. Podjavorinská und Ch. Roy in ihren Skizzen und Erzählungen. Von L. Podjavorinská erschienen nach 1918 auch populäre Kinderbücher. Die slowak. **Moderne** nahm in den 1890er Jahren westeurop. und russ. symbolist. Elemente auf und fand v. a. in der die Themen der existentiellen Angst und Vereinsamung gestaltenden Lyrik J. Jesenskýs und bes. I. Kraskos (Sammlung ›Nox et solitudo‹, 1909) ihren künstler. Höhepunkt. Beide Dichter bereicherten die slowak. dichter. Sprache um symbolist. Metaphorik und Rhythmik. Jesenský schrieb später außerdem teils nat. bestimmte, teils satir., auch autobiograph. Erzählungen und Romane. Mit seinen lyr. Jugendwerken gehört auch M. Rázus der slowak. Moderne an, fand aber nach 1918 in Lyrik und Prosa eher nat. und zeitkrit. Themen. Künstlerisch bed. sind auch seine Memoiren.

In der neu gebildeten tschechoslowak. Republik konnte sich **ab 1918** auch die s. L. freier und vielfältiger entwickeln. Neben Einflüssen des tschech. ↑ Poetismus und des ↑ Proletkults wirkten der westeurop. ↑ Dadaismus, ↑ Futurismus und ↑ Surrealismus auf die slowak. Zwischenkriegsliteratur ein, deren linke Vertreter sich in der Zeitschrift ›DAV‹ (1924–26, 1929, 1931–37) ihr Publikationsorgan schufen. Zu diesen ›Davisten‹ gehören insbes. die Lyriker Vladimír Clementis (*1902, †1952) und L. Novomeský, aber auch R. Fabry, R. Dilong, J. Poničan, V. Reisel, Š. Žáry und P. Bunčák, deren durchweg ᴄxperimentierfreudige, teils surrealist., teils auch traditionellen Themen verpflichtete (V. Beniak) Lyrik während der Stalinzeit als ›formalistisch‹ kritisiert wurde. Die Prosa setzte die realist. Tradition fort, nahm aber im Werk J. Cíger Hronskýs, T. J. Gašpars, J. Hrušovskýs auch impressionist. und expressionist. Elemente auf. Bauernromane schrieben Jozef Nižnánsky (*1903, †1976), Alexander Pockody (*1906, †1972) und M. Urban. Als Dramatiker hatte I. Stodola mit Gesellschaftssatiren und histor. Tragödien Erfolg, später auch J. Barč-Ivan, P. Karvaš sowie Štefan Králik (*1909, †1983). Nach dem Umsturz im **Febr. 1948** wurde der sozialist. Realismus zur offiziellen Literaturdoktrin und fand mit Industrie-

und Partisanenkampfthematik in den Werken von F. Hečko, V. Mináč, K. Lazarová und F. Král' seinen Niederschlag. Schon in den 30er Jahren hatte sich P. Jilemnický in seinen sozial betonten Romanen zum sozialist. Realismus bekannt. – Erst in den **60er Jahren** traten wieder modernist. und zeitkrit. Strömungen auf (J. Blažková, D. Tatarka, L. Mňačko), die aber nach 1968 durch Publikationsverbote (Blažková) erneut unterdrückt wurden. Mňačko, der bedeutendste zeitgenöss. slowak. Dichter, lebte ab Aug. 1968 in der Emigration.

Die **70er** Jahre brachten somit die erneute Herrschaft des sozialist. Realismus. In der Prosa dominiert seitdem die histor. Thematik (u. a. A. Bednár; Miloš Krno [*1922], Emil Dzvoník [*1933], Anton Baláž [*1943]; V. Šikula, L. Ballek, P. Jaroš, Ivan Habaj [*1943]). Die Lyrik wird u. a. von Miroslav Válek (*1927), Mikuláš Kováč (*1934), Vojtech Mihálik (*1926) vertreten, ferner von L'ubomír Feldek (*1936; auch Dramen), Ján Šimonovič (*1939), Jozef Mihalkovič (*1935), Štefan Strážay (*1940), Ján Buzássy (*1935), Marián Kováčik (*1940) und Lýdia Vadkerti-Gavorníková (*1932). Neuere Dramatiker sind u. a. Ivan Bukovčan (*1921, †1975), Ján Solovič (*1934) und Mikuláš Kočan (*1946).

Im Zuge der Reformpolitik M. S. Gorbatschows kam es zur Liberalisierung der Kulturpolitik, und es wurde die Forderung nach einer neuen Wertung der s. L. aus nat. und internat. Sicht gestellt. Nach der ›sanften Revolution‹ im Nov. 1989 wurden bis dahin mit Publikationsverbot belegte oder in Vergessenheit geratene Autoren wiederentdeckt, so Tatarka, Mňačko, Hana Ponická (*1922) und Blažková sowie die Autoren der kath. Moderne, u. a. Janko Silan (*1914, †1989); auch verbotene Zeitschriften wurden erneuert (›Kultúrny život‹), bisher illegal erschienene legalisiert (›Fragment K‹). Die s. L. nutzt die neugewonnene Freiheit zu einer krit. Sichtung der jüngeren Vergangenheit; eine Reaktion auf die jüngsten Ereignisse und die damit verbundenen grundlegenden Veränderungen wird noch erwartet.

Literatur: MRÁZ, A.: Die Lit. der Slowaken. Bln. u. a. 1943. – VLČEK, J.: Dejiny literatúry slovenskej. Preßburg ⁴1953. – Dejiny slovenskej literatúry. Preßburg 1958–75. 4 Bde. – NOGE, J.: An outline of Slovakian literature. Engl. Übers. Preßburg 1968. – KUZMÍK, J.: Slovnik autorov slovenských a so slovenskými vzt'ahmi za humanizmu. Martin 1976. 2 Bde. – RICHTER, L.: S. L. Entwicklungstrends vom Vormärz bis zur Gegenwart. Bln. 1979. – ŠTEVČEK, J.: Moderný slovenský román. Preßburg 1983. – Encyklopédia slovenských spisovatel'ov. Preßburg 1984. 2 Bde. – VERGES, D.: Die Standardisierung der slowak. Literatursprache im 18. bis 20. Jh. Ffm. 1984. – SULÍK, I.: Kapitoly o súčasnej próze. Preßburg 1985. – ↑ auch tschechische Literatur.

slowenische Literatur, die Literatur in slowen. Sprache. Obwohl das Slowenische mit den ›Freisinger Denkmälern‹ (um 1000), einer Übersetzung von zwei Beichtformeln und einer Beichthomilie, über das älteste slaw. Sprachdenkmal überhaupt verfügt, das bes. in der Beichthomilie auch literar. Werte aufweist, liegen die Anfänge einer slowen. literar. Aktivität erst im späten **16. Jahrhundert,** in dem im Zuge der Reformationsbewegung durch P. Trubars Katechismus (1550 [1551]) und Übersetzung des NT (ab 1557), die Bibelübersetzung (1584) J. Dalmatins und die slowen. Grammatik (1584) von A. Bohorič die Grundlagen einer slowen. Schriftsprache gelegt wurden, ohne daß jedoch schon eine der poln. oder tschech. vergleichbare weltl. Literatur entstand. In den Kontext der europ. Barockliteratur gehört das literar. Schaffen (Predigten) von Janez Svetokriški (* 1647, † 1714). Kirchl. Thematik fesselte auch das slowen. Schrifttum des **18. Jahrhunderts;** erst nach 1770 begann aufgrund der Förderung und Anregungen durch Žiga Zois (* 1747, † 1819) und der Theaterstücke Anton Tomaž Linharts (* 1756, † 1795) ein regeres literar. Schaffen, das in der slowen. **Romantik** mit dem dichter. Werk des lange verkannten, größten slowen. Dichters F. Prešeren (›Poezije‹, 1847) einen Gipfelpunkt formal vollendeter und gehaltvoller slowen. Lyrik erreichte. F. Levstik und J. Jurčič schufen in den 1860er Jahren in Novellen und Romanen (erster slowen. Roman ›Der zehnte Bruder‹ [1866/67, dt. 1886] von Jurčič) die slowen. Erzählprosa. Damit war die s. L. innerhalb weniger Jahre durch beispielhafte Werke voll ausgeprägt.

Russ. und frz. Vorbilder wirkten auf die vorherrschende bürgerlich-liberale Erzählthematik und die künstlerischen Verfahren des slowenischen **Realismus** (J. Kersnik, I. Tavčar) und **Naturalismus** (F. Govekar, Zofka Kveder [* 1878, † 1926]) ein, der gegen Ende des 19. Jahrhunderts von aus Westeuropa eindringenden zeitgenössischen und modernistischen Strömungen abgelöst wurde. Diese ›Moderne‹ fand neben D. Kette und J. Murn[-Aleksandrov] in O. Župančič ihren bedeutendsten Lyriker und in I. Cankar den den die ersten beiden Jahrzehnte des **20. Jahrhunderts** bestimmenden Prosaisten, dessen Romane und Erzählungen in lyrisch gesättigter und prägnanter Sprache menschliche Grundprobleme individueller Freiheit und des Leids psychologisch einfühlsam beschreiben. Cankar gilt neben Prešeren als der bedeutendste Dichter slowenischer Sprache.

Die Jahre **zwischen beiden Weltkriegen** sind vom Aufkommen des Expressionismus geprägt. Als Lyriker traten S. Kosovel, A. Gradnik und E. Kocbek hervor, als Prosaiker F. Bevk. In den 30er Jahren dominierte die sozial engagierte Literatur der slowen. Neorealisten: A. Ingolič, M. Kranjec, † Prežihov Voranc, C. Kosmač und Ivan Potrč (* 1913), die dieser Orientierung auch in den 50er Jahren folgten.

Nach dem 2. Weltkrieg stand die s. L. unter dem Einfluß des sozialist. Realismus (M. Bor), der jedoch nach dem jugoslawischen Schriftstellerkongreß von Ljubljana (1952) als literar. Doktrin an Wirksamkeit verlor. In den Vordergrund traten Fragen des menschl. Individuums, der künstler. Freiheit und der ›intimen‹ Individualsphäre (›Intimismus‹), v. a. in der Lyrik von Kajetan Kovič (* 1931), Janez Menart (* 1929), Tone Pavček (* 1928), Gregor Strniša (* 1930), Dane Zajc (* 1929), Jože Udovič (* 1912) und C. Zlobec; in der Prosa bei Branko Hofman (* 1929), B. Zupančič, Andrej Hieng (* 1925), Marjan Rožanc (* 1930), Pavle Zidar (* 1932) und Vitomil Zupan (* 1914); schließlich in den Dramen von B. Kreft, Primož Kozak (* 1929) und Dominik Smole (* 1929). Die Fortführung innovativer poetolog. Ansätze fand in der s. L. der 60er und 70er Jahre statt, insbes. in der Ausformung der slowen. ›konkreten Poesie‹: Denis Poniž (* 1948), Tomaž Šalamun (*1941) und Franci Zagoričnik (*1933), aber auch in der modernen Lyrik von Niko Grafenauer (* 1940). Mannigfache Bezüge zur Tradition des modernen europ. Romans weist die slowen. Gegenwartsprosa auf. Rudi Šeligo (* 1935) schreibt seine deskriptive und antipsycholog. Prosa im Stil des frz. Nouveau roman. Jože Snoj (* 1934) griff 1978 in einem Roman das Joseph-Thema (Th. Mann) auf. F. Lipuš, der Kärntner Slowene, bleibt in seiner satirisch-grotesken und gesellschaftskrit. Prosa R. Musil verpflichtet. Gegenwartsbezogene Satire, in Verse gekleidet, präsentiert G. Januš. Die Tradition des Aphorismus pflegt insbes. Ž. Petan. Um eine Aufarbeitung der jüngeren Vergangenheit bemüht sich Igor Torkar (eigtl. Boris Fakin, * 1913). So zeigt sich in der s. L. ein vielfältiges Schaffensspektrum, in das sich die jüngste Generation mit Svetlana Makarović (* 1939), Ivan Feo Volarič (* 1948), Matjaž Hanžek (* 1949), Milan Jesih (* 1950) und Jure Detela (* 1951) einfügt. Neben der traditionell hochstehenden Lyrik, die die gesamteurop. Tendenzen widerspiegelt, gewinnt auch die Prosa weiter an Umfang und Bedeutung. Sie reicht von extremen Experiment bis zum konkreten Erzählen, geht von der ruralen zur urbanen Problematik über und versteht es, immer wieder neue Nuancen der slowen. Sprache zu nutzen. Beachtlich ist auch das Niveau des Bühnenschaffens, wo sich neben Autoren wie Hieng, Smole, Strniša und Zajc auch Dušan Jovanović (* 1949) und der Erzähler Drago Jančar (* 1948) einen Namen gemacht haben.

Literatur: Zgodovina slovenskega slovstva. Hg. v. L. LEGIŠA. Ljubljana 1956–71. 7 Bde. – SLODNJAK, A.: Gesch. der s. L. Bln. 1958. – SMOLEJ, V.: Slovenski dramski lexikon. Ljubljana 1961–62. 2 Bde. – JANEŽ, S./RAVBAR, M.: Pregled slovenske književnosti. Maribor 1966. – Slovenska književnost, 1945–1965. Bearb. v. J. BERNIK. Ljubljana 1967. 2 Bde. – POGAČNIK, J.: Zgodovina slovenskega slovstva. Maribor 1968–72. 8 Bde. – SLODNJAK, A.: Slovensko slovstvo. Ljubljana 1968. – KOBLAR, F.: Slovenska dramatika. Ljubljana 1972–73. 2 Bde. – POGAČNIK, J.: Von der Dekoration zur Narration. Zur Entstehungsgesch. der slowen. Lit. Mchn. 1977. – OBID, V.: Die s. L. in Kärnten seit 1945. Klagenfurt 1979. – ZADRAVEC, F.: Elementi slovenske moderne književnosti. Ljubljana 1980. – Slovenska književnost. Hg. v. J. KOS u. K. DOLINAR. Ljubljana 1982. – Die s. L. in Kärnten. Ein Lex. Klagenfurt 1991. – BERNIK, F.: S. L. im europ. Kontext. Mchn. 1993. – LEBEN, A.: Vereinnahmt u. ausgegrenzt. Die s. L. in Kärnten. Klagenfurt 1994. – ↑auch kroatische Literatur.

Sluckij, Boris Abramovič, russ.-sowjet. Lyriker, ↑Sluzki, Boris Abramowitsch.

Sluckis, Mykolas [litauisch 'slʊtskɪs], * Panevėžys 20. Okt. 1928, litauischer Schriftsteller. – Trat zunächst mit lyrisch bestimmten Erzählungen und phantast., an Volkslegenden anknüpfenden Geschichten für Kinder hervor; später Hinwendung zu realist. Prosa, in der er mit psycholog. Einfühlungsvermögen die schwierigen sozialen Prozesse schildert, die sich in Litauen seit dem 2. Weltkrieg vollzogen; auch Literaturkritiker.

Werke: Die Himmelsleiter (R., 1963, dt. 1966), Der Adamsapfel (R., 1966, dt. 1975), Wie die Sonne zerbrach (En., dt. Ausw. 1967), Mein Hafen ist unruhig (R., 1968, dt. 1980), Ode an ein Schwein (En., dt. Ausw. 1970), Ar tavo šuo ne pasiutęs? (= Ist dein Hund vielleicht tollwütig?, Dr., 1974), Wenn der Tag sich neigt (R., 1977, dt. 1979), Reise in die Berge und zurück (R., 1983, dt. 1986), Šviesos medis (= Baum des Lichtes, R., 1985).

Sluzki (tl.: Sluckij), Boris Abramowitsch, * Slawjansk (Gebiet Donezk) 7. Mai 1919, † Moskau (?) 23. Febr. 1986, russ.-sowjet. Lyriker. – Seine einfache, der Prosa angenäherte Lyrik, die anfänglich um Kriegsthemen kreiste, setzt sich auch mit dem Auftrag des Dichters auseinander und reflektiert Grundfragen der menschl. Existenz; Übersetzer B. Brechts.

Werke: Pamjat' (= Gedächtnis, Ged., 1957), Segodnja i včera (= Heute und gestern, Ged., 1961), Rabota (= Arbeit, Ged., 1964), Prodlennyj polden' (= Verlängerter Mittag, Ged., 1975), All das Welteneis zu schmelzen (Ged., russ. und dt. 1977), Neokončennye spory (= Nicht beendete Streitigkeiten, 1978).

Ausgabe: B. A. Sluckij. Izbrannoe. 1944–1977. Moskau 1980.

Smaciarz-Smreczyński, Franciszek [poln. 'smatɕaʃsmrɛ'tʃɥiski], poln. Schriftsteller, ↑Orkan, Władysław.

Small, Adam [engl. smɔːl], * Wellington (Kapprovinz) 21. Dez. 1936, südafrikan. Schriftsteller. – Zentrales Anliegen

seines Werkes ist die Tragik der südafrikan. Farbigen, die durch Apartheid zu
›Mischlingen‹ degradiert und ihres Sta-
tus als freie Bürger enthoben wurden;
zieht bibl. Parallelen; sein Erfolgstück
›Kanna hy kô hystoe‹ (1965), das im
Kapstädter Dialekt der Farbigen verfaßt
ist, leistete einen entscheidenden Beitrag
zur Entwicklung des afrikaansen Dramas
der 60er Jahre.
Weitere Werke: Vers van die liefde (Ged., 1955),
Klein simbool (Essays, 1958), Oos wes tuis bes
distrik ses (Ged., 1973), Black bronze beautiful
(Ged., 1975), Joannie-Galant Hulle (Dr., 1978),
Heidesee (R., 1979), The orange earth (Dr.,
1980), Krismis van Map Jacobs (Dr., 1983), Dis-
trict Six (Ged., 1986).

Smart, Christopher [engl. smɑ:t],
* Shipbourne (Kent) 11. April 1722,
† London 21. Mai 1771, engl. Dichter. –
Brach eine Universitätskarriere in Cambridge ab und wurde Schriftsteller und
Journalist in London; später geistes-
krank, starb im Schuldgefängnis. S.
schrieb Gelegenheitsgedichte (›Poems
on several occasions‹, 1752) und das satir. Epos ›The hilliad‹ (1753). Stärker jedoch ist seine geistliche Lyrik, so die (im
Irrenhaus geschriebene) antiphonische
Dichtung nach dem Vorbild der Psalmen
›Jubilate Agno‹ (entst. 1759–63, hg.
1939) und v. a. sein zeremoniöses Meisterwerk ›A song to David‹ (1763), das zu
den bedeutendsten religiösen Dichtungen der englischen Literatur zählt.
Ausgabe: The poetical works of Ch. S. Hg. v.
K. WILLIAMSON u. M. WALSH. Oxford 1980–87.
4 Bde.
Literatur: AINSWORTH, E. G./NOYES, CH. E.: Ch.
S. A biographical and critical study. Columbia
(Mo.) 1943. – DEVLIN, CH.: Poor Kit S. London
1961. – DEARNLEY, M.: The poetry of Ch. S.
London 1969. – ANDERSON, F. E.: Ch. S. New
York 1974.

Šmelev, Ivan Sergeevič, russ. Schriftsteller, ↑ Schmeljow, Iwan Sergejewitsch.

Smidowitsch (tl.: Smidovič), Wikenti Wikentjewitsch, russ.-sowjet.
Schriftsteller, ↑ Weressajew, Wikenti Wikentjewitsch.

Smiljanić, Radomir [serbokroat.
...tɕ], * Svetozarevo 20. April 1934, serb.
Schriftsteller. – Seine durch Symbolik
gekennzeichneten Erzählungen und Romane (›Verleumdet Hegel nicht‹, 1973,
dt. 1975; ›Hegels Flucht nach Helgo-

land‹, 1977, dt. 1979) haben die menschl.
Vereinsamung zum Thema.
Weiteres Werk: Ubistvo na Dedinju (R., 1986).

Smit, Bartholomeus Jacobus [afri-
kaans smət], * Klerkskraal (Transvaal)
15. Juli 1924, südafrikan. Schriftsteller. –
Sein Werk nimmt sowohl technisch
(Rückblenden, räuml. Verschiebung,
Doppelrollen) als auch strukturell (Verlagerung der Handlung ins Abstrakte,
Anonymität der Personen, Verinnerlichung des trag. Konflikts) und thematisch (Gesichtslosigkeit des Menschen,
Suche nach einer neuen Wirklichkeit)
eine Schlüsselposition innerhalb des
afrikaansen Theaters und im Kreis der
↑ Sestigers ein.
Werke: Moeder Hanna (Dr., 1959), Die man
met n' lyk om se nek (Dr., 1967), Christine (Dr.,
1971), Bacchus in die boland (Dr., 1974), Die
keiser (Dr., 1980).

Smit, Gabriel Wijnand, * Utrecht
25. Nov. 1910, † Laren 23. Mai 1981, niederl. Dichter und Essayist. – Arbeitete
zunächst als Journalist; schloß sich 1934
der kath. Kirche an, trat 1969 jedoch wieder aus. Verfasser religiöser Poesie, die
z. T. myst. Züge trägt und gesellschaftlich
engagiert ist.
Werke: Voorspel (Ged., 1931), Maria-lof en
andere gedichten (Ged., 1939), Spiegelbeeld
(Ged., 1946), Ternauwernood (Ged., 1951), De
Psalmen (1952), Gedichten (1975).

Smith, Alexander [engl. smɪθ], * Kil-
marnock (Ayrshire) 31. Dez. 1830, † War-
die bei Edinburgh 5. Jan. 1867, schott.
Schriftsteller. – Wurde nach Erfolgen als
Dichter und v. a. als Publizist 1854 zum
Sekretär der Univ. Edinburgh ernannt.
Gehörte zur Gruppe der sog. ›spasmod.‹
Dichter (›Poems‹, Ged., 1853; ›City
poems‹, Ged., 1857). Bedeutender ist
seine Prosa, bes. der Essayband ›Dream-
thorp‹ (1863) und der Reisebericht ›A
summer in Skye‹ (1865), der durch ethnograph. Darstellungen und Landschaftsbilder auch dokumentar. Wert hat.

Smith, A[rthur] J[ames] M[arshal]
[engl. smɪθ], * Westmont (Montreal)
8. Nov. 1902, † East Lansing (Mich.)
21. Nov. 1980, kanad. Schriftsteller. – Begann bereits als Student an der McGill-
University in Montreal mit seiner für die
kanad. Lyrik wichtigen Hg.-Tätigkeit;
mit F. R. Scott gründete er die ›McGill

Fortnightly Review‹ (1925–27); ab 1936 war er Prof. für engl. Literatur an der Michigan State University in East Lansing. Die ›Montreal Group‹ um S. und Scott brachte 1936 die für die moderne kanad. Lyrik richtungweisende Anthologie ›New provinces. Poems of several authors‹ heraus. Die Gedichte von S. (u. a. ›The lonely land‹, ›The creek‹) zeichnen sich durch Disziplin, Weltoffenheit, Sinnenfreude, Formenvielfalt und Tendenz zur Satire aus. Zu seinen Lyriksammlungen gehören u. a. ›News of the phoenix and other poems‹ (1943), ›Collected poems‹ (1962), ›Poems new and collected‹ (1967), ›The classic shade. Selected poems‹ (1978). Die kanad. Literaturszene ist nachhaltig geprägt durch die von ihm herausgegebenen Anthologien, u. a. ›The book of Canadian poetry‹ (1943, ²1957), ›The Oxford book of Canadian verse‹ (1960), ›The blasted pine‹ (satir. Dichtungen, 1957, überarbeitet 1967; mit Scott), ›Masks of fiction. Canadian critics on Canadian prose‹ (1961), ›Masks of poetry. Canadian critics on Canadian verse‹ (1962).

Smith, Charlotte [engl. smıθ], geb. Turner, * London 4. Mai 1749, † bei Farnham (Surrey) 28. Okt. 1806, engl. Schriftstellerin. – Ihre oft schwermütige Lyrik, v. a. Sonette (›Elegiac sonnets‹, 1784), wurden von den engl. Romantikern geschätzt; von ihren der † Gothic novel verpflichteten, leicht satir. Romanen waren ›Emmeline oder die Waise des Schlosses‹ (1788, dt. 1790) und ›Das alte Schloß‹ (1793, dt. 1795) bes. erfolgreich.
Ausgabe: The poems of Ch. S. Hg. v. S. M. CURRAN. Oxford 1993.

Smith, Dave [engl. smıθ], eigtl. David Jeddie, * Portsmouth (Va.) 19. Dez. 1942, amerikan. Schriftsteller. – Lehrte 1976–80 an der University of Utah; seit 1981 Prof. für engl. Literatur an der Virginia Commonwealth University. Gründer und Hg. der Lyrikzeitschrift ›Back Door‹ (1969–72). Für S. ist Dichtung Ausdruck einer geistigen Krise und durch ihre menschl. Kommunikation stiftende Kraft zugleich ästhet. Vergnügen. Seine frühen Gedichte zeigen Menschen des Südens im Kampf mit Naturmächten (›Bull Island‹, 1970; ›The fisherman's whore‹, 1974; ›In dark, sudden

with light‹, 1977). Mythen des Westens bestimmen die in Utah entstandenen Gedichte (›Goshawk, antelope‹, 1979). In seiner neuesten Lyrik nimmt er in der Tradition R. P. Warrens kulturelle Werte des Südens auf (›Homage to Edgar Allan Poe‹, 1981; ›In the house of the judge‹, 1983; ›Gray soldiers‹, 1983); schreibt auch Prosa und Literaturkritik.
Weitere Werke: Drunks (Ged., 1974), Dream flights (Ged., 1981), Onliness (R., 1981), Southern delights (En., 1984), Local assays. On contemporary American poetry (Essays, 1985), Cuba night (Ged., 1990).
Literatur: The giver of morning. On the poetry of D. S. Hg. v. B. WEIGL. Birmingham (Ala.) 1982.

Smith, Horace (getauft Horatio) [engl. smıθ], * London 31. Dez. 1779, † Tunbridge Wells (heute Royal Tunbridge Wells) 12. Juli 1849, engl. Schriftsteller. – Wurde nach Erfolgen an der Börse freier Schriftsteller. S., der u. a. mit J. Keats und P. B. Shelley befreundet war, schrieb histor. Romane in der Nachfolge W. Scotts (›Brambletye-Haus‹, 3 Bde. 1826, dt. 1926), wurde aber v. a. durch seine Beiträge zu dem in Zusammenarbeit mit seinem Bruder James S. entstandenen Buch ›Rejected addresses‹ (1812), einer Sammlung von Parodien auf zeitgenöss. Dichter, bekannt (Horace S. parodierte W. Scott und Th. Moore); die ebenfalls mit James S. verfaßte Sammlung ›Horace in London‹ (1813) hatte geringeres Niveau.

Smith, James [engl. smıθ], * London 10. Febr. 1775, † ebd. 24. Dez. 1839, engl. Humorist. – Älterer Bruder von Horace S.; Jurist; trug zu der Parodiensammlung ›Rejected addresses‹ (1812) die Beiträge über W. Wordsworth, R. Southey, S. T. Coleridge u. a. bei; Horace S. gab James S.' Nachlaß mit einer biograph. Skizze heraus (1840).

Smith, John [engl. smıθ], * Willoughby (Lincolnshire), ≈ 6. Jan. 1579, † London 21. Juni 1631, engl. Forscher und Abenteurer. – Spielte eine bed. Rolle bei der Besiedlung Amerikas. Die Berichte über seine Erkundungszüge in Virginia nach der Landung der Siedler (1607 in Jamestown), seine Konfrontation mit den Indianern und die historisch nicht belegte glückl. Rettung vom Tod durch die Häuptlingstochter Pocahontas, deren heroische Tat in der amerikan. Literatur befruchtend gewirkt hat, sowie seine geograph. Beschreibungen Neuenglands, die den Puritanern bei der Überfahrt und Besiedlung der Kolonie (1630) als Orientierung dienten, bilden wichtige literar. Dokumente für die frühe Geschichte Amerikas.

Werke: A true relation of such occurrences and accidents of noate as hath hapned in Virginia since the first planting of that Collony (1608), A map of Virginia with a description of the country (1612), A description of New England. Or the observations and discoveries of Captain J. S. ... (1616), The generall historie of Virginia, New England, and the Summer Isles (1624; eine umfangreiche Zusammenfassung der früheren Werke mit ausführl. Bericht der Pocahontas-Episode).
Ausgabe: The complete works of Captain J. S. Hg. v. PH. L. BARBOUR. Chapel Hill (N. C.) 1986. 3 Bde.

Smith, Pauline [Urmson] [engl. smɪθ], * Oudtshoorn (Kapprovinz) 2. April 1882, † Broadstone (Surrey) 29. Jan. 1959, südafrikan. Erzählerin. – Ihre Werke gehören zu den Bahnbrechern der modernen engl. Literatur Südafrikas; der distanzierte, subtile Realismus, der auf volkstüml. Charaktere und Anekdoten zurückgreift, erforscht die Gegensätze ihrer Gesellschaft zwischen der bibl. Einfachheit des ländl. Oudtshoorn und der Bedrohung dieser Existenz durch Besitzgier und Verrohung, zwischen kalvinist. Pietät und Doppelmoral, zwischen Selbstunterdrückung und emanzipator. Selbstverwirklichung.

Werke: The little Karoo (Kurzgeschichten, 1925), The beadle (R., 1926), Platkops children (autobiograph. Kurzgeschichten, 1935).

Smith, Stevie [engl smɪθ], eigtl. Florence Margaret S., * Hull 20. Sept. 1902, † Plymouth 8. März 1971, engl. Schriftstellerin. – Wurde durch den Roman ›Novel on yellow paper‹ (1936) sowie durch scheinbar naive, jedoch ätzend witzige, zweifelnd bohrende Gedichte bekannt, die mit rhythm. Gespür Stilarten vom Kinderreim bis zur Hymne parodistisch verarbeiten und die S. mit eigenen Zeichnungen illustrierte. Das Titelgedicht ihrer Sammlung ›Not waving but drowning‹ (1957) wurde als Ausdruck des Lebensgefühls der Nachkriegszeit empfunden.

Ausgabe: S. S. Collected poems. London 1975.
Literatur: RANKIN, A. C.: The poetry of S. S. Gerrards Cross 1985. – BARBARA, J., u. a.: S. S. A bibliography. London 1987. – SPALDING, F.: S. S. A critical biography. London 1988.

Smith, Sydney [engl. smɪθ], * Woodford (Essex) 3. Juni 1771, † London 22. Febr. 1845, engl. Schriftsteller. – Ab 1796 anglikan. Geistlicher; 1802 Mitbegründer der ›Edinburgh Review‹; gewann durch Kontakte zu den Whigs Einfluß auf die Tagespolitik; wurde 1831 Kanonikus von Saint Paul's Cathedral. S., auch bed. Moralphilosoph, nahm häufig mit witzigen Pamphleten zu polit. Fragen Stellung; wurde berühmt durch ›The letters of Peter Plymley‹ (1807/08), in denen er die bürgerl. Gleichberechtigung der Katholiken forderte.

Ausgabe: S. S. Selected writings. Hg. v. W. H. AUDEN. New York 1956.
Literatur: HALPERN, SH.: S. S. New York 1966.

Smith, Wilbur Addison [engl. smɪθ], * Broken Hill (heute zu Sambia) 9. Jan. 1933, südafrikan. Schriftsteller. – Schreibt sehr erfolgreiche histor. Liebes- und Abenteuerromane; Schauplatz der Handlung ist die unberührte Wildnis Afrikas mit ihren unbekannten Gefahren, meistens zur Zeit der Kolonisierung und frühen Industrialisierung.

Werke: In der Umarmung des Löwen (R., 1964, dt. 1965, 1988 u. d. T. Der Unbesiegbare), Schwarze Sonne (R., 1965, dt. 1969), Meines Bruders Frau (R., 1966, dt. 1977, 1987 u. d. T. Im Schatten seines Bruders), Rivalen gegen Tod und Teufel (R., 1968, dt. 1976), Goldmine (R., 1970, dt. 1972), Der Sonnenvogel (R., 1972, dt. 1974), Adler über den Wolken (R., 1974, dt. 1975), Das Geheimnis der Morgenröte (R., 1975, dt. 1977), Roter Sand (R., 1976, dt. 1986), Der Sturz des Sperlings (R., 1977, dt. 1989), Wild wie das Meer (R., 1978, dt. 1979), Entscheidung Delta (R., 1979, dt. 1981), Men of men (R., 1981), Wenn Engel weinen (R., 1982, dt. 1990), Der Panther jagt im Dämmerlicht (R., 1984, dt. 1986), Glühender Himmel (R., 1985, dt. 1987), Rage (R., 1987), A time to die (R., 1989), Golden fox (R., 1990), Das Grabmal des Pharao (R., 1993, dt. 1994).

Smolenskin (tl.: Smôlęnsqîn), Perez, * Monastyrschtschina (Gebiet Smolensk) 25. Febr. 1842, † Meran 1. Febr. 1885, hebr. Schriftsteller und Publizist. – Kam nach Studien in Odessa 1868 nach Wien, wo er als Drucker und Korrektor tätig war und 1869–84 die hebr. Zeitschrift ›Haš-Šaḥar‹ (= Die Morgenröte) herausgab, das wichtigste Organ der jüd. Aufklärungsbewegung jener Zeit, das jüd.-nat. Zielsetzungen verfolgte. Die Zeitschrift leistete einen bed. Beitrag zur Wiederbelebung der hebr. Sprache. In seinen Romanen und histor. Werken setzte sich S. für ein nat. Verständnis des Judentums ein und bekämpfte Orthodoxie und Assimilation. Sein Hauptwerk ist der Roman ›Hattô'ê bĕdarkê haḥayyim‹ (= Auf Lebenswegen irrend, 1868).

Literatur: WAXMAN, M.: A history of Jewish literature. Bd. 3. New York 1960. – FREUNDLICH, CH. H.: Peretz S. His life and thought. New York 1965. – Enc. Jud., Bd. 15, 1972, S. 7.

Smoleř, Jan Arnošt [sorb. 'smɔlɛr], dt. Johann Ernst Schmaler, * Merzdorf (Oberlausitz) 3. März 1816, † Bautzen 13. Juni 1884, obersorb. Schriftsteller und Philologe. – Gründete 1847 den sorb. Kultur- und Heimatverein ›Maćica Serbska‹; redigierte sorb. Zeitschriften; verfaßte ein dt.-sorb. Wörterbuch (1843), sprachwiss. Arbeiten und Handbücher. S.s bedeutendstes Werk ist die Sammlung ›Volkslieder der Wenden in der Ober- und Nieder-Lausitz‹ (2 Tle., sorb. und dt. 1841–43; mit L. Haupt).

Smollett, Tobias [George] [engl. 'smɔlıt], ≈ Dalquhurn (heute zu Dumbarton) 19. März 1721, † bei Livorno 17. Sept. 1771, schott. Schriftsteller. – Beteiligte sich nach Versuchen als Dramatiker als Wundarzt an Schiffsreisen (u. a. nach Jamaica, wo er seine Frau kennenlernte); ließ sich 1744 in London wenig erfolgreich als Arzt nieder und wandte sich bald ganz der Literatur zu; unternahm zahlreiche Reisen, u. a. aus gesundheitl. Gründen, 1763–65 nach Italien und Frankreich, 1767 nach Schottland und Bath, ehe er 1769 Großbritannien endgültig verließ. Seine durch exzentr. Originale, kom. oder auch groteske und grausame Episoden gekennzeichneten Schelmenromane stehen in der span. Tradition (S. übersetzte A. R. Lesages ›Gil Blas von Santillana‹, 1748, und M. de Cervantes Saavedras ›Don Quijote‹, 1755). ›Die Abenteuer Roderick Randoms‹ (2 Bde., 1748, dt. 1755) auf See, im Krieg und in der Liebe werden vom Titelhelden geschildert, die drastischeren Verführungen und Betrügereien des ›Peregrine Pickle‹ (4 Bde., 1751, dt.

5 Bde., 1827/28, 1769 u. d. T. ›Peregrine Pikle, Begebenheiten‹) mit den eingeschobenen ausschweifenden ›Memoirs of a lady of quality‹ sowie die Schurkengeschichte ›The adventures of Ferdinand, Count Fathom‹ (2 Bde., 1753) von einem distanzierten auktorialen Erzähler. Multiperspektiv. Wirkung erreicht S. in seinem reifsten Werk ›Humphrey Klinkers Reisen‹ (R., 3 Bde., 1771, dt. 3 Bde., 1772) durch die humorvoll satir. Kontrastierung der Reiseeindrücke verschiedener Briefschreiber. S. schrieb auch eine Posse (›The reprisal‹, 1757), verfaßte nichtfiktionale Reisebeschreibungen (›Travels through France and Italy‹, 2 Bde., 1766) sowie halbwissenschaftliche Werke (›A complete history of England‹, 4 Bde., 1757/58; ›A compendium of authentic and entertaining voyages‹, 1756; ›The present state of all nations‹, 8 Bde., 1768/69), beteiligte sich an journalist. Kontroversen und gab Zeitschriften heraus (›Critical Review‹, 1756; ›The Briton‹, 1762).

Ausgaben: T. S. Works. Hg. v. W. E. HENLEY u. T. SECOMBE. Westminster 1899–1901. 12 Bde. – T. S. Works. Hg. v. G. SAINTSBURY. London Neuausg. 1925. 12 Bde. – The Shakespeare head edition of S.'s novels. Oxford 1925–26. 11 Bde. Nachdr. Saint Clair Shores (Mich.) 1971. – T. S. The letters. Hg. v. L. M. KNAPP. Oxford 1970.

Literatur: KNAPP, L. M.: T. S. Doctor of men and manners. Princeton (N. J.) 1949. Nachdr. New York 1963. – GIDDINGS, R.: The tradition of S. London 1967. – BOUCÉ, P. G.: The novels of T. S. London 1976. – GRANT, D.: T. S. A study in style. Manchester u. a. 1977. – SPECTOR, R. D.: T. S. A reference guide. Boston (Mass.) 1980. – S. Author of the first distinction. Hg. v. A. BOLD. London u. a. 1982. – BASKER, J. G.: T. S., critic and journalist. Newark (Del.) 1988.

Smreczyński, Franciszek [poln. smrɛ'tʃĩiski], poln. Schriftsteller, ↑ Orkan, Władysław.

Smrek, Ján [slowak. smrɛk], eigtl. J. Čietek, * Zemianske Lieskové 16. Dez. 1898, † Preßburg 8. Dez. 1982, slowak. Lyriker. – Journalist; knüpfte zunächst an symbolist. Tendenzen an (meditative Lyrik); Übergang zu optimist. und sensualist. Aspekten des Lebens; Liebeslyrik. Zuletzt finden sich philosophisch-moralisch(-eth.) Motive, Naturthemen, Erlebnisdichtung; auch Kindergedichte, Übersetzungen.

Smuul, Juhan (Johannes; bis 1954 Schmuul), *Koguva (auf Moon) 18. Febr. 1922, †Reval 13. April 1971, estn.-sowjet. Schriftsteller. – Langjähriger Vorsitzender des sowjet.-estn. Schriftstellerverbandes; veröffentlichte neben Gedichten v. a. Erzählungen, auch Tagebuchaufzeichnungen, die auf seinen weiten Seereisen entstanden; verfaßte auch Bühnenstücke, Hörspiele, Drehbücher. Dt. erschienen ›Das Eisbuch‹ (Tageb., 1958, dt. 1962), das Bühnenspiel ›Der wilde Kapitän‹ (1965, dt. 1967) sowie ›Die Witwe und andere komische Monologe‹ (1968, dt. 1972).

Snellaert, Ferdinand Augustijn [niederl. 'snɛla:rt], *Kortrijk 21. Juli 1809, †Gent 3. Juli 1872, fläm. Schriftsteller und Literaturkritiker. – Einer der Vorkämpfer der Fläm. Bewegung; Gründer und Hg. (1840–43) des ›Kunst- en Letterblad‹ in Gent, in dem er als Kritiker die nat. Romantik verteidigte; edierte zahlreiche mittelniederl. Texte; schrieb u. a. ›Schets eener geschiedenis der Nederlandsche letterkunde‹ (1850) und ›Vlaamsche bibliographie‹ (1851).
Literatur: Kroniek van Dr. F. A. S. 1809–1872. Hg. v. A. DEPREZ. Utrecht 1972.

Snodgrass, W[illiam] D[eWitt] [engl. 'snɔdgræs], *Wilkinsburg (Penn.) 5. Jan. 1926, amerikan. Lyriker. – Prof. für Englisch an den Universitäten von Rochester, Wayne State und Syracuse. Seine frühen, der Bekenntnislyrik zugerechneten Gedichte thematisieren familiäre Probleme (›Heart's needle‹, 1959, Pulitzerpreis 1960; ›After experience‹, 1968, enthält auch Rilke-Übersetzungen). Spätere Gedichte behandeln histor. Themen wie Schuld und Verantwortung im nationalsozialist. Deutschland (›The Führer Bunker. A cycle of poems in progress‹, 1977), ›Magda Goebbels‹, 1983). Auch als Übersetzer (u. a. von Ch. Morgenstern, M. Frisch und mittelalterl. Literatur) tätig (›Six Troubadour songs‹, 1977; ›Six Minnesinger songs‹, 1983).
Weitere Werke: In radical pursuit (Essays, 1975), If birds build with your hair (Ged., 1979), D. D. Byrde calling Jennie Wrenn (Ged., 1984), Selected poems, 1957–1987 (Ged., 1987), The midnight carnival (Ged., 1988), The death of Cock Robin (Ged., 1989).
Literatur: GASTON, P. L.: W. D. S. Boston (Mass.) 1978.

Snoilsky, Carl [Johan Gustaf] Graf [schwed. 'snɔilski], Pseudonym Sven Tröst, *Stockholm 8. Sept. 1841, †ebd. 19. Mai 1903, schwed. Dichter. – Schrieb klare, in der Form elegante Lyrik, die Einflüsse Lord Byrons, H. Heines und der schwed. Literatur des 18. Jh. zeigt. Unter dem Eindruck einer Italienreise entstand sein Gedichtband ›Italienska bilder‹ (1865/66), der einen Höhepunkt der schwed. Italienromantik bildete. In zahlreichen Freiheitsgedichten gab S. seiner konsequent liberalen Weltanschauung Ausdruck. Große Popularität erreichten seine im Ausland entstandenen Gedichte ›Svenska bilder‹ (1886 und 1895), patriotisch-histor. Bilder, die das große Geschehen im kleinen Ereignis spiegeln; ab 1876 Mitglied der Schwed. Akademie.
Weitere Werke: España (Ged., 1865/66), Sonetter (Ged., 1871), Ausgewählte Gedichte (dt. Ausw. 1892).
Ausgabe: C. S. Samlade dikter. Stockholm 1903–04. 5 Bde.
Literatur: WARBURG, K.: C. S. Hans lefnad och skaldskap. Stockholm 1905. – HALLSTRÖM, P.: C. S. En levnadsteckning. Stockholm 1933. – OLSSON, H.: Den unge S. Stockholm 1941. – OLSSON, H.: C. S. Stockholm 1981. .

Snorri Sturluson [isländ. 'snɔri 'styrdlysɔn], *Hvamm 1178 (1179 ?), †Gut Reykjaholt 22. (23. ?) Sept. 1241, isländ. Dichter, Historiker und Staatsmann. – Einer der reichsten, mächtigsten und bedeutendsten Männer seiner Zeit in Island; kam durch Heirat 1199 in den Besitz des Stammsitzes der angesehenen und reichen Mýramenn am Borgarfjord; war 1215–18 und 1222–31 Gesetzessprecher und damit Inhaber des höchsten Amtes, das der isländ. Freistaat zu vergeben hatte. Zweimal (1218–20 und 1237–39) besuchte er Norwegen; die enge Verbindung zu dem königl. Statthalter Skuli brachte ihn schließlich in Gegensatz zum norwegischen König Håkon IV. Gegen die Anordnung des Königs verließ er Norwegen und kehrte nach Island zurück. Aufgrund seiner Verwicklung in die Bestrebungen des norweg. Königs, Island zu unterwerfen, und der Beteiligung an den erbitterten Familienrivalitäten auf Island wurde S. schließlich auf Betreiben seines Schwiegersohns ermordet. S. S. gilt als

glänzender Vertreter der mittelalterl. isländ. Gelehrsamkeit. Er verfaßte u. a. ein
skald. Lehrbuch, die sog. jüngere Edda
(›Snorra-Edda‹, ab 1220) und eine große
bis 1177 reichende Geschichte der norweg. Könige, die später ↑›Heimskringla‹
(um 1230) genannt wurde. Möglicherweise ist S. S. auch als Verfasser der
↑›Egils saga‹ anzusehen.
Literatur: NAUMANN, H.: Versuch über S. S.
Bonn 1943. – PAASCHE, F.: Snorre Sturlason og
Sturlungene. Oslo ²1948. – CIKLAMINI, M.: S. S.
Boston (Mass.) 1978. – BAGGE, S.: Society and
politics in S. S.'s Heimskringla. Berkeley (Calif.)
1991. – S. S. Kolloquium... Hg. v. A. WOLF. Tüb.
1993.

Snow, Sir (seit 1957) C[harles] P[ercy]
[engl. snoʊ], Baron of Leicester (seit
1964), * Leicester 15. Okt. 1905, † London
1. Juli 1980, engl. Schriftsteller. – Physiker, ab 1950 ∞ mit Pamela Hansford
Johnson; 1930–50 Fellow am Christ's
College in Cambridge (Arbeiten v. a. zur
Molekülphysik); zwischen 1940 und
1966 in hohen offiziellen Stellungen tätig. S.s literar. Ruhm beruht v. a. auf dem
Romanzyklus ›Strangers and brothers‹,
der nach dem Romanhelden auch als
Lewis-Eliot-Zyklus bekannt ist. In jedem
Band des z. T. autobiograph. Werkes, das
in der Tradition des engl. Gesellschaftsromans steht, zeigt S. die Verhaltens-
weise einer geschlossenen soziolog.
Gruppe (z. B. der Collegedozenten, der
Politiker, der Regierungsbeamten). Der
Zyklus ist eine Saga von Menschen unserer Zeit (1914–68), realistisch dargestellt
mit scharf profilierten Charakteren. Er
umfaßt 11 Bände: ›Fremde und Brüder‹,
1940, dt. 1964; ›Die lichten und die
dunklen Gewalten‹, 1947, dt. 1948;
›Jahre der Hoffnung‹, 1949, dt. 1951,
1960 u. d. T. ›Zeit der Hoffnung‹; ›Die
Lehrer‹, 1951, dt. 1952; ›Entscheidung in
Barford‹, 1954, dt. 1970; ›Wege nach
Hause‹, 1956, dt. 1962; ›Das Gewissen
der Reichen‹, 1958, dt. 1961; ›Die Affäre‹, 1960, dt. 1963; ›Korridore der
Macht‹, 1964, dt. 1967; ›The sleep of
reason‹, 1968; ›Last things‹, 1970. Außerdem befaßte sich S. (u. a. ›Die zwei
Kulturen‹, 1959, dt. 1967) mit der Bezie-
hungslosigkeit der geisteswissenschaftl.
und naturwissenschaftlich-techn. Kul-
turbereiche.

Weitere Werke: Mord unterm Segel (R., 1932,
dt. 1971), The malcontents (R., 1972), In their
wisdom (R., 1974), A coat of varnish (R., 1979).
Literatur: THALÉ, J.: C. P. S. Edinburgh 1964. –
GRAVES, N. C.: Two-culture theory in C. P. S.'s
novels. Hattiesburg (Miss.) 1971. – RAMANA-
THAN, S.: The novels of C. P. S. London 1978. –
SNOW, PH.: Stranger and brother. A portrait of
C. P. S. London 1982. – HALPERIN, J.: C. P. S.
Brighton 1983. – DE LA MOTHE, J.: C. P. S. and
the struggle of modernity. Austin (Tex.) 1992.

Snyder, Gary Sherman [engl. ˈsnaɪdə],
* San Francisco (Calif.) 8. Mai 1930,
amerikan. Lyriker. – Studierte Anthropologie, Japanologie und Sinologie u. a. in
Berkeley (Calif.), wo er mit den Beat-
Lyrikern A. Ginsberg und J. Kerouac, der
ihn als Japhy Ryder in dem Roman
›Gammler, Zen und hohe Berge‹ darstellt, zusammentraf; lebte 1956–64
meist in Japan. S., in dessen Dichtung
sich zenbuddhist. Gedankengut mit indian. Überlieferung vermischt, bemüht
sich um die Schaffung einer die Harmonie der Natur widerspiegelnden inneren
Harmonie des Menschen. In den späteren Werken geht S. von den mit dem Leser geteilten Naturerlebnissen didaktisch
konkret auf ökolog. Themen über, bes. in
dem Gedichtband ›Schildkröteninsel‹
(1974, dt. 1980, Pulitzerpreis 1975) und
den Essaysammlungen ›Earth house
hold‹ (1969) und ›The old ways‹ (1977).
Weitere Werke: Riprap (Ged., 1959), Myths and
texts (Ged., 1960), Six sections from mountains
and rivers without end (Ged., 1965), A range of
poems (1966), The back country (Ged., 1968),
Maya (Ged., dt. Ausw. 1972), Axe handles
(Ged., 1983), Passage through India (Ber.,
1984), Left out in the rain: new poems
1947–1985 (Ged., 1986), The practice of the
wild (Essays, 1990), No nature (Ged., 1992).
Literatur: STEUDING, B.: G. S. Boston (Mass.)
1976. – ALMON, B.: G. S. Boise (Id.) 1979. –
GREWE-VOLPP, CH.: Das Naturbild im Werk
von G. S. Hdbg. 1983. – McNEILL, K.: G. S. A
bibliography. New York 1983. – MOLESWORTH,
CH.: G. S.'s vision. Poetry and the real work.
Columbia (Mo.) 1983. – BOCK, S.: Mythenre-
zeption in der Lyrik von G. S. Ffm. u. a. 1993.

Soares, Manuel [portugies. ˈsuɐrɪʃ],
Pseudonym der portugiesischen Schriftstellerin Irene do Céu Vieira ↑Lisboa.

Sobol, Joshua, * Tel Aviv 24. Aug.
1939, israel. Dramatiker und Journalist. – Studierte in Paris Philosophie an
der Sorbonne; 1970 Rückkehr nach
Israel; schreibt seitdem Theaterstücke

(›Zeitstücke‹) und arbeitet als Journalist (hpts. Satirisches) bei der Zeitung ›'Al Ham-mišmạr‹ (= Auf der Hut); war auch einer der zwei künstler. Leiter des ›Haifa Municipal Theatre‹. Das Musical ›Ghetto‹ (UA 1984, dt. 1984), ›Weinigers Nacht‹ (1982, dt. 1984) und ›Die Palästinenserin‹ (1985, dt. 1986) beschreibt S. als den Versuch, ›die schwierige Beziehung zwischen Judentum, dem Staat Israel und dem Zionismus darzustellen‹; trat wegen massiver polit. Angriffe und Störungen seines im Jan. 1988 in Tel Aviv uraufgeführten Stücks ›Das Jerusalem-Syndrom‹ (dt. 1989) als Theaterleiter zurück.

Weitere Werke: Adam (Stück, 1989, dt. 1989), A und B (Stück, dt. UA 1991), Auge in Auge (Stück, dt. UA 1994), Schneider und Schuster (Dr., UA 1994 in Basel), Schöner Toni (Stück, dt. UA 1994).

Söderberg, Hjalmar [Emil Fredrik] [schwed. ¸sø:dərbærj], * Stockholm 2. Juli 1869, † Kopenhagen 14. Okt. 1941, schwed. Schriftsteller. – Ab 1897 Mitarbeiter verschiedener Stockholmer Zeitungen; 1917 Übersiedlung nach Kopenhagen. Sein Erstlingswerk ›Irrungen‹ (R., 1895, dt. 1914) wie auch sein autobiograph. Roman ›Martin Bircks Jugend‹ (1901, dt. 1904, Neuaufl. 1986) stehen im Zeichen der desillusionierenden Fin-desiècle-Bewegung; oft treten erot. Motive in den Vordergrund. Als Prosaist hat S. in der schwed. Literatur Schule gemacht; Knappheit und Klarheit seines Stils bes. in iron. kleinen Erzählungen. S. übersetzte H. Heine, G. de Maupassant und A. France.

Weitere Werke: Historietten (Nov.n, 1898, dt. 1905), Doktor Glas (R., 1905, dt. 1907), Gertrud (Schsp., 1906), Das ernste Spiel (R., 1912, dt. 1927), Den talangfulla draken (Nov.n, 1913), Ödestimmen (Dr., 1922), Resan till Rom (Nov., 1929), Makten, viseheten och kvinnan (Aphorismen, 1947).

Ausgabe: H. S. Samlade verk. Stockholm 1943. 10 Bde.

Literatur: BERGMAN, B.: H. S. Stockholm ²1951. – REIN, S.: H. S.s Gertrud. Stockholm 1962. – SUNDBERG, B.: Sanningen, myterna och intressenas spel. En studie i H. S.s författarskap från och med Hjärtats oro. Uppsala 1981. – LAGERSTEDT, S.: H. S. och religionen. Stockholm 1982. – LJUNGBERG, L.: Alltför mänskligt. Om H. S.s kristendomskritik. Lund 1982. – HOLMBÄCK, B.: H. S.s Stockholm. Stockholm 1985. –

HOLMBÄCK, B.: H. S.: ett författarliv. Stockholm 1988.

Söderbergh, Bengt [schwed. ¸sø:dərbærj], Pseudonym Joakim Bergman, * Stockholm 30. Juni 1925, schwed. Schriftsteller. – Seine in einem konzentrierten Prosastil gehaltenen Romane sind stark durch den Einfluß frz. Literatur (u. a. A. Gide, A. Camus) geprägt; im Mittelpunkt stehen oft Probleme individueller Identität und polit. Fragen; als Literaturkritiker bed. Vermittler frz. Literatur.

Werke: Den förstenade (R., 1948), Herr Selows resa till synden (R., 1954), Vid flodens strand (R., 1959), Stigbygeln (R., 1961), Rondo für Teresa (R., 1969, dt. 1985), De gåtfulla barrikaderna (R., 1983).

Södergran, Edith Irene, * Petersburg 4. April 1892, † Raivola (heute Roschtschino, Gebiet Petersburg) 24. Juni 1923, schwedischsprachige finn. Lyrikerin. – Wuchs in mehrsprachiger Umgebung auf (schwed., russ., dt.). 1908 an Tuberkulose erkrankt; lebte nach der russ. Revolution in großer Armut. Verfaßte (zunächst in dt. Sprache) reimlose, von innen her strukturierte und rhythmisierte, anfangs von F. Nietzsche beeinflußte, nach der Hinwendung zum Christentum gefühlsgebändigte Gedichte von großer visionärer Bildkraft; bahnbrechend für die skand. Expressionismus; gilt als wichtigste Vertreterin des schwedischsprachigen Modernismus.

Werke: Dikter (Ged., 1916), Septemberlyran (Ged., 1918), Rosenaltaret (Ged., 1919), Brokiga iakttagelser (Aphorismen, 1919), Framtidens skugga (Ged., 1920), Landet, som icke är (Ged., hg. 1925).

Šodžentsykus, Ali Aschadovič, kabardin.-sowjet. Dichter, ↑ Schogenzukow, Ali Aschadowitsch.

Soest, Johann von [zo:st], dt. Musiker, Schriftsteller und Arzt, ↑ Johann von Soest.

Soffici, Ardengo [italien. ˈsɔffitʃi], * Rignano sull'Arno (Florenz) 7. April 1879, † Forte dei Marmi (Prov. Lucca) 19. Aug. 1964, italien. Schriftsteller und Maler. – Mitarbeiter verschiedener Zeitschriften, u. a. Mitbegründer der Zeitschrift ›La Voce‹. Während eines längeren Aufenthaltes in Paris Freundschaft mit G. Apollinaire; setzte sich für Futurismus und Kubismus ein. Wandte sich in Dichtung und Malerei nach futurist. Anfängen einem traditionsbewußten Realismus zu; neben impressionist. Gedichten, Essays und Skizzen stellte er in fragmentar. Form seinen Lebensweg dar. Sein Hauptwerk ist der Schelmenroman ›Lemmonio Boreo‹ (1911).

Weitere Werke: Chimismi lirici (Ged., 1915), Giornale di bordo (Tageb., 1915), Kobilek (Tageb., 1918), Estetica futurista (Essays, 1920), Marsia e Apollo (Ged., 1928), Autoritratto d'artista italiano nel quadro del suo tempo (Autobiogr., 4 Bde., 1951–55).
Ausgaben: Carteggio. G. Prezzolini – A. S. Hg. v. M. RICHTER und M. E. RAFFI. Rom 1977–82. 2 Bde. – MARCHETTI, G.: A. S. Florenz 1979. – Lettere a S. 1917–1930. Hg. v. P. MONTEFOSCHI u. L. PICCIONI. Florenz 1981. – C. Carrà – A. S. Lettere 1913–1929. Hg. v. M. CARRÀ u. V. FAGONE. Mailand 1983. – SOFFICI, E.: Studi su A. S. Mailand 1987.

Soffitte [italien. zu lat. suffigere = anheften], beim Theater vom Schnürboden herabhängendes, entsprechend der Bühnendekoration bemaltes, die Kulissenbühne nach oben abschließendes Dekorationsstück, auf dem z. B. der Himmel dargestellt ist.

Sofroni Wratschanski (tl.: Sofronij Vračanski) [bulgar. so'frɔnij 'vratʃanski], * Kotel 1739, † Bukarest 22. oder 23. Sept. 1813, bulgar. Schriftsteller. – 1762 Priester; Lehrer in Kotel; 1794 Bischof von Wraza; 1803 Flucht nach Bukarest; früher bulgar. Aufklärer, der mit seiner Autobiographie ›Leben und Leiden des sündigen Sofroni‹ (entst. um 1805, gedr. 1861, dt. 1972) am Neubeginn der bulgar. Literatur steht; förderte die bulgar. nat. Wiedergeburt; Autor des ersten gedruckten Buches (1806) der neubulgar. Literatur.

Literatur: KISELKOV, V. S.: Sofronij Vračanski. Sofia 1963.

Sofronow (tl.: Sofronov), Anatoli Wladimirowitsch [russ. sa'frɔnɐf], * Minsk 19. Jan. 1911, † Moskau 10. Sept. 1990, russ.-sowjet. Schriftsteller. – Verfaßte Gedichte, Erzählungen und Dramen (u. a. ›In einer Stadt‹, 1946, dt. 1952; ›Der Moskauer Charakter‹, 1948, dt. 1948; ›Eine Million für ein Lächeln‹, 1959, dt. 1961), von denen bes. die Lustspiele große Beliebtheit erlangten; thematisierte die offizielle Parteilinie.

Weitere Werke: V glub' vremeni (= In die Tiefe der Zeit, Vers-R., 1980), Družina (= Gefolgschaft, 1981).
Ausgabe: A. V. Sofronov. Sobranie sočinenij. Moskau 1983–86. 6 Bde.

sogdische Literatur (sogdhische Literatur), die in Sogdisch, einer nordostiran. Sprache, abgefaßte Literatur der Sogdier in Ost-Turkestan aus dem 1. Jt. n. Chr.; zu unterscheiden sind nach der jeweiligen Religion drei (auch sprachlich divergierende) Gruppen: buddhist. Werke (religiöse Lehrtexte im Stil von Sutras, Erzählungen, Poetisches, medizin. Schriften), die in Ost-Turkestan oder gar in China aus dem Chinesischen, z. T. aber auch aus indoar. oder tochar. Vorlagen übersetzt sind; christl. (nestorian.) Texte (Teile der Bibel, Homilien, Legenden usw.), die meist aus dem Syrischen übertragen wurden; manichäische, z. T. aus dem Mittelpersischen oder Parthischen übersetzte, z. T. aber auch (wie die Sündenbekenntnisse) original-sogd. Schriften. Nichtliterarisch sind die ältesten Denkmäler des Sogdischen, die sog. ›alten Briefe‹ (von Kaufleuten aus den Jahren 312/313, nahe Tunhwang gefunden), sowie die Inschriften aus den Bergen der Sogdiana, der histor. Landschaft in Mittelasien, zwischen Amudarja und Syrdarja (heute Usbekistan, ferner Teile von Tadschikistan, Kirgisien und Turkmenien), selbst.

Literatur: HANSEN, O.: Die christl. Lit. der Sogdier. In: Hdb. der Orientalistik. Abt. 1. Bd. 4. 2. 1. Leiden 1968. S. 91. – HANSEN, O.: Die buddhist. Lit. der Sogdier. In: Hdb. der Orientalistik. Abt. 1. Bd. 4. 2. 1. Leiden 1968. S. 83.

Šogencukov, Ali Aschadovič, kabardin.-sowjet. Dichter, ↑ Schogenzukow, Ali Aschadowitsch.

Sohar [hebr. = Glanz], Hauptwerk der jüd. ↑ Kabbala. Der S. (auch hebr. tl.: Sefer haz-zohar [= Buch des Glanzes]) stammt aus der 2. Hälfte des 13. Jh. und ist wahrscheinlich von dem span. Kabbalisten Moses Ben Schem Tov de Leon in aramäischer Sprache verfaßt worden (Erstdruck Mantua 1558–60). Hauptinhalt sind mystische Ausdeutungen der Thora und anderer biblischer Bücher sowie Beschreibungen der Taten und Lehren des Tannaiten Simon Ben Jochai (2. Jh.) und Homilien.

Sohnrey, Heinrich, *Jühnde (Landkreis Göttingen) 19. Juni 1859, † Neuhaus im Solling (heute zu Holzminden) 26. Jan. 1948, dt. Schriftsteller. – Lehrer; begründete den ›Dt. Verein für ländl. Wohlfahrts- und Heimatpflege‹; Schriftleiter, Hg. von Zeitschriften und Dorfkalendern, Verfasser von Dorfgeschichten und Bauerndramen aus dem ›Volkstum‹ des Weserberglandes; Volkskundler im Sinne der Heimatkunstbewegung (↑ Heimatkunst).
Werke: Die Leute aus der Lindenhütte (En., 2 Bde., 1886/87), Die hinter den Bergen (En., 1894), Der Bruderhof (En., 1898), Rosmarin und Häckerling (En., 1900), Robinson in der Lindenhütte (En., 1908), Grete Lenz (E., 1909), Die Lebendigen und die Toten (R., 1913, 1929 u. d. T. Fußstapfen am Meer), Gewitter (Dr., 1929), Wulf Alke (R., 1933), Zwischen Dorn und Korn (Erinnerungen, 1934).

Sohrāb, Gregor, *Konstantinopel (heute Istanbul) 1861, †ebd. 1915, armen. Schriftsteller. – Ursprünglich Ingenieur, später Jurist und Rechtsanwalt; als Politiker bed. Redner, Mitglied des türk. Parlaments; gilt als der größte westarmen. Roman- und Novellenschriftsteller; seine Werke sind nicht politisch bestimmt, sondern richten sich an die Armenier Konstantinopels mit ihren nach seiner Meinung freien Moralvorstellungen.
Literatur: INGLISIAN, V.: Die armen. Lit. In: Hdb. der Orientalistik, Abt. 1. Bd. 7. Leiden 1963. S. 238.

Søiberg, Harry [dän. 'sɔibɛrʼ], *Ringkøbing 13. Juni 1880, † Kopenhagen 2. Jan. 1954, dän. Schriftsteller. – Erreichte literar. Anerkennung v. a. mit seinen Heimatdichtungen, in denen die geschilderten Menschen, Gestalten aus der Bevölkerung West-Jütlands, wie Symbole psych. Vorgänge wirken. Sein wandlungsfähiger Erzählstil spannt den Bogen vom Realistischen zum Visionären.
Werke: Das Land der Lebenden (R.-Zyklus, 1920, dt. 1929), Der Seekönig (R., 1926, dt. 1929), Die Tochter des Seekönigs (R., 1928, dt. 1930), Der letzte Weg (R., 1930, dt. 1931), Der Kampf einer Frau (R., 2 Bde., 1938–40, dt. 1940).

Sokolow (tl.: Sokolov), Sascha [russ. sɐka'lɔf], eigtl. Alexandr Wsewolodowitsch S., *Ottawa 6. Nov. 1943, russ. Schriftsteller. – Sohn eines Diplomaten;

ab 1947 in der Sowjetunion; Journalist; 1975 Emigration; lebt in Kanada. Schreibt surrealist. Prosa; experimentiert mit Sprache.
Werke: Die Schule der Dummen (R., 1976, dt. 1977), Meždu sobakoj i volkom (= In der Dämmerung, R., 1980), Palisandrija (R., 1985).

Solarte, Tristán, eigtl. Guillermo Sánchez Borbón, *Bocas del Toro 1. Juni 1924, panamaischer Schriftsteller. – Schrieb Gedichte, die formal den Creacionismo V. Huidobros fortsetzen, thematisch auf die romant. Lyrismen von Tod, Mysterien u. ä. zurückgreifen; auch Romane, die eine irreal traumhafte Atmosphäre zum Ausdruck bringen.
Werke: Voces y paisajes de vida y muerte (Ged., 1950), Evocaciones (Ged., 1955), El ahogado (R., 1957), El guitarrista (R., 1961), Confesiones de un magistrado (R., 1968), Aproximación poética a la muerte y otros poemas (Ged., 1973).

Soldati, Mario, *Turin 17. Nov. 1906, italien. Schriftsteller. – Journalist; behandelt in Romanen und Erzählungen mit oft spannungsreicher Handlung in traditionsgebundener, klarer Sprache einfühlsam psycholog. und moral. Probleme; schrieb außerdem Reportagen sowie Drehbücher; auch Filmregisseur.
Werke: Die geheimen Gründe (En., 1950, dt. 1954), Briefe aus Capri (R., 1954, dt. 1955; Premio Strega 1954), I racconti, 1927–47 (En., 1957), Die Geschichten des Kriminalkommissars (En., 1967, dt. 1970), Der Schauspieler (R., 1970, dt. 1972), Un prato di papaveri (Tageb., 1973), Diario (Tageb., 2 Bde., 1973–75), Lo smeraldo (R., 1974), Die amerikan. Braut (R., 1978, dt. 1979), Addio diletta Amelia (R., 1979), L'incendio (R., 1981), Nuovi racconti del maresciallo (En., 1984), Der Architekt und die Liebe (R., 1985, dt. 1988), Am Tage des Jüngsten Gerichts (R., 1987, dt. 1988).
Literatur: GRILLANDI, M.: M. S. Florenz 1979. – MAURO, W.: Invito alla lettura di M. S. Mailand 1981.

Solde, Heinrich, dt. Humanist, Arzt und Schriftsteller, ↑Cordus, Euricius.

Soler i Hubert, Frederic [katalan. su-'lɛr i u'βɛrt], Pseudonym Serafí Pitarra, *Barcelona 9. Okt. 1839, †ebd. 4. Juli 1895, katalan. Schriftsteller. – Uhrmacher; wandte sich früh der Bühne zu und schrieb zahlreiche volkstüml. Komödien, Sainetes und Parodien; auch Erzählungen und Gedichte.
Werke: L'esquella de la Torratxa (Kom., 1864), Les joies de la Roser (Dr., 1866).

Solev, Kočo, makedon. Schriftsteller, ↑Racin, Kočo.

Solís y Rivadeneyra, Antonio de [span. so'lis i rriβaðe'neira], * Alcalá de Henares 18. Juli 1610, † Madrid 19. April 1686, span. Schriftsteller. – Studierte in Alcalá und Salamanca, wurde königl. Chronist für Spanisch-Amerika und trat 1667 in den geistl. Stand; berühmt durch seine [unvollendete] ›Geschichte der Eroberung von Mexico‹ (1685, dt. 2 Bde., 1750–53) sowie durch neun Dramen; auch Lyriker.

Ausgaben: A. de S. y R. Historia de la conquista de México. Madrid ³1978. – A. de S. y R. Comedias. Krit. Ausgabe. Hg. v. M. SÁNCHEZ REGUEIRA. Madrid 1984. 2 Bde.
Literatur: MARTELL, D. E.: The dramas of Don A. de S. y R. Philadelphia (Pa.) 1902. – AROCENA, L. A.: A. de Solís, cronista indiano. Buenos Aires 1963.

Šoljan, Antun [serbokroat. ˌʃɔːljan], * Belgrad 1. Dez. 1932, kroat. Schriftsteller. – Studium in Zagreb; begann 1956 mit Gedichten, in denen er linguistisch experimentiert, mit scharfen Beobachtungen über Relativität und Widersprüchlichkeit der Ideen und des Lebens der heutigen Zeit; auch in seiner Prosa (Erzählwerke, Dramen, Essays) ist dieses Thema vorherrschend. Dt. liegt vor ›Der kurze Ausflug‹ (R., 1965, dt. 1966).

Weiteres Werk: Bacač kamena (= Der Steinwerfer, Ged., 1985).

Philippe
Sollers

Sollers, Philippe [frz. sɔ'lɛrs], eigtl. Ph. Joyaux, * Talence (Gironde) 28. Nov. 1936, frz. Schriftsteller. – Zunächst traditioneller Erzähler (›Seltsame Einsamkeit‹, R., 1958, dt. 1960), wandte sich dann dem Nouveau roman zu (›Der

Park‹, R., 1961, dt. 1963) und entwickelte hierauf eine neuartige experimentelle Schreibweise, zu der er die Theorie in der 1960 von ihm gegründeten Zeitschrift ›Tel Quel‹ darlegte. Kennzeichen sind u. a. anagrammat. Schreibweise, Verzicht auf Interpunktion, ständiger Wechsel der Bewußtseinsschichten, Austausch von Realität und Fiktion; v. a. in seiner Literaturkritik Einbeziehung von Psychoanalyse, Philosophie und Linguistik, maoistischen gesellschaftspolit. Fragestellungen. Seit Mitte der 70er Jahre beschäftigt sich S. zunehmend mit der Marxismuskritik der Neuen Philosophen. In seinen Werken ›Femmes‹ (R., 1983), ›Portrait des Spielers‹ (R., 1984, dt. 1992) und ›Le cœur absolu‹ (R., 1986) wendet er sich wieder traditionellen Formen des Erzählens und des fiktionalen Selbstentwurfes zu. Nach der Einstellung der Zeitschrift ›Tel Quel‹ 1982 ist S. Hg. der Nachfolgepublikation ›L'Infini‹.

Weitere Werke: Drama (R., 1965, dt. 1968), Nombres (R., 1968), H (R., 1973), Sur le matérialisme (Essay, 1974), Paradis (R., 2 Bde., 1981–86), Théorie des exceptions (Essay, 1986), Les surprises de Fragonard (R., 1987), Les folies françaises (R., 1988), Le lys d'or (R., 1989), Drame (Essay, 1990), La fête à Venise (R., 1991), Le secret (R., 1992), La guerre du goût (Essays, 1994).
Literatur: BRÜTTING, R.: Écriture u. Texte. Die frz. Literaturtheorie nach dem Strukturalismus. Bonn 1976. – BARTHES, R.: S. écrivain. Paris 1979. – RÖSSNER, M.: Ph. S. In: Frz. Lit. des 20. Jh. Gestalten u. Tendenzen. Hg. v. W.-D. LANGE. Bonn 1986. S. 398. – ↑auch Simon, Claude.

Sollogub, Wladimir Alexandrowitsch Graf [russ. sɐllaˈgup], * Petersburg 20. Aug. 1813, † Bad Homburg v. d. H. 17. Juni 1882, russ. Schriftsteller. – Nach Studien in Dorpat Ministerialbeamter. S., der in seinen Erzählungen ein etwas oberfläch., von leiser Ironie bestimmtes Bild der russ. Aristokratie zeichnete, leistete mit seiner teils romanhaften, teils publizist. Reisebeschreibung ›Tarantas‹ (1845, dt. 1847 in: ›Nord. Novellenbuch‹, Bd. 3), in der er v. a. die slawophilen Ideen I. W. Kirejewskis verspottet, einen wesentl. Beitrag zur Entwicklung der russ. Kurzgeschichte. Er hatte auch als Singspiel- und Komödiendichter Erfolg.

Weiteres Werk: Istorija dvuch kaloš (= Geschichte zweier Galoschen, E., 1839).

Ausgabe: V. A. S. Povesti i rasskazy. Moskau u. Leningrad 1962.

Šolochov, Michail Aleksandrovič, russ.-sowjet. Schriftsteller, ↑ Scholochow, Michail Alexandrowitsch.

Sologub, Fjodor [russ. sɐla'gup], eigtl. F. Kusmitsch Teternikow, * Petersburg 1. März 1863, † ebd. 5. Dez. 1927, russ. Schriftsteller. – Lehrer; gehört zu den bedeutendsten Vertretern des russ. Symbolismus. Seine Neigung zum Phantastischen, Grotesken, Dämonischen und Makabren zeigt sich in Gedichten und erzählenden Werken, deren zentrales Motiv oft die Sehnsucht nach dem Tod ist, das auch in einigen Dramen, die v. a. auf Sagen- und Märchenstoffen basieren, wiederkehrt. Der Stil, besonders der seiner Lyrik, ist bildhaft, klar und von hoher, oft suggestiver Musikalität.
Werke: Das Buch der Märchen (dt. Ausw. 1907), Der kleine Dämon (R., 1907, dt. 1909), Totenzauber (R.-Trilogie, 1907–13, dt. 2 Bde., 1913), Der flammende Kreis (Ged., 1908, dt. Ausw. 1983), Süßer als Gift (R., 1912, dt. 1922). **Ausgaben:** F. S. Sobranie sočinenij. Bd. 1 u. 3–20. Petersburg 1913–14. – F. S. Meisternovellen. Dt. Übers. Zü. 1960. – F. S. Rasskazy. Berkeley (Calif.) 1979. – F. S. Neizdannoe i nesobrannoe. Hg. v. G. Pauer. Mchn. 1989. – F. S. Der vergiftete Garten. Phantast.-unheiml. Geschichten. Dt. Übers. Ffm. 1990.
Literatur: Holthusen, J.: F. S.s Roman-Trilogie. Den Haag u. Paris 1960. – Hansson, C.: F. S. as a short-story writer. Stockholm 1975. – Leitner, A.: Die Erzählungen F. S.s. Mchn. 1976. – Rabinowitz, S. J.: S.'s literary children. Columbus (Ohio) 1980. – F. S. Texte, Aufss., Bibliogr. 1884–1984. Hg. v. B. Lauer u. U. Steltner. Mchn. 1984.

Solomǫs, Dionysios, * Zakynthos (Zante) zwischen 15. März und 15. April 1798, † auf Korfu 9. Febr. 1857, neugriech. Lyriker. – Adliger Herkunft, kam 1808 nach Italien, wo er erzogen wurde, die Schule besuchte, Jura studierte und seine ersten Gedichte in italien. Sprache schrieb. S. wird als Begründer der neuen Tradition der griech. Lyrik durch seine Dichtung in der Volkssprache (Dēmotikē) verehrt und gilt als griech. Nationaldichter. Die genaue Kenntnis von Philosophie und Literatur seiner Zeit geben seiner formschönen und musikal. Lyrik ein unvergleichl. Gepräge. S. erlebte den Befreiungskampf Griechenlands aus Zakynthos mit größter Anteilnahme. Er

schrieb den ›Hymnos eis tēn eleutherian‹ (= Hymne an die Freiheit, 1823), die ›Ōdē eis to thanato tu Lord Byron‹ (= Ode auf den Tod Lord Byrons, 1824), die Dichtungen ›Lambros‹ (1823–24), ›Eleutheroi poliorkēmenoi‹ (= Freie Belagerte, 1826–44), ›Krētikos‹ (1833–34) und ›Porphyras‹ (1849) sowie die Prosastücke ›Ho dialogos‹ (= Der Dialog, 1825) und ›Hē gynaika tēs Zakynthos‹ (= Die Frau von Zakynthos, 1826–29).
Ausgaben: D. S. Ta heuriskomena. Hg. v. Polylas. Korfu 1859. – D. S. Hapanta ta heuriskomena. Vorwort v. K. Palamas. Athen ²1921. – D. S. Hapanta. Athen ¹⁻²1948–69. 2 Bde. in 3 Bden. – D. S. Basikē Bibliothēkē. Bd. 15 (1954). – D. S. Hg. v. M. Siguros. Athen 1957. – D. S. Autographa erga. Hg. v. L. Politis. Athen 1964. 2 Bde.
Literatur: Apostolakis, J.: Hē poiēsē stē zōē mas. Athen 1923. – Varnalis, K.: Ho S. chōris metaphysikē. Athen 1925. – Michalopulos, Ph.: D. S. Athen 1931. – Palamas, K.: D. S. Athen 1933. – Tomadakis, N. B.: Ekdoseis kai cheirographa tu poiētu D. S. Diss. Athen 1935. – Jenkins, R. J. H.: D. S. Cambridge 1940. – Tomadakis, N. B.: Ho S. kai hoi archaioi. Athen 1943. – Varnalis, K.: Solōmika. Athen 1957. – Zoras, G. T.: D. S., ho ethnikos poiētēs tēs neōteras Hellados, 1798–1857. Athen 1957. – Kriaras, E.: D. S., ho bios – to ergo. Saloniki 1957. – Konomos, D.: D. S., hē poiētikē dēmiurgia tu stē Zakyntho. Athen 1958. – Politis, L.: Gyrō sto S., meletes kai arthra (1938–1958). Athen 1958. – Varnalis, K.: Solōmika. Athen 1958. – Chatzijakumis, M.: Neohellēnikai pēgai tu S. Athen 1968. – Chatzijakumis, M.: Synchrono Solōmika problēmata. Athen 1969. – Rotolo, V.: Il dialogo sulla lingua di S. Palermo 1970. – Raisis, M.: D. S. New York 1972. – Lorentzatos, Z.: Gia to S. Athen 1974. – Maronitis, D.: D. S. Athen 1975. – Coutelle, L.: Formation poétique de Solomos. Athen 1977.

Solon (tl.: Sólōn), * Athen um 640, † ebd. um 560, athen. Staatsmann und Dichter. – Entstammte einem alten Adelsgeschlecht, wurde 594/593 zum Archon gewählt mit der Vollmacht, die sich verschärfenden sozialen Gegensätze durch Gesetzes- und Verfassungsänderungen zu schlichten. So versteht sich ein Großteil seiner Dichtung als Rechenschaftsbericht der damals getroffenen Maßnahmen. Von seinen etwa 5 000 eleg. Versen sind rund 200 erhalten, sonst nur wenige Reste jamb. und trochäischer Versmaße. Bekannt sind v. a. die große Staatselegie, in der S. der ›Eunomía‹

(gute gesetzl. Ordnung) eine zentrale Bedeutung für menschl. Zusammenleben beimißt, und die Musenelegie, die göttl. Macht und das oftmals scheiternde menschl. Streben nach Reichtum thematisiert. Hinzu treten Bruchstücke aus der Elegie ›Salamis‹, von S. vorgetragen, um die Athener zur Eroberung der gleichnamigen Insel anzuspornen, und Teile eines – im Gegensatz zu Mimnermos – das menschl. Lebensalter würdigenden Gedichtes. Als erster faßbarer att. Dichter steht S. ethisch unter dem Einfluß Hesiods, künstlerisch verdankt er viel Homer und Archilochos von Paros. Er galt als Muster für Weisheit und Unabhängigkeit. Dies trug ihm mit dem Spruch ›mēdèn agán‹ (= nichts im Übermaß) einen Platz unter den Sieben Weisen ein.
Ausgaben: S.'s Nomoi. Die Fragmente des solon. Gesetzeswerkes. Mit einer Text- u. Überlieferungsgesch. Hg. v. E. RUSCHENBUSCH. Wsb. 1966. – S. In: Poetae Elegiaci. Bd. I. Hg. v. B. GENTILI u. C. PRATO. Lpz. 1979.
Literatur: JAEGER, W.: S.s Eunomie. Bln. 1926. – HÖNN, K.: S. Wien 1948. – MASARACCHIA, A.: Solone. Florenz 1958. – EHRENBERG, V.: From S. to Socrates. London 1968.

Solouchin, Wladimir Alexejewitsch [russ. sʁla'uxin], *Alepino (Gebiet Wladimir) 14. Juni 1924, russ. Schriftsteller. – Verzichtet in seiner Lyrik auf metr. und Reimbindung, trat auch theoretisch für den freien Vers ein. Seine Prosa enthält neben publizist. auch philosophisch-religiöse und zeitkrit. Elemente.
Werke: Dožd' v stepi (= Regen in der Steppe, Ged., 1953), Ein Tropfen Tau (R., 1960, dt. 1961), Wiedersehen in Wjasniki (E., 1964, dt. 1971), Briefe aus dem Russ. Museum (Essays, 1966, dt. 1972), Schwarze Ikonen (Essays, 1969, dt. 1970), Das Urteil (E., 1975, dt. 1979), Kameški na ladoni (= Steinchen in der Hand, Essays, 1977), Vremja sobirat' kamni (= Es ist Zeit, die Steine aufzusammeln, Essays, 1980), Smech za levym plečom (= Das Lachen hinter dem Rücken, E., 1988), Vozvraščenie k načalu (= Rückkehr zum Anfang, E. und R., 1990).
Ausgabe: V. A. S. Sobranie sočinenij. Moskau 1983–84. 4 Bde.

Solowjow (tl.: Solov'ev), Wladimir Alexandrowitsch [russ. sʁlavj'jɔf], *Sumy 8. April 1907, †Moskau 30. Jan. 1978, russ.-sowjet. Lyriker und Dramatiker. – Begann seine literar. Laufbahn in den 20er Jahren mit satir. Gedichten und Versfeuilletons; pflegte v.a. das Versdrama histor. Inhalts. Bekannt wurde bes. seine positive Interpretation der Leistung Iwans des Schrecklichen in der russ. Geschichte (›Velikij gosudar'‹ [= Der große Herrscher], Dr., 1945).
Ausgabe: V. A. Solov'ev. Istoričeskie dramy. Moskau 1960.

Solowjow (tl.: Solov'ev), Wladimir Sergejewitsch [russ. sʁlavj'jɔf], *Moskau 28. Jan. 1853, †Uskoje bei Moskau 13. Aug. 1900, russ. [Religions]philosoph, Schriftsteller und Publizist. – Sohn des Historikers Sergei Michailowitsch S. (*1820, †1879); Studium der Naturwiss. und Philosophie in Moskau (bis 1873); Dozent in Moskau bis 1877, dann in Petersburg, bis ihm 1881 aus polit. Gründen ein Lehrverbot auferlegt wurde. S., der auch mit F. M. Dostojewski befreundet war, hatte engen Kontakt u.a. zu K. N. Leontjew und A. A. Fet. Als einer der hervorragendsten russ. Philosophen hatte er großen Einfluß auf das Denken um die Jahrhundertwende. S. vertrat eine christlich orientierte Religionsphilosophie. Von bes. Nachwirkung waren seine myst., philosoph. Lyrik und seine Ästhetik, bed. für A. Bely und A. A. Blok; auch Scherzdramen. S. steht am Anfang des russ. Symbolismus.
Werke: Die geistigen Grundlagen des Lebens (1884, dt. 1914), Rußland und die Universale Kirche (frz. 1889, russ. 1911, dt. 1954), Der Sinn der Liebe (1896, dt. 1930), Die Rechtfertigung des Guten (1897, dt. 1916), Drei Gespräche (Schrift, 1900, dt. 1914), Gedichte (dt. Ausw. 1925).
Ausgaben: V. S. Solov'ev. Sobranie sočinenij. Petersburg ²1911–14. 10 Bde. Nachdr. Brüssel 1966. 10 in 5 Bden. – W. S. Dt. Gesamtausg. der Werke. Mchn. u. Freib. 1953–80. 8 Bde. u. 1 Erg.-Bd.
Literatur: KLUM, E.: Natur, Kunst u. Liebe in der Philosophie V. Solov'evs. Mchn. 1965. – TRUHLAR, K. V.: Teilhard u. Solowjew. Freib. u. Mchn. 1966. – KNIGGE, A.: Die Lyrik V. Solov'evs u. ihre Nachwirkung bei A. Belyj u. A. Blok. Amsterdam 1973. – POLLACH, R.: Die Vers- u. Reimtechnik in den Gedichten v. V. S. Solov'ev. Diss. Tüb. 1983. – MOSMANN, H.: W. Solowioff u. die werdende Vernunft der Wahrheit. Stg. 1984.

Solözismus [griech.], nach dem offenbar fehlerhaften Griechisch der Einwohner von Soloi in Kilikien gebildete

Bez. für Verstöße gegen korrekten Sprachgebrauch, v. a. im syntakt. Bereich. Seltener werden Solözismen auch als Stilmittel verwendet, meist in parodierender Absicht.

Solschenizyn (tl.: Solženicyn), Alexandr Issajewitsch [russ. sɐlʒə'nitsin], * Kislowodsk 11. Dez. 1918, russ. Schriftsteller. – Im 2. Weltkrieg Offizier; nach Kriegsende verhaftet, 1945–53 im Arbeitslager, 1953–57 nach Mittelasien verbannt, 1957 rehabilitiert; war Mathematiklehrer. 1962 erschien mit Erlaubnis Chruschtschows seine Erzählung ›Ein Tag im Leben des Iwan Denissowitsch‹ (dt. 1963), die das Schicksal eines Verbannten schildert. Sowohl diese Erzählung als auch die Romane ›Krebsstation‹ (1968, dt. 2 Bde., 1968/69) und ›Der erste Kreis der Hölle‹ (1968, dt. 1968), die beide in der UdSSR nicht veröffentlicht werden durften und dort nur als Samisdat-Literatur bekannt wurden, spielen in der Stalinära und sind von starkem autobiograph. Gehalt. Sie brachten S. weltweite Anerkennung. 1970 erhielt er den Nobelpreis für Literatur. S., der ganz in der Tradition der großen russ. Erzähler (v. a. L. N. Tolstoi, F. M. Dostojewski) steht, läßt geduldig und distanziert erzählend oder in langen, zitatenreichen Gesprächen Situationen entstehen, die bei aller Realität doppelbödig sind, auf neue Situationen übertragbar. Nicht polit. Probleme sind sein Thema, sondern ›die Gesetze der Menschlichkeit‹. 1969 wurde S., schon seit Jahren angegriffen, aus dem sowjet. Schriftstellerverband ausgeschlossen. Sein in Paris erschienener Roman ›August vierzehn‹ (1971, dt. 1972 [1971]; stark erweiterte und überarbeitete Fassung 1983, dt. 1987), der erste Teil (›Knoten‹) des auf mehrere Bände angelegten Zyklus ›Das Rote Rad‹ über den 1. Weltkrieg, die russ. Revolution und die Zeit danach (der 2. Teil, ›November sechzehn‹, erschien 1984, dt. 1986; 3. Teil: ›März siebzehn‹, 4 Bde., 1986–88, dt. 1989–90 in 2 Bden.); 4. Teil: ›Aprel' semnadcatogo‹ [= April siebzehn], 2 Bde., 1991), sowie sein literar. dokumentierender Bericht über die sowjet. Straflager ›Der Archipel GULAG‹ (3 Bde., 1973–75, dt. 1974–76) führten 1974 zur Ausbürgerung und Ausweisung aus der UdSSR

Alexandr Issajewitsch Solschenizyn

und zur Ansiedlung in Zürich. 1976–94 lebte S. in den USA. Nachdem ihm 1990 die sowjet. Staatsbürgerschaft wieder zuerkannt worden war, kehrte er 1994 nach Rußland zurück. S. war einer der schärfsten Kritiker der Sowjetunion; zu einer krit. Beobachtung der derzeitigen russ. Zustände diente ihm (zunächst) seine Reise quer durch Rußland nach Moskau (Mai bis Juli 1994).

Weitere Werke: Matrjonas Hof (E., 1963, dt. 1964), Kerze im Wind (Dr., 1968, dt. 1977), Nemow und das Flittchen (Dr., 1968, dt. 1971, 1977 u. d. T. Republik der Arbeit), Offener Brief an die sowjet. Führung (1974, dt. 1974), Ostpreuß. Nächte. Eine Dichtung in Versen (1974, dt. 1976), Die Eiche und das Kalb. Skizzen aus dem literar. Leben (1975, dt. 1975), Drei Reden an die Amerikaner (1975, dt. 1975), Lenin in Zürich (R., 1975, dt. 1977), Nos pluralistes (1983), Rußlands Weg aus der Krise. Ein Manifest (1990, dt. 1990), Die russ. Frage am Ende des 20. Jh. (Reden, 1994, dt. 1994).

Ausgaben: A. I. Solženicyn. Sobranie sočinenij. Ffm. 1969–70. 6 Bde. – A. S. Im Interesse der Sache. Erzählungen. Dt. Übers. Nw. u. a. ⁸1974. – A. I. Solženicyn. Sobranie sočinenij. Paris 1978 ff. Bisher 20 Bde. erschienen. – A. S. Große Erzählungen. Dt. Übers. Ffm. Neuausg. 1984.

Literatur: Lukács, G.: S. Nw. u. Bln. 1970. – Der Fall S. Hg. v. B. Nielsen-Stockeby. Ffm. u. Hamb. 1970. – Rothberg, A.: A. Solzhenitsyn. The major novels. Ithaca (N.Y.) 1971. – Burg, D./Feifer, G.: Solshenizyn. Dt. Übers. Mchn. 1973. – Über S. Hg. v. E. Markstein u. F. Ph. Ingold. Darmst. u. Nw. 1973. – Medwedjew, Sch.: Zehn Jahre im Leben des A. S. Dt. Übers. Darmst. u. Nw. 1974. – Neumann-Hoditz, R.: A. S. Rbk. 1974. – Falkenstein, H.: A. S. Bln. 1975. – A. S. Eine Bibliogr. seiner Werke. Hg. v. W. Martin. Hildesheim 1977. – Allaback, S.: A. Solzhenitsyn. New York 1978. – Kodjak, A.: A. Solzhenitsyn. Boston (Mass.) 1978. – Rzhev-

SKY, L. D.: Solzhenitsyn. Engl. Übers. Tusca-
loosa (Ala.) 1978. – ERICSON, E. E., JR.: Solzhenitsyn the moral vision. Grand Rapids (Mich.)
1980. – NIVAT, G.: Soljenitsyne. Paris 1980. –
MOTIRAMANI, M.: Die Funktion der literar. Zi-
tate u. Anspielungen in A. Solženicyns Prosa
(1962–1968). Ffm. u. a. 1983. – CURTIS, J. M.:
Solzhenitsyn's traditional imagination. Athens
(Ga.) 1984. – SCAMMELL, M.: Solzhenitsyn. New
York 1984. – SNEERSON, M.: A. Solženicyn. Ffm.
1984. – Solzhenitsyn in exile. Hg. v. J. B. DUN-
LOP. Stanford (Calif.) 1985. – A. S. Das Rote
Rad. Hg. v. H. PROSS-WEERTH. Mchn. 1986. –
DUNN, J. F.: ›Ein Tag‹ vom Standpunkt eines
Lebens. Ideelle Konsequenz als Gestaltungs-
faktor im erzähler. Werk von A. I. Solženicyn.
Mchn. 1988. – HELLER, M.: A. Solženicyn. Lon-
don 1989. – Akte S. 1965–1977. Hg. v. A. KORO-
TOV u. a. Dt. Übers. Bln. 1994.

Solstad, Dag [norweg. ˌsuːlsta], *San-
defjord 16. Juli 1941, norweg. Schriftsteller. – Einer der meistdiskutierten, linksorientierten jüngeren norweg. Autoren
(Profil-Gruppe, ↑norwegische Literatur);
schuf in seinen ersten Novellen und Romanen eine experimentelle neue norweg.
Prosa.

Werke: Spiraler (Nov., 1965), Svingstol (Kurzprosa, 1967), Irr! Grønt! (R., 1969), Arild Asnes.
1970 (R., 1971), 25. septemberplassen (R., 1974),
Svik. Førkrigsår (R., 1977), Krig 1940 (R., 1978),
Brød og våpen (R., 1980), Gymnaslærer Peder-
sens beretning om den store politiske vekkelsen
som har hjemsøkt vårt land (R., 1982), Forsøk
på å beskrive det ugjennomtrengelige (R., 1984),
Roman 1987 (1987).

Solženicyn, Aleksandr Isaevič, russ.
Schriftsteller, ↑Solschenizyn, Alexandr
Issajewitsch.

Somadeva, ind. Dichter des 11. Jh.
aus Kaschmir. – Verfaßte den ›Kathāsaritsāgara‹ (= Ozean der Erzählströme,
dt. 1914/15 in 6 Bden. u. d. T. ›Soma-
dewa's Kathāsaritsāgara oder Ozean der
Märchenströme‹) in kunstvollen, doch
klaren Sanskritversen. Seinen Stoff bezog er v. a. aus der verlorenen kaschmir.
Rezension der ↑›Bṛhatkathā‹, doch auch
aus dem ↑›Pañcatantra‹ und den Epen.
In Anordnung und Darbietung der
Sammlung von etwa 350 Erzählungen,
die durch eine Rahmenhandlung zusammengehalten werden, folgt S. seinen
Quellen mit großer Treue und Originalität.

Ausgabe: S. The ocean of story. Vollständige
engl. Übers. v. C. H. TAWNEY. Neuausg. v. N. M.
PENZER. Delhi 1968. 10 Bde.

Literatur: SPEYER, J. S.: Studies about the
Kathāsaritsāgara. Amsterdam 1908. Neudr.
Amsterdam 1968.

Somerville, Edith Anna Oenone
[engl. ˈsʌməvɪl], *Korfu 2. Mai 1858,
†Drishane (Castlehaven) 8. Okt. 1949, ir.
Schriftstellerin. – Kunststudium in Paris,
Düsseldorf und London. Schrieb ab 1886
gemeinsam mit ihrer Kusine ›Martin
Ross‹ (Pseudonym für Violet Florence
Martin [*1865, †1915]) Romane und Erzählungen, auch Reiseberichte; die Ver-
fasserangabe Somerville und Ross wurde
auch für S.s Werke, die nach dem Tod
von ›Martin Ross‹ entstanden, beibehalten. Die Romane, von denen bes. ›Die
wahre Charlotte‹ (1894, dt. 1954) heute
als bed. ir. Roman des späten 19. Jh. gilt,
schildern mit realist. Detailbeobachtung
den Verfall der herrschenden Klasse in
Irland. Noch weit populärer wurden S.
und Ross durch humorist. Erzählungen
aus dem ir. Volksleben mit der exzentr.
Hauptfigur des Major Yeates in ›Some
experiences of an Irish R. M.‹ (1899),
›Further experiences of an Irish R. M.‹
(1908) und ›In Mr. Knox's country‹
(1915).

Weitere Werke: An Irish cousin (R., 1889), Na-
both's vineyard (R., 1891), Through Connemara
in a governess cart (Reiseber., 1893), The silver
fox (R., 1898), Irish memories (Autobiogr.,
1917), Mount music (R., 1919), The big house of
Inver (R., 1925).

Literatur: COLLIS, M.: S. and Ross. London
1968. – FEHLMANN, G.: S. et Ross, témoins de
l'Irlande d'hier. Caen 1970. – CRONIN, J.: S. and
Ross. Lewisburg (Pa.) 1972. – HUPPERTSBERG,
C.: Das Irlandbild im Erzählwerk von S. &
Ross. Bonn 1980. – ROBINSON, H.: S. and Ross.
A critical appreciation. New York 1980. –
LEWIS, G.: The world of the Irish R. M. Har-
mondsworth 1985.

Sommer, Harald, *Graz 12. Dez.
1935, österr. Dramatiker. – Mitglied des
Grazer Forum Stadtpark. In der Tradition des Volksstücks schreibt S. satir. und
gesellschaftskrit. [Dialekt]stücke mit aktuellem Bezug (Probleme der Jugendlichen, soziale Desintegration); das Theater dient in S.s Auffassung als Sprach-
rohr für Entrechtete.

Werke: Die Leut (Stück, 1970), A unhamlich
schtoarka Obgoung (Stück, 1970), Ich betone,
daß ich nicht das geringste an der Regierung
auszusetzen habe (Stück, 1973), Der Sommer
am Neusiedlersee (Stück, 1973), Das Stück mit

dem Hammer (Stück, 1973), Scheiß Napoleon (Stück, 1975), Die Gemeindewohnung (Stück, UA 1984), Alles im Eimer (Hsp., 1987), Alles in Butter (Hsp., 1989), Res Publica (Hsp., 1990).

Sommer, Siegfried (genannt ›Sigi‹ S.), * München 23. Aug. 1914, dt. Schriftsteller und Journalist. – Mitarbeiter Münchener Zeitungen; wurde bekannt durch seine unter dem Pseudonym ›Blasius der Spaziergänger‹ veröffentlichten witzig-originellen Feuilletons und Geschichten über München und seine Bewohner (gesammelt u. a. in den Büchern ›Das Beste von Blasius‹, 1953, und ›Blasius, der letzte Spaziergänger‹, 1960) wie auch durch seine Romane über Jugendliche ›Und keiner weint mir nach‹ (1953) und ›Meine 99 Bräute‹ (1956).

Weitere Werke: Sommer-Sprossen (Geschichten, 1969), Das kommt nie wieder. Ein Münchner Erinnerungsbuch (1976), Aus, Äpfe, Amen (Geschichten, 1986), Liebe, Lenz und kleine Luder (Geschichten, 1988), Feinsliebchen aus Stein (Geschichten, 1989).

Sonderdruck (Separatum),
1. für Zwecke des Autors bestimmter, aus der laufenden Druckproduktion hergestellter, zumeist broschierter Teildruck aus einem Sammelwerk, einer Zeitschrift usw.
2. Sonderausgabe von Teilen einer Gesamtausgabe oder eines Sammelwerks für einen bestimmten Leserkreis (mit Genehmigung des Verfassers).

Sonett [italien.], italien. Gedichtform, die in fast alle europ. Literaturen Eingang fand. Die Grundform bildet ein Gedicht von 14 Zeilen, die sich zu zwei Vierzeilern (Quartette) und zwei Dreizeilern (Terzette) gruppieren. Quartette und Terzette sind in sich durchgereimt; wichtigste Reimschemata (neben zahlreichen Varianten) sind dabei in der italien. Dichtung abab abab und abba abba in den Quartetten, cdc dcd und cde cde in den Terzetten, in der frz. Dichtung abba abba ccd ede. Der gängige Vers des S.s ist in der italien. Dichtung der ↑ Endecasillabo, in Frankreich der ↑ Alexandriner. Eine Sonderform stellt das ›engl. S.‹ dar, das auf Durchreimung verzichtet und die 14 Zeilen (fünfhebige Verse mit jamb. Gang) in drei Vierzeiler (mit Kreuzreim) und ein abschließendes (epigrammatisch-pointierendes) Reimpaar gliedert;

Reimschema abab cdcd efef gg. Als ›dt. S.‹ wird gelegentlich eine Sonderform bezeichnet, die auf die Durchreimung der Quartette verzichtet (Reimschema abab cddc ... ...); dieses Reimschema begegnet auch in der frz. und engl. S.dichtung des 19. Jh.; darüber hinaus kennt die dt. S.dichtung noch eine Fülle anderer S.formen. – Der äußeren Form des S.s entsprechen die syntakt. Bau und die innere Struktur; die Quartette stellen in These und Antithese die Themen des Gedichts auf; die Terzette führen diese Themen in konzentrierter Form durch und bringen die Gegensätze abschließend zur Synthese. – Der strengen Form des S.s entspricht eine klare Gedankenführung, wobei die Verbindung mehrerer S.e zu einem Zyklus nicht selten ist (Sonettenkranz).

Das **italien. S.** wurde in der 1. Hälfte des 13. Jh. im Umkreis Kaiser Friedrichs II. am Hof in Palermo durch die Vertreter der ↑ Sizilianischen Dichterschule entwickelt (als erster S.dichter gilt Giacomo da Lentini), von denen die toskan. Dichter des ↑ Dolce stil nuovo (G. Guinizelli, G. Cavalcanti, Cino da Pistoia, Dante) die Form übernahmen. Einen Höhepunkt im 14. Jh. stellt der ›Canzoniere‹ (hg. 1470, dt. u. d. T. ›Italien. Gedichte‹, 1818/19) F. Petrarcas dar. M. M. Boiardo, Lorenzo I de' Medici u. a. setzten die Linie im 15. Jh. fort, im 16. Jh. u. a. Michelangelo, G. Bruno, V. Colonna sowie G. Stampa. Im 19. Jh. kam es zu einer Wiederbelebung der Form (u. a. G. Carducci), deren Wirkungen bis in die Gegenwart reichen. **Span.** und **portugies.** Nachbildungen des italien. S.s finden sich zuerst im 15. Jh., im 16. und 17. Jh. bei J. Boscán Almogáver, Garcilaso de la Vega, F. de Sá de Miranda, Lope F. de Vega Carpio und bei L. Vaz de Camões. **Frz.** Nachbildungen gibt es seit dem 16. Jh. (C. Marot, L. Labé, P. de Ronsard, J. Du Bellay). In der 2. Hälfte des 17. Jh. verlor das S. in der frz. Lyrik an Beliebtheit und wurde erst im 19. Jh. von den Parnassiens und Symbolisten wieder aufgegriffen. Die ersten **engl.** Nachbildungen des italien. S.s entstanden zu Beginn des 16. Jh. am Hofe König Heinrichs VIII.; Th. Wyatt und H. Howard, Earl of Surrey, entwickelten die engl.

Sonderform des Sonetts. Die Blüte der engl. S.dichtung fällt in die 2. Hälfte des 16. Jh. (Ph. Sidney, E. Spenser, Shakespeare). Im 17. Jh. entstanden religiösmeditative S.e (J. Donne und J. Milton). Eine Erneuerung erfolgte in der Romantik (W. Wordsworth, J. Keats); weitere Vertreter sind u. a. E. Barrett Browning, D. G. Rossetti. Die **dt**. Nachbildungen des italien. und frz. S.s lassen sich erstmals im 16. Jh. nachweisen. Die erste Blütezeit fällt ins 17. Jh. (M. Opitz, P. Fleming, A. Gryphius u. a.). Erst in der Vorromantik kam es zu einer Wiederbelebung der Form (G. A. Bürger), die zu einer zweiten Blütezeit in der Romantik führte (A. W. Schlegel, A. von Platen, K. L. Immermann, F. Rückert, auch Goethe, wenngleich zunächst widerstrebend). Die Lyrik der Jahrhundertwende und des 20. Jh. wandte sich wieder dem S. zu, z. T. in äußerster Formstrenge, z. T. aber auch balladeske Formen gestaltend (in der deutschsprachigen Literatur u. a. S. George, R. M. Rilke, J. R. Becher, G. Heym, G. Britting, J. Weinheber, in der englischsprachigen u. a. G. M. Hopkins, W. Owen, Y. Winters, W. H. Auden, D. Thomas, Ph. Larkin).

Ausgabe: Il sonetto: Cinquecento sonetti dal Duecento al Novecento. Hg. v. G. GETTO u. E. SANGUINETI. Mailand 1980.

Literatur: MÖNCH, W.: Das S. Hdbg. 1955. – Das dt. S. Hg. v. J.-U. FECHNER. Mchn. 1969. – SCHLÜTTER, H.-J., u. a.: S. Stg. 1979. – DONOW, H. S.: The sonnet in England and America. Westport (Conn.) 1982. – WEINMANN, P.: S.-Idealität u. S.-Realität. Neue Aspekte ... Tüb. 1989.

Sonettenkranz, Form des Sonettenzyklus (↑Sonett). Der formvollendete S. besteht aus 15 Sonetten. Dabei nehmen die ersten 14 Sonette jeweils die Schlußzeile des vorhergehenden Sonetts (das 1. Sonett die Schlußzeile des 14. Sonetts) als Anfangszeile auf, so daß eine Ringkomposition entsteht. Das 15. Sonett des Kranzes (›Meistersonett‹) setzt sich, die gedankl. Summe des ganzen Zyklus darstellend, aus den Anfangszeilen der 14 Sonette zusammen.

Song [engl.], allgemein nach dem angloamerikan. Sprachgebrauch svw. Lied (Folksong, Protestsong usw.); im engeren Sinn ist S. eine dem neueren ↑Chanson und ↑Couplet verwandte Liedgattung. In Deutschland bezeichnet der Begriff seit dem 1. Weltkrieg und bes. seit der ›Dreigroschenoper‹ (1929) von B. Brecht und K. Weill eine Liedgattung satirisch-zeitkrit., politisch-aktuellen oder auch lehrhaften Inhalts. Formal kennzeichnend ist der Aufbau aus [Vor]strophe und Refrain; musikalisch werden Elemente des Music-Hall-, Kabarett- und Varietéliedes, von Bänkelsang und Moritat, Schlager und anderen volkstüml. Liedtypen sowie von Jazz und zeitgenöss. Tanzmusik verwendet.

Sonka, Pseudonym des deutschsprachigen Lyrikers und Publizisten Hugo ↑Sonnenschein.

Sonnenburg, Friedrich von, mhd. fahrender Spruchdichter, ↑Friedrich von Sonnenburg.

Sonnenfels, Joseph Reichsfreiherr (seit 1797) von, * Nikolsburg (heute Mikulov, Mähren) 1733 (1732?), † Wien 25. April 1817, österr. Nationalökonom, Jurist und Publizist. – Ab 1763 Prof. der Polizei- und Kameralwissenschaften; Vertreter eines reformierten Merkantilismus; befürwortete den polizeilich geordneten Wohlfahrtsstaat des aufgeklärten Absolutismus. Als Jurist wirkte er im Sinne der Aufklärung; so wurde auf seine Veranlassung 1776 in Österreich die Folter abgeschafft. Als Publizist und Kritiker warb er v. a. in seinem Wochenblatt ›Der Mann ohne Vorurtheil‹ (1765–67) für die neue dt. Literatur und setzte sich für die Erneuerung des Wiener Theaters im Sinne J. Ch. Gottscheds ein.

Sonnengesang (Cantico delle creature, Cantico di frate Sole), um 1224 entstandener Hymnus in rhythm. Prosa (33 Verse) von Franz von Assisi, in dem er in Anlehnung an die 148. Psalm Gott wegen der Schönheit und Vollkommenheit der Schöpfung preist; eines der ältesten und bedeutendsten Zeugnisse der italien. Literatur in der Volkssprache, das auch maßgeblich auf die weitere Dichtung wirkte.

Ausgabe ↑Franz von Assisi.

Literatur: BRANCA, V.: Il cantico di frate sole. Studio delle fonti e testo critico. Florenz 1965. – Der S. des hl. Franz v. Assisi. Mit Meditationen v. P. BRENNI u. dem italien. Urtext. Luzern 1980. – ↑auch Franz von Assisi.

Sonnengesang Echnatons (Großer Aton-Hymnus), ein Hymnus auf den vom König Echnaton (Amenophis IV., 1365–1348) ausschließlich verehrten Gott Aton, der im Grabe des Eje in Tall Al Amarna aufgezeichnet ist und von dem auch kürzere Fassungen (›Kleiner Hymnus‹) existieren. Der Text ist vom König in Anlehnung an ältere Sonnenlieder verfaßt worden. Er beschreibt die Begegnung mit dem allgütigen Gott in der Natur. Im Mittelpunkt steht der Lobpreis des Schöpfers durch alles, was er geschaffen hat; ausgelassen werden die Gedanken, die sich auf das Fortleben nach dem Tod und den Mythos, den Kampf des Sonnengottes mit seinem Widersacher, der Apophisschlange, beziehen. Der Text lebt in Form der ›neuen Sonnentheologie‹ nach dem Untergang der Amarna-Zeit (1345 v. Chr.) in einigen Hymnen mit monotheist. Tendenzen fort; Parallelen zu Psalm 104 des AT.
Literatur: Ägypt. Hymnen u. Gebete. Eingel. u. Übers. v. J. ASSMANN. Zü. u. Mchn. 1975. Nr. 92. – Echnaton -Tutanchamun. Hg. v. H. A. SCHLÖGL. Wsb. 1983. S. 78.

Sonnenschein, Hugo, Pseudonym Sonka, *Kyjov (Südmähr. Gebiet) 25. Mai 1890, † Mírov (Nordmähr. Gebiet) 20. Juli 1953, deutschsprachiger Lyriker und Publizist. – Kam 1907 nach Wien, führte dann ein Wander- und Vagabundenleben; im 1. Weltkrieg Soldat; 1921 Mitbegründer der kommunist. Partei in der ČSR, 1927 wegen trotzkist. Abweichung ausgeschlossen; 1934 aus Österreich abgeschoben, lebte in Prag, 1943 von den Deutschen verhaftet, 1945 in Auschwitz befreit; kurz darauf in Prag von den Kommunisten verhaftet, starb in der Haft. Die Spannweite seiner Gedichte reicht von der Vagantendichtung und der expressionist. Lyrik der Frühzeit über polit. Kampflyrik bis hin zu den späten ›Traumgedichten‹.
Werke: Ichgott, Massenrausch und Ohnmacht (Ged., 1910), Geuse einsam von Unterwegs (Ged., 1912), Erde auf Erden (Ged., 1920, Nachdr. 1973), Die Legende vom weltverkommenen Sonka (1920), War ein Anarchist (Ged.-Auswahl, 1921), Der Bruder Sonka und die allgemeine Sache ... (Ged. und Prosa, 1930), Schritte des Todes. Traumgedichte (hg. 1964). **Ausgabe:** H. S. Die Fesseln meiner Brüder. Ges. Gedichte. Hg. v. K.-M. GAUSS. Mchn. 1984.

Sonnevi, Göran, *Lund 3. Okt. 1939, schwed. Schriftsteller. – Repräsentiert als vielbeachteter Lyriker die politisch engagierte linke Schriftstellergeneration der 60er und 70er Jahre. Thema seiner Lyrik sind v. a. die unterschiedl. Funktionen von Sprache in Literatur und Gesellschaft. Sein zuerst in einer Tageszeitung erschienenes Gedicht über den Vietnamkrieg ›Om kriget i Vietnam‹ (1965) löste eine langanhaltende Diskussion über Politik und Literatur aus.
Weitere Werke: Outfört (Ged., 1961), Abstrakta dikter (Ged., 1963), Och nu! (Ged., 1967), Det måste gå (Ged., 1970), Det oavslutade språket (Ged., 1972), Das Unmögliche (Ged., 1975, dt. 1988), Sprache, Werkzeug, Feuer (Ged., 1979, dt. 1989), Små klanger; en röst (Ged., 1981), Dikter utan ordning (Ged., 1983), Oavslutade dikter (1987).

Sonnleitner, A. Th., eigtl. Alois Tluchoř, *Daschitz (heute Dašice, Ostböhm. Gebiet) 25. April 1869, † Perchtoldsdorf bei Wien 2. Juni 1939, österr. Schriftsteller. – Lehrer und Schuldirektor in Wien. Veröffentlichte neben pädagog. und sozialpolit. Schriften auch Märchen und Gedichte. Sein Hauptwerk ist eine dem kindl. Verständnis angepaßte Romanfolge über die kulturgeschichtl. Entwicklung des Menschen: ›Die Höhlenkinder im Heiml. Grund‹ (1918), ›Die Höhlenkinder im Pfahlbau‹ (1919) und ›Die Höhlenkinder im Steinhaus‹ (1920).

Sontag, Susan [engl. 'sɔntæg], *New York 16. Jan. 1933, amerikan. Schriftstellerin. – Dozentin u. a. an der Harvard und der Columbia University. S. wurde durch ihre originellen Beiträge zu Avantgardefilmen und zur experimentellen Literatur in den Zeitschriften ›The Partisan Review‹ und ›The New York Review of Books‹ bekannt. In ihnen wendet sie sich u. a. gegen Interpretation als Zerstörung des Kunstwerks. In ihren im Stil des Nouveau roman und des Postmodernismus geschriebenen Romanen (›Der Wohltäter‹, 1963, dt. 1966; ›Todesstation‹, 1967, dt. 1985) und Kurzgeschichten (›Ich, etc.‹, 1978, dt. 1979) stellt sie Traumvisionen und Schichten des Unbewußten dar, wobei traditionelle Erzählmuster wie der Detektivroman herangezogen und gleichzeitig dekonstruiert werden.

Susan
Sontag

Weitere Werke: Against interpretation (Essays, 1966, dt. Ausw. u. d. T. Kunst und Antikunst, 1968), Reise nach Hanoi (Ber., 1968, dt. 1969), Styles of radical will (Essays, 1969), Krankheit als Metapher (Essay, 1978, dt. 1978), Über Photographie (Essays, 1977, dt. 1977), Im Zeichen des Saturn (Essays, 1980, dt. 1981), Aids und seine Metaphern (Essay, 1989, dt. 1989), Der Liebhaber des Vulkans (R., 1992, dt. 1993).
Ausgabe: A S. S. reader. Einl. v. E. HARDWICK. New York 1982.
Literatur: SAYRES, S.: S. S. The elegiac modernist. New York 1990.

Sony Labou Tansi [frz. sɔnilabutãˈsi], eigtl. Sony Marcel, * Kimwanza 5. Juni 1947, kongoles. Schriftsteller. – Schreibt in frz. Sprache Theaterstücke und phantast., krit. Romane. Wurde internat. bekannt mit seinem 1979 gegründeten Theaterensemble ›Le Rocado Zulu Théâtre‹ aus Brazzaville.
Werke: Conscience de tracteur (Dr., 1979), Verschlungenes Leben (R., 1979, dt. 1981), Die heillose Verfassung (R., 1981, dt. 1984), Die tödl. Tugend des Genossen Direktor (R., 1983, dt. 1985), Les sept solitudes de Lorsa Lopez (R., 1985), Les yeux du volcan (R., 1988), Qui a mangé Madame d'Avoine Bergotha? (Dr., 1989).

Sophiatown-Gruppe [engl. səˈfaɪətaʊn], kulturell aktive Gruppe von schwarzen Intellektuellen, die sich in den 40er und 50er Jahren im Johannesburger Stadtteil Sophiatown zusammengefunden hatte und die Integration in die weiße Gesellschaft und eine eigenständige (wenn auch nicht unabhängige) Presse anstrebte. Zu den bekanntesten Persönlichkeiten dieser Zeit gehörten E. Mphahlele, der Humorist Casey Motsisi (* 1932, † 1977), der Schriftsteller Bloke Modisane (* 1923), dessen auto-biograph. Roman ›Weiß ist das Gesetz‹ (1963, dt. 1964) einen authent. Bericht der damaligen Ereignisse enthält, der Publizist und Schriftsteller L. Nkosi, dessen Drama ›The rhythm of violence‹ (1964) die Verzweiflung und den Haß jener Jahre festhalten, und Can Themba (* 1923, † 1968), der in seinen Kurzgeschichten ›The will to die‹ (hg. 1972) den Überlebenswillen der Schwarzen dokumentierte. Nach der Zerstörung von Sophiatown gegen Ende der 50er Jahre und dem Massaker in Sharpeville (1960) war diesen schwarzen Liberalen der soziale Nährboden entzogen. Wie auch andere bekannte Schriftsteller ihrer Generation mußten viele von ihnen ihr Land verlassen; ihre Werke wurden weitgehend verboten.

Sophienausgabe (Weimarer Ausgabe), historisch-krit. Gesamtausgabe der Werke Goethes in 133 (bzw. 143) Bänden (1887–1919; Tb.-Ausg. 1987, 143 Bde.), benannt nach Sophie Luise (* 1824, † 1897), der Gemahlin des Großherzogs Karl August von Sachsen-Weimar-Eisenach, in deren Auftrag die (von ihr geförderte) Ausgabe herausgegeben worden ist.
Literatur: BOJANOWSKI, E. VON: Großherzogin Sophie v. Sachsen-Weimar. In: Dt. Rundschau 50 (1924), H. 4, S. 82.

Sophokles (tl.: Sophoklēs), * Athen um 496, † ebd. um 406, griech. Tragiker. – Entstammte einer wohlhabenden Athener Familie und erhielt eine sorgfältige Ausbildung; nahm aktiv am polit. Leben seiner Vaterstadt teil und bekleidete hohe Ämter; 443/442 war er Schatzmeister des Attisch-Del. Seebundes, 441/440 befehligte er zus. mit Perikles die Flotte gegen Samos. S., der 468 seinen ersten Sieg an den Großen Dionysien im dramat. Wettstreit mit dem 30 Jahre älteren Aischylos errang, gewann rasch sein Publikum und behauptete sich in dessen Gunst; nach seinem Tod wurde ihm, der als Heros verehrt wurde, ein Standbild im Theater errichtet. Hohe Bildung und Begabung, innere Harmonie und Frömmigkeit (S. führte 420 den Asklepioskult in Athen ein) ließen den Dichter vollen Einklang von Form und Gehalt erzielen. Gestaltet hat er v. a. die trag. Not und Verstrickung des Menschen, der blind gegenüber dem ihm gesetzten Geschick dieses durch sein Verhalten herbeiführt und schwerstes Leid erfährt; dem Walten der Götter steht S. in tiefer Ergebenheit gegenüber. Das Drama wurde von ihm weiterentwickelt durch die Einführung eines dritten Schauspielers; die Mitgliederzahl des Chores erhöhte er von 12 auf 15. Jede Tragödie wurde zu einem einheitl. Kunstwerk mit in sich abgeschlossener Handlung und eindrucksvoll durchgeführter Charakteristik der Handelnden. Seine Sprache hält die Mitte zwischen dem Pathos des Aischylos sowie der Glätte und dem rhetor. Schmuck des Euripides; kunstvolle Handlungsführung und – bes. im Spätwerk – psycholog. Vertiefung zeichnen sein umfangreiches Werk aus, das außer Päanen, Elegien und einer Schrift über den Chor 123 Dramen aufweist, von denen nur sieben erhalten sind: ›Aias‹ (wohl in den 50er Jahren), ›Trachinierinnen‹ (in den 40er Jahren), ›Antigone‹ (vielleicht 442), ›König Ödipus‹ (vor 425), ›Elektra‹ (wahrscheinlich zwischen ›König Ödipus‹ und ›Philoktet‹), ›Philoktet‹ (409), ›Ödipus auf Kolonos‹ (aufgeführt 401). Erhalten sind auch Fragmente der Satyrspiele ›Ichneutaí‹ (= Die Aufspürer) und ›Inachos‹.

Ausgaben: S. [griech.]. Erklärt v. F. W. SCHNEIDEWIN u. a. Bln. u. Zü. [3–12]1909–70. 8 Bde. – S. Tragödien u. Fragmente. Griech. u. dt. Hg. v. W. WILLIGE. Überarbeitet v. K. BAYER. Mchn. 1966. – S. Tragödien. Dt. Übers. Hg. u. Nachwort v. W. SCHADEWALDT u. E. BUSCHOR. Zü. 1968. – Sophocles. Tragoedias. Hg. v. R. D. DAWE. Lpz. 1975–79. 2 Bde. – Tragicorum Graecorum fragmenta IV. Sophocles. Hg. v. S. RADT u. R. KANNICHT. Gött. 1977. – S. Die Tragödien. Hg. v. H. WEINSTOCK. Stg. [5]1984. **Literatur:** ELLENDT, F.: Lexicon Sophocleum ... Bln. [2]1872. Nachdr. Hildesheim 1958. – WEINSTOCK, H.: S. Wuppertal [3]1948. – EHRENBERG, V.: S. u. Perikles. Dt. Übers. Mchn. 1956. – KIRKWOOD, G. M.: A study of Sophoclean drama. Ithaca (N. Y.) 1958. Nachdr. New York 1967. – KNOX, B. M. W.: The heroic temper. Studies to Sophoclean tragedy. Berkeley (Calif.) 1964. – S. Hg. v. H. DILLER. Darmst. 1967. – MUSURILLO, H. A.: The light and the darkness. Studies in the dramatic poetry of Sophocles. Leiden 1967. – REINHARDT, K.: S. Ffm. [4]1976. – WEBSTER, T. B. L.: An introduction to Sophocles. New York. Neuausg. 1979. – WINNINGTON-INGRAM, R. P.: Sophocles. An interpretation. Cambridge 1980. – Sophocle. Hg. v. J. DE RO-

MILLY. Genf 1983. – CORAY, M.: Wissen u. Erkennen bei S. Basel 1993.

Sophron (tl.: Sōfrōn), griech. Mimendichter des 5.Jh. v.Chr. aus Syrakus. – Durch S. fand der † Mimus, bis dahin improvisierte Volksbelustigung, Eingang in die Literatur. Den Stoff für seine (Prosa-)Werke entnahm er dem tägl. Leben. Von Platon geschätzt und von Theokrit nachgeahmt.
Ausgabe: Comicorum graecorum fragmenta. Hg. v. G. KAIBEL. Bd. 1,1. Bln. 1899. Neudr. 1958. **Literatur:** PINTO COLOMBO, M.: Il mimo di Sofrone e di Senarco. Florenz 1934.

sorbische Literatur, die Literatur der Sorben (Wenden) in nieder- und obersorb. Sprache. – Die überwiegend ländl. sorb. Bevölkerung, die im Gegensatz zu den slaw. Nachbarvölkern im Laufe ihrer mehr als tausendjährigen Geschichte kein eigenes Staatswesen schaffen konnte, gewann erst im Zeichen der **Reformation** ein kirchlich-religiöses Übersetzungsschrifttum (NT, 1548, handschriftlich von Mikławš Jakubica, Katechismen von Albin Moller [* 1542, † 1625?], gedr. 1574, von Wacław Wawrik [Warichius; * 1564, † 1618], gedr. 1597, und von Handrij Tara [Andreas Tharaeus; * 1570, † 1638], Anfang des 17.Jh., Bibelübersetzungen von M. Frentzel [NT, 1670, gedr. 1706; obersorbisch], B. Fabricius [* 1679, † 1741; NT 1709; niedersorbisch] und J. B. Fryco [* 1747, † 1819; AT 1796; niedersorbisch]). Dazu kamen im Zeitalter des **Barock** die ersten philolog. Versuche (grammatisch-lexikal. Werke von J. Chojnan [* 1610, † 1664; 1640, niedersorbisch], J. H. Swětlik [* 1650, † 1729; 1721, obersorbisch], J. X. Ticinus [* 1656, † 1693; 1679, obersorbisch]). Swětliks erneute Bibelübersetzung und bes. ein obersorb. Gesangbuch (1696) sowie das 1706 in Prag gegründete ›Lausitzer Seminar‹ hatten bes. Einfluß auf die kath. Obersorben. Die ersten Versuche weltl. Schrifttums zeigt das Werk des ev. obersorb. Pfarrers Jurij Mjeń (* 1727, † 1785), der F. G. Klopstock übersetzte und auch eigene Oden verfaßte. – Neben der beginnenden schriftl. Literatur verfügt das Sorbische über eine reiche mündl. Erzähllliteratur (Lieder, Märchen, Sagen), die auch in die dt. Literatur (z. B.

O. Preußlers Jugendbuch ›Krabat‹, 1971)
eindringt; ep. Großformen fehlen.
Erst **Anfang des 19. Jh.** kam es unter dem
Einfluß der Romantik zur nat. Selbstbe-
sinnung der Sorben, ab 1842 erschien die
obersorb. Wochenschrift ›Serbske No-
winy‹ (bis 1937), J. A. Smoleŕ sammelte
mit Leopold Haupt (*1797, †1883)
Volkslieder, und 1847 wurde in Bautzen
der sorb. Kulturförderverein ›Maćica
Serbska‹ gegründet. Der erste bed. Dichter ist der Obersorbe H. Zejleŕ, der im
Geist der sorb. Volkslieder Naturlyrik,
aber auch patriot. und religiöse Gedichte
schrieb. Ihm folgten die Lyriker und Erzähler Pjet Młonk (* 1805, †1887), J. Wje-
lan (* 1817, †1892), Jakub Buk (*1825,
†1895). – Die **zweite Hälfte des 19. Jh.**
wurde auch durch rege wiss. und kulturpolit. Arbeiten und Aktivitäten bed.
sorb. Gelehrter (J. A. Smoleŕ, K. A.
Jenč [*1828, †1895], Jan Radyserb
Wjela [Wjela-Radyserb; *1822, †1907],
M. Hórnik, Christian Traugott Pfuhl
[Křesćan Bohuwěr Pful; *1825, †1899],
Arnošt Muka [*1854, †1932]) geprägt,
die die Sammlung und Sichtung der
Volksdichtung und die philolog. Untersuchung von Sprache, Dialekten und älteren Sprachdenkmälern intensiv förder-
ten. Als Dichter ragte der Obersorbe
J. Bart-Ćišinski hervor, der, von der
tschech. Neuromantik beeinflußt, mit
der folklorist. Volksliedtradition brach
und neue Stilelemente und Inhalte einführte; ihm folgten Jan Skala (* 1889,
†1945) mit sozialer Thematik, Jan
Lajnert (* 1892, †1974) mit Gefühlslyrik
und die Dichterin Mina Witkojc (* 1893
[1903?], †1975) mit Heimatlyrik, alle mit
dem Versuch, Anschluß an die europ.
literar. Bewegungen der Zeit zu finden.
Die obersorb. Prosaschriftsteller Jakub
Lorenc-Zaľeski (* 1874, †1939), Marja
Kubašec (* 1890, †1976) und Mikławš
Domaška (* 1869, †1945) bereicherten
das Genre der moralisierenden Dorfgeschichten und historisch-romant. Erzählungen und Romane; entsprechend die
niedersorb. Erzähler M. Kósyk, K. Šwjela
und die Lyriker Mako Rizo (* 1847,
†1931), Fryco Rocha (* 1863, †1942) und
M. Domaškojc. – Im Dritten Reich verfolgt und an der Ausübung eigener literar. und kultureller Tätigkeiten erheblich
gehindert, gewann das Sorbentum durch
das sog. Sorbengesetz vom 23. März 1948
im gesellschaftspolit. Rahmen der DDR
eine neue literarisch-geistige Autonomie,
das Recht auf eigene Schulen und Pflege
und Förderung des überlieferten Kultur-
guts. Bekanntere Schriftsteller dieser
neueren s. L., die dem Anspruch des
sozialist. Realismus unterlag, sind die
Erzähler Měrćin Nowak-Njechorński
(Nowak-Neumann; * 1900) und J. Brě-
zan, der auch Lyrik schreibt, ferner Anton Nawka (* 1913), Cyril Kola (* 1927),
Marja Młyńkowa (* 1934, †1971), Jurij
Młyńk (* 1927, †1971) und bes. Kito Lorenc (* 1938) sowie Herbert Nowak
(* 1916) und Ingrid Naglowa (* 1939).

Literatur: GOŁĄBEK, J.: Literatura serbsko-łu-
życka. Kattowitz 1938. – JENC, R.: Stawizny
serbskeho pismowstwa. Bautzen 1954–60.
2 Bde. – MALINK, P.: Die s. L. Bautzen 1958–59.
2 Tle. – MŁYŃK, J.: 400 Jahre sorb. Schrifttum.
Dt. Übers. Bautzen 1960. – PRIBIC-NONNENMA-
CHER, E.: Die Lit. der Sorben. In: Die Literaturen der Welt ... Hg. v. W. VON EINSIEDEL. Zü.
1964. S. 797. – PETR, J.: Lužickosrbská literatura. Prag 1968. – VÖLKEL, P.: Die Lit. der Sorben. In: Urania Universum. Bd. 15. Lpz. u. a.
1969. S. 61. – STONE, G.: The smallest Slavonic
nation. The Sorbs of Lusatia. London 1972. –
KALTŠMIT, H.: Leksikon awtorow serbskich kni-
how. 1945–1978. Bautzen 1979. – Serbska či-
tanka. Sorb. Leseb. Hg. v. K. LORENC. Lpz.
1981. – Chrestomatija dolnoserbskego pismowstwa. Hg. v. F. MĚTŠK. Bautzen 1982. – Perspektiven s. L. Hg. v. W. KOSCHMAL. Köln u. a.
1993,

Sordẹllo, * Goito (Prov. Mantua) um
1200, †1269(?), italien. Troubadour. –
Lebte zuerst am Hof der Este in Ferrara,
trat darauf in den Dienst des Stadtherrn
von Verona, war dann am Hof in Treviso,
am provenzal. Hof (etwa ab 1229), in
Spanien und eventuell auch in Portugal,
kehrte 1265 im Gefolge Karls I. von An-
jou nach Italien zurück; einer der bedeutendsten italien. Troubadoure provenzal.
Sprache, der von Dante in seiner ›Divina
Commedia‹ dargestellt wurde; erhalten
sind rund 45 Dichtungen, darunter der
berühmte Klagegesang auf den Tod seines Herrn und Dichterkollegen Blacatz
(†1237).

Ausgabe: S. Le poesie. Neu hg. M. BONI. Bologna 1954.
Literatur: ANGIOLILLO, G.: Cultura e società
nella poesia di S. Cercola 1978. – WILHELM, J. J.:
The poetry of S. New York 1987.

Sorel, Charles [frz. sɔ'rɛl], Sieur de Souvigny, *Paris 1602, †ebd. 7. März 1674, frz. Schriftsteller. – Bürgerl. Herkunft; Träger des Titels eines Ersten Historiographen von Frankreich; lebte ab 1663 jedoch nur noch von seinen bescheidenen Einkünften als Schriftsteller; schrieb neben histor. und philosoph. Werken u. a. Romane; die bedeutendsten sind die vom span. Schelmenroman beeinflußte satirisch-derbe ›Wahrhaftige und lustige Historie vom Leben des Francion‹ (7 Bücher, 1623, 1626 auf 11, 1633 auf 12 Bücher erweitert, dt. 1967, erstmals dt. 1647) und ›Le berger extravagant‹ (1627), eine Satire auf die zeitgenöss. Schäferdichtung nach dem Muster des ›Don Quijote‹.

Literatur: ROY, E.: La vie et les œuvres de Ch. S., sieur de Souvigny (1602–1674). Paris 1891. Nachdr. Genf 1970. – SUTCLIFFE, F.-E.: Le réalisme de Ch. S. Problèmes humains du XVIIᵉ siècle. Paris 1965. – THIESSEN, S.: Ch. S. Rekonstruktion einer antiklassizist. Literaturtheorie u. Studien zum Anti-Roman. Mchn. 1977. – BÉCHADE, H. D.: Les romans comiques de Ch. S. Genf 1981. – VERDIER, G.: Ch. S. Boston (Mass.) 1984.

Sorel, Julian, Pseudonym des dt. Publizisten und Dramatikers Wilhelm ↑Herzog.

Sørensen, Villy [dän. 'sœr'nsən], *Kopenhagen 13. Jan. 1929, dän. Schriftsteller. – Hauptvertreter der Avantgardisten der 50er Jahre, deren Epitheton ›Prosaisten der Illusionslosigkeit‹ die vielschichtige kulturkrit. Schreibweise S.s charakterisiert; hatte als Redakteur der Zeitschrift ›Vindrosen‹ großen Einfluß auf die Entwicklung der dän. Literatur. Schrieb zus. mit K. H. Pedersen und N. I. Meyer das vielbeachtete Werk ›Aufruhr der Mitte. Modell einer künftigen Gesellschaftsordnung‹ (1978, dt. 1979).

Weitere Werke: Saere historier (En., 1953), Ufarlige historier (En., 1955, dt. Ausw. aus beiden Werken: Tiger in der Küche u. a. ungefährl. Geschichten, 1959), Vormundserzählungen (1964, dt. 1968), Schopenhauer (Essays, 1969), Seneca. Ein Humanist an Neros Hof (Biogr., 1976, dt. 1984), Den gyldne middelvej og andre debatindlæg fra 70erne (Artikel, 1979), Vejrdage (Tagebuch, 1980), Ragnarok: Als es den Göttern zu dämmern begann (E., 1982, dt. 1984), Die Vielen und die Einzelnen u. a. Geschichten (1986, dt. 1990), Apolls Aufruhr. Die Geschichte der Unsterblichen (R., 1989, dt.

1991), Forløb: Dagbøger 1953–1961 (1990), Jesus og Kristus (Essays, 1992).

Literatur: SØNDERRIIS, E.: V. S. En ideologikritisk analyse. Kongerslev 1972. – OBERHOLZER, O.: Laudatio f. V. S. In: Verleihung des Henrik-Steffens-Preises durch die Christian-Albrechts-Univ. Kiel. Hamb. 1973. S. 11. – BONDE JENSEN, J.: Litterær arkæologi: Studier i V. S.s formynderfortællinger. Kopenhagen 1978.

Sorescu, Marin, *Bulzeşti (Verwaltungsgebiet Dolj) 19. Febr. 1936, rumän. Schriftsteller. – Begann 1964 mit Versparodien, fand rasch zu eigener lyr. Form, gekennzeichnet durch ironisch-paradoxe Bildhaftigkeit und assoziatives Wortspiel; seit 1968 auch Dramen und Essays sowie Romane.

Werke: Poeme (= Gedichte, 1965), Moartea ceasului (= Tod der Uhr, Ged., 1966), Tinereţea lui Don Quijote (= Don Quijotes Jugend, Ged., 1968), Iona (= Jonas, Dr., 1968), Kugeln und Reifen (Ged., dt. Ausw. 1968), Teoria sferelor de influenţă (= Theorie der Einflußsphären, Essays, 1970), Insomnii (= Schlaflosigkeiten, Essays, 1971), Suflete, bun la toate (= Seele, für alles geeignet, Ged., 1972), Astfel (= So gesehen, Ged., 1973), Matca (= Das Flußbett, Dr., 1973), Trojanische Pferde (Ged., dt. Ausw. 1975), Trei dinţi în faţă (= Drei Vorderzähne, R., 1977), Abendrot Nr. 15 (Ged., dt. Ausw. 1985), Der Fakir als Anfänger (Ged., dt. Ausw. 1992).

Ausgaben: M. S. Poeme. Vorw. v. C. REGMAN. Bukarest 1976. – M. S. Teatru. Craiova 1980.

Literatur: BUCUR, M.: M. S. In: Lit. Rumäniens 1944–1980. Einzeldarstt. Von einem Autorenkollektiv unter Leitung von Z. DUMITRESCU-BUŞULENGA u. M. BUCUR. Bln. 1983. S. 400.

Sorge, Reinhard Johannes, *Rixdorf (heute zu Berlin) 29. Jan. 1892, ✕ bei Ablaincourt (Somme) 20. Juli 1916, dt. Lyriker und Dramatiker. – Jurastudium in Jena, später freier Schriftsteller. 1913 Übertritt zum Katholizismus; 1914 Soldat. Begann mit frühexpressionist. Lyrik; sein Drama ›Der Bettler‹ (1912) gilt nach Gehalt und Form als das erste weltanschaul. revolutionäre Drama des Expressionismus: Im Mittelpunkt steht der junge, verzweifelte, einsame Mensch im Kampf gegen eine dem Materialismus verfallene Welt; jegliche Bindung an eine Gemeinschaft fehlt. Später verfaßte S. Mysterienspiele und religiöse Epen. War 1912 zusammen mit H. Burte erster Träger des Kleist-Preises.

Weitere Werke: Guntwar. Die Schule eines Propheten (Dr., 1914), Metanoeite (3 Mysterien, 1915), König David (Dr., 1916), Nachgelassene Gedichte (hg. 1925).

Ausgabe: R. J. S. Werke. Eingel. u. hg. v. H. G. RÖTZER. Nbg. 1962–67. 3 Bde.
Literatur: HUMFELD, M. SCH.: R. J. S. Ein Gralsucher unserer Tage. Paderborn 1929. – RÖT-ZER, H. G.: R. J. S. Theorie u. Dichtung. Diss. Erlangen 1961. – BRUHWILER, J. A.: R. J. S.: Die Rolle des Bettlers in seinem dramat. Gesamtwerk. Diss. University of Cincinnati (Ohio) 1966.

Soriano, Osvaldo, * Mar del Plata 6. Jan. 1943, argentin. Schriftsteller. – Journalist; lebte 1976–83 im Exil in Brüssel und Paris. In direktem Gegensatz zur komplizierten Struktur der hispanoamerikan. ›nueva novela‹ verbindet S. in seinen Romanen gradlinige Handlungsführung mit Slapstick-Humor und Groteske. In ›Traurig, einsam und endgültig‹ (1974, dt. 1978) wird das moderne Hollywood mit den Mythen der Stummfilmzeit satirisch konfrontiert. Die polit. Geschehnisse in Argentinien zur Zeit von Isabel Perón behandelt ›No habrá más penas ni olvido‹ (1980). Den Terror der Militärdiktatur ab 1976 thematisiert ›Das Autogramm‹ (1982, dt. 1986; verfilmt von P. Lilienthal). ›Der Koffer oder die Revolution der Gorillas‹ (R., 1986, dt. 1990) ist eine satir. Allegorie auf die Beziehungen zwischen Argentinien und Großbritannien.
Weitere Werke: Artistas, locos y criminales (Reportagen, 1983), Una sombra ya pronto serás (R., 1990), Elojo de la patria (R., 1992).

Sorin (tl.: Zorin), Leonid Genrichowitsch [russ. ˈzorin], * Baku 3. Nov. 1924, russ.-sowjet. Dramatiker. – Wurde durch sein krit. Drama über die Korruption in der sowjet. Oberschicht, ›Gosti‹ (= Gäste, 1954), bekannt und seinetwegen angegriffen; auch Erzählwerke.
Weitere Werke: Dekabristy (= Die Dekabristen, Trag., 1967), Izmena (= Ehebruch, Dr., 1979), Staraja rukopis' (= Die alte Handschrift, R., 1983), Strannik (= Der Pilger, R., 1987).
Literatur: ZELLER, I.: Die Gestaltung der Zeitgenossen in Gegenwartsstücken v. L. Zorin. Diss. Jena 1975 [Masch.].

Sorokin, Wladimir Georgijewitsch, * Bykowo 1955, russ. Schriftsteller. – S., der jegl. Kompromiß mit dem sowjet. Regime ablehnte, hatte bis 1989 keine Möglichkeit, seine provokativen Werke in der UdSSR zu veröffentlichen.
Werke: Die Schlange (R., 1985, dt. 1990), Marinas dreißigste Liebe (R., frz. 1987, dt. 1991), Die

russ. Großmutter (Stück, russ. u. dt. 1989), Dysmorphomanie (Stück, 1990, dt. 1992), Ein Monat in Dachau (E., dt. 1992), Der Obelisk (En., dt. 1992), Die Herzen der Vier (R., dt. 1993).

Sorrentino, Gilbert [engl. sɔrənˈtiːnoʊ], * New York 27. April 1929, amerikan. Schriftsteller. – Dozententätigkeit an der Columbia University New York, seit 1982 Prof. für Englisch an der Stanford University (Calif.). S. gehört zu den postmodernen Schriftstellern, die durch Parodie, Komik und Metafiktion traditionelle Erzählstrukturen unterlaufen und die Aufmerksamkeit des Lesers auf den Schreibakt des Autors lenken. Erfolgreichster Roman der ersten Schaffensphase ist ›Mulligan's stew‹ (1979). Spätere Romane wenden sich autobiographisch der Welt des Autors in Brooklyn zu (›Die scheinbare Ablenkung des Sternenlichts‹, 1980, dt. 1991; ›Crystal vision‹, 1981) oder stellen eine Wiederaufnahme von Themen und Charakteren der früheren Erzählungen (›Blue pastoral‹, 1983; ›Odd number‹, 1985) dar. S.s Lyrik ist von E. Pound, W. C. Williams und R. Creeley beeinflußt.
Weitere Werke: The darkness surrounds us (Ged., 1960), The sky changes (R., 1966), The perfect fiction (Ged., 1968), Steelwork. Ein Brooklyn-Roman (1970, dt. 1990), Nehmen wir an, daß es wirklich stimmt (R., 1971, dt. 1993), Splendide Hôtel (Abh., 1973), Corrosive sublimate (Ged., 1976), The orangery (Ged., 1978), Selected poems, 1958–1980 (Ged., 1980), Something said (Essays, 1984), Misterioso (R., 1989).

Michail
Michailo-
witsch
Sosch-
tschenko

Soschtschenko (tl.: Zoščenko), Michail Michailowitsch [russ. ˈzɔʃtʃɪnkə], * Petersburg 10. Aug. 1895, † ebd. 22. Juli 1958, russ.-sowjet. Schriftsteller. – Studierte Jura, nahm am 1. Weltkrieg teil;

1918/19 in der Roten Armee; Mitglied der ↑Serapionsbrüder. Seine humorist. und satir. Darstellungen sowjet. Alltagswirklichkeit, die formal den Kleinformen v. a. A. P. Tschechows nahestehen und Stilmittel des ↑Skas verwenden, gehören zu den meistgelesenen Werken der sowjet. Literatur; 1946 parteiamtl. Verurteilung, nach 1953 rehabilitiert. S. schrieb auch Romane und Biographien (›Taras Ševčenko‹, 1939) sowie Dramen.

Weitere Werke: Der redl. Zeitgenosse (Satiren, 1926, dt. 1947), Was die Nachtigall sang (Satiren, 1927, dt. 1957), Vozvraščennaja molodost' (= Die wiedererlangte Jugend, R., 1933), Das Himmelblaubuch (1935, dt. 1966), Schlüssel des Glücks (Autobiogr., 2 Tle., 1943–72, dt. 1977), Der verborgte Ehemann (Humoresken und Satiren, dt. Ausw. 1957), Der Rettungsanker (dt. Ausw. 1959), Der Flieder blüht u. a. Erzählungen (dt. Ausw. 1959), Der Anruf im Kreml u. a. Geschichten von kleinen Leuten in Sowjetrußland (dt. Ausw. 1963), Bleib Mensch, Genosse (Satiren und Grotesken, dt. Ausw. 1970), Die Reize der Kultur (Satiren, dt. Ausw. 1980).

Ausgabe: M. M. Zoščenko. Izbrannoe. Leningrad 1981.

Literatur: CUKIERMAN, J. D.: M. Zoščenko's rasskazy and povesti of the 1920s. Diss. University of Michigan 1978. – SALNIKOW-RITTER, E.: Studien zur Sprache M. Zoščenkos. Diss. Graz 1981.

Sosulja (tl.: Zozulja), Jefim Dawydowitsch [russ. zaʹzuljɐ], * Moskau 10. Dez. 1891, † Rybinsk 3. Nov. 1941, russ.-sowjet. Schriftsteller. – Zusammenarbeit mit M. J. Kolzow. S.s psycholog. Kurzgeschichten orientieren sich an A. P. Tschechow, auch an I. I. Samjatin (›Ak und die Menschheit‹, 1919, dt. 1929). Eine dt. Auswahl seiner Prosa erschien 1981 u. d. T. ›Der Mann, der allen Briefe schrieb‹.

Ausgabe: E. D. Zozulja. Sobranie sočinenij. Moskau 1928–29. 3 Bde.

Sotades (tl.: Sotádēs), griech. Dichter der 1. Hälfte des 3. Jh. v. Chr. aus Maroneia (Thrakien). – Verfaßte u. a. Dichtungen von obszön-sexuellem Inhalt (sog. ↑Kinädenpoesie). Soll aufgrund seines Angriffes gegen Ptolemaios II. wegen dessen Geschwisterehe hingerichtet worden sein. Verwendete als Versmaß den nach ihm benannten ↑Sotadeus.

Sotadeus [griech., nach dem Dichter Sotades], in der antiken Metrik ein katalekt. Tetrameter, der auf dem ↑Ionikus (a maiore) aufbaut; Grundschema:

$$--\cup\cup | --\cup\cup | --\cup\cup | -x.$$

Auflösung der Längen und Ersatz einzelner Ionizi durch trochäische Dipodien (–∪–x) sind möglich. Der S. findet sich v. a. in der Komödie, im Mimus und in der Satire. Nachbildungen griech. Sotadeen sind u. a. bei Plautus, Ennius und Martial bezeugt.

sotadische Literatur, Bez. für parodistisch-satir., v. a. aber [vermutlich] stark obszöne Dichtungen im Gefolge des Dichters ↑Sotades; nach der Art des Vortrags (bei Gelagen, von lasziven mim. Tänzen begleitet) auch als Kinädenpoesie bezeichnet. Neben Sotades sind als Vertreter zu nennen: Timon von Phleius, Alexandros Aitolos, in der röm. Literatur v. a. Ennius und Afranius.

Sotie ↑Sottie.

Šotola, Jiří [tschech. ʹʃɔtɔla], * Smidary (Ostböhm. Gebiet) 28. Mai 1924, † Prag 8. Mai 1989, tschech. Schriftsteller. – Zunächst Schauspieler; lehnte die Okkupation der ČSSR 1968 ab, 1975 ›Reuebekenntnis‹; begann 1946 als Lyriker, ging nach 1967 zur Prosa über.

Werke: Svět náš vezdejší (= Unsere tägl. Welt, Ged., 1957), Venuše z Mélu (= Die Venus von Milo, Ged., 1959), Hvězda Ypsilon (= Stern Ypsilon, Ged., 1962), Podzimníček (= Der Übergangsmantel, Ged., 1967), Grüß den Engel, richte ihm aus, daß ich warte (R., 1969, dt. 1971), Vaganten, Puppen und Soldaten (R., dt. 1972, tschech. 1976), Ajax (Stück, UA 1977), Svatý na mostě (= Der Brückenheilige, R., 1978), Pěší ptáci (= Fußvögel, Stück, 1981), Das geborstene Kreuz (R., 1986, dt. 1989).

Sotternie [niederl. sɔtərʹniː], im niederl. mittelalterl. Theater das possenhafte Nachspiel zu den ↑Abele spelen des 14. Jahrhunderts. – ↑auch Klucht, ↑Esbatement.

Sottie (Sotie) [frz.; von sot = Narr], frz. Possenspiel in einfachen Versen, das in satir. Absicht, oft sehr derb, lokale, kirchl., polit. und v. a. soziale Mißstände bloßstellt; Aufführungen meist durch Narrengesellschaften, bes. die ↑Enfants sans souci und der ↑Basoche; Blütezeit 15./16. Jh.; bed. polit. Stoßkraft hatten die S.n von P. Gringore.

Literatur: GOTH, B.: Unterss. zur Gattungsgesch. der S. Mchn. 1967. – NELSON, I.: La s.

sans souci. Essai d'interprétation homosexuelle. Paris 1977. – ARDEN, H.: Fools' plays. A study of satire in the S. Cambridge 1980.

Soulès, Georges [frz. su'lɛs], frz. Schriftsteller, ↑ Abellio, Raymond.

Soupault, Philippe [frz. su'po], * Chaville (Hauts-de-Seine) 2. Aug. 1897, † Paris 12. März 1990, frz. Schriftsteller. – Journalist; gründete 1938 den tunes. Rundfunk; u.a. ab 1945 Sendeleiter der Auslandssendungen des frz. Rundfunks, 1951–77 Programmgestalter. S. war Mitbegründer der literar. Dadabewegung und des Surrealismus in Frankreich; 1919 mit A. Breton und L. Aragon Begründer der Zeitschrift ›Littérature‹; schrieb mit Breton ›Die magnet. Felder‹ (1920, dt. 1981), bed. surrealist. Gedichte; in seinen Romanen fängt S. das Dasein von hilflos durch eine zerfallende Welt gehetzten Menschen ein; auch Essays, Künstlerbiographien, Theaterstücke. Erhielt u.a. 1974 den Grand prix de poésie der Académie française.

Weitere Werke: Rose des vents (Ged., 1920), Westwego (Ged., 1922), Der schöne Heilige (R., 1923, dt. 1992), À la dérive (R., 1923), Les frères Durandeau (R., 1923), Georgia (Ged., 1925), Der Neger (E., 1927, dt. 1928), G. Apollinaire (Essay, 1927), Lautréamont (Essay, 1927), Die letzten Nächte von Paris (R., 1929, dt. 1982), Debussy (Essay, 1932), Les moribonds (R., 1934), Souvenirs de J. Joyce (Essay, 1943), Odes (Ged., 1946), Chansons (Ged., 1949), Le vrai André Breton (Essay, 1966), Poèmes et poésies, 1917–1973 (Ged., 1973), Apprendre à vivre 1897–1914 (Erinnerungen, 1977), Écrits sur la peinture (Essays, 1980), À vous de jouer (Stücke, 1980), Mémoires de l'oubli, 1914–1925 (Erinnerungen, 1981), Poèmes retrouvés (Ged. 1918–1981, 1982), Gedichte 1917–1930 (dt. Ausw. 1983), Bitte schweigt. Gedichte und Lieder 1917–1986 (dt. Ausw. 1989).
Literatur: Ph. S. Auswahl, Bibliographie, Portraits v. H. J. DUPUY. Paris 1957. – HELMLÉ, E.: Ph. S. In: Krit. Lex. zur fremdsprachigen Gegenwartsliteratur. Hg. v. H. L. ARNOLD. Losebl. Mchn. 1983 ff. – MORELINO, B.: Ph. S. Lyon 1987. – LÖSCHNIG, B.: Das erzähler. Werk S.s Ffm. u.a. 1990. – Ph. S., le poète. Hg. v. J. CHÉNIEUX-GENDRON. Paris 1992.

Sousa Andrade, [José] Oswald de [brasilian. 'soza ɐn'dradi], brasilian. Schriftsteller, ↑ Andrade, [José] Oswald de Sousa.

Souster, Raymond [Holmes] [engl. 'su:stə], * Toronto 15. Jan. 1921, kanad. Schriftsteller. – Angestellter der Bank of Commerce in Toronto. Seine Lyrik in den 40er und 50er Jahren (beginnend mit dem Gedichtband ›When we are young‹, 1946) ist geprägt durch romant. Antithesen: Liebe, Natur, Sport gegenüber Krieg, Industrie, Handel. Entscheidend wurde die Begegnung mit L. Dudek, durch den sich ihm die amerikan. Lyrik (W. C. Williams, Cid Corman [* 1924]) erschloß und mit der zus. er die Zeitschrift ›Contact‹ (1952–54, wichtigste seiner vielen Magazingründungen) herausgab und, unter Mitwirkung I. Laytons, ›Contact Press‹ als Verlag für moderne Lyrik gründete. S.s beste Lyrik ist schlicht, lebendig und präzis. Höhepunkte sind die Bände ›A local pride‹ (1962), ›The colour of the times‹ (1964) und ›As is‹ (1967). Bände seiner ›Collected poems‹ erschienen jeweils 1980, 1981 und 1989.
Literatur: DAVEY, F.: Louis Dudek and R. S. Vancouver 1980.

Soutar, William [engl. 'su:tə], * Perth 28. April 1898, † ebd. 15. Okt. 1943, schott. Dichter. – Studium in Edinburgh; war infolge einer Verletzung aus dem 1. Weltkrieg ab 1929 gelähmt. Nach traditionellen Frühgedichten schrieb er in den 30er Jahren auch mundartl. Lyrik und Kinderverse und trug zur Renaissance der schott. Literatur bei. Stand H. MacDiarmid nahe, dem S.s ›Collected poems‹ (1948) postum herausgab.
Weiteres Werk: Diaries of a dying man (Autobiogr., hg. v. A. Scott, 1954).
Ausgabe: Poems of W. S. Edinburgh 1988.
Literatur: SCOTT, A.: Still life. W. S. 1898–1943. Edinburgh 1958.

Southern, Terry [engl. 'sʌðən], * Alvarado (Tex.) 1. Mai 1926, amerikan. Schriftsteller. – Wendet sich in seinen z. T. pornograph. Romanen mit schwarzem Humor und grotesker Satire gegen gesellschaftl. Mißstände und menschl. Torheit; schreibt auch erfolgreiche Filmdrehbücher, u. a. zu ›Dr. Seltsam, oder Wie ich lernte, die Bombe zu lieben‹ (1963; Regie: S. Kubrick) und ›Easy Rider‹ (1969; Regie: D. Hopper).
Weitere Werke: Flash and filigree (R., 1958), Candy oder Die sexte der Welten (R., 1958, dt. 1967; mit M. Hoffenberg [* 1922, † 1986]), The magic Christian (R., 1959), Der Superporno (R., 1962, dt. 1971).

Southerne, Thomas [engl. 'sʌðən], * Oxmantown bei Dublin 1660, † London

22. Mai 1746, ir. Dramatiker. – Studierte Jura; wurde nach einer militär. Karriere Theaterautor; mit vielen zeitgenöss. Literaten um J. Dryden bis A. Pope befreundet. S.s Sittenkomödien, etwa ›The wives' excuse‹ (1691), zeigen Gespür für den Publikumsgeschmack der Restaurationszeit. Noch größeren, bis ins 19. Jh. andauernden Erfolg hatten seine pathetisch-heroischen Tragödien nach Romanhandlungen von A. Behn ›The fatal marriage‹ (1694) und ›Oroonoko‹ (1695). In ›Oroonoko‹ plädiert S. außerdem heftig gegen den Sklavenhandel.
Weitere Werke: The loyal brother (Trag., 1682), Sir Anthony Love (Kom., 1691), The maid's last prayer (Kom., 1693).
Ausgabe: The works of Th. S. Hg. v. R. JORDAN u. H. LOVE. Oxford 1988. 2 Bde.
Literatur: DODDS, J. W.: T. S. dramatist. New Haven (Conn.) u. London 1933.

Southey, Robert [engl. 'saʊðɪ, 'sʌðɪ], * Bristol 12. Aug. 1774, † Greta Hall (Keswick, Cumberland) 21. März 1843, engl. Dichter. – Studierte in Oxford; 1794 Beginn der Freundschaft mit S. T. Coleridge, mit dem er den utop. Plan einer ›Pantisokratie‹, einer kommunist. Gemeinschaft mit demokrat. Prinzipien, faßte; Studienreisen nach Spanien und Portugal; später auch journalistisch tätig; ab 1813 Poet laureate. Mit Coleridge und W. Wordsworth Hauptvertreter der ersten Generation der engl. romant. Dichter (↑ Lake school). Seine umfangreichen ep. Dichtungen (u. a. ›Roderick, the last of the Goths‹, 2 Bde., 1814) sind fast vergessen, seine oft grotesken und parodist. Balladen noch lebendig (›The devil's walk‹, 1799; mit S. T. Coleridge). Das Epos ›Joan of Arc‹ (1796) spiegelt seine positive Reaktion auf die Frz. Revolution wider; später Wendung zum Konservativismus. S.s histor. (u. a. ›History of the peninsular war‹, 3 Bde., 1823–32), religiöse (u. a. ›The book of the Church‹, 2 Bde., 1824) und polit. Schriften (u. a. ›Essays, moral and political‹, 2 Bde., 1832) sind in klarem, präzisem Prosastil abgefaßt, der auch seine Biographien auszeichnet, bes. ›Admiral Nelson's Leben, Kämpfe und Siege‹ (2 Bde., 1813, dt. 1837). Bed. war S. auch als Übersetzer aus dem Spanischen (u. a. ›Amadis of Gaul‹, 1803).

Weitere Werke: Wat Tyler (Dr., 1794), The fall of Robespierre (Dr., 1794; mit S. T. Coleridge), The life of Wesley (Biogr., 2 Bde., 1820), The doctor (En. und Essays, 7 Bde. 1834–47).
Ausgaben: R. S. Poetical works. Collected by himself. London 1837/38. 10 Bde. Nachdr. Hildesheim 1977. – R. S. Poems. Hg. v. M. H. FITZGERALD. London u. a. 1909.
Literatur: SOUTHEY, C. C.: The life and correspondence of the late R. S. London 1850. – CARNALL, G.: R. S. and his age. The development of the conservative mind. Oxford 1960. – HALLER, W.: The early life of R. S., 1774–1803. New York 1966. – CURRY, K.: S. Boston (Mass.) 1975. – BERNHARDT-KABISCH, E.: R. S. London u. Boston (Mass.) 1977. – CURRY, K.: R. S. A reference guide. Boston (Mass.) 1977.

Southwell, Robert [engl. 'saʊθwəl, 'sʌðəl], * Horsham Saint Faith bei Norwich um 1561, † Tyburn 21. Febr. 1595 (hingerichtet), engl. Dichter. – Aus alter kath. Familie; Erziehung u. a. in Rom; 1578 Jesuit, 1584 Priesterweihe; kehrte 1586 nach England zurück, wurde 1592 verhaftet, mehrmals gefoltert, nach 3 Jahren Haft hingerichtet. Seine entsagungsvollen, von der Hoffnung auf ein besseres Leben nach dem Tod geprägten Dichtungen, die v. a. während der Haft entstanden (Hauptwerk: ›Saint Peter's complaint‹, 1595), weisen vorbarocke, manierist. Stilzüge auf; seine u. d. T. ›Moeniae‹ (1595) erschienenen kleineren Dichtungen nehmen Stilelemente der ↑ Metaphysical poets vorweg; auch Prosawerke.
Ausgabe: R. S. Poems. Hg. v. J. H. McDONALD u. N. P. BROWN. Oxford 1967.
Literatur: DEVLIN, CH.: The life of R. S. London u. New York 1956. – SCALLON, J. D.: The poetry of S. Salzburg 1975.

Souza, Márcio [brasilian. 'soza], * Manaus (Amazonas) 4. März 1946, brasilian. Schriftsteller. – Filmkritiker, Film- und Theaterregisseur. Gilt als Begründer einer neuen Amazonas-Literatur, die er zunächst mit Theaterstücken wie ›A paixão de Ajuricaba‹ (1974) oder ›Folias de Latex‹ (1976), in denen indian. Mythen und Sozialkritik verschmelzen, verwirklichte. Internat. bekannt machten ihn seine Romane, in denen Geschichte und Gegenwart des Amazonas im Vordergrund stehen, u. a. in ›Galvez, Kaiser von Amazonien‹ (1976, dt. 1983), der pikaresken Geschichte einer operettenhaften Revolution im Kautschukgebiet von Acre.

Weitere Werke: A expressão amazonense (Essay, 1978), Mad Maria oder das Klavier im Fluß (R., 1980, dt. 1984), A resistível ascensão de Boto Tucuxi (R., 1982), A ordem do dia (R., 1983), Herzliches Beileid, Brasilien (R., 1984, dt. 1986), Der fliegende Brasilianer (R., 1986, dt. 1990).
Literatur: ALVES DE AGUIAR, J./DIMAS, A.: M. S. São Paulo 1982.

Sova, Antonín [tschech. 'sɔva], Pseudonym Ilja Georgov, * Pacov (Südböhm. Gebiet) 26. Febr. 1864, † ebd. 16. Aug. 1928, tschech. Schriftsteller. – War Bibliothekar in Prag. S. fand von anfänglich mediativer Dichtung zum realist. Genrebild, um die Jahrhundertwende unter dem Eindruck des Impressionismus und Symbolismus zu zarter und formschöner Poesie, erfüllt von Natur- und Heimatliebe. Später bearbeitete er auch polit. und soziale Stoffe. Seine Balladen sind Meisterwerke ihrer Gattung (›Kniha baladická‹ [= Balladenbuch], 1915). Das Prosawerk S.s hat ausgeprägt sozialkrit. Charakter.
Weitere Werke: Soucit i vzdor (= Mitgefühl und Trotz, Ged., 1894), Výpravy chudých (= Die Ausflüge der Armen, R., 1903), Zpěvy domova (= Gesänge der Heimat, Ged., 1918), Drsná láska (= Herbe Liebe, Ged., 1927).
Ausgaben: A. S. Gedichte. Dt. Übers. u. hg. v. K. VON EISENSTEIN. Dresden 1922. – A. S. Spisy. Prag 1937–38. 20 Bde.
Literatur: ZIKA, J./BRABEC, J.: A. S. Prag 1953. – Bibliografie díla A. Sovy. 1864–1928. Hg. v. J. KUNCOVÁ. Prag 1974.

Sowremennik [russ. sɐvrɪ'mjennik = der Zeitgenosse], 1836 von A. S. Puschkin in Petersburg gegründete literar. und polit. Zeitschrift; später u. a. von N. A. Nekrassow und I. I. Panajew geleitet; zeitweise starker Einfluß W. G. Belinskis; in den 60er Jahren war ›S.‹ ein bed. Organ der revolutionären Demokraten; 1866 nach einem Attentat auf Alexander II. verboten.

Soya, Carl Erik Martin [dän. 'sɔia], * Kopenhagen 30. Okt. 1896, † Rudkøbing 10. Nov. 1983, dän. Schriftsteller. – Zeitweise journalistisch tätig; wegen seiner Satire ›En gæst‹ (1941) von den Deutschen inhaftiert; floh nach Schweden. In seinem Werk vereinen sich Phantasie und Wirklichkeitssinn; der Hang zum Makabren ist gepaart mit realist. Milieu- und Sprachauffassung; freizügige sexuelle Schilderungen.
Weitere Werke: Parasitterne (Dr., 1929), Jeg kunne nent ta' 100 kr. (R., 1931), To tråde (Dr., 1943), Min farmors hus (R., 1943), 17 – Roman einer Pubertät (2 Bde., 1953/54, dt. 1963), Potteskår (Erinnerungen, 1970), Åndværkeren (Erinnerungen, 1972), Ærlighed koster mest (Erinnerungen, 1975).
Ausgabe: C. E. M. Sdvalgte værker. Kopenhagen 1956. 6 Bde.
Literatur: WAMBERG, N. B.: S. Kopenhagen 1966. – BRÆMME, E.: S.'s sociale budskab. Kopenhagen 1981.

Soyfer, Jura, * Charkow 8. Dez. 1912, † KZ Buchenwald 16. Febr. 1939, österr. Schriftsteller. – Sohn russ. Aristokraten, die nach Ausbruch der Oktoberrevolution nach Wien emigrierten. Bereits als Schüler Mitarbeiter sozialdemokrat. Kabaretts in Wien und der sozialdemokrat. ›Arbeiter-Zeitung‹. Ab 1934 Mitglied der KPÖ, 1938 von den Nationalsozialisten verhaftet. S. schrieb lyr. und dramat. Werke. Bekannt wurden seine an J. Nestroy geschulten aktuellen und geistreichen Szenenfolgen für Kleinkunstbühnen, in denen er gegen soziale Ungerechtigkeit kämpfte und, v. a. in den Jahren vor dem Anschluß Österreichs, die Borniertheit und den polit. Illusionismus des Bürgertums anprangerte.
Ausgaben: J. S. Von Paradies u. Weltuntergang. Hg. v. W. MARTIN. Bln. u. Wien ²1962. – J. S. Der Lechner-Edi. Astoria. Eisenstadt 1975. – J. S. Das Gesamtwerk. Hg. v. H. JARKA. Wien u. a. ¹⁻²1984–93. 3 Bde.
Literatur: JARKA, H.: J. S. Leben, Werk, Zeit. Wien 1987. – Die Welt des J. S. Hg. v. H. ARLT u. a. Wien 1991. – J. S., Europa, multikulturelle Existenz. Hg. v. H. ARLT. St. Ingbert 1993. – J. S. Hg. v. J.-M. WINKLER. Rouen 1994.

Soyinka, Wole [engl. sɔ'jɪŋkə], eigtl. Akinwande Oluwole S., * bei Abeokuta 13. Juli 1934, nigerian. Schriftsteller. – Studierte engl. Literatur in Ibadan und Leeds; 1960 Gründung der Theatergruppe The 1960 Masks, 1964 der Orisun Theatre Company; 1965 Dozent für Englisch an der University of Lagos, 1967–69 wegen politischer Aktivitäten in Haft; 1972–76 und 1984–88 in Paris im Exil; Dozent für Theaterwiss. an den Universitäten von Ibadan, Lagos und Ife; seit 1986 Präsident des Internat. Theaterinstituts (IPI) in Paris. Als einer der bedeutendsten Intellektuellen Afrikas bezieht er Stellung gegen autoritäre Herrschaftsformen und setzt sich vehement für demokrat. (auch kulturellen) Pluralismus und soziale Gerechtigkeit ein. Seine in engl. Sprache geschriebenen, vorwiegend gesellschaftskrit. Dramen und Romane behandeln – z. T. mit Humor und Satire – sowohl nigerian. Themen als auch existentielle Fragen des modernen Menschen; auch Lyrik, Autobiographisches, literar. und polit. Essays. 1986 erhielt er den Nobelpreis für Literatur.

Wole Soyinka

Werke: Der Löwe und die Perle (Kom., 1963, dt. 1973), Die Straße (Dr., 1965, dt. 1974, in: Stücke Afrikas), Die Ausleger (R., 1965, dt. 1983), Idanre and other poems (Ged., 1967), Before the blackout (Dr., 1971), A shuttle in the crypt (Dr., 1971), Der Mann ist tot. Aufzeichnungen aus dem Gefängnis (1972, dt. 1979), The Bacchae of Euripides (Dr., 1973), Camwood on the leaves (Dr., 1973), Die Plage der tollwütigen Hunde (R., 1973, dt. 1979, 1977 auch u. d. T. Zeit der Gesetzlosigkeit), Death and the king's horseman (Dr., 1975), Ogun Abibiman (Ged., 1976), Myth, literature and the African world (Sachbuch, 1976), Opera Wonyosi (Dr., 1980), Aké. Eine Kindheit (Autobiogr., 1981, dt. 1986), A play of giants (Dr., 1984), Requiem for a futurologist (R., 1985), Mandela's earth and other poems (Ged., 1989), Ìsarà (R., 1989, dt. 1994), From Zia with love and A scourge of hyacinth (Dramen, 1992).
Ausgaben: W. S. Collected plays. London u. New York 1973–74. 2 Bde. – W. S. Stücke. Dt. Übers. Bln. 1987.
Literatur: OGUNBA, O.: The movement of transition. A study of the plays of W. S. Ibadan 1975. – BÖTTCHER-WÖBCKE, R.: Komik, Ironie u. Satire im dramat. Werk v. W. S. Hamb. 1976. – MOORE, G.: W. S. London ²1978. – PAGE, M.: W. S. Bibliography, biography, playography. London 1979. – Critical perspectives on W. S. Hg. v. J. GIBBS. Washington (D. C.) 1980. – KATRAK, K. H.: W. S. and modern tragedy. London 1986.

Soyka, Otto, * Wien 9. Mai 1882, † ebd. 2. Dez. 1955, österr. Schriftsteller. – Mitarbeiter der Zeitschriften ›Die Fackel‹, ›Der Sturm‹ und ›Simplicissimus‹; 1938–45 im Exil in Frankreich; schrieb spannende, psychologisch nuancierte, expressionistisch beeinflußte Romane, in denen er sensationelle Ereignisse des Tagesgeschehens verarbeitete (oft kriminalist. Motive), sowie Novellen und Komödien.
Werke: Herr im Spiel (R., 1910), Revanche (Kom., 1912), Die Söhne der Macht (R., 1912), Der entfesselte Mensch (R., 1919), Überwinder (Nov.n, 1926), Das Geheimnis der Akte K. (R., 1934).

Soysal, Sevgi [türk. sɔj'sal], * Istanbul 1936, † ebd. 22. Nov. 1976, türk. Schriftstellerin. – Schrieb Erzählungen und Romane, in denen Emanzipationsstreben intellektueller junger Frauen der bürgerl. Schicht, oft verbunden mit politischideolog. Neuorientierung ein wiederholt behandeltes Thema ist; auch Erinnerungen an ihren Gefängnisaufenthalt wegen linksorientierter polit. Betätigung.
Werke: Tante Rosa (En., 1968, dt. 1981), Yürümek (= Laufen, R., 1970), Şafak (= Die Morgendämmerung, R., 1975).

soziale Dichtung † Arbeiterliteratur.

sozialistischer Realismus, Parteirichtlinie der KPdSU für Literatur, bildende Kunst und Musik sowie für Literatur-, Kunst- und Musikkritik, die mit Beschluß des Zentralkomitees vom 23. April 1932 festgelegt wurde; für den Bereich der Literatur ging der Begriff des s. R. nach Auflösung aller literar. Gruppierungen (1932) auf dem ersten Allunionskongreß der sowjet. Schriftsteller (1934) als Definition in die Satzung des sowjet. Schriftstellerverbands ein: ›Der s. R. als grundlegende Methode der sowjet. künstler. Literatur und Literaturkritik fordert vom Künstler eine wahrhafte, historisch konkrete Darstellung der Wirklichkeit in ihrer revolutionären Entwicklung. Hierbei müssen Wahrheit und histor. Konkretheit der künstler. Darstellung der Wirklichkeit in Abstimmung mit der Aufgabe der ideellen Umformung und Erziehung der Werktätigen im Geiste des Sozialismus gebracht werden‹. Diese Definition, die bis Mitte/Ende der 80er Jahre bei allen unterschiedl.

Schwenks und Auslegungen Grundlage bzw. Gebot der offiziellen Staats- oder Parteikunst, nach dem 2. Weltkrieg auch in den Ländern des Warschauer Pakts, war, begreift Kunst jenseits ästhet. Kriterien und künstler. Freiheit als politisch-ideologisch bestimmten Gebrauchsgegenstand. Literatur und Literaturkritik wurden als Mittel zur ›Umformung und Erziehung der Werktätigen‹ im Sinne des Marxismus-Leninismus (›Parteilichkeit‹ der Literatur) eingesetzt. Typisch für literar. Werke des s. R. sind der positive ↑ Held sowie Fortschrittsglaube hinsichtlich der Erreichung eines noch zu errichtenden gesellschaftl. Idealzustands. Dabei erfuhr der Realismusbegriff seine direkte Umkehrung. Realität und Wirklichkeiten lösten sich auf in Idee und Ideologie, deren Normen auch für die Literatur durch Satzung und Gesetz vor Abweichungen geschützt waren. In diesem Sinne hat A. D. Sinjawskij in seinem Essay ›Was ist s. R.?‹, der im Samisdat (↑ Samisdat-Literatur) und im Ausland verbreitet worden bzw. erschienen ist, darauf hingewiesen, daß der s. R. seine Wurzeln nicht im ↑ Realismus des 19. Jh. hat, sondern Ähnlichkeiten mit klassizist. Normen des 18. Jh. aufweist. – Witz und Satire, Humor und Ironie, Absurdes und Groteskes, Experimentelles sowie der Begriff des offenen Kunstwerks wurden durch den s. R. negiert bzw. qua definitionem ausgeschlossen. In der kurzen Zeit des ↑ Tauwetters (1956 bis etwa 1965) nach Stalins Tod (1953) begann in der Sowjetunion und, andauernder, v. a. in der Tschechoslowakei, in Polen und Ungarn eine Zeit der öffentl. Auseinandersetzungen mit den Maximen des s. R. und seinen Konsequenzen für den kulturellen Zustand der betroffenen Länder, die jedoch mit (erneuten) Ausschlüssen aus dem Schriftstellerverband, Verhaftungen, Prozessen, langjährigen und wiederholten Lagerhaftstrafen endete, was zur psych. und phys. Zerstörung von Andersdenkenden geführt hat. Die Frage, wie weitgehend der s. R. die Kunst als Kunst aufhob, die Frage, inwiefern der hier obligator. ›positive Held‹ und kategor. ›Optimismus‹ als verordnete Weltanschauung allenfalls eine Flut trivialer Erbauungsliteratur produziert haben, kann u. a. durch die Folgen der Geschichte des s. R. beantwortet werden: Die Zahl derer, die ins Exil gehen mußten (↑ Exilliteratur), ist so groß, daß u. a. der poln. Literaturwissenschaftler Andrzej Drawicz (* 1932) bezüglich der russ. Literatur von einem ›ausländ. Rußland‹ sprach. Die freie Kunst und Literatur lebte, unterstützt von Verlagen und Zeitschriften, ungemein produktiv und vielfältig im Exil (für die russ. Literatur Tamisdat) und im Untergrund der jeweiligen Länder (u. a. Samisdat, ↑ Edice Petlice).

Literatur: Marxismus u. Lit. Hg. v. F. J. RADDATZ. Rbk. 11.–17. Tsd. 1974–77. 3 Bde. – Sozialist. Realismuskonzeptionen. Hg. v. HANS JÜRGEN SCHMITT u. G. SCHRAMM. Ffm. 1974. – Realismustheorien in Lit., Malerei, Musik u. Politik. Hg. v. R. GRIMM u. J. HERMAND. Stg. u. a. 1975. – MOŹEIKO, E.: Der s. R. Theorie, Entwicklung u. Versagen einer Literaturmethode. Bonn 1977. – Internat. Lit. des s. R. 1917–1945. Hg. v. G. DIMOV. Bln. (Ost) 1978.

Spagnoli, Giovan Battista [italien. spaɲ'ɲɔːli], sel., genannt Il Carmelita, Battista Mantovano oder G. Baptista Mantovanus, * Mantua 17. April 1448, † ebd. 1515, nlat. Dichter. – Karmeliter; 1513 General seines Ordens; verfaßte zahlreiche nlat. Schriften meist christlich-philosoph. Inhalts in Vers und Prosa. Die größte Verbreitung fanden seine 10 ›Eclogae‹ (1498) in der Nachfolge Vergils. Sie verbinden eine oft realist. Darstellung des Lebens der armen Bevölkerung auf dem Lande mit der teilweise allegorisch eingekleideten Behandlung profaner und religiöser Themen.

Literatur: The Eclogues of Baptista Mantovanus. Hg. v. W. P. MUSTARD. Baltimore (Md.) 1911. – COCCIA, E.: Le edizioni delle opere del Mantovano. Rom 1960.

Spangenberg, Wolfhart, * Mansfeld um 1570, † Buchenbach (heute zu Mulfingen, Hohenlohekreis) 1636, dt. Meistersinger und Dichter. – Studierte Theologie in Tübingen, ab 1611 Pfarrer in Buchenbach. Er übersetzte griech., lat. und nlat. Dramen, verfaßte Tierdichtungen in der Nachfolge J. Fischarts, Gelegenheitslyrik sowie Meisterlieder und Stücke für die Meistersingerbühnen. Bekannt sind u. a. seine Schuldramen ›Geist und Fleisch‹ (1608) und ›Mammons Sold‹ (1614) sowie die antikath. Satire ›Ganskönig‹ (1607).

Ausgabe: W. S. Sämtl. Werke. Hg. v. A. VIZKE-
LETI. Bln. u. New York 1971–82. 7 Bde. in
9 Tlen.
Literatur: MÜLLER, HANS: W. S. In: Zs. f. dt.
Philologie 81 (1962); 82 (1963).

spanische Literatur, die Literatur
Spaniens in Spanisch. Sie entwickelte
sich vor dem Hintergrund zweier großer
und entgegengesetzter Traditionen: einer
gelehrten, auf früher Romanisierung und
Christianisierung basierenden, die sich
mit der Kultur des antiken und christl.
Roms verband, und einer volkstüml., die
auf mündlich tradierten lyr. und ep.
Liedtexten beruhte. Diese Gegenbewegung bestand über die Wechselfälle von
Westgotenherrschaft, Araberinvasion,
Reconquista und imperialer Entfaltung
hinaus. Sie selbst und ihr jeweiliges poli-
tisch-geistiges Umfeld begründeten den
konservativen Charakter der s. L., der
oberflächlich den Eindruck einer ›kulturellen Verspätung‹ gegenüber dem übrigen Europa entstehen ließ, dessen literar.
Spektrum jedoch zugleich durch die Gattungen von Romanze, Schelmenroman
und Comedia folgenreich erweitert
wurde. Schließlich gaben die Werke der
span. Mystiker nicht nur der Gegenreformation ihr strenges und ekstat. Kolorit.
Mittelalter (11.–15. Jh.): Als älteste
volkssprachl. Texte sind seit der Mitte
des 11. Jh. die erst 1947 wiederentdeck-
ten, zur Gattung des mittelalterl. Frauen-
liedes gehörenden ↑ Chardschas überliefert, arabisch-roman. oder hebräisch-
roman. Schlußzeilen von umfangreichen
arabischen *Sinngedichten.* Chronologisch folgte ihnen das in Spanien nur
fragmentarisch belegbare *Heldenepos,*
zunächst als mittellat. Schreibernotiz
über den Inhalt des altfrz. ›Rolandsliedes‹ in der sog. ›Nota emilianense‹ aus
dem Kloster San Millán de la Cogolla
von 1065 und darauf in dem ›Cantar de
mío Cid‹ (↑ Cid, el) über den Nationalhelden Rodrigo Díaz de Vivar (entst. um
1140, hg. 1779, dt. 1850 u. d. T. ›Das
Gedicht vom Cid‹). Nur vier weitere,
z. T. aus Chroniken rekonstruierte Epen-
texte vervollständigen diese von Spiel-
leuten (›juglares‹) vorgetragene Dichtung (›mester de juglaría‹), deren gelehr-
tes Gegenstück die Kleriker (altspan.
›clérigo‹ [= Gebildeter, Geistlicher]) mit

ihrer *didaktisch-erzählenden Dichtung*
(›mester de clerecía‹) lieferten. Ihr
Hauptvertreter war G. de Berceo mit Hei-
ligenviten und Marienlegenden.
Wesentl. Impulse verdankt die span. *Prosaliteratur* den Übersetzungen aus dem
Lateinischen, Arabischen und Hebräischen ins Spanische, die König Alfons X.
von Kastilien in Toledo von naturwiss.,
philosoph. und erzählenden Texten er-
stellen ließ. In der Tradition oriental. Geschichten stand z. B. auch die Novellen-
sammlung des Infanten Don Juan Manuel ›Der Graf von Lucanor‹ (abgeschlossen 1335, hg. 1575, dt. 1840). Das
eigenwilligste, okzidentalen und oriental.
Überlieferungen zugleich verpflichtete
Werk des 14. Jh. ist ›Libro de buen amor‹
(entst. um 1330, hg. 1790, dt. Ausw. 1960
u. d. T. ›Aus dem Buch der guten Liebe‹)
von J. Ruiz, genannt Arcipreste de Hita,
ein in unterschiedl. Metren verfaßtes
Lehrbuch mögl. Liebesformen. Gesell-
schafts- und Zeitkritik verband P. López
de Ayala in seinem ›Rimado de palacio‹
(entst. ab Herbst 1385, hg. 1829). Eine
Vorstufe des *Ritterromans* bildet die
Verserzählung ›Historia del caballero Cifar‹ (entst. 1299–1304). Die mittelalterl.
Lyrik auf der Iber. Halbinsel stützte sich
zunächst auf das Provenzalisch-Katala-
nische und auf das Galicisch-Portugiesi-
sche (Alfons X. von Kastilien, ›Cantigas
de Santa María‹, hg. 1889) als Aus-
drucksmedien. Erst im letzten Drittel des
14. Jh. bildete sich eine eigenständige ka-
stil. Hofdichtung aus, die im wesentl. in
dem für Johann II. von Kastilien bestimmten ›Cancionero de Baena‹ (um
1445) gesammelt ist. In einem weiteren
Liederbuch, dem ›Cancionero de Lope
de Stúñiga‹ (Mitte des 15. Jh.) zeigte sich
bereits der Einfluß der italien. Dichtung
und des Humanismus. Der hervorragendste Lyriker der span. Vorrenaissance
war I. López de Mendoza, Marqués de
Santillana, der im Vorwort zu seinen Gedichten (›Proemio e carta al Condestable
de Portugal‹, entst. 1445–49, hg. 1779)
eine Poetik und erste Darstellung zu den
roman. Literaturen des MA gab und
nach dem Vorbild F. Petrarcas die ersten
span. Sonette schrieb. In Juan de Menas
(* 1411, † 1456) allegor. Hauptwerk ›El
laberinto de Fortuna‹ (entst. 1444, hg.

zw. 1481 und 1488) wurde der Einfluß Dantes, v. a. aber Vergils spürbar. J. Manriques Strophen auf den Tod seines Vaters (›Coplas por la muerte de su padre Don Rodrigo‹, entst. 1476, hg. 1494) sprengten dagegen alle Beeinflussungen durch die individuelle Intensität der Klage. Das eigenartigste und bedeutendste Zeugnis span. Geistes ist die Volksromanze (↑ Romanze) des 15. Jh.; sie ist von großer Ausdruckskraft und vielfältigstem Inhalt. Die Romanzen wurden im 16. Jh. in umfangreichen ↑ Romanzeros gesammelt und lieferten den Stoff für die Comedias des 16./17. Jh.; sie fanden Nachahmung in den Kunstromanzen des 16. und 17. Jh. und wirkten bis ins 20. Jahrhundert. – Eine frauenfeindl. *Satire in Prosa* nach dem Vorbild G. Boccaccios schrieb A. Martínez de Toledo, genannt Arcipreste de Talavera: ›El corbacho o Reprobación del amor mundano‹ (entst. 1438, gedr. 1498). Auf dem *Theater* erschienen Mysterien-, Passions- und Krippenspiele. Ein Lesedrama ist das F. de Rojas zugeschriebene Meisterwerk ↑ ›Celestina‹ (1499, dt. 1520), ein dialogisierter, psycholog. Liebesroman mit moral. Absicht, von eindringl. Wirklichkeitsschilderung und tiefem Pessimismus geprägt.

Goldenes Zeitalter (Siglo de oro): Es umfaßt *Renaissance* (die Regierungszeit Karls V.) und *Barock,* das eigentl. Siglo de oro (vom Regierungsantritt Philipps II. bis zum Tode P. Calderón de la Barcas 1681). Nach den ersten Berührungen mit Italien im 15. Jh. erfolgte in der Zeit Karls V. eine intensive Auseinandersetzung mit der italien. Dichtung und dem italien. Humanismus. Im Gegensatz zur frz. gab es in der span. Renaissance jedoch keinen Bruch mit dem MA. Die einheim. lyr. Gattungen des MA wurden weiter gepflegt, bes. die Romanzendichtung, der Ritterroman gelangte jetzt zur Blüte, die religiöse Tradition blieb ungebrochen und lebte in den Dichtungen der Mystiker weiter, der Humanismus stellte sich in den Dienst von geistl. Reform, Gegenreformation und Bibelauslegung. Das volkstüml. Nationale verschmolz mit den gelehrt-europäischen Strömungen: ↑ Petrarkismus, ↑ Schäferdichtung,

Aufnahme der antiken Mythologie. Daneben entwickelten sich eigenständige span. Formen: der Schelmenroman und die Comedia. Mittelpunkte geistigen Lebens wurden die Universitäten (Salamanca, Alcalá de Henares); große Bibliotheken wurden gestiftet. In der *Lyrik* übernahmen J. Boscán Almogáver u. a. die Dichtungsformen Petrarcas sowie die platonisierende Liebesauffassung der italien. Petrarkisten. Den einheim. Dichtungsformen blieb dagegen C. de Castillejo treu. – *Prosa:* Der Humanist Elio Antonio de Nebrija (* 1441, † 1522) schrieb die erste systemat. span. Grammatik (1492) und arbeitete an dem Monumentalwerk des span. Humanismus mit, der von Kardinal Francisco Jiménez de Cisneros (* 1436, † 1517) angeregten mehrsprachigen Bibel, der Complutenser Polyglotte (1520). Eine religiöse und sittl. Erneuerung im Sinne des Erasmus von Rotterdam erstrebte Juan Luis Vives (* 1492, † 1540). Für eine Reform der Kirche im Sinne des Erasmus trat A. de Valdés ein, für eine Verinnerlichung des Glaubens sein Bruder J. de Valdés in seinen Glaubensgesprächen (›Hundertundzehn göttl. Betrachtungen‹, hg. 1550, dt. 1870). Letzterer lehrte den korrekten Sprachgebrauch in seinem berühmten ›Diálogo de la lengua‹ (entst. 1535, hg. 1737). Einen Fürstenspiegel in Dialogform schrieb Fray A. de Guevara (›Horologium principum‹, 1529, dt. 1572). Das 16. Jh. war die Blütezeit des *Ritterromans*. Die Reihe eröffnete der von einem unbekannten Verfasser stammende ›Amadís de Gaula‹ (entst. um 1492, hg. 1508; ↑ Amadisroman), zu dem zahlreiche Fortsetzungen verfaßt wurden. Der span. Ritterroman fand Nachahmer in ganz Europa. Um die Mitte des 16. Jh. entstand der realist. ↑ Schelmenroman (›novela picaresca‹), in dem die Hauptfigur, ein Schelm (›pícaro‹), die einzelnen Etappen seines Lebens im Dienste verschiedener Herren erzählt und aus dieser Perspektive Gesellschaftskritik übt. Der erste Schelmenroman war ›Lazarillo de Tormes‹ (1554, dt. 1617) von einem unbekannten Verfasser. Ihm folgten etwa 35 weitere Schelmenromane, die das realist. Gegenstück zu den idealist. Ritter- und Schäferroma-

nen der Folgezeit bildeten, u. a. ›Das Leben des Guzmán von Alfarache‹ (2 Tle., 1599–1604, dt. 1964, erstmals dt. 1615) von M. Alemán, ›Leben und Begebenheiten des Escudero Marcos Obregon‹ (1618, dt. 1827) von V. Espinel, ›Der abenteuerl. Buscón‹ (1626, dt. 1963, erstmals dt. 1665) von F. Gómez de Quevedo y Villegas.
In der klass. Epoche des Siglo de oro lassen sich in der *Lyrik* zwei Richtungen unterscheiden, die von Salamanca und die von Sevilla. Erstere bevorzugte kurze Strophen nach horaz. Vorbild, letztere das Sonett und die Kanzone nach dem Muster Petrarcas. Haupt der Gruppe von Salamanca war Fray L. de León; sein Werk gehört zum Bedeutendsten der myst. Dichtung. Petrarcas Formen bevorzugte der Sevillaner F. de Herrera, dessen Stärke weniger in seiner petrarkisierenden, neuplatonisch inspirierten als in seiner heroisch-patriot. Dichtung liegt. Herrera erstrebte die Schaffung einer Sondersprache der Lyrik nach dem Vorbild der Italiener und Griechen. Diese Bestrebungen führte L. de Góngora y Argote weiter, der in der lyr. Dichtung ›Die Soledades ...‹ (entst. 1613/14, hg. 1636, dt. 1934) einen neuen, mit Latinismen überladenen, dem barocken Stil des Italieners G. Marino verwandten Stil schuf (↑Gongorismus), doch vernachlässigte er nicht die traditionellen span. Dichtungsformen. Góngora fand zahlreiche Nachahmer. Im Gegensatz zu ihm stand F. G. de Quevedo y Villegas, der in seiner Lyrik den geistreichen, ebenfalls Schule machenden Pointenstil einführte (↑Conceptismo). – *Prosa:* Quevedo trat außerdem mit polit. Pamphleten hervor, als Satiriker übte er in seinen ›Sueños‹ (1627, dt. 1919 u. d. T. ›Quevedos wunderl. Träume‹) scharfe Gesellschaftskritik. Die ästhet. Theorie des Conceptismo lieferte B. Gracián y Morales in seiner Schrift ›Agudeza y arte de ingenio‹ (1642, erweitert 1648). Seine 300 pessimist. Sentenzen zur Lebensklugheit (›Handorakel‹, 1647, dt. 1862) und sein allegorisch-philosoph. Roman ›Criticón oder Über die allgemeinen Laster des Menschen‹ (3 Tle., 1651–57, dt. 1957, erstmals dt. 1698) stellen ihn in die Reihe der großen europ. Moralisten. Eine

Lehre der Politik gab Diego de Saavedra Fajardo (*1584, †1648) in seiner Abhandlung ›Idea de un príncipe político cristiano, representada en cien empresas‹ (1640). – Das romant. *Epos* der Italiener (L. Ariosto, T. Tasso) fand ebenso wie das heroisch-kom. Epos zahlreiche Nachahmer. Ein Epos über die Eroberung von Chile schrieb nach dem Vorbild der ›Äneis‹ A. de Ercilla y Zúñiga (›Die Araucana‹, 3 Tle., 1569–89, dt. 1831). – In der *Geschichtsschreibung* fanden Maurenkriege und koloniale Eroberungen hervorragende Darstellungen. Die Entdeckung Westindiens schilderte Fray Bartolomé de Las Casas (*1474, †1566), der zugleich in seiner ›Historia general de las Indias‹ (entst. 1552–59) die von den Spaniern verübten Greueltaten anprangerte. Eine Geschichte des Inkareiches gab Garcilaso de la Vega, genannt El Inca. Die Geschichte des Aufstandes der Morisken schilderte D. Hurtado de Mendoza (›Geschichte der Empörung der Mauren in Granada‹, hg. 1627, dt. 1831). – *Roman:* Die Maurenaufstände lieferten den Stoff zu den die arab. Welt idealisierenden, als Ansätze zum histor. Roman zu wertenden Maurenromanen. Als Meisterwerk der Gattung gilt ›Die Geschichte der Bürgerkriege von Granada‹ (2 Tle., 1595–1604, dt. 1913) von G. Pérez de Hita. Einen neuen Typ des idealist. Romans schuf der Spanisch schreibende Portugiese J. de Montemayor mit seinem Schäferroman ›Diana‹ (1559, dt. 1646, erstmals dt. 1619) nach dem Vorbild von I. Sannazaros ›Arcadia‹. Den Idealismus der Ritter- und Schäferromane verband mit dem Realismus des Schelmenromans der geniale M. de Cervantes Saavedra mit seinem als Satire des Ritterromans angelegten Roman ›El ingenioso hidalgo Don Quixote de la Mancha‹ (2 Tle., 1605–15, erstmals dt. 1621, u. a. 1956 u. d. T. ›Der sinnreiche Junker Don Quijote von der Mancha‹), einem Meisterwerk der Weltliteratur. Vom Vorbild der italien. Novellenerzähler machte sich Cervantes in seinen wirklichkeitsnahen ›Exemplar. Novellen‹ (1613, dt. 1961, erstmals dt. 1779) frei. Kein europ. Land kann eine so umfangreiche *myst. Literatur* aufweisen wie das Spanien des 16. und 17. Jh. (rund 3 000

Werke in Vers und Prosa). In der Sprache des Volkes, nicht in Latein geschrieben, verbindet sie Innigkeit des religiösen Erlebens mit präkt. Reformstreben. Die wichtigsten Autoren waren Juan de Ávila (* um 1500, † 1569), Pedro Malón de Chaide (* 1530 ?, † 1589), Juan de los Ángeles (* 1536, † 1609), Fray Luis de Granada, Theresia von Ávila, Fray Luis de León, Juan de la Cruz.

Die *Bühnendichtung* entwickelte sich vom Beginn des 16. Jh. an. J. del Encina schrieb die ersten zusammenhängenden Theaterszenen von einfacher Struktur. B. de Torres Naharro verfaßte Szenendialoge aus dem Alltagsleben in fünf Akten mit Prolog nach dem Muster von Plautus und Terenz. Als erster verfaßte er eine Dramentheorie. Nach italien. Muster schrieb Lope de Rueda vier Komödien sowie kurze scherzhafte Prosadialoge (↑ Paso). Unter seinen Nachahmern ragte J. de la Cueva, der zum ersten Mal einheim. Stoffe (Romanzen) verwendete und mit seiner theoret. Schrift ›Ejemplar poético o arte poética española‹ (entst. 1606, hg. 1774) den Weg für die klass. span. Comedia bahnte, hervor. Vom klass. und italien. Vorbild befreit, ist die ↑ Comedia ›Schauspiel‹ – weder Komödie noch Tragödie –, eine typ. span. Dramenform, fern vom aristotel. Regelwesen der Italiener und Franzosen; Komisches wird mit Tragischem vermischt, die Anzahl der Akte ist auf drei festgelegt, Einheit von Ort und Zeit werden nicht gefordert, verschiedenste Versformen sind bunt gemischt, die Stoffe sind volkstümlich. Die Blütezeit der Comedia fällt in das Siglo de oro (rund 30 000 Stücke). Zur Comedia kamen die aus dem Mysterienspiel hervorgegangenen geistl. Schauspiele (↑ Auto sacramental), meist Einakter mit allegor. Figuren. Der Comedia gab Lope F. de Vega Carpio, der Schöpfer des span. Nationaltheaters, ihr klass. Gepräge. Er schrieb rund 1 500 Comedias und 400 Autos sacramentales. Seine Comedias von großer themat. Vielfalt: ↑ Mantel-und-Degenstücke, Stoffe aus der span. Geschichte, mytholog. und Schäferstücke, dramatisierte Heiligenleben, dazu einaktige Zwischenspiele (↑ Entremés) und Singspiele (↑ Zarzuela). Er verfaßte auch einen Schäfer-

roman (›Arkadien‹, 1598, dt. 1827), Versepen sowie weltl. und religiöse Lyrik. Schüler und Nebenbuhler Lopes war Tirso de Molina, der den Typ des Don Juan schuf (›El burlador de Sevilla y convidado de piedra‹, Dr., 1630, dt. 1805 u. d. T. ›Don Juan, der Wüstling‹), J. Ruiz de Alarcón y Mendoza, der mit dem Werk ›Verdächtige Wahrheit‹ (1634, dt. 1967, 1844 u. d. T. ›Selbst die Wahrheit ist verdächtig‹) die Charakterkomödie einführte, und L. Vélez de Guevara, dessen Roman ›El diablo cojuelo‹ (1641) die Quelle zu A. R. Lesages Roman ›Der hinkende Teufel‹ lieferte. In der nächsten Generation ragt P. Calderón de la Barca hervor, dessen Ruhm v. a. auf seinen philosoph. Stücken (›Das Leben ist Traum‹, entst. um 1631/32, dt. 1812) und seinen Autos sacramentales beruht (›Das große Welttheater‹, entst. um 1635 [?], gedr. 1675, dt. 1846), ferner u. a. F. de Rojas Zorrilla und A. Moreto y Cavana. Keine Comedia ist die in Dialogform gekleidete Lebensgeschichte des Nationalhelden, ›Las mocedades del Cid‹ (1618), von G. de Castro y Bellvis, die Stoffquelle für P. Corneilles Tragikomödie ›Le Cid‹ (1637).

18. Jahrhundert: Die im 17. Jh. beginnende Abkapselung Spaniens wurde im Laufe des 18. Jh. durchbrochen vom frz. Einfluß (Höhepunkt unter Karl III. [1759–88]). Die klass. *Comedias* wurden nach dem Muster der frz. Komödie umgeschrieben. Einen Ausgleich zwischen span. Tradition und frz. Muster brachte L. Fernández de Moratín. Ideen der Aufklärung vertrat J. Cadalso y Vásquez in seinen *satir. Schriften.* Die klassizist. und anakreont. *Lyrik* erhielt eine neue Note in der patriot. Dichtung von G. M. de Jovellanos y Ramírez, M. J. Quintana und J. N. Gallego. Gedanken J.-J. Rousseaus trug A. Lista y Aragón in seine Lyrik, die Ideen der Enzyklopädisten brachte J. M. Blanco-White in Verse.

19. Jahrhundert: Wie die Aufklärung erreichte auch die *Romantik* Spanien mit zeitl. Abstand und hielt sich länger, bis gegen Ende des 19. Jahrhunderts. Die ab 1823 erscheinende Zeitschrift ›El Europeo‹ vermittelte die Bekanntschaft mit der dt., engl., frz., italien. Romantik. Den Durchbruch brachte die nach der Amnestie von 1834 erfolgte Rückkehr der liberalen Emigranten. – *Lyrik:* Der fruchtbarste Lyriker war J. L. de Espronceda, der bedeutendste G. A. Bécquer. In schlichter Alltagssprache dichtete R. de Campoamor y Campoosorio, während G. Núñez de Arce als Formkünstler hervortrat. Das erste romant. *Drama* schrieb F. Martínez de la Rosa mit dem Maurendrama ›Aben Humeya‹ (1830), das bedeutendste der in der Nachfolge V. Hugos stehende Ángel de Saavedra, Herzog von Rivas (›Don Álvaro o la fuerza del sino‹, 1835; Vorlage für G. Verdis Oper ›Die Macht des Schicksals‹). Der fruchtbarste Dramatiker (zugleich auch Lyriker und Erzähler) war J. Zorrilla y Moral mit zahlreichen histor. und religiösen Dramen: sein Erfolgsstück ist ›Don Juan Tenorio‹ (1844; Don-Juan-Stoff). Das span. Pendant zum Romeo-und-Julia-Stoff lieferte J. E. Hartzenbusch mit dem Drama ›Die Liebenden von Teruel‹ (1836, dt. 1853). Histor. Dramen verfaßte A. García Gutiérrez, dessen Tragödie ›El trovador‹ (1836) den Stoff zu Verdis Oper ›Der Troubadour‹ lieferte. Zahlreiche span. Nachahmer fanden die histor. *Romane* von W. Scott; der hervorragendste Roman war ›El señor de Bembibre‹ (1844) von Enrique Gil y Carrasco (* 1815, † 1846). Großen Einfluß übte durch seine zeitkrit. *Essays* der liberal-aristokratisch orientierte M. J. de Larra aus.

Den Übergang zum *Realismus* und *Naturalismus* bildeten die wirklichkeitsgetreuen Darstellungen der engeren Heimat im *Roman:* Ramón de Mesonero Romanos (* 1803, † 1882) schilderte die Biedermeierwelt des Madrider Bürgertums, andalus. Leben Fernán Caballero, J. Valera y Alcalá Galiano, P. A. de Alarcón y Ariza und der Ch. Dickens verwandte A. Palacio Valdés. Das Kantabr. Gebirge und die Küste sind der Schauplatz der religiös bestimmten Heimatromane von J. M. de Pereda y Sánchez de Porrúa, die Madrider Gesellschaft schilderte der Jesuit L. Coloma. Den realist. Regionalroman pflegten bis ins 20. Jh. die viel gelesenen Ricardo León (* 1877, † 1943) und C. Espina y Tagle. Zum realist. *Theater* gehörten die histor. Dramen und Gesellschaftsstücke (rund 60) von J. Echegaray y Eizaguirre.

Zum *Naturalismus* führten die fünf Serien der ›Episodios nacionales‹ (1873 bis 1912) von B. Pérez Galdós, des span. Balzac, sowie die in Galicien spielenden Romane von E. Pardo Bazán, der auch das Manifest des span. Naturalismus zu verdanken ist (›La cuestión palpitante‹, Studien, 1883). Dem Naturalismus verpflichtet war V. Blasco Ibáñez. Gesellschaftskritik übten die liberalen *Publizisten* Emilio Castelar y Ripoll (* 1832, † 1899), Francisco Giner de los Ríos (* 1839, † 1915), Joaquín Costa y Martínez (* 1846, † 1911), Ángel Ganivet (* 1865, † 1898) sowie die kath. Traditionalisten Jaime Luciano Balmes (* 1810, † 1848) und Juan Francisco Donoso Cortés (* 1809, † 1853). Als *Literaturkritiker* hatten M. Menéndez y Pelayo und L. García de las Alas y Ureña (Pseudonym Clarín) großen Einfluß.

20. Jahrhundert: Die Niederlage im Spanisch-Amerikan. Krieg (1898) löste eine geistige Erneuerungsbewegung aus, es bildete sich die Gruppe der ↑Generation von 98. Ihr gehörten an: der Philosoph, Romancier und Lyriker M. de Unamuno y Jugo, der Essayist Azorín (eigtl. J. Martínez Ruiz), der Journalist R. de Maeztu y Whitney, der Verfasser realist. Heimatromane P. Baroja y Nessi, der Lyriker A. Machado y Ruiz und der Philologe R. Menéndez Pidal. In der *Lyrik* wurde der aus Nicaragua stammende R. Darío führend, der, von den frz. Parnassiens und Symbolisten herkommend, den ↑Modernismo begründete, eine formstrenge, tendenzfreie Dichtung. Modernisten waren: R. M. del Valle-Inclán, dessen Ästhetentum sich u. a. in der Prosa seiner stimmungsvollen ›Sonatas‹ (4 Romane, 1902–05, Bd. 2–4 dt. 1958 bis 1985) ausprägte, die Brüder A. und M. Machado y Ruiz und J. R. Jiménez (Nobelpreis für Literatur 1956). Um 1920 bildete sich eine neue Dichtergruppe, die sog. Generation von 1927, die vom Symbolismus über den Futurismus zum Surrealismus und Hermetismus (↑Ultraísmo, ↑Creacionismo) gelangte: P. Salinas, J. Guillén, V. Aleixandre (Nobelpreis für Literatur 1977) und R. Alberti. Im *Theater* waren die realist. bürgerl. Stücke von J. Benavente (Nobelpreis für Literatur 1922) beliebt. Der bedeutendste Bühnen-

dichter war der auch als Lyriker herausragende F. García Lorca. Als *Romanciers*
traten R. Pérez de Ayala, G. Miró Ferrer,
der Humorist W. Fernández Flórez und
R. Gómez de la Serna hervor. Als *Kulturkritiker* erlangten Weltruf die Essayisten
J. Ortega y Gasset, E. d'Ors i Rovira,
S. de Madariaga y Rojo und G. Marañón
y Posadillo. Nach dem Bürgerkrieg
(1936–39), der zahlreiche Schriftsteller
zur Emigration zwang, lebte in der *Lyrik*
der Modernismo weiter bei den sich um
die Zeitschrift ›Garcilaso‹ scharenden
Dichtern L. Rosales Camacho, José
M. Valverde (* 1926) u. a.; daneben trat
die politisch und sozial engagierte, gegen
den Modernismo gerichtete Dichtung eines B. de Otero, G. Múgica Celaya und
anderer. – Unter den *Dramatikern* stand
E. J. Poncela (* 1901, † 1952) L. Pirandello nahe. An García Lorca und das Siglo de oro knüpfte J. M. Pemán y Pemar-
tín an, während A. Buero Vallejo und
A. Sastre sozial engagiert sind; existentialistisch orientiert ist A. Casona. Im *Roman* herrscht der Neorealismus vor; bed.
Romanautoren sind J. A. de Zunzunegui
y Loredo, R. J. Sender, I. Aldecoa, C. J.
Cela, J. M. Gironella, C. Laforet, A. M.
Matute, R. Fernández de la Reguera und
J. Goytisolo.
Gegenwart: Der Demokratisierungspro-
zeß, der die polit. Entwicklung Spaniens
seit 1975 bestimmt, hat in der Literatur
zum einen Tendenzen verstärkt, die mit
unterschiedl. Intensität in den einzelnen
Gattungen seit den 60er Jahren zu beobachten sind, zum anderen aber auch
Neuerungen hervorgebracht, die ohne
die Befreiung von Zensur und allgemeiner Repression nicht erklärbar wären. So
findet man u. a. die Ablösung naturalist.
Erzählformen durch eine stärker auf
Traum und Sprengung der Realität gerichtete Schreibweise, die sich auch
selbst zum Gegenstand der Reflexion
wird (José Manuel Caballero Bonald
[* 1926], L. Goytisolo, Concha Alós
[* 1926], Daniel Sueiro [* 1931], Isaac
Montero [* 1936], Ana María Moix
[* 1947], Luis Martín-Santos [* 1924,
† 1964], J. Benet Goitia, A. Pombo,
A. Muñoz Molina), oder lyr. Texte, die
Sozialbezug sowie äußere und innere
Exilierung auch im histor. Beispiel auf-

suchen und identifikatorisch verwandeln
(Pere Gimferrer [* 1945], Guillermo Car-
nero [* 1949], Antonio Colinas [* 1946]).
Die nichtspan. Literatur – etwa mit den
Werken J. Joyces, W. Faulkners, F. Kaf-
kas und der Vertreter des Nouveau ro-
man in der Prosa und denjenigen von
J. L. Borges, K. Kavafis, T. S. Eliot,
E. Pound, Saint-John Perse, F. Pessoa,
O. Paz, der frz. Surrealisten, der italien.
Hermetiker und der Beat generation San
Franciscos in der Lyrik – findet zuneh-
mende Berücksichtigung (Prosa: José
Leyva [* 1938], Julián Ríos [* 1941]; Ly-
rik: Antonio Martínez Sarrión [* 1939],
Leopoldo Panero [* 1948]). Das Bild der
zeitgenöss. s. L. in den beiden genannten
Gattungen wird abgerundet durch fiktio-
nale Aufarbeitungen von näherer und
fernerer Geschichte (u. a. G. Torrente
Ballester, Pablo Antoñana [* 1927],
E. Mendoza, Ignacio Gómez de Liaño
[* 1946], Julio Llamazares [* 1955],
A. Muñoz Molina), Science-fiction-Ent-
würfe (Mariano Antolín Rato [* 1944]),
Kriminalromane und Detektivgeschichten (Manuel Vázquez Montalbán
[* 1939], E. Mendoza, J. J. Millás, S. Puér-
tolas, A. Muñoz Molina) sowie in bes.
Weise durch Darstellungen zu sozialer
Situation und psych. Befindlichkeit der
Frau (C. Martín Gaite, E. Tusquets,
Montserrat Roig [* 1946, † 1991], S. Puér-
tolas, Ana Rossetti [* 1950], Rosa Montero [* 1951]). In diesem ungeheuer vielfältigen Spektrum findet man schließlich
auch experimentelle Texte (José Luis
Castillejo [* 1930], Francisco Pino
[* 1910], Felipe Boso [* 1924], J. C. Jiménez Aberásturi [* 1945]) und neosym-
bolist., surrealist. oder metaphysisch
orientierte Versuche (Andrés Sánchez
Robayna [* 1952], Pureza Canelo [* 1946],
Jaime Siles [* 1951]) in der Lyrik, die sich
zur Zeit offenbar grundsätzlich in der
Spannung zwischen regionalistisch bestimmter Intellektualität und Weltoffenheit befindet. Die span. Theaterszene
prägt neben der Berücksichtigung der
großen nat. und internat. Klassiker und
der landeseigenen populist. Tradition
(José Martín Recuerda [* 1922], José Luis
Alonso de Santos [* 1942], Fermín Cabal
[* 1948]) die Rehabilitierung solcher Autoren, denen unter Franco die Auffüh-

rungsrechte versagt wurden (R. Alberti, F. Arrabal). Die prakt. Auseinandersetzung mit der faschist. Vergangenheit ergänzen theoretisch wichtige Arbeiten im Bereich der kulturkrit. Essayistik, die sich literarisch-philologisch nun auch offen um die Deutungsmethoden von Soziologie und Semiotik bemüht und Aspekte der Diskussion um die Postmoderne intensiv mitberücksichtigt. Zur s. L. Mittel- und Südamerikas ↑argentinische Literatur, ↑bolivianische Literatur, ↑chilenische Literatur, ↑ecuadorianische Literatur, ↑kolumbianische Literatur, ↑kubanische Literatur, ↑mexikanische Literatur, ↑mittelamerikanische Literaturen, ↑paraguayische Literatur, ↑peruanische Literatur, ↑uruguayische Literatur, ↑venezolanische Literatur.

Literatur: Gesamtdarstellungen: Historia general de las literaturas hispánicas. Hg. v. G. Díaz-Plaja. Barcelona 1949–58. 5 Bde. – Alborg, J. L.: Historia de la literatura española. Madrid 1966 ff. – Díez-Echarri, E./Roca Franquesa, J. M.: Historia de la literatura española y hispanoamericana. Madrid ²1966. – Franzbach, M.: Abriß der span. u. portugies. Literaturgesch. in Tabellen. Ffm. u. Bonn 1968. – Brenan, G.: The literature of the Spanish people. From Roman times to present day. London ²1976. – Flasche, H.: Gesch. der span. Lit. Bern u. Mchn. 1977–89. 3 Bde. – Blanco Aguinada, C./Rodríguez Puertolas, J.: Historia social de la literatura española. Madrid ¹⁻²1979–81. 3 Bde. – Stamm, J. R.: A short history of Spanish literature. New York 1979. – Díez Borque, J. M., u. a.: Historia de la literatura española. Madrid 1980. 4 Bde. – Historia y crítica de la literatura española. Hg. v. F. Rico. Barcelona 1980–91. 9 Bde. u. 2 Suppl.-Bde. – Historia breve de la literatura española. Hg. v. P. Aullón de Haro u. a. Madrid 1981. – Valbuena Prat, Á.: Historia de la literatura española. Barcelona ⁹1981–83. 6 Bde. – Historia de la literatura española. Hg. v. R. O. Jones u. a. Barcelona ⁶⁻¹¹1985. 6 Bde. – Gumbrecht, H. U.: Eine Gesch. der s. L. Ffm. 1990. 2 Bde. – Gesch. der s. L. Hg. v. Ch. Strosetzki. Tüb. 1991. – Historia de la literatura española. Hg. v. R. de la Fuente. Madrid 1991 ff. Auf 50 Bde. berechnet. – Franzbach, M.: Gesch. der s. L. im Überblick. Stg. 1993. – Wittschier, H. W.: Die s. L. Einf. u. Studienführer. Tüb. 1993. – **Einzelne Epochen:** Ledda, G.: Contributo allo studio della letteratura emblematica in Spagna 1549–1613. Pisa 1970. – Domingo, J.: La novela española del siglo XX. Bd. 2.: De la postguerra a nuestros días. Barcelona 1973. – Elizalde, I.: Temas y tendencias del teatro actual. Madrid 1977. – Miralles, A.: Nuevo teatro español. Una alternativa

social. Madrid 1977. – Teatro español actual. Madrid 1977. – Bobes Naves, R.: Clerecía y juglaría en el siglo XIV. Madrid 1980. – El año literario español. 1974–1979. Madrid 1980. – Cano Ballesta, J.: Literatura y tecnología. Las letras españolas ante la revolución industrial. Madrid 1981. – Ein Schiff aus Wasser. S. L. v. heute. Hg. v. F. Boso u. R. Bada. Köln 1981. – Kreutzer, W.: Grundzüge der s. L. des 19. und 20. Jh. Darmst. 1982. – Wittschier, H.-W.: Gesch. der s. L. vom Kubakrieg bis zu Francos Tod. (1898–1975). Rheinfelden 1982. – Cano, J. L.: Lírica española de hoy. Madrid ⁸1983. – Salinas, P.: Literatura española siglo XX. Madrid ⁵1983. – Sanz Villanueva, S.: El siglo XX. La literatura actual. Barcelona ²1985. – Der span. Roman. Vom MA bis zur Gegenwart. Hg. v. V. Roloff u. a. Düss. 1986. – Das span. Theater. Vom MA bis zur Gegenwart. Hg. v. V. Roloff u. a. Düss. 1988. – Die span. Lyrik der Moderne. Einzelinterpretationen. Hg. v. M. Tietz. Ffm. 1990. – Span. Theater im 20. Jh. Gestalten u. Tendenzen. Hg. v. W. Floeck. Tüb. 1990. – Neuschäfer, H. J.: Macht u. Ohnmacht der Zensur. Lit., Theater u. Film in Spanien (1933–1976). Stg. 1991. – Aufbrüche. Die Lit. Spaniens seit 1975. Hg. v. D. Ingenschay u. a. Bln. ²1993. – **Nachschlagewerke:** Diccionario de literatura española. Hg. v. G. Bleiberg u. J. Marías. Madrid ⁴1972. – Ward, Ph.: The Oxford companion to Spanish literature. Oxford 1978. – Jauralde Pou, P.: Manual de investigación literaria. Madrid 1981. – Diccionario de literatura española e hispanoamericana. Hg. v. R. Gullón. Madrid 1993. 2 Bde. – **Bibliographien:** Simón Díaz, J.: Manual de bibliografía de literatura española. Madrid ³1980. – Bleznick, J. A.: A sourcebook of Hispanic literature and language. Metuchen (N. J.) 1983. – Bibliogr. der Hispanistik in der BR Deutschland, Österreich u. der dt.-sprachigen Schweiz. Hg. v. Ch. Strosetzki. Ffm. 1988–90 [Berichtszeitraum 1978–89].

Spanmüller, Jakob, dt. Humanist, ↑Pontanus, Jacobus.

Spark, Dame (seit 1993) Muriel [Sarah] [engl. spɑːk], geb. Camberg, * Edinburgh 1. Febr. 1918, engl. Schriftstellerin. – Mehrjähriger Afrikaaufenthalt (1937–44), anschließend Arbeit im engl. Außenministerium; Generalsekretärin der ›Poetry Society‹ und Hg. der ›Poetry Review‹ (1947–79). Die Konversion zum Katholizismus (1954) prägt entscheidend ihre Romane, in denen sie mit den Mitteln der Satire, des Groteske und des Tragikomischen, zuweilen auch mit Hilfe übernatürl. Elemente, menschl. Fehlern und Eigenheiten in meist abgegrenzten gesellschaftl. Bereichen nachspürt. Dabei stellen sich metaphys. Fragen nach Gut und Böse sowie nach menschl. Willensfreiheit und göttl. Allmacht, häufig durch Zentralfiguren, die sich diese Macht anmaßen, um das eigene Leben und das der Umwelt quasi-auktorial zu inszenieren. So plant die Titelfigur in ›Die Lehrerin‹ (R., 1961, dt. 1962, 1983 u. d. T. ›Die Blütezeit der Miss Jean Brodie‹) auch die Liebeserfahrungen ihrer Zöglinge, die Protagonistin in ›The driver's seat‹ (R., 1970, dt. 1990 u. d. T. ›Töte mich!‹), sogar ihre eigene Ermordung. S. schrieb auch Gedichte, Erzählungen und literaturkrit. Arbeiten, u. a. über M. W. Shelley und E. J. Brontë, sowie die Autobiographie ›Curriculum vitae‹ (1992, dt. 1994).

Dame Muriel
[Sarah] Spark

Weitere Werke: Die Tröster (R., 1957, dt. 1963), Robinson (R., 1958, dt. 1983), Memento Mori (R., 1959, dt. 1959), Junggesellen (R., 1960, dt. 1961), Die Ballade von Peckham Rye (R., 1960, dt. 1961), Mädchen mit begrenzten Möglichkeiten (R., 1963, dt. 1964), Das Mandelbaumtor (R., 1965, dt. 1967), Collected stories I (En., 1967), Collected poems I (Ged., 1967), In den Augen der Öffentlichkeit (R., 1968, dt. 1969), Bitte nicht stören (R., 1971, dt. 1990), Das Treibhaus am East River (R., 1973, dt. 1991), Die Äbtissin von Crewe (R., 1974, dt. 1977), Die Übernahme (R., 1976, dt. 1978), Hoheitsrechte (R., 1979, dt. 1988), Zu gleichen Teilen (R., 1979, dt. 1980), Vorsätzlich Herumlungern (R., 1981, dt. 1982), Das einzige Problem (R., 1984, dt. 1985), Ich bin Mrs. Hawkins (R., 1988. dt. 1989), Symposion (R., 1990, dt. 1992), Curriculum Vitae. Selbstporträt der Künstlerin als junge Frau (Autobiogr., 1993, dt. 1994).
Literatur: MASSIE, A.: M. S. Edinburgh 1979. – WHITTAKER, R.: The faith and fiction of M. S. London 1982. – M. S. An odd capacity for vision. Hg. v. A. BOLD. London 1984. – BOLD, A.: M. S. London 1986. – PAGE, N.: M. S. Basingstoke 1990.

Spasse, Sterjo, * Gllomboç (Südalbanien) 1914, alban. Schriftsteller. – Bauernsohn, wurde Lehrer, später Redakteur der literar. Zeitschrift ›Nëntori‹; beschrieb in seinen anfänglich pessimist. (›Pse?‹ [= Warum?], 1935), nach 1944 im Sinne des sozialist. Realismus verfaßten Romanen aus eigener Kenntnis v. a. das Leben der armen Bauern Südalbaniens; auch als Übersetzer (v. a. aus dem Französischen und Russischen) und Literaturkritiker tätig.
Weitere Werke: Afërdita (R., 1944), Sie waren nicht allein (R., 1952, dt. 1960), Afërdita përsëri në fshat (= Afërdita wieder im Dorf, R., 1956), Buzë liqenit (= Am Seeufer, R., 1965), Ne jemi shumë (= Wir sind viele, Nov., 1967), Zjarret (= Die Feuer, R., 1972), Zgjimi (= Das Erwachen, R., 1974).

Späth, Gerold, * Rapperswil 16. Okt. 1939, schweizer. Schriftsteller. – Phantasievoller, fabulierfreudiger Erzähler, der in seinen sprachlich brillanten modernen Schelmenromanen und in seinen Erzählungen – mit Neigung zum Grotesken und Traumhaften – Kritik an der Gesellschaft übt; Hauptschauplatz seiner Werke ist seine Heimatstadt Rapperswil. Schreibt auch Theaterstücke, Hörspiele und Filmdrehbücher.
Werke: Unschlecht (R., 1970), Stimmgänge (R., 1972), Zwölf Geschichten (1973), Die heile Hölle (R., 1974), Balzapf oder Als ich auftauchte (R., 1977), Phönix, die Reise in den Tag (En., 1978), Commedia (R., 1980), Sacramento. Neun Geschichten (1983), Sindbadland (Prosa, 1984), Barbarswila (R., 1988), Stilles Gelände am See (R., 1991), Das Spiel des Sommers neunundneunzig (Prosa, 1993).
Literatur: G. S. Hg. v. K. ISELE u. a. Eggingen 1993.

Spatialismus [zu lat. spatium = Zwischenraum, Entfernung, Weite, Strecke], von Pierre und Ilse (* 1927) Garnier seit Anfang der 60er Jahre in Frankreich vertretene Form der experimentellen Dichtung, die sich ebenso dem ›spazialismo‹ des Italieners Lucio Fontana (* 1899, † 1968) wie den poetolog. Reflexionen von Novalis, S. Mallarmé, den Futuristen, Dadaisten und Lettristen verpflichtet weiß. Beeinflußt von G. Benn, politisch engagiert gegen den Sprachmißbrauch in Diktaturen und Bürokratien und interessiert an Sprachphilosophie

(L. Wittgenstein), Texttheorie (M. Bense) und Kybernetik (Abraham A. Moles [* 1920]) konzentrierte sich P. Garnier auf die Darstellung des isolierten Wortes und seiner Elemente auf der Fläche. Garnier betrachtet die Sprachmaterie und den Raum als potentielle Energie, die in den Akten der Produktion und der Rezeption in aktive Energie im Raum verwandelt werden müssen. Damit wird der Rezipient notwendig zum Ko-Produzenten des literar. Werkes. In seinen mechan. Schreibmaschinengedichten spielen visuelle Konstellationen eine entscheidende Rolle, neben Buchstaben und Wörtern (zentral: ›mer‹, ›soleil‹) werden auch nichtsprachl., graph. Elemente verarbeitet. Seit 1967 Produktion frz.-jap. visueller Gedichte mit Seitschi Niikuni (* 1925, † 1977). Wichtige Veröffentlichungen in der von Garnier herausgegebenen Zeitschrift ›Les Lettres‹ (seit 1963). – ↑auch konkrete Poesie.

Literatur: GARNIER, P.: Spatialisme et poésie concrète. Paris 1968. – LANGE, W.-D.: Pierre Garnier. Poème sémantique. In: Die frz. Lyrik. Von Villon bis zur Gegenwart. Hg. v. H. INTERHÄUSER. Bd. 2. Düss. 1975. S. 349. – LENGELLÉ, M.: Connaissez-vous le spatialisms, selon l'itinéraire de Pierre Garnier? Suivi d'un choix de textes. Paris 1979. – SCHMIDT, SIEGFRIED J.: Notizen zur experimentellen Dichtung in Frankreich u. Deutschland nach 1945. In: Interferenzen. Deutschland u. Frankreich. Hg. v. L. JORDAN u. a. Düss. 1983. S. 121.

Spectator, The [engl. ðə spɛk'teɪtə], von J. Addison und R. Steele vom 1. März 1711 bis 6. Dez. 1712 gemeinsam (und 1714 noch einmal für kurze Zeit von Addison allein) hg. Zeitschrift der engl. Aufklärung.

Speculum [lat. = Spiegel], häufiger Titel spätmittelalterl. Kompilationen theolog., didakt. und sonstiger Art. – ↑auch Spiegel.

Speculum humanae salvationis [lat. = Spiegel der menschl. Erlösung] (Heilsspiegel), erbaul. Reimprosaerzählung des 14. Jh. über die gesamte Heilsgeschichte, vielleicht von Ludolf von Sachsen verfaßt. – ↑auch Heilsspiegel.

Spee (Spe) **von Langenfeld**, Friedrich, * Kaiserswerth (heute zu Düsseldorf) 25. Febr. 1591, † Trier 7. Aug. 1635, dt. Theologe und Dichter. – Ab 1610 Jesuit; 1623–26 Prof. für Philosophie und Dom-

Friedrich
Spee von
Langenfeld

prediger in Paderborn, danach Seelsorger in Wesel und Lehrer in Köln; rekatholisierte in der Grafschaft Peine 26 Dörfer; 1629–31 Prof. für Moraltheologie in Paderborn, danach in Köln und Trier; Beichtvater vieler in Hexenprozessen zum Tode verurteilter Frauen; die tiefe Erschütterung aus diesen Erfahrungen veranlaßte ihn zu der 1631 anonym erschienenen Schrift ›Cautio Criminalis oder Rechtliches Bedenken wegen der Hexenprozesse‹, in der er mit der Unmenschlichkeit der Prozeßverfahren abrechnete und mit der die allmähl. Befreiung Deutschlands vom Hexenwahn eingeleitet wurde. Als Verfasser ermittelt, sah er sich massiver Bedrohung ausgesetzt. Er starb bei der Pflege Pestkranker an dieser Seuche. – S. gilt mit seinen mystisch-geistl. Liedern in der Vorstellungswelt des Hohenliedes, die von innerer Frömmigkeit getragen sind, als bedeutendster kath. religiöser Lyriker des Frühbarock; bekannt ist die Sammlung der geistl. Lieder, die u. d. T. ›Trutznachtigall, oder Geistlichs-poetisch lust-waldlein‹ 1649 (nach seinem Tod) erschien. Sein Andachts- und Erbauungsbuch über die Tugenden Glaube, Hoffnung und Liebe, das ›Güldene Tugend-Buch ...‹ (hg. 1649), fand weite Verbreitung.

Ausgaben: Julius F. S. Cautio criminalis. Rinteln 1631. Nachdr. Ffm. 1971. – F. S. Sämtl. Schrr. Hg. v. TH. G. M. VAN OORSCHOT. Mchn. 1968–92. 3 Bde. – F. S. Die anonymen geistl. Lieder vor 1623. Hg. v. M. HÄRTING. Bln. 1979. – Cautio criminalis oder Rechtliches Bedenken wegen der Hexenprozesse. Mchn. 1982.

Literatur: SCHWARZ, K.: F. S. Ein dt. Dichter u. Seelsorger. Düss. 1948. – RÜTTENAUER, I.: F. v.

S. 1591–1635. Freib. 1950. – ZWETSLOOT, H.: F.
S. u. die Hexenprozesse. Trier 1954. – ROSEN-
FELD, E.: Neue Studien zur Lyrik von F. v. S.
Mailand 1963. – KELLER, K.: F. S. v. L.
(1591–1635). Seelsorger, Dichter, Humanist.
Kevelaer [2]1969. – BOSSHARD, H. H.: Natur-Prin-
zipien u. Dichtung. Bonn 1979. – FELDMANN,
CH.: F. S. Hexenanwalt u. Prophet. Freib.
1993. – F. S. (1591–1635). Hg. v. T. G. M. VAN
OORSCHOT. Bielefeld 1993.

Spender, Sir (seit 1983) Stephen [Har-
old] [engl. 'spɛndə], * London 28. Febr.
1909, engl. Schriftsteller. – Mütterlicherseits dt. Abstammung; Studium in Oxford, danach Aufenthalte in Deutschland; gehörte in den 30er Jahren der
linksorientierten Dichtergruppe um
W. H. Auden an; Mit-Hg. von Zeitschriften (u. a. ›Encounter‹, 1953–67), seit
1970 Prof. für engl. Literatur in London.
Die politisch engagierte Lyrik seiner Anfänge (›Poems‹, 1933; ›The still centre‹,
1939) führte zunehmend zu einer auf individuelle menschl. Erfahrung konzentrierten Dichtung. Schrieb auch Dramen
(u. a. ›Trial of a judge‹, 1938) und Erzählprosa (u. a. ›The backward son‹, R.,
1940), bed. Beiträge zur Literaturkritik
(u. a. ›The destructive element‹, 1953;
›The creative element‹, 1953) und die
Autobiographien ›Welt zwischen Welten‹ (1951, dt. 1952, 1992 u. d. T. ›Welt in
der Welt‹) und ›The thirties and after‹
(1978). Übersetzte u. a. Werke von R. M.
Rilke, E. Toller, F. García Lorca.

Weitere Werke: Ruins and visions (Ged., 1942),
European witness (Prosa, 1946), Poems of ded-
ication (Ged., 1947), The making of a poem
(Essays, 1955), Mary Stuart (Dr. nach Schiller,
1959), Das Jahr der jungen Rebellen (Studie,
1969, dt. 1969), The generous days (Ged., 1971),
Journals 1939–1983 (Tagebb., 1985), Collected
poems 1928–1985 (Ged., 1986), Der Tempel (R.,
1988, dt. 1991).
Literatur: WEATHERHEAD, A. K.: S. S. and the
thirties. Lewisburg (Pa.) 1975. – KULKARNI,
H. B.: S. Works and criticism. An annotated bibliography. New York 1976. – DAVID, H.: S. S. A
portrait with background. London 1992.

Spener, Philipp Jakob, * Rappolts-
weiler (Elsaß) 13. Jan. 1635, † Berlin
5. Febr. 1705, dt. ev. Theologe. – Studium
in Straßburg, Basel, Genf, Stuttgart und
Tübingen, 1663 Freiprediger am Straßburger Münster, 1686 Oberhofprediger
in Dresden, 1691 Propst und Pfarrer an
der Nikolaikirche in Berlin. Mit seiner

vielbeachteten Hauptschrift ›Pia Deside-
ria. Oder Hertzl. Verlangen nach gottge-
fälliger Besserung der wahren Ev. Kir-
chen ...‹ (1675) legte S. zusammen mit der
Frankfurter Pfarrerschaft (Collegia pietatis) das Reformprogramm des luther.
Pietismus vor, das den Stiftungs- und
Vereinscharakter der Kirche auf der Basis einer grundsätzlich individualist. Ge-
samtauffassung des Christentums betont.
S.s v. a. um die persönl. Wiedergeburt des
einzelnen zentrierter theolog. Ansatz
blieb nicht unumstritten (antipietistische
Polemik aus Wittenberg, Leipziger Pie-
tistenunruhen um August Hermann
Francke [* 1663, † 1727] 1689 u. a.), war
jedoch durch Gründung der Univ. Halle
und aufgrund der weiten Verbreitung seiner theolog. und erbaul. Schriften und
Predigten schulebildend. Engagiert in
der Mission, v. a. der Juden, und der
kirchl. Jugendarbeit; starker Einfluß auf
die christlich-sozialen Bewegungen und
(über N. L. Graf von Zinzendorf) auf die
Brüdergemeine; Heraldiker (›Insignium
theoria seu Opus heraldicum‹, 1690).
Ausgaben: Ph. J. S. Hauptschrr. Hg. v. P. GRÜN-
BERG. Gotha 1889. – Ph. J. S. Wenn du könntest
glauben. Briefausw. Hg. v. H.-G. FELLER. Stg.
1960.
Literatur: GRÜNBERG, P.: Ph. J. S. Gött.
1893–1906. 3 Bde. – STUMPFF, A.: Ph. J. S. über
Theologie u. Seelsorge als Gebiete kirchl. Neugestaltung. Diss. Tüb. 1934. – APPEL, H.: Ph. Jacob S. Vater des Pietismus. Bln. 1964. –
KRUSE, M.: S.s Kritik am landesherrl. Kirchen-
regiment u. ihre Vorgesch. Bielefeld 1971. –
RÜTTGARDT, J. O.: Hl. Leben in der Welt.
Grundzüge christl. Sittlichkeit nach Ph. J. S.
Bielefeld 1978. – FRISCHE, R.: Theologie unter
der Herrschaft Gottes. Ph. J. S.s Plädoyer f. eine
Erneuerung des theolog. Denkens. Basel
1979. – BELLARDI, W.: Die Vorstufen der Collegia Pietatis bei Ph. J. S. Gießen 1994.

Spenser, Edmund [engl. 'spɛnsə],
* London 1552(?), † ebd. 16. Jan. 1599,
engl. Dichter. – War nach humanist. Erziehung an der Londoner Merchant Tay-
lors' School und nach dem Studium in
Cambridge u. a. Sekretär im Dienst des
Earl of Leicester, dessen Neffe Sir Philip
Sidney sein Freund wurde; ab 1590 Beamter in Irland und dort mit Sir Walter
Raleigh befreundet; er lebte im Schloß
Kilcolman (Cork). Als dieses 1598 beim
ir. Aufstand niedergebrannt wurde, floh
er nach London, wo er wenig später

starb. S. ist neben Shakespeare der bedeutendste Dichter und Sprachgestalter der engl. Renaissance. Sein Sidney gewidmeter Eklogenzyklus ›The shepheardes calender‹ (1579) verwandelte in der Form der Schäferdichtung vielerlei Ausdrucksformen klass. Poesie dem Englischen an. S.s ehrgeizig geplantes, unvollendet gebliebenes Hauptwerk, das allegor. Epos ›The faerie queene‹ (1.–3. Buch 1590; 4.–6. Buch 1596; mit Fragment eines 7. Buches hg. 1609; dt. Ausw. 1834 u. d. T. ›Fünf Gesänge der Feenkönigin‹), harmonisiert in melodiöser und archaisierender Sprache ep. Traditionen der Antike (Vergil) und der italien. Renaissance (L. Ariosto); es gestaltet die Abenteuerfahrten der den einzelnen Büchern zugeordneten Ritterhelden sowie die des Haupthelden Arthur im Phantasieraum Feenland zum Sinnbild eines reichgegliedert zusammenhängenden Weltbildes und Tugendsystems; zugleich wird in vielfacher Verschlüsselung, bes. in Gestalt der Feenkönigin Gloriana, der engl. Herrscherin Elisabeth I. gehuldigt. Das einflußstarke Werk, einschließlich der dafür geschaffenen Strophenform (Spenserstrophe), war noch für die Romantik wegweisend. In S.s neuplatonisch inspirierter Lyrik ist Schönheitspreis Teil religiös-moral. Erfahrung, so in dem Sonettzyklus ›Amoretti‹ (1595, dt. 1814 von J. von Hammer-Purgstall u. d. T. ›Sonette‹), im ›Epithalamion‹ (1595), das seine eigene Hochzeit mit Elizabeth Boyle feiert, und in den ›Four hymns‹ (1596). S. schrieb auch eine hofkrit. Dichtung sowie den polit. Dialog ›A view of the present state of Ireland‹ (gedr. 1633).

Ausgaben: The works of E. S. A variorum edition. Hg. v. E. Greenlaw u. a. Baltimore (Md.) 1932–49, Nachdr. ³⁻⁴1963–66. 11 Bde. (mit Biogr.). – E. S. The faerie queene. Hg. v. A. C. Hamilton. London u. New York 1977 (mit Komm.). – The Yale edition of the shorter poems of E. S. Hg. v. W. A. Oram u. a. New Haven (Conn.) 1989.
Literatur: Fowler, A.: S. and the numbers of time. London 1964. – Alpers, P. J.: The poetry of ›The faerie queene‹. Princeton (N. J.) 1967. – Iser, W.: S.s Arkadien. Fiktion u. Gesch. in der engl. Renaissance. Krefeld 1970. – Essential articles for the study of S. Hg. v. A. C. Hamilton. Hamden (Conn.) 1972. – Contemporary thought on E. S. Hg. v. R. C. Frushell u. B. J.

Vondersmith. Carbondale (Ill.) 1975 (mit Bibliogr.). – McNeir, W. F./Provost, F.: E. S. An annotated bibliography 1937 1972. Duquesne (N. J.) 1975. – Nohrnberg, J.: The analogy of ›The faerie queene‹. Princeton (N. J.) 1976. – King, J. N.: S.'s poetry and the Reformation tradition. Princeton (N. J.) 1990. – The S. encyclopedia. Hg. v. A. C. Hamilton. Toronto 1990. – Waller G.: E. S. A literary life. London 1994.

Spenserstrophe [engl. ˈspɛnsə], neunzeilige Strophenform (acht jamb. Fünfheber und ein ausklingender Alexandriner; Reimschema: ab ab bc bc c), zuerst von E. Spenser in dem Epos ›The faerie queene‹ verwendet, wohl angeregt durch verschiedene roman. Strophenformen. In der engl. Romantik wurde die S. u. a. durch Lord Byron, J. Keats und W. Scott wiederbelebt.
Literatur: Reschke, H.: Die Sp. im 19. Jh. Hdbg. 1918.

Speratus, Paulus [sp...], eigtl. Paul Offer (Hoffer) von Spretten, * Rötlen (heute zu Röhlingen, Landkreis Aalen) 13. Dez. 1484, † Marienwerder 12. Aug. 1551, dt. luther. Theologe und Kirchenlieddichter. – Studierte Theologie, schloß sich als Domprediger in Würzburg 1520 der Reformation an. Er wirkte in Salzburg, Wien und Iglau, kam in Olmütz ins Gefängnis, sollte verbrannt werden, wurde jedoch befreit; 1523/24 in Wittenberg, 1524 Schloßprediger in Königsberg, seit 1529 Bischof von Pomesanien. Er verfaßte bedeutende Kirchenlieder, darunter ›Es ist das Heil uns kommen her‹.
Literatur: Tschackert, P.: P. S. v. Rötlen. Halle/Saale 1891. – Gennrich, P.: Die ostpreuß. Kirchenlieddichter. Lpz. 1938.

Sperber, Manès [ˈʃpɛrbər, frz. spɛrˈbɛːr], * Zabłotów (heute Sabolotow) bei Kolomyja 12. Dez. 1905, † Paris 5. Febr. 1984, frz. Schriftsteller österr. Herkunft. – Sohn eines Rabbiners, aufgewachsen in Galizien und ab 1916 in Wien. Dort Studium der Psychologie, Schüler und Mitarbeiter des Psychologen A. Adler. 1927 Dozent für Psychologie und Soziologie in Berlin; Eintritt in die kommunist. Partei, deren Mitglied er bis 1937 blieb. 1933 Emigration über Österreich und Jugoslawien nach Frankreich. Kriegsfreiwilliger in der frz. Armee, nach deren Niederlage Flucht in die Schweiz, dort ab 1943 interniert. Nach Kriegsende

Manès
Sperber

Rückkehr nach Paris, wo er im Verlagswesen und zeitweise auch als Hochschullehrer tätig war. S.s gesamtes Werk ist geprägt von den Erfahrungen seines Lebens, in seinem literar. Selbstverständnis sah er sich ›nur als Erinnerer‹. In der österr. Erzähltradition stehend, verknüpfte S. narrativen Aufbau und Elemente der Spannung mit geistreich-iron. Analysen. Wissen, Bewußtsein, Gewissen war ihm als geistige Einheit oberstes Gebot in Leben und Werk; als skept. Humanist wandte er sich gegen jede Art von Totalitarismus. Sein wohl bekanntestes Werk ist die in dt. Sprache geschriebene, zuerst in Frankreich erschienene, als dt. Gesamtausgabe 1961 herausgegebene biographisch-polit. Romantrilogie ›Wie eine Träne im Ozean‹ (›Der verbrannte Dornbusch‹, frz. 1949, dt. 1950; ›Tiefer als der Abgrund‹, frz. 1949, dt. [als Teil der Gesamtausg.] 1961; ›Die verlorene Bucht‹, frz. 1953, dt. 1955). Des weiteren veröffentlichte er eine Reihe von Essaybänden, in denen er sich u. a. mit jüd. Identität, dem Problem der Gewalt und verschiedenen literar. Themen auseinandersetzte, sowie psycholog. Abhandlungen, darunter eine Biographie A. Adlers (1970), von dem er sich allerdings schon in seiner Berliner Zeit abgewandt hatte. Seine Erinnerungen, deren gemeinsamer Titel ›All das Vergangene‹ lautet, umfassen die Bände ›Die Wasserträger Gottes‹ (1974), ›Die vergebl. Warnung‹ (1975) und ›Bis man mir Scherben auf die Augen legt‹ (1977). S. schrieb auch in frz. Sprache. 1975 erhielt er den Georg-Büchner-Preis, 1983 den Friedenspreis des Börsenvereins des Deutschen Buchhandels.

Weitere Werke: Zur Analyse der Tyrannis (Essays, 1939), Zur tägl. Weltgeschichte (Essays, 1967), Leben in dieser Zeit (Essays, 1972), Individuum und Gemeinschaft. Versuch einer sozialen Charakterologie (1978), Churban oder Die unfaßbare Gewißheit (Essays, 1979), Nur eine Brücke zwischen Gestern und Morgen (Essays, 1980), Essays zur tägl. Weltgeschichte (1981), Die Wirklichkeit in der Literatur des 20. Jh. (1983), Ein polit. Leben. Gespräche mit L. Reinisch (1984), Geteilte Einsamkeit. Der Autor und sein Leser (1985), Der schwarze Zaun (R.-Fragment, hg. 1986).

Literatur: Schreiben in dieser Zeit. Für M. S. Hg. v. W. KRAUS. Wien 1976. – Die Herausforderung M. S. Hg. v. W. LICHARZ. Ffm. 1988. – SCHMIDT, THOMAS: Die Macht der Bilder u. Strukturen. M. S.s literar. System. Egelsbach u. a. 1994.

Speroni, Sperone, * Padua 12. April 1500, † ebd. 2. Juni 1588, italien. Schriftsteller und Humanist. – Lehrte in Padua Philosophie, zeitweilig Botschafter des Herzogs von Urbino beim Papst. Schrieb die Tragödie ›Canace‹ (1546) sowie eine Reihe literar. und moral. Traktate. Sein Hauptwerk ist der ›Dialogo delle lingue‹ (1542), in dem er, von P. Bembo ausgehend, die Gleichberechtigung des Italienischen als Dichtersprache neben dem Lateinischen verfocht. Aus diesem Traktat übernahm J. Du Bellay die wesentl. Argumente zur Verteidigung des Französischen als Literatursprache.

Ausgabe: S. S. Dialogo delle lingue. Hg., übers. u. eingeleitet v. H. HARTH. Mchn. 1975.
Literatur: CAMMAROSANO, F.: La vita e le opere di S. S. Empoli 1920. – BUCK, A.: Italien. Dichtungslehren. Vom MA bis zum Ausgang der Renaissance. Tüb. 1952.

Sperontes, eigtl. Johann Sigismund Scholze, * Lobendau bei Goldberg (Schlesien) 20. März 1705, † Leipzig 12. Febr. 1750, dt. Dichter. – Trat mit zahlreichen Schäferspielen und Liedbearbeitungen hervor. Am bekanntesten wurde er durch die Lyrikanthologie ›Singende Muse an der Pleisse in 2 mahl 50 Oden‹ (1736–45, Faksimile-Neudruck 1971), mit der er die Tradition der Ode des Nürnberger Dichterkreises wieder aufnahm.

Literatur: FRIEDLÄNDER, M.: Das dt. Lied im 18. Jh. Stg. 1902. 2 Bde. in 3 Abt. – SCHERING, A.: Zwei Singspiele des S. In: Zs. f. Musikwiss. 7 (1924/25), S. 214.

Sperr, Martin, * Steinberg (heute zu Marklkofen, Landkreis Dingolfing-Landau) 14. Sept. 1944, dt. Dramatiker. – 1967 Autor der Münchner Kammerspiele, dann freier Schriftsteller und Schauspieler. Stellt in seinen realist., in stilisiertem Dialekt geschriebenen gesellschaftskrit. Stücken (›Jagdszenen aus Niederbayern‹, 1966, Verfilmung 1968; ›Landshuter Erzählungen‹, 1967; ›Münchner Freiheit‹, 1971; alle drei in: ›Theater heute‹; zusammen 1972 u. d. T. ›Bayr. Trilogie‹) Verhaltensweisen, v. a. gegenüber Außenseitern, im bayr. Alltagsmilieu bloß. Auch Hör- und Fernsehspiele.

Weitere Werke: Der Räuber Mathias Kneißl (Fernsehfilm, 1970; Textb., 1971), Koralle Meier (Schsp., 1970), Adele Spitzeder (Fsp., 1972: als Dr. 1977 u. d. T. Die Spitzeder), Willst du Giraffen ohrfeigen, mußt du ihr Niveau haben (Drehb., Prosa, Ged., 1979).

Spervogel, in den mittelalterl. Liederhandschriften sind 51 Sangspruchstrophen unter dem Namen S. bzw. Junger S. überliefert. 28 schreibt man dem Älteren S. zu, der meist nach einer Selbstnennung als Herger berühmt wurde. Herger verfaßte seine Spruchstrophen mit Gönnerlob und Lohnforderung, religiöser und moral. Lehre nach 1150; sie sind inhaltlich zu zykl. Fünfergruppen verknüpft. Die Datierung des Jungen S. ist unsicher (Zeit Walthers von der Vogelweide?), seine Strophen bearbeiten ähnl. Themen in stärker höf. Form.

Ausgabe: S. In: Des Minnesangs Frühling. Hg. v. H. MOSER u. H. TERVOOREN. Bd. 1. Stg. ³⁷1982. **Literatur:** ANHOLT, S.: Die sog. S.sprüche u. ihre Stellung in der älteren Spruchdichtung. Amsterdam 1937. – GRÜTERS, O., u. a.: Der Anonymus S.-Herger. In: Beitrr. zur Gesch. der dt. Sprache u. Lit. 65 (1942), S. 229. – LUDWIG, O.: Die Priameln S.s. In: Beitrr. zur Gesch. der dt. Sprache u. Lit. 85 (1963), S. 297.

Speyer, Wilhelm, * Berlin 21. Febr. 1887, † Riehen (Basel-Stadt) 1. Dez. 1952, dt. Schriftsteller. – Jura- und Philosophiestudium; ab 1933 Aufenthalt in verschiedenen Ländern, 1940–49 in den USA. Im Roman ›Das Glück der Andernachs‹ (1947) schildert er das Schicksal einer jüd. Berliner Familie in der zweiten Hälfte des 19. Jh.; bekannt wurde er durch seine Jugendbücher, v. a. durch die Erzählung ›Der Kampf der Tertia‹ (1927).

Weitere Werke: Oedipus (R., 1909), Wie wir einst so glücklich waren (Nov., 1909), Karl V. (Dr., 1919), Frau von Hanka (R., 1924), Charlott etwas verrückt (R., 1927), Ich geh aus und du bleibst da (R., 1930), Die goldene Horde (Jugendb., 1931), Der Hof der schönen Mädchen (R., 1935), Andrai und der Fisch (R., 1951).

Spiegel (Spieghel), Hendrik Laurensz[oon] [niederl. 'spixəl], * Amsterdam 11. März 1549, † Alkmaar 4. Jan. 1612, niederl. Dichter. – Gehörte zu den ersten niederl. Renaissanceschriftstellern. Verfasser einer gereimten Sittenlehre in kath.-humanist. Sinn in sieben Gesängen (›Hertspiegel‹, hg. 1614) und eines humanistisch-stoischen Dramas (›Numa ofte Ambtsweygheringe‹, um 1580–90). Als offizieller Dichter der Amsterdamer Rederijkerskamer ›De Eglantier‹ verfaßte er ein dreiteiliges Werk, das eine dem Zeitgeist angepaßte Theorie des Triviums (↑Artes liberales) enthält: ›Twespraack vande nederduytsche letterkunst‹ (1584; die erste niederl. Grammatik), ›Ruygh-bewerp vande redenkaveling‹ (1585; Dialektik), ›Rederijckkunst‹ (1587; Rhetorik).

Ausgabe: Twe-spraack van de Nederduitsche letterkunst (1584). Hg. v. G. R. W. DIBBETS. Assen u. Maastricht 1985.

Spiegel, im MA beliebter Buchtitel für belehrende, moralisch-religiöse, jurist. und satir. Werke, meist in Prosa. Begegnet zuerst in lat. Werken (↑Speculum); die ersten deutschsprachigen S. sind Rechtsbücher, u. a. der ›Sachsenspiegel‹, der ›Deutschenspiegel‹ und der ›Schwabenspiegel‹.

Literatur: GRABES, H.: Speculum, mirror und looking glass. Tüb. 1973.

Spiel, Hilde [Maria], * Wien 19. Okt. 1911, † ebd. 30. Nov. 1990, österr. Schriftstellerin. – Studium der Philosophie in Wien, 1936 mit ihrem Mann P. de Mendelssohn Übersiedelung nach London, wo sie als Journalistin und Kultureberichterstatterin tätig war. Lebte ab 1963 wieder in Wien; war ab 1971 ∞ mit H. Flesch-Brunningen. Ihre vielfältigen Veröffentlichungen bewegen sich im Bereich der Literaturkritik und der Kurzform des Essays (auch mit gesellschaftspolit. Thematik), zwischen der österr. Literatur und der ihres ehemaligen Exillandes Großbritannien (sie wirkte auch als Übersetzerin) und berühren nicht zuletzt die zwiespältige Situation der jüd. Emigrantin zwischen verlorener Heimat und der Suche nach einem neuem Daseinsgrund. Daraus ergibt sich auch der Stoff für ihre Romane, die überdies durchwirkt sind von der Trauer um die untergegangene Welt des österreichischen Fin de siècle, die Welt H. von Hofmannsthals, A. Lernet-Holenias und A. Schnitzlers. S. erhielt 1986 den Ernst-Robert-Curtius-Preis für Essayistik.

Hilde Spiel

Werke: Kati auf der Brücke (R., 1933), Verwirrung am Wolfgangsee (R., 1935, 1961 u.d.T. Sommer am Wolfgangsee), Flöte und Trommeln (R., engl. 1939, dt. 1947), Die Früchte des Wohlstands (R., entst. um 1940, gedr. 1981), Im Park und die Wildnis (Essays, 1953), Welt im Widerschein (Essays, 1960), Lisas Zimmer (R., engl. 1961, dt. 1965), Fanny von Arnstein oder Die Emanzipation (Biogr., 1962), Rückkehr nach Wien (Tageb., 1968), Kleine Schritte. Berichte und Geschichten (1976), Mirko und Franca (E., 1980), In meinem Garten schlendernd (Essays, 1981), Engl. Ansichten. Berichte aus Vergangenheit, Geschichte und Politik (1984), Der Mann mit der Pelerine und andere Erzählungen (1985), Glanz und Untergang. Wien 1866–1938 (engl. 1987, dt. 1987), Anna & Anna (Schsp., 1989), Die hellen und die finsteren Zeiten. Erinnerungen 1911–1946 (1989), Welche Welt ist meine Welt? Erinnerungen 1946–1989 (1990), Die Dämonie der Gemütlichkeit. Glossen zur Zeit u.a. Prosa (hg. 1991).

Spielhagen, Friedrich, * Magdeburg 24. Febr. 1829, † Berlin 25. Febr. 1911, dt. Schriftsteller. – Studierte Jura und Philologie, ab 1854 Gymnasiallehrer in Leipzig; 1860–62 Feuilletonredakteur in Hannover, dann in Berlin; 1878–84 Hg. von ›Westermanns Monatsheften‹, danach freier Schriftsteller in Berlin. S. war einer der erfolgreichsten Romanciers der

2. Hälfte des 19. Jh.; schrieb auch Novellen, Lyrik, Dramen sowie theoret. Schriften zu Roman und Drama. Seine auf die Darstellung der zeitgenöss. gesellschaftl. Realität zielenden Texte verarbeiten sowohl Sympathien mit der Revolution von 1848 als auch die Probleme des industriellen Fortschritts. Seine bes. Sympathie galt der realist. Erfassung sozialer Interessen des liberalen Bürgertums. Heute wird S. v.a. als Theoretiker des Realismus und der Erzählstrategie rezipiert.

Werke: Clara Vere (Nov., 1857), Problemat. Naturen (R., 4 Bde., 1861), Hammer und Amboß (R., 5 Bde., 1869), Sturmflut (R., 3 Bde., 1877), Beiträge zur Theorie und Technik des Romans (1883), Neue Beiträge zur Theorie und Technik der Epik und Dramatik (1898), Neue Gedichte (1899).

Ausgabe: F. S. Sämtl. Romane. Lpz. 1890–1904. 22 Bde.

Literatur: GELLER, M.: F. S.s Theorie u. Praxis des Romans. Bln. 1917. Nachdr. Hildesheim 1973. – MÜLLER-DONGES, CH.: Das Novellenwerk F. S.s in seiner Entwicklung zw. 1851 u. 1899. Marburg 1970. – HELLMANN, W.: Objektivität, Subjektivität u. Erzählkunst. Zur Romantheorie F. S.s. In: Dt. Romantheorien. Hg. v. R. GRIMM. Königstein i. Ts. Neuaufl. 1974. – LAMERS, H.: Held oder Welt? Zum Romanwerk F. S.s. Bonn 1991.

Spiel im Spiel (Theater auf dem Theater), in ein Bühnenwerk eingefügte und integrierte dramat., auch dramatisch-musikal. oder pantomim. Handlung oder Szene, z. B. in Shakespeares ›Hamlet‹ (1603/1604, dt. 1766), in L. Tiecks ›Der gestiefelte Kater‹ (1797) oder in L. Pirandellos ›Sechs Personen suchen einen Autor‹ (1921, dt. 1925) und in jüngster Zeit in J. Sobols ›Die Palästinenserin‹ (1985, dt. 1986).

Spielmann, fahrender Sänger des MA, der, keinem bestimmten Stand angehörend, als Rechtloser seinen Lebensunterhalt v.a. durch artist. und musikal. Darbietungen und wohl auch durch den Vortrag literar. Kleinkunst (Lieder, Balladen u.a.) bestritt. Die romantische Auffassung (zuerst die Brüder J. und W. Grimm) sah in ihm den Nachfolger german. Sänger, den Träger der Natur- und Volkspoesie, dann auch (A. W. Schlegel, L. Uhland u.a.) deren Schöpfer. Heute herrscht über Begriff wie Wesen des S.s weitgehend Unsicherheit, gerade auch darüber, ob Spielleute als Vortragende oder gar Verfasser der S.sdichtung zu gelten haben. Die Hauptursache dafür liegt darin, daß Art und Verbreitung der mündl. Dichtung des MA kaum ausgemacht werden können. – ↑ auch Menestrel, ↑ Minstrel.

Literatur ↑ Spielmannsdichtung.

Spielmannsdichtung, im engeren Sinne eine Gruppe von fünf anonymen Epen, denen das Strukturschema der Brautwerbung gemeinsam ist (›König Rother‹, ›Herzog Ernst‹, ›Sankt Oswald‹, ›Orendel‹ und ›Salman und Morolf‹). Umstritten sind die Einheitlichkeit dieser Gruppe, der Grad ihrer Absetzung von der Helden- und Geistlichenepik wie auch vom höf. Roman. Auch ihre Zuordnung zum ↑ Spielmann als dem Verbreiter oder Autor dieser Werke ist ungeklärt. Angeblich typisch ›spielmänn.‹ Züge wie additiver Stil, Unbekümmertheit in Sprache und Vers, starke Formelhaftigkeit, Hang zur Drastik und Komik finden sich auch in anderen Gattungen des MA, das Brautwerbungsmotiv taucht auch sonst, etwa in den Tristandichtungen und im ›Nibelungenlied‹, auf. – Unter S. im weiteren Sinne wird gelegentlich auch alle Art von mündlich tradierter Kleindichtung (volkstümliche Lyrik, heroische oder historische Balladen, Spruchdichtung) verstanden, die man dem fahrenden Spielmann glaubt zuschreiben zu können.

Literatur: CURSCHMANN, M.: ›Spielmannsepik‹. Wege u. Ergebnis der Forsch. von 1907–65. Stg. 1968. – BRÄUER, R.: Lit.-Soziologie u. ep. Struktur der dt. ›Spielmanns-‹ u. Heldendichtung. Bln. 1970. – MEVES, U.: Studien zu König Rother, Herzog Ernst u. Grauer Rock (Orendel). Ffm. u. Bern 1976. – Spielmannsepik. Hg. v. W. J. SCHRÖDER. Darmst. 1977. – WISHARD, A.: Oral formulaic composition in der Spielmannsepik. Göppingen 1984.

Spielmannsepos, umstrittene Bez. für anonyme frühhöf. Versromane, für die als Autoren Spielleute (↑ Spielmann) vermutet werden. Spielmannsepen werden in die Mitte des 12. Jh. datiert und behandeln in freier Vers- und Reimform und in episod. Reihung mit schwankhaften Einschlägen Stoffe aus dem Umkreis der Kreuzzugs- und Orienterfahrung. Heute spricht man meist von ↑ Spielmannsdichtung.

Spielplan, Gesamtheit der für eine Spielzeit (auch mehrere Spielzeiten) eines Theaters vorgeschenen Stücke; auch das Programm, Verzeichnis, das (meist monatlich) über die angesetzten Stücke informiert.

Spiel vom Antichrist ↑ Ludus de Antichristo.

Spieß, Christian Heinrich, * Helbigsdorf (Landkreis Brand-Erbisdorf) 4. April 1755, † Schloß Bezdjekau bei Klattau (Westböhm. Gebiet) 17. Aug. 1799, dt. Schriftsteller. – Wanderschauspieler; Gesellschafter und Gutsverwalter des böhmischen Grafen Künigl. S. begann mit Bühnenstücken; später schrieb er zahlreiche, zu seiner Zeit vielgelesene Ritter- und Schauerromane.

Werke: Biographien der Selbstmörder (1785), Klara von Hoheneichen (Schsp., 1790), Das Petermännchen (R., 2 Bde., 1791/92), Der alte Überall und Nirgends (R., 2 Bde., 1792/93), Die Löwenritter (R., 4 Bde., 1794–96), Die zwölf schlafenden Jungfrauen (R., 3 Bde., 1794–96), Biographien der Wahnsinnigen (4 Bde., 1795/1796).
Ausgabe: Ch. H. S. Sämtl. Werke. Nordhausen 1840/41. 11 Bde.
Literatur: QUELLE, C.: Ch. H. S. als Erzähler. Diss. Lpz. 1925 [Masch.].

Spiess, Henry [frz. spjɛs], * Genf 12. Juni 1876, † ebd. 27. Jan. 1940, schweizer. Schriftsteller. – Trat v. a. als Lyriker hervor; mit seinen Gedichtbänden in frz. Sprache ›Rimes d'audience‹ (1903) und ›Le silence des heures‹ (1904) zeigt er sich als Spätsymbolist unter dem Einfluß von G. Rodenbach, A. Samain und P. Verlaine; selbständiger ist er in ›Attendre‹ (Ged., 1916) und ›Saison divine‹ (Ged., 1920), betont religiös in ›Simplement‹ (Ged., 1922) und ›Chambre haute‹ (Ged., 1928).

Spillane, Mickey [engl. spɪˈleɪn], eigtl. Frank Morrison, * New York 9. März 1918, amerikan. Schriftsteller. – Verfasser von spannenden Detektivgeschichten mit Mike Hammer als Held, in denen kriminelle Handlungen mit sadist. Schilderungen publikumswirksam kombiniert werden.

Werke: Ich, der Richter (1947, dt. 1953), Die Rache ist mein (1950, dt. 1953, 1965 u.d.T. Späte Gäste), Mein Revolver sitzt locker (1950, dt. 1953, 1965 u.d.T. Das Wespennest), Der große Schlag (1951, dt. 1953, 1965 u.d.T. Die

schwarzen Nächte von Manhattan), Das lange Warten (1951, dt. 1954, 1965 u. d. T. Comeback eines Mörders), Der Panther kehrt zurück (1961, dt. 1963), Der Tag, an dem das Meer verschwand (1981, dt. 1981), The killing man (R., 1989).
Literatur: COLLINS, M. A./TRAYLOR, J. L.: One lonely knight. M. S.'s Mike Hammer. Bowling Green (Ohio) 1984.

Spillebeen, Willy [niederl. 'spɪləbe:n], * Westrozebeke 30. Dez. 1932, fläm. Schriftsteller. – Seine pessimist. Gedichte und Romane konfrontieren das Individuum mit einer als absurd und verletzend erfahrenen Wirklichkeit.
Werke: De spiraal (Ged., 1959), Naar dieper water (Ged., 1962), Groei-Pijn (Ged., 1966), De maanvis (R., 1966), De krabben (R., 1967), Aeneas of De levensreis van een man (R., 1982), De varkensput (R., 1985), Cortés of De Val (R., 1987), De waarheid van Antonio Salgado (R., 1988), De schreeuw van de bunzing (R., 1991), In vele Staten (Bericht, 1992).

Spinalba, C., Pseudonym des dt. Schriftstellers Karl ↑ Spindler.

Spindler, Karl, Pseudonyme C. Spinalba, Max Hufnagl, *Breslau 16. Okt. 1796, † Bad Freyersbach (heute zu Bad Peterstal-Griesbach) 12. Juli 1855, dt. Schriftsteller. – Zeitweilig Wanderschauspieler, ab 1824 Schriftsteller; unstetes Leben. Verfaßte breitangelegte, phantasiereiche, publikumswirksame Romane und Novellen, v. a. mit histor. Themen, im Stile W. Scotts.
Werke: Der Bastard (R., 3 Bde., 1826), Der Jude (R., 4 Bde., 1827), Der Jesuit (R., 3 Bde., 1829), Der König von Zion (R., 3 Bde., 1837), Schildereien (En., 2 Bde., 1842), Für Stadt und Land (En., 2 Bde., 1849).

Spionageroman [...'na:ʒə] ↑ Kriminalliteratur.

Spire, André [frz. spi:r], Pseudonym André Voisin, * Nancy 28. Juli 1868, † Paris 29. Juli 1966, frz. Schriftsteller. – War 1903–14 Generalinspekteur im Landwirtschaftsministerium; Mitbegründer der Volkshochschule in Frankreich; vertrat den Zionismus nach dem 1. Weltkrieg bei internat. Verhandlungen; emigrierte 1941 nach Amerika, kehrte später nach Frankreich zurück. Vertreter der jüd. Literatur in Frankreich mit sozialreformer. Tendenz. Seine persönl. Lyrik ist thematisch oft von der Bibel inspiriert.
Werke: La cité présente (Ged., 1903), Versets (Ged., 1908), Le secret (Ged., 1919, dt. Ausw.

1929 u. d. T. Gedichte), Quelques juifs et demi-juifs (Studie, 2 Bde., 1928), Poèmes de Loire (Ged., 1929), Poèmes d'hier et d'aujourd'hui (Ged., 1953), Poèmes juifs (Ged., 1959), Souvenirs à bâtons-rompus (1962).
Literatur: JAMATI, P.: A. S. Paris 1962. – Le centenaire de S. Sondernummer der Zs. Europe (März 1968). – CANOUÏ, J.: Culture française et hébraïque dans l'œuvre de A. S. et, plus particulièrement dans les ›Poèmes juifs‹. Diss. Paris-IV 1975.

Spiritual [engl. 'spɪrɪtjʊəl], svw. ↑ Negro Spiritual.

Spiritual Song [engl. 'spɪrɪtjʊəl 'sɔŋ], geistl. Volkslied der weißen Bevölkerung Amerikas aus der Zeit der Erweckungsbewegung. Der Begriff ist dem Titel einer Sammlung prot. Gesänge von Thomas Ravenscroft ([* 1592, † 1635], ›Booke of psalmes with hymnes evangelicall and songs spirituall‹, 1621) entnommen. S. S. wird oft fälschlich synonym gebraucht für ↑ Negro Spiritual.

Spitta, [Karl Johann] Philipp, * Hannover 1. Aug. 1801, † Burgdorf bei Hannover 28. Sept. 1859, dt. Kirchenliederdichter. – Entstammte einer Hugenottenfamilie, war zunächst Uhrmacherlehrling, 1821–24 Studium der Theologie in Göttingen, wo er Bekanntschaft mit H. Heine schloß. Ab 1830 als Pfarrer tätig; war zuletzt Superintendent in Burgdorf. Schrieb sprachlich und inhaltlich vollendete geistl. Lieder, die z. T. in das ev. Gesangbuch aufgenommen wurden.
Werke: Sangbüchlein der Liebe für Handwerksburschen (1823), Psalter und Harfe (Ged., 2 Bde., 1833–43).

Spitteler, Carl, Pseudonym Carl Felix Tandem, * Liestal 24. April 1845, † Luzern 29. Dez. 1924, schweizer. Schriftsteller und Dichter. – Jugend in Bern; 1864 nach Zerwürfnis mit dem Vater, einem hohen Staatsbeamten, nach Luzern. Studierte ab 1865 in Basel Jura, danach in Zürich und Heidelberg ev. Theologie. Nach Glaubenskrise Hinwendung zum Atheismus, weswegen er seine Landpfarre in Graubünden schließlich verließ. 1871–79 Hauslehrer in Petersburg und in Finnland, dann Lehrer in der Schweiz, Journalist, 1890–92 Feuilletonredakteur der ›Neuen Zürcher Zeitung‹, ab 1892 freier Schriftsteller. Trat zu Beginn des 1. Weltkriegs mit der Rede ›Unser Schweizer Standpunkt‹ (1914, gedr.

Spoerl 349

1915) für die absolute Neutralität seines Landes ein. Geprägt vom bürgerlich-akadem. Humanismus suchte S. diesen jedoch zu überwinden bzw. durch ›Modernisierung‹ auf neue Art zu beleben. Die Verschmelzung überlieferten humanist. Gedankenguts und mythisch-kosm. Vorstellungen mit zeit- und kulturkrit. Ansichten (Einflüsse A. Schopenhauers, F. Nietzsches und J. Burckardts) sollte dem nach Schönheit strebenden Menschen auch im beginnenden 20. Jh. zu einer mögl. Daseinsform verhelfen. Pathos, aber auch Ironie, archaisierende Sprache und der Versuch der Wiederbelebung des Versepos dienten hierzu als literar. Mittel. Beispiele dafür sind seine Hauptwerke, die Versepen ›Prometheus und Epimetheus‹ (2 Tle., 1881, Neufassung 1924 u. d. T. ›Prometheus der Dulder‹) und ›Olymp. Frühling‹ (4 Bde., 1900–05, Neufassung 2 Bde., 1910) mit ästhetizist., pseudoklassizist. Symbolvisionen und aristokrat. Idealismus. Seine weiteren künstler. Begabungen belegte S. u. a. durch 20 Kompositionen zu Versen seines schweizer. Dichterkollegen H. Leuthold; darüber hinaus zeichnete und malte er, skizzierte Porträts mit karikaturist. Einschlag. Die Skizzen dienten häufig als erster Entwurf zu später auf literar. Ebene Weitergeführtem. S. veröffentlichte Novellen, Romane, Lustspiele, Balladen sowie Kritiken und Essays. Er erhielt 1919 den Nobelpreis für Literatur.

Carl Spitteler

Weitere Werke: Der Parlamentär (Lsp., 1889), Schmetterlinge (Ged., 1889), Literar. Gleichnisse (1892), Balladen (1896), Der Gotthard (Reiseführer, 1897), Conrad der Leutnant (E.,

1898), Lachende Wahrheiten (Essays, 1898), Glockenlieder (Ged., 1906), Imago (R., 1906), Gerold und Hansli, die Mädchenfeinde (E., 1907), Meine Beziehungen zu Nietzsche (1908), Meine frühesten Erlebnisse (Autobiogr., 1914), Warum ich meinen Prometheus umgearbeitet habe (1923).
Ausgaben: A. Frey u. C. S.: Briefe. Hg. v. L. Frey. Frauenfeld 1933. – C. S. Ges. Werke. Hg. v. G. Bohnenblust u. a. Zü. u. Stg. 1945–58. 10 in 11 Bden. – C. S. Krit. Schrr. Hg. v. W. Stauffacher. Zü. u. Stg. 1965.
Literatur: Faesi, R.: S.s Weg u. Werk. Frauenfeld 1933. – Stauffacher, W.: C. S.s Lyrik. Zü. u. Stg. 1950. – Rommel, O.: S.s Olymp. Frühling u. seine ep. Form. Bern u. Mchn. 1965. – Hommage an C. S. Hg. v. H. Weder. Bern u. a. 1971. – Paoli, R.: Die literar. Gestalt C. S. In: Literaturwiss. Jb. N. F. 13 (1972), S. 307. – Stauffacher, W.: C. S. Biogr. Zü. u. Mchn. 1973. – Wetzel, J. H.: C. S. Ein Lebens- u. Schaffensbericht. Bern u. Mchn. 1973.

Spitzer, Rudolf, österr. Schriftsteller und Kritiker, ↑ Lothar, Rudolf.

Spoelstra, Cornelis [niederl. 'spulstra], niederl. Schriftsteller, ↑ Doolaard, A. den.

Spoerl, Alexander [ʃpœrl], * Düsseldorf 3. Jan. 1917, † Rottach-Egern 16. Okt. 1978, dt. Schriftsteller. – Sohn von Heinrich S.; ursprünglich Ingenieur; verfaßte erfolgreiche humorist. Unterhaltungsromane und populäre techn. Ratgeber.
Werke: Memoiren eines mittelmäßigen Schülers (R., 1950), Ein unbegabter Liebhaber (R., 1952), Mit dem Auto auf Du (1953), Auf dem Busen der Natur (R., 1956), Mit der Kamera auf Du (1957), Kleiner Mann baut im Tessin (1963), Computerbuch (1971), Ein unbegabter Ehemann (R., 1972).

Spoerl, Heinrich [ʃpœrl], * Düsseldorf 8. Febr. 1887, † Rottach-Egern 25. Aug. 1955, dt. Schriftsteller. – 1919 Rechtsanwalt in Düsseldorf, 1937 freier Schriftsteller in Berlin, ab 1941 in Rottach-Egern. Schrieb humorvolle, z. T. zeit- und gesellschaftskrit. Romane und Erzählungen, von denen mehrere verfilmt wurden; am bekanntesten wurde ›Die Feuerzangenbowle‹ (R., 1933).
Weitere Werke: Der Maulkorb (R., 1936, Lsp. 1938), Wenn wir alle Engel wären (R., 1936), Man kann ruhig darüber sprechen (En., 1937), Der Gasmann (R., 1940), Die Hochzeitsreise (E., 1946).
Ausgaben: Das Schönste von H. S. Mchn. 1981. 4 Bde. – H. S. Ges. Werke. Neuausg. Mchn. u. a. 1990.

Spohn, Jürgen, * Leipzig 10. Juni 1934, † Berlin 18. Juni 1992, dt. Graphiker und Bilderbuchkünstler. – War Prof. an der Hochschule für Künste in Berlin. Seine Werke zeichnen sich durch phantasiereiche und groteske Sprachspielereien aus, die er plakativ ins Bild setzte. Für seine leichtverständl. Gedichte ›Drunter & Drüber. Verse zum Vorsagen, Nachsagen, Weitersagen‹ (1980) erhielt er den Dt. Jugendliteraturpreis; Verfasser von Photoreportagen.

Weitere Werke: Der Spielbaum (1966), Das Riesenroß (1968), Der mini mini Düsenzwerg (1971), nanu? (1975), Der Papperlapapp-Apparat (1978), Ach so. Ganzkurzgeschichten und Wünschelbilder (1982), falamaleikum (Ged. und Bilder, 1983; mit E. Jandl), Schnabeljau (1986), Ali Gator auf der Suche (1987), Gestern in Ligurien (1990), Pardauz & Co. Verse zum Vorsagen, Nachsagen, Weitersagen (1991).

Špoljar, Krsto [serbokroat. 'ʃpɔljar], * Bjelovar 1. Sept. 1930, kroat. Schriftsteller. – Schrieb introspektive Gedichte in individueller Syntax; seine Erzählungen knüpfen an die Tradition zwischen den Weltkriegen an; entwickelte einen eigenen psycholog. Prosastil.

Werke: Porodica harlekina (= Die Familie des Harlekins, Ged., 1956), Raj (= Das Paradies, Ged., 1962), Gvožđe i lovor (= Eisen und Lorbeer, R., 1963), Tuđina (= Fremde, Prosa, 1969).

Spondeiazon [griech.] (Holospondeus), seltene Form des antiken Hexameters, bestehend aus sechs Spondeen (↑ Spondeus); auch Bez. für den ↑ Spondiakus.

Spondeus [griech.-lat.], aus zwei langen Silben (– –) bestehender antiker Versfuß, auch als Daktylus bzw. Anapäst mit Kontraktion der zwei kurzen Silben definiert ($-\stackrel{\smile}{\smile}-$ bzw. $\stackrel{\smile}{\smile}-\stackrel{'}{-}$), steht fast nur für andere Versfüße, z. B. im ↑ Hexameter (↑ auch Spondiakus, ↑ Spondeiazon). – Die Nachbildung in akzentuierenden Versen ist problematisch, da die Folge x́x́ eigentlich dem ↑ Trochäus entspricht; insbes. J. H. Voß und seine Schule versuchten daher die Nachbildung des S. entweder durch Verbindung zweier Wörter mit gleicher oder annähernd gleicher akzentueller Schwere (gleichgewogener S.) oder mit einem Wort aus zwei Silben, von denen sowohl die erste als auch die zweite den Ton tragen kann, z. B. Sturm-nacht, Schönheit, Meerflut (geschleifter oder umgedrehter S.; nach A. Heusler ›falscher S., Spondeenkrankheit‹); solche Spondeen finden sich u. a. bei A. W. Schlegel, Goethe, Schiller und A. Graf von Platen.

Spondiakus [griech.-lat.] (bei Cicero auch: Spondeiazon), ↑ Hexameter, bei dem der Daktylus im fünften Fuß durch einen Spondeus ersetzt ist; findet sich seit Homer, häufiger bei den Alexandrinern (Kallimachos) und den Neoterikern (Catull).

Spota, Luis [span. es'pota], * Mexiko 13. Juli 1925, † ebd. 20. Jan. 1985, mex. Schriftsteller. – Journalist; einer der erfolgreichsten mex. Romanciers; verbindet in seinen erzähltechnisch und stilistisch zunehmend anspruchsvolleren Romanen scharfe Sozialkritik mit spannend konstruierten Handlungen.

Werke: Murieron a mitad del río (R., 1948), Die Wunden des Hungers (R., 1950, dt. 1961), Der Verführer (R., 1956, dt. 1961), Das feindliche Blut (R., 1959, dt. 1962), Das Gelächter des Katers (R., 1964, dt. 1967), Die Träume eines Schlaflosen (R., 1966, dt. 1968), La costumbre del poder (R.-Tetralogie, 1975–77), Mitad oscura (R., 1982), Paraíso 25 (R., 1983), Días de poder (R., 1985).

Literatur: SEFCHOVICH, S.: Ideología y ficción en la obra de L. S. Mexiko 1985.

Sprache im Technischen Zeitalter, literar. Zeitschrift, die seit 1961 von W. Höllerer vierteljährlich herausgegeben wird; zusätzlich erscheinen Sonderhefte über ein jeweils spezielles Thema (Aufsätze, Diskussionen, Pressekommentare); die Zeitschrift untersucht in meist essayist. Beiträgen die Möglichkeiten von Sprache in den verschiedensten Bereichen (u. a. Massenmedien, Werbung, Politik, Propaganda) sowie bes. Literatur und Literaturkritik ausgehend von Struktur und Analyse der Sprache. Die Autoren sind namhafte Vertreter der Literatur und Literaturkritik.

Sprachgesellschaften, im 17. Jh. entstandene gelehrte Vereinigungen, die sich die Förderung der dt. Sprache zum Ziel gesetzt hatten. Die S. bemühten sich in Opposition zur ↑ Alamodeliteratur und zur ↑ grobianischen Dichtung um die Loslösung der dt. Sprache von Fremd- und Dialekteinflüssen sowie um die Vereinheitlichung der Orthographie. – Die S. besaßen eigene Satzungen, Embleme und Devisen, die Mitglieder setzten sich aus Angehörigen des Adels sowie aus bürgerl. Gelehrten und Dichtern zusammen. Auf Empfehlungen und nach Verdiensten gewählt, erhielten sie, um Standesunterschiede auszuschalten, einen Gesellschaftsnamen, unter dem sie ihre Werke veröffentlichten; fast alle bed. Dichter und Dichtungstheoretiker der Zeit waren Mitglied einer, oft auch mehrerer S.; Kontakt, Austausch und Anregungen der Mitglieder erfolgten durch Briefe, seltener durch Tagungen.

S. bestanden in Italien bereits seit dem 15. und 16. Jh.; bes. nach dem Vorbild der berühmten ↑Accademia della Crusca in Florenz wurde 1617 in Weimar die erste und bedeutendste der dt. S. gegründet, die ↑›Fruchtbringende Gesellschaft‹, die während ihrer Blütezeit 1640–80 über 500 Mitglieder umfaßte und aus deren Kreis so bed. Werke wie J. G. Schottels ›Ausführl. Arbeit von der Teutschen Haubt Sprache‹ (1663) und C. Stielers ›Der Teutschen Sprache Stammbaum und Fortwachs oder ...‹ (1691) hervorgingen. Die ›Teutschgesinnete Genossenschaft‹ wurde von Ph. von Zesen 1643 gegründet; sie war, wohl nach dem Vorbild der niederl. ↑Rederijkerskamers, in Zünfte eingeteilt und hatte insgesamt etwa 200 Mitglieder; sie bemühte sich v. a. um die Wiederherstellung der dt. ›Ursprache‹, zog sich aber durch einen übersteigerten ↑Purismus den Spott der Zeitgenossen zu. Der ›Pegnes. Blumenorden‹ (↑Nürnberger Dichterkreis), gegr. 1644, hatte in seiner Blütezeit, 1660–80, 58 Mitglieder und widmete sich neben gesellig virtuoser Dichtung auch der Dichtungstheorie. Weitere S. waren die ›Aufrichtige Tannengesellschaft‹ in Straßburg, gegr. 1633 von J. Rompler von Löwenhalt; der ›Elbschwanenorden‹ in Lübeck, gegr. 1658 von J. Rist, dessen Gesellschaft mit den ›Monatsgesprächen‹ (1660) einen Vorläufer der literar. Zeitschrift herausgab, die ›Neunständische Hänseschaft‹ (1643), das ›Poet. Kleeblatt‹ (1671) u. a. Gegen Ende des 17. Jh. verloren die S. ihre Bedeutung, erloschen z. T. ganz oder änderten ihre Ziele; die im frühen 18. Jh. entstandenen ↑Deutschen Gesellschaften knüpften z. T. an die Tradition der S. an.

Da die S. bis heute noch verhältnismäßig wenig erforscht sind, werden ihre Bedeutung und Auswirkungen unterschiedlich beurteilt; wichtig erscheinen neben den zahlreichen theoret. Lehrbüchern die vielen Übersetzungen klass. Werke aus den europ. Volkssprachen, die neben Stoff- und Formvermittlung dazu beitrugen, die dt. Sprache zu einem geschmeidigeren und präziseren Ausdrucksmittel in Vers und Prosa zu machen.

Literatur: NEUBAUR, L.: Zur Gesch. des Elbschwanenordens. In: Altpreuß. Mschr. 47 (1910), S. 113. – INGEN, F. VAN: Die S. des 17. Jh. Versuch einer Korrektur. In: Daphnis. Zs. f. mittlere dt. Lit. 1 (1972). – OTTO, K. F.: Die S. des 17. Jh. Stg. 1972. – STOLL, CH.: S. im Deutschland des 17. Jh. Mchn. 1973. – FLAMM, T.: Eine dt. Sprachakademie. Gründungsversuche u. Ursachen des Scheiterns (von den S. des 17. Jh. bis 1945). Ffm. u. a. 1994.

Sprachkunstwerk ↑Dichtung.

Sprachwerke, Begriff des Urheberrechts für Werke der Literatur, Wiss. und Kunst, die aus geschriebener oder gesprochener Sprache bestehen, wie Schriftwerke und Reden.

Sprechchor, Gestaltungsmittel im Sprechtheater und Hörspiel, bei dem mehrere Personen Texte nach bestimmten rhythm. und melod. Vorschriften gemeinsam (unisono oder in verschiedenen Stimmlagen) oder nach Gruppen getrennt (in Dialog bzw. Kanonform) sprechen. – In den ersten Jahrzehnten des 20. Jh. war der S. wesentl. dramat. Ausdrucksmittel des Arbeitertheaters (↑Arbeiterliteratur) sowie des expressionist. Dramas (E. Toller, A. Bronnen); Sprechchöre, verstanden als eigenständiges dramat. Genre (S.dichtung) schrieb in Deutschland ›B. Schönlank (u. a. ›Erlösung‹, 1919; ›Moloch‹, 1923). – ↑auch Chor.

Sprechgedicht, im Unterschied zum ↑Lautgedicht beschreibt E. Jandl das S. als Gedicht, in dem das Wort dominiert, das jedoch, ›um zu werden‹, gesprochen und gehört werden muß, eine Definition, die er u. a. in ›fortschreitende ränder‹ (1957) praktisch umsetzt.

Sprechspruch ↑Spruchdichtung.

Sprechstück, als S.e bezeichnet P. Handke seine frühen Theaterstücke

(›Publikumsbeschimpfung‹, ›Selbstbezichtigung‹, ›Weissagung‹, alle 1966), in denen die Sprache auf der leeren oder ortslosen Bühne agiert bzw. von Sprechern sozusagen als ›negativer Held‹ vorgeführt wird; v. a. in ›Publikumsbeschimpfung‹ wird dabei das Publikum als ›Spielmacher‹ mit seinem eigenen Sprachverhalten, mit den Sprachklischees eines Theaterbesuchers konfrontiert.

Sprechvers, Bez. für die ↑Verse der gesprochenen Partien (Rhesis) im antiken Drama, mit oder ohne Musikbegleitung (Ggs. ↑Singvers). Sie sind stets stichisch oder in ausgedehnten Perioden verwendet, deren gleichmäßiger Rhythmus demjenigen stichisch verwendeter Verse entspricht.

Sprichwort (Proverb), kurzer, einprägsamer Satz, der in volkstüml., bildl. Sprache eine prakt. Lebensweisheit enthält. Herkunft und Entstehung von Sprichwörtern ist meist nicht nachweisbar. Die mit dem S. verwandte ↑Sentenz, die nicht selten zum S. wird, läßt sich im Unterschied zum anonymen S. meist auf einen konkreten, in der Regel literar. Situationskontext zurückführen, sie hat Zitatcharakter. – Das Sammeln von Sprichwörtern hat eine lange Tradition. Im antiken Griechenland besorgten dies die sog. Parömiographen. Aristoteles und Chrysippos aus Soloi (* 281/277, † 208/204) befaßten sich aus philosoph. Interesse mit Sprichwörtern, während die Alexandriner (z. B. Aristophanes von Byzanz [* um 257, † um 180]) sie literarisch auswerteten. Das roman. MA kennt Sprichwörter in bewußter schichtenspezif. Verwendung, wie sie noch für Don Quijotes Diener Sancho Pansa typisch sind. Die ersten deutschsprachigen Sprichwörter verzeichnete Notker (III.) Labeo. **Sprichwörtersammlungen** entstanden im Humanismus, so neben der Sentenzensammlung ›Adagia‹ (1500) des Erasmus von Rotterdam die ›Proverbia Germanica‹ (1508) von H. Bebel, auf die die Sammlungen von J. Agricola (mehrere Ausgaben seit 1528), S. Franck (1541), Eucharius Eyring ([* 1520, † 1597], 1601) und Christoph Lehmann ([* 1570, † 1638], 1630) folgten. Unter den

Kompendien, die den Sprichwörterschatz wissenschaftlich aufarbeiteten, sind v. a. J. M. Sailers (* 1751, † 1832) ›Weisheit auf der Gasse‹ (1810) und die Sammlungen von W. Körte ([* 1776, † 1846], 1837) und J. Eiselein (1840) zu nennen. In K. W. F. Wanders ›Dt. Sprichwörterlexikon‹ (5 Bde., 1867–80) sind mehr als 300 000 Sprichwörter und Redensarten zusammengetragen und nach Stichwörtern geordnet. – Bekannte Sprichwörter sind z. B.: ›Wer nicht hören will, muß fühlen‹, ›Hunger ist der beste Koch‹, ›Viele Hunde sind des Hasen Tod‹, ›Wer andern eine Grube gräbt, fällt selbst hinein‹.

Literatur: TAYLOR, A.: The proverb. Cambridge (Mass.) 1931. Nachdr. Hatboro (Pa.) 1962. – MOLL, O. E.: Sprichwörter-Bibliogr. Ffm. 1958. – Lat. Sprichwörter u. Sinnsprüche des MA aus Hss. ges. Hg. v. J. WERNER. Hdbg. ²1966. – RATTUNDE, E.: Li proverbes au vilain. Unterss. zur roman. Spruchdichtung des MA. Hdbg. 1966. – RÖHRICH, L./MIEDER, W.: S. Stg. 1977. – BAUSINGER, H.: Formen der Volkspoesie. Bln. ²1980. – JOLLES, A.: Einfache Formen. Tüb. ⁶1982. – MIEDER, W.: S. – Wahrwort!? Studien zur Gesch., Bedeutung u. Funktion dt. Sprichwörter. Ffm. u. a. 1992.

Sprickmann, Anton Matthias, * Münster 7. Sept. 1749, † ebd. 22. Nov. 1833, dt. Schriftsteller und Jurist. – War Prof. für Jura u. a. in Münster und Berlin. Stand in seinen Gedichten und Erzählungen sowie v. a. in seinen Dramen dem ›Göttinger Hain‹ und dem Sturm und Drang nahe; Freund G. A. Bürgers und literar. Berater der jungen Annette von Droste-Hülshoff. Schrieb auch eine großangelegte dt. Reichs- und Rechtsgeschichte.

Werke: Wilddiebe (Operette, 1774), Die natürl. Tochter (Lsp., 1774), Eulalia (Trauerspiel, 1777), Der Schmuck (Lsp., 1780). **Literatur:** GÖDDEN, W.: Der Schwärmer. Die verschollene Lebensgesch. des westfäl. Sturmu. Drang-Dichters A. M. S. Paderborn u. a. 1994.

Spring, Howard [engl. sprɪŋ], * Cardiff 10. Febr. 1889, † Falmouth 3. Mai 1965, engl. Schriftsteller. – Verließ nach dem Tod des Vaters im Alter von 12 Jahren die Schule; nach Gelegenheitsarbeiten lange Zeit journalistisch tätig, dann freier Schriftsteller in Falmouth. Verfasser von realist., sozialkrit. Romanen aus der Welt der walis. und nordengl. Industriegebiete; lebte später in Cornwall, wo auch etl. seiner nachfolgenden Romane angesiedelt sind. Fähigkeit zu einprägsamer Charakterisierung; Welterfolg hatte er mit dem Roman ›Geliebte Söhne‹ (1938, dt. 1938).

Weitere Werke: Künstler und Vagabunden (R., 1934, dt. 1940), Liebe und Ehre (R., 1940, dt. 1941), Das Haus in Cornwall (R., 1948, dt. 1949), Der gläserne Traum (R., 1951, dt. 1952), Tumult des Herzens (R., 1953, dt. 1954), Das Glück hat seine Stunde (R., 1957, dt. 1958), Gezeiten des Lebens (R., 1959, dt. 1960), Es fing damit an (R., 1965, dt. 1966).

Spruchdichtung, von K. Simrock in seiner Ausgabe der Werke Walthers von der Vogelweide (1833) eingeführte Bez. für mhd. Lieder und Gedichte, die sich thematisch und z. T. auch formal vom Minnesang unterscheiden. Nach der Art des Vortrags werden Sprechspruch und Sangspruch unterschieden. Meist in vierhebigen Reimpaaren ohne Stropheneinteilung verfaßt und zum Sprechvortrag bestimmt war der **Sprechspruch,** der durch lehrhaft-moralisierende Tendenz geprägt war und oft eine zugespitzte, sprichwörtl. Weisheit vermittelte. Solche S. begegnet bereits im 12. Jahrhundert. Um 1230 schuf Freidank eine Sammlung von meist zwei- bis vierzeiligen Reimparsprüchen mit dem Titel ›Bescheidenheit‹ (= Bescheidwissen, Einsicht), die große Popularität erlangte. V. a. im 14. und 15.Jh. fand der Sprechspruch in der ↑ Priamel seine bes. Ausprägung. Seine bereits dem Meistersang zuzurechnenden Hauptvertreter waren im 14.Jh. Heinrich der Teichner, im 15.Jh. H. Folz und H. Rosenplüt. – Der gesungene **Sangspruch,** dem Lied verwandt und strophisch gegliedert, nahm seine Themen aus nahezu allen Bereichen. Da die Spruchdichter größtenteils fahrende Sänger bürgerl. Standes und von der Gunst reicher Herren abhängig waren, wandten sich ihre Sprüche oft direkt an diese reichen Gönner. Ihren inhaltl. und künstler. Höhepunkt erreichte die S. mit Walther von der Vogelweide. Von 1200 bis etwa 1230 erhob er in seinen S.en mahnend und warnend seine Stimme und setzte sich kritisch mit dem aktuellen Zeitgeschehen auseinander, so v. a. mit dem Kampf zwischen Kaiser und Papst, in dem er die Partei des Kaisers ergriff.

Unter Walthers Nachfolgern sind u. a. Reinmar von Zweter, Bruder Wernher, der Marner und Frauenlob zu nennen. – Zur S. rechnet man auch die in formelhafter Sprache verfaßte stab- oder silbenreimende german. gnom. Dichtung, die dem ↑ Sprichwort verwandt, Lebensweisheiten, Rätsel- und Zaubersprüche überlieferte.

Literatur: Mhd. S. Hg. v. H. MOSER. Darmst. 1972.

Spunda, Franz, * Olmütz 1. Jan. 1890, † Wien 1. Juli 1963, österr. Schriftsteller. – Teilnahme am 1. Weltkrieg, danach bis 1945 Gymnasiallehrer in Wien. Die Erlebnisse seiner Reisen in den Orient und nach Griechenland schilderte er in seinen Reisebüchern; befaßte sich mit Alchimie, Okkultismus und Mystik; in viele seiner Romane nahm er oriental. Gedankengut auf; auch Lyriker, Übersetzer und Herausgeber.

Werke: Hymnen (Ged., 1919), Astralis (Ged., 1920), Devachan (R., 1921), Der gelbe und der weiße Papst (R., 1923), Das ägypt. Totenbuch (R., 1924), Griech. Reise (Reiseber., 1926), Baphomet (R., 1930), Griech. Abenteuer (R., 1932), Eleusin. Sonette (1933), Hellas' Fackel leuchtet (R., 1953), Herakleitos (R., 1957).

Spyri, Johanna ['ʃpi:ri], geb. Heußer, * Hirzel bei Zürich 12. Juni 1827, † Zürich 7. Juli 1901, schweizer. Schriftstellerin. – Ihre Jugendschriften wurden in viele Sprachen übersetzt; weltweit bekannt wurden ihre Erzählungen um ›Heidi‹ (mehrmals verfilmt). Verbindet die sentimentale Schilderung des einfachen Lebens in der heilen Welt der schweizer. Berge mit pädagog. Leitwerten, die sich an einfältiger Frömmigkeit, idealisierender Naturverbundenheit und Zivilisationsfeindlichkeit orientieren.

Werke: Ein Blatt auf Vronys Grab (E., 1871), Ihrer keins vergessen (E., 1873), Heidi's Lehr- und Wanderjahre (E., 1880), Heidi kann brauchen, was es gelernt hat (E., 1881), Am Sonntag (E., 1881), Gritli (E., 1887).

Literatur: DODERER, K./DODERER, I.: J. S.s ›Heidi‹. Fragwürdige Tugendwelt in verklärter Wirklichkeit. In: DODERER, K.: Klass. Kinder- u. Jugendbücher. Whm. 1969. – FRÖHLICH, R./WINKLER, J.: J. S. Momente einer Biogr. Zü. 1986.

Squire, Sir (seit 1933) John Collings [engl. 'skwaɪə], Pseudonym Solomon Eagle, * Plymouth 2. April 1884, † London 20. Dez. 1958, engl. Schriftsteller. – Jounalist; u.a. Gründer und Hg. (1919 bis 1934) des ›London Mercury‹; Anreger und Förderer literar. Talente. Schrieb außer krit. Essays intellektbestimmte, oft satir. und parodist. Lyrik sowie Kurzgeschichten mit ähnl. Stilzügen.

Werke: The three hills (Ged., 1913), The lily of Malud (Ged., 1917), Books in general (Essays, 3 Bde., 1918–21), The birds (Ged., 1919), Essays on poetry (1923), The Grub Street night's entertainment (Kurzgeschichten, 1924), The honeysuckle and the bee (Autobiogr., 1937). **Ausgabe:** J. C. S. Collected poems. London u. New York 1959. Nachdr. Westport (Conn.) 1981.

Šrámek, Fráňa (František) [tschech. ˈʃraːmɛk], *Sobotka 19. Jan. 1877, †Prag 1. Juli 1952, tschech. Schriftsteller. – Schrieb Gedichte, Erzählungen, Romane und Dramen; bed. Impressionist, dessen Werk gekennzeichnet ist durch anarch. Auflehnung gegen Konventionen und Obrigkeit, ungestümen Vitalismus, Sehnsucht nach Abenteuern; Feind alles Bürgerlichen, wegen seiner antimilitarist. Einstellung im Gefängnis (1905).

Werke: Triumph des Lebens (E., 1903, dt. 1958 in: Tschech. Erzähler, hg. von R. Ulbrich), Der silberne Wind (R., 1910, dt. 1920), Erwachen (R., 1913, dt. 1913), Sommer (Kom., 1915, dt. 1921), Tělo (= Der Körper, R., 1919), Hagenbek (Dr., 1920), Der Mond über dem Fluß (Schsp., 1922, dt. 1971), Básně (= Gedichte, 1926), Nové básně (= Neue Gedichte, 1928), Prvních jedenadvacet (= Von den ersten einundzwanzig, En., 1928), Rány, růže (= Wunden, Rosen, Ged., 1945). **Ausgabe:** F. Š. Wanderer in den Frühling. Dt. Übers. Prag 1927. – F. Š. Spisy. Prag 1951–60. 10 Bde. **Literatur:** POLAN, B.: F. Š.; básník mládí a domova. Prag 1947. – BURIÁNEK, F.: Národní umělec F. Š. Prag 1960.

Sremac, Stevan [serbokroat. ˌsrɛːmats], *Senta 11. Nov. 1855, †Sokobanja (Serbien) 13. Aug. 1906, serb. Schriftsteller. – Gymnasiallehrer; begann mit romant. Erzählungen erzieher. Charakters, schrieb später anekdotenhafte und realistisch-satir. Erzählungen und Romane, die eine Mischung von Humor und Ironie zeigen und meist um die Jahrhundertwende spielen; Hauptvertreter des serb. Realismus.

Werke: Ivkova slava (= Das Hauspatronsfest des Ivko, E., 1895), Popen sind auch nur Menschen (R., 1898, dt. 1955), Vukadin (R., 1903),

Zona Zamfirova (R., postum 1907; 1. Fassung 1903). **Ausgaben:** S. S. Celokupna dela. Belgrad 1935. 7 Bde. – S. S. Sabrana dela. Belgrad 1977. 6 Bde.

Śriharṣa [ʃriˈharʃa], ind. Dichter wohl des 12. Jahrhunderts. – S. lebte in Kanauj (nordwestlich von Kanpur). Er behandelt in seinem ›Naiṣadhīyacarita‹ (= Leben des Naiṣadha) in 22 Gesängen die Erzählung von Nala und Damayantī in äußerst kunstvoller Sprache. Damit schuf er eines der letzten bed. Kunstgedichte in Sanskrit.

Ausgabe: The Naishadhacarita of Śrīharsha (cantos I–XXII). Engl. Übers. Hg. v. KRISHNA KANTA HANDIQUI. Puna ³1965.

Sruoga, Balys, *Baibokai bei Panevėžys 2. Febr. 1896, †Wilna 16. Okt. 1947, litauischer Schriftsteller. – Prof. für Literatur und Theaterwissenschaften in Kaunas (1932–40) und Wilna (1940–43 und 1945–47). Begann als symbolist. Lyriker, schrieb später auch Versdramen aus der litauischen Vergangenheit, literar. Essays und Memoiren über seine Haft im KZ Stutthof 1943–45 (›Dievų miškas‹ [= Der Wald der Götter], 1945). Übersetzungen aus dem Deutschen (Novalis), Russischen, Französischen und Norwegischen (H. Ibsen).

Weitere Werke: Dievų takais (= Auf den Pfaden Gottes, Ged., 1923), Milžino paunksmė (= Der Schatten des Riesen, Dr., 1930), Baisioji naktis (= Die Nacht des Grauens, Dr., 1935), Radvila Perkūnas (Dr., 1935), Kazimieras Sapiega (Dr., 1947), Pajūrio kurortas (= Der Kurort am Meer, Dr., 1947). **Ausgabe:** B. S. Rastai. Wilna 1957. 6 Bde.

Ssu-ma Ch'ien (Sima Qian) [chin. sɨmatɕ̠iæn], *Lung-men (Schansi) etwa 145, †etwa 86, chin. Historiograph. – Als Hofastrologe bzw. -astronom unterstand ihm die Aufsicht über amtl. Aufzeichnungen. Das Werk seines Vaters fortführend, schrieb er das ›Shih-chi‹ (= Aufzeichnungen des Historiographen), das Chinas Geschichte von myth. Anfängen bis in die Gegenwart des Autors festhielt. Seine charakterist. äußere Form – annalist., tabellar., biograph. Teile – wurde Vorbild des Pan Ku und der ganzen späteren Historiographie, sein anschaul. Erzählstil beeinflußte die chin. Prosaliteratur.

Ausgaben: Les mémoires historiques de Se-ma Ts'ien. Frz. Teilübers. Paris 1895–1905. 5 Bde. –

Ssu-ma Ch'ien. Records of the grand historian of China. Engl. Teilübers. v. B. WATSON. New York 1961.
Literatur: WATSON, B.: Ssu-ma Ch'ien. Grand historian of China. New York 1958. – PO-KORA, T.: The present state of translations from the Shih-chi. In: Oriens extremus 9 (1962).

Ssu-ma Hsiang-ju (Sima Xiangru) [chin. simaçian-ru], * Tschengtu (Sze-tschuan) 179, † etwa 118, chin. Dichter. – Legendenverklärt sind seine Liebe zu Cho Wang-sun und sein höf. Leben. In ›Prosagedichten‹ wie ›Tzu-hsü fu‹ (= Meister Nichts) übt er in raffinierter Verschlüsselung Gesellschaftskritik und wird zum unübertroffenen Meister dieser neuen Dichtungsart, die in China noch jahrtausendlang gepflegt wurde.
Literatur: HERVOUET, Y.: Un poète de cour sous les Han. Sseu-ma Siang-jou. Paris 1964. – Le chapitre 117 du Cheki. Hg. v. Y. HERVOUET. Paris 1972.

Staatsbibliothek Preußischer Kulturbesitz, 1968–92 Bez. für die Bibliothek in Berlin (West), die aus den in Westdeutschland im 2. Weltkrieg ausgelagerten Beständen der Preuß. Staatsbibliothek entstand. Von 1946 bis 1968 führte die Bibliothek, die nach dem Krieg zunächst in Marburg einen Standort gefunden hatte, nacheinander die Bezeichnungen ›Hess. Bibliothek‹, ›Westdt. Bibliothek‹ und ›Staatsbibliothek der Stiftung Preuß. Kulturbesitz‹. – 1992 erfolgte die Wiedervereinigung mit der Dt. Staatsbibliothek (Berlin [Ost]) unter dem Namen ›Staatsbibliothek zu Berlin – Preußischer Kulturbesitz‹ (↑ Deutsche Staatsbibliothek, ↑ Preußische Staatsbibliothek). Mit einem Bestand (vor der Vereinigung 1992) von 4,2 Mill. Bänden Druckschriften, 85 000 abend- und morgenländ. sowie Musikhandschriften, 455 000 Kartenblättern, 3 150 Inkunabeln und 789 Nachlässen gehörte sie zu den bed. wiss. Bibliotheken.

Staatsbibliothek zu Berlin – Preußischer Kulturbesitz, seit 1992 Name der vereinigten ↑ Deutschen Staatsbibliothek und der ↑ Staatsbibliothek Preußischer Kulturbesitz.

Staatsroman, Romane, die sich mit sozialen, wirtschaftl. oder polit. Themen auseinandersetzen und dabei meist einen mit den tatsächl. Gegebenheiten kontra-

stierenden Idealstaat entwerfen. Der Begriff des S.s wurde zunächst synonym mit ↑ Utopie verwendet. Heute wird er als nur teilweise mit der in Umfang und Bedeutung weiteren Utopie übereinstimmend angesehen. Der S. steht in der Tradition der ↑ Fürstenspiegel und v. a. der großen philosoph. Staats- und Gesellschaftsentwürfe von Th. More (›De optimo statu rei publicae deque nova insula Utopia‹, 1516, engl. 1551, dt. 1612, 1922 u. d. T. ›Utopia‹), T. Campanella (›La città del sole‹, entst. 1602, lat. 1623 u. d. T. ›Civitas solis idea republicae philosophicae‹, dt. 1789, 1900 u. d. T. ›Der Sonnenstaat‹) und F. Bacon (›Neu-Atlantis‹, hg. 1627, dt. 1890). Utop. Modelle enthalten nicht selten auch die ↑ Robinsonaden. S.e schrieben im Zeitalter des Barock u. a. Herzog Anton Ulrich von Braunschweig-Wolfenbüttel, H. A. von Zigler und Klipphausen, D. C. von Lohenstein. Die Zeit der Aufklärung brachte eine Vielzahl von S.n (z. B. A. von Haller, ›Alfred, König der Angel-Sachsen‹, 1773; Ch. M. Wieland, ›Der goldene Spiegel, oder Die Könige von Scheschian‹, 1772).

Staberl (eigtl. Chrysostomus S.), zentrale Figur des ↑ Wiener Volkstheaters; pfiffiger kleinbürgerl. Wiener Parapluiemacher, geschaffen 1813 von A. Bäuerle und bis etwa 1850 Mittelpunkt zahlreicher Lokalpossen (Staberliaden).

Stabreim, besondere Form der ↑ Alliteration in der german. Dichtung, die in ihrer spezif. Ausprägung mit dem german. dynam. Akzent verbunden ist. Der S. hebt bedeutungstragende Wörter aus dem Versfluß heraus, weshalb nur Nomina und Verben staben. Er ist Lautreim, im Unterschied zum Endreim, der meist Silbenreim ist. Alle Vokale staben untereinander, außerdem reimen in der Regel die Lautgruppen sk, sp, st nur untereinander. Der S. begegnet sowohl in Kurzzeilen als auch in Langzeilen (↑ Stabreimvers). – Der S. ist in der altengl. (›Beowulf‹, 7.–10. Jh.), altnord. (›Edda‹) und altsächs. (›Heliand‹, 9. Jh.) Dichtung verbreitet. Vereinzelt tritt er auch in der ahd. Dichtung auf (›Hildebrandslied‹, Anfang des 9. Jh. niedergeschrieben, ›Muspilli‹, 9. Jh.). In der abendländ. mittelalterl. Literatur wurde er durch den Endreim verdrängt. Spätere Wiederbelebungsversuche (z. B. bei R. Wagner) blieben ohne Erfolg. In festen Fügungen der Alltagssprache (›bei Wind und Wetter‹, ›Haus und Hof‹) lebt der S. jedoch weiter.

Stabreimvers, german. Versform, die durch ↑ Stabreim gebunden oder ausgezeichnet ist. Die häufigste Versform ist die german. ↑ Langzeile, daneben finden sich in der altnord. Dichtung auch Kurzzeilen mit zwei Stäben, die nur in sich staben und keine Verbindung zu einem der folgenden Verse herstellen. – In den dreigipfligen Langzeilen verbinden die drei (oder auch nur zwei) Stäbe die beiden Halbzeilen (An- und Abvers) miteinander, die aufgrund der unterschiedl. Stabsetzung in einer strukturalen Spannung zueinander stehen: ›Welaga nû waltant got wêwurt skihit‹ (Wehe, waltender Gott, Unheil geschieht nun, ›Hildebrandslied‹). Die Rhythmik des S.es ist schwer zu bestimmen. A. Heusler definiert die Langzeile als zweimal zwei Langtakte mit je einer Haupt- und einer Nebenhebung (Schema: x́x̀x/x́x̀x// x́x̀x/x́x̀x). Nach der Stellung der Hebungen hat man fünf Betonungstypen unterschieden. Im Unterschied zum alternierenden roman. Vers oder dem zur Alternation tendierenden Reimvers gruppieren sich die Versilben im S. um die den Versfluß aufgipfelnden Haupthebungen relativ frei. Neuere Interpreten sehen im S. so etwas wie freie Rhythmen, die in den Stäben gipfeln: Die Silben zwischen diesen Aufgipfelungen ließen sich demnach nicht taktmäßig (wie bei Heusler), sondern beliebig rhythmisieren; der Versfluß strebt jeweils auf einen Akzentgipfel zu und ebbt dann wieder ab, je nach dem Sinnzusammenhang in markanter Kürze oder episch-ausladender Breite. Die Füllung des Versschemas variiert zwischen vier und 19 Silben. Auch der Auftakt wird relativ frei gehandhabt, er kann fehlen oder bis zu 14 Silben umfassen. Die vielsilbigen Verse heißen ↑ Schwellverse, sie sind charakteristisch z. B. für den Versstil des ›Heliand‹. – S.e sind in altnord. Dichtung meist strophisch geordnet, in ahd. und meist auch in altengl. Dichtung stichisch. Die Verse können dabei im Zeilenstil,

aber auch im die Zeilen verklammernden Hakenstil gereiht sein.
Literatur ↑ Alliteration.

Stach, Ilse von, eigtl. I. Stach von Goltzheim, * Haus Pröbsting bei Borken 17. Febr. 1879, † Münster 25. Aug. 1941, dt. Schriftstellerin. – Stammte aus einer Gutsbesitzerfamilie; lebte ab 1920 in Münster; ∞ mit dem Kunsthistoriker M. Wackernagel. Schrieb neben Gedichten v. a. Novellen, Romane und christl. Dramen. Ihr Werk ist stark von ihrem kath. Glauben geprägt.
Werke: Die Sendlinge von Voghera (R., 1910), Genesius (Dr., 1919), Petrus (Dr., 1924), Der Rosenkranz (Meditationen und Ged., 1929), Der Petrus-Segen (Erinnerungen, 1940), Wie Sturmwind fährt die Zeit (Ged., hg. 1948).

Stade, Martin, * Haarhausen bei Arnstadt 1. Sept. 1931, dt. Schriftsteller. – Schilderte in seinen Erzählungen realistisch und sensibel den Alltag der DDR-Bevölkerung; wandte sich auch histor. Stoffen zu. Wurde 1979 aus dem Schriftstellerverband der DDR ausgeschlossen.
Werke: Der himmelblaue Zeppelin (En., 1970), Vetters fröhl. Fuhren (E., 1973), Der König und sein Narr (R., 1975), Der närr. Krieg (R., 1981), Der Windsucher und andere Dorfgeschichten (1984), Der junge Bach (R., 1985), Die scharf beobachteten Stare (En., 1992).

Stadler, Ernst [Maria Richard] [...dlər], * Colmar 11. Aug. 1883, ✗ bei Ypern 30. Okt. 1914, elsäss. Lyriker. – Studium der Germanistik, Romanistik und vergleichenden Sprachwissenschaft in Straßburg und München; 1912–14 Prof. für dt. Philologie in Brüssel. Freundschaft mit R. Schickele und O. Flake, in deren Zeitschriften ›Der Stürmer‹ (1902) und ›Der Merker‹ er veröffentlichte; Reserveoffizier im 1. Weltkrieg. S. gehört zu den Wegbereitern expressionist. Lyrik. Seine von Dynamisierung geprägten, prosanahen gereimten Langzeilen eröffneten nach impressionist. Anfängen einen programmat., ausdrucksstarken Neubeginn (›Der Aufbruch‹, 1914). Der Entfremdung stellte S. seine von humanist. Protest geprägte Forderung ›Mensch werde wesentlich‹ entgegen. Übersetzte H. de Balzac, F. Jammes, Ch. P. Péguy; daneben krit. und literaturwiss. Arbeiten.
Weitere Werke: Präludien (Ged., 1905), Wielands Shakespeare (Abhandlungen, 1910).

Ernst Stadler

Ausgaben: E. S. Dichtungen, Gedichte u. Übertragungen mit einer Ausw. der kleinen krit. Schrr. u. Briefe. Eingel., textkrit. durchgesehen u. erl. v. KARL LUDWIG SCHNEIDER. Mchn. 1954. 2 Bde. – E. S. Dichtungen, Schrr., Briefe. Krit. Ausgabe. Hg. v. K. HURLEBUSCH u. KARL LUDWIG SCHNEIDER. Mchn. 1983. **Literatur:** GIER, H.: Die Entstehung des dt. Expressionismus u. die antisymbolist. Reaktion in Frankreich. Die literar. Entwicklung E. S.s. Mchn. 1977. – E. S. u. seine Freundeskreise. Bearb. v. N. SCHNEIDER. Ausst.-Kat. Hamb. 1993. – SHEPPARD, R.: E. S. (1883–1914). A German expressionist poet at Oxford. Oxford 1994.

Staël, [Anne Louise] Germaine Baronin von S.-Holstein, geb. Necker, genannt Madame de S. [frz. stal], * Paris 22. April 1766, † ebd. 14. Juli 1817, frz. Schriftstellerin schweizerischer Abstammung. – Tochter des Bankiers und Finanzministers unter Ludwig XVI. Jacques Necker; lernte im Salon ihrer Mutter führende Persönlichkeiten der Zeit (u. a. D. Diderot und den Naturforscher Georges Louis Leclerc, Graf von Buffon [* 1707, † 1788]) kennen; wurde von den Enzyklopädisten und J.-J. Rousseau beeinflußt. 1786 heiratete sie den schwed. Botschafter in Paris, Baron Erik Magnus von S.-Holstein (* 1749, † 1802). Trotz anfängl. Begeisterung für die Frz. Revolution floh sie 1792 nach Coppet am Genfer See, wo sie ab 1794 eng mit B. H. Constant de Rebecque befreundet war; 1795 kehrte sie nach Paris zurück; wurde, da sie sich als Gegnerin Napoleons I. zeigte, 1802 aus Paris verbannt und zu langjährigen Auslandsaufenthalten gezwungen; bereiste u. a. 1803/1804 und 1807 Deutschland, wo sie mit Goethe, Schiller, Ch. M. Wieland und den Schle-

gels bekannt wurde; Goethe hatte schon 1796 einen ihrer Essays in dt. Übersetzung (›Versuch über die Dichtungen‹) in den ›Horen‹ veröffentlicht. A. W. Schlegel wurde 1804 Erzieher ihrer Kinder und ihr literar. Berater; er begleitete sie nach Coppet, das für lange Zeit Treffpunkt führender Persönlichkeiten des europ. Geisteslebens wurde. Angeregt durch die Begegnung mit dt. Dichtern, entstand ab 1807 ihr Hauptwerk, die Abhandlung ›De l'Allemagne‹ (3 Bde., 1810, dt. in 3 Bden. 1814 u. d. T. ›Deutschland‹), dessen erste Ausgabe Napoleon wegen ihrer Deutschfreundlichkeit 1810 vernichten ließ (Neudr. London 1813). Nach dem Sturz Napoleons lebte sie wieder in Paris. Madame de S. erschloß den Franzosen die dt. Denk- und Empfindungswelt und bereitete damit die Aufnahme der Romantik in Frankreich vor. Für lange Zeit bestimmte ihre stark idealisierende Schilderung das Deutschlandbild der Franzosen: Deutschland als das Land politisch passiver Menschen, der Denker und Träumer. In teilweise autobiograph. Romanen trat Madame de S. schon vor G. Sand für die Emanzipation der Frau ein (›Delphine‹, 2 Bde., 1802, dt. 5 Tle., 1803; ›Corinna, oder Italien‹, 1807, dt. 4 Bde., 1807/08).

Weitere Werke: Über Rousseaus Charakter und Schriften (Abh., 1788, dt. 1789), Über den Einfluß der Leidenschaften auf das Glück ganzer Nationen und einzelner Menschen (Abh., 1796, dt. 1797), Über Literatur in ihren Verhältnissen mit den gesellschaftl. Einrichtungen und dem Geist der Zeit (Abh., 1800, dt. 1804), Betrachtungen über die vornehmsten Begebenheiten der frz. Revolution (Abh., 3 Bde., 1818, dt. 6 Bde., 1818), Zehn Jahre meines Exils (Memoiren, hg. 1821, dt. 1822). **Ausgaben:** Madame La Baronesse de S. Œuvres complètes. Hg. v. A. L. BARON DE STAËL-HOLSTEIN. Paris 1820–21. 17 Bde. Nachdr. Genf 1967. 3 Bde. – A. L. G. S.-H. Correspondance générale. Hg. v. B. W. JASINSKI. Paris 1960–74. 3 Bde. in 6 Tlen. – G. de S. Kein Herz, das mehr geliebt hat. Eine Biogr. in Briefen. Hg. v. G. SOLOVIEFF. Ffm. 1971. Tb.-Ausg. 1986. – A. G. de S. Über Deutschland. Vollständige und neu durchgesehene Fassung der dt. Erstausg. v. 1814. Hg. v. M. BOSSE. Ffm. 1984. **Literatur:** Cahiers staëliens. Organe de la Société des Études Staëliennes. N. S. Jg. 1, Paris 1962ff. – LUPPÉ, R. DE: Les idées littéraires de Madame de S. et l'héritage des lumières

Germaine
Baronin
von Staël-
Holstein

(1795–1800). Paris 1969. – SOURIAU, E.: Madame de S. et Henri Heine. Les deux Allemagnes. Paris 1974. – GUTWIRTH, M.: Madame de S., novelist. Urbana (Ill.) 1978. – KOPPEN, E.: Mme de S. In: Frz. Lit. des 19.Jh. Hg. v. W.-D. LANGE. Bd. I. Hdbg. 1979. S. 50. – BALAYÉ, S.: Madame de S. Lumières et liberté. Paris 1979. – HEROLD, CH.: Madame de S. Herrin eines Jh. Dt. Übers. Mchn. ²1980. – PULVER, C.: Madame de S. Die Biogr. Mchn. 1980. – DIESBACH, G. DE: Madame de S. Paris 1983. – FIORIOLI, E.: Madame de S. et A. W. Schlegel. Il potere al femminile. Verona 1983. – WINEGARTEN, R.: Madame de S. Leamington u. a. 1985. – WINTERLING, P.: Rückzug aus der Revolution. Eine Unters. zum Deutschlandbild u. zur Literaturtheorie bei Madame de S. u. Charles de Villiers. Rheinfelden 1985.

Staff, Leopold [poln. staf], * Lemberg 14. Nov. 1878, † Skarżysko-Kamienna 31. Mai 1957, poln. Schriftsteller. – Gehörte zur literar. Bewegung ↑Junges Polen; in den frühen Werken von F. Nietzsche beeinflußt, später dem frz. Moderne und christlich-myst. Tradition verpflichtet; schrieb im 1. Weltkrieg pazifist. Gedichte, fand dann allmählich zu einem optimist. Realismus. Nach dem 2. Weltkrieg begrüßte er den Neuaufbau seines Landes, wandte sich jedoch gegen den sozialist. Realismus; schrieb auch Tragödien; bed. Übersetzungen aus dem Italienischen und Deutschen (u. a. Goethe, Nietzsche, Th. Mann).

Werke: Sny o potędze (= Träume von der Macht, Ged., 1901), Mistrz Twardowski (= Meister Twardowski, Poem, 1902), Skarb (= Der Schatz, Dr., 1904), Południca (= Gespenst am Mittag, Dr., 1920), Ucho igielne (= Das Nadelöhr, Ged., 1927), Martwa pogoda (= Totes Wetter, Ged., 1946), Wiklina (= Weidenruten, Ged., 1954).

Ausgaben: L. S. Pisma. Warschau u. Krakau 1931–34. 20 Bde. – L. S. Wiersze zebrane. Warschau 1955. 5 Bde.
Literatur: MACIEJEWSKA, I.: Wiersze L. S.a. Warschau 1977.

Staffeldt, Adolph Wilhelm Schack von [dän. 'sdafɛ'ld], * Garz/Rügen 28. März 1769, † Schleswig 26. Dez. 1826, dän. Dichter dt. Abstammung. – Verbrachte seine Jugend in der Kadettenanstalt in Kopenhagen; studierte 1791–93 in Göttingen, kehrte nach Dänemark zurück, Beamter in Schleswig. S.s romant. Dichtung entstand aus enger Verbindung zur dt. Literatur und Philosophie, deren Gedanken er in die oft kühne Bildersprache seiner Lyrik (›Digte‹, 1804; ›Nye Digte‹, 1808) überführte.

Ausgabe: A. Sch. v. S. Samlede digte. Hg. v. F. L. LIEBENBERG. Kopenhagen 1843–45. 4 Bde.
Literatur: STANGERUP, H.: Sch. S. Kopenhagen 1940.

Stafford, Jean [engl. 'stæfəd], * Covina (Calif.) 1. Juli 1915, † White Plains (N. Y.) 26. März 1979, amerikan. Schriftstellerin. – Als Collegelehrerin, u. a. an der Columbia University in New York, mit der Psyche Heranwachsender vertraut, schildert S. in ihren Romanen und Kurzgeschichten deren Probleme; durch ihre Ehe mit R. Lowell (1940–48) Bekanntschaft mit D. Schwartz und R. Jarrell.

Werke: Die Geschwister (R., 1947, dt. 1958), Das Katharinenrad (R., 1952, dt. 1959), Ein Wintermärchen (En., 1954, dt. 1960), Klapperschlangenzeit (En., dt. Ausw. 1965), A mother in history (Studie, 1966), Collected stories (En., 1969; Pulitzerpreis 1970).
Literatur: AVILA, W.: J. S. A comprehensive bibliography. New York 1983. – RYAN, M.: Innocence and estrangement in the fiction of J. S. Baton Rouge (La.) 1987. – HULBERT, A.: The interior castle. The art and life of J. S. New York 1992.

Stafford, William [Edgar] [engl. 'stæfəd], * Hutchinson (Kans.) 17. Jan. 1914, † Lake Oswego (Oreg.) 28. Aug. 1993, amerikan. Schriftsteller. – Ab 1948 Dozent für engl. Literatur am Lewis and Clark College in Portland (Oreg.). Pazifist. Einstellung, ein romant. Bewußtsein für die einfachen Dinge des Lebens und die weiten Landschaften des Westens, die poetisch transzendiert werden, bilden die Themen von S.s zahlreichen, in ihrem literar. Wert ungleichen Gedichten.

Werke: Down in my heart (autobiogr. Ged., 1947), West of your city (Ged., 1960), The rescued year (Ged., 1966), Allegiances (Ged., 1970), Someday, maybe (Ged., 1973), Stories that could be true (Ged., 1977), Writing the Australian crawl (Artikel, Interviews, 1978), The quiet of the land (Ged., 1979), A glass face in the rain (Ged., 1982), Stories, storms, and strangers (Ged., 1984), An Oregon message (Ged., 1987), The long sigh the wind makes (Ged., 1991), My name is William Tell (Ged., 1992).
Ausgaben: Roving across fields. A conversation with W. S. and uncollected poems 1942–1982. Hg. mit einer Einl. v. TH. TAMMARO. Daleville (Ind.) 1983. – Segues. A correspondence in poetry. W. S. und Marvin Bell. Boston (Mass.) 1983.
Literatur: HOLDEN, J.: The mark to turn. A reading of W. S.'s poetry. Lawrence (Kans.) u. a. 1976.

Stagnelius, Erik Johan [schwed. staŋ'ne:liʊs], * Gärdslösa (Verw.-Geb. Kalmar) 14. Okt. 1793, † Stockholm 3. April 1823, schwed. Dichter. – Wurde erst nach seinem Tod als Dichter beachtet und als einer der originellsten Vertreter der Romantik und einer der bedeutendsten Lyriker der schwed. Literatur anerkannt; stammte aus einem Bischofshaus, studierte Theologie und arbeitete nach dem Kanzleiexamen bei einer Kirchenbehörde in Stockholm; schwere Krankheit sowie übermäßiger Alkohol- und Opiumgenuß führten zum frühen Tod. Vom dt. Idealismus und der dt. Romantik beeinflußt, verband er Begeisterung für die nord. Vorzeit mit einer verehrenden Liebe für die Antike; begann mit Liebeslyrik, wandte sich später unter dem Einfluß neuplaton. und gnost. Ideen sowie eines dualist. Weltbildes religiösen Themen zu; rhetor. Sprache mit ekstatisch-myst. Bildern; meisterhafter Beherrscher metr. Formen.
Werke: Wladimir der Große (Epos, 1817, dt. 1828), Wisbur (Dr., 1818), Die Lilien in Saron (Ged., 1821, dt. 1851), Die Märtyrer (Dr., 1821, dt. 1851), Bacchanterna (Dr., 1822).
Ausgaben: E. J. S. Ges. Werke. Dt. Übers. v. K. L. KANNEGIESSER. Lpz. 1851. 6 Bde. – E. J. S. Samlade skrifter. Hg. v. F. BÖÖK. Stockholm 1911–18. 5 Bde.
Literatur: CEDERBLAD, S. T.: Studier i Stagnelii romantik. Uppsala u. Stockholm 1923. – BÖÖK, F.: S. Liv och dikt. Stockholm 1954. – MALMSTRÖM, S.: Studier över stilen i S. lyrik. Stockholm 1961 (mit dt. Zusammenfassung). – BERGSTEN, S.: En S. bibliografi. Uppsala 1965. – BERGSTEN, S.: Erotikern S. Stockholm 1966.

Stahl, Hermann, * Dillenburg 14. April 1908, dt. Schriftsteller. – Ursprünglich Maler (1933 als ›entartet‹ angeprangert) und Bühnenbildner, dann freier Schriftsteller; lebt in Dießen a. Ammersee. Schrieb formal strenge, sprachlich präzise und klangvolle Lyrik, Romane um Verstrickung und Bewährung junger Menschen, später Zeitromane mit Darstellung von Hetze und Daseinsangst der gefährdeten Nachkriegsgeneration; auch als Hörspielautor, Kritiker und Feuilletonist tätig.
Werke: Traum der Erde (R., 1936), Die Orgel der Wälder (R., 1939), Die Heimkehr des Odysseus (R., 1940), Gras und Mohn (Ged., 1942), Die Spiegeltüren (R., 1951), Wolkenspur (Ged., 1954), Wildtaubenruf (R., 1958), Jenseits der Jahre (R., 1959), Tage der Schlehen (R., 1960), Strand (R., 1963), Türen aus Wind (Prosa, 1969), Das Pfauenrad (R., 1979).

Stahr, Adolf [Wilhelm Theodor], * Prenzlau 22. Okt. 1805, † Wiesbaden 3. Okt. 1876, dt. Schriftsteller und Literarhistoriker. – Ab 1836 Konrektor und Prof. am Gymnasium in Oldenburg (Oldenburg). In 2. Ehe ∞ mit der Schriftstellerin Fanny Lewald, mit der er zahlreiche Italienreisen unternahm. Verfasser von Reisebüchern, histor. Romanen und Lebensbildern.
Werke: Ein Jahr in Italien (Reisebericht, 3 Bde., 1847–50), Lessing, sein Leben und seine Werke (2 Bde., 1859), Goethe's Frauengestalten (2 Bde., 1865–68), Kleine Schriften zur Literatur und Kunst (4 Bde., 1871–75).
Ausgaben: A. S. Kleine Schrr. zur Litteratur u. Kunst. Bln. 1871–75. 4 Bde. – Aus A. S.s Nachlaß. Briefe. Hg. v. L. GEIGER. Old. 1903.

Stahr, Fanny, dt. Schriftstellerin, ↑ Lewald, Fanny.

Stalder, Heinz, * Allenlüften (Gemeinde Mühleberg, Kanton Bern) 1. Juli 1939, schweizer. Schriftsteller. – Wurde bekannt mit seinen z. T. in schweizerdt. Mundart geschriebenen Theaterstücken, in denen er sich oft auch formal über alle Regeln der Dramatik hinwegsetzt. Erfolgreich ist er auch mit seinen Gedichten in Berner Mundart und seinen Romanen.
Werke: Ching hei si gnue (Ged., 1970), 96 Liebesgedichte und 20 Pullover (1974), Ein Pestalozzi (Dr., 1979), Das schweigende Gewicht (E., 1981), Marschieren (R., 1984), Die Hintermänner (R., 1986), Der Todesfahrer (Dr., UA 1986), Das Füllhorn (Hsp., 1990), Theaterfieber. Eine

lustige Abhaltung (Dr., UA 1991), Europa – ein Hemingwaygefühl? Abenteuernischen für Individualisten (1994).

Stalpart van der Wiele, Joannes [niederl. 'stalpɑrt fɑn dər 'wiːlə], * Den Haag 22. Nov. 1579, † Delft 29. Dez. 1630, niederl. Dichter. – Studierte zunächst Jura und wurde dann Priester. Seine Poesie steht im Dienst seiner seelsorger. Arbeit in Delft. Sie zeigt als (z. T. polem.) Werk der Gegenreformation Züge des literar. Barock. Bekannt sind v. a. seine Liederzyklen ›Gulde-jaer ons Heeren Iesu Christi‹ (1628) und ›Guldejaers feest-dagen‹ (1634/35).
Ausgabe: Gulde-jaer ons Heeren Iesu Christi. Hg. v. B. A. MENSINK. Zwolle 1968.
Literatur: HOOGEWERFF, G. J.: J. S. v. d. W. Zijn leven en leer uit zijn lyrische gedichten. Bussum 1920. – MENSINK, B. A.: J. S. v. d. W. Bussum 1958.

Stalski (tl.: Stal'skij), Suleiman [russ. 'staljskij], eigtl. S. Gassanbekow, * Aschaga-Stal 18. Mai 1869, † ebd. 23. Nov. 1937, lesgisch-sowjet. Dichter. – Analphabet; in der Tradition der alten Aschugen-Dichtung verbreitete er seine Werke mündlich; seine Gedichte mit patriot. Motiven und Themen aus dem Dorfleben und seine Aphorismen sind im Kaukasus sehr bekannt und in mehrere Sprachen übersetzt worden. Das längste Gedicht, die in Verse gefaßte Chronik ›Dagestan‹ (1936), besteht aus 28 oktosyllab. Vierzeilern.

Stamatow (tl.: Stamatov), Georgi Porfiriewitsch [bulgar. sta'matof], * Tiraspol (Moldawien) 6. Juni 1869, † Sofia 9. Nov. 1942, bulgar. Schriftsteller. – Offizier, dann Richter; am bekanntesten als Autor von bitter satir. und sarkast. Romanen und Erzählungen aus dem Alltag der bulgar. Städte. S., der erste bed. Vertreter des psycholog. Romans in der bulgar. Literatur, stellte, oft kraß naturalistisch, extreme menschl. Leidenschaften und Laster dar.
Werk: Narzanovi (E., 1929).
Ausgabe: G. P. Stamatov. Săčinenija. Sofia ²1983. 2 Bde.

Stamņatu, Horia, * Bukarest 9. Sept. 1912, † Freiburg im Breisgau 8. Juli 1989, rumän. Lyriker. – Lebte nach wechselvollem Schicksal ab 1961 in Freiburg im Breisgau; pflegte in seiner z. T. esoter.,

evokationsreichen und bewußt inneren Rhythmen folgenden Dichtung literar. Traditionen, die sich von R. M. Rilke, A. Rimbaud und I. Barbu herleiten.
Werke: Memnon (Ged., 1934), Recitativ (Ged., 1963), Dialoge (Ged., rumän. und dt. 1969), Punta Europa (= Endpunkt Europa, Ged., 1970), Kairos (Ged., 1974), Jurnal (= Tagebuch, Ged., 1976), Jurnal 1977 (Ged., 1980), Imperiul (= Das Imperium, Ged., 1980).
Literatur: CULIANU, I. P.: Some considerations on the works of H. S. In: International journal of Rumanian studies 2, 3–4 (1980), S. 123.

Stạmm, Karl, * Wädenswil 29. März 1890, † Zürich 21. März 1919, schweizer. Lyriker. – Ab 1910 Lehrer in Lipperschwendi im Tößtal, 1914 Übersiedlung nach Zürich. Schrieb von verschiedenen literar. Vorbildern (F. G. Klopstock, C. F. Meyer u. a.) beeinflußte Lyrik, u. a. hymn. Gesänge und Gedichte mit expressionist. Anklängen.
Werke: Das Hohelied (lyr. Dichtungen, 1913), Der Aufbruch des Herzens (Ged., 1919).
Ausgabe: K. S. Dichtungen. Zü. 1920. 2 Bde.

Stammsilbenreim, Reim vom letzten haupttonigen Vokal an, bei dem im Unterschied zum **Endsilbenreim** (ahd. Hludwig : sâlîg) haupttonige Stammsilben reimen (singen : klingen). Der Reim wurde in der deutschsprachigen Dichtung in dem Maße S., wie die ursprünglich vollvokalischen Endungssilben im Zuge der Sprachentwicklung tonlos wurden; Endungssilben, die vollvokalisch blieben (-keit, -heit, -lich usw.), reimen noch heute.

Stạmpa, Gaspara, * Padua 1523, † Venedig 23. April 1554, italien. Dichterin. – Tochter eines Juweliers, kam 1531 nach Venedig, wo sie eine sorgfältige Ausbildung erhielt; gründete dort einen bed. literar. Salon. Ihre unglückl. Liebe zu Graf Collaltino di Collalto fand ihren Ausdruck in leidenschaftl., z. T. petrarkisierenden Gedichten, die erst nach ihrem Tod veröffentlicht wurden (›Rime‹, hg. 1554, dt. 1922 u. d. T. ›Liebes-Sonette. Rime d'amore‹).
Ausgaben: G. S. Dichtungen. Ausw. Italien. u. dt. Hg. v. L. v. LANCKORONSKI. Ffm. 1947. – G. S. e altre poetesse del '500. Hg. v. F. FLORA. Mailand 1962. – G. S. Rime. Einf. v. M. BELLONCI. Mailand ²1976.
Literatur: POMPILJ, L.: Gasparina. G. S. Mailand 1936. – BASSANESE, F. A.: G. S. Boston (Mass.) 1982.

Stancu, Zaharia [rumän. 'staŋku], * Salcia (Verw.-Geb. Teleorman) 7. Okt. 1902, † Bukarest 5. Dez. 1974, rumän. Schriftsteller. – Bäuerl. Herkunft, studierte Literaturwiss., war journalistisch und publizistisch tätig. 1946–52 Direktor des Nationaltheaters; 1966–72 Präsident des Schriftstellerverbandes. Er begann mit Gedichten (›Poeme simple‹, 1927), schrieb später v. a. Romane im Sinne des sozialist. Realismus, darunter einen stark autobiograph. Zyklus über die jüngste Vergangenheit und die Gegenwart Rumäniens.

Weitere Werke: Barfuß (R., 1948, dt. 1952), Hunde (R., 1952, dt. 1954, 1957 u. d. T. Rumän. Ballade), Rädäcinile sînt amare (= Die Wurzeln sind bitter, R.-Zyklus, 5 Bde., 1958/59, dt. Auszug 1962 u. d. T. Frühlingsgewitter), Spiel mit dem Tode (R., 1962, dt. 1963), Wie sehr hab ich dich geliebt (R., 1968, dt. 1970), Solange das Feuer brennt (R., 1968, dt. 1971).
Ausgabe: Z. S. Scrieri. Bukarest 1971–79. 9 Bde.
Literatur: MANOLESCU, N.: In memoriam Z. S. In: Rumän. Rundschau 29, 2 (1975), S. 106. – CRAIA, S.: Aventura memoriei. Studiu despre Z. S. Bukarest 1983.

Ständeklausel, die in verengter Deutung des Aristoteles von den Renaissance- und Barockpoetiken bis hin zu J. Ch. Gottsched erhobene Forderung, nach der in der Tragödie die Hauptpersonen zum Zweck einer angemessenen † Fallhöhe nur von hohem, in der Komödie dagegen nur von niederem Stand sein durften. Mit dem †bürgerlichen Trauerspiel wurde die S. als Thema theoret. Erörterungen überwunden. – †auch Drama.

Ständelied, mit bestimmten Berufsständen verbundenes Lied, z. B. Bauernlied, Bergmannslied, Handwerkslied, Soldatenlied, Landsknechtslied, Studentenlied.

Stănescu, Nichita [rumän. stə-'nesku], * Ploieşti 31. März 1933, † Bukarest 13. Dez. 1983, rumän. Schriftsteller. – Publizist; vorwiegend Lyriker im Gefolge des Hermetismus eines I. Barbu, suchte er im sprachl. Experiment die Grenzen der literar. Tradition zu überschreiten.

Werke: Dreptul la timp (= Das Recht auf Zeit, Ged., 1965), Elf Elegien (Ged., 1966, dt. 1969), Oul şi sfera (= Das Ei und die Himmelskugel, Ged., 1968), Necuvintele (= Die Unwörter,

Ged., 1968), Măreţea frigului (= Die Erhabenheit der Kälte, Ged., 1972), Starea poeziei (= Der Zustand der Poesie, Ged., 1975), Opere imperfecte (= Unvollkommene Werke, Ged., 1979), Carte de citire, carte de iubire (= Buch zum Lesen, Buch zum Lieben, Ged., 1980), Im Namen der Vögel (Ged., dt. Ausw. 1984).
Ausgabe: N. S. Ordina cuvintelor. Versuri (1957–1983). Hg. v. A. CONDEESCU. Bukarest 1985.
Literatur: MUNTEANU, R.: N. S. Poet. Bewußtsein u. Dasein. In: Rumän. Rundschau 34, 12 (1980), S. 13. – CAZACU, M.: Triptic – dilema. Studii despre scriitorii Marin Preda, Nicolae Labiş şi N. S. Bukarest 1983.

Stanew (tl.: Stanev), Emili[j]an [bulgar. 'stanɛf], eigtl. Nikola Stojanow S., * Tarnowo 14. Febr. 1907, † Sofia 15. März 1979, bulgar. Schriftsteller. – Einer der bedeutendsten modernen bulgar. Autoren; schrieb Erzählungen, die sich durch Schönheit der Naturschilderungen auszeichnen, Werke für Kinder und Jugendliche und Romane (›Ivan Kondarev‹, 2 Bde., 1958–64, Bd. 1 dt. 1963 u. d. T. ›Heißer Sommer‹); dt. erschienen u. a. die Tiergeschichten ›Wolfsnächte‹ (1943, dt. 1968), die Novelle ›Der Pfirsichdieb‹ (1948, dt. 1967) und der Erzählungsband ›Nächtl. Lieder‹ (dt. Ausw. 1969).
Ausgabe: E. Stanev. Izbrani proizvedenija. Sofia 1977. 3 Bde.

Stanković, Borisav [serbokroat. ˌsta:ŋkɔvitɕ], * Vranje 31. März 1876, † Belgrad 22. Okt. 1927, serb. Schriftsteller. – Seine Romane, Novellen und Dramen schildern in leidenschaftl., impulsiver, oft mit lyr. Elementen vermischter und psychologisierender Prosa die Lebensverhältnisse seiner südserb. Heimat z. Z. der Befreiung von der osman. Herrschaft; bedeutendster Stilist des serb. Realismus.
Werke: Koštana (Dr., 1902), Unreines Blut (R., 1910, dt. 1922, 1935 u. d. T. Hadschi Gajka verheiratet sein Mädchen), Seine Belka (E., 1921, dt. 1940).
Ausgabe: B. S. Sabrana dela. Belgrad 1956. 2 Bde.
Literatur: SIMONOVIĆ, R.: B. S. i njegovo književno delo. Vranje 1966–68. 2 Bde.

Stanze [lat.-italien.; eigtl. = Wohnraum (die S. wird als Wohnraum der poet. Gedanken gesehen)], ursprünglich italien. Strophenform, bestehend aus acht weibl. Elfsilblern (†Endecasillabo)

mit dem Reimschema ab ab ab cc. Die auch als **Oktave** oder **Ottaverime** bezeichnete S. wurde Ende des 13. Jh. erstmals als Versmaß in der italien. erzählenden Dichtung gebraucht, dann auch von G. Boccaccio; sie wurde zur herrschenden Form in der klass. Epik Italiens (M. M. Boiardo, L. Ariosto, T. Tasso). Im 14. und bes. im 15. Jh. wurde die S. in Italien vom Drama, dann auch von der Lyrik übernommen. Auch in anderen roman. Sprachen ist sie eine beliebte Strophenform: so in Spanien (L. de Góngora y Argote, Lope F. de Vega Carpio) und Portugal (L. V. de Camões). In Deutschland wurde die S. seit dem 17. Jh. in Übersetzungen und in der Lyrik verwendet. J. J. W. Heinse wurde mit seiner Regelung der Endungen (a- und c-Reim weiblich, b-Reim männlich) vorbildlich; die S. wurde von vielen Dichtern, u. a. von Goethe (z. B. ›Die Geheimnisse‹, ›Zueignung‹ zu ›Faust‹), Schiller (in den klass. Tragödien, in Prologen und Epilogen), A. W. Schlegel und A. von Platen übernommen. Ch. M. Wieland handhabte die S. dagegen freier (u. a. in ›Oberon‹, 1780). Später haben u. a. R. M. Rilke und D. von Liliencron die S. zu einer beliebten Strophenform gemacht. Sonderformen und Erweiterungen: ↑ Nonarime, ↑ Siziliane.

Literatur: JANIK, D.: Gesch. der Ode u. der Stances von Ronsard bis Boileau. Bad Homburg v. d. H. u. a. 1967. – ↑ auch Metrik.

Stapledon, [William] Olaf [engl. 'steɪpldən], * Wirral (Cheshire) 10. Mai 1886, † Cheshire 6. Sept. 1950, engl. Schriftsteller. – Verbrachte seine frühe Kindheit in Ägypten; studierte in Oxford und Liverpool. Veröffentlichte zunächst die Studie ›A modern theory of ethics‹ (1929), dann seinen ersten Roman ›Die letzten und die ersten Menschen‹ (1930, dt. 1983), eine Jahrmillionen umspannende Schilderung der Menschheit und ihrer Nachkommen. Seine Werke beeinflußten nachhaltig die Gattung der Science-fiction. ›Der Sternenmacher‹ (R., 1937, dt. 1969), eine pessimist. Darstellung der menschl. und kosm. Evolution, wurde zum Klassiker des Genres.

Weitere Werke: Die Insel der Mutanten (R., 1935, dt. 1970), Sirius (R., 1944, dt. 1975), Death into life (R., 1946).

Literatur: McCARTHY, P. A.: O. S. Boston 1982. – FIEDLER, L.: O. S. A man divided. Oxford 1983. – SATTY, H. J./SMITH, C. C.: O. S. A bibliography. London u. a. 1984.

Starinen [russ.], volkstüml. Bez. für die russ. ↑ Bylinen, die von den ›alten‹ (russ. star = alt) Zeiten berichten; verbreitet bes. im nördl. Rußland, dort auch svw. histor. Lieder.

Starkey, James Sullivan [engl. 'stɑːkɪ], * Dublin 1879, † ebd. 24. März 1958, ir. Lyriker. – Gründer (1923) und Hg. des ›Dublin Magazine‹; Vizepräsident der Irish Academy of Letters. S., der unter dem Pseudonym Seumas O'Sullivan schrieb, war Verfasser bed. Essays (u. a. ›Impressions‹, 1912; ›Mud and purple‹, 1917; ›The rose and bottle‹, 1946) und myst., an Märchenmotiven reicher, musikal. Lyrik, die u. a. vom frz. Symbolismus beeinflußt ist (z. B. ›The twilight people‹, 1905); später wandte er sich der Großstadtdichtung zu.

Ausgabe: Retrospect. The work of Seumas O'Sullivan, 1879–1958, and E. F. Solomons, 1883–1968. Hg. v. L. MILLER. Dublin 1973.

Starter, Jan Janszoon [niederl. 'stɑrtər], * Amsterdam 1594, † in Ungarn Sept. 1626, niederl. Dichter engl. Herkunft. – Buchhändler und Verleger in Amsterdam, ab 1614 in Leeuwarden; schrieb Tragikomödien (›Timbre de Cardone‹, ›Daraide‹, beide 1618) und Lyrik; sein ›Friesche lust-hof‹ (1621) enthält Minnelieder, Hochzeitsgedichte und Trinklieder.

Ausgabe: J. J. S. Bd. 1: Friesche lust-hof. Hg. v. J. H. BROUWER. Bd. 2.: De melodieën bij S's Friesche lust-hof. Hg. v. M. VELDHUYZEN. Zwolle 1966–67.

Literatur: BROUWER, J. H.: J. J. S. Assen 1940.

Staryzky (tl.: Staryc'kyj), Mychailo Petrowytsch [ukrain. sta'retsjkej], * Kleschtschinzy (Gebiet Poltawa) 14. Dez. 1840, † Kiew 27. April 1904, ukrain. Schriftsteller. – Gehört zu den Begründern des ukrain. Berufstheaters; verfaßte (z. T. melodramat.) Dramen mit sozialer und histor. Thematik (›Ne sudylos'‹ [= Es hat nicht sein sollen], 1883), auch Bearbeitungen (u. a. nach Erzählungen von N. W. Gogol); daneben Lyrik sowie Erzählwerke in russ. Sprache; übersetzte u. a. Shakespeare und Lord Byron.

Ausgabe: M. P. Staryc'kyj. Tvory. Kiew 1963–65. 8 Bde.

Stašek, Antal [tschech. 'staʃɛk], eigtl. Antonín Zeman, * Stanov 22. Juli 1843, † Krč (heute zu Prag) 9. Okt. 1931, tschech. Erzähler. – Vater von I. Olbracht; bäuerl. Abstammung, studierte Jura in Prag und Krakau, Rechtsanwalt, politisch tätig. Zu seinen Freunden zählte der Philosoph und Politiker T. G. Masaryk. S. schrieb anfangs patriot. Gedichte und Verserzählungen, die noch romant. Züge tragen, später fand er in Novellen und Romanen zu einer realist. und psycholog. Darstellungsweise. Die Bewohner des Vorlandes des Riesengebirges, ihre nat., religiösen und sozialen Probleme sind Themen vieler seiner Prosawerke. Bed. sind seine Memoiren.

Werke: Blouznivci našich hor (= Die Schwärmer unserer Berge, Nov.n, 2 Bde., 1895), V temných virech (= In dunklen Wirbeln, R., 1900), Vzpomínky (= Erinnerungen, 1926), Schuster Matusch und seine Freunde (R., postum 1932, dt. 1952).
Ausgabe: A. S. Vybrané spisy. Prag 1955–64. 10 Bde.
Literatur: POLÁK, K.: O A. Staškovi. Prag 1951.

Stasimon [griech. = Standlied], Chorlied der griech. Tragödie, das im Gegensatz zu † Parodos und † Exodos im Schauspieler- bzw. Schauspieler-Chor-Partien († Epeisodion) voneinander trennt, wobei der Chor von der Orchestra aus seine Empfindungen und Gedanken zu den geschehenen Ereignissen äußert. Das bei leerer Bühne gesungene S. gibt den Schauspielern die Gelegenheit zum Kostümwechsel und ermöglicht dabei oft dramaturgisch die zur Vorstellung hinterszen. Aktionen nötige [Zeit]überbrükkung. Seit Agathon (2. Hälfte des 5. Jh. v. Chr.) hatten diese Chorlieder keine Beziehung mehr zur Handlung, sondern wurden als sog. **Embolima** zu lyr. Liedern zum Zweck der Akttrennung. Das metrisch sehr variationsfähige S. war in der Regel strophisch gegliedert.

Staszic, Stanisław [poln. 'staʃits], * Schneidemühl Anfang Nov. 1755, † Warschau 20. Jan. 1826, poln. Schriftsteller. – Wurde Geistlicher; Studien (Naturwiss.) in Paris, dort Verbindung zu den Enzyklopädisten; nach der Rückkehr Erzieher; 1782 Doktor beider

Rechte; Staatsreferendar; ab 1824 Minister im Königreich Polen; einer der hervorragendsten Vertreter der poln. Aufklärung, organisierte das wiss. Leben in Polen; verfaßte wiss. Studien (S. unternahm als erster geolog. Forschungen in den Karpaten), patriotisch-politische und pädagogische Schriften und, nach antikem Muster, das geschichtsphilosophische Epos ›Ród ludzki‹ (= Menschengeschlecht, entst. ab 1792, ersch. in 3 Bden. 1819/20).
Ausgabe: S. S. Dzieła. Warschau 1816–20. 9 Bde.
Literatur: CHYRA-ROLICZ, Z.: S. S. Warschau 1980.

Stationarius [zu lat. statio = Werkstatt des Buchschreibers] (Mrz. Stationarii), im MA der Vervielfältiger und Verleiher von Handschriften an den Universitäten. Der S. hatte auf die Korrektheit und Vollständigkeit der von ihm ausgegebenen Exemplare zu achten und dafür zu sorgen, daß diese nicht an andere Universitäten weitergegeben wurden. Aus dem Handel mit Handschriften und Nachschriften von Vorlesungen entwikkelte sich das Antiquariat.

Stationendrama, Form des Dramas, das aus einer Folge von relativ autonomen Szenen (›Stationen‹) besteht, deren Verbindung durch eine zentrale, oft typisierte Figur hergestellt wird; im S. interessiert nicht die Entfaltung eines Konflikts im Rahmen einer zusammenhängenden oder chronologisch ablaufenden Handlung, sondern eher die Beschreibung von Zuständen. Nach G. Büchner u. a. von A. Strindberg (u. a. ›Ein Traumspiel‹, 1902, dt. 1903) als Möglichkeit, ›die unzusammenhängende aber scheinbar log. Form des Traumes nachzuahmen‹ (Strindberg), gesehen, ist das S. bes. typisch für das expressionist. Theater (F. Wedekind, E. Toller, G. Kaiser, W. Hasenclever) zur Propagierung des Programms einer sog. erneuerten Menschheit. – Die Struktur des S.s begegnet zuerst im geistl. Spiel des MA; im 20. Jh. u. a. auch im ep. Theater B. Brechts.

Statist [zu lat. stare, statum = stehen], Darsteller von [stummen] Nebenrollen im Theater (im Film wird der S. meist **Komparse** genannt).

Statisterie, Gesamtheit der v.a in Massenszenen auftretenden Statisten.

Statius, Caecilius, röm. Komödiendichter, ↑Caecilius Statius.

Statius, Publius Papinius, * Neapolis (heute Neapel) um 40, † ebd. um 96, röm. Dichter. – Neben Martial Hauptrepräsentant einer letzten Blüte der röm. Poesie. Sein lyr. Werk (›Silvae‹ [= Reicher Stoff], 5 Bücher) enthält Gelegenheitsgedichte, Beschreibungen, Trostgedichte u. a.; es ist manieristisch, stark deskriptiv, doch elegant und reizvoll. Das düstere mytholog. Epos ›Thebais‹ (= Zug der Sieben gegen Theben, 12 Bücher), stark von Vergil beeinflußt, wendet die herkömml. ep. Kunstmittel ins Phantastische und Grausige. Eine ›Achilleis‹ (Epos über Achilleus) blieb unvollendet; eines der großen Vorbilder der lat. Lyrik und Epik in Mittelalter und Renaissance.
Ausgabe: S. Lat. u. engl. Hg. v. J. H. MOZLEY. London u. New York 1928. 2 Bde.
Literatur: CANCIK, H.: Unterss. zur lyr. Kunst des P. P. S. Hildesheim 1965. – VESSEY, D.: S. and the Thebaid. Cambridge 1973. – DOMINIK, N. J.: Speech and rhetoric in S.' Thebaid. Hildesheim u. a. 1994. – SMOLENAARS, J. J. L.: S. Thebaid VII. A commentary. Leiden u. a. 1994.

Stavenhagen, Fritz [...vən...], * Hamburg 18. Sept. 1876, † ebd. 9. Mai 1906, dt. Schriftsteller. – Sohn eines Kutschers, wurde nach harter Jugend Drogist; Autodidakt, Journalist, begann unter großen Entbehrungen als freier Schriftsteller zu schreiben, lebte u. a. in Berlin; vom Naturalismus (v. a. L. Anzengruber, G. Hauptmann) beeinflußt (gefördert von O. Brahm), gilt S. mit seinen bodenständigen Bauerndramen als Begründer des modernen niederdt. Dramas; er schrieb auch heitere Märchen, Volkskomödien und Erzählungen.
Werke: Der Lotse (Dr., 1901), Grau und Golden (En., 1904), Mudder Mews (Dr., 1904), De dütsche Michel (Kom., 1905), De ruge Hoff (Kom., 1906).
Literatur: SCHROEDER, W. J.: F, S. Leben u. Werk. Neumünster 1937. – ARP, J.: Der Mensch in der niederdt. Komödie (S., Bossdorf, Schurek, Ehrke). Neumünster 1964.

Stead, C[hristian] K[arlson] [engl. stɛd], * Auckland 17. Okt. 1932, neuseeländ. Schriftsteller. – Nach Anglistikstudium in Auckland und Bristol Dozent,

seit 1969 Prof. an der Auckland University. Vielseitiger Autor, der als Romancier und Dichter persönl. Erfahrungen in knapper und abstrahierter Form gestaltet. Eines seiner Hauptthemen ist das Erleben des Verlustes durch den unaufhaltsamen Gang der Zeit und der Versuch, das Individuelle ins Allgemeingültige zu verdichten. Wurde mehrfach mit Literaturpreisen ausgezeichnet.
Werke: Whether the will is free. Poems 1954–1962 (Ged., 1964), Smith's dream (R., 1971), Crossing the bar (Ged., 1972), Five for the symbol (En., 1981), All visitors ashore (R., 1984), The death of the body (R., 1986), Sister Hollywood (R., 1989).
Literatur: BERTRAM, J.: C. K. S. In: Islands 2. Christchurch 1972.

Stead, Christina [Ellen] [engl. stɛd], * Rockdale (Neusüdwales) 17. Juli 1902, † Sydney 31. März 1983, austral. Schriftstellerin. – Lehrerin; lebte 1928–74 in den USA und Europa. Hauptmotiv ihres Werkes ist die menschl. Sehnsucht nach persönl. Freiheit und unbedingter Liebe. Charakterist. Themen sind Verlust, Erschöpfung und Niederlage, die sie unsentimental und realistisch anhand detaillierter Charakterstudien entwickelt. Die multiperspektiv. Erzählweise ermöglicht große psycholog. Tiefe sowie stilist. und sprachl. Vielfalt.
Werke: The Salzburg tales (En., 1934), Seven poor men of Sydney (R., 1934), The beauties and the furies (R., 1936), House of all nations (R., 1938), The man who loved children (R., 1940), For love alone (R., 1944), A little tea, a little chat (R., 1948), The people with the dogs (R., 1952), Dark places of the heart (R., 1966, in England 1967 u. d. T. Cotter's England), The puzzle headed girl (En., 1967), The little hotel (R., 1973), Miss Herbert (R., 1976, dt. 1984).
Literatur: WILLIAMS, CH.: Ch. S. A life of letters. London 1989.

Stebnizki (tl.: Stebnickij), M. [russ. stib'nitskij], Pseudonym des russ. Schriftstellers Nikolai Semjonowitsch ↑Leskow.

Stecchetti, Lorenzo [italien. stek'ketti], Pseudonym des italien. Dichters Olindo ↑Guerrini.

Steele, Sir (seit 1715) Richard [engl. sti:l], ≈ Dublin 12. März 1672, † Carmarthen (Wales) 1. Sept. 1729, engl. Schriftsteller. – Seit der Schulzeit mit J. Addison befreundet; brach sein Studium in Oxford ab und trat in die Armee ein; zeitweise im Hofdienst; hatte als liberaler

Politiker wechselnden Erfolg. Gab von 1709 an mit Beteiligung Addisons das Periodikum ›The Tatler‹ heraus; gründete 1711 die Zeitschrift ›The Spectator‹, die 1713 von ›The Guardian‹ abgelöst wurde. Seine eigenen, elegant plaudernden und aufklärerischen Beiträge über Themen des gesellschaftlichen Lebens machten S. zum Mitbegründer einer neuen engl. Konversations- und Essaykunst. Er verfaßte auch Bühnenwerke, darunter die empfindsame Komödie ›The conscious lovers‹ (1723).
Ausgaben: The Spectator. Hg. v. D. F. BOND. Oxford 1965. 5 Bde. – The plays of R. S. Hg. v. SH. S. KENNY. London 1971. – ↑auch Tatler, The.
Literatur: AITKEN, G. A.: The life of R. S. London 1889. 2 Bde. (mit Bibliogr.). Nachdr. New York 1968. – WINTON, C.: Captain S. The early career of R. S. Baltimore (Md.) 1964. – WINTON, C.: Sir R. S. M. P. The later career. Baltimore (Md.) 1970. – DAMMERS, R. H.: R. S. Boston (Mass.) 1982.

Ştefănescu, Barbu [rumän. ʃtefə-'nesku], rumän. Schriftsteller, ↑Delavrancea, Barbu.

Stefánsson, Davíð [isländ. 'stɛ:faunsɔn], *Fagriskógur 21. Jan. 1895, †Akureyri 1. März 1964, isländ. Schriftsteller. – Weite Reisen, u. a. nach Rußland und Italien; gilt mit formal einfacher, dem Volkslied verpflichteter Lyrik als bed. Vertreter einer neuen isländ. Romantik; war von der älteren isländ. Balladendichtung beeinflußt; später auch sozialkrit. und religiöse Themen; Dramen mit Stoffen aus der Geschichte Islands; der realist. Roman ›Sólon Islandus‹ (2 Bde., 1940) mit der Gestalt eines größenwahnsinnigen Landstreichers wird als Darstellung der Tragik Islands verstanden.
Weitere Werke: Svartar fjaðrir (= Schwarze Federn, Ged., 1919), Kveðjur (= Grüße, Ged., 1924), Ný kvæði (= Neue Gedichte, 1929), Í byggðum (= In Landgemeinden, Ged., 1933), Að norðan (= Aus dem Norden, Ged., 1936), Gullna hliðið (= Das goldene Tor, Dr., 1941), Ný kvæðabók (= Neues Gedichtbuch, 1947), Landið gleymda (= Das vergessene Land, Dr., 1956), Í dögun (= Bei Tagesanbruch, Ged., 1960), Síðustu ljóð (= Letzte Gedichte, hg. 1966).
Ausgabe: D. S. Ritsafn. Reykjavík 1952–65. 4 Bde.

Stefánsson, Jón [isländ. 'stɛ:faunsɔn], Pseudonym Þorgils Gjallandi,

*Skútustaðir 2. Juni 1851, †Litla Strönd (Mývatn) 23. Juni 1915, isländ. Schriftsteller. – Bauernsohn aus dem nördl. Teil Islands, der in seinen realist. und von sexueller Freimütigkeit geprägten Werken sozialkritisch das Leben der Bauern beschreibt und die Natur als gewaltigen Gegner der Lebewesen im Kampf ums Dasein schildert.
Werke: Ofan úr sveitum (= Vom Lande, En., 1892), Upp við fossa (= Oben bei den Wasserfällen, R., 1902), Dýrasögur (= Tiererzählungen, 1910).
Ausgabe: J. S. Ritsafn. Hg. v. A. SIGURJÓNSSON. Reykjavík 1945. 4 Bde.

Stefánsson, Magnús [isländ. 'stɛ:faunsɔn], isländ. Dichter, ↑Arnarson, Örn.

Steffen, Albert, *Wynau (Ortsteil von Murgenthal, Kanton Bern) 10. Dez. 1884, †Dornach 13. Juli 1963, schweizer. Schriftsteller. – Ab 1925 Präsident der Allgemeinen Anthroposoph. Gesellschaft; Hg. der Zeitschrift ›Das Goetheanum‹ (1921 ff.). Beeinflußt von der anthroposoph. Gedankenwelt Rudolf Steiners, dem Manichäismus, der Gnosis und der ind. Religiosität. Seine Romane sind bes. F. M. Dostojewski verpflichtet. Sein Hauptinteresse, auch im literar. Werk, das vom Aphorismus bis hin zum Roman nahezu alle literar. Gattungen umfaßt, galt dem Aufstieg des Menschen zum Guten. In der Anthroposophie sah er eine wiss. Begründung seiner Bestrebungen.
Werke: Ott, Alois und Werelsche (R., 1907), Die Bestimmung der Roheit (R., 1912), Die Erneuerung des Bundes (R., 1913), Weg-Zehrung (Ged., 1921), Der Sturz des Antichrist (Dr., 1928), Wildeisen (R., 1929), Sucher nach sich selbst (R., 1931), Barrabas (Dr., 1949), Lin (Dr., 1954), Oase der Menschlichkeit (R., 1954), Steig auf den Parnaß und schaue (Ged., 1960), Im Sterben auferstehen (Ged., hg. 1964).
Ausgabe: A. S. Werke. Hg. v. M. KRÜGER. Stg. u. Dornach 1984. 4 Bde.
Literatur: HIEBEL, F.: A. S. Mchn. 1960. – MEYER, RUDOLPH: A. S. Künstler u. Christ. Stg. 1963. – A. S. 1884–1963. Bearb. v. E. SCHENKEL u. a. Dornach 1984.

Steffens, Henrik (Heinrich), *Stavanger 2. Mai 1773, †Berlin 13. Febr. 1845, dt. Naturphilosoph und Schriftsteller. – Sohn eines dt. Arztes aus Holstein und einer Dänin; Jugend in Skandinavien, studierte Naturwissenschaften in

Kopenhagen, 1796 Privatdozent in Kiel; dann in Jena, wo er Kontakt zu den Romantikern fand; 1804 Prof. für Naturphilosophie und Mineralogie in Halle/Saale, 1811 für Physik in Breslau; 1813 Teilnahme an den Befreiungskriegen. Seine Bekanntschaft mit F. W. J. von Schelling, Goethe und A. W. Schlegel machte ihn zum Vermittler des dt. Idealismus und der Romantik nach Dänemark (z. B. über A. G. Oehlenschläger). S. schrieb neben wissenschaftl. Abhandlungen v. a. Novellen mit meisterhaften Naturschilderungen.

Werke: Grundzüge der philosoph. Naturwissenschaft, ... (1806), Die Familien Walseth und Leith (Nov.n, 3 Bde., 1826/27), Die vier Norweger (Nov.n, 4 Bde., 1827/28), Malkolm (R., 2 Bde., 1831), Was ich erlebte (Autobiogr., 10 Bde., 1840–44).
Literatur: MOELLER, I.: H. S. Stg. 1962. – JØRGENSEN, A.: Litteraturen om H. S. 1845–1964. En bibliografi. In: Nordisk Tidskrift för Bokoch Biblioteksväsen 51 (1964), S. 19. – PAUL, F.: H. S. Universalromantik u. Naturphilosophie. Mchn. 1973. – ABELEIN, W.: H. S.' polit. Schrr. Tüb. 1977.

Steffens, [Joseph] Lincoln [engl. 'stɛfnz], * San Francisco (Calif.) 6. April 1866, † Carmel (Calif.) 9. Aug. 1936, amerikan. Journalist und Schriftsteller. – Wurde v. a. als einer der Führer des ›muckraking movement‹ (↑ Muckrakers) durch seine Artikel gegen polit. Korruption und Mißstände in den Zeitschriften ›McClure's Magazine‹, ›The American Magazine‹ und ›Everybody's‹ bekannt, bei denen er auch als Mit-Hg. tätig war (1902–11). Die in Buchform erschienenen Artikelserien, ›The shame of the cities‹ (1904), ›The struggle for self-government‹ (1906) und ›Upbuilders‹ (1909), sind literar. Dokumente eines modernen Enthüllungsjournalismus, der auf eine Reform polit. Verhaltens bei Politikern und Wählern in einer wichtigen Phase der amerikan. Demokratie abzielte und die moral. Verantwortung des einzelnen für das Gemeinwohl betonte. Dies ist auch das zentrale Thema seiner Autobiographie ›Geschichte meines Lebens‹ (1931, dt. 1948).

Ausgaben: L. S. speaking. New York 1936. – L. S. Letters. Hg. v. E. WINTER u. G. HICKS. New York 1938.
Literatur: KAPLAN, J.: L. S. A biography. New York 1974. – PALERMO, P. F.: L. S. Boston

(Mass.) 1978. – STINSON, R.: L. S. New York 1979.

Stegner, Wallace Earle [engl. 'stɛgnə], * bei Lake Mills (Iowa) 18. Febr. 1909, † Santa Fe (N. Mex.) 13. April 1993, amerikan. Schriftsteller. – War 1945–69 Prof. für Englisch an der Stanford University (Calif.). Seine zahlreichen Romane, Kurzgeschichten und histor. Studien behandeln das Phänomen des amerikan. Westens, seine allmähl. Eroberung und Besiedlung im ›westward movement‹ sowie die Anmut der Landschaft und die mythisch verklärte Lebensweise der Pioniere, die im schroffen Gegensatz zur Gegenwart, bes. Kaliforniens, steht.

Werke: Das Lachen eines Sommers (R., 1937, dt. 1951), Keiner bleibt allein (R., 1940, dt. 1949), Mormon country (Studie, 1942), Der Berg meiner Träume (R., 1943, dt. 1952), Beyond the hundreth meridian. John Wesley Powell and the second opening of the West (Studie, 1954), Jeder Stern auf seiner Bahn (R., 1961, dt. 1962), The gathering of Zion. The story of the Mormon trail (Studie, 1964), Tage wie Honig (R., 1967, dt. 1970), Angle of repose (R., 1971; Pulitzerpreis 1972), The spectator bird (R., 1976), Recapitulation (R., 1972), One way to spell man (Essay, 1982), Crossing to safety (R., 1987), Where the bluebird sings to the lemonade springs. Living and writing in the West (Studie, 1992).
Literatur: ROBINSON, F. G.: W. S. Boston (Mass.) 1977. – Critical essays on W. S. Hg. v. A. ARTHUR. Boston (Mass.) 1982.

Stegreif, frühere Bez. für Steigbügel; *aus dem S.* bedeutete ursprünglich ›ohne vom Pferd zu steigen, unvorbereitet‹; heute Bez. für Improvisation oder für das Spielprinzip des ↑ Mimus.

Stegreifkomödie, auf Improvisation beruhende Komödie; Vorform der S. war das sog. **Stegreifspiel,** die aus dem Stegreif gestaltete possenhafte Einzelszene, bei der nur das Thema und der grobe Handlungsablauf vorgegeben waren, während der Wortlaut der Monologe bzw. Dialoge, die Mimik und alle übrigen Einzelheiten von den Schauspielern improvisiert wurden. Das Stegreifspiel kann als eine Vorstufe des europ. Dramas gelten. Stegreifspiele waren der vorliterar. ↑ Mimus und die altitalische ↑ Atellane; auch die kom. Einlagen des mittelalterl. ↑ geistlichen Spiels oder die Aufführungen der ↑ englischen Komödianten wurden zum großen Teil aus dem Stegreif gestaltet. Als Inbegriff der S. gilt die italien. ↑Commedia dell'arte, die, als sog. Schauspielertheater, kein ausgearbeitetes Textbuch, sondern nur ein ↑Szenarium kannte. Im ↑Wiener Volkstheater wurden literar. Komödien zu S.n umgearbeitet. – ↑auch Drama.

Steguweit, Heinz, Pseudonym Lambert Wendland, * Köln 19. März 1897, † Lüdenscheid 25. Mai 1964, dt. Schriftsteller. – Begann mit Kurzgeschichten, volkstüml. Schwänken und Laienspielen, denen Romane (u. a. der Kriegs-R. ›Der Jüngling im Feuerofen‹, 1932) und Novellen folgten. Während der Zeit des Nationalsozialismus war S. Landesleiter der Reichsschrifttumskammer. Schrieb auch Jugendbücher.
Weitere Werke: Das Laternchen der Unschuld (En., 1925), Die Gans (Spiel, 1927), Heilige Unrast (R., 1934), Das Stelldichein der Schelme (En., 1937), Der schwarze Mann (R., 1950), Liane und der Kavalier (Nov., 1958).

Stehlík, Miloslav [tschech. ˈstɛhliːk], * Milovice 2. April 1916, tschech. Schriftsteller. – Schauspieler, Dramaturg und Regisseur; beschäftigte sich als Dramatiker mit dem Dorf nach dem Kriege zur Unterstützung des sozialist. Aufbaus und mit zeitgenöss. gesellschaftlichen Problemen; auch Dramatisierung sowjet. Prosa.
Werke: Frühlingsgewitter (Stück, 1952, dt. 1952), Selská láska (= Bauernliebe, Tragikom., UA 1956).

Stehr, Hermann, * Habelschwerdt 16. Febr. 1864, † Oberschreiberhau (Niederschlesien) 11. Sept. 1940, dt. Schriftsteller. – 1887 Lehrer, ab 1915 freier Schriftsteller; anknüpfend an die schles. Mystik, gelang S. die Darstellung von seel. Regungen und Konflikten gottsuchender und gläubiger Menschen; schrieb Romane und Erzählungen, auch Lyrik und Dramen; stand zunächst der Heimatkunst nahe und vertrat die sozialen Anschauungen des Naturalismus; bald ging es ihm jedoch mehr um die ›Mysterien‹ als um die Erkenntnis und Darstellung menschl. Verhaltens. Von den Nationalsozialisten, zu denen er sich bekannte, wurde er als Künder der dt. Seele und völk. Erdverbundenheit gefeiert.
Werke: Der Schindelmacher (Nov., 1899), Leonore Griebel (R., 1900), Der begrabene Gott (R.,

1905), Drei Nächte (R., 1909), Der Heiligenhof (R., 2 Bde., 1918), Peter Brindeisenar (R., 1924), Das Geschlecht der Maechler (R.-Trilogie: Nathanael Maechler, 1929; Die Nachkommen, 1933; Damian oder Das große Schermesser, hg. 1944), Meister Cajetan (Nov., 1931), Mein Leben (Autobiogr., 1934), Der Himmelsschlüssel (E., 1939).
Ausgabe: H. S. Ges. Werke in 12 Bden. Lpz. [3–39]1927–36.
Literatur: RICHTER, F.: H. S.-Bibliogr. 1898–1964. In: Jb. der Schles. Friedrich-Wilhelms-Univ. zu Breslau 10 (1965), S. 305. – Wangener Beitrr. zur S.forschung. Wangen/Allgäu 1969 ff. – LUBOS, A.: H. S. Darmst. 1977.

Steiermark, Ottokar von, steir. Geschichtsschreiber, ↑Ottokar von Steiermark.

Steigentesch, August Ernst Freiherr von [...tɛʃ], * Hildesheim 12. Jan. 1774, † Wien 30. Dez. 1826, dt. Schriftsteller und Diplomat. – Trat 1789 in österr. Militärdienste, wurde von Metternich gefördert und mit diplomat. Missionen betraut. S. schrieb amüsante, geistreichfrivole Lustspiele, die im 19. Jh. v. a. in Wien viel gespielt wurden, sowie Romane, Märchen und Gedichte.
Werke: Dramat. Versuche (1798), Gedichte (1799), Loth (E., 1802), Das Landleben (Lsp., 1803), Marie (R., 1812), Lustspiele (3 Bde., 1813), Märchen (1813).
Ausgabe: A. E. v. S. Ges. Schrr. Darmstadt [1–4]1820–23. 6 Bde.
Literatur: FILERS, W.: A. v. S., ein dt. Lustspieldichter. Diss. Lpz. 1905.

Steiger, Otto, * Uetendorf (Kanton Bern) 4. Aug. 1909, schweizer. Schriftsteller. – Bekannt v. a. als Romanautor; auch Erzählungen, Dramen, Hörspiele und Jugendbücher sowie Kriminalromane.
Werke: Sie tun, als ob sie lebten (R., 1942), Porträt eines angesehenen Mannes (R., 1952), Die Reise am Meer (R., 1959), Das Jahr mit elf Monaten (R., 1962), Die Belagerung (Kom., 1967), Der Tote im See (Kriminal-R., 1968), Geschichten vom Tag (En., 1973), Keiner kommt bis Indien (Jugendb., 1976), Sackgasse (R., 1978), Erkauftes Schweigen (Jugendb., 1979), Spurlos vorhanden (R., 1980), Lornac ist überall (Jugendb., 1980), Ein abgekartetes Spiel (R., 1981), Die Unreifeprüfung (E., 1984), Der Doppelgänger (R., 1985), Orientierungslauf (R., 1988), Schott (R., 1992), Tante Lisas Erben (R., 1994).
Ausgabe: O. S. Ges. Werke. Zü. 1985–92. 9 Bde.

Stein, Charlotte von, geb. von Schardt, * Eisenach 25. Dez. 1742, † Weimar 6. Jan. 1827, dt. Schriftstellerin. – Ab 1764 verheiratet mit dem herzogl. Stall-

meister Friedrich Freiherr von S.; enges
Freundschaftsverhältnis zu Goethe von
1775 bis zum Ende seiner ersten Italienreise 1788. Ch. von S. beeinflußte sein
dichter. Schaffen entscheidend. Ihre Enttäuschung über die Trennung fand ihren
Niederschlag in ihrer Tragödie ›Dido‹
(entst. 1794, hg. 1867), in der sie Goethe
angriff. Ihre Briefe forderte sie von Goethe zurück und verbrannte sie. Nur seine
Briefe blieben erhalten (›Goethes Briefe
an Ch. v. S.‹, 3 Bde., hg. 1848–51).
Literatur: Hof, W.: Goethe u. Ch. v. S. Neuausg. Ffm. 1979. – Winter, I. M.: Goethes Ch.
v. S. Düss. 1992. – Ch. v. S. u. Johann Wolfgang
von Goethe. Hg. v. R. Seydel. Mchn. 1993.

Gertrude
Stein

Stein, Gertrude [engl. staɪn], * Alle-
gheny (Pa.) 3. Febr. 1874, † Paris 27. Juli
1946, amerikan. Schriftstellerin. – Aus
wohlhabender deutsch-jüd. Familie, verlebte ihre Kindheit in Europa; verließ
1902 die USA und lebte dann zus. mit ihrer Sekretärin und Lebensgefährtin Alice
B. Toklas (* 1877, † 1967) meist in Paris,
wo ihr Salon zum Treffpunkt avantgardist. Künstler (darunter P. Picasso,
H. Matisse, G. Braque) wurde; Einfluß
der wiss. Psychologie (William James
[* 1842, † 1910; Bruder von H. James],
dessen Studentin sie in Harvard war) und
der Philosophie H. Bergsons auf ihre
Poetik (›Was ist engl. Literatur u. a. Vorlesungen in Amerika‹, 1935, dt. 1965). S.s
revolutionierender Prosastil, mit dem sie
durch bewußte Monotonie und Wortwie-
derholungen ein literar. Analogon zur
kubist. Malerei Picassos schaffen und
den Fluß des modernen Lebens verge-
genwärtigen wollte, hatte starken Einfluß
auf die junge Künstlergeneration (E. Hemingway, J. Dos Passos, Sh. Anderson,
F. S. Fitzgerald), für die sie die Bez. ↑ Lost
generation prägte. Ihre sprachrhythm.
Begabung und die von ihr eingeführte
Form der Porträterzählung werden bes.
in ihren Hauptwerken, ›Drei Leben‹
(En., 1909, dt. 1960) und ›The making of
Americans. Geschichte vom Werdegang
einer Familie, 1906–1908‹ (R., entst.
1906–08, ersch. 1925, dt. 1989), deutlich;
in der ›Autobiographie von Alice B. Toklas‹ (1933, dt. 1955) stellt sie ihr eigenes
Leben aus der Perspektive ihrer Lebensgefährtin dar. S. schrieb auch Lyrik, Dramen und Essays. Ihr lange vernachlässig-
tes, umfangreiches und künstlerisch an-
spruchsvolles Werk erfährt erst in jüngster Zeit, u. a. auch von feminist. Seite,
eine Neubewertung.

Weitere Werke: Zarte Knöpfe (Prosa-Ged.,
1914, dt. 1972), Portraits und Stücke (1922, dt.
2 Bde., 1986/87), Composition as explanation
(Essay, 1926), Useful knowledge (Essay, 1928),
Lucy Church Amiably (R., 1930, dt. 1984), How
to write (Essay, 1931), Operas and plays
(Opernlibretti und Stücke, 1932), Portraits and
prayers (biograph. Studie, 1934), Erzählen (Essay, 1935, dt. 1971), Jedermanns Autobiographie (Studie, 1937, dt. 1986), Picasso (Studie
1938, dt. 1958), Was sind Meisterwerke? (Essay,
1940, dt. 1962), Ida (R., 1941, dt. 1984), Kriege,
die ich gesehen habe (Autobiogr., 1945, dt.
1984), Brewsie and Willie (R., 1946), Four in
America (Essay, hg. 1947), Keine keiner (R., hg.
1948, dt. 1985), Last operas and plays (Opernlibretti und Stücke, hg. 1949), Q. E. D. (R., entst.
1903, hg. 1950, dt. 1990), Bee time vine and
other pieces, 1913–1927 (Ged., hg. 1953, engl.
und dt. Ausw. 1993 u. d. T. Spinnwebzeit).
Ausgaben: G. S. Selected writings. Hg. mit Einl.
u. Anmerkungen von C. van Vechten. New
York 1946. – G. S. The Yale edition of the
unpublished writings. Hg. v. C. van Vechten.
New Haven (Conn.) 1951–58. 8 Bde. – The
flowers of friendship. Hg. v. D. C. Gallup. New
York 1953. Nachdr. 1979 [Briefe]. – Fernhurt,
Q. E. D., and other early writings by G. S. Hg. v.
D. C. Gallup. New York 1971. – G. S. The pre-
viously uncollected writings. Hg. v. R. B. Haas.
Los Angeles (Calif.) 1973–77. 2 Bde.
Literatur: Hoffmann, M. J.: The development
of abstractionism in the writings of G. S. Phil-
adelphia (Pa.) 1965. – Weinstein, N.: G. S. and
the literature of modern consciousness. New
York 1970. – Copeland, C. F.: Language and
time and G. S. Iowa City 1975. – Hobhouse, G.:
Everybody who was anybody. A biography of
G. S. New York 1975. – Hoffman, M. J.: G. S.
Boston (Mass.) 1976. – Simon, L.: The biography of A. B. Toklas. Garden City (N. Y.)

1977. – STEINER, W.: Exact resemblance to exact resemblance. The literary portraiture of G. S. New Haven (Conn.) 1978. – DEKOVEN, M.: A different language. G. S.'s experimental writing. Madison (Wis.) 1983. – WALKER, J.: The making of a modernist. G. S. from ›Three lives‹ to ›Tender buttons‹. Amherst (Mass.) 1984. – WHITE, R. L.: G. S. and Alice B. Toklas. A reference guide. Boston (Mass.) 1984. – G. S. Hg. v. H. BLOOM. New York 1986. – DOANE, J. L.: Silence and narrative. The early novels of G. S. Westport (Conn.) 1986. – Critical essays on G. S. Hg. v. M. J. HOFFMAN. Boston (Mass.) 1986.

Steinach, Bligger von, mhd. Minnesänger, † Bligger von Steinach.

Steinarr, Steinn [isländ. 'steinar], eigtl. Aðalsteinn Kristmundsson, * Laugaland (Nauteyrarhreppur) 13. Okt. 1908, † Reykjavík 25. Mai 1958, isländ. Dichter. – Begann als Arbeitsloser zu schreiben; in seinem ersten Gedichtband ›Rauður loginn brann‹ (= Rot brannte die Flamme, 1934) verurteilt er in satir. Versen die kapitalist. Gesellschaft. In späteren Gedichten mit meist freien Versen (›Ljóð‹ [= Lieder], 1937; ›Spor í sandi‹ [= Spuren im Sand], 1940) überwiegen Resignation und Hoffnungslosigkeit; gilt als Begründer der neuesten isländ. Lyrik; wird zu den ›atómskáld‹ (= Atomdichter) gezählt.
Weitere Werke: Ferð án fyrirheits (= Reise ohne Verheißung, Ged., 1942), Tíminn og vatnið (= Die Zeit und das Wasser, Ged., 1948).
Ausgabe: S. S. Kvæðasafn og greinar. Hg. v. K. KARLSSON. Reykjavík 1964.

Steinbeck, John [Ernst] [engl. 'staɪnbɛk], * Salinas (Calif.) 27. Febr. 1902, † New York 20. Dez. 1968, amerikanischer Schriftsteller. – Während und nach der Studienzeit Gelegenheitsarbeiter

John
Steinbeck

und Reporter; Kriegsberichterstatter im 2. Weltkrieg in Vietnam. Sein literar. Werk umfaßt sozialkrit. Romane und Erzählungen mit treffsicheren Charakterbildern. S. wurde v. a. berühmt durch seinen Roman ›Früchte des Zorns‹ (1939, dt. 1940) über das harte Leben der aus Oklahoma vertriebenen, nach Kalifornien ziehenden Farmarbeiter (Pulitzerpreis 1940), die Familiensaga ›Jenseits von Eden‹ (1952, dt. 1953) sowie die Kurzromane ›Die wunderl. Schelme von Tortilla Flat‹ (1935, dt. 1943) und ›Die Straße der Ölsardinen‹ (1945, dt. 1946), in denen die Härte der Darstellung durch Humor gemildert wird. 1962 erhielt er den Nobelpreis für Literatur.
Weitere Werke: Eine Handvoll Gold (R., 1929, dt. 1953), Der fremde Gott (R., 1933, dt. 1954), Stürmische Ernte (R., 1936, dt. 1955), Von Mäusen und Menschen (R., 1937, dt. 1947), Der rote Pony (Kurzgeschichten, 1937, dt. 1945), Der Mond ging unter (R., 1942, dt. 1943), Die Perle (E., 1947, dt. 1949), Die wilde Flamme (R., 1950, dt. 1952), Wonniger Donnerstag (R., 1954, dt. 1955), Laßt uns König spielen (Märchen, 1957, dt. 1958), Geld bringt Geld (R., 1961, dt. 1962), Meine Reise mit Charley (Ber., 1962, dt. 1963), Amerika und die Amerikaner (Schrift, 1966, dt. 1966), Tagebuch eines Romans (über Jenseits von Eden, hg. 1969, dt. 1970), König Artus und die Heldentaten der Ritter seiner Tafelrunde (R.-Fragment, hg. 1976, dt. 1987).
Literatur: Study guide to S. A handbook to his major works. Hg. v. T. HAYASHI. Metuchen (N. J.) 1974. – LEVANT, H.: The novels of J. S. A critical study. Columbia (Mo.) 1974. – FRENCH, W. G.: J. S. Boston (Mass.) ²1975. – LISCA, P.: J. S. Nature and myth. New York 1978. – KIERNAN, TH.: The intricate muse. A biography of J. S. Boston (Mass.) 1979. – MCCARTHY, P.: J. S. New York 1980. – HAYASHI, T.: A new S. bibliography. 1971–81. Metuchen (N. J.) 1983. – MILLICHAP, J. R.: S. and film. New York 1983. – BENSON, J. J.: The true adventures of J. S., writer. New York 1984. – OWENS, L.: J. S.'s revision of America. Athens (Ga.) 1985. – TIMMERMANN, J. H.: J. S.'s fiction. Norman (Okla.) 1986. – J. S. Hg. v. H. BLOOM. New York 1987.

Steinberg, Jakob, * Belaja-Zerkow (Ukraine) 1887, † Tel Aviv 1948, israel. Lyriker, Erzähler und Essayist. – Emigrierte zu Beginn des 1. Weltkrieges nach Palästina; Mit-Hg. der literar. Zeitschrift ›Mosnajim‹; beschreibt in seinen Erzählungen das armselige Leben der Juden in den ukrain. Städtchen in düsteren Farben. Diese Erzählungen enthalten auto-

biograph. Elemente, sind aber auch psycholog. Studien über das Leben der Juden inmitten einer feindl. Umwelt.
Literatur: Enc. Jud. Bd. 15, 1972, S. 361.

Steinberg, Werner, *Neurode (Schlesien) 18. April 1913, †Dessau 25. April 1992, dt. Schriftsteller. – Arbeitete im Widerstand gegen den Nationalsozialismus, war mehrere Jahre in Haft. Nach 1945 Journalist, Herausgeber und freier Schriftsteller in Tübingen und Stuttgart; ging 1956 in die DDR. Neben Unterhaltungs- und Kriminalromanen schrieb er zeitgeschichtl. Romane, in denen er sich mit den gesellschaftl. und polit. Entwicklungen in der BR Deutschland und der DDR auseinandersetzte.
Werke: Herz unter Tag (R., 1941), Die Vollendung (Nov., 1942), Der Tag ist in die Nacht verliebt (R., 1955), Als die Uhren stehenblieben (R., 1957), Einzug der Gladiatoren (R., 1958), Wasser am trockenen Brunnen (R., 1962), Ohne Pauken und Trompeten (R., 1965), Und nebenbei: Ein Mord (Kriminal-R., 1968), Protokoll der Unsterblichkeit (R., 1969), Die Eseltreiberin (E., 1974), Zwischen Sarg und Ararat (R., 1978), Bruchstück (R., 1983), Die Mördergrube (R., 1986), Zwei Schüsse unterm Neumond (Kriminal-R., 1988).

Steinbömer, Gustav, dt. Schriftsteller, †Hillard, Gustav.

Steiner, Franz Baermann, *Prag 12. Okt. 1909, †Oxford 27. Nov. 1952, österr. Lyriker und Anthropologe. – Studierte semit. Sprachen und Völkerkunde in Prag, emigrierte während der Zeit des Nationalsozialismus nach Großbritannien und war ab 1939 Dozent für Anthropologie in Oxford. S. beschäftigte sich intensiv mit der Dichtung des Orients und der Naturvölker.
Werke: Unruhe ohne Uhr (Ged., hg. 1954), Eroberungen (Ged., hg. 1964).
Literatur: FLEISCHLI, A.: F. B. S. Leben u. Werk. Diss. Frib. 1970.

Steiner, Jörg, *Biel (BE) 26. Okt. 1930, schweizer. Schriftsteller. – Verfasser von Romanen, Essays, Erzählungen und Gedichten in präziser, knapper, sensibler Sprache, in denen er, Reales und Phantastisches vermischend, Fluchtversuche aus menschl. Verstrickung, Anpassung und Fremdbestimmung darstellt. Zeigt in seinen sozialkrit. Werken die bürgerl. Lebenswelt der Schweiz, deren Ordnung und Sicherheit sich als brüchig

erweist. Arbeitet seit 1975 erfolgreich mit dem Graphiker Jörg Müller (*1942) zusammen, mit dem er mehrere Kinderbücher veröffentlichte. Auch Hörspiel- und Drehbuchautor.
Werke: Eine Stunde vor Schlaf (E., 1958), Strafarbeit (R., 1962), Der schwarze Kasten (Prosa-Ged., 1965), Ein Messer für den ehrlichen Finder (R., 1966), Auf dem Berge Sinai wohnt der Schneider Kikriki (Prosaskizzen, 1969), Schnee bis in die Niederungen (E., 1973), Als es noch Grenzen gab (Ged., 1976), Der Bär, der ein Bär bleiben wollte (Kinderb., 1976; mit J. Müller), Die Kanincheninsel (Kinderb., 1976; mit J. Müller), Die Menschen im Meer (Kinderb., 1981; mit J. Müller), Das Netz zerreißen (R., 1982), Der Eisblumenwald (Kinderb., 1983; mit J. Müller), Olduvai (En., 1985), Fremdes Land (E., 1989), Weissenbach und die anderen (R., 1994).

Steinhövel, Peregrinus, Pseudonym des österr. Schriftstellers Franz †Blei.

Steinhöwel, Heinrich, *Weil der Stadt 1412, †Ulm 1482 oder 1483, dt. Humanist und Übersetzer. – Arzt in Esslingen am Neckar und in Ulm; Leibarzt des Grafen Eberhard von Württemberg; 1472 Gründer und Geldgeber der ersten Ulmer Druckerei. Bekannt durch seine Übersetzungen von Werken der Antike und der italien. Renaissance, u. a. ›Apollonius von Tyros‹ (1471), ›Esopus‹ (Fabelsammlung, 1476; zahlreiche Drucke bis in die Aufklärung). Seine Übersetzungen von G. Boccaccios ›De claris mulieribus‹ und F. Petrarcas lat. Übersetzung von Boccaccios ›Griseldis‹ sind in volkstümlich erzählender Prosa gehalten. S. wollte in verständl. Sprache, sinngemäß die lat. Vorlagen übertragend, belehren und unterhalten; er ist einer der bedeutendsten literar. Vermittler des 15. Jahrhunderts.
Ausgaben: S.s Aesop. Hg. v. H. OESTERLEY. Tüb. 1873. – G. Boccaccio. De claris mulieribus. Dt. Übers. v. STEINHÖWEL. Hg. v. K. DRESCHER. Tüb. 1895. – Apollonius v. Tyrus. Hg. v. L. E. SCHMITT u. R. NOLLMANN. Hildesheim u. New York 1975.
Literatur: HESS, U.: H. S.s Griseldis. Mchn. 1975. – BERTELSMEIER-KIERST, CH.: ›Griseldis‹ in Deutschland. Studien zu S. u. Arigo. Hdbg. 1988. – DICKE, G.: H. S.s ›Esopus‹ u. seine Fortsetzer. Tüb. 1994.

Steinke, Udo, *Łódź 3. Mai 1942, dt. Schriftsteller. – Aufgewachsen in der DDR; war u. a. Lektor in Leipzig. Kam 1968 in die BR Deutschland; lebte lange in Süddeutschland, jetzt in Husum. Seine Erzählungen und Romane spielen in der Nachkriegszeit der DDR und der BR Deutschland. Mit hintersinniger, skurril-amüsanter und unbekümmerter Sprache beschreibt er den deutsch-deutschen Alltag.

Werke: Ich kannte Talmann (En., 1980), Die Buggenraths (R., 1981), Horsky, Leo oder die Dankbarkeit der Mörder (R., 1982), Doppeldeutsch (En., 1984), Mannsräuschlein. Eine Romanze (1985), Bauernfangen (R., 1986).

Steinmar, mhd. Lyriker und Minnesänger der 2. Hälfte des 13. Jahrhunderts. – Die Identifikation mit einem urkundlich nachweisbaren S. (von Klingnau) zwischen 1251 und 1293 im Gefolge Rudolfs von Habsburg ist umstritten. Die 14 Lieder sind im letzten Drittel des 13. Jh. in Oberdeutschland entstanden. Er beherrschte alle Formen des Minnesangs: hoher Sang, dörperl. Poesie im Stil Neidharts, Tagelied; sein ›Herbstlied‹ führte, vielleicht nach mittellat. oder altfrz. Vorbild (Colin Muset), das Genre des Schlemmerlieds in den Minnesang ein; seine sprachlich meisterhafte Lyrik hatte große Wirkung. Eine Figur über einer Hauptschiffarkade im Straßburger Münster mit der Beischrift ›S.‹ wird als Darstellung S.s gedeutet.

Ausgabe: Die Schweizer Minnesänger. Hg. v. K. BARTSCH. Frauenfeld 1886. Neudr. Darmst. 1964.
Literatur: KRYWALSKI, D.: Unters. zu Leben u. literaturgeschichtl. Stellung des Minnesängers S. Diss. Mchn. 1966. – BOLDUAN, V.: Minne zw. Ideal u. Wirklichkeit. Ffm. 1982. – LÜBBEN, G.: ›Ich singe daz wir alle werden vol‹. Das S.-Œuvre in der Manesseschen Lieder-Hs. Stg. 1994.

Steinwert, Johann, dt. Musiker, Schriftsteller und Arzt, ↑Johann von Soest.

Stelzhamer, Franz [...hamər], *Großpiesenham (Oberösterreich) 29. Nov. 1802, †Henndorf am Wallersee 14. Juli 1874, österr. Mundartdichter. – Sohn eines Schneiders und Kleinbauern. Zog mit Wanderschauspielern (später allein) durch Süddeutschland und Österreich und trug, als ›Piesenhamer Franz‹, seine Mundartgedichte vor. Sein Hauptwerk sind ursprüngliche, aus der bäuerl. Welt erwachsene Gedichte im Volkston; daneben schrieb er Novellen und Skiz-

zen aus dem Volksleben sowie hochdt. Gedichte.

Werke: Lieder in oberenns. Volksmundart (1837), Neue Gesänge in oberenns. Volksmundart (1841), Polit. Volkslieder (1848), D'Ahnl (Epos, 1851), Gedichte (1855).
Literatur: BRAUMANN, F.: F. S. Leben u. Dichtung. Linz 1973.

Stemma [griech.-lat. = Stammbaum, Ahnentafel] (Stammbaum), textkrit. Hilfsmittel, das die Abhängigkeiten von unterschiedl. Überlieferungsträgern eines Werkes (gelegentlich auch eines Stoffes oder Themas) in zumeist graph. Form darstellt. Aus den v. a. für die Textüberlieferung antiker oder mittelalterl. Werke erstellten Stemmata läßt sich ablesen, wie weit der Abstand der tradierten Manuskripte von der Urfassung (Archetypus) ist, welchen Weg die Rezeption genommen hat, wie hoch die Zuverlässigkeit der Überlieferung anzusetzen ist und welche Möglichkeiten vorhanden sind, einen authent., d. h. auf den Autor zurückgehenden Text zu rekonstruieren.
Literatur ↑Textkritik.

Stendhal [frz. stɛ̃'dal], eigtl. Marie Henri Beyle, *Grenoble 23. Jan. 1783, †Paris 23. März 1842, frz. Schriftsteller. – Wählte sein Pseudonym nach J. J. Winckelmanns Geburtsort Stendal. Sein Werk, das zu den bedeutendsten literar. Schöpfungen des 19. Jh. gehört, umfaßt Essays, Reiseberichte, Tagebücher, Romane und Novellen. S. kam 1799 ins Kriegsministerium, für das er 1800 nach Italien ging; 1800–02 in der Armee (Unterleutnant der Dragoner bei Napoleons Italienfeldzug); 1802–05 ohne Tätigkeit in Paris, 1805/1806 in Marseille; ab 1806 wieder im Dienst des Kriegsministeriums, 1807 als Verwaltungsbeamter nach Braunschweig und 1809 nach Wien entsandt; 1811 Italienaufenthalt; nahm als Beamter an Napoleons Rußlandfeldzug teil; 1813 Intendant; lebte 1814–21 in Mailand; 1814 erschien die Studie ›Vie de Haydn, de Mozart et de Métastase‹, 1817 seine ›Geschichte der Malerei in Italien‹ (dt. 1924) und die ›Reise in Italien‹ (dt. 1911); von der österr. Regierung ausgewiesen, lebte S. 1821–30 als freier Schriftsteller in Paris, war als Kunst- und Theaterkritiker tätig und veröffentlichte in dieser Zeit die psycholog. Studie

Stendhal

›Über die Liebe‹ (1822, dt. 1903, 1888 u. d. T. ›Physiologie der Liebe‹) sowie die als Wegbereiterin der frz. Romantik wirksame Schrift ›Racine et Shakespeare‹ (2 Tle., 1823–25), den Roman ›Armance‹ (1827, dt. 1921), die ›Röm. Spaziergänge‹ (1829, dt. 1910) und sein erstes Meisterwerk, den Roman ›Rot und Schwarz‹ (1830, dt. 2 Bde., 1901), eine Schilderung der frz. Gesellschaft z. Z. der Restauration. Nach der Julirevolution erhielt S. eine Staatsstellung als Konsul, war 1830/31 in Triest, 1831–36 und 1839–41 in Civitavecchia; 1833 arbeitete er an dem autobiographisch gefärbten Roman ›Lucien Leuwen‹ (hg. 1855, dt. 1921) und 1835/36 an der Autobiographie ›Leben des Henri Brulard‹ (hg. 1890, dt. 1923; beide unvollendet); 1836–39 lebte er, beurlaubt, in Paris, wo er den einzigen zu seinen Lebzeiten erfolgreichen Roman, ›Die Kartause von Parma‹ (2 Bde., 1839, dt. 2 Bde., 1906), schrieb und Novellen aus der Zeit der italien. Renaissance (›Renaissance-Novellen‹, vollständig hg. 1855, dt. 1904) veröffentlichte.

S. hat durch den Sensualismus seine Prägung im Sinne des 18. Jh. erhalten. Das psycholog. Interesse dominierte bei ihm; sein Stilideal war das der Nüchternheit und Präzision, als Vorbild galten ihm die ›Memoiren‹ des Herzogs von Saint-Simon, später die sachl. Strenge der Sprache des ›Code civil‹. Durch seine Thematik war er Wegbereiter und Wegbegleiter der Romantik, z. B. in seinem Heldenideal des schrankenlosen Individualisten (Julien Sorel in ›Rot und Schwarz‹), des jugendl. Herrenmenschen (Fabrice del Dongo in ›Die Kartause von Parma‹), der kühnen, moralfreien Gestalten der ›Renaissance-Novellen‹. Fern von den bekenntnishaften weltschmerzl. Ich-Romanen der Romantik, zeichnete er in dem Willensmenschen, der an der Gesellschaft scheitert (Julien Sorel), im Idealismus, in der Freiheitsliebe, im Heroismus eines Fabrice del Dongo sich selbst. Italien sah er als die Heimat seines Heldenideals, des von Leidenschaft, von Energie bestimmten aristokrat. Menschen; er entwickelte eine Philosophie des Ichkults (›Bekenntnisse eines Egotisten‹, entst. 1832, hg. 1892, dt. 1905). Zu seinen Lebzeiten fand S. wenig Anerkennung (Ausnahme: H. de Balzac), seine eigentl. Entdecker sind H. Taine und F. Nietzsche. Durch seine objektive, exakte Schilderung ist S. ein Vorläufer des Realismus.

Ausgaben: Frédéric de S. Ges. Werke. Dt. Übers. Hg. v. F. BLEI u. W. WEIGAND. Mchn. 1921–23. 15 Bde. (mit Bibliogr.). – S. Œuvres complètes. Hg. v. H. MARTINEAU. Paris 1927–39. 32 Bde. in 75 Bden. – S. Ges. Werke in Einzel-Bden. Dt. Übers. Hg. v. M. NAUMANN. Bln. 1-21959–77. – S. Œuvres complètes. Neuausg. eingerichtet v. V. DEL LITTO u. E. ABRAVANEL. Genf 1967–74. 50 Bde. – S. Werke. Hg. v. C. P. THIEDE, E. ABRAVANEL u. a. Bln. 1978–82. 8 Bde. **Literatur:** Zs. ›S. Club‹ 1 (1958/59)ff. – DEL LITTO, V.: La vie intellectuelle de S. Paris 1959. – MARTINEAU, H.: L'œuvre de S. Histoire de ses livres et de sa pensée. Paris Neuausg. 1966. – MICHEL, F.: Études stendhaliennes. Paris ²1972. – KRÖMER, K.: S. Darmst. 1978. – ATTUEL, J.: Le style de S. Bologna u. a. 1980. – CROUZET, M.: S. et le langage. Paris 1981. – DEL LITTO, V.: Essais et articles stendhaliens. Genf u. a. 1981. – ALTER, R.: S. Eine krit. Biographie. Dt. Übers. Mchn. u. Wien 1982. – KAYSER, R.: S. oder das Leben eines Egoisten. Ffm. 1982. – LANDRY, F.: L'imaginaire chez S. Formation et expression. Lausanne 1982. – BIDEAU, D.: Sur les pas de S. Lyon 1983. – CROUZET, M.: La poétique de S. Paris 1983. – JACOBS, H. C.: S. u. die Musik. Forschungsber. u. krit. Bibliogr. 1900–1980. Ffm. u. a. 1983. – LAURENT, J.: S. comme S. ou le mensonge ambigu. Paris 1984. – TROUSSON, R.: S. et Rousseau. Continuité et ruptures. Köln 1986. – SERODES, S.: Les manuscrits autographiques de S. Genf 1993. – ↑auch Flaubert, Gustave.

Stenius, Göran Erik [schwed. 'stɛːniʊs], * Wyborg 9. Juli 1909, schwedischsprachiger finn. Schriftsteller. – War u. a. 1942–51 als Attaché an der finn. Vertretung beim Vatikan, konvertierte in dieser Zeit zum Katholizismus. Anfangs durch den Mystizismus seiner karel. Heimat, später durch das röm. Glaubenserlebnis geprägt. Sein erzähler. Werk zeichnet sich durch weite kulturhistor. Perspektiven aus. Bekannt wurde der Roman ›Die Glocken von Rom‹ (1955, dt. 1957). Ebenfalls dt. erschien 1960 die Romantrilogie ›Brot und Steine‹ (1959).

Weiteres Werk: Der Bronzeknabe von Ostia (R., 1974, dt. 1976).

Stenvall, Aleksis, finn. Schriftsteller [schwed. 'ste:nval], † Kivi, Aleksis.

Stephansson, Stephan G[uðmundsson] [engl. stɛfnsn], eigtl. Stefán Guðmundur Guðmundsson, * Kirkjuhóll (Skagafjörður) 3. Okt. 1853, † Markerville (Alberta) 10. Aug. 1927, isländ.-kanad. Dichter. – Einer der bedeutendsten isländ. Lyriker seiner Zeit; wanderte 1873 nach Kanada aus. In seinen Gedichten erinnert er an den heroischen Geist der alten isländ. Sagas und der ›Edda‹; er huldigte jedoch nicht nur der alten Heimat, sondern beschrieb auch in großartigen Landschaftsschilderungen das westl. Kanada; kritisierte die kapitalist. Ausbeutung und den brit. Imperialismus; im Ersten Weltkrieg entschiedener Pazifist.

Werke: Úti' á viðavangi (= Unter freiem Himmel, Ged., 1894), Á ferð og flugi (= In fliegender Fahrt, Ged., 1900), Andvökur (= Durchwachte Nächte, Ged., 4 Bde., 1909–38), Vígslóði (= Totschlagsfolgen, Ged., 1920).
Ausgabe: Bréf og ritgerðir. Reykjavík 1938–48. 4 Bde.

Stephen, Sir (seit 1902) Leslie [engl. sti:vn], * London 28. Nov. 1832, † ebd. 22. Febr. 1904, engl. Schriftsteller. – Vater von Virginia Woolf; ursprünglich Geistlicher; veröffentlichte zahlreiche krit. Studien (›Hours in a library‹, 3 Serien, 1874–79) und Biographien; schrieb eine bed. ›History of English thought in the eighteenth century‹ (2 Bde., 1876, ²1902); 1882–91 war er Hg. des ›Dictionary of national biography‹.

Weitere Werke: Essays on free thinking and plain speaking (1873), Science of ethics (1882), Studies of a biographer (4 Bde., 1898–1902), English literature and society in the eighteenth century (1904).
Ausgabe: Collected essays. Hg. v. J. BRUCE u. H. PAUL. o. O. 1907. 10 Bde.

Literatur: ANNAM, N. G.: L. S. His thought and character in relation to his time. London 1951.

Stephens, James [engl. sti:vnz], * Dublin 2. Febr. 1882 (oder 9. Febr. 1880?), † London 26. Dez. 1950, ir. Schriftsteller. – Wuchs in den Dubliner Slums auf; Autodidakt, gelangte durch G. W. Russel zur Literatur; wirkte bes. nach dem Osteraufstand (1916) für den ir. Nationalismus; siedelte 1925 nach London über, dort mit J. Joyce befreundet. Seine Romane sind experimentelle Prosa, die, vom Realismus ausgehend, unter dem Einfluß W. Blakes visionäre und theosoph. Züge annahm, zuerst in ›Götter, Menschen, Kobolde‹ (1912, dt. 1947), seinem bekanntesten Buch. Spätere Werke zeugen von seiner Beschäftigung mit gäl. Literatur und irischen Mythologie (›Irish fairy tales‹, En., 1920; ›Deirdre‹, R., 1923). Eine analoge Entwicklung bestimmt S.' Lyrik.

Weitere Werke: Insurrections (Ged., 1909), The hill of vision (Ged., 1912), The charwoman's daughter (R., 1912), Die Halbgötter (R., 1914, dt. 1949, 1964 auch u. d. T. Vagabunden, Engel und Dämonen, 1986 u. d. T. Unter Irlands Himmeln), The insurrection in Dublin (Prosa, 1916), Maeves Fest (R., 1924, dt. 1987), Collected poems (Ged., 1926), Strict joy (Ged., 1931), Kings and the moon (Ged., 1938).
Literatur: PYLE, H.: J. S. His work and an account of his life. London u. New York 1965. – MARTIN, A.: J. S. A critical study. Dublin 1977. McFATE, P.: The writings of J. S. London 1979.

Stephensen, Magnús [dän. 'sdɛfənsən], * Viðey bei Reykjavík 27. Dez. 1762, † ebd. 17. März 1833, isländ. Schriftsteller. – War 1800–33 Islands oberster Richter; einer der Hauptvertreter der Aufklärung in Island. S. suchte die aufklärer. Philosophie zu popularisieren, z. B. in seiner Sammlung ›Vinagleði‹ (1797) mit Fabeln, kleinen Spielen, Essays u. a., und den literar. Geschmack des Volkes nach frz. Vorbildern zu schulen. Er leitete eine aufklärer. wiss. Gesellschaft und verfügte über die einzige Druckerei des Landes; damit gewann er starken Einfluß auf die literar. Entwicklung Islands.

Stepnjak, S. [russ. stıp'njak], russ. Schriftsteller, † Krawtschinski, Sergei Michailowitsch.

Stepun, Fedor, russ. Fjodor Awgustowitsch S., * Kondorowo (Gebiet Ka-

luga) 19. Febr. 1884, † München 28. Febr. 1965, russ.-dt. Religions- und Kulturphilosoph und Schriftsteller. – Studierte in Heidelberg; war an der Februarrevolution 1917 beteiligt; 1922 aus der Sowjetunion ausgewiesen; ab 1926 Prof. für Soziologie in Dresden, 1937 Lehrverbot; erhielt 1947 in München einen Lehrstuhl für russ. Geistesgeschichte. S. schrieb zunächst in russ., später in dt. Sprache. Von seinen Romanen wurde v. a. ›Die Liebe des Nikolai Pereslegin‹ (1923–25, dt. 1928) bekannt. Bed. sind seine Lebenserinnerungen ›Vergangenes und Unvergängliches‹ (dt. 3 Bde., 1947–50, russ. 2 Bde., 1956), die eine Fülle von Eindrükken und Erlebnissen enthalten und in denen er deutend und wertend auf den Bolschewismus eingeht.
Weitere Werke: Wie war es möglich? Briefe eines russ. Offiziers (1918, dt. 1929, 1963 u. d. T. Als ich russ. Offizier war), Dostojewskij und Tolstoj. Christentum und soziale Revolution (3 Essays, dt. 1961).
Ausgabe: F. S. Vstreči i razmyšlenija. Izbrannye stat'i. London 1992.

Sterbebüchlein ↑ Ars moriendi.

Stere, Constantin, * Cerepcău (Bessarabien) 15. Nov. 1865, † Bucov (Ploieşti) 26. Juni 1936, rumän. Schriftsteller. – Gehörte revolutionären Kreisen in Odessa an, wurde deswegen 1886 nach Sibirien deportiert. 1892 floh er nach Rumänien, studierte in Jassy Rechtswiss. und wurde ebd. Prof. für Verfassungsrecht. 1906 Mitbegründer von ›Viaţa românească‹, der Zeitschrift der sozial ausgerichteten literar. Bewegung des ›Poporanismus‹; während der Besetzung im 1. Weltkrieg Hg. der Zeitschrift ›Lumina‹, wurde deshalb später verfolgt. In seinem Hauptwerk, dem unvollendeten großen Romanzyklus ›În preajma revoluţiei‹ (= Im Umkreis der Revolution, 8 Bde., 1931–36), zeichnet er ein Bild seiner Heimat Bessarabien, stellenweise mit scharfer polit. und sozialer Tendenz.

Sterija Popović, Jovan, serb. Schriftsteller, ↑ Popović, Jovan Sterija.

Stern, Adolf, eigtl. A. Ernst, * Leipzig 14. Juni 1835, † Dresden 15. April 1907, dt. Literarhistoriker und Schriftsteller. – Ab 1868 Prof. für Literatur- und Kulturgeschichte in Dresden. Von F. Hebbel und O. Ludwig inspirierter Verfasser

zahlreicher histor. Dramen, Erzählungen, Romane und Versepen; auch Lyrik und literarhistor. Werke.
Werke: Gedichte (1855), Jerusalem (Epos, 1858), Bis zum Abgrund (R., 2 Bde., 1861), Histor. Novellen (1866), Johannes Gutenberg (Epos, 1872).

Stern, Anatol, * Warschau 24. Okt. 1899, † ebd. 19. Okt. 1968, poln. Lyriker. – Mitbegründer des poln. Futurismus; schrieb die Gedichtbände ›Futuryzje‹ (= Futurisien, 1919), ›Nagi człowiek w śródmieściu‹ (= Nackter Mensch im Stadtzentrum‹, Poem, 1919) und ›Anielski cham‹ (= Engelslümmel, 1924), übersetzte russ. und frz. Literatur und verfaßte Filmdrehbücher. In krit. Skizzen widmete er sich u. a. dem Werk G. Apollinaires und W. W. Majakowskis.
Ausgabe: A. S. Poezje (1918–1968). Warschau 1969.

Stern, Daniel [frz. stɛrn], Pseudonym der frz. Schriftstellerin Marie Gräfin d'↑ Agoult.

Stern, Günther, dt. Schriftsteller, ↑ Anders, Günther.

Stern, Julius, Pseudonym des dt. Schriftstellers Julius ↑ Sturm.

Stern, Maurice Reinhold von, * Reval 15. April 1860, † Ottensheim (Oberösterreich) 28. Okt. 1938, österr. Schriftsteller balt. Herkunft. – Beamter und Journalist in Reval; wanderte nach Nordamerika aus, war dort u. a. Eisengießer und Bergmann; ab 1885 in Zürich, studierte Philosophie und arbeitete als Redakteur; lebte ab 1903 in Oberösterreich. S. begann mit radikaler Proletarierdichtung; schrieb später Natur- und Heimatdichtung sowie erzählende Werke.
Werke: Proletarierlieder (1885), Von jenseits des Meeres (Skizzen, 1890), Walter Wendrich (R., 1895), Lieder aus dem Zaubertal (Ged., 1905), Auf Goldgrund (Ged., 1931).

Stern, Richard G[ustave] [engl. stə:n], * New York 25. Febr. 1928, amerikan. Schriftsteller. – Studium an den Univ. North Carolina, Harvard und Iowa; als Lektor in Heidelberg tätig, seit 1965 Prof. für Englisch an der University of Chicago. Die in realist. Erzählstil mit iron. und satir. Einstellung verfaßten Kurzgeschichten und Romane behandeln Konflikte, die am Schnittpunkt zwischen privaten und öffentl. Bereichen entstehen, so bei einer mit versteckter Kamera arbeitenden Fernsehproduktion (›Golk‹, R., 1960), bei Aufenthalten amerikan. Bürger im Nachkriegseuropa (›Europe‹; or up and down with Baggish and Schreiber‹, R., 1961; ›In any case‹, R., 1963; ›Stitch‹, R., 1965), bei der Affäre eines Harvardprofessors mit seiner Studentin (›Other men's daughters‹, R., 1973) sowie bei der journalist. Behandlung des Todes (›Natural shocks‹, R., 1978).

Weitere Werke: Teeth, dying, and other matters (En. u. ein Dr., 1964), 1968: A short novel (En., 1970), The books in Fred Hampton's apartment (Essays, 1973), Packages (En., 1980), The invention of the real (Essays, 1982), A father's word (R., 1986), The position of the body (Essays, 1986), Noble rot. Stories 1949–1988 (En., 1989), Shares and other fictions (En., 1992).

Sternberg, Alexander von, Pseudonym des dt. Schriftstellers Alexander Freiherr von ↑ Ungern-Sternberg.

Sterne, Laurence [engl. stə:n], * Clonmel (Tipperary) 24. Nov. 1713, † London 18. März 1768, engl. Schriftsteller. – Studium der Theologie in Cambridge; Pfarrstelle in Yorkshire; unternahm nach 1762 (auch wegen eines Lungenleidens) Reisen nach Frankreich und Italien. Veröffentlichte eine Satire auf örtl. Kirchenvertreter (›A political romance‹, 1759, später als ›The history of a good warm watch coat‹) sowie eine Predigtsammlung (›Yoricks Predigten‹, 7 Bde., 1760 bis 1769, dt. 1770) und begann 1759 mit der Abfassung von ›Tristram Schandis Leben und Meynungen‹ (R., 9 Bde., 1759–67, dt. 1774 von G. E. Lessings Freund Johann Joachim Christoph Bode [* 1730, † 1793], 1937 u. d. T. ›Das Leben

Laurence
Sterne

und die Ansichten Tristram Shandys‹). Mit dieser fiktiven Autobiographie stellte S. die Konventionen des Romans bezüglich Handlungs-, Figuren-, Raum- und Zeitgestaltung spielerisch in Frage und begründete eine Tradition des experimentellen Romans, der sich u. a. durch die explizite Reflexion des Schreibakts auszeichnet. Statt äußerer Handlungsabläufe dominiert der Bewußtseinsinhalt des Ich-Erzählers, der die gedankl. Digression zum Strukturprinzip erhebt und für den die Progression seiner Geschichte daher zum unlösbaren Problem wird. So kommt es nach der Zeugung in Buch 1 erst in den Büchern 3 bis 6 zur Geburt Tristrams, seiner Taufe, zu der unfreiwilligen Beschneidung des Fünfjährigen sowie zur ersten Anpassung von Hosen. In Buch 7 erfolgt eine Bildungsreise des jungen Mannes nach Frankreich. Buch 9 schließt mit dem Jahr 1713, fünf Jahre vor dem Auftakt des Romans. Auch die übrigen Figuren sind von skurrilen Obsessionen (›hobby-horses‹) beherrscht, wie Vater Shandys Neigung zur Theoriebildung oder Onkel Tobys Interesse am Kriegswesen beweisen. Hierin wird der Einfluß von John Lockes Assoziationstheorie deutlich. Die detailbesessene Beobachtung der menschl. Natur verweist zudem auf Anregungen M. Eyquem de Montaignes und R. Burtons. Die Bedeutung von F. Rabelais, J. Swift und M. de Cervantes Saavedra für S. zeigt sich in Ironie und Satire, v. a. bei der Präsentation sexueller Anspielungen. Auch in S.s zweitem großen literar. Werk, ›Yoricks empfindsame Reise durch Frankreich und Italien‹ (R., 1768, dt. 1768 von J. J. Ch. Bode), in dem der Autor mit dem Genre der Reiseliteratur spielt, wird die Empfindsamkeit des aus ›Tristram Shandy‹ bekannten Pfarrers und nunmehrigen Erzählers durch Humor und feine Ironie ergänzt. Mit seiner Betonung menschl. Subjektivität beeinflußte S. die literar. Szene in Deutschland (Autoren des Sturm und Drang und der Romantik, z. B. L. Tieck, und v. a. Jean Paul), Frankreich (D. Diderot, Mme de Staël, Voltaire, H. de Balzac) und Rußland (A. S. Puschkin, N. W. Gogol, L. N. Tolstoi). Autoren des 20. Jh. betrachten S. aufgrund seiner Darstellungstechniken als Vorläufer des modernen Romans (V. Woolf, J. Joyce, M. Proust). **Ausgaben:** L. S. Ges. Schriften. Dt. Übers. Mchn. 2.–4. Tsd. 1920. 4 Bde. – L. S. The Shakespeare head edition of the writings. Oxford 1926–27. 7 Bde. – Letters of L. S. Hg. v. L. P. Curtis. Oxford 1935. Nachdr. 1965. **Literatur:** Maack, R.: L. S. im Lichte seiner Zeit. Hamb. 1936. – Traugott, J.: Tristram Shandy's world. S.'s philosophical rhetoric. Berkeley (Calif.) 1954. – Fluchère, H.: L. S. De l'homme à l'œuvre. Paris 1961. Gekürzte engl. Ausg. u. d. T. L. S. From Tristram to Yorick. London u. a. 1965. – Warning, R.: Illusion u. Wirklichkeit in Tristram Shandy und Jacques le Fataliste. Mchn. 1965. – Hartley, L. C.: L. S. in the twentieth century. An essay and a bibliography of Sternean studies 1900–1965. Chapel Hill (N. J.) 1966. – James, O. Ph.: The relation of Tristram Shandy to the life of S. Den Haag u. Paris 1966. – Oates, J. C.: Shandyism and sentiment 1760–1800. Cambridge 1968. – Michelsen, P.: L. S. u. der dt. Roman des achtzehnten Jh. Gött. ²1972. – Moglen, H.: The philosophical irony of L. S. Gainesville (Fla.) 1975. – Nonner, T.: Identität u. Idee. L. S.'s Tristram Shandy. Hdbg. 1975. – Hartley, L.: L. S., 1965–1977. An annotated bibliography. Boston (Mass.) 1978. – L. S. Riddles and mysteries. Hg. v. V. G. Myer. London 1984. – Cash, A. H.: L. S. London ²1992. 2 Bde.

Sterneder, Hans [...'e:dǝr], * Eggendorf (Niederösterreich) 7. Febr. 1889, † Bregenz 24. März 1981, österr. Schriftsteller. – Lehrer; schrieb naturverbundene Heimatromane, z. T. mit autobiograph. Charakter, und beschäftigte sich in Abhandlungen mit kosm. Mystik, die auch in seinem literar. Werk Ausdruck fand.
Werke: Der Bauernstudent (R., 1921), Der Sonnenbruder (R., 1922), Der Wunderapostel (R., 1924), Die Zwei und ihr Gestirn (R., 1926), Der seltsame Weg des Klaus Einsiedel (R., 1933), Der Schlüssel zum Tierkreis-Geheimnis und Menschenleben (1956), Die große Verwandlung (Mysterienspiel, 1957), Heimkehr in die Heimat (R., 1964), Also spricht die Cheopspyramide (1968), Das Geheimnis der Runen (1975).

Sternheim, Carl, * Leipzig 1. April 1878, † Brüssel 3. Nov. 1942, dt. Dramatiker und Erzähler. – Frühe Bekanntschaft mit dem Theater; studierte Philologie, Psychologie, Jura und Literatur in München, Leipzig und Göttingen; ließ sich nach Reisen in München nieder, wo er 1908 mit F. Blei die Zeitschrift ›Hyperion‹ gründete; ab 1912 in der Schweiz, in Belgien, den Niederlanden, in Dres-

Carl
Sternheim

den, am Bodensee, in Berlin, danach endgültig in Brüssel; bis 1918 waren einige seiner Stücke wegen ›Gefährdung der öffentl. Sittlichkeit‹ verboten, ab 1933 war sein Gesamtwerk verboten. S. karikiert in seinen grotesk-expressionist., satir. Werken die philisterhafte bürgerl. Gesellschaft der Wilhelmin. Ära, preist aber andererseits den Willen zur selbstherrl. Verwirklichung des Individuums in seinen Gestalten aus dem bürgerl. Leben. Großen Erfolg hatte er mit seiner Komödienreihe ›Aus dem bürgerl. Heldenleben‹ (›Die Hose‹, 1911; ›Die Kassette‹, 1912; ›Bürger Schippel‹, 1913; ›Der Snob‹, 1914), in der er die nur nach außen friedl. und wohlanständige Bürgerlichkeit als eine in Wirklichkeit das Streben nach Macht kaschierende Hülle aufweist. Für die moderne Komödie sind seine Stücke von großer Bedeutung, wenngleich ihre Rezeption häufig mit Kontroversen und Schwierigkeiten verbunden war. S.s Erzählungen und Romane wie auch seine Essays haben weniger Beachtung gefunden.
Weitere Werke: Der Heiland (Kom., 1898), ›Fanale!‹ (Dr., 1901), Judas Ischarioth (Trag., 1901), Busekow (Nov., 1914), Der Kandidat (Kom., 1914), 1913 (Schsp., 1915), Napoleon (Nov., 1915), Tabula rasa (Schsp., 1916), Perleberg (Kom., 1917; auch u. d. T. Der Stänker. Chronik von des zwanzigsten Jahrhunderts Beginn (Nov.n, 2 Bde., 1918; erweitert 1926–28 in 3 Bden.), Die Marquise von Arcis (Schsp., 1919), Die dt. Revolution (Essay, 1919), Europa (R., 2 Bde., 1919/20), Der entfesselte Zeitgenosse (Kom., 1920), Manon Lescaut (Schsp., 1921), Tasso oder Kunst der Juste Milieu (Essay, 1921), Der Nebbich (Kom., 1922), Libussa, des Kaisers Leibroß (E., 1922), Das Fossil (Dr.,

1925), Oscar Wilde. Sein Drama (Dr., 1925), Die Schule von Uznach oder Neue Sachlichkeit (Lsp., 1926), Vorkriegseuropa im Gleichnis meines Lebens (Autobiogr., 1936).

Ausgaben: C. S. Gesamtwerk. Hg. v. W. EMRICH. Bln. u. Nw. 1963–76. 11 Bde. – C. S. Ges. Werke in 6 Bden. Hg. v. F. HOFMANN. Bln. u. Weimar 1963–68. – C. S. Briefe. Hg. v. W. WENDLER. Darmst. u. Nw. 1987. 2 Bde.
Literatur: KARASEK, H.: C. S. Velber 1965. – WENDLER, W.: C. S. Weltvorstellung u. Kunstprinzipien. Ffm. u. Bonn 1966. – SEBALD, W. G.: C. S. Kritiker u. Opfer der Wilhelmin. Ära. Stg. 1969. – BILLETTA, R.: S.-Kompendium. C. S. Werk, Weg, Wirkung. Wsb. 1975 (mit Bibliogr.). – C. S.s Dramen. Hg. v. J. SCHÖNERT. Hdbg. 1975. – FREUND, W.: Die Bürgerkomödien C. S.s. Mchn. 1976. – DEIRITZ, K.: Geschichtsbewußtsein – Satire – Zensur. Eine Studie zu C. S. Meisenheim 1979. – LINKE, M.: C. S. Rbk. 1979. – C. S. Materialienbuch. Hg. v. W. WENDLER. Darmst. u. Nw. 1980. – DEDNER, B.: C. S. Boston (Mass.) 1982. – Zu C. S. Interpretationen. Hg. v. M. DURZAK. Stg. 1982. – WILLIAMS, RHYS W.: C. S. A critical study. Bern u. Ffm. 1982. – BUDDE, B.: Über die Wahrheit u. über die Lüge des radikalen antibürgerl. Individualismus. Eine Studie zum erzähler. u. essayist. Werk C. S.s. Bern u. Ffm. 1983. – C. S. Hg. v. H. L. ARNOLD. Mchn. 1985. – STURGES, D. S.: The German Molière revival and the comedies of Hugo von Hofmannsthal and C. S. Ffm. u. a. 1993. – ↑auch Kaiser, Georg.

Sterzinger Spiele, Fastnachtsspiele zu kirchl. Festen, die von dem Sterzinger Maler, Bildschnitzer und Spielführer Virgil Raber (* um 1485, † 1552) gesammelt wurden, heute fast vollständig im Archiv der Stadt aufbewahrt werden und erst z. T. veröffentlicht sind. Sie spiegeln den Spielbetrieb in Sterzing (Anfang des 15. Jh. bis 1580), der v. a. von Bürgern getragen wurde.
Literatur: DÖRRER, A.: Schicksale des Sterzinger Spielarchivs. In: Zs. f. dt. Altertum u. dt. Lit. 94 (1965), S. 138. – Tiroler Volksschauspiel. Hg. v. E. KÜHEBACHER. Bozen 1976.

Stesíchoros (tl.: Stēsíchoros), * Matauros (Unteritalien) um 630, † Katane (heute Catania) um 555, griech. Dichter. – Lebte meist in Himera an der sizilian. Nordküste; Chorlyriker (in den Lyrikerkanon aufgenommen); in der Antike waren von seiner Dichtung 26 Bücher bekannt, von denen jedoch nur so viel erhalten geblieben ist, daß ihre Thematik überblickt werden kann: Stoffe des Epos (u. a. ›Helénē‹, ›Palinōdía‹ [= Lied mit Widerruf], ›Ilíou pérsis‹ [= Untergang

Trojas], ›Nóstoi‹ [= Heimkehr (trojan. Helden)]), aber auch erot. Motive; mit ›Dáphnis‹ ist S. ein Vorläufer der bukol. Dichtung. Seine Rolle als Mittler zwischen Epos und Tragödie scheint bed. gewesen zu sein.
Ausgabe: S. In: Poetae Melici Graeci. Hg. v. D. L. PAGE. Oxford 1962.

Steuben, Fritz, eigtl. Erhard Wittek, * Wongrowitz (heute Wągrowiec, Woiwodschaft Piła) 3. Dez. 1898, † Pinneberg 4. Juni 1981, dt. Schriftsteller. – Schrieb zahlreiche vielgelesene Kinder- und Jugendbücher, v. a. um den Shawneehäuptling Tecumseh (›Der Fliegende Pfeil‹, 1930; ›Der rote Sturm‹, 1931; ›Tecumseh, der Berglöwe‹, 1932; ›Der Strahlende Stern‹, 1934; ›Schneller Fuß und Pfeilmädchen‹, 1935; ›Der Sohn des Manitu‹, 1938; ›Tecumsehs Tod‹, 1939); auch Romane und Erzählungen.

Stevan Prvovenčani, serb. König und Schriftsteller, ↑Stefan Prvovenčani.

Stevens, Wallace [engl. sti:vnz], * Reading (Pa.) 2. Okt. 1879, † Hartford (Conn.) 2. Aug. 1955, amerikan. Lyriker. – Nach Anglistikstudium Journalist in New York, dann Jurastudium; ab 1916 als Jurist bei einer Versicherungsgesellschaft in Hartford (Conn.), ab 1934 deren Vizepräsident. In der erst spät begonnenen Dichterkarriere bemühte sich S. um eine Verfeinerung des von Denkgewohnheiten verformten Intellekts des Menschen und seiner Sensibilität. Beeinflußt von den frz. Symbolisten und den Techniken des impressionist., pointillist. und modernen Malerei (v. a. P. Picasso) sowie von der Musik (›Der Mann mit der blauen Gitarre‹, 1937, dt. 1994), schuf er einen synästhet. Gesamteindruck, der bewußtseinserweiternd und erkenntnisfördernd wirkt. Die vornehmlich in südl. Breiten angesiedelten Gedichte sensibilisieren den Menschen und schärfen sein Wahrnehmungsvermögen durch die harmonisierende Kraft der poet. Imagination, die sich ständig wandelnde Wirklichkeit ordnet (›Harmonium‹, 1923; ›Ideas of order‹, 1935). Das Gedicht stellt somit ein abstraktes Kunstwerk dar, dessen Interpretation wegen seiner Häufung esoter. Stilmittel erschwert ist, aber dennoch ästhet. Vergnügen bereitet und im Sinne der Moderne zum Religionsersatz wird (›Notes toward a supreme fiction‹, 1942). Schrieb auch Versdramen und Essays, in denen er sich mit der Rolle des Dichters und der poet. Imagination in der modernen Literatur befaßte (›The necessary angel‹, 1951), zu deren bedeutendsten Vertretern er gehört.

Weitere Werke: Parts of a world (Ged., 1942), Esthétique du mal (Ged., 1945), Transport to summer (Ged., 1947), The auroras of autumn (Ged., 1950), The relations between poetry and painting (Essays, 1951), The collected poems (Ged., 1954, dt. Teilausg. 1987 u. d. T. Die Gedichte unseres Klimas; Pulitzerpreis 1955), Adagia (Aphorismen, hg. 1957, dt. 1992), Der Planet auf dem Tisch (engl. und dt. Ausw. 1961).

Ausgaben: Opus posthumous. Hg. v. S. F. MORSE. London 1959. Nachdr. New York 1982. – The letters of W. S. Hg. v. H. STEVENS. London u. New York 1966. – The palm at the end of the mind. Selected poems and a play. Hg. v. H. STEVENS. New York 1971. Nachdr. Hamden (Conn.) 1984.

Literatur: BUTTEL, R.: W. S. The making of ›Harmonium‹. Princeton (N. J.) 1967. – BÉNAMOU, M.: W. S. and the symbolist imagination. Princeton (N. J.) 1972. – EDELSTEIN, J. M.: W. S. A descriptive bibliography. Pittsburgh (Pa.) 1973. – BECKETT, L.: W. S. London 1974. – STEVENS, H. B.: Souvenirs and prophecies. The young W. S. New York 1977. – WESTON, S. B.: W. S. An introduction to the poetry. New York 1977. – MARTENS, K.: Negation, Negativität und Utopie im Werk von W. S. Ffm. 1980. – WALKER, D.: The transparent lyric. Reading and meaning in the poetry of S. and Williams. Princeton (N. J.) 1984. – W. S. Hg. v. H. BLOOM. New York 1985. – W. S. The critical heritage. Hg. v. CH. DOYLE. London u. a. 1985. – RICHARDSON, J.: W. S. New York 1986–88. 2 Bde. – CARROLL, J.: W. S.' supreme fiction. Baton Rouge (La.) 1987.

Stevenson, Robert Louis [Balfour] [engl. sti:vnsn], * Edinburgh 13. Nov. 1850, † Haus Vailima bei Apia (Westsamoa) 3. Dez. 1894, schott. Schriftsteller. – Studierte Jura, war dann Journalist, schließlich freier Schriftsteller; unternahm wegen eines Lungenleidens Reisen in südl. Länder, lebte ab 1890 auf Samoa. S. begann mit Reiseerzählungen, Erfolg und Ruhm brachte ihm jedoch erst die phantasievolle und spannende Erzählung ›Die Schatzinsel‹ (1883, dt. 1897), in der er den Abenteuerroman durch eindringl. psycholog. Skizzierung künstle-

risch verfeinerte. Erneuten großen Erfolg hatte er mit der unheiml., von E. A. Poe beeinflußten Erzählung ›Der seltsame Fall des Doctor Jekyll und des Herrn Hyde‹ (1886, dt. 1889), in der er das Problem der Persönlichkeitsspaltung behandelt. Er schrieb außerdem Romane mit Stoffen aus der schott. Geschichte nach dem Vorbild W. Scotts, u. a. sein unvollendetes Meisterwerk ›Die Herren von Hermiston‹ (hg. 1896, dt. 1927, 1962 u. d. T. ›Weir von Hermiston‹); zum Spätwerk gehören die Südsee-Erzählungen, darunter ›Das Flaschenteufelchen‹ (1892, dt. 1923). S. veröffentlichte auch Lyrik und Essays.

Robert Louis Stevenson

Weitere Werke: Neue arab. Nächte (En., 2 Bde., 1882, dt. 1896), David Balfour von Shaw (R., 1886, dt. 1925, 1954 u. d. T. Die Entführung), Die tollen Männer (Nov.n, 1887, dt. 1924), Der Erbe von Ballantrae (R., 1889, dt. 2 Bde., 1894/95, 1956 u. d. T. Die feindl. Brüder), Catriona (R., 1893, dt. 1925, 1939 u. d. T. Die Abenteuer des David Balfour).

Ausgaben: R. L. S. Works. London 1923–24. 35 Bde. – R. L. B. S. Ges. Werke. Dt. Übers. Hg. v. M. u. C. THESING. Mchn. u. a. 1924–27. Neuausg. 1979. 12 Bde. – R. L. S. Collected poems. Hg. v. J. A. SMITH. London 1950. – R. L. S. Romane. Dt. Übers. Nachwort u. Erll. v. R. MUMMENDEY. Mchn. [2]1978. – The letters of R. L. S. Hg. v. B. A. Booth u. E. Mahew. New Haven (Conn.) 1994. 4 Bde.

Literatur: BALFOUR, G.: The life of R. L. S. London [20]1922. – KIELY, R.: R. L. S. and the fiction of adventure. Cambridge (Mass.) 1964. – EIGNER, E. M.: R. L. S. and romantic tradition. Princeton (N. J.) 1966. – DÖLVERS, H.: Der Erzähler R. L. S. Interpretationen. Bern u. Mchn. 1969. – DAICHES, D.: R. L. S. and his world. London 1973. – BINDING, P.: R. L. S. London 1974. – CALDER, J.: R. L. S. A life study. New

York 1980. – SWEARINGEN, R. G.: The prose writings of R. L. S. A guide. Hamden (Conn.) 1980. – R. L. S. A critical celebration. Hg. v. J. CALDER. Totowa (N.J.) 1980. – HAMMOND, J. R.: A R. L. S. companion. London 1984. – MCLYNN, F.: R. L. S. A biography. London 1993.

Stewart, Douglas [Alexander] [engl. stjʊət] *Eltham (Neuseeland) 6. Mai 1913, †Sydney 14. Febr. 1985, austral. Schriftsteller neuseeländ. Herkunft. – Lebte ab 1938 in Australien; war 1940–61 Redakteur der bed. literar. ›Red Page‹ des Magazins ›The Bulletin‹. Seine auch in Hörspielfassung erfolgreichen Versdramen behandeln meist histor. Themen aus der austral. Vergangenheit (›Ned Kelly‹, 1943; ›Shipwreck‹, 1947; ›Fisher's ghost. A historical comedy‹, 1960) und der Mythologie der Maoris aus seiner Heimat Neuseeland (›The golden lover‹, 1944). In seinen Gedichten bevorzugt er thematisch phantasievolle Naturlyrik, formal Balladen, Lieder und Erzählgedichte.

Weitere Werke: Green lions (Ged., 1936), The white cry (Ged., 1939), Elegy for an airman (Ged., 1940), Sonnets to the unknown soldier (Ged., 1941), A girl with red hair (En., 1944), The fire on the snow (Vers-Dr., 1944), The dosser in springtime (Ged., 1946), Glencoe (Ged., 1947), The flesh and the spirit (Essays, 1948), Sun orchids and poems (Ged., 1952), The Birdsville track (Ged., 1955), Rutherford (Ged., 1962), Collected poems, 1936–1967 (Ged., 1967), The broad stream (Essays, 1975), Springtime in Taranaki (Autobiogr., 1983).
Ausgabe: D. S. Selected poems. Sydney 1973. Nachdr. London u. a. 1984.
Literatur: KEESING, N.: D. S. Melbourne ²1969.

Stewart, J[ohn] I[nnes] M[ackintosh] [engl. stjʊət], *Edinburgh 30. Sept. 1906, †12. Nov. 1994, engl. Schriftsteller. – Universitätslehrer in England (Oxford), Irland und den USA. Verfaßte unter dem Pseudonym Michael Innes an literar. Anspielungen reiche Kriminalromane um Inspektor Appleby (z. B. ›Death at the president's lodging‹, R., 1936). Wie diese spielen auch seine unter eigenem Namen erschienenen Romane zumeist im akadem. Milieu, so etwa ein Zyklus von Oxford-Romanen (›The gaudy‹, 1974; ›Young Patullo‹, 1975; ›A memorial service‹, 1976; ›The madonna of the Astrolabe‹, 1977; ›Full term‹, 1978); auch literaturkrit. Arbeiten u. a. über

Shakespeare, J. Joyce, Th. L. Peacock, R. Kipling und Th. Hardy.
Weitere Werke: Hamlet, räche dich! (R., 1937, dt. 1946, 1980 u. d. T. Hamlets Rache), The Daffodil Affair (R., 1942), The man from the sea (R., 1955), Ohne Totenschein (R., 1960, dt. 1965), Seltsame Parallelen (R., 1961, dt. 1965), Gefährliche Rückkehr (R., 1962, dt. 1964), A change of heir (R., 1966), Appleby's other story (R., 1974), Lord Mullions Geheimnis (R., 1981, dt. 1986), Andrew and Tobias (R., 1981), Appleby und Honeybath (R., 1983, dt. 1986).
Literatur: SCHEPER, G. L.: Michael Innes. New York 1986.

Stewart, Mary [engl. stjʊət], geb. Rainbow, *Sunderland 17. Sept. 1916, engl. Schriftstellerin. – Verfasserin abenteuerlich-spannender Unterhaltungsromane.
Werke: Reise in die Gefahr (R., 1955, dt. 1969), Das Jahr auf Valmy (R., 1958, dt. 1964), Die Höhle Apolls (R., 1960, dt. 1963, 1970 u. d. T. Tot im Schatten Apolls, 1979 u. d. T. Begegnung in Delphi), Delphin über schwarzem Grund (R., 1964, dt. 1968, 1984 u. d. T. Die Zauberinsel), Die Geisterhunde (R., 1967, dt. 1969), Das Sternenpferd (R., 1974, dt. 1980), Rühr nicht die Katze an (R., 1976, dt. 1977), Merlins Abschied (R., 1979, dt. 1982), Geistermond über dem Wolfswald (R., 1980, dt. 1981), Tag des Unheils (R., 1983, dt. 1985), Die Herrin von Thornyhold (R., 1988, dt. 1989).

stichisch [zu griech. stíchos = Reihe, Vers], in der Metrik die fortlaufende Aneinanderreihung formal gleicher Verse (auch monostichisch genannt), im Gegensatz zur paarweisen Zusammenfassung verschieden gebauter Verse (distichisch); s. verwendet wurden in der Antike v. a. die Sprechverse, z. B. der daktyl. Hexameter, der jamb. Trimeter, der trochäische Tetrameter, in späterer Zeit v. a. der Alexandriner und der Blankvers.

Stichometrie [griech.], Bez. für die in der Antike übl. Zeilenzählung zur Feststellung des Umfangs eines literar. Werkes; bei der Zählung wurde die Länge der daktyl. Hexameterzeile (etwa 16 Silben mit etwa 36 Buchstaben) als Einheit zugrunde gelegt. Die Summe der Zeilen (Verse) wurde am Schluß der Papyrusrollen vermerkt, dies zum Schutz gegen Interpolation sowie auch zur Festlegung des Schreiberlohns.

Stichomythie [griech.], Dialogform im antiken Drama, bei der Rede und Gegenrede in schneller Folge mit jedem

Vers (auch in Doppel- und Halbversen) wechseln. Als rhetor. Ausdrucksmittel der Erregung wurde die S. in Streit-, Wiedererkennungs-, Abschieds- und Gebetsszenen im griech. Drama bes. von Euripides, im röm. Drama bes. von Seneca d. J. eingesetzt. Im Drama der Neuzeit findet sich diese Dialogform v. a. im Renaissance- und Barocktheater sowie in klassizist. Tragödien.

Literatur: JENS, W.: Die S. in der frühen griech. Tagödie. Mchn. 1955.

Stichreim [griech.; dt.], versweise Aufteilung eines Reimpaares auf zwei Sprecher als Sonderform der † Reimbrechung und der † Stichomythie.

Stickelberger, Emanuel, * Basel 13. März 1884, † Sankt Gallen 16. Jan. 1962, schweizer. Schriftsteller. – Unternehmer; Mitbegründer des deutschsprachigen schweizer. PEN-Clubs; schrieb in der Tradition der großen schweizer. Realisten, bes. C. F. Meyers, quellengetreue geschichtl. Romane von wiss. Exaktheit, v. a. aus der Zeit der Reformation und des Humanismus.

Werke: Konrad Widerhold (R., 1917), Der Papst als Brautwerber (Nov., 1922), Ferrantes Gast (En., 1924), Zwingli (R., 1925), Reformation. Ein Heldenbuch (1928), Der graue Bischof (R., 1930), Der Reiter auf dem fahlen Pferd (R., 1937), Holbein-Trilogie (Der Mann mit den zwei Seelen, R., 1942; Holbein in England, R., 1944; Künstler und König, R., 1946), Das Wunder von Leyden (R., 1956).

Ausgabe: E. S. Ges. Werke in Einzelausgg. Frauenfeld [1-2]1948–65. 13 Bde.

Literatur: E. S. Festgabe zum 75. Geburtstag. Hg. v. A. W. MARTIN. Frauenfeld 1959. – TEUCHER, E.: Zum Gedächtnis des Dichters E. S. In: Reformatio 11 (1962), S. 416.

Stieler, Caspar (Kaspar) von (seit 1705), * Erfurt 2. Aug. (25. März?) 1632, † ebd. 24. Juni 1707, dt. Dichter und Sprachforscher. – Studium der Theologie und Medizin, 1654–57 Soldat, danach Jurastudium; zeitweilig Sekretär im Dienst thüring. Fürsten. Als ›der Spate‹ Mitglied der ›Fruchtbringenden Gesellschaft‹; in seinem lexikal. Werk, ›Der Teutschen Sprache Stammbaum und Fortwachs oder Teutscher Sprachschatz‹ (1691), verzeichnete er den Wortschatz seiner Zeit. A. Köster wies ihn 1897 als Verfasser der Sammlung ›Die Geharnschte Venus ...‹ (1660) nach, die unter dem Pseudonym Filidor der Dorfferer erschienen und lange Zeit J. Schwieger zugeschrieben worden war; diese Sammlung enthält daseinsfreudige, sinnl., z. T. auch derbe Liebesgedichte. S. schrieb auch geistl. Lieder und Schauspiele sowie mehrere stilist., grammatikal. und lexikal. Handbücher. Seine in gewandten Versen und treffsicherem Stil abgefaßte ›Dichtkunst‹ wurde erst 1887 entdeckt und 1975 erstmals vollständig veröffentlicht.

Ausgaben: Kaspar S. Ges. Schrr. in Einzelausgg. Hg. v. H. ZEMAN u. a. Mchn. 1968. 4 Bde. – Kaspar S. Die Dichtkunst ›des Spaten‹. Hg. v. H. ZEMAN. Wien 1975.

Literatur: KÖSTER, A.: Der Dichter der geharnischten Venus. Marburg 1897. – ISING, G.: Die Erfassung der dt. Sprache des ausgehenden 17. Jh. in den Wörterbb. Matthias Kramers u. Kaspar S.s. Bln. 1956. – ZEMAN, H.: Kaspar S. Versuch einer Monogr. Diss. Wien 1965. 2 Bde.

Stieler, Karl, * München 15. Dez. 1842, † ebd. 12. April 1885, bayr. Mundartdichter. – Sohn des Malers Joseph Karl S.; studierte Jura in München und Heidelberg; Mitarbeiter des Wochenblatts ›Fliegende Blätter‹ in München. Schrieb humorvoll-urwüchsige Dichtungen in oberbair. Dialekt, ferner Reisebeschreibungen und Gedichte in hochdt. Sprache.

Werke: Berbleameln (Ged., 1865), Weil's mi' freut! (Ged., 1876), Habt's a Schneid!? (Ged., 1877), Natur- und Lebensbilder aus den Alpen (postum 1886).

Ausgabe: K. S. Ausgew. Werke. Hg. v. K. A. VON MÜLLER u. R. PIKOLA. Hausham/Obb. 1957. 2 Bde.

Stiernhielm, Georg [schwed. ˌʃæːrnjɛlm], ursprüngl. Jöran Lilja, * Vika (Dalarna) 7. Aug. 1598, † Stockholm 22. April 1672, schwed. Dichter und Forscher. – Autor des schwed. Frühbarock, der humanist. Tradition verpflichtet; gilt als Begründer der neueren schwed. Literatur. In seiner Dichtung ist S. bemüht, der schwed. Sprache durch Wiederaufnahme alter Wörter neuen Glanz zu verleihen. Sein bedeutendstes Werk ist das lehrhafte Hexameterepos ›Hercules‹ (1658), in dem der Autor das antike Motiv von Herakles am Scheideweg gestaltet. Daneben schrieb S. auch Texte für Ballette am Hof Königin Christines sowie Studien zu Mathematik und Mechanik, Sprachwissenschaft und Altertumskunde.

Weitere Werke: Heroisch fägne-sång (Ged., 1643), Heroisch jubel-sång (Ged., 1644), Then fångne Cupido (Ballett, 1649).
Ausgabe: G. S. Samlade skrifter. Hg. v. J. NORD-STRÖM. Stockholm 1924–57. 3 Tle. in 4 Bden.
Literatur: SWARTLING, B.: G. S. Uppsala 1909. – FRIBERG, A.: Den svenske Herkules. Studier i S.s diktning. Lund 1945. – WIESELGREN, P. V.: G. S. Stockholm 1948. – FRIESE, W.: Nord. Barockdichtung. Mchn. 1968.

Stiernstedt, Marika [schwed. ˌʃæːrnstɛt], Pseudonym Mark Stern, * Stockholm 12. Jan. 1875, † Tyringe 25. Okt. 1954, schwed. Schriftstellerin. – Behandelte in zahlreichen Romanen und Erzählungen v. a. eth. und psycholog. Aspekte von Frauenschicksalen. In 2. Ehe ∞ mit dem Schriftsteller L. Nordström; 1931–43 Vorsitzende des schwed. Schriftstellerverbandes.

Werke: Der hinkende Eros (Nov., 1906, dt. 1912), Daniela Herz (R., 1912), Ullabella (R., 1922, dt. 1930), Die von Schneckenström (R., 1924, dt. 1926), Fräulein Liwin (R., 1925, dt. 1925), Attentat in Paris (R., 1942, dt. 1943), Kring ett äktenskap (Memoiren, 1953).
Literatur: WITTROCK, U.: M. S. Stockholm 1959.

Adalbert
Stifter

Stifter, Adalbert, * Oberplan (heute Horní Planá, Südböhm. Gebiet) 23. Okt. 1805, † Linz 28. Jan. 1868, österr. Schriftsteller. – Verlor als Zwölfjähriger den Vater, der Leinweber von Beruf war; Schulausbildung bei den Benediktinern in Kremsmünster. Studium in Wien: zunächst Jura, dann Mathematik und Naturwissenschaften; gab dann seinen Neigungen zum Malen und Schreiben den Vorzug. 1827 Annäherung an Fanny Greipl, ein Mädchen aus seiner Heimat;

von ihren Eltern abgewiesen, heiratete er 1837 die Modistin Amalie Mohaupt. Die Ehe blieb kinderlos, eine Pflegetochter ertränkte sich 1859 in der Donau. 1848 engagierte sich S. für die Revolution und wurde in seinem Wohnbezirk zum Wahlmann für die Frankfurter Nationalversammlung aufgestellt. Obwohl als Dichter und Maler zunehmend bekannt, war er aus finanziellen Gründen zusätzlich als Hauslehrer, zeitweise auch als Redakteur tätig; 1850 übernahm er schließlich die Stelle eines Schulrats in Linz. 1853 auch zum Konservator von Oberösterreich ernannt, machte er sich um die Erhaltung von Kunstdenkmälern verdient. Die Beziehung zu Vorgesetzten und klerikalen Kräften waren gespannt, die Geldsorgen weiterhin belastend. Dazu kamen unglückl. Entwicklungen im persönl. Bereich, Nerven- und Augenleiden; eine zusätzl. Leberinfektion ließ seinen Gesundheitszustand schließlich als hoffnungslos erscheinen und löste einen Selbstmordversuch aus, an dem er zwei Tage später starb.

S.s Werk steht am Anfang noch weitgehend unter romant. Vorzeichen, daneben zeigt sich der Einfluß von H. Heine, L. Börne, J. F. Cooper und Jean Paul. Das spiegelt sich besonders in den Urfassungen seiner frühen Schriften, die er später zugunsten einfacherer Wortbildungen und einer knapperen, sachlicheren Darstellung überarbeitete. Die sechs Novellenbände ›Studien‹ (1844–50), deren Titel S. in bewußter Anlehnung an die Malerei wählte, zeigen den Autor bereits als Meister souveräner Landschaftsbeschreibung, einer oft auch idealisierten, symbolisch erhöhten Landschaft, wo Naturzustand und Seelenzustand des Menschen korrespondieren können. Nur sehr weit abgelegene Bereiche der Natur (Wald, Gebirge, Inseln) bieten in außergewöhnl. Situationen noch Schutz und vorübergehenden Trost; gleichwohl erscheint auch die Natur geschwächt, im Grunde schutzlos vor den Bedrohungen einer tendenziell chaot. Wirklichkeit. Weitere Erzählungen enthält die Sammlung ›Bunte Steine‹ (2 Bde., 1853; darin u. a. ›Bergkristall‹) und die nach dem Tod ihres Verfassers herausgegebene Sammlung ›Erzählungen‹ (2 Bde., 1869).

Dem ep. Spätwerk, den Romanen ›Der Nachsommer‹ (3 Bde., 1857; ein Erlebnis- und Bildungsroman in der geistigen Verwandtschaft von Goethes ›Wilhelm Meister‹) und ›Witiko‹ (3 Bde., 1865–67, ein histor. Roman aus dem mittelalterl. Böhmen), blieb die Gunst des Lesepublikums zunächst versagt. Erst eine ›S.-Renaissance‹ nach dem 1. Weltkrieg schätzte gerade diesen letzten Teil der Werke. Das dritte große ep. Werk, ›Die Mappe meines Urgroßvaters‹ (sog. ›letzte Mappe‹, die letzte von vier Fassungen dieser Erzählungsreihe, als Romanversion geplant), blieb unvollendet. Seine eigentl. künstler. Bestimmung sah S. im übrigen zeitlebens in der Malerei (etwa hundert Gemälde und Zeichnungen sind erhalten); als Schriftsteller hielt er sich lange nur für einen Dilettanten. S.s Kunst fügt jedoch beide Gebiete zusammen, etwa in seiner Bevorzugung von Malern als Hauptpersonen (vom frühen ›Condor‹, 1840, bis zu ›Nachkommenschaften‹, 1864); überhaupt enthält alles, was S. schrieb, den ›Ton der Augensprache‹ (Hermann Bahr) und wirkt ›gleichsam mit dem Pinsel gemalt‹ (Peter Rosegger). Als Maler gilt S. in seinen besten Arbeiten als Vorläufer des Impressionismus, für die österr. Literatur des 19. Jh. ist er die bedeutendste Gestalt neben F. Grillparzer.

Ausgaben: A. S. Sämtl. Werke. Hg. v. A. SAUER u. a. Prag u. Graz [1–2]1908–60. 25 Bde. in 29 Tlen. Nachdr. Hildesheim 1972–76. – A. S. Briefe. Ausw. v. F. SEEBASS. Stg. u. Tüb. 1947. – A. S. Ges. Werke. Ffm. [2]1959. 6 Bde. – A. S. Ges. Werke. Hg. v. K. STEFFEN. Basel u. Stg. 1962–72. 14 Bde. – A. S. Werke. Hg. v. U. JAPP u. H. J. PIECHOTTA. 4 Bde. Ffm. 1978. – A. S. Werke u. Briefe. Histor.-krit. Gesamtausg. Hg. v. A. DOPPLER u. W. FRÜHWALD. Stg. u. a. 1978 ff. (bisher 4 Bde. erschienen). – A. S. Sämtl. Werke in 5 Bden. Hg. v. F. KRÖKEL u. K. PÖRNBACHER. Mchn. 1979–81.

Literatur: NOVOTNY, F.: A. S. als Maler. Wien [3]1941. – HEIN, A. R.: A. S. Sein Leben u. seine Werke. Wien u. a. [2]1952. 2 Bde. – MÜLLER, JOACHIM: A. S. Weltbild u. Dichtung. Halle/Saale 1956. – ROEDL, W. (d. i. BRUNO ADLER): A. S. Gesch. seines Lebens. Bern [2]1958. – FISCHER, KURT G.: Die Pädagogik des Menschenmöglichen. A. S. Linz 1962. – EISENMEIER, E.: A.-S.-Bibliogr. Linz 1964–83. 3 Bde. – BERTRAM, E.: Studien zu A. S.s Novellentechnik. Do. [2]1966. – ENZINGER, M.: Ges. Aufss. zu A. S. Wien 1967. – A. S. im Urteil seiner Zeit. Hg. v.

M. ENZIGER. Wien u. a. 1968. – A. S. Studien u. Interpretationen. Hg. v. L. STIEHM. Hdbg. 1968. – RUPP, H.-U.: S.s Sprache. Zü. 1969. – KAISER, M.: A. S. Eine literaturpsycholog. Unters. seiner Erzählungen. Bonn 1971. – SELGE, M.: A. S. Stg. u. a. 1976. – WILDBOLZ, R.: A. S. Stg. u. a. 1976. – PFEIFFER, K. E.: Kunsttheorie u. Kunstkritik im 19. Jh. Das Beispiel A. S. Bochum 1977. – BAUMER, F.: Das sanfte Gesetz. Roman über A. S. Passau 1978. – ROKYTA, H./ZÁLOHA, J.: A. S. Český Krumlov 1978. – NAUMANN, U.: A. S. Stg. 1979. – TIELKE, M.: Sanftes Gesetz u. histor. Notwendigkeit. A. S. zwischen Restauration u. Revolution. Ffm. u. a. 1979. – A. S. Hg. v. CH. WETZEL. Stg. 1983. – SICHELSCHMIDT, G.: A. S. Leben u. Werk. Mchn.-Bodman 1988. – HOFFMANN, CH.: Die Liebesanschauung in S.s ›Nachsommer‹. Linz 1993. – ROEDL, U.: A. S. Rbk. 58.–60. Tsd. 1994.

Stiftung F. V. S. zu Hamburg, 1931 von dem Kaufmann Alfred Toepfer gegründete Stiftung mit Sitz in Hamburg. Das Vermögen der Stiftung beträgt rund 200 Mill. DM. Stiftungszweck ist die Förderung kultureller, wiss. und humanitärer Leistungen in Europa durch Verleihung von Preisen für beispielhafte Verdienste (u. a. Gottfried-von-Herder-Preise, ↑Hansische Goethe-Preis, Robert-Schuman-Preis, ↑Shakespeare-Preis) sowie durch Vergabe von Stipendien an den jugendl. Nachwuchs. Die Abkürzung F. V. S. ist nicht auflösbar.

Stiftung Weimarer Klassik ↑Nationale Forschungs- und Gedenkstätten der klassischen deutschen Literatur in Weimar.

Stigen, Terje [norweg. ˌstiːgən], *Kjelvik auf Magerøy 28. Juni 1922, norweg. Schriftsteller. – Bekannt durch seine histor. Romane, die mit ihrem realistisch-humorist. Stil und ihrer fesselnden Handlung viele Leser fanden.

Werke: To døgn (R., 1950), Ehe der Sommer verging (R., 1952, dt. 1954), Vindstille underveis (R., 1956), Frode budebæren (R., 1957, dt. Auszug 1974 u. d. T. Frodes Abenteuer), Stunden im Grenzland (R., 1966, dt. 1969), Det flyktige hjerte (R., 1967), Min Marion (R., 1972), Skumsøylene (R., 1973), Peter Johannes Lookhas (R., 1974), Forliset (R., 1976), Assortiment (R., 1982), Bak våre masker (R., 1983).

Stigmonym [zu griech. stígma = Punkt und ónoma (ónyma) = Name], Bez. für die in anonymen Schriften anstelle eines Verfassernamens gesetzten Punkte (meist drei).

Stil [von lat. stilus = Stiel, Griffel, Schreibart], die jeweils besondere Art und Weise der Formung und Gestaltung, in der Haltungen, Verhalten, Vorstellungen von sozialen Gruppen oder Individuen erscheinen (z. B. ›Lebensstil‹). Der S.begriff wird jedoch hauptsächlich in der Literatur, der bildenden Kunst und der Musik angewandt. Er bezeichnet dort typ., wiederkehrende, relativ gleichbleibende und allgemeine Merkmale der Art und Weise, wie das künstler. Material ausgewählt und behandelt wird und Gedanken, Inhalte formuliert werden. Man kann von Werk-, Persönlichkeits- oder Individualstil, Gruppen-, Gattungs-, Epochen-, Regional- und Nationalstil sprechen. S. kann immer nur als Abweichung von einer Norm beschrieben werden. Die S.forschung muß sich deshalb über anzuwendende Normen und Vergleichsgrößen verständigen. – Der S. sprachl. Kunstwerke kann nach der Wahl, Mischung oder Verwendungsintensität bestimmter grammat. oder rhetor. Mittel sowie bestimmter sprachl. Bilder charakterisiert werden. Aufgrund der verwendeten Sprachfiguren ist eine Unterscheidung in einen **rhetor.** und einen **poet.** Stil möglich, die jeweils weiter klassifiziert werden können nach der Auswahl der Wortarten (**Nominal-** oder **Verbalstil**) und syntakt. Verbindungen (**parataktischer** [= beiordnender] oder **hypotaktischer** [– unterordnender] **Stil**). Es kann auch unterschieden werden zwischen einem ›objektiven‹ S. mit vorwiegend Informationselementen und einem ›subjektiven‹ S., bei dem Ausdruck und (lyr.) Selbstaussage überwiegen. Werden S.e historisch untersucht, so kann bei den geläufigen Epocheneinteilungen der europ. Kulturgeschichte (z. B. Renaissance, Klassik) zwar der S. in einer bestimmten Kunstgattung durch einzelne Charakteristika bestimmt werden, es ist jedoch nicht nur schwierig, Gemeinsamkeiten zwischen den S.en der verschiedenen Kunstgattungen einer Epoche (↑Epochenstil) herauszuarbeiten, schon die zeitl. und räuml. Begrenzung der S.e bietet Schwierigkeiten. So gilt z. B. der Klassikbegriff, bei dem sich Epochenbezeichnung und Werturteil schon früh verbunden haben, in Frankreich für die Dichtung des 17. Jh., in Deutschland für die Kunstperiode um 1800. Solche Phasenverschiebungen machen es äußerst schwierig, allgemeinverbindl. S.bestimmungen aus grundlegenden Geistesströmungen oder aus den jeweils herrschenden ökonom. Zuständen abzuleiten und zu begründen. – ↑auch Stilistik.

Stilarten ↑Genera dicendi.

Stilblüte, sprachl. Äußerung, die durch das Weglassen eines Wortes, eines Relativsatzes, falsche oder ungewöhnl. Wortstellung und Wortwahl einen anderen als den beabsichtigten Sinn erhält und dadurch von kom. Wirkung ist.

Stilbruch, Verwendung von Stilmitteln, die nicht zueinander passen.

Stilbühne, zu Beginn des 20. Jh. verwendete Bühnenform, die im Ggs. zur ↑Illusionsbühne ausschließlich mit andeutenden, stilisierten Ausdrucksmitteln arbeitete, wobei ihre strukturbildenden Elemente (Pfeiler, Säulen, Vorhänge usw.) während eines Stückes nicht verändert wurden; heute ohne Bedeutung.

Stilfiguren ↑rhetorische Figuren.

Stilisierung, abstrahierende, auf wesentl. Grundzüge reduzierte Darstellung, auch Nachahmung eines Stilideals oder -musters. In der Literatur sind Elemente der S. u. a. über die Normalsprache sich erhebende Wortwahl und Syntax, meist ausgerichtet auf ein klass. Stilideal (z. B. bei A. von Platen, S. George), formelhafte Sprache, reduzierter oder symmetrischer Satzbau, strenge Vers- und Strophenformen.

Stilistik [lat.], als Wiss. vom [literar.] ↑Stil: 1. Theorie des literar. Stils, 2. Analyse und Beschreibung gleichzeitig oder nacheinander auftretender Stile (deskriptive bzw. historisch-deskriptive S. bzw. Stilanalyse), 3. Anleitung zu einem vorbildl. [Schreib]stil (normative S.). – Die S. löste die ↑Rhetorik ab, nachdem diese als literar. System mit der Entwicklung der Genielehre in Frage gestellt worden war.
Die neu sich bildende S. wählte als zentrale Kategorie den ›Ausdruck‹; sie bezog sich genetisch auf die Natur des Autors und überindividueller Faktoren, wie Nation, Gruppe, Gesellschaft und Zeit, so auch noch im Positivismus und in der

geistesgeschichtl. Schule, jedoch stellte letztere dem Kausalismus und Atomismus den Positivismus den Erlebnisbegriff und die ganzheitlich-organ. Deutung des Kunstwerks gegenüber. Auf diesem Boden entstand die **historisch-deskriptive genet. Stilistik,** die über die Individualstile zu Synthesen als National- und Epochenstile strebte. Der Nachweis der Einheit von Form und Gehalt verdrängte später den genet. Aspekt; der Stil wurde gleichrangiger, wenn nicht privilegierter Ausgangspunkt der werkimmanenten Interpretation. Ähnl. Ziele, aber unter Verzicht auf den Intuitionismus dieser Richtung, verfolgt die auf dem Schichtenmodell des Kunstwerks basierende **funktionale Stilistik.** Demgegenüber steht einerseits eine Neubegründung des genet. Ansatzes in der soziolog. Methode, die Stil und Inhalt, Stil und äußere Wirklichkeit dialektisch zu vermitteln sucht, andererseits eine Renaissance des rhetor. Ansatzes in der linguistisch orientierten S., die, vom Strukturalismus ausgehend, stilist. Momente als Konstanten innerhalb der Architektur des Sprachsystems bestimmt. – Die **normative Stilistik** spielt stets nur eine marginale, meist auf Zweckprosa eingeschränkte Rolle.

Literatur: SPITZER, L.: Aufss. zur roman. Syntax u. S. Halle/Saale 1918. Nachdr. Darmst. 1967. – SPITZER, L.: Roman. Stil- u. Literaturstudien. Marburg 1931. 2 Bde. – SPITZER, L.: Stilstudien. Darmst. ²1961. – Linguistik u. Stil. Hg. v. J. SPENCER. Dt. Übers. Mchn. 1973. – RIFFA-TERRE, M.: Strukturale S. Dt. Übers. Mchn. 1973. – SANDERS, W.: Linguist. Stiltheorie. Gött. 1973. – ASMUTH, B./BERG-EHLERS, L.: S. Düss. 1974. – SEIFFERT, H.: Stil heute. Eine Einf. in die S. Mchn. 1977. – SEIDLER, H.: Grundfragen einer Wiss. von der Sprachkunst. Mchn. 1978.

Stiller, Klaus, * Augsburg 15. April 1941, dt. Schriftsteller. – Studierte Germanistik und Romanistik, lebt in Berlin, war ab 1981 Literaturredakteur beim Sender RIAS Berlin. Vertreter der experimentellen Dokumentarliteratur und einer gesellschaftskritisch verstandenen Sprachkritik. Mit der Montage authent. Texte, z. B. von Hitlerreden in ›H. Protokoll‹ (1970) oder Anzeigentexten in ›Traumberufe‹ (1977), gelingt es ihm, aufzuzeigen, was sich hinter dieser authent. Sprache an anderer Wirklichkeit verbirgt. Auch Romane und Hörspiele.

Weitere Werke: Die Absperrung (E., 1966), Tagebuch eines Weihbischofs (1972), Die Faschisten – Italien. Novellen (1976), Weihnachten (R., 1980), Das heilige Jahr (R., 1986), Dem Dichter – Sein Vaterland (En., 1991).

Stilling, Heinrich, dt. Schriftsteller, ↑ Jung-Stilling, Johann Heinrich.

Stilmittel, Bez. für diejenigen sprachl. Ausdrucksformen, die für einen bestimmten Personal-, Gattungs- oder Epochenstil prägend erscheinen, z. B. bes. syntakt. Fügungen (etwa bei H. von Kleist), charakterist. Wörter (Mischung mit Dialektformen usw.: G. Hauptmann), rhetor. (Schiller) oder metaphor. Ausgestaltungen (Jean Paul) oder Hervortreten klangl. Formen (z. B. in der Reimprosa bei R. M. Rilke). – ↑ auch Genera dicendi.

Stinde, Julius, Pseudonym Alfred de Valmy u. a., * Kirchnüchel (Landkreis Plön) 28. Aug. 1841, † Olsberg (Hochsauerlandkreis) 5. Aug. 1905, dt. Schriftsteller. – Chemiker, dann Redakteur. Lebte in Hamburg, ab 1876 in Berlin. Schrieb Volksstücke, Lustspiele, Humoresken und Novellen; bekannt v. a. durch humorvoll-iron. Romane aus dem Kleinbürgermilieu Berlins.

Werke: Hamburger Leiden (Schwank, 1875), Waldnovellen (1881), Buchholzen's in Italien (E., 1883), Die Familie Buchholz (R., 4 Bde., 1884–95), Wilhelmine Buchholz' Memoiren (R., 1895), Hôtel Buchholz (R., 1897), Zigeunerkönigs Sohn (Nov.n, 1910).

Štítný, Tomáš [tschech. ˈʃtʲiːtniː] (T. ze Štítného), * Štítné bei Žirovnice um 1333, † Prag zwischen 1401 und 1409, tschech. Schriftsteller. – Aus böhm. Landadel; studierte in Prag und lebte dann auf seinem Gut, um sich der Erziehung seiner Kinder zu widmen, für die er seine Schriften in erster Linie verfaßte; ab 1381 ständig in Prag. Š. las und übersetzte die mittelalterl. Scholastiker und Mystiker und schrieb unter ihrem Einfluß religiöse Traktate (›Knížky šestery o obecných věcech křesťanských‹ [= Sechs Bücher über allgemeine christl. Fragen], 1376); Verfasser der didakt. Schrift ›Řeči besední‹ (= Gespräche, entst. wohl in der 1. Hälfte der 1370er Jahre) und der Laienpostille ›Řeči sváteční a nedělní‹ (= Feiertags- und Sonntagsreden, vollendet 1392); schuf eine christlich-kirchl. Terminologie für das Tschechische.

Literatur: GEBAUER, J.: O životě a spisích T.e ze Štítného. Prag 1923.

St. John, J. Hector [engl. snt'dʒɔn], Pseudonym des amerikan. Schriftstellers frz. Herkunft Michel Guillaume Jean de ↑Crèvecœur.

Stobaios (tl.: Stobaîos; lat. Stobaeus, Stobäus), Ioannes, griech. Schriftsteller wohl des 5.Jh. n.Chr. – Benannt nach seiner makedon. Heimatstadt Stoboi; stellte, unter Benutzung bereits vorhandener Sammlungen, eine Anthologie mit Exzerpten aus Werken griech. Dichter, Philosophen, Geschichtsschreiber, Rhetoren und Ärzte (bis zum 4.Jh. n.Chr.) zusammen; sie ist nach Sachgebieten in vier Bücher gegliedert: Buch 1: v.a. Philosophenschulen, Metaphysik, Naturphilosophie; Buch 2 und 3: Ethik; Buch 4: z.B. Politik, Hausverwaltung, Familie. Das mit Lücken erhaltene Werk ist wertvoll wegen der Überlieferung von Zitaten aus verlorenen Texten.

Ausgabe: S. Anthologium. Hg. v. K. WACHSMUTH U. O. HENSE. Bln. ³1974. 5 Bde.

Stobäus, Ioannes, griech. Schriftsteller, ↑Stobaios, Ioannes.

Stöber, August, * Straßburg 8. Juli 1808, † Mülhausen 9. März 1884, elsäss. Schriftsteller. – Ab 1841 Lehrer in Mülhausen, ab 1864 auch Oberstadtbibliothekar ebd.; mit seinem Bruder, dem ev. Theologen Adolf S., gab er die belletrist. Zeitschrift ›Erwinia‹ (1838/39) heraus. Als Lyriker und Erzähler wurde er von L.Ch.H. Hölty, Schiller und den Romantikern beeinflußt. Schrieb auch Erzählungen in elsäss. Mundart.

Werke: Gedichte (1842), Elsäss. Volksbüchlein (1842).

Stöber, Daniel Ehrenfried, * Straßburg 9. März 1779, † ebd. 28. Dez. 1835, elsäss. Mundartdichter. – Vater von Adolf und August S.; Advokat in Straßburg. Gab zusammen mit J.G.D. Arnold und J.P. Hebel das ›Alsat. Taschenbuch‹ (3 Bde., 1805–07) heraus. Seine in elsäss. Mundart geschriebenen Gedichte sind voller Witz und Humor.

Weitere Werke: Lyr. Gedichte (1811), Neujahrsbüchlein in Elsässer Mundart, vom Vetter Daniel (1818), Sämtl. Gedichte und kleine prosaische Schriften (4 Bde., 1835/36).

Stockenström, Wilhelmina Johanna [afrikaans 'stɔkənstrœm], * Napier (Kapprovinz) 7. Aug. 1933, südafrikan. Schriftstellerin. – Debütierte als Lyrikerin mit ›Vir die bysiende leser‹ (1970), einer Sammlung von Natur- und Liebesgedichten; ›Spieël van water‹ (1973) enthält sorgfältig strukturierte, doppeldeutige Gedichte mit iron. Grundton, ohne feste Vers- und Reimschemata. ›Denn der siebte Sinn ist der Schlaf‹ (R., 1981, dt. 1987), der Monolog einer Sklavin, enthüllt auf subtile Weise das Schicksal von Frauen in einer von Brutalität regierten Welt.

Weitere Werke: Van vergetelheid en van glans (Ged., 1977), Monsterverse (Ged., 1984), Die heengaan refrein (Ged., 1988).

Stockhausen, Juliana von, verh. Gräfin von Gatterburg, * Lahr 21. Dez. 1899, dt. Schriftstellerin. – Lebte ab 1924 in Wien, seit 1932 auf Schloß Eberstadt (Odenwald); schrieb, beeinflußt von E. von Handel-Mazzetti, ausdrucksstarke histor. und biograph. Romane in kath. Grundhaltung.

Werke: Brennendes Land (R., 1920), Die Soldaten der Kaiserin (R., 1924), Meister Albert und der Ritter (R., 1932), Die Nacht von Wimpfen (En., 1941), Im Schatten der Hofburg (Memoiren, 1951), Bitteres Glück (R., 1955), Wilder Lorbeer (R., 1964), Lady Fritze. Romanze eines Lebens (1967), Der Mann in der Mondsichel (R., 1970), Die abenteuerl. Reisen des Philipp Franz von Siebold (R., 1975), Auf Immerwiedersehen. Begegnungen mit dem beginnenden Jahrhundert (1977).

Stockpuppe, Puppenspielfigur, die an einem Stock, der zwischen Rumpf und Beinen befestigt ist, von unten geführt wird und deren Glieder bis auf den mit Hilfe eines Führungsstabes bewegl. rechten Arm unbeweglich sind. Das bekannteste Stockpuppentheater in der BR Deutschland ist das Hänneschen-Theater in Köln. – ↑auch Puppenspiel.

Stockton, Frank R[ichard] [engl. 'stɔktən], eigtl. Francis R. S., * Philadelphia 5. April 1834, † Washington (D.C.) 20. April 1902, amerikan. Schriftsteller. – Lebte seit 1866 als Journalist und Schriftsteller in New York; zunächst Verfasser komisch-phantast. Kindergeschichten, schrieb dann humorist. Romane, die gegen Ende des 19.Jh. sehr beliebt waren. S.s bekanntestes Werk, das Titelstück der

Kurzgeschichtensammlung ›Die Lady oder der Tiger?‹ (1884, dt. 1982), hatte auch als Operette Erfolg.

Weitere Werke: Rudder Grange (R., 1879), The casting away of Mrs. Lecks and Mrs. Aleshine (R., 1886).
Literatur: GOLEMBA, H. L.: F. R. S. Boston (Mass.) 1981.

Stoddard, Richard Henry [engl. 'stɔdəd], *Hingham (Mass.) 2. Juli 1825, †New York 12. Mai 1903, amerikan. Dichter. – Ärml. Kindheit in Massachusetts, 1835 Umzug nach New York; literar. Autodidakt; schrieb Gedichte, v.a. während seiner durch N. Hawthornes Vermittlung erlangten Tätigkeit als Zollinspektor in New York (1853–70); übte eine bed. Funktion als Hg. literar. Zeitschriften und Veranstalter eines literar. Salons aus (zus. mit seiner Frau, Elizabeth Drew [Barstow] [*1823, †1902], die Romane und Gedichte schrieb), die ihm die Bezeichnung ›Nestor der amerikan. Literatur‹ eintrug.

Werke: Poems (Ged., 1852), Songs of summer (Ged., 1857), Abraham Lincoln. An Horatian ode (Ged., 1865), Poems (Ged., 1880), The Lion's Cub (Ged., 1890), Recollections, personal and literary (Autobiogr., 1903).

Stodola, Ivan [slowak. 'stɔdala], *Liptovský Mikuláš 10. März 1888, †Piešt'any 26. März 1977, slowak. Dramatiker. – Arzt; prangerte in seinen bühnensicheren satir. und gesellschaftskrit. Stücken Geld- und Ämtersucht sowie Bestechlichkeit an; behandelte auch psycholog. und soziale Probleme sowie histor. Stoffe.

Werke: Čaj u pána senátora (= Tee beim Herrn Senator, Kom., 1929), Král' Svätopluk (= König Svätopluk, Dr., 1931), Marína Havranová (Dr., 1942), Básnik a smrt' (= Der Dichter und der Tod, Dr., 1946), V šl'apajach Hippokrata (= In den Fußstapfen des Hippokrates, Erinnerungen, 1977).
Ausgabe: I. S. Divadelné hry. Preßburg 1956–58. 3 Bde.

Stoessl, Otto ['ʃtœsəl], *Wien 2. Mai 1875, †ebd. 15. Sept. 1936, österr. Schriftsteller. – Studierte Jura und Philosophie in Wien; Journalist, ab 1923 freier Schriftsteller. S. gehörte zum neuromant. Kreis um P. Ernst. Er schrieb stimmungsvolle, z.T. kulturkrit. Romane, Novellen aus der bürgerl. Welt, Märchen- und Versschauspiele, Gedichte sowie Essays

über Repräsentanten der deutschsprachigen Literatur und über Formprobleme.
Werke: G. Keller (Essay, 1904), Kinderfrühling (Nov.n, 1904), C. F. Meyer (Essay, 1906), Allerleirauh (Nov.n, 1911), Morgenrot (R., 1912), Lebensform und Dichtungsform (Essays, 1914), Unterwelt (Nov.n, 1917), Das Haus Erath (R., 1920), Der Hirt als Gott (Dr., 1920), Sonnenmelodie (R., 1923), Nachtgeschichten (1926), Der Kurpfuscher (R., hg. 1987).

Stoff, die literaturwiss. Bez. ›Stoff‹ entzieht sich einer eindeutigen Definition, weil S. als Kontrastbegriff zu ↑Thema, Idee und ↑Motiv auftritt; grundsätzlich ist S. die aus dem literar. Kunstwerk herauslösbare Handlung, die Fabel; er ist damit eine Abfolge von Ereignissen, die mit bestimmten Personen in spezif. histor. oder mytholog. Situationen verwirklicht wird.
Literatur: FRENZEL, E.: S.e der Weltliteratur. Stg. ⁸1992.

Stoffgeschichte, Teilgebiet der vergleichenden Literaturwissenschaft (Komparatistik), auf dem weniger die Herkunft oder Entstehung eines literaturgeschichtl., vielfach überlieferten und verarbeiteten Stoffes oder Themas als vielmehr deren Veränderungen im Lauf der Geschichte erforscht werden.
Literatur: ↑Stoff.

Stöger, August Karl, *Bad Ischl 19. Jan. 1905, †ebd. 18. April 1989, österr. Schriftsteller. – Lehrer im Salzkammergut; Erzähler, dessen Themen um Natur, menschl. Leidenschaft und bäuerl. Welt kreisen; auch Jugendbücher und Hörspiele.
Werke: Die Magd (En., 1937, erweitert 1953 u.d.T. In den dunklen Nächten), Die Kranewittbrüder (R., 1938), Der Knecht Tobias (Nov., 1942), Die Reise nach Hallstatt (Nov., 1952), Der Mann vom Schattwald (R., 1957), Marsch ins Ungewisse (Jugendb., 1972), Verschollen (Jugendb., 1974), Wüste in Flammen (Jugendb., 1977).

Stojanow (tl.: Stojanov), Dimitar Iwanow [bulgar. sto'janof], bulgar. Schriftsteller, ↑Elin Pelin.

Stojanow (tl.: Stojanov), Ljudmil [bulgar. sto'janof], eigtl. Georgi S. Slatarow, *Kowatschewiza (Verw.-Geb. Blagoewgrad) 18. Febr. 1886, †Sofia 11. April 1973, bulgar. Schriftsteller. – Begann mit Werken, die von Neuromantik und Symbolismus geprägt sind und histor., meist patriot. Stoffe gestalten; wandte sich v. a. in seinen lyr. Prosawerken einem anfangs gemäßigt sozialen, dann sozialist. Realismus zu; auch Versdramen, Biographien und Essays, ferner Übersetzungen aus dem Russischen. Zu seinen Hauptwerken gehört die autobiograph. Kriegserzählung ›Cholera‹ (1935, dt. 1957).

Ausgabe: L. Stojanov. Izbrani tvorbi. Sofia 1964–73. 5 Bde.

Stojanow (tl.: Stojanov), Sachari [bulgar. sto'janof], *Medwen (Verw.-Geb. Sliwen) 1850 oder 1851, †Paris 14. Sept. 1889, bulgar. Publizist. – Kam früh mit antitürk. Kreisen in Kontakt, nahm am bulgar. Befreiungskampf teil, den er dokumentarisch in einem bed. Memoirenwerk darstellte (›Zapiski po bălgarskite văstanija‹ [= Aufzeichnungen über die bulgar. Aufstände], 3 Tle., 1884–92); Vertreter der nat. Aufklärung; schrieb subjektive Biographien bulgar. Revolutionäre; auch Redakteur; 1888 Parlamentsmitglied.

Ausgabe: Z. Stojanov. Săčinenija. Sofia 1965. 3 Bde. in 1 Bd.

Stoker, Bram [engl. 'stoʊkə], eigtl. Abraham S., *Dublin 8. Nov. 1847, †London 20. April 1912, ir. Schriftsteller. – War zehn Jahre im Staatsdienst tätig, nebenbei Journalist; 1878–1905 Bühnenmanager. Welterfolg hatte sein Vampirroman ›Dracula‹ (1897, dt. 1908) in Tagebuch- und Briefform, der zu zahlreichen literarischen. Nachahmungen und Verfilmungen anregte.

Weitere Werke: The mystery of the sea (R., 1902), Personal reminiscences of Henry Irving (Biogr., 2 Bde., 1906), Draculas Gast (R., hg. 1914, dt. 1968).

Ausgabe: The B. S. bedside companion. 10 stories by the author of Dracula. Hg. v. CH. OSBORNE. New York 1973.

Literatur: FARSON, D.: The man who wrote Dracula. A biography of B. S. London 1975.

Stolberg-Stolberg, Christian Reichsgraf zu, *Hamburg 15. Okt. 1748, †Schloß Windebye bei Eckernförde 18. Jan. 1821, dt. Dichter. – Studierte zusammen mit seinem Bruder Friedrich Leopold Rechts- und Literaturwissenschaft, zuerst in Halle, dann in Göttingen, wo er sich dem dortigen Dichterkreis (›Göttinger Hain‹) anschloß; Bekanntschaft mit Goethe (gemeinsame Reise in die Schweiz) und J. K. Lavater. S.-S. schrieb Singspiele, patriot. Lieder und Liebeslyrik; bed. sind seine Übersetzungen aus dem Griechischen und Lateinischen. Seine Hauptwerke schuf er zusammen mit seinem Bruder.

Ausgabe †Stolberg-Stolberg, Friedrich Leopold Reichsgraf zu.

Stolberg-Stolberg, Friedrich Leopold Reichsgraf zu, *Bramstedt (heute Bad Bramstedt) 7. Nov. 1750, †Schloß Sondermühlen bei Osnabrück 5. Dez. 1819, dt. Schriftsteller. – Studierte gemeinsam mit seinem Bruder Christian Rechts- und Literaturwissenschaft, wurde wie dieser Mitglied des ›Göttinger Hains‹; bekannt mit F. G. Klopstock und M. Claudius, Beziehungen zu Goethe und J. K. Lavater, später zu J. G. Hamann, F. H. Jacobi und J. G. Herder. 1777 Gesandter Lübecks in Kopenhagen, 1789–91 dän. Gesandter in Berlin. Nach einer Italienreise kam er in Kontakt mit Amalia Fürstin von Gallitzin und Angehörigen des westfäl. Adels, wodurch S.-S., der früher freiheitl. Ideale leidenschaftlich vertreten hatte, immer mehr in die Kreise der polit. und kirchl. Reaktion hineingezogen wurde. 1800 zog er sich ins Privatleben zurück, übersiedelte nach Münster und trat zum Katholizismus über, was zum Bruch u. a. mit Goethe, Schiller und J. H. Voß führte, der seinen Jugendfreund 1819 in dem Aufsatz ›Wie ward Fritz Stolberg ein Unfreier‹ scharf angriff. – S.-S. trat in pathetisch-patriot. Lyrik hervor; er stand anfangs unter dem Einfluß Klopstocks und später J. H. Voß', wurde schließlich romant. Schwärmer; die späteren Werke zeugen von der geistigen Befangenheit ihres Autors. Zeitweise enge dichterische Zusammenarbeit mit seinem Bruder. Schrieb auch Romane, Dramen, Reiseberichte, kirchenhistorische Schriften; seine Übersetzungen v. a. antiker Literatur wurden auch von seinen literarischen Gegnern anerkannt.

Werke: Gedichte (1779; mit Christian zu S.-S.), Schauspiele mit Choeren (1787; mit Christian zu S.-S.), Die Insel (idyll. Dichtung, 1788), Reise in Deutschland, der Schweiz, Italien und Sizilien ... (4 Bde., 1794), Geschichte der Religion Jesu Christi (15 Bde., 1806–18), Vaterländ. Gedichte (1815; mit Christian zu S.-S.), Numa (R.-Fragment, hg. 1968).

Ausgabe: Christian u. F. L. v. S. Ges. Werke. Hamb. 1820–25. 20 Bde. Nachdr. Hildesheim 1974. 20 in 10 Bden. **Literatur:** MENGE, TH.: Der Graf F. L. S. u. seine Zeitgenossen. Gotha 1862. 2 Bde. – SCHEFFCZYK, L.: F. L. zu S.s Gesch. der Religion Jesu Christi. Mchn. 1952. – SCHULZE, ANNE- LIESE: J. H. Voß' Auseinandersetzung mit F. L. S. u. Vertretern der jüngeren Romantik. Diss. Potsdam 1956 [Masch.]. – BRACHIN, P.: F. L. v. S. u. die dt. Romantik. In: Literaturwiss. Jb. N. F. 1 (1960), S. 117. – BEHRENS, I./BEHRENS, J.: F. L. Graf zu S. Verz. sämtl. Briefe. Bad Homburg v. d. H. 1968.

Stolle (Meister Stolle), mhd. Sang- spruchdichter des späten 13. Jahrhun- derts. – Stammte aus dem hess.-thüring. Grenzgebiet, hielt sich 1256 bis nach 1273 im bayr.-österr. Raum auf. Alle mit Sicherheit von ihm verfaßten Strophen sind in der ›Almentstrophe‹, einem der berühmtesten Töne des 13. Jh., geschrie- ben. Die Meistersinger zählten ihn zu den zwölf alten Meistern; daneben kann- ten sie einen jungen S., dem andere Töne zugeschrieben wurden; von diesem ist ein 13strophiges Lied überliefert, das dem frühen 14. Jh. angehört. Ein weiterer Autor dieses Namens ist ein von Walther von der Vogelweide apostrophierter Geg- ner, von dem keine Texte erhalten sind. **Literatur:** WACHINGER, B.: Sängerkrieg. Mchn. 1973. – KORNRUMPF, G./WACHINGER, B.: Al- ment. Formentlehrung u. Tönegebrauch in der mhd. Spruchdichtung. In: Dt. Lit. im MA. Hg. v. CH. CORMEAU. Stg. 1979.

Stollen [eigtl. = Pfosten, Stütze], Be- griff der Meistersinger, der einen der beiden Teile, die den ↑Aufgesang der ↑Stollenstrophe konstituieren, bezeich- net; besteht aus zwei (auch drei und mehr) isometr. oder heterometr. gereim- ten Versen und wird in gleicher Form und Melodie wiederholt (zweiter S. oder Gegen-S.); beide S. sind durch Kreuz- reim verbunden; auch die beiden Stäbe im Anvers der german. ↑Langzeile (↑Stabreimvers) werden als S. bezeich- net.

Stollenstrophe, im dt. Minnesang vermutlich aus der provenzal. Trouba- dourlyrik übernommene Kanzonenstro- phe (↑Kanzone), bestehend aus dem in zwei musikalisch und metrisch gleichge- baute ↑Stollen gegliederten Aufgesang und dem metrisch und musikalisch ab- weichenden Abgesang. Die S. begegnet

in der deutschsprachigen Lyrik in einfa- chen, aber auch äußerst kunstvollen und variationsreichen Ausprägungen, z. T. in mehrstroph. Liedern, jedoch ohne das in der roman. S. beliebte Geleit (↑Envoi), und wurde die gängigste Strophenform des MA und der frühen Neuzeit. Im Mei- stersang wurde z. B. die Grundstruktur der S. vielfach zur sog. ↑Meistersangstro- phe erweitert.

Stolpe, Sven [Johan], * Stockholm 24. Aug. 1905, schwed. Schriftsteller und Literaturwissenschaftler. – Lehrer, 1945–61 als Literaturkritiker tätig; er- wies sich als streitbarer Polemiker; seine Romane sind von seiner religiösen Grundhaltung bestimmt (1947 Konver- sion zum Katholizismus); gewandter Es- sayist, hat zur Forschung über Königin Christine mit zwei aufsehenerregenden Studien beigetragen. **Werke:** Im Wartezimmer des Todes (R., 1930, dt. 1958), Leicht, schnell und zart (R., 1947, dt. 1954), Sakrament (R., 1948), Das Mädchen von Orléans (Biogr., 1949, dt. 1954), Spiel in den Kulissen (R., 1952, dt. 1953), Frau Birgitta lä- chelt (R., 1955, dt. 1955), Königin Christine von Schweden (Biogr., 1961, dt. 1962), Memoarer (3 Tle., 1974–76), Äventyr i Paris och annorstä- des (Essays, 1984). **Literatur:** BOSHOUWERS, R.: S. S. Brügge 1960.

Stolper, Armin, * Breslau 23. März 1934, dt. Schriftsteller. – 1972–74 Chef- dramaturg am Dt. Theater in Berlin (Ost), danach freier Schriftsteller. Verfas- ser realistisch-zeitkrit. Stücke über die Lebens- und Arbeitsprobleme im Sozia- lismus und das Individuum im Kollektiv. Schreibt auch Essays, Fernseh- und Hör- spiele, Gedichte und Erzählungen. **Werke:** Amphitryon (Dr., 1967), Ruzante (Dr., 1967), Zeitgenossen (Dr., 1969), Himmelfahrt zur Erde (Dr., 1970), Das Naturkind (Kom., 1977), Die Karriere des Seiltänzers (En., ein Dr., 1979), Lausitzer Trilogie (Dramen, 1980), Dienstreisende (Schsp., 1981), Poesie trägt ei- nen weiten Mantel (Ged., Prosa, 1982), Weißer Flügel schwarzgerändert (Ged., 1982), Ge- schichten aus dem Giebelzimmer (1983), Nach Reykjavik & Flachsenfingen. Erlebnisse auf Reisen (1985), Der Pferdenarr (Dr., 1987), Un- terwegs mit einem Entertainer (En., 1988), Lau- sitzer Bekenntnisse (1992).

Stoltze, Friedrich, * Frankfurt am Main 21. Nov. 1816, † ebd. 28. März 1891, Frankfurter Mundartdichter. – Hausleh- rer; beteiligte sich an der Revolution von

1848 und mußte deshalb vorübergehend in die Schweiz fliehen; leitete ab 1852 die ›Frankfurter Krebbelzeitung‹, 1860–66 und ab 1872 auch die ›Frankfurter Latern‹; auch hochdt. Lyrik und Erzählungen.

Werke: Gedichte in Frankfurter Mundart (2 Bde., 1864–71), Novellen und Erzählungen in Frankfurter Mundart (2 Bde., 1880–85). **Literatur:** PROELSS, J.: F. S. Ein Bürger aus Frankfurt. Neuausg. Ffm. 1978. – Werkverz. F. S. Bearb. v. A. ESTERMANN u. a. Vaduz 1983.

Stone, Irving [engl. stoʊn], eigtl. I. Tennenbaum, * San Francisco (Calif.) 14. Juli 1903, † Los Angeles (Calif.) 26. Aug. 1989, amerikan. Schriftsteller. – Studierte an der University of California in Berkeley, dort 1925/26 Dozent für Volkswirtschaft. S. pflegte, nach erfolglosen Versuchen als Dramatiker, v. a. die auf histor. Materialien aufbauende romanhafte Biographie.

Werke: Vincent van Gogh (1934, dt. 1936), Zur See und im Sattel. Das Leben Jack Londons (1938, dt. 1948), Michelangelo (1961, dt. 1961), Das Leben gehört den Liebenden (1965, dt. 1967; über John u. Abigail Adams), Der Seele dunkle Pfade. Ein Roman um Sigmund Freud (1971, dt. 1971), Der griech. Schatz. Das Leben von Sophia und Heinrich Schliemann (1975, dt. 1976), Der Schöpfung wunderbare Wege. Das Leben des Charles Darwin (1980, dt. 1981), Die Tiefen des Ruhms (1985, dt. 1986; über Camille Pissarro). **Literatur:** STIEG, L. F.: I. S. A bibliography. Los Angeles (Calif.) 1973.

Stone, Robert [Anthony] [engl. stoʊn], * New York 21. Aug. 1937, amerikan. Schriftsteller. – Dozent u. a. an der Harvard University und in Princeton. Schreibt spannende, Thriller, Liebesgeschichte und polit. Satire mischende Romane über Zeitprobleme wie z. B. die Formen des Rassismus und der Gewalt während der Mardi-Gras-Feiern in New Orleans (›Zerrspiegel‹, 1967, dt. 1986), den Verlust menschl. Werte durch den aus dem Vietnamkrieg resultierenden Heroinschmuggel (z. B. in dem von J. Conrad beeinflußten Roman ›Unter Teufeln‹, 1974, dt. 1988) und die Verwicklung von Einzelpersonen in die Lateinamerikapolitik der USA; auch Kurzgeschichten und Drehbücher.

Weitere Werke: Das Geschrei deiner Feinde (R., 1981, dt. 1986), Kinder des Lichts (R., 1986, dt. 1990), Outerbridge reach (R., 1992).

Stoppard, Tom [engl. 'stɔpəd], ursprünglich Thomas Straussler, * Zlín 3. Juli 1937, engl. Dramatiker tschech. Herkunft. – Flucht der Familie zunächst nach Singapur (1939), dann nach Indien (1942); schließlich Übersiedlung nach England durch die zweite Ehe der Mutter mit dem brit. Major Stoppard. S. war anfangs Journalist (u. a. Theaterkritiker) und schrieb v. a. Hör- und Fernsehspiele sowie einen Roman (›Lord Malquist & Mr. Moon‹, 1966), ehe ihm 1966 der Durchbruch als Dramatiker gelang. Sein dramat. Werk ist gekennzeichnet durch die spielerisch-kom. Nutzung literar. Vorlagen, von Shakespeares ›Hamlet‹ und S. Becketts ›Warten auf Godot‹ (›Rosenkranz und Güldenstern sind tot‹, 1967, dt. 1967) über Kriminalromane (›Der wahre Inspektor Hound‹, 1968, dt. EA 1969; ›After Magritte‹, 1968; ›Akrobaten‹, 1972, dt. 1973; ›Hapgood‹, 1988) bis zu O. Wildes Komödie ›Ernst sein!‹ (›Travesties‹, 1975, dt. 1976). In späteren Dramen wird das spielerische Moment verstärkt mit satirischem Realitätsbezug verbunden, v. a. der Kritik an Meinungsmanipulation und -unterdrückung in totalitären Staaten (›Every good boy deserves favour‹, 1978, dt. 1980, mit A. Previn; ›Night and day‹, 1978, dt. 1979; ›Dogg's Hamlet, Cahoot's Macbeth‹, 2 Farcen, 1980). ›Das einzig Wahre‹ (Dr., 1982, dt. EA 1984) integriert Spiel und Politik in eine private Liebesgeschichte. Auch Bearbeitungen u. a. von Werken A. Schnitzlers (›Undiscovered country‹, Dr., 1980; ›Dalliance‹, Dr., 1986), J. N. Nestroys (›On the razzle‹, Dr., 1981) und F. Molnárs (›Rough crossing‹, Dr., 1985).

Tom
Stoppard

Weitere Werke: Enter a free man (Dr., 1972), Schmutzige Wäsche und Neu-Fund-Land (Dramen, 1976, dt. 1977), Albert's Bridge and other plays (Dramen, 1977), The dog it was that died and other plays (Dramen, 1983), The plays for radio 1964–1983 (Hsp.e, 1990), In the native state (Dr., 1991), Arkadien (Dr., 1993, dt. 1993), Indian ink (Dr., 1995). **Literatur:** LONDRÉ, F. H.: T. S. New York 1981. – HUNTER, J.: T. S.'s plays. London 1982. – WEIKERT, H.-E.: T. S.s Dramen. Unterss. zu Sprache und Dialog. Tüb. 1982. – WHITAKER, TH. R.: T. S. London u. a. 1983. – BRASSELL, T.: T. S. An assessment. New York 1985. – NEUMEIER, B.: Spiel und Politik. Aspekte der Komik bei T. S. Mchn. 1986. – BILLINGTON, M.: S., the playwright. London 1987. – SAMMELS, N.: T. S. The artist as critic. London 1988. – DELANEY, P.: T. S. The moral vision of the major plays. Basingstoke 1990. – JENKINS, A.: The theatre of T. S. Cambridge ²1990.

Storey, Anthony [engl. 'stɔːrɪ], * Wakefield (Yorkshire) 10. Nov. 1928, engl. Schriftsteller. – Bruder von David Malcolm S.; das Interesse an Psychologie und Religion prägt seine Romane über das Thema der Bruderrivalität (›Jesus Iscariot‹, 1967; ›Brother's keeper‹, 1975) sowie seine Trilogie über eine zweite Menschwerdung Christi (Bd. 1: ›The rector‹, 1970; Bd. 2: ›The centre holds‹, 1973; Bd. 3: ›The saviour‹, 1978). **Weitere Werke:** Graceless go I (R., 1969), Platinum jag (R., 1972), Platinum ass (R., 1975).

Storey, David Malcolm [engl. 'stɔːrɪ], * Wakefield (Yorkshire) 13. Juli 1933, engl. Schriftsteller. – Bruder von Anthony S.; war Kunststudent, Rugbyprofi, dann Lehrer. Setzt autobiograph. Erfahrungen literarisch um in präzise Schilderungen sozialer Milieus. In seinen ersten Romanen beschreibt S. die schmerzvoll erfahrene Trennung von Körper und Seele, die sich sozial und geographisch in der Gegenüberstellung von Nord- und Südengland spiegelt (›This sporting life‹, 1960; ›Flight into Camden‹, 1960; ›Leonard Radcliffe‹, 1963, dt. 1965). Auch der Roman ›Saville‹ (1976; Booker-Preis 1976) sowie die Dramen ›Zur Feier des Tages‹ (1969, dt. 1972) und ›Der Gutshof‹ (1973, dt. 1974) beleuchten persönl. und innerfamiliäre Spannungen durch den sozialen Aufstieg und Weggang der jungen Generation. ›Pasmore‹ (R., 1972) und ›A temporary life‹ (R., 1973) sowie ›Die Genesung des

Arnold Middleton‹ (Dr., 1967, dt. um 1970) und ›Home‹ (Dr., 1970, dt. 1971) befassen sich mit dem Thema der psych. Desintegration. Die Dramen ›Die Umkleidekabine‹ (1972, dt. EA 1973) und ›Das Festzelt‹ (1970, dt. 1970) erregten Aufsehen durch die Verlegung der Handlung in den Umkleideraum eines Rugbyteams bzw. durch den Auf- und Abbau eines Hochzeitszelts auf der Bühne. **Weitere Werke:** Cromwell (Dr., 1973, dt. 1975), Life class (Dr., 1975), Mother's day (Dr., 1978), Sisters (Dr., 1980), Early days (Dr., 1980), A prodigal child (R., 1982), Present times (R., 1984), The march on Russia (Dr., 1989), Stages (Dr., 1992), Storey's lives: Poems 1951–1991 (Ged., 1992). **Literatur:** TAYLOR, J. R.: D. S. London 1974. – HUTCHINGS, W.: The plays of D. S. Carbondale (Ill.) 1988.

Storm, Theodor, * Husum 14. Sept. 1817, † Hademarschen (heute zu Hanerau-Hademarschen, Landkreis Rendsburg-Eckernförde) 4. Juli 1888, dt. Dichter. – Sohn eines Advokaten; Gymnasium in Lübeck, Jurastudium in Kiel und Berlin; Freundschaft mit dem Historiker Theodor Mommsen (* 1817, † 1903); 1843 Advokat in Husum, verlor sein Amt nach der Einverleibung Schleswigs in Dänemark; 1846 ∞ mit Konstanze Esmarch († 1865); ab 1852 Tätigkeit an Gerichten in Potsdam und Heiligenstadt. 1864 ging er in das preußisch gewordene Schleswig-Holstein zurück und wurde Landvogt, 1866 ∞ mit Dorothea Jensen; ab 1874 Oberamtsrichter in Husum. 1880 Übersiedlung nach Hademarschen. – S.s Lyrik steht zwischen Spätromantik und Realismus. Seine ersten Gedichte gab er zusammen mit den Brüdern Th. und Tycho (* 1819, † 1900) Mommsen im ›Liederbuch dreier Freunde‹ (1843) heraus; literar. Vorbilder in dieser Zeit waren E. Mörike, J. von Eichendorff und H. Heine. Unmittelbarkeit des Gefühls und Musikalität der Sprache kennzeichnen die einem humanist. Gesellschaftsbild verpflichteten Gedichte. Von dieser Haltung ist auch das gesamte Novellenwerk, das von der schwermütigen Erinnerungsnovelle über die herb-realist. Schicksalsnovelle bis zur oft archaisierenden Chroniknovelle reicht, beeinflußt. Die Auseinandersetzung des Individuums mit scheinbar unüberwindl.

Schwierigkeiten läßt dabei auch Platz für psycholog. und krit. Aspekte. S. gilt heute als hervorragender Vertreter realist. Novellistik, die nicht ohne Auswirkungen z. B. auf Th. Mann und R. M. Rilke blieb.

Werke: Sommergeschichten und Lieder (Nov.n und Ged., 1851; darin u. a.: Der kleine Häwelmann, Immensee), Gedichte (1852), Novellen und Gedenkblätter (1874; darin u. a.: Viola Tricolor, Lena Wies), Waldwinkel. Pole Poppenspäler (Nov.n, 1875), Aquis submersus (Nov., 1877), Carsten Curator (Nov., 1878), Der Herr Etatsrath. Die Söhne des Senators (Nov.n, 1881), Hans und Heinz Kirch (Nov., 1883), Zur Chronik von Grieshuus (Nov., 1884), John Riew'. Ein Fest auf Haderslevhuus (Nov.n, 1885), Bötjer Basch (Nov., 1887), Ein Bekenntniß (Nov., 1888), Der Schimmelreiter (Nov., 1888).

Ausgaben: Th. S. Ges. Schrr. Erste Gesamtausg. Brsw. 1877–89. 19 Bde. – Th. S. Sämtl. Werke. Hg. v. K. M. SCHILLER. Neuausg. Bln. 1968. 8 in 4 Bden. – Th. S., Paul Heyse. Briefwechsel. Hg. v. C. A. BERND. Bln. 1969–70. 2 Bde. – Th. S., Erich Schmidt. Briefwechsel. Hg. v. K. E. LAAGE. Bln. 1972–76. 2 Bde. – Th. S. Briefe. Hg. v. P. GOLDAMMER. Bln. 1972. 2 Bde. – Th. S. Werke. Hg. v. G. HONNEFELDER. Ffm. 1975. 2 Bde. – Th. S. – Eduard Mörike; Th. S. – Margarete Mörike. Briefwechsel. Mit S.s ›Meine Erinnerungen an Eduard Mörike‹. Hg. v. H. u. W. KOHLSCHMIDT. Bln. 1978. – Th. S., Ernst Esmarch. Briefwechsel. Hg. v. A. T. ALT. Bln. 1979. – Th. S. Ges. Werke. Hg. v. H. A. NEUNZIG. Mchn. 1981. 6 Bde. – Th. S., Theodor Fontane. Briefwechsel. Hg. v. J. STEINER. Bln. 1981. – Th. S. Sämtl. Werke in 4 Bden. Hg. v. P. GOLDAMMER. Bln. u. Weimar ⁵1982. – Th. S. Sämtl. Werke. Nachwort v. J. KLEIN. Mchn. ⁷1982. 2 Bde. – Th. S. Ges. Werke in 6 Bden. Hg. v. G. HONNEFELDER. Ffm. 1983. – Th. S., Wilhelm Petersen. Briefwechsel. Hg. v. B. COGHLAN. Bln. 1984. – Th. S. Sämtl. Werke. Hg. v. D. LOHMEIER. Ffm. 1987–88. 4 Bde.

Theodor
Storm

Literatur: EICHENTOPF, H.: Th. S.s Erzählungskunst in ihrer Entwicklung. Marburg 1908. Nachdr. New York 1968. – STORM, G.: Th. S. Ein Bild seines Lebens. Bln. ¹⁻²1912–13. 2 Bde. – Schrr. der Th.-S.-Gesellschaft 1 (1952)ff. – STUCKERT, F.: Th. S. Der Dichter in seinem Werk. Tüb. ³1966. – TEITGE, H.-E.: Th.-S.-Bibliogr. Bln. 1967. – Wege zum neuen Verständnis Th. S.s. Heide 1968. – VINÇON, H.: Th. S. Stg. 1973. – MEYER, K.: S.-Bibliogr. In: Schrr. der Th.-S.-Gesellschaft 24 (1975), S. 105. – MÜLLER-MICHAELS, H.: Th. S.s Lyrik. Bonn 1975. – ARTIS, D.: Th. S. Studies in ambivalence. Amsterdam 1978. – TSCHORN, W.: Idylle u. Verfall. Die Realität der Familie im Werk Th. S.s. Bonn 1978. – GOLDAMMER, P.: Th. S. Eine Einf. in Leben u. Werk. Lpz. ³1980. – EBERSOLD, G.: Politik u. Gesellschaftskritik in den Novellen Th. S.s. Ffm. u. a. 1981. – PEISCHL, M. T.: Das Dämonische im Werk Th. S.s. Dt. Übers. Ffm. u. Bern 1983. – FASOLD, R.: Die Rezeption der Dichtung Th. S.s in Zeitungen, Zss. u. buchmonograph. Veröff. zw. 1850–1890. Diss. Lpz. 1983. – SCHUSTER, I.: Th. S. Die zeitkrit. Dimension seiner Novellen. Bonn ²1985. – PAULIN, R.: Th. S. Mchn. 1991. – LAAGE, K. E.: Th. S. Husum ⁶1993. – SOBEL, A.: Th.-S.-Bibliogr. 1967–1991. Wsb. 1993. – VINÇON, H.: Th. S. Rbk. 57.–59. Tsd. 1994.

Storni, Alfonsina [italien. 'storni, span. es'torni], *Sala Capriasca bei Lugano 29. Mai 1892, †Mar del Plata 25. Okt. 1938, argentin. Lyrikerin schweizer. Herkunft. – Lehrerin; ihre Lyrik, die sich von spätmodernist. zu avantgardist. und hermet. Formen entwickelte, ist zunächst Ausdruck leidenschaftl. Auflehnung gegen patriarchal. Repression, später dominiert ein grundsätzl. Pessimismus.

Werke: La inquietud del rosal (Ged., 1916), El dulce daño (Ged., 1918), Ocre (Ged., 1925), Mundo de siete pozos (Ged., 1934), Mascarilla y trébol (Ged., 1938), Verwandle die Füße (Ged.-Ausw., span. und dt. 1959).

Ausgabe: A. S. Obra poética completa. Buenos Aires 1961.

Literatur: NALÉ ROXLO, D.: Genio y figura de A. S. Buenos Aires 1964. – GÓMEZ PAZ, J.: Leyendo a A. S. Buenos Aires 1966. – JONES, S.: A. S. Boston (Mass.) 1979.

Storost, Wilhelm, litauischer Schriftsteller, ↑Vydūnas, W[ilhelm] St[orost].

Story [engl. 'stɔːrɪ; zu griech.-lat. historia = Erzählung], Geschichte, Erzählung; z. T. auch im Sinne von Handlung, Inhalt gebraucht.

Story-art [engl. 'stɔːrɪˌɑːt], Anfang der 1970er Jahre eine der Reaktionen auf die starke Intellektualisierung der Kunst in den 60er Jahren. Hinwendung zum Erzählen (darum auch **Narrative art** genannt) und zum Menschen als zentralem Thema. Kriterien für die Zuordnung von Text-Foto-Kombinationen zur S.-art sind einmal der erzählende Inhalt, zum anderen ein produktives Spannungsverhältnis zwischen den beiden verwendeten Medien, Foto und Sprache, wodurch eine neue Aussage erzeugt wird, die keines der Medien allein hätte erzeugen können. – Wichtigste Vertreter u. a.: Michael Badura (* 1938), John Baldessari (* 1931), Didier Bay (* 1944), Christian Boltanski (* 1944), Victor Burgin (* 1941), Robert Cumming (* 1943), Jochen Gerz (* 1940), Peter Hutchinson (* 1930), Jean Le Gac (* 1936), Duane Michals (* 1932), William Wegman (* 1943), Juliao Sarmento (* 1948).

Storz, Claudia, * Zürich 13. Juni 1948, schweizer. Schriftstellerin. – Englischlehrerin; schreibt Romane und Erzählungen, in die meist viel Autobiographisches einfließt; sie berichten in behutsamer, feinfühliger Sprache von Menschen, ihren Krankheiten und Nöten. Auch Hörspiele und literaturwiss. Arbeiten.
Werke: Jessica mit Konstruktionsfehlern (R., 1977), Auf der Suche nach Lady Gregory (R., 1981), Die Wale kommen an Land (R., 1984), Geschichte mit drei Namen (En., 1986), Noahs Tochter. Libretto für ein Oratorium (UA 1988, gedr. 1990), Das Schiff (R., 1989), Die große Frau Agnes (Mysterienspiel, UA 1991).

Storz, Gerhard, Pseudonym Georg Leitenberger, * Rottenacker (Alb-Donau-Kreis) 19. Aug. 1898, † Leonberg 30. Aug. 1983, dt. Literarhistoriker, Schriftsteller und Politiker. – War 1923–35 Schauspieler und Spielleiter u. a. in Stuttgart und Mannheim; 1947 Oberstudiendirektor in Schwäbisch Hall, 1958–64 Kultusminister von Baden-Württemberg; ab 1964 Prof. in Tübingen. Verfaßte zahlreiche bed. Untersuchungen zur dt. Klassik und Romantik; auch Erzähler und Essayist.
Werke: Das Theater in der Gegenwart (1927), Der Lehrer (E., 1937), Das Drama Friedrich Schillers (1938), Musik auf dem Lande (E., 1940), Gedanken über die Dichtung (1941), Die Einquartierung (E., 1946), Sprache und Dichtung (1957), Der Dichter Friedrich Schiller (1959), Eduard Mörike (1967), Schwäb. Roman-

tik (1967), Der Vers in der neueren dt. Dichtung (1970), Heinrich Heines lyr. Dichtung (1971), Klassik und Romantik (1972), Im Lauf der Jahre (Autobiogr., 1973), Zwischen Amt und Neigung (Autobiogr., 1976), Karl Eugen. Der Fürst und das ›alte gute Recht‹ (1981), Deutsch als Aufgabe und Vergnügen (hg. 1984).

Storz, Oliver, * Mannheim 30. April 1929, dt. Schriftsteller. – Sohn von Gerhard S.; studierte Germanistik, Anglistik und Romanistik, war Lehrer, dann Feuilletonredakteur in Stuttgart; ab 1960 Autor, Dramaturg und Produzent von Fernsehfilmen in München; seit 1976 freier Schriftsteller und Regisseur. Schreibt Funkerzählungen und Fernsehspiele, Essays, Erzählungen und Romane.
Werke: Lokaltermin (En., 1962), Nachbeben (R., 1977), Ritas Sommer (En., 1984), Die Nebelkinder (R., 1986), Das Haller Welttheater (Stück, 1989).

Stout, Rex [Todhunter] [engl. staʊt], * Noblesville (Ind.) 1. Dez. 1886, † Danburg (Conn.) 27. Okt. 1975, amerikan. Schriftsteller. – Schrieb ab 1927 spannende Detektivgeschichten, die meist nach dem Muster von A. C. Doyles ›Sherlock Holmes‹ aufgebaut sind; Meisterdetektiv Nero Wolfe löst – oft vom Schreibtisch aus – Fälle, die aus der Perspektive von Wolfes Detektiv und Sekretär, Archie Goodwin, erzählt werden.
Werke: Die rote Schatulle (1937, dt. 1959), Mord im Bungalow (1939, dt. 1960), Nur über meine Leiche (1940, dt. 1960), Das tönende Alibi (1941, dt. 1961), Zu viele Frauen (1947, dt. 1958), Die goldenen Spinnen (1954, dt. 1962), Die Champagner-Party (1958, dt. 1960).
Literatur: MᶜALEER, J.: R. S. A biography. Boston (Mass.) ³1977. – ANDERSON, D. R.: R. S. New York 1984.

Stow, [Julian] Randolph [engl. stoʊ], * Geraldton (Westaustralien) 28. Nov. 1935, austral. Schriftsteller. – Lebt seit 1966 in England. In seinen Romanen beeindrucken die symbolisch-allegorisch verdichtete Atmosphäre und die pretiös-poet. Anklänge an die Tradition des Schauerromans. P. Whites Vorbild ist in S.s knappem Stil, seinen kraftvollen, expressionistisch-metaphys. Beschreibungen und seiner Vorliebe für Mythologie und Geschichte zu spüren. Er schrieb auch Gedichte, ein Kinderbuch und zwei Musicals.
Werke: Wir sind erst achtzehn, doch alt wie die Berge (R., 1956, dt. 1957), Act one (Ged., 1957),

The bystander (R., 1957), Zu jenen Inseln (R., 1958, dt. 1959), Outsider (Ged., 1962), Tourmaline (R., 1963), The merry-go-round in the sea (R., 1965), Käpt'n Mitternacht (Kinderb., 1967, dt. 1972), A counterfeit silence (Ged., 1969), Eight songs for a mad king (Libretto, 1971; Musik von Peter Maxwell Davies [* 1934]), Miss Donnithorne's maggot (Libretto, 1974; Musik von P. M. Davies), The suburbs of hell (R., 1984).
Literatur: WILLBANKS, R.: R. S. Boston (Mass.) 1978.

Stowe, Harriet [Elizabeth] Beecher [engl. stoʊ], geb. Beecher, * Litchfield (Conn.) 14. Juni 1811, † Hartford (Conn.) 1. Juli 1896, amerikan. Schriftstellerin. – Aus streng kalvinist. Predigerfamilie; Schulausbildung u. a. in der von ihrer um die Frauenerziehung bemühten Schwester gegründeten Mädchenschule in Hartford, wo sie auch kurze Zeit unterrichtete; heiratete 1836 einen Theologen aus dem Seminar ihres Vaters, mit dem sie nach Maine zog. Trotz zunehmender Abneigung gegenüber allzu strenger Religionsausübung, die sie am Ende ihres Lebens zur Episkopalkirche übertreten ließ, bestimmten puritan. Pflichtgefühl und Moral ihr Leben und Werk; daher war der auf eigenen Beobachtungen in Kentucky und auf abolitionist. Gedankengut beruhende, durch den Erlaß des ›Fugitive Slave Act‹ (1850) letztlich veranlaßte Roman ›Onkel Toms Hütte‹ (1852, dt. 1852), der teils erbaulich-humorvoll, teils anklagend die Lebensbedingungen der schwarzen Sklaven schildert, von ihrem Dienst christl. Karitas und Humanität. Der Roman wurde zu einem der politisch wirksamsten Bücher der amerikan. Literatur und national wie international ein Bestseller. Seine Aussagen erhärtete S. nach Angriffen durch die Veröffentlichung einer vierteiligen Quellensammlung (›Schlüssel zu Onkel Toms Hütte‹, 1853, dt. 1853) und einen zweiten Roman (›Dred. Eine Erzählung aus den amerikan. Sümpfen‹, 1856, dt. 1856). Sie schrieb zahlreiche religiös engagierte Romane, die die Welt des puritan. Neuengland sowie der moralisch verderbten New Yorker Gesellschaft darstellen, auch Kinderbücher, Gedichte (›Religious poems‹, 1867), theolog. Schriften (›Bible heroines‹, 1878), Abhandlungen über die Stellung der Frau, u. a. das zus.

mit ihrer Schwester verfaßte ›The American woman's home‹ (1869), und ihre eigenen Lebenserfahrungen (›Palmettoleaves‹, 1873).
Weitere Werke: Des Predigers Brautwerbung (R., 1859, dt. 1860), The pearl of Orr's Island (R., 1862), Oldtown folks (R., 1869), Pink and white tyranny (R., 1871), My wife and I (R., 1871), We and our neighbors (R., 1875).
Ausgaben: H. B. S. The writings. Boston (Mass.) 1896. 16 Bde. Nachdr. Hildesheim 1975. – H. B. S. Collected poems. Hg. v. J. M. MORAN. Hartford (Conn.) 1967.
Literatur: WILSON, R. F.: Crusader in crinoline. The life of H. B. S. Philadelphia (Pa.) 1941. Neuausg. Westport (Conn.) 1972. – ADAMS, J. R.: H. B. S. New York 1963. – WAGENKNECHT, E. C.: H. B. S. The known and the unknown. New York 1965. – GERSON, N. B.: H. B. S. A biography. New York 1976. – KIRKHAM, E. B.: The building of ›Uncle Tom's cabin‹. Knoxville (Tenn.) 1977. – ASHTON, J.: H. B. S. A reference guide. Boston (Mass.) 1977. – MOERS, E.: H. B. S. and American literature. Hartford (Conn.) 1978. – SCOTT, J.: Woman against slavery. The story of H. B. S. New York 1978. – Critical essays on H. B. S. Hg. v. E. AMMONS. Boston (Mass.) 1980. – KIMBALL, G.: The religious ideas of H. B. S. Lewiston (N. Y.) 1982.

Strabo, Walahfrid, dt. Benediktiner und Schriftsteller, ↑ Walahfrid Strabo.

Strabon (tl.: Strábōn; lat. Strabo), * Amaseia um 63 v. Chr., † nach 23 n. Chr., griech. Geograph und Geschichtsschreiber. – Rhetor. und philosoph. Studien, 44 v. Chr. erster Aufenthalt in Rom, verschiedene große Reisen. Von seinem Geschichtswerk, einer Fortsetzung des Polybius bis zum Ende der röm. Bürgerkriege, sind nur Fragmente erhalten. Das geograph. Werk (›Geōgraphiká‹, 17 Bücher [Europa, Asien, Afrika]) ist im wesentl. erhalten und zeigt sein bes. Interesse für mytholog. und histor. Exkurse; u. a. erstmals ausführl. Darstellung Britanniens und Germaniens; Kompilation (ergänzt, mit gelegentl. krit. Ansätzen).
Ausgaben: The geography of Strabo. Griech. u. engl. Übers. v. H. L. JONES. London u. New York 1917–32. 8 Bde. – Strabo. Geographica. S.s Geographika in 17 Büchern. Text, Übers. u. erläuternde Anmerkungen. Begr. v. W. ALY. Fortgef. v. E. KIRSTEN u. F. LAPP. Bonn 1957 ff (bisher 3 Bde. erschienen).
Literatur: AUJAC, G.: S. et la science de son temps. Paris 1967. – LASSERRE, F.: S. devant l'empire romain. In: Aufstieg u. Niedergang der röm. Welt II 30,1. Bln. 1982. S. 867.

Strachey, [Giles] Lytton [engl. 'streɪtʃi], * London 1. März 1880, † Inkpen (Berkshire) 21. Jan. 1932, engl. Schriftsteller. – Studium in Cambridge, lebte dann in London; schrieb für bed. literar. Zeitschriften (u. a. ›The Spectator‹, ›The Edinburgh Review‹, ›The Athenaeum‹), war führendes Mitglied der ↑ Bloomsbury group. Bekannt wurde er durch stilistisch elegante biograph. Essays, romanhafte Biographien und histor. Romane, deren Personen er ironisierend und unheroisch darstellte.
Werke: Eminent Victorians (Essays, 1918, dt. Auszug 1937 u. d. T. Macht und Frömmigkeit), Queen Victoria (biograph. R., 1921, dt. 1925), Elisabeth und Essex (R., 1928, dt. 1929).
Literatur: HOLROYD, M.: L. S., a critical biography. London 1967–68. 2 Bde. – EDMONDS, M.: L. S. A bibliography. New York 1981.

Strachwitz, Moritz Graf von, * Peterwitz bei Frankenstein in Schlesien 13. März 1822, † Wien 11. Dez. 1847, dt. Dichter. – Studierte Jura, war Referendar in Grottkau, lebte dann zurückgezogen auf seinen Gütern; schwer erkrankt, unternahm er Erholungsreisen nach Skandinavien und Italien. Schrieb patriot., phantasievolle, bilderreiche Balladen mit Themen v. a. aus dem nord. Sagenkreis; Einfluß auf die Balladen Th. Fontanes, D. von Liliencrons, B. Freiherr von Münchhausens, A. Miegels sowie L. von Strauß und Torneys.
Werke: Lieder eines Erwachenden (Ged., 1842), Neue Gedichte (postum 1848).
Ausgabe: M. v. S. Sämtl. Lieder u. Balladen, mit einem Lebensbild. Hg. v. H. M. ELSTER. Bln. 1912.
Literatur: STRACHWITZ, M. M. Gräfin von: M. Graf S., Dichter zw. Tradition u. Revolution. Sankt Michael 1982 ff. (m. n. e.).

Strahl, Rudi, * Stettin 14. Sept. 1931, dt. Schriftsteller. – War Offizier bei der Nationalen Volksarmee, studierte dann am ›Literaturinstitut J. R. Becher‹ in Leipzig, seit 1961 freier Schriftsteller in Berlin. Begann mit satir. Gedichten, schrieb Kinderbücher, Romane und Filmdrehbücher und war mit seinen meist im sozialist. Alltag mit seinen kleinen Fehlern spielenden Komödien der meistgespielte Autor in der DDR.
Werke: Souvenirs, Souvenirs (Ged., 1961), Sandmännchen auf dem Leuchtturm (Kinderb., 1964), Aufs Happy-End ist kein Verlaß (R., 1966), Von Mensch zu Mensch (Ged., Prosa, 1969), Robinson im Müggelwald (Kinderb., 1969), In Sachen Adam und Eva (Stück, 1970), Nochmal ein Ding drehen (Stück, 1972), Adam und Eva und kein Ende (Stück, 1973), Von Augenblick zu Augenblick (Ged., 1976), Er ist wieder da (Stück, 1980), Der Schlips des Helden (Stücke, 1981), Das Blaue vom Himmel (Stück, 1984, in: Theater der Zeit), Der Stein des Anstoßes (Stück, 1985), Leben und leben lassen (Monologe, 1988), Mein Zustand ist ernst, aber nicht hoffnungslos (R., 1989), Es war die Lerche. Szen. Miniaturen, Hörspiele und ein Stück (1990).

Strambotto [italien.; zu strambo = wunderlich und otto = acht], wichtigste Form der einstrophigen volkstüml. italien. Tanz- und Liebeslyrik, bestehend aus acht (auch sechs, zwölf) Elfsilblern (↑ Endecasillabo) mit regional verschiedenem Reimschema: Ausprägung der Toskana (Rispetto): ababccdd (auch: ababbccc), der Romagna (S. romagnolo): aabbccdd und Siziliens (Siziliane): abababab. Herkunft umstritten, früheste Zeugnisse aus dem 14. Jh. (Toskana), seit dem 15. Jh. auch als Kunstdichtung (u. a. A. Poliziano, G. Carducci).

Stramm, August, * Münster 29. Juli 1874, ⚔ in der Polesje 1. Sept. 1915, dt. Lyriker und Dramatiker. – Studierte in Berlin und Halle/Saale; Postbeamter, 1914 Postdirektor im Reichspostministerium. Als Expressionist Mitarbeiter an H. Waldens Zeitschrift ›Der Sturm‹; gilt als Vertreter eines ›verkürzten Sprachstils‹ und Schöpfer neuer semant. und syntakt. Dimensionen für die Lyrik. Die Nähe zum Dadaismus zeigt sich v. a. in der These vom Einzelwort als Kunstwerk (›Ver-dichtung‹). Gegenüber Pantomime und ›Schrei‹ trat in den Dramen die Sprache in den Hintergrund. Der Verzicht auf Kausalität und Psychologie eröffnete neue Möglichkeiten der Entindividualisierung des Dramas.
Werke: Die Haidebraut (Dr., 1914), Sancta Susanna (Dr., 1914), Rudimentär (Dr., 1914), Erwachen (Dr., 1915), Kräfte (Dr., 1915), Du (Ged., 1915), Geschehen (Dr., hg. 1916), Die Unfruchtbaren (Dr., hg. 1916), Die Menschheit (Ged., hg. 1917), Tropfblut (Ged., hg. 1919).
Ausgaben: A. S. Dein Lächeln weint. Ges. Gedichte. Einl. v. I. STRAMM. Wsb. 1956. – A. S. Das Werk. Hg. v. R. RADRIZZANI. Wsb. 1963. – A. S. Krit. Essays u. unveröffentlichtes Quellenmaterial aus dem Nachlaß des Dichters. Hg. v. J. D. ADLER u. J. J. WHITE. Bln. 1979.

Strauß 395

Literatur: BOZZETTI, E.: Unterss. zu Lyrik u. Drama A. S.s. Diss. Köln 1961. – HALLER, R.: A. S. In: Expressionismus als Lit. Hg. v. W. ROTHE. Bern u. Mchn. 1969. S. 232. – MANDALKA, K.: A. S. Sprachskepsis u. kosm. Mystizismus im frühen zwanzigsten Jahrhundert. Herzberg 1992.

Strandberg, Carl Vilhelm August [schwed. ‚strandbærj], Pseudonym Talis Qualis, *Stigtomta (Södermanland) 16. Jan. 1818, †Stockholm 5. Febr. 1877, schwed. Dichter. – Gab während seiner Studienzeit als Vertreter der politisch akzentuierten nachromant. Lyrik in begeisterten Gedichten dem schwärmer. Skandinavismus und den Freiheitsidealen der Studenten Ausdruck; beeinflußt von den Ideen des dt Vormärz. Seine spätere Dichtung gestaltet histor. Motive im Sinne J. L. Runebergs.
Werke: Sånger i pansar (Ged., 1845), Vilda rosor (Ged., 1848), Dikter (Ged., 1854 und 1861).
Ausgabe: C. V. A. S. Samlade vitterhetsarbeten. Stockholm ²1917–20. 6 Tle.
Literatur: HALLSTRÖM, P. A. L.: C. V. A. S. En levnadsteckning. Stockholm 1915. – TARSCHYS, B.: Talis Qualis. Studentpoeten. Stockholm 1949.

Stranitzky, Josef Anton [...ki], *in der Steiermark(?) 10. Sept.(?) 1676, †Wien 19. Mai 1726, österr. Volkskomödiant und Dramatiker. – Besitzer einer Marionettenbühne, dann Schauspieler einer Wandertruppe, seit 1706 als Leiter einer Truppe in Wien, pachtete 1712 das Kärntnertortheater; Begründer der Altwiener Volkskomödie, stellte den Typen der Commedia dell'arte und denen der engl. Wandertruppen die Gestalt des wienerischen Hanswurst an die Seite. Seine Bühnenstücke schuf er meist in Anlehnung an italienische Opernlibretti. Erhalten sind 14 Haupt- und Staatsaktionen.
Ausgabe: J. A. S. Wiener Haupt- und Staatsaktionen. Bd. 1. Hg. v. R. PAYER VON THURN. Wien 1908.
Literatur: ROMMEL, O.: Die Alt-Wiener Volkskom. Wien 1952. – URBACH, R.: Die Wiener Kom. u. ihr Publikum. S. u. die Folgen. Wien u. Mchn. 1973. – HADAMOWSKY, F.: Neujahrsgaben aus dem Wiener Theater von S. bis Nestroy. Wien u. a. 1993.

Straparola, Gianfrancesco, *Caravaggio bei Cremona um 1480 , †ebd. (?) nach 1557, italien. Dichter. – Biograph. Angaben über ihn sind spärlich und unsicher. Gab, von G. Boccaccio beeinflußt, eine zweiteilige Sammlung von 75 Novellen, Anekdoten, Rätseln und v. a. Märchen oriental. Herkunft heraus, die durch eine Rahmenerzählung zusammengehalten werden (›Die ergötzl. Nächte‹, 1550–53, dt. 1908 in 2 Bden., erstmals dt. 1791); enthält die erste Märchensammlung Europas; oft gedruckt, eine der wichtigsten Quellen für spätere gemeineurop. Märchenausgaben.
Weiteres Werk: Canzoniere (Ged., 1508).
Ausgaben: G. S. Le piacevoli notti. Bari 1927. Nachdr. 1975. – Die ergötzl. Nächte des Giovan Francesco S. Dt. Übers. Mchn. ³1982.
Literatur: KLOTZ, V.: S. In: Das europ. Kunstmärchen. Stg. 1985. S. 31.

Straschimirow (tl.: Strašimirov), Anton Todorow [bulgar. straʃi'mirof], *Warna 27. Juni 1872, †Sofia 7. Dez. 1937, bulgar. Schriftsteller. – Behandelt in realist. Romanen und Erzählungen aus der Welt der Bauern v. a. soziale Probleme; führte die Gattung des Bauernromans in die bulgar. Literatur ein und erreichte in seinen ausdrucksstarken, bildhaften Werken ein hohes Maß an Anschaulichkeit durch Verwertung seiner ethnograph. und folklorist. Kenntnisse; auch sozialkrit. Dramen, Komödien und Essays.
Werke: Esenni dni (= Herbsttage, R., 1902), Svekárva (= Schwiegermutter, Kom., 1907), Bez pát (= Ohne Weg, R., 1919), Bena (R., 1921).
Ausgabe: A. T. Strašimirov. Sǎčinenija. Sofia 1962–63. 7 Bde.

Straßburg, Gottfried von, mhd. Schriftsteller, †Gottfried von Straßburg.

Straßentheater, auf Plätzen oder Straßen (auch von Laiengruppen) aufgeführtes Theaterspiel, das häufig politisch engagiert ist und agitator. Charakter hat. In der Theatergeschichte gibt es zahlreiche Formen des S.s; es hat sich v. a. in den USA als Off-Off-Theater (†Off-Off-Broadway; insbes. Bread und Puppet Theatre, San Francisco Mime Troupe, Teatro Campesino) mit wesentl. Einfluß auch auf Europa parallel zur student. Protestbewegung der 1960er Jahre aus dem †Happening neu entwickelt.

Strauß, Botho, *Naumburg/Saale 2. Dez. 1944, dt. Schriftsteller. – 1967–70 Redakteur und Kritiker der Zeitschrift ›Theater heute‹; 1971–75 Dramaturg an

Botho Strauß

der Schaubühne am Halleschen Ufer in Berlin; seit der zweiten Hälfte der 70er Jahre einer der meistgespielten Bühnenautoren in der BR Deutschland. Formaler Ansatzpunkt seiner Stücke und ihre auf schockhafte Durchbrechung etablierter Wahrnehmungsformen zielende Methode ist die Auflösung der linearen Fabel in Bruchstücke von Handlungszusammenhängen (›Die Hypochonder‹, Dr., 1972, in: ›Spielplatz 1‹); inhaltlich geht es oft um den Mangel an tatsächl. Kommunikation in einer redenden Gesellschaft. Auch Gedichte, Essays und Erzählwerke. S. erhielt 1989 den Georg-Büchner-Preis.

Weitere Werke: Bekannte Gesichter, gemischte Gefühle (Dr., 1974), Marlenes Schwester (En., 1975), Trilogie des Wiedersehens (Dr., 1976), Die Widmung (E., 1977), Groß und Klein. Szenen (1978), Rumor (R., 1980), Paare, Passanten (Prosa, 1981), Kalldewey, Farce (1981), Der Park (Dr., 1983), Der junge Mann (R., 1984), Diese Erinnerung an einen, der nur einen Tag zu Gast war (Ged., 1985), Die Fremdenführerin (Schsp., 1986), Niemand anderes (Prosa, 1987), Versuch, ästhet. und polit. Ereignisse zusammenzudenken. Texte über Theater 1967–1986 (1987), Besucher. 3 Stücke (1988), Fragmente der Undeutlichkeit (Prosa, 1989), Kongreß (E., 1989), Über Liebe (Prosa, 1989), Angelas Kleider (Dr., 1991), Schlußchor (Dr., 1991), Beginnlosigkeit. Reflexionen über Fleck und Linie (1992), Das Gleichgewicht (Dr., 1993), Wohnen Dämmern Lügen (Prosa, 1994).
Literatur: B. S. Hg. v. H. L. ARNOLD. Mchn. 1984. – PLÜMER, V.: Zur Entwicklung u. Dramaturgie der Dramen von B. S. Ffm. 1986. – SANDHACK, M.: Jenseits des Rätsels. Versuch einer Spurensicherung im dramat. Werk von B. S. Ffm. 1986. – KAZUBKO, K.: Spielformen des Dramas bei B. S. Hildesheim. 1990. – RÜGERT, W.: Die Vermessung des Innenraumes. Zur Prosa von B. S. Wzb. 1991. – JANKE, P.: Der schöne Schein. Peter Handke u. B. S. Wzb. 1993.

Strauß, Emil, * Pforzheim 31. Jan. 1866, † Freiburg im Breisgau 10. Aug. 1960, dt. Schriftsteller. – Studierte Philosophie, Germanistik und Volkswirtschaft in Freiburg im Breisgau, Lausanne und Berlin; nach landwirtschaftl. Tätigkeit Aufenthalt in Brasilien; lebte nach seiner Rückkehr am Bodensee, ab 1911 bei Dresden, ab 1925 in Freiburg im Breisgau und Badenweiler; Freundschaft mit Mitgliedern des Friedrichshagener Dichterkreises (M. Halbe, R. Dehmel, G. Hauptmann); unterstützte später den nationalsozialist. ›Kampfbund für dt. Kultur‹ und erhielt während der Nazizeit zahlreiche Ehrungen. Berühmt wurde er durch den Schülerroman ›Freund Hein‹ (1902); charakteristisch ist seine Bindung an die Heimatkunst mit ihrer Ideologie des einfachen Lebens. Neuromant. Harmonisierung des Volkslebens und Traditionsbewußtsein gegen den ›Wertezerfall‹ bestimmen die Themen zwischen ›Kampf‹ und ›Bewährung‹. Neben den Prosawerken stehen Dramen sowie Ausgaben von J. Ch. F. Hölderlin und dt. Volksliedern.

Weitere Werke: Menschenwege (En., 1899), Der Engelwirt (E., 1901), Hochzeit (Dr., 1908), Hans und Grete (Nov.n, 1909), Der nackte Mann (R., 1912), Der Spiegel (E., 1919), Der Schleier (Nov., 1920), Das Riesenspielzeug (R., 1935), Lebenstanz (R., 1940), Ludens (Autobiogr., 1955).
Ausgabe: E. S. Menschenwege. Novellen u. Erzählungen. Hg. v. J. SCHWEIER. Kirchheim 1978.
Literatur: ENDRES, F.: E. S. Mchn. 1936. – STRAUSS, K.: Erinnerungen an meinen Vater E. S. Kirchheim/Teck 1990. – ›Wahr sein kann man‹. Zu Leben u. Werk von E. S. Hg. v. B. RUDIN. Pforzheim 1990.

Strauss, Ludwig, * Aachen 28. Okt. 1892, † Jerusalem 11. Aug. 1953, dt.-israel. Schriftsteller. – 1929–33 Dozent für dt. Literatur an der TH Aachen, ab 1934 in Israel; dort zunächst Landarbeiter und Erzieher, zuletzt Dozent an der Univ. Jerusalem. Seine Gedichte, Novellen und Dramen sind thematisch und sprachlich vom dt. und jüd. Geist geprägt. Bed. Literaturkritiken und Übersetzungen aus dem Jiddischen.

Werke: Der Mittler (Nov.n, 1916), Wandlung und Verkündigung (Ged., 1918), Das Ufer (Ged., 1922), Der Reiter (E., 1929), Nachtwa-

che. Gedichte 1919–1933 (1933), Land Israel (Ged., 1935), Wintersaat (Aphorismen, 1953).
Ausgaben: L. S. Fahrt u. Erfahrung. Geschichten u. Aufzeichnungen. Nachwort v. W. KRAFT. Hdbg. u. Darmst. 1959. – L. S. Dichtungen u. Schrr. Hg. v. W. KRAFT. Mchn. 1963.
Literatur: L. S. Dichter u. Germanist. Eine Gedenkschrift. Hg. v. B. WITTE. Aachen 1982.

Strauß und Torney, Lulu von, * Bückeburg 20. Sept. 1873, † Jena 19. Juni 1956, dt. Schriftstellerin. – Tochter eines Generalmajors, heiratete 1916 den Verleger E. Diederichs, lebte seitdem in Jena, als Lektorin und Übersetzerin für den Verlag tätig. Stand ab 1900 in Verbindung mit dem Schriftstellerkreis um B. Freiherr von Münchhausen, der sich um die Erneuerung der Ballade bemühte. Ihre ersten Balladen publizierte sie 1901 im ›Göttinger Musenalmanach‹; Freundschaft mit A. Miegel. Anknüpfend an die Balladentradition von M. Graf von Strachwitz und Th. Fontane, behandelte sie vorwiegend histor. Stoffe, Sagenmotive und Anekdoten, in die sie gelegentlich sozialkrit. Aspekte integrierte (Glaubenskämpfe, Frz. Revolution, Bauernkrieg), deren Pathos jedoch oft die spätere Blut-und-Boden-Dichtung vorwegnimmt. Ihr regressives Geschichtsbild, orientiert an ›einsamen Führergestalten‹, bestimmt z. T. auch die Novellen und Romane.

Lulu von Strauß und Torney

Werke: Gedichte (1898), Bauernstolz (Nov.n, 1901), Balladen und Lieder (1902), Der Hof am Brink. Das Meerminneke (Nov.n, 1907), Lucifer (R., 1907), Judas (R., 1911, 1937 u. d. T. Der Judashof), Reif steht die Saat (Balladen, 1919), Der jüngste Tag (R., 1922), Auge um Auge (Nov., 1933), Erde der Väter (Ged., 1936), Das verborgene Angesicht (Erinnerungen, 1943).

Ausgabe: L. v. S. u. T. Tulipan. Balladen u. Erzählungen. Nachwort v. C. HESELHAUS. Düss. u. Köln 1966.
Literatur: ZANDER, L.: Die Balladen der L. v. S. u. T. Diss. Greifswald 1951 [Masch.]. – KÖPF, G.: Die Ballade. Ffm. 1976.

Strazdas, Antanas [litauisch 'stra:zdas], * Astravas bei Rokiškis 9. März 1760, † Kamajai 23. April 1833, litauischer Dichter. – Bauernsohn; wirkte als Geistlicher in Ost-Litauen, ehe er 1814 wegen ›Freidenkerei‹ in ein Kloster verbannt wurde. Veröffentlichte 1814 eine Sammlung seiner Gedichte (›Giesmes svietiškos ir šventos‹ [= Weltl. und geistl. Lieder]), die mit den von ihm dazu komponierten Melodien vielfach zu Volksliedern wurden und zum Erwachen des litauischen National- und Kulturbewußtseins beitrugen.

Stream of consciousness [engl. 'stri:m əv 'kɔnʃəsnıs = Bewußtseinsstrom], von dem amerikan. Philosophen und Psychologen William James (* 1842, † 1910), Bruder von H. James, mit Bezug auf É. Dujardins Roman ›Geschnittener Lorbeer‹ (1888, dt. 1966) geprägte Bez. für eine Erzähltechnik, die anstatt äußeren, in sich geschlossenen Geschehens die scheinbar unmittelbaren, unkontrollierten, sprunghaften und assoziativen Bewußtseinsvorgänge von Romanfiguren wiedergibt, ohne daß diese auf einen bestimmten Handlungszusammenhang ausgerichtet sind. Diese Darstellungstechnik wurde, oft unter Verwendung von Formen des † inneren Monologs, bestimmend für die Struktur der Romane von u. a. D. Richardson, J. Joyce, V. Woolf, W. Faulkner, A. Döblin.
Literatur: FRIEDMAN, M. J.: S. of c. New Haven (Conn.) 1955. – HUMPHREY, R.: S. of c. in the modern novel. Berkeley (Calif.) u. Los Angeles (Calif.) ³1962.

Streckfuß, Karl, Pseudonym Leberecht Fromm, * Gera 20. Sept. 1778, † Berlin 26. Juli 1844, dt. Dichter. – Mitglied des preuß. Staatsrats. Schrieb Lyrik, erzählende Prosa und Tragödien im Stil der Romantik. Berühmt wurde er v. a. durch Übersetzungen italien. Klassiker (u. a. L. Ariosto, T. Tasso). Seine Nachdichtung von Dante Alighieris ›Divina Commedia‹ (3 Bde., 1824–26) erlangte weite Verbreitung.

Literatur: STRECKFUSS, K.: Adolph Friedrich K. S. Jena 1941.

Streff, E., Pseudonym des dt. Mundartdichters Ernst Elias ↑ Niebergall.

Strehlenau, Nikolaus Franz Niembsch, Edler von, österr. Schriftsteller, ↑ Lenau, Nikolaus.

Streitgedicht, Gedicht in Dialogform (auch Streitgespräch genannt), in dem eine Auseinandersetzung (oft über die eigenen Vorzüge in Kontrast zu den Schwächen des Gegners) geführt wird. Als Kontrahenten treten auch Personifikationen und Inkarnationen abstrakter Ideen, Prinzipien auf (z. B. Sommer und Winter, Leib und Seele, Liebe und Schönheit, Frau Minne und Frau Welt). Die S.e haben eine lange, von der antiken über die mittellat. Literatur bis in die volkssprachl. Dichtungen führende Tradition. Einflüsse u.a. der ↑ Ekloge und der scholast. Disputation sind von Fall zu Fall anzunehmen. Auch der Orient (bes. die pers. und die arab. Literatur) kennt S.e; Formen und Bezeichnungen: im lat. Bereich u.a. ↑ Altercatio, in den roman. Literaturen ↑ Débat, ↑ Contrasto, ↑ Jeu parti, ↑ Partimen, ↑ Tenzone. – In Deutschland kommt es erst im späten MA zur Blüte der S.e, herausragend ist das frühnhd. S. ›Der Ackermann aus Böhmen‹ (um 1400) von Johannes von Tepl.

Literatur: JANTZEN, H.: Gesch. des dt. S.es im MA, mit Berücksichtigung ähnl. Erscheinungen in anderen Litteraturen. Breslau 1896. – WALTHER, H.: Das S. in der lat. Lit. des MA. Mchn. 1920. Nachdr. Hildesheim 1984. – HELLER, D.: Studien zum italien. Contrasto. Ein Beitr. zur gattungsgeschichtl. Entwicklung der S.es. Ffm. u. a. 1991.

Streitschrift (Kampfschrift), Form der publizist. Angriffsliteratur, mit der in aktuelle, meist wiss. Auseinandersetzungen engagiert eingegriffen wird. Im Gegensatz zum ↑ Pamphlet ist die S. mehr sachbezogen und vermeidet persönl. Angriffe.

Strēlerte, Veronika, eigtl. Rudīte S. [lett. 'stre:lerte], * Dobele 10. Okt. 1912, lett. Lyrikerin. – Lebt seit 1945 in Stockholm. Sie veröffentlichte 1937 ihren ersten Gedichtband ›Vienkārši vārdi‹ (= Einfache Worte), dem zahlreiche andere folgten, u. a. ›Lietus lāse‹ (= Der Regentropfen, 1940), ›Mēness upe‹ (= Mondfluß, 1945), ›Gaismas tuksneši‹ (= Wüsten des Lichts, 1951), ›Žēlastības gadi‹ (= Jahre der Gnade, 1961), ›Pusvārdiem‹ (= In halben Worten, 1982). In formvollendeten Versen bringt sie oft gegensätzl. Stimmungen und Gedanken zum Ausdruck, von heiterer Liebeslyrik bis zu pessimist. Lebensphilosophie.

Streuvels, Stijn [niederl. 'strø:vəls], eigtl. Frank Lateur, * Heule (heute zu Kortrijk) 3. Okt. 1871, † Ingooigem (heute zu Anzegem) 15. Aug. 1969, fläm. Schriftsteller. – Neffe von G. Gezelle; Autodidakt, ab 1905 freier Schriftsteller. Vom skand. und russ. Naturalismus beeinflußt, entwickelte er einen eigenen Stil und eine eigene, westflämisch geprägte Sprache. Er wurde zum bedeutendsten Erzähler Flanderns. Es ging S. nicht so sehr um mustergültigen Aufbau als um die exakte Beschreibung der Leidenschaften und Handlungsmotive seiner Landsleute, einfacher Menschen, deren Seelenleben er (wie auch das des Kindes) mit psycholog. Meisterschaft darstellte; immer wieder ist es der ewige, meist tragisch verlaufende Kampf mit der das Leben des Menschen beherrschenden Natur; daneben steht die trag. Gestaltung des Generationskonfliktes. Als Meisterwerke gelten v. a. der Roman ›Der Flachsacker‹ (1907, dt. 1918) und die Novelle ›Die Männer im feurigen Ofen‹ (1926 in ›Werkmenschen‹, dt. 1936).

Weitere Werke: Frühling (Nov.n, 1899, dt. 1908), Knecht Jan (R., 1902, dt. 1929), Minnehandel (R., 2 Bde., 1903, dt. 1918, 1936 u. d. T. Liebesspiel in Flandern), Das Christkind (Nov., 1911, dt. 1933), Prütske (R., 1922, dt. 1935), Die große Brücke (R., 1927, dt. 1938), Alma (R., 1931, dt. 1931), Des Lebens Blütezeit (R., 1937, dt. 1949), Heule (Autobiogr., 1941), Diebe in des Nachbars Garten (R., 1948, dt. 1953), Ingoyghem (Autobiogr., 2 Bde., 1951–57).

Ausgaben: S. S. Ausgew. Werke. Dt. Übers. Leinfelden 11.–15. Tsd. 1948. 2 Bde. – S. S. Volledige werken. Amsterdam 1952–55. 12 Bde. – S. S. Volledig werk. Brügge 1971–74. 4 Bde.

Literatur: PILLECIJN, F. DE: S. S. en zijn werk. Tielt ³1958. – WEISGERBER, J.: S. S. Een sociologische balans. Gent 1970. – FLORQUIN, J.: Mijn S.boek. Brügge u. Utrecht 1971. – SCHEPENS, J.: Kroniek van S. S. 1871 tot 1969. Brügge u. Utrecht 1971. – SPELIERS, H., u. a.: Afscheid van S. Brügge 1971. – DEMEDTS, A.: S. S. Nimwegen u. Brügge 1977.

Stijn
Streuvels

1976. – Des S.s Pfaffe Amis. Hg. v. K. KAMI-
HARA. Göppingen 1978. – Der S. Verserzählun-
gen. Hg. v. H. FISCHER. Tüb. [3–4]1979–84. 2
Bde. – Der S. Daniel von dem Blühenden Tal.
Hg. v. M. RESLER. Tüb. 1983.
Literatur: BRANDT, R.: Erniuwet. Studien von
Art, Grad u. Ansagefolgen der Rolandslied-
bearbeitung in S.s ›Karl‹. Göppingen 1981. –
MÜLLER, DOROTHEA: ›Daniel vom Blühenden
Tal‹ u. ›Garel vom Blühenden Tal‹. Göppingen
1981. – RAGOTZKY, H.: Gattungserneuerung u.
Laienunterweisung in den Texten des S.s. Tüb.
1981. – WAILES, S. L.: Studien zur Kleindichtung des S.s. Bln. 1981. – SCHNEIDER, Guido: Er
nam den spiegel in die hant, als in sîn wîsheit
lêrte. Zum Einfluß klerikaler Hofkritiken u.
Herrschaftslehren auf den Wandel höf. Epik in
groß- u. kleinep. Dichtungen des S. Essen 1994.

Stri̯cker, Johannes, latinisiert Strice-
rius, * Grobe in Holstein um 1540, † Lü-
beck 23. Jan. 1598, dt. Dramatiker. –
Theologiestudium in Wittenberg, danach
Pfarrer in Cismar und Grobe, seit 1584
am Burgkloster bei Lübeck. Schrieb das
Schauspiel ›Adam und Eva‹ (1570) und
das niederdt. Jedermann-Drama ›De
düdesche Schlömer‹ (1584), in dem er
Kritik am Holsteiner Adel übt. 1594
übersetzte er Luthers Katechismus ins
Niederdeutsche.
Ausgabe: J. S. De düdesche Schlömer. Hg. v.
J. BOLTE. Lpz. 1889.

Stri̯cker, der, † um 1250, mhd. Dichter und Fahrender. – Stammte aus dem
südl. Franken, hielt sich meist in Bayern
oder in Österreich auf. Der Roman aus
dem Artuskreis ›Daniel vom blühenden
Tal‹ (um 1235/1240), der wegen der Integration spielmänn. Elemente den ›regel-
rechten‹ Gegenroman ›Garel vom
blühenden Tal‹ des Pleier provozierte,
spielt mit dem Modell des ›Iwein‹ von
Hartman von Aue, während das Versepos ›Karl‹ eine Neubearbeitung des
›Rolandsliedes‹ des Pfaffen Konrad ist.
Zu seiner eigentl. Leistung fand der S. in
der novellistisch-anekdotenhaften Kunst
der kleinen moralisch-satir., schwankhaften Verserzählung (↑ Bispel bzw.
Märe), die er zu einer selbständigen Literaturgattung erhob; ihr Ziel ist die didak-
tisch-exemplar. Vermittlung von christl.
Glaubens- und Sittenlehre; sie steht im
Dienst der Kirche und der Landesfür-
sten. ›Der Pfaffe Amis‹ (um 1230), der
sich durchs Land treibt und mit List und
Schläue Toren aller Stände prellt, ist die
Hauptfigur der ersten Schwankreihe (11
Episoden) in dt. Sprache und hatte be-
deutende Nachfolger vom ›Pfaffen von
Kalenberg‹ bis zum ›Eulenspiegel‹.
Ausgaben: Der S. Karl der Große. Hg. v.
K. BARTSCH. Quedlinburg u. Lpz. 1857. Neu-
druck Bln. 1965. – Die bisher unveröffentlich-
ten geistl. Bispelreden des S.s. Überlieferung,
Arrogate, exeget. u. literarhistor. Komm. Hg. v.
U. SCHWAB. Gött. 1959. – Der S. Fabeln u. Mä-
ren. Hg. v. H. METTKE. Halle/Saale 1959. – Die
Kleindichtung des S.s. Hg. v. W. W. MOELLE-
KEN. Göppingen 1973–78. 5 Bde. in 6 Bden. –
S.s ›Frauenehre‹. Hg. v. K. HOFMANN. Marburg

Strindberg, August [ˈʃtrɪntbɛrk,
schwed. ˌstrindbærj], * Stockholm
22. Jan. 1849, † ebd. 14. Mai 1912,
schwed. Dichter. – 1867 Abitur, studierte
ein Semester Medizin, war dann Lehrer,
Hauslehrer, Schauspielschüler; erste
Dramen; 1870–72 erneutes Studium
in Uppsala (Philosophie, Literaturgeschichte, Kunstgeschichte); 1872 entstand sein erstes bed. Drama, ›Meister
Olof‹ (1878, dt. 1895; Prosafassung 1872;
ein histor. Schauspiel über den schwed.
Reformator Olaus Petri); dann Mitarbeiter von Zeitungen in Stockholm, 1874–82
an der Königl. Bibliothek; 1877–91 erste
Ehe mit Siri von Essen; erster großer Erfolg mit dem Gesellschaftsroman ›Das
rote Zimmer‹ (1879, dt. 1889), in dessen
Mittelpunkt der junge Journalist Arvid
Falk steht. 1880–82 erschien (zunächst
heftweise) S.s erstes kulturhistor. Werk
›Svenska folket‹, eine Geschichte Schwedens aus sozialhistor. Sicht, die bei Kritikern und Publikum höchst umstritten
war. In den satir. Erzählungen ›Det nya

August
Strindberg

riket‹ (1882) setzte S. seine Angriffe gegen die schwed. Gesellschaft fort.
1883–89 Aufenthalt in Paris (skand.
Künstlerkolonie), der Schweiz, Deutschland und Dänemark. Entstehung der
Ehenovellen ›Heiraten‹ (1884, dt. 1889
u. d. T. ›Die Verheiratheten‹), der autobiographischen Romane ›Der Sohn
einer Magd‹ (geschrieben 1886, gedr.
1886–1909, dt. 1909/1910) und ›Die
Beichte eines Toren‹ (geschrieben [frz.]
1887/88, schwed. 1895, dt. 1893), den naturalist. Dramen ›Der Vater‹ (1887, dt.
1888) und ›Fräulein Julie‹ (1888, dt.
1888); 1892–99 Aufenthalt in Berlin, Paris und Österreich. Zweite Ehe (1893–95)
mit Frida Uhl. Beschäftigung mit Chemie und Okkultismus, 1894–96 schwere
persönl. Krise (sog. ›Infernokrise‹), geschildert in dem autobiograph. Werk
›Inferno‹ (frz. 1897, schwed. 1897, dt.
1898). Die neue synkretist. Weltanschauung, Resultat der Krise, ist Voraussetzung der späteren Dramen, in denen S.
nach dem endgültigen Bruch mit der aristotel. Tradition mit neuen Formen des
Dramas experimentierte. Es entstanden
u. a. die Trilogie ›Nach Damaskus‹
(3 Tle., 1898–1904, dt. 1899), ›Totentanz‹
(1901, dt. 1904), ›Ein Traumspiel‹ (1902,
dt. 1903). S. lebte ab 1899 endgültig in
Stockholm; 1901–04 dritte Ehe mit Harriet Bosse, 1907 gründete er mit dem
schwed. Theaterleiter August Falck
(* 1882, † 1932) in Stockholm das ›Intime
Theater‹, für das S. seine ausdrucksstarken Kammerspiele schrieb, u. a. ›Ge-
spenstersonate‹ (1907, dt. 1908) und
›Scheiterhaufen‹ (1907, dt. 1908). Zu den
Arbeiten der Nachinfernozeit gehören
auch eine Reihe histor. Schauspiele über
die großen schwed. Könige, die satir. Romane ›Die gotischen Zimmer. Familien-
schicksale vom Jahrhundertende‹ (1904,
dt. 1904) und die ›Blaubücher‹ (4 Tle.,
1907–12, dt. 1908–21), eine Sammlung.
1910 löste S. mit einer Reihe von Zei-
tungsartikeln, in denen er die literarischen und politischen Auffassungen der
konservativ orientierten Öffentlichkeit
polemisch angriff, die bislang größte und
am härtesten geführte Pressedebatte
Schwedens aus, die sog. ›Strindberg-
fehde‹.

Weitere Werke: Sömngångarnätter på vakna
dagar (Ged., 1884), Die Leute auf Hemsö (R.,
1887, dt. 1890, 1909 u. d. T. Die Inselbauern),
Schärenleute (En., 1888, dt. 1927, 1921 u. d. T.
Das Inselmeer), Am offenen Meer (R., 1890, dt.
1893), Advent (Dr., 1899, dt. 1912), Okkultes Tagebuch (entst. 1899/1900, gedr. [Faksimile]
1977, dt. [Auszug] 1964), Gustaf Vasa (Dr., 1899,
dt. 1900), Ostern (Dr., 1901, dt. 1901), Ordalek
och småkonst (Ged., 1905), Histor. Miniaturen
(1905, dt. 1906), Wetterleuchten (Kammerspiel,
1907, dt. 1908), Die große Landstraße (Dr.,
1909, dt. 1912).

Ausgaben: A. S. Werke. Dt. Gesamtausg. Mchn.
(bis 1903 Lpz.) 1902–30. 46 Bde. – A. S. Samlade skrifter. Hg. v. J. LANDQUIST. Stockholm
²1921–25. 55 Bde. – A. S. Skrifter. Hg. v.
G. BRANDELL. Stockholm 1945–46. 14 Bde. – A.
S.s samlade verk. Nationalupplaga. Redaktion
v. L. DAHLBÄCK. Stockholm 1981 ff. Auf 75 Bde.
berechnet. – A. S. Werke in zeitl. Folge. Frankfurter Ausg. Hg. v. A. GUNDLACH u. a. Ffm.
1984 ff. Auf 12 Bde. berechnet. – A. S. Ausgew.
Erzählungen. Dt. Übers. Mchn. 1989. 3 Bde.

Literatur: LAMM, M.: S.s dramer. Stockholm
1924–26. 2 Bde. – DAHLSTRÖM, C. E. W. L.: S.s
dramatic expressionism. Ann Arbor (Mich.)
1930. – JOLIVET, A.: Le théâtre de S. Paris
1931. – EKLUND, T.: Tjänstekvinnans son.
Stockholm 1948. – LAMM, M.: A. S. Stockholm
²1948. – WIRTANEN, A.: A. S. Dt. Übers. v.
T. DOHRENBURG. Rbk. 1962. – LUNIN, H.: S.s
Dramen. Hg. v. C. NIESSEN. Emsdetten 1963. –
MORTENSEN, B. M. E./DOWNS, B. W.: S. New
York Neuausg. 1965. – OLLÉN, G.: A. S. Velber
1968. – VOGELWEITH, G.: Psychothéâtre de S.
Paris 1972. – BERENDSOHN, W. A.: A. S. Der
Mensch u. seine Umwelt – Das Werk – Der
schöpfer. Künstler. Amsterdam 1974. – BRAN-
DELL, G.: S. in Inferno. Engl. Übers. Cambridge
(Mass.) 1974. – PAUL, F.: A. S. Stg. 1979. – Der
andere S. Hg. v. A. GUNDLACH u. a. Ffm. 1981. –
MEIDAL, B.: Från profet till folktribun. Stock-
holm 1982. – LAGERCRANTZ, O.: S. Dt. Übers. v.
A. GUNDLACH. Ffm. 1984. – ENQUIST, P. O.: S.:
Ein Leben. Dt. Übers. v. V. REICHEL. Nw. 1985.

Stritar, Josip, Pseudonym Boris Miran, *Podsmreka bei Velike Lašče 6. März 1836, † Rogaška Slatina 25. Nov. 1923, slowen. Schriftsteller und Kritiker. – Sohn eines Bauern, studierte klass. Philologie in Wien, ebd. ab 1873 Gymnasiallehrer; Hg. der Zeitschrift ›Zvon‹. S. schrieb kultivierte, formschöne Lyrik ohne tiefere Gefühlsbeteiligung; allmähl. Vorherrschen eines melancholisch-pessimist. Tones; bemerkenswert sind v. a. die satir. ›Dunajski soneti‹ (= Donausonette, 1872). In Romanen (›Zorin‹, 1870, dt. 1880) und Novellen wird der Einfluß J.-J. Rousseaus und Goethes deutlich; auch krit. Arbeiten, mit denen S. die junge slowen. Dichtung förderte.

Weiteres Werk: Boris Miran's Gedichte (1869, dt. Ausw. 1877).
Ausgabe: J. S. Zbrano delo. Ljubljana 1953–57. 10 Bde.
Literatur: POGAČNIK, J.: S.jev literarni nazor. Ljubljana 1963.

Erwin
Strittmatter

Strittmatter, Erwin, *Spremberg 14. Aug. 1912, †Schulzenhof bei Dollgow (Kreis Gransee) 31. Jan. 1994, dt. Schriftsteller. – Ursprünglich Bäcker, übte verschiedene Berufe aus, lebte zuletzt als Mitglied einer landwirtschaftl. Produktionsgenossenschaft in Dollgow. Vertreter des sozialist. Realismus; schrieb in bildkräftiger, volkstüml. Sprache aus gründl. Kenntnis und guter Beobachtung des Dorfmilieus, der Proletarier- und Kleinbürgerwelt mit Humor und Phantasie Romane (v. a. Entwicklungsromane), Dramen und Kurzprosa. S. war einer der meistgelesenen Schriftsteller der DDR.

Werke: Ochsenkutscher (R., 1950), Katzgraben (Dr., 1954, erweitert 1958), Tinko (R., 1954), Der Wundertäter (R., 3 Bde., 1957–80), Die Holländerbraut (Dr., 1961), Ole Bienkopp (R., 1963), Schulzenhofer Kramkalender (Kurzgeschichten u. a., 1966), Ein Dienstag im September. 16 Romane im Stenogramm (1969), ³/₄ hundert Kleingeschichten (1971), Die blaue Nachtigall oder der Anfang von etwas (En., 1972), Meine Freundin Tina Babe (En., 1977), Wahre Geschichten aller Art(t) (1982), Der Laden (R., 3 Bde., 1983–92), Grüner Juni (E., 1985), Die Lage in den Lüften. Aus Tagebüchern (1990), Nur, was ich weiß und fühle (Gespräch, 1994), Vor der Verwandlung. Aufzeichnungen (Hg. 1995).
Literatur: E. S. Sein Leben u. Werk. Neuausg. Bln. 1984. – †auch Scharrer, Adam.

Strittmatter, Eva, geb. Braun, *Neuruppin 8. Febr. 1930, dt. Schriftstellerin. – Studierte Germanistik und Romanistik; seit 1953 freischaffende Schriftstellerin, ∞ mit Erwin S.; Verfasserin zahlreicher Kinderbücher, Gedichte und Prosastücke. Ihre Lyrik zeichnet sich durch ausdrucksstarke, phantasiehaftpoet. Elemente aus.

Werke: Brüderchen Vierbein (Kinderb., 1959), Ich mach ein Lied aus Stille (Ged., 1973), Ich schwing mich auf die Schaukel (Ged., 1974), Mondschnee liegt auf den Wiesen (Ged., 1975), Die eine Rose überwältigt alles (Ged., 1977), Briefe aus Schulzenhof (2 Bde., 1977–90), Zwiegespräch (Ged., 1980), Heliotrop (Ged., 1983), Beweis des Glücks (Ged.-Auswahl, 1983), Mai in Piešt'any (Ged., 1986), Atem (Ged., 1988), Unterm wechselnden Licht (Ged., 1990).

Strittmatter, Thomas, *Sankt Georgen im Schwarzwald 18. Dez. 1961, dt. Schriftsteller. – Nach dem Abitur 1981 Kunststudium in Karlsruhe bis 1986. Wurde v. a. durch Gegenwartsdramen in der Tradition des Volkstheaters bekannt, in denen nationalsozialist. Vergangenheit, Schuld und Tod thematisiert werden. Schauplatz ist dabei immer wieder der S.s alemann. Heimat und das bäuerlich-dörfl. Milieu (›Der Polenweiher‹, 1982; ›Viehjud Levi‹, 1984). Arbeitete für Film und Fernsehen (›Der Polenweiher‹, Fernsehfilm, 1985); wandte sich in jüngster Zeit verstärkt der Malerei und experimenteller Prosa zu (›3 Bildgeschichten und 2 andere‹, 1984).

Weitere Werke: Der Kaiserwalzer (Dr., 1983), Brach. Komödie vom Spielen, Sterben und Erben für einen jungen Herrn und 2 ältere Damen (Dr., 1983, 2. Fassung 1984), Der Fürst vom Teufelsstein (Hsp., 1984), Hamburger Flasche

(Hsp., 1985), Gesualdo (Dr., 1986), Die Liebe zu den drei Orangen (Dr., 1988), Raabe Baikal (R., 1990), Irrlichter-Schrittmacher (Dr., 1992), Untertier (Dr., 1992).

Strnad, Jaroslav [tschech. 'strnat], Pseudonym J. Kujeba, * Vysoké Mýto 3. Aug. 1918, tschech. Schriftsteller. – Jurist; Redakteur, Lektor; 1942–45 im KZ Dachau; 1949/50 Verhaftungen, danach Emigration; lebt in der Schweiz; Lyriker, Dramatiker (›An einem Mittwoch in der Kurzstraße und Umgebung‹, 1969), Prosaist (›Job‹, 1976).

Strömholm, Stig [Fredrik], * Boden (Norrbotten) 16. Sept. 1931, schwed. Schriftsteller. – Prof. der Rechtswiss. in Uppsala; verfaßte mehrere jurist. Lehrbücher sowie histor. Romane, die ihn als Beherrscher eines kühlen, eleganten Stils ausweisen und neokonservative Wertvorstellungen erkennen lassen.
Werke: Das Tal (R., 1976, dt. 1980), Die Felder (R., 1977, dt. 1986), Motskäl (Essays, 1979), Der Wald (R., 1980, dt. 1987), Tidvarv (R., 1982), Ajax (R., 1984), Sändebudet (R., 1986).

Strong, Leonard Alfred George [engl. strɔŋ], * Plymouth 8. März 1896, † Guildford (Surrey) 17. Aug. 1958, engl. Schriftsteller ir. Abstammung. – Studierte in Oxford, war bis 1930 Lehrer, dann freier Schriftsteller in London. Schrieb zahlreiche Romane, von denen bes. ›The garden‹ (1931) und ›Sea wall‹ (1933) nostalgisch ir. Landschaft evozieren, sowie Kurzgeschichten, Gedichte (›Collected poems‹, 1957), Kinderbücher und literaturkrit. Studien über ir. Autoren, u. a. J. M. Synge (1941) und J. Joyce (1949).
Weitere Werke: Dewer rides (R., 1929), Corporal Tune (R., 1934), Mr. Sheridan's umbrella (R., 1935), The director (R., 1944), Travellers (En., 1945), Darling Tom (En., 1952), Green memory (Autobiogr., hg. 1961).

Strophe [griech. = Wendung], ursprünglich im griech. Drama der Wechsel der Bewegungsrichtung bei einem profanen Rundtanz oder die kult. Hinwendung des tanzenden Chores zum Altar und das dabei gesungene Lied (↑ auch Antistrophe). Der Begriff ›S.‹ der griech. Chorlyrik, den erst im 16. Jh. P. de Ronsard wiederverwendete, wurde in Deutschland im 17. Jh. durch M. Opitz eingeführt. In der mhd. Dichtung wurde dafür die Bezeichnung ›daz liet‹ verwendet; die Meistersinger gebrauchten Bezeichnungen wie ›Stück‹, ›Gebände‹, ›Gesätz‹. Im Kirchenlied wird z. T. immer noch die Bez. ›Vers‹ (von mittellat. versus ›Abschnitt eines gesungenen Psalms‹) gebraucht. Heute versteht man unter S. die Zusammenfassung von Versen oder Langzeilen zu einer metr. Einheit, die thematisch selbständig sein kann oder mit anderen S.n zusammen eine thematisch mehr oder weniger geschlossene S.nreihe, einen Zyklus oder ein Gedicht bilden kann. Die S. wird seit dem MA durch bestimmte Reimschemata und Reimformen gebildet. Die Syntax kann gelegentlich eine S.ngrenze überspringen (↑ Strophensprung). S.n finden sich v. a. in der Lyrik, auch in der Epik, selten im Drama.
Literatur ↑ Metrik.

Strophensprung, Überspielen der metr. Stropheneinheit durch die syntakt. Gliederung: Der Satz reicht über das Strophenende in die folgende Strophe hinein.

Strozzi, Giovan Battista, il Vecchio (= der Ältere), * Florenz 10. März 1505, † ebd. im Dez. 1571, italien. Dichter. – Studierte in Padua, kehrte nach dem Ende der Republik 1530 nach Florenz zurück, wurde 1540 Konsul der Akademie von Florenz; erlangte als Madrigaldichter europ. Ruf (›Madrigali‹, hg. 1593), beeinflußte auch die frz. und span. Madrigaldichtung; zweifelhaft ist, ob das Epigramm auf Michelangelos Skulptur der Nacht von ihm stammt.
Ausgabe: Lirici del Cinquecento. Hg. v. L. BALDACCI. Florenz 1957 (mit Bibliogr.). – G. B. S. Madrigali inediti. Hg. v. M. ARIANI. Urbino 1975.

Strozzi, Giovan Battista, il Giovane (= der Jüngere), * Florenz 29. März 1551, † ebd. 1634, italien. Schriftsteller. – Neffe von Giovan Battista S. il Vecchio; bed. Mäzen; Mitglied der Akademie von Florenz; schrieb Episteln, Sonette, Madrigale; v. a. literartheoretisch interessiert: verfaßte u. a. eine Schrift zur Theorie des Madrigals.
Literatur: BARBI, A. S.: Un accademico mecenate e poeta. G. B. S. il Giovane. Florenz 1900.

Strozzi, Tito (Vespasiano), ab 1460 Titus Vespasianus genannt, * Ferrara 1425, † ebd. 1505, nlat. Dichter. – Sohn eines nach Ferrara gezogenen Mitglieds der Florentiner Familie S.; Schüler des Humanisten Guarino von Verona (* 1374, † 1460); trat in den Dienst des Herzogs Borso d'Este, wurde auch zu diplomat. Missionen herangezogen; 1497 übertrug ihm Herzog Ercole d'Este das höchste Verwaltungs- und Richteramt in Ferrara. S. veröffentlichte 1443 eine Sammlung lat. Liebeselegien, eine der frühesten der italien. Renaissance; er schrieb auch lat. Eklogen, Epigramme, weitere Elegien und Epyllien. Um 1460 begann er sein literar. Hauptwerk, die ›Borsias‹, ein historisch-panegyr. Epos auf Borso und das Haus d'Este, das er als eine ›Äneis‹ für Ferrara auf 12 Bücher plante, an dem er auch nach Borsos Tod (1471) bis 1505 weiterarbeitete und von dem er 10 Bücher vollendete. S. zählt zu den bedeutendsten Dichtern des 15. Jh.; seine Gedichte wurden, zus. mit denen seines Sohnes Ercole S. (* 1473, † 1508), erstmals 1513 in Venedig gedruckt, seine ›Borsias‹ erst 1977.

Ausgabe: Die Borsias des T. S. Hg. v. W. LUDWIG. Mchn. 1977.
Literatur: GUARDIA, A. DELLA: T. V. S. Modena 1916.

Strub, Urs Martin, * Olten 20. April 1910, schweizer. Schriftsteller. – Psychiater, Chefarzt eines Sanatoriums. Schreibt überwiegend Lyrik; seine tiefempfundenen Gedichte kreisen um Natur, Geist, Christentum, Werden und Vergehen und geistiges Reifen.

Werke: Die dreiundreißig Gedichte (1940), Der Morgenritt (Ged., 1944), Lyrik (Ged., 1946), Lyr. Texte (Ged., 1953), Zürichsee (Essays, 1963), Signaturen, Klangfiguren (Ged., 1964).

Strubberg, Friedrich Armand, Pseudonym Armand, * Kassel 18. März 1806, † Gelnhausen 3. April 1889, dt. Schriftsteller. – Kaufmann in Bremen; 1826–29 und 1837–54 wegen verschiedener Duelle Flucht nach Nordamerika, wo er Medizin studierte und als Arzt praktizierte; nach seiner endgültigen Rückkehr Anwalt Kurfürst Friedrich Wilhelms von Hessen in dessen Vermögensstreit mit Preußen. Schrieb mehr als 40 abenteuerl. Reiseromane, die sich mit seinen Erlebnissen und ethnograph. Beobachtungen in Amerika auseinandersetzten.

Werke: Amerikan. Jagd- und Reiseabenteuer (1858), Bis in die Wildnis (R., 4 Bde., 1858), An

der Indianergrenze (R., 4 Bde., 1859), Sclaverei in Amerika (R., 3 Bde., 1862), Aus Armands Frontierleben (Autobiogr., 3 Bde., 1868).
Literatur: BARBA, P. A.: Life and works of F. A. S. New York 1913.

Strübe, Hermann, dt. Schriftsteller und Maler, ↑ Burte, Hermann.

Struck, Karin, * Schlagtow (heute zu Groß Kiesow, Landkreis Greifswald) 14. Mai 1947, dt. Schriftstellerin. – Kam 1953 in die BR Deutschland; wurde bekannt mit dem Roman ›Klassenliebe‹ (1973), in dem sie in Tagebuch- und Briefform anhand einer Liebesbeziehung die soziale Lage einer studierenden Arbeitertochter reflektiert.

Weitere Werke: Die Mutter (R., 1975), Lieben (R., 1977), Die liebenswerte Greisin (E., 1977), Trennung (E., 1978), Kindheits Ende. Journal einer Krise (1982), Finale (R., 1984), Glut und Asche (E., 1985), Bitteres Wasser (R., 1988), Blaubarts Schatten (R., 1991), Ich sehe mein Kind im Traum. Plädoyer gegen die Abtreibung (1992), Ingeborg B. (R., 1993).
Literatur: K. S. – Materialien. Hg. v. H. ADLER u. J. SCHRIMPF. Ffm. 1983. – JURGENSEN, M.: K. S. Eine Einführung. Bern u. Ffm. 1985.

Strug, Andrzej [poln. struk], eigtl. Tadeusz Gałecki, * Lublin 28. Nov. 1871, † Warschau 9. Dez. 1937, poln. Schriftsteller. – Wegen seiner Beziehungen zur Arbeiterbewegung nach Archangelsk verbannt (1897–1900; 1895 Verhaftung); nahm an der Revolution von 1905 teil, kämpfte in den Legionen J. K. Piłsudskis im 1. Weltkrieg und war später Gegner von dessen autoritärem Regime. S. schrieb Prosaerzählungen aus der poln. Arbeiterbewegung, über den Krieg sowie über Probleme des modernen Kapitalismus und der poln. Intelligenz; pazifist. Haltung. Später veröffentlichte er auch Kriminal- und Spionagegeschichten.

Werke: Geschichte einer Bombe (R., 1910, dt. 1912), Żółty krzyż (= Gelbkreuz, R.-Trilogie, 1932/33).
Ausgabe: A. S. Pisma. Warschau 1930–31. 20 Bde.
Literatur: Proza A. S.a. Hg. v. T. BUJNICKI u. S. GEBAL. Warschau 1981.

Strugazki (tl.: Strugackij), Arkadi Natanowitsch [russ. stru'gatskij], * Batumi 28. Aug. 1925, † Moskau 14. Okt. 1991, russ.-sowjet. Schriftsteller. – Verfaßte zus. mit seinem Bruder Boris Natanowitsch S. (* 1933) ↑ Science-fiction in der Tradition der Weltraumphantastik, später auch [satir.] utop. Romane mit gegenwartsbezogener, auch moralisch-didakt. Thematik.

Werke: Praktikanten (R., 1962, dt. 1994), Fluchtversuch (R., 1962, dt. 1983), Der ferne Regenbogen (E., 1964, dt. 1971), Es ist nicht leicht, ein Gott zu sein (R., 1964, dt. 1971, 1967 u. d. T. Ein Gott zu sein ist schwer), Die gierigen Dinge des Jh. (R., 1965, dt. 1982), Montag beginnt am Samstag (R., 1965, dt. 1974), Die Schnecke am Hang (R., 1966–68, dt. 1978), Die zweite Invasion auf der Erde (E., 1967, dt. 1973, 1967 u. d. T. Die zweite Invasion der Marsmenschen), Die bewohnte Insel (R., 1969, dt. 1972), Die häßl. Schwäne (R., Ffm. 1972, dt. 1982), Picknick am Wegesrand (R., 1972, dt. 1976), Der Junge aus der Hölle (E., 1974, dt. 1990), Milliarden Jahre vor dem Weltuntergang (R., 1976/77, dt. 1980), Ein Käfer im Ameisenhaufen (R., 1979/80, dt. 1983), Die Wellen ersticken den Wind (E., 1986, dt. 1988), Das lahme Schicksal (R., 1987, dt. 1990), Die Last des Bösen (R., 1989, dt. 1991), Stadt der Verdammten (R., 1990, dt. 1993).

Literatur: FÖLDEAK, H.: Neuere Tendenzen der sowjet. Science-fiction. Mchn. 1975.

Struktur [aus lat. structura = Zusammenfügung, Ordnung, Bau], ein aus Teilen zusammengesetztes Ganzes, bei dem jeder Teil eine bestimmte Funktion erfüllt, die nur vom Ganzen her verständlich ist. Aus der Philosophie und Naturwiss. auf die Literatur übertragen, bezeichnet S. die spezif., aus den verschiedensten Elementen (u. a. Wortwahl, Wortkombinationen, Satzbau, Rhythmus, Klangfarben, Erzähltechnik, Aufbau u. a.) zusammengesetzte Komposition eines literar. Werkes, dessen bes. Wirkung auf der Übereinstimmung der Elemente, die so und nicht anders ein Ganzes bilden, beruht.

Literatur: EINEM, H. VON, u. a.: Der S.begriff in den Geisteswiss. Mainz u. Wsb. 1973.

Strukturalismus, eine in den 1960er Jahren von Frankreich ausgehende Theorie mit dem Ziel, eine den exakten Untersuchungsmethoden der Naturwiss. analoge, auf intersubjektiv überprüfbaren Verfahren beruhende Form der Analyse für die Geistes- und Sozialwissenschaften zu finden. Anthropologen (C. Lévi-Strauss), Soziologen (L. Goldmann, L. Althusser), Psychologen (J. Piaget), Psychoanalytiker (J. Lacan), Kulturwissenschaftler und Philosophen (M. Foucault, J. Derrida), Linguisten (A. Greimas, N. Chomsky) und Literaturkritiker (R. Barthes, C. Bremond, T. Todorov) beriefen sich dabei auf F. de Saussures strukturalist. Sprachwissenschaft (›Cours de linguistique générale‹, 1916), die Sprache als ein System von Zeichen, das sprachl. Zeichen selbst als eine aus Signifikant (Bezeichnendes) und Signifikat (Bezeichnetes) bestehende Einheit begreift. Die hier erstellten Strukturbezüge, etwa zwischen dem System der Sprache (›langue‹) und der Sprachverwendung (›parole‹), zwischen der präsenten sprachl. Kette des Syntagma und den absenten Varianten des Paradigma, zwischen dem Signifikant des Ausdrucks und dem Signifikat des Inhalts, wurden in den 30er Jahren in der *Prager Linguistik* auf die durch binäre Oppositionen bestimmte Phonologie (R. Jakobson, N. S. Trubezkoi), in der *Kopenhagener Linguistik* (Glossematik) auf die Bezüge zwischen Ausdrucks- und Inhaltsseite (L. Hjelmslev), in den USA zunächst auf den behavioristisch fundierten Deskriptionismus (L. Bloomfield), dann auf die generative Transformationsgrammatik (N. Chomsky, u. a. ›Syntactic structures‹, 1957; ›Aspekte der Syntax-Theorie‹, 1965; dt. 1970), schließlich allgemein auf die Semiotik und Semiologie (u. a. U. Eco) angewandt. – In der Literaturwiss. wurden, ausgehend von den textinterne poet. Strukturen analysierenden Arbeiten der russ. Formalisten (W. B. Schklowski, J. N. Tynjanow) und der u. a. auch gesellschaftl. Faktoren mitberücksichtigenden Prager Schule (R. Jakobson, J. Mukařovský), zunächst literar. Kleinformen wie Gedichte untersucht, dann wurde im Anschluß an W. J. Propps auf die Morphologie des Märchens bezogene Studie (1928) ein funktionales Regelsystem für die Erzählforschung bzw. Narrativik fruchtbar gemacht. Solche Versuche, durch Strukturbezüge auf syntagmat. und/oder paradigmat. Ebene neue Beschreibungsmöglichkeiten für die strukturale Erzählanalyse zu entdecken, wurden v. a. von den frz. Kritikern wie R. Barthes, A. Greimas, T. Todorov, C. Bremond vorgenommen. Gesellschaftl. Faktoren, die auf die Entstehung des Kunstwerkes einwirken, erscheinen in L. Goldmanns (u. a. ›Weltflucht und

Politik. Studien zu Pascal und Racine‹, 1959, dt. 1967) genet., in J. Kristevas (u. a. ›Die Revolution der poet. Sprache‹, 1974, dt. 1978) generativ-transformationellem S. und bei dem russ. Literaturkritiker Juri Michailiowitsch Lotman (* 1922). – Durch den Einbezug solcher textexterner Faktoren, v. a. auch unter dem Eindruck eines u. a. durch die Studentenrevolten 1968 in Paris ausgelösten geistigen Umbruchs, wurde der bislang als statisch und ahistorisch begriffene S. zu einem dynam., die polit. Machtverhältnisse analysierenden Poststrukturalismus. Literatur und Literaturkritik wurden Medien eines subversiven, Autorität und Macht dekonstruierenden Diskurses, der in F. Nietzsches Philosophie und in S. Freuds die Ganzheit des Menschen in psych. Schichten zerlegender Psychoanalyse schon vorgeformt war. Dieser v. a. von Barthes (u. a. ›Die Lust am Text‹, 1973, dt. 1974; ›Fragmente einer Sprache der Liebe‹, 1977, dt. 1984), Lacan, Foucault (u. a. ›Sexualität und Wahrheit‹, 3 Bde., 1976–84, dt. 1977–86) und Derrida (u. a. ›Die Postkarte. Von Sokrates bis an Freud und jenseits. Sendungen‹, 1980, dt. 1982) mit der Verlagerung der Analyse auf solche Gebiete wie etwa Spiel, Lust, Begierde, Sexualität und abnormes Verhalten vollzogene Wandel von der Beschreibung feststehender Strukturen zur Erfassung von Strukturierungsprozessen basierte auf der Erkenntnis, daß die Beschränkung der Analyse auf den in der Gesellschaft dominanten ideolog. Diskurs, der eindeutig zwischen gut und böse, zwischen normal und pathologisch, zwischen rational und irrational unterscheidet, die Möglichkeit eines krit. Diskurses unterläuft und eine Kulturrevolution verhindert. Dieses von Derrida als ›différence‹ (›Unterschied‹, ›Aufschub‹) bezeichnete Phänomen einer offenen Struktur ist zum bestimmenden Kriterium des Poststrukturalismus geworden, der auch die theoret. Grundlage des Dekonstruktivismus und des Postmodernismus bildet. – ↑ auch Literaturkritik.

Literatur: SCHIWY, G.: Der frz. S. Rbk. 1969. Neuausg. 1985. – S. in der Lit.wiss. Hg. v. H. BLUMENSATH. Köln 1972. – S. als interpretatives Verfahren. Hg. v. H. GALLAS. Darmst. u. Nw.

1972. – Einf. in den S. Hg. v. F. WAHL. Ffm. 1973. – Structuralism. An interdisciplinary introduction. Hg. v. S. WITTIG. Pittsburgh (Pa.) 1975. – Textual strategies. Perspectives in poststructuralist criticism. Hg. v. J. V. HARARI. Ithaca (N. Y.) 1979. – Structuralism and biblical hermeneutics. Hg. v. A. M. JOHNSON. Pittsburgh (Pa.) 1979. – PIAGET, J.: Der S. Dt. Übers. Neuausg. Stg. 1980. – STURROCK, J.: Structuralism. London 1986. – SCHIWY, G.: Poststrukturalismus u. ›Neue Philosophen‹. Rbk. 1987. – ALBRECHT, J.: Europ. S. Darmst. 1988. – DOSSE, F.: Histoire du structuralisme. Paris 1991–92. 2 Bde. – KIM, B.-H.: Kritik des S. – FIETZ, L.: S. Eine Einf. Tüb. 1992.

Strutz, Herbert, * Klagenfurt 6. Juni 1902, † Wien 1. Okt. 1973, österr. Schriftsteller. – Studierte Musik, war Komponist und Pianist; nach 1945 freier Schriftsteller und Kritiker. S. schrieb sensible und naturnahe Lyrik sowie Erzählungen, auch Heimat- und Kinderbücher.

Werke: Wanderer im Herbst (Ged., 1932), Die ewigen Straßen (R., 1933), Tag für Tag (R., 1939), Unter dem Sternenhimmel (En., 1949), Vor dem Dunkelwerden (Ged., 1959), Staub unter Sternen (En., 1965), Bedrängtes Dasein (Ged., 1967), Kärnten, wie es wenige kennen (1972).

Stryjkowski, Julian [poln. strij-ˈkɔfski], * Stry 27. April 1905, poln. Schriftsteller. – 1932 Gymnasiallehrer in Płock; ab 1937 Buchhändler in Warschau; 1943–46 in Moskau; ab 1949 in Rom, 1952 nach der Veröffentlichung des Romans ›Der Lauf nach Fragalla‹ (1951, dt. 1953) des Landes verwiesen; redaktionelle Tätigkeiten. S. schildert v. a. die Welt (Sitten und Gebräuche) der poln. Ostjuden, thematisiert Fragen ihrer Bedrohung, ihrer Vernichtung, insbes. in der Romantrilogie ›Asrils Traum‹ (1975, dt. 1981), ›Stimmen in der Finsternis‹ (1956, dt. 1963) und ›Austeria‹ (1966, dt. 1968, 1969 u. d. T. ›Die Osteria‹); auch Übersetzer.

Weitere Werke: Der Fremde aus Narbonne (R., 1978, dt. 1983 [dem Aufstand im Warschauer Ghetto gewidmet]), Wielki strach (= Die große Angst, R., 1979), Martwa fala (= Dünung, R., 1983), Echo (R., 1988).

Stuart, C. F., Pseudonym des dt. Schriftstellers Cäsar ↑ Flaischlen.

Stuart, Francis [engl. stjʊət], * Townsville (Queensland, Australien) 29. April 1902, ir. Schriftsteller. – Kam, aus einer ir. Familie stammend, früh nach Irland; wegen Teilnahme am ir. Bürgerkrieg auf der Seite der Nationalisten 1922/23 interniert; u.a. 1939–44 Lektor für Englisch an der Universität Berlin. S., der 1920 zum Katholizismus übertrat, behandelt in seinen Romanen zeitgenössische Existenzprobleme, oft unter religiösen Aspekten, auch aktuelle politische und ökonomische Fragen; schrieb ferner Erzählungen, Dramen und Gedichte.

Werke: We have kept the faith (Ged., 1923), Woman and God (R., 1930), Pigeon Irish (R., 1932), Die bunte Kuppel (R., 1932, dt. 1943), Der Jüngste von Rosaril (R., 1936, dt. 1937), Die Brücke (R., 1937, dt. 1942), Die Wolkensäule (R., 1948, dt. 1953), Das Lächeln (R., 1949, dt. 1952), Karfreitag nach Ostern (R., 1950, dt. 1956), The pilgrimage (R., 1955), Angels of providence (R., 1959), Black list, section H (R., 1971), Memorial (R., 1973), A hole in the head (R., 1977), The high consistory (R., 1980), Faillandia (R., 1985), The abandoned snail (R., 1987), A compendium of lovers (R., 1990). **Literatur:** NATTERSTAD, J. H.: F. S. Lewisburg (Pa.) 1974.

Stuart, Ian [engl. stjʊət], schott. Schriftsteller, ↑ MacLean, Alistair.

Stucken, Eduard, * Moskau 18. März 1865, † Berlin 9. März 1936, dt. Schriftsteller. – Sohn eines dt.-amerikan. Großkaufmanns; nach kaufmänn. Lehre Studium der Sprachwiss., Assyriologie und Ägyptologie; 1890/91 Teilnahme an einer Expedition nach Nordsyrien; danach freier Schriftsteller in Berlin. In seinem von der Neuromantik beeinflußten Werk bevorzugte S. exot., myth. und phantast. Stoffe. Hauptwerke sind ein Dramenzyklus mit Themen aus der Gralssage (›Gawân‹, 1902; ›Lanvâl‹, 1903; ›Myrrha‹, 1908; ›Lanzelot‹, 1909; ›Astrid‹, 1911; ›Merlins Geburt‹, 1913; ›Tristan und Ysolt‹, 1916) und das von der Sprache des österr. Barock beeinflußte Romanepos ›Die weißen Götter‹ (4 Bde., 1918–22), das die Eroberung Mexikos durch die Spanier und die untergehende Mayakultur schildert. Daneben stehen Gedichte, Erzählungen sowie sprachwiss. Abhandlungen; auch Zeichnungen.

Weitere Werke: Astralmythen (5 Tle., 1896–1907), Balladen (1898), Die Hochzeit Adrian Brouwers (Dr., 1914), Das Buch der Träume (Ged., 1916), Larion (R., 1926), Im Schatten Shakespeares (R., 1929), Giuliano (R., 1933). **Literatur:** CARLSON, I.: E. S. Diss. Erlangen-Nürnberg 1962. – CARLSON, I. L.: E. S.

(1865–1936). Ein Dichter u. seine Zeit. Bln. 1978.

Stuckenberg, Viggo [dän. 'sdugənbɛr'], * Vridsløselille bei Kopenhagen 17. Sept. 1863, † Kopenhagen 6. Dez. 1905, dän. Dichter. – S.s symbolist. Lyrik und Prosa entstand in den 1890er Jahren und trägt viele Merkmale des Fin de siècle: Abkehr vom Naturalismus, Einfühlung in seel. Vorgänge, Hingabe an Natur und Religion.

Werke: Der holden Worte süßer Klang (Essay, 1895, dt. 1901), Flyvende sommer (Ged., 1898), Sne (Ged., 1901). **Ausgabe:** V. S. Samlede værker. Kopenhagen 1910–11. 3 Bde. **Literatur:** ANDERSEN, JØRGEN: V. S. og hans samtid. Kopenhagen 1944. 2 Bde. – BRØNDUM-NIELSEN, J.: Litterærhistoriske epistler. Kopenhagen 1960.

Stufenbuch (russ. Stepennaja kniga), ein auf Anregung des Metropoliten Makari auf der Basis zahlreicher Quellen 1560–63 unternommener Versuch der systemat. Darstellung der russ. Geschichte von Wladimir I. bis Iwan IV. mit dem Ziel, die Moskauer Monarchie zu verherrlichen. Das Buch (hg. 1908–13) ist in 17 ›Stufen‹ gegliedert. **Literatur:** BARNETTE, W. F.: Stepennaja kniga. Diss. Vanderbilt University Nashville (Tenn.) 1979.

Stundenbuch ↑ Livre d'heures.

Stuparich, Giani [italien. 'stu:pariʧ], * Triest 4. April 1891, † Rom 7. April 1961, italien. Schriftsteller. – Studierte in Prag, Berlin und Florenz, wo er sich dem Kreis um die Zeitschrift ›La Voce‹ anschloß. Nahm, obwohl österr. Staatsangehöriger, am 1. Weltkrieg auf italienischer Seite teil. Im Erlebnis des Krieges wurzeln seine von tiefer Menschlichkeit geprägten Hauptwerke: ›Colloqui con mio fratello‹ (1925; Erinnerungen an seinen gefallenen Bruder), das Tagebuch ›Guerra del '15‹ (1931) und der Roman ›Ritorneranno‹ (1941).

Weitere Werke: Nacht über dem Hafen (En., 1942, dt. 1948), Die Insel (E., 1942, dt. 1946), Trieste nei miei ricordi (Erinnerungen, 1948), Simone (R., 1953), Ein Sommer in Isola. Geschichten von der Liebe (dt. Ausw. 1991). **Literatur:** BERTACCHINI, R.: G. S. Florenz 1968. – APIH, E.: Il ritorno di S. Florenz 1988.

Štúr, L'udovít [slowak. ʃtu:r], * Uhrovec bei Trentschin 28. Okt. 1815, † Modra bei Preßburg 12. Jan. 1856, slowak. Schriftsteller und Philologe. – Studierte Geschichte, Philosophie und Philologie; 1840–44 Dozent in Preßburg, gab 1845 die Zeitschrift in slowak. Sprache ›Slovenskje národňje novini‹ heraus, war 1847 Landtagsabgeordneter und 1848 einer der Führer des slowak. Aufstandes. Danach lebte Š. seiner literar. und wiss. Arbeit. Sein Hauptanliegen war die Erhebung des mittelslowak. Dialekts zur Schriftsprache. Š. stand unter dem Einfluß der dt. Romantik und des russ. Panslawismus. Er schrieb v. a. romantischpatriot. Gedichte (›Spevy a piesne‹ [= Gesänge und Lieder], 1853).

Weitere Werke: Das 19. Jh. und der Magyarismus (Schr., 1845), Das Slawentum und die Welt der Zukunft (Studie, entst. in dt. Sprache, gedr. russ. 1867, dt. 1931).
Ausgabe: L. Š. Dielo. Preßburg 1954–57. 5 Bde.
Literatur: L. Š. u. die slaw. Wechselseitigkeit. Hg. v. L. Holotík. Preßburg u. a. 1969. – Juríček, J.: L. Š. Preßburg 1971.

Sturla Þórðarson [isländ. 'stvrdla 'θɔurðarsɔn], * 29. Juli 1214, † Fagrey 30. Juli 1284, isländ. Schriftsteller. – Letzter großer Schriftsteller Islands im Mittelalter; kämpfte als Neffe von ↑ Snorri Sturluson zunächst gegen den Anspruch des norweg. Königs Håkon IV. auf Oberhoheit über Island. Bei einem erzwungenen Besuch in Norwegen (1263–71) erwarb er durch seine Dichtkunst die Gunst von Håkons Sohn und Nachfolger Magnús. Dieser ernannte ihn zum ›lögmaðr‹, dem höchsten Amt Islands nach Verlust der Selbständigkeit. S. P. verfaßte die Saga über die Könige Håkon (1265) und Magnús (um 1280) sowie die ›Íslendinga saga‹, das Kernstück der ↑ ›Sturlunga saga‹. Die Forschung hat versucht, ihm auch noch weitere Sagas (›Eyrbyggja saga‹, ↑ ›Grettis saga Asmundarsonar‹, ›Kristni saga‹) zuzuschreiben.

Literatur: Ker, W. P.: Sturla the Historian. Oxford 1906. – Vries, J. de: Altnord. Literaturgesch. Bd. 2. Bln. ²1967. S. 85 u. 304. – Glendinning, R. J.: Träume u. Vorbedeutung in der Islendinga Saga Sturla Thordarsons. Bern u. Ffm. 1974.

Sturlunga saga, Name eines umfangreichen Sammelwerkes, das die isländ. Geschichte von etwa 1120 bis 1264 behandelt, benannt nach dem führenden

Geschlecht des isländ. Freistaates im 13. Jh., den Sturlungar. Im Mittelpunkt steht die ›Íslendinga saga‹ des ↑ Sturla Þórðarson, die dem Zeitraum von 1183 bis 1262 gewidmet ist. Sie setzt die ›Sturlu saga‹ fort, die Geschichte von Sturla Þórðarson, dem Großvater des Verfassers der ›Íslendinga saga‹ und dem Stammvater des mächtigen Sturlungengeschlechtes, dessen Machtkämpfe mit den alten Großfamilien Islands die Saga mit großer Breite schildert. Die einzelnen Teile der S. s. (u. a. ›Þorgils saga ok Hafliða‹, ›Hrafns saga Sveinbjarnarsonar‹, ›Þórðar saga kakala‹) sind unterschiedl. Alters und nur notdürftig zusammengefügt. Die endgültige Redaktion, die die Teile in eine chronolog. Ordnung zu bringen suchte, wird um 1300 anzusetzen sein. Als Quelle für die Geschichte Islands im MA ist die S. s. von größter Wichtigkeit.

Ausgaben: S. S. Hg. v. K. Kålund. Kopenhagen 1906–11. 2 Bde. – Geschichten vom Sturlungengeschlecht. Dt. Übers. v. W. Baetke. Darmst. ²1967. – S. s. Engl. Übers. v. J. H. McGrew. New York 1970–74. 2 Bde.
Literatur: Sveinsson, E. Ó.: The age of the Sturlungs. Ithaca (N. Y.) 1953. – Vries, J. de: Altnord. Literaturgesch. Bd. 2. Bln. ²1967. S. 308. – Schier, K.: Sagalit. Stg. 1970. S. 60.

Sturluson, Snorri, isländ. Dichter, Historiker und Staatsmann, ↑ Snorri Sturluson.

Sturm, Julius, Pseudonym Julius Stern, * Bad Köstritz 21. Juli 1816, † Leipzig 2. Mai 1896, dt. Dichter. – Studierte Theologie in Jena. 1841–43 Hauslehrer in Heilbronn, wo er mit Julius Körner (* 1793, † 1873) und N. Lenau bekannt wurde, danach Erzieher, zuletzt Kirchenrat. War ein populärer, religiöser Lyriker der Spätromantik, schrieb vaterländ. Gedichte, Märchen und Fabeln. Bes. beliebt war seine Sammlung ›Fromme Lieder‹ (3 Bde., 1852–92).

Weitere Werke: Israelit. Lieder (Ged., 1867), Das Buch für meine Kinder (Märchen, 1877), Märchen (1881), Palme und Krone (Ged., 1888).
Literatur: Sturm, A.: Die Dichtungen J. S.s. Halle/Saale 1916.

Sturm-Bühne ↑ Sturmkreis.

Sturm, Der, von H. Walden 1910–32 herausgegebene Wochenschrift für Kultur und Künste (erschien ab Jg. 4 halbmonatlich, ab April 1916 monatlich);

bed. expressionist. Zeitschrift; neben der Unterstützung von Dadaismus und Merzkunst zunehmende Propagierung eines an der Sowjetunion orientierten polit. Kunstbegriffs, wobei die gesamte übrige zeitgenöss. Literatur polemisch abgelehnt wurde. – ↑auch Sturmkreis.

Sturmkreis, Berliner Künstler-, speziell Dichterkreis um die von H. Walden herausgegebene Zeitschrift ›Der ↑Sturm‹, das wichtigste Organ des ↑Expressionismus neben der Zeitschrift ›Die Aktion‹ (↑Aktionskreis). Der S. wurde v.a. beeinflußt vom italien. ↑Futurismus, dessen Malerei Walden zum ersten Mal in Deutschland in seiner ›Sturm-Galerie‹ (ab 1910) vorstellte; innerhalb dieser Ausstellungen fanden ab 1913 Vortragsabende, ab 1916 sog. ›Sturm-Abende‹ (Leitung Rudolf Blümner [*1873, †1945]) mit Rezitationen expressionist. Dichtung statt; ferner wurde 1914 ein eigener Verlag und 1917 die sog. **Sturm-Bühne** begründet, die bis 1921 bestand. Zum S. gehörten v.a. A. Stramm, K. Schwitters, T. Tzara, Blümner, L. Schreyer, K. Heynicke.

Literatur: WALDEN, N./SCHREYER, L.: Der Sturm. Ein Erinnerungsb. an Herwarth Walden u. die Künstler aus dem S. Baden-Baden 1954. – PHILIPP, E.: Dadaismus. Einf. in den literar. Dadaismus u. die Wortkunst des S.es. Mchn. u. Stg. 1980.

Sturm und Drang (auch Geniezeit oder Genieperiode), geistige Bewegung in Deutschland etwa von der Mitte der 60er bis Ende der 80er Jahre des 18. Jahrhunderts. Der Name S. u. D. wurde nach dem Titel des Schauspiels ›S. u. D.‹ (1776, ursprüngl. Titel ›Wirrwarr‹, von Ch. Kaufmann umbenannt) von F. M. Klinger auf die ganze Bewegung übertragen. Ihr Ausgangspunkt war eine jugendl. Revolte gegen bestimmte Einseitigkeiten der ↑Aufklärung, gegen die Vorherrschaft des Rationalismus und dessen Logikgläubigkeit, ihr verflachtes Menschenbild usw., aber auch gegen die ›unnatürl.‹ Gesellschaftsordnung mit ihren Ständeschranken, erstarrten Konventionen und ihrer lebensfeindl. Moral. Der S. u. D. ist jedoch nicht nur auf diese Opposition begrenzt. Während er im polit. Bereich völlig wirkungslos blieb, gab er dem geistigen Leben Impulse, die,

wenn auch in jeweils anderer Akzentuierung, auf die Entwicklung der Romantik, auf G. Büchner, auf ↑Naturalismus und ↑Expressionismus bis hin zu B. Brecht nachwirkten. Im Zentrum standen als Leitideen Selbsterfahrung und Befreiung des Individuums; gegenüber dem Verstand wurde der Wert der Sinnlichkeit und der Spontaneität, verbunden mit einer neuen Erfahrung und Wertung der Natur, betont: Natur war für den S. u. D. der Inbegriff alles Lebendigen und Schöpferischen, auch im Menschen selbst. Die höchste Steigerung des Individuellen wie des Naturhaften war das Genie, in dem sich die schöpfer. Kraft einmalig und unmittelbar offenbart. Der Künstler trägt nicht nur, wie bereits G. E. Lessing in Abschwächung der normativen Poetik formulierte, alle Regeln in sich, sondern ist als Originalgenie schlechthin unvergleichlich. Als Prototypen des Genies galten Shakespeare, als Ideal der Epoche schwärmerisch verehrt, wie auch Homer, Pindar, Ossian (↑Macpherson, James), F. G. Klopstock und, aus den eigenen Reihen, der junge Goethe. Aus der Erfahrung des Individuellen entwickelte sich auch eine neue geschichtsauffassung, die für die einzelnen Völker, Kulturen und Sprachen in ihrer Einzigartigkeit vom Ursprung her betrachtet wurden. In diesem Zusammenhang erhielten frühe Dichtung und Volksdichtung besonderes Gewicht. Anregungen erfuhr der S. u. D. durch die Kulturkritik J.-J. Rousseaus und das Genieverständnis E. Youngs (›Gedanken über die Originalwerke‹, Essay, 1759, dt. 1761) sowie durch die pietist. und empfindsame Tradition, aber auch durch die Emanzipationsbestrebungen der Aufklärung. Unmittelbarer Wegbereiter der antirationalen und religiösen Komponente des S. u. D. war J. G. Hamann (›Sokrat. Denkwürdigkeiten‹, 1759; ›Kreuzzüge des Philologen‹, 1762, hieraus bes. die ›Aesthetica in nuce‹). Die eigentl. Grundideen aber, die weit über den S. u. D. hinaus wirkten, entwickelte J. G. Herder (›Über die neuere dt. Litteratur‹, 3 Bde., 1766/67; ›Journal meiner Reise im Jahre 1769‹, hg. 1846; ›Abhandlung über den Ursprung der Sprache‹, 1772; Aufsätze über Shakespeare und Ossian in

den von ihm herausgegebenen Blättern
›Von dt. Art und Kunst‹, 1773, in denen
auch Goethes Aufsatz ›Von dt. Baukunst‹ abgedruckt wurde).

Sturm und Drang.

Ein Schauspiel

von

Klinger

1776

Sturm und Drang. Titelblatt der Originalausgabe
von Friedrich Maximilian Klingers Schauspiel
›Sturm und Drang‹ (1776)

Der **literar. Sturm und Drang** begann mit
der Begegnung zwischen Herder und
Goethe 1770 in Straßburg. Von Herders
ästhet. Ideen beeinflußt, schrieb Goethe
im lyr., dramat. und ep. Bereich die initi-
ierenden Werke des S. u. D. (Sesenheimer Lieder, 1771; ›Götz von Berlichingen‹, 1773; ›Die Leiden des jungen Wer-
thers‹, 1774). Das *Drama*, und zwar bes.
Tragödie und Tragikomödie (J. M. R.
Lenz), gelegentlich auch die Farce, waren die bevorzugten Gattungen des S. u.
D., die dem leidenschaftl. und span-
nungsgeladenen Lebensgefühl der Epoche am meisten entsprachen. Die Form
war der klassizistisch verstandenen aristotel. Tragödie entgegengesetzt, Regeln
wurden abgelehnt, die ↑drei Einheiten
aufgelöst zugunsten eines beliebig häu-
figen Ortswechsels, eines vielfältigen,
höchstens im Helden zentrierten Hand-
lungsgefüges und einer freien Verfügung
über die Zeit (theoretisch am radikalsten
formuliert in Lenz' ›Anmerkungen übers
Theater‹, 1774). Fast alle Dramen sind in
Prosa geschrieben, in einer alltagsnahen,
ausdrucksstarken, gelegentlich grellen
Sprache. Charakterist. Themen und Motive sind die Selbstverwirklichung des ge-
nialen Menschen (Faust, Prometheus),
der trag. Zusammenstoß des einzelnen

mit dem ›notwendigen Gang des Ganzen‹ (›Götz von Berlichingen‹; Schiller,
›Die Räuber‹, 1781, ›Die Verschwörung
des Fiesko zu Genua‹, 1783), Bruder-
zwist bis zum Brudermord (F. M. Klinger, ›Die Zwillinge‹, 1776; J. A. Leise-
witz, ›Julius von Tarent‹, 1776), Konflikt
zwischen Moralkodex und Leidenschaft
(Klinger, ›Das leidende Weib‹, 1775;
Goethe, ›Stella‹, 1776), soziale Anklage
gegen die Korruption der herrschenden
Stände und gegen Ständeschranken
überhaupt (Lenz, ›Der Hofmeister‹,
1774, ›Die Soldaten‹, 1776; Schiller,
›Kabale und Liebe‹, 1784), bes. ver-
schärft im Kindsmörderinmotiv (Gret-
chentragödie im ›Faust‹, 1808; H. L.
Wagner, ›Die Kindesmörderin‹, 1776).
In der *Epik* zeigte sich eine Neigung zum
Autobiographischen, die dem Interesse
des S. u. D. am individuellen Leben ent-
gegenkam. Das überragende ep. Werk,
Goethes ›Die Leiden des jungen Wer-
thers‹ (1774, 1787), verdankt seinem biograph. Ansatz, seiner überwiegend subjektiven Erzählweise einen Teil seiner
weltweiten Wirkung. Autobiographien
sind u. a. ›Henrich Stillings Jugend‹
(1777) von J. H. Jung-Stilling, ›Lebensgeschichte und natürliche Ebentheuer des
Armen Mannes im Tockenburg‹ (1789)
von U. Bräker. 1787 erschien mit ›Ar-
dinghello und die glückseeligen Inseln‹
von J. J. Heinse der vielleicht typischste
Roman des S. u. Drang. Die *Lyrik*, von
Herder als Urpoesie aus ihrer gattungs-
theoretisch untergeordneten Stellung
herausgehoben, löste sich im S. u. D. zum
ersten Mal aus ihrem gesellschaftl. Bezug
und wurde zum Ausdruck persönl. Erlebens. Den Durchbruch bildeten Goethes
Sesenheimer Lieder, die spontanes Gefühl und intensives Naturerlebnis in einer ganz einfach scheinenden, volkslied-
nahen Sprache ausdrücken. Neben das
Lied trat die unter engl. Einfluß erneu-
erte ↑Ballade als Ausdruck persönlicher
Sensibilität. Die Frankfurter ↑Hymnen
Goethes gestalteten das Genie als Ich-
Erfahrung oder Mythos in eruptiver,
wortschöpfer. Sprache. Die Hymnen-
form weist auf den Einfluß F. G. Klopstocks hin, der sich noch stärker bei den
Lyrikern des 1772 gegründeten ↑Göttin-
ger Hains manifestiert, dem G. A. Bürger,

Ch. F. D. Schubart und M. Claudius nahestanden. Neben Deutschtum, Freiheit und einem etwas abstrakten Tyrannenhaß klingen hier auch gesellschaftskritische und revolutionäre Themen in der Lyrik an.
Literatur: KORFF, H. A.: Geist der Goethezeit. Bd. 1: S. u. D. Darmst. ⁹1974. – MANN, M.: S.-u.-D.-Drama. Studien u. Vorstudien zu Schillers Räubern. Bern u. Mchn. 1974. – PASCAL, R.: Der S. u. D. Dt. Übers. Stg. ²1977. – HUYSSEN, A.: Drama des S. u. D. Mchn. 1980. – MARTINI, F.: Die Poetik des Dramas im S. u. D. In: Dt. Dramentheorien. Hg. v. R. GRIMM. Bd. 1. Ffm. ³1981. – SØRENSEN, B. A.: Herrschaft u. Zärtlichkeit. Patriarchalismus u. Drama im 18. Jh. Mchn. 1984. – MATTENKLOTT, G.: Melancholie in der Dramatik des S. u. D. Neuausg. Königstein/Ts. 1985. – S. u. D. Hg. v. W. HINCK. Neuausg. Ffm. 1989. – KAISER, G.: Aufklärung, Empfindsamkeit, S. u. D. Tüb. 1991. – LEIDNER, A. C.: The impatient muse. Germany and the S. u. D. Chapel Hill (N. C.) 1994.

Sturz, Helferich (Helfrich) Peter, *Darmstadt 16. Febr. 1736, † Bremen 12. Nov. 1779, dt. Schriftsteller. – Nach dem Studium im diplomat. Dienst; 1768–70 Legationsrat Christians VII. von Dänemark, den er nach Hamburg, London und Paris begleitete. 1772 nach der Struensee-Affäre entlassen, 1775 oldenburg. Staatsrat. Mit Reisebriefen, Essays, Charakteristiken und anekdot. Erzählungen bed. Prosaist.
Werke: Julie (Dr., 1767), Erinnerungen aus dem Leben des Grafen Johann Hartwig Ernst von Bernstorff (1777).
Ausgabe: H. P. S. Schrr. Lpz. 1779–82. 2 Bde. Nachdr. Mchn. 1971.
Literatur: SCHMIDT, ADALBERT: H. P. S. Reichenberg 1939.

Sturzen-Becker, Oscar Patric [schwed. ˈstʊrtsənˈbɛkər], Pseudonym Orvar Odd, *Stockholm 28. Nov. 1811, † Hälsingborg 16. Febr. 1869, schwed. Schriftsteller. – Journalist, Mitarbeiter an zahlreichen schwed. und dän. Zeitungen, engagierte sich stark für die Ideen des polit. Skandinavismus. Mehr als seine Gedichte, die in der Tradition H. Heines stehen, finden heute v. a. seine realist. Prosaskizzen sowie seine Essays und polit. Causerien Beachtung.
Werke: Med en bit krita (Prosaskizzen, 1841), Ur Stockholmslifvet (Prosaskizzen, 1844), Min fattiga sångmö (Ged., 1844), Grupper och personager från i går (Essay, 1861), Grefvinnan Gruffiakin (Ged., 1861).

Ausgabe: O. P. Sturzenbecker. Ges. Schrr. Dt. Übers. Lpz. 1863. 2 Bde.
Literatur: SYLWAN, O.: O. P. S.-B., hans levnad och författarskap. Stockholm 1919.

Stus, Wassyl Semenowytsch [ukrain. stus], *Winniza 8. Jan. 1938, † im Lager bei Perm 4. Sept. 1985, ukrain.-sowjet. Lyriker und Publizist. – Trat für eine kulturelle Autonomie der Ukraine ein; 1972 und 1980 Verurteilung zu Lager und Verbannung (insgesamt zu 23 Jahren); orientierte sich in seinen Gedichten (dt. 1983 in: ›Angst – ich bin dich losgeworden‹) an Goethe, R. M. Rilke und G. Benn.
Werke: Sviča v svičadi (= Eine Kerze in einem Spiegel, Ged., Mchn. 1977), Ein Dichter im Widerstand (Tageb., dt. 1984), Du hast dein Leben nur geträumt (Ged., dt. Ausw. 1988).
Literatur: HEJFETZ, M.: W. S. Ein Dichter hinter Stacheldraht. Thun 1983.

Stuttgarter Liederhandschrift, Strophensammlung von 26 mhd. Sangversdichtern vom Ende des 12. bis Mitte des 13. Jh.; die S. L. enthält auch spätere Einzelstrophen und die ›Minnelehre‹ des Johann von Konstanz (13./14. Jh.). Die 25 ganzseitigen Dichterbilder ähneln denen der ↑›Großen Heidelberger Liederhandschrift‹. Die S. L. wurde zwischen 1310 und 1320 wohl in Konstanz angefertigt; für die Forschung steht sie an Bedeutung hinter der weit umfangreicheren ›Großen‹ und der älteren ↑›Kleinen Heidelberger Liederhandschrift‹ zurück. Nach ihrem Aufbewahrungsort von Anfang des 17. Jh. bis Anfang des 19. Jh., dem Kloster Weingarten bei Ravensburg, wird die S. L. auch **Weingartner Liederhandschrift** genannt.
Ausgabe: Die Weingartner Liederhandschrift. Stg. 1969. 2 Bde.

Stuttgarter Schule (Stuttgarter Gruppe), lose Gruppierung v. a. von experimentellen Autoren, aber auch Typographen und Druckern, weniger von bildenden Künstlern, um die von M. Bense herausgegebene Zeitschrift ›augenblick‹ (1955–61) bzw. die von Bense und der Philosophin Elisabeth Walther (*1922) herausgegebene Publikationsfolge ›rot‹ (1960 ff.), zu der neben Bense v. a. R. Döhl, L. Harig, H. Heißenbüttel zu rechnen sind.

Styron, William [engl. ˈstaɪərən], *Newport News (Va.) 11. Juni 1925, amerikan. Schriftsteller. – In der Erzähltradition des Südens (v. a. W. Faulkner und Th. Wolfe) zeigt S. das in histor. Abläufe verwickelte Schicksal von willensstarken, aber letztlich doch scheiternden Individuen anhand des sozialen Verfalls einer Südstaatenfamilie (›Geborgen im Schoße der Nacht‹, 1951, dt. 1957) und der Überwindung einer durch Alkohol und Orientierungslosigkeit andauernden Krise eines Südstaatenkünstlers in Europa (›Und legte Feuer an dies Haus‹, 1960, dt. 1961). Bes. bekannt wurden seine Schilderung des ersten Aufstandes schwarzer Sklaven 1831 in Virginia aus der Sicht des Anführers (›Die Bekenntnisse des Nat Turner‹, 1967, dt. 1968; Pulitzerpreis 1968) sowie die dramat. Verkettung der Holocaust-Thematik in Europa mit der Sklaverei in Amerika über die drei Hauptfiguren in ›Sophies Wahl‹ (1979, dt. 1980, 1982 u. d. T. ›Sophies Entscheidung‹), der poln. Überlebenden des KZ, des jüd. Wissenschaftlers in New York und der aus dem Süden stammenden Person des Autors. Der große Erfolg der beiden letzten Romane sowie ihrer Verfilmungen ist u. a. auf ihre kontroverse Rezeption zum Zeitpunkt der schwarzen Befreiungsbewegung bzw. der Holocaust-Filme zurückzuführen. Die Novelle ›Der lange Marsch‹ dt. 1962) und das Drama ›In the clap shack‹ (UA 1972) spiegeln S.s militär. Erfahrungen.

Weitere Werke: Nur diese Handvoll Staub und anderes aus meiner Feder (Aufsätze, 1982, dt. 1985), Sturz in die Nacht. Die Gesch. einer Depression (1990, dt. 1991).
Ausgabe: Conversations with W. S. Hg. v. J. L. W. West III. Jackson (Miss.) 1985.
Literatur: Friedman, M. J.: W. S.'s ›The confessions of Nat Turner‹. Belmont (Calif.) 1970. – Ratner, M. L.: W. S. New York 1972. – Friedman, M. J.: W. S. Bowling Green (Ohio) 1974. – Leon, Ph. W.: W. S. An annotated bibliography of criticism. Westport (Conn.) 1978. – The achievement of W. S. Hg. v. R. K. Morris u. I. Malin. Athens (Ga.) ²1981. – Critical essays on W. S. Hg. v. A. D. Casciato u. J. L. W. West III. Boston (Mass.) 1982. – Crane, J. K.: The root of all evil. The unity of W. S.'s fiction. Columbia (S. C.) 1984. – Ruderman, J.: W. S. New York 1987. – Coale, S.: W. S. revisited. Boston (Mass.) 1991.

Suarès, André [frz. sᶣa'rɛs], eigtl. Isaac Félix S., Pseudonyme Yves Scantrel, Caërdal u. a., * Marseille 12. Juni 1868, † Saint-Maur-des-Fossés 7. Sept. 1948, frz. Schriftsteller. – Lebte zurückgezogen als freier Schriftsteller in Paris; war u. a. Mitarbeiter von ›La Nouvelle Revue Française‹; 1940–44 im Exil in Südfrankreich. Schrieb in kunstvoller, z. T. rhetorisch überspitzter Sprache von pessimist. Lebensauffassung bestimmte Essays, ferner Gedichte, Aphorismen, Reiseberichte und Dramen; beeinflußt u. a. von F. Nietzsche, verherrlichte er moral. Größe und Heroismus in seinen Porträts großer Männer.

Werke: Le livre de l'émeraude (Skizzen, 1902), Sur la vie (Essays, 3 Bde., 1909–12), Voyage du condottière (Reiseber., 3 Bde., 1910–32, Bd. 1 dt. 1914 u. d. T. Eine italien. Reise), Cressida (Dr., 1913, dt. 1920), Porträts (Essays, 1914, dt. 1922), Debussy (Essay, 1922), Goethe, le grand européen (Essay, 1932), Trois grands vivants (Porträts, 1938), Caprices (Ged., hg. 1977), Provence (Texte, hg. 1993).
Literatur: Savet, G.: A. S., critique. Paris u. Brüssel 1959. – Dietschy, M.: Le cas A. S. Neuenburg 1967. – Busi, F. A.: L'esthétique d'A. S. Wetteren 1969. – Le colloque A. S. Hg. v. Y. A. Favre. Paris 1977. – Favre, Y. A.: La recherche de la grandeur dans l'œuvre de S. Paris 1978. – Parienté, R.: A. S. l'insurgé. Biographie, Paris 1990.

Suassuna, Ariano Vilar [brasilian. sᶣa'suna], * João Pessoa 16. Juni 1927, brasilian. Schriftsteller. – Seit 1956 Prof. für Ästhetik und Theaterwiss. an der Univ. Recife. Schrieb von kath. Religiosität und sozialem Bewußtsein geprägte Theaterstücke, die u. a. von Plautus, dem mittelalterl. Theater, P. Calderón de la Barca sowie von der Folklore des brasilian. Nordostens beeinflußt sind. Bes. bekannt wurde das Volksstück ›Das Testament des Hundes oder das Spiel von Unserer Lieben Frau der Mitleidvollen‹ (1957, dt. 1962).

Weitere Werke: O casamento suspeitoso (Stück, 1961), O santo e a porca (Stück, 1964), Uma mulher vestida de sol (Stück, 1964), Der Stein des Reiches oder die Geschichte des Fürsten vom Blut des Geh-und-kehr-zurück. Herald. Volksroman aus Brasilien (1970, dt. 2 Bde., 1979), História do rei degolado nas caatingas do Sertão (R., 1977).

Subandhu, ind. Dichter vor 650 n. Chr. – Von S. ist nur der nach seiner Heldin benannte Märchenroman ›Vāsavadattā‹ (engl. von L. N. Gray 1913, Nachdr. 1965) in kunstvollem und schwierigem, alle Möglichkeiten der ind. Poetik (›alaṃkāraśāstra‹) ausschöpfendem Sanskrit bekannt.

Subotić, Jovan [serbokroat. ˌsubɔtitɕ], * Dobrinci (Sirmien) 30. Jan. 1817, † Zemun 16. Jan. 1886, serb. Schriftsteller und Politiker. – Studierte Philosophie und Jura; Teilnahme an den revolutionären Ereignissen 1848/49; Abgeordneter; klassizist. Lyriker, Epiker, Dramatiker (Komödien, histor. Stücke), Erzähler; auch polit., philolog. und ästhet. Schriften, Lehrbücher sowie eine Autobiographie.
Werk: Kaluđer (= Der Mönch, R., 1881).

Subrahmaṇya Bhārati, * Ettaiyapuram bei Tirunelveli 11. Dez. 1882, † Madras 12. Sept. 1921, ind. Schriftsteller. – Gab der Tamilliteratur durch die Einführung westl. Elemente, deren Verschmelzung mit der einheim. Tradition er erfolgreich verwirklichte, neue Impulse. Seine in schlichter Sprache gehaltenen Werke (Lyrik, Essays) greifen neben traditionsgebundenen Stoffen, u. a. Krischnamystik, soziale Themen auf und schöpfen außerdem aus dem Freiheitskampf.
Literatur: ZVELEBIL, K. V.: Tamil literature. Wsb. 1974.

Subskription [von lat. subscriptio = Unterschrift], die Vorbestellung eines noch nicht [vollständig] gedruckten (meist kostspieligen und mehrbändigen) Werkes beim Verlag, bei der Druckerei oder beim Autor, um die Finanzierung der Herstellungskosten abzusichern bzw. die Auflagenhöhe vor der Herstellung festzulegen. Die Aufforderung zur S. muß Auskunft geben über Inhalt, Umfang, Ausstattung, Erscheinungstermin und voraussichtl. Preis. Der S.spreis liegt in der Regel etwa 10–20% unter dem Ladenpreis; er erlischt bei vollständigem Erscheinen des Werkes. – Bekannt ist die S. schon im 15. Jh.; seit dem 17. Jh. häufiger, v. a. in England. 1715/16 regte G. W. Leibniz eine S.gesellschaft für Gelehrte (Societas subscriptoria inter eruditos) an.

Suchensinn, fahrender Spruchdichter des 14./15. Jahrhunderts. – 1390 und 1392 am Hof Herzog Albrechts II. von Bayern bezeugt. Von ihm sind ein Reimspruch und 20 Lieder erhalten. Seine Thematik (Frauenpreis) ist bestimmt vom retrospektiven höfischen Ideal; Wortschatz und Reimtechnik sind konventionell. Den Meistersingern galt er als einer der zwölf alten Meister.
Literatur: PFLUG, E.: S. u. seine Dichtungen. Breslau 1908. Nachdr. Hildesheim 1977.

Suchenwirt, Peter, * um 1320, † Wien (?) nach 1395, österr. Fahrender. – Hielt sich zuerst in Österreich auf, lebte dann am Hof Ludwigs I. von Ungarn und des Burggrafen Albrecht von Nürnberg, seit 1372 in Wien; begleitete 1377 Herzog Albrecht III. von Österreich nach Preußen; führender Vertreter der mittelalterl. Herolds- und Wappendichtung; verfaßte Ehrenreden auf seine Gönner sowie Dichtungen, in denen er eine allegor. Deutung von Wappen gibt. Er preist Taten angesehener Zeitgenossen und berichtet über geschichtl. Ereignisse. Auch polit. Zeitgedichte und Lehrgedichte.
Ausgabe: P. S. Werke aus dem 14. Jh., ein Beitrag zur Zeit- u. Sittengesch. Hg. v. A. PRIMISSER. Wien 1827. Nachdr. Wien 1961.
Literatur: VAN D'ELDEN, S. C.: P. S. and heraldic poetry. Wien 1976. – BRINKER, C.: Von manigen helden gute tat. Gesch. als Exempel bei P. S. Bern u. a. 1987.

Suchowo-Kobylin (tl.: Suchovo), Alexandr Wassiljewitsch [russ. suxa-ˈvɔkaˈbilin], * Moskau 29. Sept. 1817, † Beaulieu-sur-Mer 24. März 1903, russ. Dramatiker. – Die Kenntnis der russ. Rechtspflege, die S.-K. in einem Jahre dauernden Mordprozeß (1850 wegen Verdacht des Mordes an seiner Geliebten verhaftet, erst 1857 freigesprochen) während der Haft erworben hatte, verwertete er in drei Dramen, die Elemente des bürgerl. Lustspiels, der polit. Komödie nach E. Scribes Vorbild, der Dramen N. W. Gogols, der Farce und der Bühnengroteske vereinen (›Kretschinskis Hochzeit‹, 1856, dt. 1945; ›Delo‹ [= Der Prozeß], 1869; ›Tarelkins Tod‹, 1869, dt. EA 1964; als Trilogie 1869 zusammengefaßt u. d. T. ›Kartiny prošedšego‹ [= Bilder der Vergangenheit]), wobei er Züge der polit. und der aggressiven pamphletist. Theaterdichtung verwendete.
Literatur: ADRIANOV, G. J. Y.: The importance of lexical and socio-cultural symbolism in A. V. Sukhovo-K.'s trilogy. Diss. McGill University Montreal 1976. – BESSARAB, M. J.: Suchovo-K. Moskau 1981. – KOSCHMAL, W.: Zur Poetik der

Dramentrilogie A. V. S.-K.s ›Bilder der Vergangenheit‹. Ffm. 1993.

Suchtelen, Jonkheer Nico[laas] Johannes van [niederl. 'sʏxtələ], * Amsterdam 25. Okt. 1878, † Ermelo bei Amersfoort 27. Aug. 1949, niederl. Schriftsteller. – Studierte Naturwissenschaften, Soziologie, Philosophie u. a.; später Verlagsdirektor. Verfasser lebensnaher Gedichte, psycholog. Romane, Dramen und Essays. Hervorragende Übersetzungen aus dem Deutschen (Goethe, F. Hebbel, H. von Kleist u. a.) und aus dem Italienischen (u. a. Dante Alighieri).
Werke: Quia absurdum (R., 1906, dt. 1907), De stille lach (Brief-R., 1916; mit A. Salomons), Oorlog (Essay, 1936).
Ausgabe: Nico S. Verzamelde werken. Amsterdam ¹⁻³²1948–58. 12 Bde.

Suckert, Kurt Erich, italien. Schriftsteller, ↑ Malaparte, Curzio.

Suckling, Sir (seit 1630) John [engl. 'sʌklɪŋ], ≈ Whitton (Middlesex) 10. Febr. 1609, † Paris 1642, engl. Dichter. – Studierte u. a. in Cambridge; ausgedehnte Reisen auf dem Kontinent; diente wahrscheinlich 1631 freiwillig unter Gustav II. Adolf; floh 1641 aus polit. Gründen nach Paris, wo er zeitgenöss. Berichten zufolge Selbstmord beging. S., bei Hof wegen seines Witzes beliebt, schrieb spektakuläre Dramen mit Liedeinlagen (u. a. ›Aglaura‹, 1638; ›The goblins‹, UA zwischen 1637 und 1641), galt jedoch v. a. durch seine lyr. und satir. Gedichte als brillanter Vertreter der Kavaliersdichtung. Seine gesammelten Hauptwerke enthält der Band ›Fragmenta aurea‹ (hg. 1646).
Ausgabe: J. S. Works. Hg. v. TH. CLAYTON u. A. BEAURLINE. Oxford 1971. 2 Bde.
Literatur: SQUIER, CH. L.: Sir J. S. Boston (Mass.) 1978.

Suda (tl.: Soûda), byzantin. enzyklopäd. Lexikon in griech. Sprache. Die etwa 30000 in alphabet. Reihenfolge angeordneten Stichwörter enthalten glossograph. und biograph. Artikel sowie auch größere Sachartikel; die S. ist eine Kompilation aus sehr vielfältigem und reichhaltigem literar. Material und daher von größtem Wert als Quelle für Geschichte und Literatur des Altertums. Die Bedeutung des Titels ist umstritten (vielleicht ›Befestigungswerk, Pfahlwerk‹); bis etwa 1930 wurde das Werk irrtümlicherweise (aufgrund einer Entstellung von Eustatios von Thessalonike) einem Verfasser Suidas zugeschrieben.
Ausgabe: Suidas. Lexicon. Hg. v. A. ADLER. Lpz. 1928–38. 5 Bde. Neudr. Stg. 1967–71.

südafrikanische Literatur, zusammenfassende Bez. für die Literatur der Südafrikan. Republik, Lesothos, Namibias, Botswanas und Swasilands in engl., afrikaanser und in allen Stammessprachen dieser Gebiete (bes. Sotho, Xhosa, Zulu, Tswana). Der Begriff umfaßt die schriftlich und mündlich überlieferten literar. Werke aus der Zeit vor und nach der Kolonialisierung, der Burenkriege, der Commonwealth-Periode, der Südafrikan. Union und der Apartheid-Ära. E. Mphahlele rechnet die **englischsprachige Literatur** Südafrikas, die auch vielen schwarzen Schriftstellern als Kommunikationsmedium dient, wegen ihrer eigenständigen sprachl. und themat. Entwicklung und histor. Entfernung von der europ. Perspektive, dem afrikan. Literaturen zu. Während die junge engl. und schwarze Literatur in der ersten Hälfte des 20. Jh. als ausgleichende Kraft zwischen den ethn. Gruppen des Landes wirkte, traten zuerst nach 1948, dann zunehmend nach 1976, die ideolog. Trennungslinien schärfer hervor. Die Rassenproblematik, von A. Paton internat. bekannt gemacht, wurde immer mehr zum zentralen Thema der s. Literatur. Der Verlust der kulturellen Einheit wurde in den 50er Jahren durch den Exodus der oppositionellen Schriftsteller (↑ Sophiatowngruppe) besiegelt. Polit. Verfolgungen zwangen die schwarze Elite ins Exil. Die *Lyrik,* angefangen bei Th. Pringles ›Ephemerides‹ (1928) über R. Campbells Gedichtsammlung ›Adamastor‹ (1930), einer Personifizierung der Furcht des weißen Mannes vor den ihm unbekannten Gefahren des schwarzen Erdteils, bis hin zu Anthony Delius (* 1916) und Sidney D. Clouts' (*1926, † 1982) Gedichtbänden ›The last division‹ (1959) und ›One life‹ (1966), trägt zwar mitunter von europ. und amerikan. Tendenzen entlehnte Züge (z. B. Romantik, Realismus und Expressionismus), umspannt aber die ganze Reichweite einer typisch afrikan. Erfahrung. Die ›Black-Consciousness‹- und ›Agitprop‹-Lyrik Sowetos findet Ausdruck in Mothobi Mutloatses (* 1950) mündlich rezitierten ›poemdras‹ (Gedichtdramen) und Ingoapele Madingoanes Versepos ›Africa my beginning‹ (1979). Die junge Generation der farbigen Dichter wird bes. von Achmat Dangor (* 1948), Fhazel Johennesse (* 1956) und Christopher van Wyck (* 1957) vertreten.

Die Entwicklung der *Prosa*, bes. des realist. Romans, vollzog sich paprallel zu den liberalen Strömungen innerhalb der ›engl.‹ Sprachgruppe. Zu den Wegbereitern in dieser Gruppe gehören Pringles Prosaschriften, O. Schreiners Roman ›Lyndall‹ (2 Bde., 1883, dt. 1892, 1964 u. d. T. ›Geschichte einer afrikan. Farm‹), S. T. Plaatjes Roman ›Mhudi‹ (1930) und W. Plomers Roman ›Turbott Wolfe‹ (1926, dt. 1965). Während Plaatje zwischen afrikan. Tradition, christl. Erziehung und städt. Moderne zu vermitteln suchte und sich vergeblich um internat. Unterstützung gegen die Entrechtung der ›Eingeborenen‹ bemühte, kämpfte Pringle gegen Sklaverei und Pressezensur in Südafrika. Plomer plädierte für Toleranz zwischen den Rassen. Diese liberale Tradition wurde von P. Smith und H. Ch. Bosman, der sich sowohl einem afrikaansen als auch einem engl. Hintergrund verpflichtet fühlte, weitergeführt und reicht über E. Mphahlele, L. van der Post bis hin zu J. M. Coetzee und N. Gordimer (Nobelpreis für Literatur 1991), den führenden englischsprachigen Erzählern des Landes. Ideolog. Gegentendenzen finden sich in S. G. Millins Roman ›Gottes Stiefkinder‹ (1924, dt. 1933) und in S. Cloetes oder W. A. Smiths Abenteuerromantik.

Auf dem Gebiet des *Dramas* erfüllten Stephen W. Black (* 1880, † 1931) und H. I. E. Dhlomo zu Anfang des 20. Jh. die Voraussetzung für ein eigenständiges einheimisches Theater. Das südafrikan. Drama gelangte aber erst Mitte der 70er Jahre mit der Apartheidthematik A. Fugards und den Serpent Players zu Weltrang. Diese Gruppe begründete auch das schwarze polit. Theater, das sich jedoch in den Jahren nach Soweto auf der Suche nach einem eigenen rassischen Selbstverständnis und politischen Bewußtsein von

seinen weißen Tutoren abwandte und sich als ›Theater der Enteigneten‹ neu definierte.

Nach dem Burenkrieg legte die ›Zweite Bewegung‹ (1900–30), die zur offiziellen Anerkennung des Afrikaans als Landessprache führte (1925), den Grundstein für eine vom niederl. Mutterland unabhängige Literatur. Kennzeichnend für die **afrikaanse Literatur** ist ihre starke Bindung an die Geschichte der Buren und ihre Verknüpfung zwischen Kreativität und staatl. Lehre. Bereits um 1900 zeichneten sich vier Richtungen ab: die romant., die realist., die historisch-patriot. sowie die soziologisch-folklorist., die die Dichter der ersten drei Jahrzehnte prägten.

Die *Lyrik* ist formal und thematisch vielseitig, z. B. elegisch und allegorisch bei J. D. du Toit, patriotisch und erdverbunden bei J. F. E. Celliers, lyrisch und erbaulich bei D. F. Malherbe, didaktisch und satirisch bei C. J. Langenhoven, zweifelnd-zynisch bei Ch. L. Leipoldt. Exponent der Verinnerlichungsphase der 30er Jahre ist der Literaturtheoretiker und Dichter N. P. van Wyk Louw. In den folgenden Jahren setzten D. J. Oppermanns vom Imagismus beeinflußte konkrete Bildsprache und P. E. J. Blums neue Dinglichkeit interessante Akzente, die W. Stockenströms eigenwilliger, formal ungebundener Lyrik der 70er Jahre den Weg wiesen.

Die romant. Periode in der *Prosa* erreichte mit Malherbes ›Die meulenaar‹ (1926) und E. N. Marais' ›Dwaalstories en ander vertellings‹ (1927) ihren Höhepunkt, die realist. mit J. van Bruggens ›Ampie-Trilogie‹ (1924–42). Die formale Experimentierfreudigkeit und die ideolog. Kompromißlosigkeit der ↑ Sestigers führten zu einer radikalen Erneuerung der afrikaansen Literatur, der nun bes. mit den Romanen A. Ph. Brinks und den Gedichten B. Breytenbachs der Anschluß an die Weltliteratur gelang.

In der Nachfolge der Sestigers stehen K. Schoeman, Wilma Stockenstroem und Johannes Daniel Miles (* 1938), der mit dem Mittel der Groteske die Alltäglichkeit der Gewalt aufzeigt. Einen internat. Leserkreis fanden Elsa Joubert sowie Dalene Matthee mit Romanwerken über die Unmenschlichkeit der Rassengesetze. Daneben überwiegen kleinere Prosaformen. Junge Autoren wie Welma Odendaal (›Keerkring‹, 1977), Louis Krüger (›n' basis oorkant die grens‹, 1984), Etienne van Heerden ([* 1954]; ›Toorberg‹, 1986) und Alexander Strachans (›Die jakkalsjagter‹, 1990) streben nach einer Vertiefung des Erzählens (bes. deutlich in der Darstellung der Gewalt in dem mit Angola geführten ›Grenzkrieg‹ und in der Thematisierung sexueller Gewalt, u. a. bei Riana Scheepers, ›Dulle Griet‹, 1991). Bei Gawie Kellermann, Koos Prinsloo (* 1957) und Corlia Fourie zeigt sich ein der europ. Postmoderne verpflichtetes differenziertes Bewußtsein von der Komplexität der Sprache als Darstellungsmittel der Realität, die sich als Konglomerat stereotyper Sichtweisen und myth. Vorstellungen präsentiert.

Charles Étienne Boniface (* 1787, † 1853) benutzte, lange vor der offiziellen Benennung dieser Sprache, Afrikaans als Teil des Handlungsdialogs seines Lustspiels ›Die nieuwe ridderorden of De temperantisten‹ (1832). Dennoch führte das *Drama* lange Zeit, wegen der puritan. Unterhaltungsfeindlichkeit, der ländl. Struktur der bur. Gesellschaft und der staatl. Zensur, ein Schattendasein, so daß es jungen Dramatikern wie A. Small und B. J. Smit erst in den 60er Jahren gelang, das histor. Joch abzuschütteln.

Literatur: ANTONISSEN, R.: Die Afrikaanse letterkunde van aanvang tot hede. Elsiesrivier ³1965. – GORDIMER, N.: The black interpreters. Notes on African writing. Johannesburg 1973. – Verslag van die simposium oor die Sestigers. Hg. v. J. POLLEY. Kapstadt u. Pretoria 1973. – GRAY, S.: The need for a history of South African English literature. In: Standpunte 31 (1977), S. 129 (mit Bibliogr.). – REICHEL, D. TH.: Schriftsteller gegen Apartheid. Studien zur südafrikan. Gegenwartslit. Bln. 1977. – GRAY, S.: Southern African literature. Kapstadt 1979. – A century of South African poetry. Eingel. u. hg. v. M. CHAPMAN. Johannesburg 1981. – KANNEMEIER, J. C.: Geskiedenis van die Afrikaanse literatuur. Kapstadt ¹⁻²1983–84. 2 Bde. – SEIDENSPINNER, M.: Die Literaturen Südafrikas. In: Krit. Lex. zur fremdsprachigen Gegenwartslit. Hg. v. H. L. ARNOLD. Losebl. Mchn. 1983 ff. – Companion to South African English literature. Hg. v. D. ADEY u. a. Johannesburg 1986. – VAN WYK SMITH, M.: Grounds of context. A survey of South African English literature. Johannesburg 1990.

Sudermann, Hermann, * Matziken i. Ostpr. 30. Sept. 1857, † Berlin 21. Nov. 1928, dt. Schriftsteller. – Studierte Geschichte und Philosophie in Königsberg (Pr) und Berlin; 1881/82 Schriftleiter am ›Dt. Reichsblatt‹, dann Hauslehrer; schließlich freier Schriftsteller in Königsberg, Dresden, auf seinem Landsitz Blankensee und zeitweise in Berlin. Vor dem 1. Weltkrieg erfolgreicher Dramatiker, der gegen den ›Sittenverfall‹ eines unsozialen Bürgertums polemisierte; verband naturalist. Stilmittel und sozial-sentimentale Thematik mit der frz. Konversationsstück geschulter Effektdramaturgie. Die der ostpreuß. Heimat verbundenen Romane und Erzählungen bemühen sich um Realismus in der Darstellung des litauischen Volkslebens, bleiben aber mod. Tendenzen des Zeitromans verpflichtet.

Hermann
Sudermann

Werke: Frau Sorge (R., 1887), Die Ehre (Schsp., 1890), Der Katzensteg (R., 1890), Jolanthes Hochzeit (E., 1892), Heimat (Schsp., 1893), Die Schmetterlingsschlacht (Kom., 1895), Das Glück im Winkel (Schsp., 1896), Es lebe das Leben! (Dr., 1902), Das Hohe Lied (R., 1908), Der Bettler von Syrakus (Trag., 1911), Die ind. Lilie (Nov., 1911), Litauische Geschichten (1917), Das Bilderbuch meiner Jugend (Autobiogr., 1922), Die Frau des Steffen Tromholt (R., 1928). **Ausgaben:** H. S.: Dramat. Werke. Gesamtausg. in 6 Bden. Stg. 1.–5. Tsd. 1923. – H. S.: Romane u. Novellen. Stg. 1930. 10 Bde. in 2 Reihen. – H. S. Die Reise nach Tilsit. Prosa u. Dramen. Hg. v. H. REINOSS. Mchn. u. Wien 1971. – Das H.-S.-Buch. Hg. v. H. REINOSS. Mchn. 1985. **Literatur:** BUSSE, K.: H. S. Sein Werk u. sein Wesen. Stg. 1927. – LEUX, I.: H. S. (1857–1928). Individual-analyt. u. schaffenspsycholog. Studie. Lpz. 1931. – H. S. Ein Dichter an der Grenzscheide zweier Welten. (1857–1928). Bearb. v. TH. DUGLOR. Troisdorf 1958. – H. S. Werk u. Wirkung. Hg. v. W. T. RIX. Wzb. 1980.

Su Dongpo [chin. sudʊŋpɔ], chin. Dichter und Staatsmann, ↑Su Shih.

Śūdraka [ˈʃuːdraka], ind. Dramatiker des 5. Jahrhunderts. – Die Tradition schreibt dem sonst unbekannten König Ś. das Drama ›Mṛcchakaṭikā‹ (= Irdenes Wägelchen) zu. Dieses zeigt das polit. und gesellschaftl. Leben aus den Augen des verarmten Kaufmanns Cārudatta, einer Hetäre und eines Usurpators, der den König stürzt und den beiden Helden die Heirat erlaubt. Das lebendige, in vieler Hinsicht aus dem Rahmen der dramat. Tradition der Inder fallende Werk wurde in Europa u. d. T. ›Wasantasena‹ (Name der Hauptheldin) bekannt. Es wurde mehrfach ins Deutsche übersetzt (u. a. 1877 von O. Böhtlingk, 1879 von L. Fritze) und für die Bühne bearbeitet. **Ausgabe:** BUITENEN, J. A. B.: Two plays of ancient India. The little clay cart. Engl. Übers. New York 1968. **Literatur:** DEVASTHALI, G. V.: Introduction to the study of Mṛcchakaṭikā. Puna 1951.

Sue, Eugène [frz. sy], eigtl. Marie-Joseph S., *Paris 10. Dez. 1804, †Annecy 3. Aug. 1857, frz. Schriftsteller. – Kam als Schiffsarzt nach Asien, Afrika und Amerika; ab 1829 freier Schriftsteller; vertrat 1848 als Abgeordneter sozialrevolutionärer Richtung die Ideen Ch. Fouriers und P. J. Proudhons; 1851 als Gegner des 2. Kaiserreichs verbannt, starb er im damals italien. Savoyen. Verfaßte die ersten frz. Seeromane (›Plick und Plock‹, 1831, dt. 1834; ›Atar-Gull‹, 1831, dt. 1838; ›Der Salamander‹, 1832, dt. 1838) mit Schilderungen exot. Gegenden; wandte sich dann dem histor. Schauerroman zu, u. a. mit ›Latréaumont‹ (2 Bde., 1837, dt. 1838), und schrieb zuletzt erfolgreiche Zeitungsromane mit sozialer Tendenz, u. a. ›Die Geheimnisse von Paris‹ (10 Bde., 1842/43, dt. 10 Bde., 1843), der als erster frz. Roman im Feuilleton einer Tageszeitung erschien, ›Der ewige Jude‹ (10 Bde., 1844/45, dt. 10 Bde., 1844/45), ›Die sieben Todsünden‹ (16 Bde., 1847–49, dt. 8 Tle., 1845/46), ›Martin der Findling, oder: Memoiren eines Kammerdieners‹ (1847, dt. 7 Bde., 1846/47), ›Die Geheimnisse des Volkes‹ (16 Bde., 1849–57, dt.

Eugène Sue (Ausschnitt aus einem Stahlstich von Johann Georg Nordheim um 1850 nach einer zeitgenössischen Vorlage)

13 Tle., 1850–52). Seine dramat. Werke hatten keinen Erfolg. **Ausgabe:** E. S. Sämmtl. Werke. Dt. Übers. Lpz. 2-31847–55. 114 Bde. **Literatur:** BORY, J.-L.: E. Süe, le roi du roman populaire. Paris 1962. – GRUBITZCH, H.: Materialien zur Kritik des Feuilleton-Romans ›Die Geheimnisse von Paris‹ von E. S. Wsb. 1977. – HIRDT, W.: E. S. In: Frz. Lit. des 19. Jh. Bd. 1. Hg. v. W.-D. LANGE. Hdbg. 1979. S. 291. – STRIEDER, C.: Melodramatik u. Sozialkritik in Werken E. S.s. Erlangen 1986. – SVANE, B.: Le monde de E. S. Kopenhagen 1986. 2 Bde.

Sueton [zu-e...] (Gaius Suetonius Tranquillus), *Hippo Regius(?) um 70, †um 130, röm. Schriftsteller. – Sohn eines Offiziers, Freund des jüngeren Plinius; im kaiserl. Dienst u. a. Bibliothekar und Vorsteher der Kanzlei (›ab epistulis‹), nach seiner Entlassung (121) Privatgelehrter. Von elf namentlich bekannten Werken sind erhalten: 1. ›De vita Caesarum‹: zwölf Kaiserbiographien (von Caesar bis Domitian), dem Aufbau nach Vorbild für spätere Herrscherbiographien (u. a. für Einhard); sie lassen es, da sie unterhaltsam sein wollen, an jegl. Versuch, die Geschichte zu deuten, fehlen und zeigen eine starke Vorliebe für Anekdoten, Klatsch und Allzumenschliches. 2. Teile aus ›De viris illustribus‹: Kurzbiographien namhafter röm. Autoren. **Ausgaben:** Suetonius. Lat. u. engl. Hg. v. J. C. ROLFE. Neuaufl. Cambridge (Mass.) u. London 1950–60. 2 Bde. – S. Cäsarenleben. Dt. Übers. Hg. u. erl. v. M. HEINEMANN. Stg. 61961. Nachdr. 1985. **Literatur:** STEIDLE, W.: S. u. die antike Biogr. Mchn. 21963. – GASCOU, J.: Suétone historien. Rom 1984.